사물인터넷을 위한 리눅스 프로그래밍

with 라즈베리 파이

전면 개정판

사물인터넷을 위한
리눅스 프로그래밍 with 라즈베리 파이(전면개정판)

1쇄 발행 2020년 3월 6일
4쇄 발행 2023년 8월 31일

지은이 서영진
펴낸이 장성두
펴낸곳 주식회사 제이펍

출판신고 2009년 11월 10일 제406-2009-000087호
주소 경기도 파주시 회동길 159 3층 / **전화** 070-8201-9010 / **팩스** 02-6280-0405
홈페이지 www.jpub.kr / **투고** submit@jpub.kr / **독자문의** help@jpub.kr / **교재문의** textbook@jpub.kr

소통기획부 김정준, 이상복, 김은미, 송영화, 권유라, 송찬수, 박재인, 배인혜, 나준섭
소통지원부 민지환, 이승환, 김정미, 서세원 / **디자인부** 이민숙, 최병찬

진행 및 교정·교열 이주원 / **내지디자인** 이민숙 / **표지디자인** 미디어픽스 / **삽화** 나예랑
용지 에스에이치페이퍼 / **인쇄** 한승인쇄 / **제본** 장항피앤피

ISBN 979-11-88621-74-3 (93000)
값 38,000원

제이펍은 독자 여러분의 아이디어와 투고를 기다리고 있습니다. 책으로 펴내고자 하는 아이디어나 원고가 있는
분께서는 책의 간단한 개요와 차례, 구성과 저(역)자 약력 등을 메일(submit@jpub.kr)로 보내 주세요.

사물인터넷을 위한 리누스 프로그래밍 with 라즈베리 파이

전면 개정판

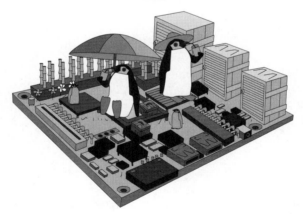

서영진 지음

Jpub
제이펍

세상을 사랑으로 살 수 있게 해주신 마음속의 그분께 바칩니다

할머니 사랑합니다

차 례

PART I 라즈베리 파이 사용하기

CHAPTER 1 사물인터넷과 라즈베리 파이 3

CHAPTER 2 리눅스의 기초: 라즈베리 파이와 친해지기 49

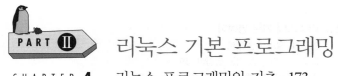

PART II 리눅스 기본 프로그래밍

PART **IV**

리눅스 고급 프로그래밍

CHAPTER **10** Qt를 이용한 GUI 프로그래밍: 더 편리한 접근성 637

머리말

리눅스 사용 20주년을 기념하고 싶어서 무언가를 남기고 싶었다. 그러다 생각해본 것이 바로 집필이다. 나에게 리눅스는 자유를 위한 꿈이었고 새로운 세계에 대한 동경이었다.

1994년 4월 11일 청운의 꿈을 잠시 접고 육군 논산훈련소에 입대했다. 군에서 부여받은 주특기 번호는 290, 일명 전산병이다. 4주간의 기초 훈련을 끝내고 성남에 있는 육군 종합 행정학교에 입교했다. 6주간의 주특기 교육을 받으면서 UNIX 기초, COBOL 프로그래밍, Informix와 4GL 등을 배웠다. 군복무 동안 유닉스를 사용하였는데 실제 시스템을 다루어볼 수 없었기 때문에 막연한 아쉬움이 있었다. 그러던 그해 겨울 《C 프로그램 세계》라는 잡지를 통해서 리눅스를 접하게 되었다.

1996년 군 제대 후 때마침 '알짜 리눅스'가 출시되었고, 이때부터 리눅스와의 동고동락이 시작되었다. 1999년 비트교육센터를 통해서 본격적으로 프로그래밍을 시작하였으며, 2000년에 새롬에서 만들었던 리눅스용 다이얼패드를 통해서 미래를 위한 발판을 마련하였다.

오랜 시간이 지난 지금도 리눅스는 밥벌이이자 취미이며 인생의 낙이다. 20년 전 리눅스를 하기로 했던 그날의 선택을 언제나 고맙게 생각하고 있다. 나처럼 보다 많은 사람들이 더 나은 삶을 살아갈 수 있는 세상을 바라며 이 책을 세상에 내놓는다.

개정판을 출간하며

초판을 출간한 지도 벌써 5년이 흘렀다. 그 사이에 라즈베리 파이는 2에서 4로 업그레이드되었고, 리눅스 커널 버전도 3에서 4로 넘어가면서 많은 것들이 바뀌었다. 사물인터넷을 넘어 인공지능과 AR/VR/MR이라는 제4차 산업혁명의 시대로 향하고 있는데, 개정판에서는 이러한 시대적 요구에 맞춰서 새로운 내용을 추가했다.

이 책에서 많은 부분이 그동안 반영하지 못했던 내용을 이야기하고 있는데, 크게는 각 부에 3개의 장이 새롭게 추가되었고 각 장마다도 새로운 내용이 추가되었다.

1부의 '라즈베리 파이 사용하기'에서는 VNC를 이용한 원격 연결과 동적 라이브러리 제작, 라즈베리 파이 재단에서 판매하고 있는 SenseHAT의 제어에 대한 내용을 추가했다. 2부의 '리눅스 프로그래밍'에서는 초판에서 넣지 못했던 단일 유닉스 규격(Single UNIX Specification)과 새로운 네트워크 함수에 대한 내용을, 3부의 '멀티미디어 프로그래밍'에서는 독자의 의견을 받아들여 오디오 녹음과 관련된 내용, OpenCV와 OpenGL ES 프로그래밍을 추가했다. 초판의 부록으로 짧게 넣었던 OpenCV는 내용을 추가하여 하나의 장으로 독립시켰으며, 초판에서는 버전 1을 다뤘지만 이번 개정판에서는 버전 2와 3을 기반으로 작성하였다. 그리고 AR/VR/MR에 맞춰 OpenGL ES을 이용한 3D 프로그래밍에 관련된 내용도 포함했다.

마지막으로 4부의 '리눅스 고급 프로그래밍'에서는 Caffe를 이용한 인공지능에 대한 내용을 추가해 Qt를 이용하여 터치로 입력한 숫자를 자동으로 인식하는 프로그래밍을 다루었고, 리눅스 커널 & 디바이스 프로그래밍은 커널 버전 3에서 커널 버전 5.3에 맞도록 내용을 수정했다.

라즈베리 파이는 앞으로도 계속 발전해 나갈 것이다. 이번 개정판도 여러분의 실력 향상에 많은 도움을 주는 책으로 사랑받기를 바란다.

지은이 **서영진**

감사의 글

세상사 모든 일이 그렇듯이 혼자서 되는 일은 없습니다. 주변의 많은 분들 도움으로 긴 여정을 마치고 책을 낼 수 있었습니다. 이 자리를 빌려서 그분들에게 감사의 말을 전합니다. 출판을 허락해주신 제이펍 출판사의 장성두 대표님과 관계자 여러분, 그리고 초판에 이어 개정판에서도 삽화를 그려주신 디자이너 나예랑 님께 감사드립니다.

생애 가장 중요했던 시절인 중학교 1학년 때 세상을 알게 해주신 문인고 선생님께 정말 감사드립니다. 또한, 대학교 때의 은사님이신 목포대학교 전자공학과 박순영 교수님, 오일환 교수님, 故 방만원 교수님, 컴퓨터공학과의 김종화 교수님, 전북대학교 컴퓨터공학과의 조기환 교수님께도 감사드립니다. 항상 따뜻한 사랑으로 보살펴주시는 숭실대학교 컴퓨터구조 연구실의 김병기 교수님과 김석윤 교수님에게도 감사드립니다. 그리고 항상 부족한 저를 가르쳐주시고 마르지 않는 샘물 같은 사랑과 지혜로 이끌어주시는 장훈 교수님께 감사의 마음을 전합니다.

또한, 뒤에서 변함없는 사랑으로 저를 이끌어주시는 부모님과 동생에게도 감사의 마음을 전합니다. 마지막으로, 항상 삶의 방향과 조언을 함께 고민하고 뒤에서 물심양면으로 말없이 도와주는 세상에서 단 하나뿐인 사랑하는 아내 류영화와 항상 책을 쓰면서 바쁜 가운데 많이 놀아주지 못해도 밝은 웃음으로 기쁨을 주는 나의 사랑하는 딸 서지안에게 고마움을 표하고 싶습니다.

이 책에 대하여

스마트폰이나 스마트패드의 시대에 이어, 모든 사물이 네트워크에 연결되는 사물인터넷의 시대가 도래했다. 이로 인해 안드로이드 같은 스마트 기기에서 많이 사용되는 리눅스는 더욱 각광을 받고 있다. 앞으로 (임베디드) 리눅스 전문가가 많이 필요할 것이라는 분석과 함께 임베디드 리눅스 개발자가 많이 필요한 실정이다. 임베디드 리눅스 개발자를 양성하기 위해서는 임베디드 보드를 이용한 교육이 필수적이다. 하지만 학교나 일반 교육에서 사용하는 임베디드 보드 장비들은 수십만 원에서 수백만 원에 이르기 때문에 일반 학생들이 임베디드 교육을 접하기는 어렵다.

이 책에서는 5~35/55달러 사이에서 저렴하게 구입할 수 있는 라즈베리 파이를 이용해서 임베디드 리눅스 프로그래밍을 배워본다. 기본적인 리눅스의 지식과 리눅스의 기본 명령어, GPIO 같은 하드웨어의 제어, 리눅스 시스템 프로그래밍, 리눅스 멀티미디어 프로그래밍, OpenCV 프로그래밍, OpenGL ES 프로그래밍, 리눅스 GUI 프로그래밍, 인공지능 프로그래밍, 리눅스 커널과 디바이스 프로그래밍 등의 다양한 사물인터넷을 위한 리눅스 프로그래밍에 대해서 살펴볼 수 있다.

전체적으로 라즈베리 파이에 HTTP 기반의 웹 서버(Web Server)를 프로그래밍하고 원격 감시 서버를 제작해보면서 기본적인 리눅스 시스템 및 네트워크 프로그래밍에 대한 지식을 획득할 수 있다. 스마트폰이나 PC의 웹 브라우저를 이용해서 라즈베리 파이의 웹 서버에 원격으로 접속하면 라즈베리 파이에서 카메라로 사진을 찍어서 보여주는 웹 페이지가 표시된다. 이 사진을 이용해서 인공지능으로 숫자를 자동으로 인식하고, SenseHAT을 이용해서 인식된 숫자를 보여준다. 라즈베리 파이에서는 Pi Camera를 이용해서 1초에 한 장씩 이미지[1]를 찍어서 스마트폰이나 PC로 주기적으로 전송하고, 사용자는 웹 페이지에 보이는 버튼을 눌러 라즈베리 파이를 직접 제어할 수 있고, SenseHAT의 8×8 LED 매트릭스로 정보를 표시하는 애플리케이션을 작성할 수 있다.

---

1   동영상 스트리밍을 하고 싶은 경우에는 부록의 GStreamer를 이용할 수 있다.

이렇게 만들어진 원격 감시 서버는 웹상에서만 이용 가능한 것이 아니라, Qt를 이용한 GUI를 통해서 로컬상에서도 기본적인 사용과 서버 관리가 가능하다. 이러한 애플리케이션의 제작을 통해서 원격 감시 서버나 베이비 모니터, 애완견 돌보미 등의 다양한 사물인터넷을 위한 기기들을 제작할 수 있을 것이다.

운칠기삼(運七技三)이라는 말이 있다. 운이 70%, 기술이 30%라는 말로, 사람이 노력만 가지고 모든 일을 이룰 수 없다는 말이지만, 기회가 왔을 때 기회를 놓치지 않으려면 기술이 있어야 한다. 어찌 보면 30%가 아니라 10%의 기술이 없어서 기회를 잡지 못하는 사람들을 여럿 보았다. 20여 년 전에 리눅스를 만난 것이 필자의 삶을 바꾼 것처럼 이 책이 여러분들에게도 새로운 기회를 찾을 수 있는 큰 기술의 밑바탕이 될 수 있으면 좋겠다.

이 책은 라즈베리 파이를 이용해서 리눅스 프로그래밍을 할 수 있는 대부분의 사항을 담고 있고, 특히 리눅스 프로그래밍을 시작하는 사람들을 위해 꼭 필요한 정보들을 담았다. 십여 년 전에 필자를 리눅스 프로그래밍으로 이끌었던 그 책들처럼 누군가에게는 소장하고 싶은 책이 되기를 바랄 뿐이다.

책의 구성

이 책은 4부로 구성되어 있고, 각 부는 3장으로 구성되어 있다.

1부에는 라즈베리 파이를 이용해서 리눅스 프로그래밍을 할 수 있도록 라즈베리 파이의 설정과 리눅스의 사용법, 그리고 라즈베리 파이의 GPIO를 사용해서 하드웨어를 조작하는 내용을 담았다. 1부는 라즈베리 파이를 다루기 위한 기본적인 내용으로, 아래 설명처럼 해당 내용을 이미 알고 있는 독자는 각 장을 건너뛰고 2부로 넘어가도 괜찮다.

1장은 라즈베리 파이의 설정과 관련된 장으로, 라즈베리 파이를 사용했던 독자라면 다음 장으로 넘어가도 된다. 2장은 리눅스의 명령어, 텍스트 에디터(vi), 개발 환경(gcc), 컴파일 자동화(make), 디버깅(gdb), 라이브러리 생성 등 리눅스 명령어와 관련된 장으로, 리눅스를 이용해서 프로그래밍을 오래 해왔던 독자라면 필요한 내용만 참고하고 다음으로 넘어가도 좋다. 3장은 라즈베리 파이의 GPIO를 이용해서 발광 다이오드(LED), 스위치, 모터, 빛 감지 센서, 스피커, SeneHAT 등을 다루는 장으로, 이 역시 라즈베리 파이를 이전에 이용해봤던 독자라면 기본적인 하드웨어만 구성하고 2부로 넘어가도 좋다.

2부에서는 유닉스의 표준인 단일 유닉스 규격(Single UNIX Specification)을 기준으로 리눅스 시스템 프로그래밍과 네트워크 프로그래밍을 다룬다. 리눅스 시스템 프로그래밍에는 리눅스의 기본적인 입출력과 시간의 처리, 시그널과 프로세스, IPC와 스레드에 대한 내용을 담고 있으며, 리눅스 네트워크 프로그래밍에서는 TCP/IP의 개요와 BSD 소켓, UDP 프로그래밍과 TCP를 이용한 서버/클라이언트 프로그래밍 그리고 웹 서버를 만드는 내용을 담고 있다.

3부에서는 멀티미디어 프로그래밍으로 리눅스 멀티미디어 프로그래밍, OpenCV 프로그래밍, OpenGL ES 프로그래밍에 대한 내용을 담고 있다. 리눅스 멀티미디어 프로그래밍에서는 멀티미디어의 기본적인 이론과 리눅스 사운드 프로그래밍, 리눅스 프레임 버퍼 프로그래밍, 라즈베리 파이의 Pi Camera를 이용한 Video4Linux 프로그래밍에 대해서 설명하고 있다. 또한, OpenCV 프로그래밍에서는 OpenCV의 기본 API를 이용한 그래픽스와 영상 처리, 얼굴 인식 등에 대해서 설명하고 있으며, OpenGL ES 프로그래밍에서는 3D 그래픽을 위한 모델링과 OpenGL ES를 이용한 2D/3D 그래픽스, 그리고 셰이더 프로그래밍에 대해 설명한다.

마지막 4부에서는 리눅스 고급 프로그래밍으로, Qt를 이용한 GUI 프로그래밍과 Caffe를 이용한 인공지능 프로그래밍, 그리고 리눅스 커널 프로그래밍을 담고 있다. Qt를 이용한 GUI 프로그래밍에서는 Qt의 기본적인 내용과 사용자 정의 위젯 및 슬롯의 생성, 기본 위젯과 레이아웃, 다이얼로그 등에 대해서 설명한다. 인공지능 프로그래밍에서는 인공지능의 개요와 Caffe를 이용한 인공지능 프로그래밍 방법에 대해 설명하는데, 인공지능을 이용해서 손으로 그리는 숫자를 자동으로 인식하도록 프로그래밍한다. 그리고 마지막으로 리눅스 커널에서는 리눅스 커널을 이용한 라즈베리 파이의 GPIO 제어와 리눅스 커널과 모듈 프로그래밍에 대한 내용을 담고 있다.

그리고 부록에서는 리눅스 셸 프로그래밍과 GStreamer를 이용한 미디어 프로그래밍과 스트리밍 프로그래밍에 대해 설명한다.

이 책은 스마트폰이나 PC를 이용하여 라즈베리 파이의 Pi Camera에서 찍은 영상을 확인하고, 인공지능을 이용해서 손으로 쓴 글씨를 자동으로 인식해서 SenseHAT의 8×8 LED 매트릭스로 출력하며, 파이의 하드웨어를 제어할 수 있는 프로그램을 제작한다. 4장부터 11장까지 각 장의 제일 마지막에는 각 장에서 배운 내용을 라즈베리 파이와 어떤 식으로 함께 사용할 수 있는지 담았는데, 이 내용만 따라 해보면 하나의 간단한 프로젝트를 만들 수 있을 것이다.

이 책에는 숙련자를 위한 '깊게 보기' 코너가 있다. 초보자는 이해가 되지 않을 수도 있으므로 읽지 않고 넘어가도 좋다. '참고하기'는 프로그래밍과 깊은 관계는 없지만 읽어보면 본문의 내용을 보다 쉽게 이해할 수 있는 내용을 담았고, 각 내용에 대한 참고나 더 자세한 내용을 알고자 하는 독자를 위해 '각주'를 추가하였다. '숨은 이야기'에는 책을 읽다가 머리가 아프거나 심심할 때 읽어볼 수 있도록 재미있는 내용을 담았다.

준비사항

필요한 부품 리스트

라즈베리 파이의 사용에 대해서는 1장에서 이야기한다. 책 내용을 프로그래밍하기 위해서는 기본적으로 라즈베리 파이가 필요하다. 라즈베리 파이는 최신 버전의 라즈베리 파이를 이용하면 좋은데, 기본적으로 라즈베리 파이 4 B 모델에 리눅스 커널 5.3을 기반으로 책을 작성하였다. 이전 버전인 라즈베리 파이 A+, B나 B+ 모델 등을 사용할 수도 있으나 속도가 느리며, 몇몇 사항이 다를 수 있으므로 사용하는 모델과 다른 점에 대해서는 본문의 내용을 참고하기 바란다.

7장의 멀티미디어 프로그래밍에서 카메라와 관련된 사항을 프로그래밍하기 위해서는 라즈베리 파이 재단에서 공식으로 제공하고 있는 Pi Camera가 있어야 한다. Pi Camera가 없는 경우에는 리눅스와 Video4Linux2를 지원하는 USB WebCam을 이용할 수도 있겠지만, 라즈베리 파이에서의 설정과 관련해서는 사용하는 USB WebCam에 따라 각각 다르므로 이와 관련된 내용은 인터넷이나 다른 문서들을 참고하기 바란다.

라즈베리 파이는 별도의 외장 공간을 제공하지 않는다. 이를 위해서 라즈베리 파이 A와 B 모델의 경우에는 SD 카드를 사용하고, 이후 모델의 경우에는 microSD 카드를 사용한다. 책의 예제와 Qt, 리눅스 커널을 컴파일하기 위해서는 16GB 이상의 용량이 필요한데, 메모리 용량은 가급적 넉넉하게 준비해두는 것이 좋겠다. 그리고 PC나 노트북에 SD 카드 리더기가 내장되어 있지 않다면 SD/microSD 카드를 위한 외부의 SD 카드 리더기가 필요하다.

라즈베리 파이를 모니터나 TV와 연결하기 위해서는 별도의 HDMI 케이블이 필요하고, USB 포트를 사용하는 키보드나 마우스가 필요하다. 이는 기존의 PC에서 사용하던 것을 그대로 가져와서 연결해서 사용할 수 있다. 그리고 라즈베리 파이에 전원을 공급하기 위해서 라즈베리 파이 2까지는 안드로이드 폰이나 윈도우 폰에서 사용하는 5V 2A의 마이크로 USB 타입의 어댑터를 사용하면 되지만, 라즈베리 파이 3 이상은 5V 2.5A의 전원을 사용하고 있다. 그리고 라즈베리 파이 4부터는 USB 3.1 C 타입을 사용한다.

또한, UTP 케이블을 직접 라즈베리 파이와 연결해서 유선랜을 사용할 수도 있고, 무선 USB 카드를 이용해서 무선랜을 사용할 수도 있는데, 라즈베리 파이 3부터는 무선랜을 기본으로 지원한다.

책에서 사용한 전자 부품 리스트

라즈베리 파이와 전자 부품과 관련된 사항들은 이 책의 3장에서 이야기하고 있다. 이 책에서는 라즈베리 파이의 GPIO 포트를 이용해서 발광 다이오드 등 다양한 부품을 사용하며, 이 책에서 사용한 전자 부품의 종류는 다음과 같다.

이 책에서 사용한 부품 리스트

구분	단위	수량	내용	비고
발광 다이오드		1개	전기 에너지를 빛으로 발산한다.	+/− 극성
저항	220Ω	9개	전류의 흐름을 제한한다.	
	10kΩ	2개		
스위치		1개	전류를 흐르거나 흐르지 않게 한다.	4단자
스피커		1개	전기의 신호를 소리로 변환한다.	2단자
빛 감지 센서(CdS)		1개	빛을 감지해서 내부 저항을 조정한다.	
DC 모터		1개	전기를 운동 에너지로 변환한다.	
트랜지스터	PN2222A	1개	전류의 흐름을 제어한다.	NPN형
건전지 박스		1개	전류를 제공한다.	AA형x2
7세그먼트(FND)		1개	숫자를 표시한다.	애노드 공통형
SN7447		1개	7세그먼트를 위한 디코더 IC	
브레드보드		1개	전자 소자를 구성하기 위해서 필요하다.	
SenseHAT		1개	온도 센서, 지자계 센서 등을 사용	

이 기본적인 전자소자들 이외에도 다른 용량의 저항이나 콘덴서가 필요하고, 라즈베리 파이와 브레드보드 위의 전자 소자들과의 연결을 위해서 커넥터나 별도의 전선 등이 필요할 수 있다. 그리고 건전지 박스에서 사용할 별도의 건전지 등이 필요하다.

그리고 라즈베리 파이도 전자제품이기 때문에 아랫면이 금속이나 액체에 의해서 파손될 수 있다. 2015년 6월 16일 라즈베리 파이 재단에서는 라즈베리 파이를 위한 공식 케이스를 출시하였다. 또한, 여러 종류의 케이스를 판매하고 있는데 이러한 케이스를 이용해서 제품을 보호해주는 것이 좋다.

라즈베리 파이 공식 케이스(라즈베리 파이 4 B와 라즈베리 파이 zero)

책에서 사용하는 라즈베리 파이와 부품들은 ㈜젠트솔루션의 온라인 쇼핑몰(https://smartstore.naver.com/gent-mall)에서 구매할 수 있다.

라즈베리 파이와 부품들

소스 코드의 다운로드

소스 코드는 깃허브(GitHub)에서 다운로드할 수 있다. git 명령어를 이용해서 다운로드하면 되는데, 라즈베리 파이에서는 다음과 같이 설치할 수 있다. 데비안의 apt-get 명령어[2]를 이용하여 다음과 같이 다운로드한다.

```
pi@raspberrypi:~ $ sudo apt-get update
pi@raspberrypi:~ $ sudo apt-get install git-core
                          /* ~ 중간 표시 생략 ~ */
pi@raspberrypi:~ $ git clone https://github.com/valentis/LinuxProgrammingWithRaspberryPi.git
                          /* ~ 중간 표시 생략 ~ */
```

지은이의 깃허브에서 git 명령어의 clone 옵션을 이용해서 소스 코드를 다운로드한다.

독자 A/S 및 내용 업데이트 알림

책과 관련된 새로운 내용의 업데이트는 다음의 페이스북 그룹을 통해서 얻을 수 있다. 또한, 책 내용과 관련하여 궁금한 사항이 있다면 이 그룹을 통해 문의하기 바란다.

https://www.facebook.com/groups/LinuxProgrammingWithRaspberryPi

---

2 apt-get은 우분투(Ubuntu)를 포함한 데비안(Debian) 계열의 리눅스에서 쓰이는 패키지 관리 명령어이다.

베타리더 후기

제이펍은 책에 대한 애정과 기술에 대한 열정이 뜨거운 베타리더의 도움으로 출간되는 모든 IT 전문서에 사전 검증을 시행하고 있습니다.

 장승진(한단정보통신)

임베디드 리눅스 개발은 광범위한 영역을 포함하기에 실무를 담당하는 개발자라도 개발 영역 전체를 제대로 알기가 어렵습니다. 이 책에서는 라즈베리 파이를 이용하여 임베디드 리눅스의 많은 영역을 쉽게 설명하고자 노력한 저자의 고민과 내공이 느껴집니다. 도움을 주고자 베타리딩을 신청했지만 오히려 제가 도움을 받게 되어 감사를 드립니다.

 조덕명(에이치엠씨)

라즈베리 파이에 대한 활용서는 많지만 임베디드 프로그래밍을 다룬 책은 거의 없었는데 이 책을 먼저 읽을 기회를 가져서 무척 기쁩니다. 이 책은 기본적인 라즈베리 파이에 대한 설명부터 네트워크, GUI, 멀티미디어, 디바이스 드라이버까지 넓은 분야를 설명하고, 구동 가능한 코드까지 포함하여 어렵지 않게 읽을 수 있었습니다. 라즈베리 파이를 이용해서 메이커 프로젝트를 해보고 싶은 분이라면 이 책을 읽어보기를 추천합니다.

 조철현(커머스플래닛)

이 책은 어렵다고 느낄 수 있는 시스템 프로그래밍을 포함해 다양한 개발 영역을 다루는 풍부한 내용이 강점이라고 생각합니다. 라즈베리 파이를 이용하여 기존의 리눅스보다 쉽게 접근할 수 있도록 했고, 차근히 따라 하면서 프로그래밍을 학습하기에 좋은 책입니다. gcc와 vi에 대한 설명은 리눅스 프로그래밍을 위해 반드시 알아야 할 부분인데, 이를 충실히 포함하고 있어 더욱 좋았습니다.

※ 개정판과 초판의 기본 형태는 거의 유사하여 초판을 베타리딩하신 분들의 후기를 개정판에도 그대로 실었음을 밝힙니다.

I

라즈베리 파이
사용하기

21세기에 들어서면서 제4차 산업혁명의 시대가 열렸다. 새로운 혁신의 배경에는 스마트폰과 웨어러블 장비 등의 스마트 기기들로 대표되는 사물인터넷 시대가 존재한다. 이러한 사물인터넷의 중심에는 리눅스 같은 오픈 소스와 위키피디아나 TED로 잘 알려진 오픈 콘텐츠 그리고 아두이노, 라즈베리 파이 같은 오픈 소스 하드웨어가 자리 잡고 있다.

이 책은 라즈베리 파이라는 임베디드 보드를 이용해서 사물인터넷을 위한 리눅스 애플리케이션 프로그래밍에 대해서 학습하는 책이다.

1부에서는 라즈베리 파이를 사용하기 위해 필요한 라즈베리 파이의 설정을 비롯한 개발 환경의 구성과 기본적인 리눅스 사용법을 다루며, 라즈베리 파이의 GPIO를 이용하여 LED나 스위치 같은 하드웨어를 다루는 방법들을 배운다. 여기에서 배우는 라즈베리 파이와 리눅스 개발 환경에 대한 기본적인 개념은 뒤에서 배울 리눅스 시스템 프로그래밍, 리눅스 네트 워크 프로그래밍 등의 내용과 함께 실제 임베디드 리눅스 애플리케이션을 작성하는 초석이 될 것이다.

PART I의 구성

1부는 라즈베리 파이와 리눅스 프로그래밍을 위한 기본적인 내용들을 설명하며, 총 세 개 장으로 구성되어 있다.

CHAPTER 1 사물인터넷과 라즈베리 파이

1.1 사물인터넷과 오픈 소스 하드웨어 플랫폼
1.2 라즈베리 파이 한 입 베어 물기
1.3 라즈베리 파이를 위한 주변 장치
1.4 라즈베리 파이를 위한 준비운동: 사용 환경 설정

1장에서는 사물인터넷이라는 개념을 설명하고 아두이노나 라즈베리 파이 같은 오픈 소스 하드웨어 플랫폼에 대해서 설명한다. 라즈베리 파이의 등장 배경과 라즈베리 파이를 사용하기 위해서 필요한 디스크 이미지 설치와 환경 설정과 같은 기본적인 내용들을 설명하는데, 이를 이용해서 라즈베리 파이와 리눅스 프로그래밍을 위한 기본적인 개발 환경을 구성할 수 있을 것이다.

CHAPTER 2 리눅스의 기초: 라즈베리 파이와 친해지기

2.1 리눅스의 사용 환경과 구조
2.2 리눅스의 기본 명령어
2.3 리눅스 텍스트 에디터
2.4 리눅스의 프로그래밍 도구

2장에서는 라즈베리 파이를 사용해서 프로그래밍을 진행하기 위한 기본적인 내용을 설명한다. 리눅스의 기본적인 유틸리티에 대해서 설명하는데, 이를 통해서 리눅스와 라즈베리 파이를 사용하는 방법에 대해서 알 수 있을 것이다. 그리고 리눅스 프로그래밍에 필요한 vi 에디터, gcc, make, gdb 등의 텍스트 에디터나 컴파일러 같은 도구들의 사용법도 설명한다.

CHAPTER 3 라즈베리 파이와 GPIO: 하드웨어 제어

3.1 GPIO의 개요
3.2 LED 제어 프로그래밍
3.3 wiringPi를 이용한 GPIO 프로그래밍
3.4 SenseHAT을 이용한 기상 관측 시스템

3장에서는 라즈베리 파이의 GPIO를 이용해서 하드웨어를 제어하는 방법에 대해서 설명한다. 라즈베리 파이에서도 아두이노를 다루는 것처럼 쉬운 방법을 제공하기 위해 wiringPi라는 라이브러리를 제공하는데, 여기서는 이를 통해 GPIO를 제어하는 방법을 설명하고, 이를 이용해서 LED를 켜고 끄는 프로그램을 작성한다. 그리고 라즈베리 파이에서 사용할 수 있는 다양한 센서와 라즈베리 파이 재단의 SenseHAT을 이용하여 사물인터넷을 위한 하드웨어의 구성과 프로그래밍 방법을 설명한다.

1

사물인터넷과
라즈베리 파이

남극이 녹아 세상을 찾아 떠나다. 북극곰과 펭귄을 구해주세요.
(Save Mother Earth, Save the Arctic.)

2016년 1월 스위스의 다보스 포럼에서 세계경제포럼의 회장인 클라우스 슈밥(Klaus Schwab) 교수에 의해 제4차 산업혁명이라는 말이 나온 이후로 이것의 핵심이라고 할 수 있는 사물인터넷의 중요성이 더욱 커졌다. 사물인터넷은 인터넷에 연결된 모든 것으로 번역할 수 있는데, 사물이 인터넷을 통해서 연결되고, 통신으로 정보를 교환하는 모든 기기가 유기적으로 하나로 연결되는 시대가 도래한 것이다.

이러한 사물인터넷 시대의 중심에는 리눅스를 필두로 하는 오픈 소스와 오픈 콘텐츠 그리고 오픈 소스 하드웨어 플랫폼과 같은 자유와 공유의 정신이 자리 잡고 있다. 리처드 스톨먼의 GNU(GNU's Not UNIX) 프로젝트로 시작한 자유 소프트웨어 운동은 GNOME이나 KDE 등 수많은 오픈 소스 프로젝트를 가능하게 하였고, 이는 아두이노와 라즈베리 파이, 엔비디아 젯슨, BBC 마이크로비트 같은 오픈 소스 하드웨어나, 위키피디아, TED, 유튜브와 같은 오픈 콘텐츠 시대의 토대가 되고 있다. 이러한 다양한 오픈 정신과 여러 플랫폼의 융합을 통해 새로운 사물인터넷의 시대로 널리 퍼지게 되었고, 빅데이터와 인공지능 등으로 일컫는 제4차 산업혁명의 시대를 불러왔다.

이번 장에서는 사물인터넷의 기본적인 개념과 오픈 소스와 오픈 소스 하드웨어 플랫폼에 대해서 알아보고, 오픈 소스 하드웨어의 대표 주자인 라즈베리 파이를 이용한 리눅스의 사용에 필요한 기본적인 사항들에 대해서도 알아보도록 하겠다.

1.1 사물인터넷과 오픈 소스 하드웨어 플랫폼

스마트 기기의 발전은 사물인터넷 시대라는 새로운 시대를 열고 있다. 사물인터넷과 오픈 소스 하드웨어 플랫폼 그리고 라즈베리 파이에 대해서 알아보도록 하자.

1.1.1 제4차 산업혁명과 사물인터넷

2016년 1월 스위스에서 열린 다보스 포럼에서 세계경제포럼(WEF, World Economic Forum)의 회장인 클라우스 슈밥(Klaus Schwab) 교수에 의해 주창된 제4차 산업혁명은 앞으로의 새로운 미래를 제시하고 있다. 이러한 제4차 산업혁명의 중심에는 사물 간의 통신을 통한 서비스를 제공하는 사물인터넷이 있다.

세계경제포럼은 '제4차 산업혁명'을 '제3차 산업혁명을 기반으로 한 디지털과 바이오 산업, 물리학 등의 경계를 융합하는 기술 혁명'이라고 설명했다. 제4차 산업혁명은 인공지능, 로봇 기술, 사물인터넷, 생명과학 등을 통해 생산 기기와 생산품 간의 상호 소통 체계를 구축하고 전체 생산 과정의 최적화를 구축하는 산업 혁신으로 '자동화', '인공지능', '재생산', '로봇(무인화) 생산' 등 새로운 시대를 이야기하고 있다.

제4차 산업혁명의 중심에는 스마트폰으로 시작된 사물인터넷이 있다. 2007년 발표된 아이폰으로부터 시작된 스마트폰은 스마트패드, 스마트TV 등의 스마트 기기들로 이어졌으며, 스마트글래스, 스마트워치 등의 웨어러블 기기로까지 발전했다. 이외에도 스마트 가전제품, 스마트홈에 대한 기술들이 쏟아지고 있다.

그림 1-1 스마트 기기들의 발전

다양한 스마트 기기들의 발전과 함께 모든 기기들이 인터넷에 연결되는 사물인터넷은 우리 생활 속 깊숙이 침투하고 있으며, 이러한 기기들은 사람의 삶을 보다 편리하고 안전하게 만들어 줄 것으로 기대된다. 이러한 사물인터넷의 발전에는 리눅스 같은 오픈 소스나 위키피디아나 TED(Technology, Entertainment, Design), 유튜브(YouTube)와 같은 오픈 콘텐츠 그리고 여러 오픈 소스 하드웨어가 밀접하게 관련되어 있다.

1.1.2 오픈 소스의 발전과 오픈 소스 하드웨어의 등장

초창기의 오픈 소스는 미국 해커들과 BSD 유닉스와 함께 시작하였다.[1] AT&T의 연구소인 벨(Bell) 연구소에서 1960년대 말에 개발된 유닉스를 UC 버클리(University of California, Berkeley)에 제공하였고, 이는 다시 많은 해커들의 도움으로 크게 발전해나갔다.[2] 1984년 AT&T가 해체되면서 유닉스의 상업화가 시작된다. 리차드 스톨먼에 의해서 시작된 GNU(GNU's Not UNIX) 프로젝트는 자유롭게 사용할 수 있는 GNU의 도구 및 컴파일러를 만들었고, 이는 다시 리눅스(Linux)를 비롯한 많은 오픈 소스 소프트웨어의 개발을 이끌었다.

---

[1] https://www.joinc.co.kr/modules/moniwiki/wiki.php/Site/Linux/Documents/Hacker_Unix
[2] 1980년대 초까지만 하더라도 AT&T는 미국 통신 시장을 90% 이상 점유하고 있었기 때문에 독과점으로 컴퓨터 시장 쪽으로 진출할 수 없었다.

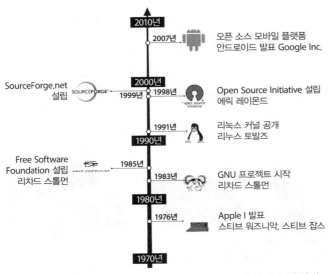

2019년	리눅스 커널 5.0 발표
2015년	리눅스 커널 4.0 발표
2011년	리눅스 커널 3.0 발표
2007년	안드로이드 발표
1996년	리눅스 커널 2.0 발표
1995년	MS 윈도우 95 발표
1994년	3월 14일 리눅스 커널 1.0 발표
1992년	MS 윈도우 3.1 발표
1990년	MS 윈도우 3.0 발표
1988년	10월 12일 NeXTSTEP 발표
1984년	macOS 발표
1982년	유닉스 시스템 III 개발
1981년	MS-DOS 출시(마이크로소프트)
1977년	BSD 유닉스 발표 (Computer Systems Research Group)
1976년	4월 1일 Apple Inc 창업
1973년	유닉스를 C 언어로 재작성 (Bell 연구소/켄 톰프슨, 데니스 리치)

그림 1-2 **오픈 소스의 발전**

1991년 핀란드의 리누스 토발즈(Linus Benedict Torvalds)가 공개한 리눅스는 수많은 해커들의 영향으로 급속도로 발전하였다. 이러한 리눅스의 발전은 1990년대 서버 시장에서 두각을 나타내었고 2000년대에 들어서면서 임베디드(Embedded) 분야로 진출한다. 2005년 이후에는 모바일 분야로도 진출하는데 안드로이드(Android), 리모(LiMo), 모블린(Moblin), 마에모(Maemo), 미고(MeeGo), 타이젠(Tizen), 웹오에스(webOS) 등 수많은 스마트폰 플랫폼의 기본 운영체계로 사용되었으며, 삼성전자나 LG전자, 구글의 스마트TV에서도 기본 운영체제로 사용되고 있다.

리눅스가 발전하면서 오픈된 리눅스 커널을 이용한 수많은 프로젝트들이 생겨났고, 이는 곳 임베디드 기기의 발전과 오픈 소스 하드웨어의 등장을 불러일으켰다. 초기의 임베디드 교육은 값비싼 임베디드 보드를 이용하였는데 이는 개발자들이 임베디드 개발에 뛰어들기 어렵게 하였다.

그리고 기초 전자 부품들을 다루기 위해서는 기본적인 저항과 콘덴서, PCB 설계와 인두를 이용한 납땜 등의 전자공학에 대한 전문 지식이 필요하다. 게다가 만들어진 하드웨어를 구동시키기 위해 필요한 소프트웨어 개발 등의 상당히 많은 지식을 필요로 했다. 이는 비전공자뿐만 아니라 소프트웨어 전공자에게도 상당한 진입의 장벽으로 작용했다.

이에 대한 대안으로 비글보드, 아두이노, 라즈베리 파이, 구글 코랄(Coral), 엔디비아 젯슨 등 다양한 오픈 소스 하드웨어들이 등장하였다. 이러한 오픈 소스 하드웨어 플랫폼은 진입 장벽을 낮춰서 보다 많은 개발자들이 쉽게 하드웨어를 다룰 수 있도록 하였다. 이를 통해서 자신의 아이디어를 직접 구현할 수 있게 되었는데, 그중에서도 아두이노나 라즈베리 파이 같은 오픈 소스 하드웨어 기반의 임베디드 보드가 많이 사용되고 있다.

표 1-1 대표적인 오픈 소스 하드웨어의 비교

분류	아두이노	BBC 마이크로비트	라즈베리 파이	구글 코랄	엔비디아 젯슨
주요 모델	Uno(우노) R3	micro:bit	RPI4 B	Edge TPU Module	Jetson nano
가격	$22.00	£13($16)	$35/$55/$75	$149.90	$99
CPU	ATmega 328P	ARM Cortex-M0	Cortex-A72 64비트 쿼드 코어	Cortex-A53 64비트 쿼드 코어 Google Edge TPU coprocessor	Cortex-A57 64비트 쿼드 코어 Maxwell™ 128코어
	16MHz	16MHz	1.5GHz	1.5GHz	1.43GHz
메모리	2KB	16KB	2GB/4GB/8GB	1 GB LPDDR4	4GB LPDDR4
저장 공간	32KB	256KB	microSD 카드	8GB eMMC	microSD 카드
이더넷	없음	없음	10/100/1000M	10/100/1000M	10/100/1000M
USB	없음	없음	2x USB 3.0, 2x USB 2.0	2x USB 3.0, 1x USB 2.0	4x USB 3.0
비디오 출력	없음	없음	2x micro HDMI, 컴포지트	HDMI	HDMI
오디오	없음	없음(P0 단자로 지원)	HDMI, 아날로그	HDMI, 아날로그	HDMI
리눅스	미지원	미지원	지원	지원	지원
무선 통신	없음(실드로 가능)	블루투스(BLE)	무선랜, 블루투스	무선랜, 블루투스	없음
비고	간단한 개발환경	다양한 개발 환경과 레퍼런스	다양한 레퍼런스	머신러닝을 위한 텐서플로 라이트(TFLite) 지원	강력한 성능과 CUDA 지원의 GPU

🗨️ 숨은 이야기 **오픈 소스의 탄생 과정**

오픈 소스란 '소프트웨어 혹은 하드웨어의 제작자의 권리를 지키면서 원시 코드를 누구나 열람할 수 있도록 한 소프트웨어 혹은 오픈 소스 라이선스에 준하는 모든 통칭'[3]을 뜻하며, 일반적으로 자유롭게 사용, 복사, 배포, 수정이 가능한 애플리케이션으로 자유(Free) 소프트웨어를 포함한 넓은 개념을 의미한다.

자유 소프트웨어 운동은 리처드 스톨먼(Richard Matthew Stallman)에 의해 시작되었다. 리처드 스톨먼은 독점화를 시도하는 소프트웨어의 상업화가 다른 소프트웨어의 개발을 저해한다고 생각했다. 그래서 1985년에 자유 소프트웨어의 생산과 보급을 장려하기 위해 FSF(Free Software Foundation)라는 단체를 설립하였다.

1985년에 스톨먼은 GNU 선언문을 발표하였고, 1989년에 일반 공중 사용 허가서(GPL) 내에 카피레프트(copyleft)의 개념을 적용하였다. GNU/FSF하에 많은 자유 소프트웨어 기반의 애플리케이션이 만들어지기 시작했으며, 리처드 스톨먼을 비롯한 수많은 개발자들이 GNU 시스템을 완성하기 위해 노력했다.

이러한 오픈 소스 소프트웨어의 대표 주자가 바로 리눅스다. 리눅스는 1991년 리누스 토발즈(Linus Torvalds)가 리눅스 커널을 발표하면서 시작되었다. 리눅스는 미닉스를 기반으로 만들어졌는데 GPL로 공개된 이후 수많은 해커들이 모여들면서 현재 가장 많이 사용되는 운영체제로 거듭났다.

---

3   https://ko.wikipedia.org/wiki/오픈_소스

리눅스는 소스 코드가 공개되어 있어서 누구나 수정이 가능하고 자유롭게 배포할 수 있기 때문에 특정한 기기 기반으로 작동하는 임베디드 시장에 적합하였고, 효율성을 중시하는 정책 때문에 낮은 사양의 CPU 에서도 높은 성능을 발휘할 수 있었다.

리눅스 등장 이래 많은 개발자들이 오픈 소스로 모여들었다. 단순한 이윤 추구를 넘어 재미와 실험적 정신 들, 70년대 히피들이 공유했던 자유, 박애, 평화의 문화가 소프트웨어에 불어닥친 것이다. 이러한 오픈 소스 운동은 자신의 코드를 남과 공유하면서 서로의 발전을 이끌었으며 자유를 누리고픈 개발자들 사이에서 폭 발적인 인기를 끌었다.

현재 웹 서버의 60~70%를 점유하고 있는 아파치(Apache)도 오픈 소스의 결과물이고, 리눅스의 대표적인 소프트웨어인 GNOME이나 KDE 같은 프로젝트가 생겨났으며, IBM과 컴팩(Compaq)[4], 구글 등의 다른 기업 들도 오픈 소스 운동에 적극 동참하였다.

현재는 세계 스마트폰 시장 점유율 80% 이상을 차지하는 구글의 안드로이드나 세계 스마트TV 시장 1위를 차지하는 리눅스 재단의 타이젠 등의 스마트 플랫폼도 오픈 소스로 개발되고 있으며, IBM에서 개발한 이 클립스(Eclipse) 역시 오픈 소스로 개발되고 있다. 이러한 오픈 소스의 성공은 사물인터넷 시대의 등장에 지 대한 영향을 주었고 앞으로 함께 발전하리라 생각된다.

1.1.3 아두이노

아두이노(Arduino)는 2005년 이탈리아의 디자인학교 교수였던 마시모 반지(Massimo Banzi)가 이탈리 아의 풍부한 예술적 감성을 지닌 디자이너와 정보기술(IT)의 융합 인재 교육을 목표로 개발한 임 베디드 보드다. 아두이노는 임베디드 개발 경험이 전혀 없는 이용자들도 쉽게 활용할 수 있도록 개 발 툴이나 회로도 등을 오픈 소스 형태로 제공하고 있다. 기존의 디자인 시장에서는 디자인에 하드 웨어를 접목하는 데 문제가 많았는데, 이를 해결해준 것이 바로 아두이노다.

아두이노는 오픈 소스와 8비트 AVR CPU인 Atmel AVR을 기반으로 하는 저사양의 마이크로컨트 롤러 보드로, 크기가 작고 건전지와 같은 저전력의 배터리로도 구동이 가능하다. 아두이노는 이 탈리아어로 1, 2, 3을 의미하는 우노(Uno), 듀에(Due), 뜨레(Tre) 외에 메가(Mega), 제로(Zero) 등의 다 양한 모델[5]을 제공하고 있다. 가격이 비교적 저렴하여 아두이노 우노(UNO)의 경우 20달러 내외로 구매가 가능하다. 또한 하드웨어가 오픈되어 있어, 간단하게 원하는 형태로 제작이 가능하므로 1 달러대의 호환 보드가 판매되고 있다.

아두이노는 보다 편리한 소프트웨어 개발을 위해 스케치(sketch)라는 통합 개발 환경(IDE, Integrated Development Environment)을 제공한다. 스케치는 단순하고 간단한 문법을 사용하는데 C나 C++ 언 어를 모르더라도 쉽게 접근할 수 있다. 여기에 프로세싱(Processing), Max/MSP 같은 소프트웨어 도 구들을 연동할 수도 있다.

---

4 2002년 HP에 인수되었다.

5 https://www.arduino.cc/en/Main/Products

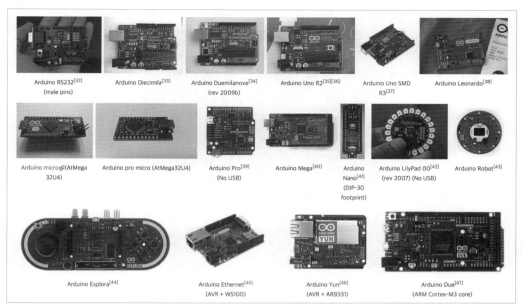

Arduino RS232[32] (male pins) Arduino Diecimila[33] Arduino Duemilanove[34] (rev 2009b) Arduino Uno R2[35][36] Arduino Uno SMD R3[37] Arduino Leonardo[38]

Arduino micro2(AtMega 32U4) Arduino pro micro (AtMega32U4) Arduino Pro[39] (No USB) Arduino Mega[40] Arduino Nano[41] (DIP-30 footprint) Arduino LilyPad 00[42] (rev 2007) (No USB) Arduino Robot[43]

Arduino Esplora[44] Arduino Ethernet[45] (AVR + W5100) Arduino Yun[46] (AVR + AR9331) Arduino Due[47] (ARM Cortex-M3 core)

그림 1-3 다양한 아두이노 보드[6]

그림 1-4 아두이노 사이트(www.arduino.cc)와 아두이노의 개발 환경인 스케치(Sketch)

이러한 아두이노의 쉬운 개발 환경은 AVR이나 임베디드를 모르는 사람들에게도 쉽게 개발에 접근할 수 있는 환경을 제공한다. 이를테면, 아두이노 보드를 컴퓨터의 USB에 연결하고 스케치 프로그램으로 명령어를 작성해서 실행(다운로드)하면 된다. 이처럼 기존의 임베디드 보드를 사용하는데 필요한 복잡한 과정을 대폭 생략했기 때문에 초보자들도 쉽게 사용할 수 있다.

또한 아두이노는 여러 개의 디지털 핀과 아날로그 핀을 제공한다. 이러한 입출력 포트를 통해 조도, 온도, 습도 등을 측정하는 다양한 센서는 물론, 스피커, LED, 모터 등의 다양한 외부장치를 연결하여 다양한 디바이스들을 제어할 수 있다.

---

6 https://en.wikipedia.org/wiki/Arduino

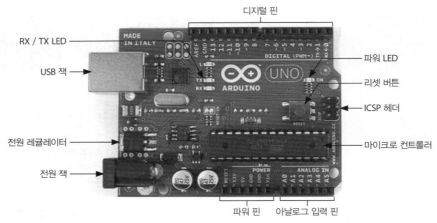

그림 1-5 **아두이노의 다양한 포트**

성능과 크기에 따라 다양한 아두이노 제품군이 있는데, 구글은 안드로이드와 통신해서 사용할 수 있는 표준 보드로 아두이노 메가(Mega)를 선정하였다. 안드로이드 허니콤(버전 3.1)부터 USB를 통한 액세서리 장치를 지원하는 표준인 ADK(Accessory Development Kit)를 사용할 수 있다.

디자인 업계에서도 간단한 전자장치의 구현을 위해 아두이노 보드를 사용하고 있다. 특히 패션과 웨어러블 분야에서는 아두이노 호환 보드인 릴리패드(LilyPad)나 플로라(FLORA) 보드를 이용해서 많은 제품들을 개발하고 있다.

그림 1-6 **아두이노 릴리패드(LilyPad)**

1.2 라즈베리 파이 한 입 베어 물기

라즈베리 파이는 아두이노에 비해서 상당히 빠른 CPU와 대용량의 메모리(RAM)를 가지고 있으며, SD 메모리 카드를 이용해서 외부 메모리 공간을 사용할 수 있다. 그리고 OpenGL ES를 지원하는 그래픽 처리 장치를 제공하고 있다.

1.2.1 라즈베리 파이

라즈베리 파이(Raspberry Pi)는 2012년 1월 29일에 영국의 라즈베리 파이 재단에서 기초 컴퓨터 과학 교육을 목적으로 발표한 오픈 소스 하드웨어[7]로 ARM 기반의 빠른 속도와 리눅스를 사용할 수 있어서 인기가 많다.

라즈베리 파이는 싱글 보드 컴퓨터로 USB(Universal Serial Bus)와 하드웨어 연결을 위한 GPIO, 인터넷 연결을 위한 이더넷 포트(B와 B+ 모델), 무선랜과 블루투스(라즈베리 파이 3 이상), 사운드 출력 단자, 모니터 연결을 위한 HDMI(High-Definition Multimedia Interface) 등의 다양한 포트들을 지원하며, 기존의 데스크탑 PC와 유사하게 키보드, 마우스 등의 주변 기기와 연결해서 사용할 수 있어 일반적인 소형 PC로도 사용이 가능하다. 이를 이용해 C 언어 프로그래밍이나 동영상을 재생할 수 있는 MPC(Multimedia PC)로도 사용되고 있다.

다양한 종류의 라즈베리 파이가 있는데, 모델 A와 모델 B, 그리고 2014년에 발표된 모델 B+(7월), 모델 A+(11월)와 2015년 2월에 발표된 라즈베리 파이 2 모델 B, 11월에 라즈베리 파이 제로, 2016년에 발표된 라즈베리 파이 3 모델 B, 2017년 3월 라즈베리 파이 제로 W, 2018년 3월 18일에 발표된 라즈베리 파이 3 모델 B+, 11월 14일에 발표된 라즈베리 파이 3 모델 A+와 2019년 5월에 발표된 라즈베리 파이 4 모델 등이 있다.

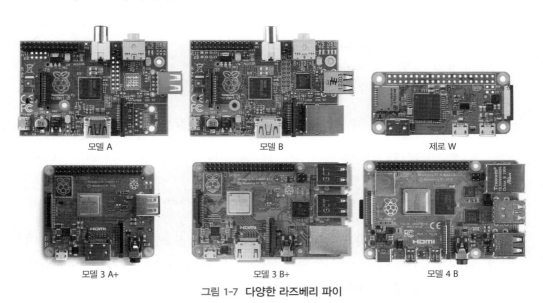

모델 A   모델 B   제로 W

모델 3 A+   모델 3 B+   모델 4 B

그림 1-7 **다양한 라즈베리 파이**

---

7   https://www.etnews.com/20160617000267

1.2.2 라즈베리 파이의 모델 및 구조

라즈베리 파이는 미국 브로드컴(Broadcom)에서 나온 ARM 기반의 싱글 코어 BCM2835나 쿼드 코어 BCM2836/BCM2837/BCM2711 등의 SoC를 사용하는데 그래픽 처리 장치[8](GPU, Graphics Processing Unit), 디지털 신호 처리 장치(DSP, Digital Signal Processor), SD램(SDRAM) 등이 탑재되어 있다.

라즈베리 파이는 여러 모델로 판매되며, CPU의 종류, 램(RAM)의 크기 및 USB 포트 수 등 각 모델마다 크기나 기능의 차이가 있는데, 크게 5/10 달러의 가격대인 라즈베리 파이 제로/제로 W와 20 달러인 라즈베리 파이 A+, 그리고 35달러(2기가)/55달러(4기가)/75달러(8기가)의 라즈베리 파이 4 모델 B 등으로 구분할 수 있다. 모델 A 시리즈는 한 개의 USB 포트가 장착되어 있지만 이더넷 콘트롤러는 없으며, 모델 B 시리즈는 두 개 혹은 네 개의 USB 포트와 10/100/1000[9] 이더넷 컨트롤러가 장착되어 있다.

표 1-2 라즈베리 파이의 모델 비교

모델	Zero	A	A+	B	B+	2B	3B	3B+	4B
CPU	브로드컴 BCM2835					BCM2836	BCM2837	BCM2837B0	BCM2711
속도	1GHz	700MHz				900MHz 쿼드코어	1.2GHz 쿼드코어	1.4GHz 쿼드코어/ A53	1.5GHz 쿼드코어/ A72
메모리 (RAM)	512MB @ 400MHz	256MB @ 400MHz		512MB @ 400MHz		1GB @ 400MHz	1GB @ 400MHz	1GB @ 400MHz	2/4/8GB @ 2400MHz
비디오	브로드컴 VideoCore IV MP2 250MHz						400MHz		500MHz
저장 공간	microSD 카드	SD 카드	microSD 카드	SD 카드	microSD 카드				
USB 포트	1x (micro)	1x		2x		4x			
이더넷	없음			1x			1x, (와이파이, 블루투스)		
전원	5V	5V 1.2A	5V 1.8A	5V 1.2A	5V 1.8A	5V 2A	5V 2.1A	5V 2.5A	5V 3A(C)
GPIO 핀	40	26	40	26		40		44(4:PoE)	

† USB의 출력 전압은 5V이며 전류는 USB 1.0/2.0에서 0.5A(500mA)이고, USB 3.0에서 0.9A(900mA)이다.

처음에 나온 라즈베리 파이는 700MHz의 싱글코어 BCM 2835을 사용하였고 메모리는 256MB[10]였지만, 현재의 4 모델 B는 1.5GHz 쿼드 코어의 코어텍스 A72(ARM v8) 64비트 기반의 BCM2711을 사용하고 있으며, 메모리도 최대 4GB까지 늘어났다.

---

8 https://ko.wikipedia.org/wiki/그래픽_처리_장치 참고
9 1000은 라즈베리 파이 3 모델 B+부터 지원한다.
10 그리고 초기의 라즈베리 파이 A 모델은 메모리가 128MB였지만 256MB로 업데이트되었다.

라즈베리 파이 제로와 라즈베리 파이 3부터 무선랜과 저전력을 위한 블루투스(BLE)를 지원하고 있다. 라즈베리 파이 모델 B 시리즈는 유선랜을 지원하기 위해 UTP(Unshielded Twisted Pair) 케이블을 위한 RJ-45 단자를 제공하고 있지만 라즈베리 파이 모델 A 시리즈에서는 별도의 랜을 위한 단자를 지원하지 않는다. 라즈베리 파이 B 모델은 512MB의 메모리를 지원하고, 라즈베리 파이 2는 1GB의 메모리를 지원한다. 그리고 최근에 나온 라즈베리 파이 4는 8기가까지의 메모리를 지원하고 있다. 기본적으로 디스크 공간을 위해 SD 카드(모델 A, B)나 microSD 카드(모델 B+)를 사용하고 있다.

기본적으로 USB 포트를 이용해서 USB 이더넷이나 무선랜, PC의 키보드나 마우스를 사용할 수 있다. 기존의 B 모델의 경우 USB 포트가 두 개였기 때문에 마우스나 키보드를 사용하면 다른 포트를 사용할 수 없으므로 별도의 USB 허브가 필요했다. 2014년에 출시된 모델 B+와 2015년에 나온 라즈베리 파이 2 모델 B에서는 기존의 컴포지트를 위한 RCA 단자를 없애고 USB가 두 개 더 추가되었다.

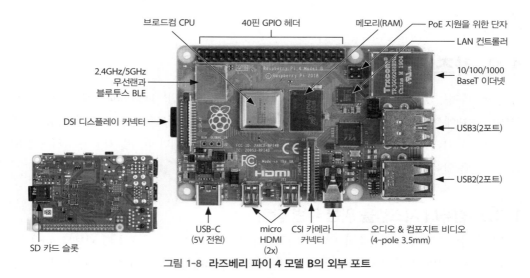

그림 1-8 라즈베리 파이 4 모델 B의 외부 포트

라즈베리 파이는 영상 출력을 위한 HDMI 포트와 CSI 카메라 커넥트, 그리고 USB 포트와 외부 하드웨어 제어를 위한 GPIO 포트 등을 제공한다. 라즈베리 파이 3까지는 일반 HDMI 포트를 사용했지만, 라즈베리 파이 제로는 미니(Mini) HDMI 단자를 사용하고 라즈베리 파이 4는 2개의 마이크로 HDMI 단자를 사용하고 있다. USB 포트를 이용해서 USB 이더넷이나 무선랜, PC의 키보드나 마우스를 사용할 수 있다. 이러한 라즈베리 파이 본체 뿐만 아니라 카메라나 7인치 터치 디스플레이와 다양한 하드웨어와의 연결을 위한 GPIO와 이를 이용한 다양한 HAT(Hardware Attached on Top)이 제공되고 있어서 사물인터넷을 위한 개발용으로 많이 사용되고 있다.

그림 1-9 라즈베리 파이 재단에서 나오는 제품들(https://www.raspberrypi.org/products)

1.3 라즈베리 파이를 위한 주변 장치

라즈베리 파이는 공식적으로 RS 컴포넌츠(RS Components)[11]나 엘리먼트14(element14)[12]에서 판매하고 있으며, 국내에서는 엘레파츠(eleparts)[13], 인터파크나 옥션 등의 사이트를 통해 구매가 가능하다.[14] 라즈베리 파이를 구매하면 보드만 달랑 들어 있으므로 이제 라즈베리 파이를 사용하기 위해 필요한 도구들을 알아보자.

1.3.1 컴퓨터 시스템을 위한 주변 장치

라즈베리 파이를 구매하면 단순히 보드만 제공된다. 우리가 컴퓨터를 사용할 때 키보드, 마우스, 모니터 등이 필요한 것과 같이 라즈베리 파이를 이용하기 위해서는 다양한 하드웨어가 필요하다. 이를 위해서는 먼저 필요한 하드웨어를 알아야 하는데, 컴퓨터를 살펴보면 그림 1-10과 같은 구조로 되어 있다.

---

11 https://kr.rs-online.com
12 https://kr.element14.com
13 http://www.eleparts.co.kr
14 라즈베리 파이 보드와 관련 부품의 구매에 대해서는 '이 책에 대하여'를 참고하세요.

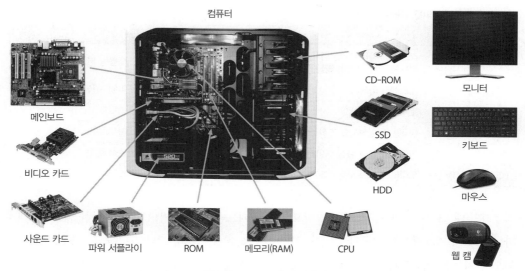

그림 1-10 **컴퓨터(Computer) 시스템의 내부 구조**

컴퓨터 시스템은 다양한 부품으로 구성되어 있다. 컴퓨터의 중앙에는 메인보드(Mainboard)가 있는데, 메인보드에 다양한 부품들을 배치하여 연결할 수 있다. 가장 중요한 부품으로는 사람의 머리에 해당하는 생각을 하고 연산을 하는 CPU(Central Processing Unit)가 있고 연산의 결과나 상태를 저장하는 메모리(Memory)가 있다.

또한 메인보드에 모니터를 연결하기 위해서 사용하는 비디오 카드와 사운드 출력을 위한 사운드 카드가 시스템 버스(System Bus)를 통해 연결되어 있다. 컴퓨터의 메모리는 일반적으로 전원이 들어왔을 때만 내용을 기억하고 있으므로 전원이 없는 경우에도 프로그램이나 이미지, 영상과 같은 대용량의 데이터를 저장하기 위한 HDD, SSD, CD-ROM/DVD-ROM과 같은 별도의 보조 저장 장치(Secondary Storage)가 필요하다.

그리고 이러한 부품들을 동작시키기 위해 컴퓨터에 안정적으로 전원을 공급해주는 파워 서플라이(Power supply)가 필요하다. 이렇듯 컴퓨터는 다양한 부품으로 구성되어 있고, 컴퓨터를 사용하기 위해 모니터, 키보드, 마우스, 웹 캠(Web cam)과 같은 별도의 하드웨어가 필요하다.

1.3.2 라즈베리 파이를 위한 주변 장치

컴퓨터 시스템이 여러 개의 부품으로 구성되는 것과 같이 라즈베리 파이도 별도의 주변 장치를 사용해야 한다. 라즈베리 파이 보드를 사용하기 위해서는 기본적으로 표 1-3과 같은 주변 장치가 필요하다.

표 1-3 라즈베리 파이를 위한 주변 장치

표 1-3 라즈베리 파이를 위한 주변 장치

주변 장치	내용	컴퓨터와 비교
microSD 카드[15]	라즈베리 파이에서 운영체제를 설치할 수 있는 디스크와 같은 별도의 저장 공간의 역할을 한다.	대용량 저장 장치(HDD/SSD)
5V 어댑터	라즈베리 파이에 전원을 공급한다.	파워 서플라이
USB 키보드	문자를 입력한다.	키보드
USB 마우스	GUI를 위한 커서를 조작한다.	마우스
Pi 카메라	카메라와 같이 화상 데이터를 입력받는다.	USB 웹 캠
LCD/모니터/TV 등	모니터와 같이 사용자에게 정보를 표시하는 장치이다.	모니터

컴퓨터의 메인보드, CPU와 메모리, 그리고 그래픽 카드나 사운드 카드와 같은 장치들은 라즈베리 파이 보드에 기본적으로 장착되어 있다. 하지만 보조 저장 장치나 모니터, 키보드, 마우스와 같은 외부 장치들은 제공되지 않으므로 이를 사용하기 위해서는 별도의 장치들을 준비하여 연결해야 한다. 라즈베리 파이에서 사용하는 외부 장치는 기본적으로 PC에서 사용하는 것과 동일한 제품들을 사용할 수 있다.

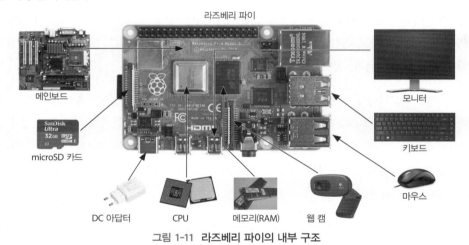

그림 1-11 라즈베리 파이의 내부 구조

1.3.3 라즈베리 파이와 SD 카드

라즈베리 파이에는 컴퓨터의 하드디스크 같은 저장 공간이 없다. 이러한 공간을 SD 카드로 대신하기 때문에 라즈베리 파이를 사용하기 위해서는 SD 카드가 반드시 필요하다. A와 B 모델은 SD 카드를 사용하는데, A나 B 모델의 경우에도 SD 카드 어댑터를 이용한다면 microSD 카드도 사용할 수 있으므로 microSD 카드로 구매하는 것이 좋다.

---

15 처음에 나온 라즈베리 파이는 SD 카드를 사용했지만, 라즈베리 파이 A+/B+부터 크기가 작은 microSD 카드를 사용한다.

그림 1-12 **SD 카드와 microSD 카드와 어댑터**

라즈베리 파이를 일반적인 용도로 사용할 경우 8~16GB 용량을 사용해도 되겠지만, 라즈베리 파이에서 Qt 라이브러리를 빌드하거나 커널이나 애플리케이션을 개발하기 위해서는 보다 넉넉한 용량이 필요하다.[16] 그리고 라즈베리 파이는 시중에 판매되는 대부분의 SD 카드를 지원하지만, 아주 드물게 지원하지 않는 SD 카드도 있으므로 구매하기 전에 라즈베리 파이가 해당 모델을 지원하는지 확인하자. 디스크의 속도에 따라서 시스템의 속도도 좌우되기 때문에 라즈베리 파이의 속도를 높이기 위해서는 SD 카드도 빠른 것을 사용하면 좋다.

1.3.4 라즈베리 파이와 주변 장치의 연결

라즈베리 파이는 기본적인 입력 장치로 PC에서 사용하는 USB 키보드와 마우스를 연결해서 사용하면 된다. 라즈베리 파이는 기본적으로 USB 단자를 제공하며, 이 단자를 이용해서 키보드와 마우스를 연결할 수 있다.[17]

영상 출력을 위해서는 HDMI 케이블로 모니터와 라즈베리 파이를 연결한다. HDMI 포트는 그림 1-8에서와 같이 라즈베리 파이의 윗면에 있으며, 이를 이용해서 모니터나 TV에 연결한다. 그리고 라즈베리 파이 4는 마이크로 HDMI 단자를 사용하고, 제로는 미니 HDMI 단자를 사용하므로 마이크로/미니 HDMI2HDMI 어댑터나 케이블이 필요하다. 모니터를 사용하기 위해서는 B 모델의 경우 HDMI나 비디오 컴포지트 케이블을 통해서 출력이 가능하므로 이러한 입력을 사용할 수 있는 모니터나 TV를 이용할 수 있다. HDMI 단자를 이용해서 TV나 모니터에 연결할 수 있는데, 이런 단자를 제공하지 않는 모니터들은 HDMI2DVI와 같은 어댑터가 필요할 수도 있다.

---

16 사용하는 라즈베리 파이의 모델에 따라서 다르지만, 128GB 이상도 사용 가능하다고 한다.
　　https://www.raspberrypi.org/forums/viewtopic.php?t=244295
17 라즈베리 파이 모델 A의 경우 USB 단자가 부족할 수 있는데, 이럴 때는 별도의 USB 허브를 사용하자.

그림 1-13 디스플레이 연결을 위한 케이블
(HDMI, HDMI2DVI 어댑터, mini/micro HDMI2HDMI 컨버터, 비디오 컴포지트)

HDMI 단자를 이용해서 TV나 모니터에 연결할 수도 있지만, DSI 디스플레이 단자나 GPIO 단자를 이용해서 LCD에 연결할 수도 있다. 라즈베리 파이 재단에서는 공식적으로 터치가 되는 7인치 LCD를 제공하며, 이를 이용해서 터치 기반의 GUI 시스템을 개발할 수 있다.

라즈베리 파이에서 영상 데이터를 입력받기 위해서는 Pi 카메라(Camera)나 USB 기반의 웹캠 (Webcam)[18]을 사용할 수 있다. Pi 카메라는 라즈베리 파이 재단에서 공식적으로 제공하는데, 5MP(Mega Pixel)과 2016년부터 리뉴얼된 8MP의 카메라를 제공한다.

그림 1-14 라즈베리 파이의 Pi 카메라: 5M 픽셀(Rev 1.3)과 8M 픽셀(Rev 2.1)

라즈베리 파이에서 인터넷을 사용하려면 네트워크를 유선으로 연결하거나 무선랜을 이용할 수 있는데, 무선랜을 사용하면 이동성이 좋아진다. 라즈베리 파이 3부터 무선랜과 블루투스를 기본으로 제공하지만, 무선랜의 경우 보드에 안테나가 붙어 있는 형태이기 때문에 무선랜을 위한 AP(Access Point)와 거리가 멀어지면 수신

그림 1-15 다양한 종류의 USB 무선랜카드

이 잘 안되는 경우가 있다. 이러한 경우 안테나가 있는 외장 USB 무선랜카드를 사용하면 좋다.

라즈베리 파이 3부터 성능이 좋아지면서 발열이 심해졌다. 또한, 라즈베리 파이는 오버클럭 (Overclock)을 지원하는데, 이때 메인칩의 온도가 50~60도를 넘어가지 않도록 주의해야 한다. 이러한 문제점을 해결하기 위해 방열판(Heat sink)이나 팬(fan) 등을 이용할 수 있다.

---

18 UVC(USB Video device Class)를 지원하는 최신 웹 캠이면 쉽게 사용할 수 있다.

그림 1-16 라즈베리 파이용 방열판

라즈베리 파이에 앞서 나온 주변 장치들을 연결하면 키보드나 마우스를 이용해서 라즈베리 파이를 직접 제어할 수 있으며, 모니터를 통해서도 작업할 수 있다. 물론 직접 연결 방법 이외에 유/무선랜을 통한 원격 제어도 가능한데, SSH를 이용해서 터미널로 접속하거나 VNC를 이용해서 원격 데스크탑 환경을 이용할 수 있다.

라즈베리 파이의 전원은 마이크로 USB나 USB C(라즈베리 파이 4) 케이블을 이용해서 PC로부터 공급받거나, 휴대폰에서 많이 사용하고 있는 마이크로 USB나 USB C 단자를 제공하는 어댑터를 통해서 공급받을 수 있다. 라즈베리 파이 3 B+의 경우 5V 2.5A 이상을 사용하고, 라즈베리 파이 4는 3A 이상을 사용하므로 스마트폰에서 사용되는 어댑터보다는 조금 더 높은 전류(암페어)가 필요하다.[19]

그림 1-17 전원 공급을 위한 micro USB와 USB C 기반의 어댑터

그리고 라즈베리 파이를 독립형으로서 사용하는 경우에는 휴대폰 충전용으로 사용되는 외장 충전 배터리를 이용해서 동작시킬 수 있다.

마지막으로, 라즈베리 파이의 GPIO를 이용해서 여러 하드웨어들을 제어하기 위해서는 LED나 모터 등의 액추에이터(actuator)와 스위치나 센서 등의 전자 부품이 필요하다. 각각의 전자 부품들은 별도로 구매하기 번거로우므로 라즈베리 파이 스타터킷(LED나 스위치, 저항 등의 기본적인 부품들을 함께 모은 패키지)[20]과 같은 제품을 구매하는 것이 좋다.

---

19 라즈베리 파이를 사용 시 전압이 부족하면 화면 우측 상단에 무지개색 박스가 표시된다.

20 시중에서 판매되는 다양한 라즈베리 파이 스타터킷(Starter Kit)에는 이 책에서 사용하는 부품 중에 빠진 것들이 있다. 책에서 사용하는 부품들을 구매하고 싶다면 '이 책에 대하여'를 참고하라.

그림 1-18 라즈베리 파이 스타터킷과 브레드보드

스타터킷에는 브레드보드(Breadboard)가 포함되는데, 이를 이용하면 LED와 같은 전자 부품을 라즈베리 파이의 GPIO의 핀과 직접 연결하는 귀찮은 작업을 보다 편리하게 해낼 수 있다.

이제 라즈베리 파이에 USB 키보드와 마우스를 연결하고 HDMI 포트에 모니터를 연결해보자. 전원을 연결하기 전에 HDMI로 모니터를 연결해야 모니터가 정상적으로 작동한다. 이렇게 하드웨어가 준비되었으면 전원을 연결하기 전에 운영체제를 준비하자.

 HDMI 모니터도 장치가 연결되어야 화면을 출력하는 경우가 있다. 이때 라즈베리 파이에서 모니터를 인식할 수 없는데, SD 카드에서 'boot/config.txt' 파일에 다음 값을 설정하면 된다.

```
hdmi_force_hotplug=1
hdmi_drive=2
```

앞에서와 같이 하드웨어의 구성이 끝나면 이제 라즈베리 파이에서 사용할 운영체제를 설치해야 한다. 라즈베리 파이에서는 이러한 운영체제의 사용을 위해 보조 저장 장치로 SD 카드를 이용한다. 컴퓨터를 사용하기 위해서 하드디스크에 운영체제를 설치하듯이 라즈베리 파이도 SD 카드에 리눅스나 MS 윈도우 10 IoT 코어 등을 설치해서 사용할 수 있다.

그림 1-19 전원, HDMI와 키보드, 무선랜의 연결

1.4 라즈베리 파이를 위한 준비 운동: 사용 환경 설정

라즈베리 파이는 다른 오픈 소스 하드웨어에 비해서 비교적 가격이 저렴하며, 3D 그래픽스를 위한 OpenGL ES를 지원하는 고성능의 GPU(VideoCore IV)와 HDMI, USB, GPIO 등의 다양한 입출력 포트를 제공하고 있다. HDMI와 USB 포트를 이용해서 디스플레이나 키보드, 마우스와 같은 입출력 장치를 사용할 수 있어서 개인용 컴퓨터나 MPC(Multimedia PC)로도 많이 사용되고 있다.

라즈베리 파이를 일반 리눅스에서나 애플리케이션 개발, 그리고 MPC로 쉽게 사용할 수 있도록 다양한 디스크 이미지가 제공되고 있다. 라즈베리 파이를 사용하려면 리눅스가 시스템에 설치되어야 하는데, 이를 위해서 SD 카드에 디스크 이미지를 구우면(flashing) 된다. 이제 라즈베리 파이를 사용하기 위한 기본적인 준비 운동을 시작해보자.

1.4.1 라즈베리 파이를 위한 운영체제

라즈베리 파이는 여러 운영체제를 사용할 수 있다. 라즈베리 파이 OS(Raspberry Pi OS)라는 데비안 기반의 리눅스를 기본적으로 지원하며, NOOBS, 아치(Archi) 리눅스, Pidora[21] 등이 제공되고 있다. 그리고 라즈베리 파이 2부터 우분투가 지원되고, 마이크로소프트의 윈도우(Windows) 10 IoT 코어(Core) 버전도 무료로 제공된다.

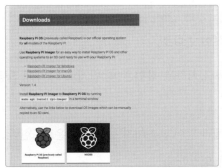 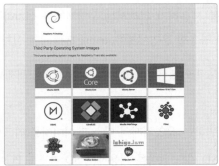

그림 1-20 라즈베리 파이 이미지 다운로드 사이트와 제공되는 다양한 운영체제

라즈베리 파이는 다양한 용도로 사용할 수 있는데, 그 대표적인 것이 MPC(Multimedia PC)로 라즈베리 파이를 멀티미디어 PC로 이용할 수 있도록 제공하고 있는 미디어 센터가 바로 OSMC(예전 이름은 RASPBMC)와 libreELEC이다. 그리고 학교에서 교육을 위해 여러 대의 라즈베리 파이를 관리할 수 있는 PiNet이나 날씨 정보를 위한 Weather Station과 같은 디스크 이미지도 공식적으로 제공한다.

---

21 라즈베리 파이를 위한 페도라(Fedora)

이러한 공식 패키지 이외에도 구글의 안드로이드(Android)[22]나 리눅스 재단의 타이젠(Tizen), LG전자의 웹오에스(webOS)[23], 그리고 블랙베리의 QNX도 사용할 수 있다.

그림 1-21 라즈베리 파이를 위한 안드로이드와 타이젠 홈페이지

또한 라즈베리 파이는 리눅스에서 사용할 수 있는 여러 가지 프로그래밍 언어와 개발 환경을 이용해서 애플리케이션을 개발할 수 있는데, 프로그래밍 언어로 C, C++, 자바(Java), 스크래치(Scratch) 등의 다양한 프로그래밍 언어 및 파이썬(Python)과 BBC 베이직(BBC Basic), 펄(Perl), 루비 등과 같은 스크립트 언어도 지원한다. 다른 오픈 소스 하드웨어에 비해서 사용하는 사람이 많기 때문에 다양한 서적과 많은 레퍼런스를 쉽게 찾아볼 수 있다.

1.4.2 라즈베리 파이의 디스크 이미지 설치

컴퓨터를 사용하기 위해서는 운영체제를 설치하는 것과 같이, 라즈베리 파이를 사용하기 위해서도 먼저 사용할 운영체제(Operating System)를 설치해야 한다.[24]

라즈베리 파이에서 사용할 SD 카드에 운영체제를 설치하는 작업은 몇 단계로 나눠서 진행할 수 있다.

1. 원하는 운영체제의 디스크 이미지를 라즈베리 파이 홈페이지 등에서 다운로드한다.
2. SD 카드 리더를 이용해서 SD 카드를 PC에 연결한다.
3. SD 카드에 라즈베리 파이의 이미지를 설치한다.
4. 디스크 이미지가 설치된 SD 카드를 라즈베리 파이의 SD 카드 슬롯에 삽입한다.

---

22 https://developer.android.com/things/hardware/raspberrypi.html

23 https://magpi.raspberrypi.org/articles/webos-open-source-edition-raspberry-pi

24 PC 구매 시 브랜드 제품을 구입하는 경우에는 운영체제가 미리 설치되어 있지만, 조립 PC를 구매한 경우에는 사용자가 운영체제를 직접 설치해야 하는 것과 같다.

라즈베리 파이에서 기본으로 사용하는 운영체제는 라즈베리 파이 OS(Raspberry Pi OS)다. 먼저, 라즈베리 파이 다운로드 사이트에 있는 라즈베리 파이 OS를 다운로드한다. 라즈베리 파이 OS는 라즈베리 파이에 최적화되어 있으며, 35,000개 이상의 패키지들을 제공하고 있다. 라즈베리 파이 OS 이미지는 라즈베리 파이 사이트[25]에서 무료로 다운로드 받을 수 있다.

라즈베리 파이 OS는 크게 두 가지 버전이 있는데, 하나는 개발 환경과 같은 유틸리티들이 모두 포함되어 있는 Raspberry Pi OS (32-bit) BUSTER WITH DESKTOP(and recommended software) 버전과, 보통의 사용자를 위해 불필요한 유틸리티들을 제외하여 용량을 줄인 RASPBIAN BUSTER LITE 버전이 있다. 이 책은 애플리케이션 개발에 대한 내용이므로 RASPBIAN BUSTER WITH DESKTOP(and recommended software) 버전을 다운로드한다.

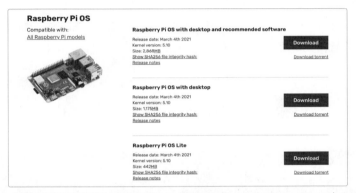

그림 1-22 여러 버전의 라즈베리 파이 OS(desktop(and recommended software)과 Lite 버전)

참고
하기 ➕ 라즈베리 파이와 데비안(Debian)

라즈베리 파이 OS는 리눅스에서 많이 사용되고 있는 데비안(Debian)을 기반으로 하고 있으며, 데비안 버전에 따른 라즈베리 파이 OS 배포판을 함께 제공한다. 라즈베리 파이 초반에는 데비안 7과 리눅스 커널 3.x를 기반으로 하는 WHEEZY를 제공하고 있었지만, 2015년부터 리눅스 커널 4.x를 기반으로 하는 JESSIE와 STRETCH를 사용하였다. 그리고 최근에 데비안 10과 최신 리눅스 커널을 기반으로 하는 BUSTER를 사용하고 있다.

디스크 이미지는 압축된 형태의 ZIP 파일이나 토렌트(torrent)를 이용해서 다운로드할 수 있다. 디스크 이미지의 다운로드가 완료되면 앞에서 준비한 SD 카드에 설치해야 하는데, SD 카드 리더를 이용해서 SD 카드를 운영체제로 마운트[26]한다.

---

25 라즈베리 파이 OS는 https://www.raspberrypi.org/downloads/raspberry-pi-os에서 다운로드할 수 있다. 터미널을 이용해서 최신 버전의 라즈비안을 다운로드하고 싶은 경우 $ wget http://downloads.raspberrypi.org/raspios_arm64_latest 명령어를 사용할 수 있다. 최신 버전을 다운로드한 후 파일의 확장자를 .zip으로 붙여서 사용하면 된다.

26 윈도우는 디스크나 CD-ROM을 넣으면 자동으로 인식되지만, 리눅스는 사용자가 장치를 사용할 수 있도록 시스템에 연결해주어야 한다. 이처럼 장치를 운영체제에 인식시키는 것을 마운트라고 한다.

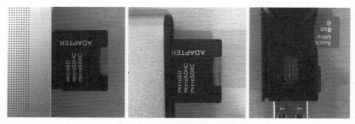

그림 1-23 **다양한 USB 리더들**

SD 카드에 이미지를 설치하는 것을 리눅스, macOS, MS 윈도우에서 수행할 수 있다. SD 카드에 디스크 이미지를 설치하는 것은 Raspberry Pi Imager 프로그램을 이용하면 간단히 해낼 수 있다. Raspberry Pi Imager는 라즈베리 파이 다운로드 사이트에서 간단히 다운로드 받을 수 있다. Raspberry Pi Imager는 마법사 형태의 GUI 애플리케이션으로, 리눅스를 비롯해서 모든 운영체제에서 간단하게 사용할 수 있다. 이 애플리케이션은 다운로드받은 이미지를 선택하고 다시 SD 카드를 컴퓨터에 마운트한 드라이브를 선택하는 방식으로 쉽게 설치할 수 있다.

그림 1-24 **Raspberry Pi Imager를 이용한 디스크 이미지의 설치**

이 과정이 완료되면 SD 카드를 라즈베리 파이 아랫면의 SD 카드 슬롯에 삽입한 후 라즈베리 파이에 전원을 인가해서 리눅스가 잘 부팅되는지 확인한다. SD 카드를 라즈베리 파이에 삽입한 후 전원을 연결하면 부팅이 되는데, 운영체제가 문제없이 설치되어 있는 경우에 라즈베리 파이의 윗면에 있는 붉은 LED와 노랑 LED가 동시에 점멸되면서 부팅이 시작되고, 모니터에 부팅 과정이 표시된다.

그림 1-25 **SD 카드 설치**

이렇듯 라즈베리 파이에 전원을 연결하면 바로 동작하는데, 키보드와 마우스를 이용해서 이를 사용할 수 있다.

그림 1-26 부팅이 완료된 라즈베리 파이의 화면

1.4.3 라즈베리 파이의 기본 계정과 부팅 시 환경 설정

라즈베리 파이가 시동되면 X 윈도(Window)로 자동 로그인되는데, 만약 로그인 화면이 뜬다면 다음의 기본 계정과 비밀번호를 이용해서 로그인하면 된다.

표 1-4 라즈베리 파이의 기본 계정

구분	내용	비고
raspberrypi login:	pi	계정(ID)
Password:	raspberry	비밀번호

라즈비안을 설치하고 처음 부팅을 하면 X 윈도에 환경 설정을 위한 창이 표시된다. 여기서 라즈베리 파이의 사용을 위한 기본 설정을 진행할 수 있는데, 프로그래밍을 위해서는 반드시 국가/키보드의 설정이 필요하다. 라즈베리 파이는 영국에서 개발되었기 때문에 영국식 키보드를 사용하는데, 대한민국에서 사용하고 있는 미국식 키보드와는 차이가 있다.

그림 1-27 영국식 키보드의 특수문자 배치

부팅 시의 환경 설정은 몇 단계를 거쳐서 이루어진다. 제일 첫 화면은 환영 인사 창인데, 창 하단의 '다음(Next)' 버튼을 누르면 국가 설정(Set Country) 창으로 넘어간다.

그림 1-28 부팅 시 환경 설정: 인사 화면과 국가 설정

여기서 보다 쉬운 사용을 위해 표 1-5와 같이 국가를 한국으로 설정하고 언어는 한국어로 설정한다. 그리고 아래의 콤보 박스를 선택해서 사용 언어와 키보드를 US로 설정하면 영어와 영문 키보드를 사용할 수 있다.

표 1-5 라즈베리 파이의 국가 설정(Set Country)

항목	설정값
국가(Country)	한국(South Korea)
언어(Language)	한국어(Korean)
시간대(Timezone)	서울(Seoul)

국가를 미국으로 지정하는 경우에 시간대는 한국으로 설정할 수 없지만, 국가를 한국으로 설정하면 시간대를 '서울'로 간단히 설정할 수 있다.

위의 설정이 끝나면 아래의 다음 버튼을 선택하면 비밀번호 변경(Change Password) 창으로 넘어가는데, 라즈비안의 기본 비밀번호는 표 1-4와 같이 널리 알려져 있기 때문에 위험하다. 보안을 위해 기본 비밀번호를 바꿔 주는 것이 좋다. 기본 비밀번호를 변경하고 아래의 다음 버튼을 선택하면 된다. 다음은 표 1-6에서 설명한 Overscan을 설정하는 '스크린 설정(Set up Screen)' 창이다. 화면 외각에 사각형 영역이 표시되면 체크 박스를 선택한다.

그림 1-29 부팅 시 환경 설정: 비밀번호 설정

다음은 무선 네트워크 선택(Select WiFi Network) 창이다. 여기에서 사용하는 무선랜을 선택하고 비밀번호를 입력하면 무선랜에 자동으로 연결된다.[27]

---

27 지역을 한국으로 설정하는 경우에 무선랜이 제대로 안되는 문제가 있다. 뒤의 내용을 참고해서 WiFi 지역을 미국이나 영국으로 설정한다.

그림 1-30 부팅 시 환경 설정: 무선랜 선택

무선랜의 선택이 끝나면 라즈비안을 최선 버전으로 업데이트할 수 있는 창(Check for Updates)으로 넘어간다. 패키지 업데이트에는 보안이나 여러가지 패치들이 적용되어 있기 때문에 자주 해주는 것이 좋다. 최신 버전을 사용하지 않는 경우에 업데이트 시간이 많이 소요될 수 있다.

그림 1-31 부팅 시 환경 설정: 업데이트를 위한 검사

기본 설정이 완료되면 설정 완료(Setup Complete) 창이 표시된다. 설정이 완료되면 터미널이나 텍스트 에디터에서 Shift + 3을 눌러서 '#'이 입력되는지 확인하자. 만약 파운드 기호(£)가 나온다면 키보드 설정을 다시 해야 한다.

그림 1-32 부팅 시 환경 설정: 설정 완료

1.4.4 라즈베리 파이의 환경 설정

라즈베리 파이는 환경 설정을 위한 다양한 방법을 제공하는데, 터미널에서 'raspi-config' 유틸리티나 X 윈도에서 '라즈베리 파이 설정' 유틸리티를 통해 진행할 수 있다.

■ **라즈베리 파이 설정(Raspberry Pi Configuration) 유틸리티를 통한 옵션의 설정**

기본적인 환경 설정은 X 윈도에서 메뉴의 '설정(Preferences)' 옵션에서 '라즈베리 파이 설정(Raspberry Pi Configuration)' 유틸리티를 이용하면 편리하다.

그림 1-33 X 윈도의 '라즈베리 파이 설정(Raspberry Pi Configuration)'

'라즈베리 파이 설정' 유틸리티는 '시스템(System)', '인터페이스(Interfaces)', '성능(Performance)', '지역화(Localisation)'의 4개의 탭으로 구성되어 있다. 이 4개의 탭을 이용하면 부팅 시에 했던 기본 설정 이외에도 다른 설정들을 쉽게 진행할 수 있다.

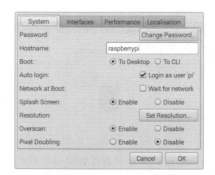

그림 1-34 라즈베리 파이 설정: 시스템(System)

시스템 탭은 기본적인 시스템 설정을 위한 탭이다. 비밀번호나 호스트명 등을 변경할 수 있도록 구성되어 있다. TV를 화면 출력으로 사용하고 있는 경우라고 하면, 오버스캔을 설정해야 화면이 짤리지 않고 제대로 표시된다.

표 1-6 라즈베리 파이 설정: 시스템(System)

항목	내용
비밀번호(Password)	현재의 비밀번호를 변경한다. 기본 비밀번호는 'raspberry'다.
호스트명(Hostname)	현재의 호스트명을 변경한다. 기본 호스트명은 'raspberrypi'다.
부트(Boot)	부팅 후 화면을 X 윈도(To Desktop)나 콘솔(To CLI) 중 하나로 설정한다.
자동 로그인(Auto login)	'pi' 사용자 계정으로 자동 로그인할지 설정한다.
부팅 시 네트워크(Network at Boot)	부팅 시 네트워크 연결을 기다릴지 설정한다.
스플래쉬 화면(Splash Screen)	부팅 시 스플래시 화면을 표시할지 설정한다.
해상도(Resolution)	현재의 해상도를 설정한다.
오버스캔(Overscan)	모니터와 TV를 사용하는 경우 오버스캔이나 언더스캔을 이용해야 하는데, 이를 설정하기 위한 옵션이다.
픽셀 더블링(Pixel Doubling)	레티나 디스플레이와 같이 모니터의 화소(Pixel)가 작은 화면에서 픽셀을 두 배로 키울지 설정하는 옵션이다.

두 번째 탭은 외부와 연결 설정을 할 수 있는 인터페이스 (Interfaces)다.

인터페이스 탭에서는 표 1-7과 같이 카메라나 SSH 등의 사용에 대한 것을 설정할 수 있다.

그림 1-35 라즈베리 파이 설정: 인터페이스 (Interfaces)

표 1-7 라즈베리 파이 설정: 인터페이스(Interfaces)

항목	내용
카메라(Camera)	Pi 카메라를 사용할 수 있도록 설정한다.
SSH	외부 접속을 위한 SSH(Secure Shell)를 사용할 수 있도록 설정한다.
VNC	외부 화면 공유를 위한 VNC를 사용할 수 있도록 설정한다.
SPI	SPI 포트를 사용할 수 있도록 설정한다.
I^{2}C	I^{2}C 포트를 사용할 수 있도록 설정한다.
시리얼 포트(Serial Port)	시리얼 포트를 사용할 수 있도록 설정한다.
시리얼 콘솔(Serial Console)	시리얼 콘솔을 사용할 수 있도록 설정한다.
1-Wire	1-Wire를 사용할 수 있도록 설정한다.
원격 GPIO(Remote GPIO)	원격 GPIO를 사용할 수 있도록 설정한다.

세 번째의 성능(Performance) 탭은 시스템의 성능과 관련되어 있다.

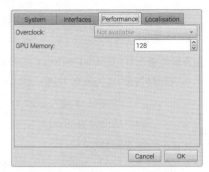

그림 1-36 라즈베리 파이 설정: 성능(Performance)

라즈베리 파이 2 모델 B 이하에서는 오버클럭을 지원하는데, 성능 탭을 이용해서 설정할 수 있다. 라즈베리 파이 3부터는 최대한으로 CPU를 사용하고 있어서 오버클럭이 힘들다.

표 1-8 라즈베리 파이 설정: 성능(Performance)

항목	내용
오버클럭(Overclock)	보다 빠른 CPU 속도를 위한 오버클럭을 설정한다. 오버클럭을 하면 발열이 심해지고 쉽게 다운될 수 있으니 발열에 주의하자.
GPU 메모리(GPU Memory)	라즈베리 파이는 그래픽 출력을 위한 GPU 메모리는 기본 메모리를 공유해서 사용한다. GPU를 위해 할당할 메모리 크기를 설정한다.

마지막 탭은 지역화(Localisation) 탭이다. 지역, 시간대 등의 설정을 진행할 수 있다.

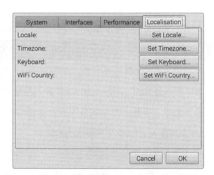

그림 1-37 라즈베리 파이 설정: 지역화(Localisation)

지역화는 표 1-9와 같이 현재 사용하는 지역과 관련된 설정을 하는 탭이다. 국가, 지역, 시간대, 그리고 사용하는 키보드, WiFi(무선랜)의 국가를 설정할 수 있다.

표 1-9 라즈베리 파이 설정: 지역화(Localisation)

항목	내용
로케일(Locale)	현재 시스템의 로케일을 설정한다.
시간대(Timezone)	현재 시스템의 시간대를 설정한다.
키보드(Keyboard)	현재 시스템에서 사용하는 키보드를 설정한다.
WiFi 국가(WiFi Country)	현재 시스템의 무선랜 국가를 설정한다.

■ raspi-config 유틸리티를 통한 옵션의 설정

콘솔을 사용해서 환경 설정을 해야 하는 경우, raspi-config 유틸리티를 사용할 수 있다. raspi-config 유틸리티를 이용해서 라즈베리 파이와 관련된 옵션을 설정할 수 있는데, 일반적인 경우에는 기본값을 사용하면 된다. 방향키와 탭 키를 사용하여 항목을 이동할 수 있으며, 종료를 위해서는 아래의 '완료(Finish)' 버튼을 선택하면 된다.

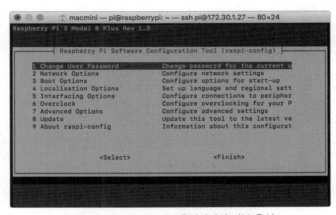

그림 1-38 raspi-config 유틸리티의 기본 옵션

환경 설정은 관리자 권한이 필요한데, 이를 위해 'sudo' 명령어를 통해 raspi-config 유틸리티를 실행하면 된다.

```
pi@raspberrypi:~ $ sudo raspi-config
```

raspi-config 유틸리티를 이용하면 오버클럭킹, ssh 사용, 부팅 시 GUI 사용 등의 다양한 옵션을 설정할 수 있다. 라즈베리 파이가 지원하는 옵션은 다음과 같다.

표 1-10 **raspi-config** 유틸리티의 옵션 설정

옵션	내용
Change User Password	사용자의 기본 패스워드를 변경한다.
Network Options	네트워크에 대한 옵션을 설정한다.
Hostname	현재 시스템의 호스트 이름을 설정한다.
Wi-Fi	현재 시스템의 무선랜을 설정한다.
Network interface names	현재 시스템의 네트워크 카드 이름(eth0)을 설정한다.
Boot Options	부팅과 관련된 옵션을 설정한다.
Desktop / CLI	부팅 후 화면을 설정한다. 자세한 내용은 표 1-6을 참고하라.
Wait for Network at Boot	부팅 시 네트워크 연결을 기다릴지 설정한다.
Splash Screen	부팅 시 스플래시 화면을 표시할지 설정한다.
Localisation Options	현재 시스템의 지역화와 관련된 값들을 설정한다.
Change Locale	현재 시스템의 로케일을 설정한다.
Change Timezone	현재 시스템의 시간대를 설정한다.
Change Keyboard Layout	현재 시스템에서 사용하는 키보드를 설정한다.
Change Wi-fi Country	현재 시스템의 무선랜 국가를 설정한다.
Interfacing Options	인터페이스와 관련된 옵션을 설정한다.
Camera	Pi 카메라를 사용할 수 있도록 설정한다.
SSH	외부 접속을 위한 SSH를 사용할 수 있도록 설정한다.
VNC	외부 화면 공유를 위한 VNC를 사용할 수 있도록 설정한다.
SPI	SPI 포트를 사용할 수 있도록 SPI 커널 모듈이 로딩될 수 있게 설정한다.
I^{2}C	I^{2}C 포트를 사용할 수 있도록 I^{2}C 커널 모듈이 로딩될 수 있게 설정한다.
Serial	시리얼로 셸과 커널 메시지가 출력되도록 설정한다.
1-Wire	1-Wire를 사용할 수 있도록 설정한다.
Remote GPIO	원격 GPIO를 사용할 수 있도록 설정한다.
Overclock	라즈베리 파이를 오버클러킹한다.
Advanced Options	부가 옵션들을 표시한다.
Expand Filesystem	SD 카드의 모든 공간을 파일 시스템으로 사용할 수 있도록 확장한다.
Overscan	오버스캔을 설정한다. 자세한 내용은 표 1-6을 참고하라.
Memory Split	GPU에서 사용되는 공유 메모리의 양을 조정한다.
Audio	오디오의 출력 방향을 HDMI 또는 3.5mm 잭으로 설정한다.
Resolution	현재의 해상도를 설정한다.
Pixel Doubling	픽셀을 두 배로 키울지 설정한다. 자세한 내용은 표 1-6을 참고하라.
GL Driver	실험적인 OpenGL 드라이버를 사용할지를 설정한다.
Compositor	xcompmgr composition 매니저를 설정한다.
Pi 4 Video Output	라즈베리 파이 4에서 4K HDMI나 아날로그 TV 출력 등을 설정한다.
Update	현재의 raspi-config 유틸리티를 최신 버전으로 업데이트한다.
About raspi-config	raspi-config 유틸리티에 대한 정보를 출력한다.

raspi-config 유틸리티가 표시되면 방향키를 통해 항목을 이동하고, 아래에 있는 버튼은 탭(Tab) 키를 통해서 이동할 수 있다. 관련된 설정이 끝나면 완료(Finish)를 선택해서 설정 프로그램(raspi-config)을 종료하면 된다.

로그인한 후 셸(Shell)에서 리눅스를 사용하려면 2장에서 살펴볼 기본 명령어를 사용하면 된다. 셸을 나오고 싶으면 logout 명령어나 키보드의 Ctrl + D 키를 누르면 된다. 라즈베리 파이를 리부팅하고 싶으면 sudo 명령을 이용해서 루트 권한으로 reboot 명령어를 사용하고, 종료하고 싶은 경우에는 poweroff 명령어를 수행하면 되는데 라즈베리 파이는 자동으로 전원이 꺼지지 않는다. 전원을 끄기 위해서는 USB 케이블을 뽑아야 되는데, 스위치가 있는 USB 케이블을 이용하면 편리하다.

■ 라즈베리 파이의 지역화 설정

라즈베리 파이는 영국에서 개발되었으므로 기본 지원 키보드는 그림 1-27과 같은 영국식이다. 키보드의 Shift + 3을 눌러서 '#'을 입력해보면 파운드 기호('£')가 표시되는데, 일반적으로 우리나라에서 사용하는 키보드는 미국식 키보드이기 때문에 키의 조합이 조금 다르다. 미국식 키보드를 이용해서 프로그래밍을 진행하기 위해서는 먼저 언어를 설정해야 한다. 이를 위해 지역화와 관련된 설정을 진행해보자.

먼저 X 윈도의 '라즈베리 파이 설정' 유틸리티를 이용하는 방법이다. 해당 유틸리티의 지역화 탭을 보면 먼저 로케일과 관련된 설정이 있다.

그림 1-39 로케일 설정

처음 실행 후 기본 설정을 잘 진행하였으면 한국으로 설정되어 있겠지만 기본 설정을 하지 않고 지나갔으면 기본값이 'GB(United Kingdom)'인 영국으로 되어 있다. 이 값을 'US(United States)'로 바꿔주면 된다. 그리고 언어(Langauge)가 영어(English)가 아니면 'en(English)'으로 바꿔 주자. 한글을 사용하기 위해서는 별도의 한글 폰트 설치가 필요하다.

라즈비안에서는 기본적으로 한글 입력을 지원하지 않는다. 이 문제는 데비안 패키지를 설치하면 간단히 해결할 수 있다. X 윈도에서 한글을 사용하기 위해서는 별도의 한글 입력기를 사용해야 한다. '나비' 등의 다양한 한글 입력기가 있지만, 라즈베리 파이에서는 IBus(Intelligent Input Bus)라는 입력기를 사용하고 있다. IBus는 유닉스에서 다국어를 사용하기 위해 제공되는 입력기로, 구조가 버스와 비슷해서 지금의 이름을 가지게 되었다. 2장에서 다시 살펴보겠지만 패키지는 데비안의 apt-get 유틸리티를 이용해서 설치할 수 있다. 한글 입력기를 위한 ibus와 ibus-hangul 패키지와 한글 폰트를 먼저 설치한다. 그리고 입력기가 설치된 후에는 기타 패키지의 설치가 필요하다. 한글 입력기의 설치가 끝나면 X 윈도 메뉴의 Preferences에서 IBus Prefernces 프로그램을 실행하고 Input Method 탭에서 한글(Korean)을 추가한다.

```
pi@raspberrypi:~ $ sudo apt-get install ibus ibus-hangul fonts-unfonts-core
pi@raspberrypi:~ $ sudo apt-get install fcitx fcitx-hangul
```

입력기가 설치된 후에는 한글 폰트와 기타 패키지의 설치가 필요하다. 기본 유니코드 폰트 이외에도 다양한 한글 폰트를 지원하는데, 라즈비안의 Preferences 메뉴에서 'Add/Remove Software' 유틸리티를 실행하고 Korea로 검색하면 다양한 폰트를 설치할 수 있다.

위 패키지의 설치가 완료되면 로케일을 한국과 한국어로 바꿔보자. 그럼 메뉴와 터미널에서 한글 메시지를 볼 수 있다.

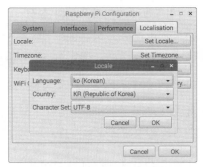

그림 1-40 한국과 한국어로 로케일 설정

위의 로케일의 설정이 끝나면 이제 키보드를 설정해보자. 기본적으로 105 키보드나 한글 키보드를 설정하면 된다. 키보드의 설정이 끝나면 터미널을 띄워서 '#'과 같은 여러 특수 문자를 입력해보자. 특수 문자가 제대로 입력되지 않는다면 현재 시스템에서 사용하는 키보드가 제대로 설정되지 않은 것이다.

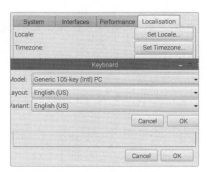

그림 1-41 키보드 설정

이제 시간대를 한국으로 설정해보자. Timezone을 선택하면 시간대를 설정할 수 있는데, 국가를 KR(Republic Of Korea)로 설정하면 기본 시간대로 대한민국의 서울이 설정된다.

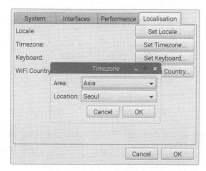

그림 1-42 시간대의 설정

마지막으로 무선랜의 국가를 설정할 수 있는데, 한국과 외국에서 사용하는 주파수 대역에 차이가 있다. 라즈베리 파이에서 국가를 한국으로 설정했을 경우에 무선랜이 안되는 경우가 있다고 하니 국가를 미국(US United States)으로 설정하자.

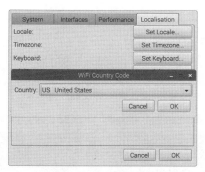

그림 1-43 무선랜 국가 설정

이제 raspi-config 유틸리티를 사용해서 설정하는 방법에 대해 알아보자. 메인 메뉴에서 'Localisation Options'를 선택하고 'Change Locale' 항목을 선택해서 들어간다.

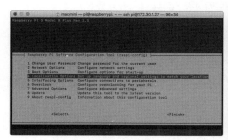

그림 1-44 raspi-config 유틸리티에서의 로케일 설정

'Change Locale' 항목을 선택하고 들어가면 여러 언어에 대한 옵션이 있다. 키보드의 방향키를 이용하여 기본 값인 영국 영어를 사용하기 위한 'en_GB.UTF-8 UTF-8' 옵션이 선택(체크)되어 있는지 확인하고, 미국식 언어를 사용하기 위한 'en_US.UTF-8 UTF-8' 옵션을 키보드의 스페이스바(space bar)를 눌러서 선택한다. 만약 한글을 사용하고 싶은 경우라면 추가로 'ko_KR.UTF-8 UTF-8' 옵션을 선택하면 된다. 탭 키를 눌러서 아래의 <Ok> 버튼을 선택하면 앞에서 사용한 언어 중 시스템에서 사용할 기본 언어를 선택하는 화면이 나오는데, 여기에서 'en_US.UTF-8 UTF-8'을 기본(Default) 언어로 선택하면 된다.

그림 1-45 **raspi-config 유틸리티에서의 기본 언어 설정**

이제 키보드를 위한 레이아웃을 설정해보자. 앞의 화면으로 나가면 'Change Keyboard Layout' 항목을 선택한다. 키보드의 모델 선택 화면이 나오고 한글을 사용하려면 'Generic 105-key PC (intl.)' 항목을 선택하면 되는데, 본인이 사용하는 키보드가 따로 있는 경우에는 그 키보드로 선택하면 된다.

그림 1-46 **raspi-config 유틸리티에서의 키보드 레이아웃 변경**

한글 키보드를 사용하기 위해서는 다음 키보드 레이아웃(Keyboard layout) 화면으로 넘어가서 'other' 항목을 선택한 후 다음의 키보드를 위한 국가 설정 화면에서 'Korean' 항목을 선택하면 된다.

그림 1-47 한글을 위한 키보드 레이아웃 설정

계속해서 키보드의 레이아웃으로 'Korean – Korean (101/104 key compatible)' 항목을 선택한 후 다음 으로 진행한 후 'The default for the keyboard layout' 항목을 선택하면 된다.

그림 1-48 한국어를 위한 키보드 설정

마지막으로 다음 화면에서 한글에서는 특수 문자 입력을 위한 컴포즈 키(Compose key)를 사용하지 않기 때문에 'No compose key' 옵션을 선택한 후 마지막 화면으로 넘어가서 일반적으로 X 윈도를 강제 종료하기 위해서 사용되는 'Ctrl + Alt + Backspace' 단축키를 이용할 것인지 설정하면 된다.

그림 1-49 컴포즈 키와 X 윈도 강제 종료 키의 설정

마지막으로 시간대를 한국으로 설정해보자. Timezone을 선택하면 시간대를 설정할 수 있는데, 먼 저 'Asia'를 선택한 후 'Seoul'을 설정하면 서울이 기본 시간대로 설정된다.

그림 1-50 raspi-config 유틸리티에서의 시간대 설정

■ X 윈도의 사용을 위한 설정

유닉스의 표준 GUI 시스템으로 X 윈도를 사용한다. X 윈도에 대해서는 10장에서 설명하겠지만, 여기서는 X 윈도 사용을 위한 설정에 대해 알아보자. X 윈도를 사용하게 되면 GUI를 이용해서 라즈베리 파이를 다룰 수 있기 때문에 보다 편리하게 작업할 수 있다.

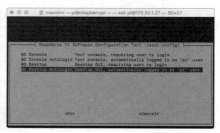

먼저, MS 윈도우처럼 라즈베리 파이의 부팅 시 X 윈도를 바로 실행하고 싶은 경우에는 '라즈베리 파이 설정' 유틸리티나 'raspi-config' 명령어를 통해 설정할 수 있다. '라즈베리 파이 설정' 유틸리티에서는 '부트(Boot)'의 'To Desktop'로 설정하고, 'raspi-config' 명령에서는 'Desktop / CLI' 메뉴에서 'Desktop Autologin'을 설정하면 된다.

그림 1-51 'Desktop / CLI' 메뉴의 'Desktop Autologin' 옵션

만약 로그인 시 CLI를 사용한다면, 'startx' 명령어를 이용해서 X 윈도를 실행할 수 있다. 종료하려면 메뉴(Menu)의 'Shutdown...' 항목을 선택한다. 그러면 Shutdown options 창이 뜨는데, 여기에서 라즈베리 파이를 종료하고 싶으면 'Shutdown'을 선택하고, 다시 부팅하고 싶으면 'Reboot'를 선택한다. 그냥 로그아웃을 하고 로그인 화면으로 넘어가고 싶으면 'Logout'을 선택하면 된다.

그림 1-52 X 윈도에서 라즈베리 파이의 종료

참고하기 ➕ **X 윈도에서 문서 편집**

X 윈도에서 문서를 편집할 경우, GUI 기반의 텍스트 에디터(Text Editor)를 사용할 수 있다. 메뉴에서 Accessories 항목의 Text Editor를 선택하면 텍스트 에디터를 시작할 수 있다.

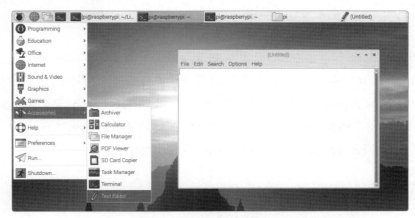

그림 1-53 GUI 기반의 문서 편집기

GUI 기반의 텍스트 에디터를 이용하면 코드나 기타 문서들을 쉽게 편집할 수 있지만, /etc 아래의 설정 파일이나 숨김 파일 같은 문서들은 작업하기 어려울 수 있으니 2장에 나오는 vi나 nano 같은 텍스트 기반 텍스트 에디터의 사용법에 대해 알아두는 것이 좋다.

1.4.5 네트워크 설정과 외부 연결

유선랜이나 무선 네트워크를 사용하기 위해서는 몇 가지 설정이 필요하다. 간편한 설정을 위해 X 윈도의 설정 프로그램을 이용해보자.

■ 무선 인터넷 설정

X 윈도를 실행하면 패널의 오른쪽 위에 와이파이 설정과 관련된 패널 아이템이 있다. 무선랜이 제대로 뜨지 않는 경우에는 무선랜 국가 설정을 확인하고, USB 무선랜 카드를 사용하는 경우 lsusb 명령어를 통해 라즈베리 파이에 제대로 연결되어 있는지 확인한다.

그림 1-54 무선랜 설정 패널

패널에서 Wireless & Wired Network Settings 아이템을 선택하면 현재 검색된 무선랜의 AP의 목록이 표시된다. 리스트에서 접속하고 싶은 무선랜을 선택하자. 선택된 무선랜에 보안이 설정되어 있으면 암호를 입력하는 창이 뜨는데, 여기에서 암호를 입력하면 패널 아이콘이 접속되었다고 변경되어 표시된다.

무선랜을 콘솔상에서 설정하고 싶으면, 먼저 'sudo iwlist wlan0 scan' 명령을 통해 주변의 AP(Access Point)들을 스캔한다. 접속할 AP를 찾으면 접속해야 하는데, 이를 위해 '/etc/wpa_supplicant/wpa_supplicant.conf' 파일을 설정한다. 앞서 본 Text Editor나 2장에서 살펴볼 vi와 같은 문서 편집기를 이용해서 다음과 같이 입력한다. 'ssid'가 AP의 이름이고 'psk'가 비밀번호다. 그리고 AP에서 사용하는 보안 정책은 'key_mgmt' 뒤에 입력하면 된다.

```
pi@raspberrypi:~ $ sudo iwlist wlan0 scan
wlan0      Scan completed :
           Cell 01 - Address: 42:23:AA:61:2C:DC
                     Channel:149
                     Frequency:5.745 GHz (Channel 149)
                               /* ~ 중간 표시 생략 ~ */
pi@raspberrypi:~ $ sudo vi /etc/wpa_supplicant/wpa_supplicant.conf
ctrl_interface=DIR=/var/run/wpa_supplicant GROUP=netdev
update_config=1
country=US

network={
    ssid="KT_GiGA_2G_B393"
    psk="qwerty123"
    key_mgmt=WPA-PSK
}
```

만약 AP에서 다른 보안 정책을 사용하고 있으면 키를 변환할 필요가 있는데, wpa_passphrase 명령어를 사용하면 된다. 'wpa_passphrase AP_이름 비밀번호'로 암호를 키로 변경할 수 있다.

```
pi@raspberrypi:~ $ sudo wpa_passphrase KT_GiGA_2G_B393 qwerty123
network={
    ssid="KT_GiGA_2G_B393"
    #psk="qwerty123"
    psk=505da2b4169e87b9c9d5351cd1cfed6c06cf9121d9c3bb4debe9e74dd6b29c5f
}
```

이 설정이 끝나면 무선랜 카드를 다시 시작한다. 네트워크 카드를 멈출 때는 '$ sudo ifdown wlan0 (일반적으로 유선랜은 eth0, 무선랜은 wlan0)'처럼 ifdown 명령어를 사용하고, 네트워크 카드를 시작하고 싶으면 '$ sudo ifup wlan0'처럼 ifup 명령어를 사용한다.

무선랜이 제대로 설정되었는지 확인하고 싶으면 iwconfig 명령어를 실행하면 된다. 할당된 IP 주소는 ifconfig 명령어를 사용해서 확인한다.

```
pi@raspberrypi:~ $ iwconfig
eth0      no wireless extensions.

lo        no wireless extensions.
                            /* ~ 중간 표시 생략 ~ */
wlan0     IEEE 802.11bgn  ESSID:"KT_GiGA_2G_B393"  Nickname:"<WIFI@REALTEK>"
          Mode:Managed  Frequency:2.427 GHz  Access Point: 88:3C:1C:1E:B3:97
                            /* ~ 중간 표시 생략 ~ */
          Tx excessive retries:0  Invalid misc:0  Missed beacon:0
pi@raspberrypi:~ $ ifconfig
eth0: flags=4099<UP,BROADCAST,MULTICAST>  mtu 1500
        ether b8:27:eb:c6:20:12  txqueuelen 1000  (Ethernet)
                            /* ~ 중간 표시 생략 ~ */

lo: flags=73<UP,LOOPBACK,RUNNING>  mtu 65536
        inet 127.0.0.1  netmask 255.0.0.0
                            /* ~ 중간 표시 생략 ~ */

wlan0: flags=4163<UP,BROADCAST,RUNNING,MULTICAST>  mtu 1500
        inet 172.30.1.27  netmask 255.255.255.0  broadcast 172.30.1.255
        inet6 fe80::be9:39e4:d8d1:5c2d  prefixlen 64  scopeid 0x20<link>
        ether 64:e5:99:fb:56:68  txqueuelen 1000  (Ethernet)
        RX packets 24958  bytes 16263913 (15.5 MiB)
        RX errors 0  dropped 105  overruns 0  frame 0
        TX packets 5892  bytes 1174622 (1.1 MiB)
        TX errors 0  dropped 0 overruns 0  carrier 0  collisions 0
```

■ 유선 인터넷의 설정

유선랜을 설정하기 위해서는 /etc 디렉터리 아래의 interfaces 파일과 resolv.conf 파일에 현재의 네트워크와 관련된 사항을 설정해야 한다. 두 파일을 조작하기 위해서는 vi 에디터(또는 다른 텍스트 에디터)와 root 권한이 필요하다(텍스트 에디터 사용과 관련된 내용은 다음 장에서 자세히 설명한다).

/etc/network/interfaces는 현재 네트워크의 IP나 netmask 등의 사항을 설정하는 파일이며, /etc/resolv.conf는 DNS와 관련된 사항을 설정하는 파일이다. IP 주소나 DNS에 관한 내용은 6장 리눅스 네트워크 프로그래밍을 참고하기 바란다.

먼저 /etc/network/interfaces 파일을 열어 IP 주소를 설정한다. IP 주소를 동적으로 받아오는 DHCP를 사용하는 경우에는 기본값을 사용해도 괜찮지만, 고정 IP를 사용하는 경우에는 관련된 사항을 추가해야 한다.

```
pi@raspberrypi:~ $ vi /etc/network/interfaces
                            /* ~ 중간 표시 생략 ~ */
source-directory /etc/network/interfaces.d

auto lo

iface lo inet loopback      # 유선랜과 관련된 설정
#iface eth0 inet dhcp

auto eth0
iface eth0 inet static
address 10.0.10.147         # 사용자의 IP 주소[28]
network 10.0.10.0           # IP 주소의 네트워크 부분
netmask 255.255.255.0       # IP 주소의 네트워크 부분을 구분하기 위한 마스크
gateway 10.0.10.1           # 기본 게이트웨이의 IP 주소
broadcast 10.0.10.255       # 브로드캐스트를 위한 IP 주소(호스트 부분만 255)[29]

allow-hotplug wlan0# 무선랜과 관련된 설정
iface wlan0 inet manual
wpa-roam /etc/wpa_supplicant/wpa_supplicant.conf
iface default inet dhcp
pi@raspberrypi:~ $ sudo ifup eth0
```

일반적으로 유선랜을 위한 네트워크 카드는 eth0, eth1과 같이 'eth'로 시작하고, 무선랜은 wlan으로 시작한다. 여러 개의 네트워크 카드가 있을 때 각각의 디바이스들은 뒤에 오는 0, 1, 2 등의 숫자로 구분한다. 위의 작업이 끝나면 ifup 명령어를 이용해서 네트워크 카드를 다시 시작한다.

DNS 서버를 위한 주소는 '/etc/resolv.conf' 파일을 이용하여 설정한다. DHCP를 이용한다면 기본값이 설정되어 있을 것이다. 그렇지 않은 경우에는 다음과 같이 설정하면 된다.

```
pi@raspberrypi:~ $ sudo vi /etc/resolv.conf
nameserver 168.126.63.1          # KT의 Olleh DNS 서버[30]: kns.kornet.net
nameserver 168.126.63.2          # kns2.kornet.net
```

DNS가 제대로 설정되었는지 확인하려면 nslookup 명령어를 사용할 수 있으며, nslookup 명령어와 관련한 내용은 6장에서 자세히 다루기로 한다. 위의 설정이 완료되면 네트워크를 사용할 수 있다.

---

28 여기에서 입력한 IP 주소는 사용자의 환경에 따라서 다를 수 있다.

29 호스트 관련 내용은 다음을 참고하라. https://dorigom.tistory.com/322

30 https://imarket.tistory.com/276 참고

표 1-11 리눅스의 네트워크 명령어

명령어	내용	비고
ping	네트워크의 상태를 확인한다.	
ifconfig	호스트의 IP 주소를 표시한다.	
ifup	네트워크 카드를 올린다.	ifdown 명령어/ifconfig eth0 up
iwconfig	현재 무선랜의 상황을 표시한다.	
netstat	네트워크의 연결 상태를 확인한다.	
arp	IP 주소와 매칭되는 하드웨어 주소를 표시한다.	arp -a
route	라우팅 테이블을 확인한다.	route add
traceroute	특정 호스트까지 라운터 경로를 확인한다.	
nslookup	DNS를 조회한다.	host 명령어
telnet	원격 서버에 터미널로 접속한다.	ssh 명령어
ftp	ftp 서버에 접속해서 파일을 업로드/다운로드한다.	

■ **ssh의 사용**

ssh를 이용해서 외부에서 라즈베리 파이로 접속하기 위해서는 부가 옵션에서 SSH를 사용
〈Enable〉으로 설정하면 된다. ssh로 접속하려면 $ ssh 서버의_IP_주소 명령어를 사용하는데, 이때
필요한 라즈베리 파이의 네트워크 주소는 ifconfig 명령어를 통해 알 수 있다. 네트워크가 연결되
어 있으면 inet addr 항목에 관련 사항이 표시되며, inet addr 항목 뒤의 주소를 이용해서 네트워크
를 사용할 수 있다. 유선랜을 사용한다면 eth0의 inet addr 값을 이용하고, 무선랜을 사용한다면
wlan0의 inet addr 값을 이용한다.

```
pi@raspberrypi:~ $ ifconfig
                                /* ~ 중간 표시 생략 ~ */
lo: flags=73<UP,LOOPBACK,RUNNING>  mtu 65536
        inet 127.0.0.1³¹  netmask 255.0.0.0
        inet6 ::1  prefixlen 128  scopeid 0x10<host>
        loop  txqueuelen 1000  (Local Loopback)
                                /* ~ 중간 표시 생략 ~ */
wlan0: flags=4163<UP,BROADCAST,RUNNING,MULTICAST>  mtu 1500
        inet 172.30.1.27  netmask 255.255.255.0  broadcast 172.30.1.255
        inet6 fe80::be9:39e4:d8d1:5c2d  prefixlen 64  scopeid 0x20<link>
                                /* ~ 중간 표시 생략 ~ */
```

라즈베리 파이를 네트워크에 바로 연결한 경우에는 네트워크를 사용하지 못하는 경우가 있다. 네
트워크를 사용하기 위해서는 바로 앞의 유/무선 인터넷의 설정을 참고하기 바란다.

---

[31] 127.0.0.1은 현재 기기에서 자신을 접속하기 위한 위한 IP 주소로 루프백(Loopback) 주소라고 한다.

ssh 명령어로 라즈베리 파이에 pi 계정으로 바로 접속할 때는 '$ ssh pi@라즈베리_파이의_네트워크_주소' 명령어를 사용할 수 있는데, 접속을 위한 pi 계정의 기본 암호는 로그인 암호와 같은 'raspberry'이다.[32]

```
$ ssh pi@172.30.1.27[33]
pi@172.30.1.27's password: [라즈베리 파이의 비밀번호 입력]
```

참고
하기 ➕ **SSH 재접속**

ssh로 라즈베리 파이에 접속한 후 라즈베리 파이를 초기화하면 동일한 IP 주소로는 재접속할 수 없다. 이런 경우에는 접속하려는 기기의 ~/.ssh/known_hosts 파일에서 해당 IP 주소의 내용을 삭제하고 다시 접속하면 된다.

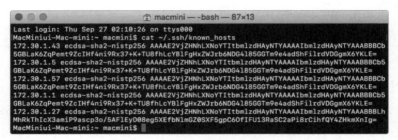

그림 1-55 ssh 를 위한 known_hosts 파일

- **VNC의 사용**

VNC(Virtual Network Computing)는 원격 프레임 버퍼(Remote Frame Buffer) 기술을 이용해서 원격으로 X 윈도의 화면을 공유할 수 있는 기술이다. 라즈베리 파이에서 VNC를 활성화하기 위해서는 Raspberry Pi Configuration의 Interfaces(그림 1-35)에서 VNC를 Enable로 설정해주면 된다.

라즈베리 파이의 VNC 서버에 연결하기 위해서 컴퓨터에 VNC Viewer를 설치하면 되는데 RealVNC의 홈페이지[34]에서 무료로 다운로드 받을 수 있다. 윈도우, 리눅스, macOS, 안드로이드, iOS 등을 지원하고 있으며, 설치 프로그램은 마법사 형태로 보다 쉽게 설치할 수 있다.

---

32 보다 자세한 도움말은 제이펍 사이트(https://jpub.tistory.com/286)를 참고하자.
33 IP 주소는 사용하는 네트워크에 따라서 다를 수 있다.
34 https://www.realvnc.com/en/connect/download/viewer

그림 1-56 **RealVNC 홈페이지와 지원 OS**

VNC Viewer의 설치가 완료되면 실행해보자. 이제 라즈베리 파이와의 연결을 위해 설정을 해야
하는데, 파일 메뉴의 'New Connection…' 항목을 선택한다. 설정 창이 뜨면, VNC 서버(Server)의
주소에 라즈베리 파이의 IP 주소를 입력하고, 아래의 이름(Name)에 Raspberry Pi라고 쉽게 구분할
수 있는 이름을 입력한다.

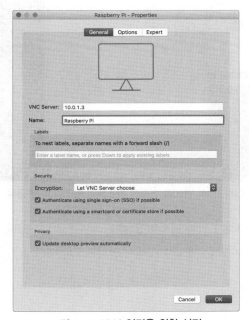

그림 1-57 **VNC 연결을 위한 설정**

설정이 끝나면 아래의 'OK' 버튼을 선택한다. 그럼 라즈베리 파이에 연결이 되는데 처음에 SSH 접
속과 마찬가지로 연결할 것인지 확인하는 내용이 표시된다. 창 하단의 '계속(Continue)' 버튼을 누르
면 ID와 비밀번호를 입력하는 화면이 나오는데, 라즈베리 파이의 기본 계정인 pi와 비밀번호를 입
력하면 된다.

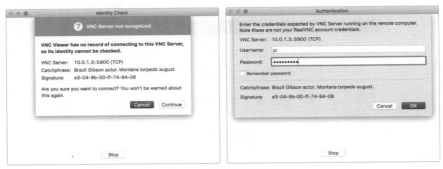
그림 1-58 **ID와 비밀번호 설정**

위의 작업이 끝나면 새로운 창으로 라즈베리 파이의 X 윈도 화면이 표시되는데, 이 창을 이용해서 라즈베리 파이를 원격으로 제어할 수 있다.

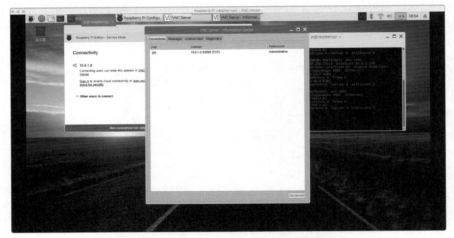
그림 1-59 **VNC를 이용한 라즈베리 파이의 화면 공유**

이제 라즈베리 파이를 사용하기 위한 기본적인 설정 작업이 완료되었다. 다음 장부터는 리눅스를 사용해서 라즈베이 파이를 다루는 방법에 대해서 살펴보도록 하자.

1.5 요약

사물인터넷은 스마트 기기 등의 사물들이 인터넷을 통해 유기적으로 동작하는 것을 의미하며, 세계적으로 차세대 사업의 하나로 손꼽힌다. 이러한 사물인터넷의 중심에는 리눅스를 비롯한 오픈 소스와 아두이노와 라즈베리 파이로 대표되는 오픈 소스 하드웨어가 있다.

리눅스는 커널이 인터넷상에 공개되어 있어 누구나 무료로 사용할 수 있으며 소형 장비에 맞춰 최적화가 가능하다. 이러한 이유로 임베디드 장비에서부터 스마트폰, 스마트TV, 웨어러블 기기, 스마트 자동차, 스마트홈 등의 다양한 사물인터넷의 분야에 사용되고 있다.

라즈베리 파이는 $5부터 $35/$55/$75의 아주 저렴한 가격에 구매가 가능하며, ARM CPU를 기반으로 한 높은 성능과 멀티미디어, OpenGL ES 등의 다양한 기능을 제공하고, 리눅스 운영체제를 사용하여 다양한 임베디드 프로젝트 및 교육에 사용되고 있다.

라즈베리 파이를 사용하기 위해서는 디스크 이미지를 위한 SD(microSD) 카드가 필요하며, 전원 공급을 위한 microUSB 케이블이나 어댑터, 키보드와 마우스, HDMI나 DVI 모니터 등이 필요하다. 기본 주변 기기들이 대부분 PC와 호환되므로 쉽게 사용할 수 있다. 예전에 비해 디스크 이미지를 만드는 작업이 편해졌는데, Etcher 유틸리티를 이용하면 사용하는 운영체제와 관계없이 동일한 방법으로 디스크 이미지를 만들 수 있다.

디스크 이미지 설치 작업이 끝나면 라즈베리 파이의 SD 카드 슬롯에 설치한 후 USB 키보드와 마우스, 그리고 모니터를 연결한 후 전원을 넣으면 라즈베리 파이를 동작시킬 수 있다. 다음 장부터는 이렇게 설정된 라즈베리 파이를 이용해서 본격적인 리눅스 프로그래밍을 위한 기초를 배워보도록 하자.

## CHAPTER 1

연습문제

1 사물인터넷의 기본 개념에 대해서 설명하시오.

2 오픈 소스와 오픈 소스 하드웨어에 대해서 설명하시오.

3 아두이노와 라즈베리 파이에 대해서 설명하시오.

4 아두이노에 비해서 라즈베리 파이가 갖는 장점에 대해서 설명하시오.

5 라즈베리 파이를 사용하기 위해 필요한 절차에 대해서 설명하시오.

6 라즈베리 파이에 microSD 카드가 필요한 이유에 대해서 설명하시오.

7 라즈베리 파이에 디스크 이미지를 설치하는 방법에 대해서 설명하시오.

8 라즈베리 파이에서 사용하는 raspi-config 유틸리티에 대해서 설명하시오.

9 라즈베리 파이에서 지역화(Localisation)를 해야 하는 이유에 대해 설명하시오.

2

리눅스의 기초: 라즈베리 파이와 친해지기

LONDON

라즈베리 파이의 고향 영국으로...
벌에 떠는 근위병 펭귄: 움직이지 마!

리눅스는 1991년 핀란드의 리누스 토발즈가 리눅스 커널 0.1을 인터넷에 공개한 이후로 많은 해커들의 노력으로 함께 발전해온 운영체제다. 리눅스는 단일 유닉스 규격(Single UNIX Specification)[1]을 지원하는 유닉스 계열의 운영 체제로 기본적인 유닉스 명령어들을 지원하고 있으며, 유닉스의 표준 X 윈도 시스템을 통해서 GUI 시스템을 지원한다.

리눅스의 개발은 인텔의 80386에서 시작되었지만 인터넷 공개 몇 년 후부터 Alpha, MIPS, ARM 등의 다양한 CPU를 지원할 수 있도록 포팅되었다. 리눅스는 현재 세계에서 가장 많이 사용되는 운영체제로 데스크톱부터 임베디드, 안드로이드 같은 스마트폰과 스마트 TV, 웨어러블 디바이스, 스마트카 등 다양한 사물인터넷의 중요한 플랫폼들을 지원한다.

라즈베리 파이는 리눅스를 기반으로 동작하기 때문에 사용하려면 리눅스의 기본적인 명령어들을 사용할 줄 알아야 한다. X 윈도 시스템과 같은 GUI 시스템으로도 라즈베리 파이를 사용할 수 있지만, 보다 세밀한 시스템의 설정이나 저수준 레벨에 접근하기 위해서는 콘솔이 필요하다. 콘솔을 사용하기 위해서는 리눅스의 명령어를 직접 입력해야 하기 때문에 각각의 리눅스 명령어에 대한 이해가 필수적이다. 라즈베리 파이에서 명령어를 사용하려면 기본적인 리눅스 셸을 이용해야 하며, 셸을 통해서 여러 명령을 수행할 수 있다.

참고하기 ➕ 단일 유닉스 규격(SUS, Single UNIX Specification)

운영체제에 유닉스라는 명칭을 사용하기 위해 반드시 지켜야 하는 표준 규격으로, 여러 유닉스 계열 운영체제의 인터페이스를 표준화하기 위해 시작된 POSIX(Portable Operating System Interface)와 무료로 사용할 수 있는 Common API Specification(Spec 1170)의 통합 버전이다. 단일 유닉스 규격은 운영체제와 사용자 및 소프트웨어 인터페이스를 다음과 같이 네 가지로 구분하고 있다.

1. 기본 정의(Base Definitions): 표준 규격의 기술을 위한 정의와 규약 등의 목록과 이를 위한 C 프로그래밍 언어의 헤더 파일 목록
2. 셸과 유틸리티(Shell and Utilities): 유틸리티(명령)의 목록 및 셸(sh)의 상세 내역
3. 시스템 인터페이스(System Interfaces): 시스템 호출 및 C 라이브러리의 목록
4. 해설(Rationale): 단일 유닉스 규격의 표준에 대한 해설

IBM에서 개발한 AIX, HP의 HP/UX, 애플의 macOS(Mac OS X), SCO의 UnixWare, 오라클의 솔라리스(Solaris)가 규격에 등록된 운영체제다. 오픈 소스인 BSD와 리눅스는 기능적인 면에서는 단일 유닉스 규격을 지원하고 있지만, 단일 유닉스 규격의 인증 유지를 위한 대표 기관이 없으므로 규격에 등록되어 있지 않다.

---

1 1980년대 중반부터 사용되었던 유닉스 표준인 POSIX는 1998년부터 통합을 시작하여 SINGLE UNIX® SPECIFICATION, VERSION 4, 2018 EDITION으로 완성되었다(https://publications.opengroup.org/t101?_ga=2.26755261.1489435080.1582111297-923432307.1582111297 참고).

2.1 리눅스의 사용 환경과 구조

2.1.1 리눅스의 시작

1991년 9월 17일, 핀란드 헬싱키대학에 다니던 리누스 토발즈(Linus Benedict Torvalds)는 취미 삼아 개발하던 커널을 인터넷에 공개하였는데, 이 커널이 버전 0.1이라고 불리는 리눅스(Linux) 운영체제의 시작이었다.

그림 2-1   리눅스를 개발한 리누스 토발즈(왼쪽)와 미닉스를 개발한 교수 앤드루 타넨바움(오른쪽)

초창기의 리눅스는 앤드루 타넨바움(Andrew S. Tanenbaum)이 교육용으로 만든 미닉스(MINIX)라는 유닉스 커널을 기반으로 제작되었지만, 인터넷에 공개된 지 얼마되지 않아 수많은 해커들의 열광 속에 미닉스를 능가하게 되었다. 이러한 분위기 속에 리눅스는 빠르게 발전하여 1994년에 안정적인 리눅스 커널 1.0이 발표되었고, 2년이 채 지나지 않은 1996년에 리눅스 커널 2.0이 발표되었다. 리눅스 커널 2.0이 발표되면서 IBM, 컴팩(Compaq), 오라클(Oracle) 같은 회사들이 리눅스를 공식으로 지원하기 시작하였고, 수많은 해커들과 회사들의 도움으로 급격한 성장을 이루었다.[2]

2.1.2 리눅스의 특징

리눅스는 기본적인 유닉스(UNIX) 운영체제의 특징을 가지고 있다. 동시에 여러 사람(multi-user)이 한꺼번에 사용할 수 있는 시스템이며, 여러 프로그램을 실행할 수 있는 멀티프로세스(multi-process) 환경을 지원하고, 멀티 코어(multi-core)와 다중 CPU를 지원하는 멀티프로세서(multi-processor) 시스템을 지원한다.

리눅스는 오픈 소스로 공개로 개발되는 유닉스 계열의 운영체제이며 GNU 도구를 사용해서 개발되고 있다. 초기에는 인텔의 80386에서 개발된 후 여러 시스템으로 포팅되었다. 1990년대 초부터

2　리눅스 커널의 역사(https://en.wikipedia.org/wiki/History_of_Linux 또는 https://ko.wikipedia.org/wiki/리눅스_커널 참고)

개발을 시작해서 1990년대 말까지 서버 시장에서 자리를 잡았으며, 1998년에 모토로라 드래곤볼(DragonBall) 68k 시리즈에 처음으로 포팅하면서 시작한 μClinux(MicroController Linux) 프로젝트와 함께 2000년대부터 임베디드 시장을 석권하기 시작하였다.

초기의 리눅스는 MMU(Memory Management Unit)[3]가 있는 시스템에서만 설치가 되었지만 μClinux 커널은 MMU를 지원하지 않은 32비트 프로세서를 지원하였고 2003년 12월에 출시된 리눅스 커널 2.6에 병합되어 임베디드를 기본으로 지원하면서 임베디드 시장뿐만 아니라 안드로이드 같은 스마트 디바이스에도 보다 폭넓게 사용되었다.

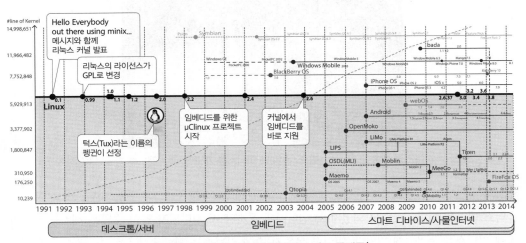

그림 2-2 리눅스 커널의 발전과 스마트 플랫폼[4]

리눅스는 유닉스의 표준 규정인 단일 유닉스 규격(SUS)을 지원하기 때문에 다른 유닉스에서 개발된 애플리케이션을 쉽게 사용할 수 있으며, X 윈도 시스템과 같은 같은 유닉스의 표준 GUI 시스템이 지원된다. 그리고 유닉스의 네트워크(BSD 소켓), IPC(Inter-Process Communication)나 프로세스 스케줄링(시분할 처리), 버퍼 캐시(buffer cache)와 페이징(paging), POSIX 스레드(thread) 등도 지원한다.

유닉스는 여러 사용자들이 동시에 사용할 수 있는데, 각각의 사용자는 자신의 계정(user account)[5]과 비밀번호, 그리고 홈 디렉터리(home directory)라는 저장 공간을 가지고 있다. 유닉스는 사용자 계정과 비밀번호를 이용해서 사용자를 구분하며, 계정별로 접근 권한의 제약을 둠으로써 기본적인 시스템 보안을 제공한다.

---

3 메모리 관리 장치(Memory Management Unit)는 CPU의 메모리 접근을 관리하는 하드웨어이다. 가상(Virtual) 메모리 주소를 실제(Physical) 메모리 주소로 변환하며, 메모리 보호, 캐시(Cache) 관리 등의 역할을 담당하고 있다.

4 리눅스 커널 4.0이 2015년 4월 12일 발표되었고, 커널 5.0은 2019년 3월 3일에 발표되었다.

5 유닉스는 다중 사용자(Multi-user) 시스템으로 각각의 사용자는 '/etc/password' 파일에 명시되어 있는 사용자 ID(UID, User ID)를 가지고 있다.

2.1.3 리눅스의 구조

리눅스는 리누스 토발즈가 개발한 커널 자체를 의미하기도 하지만 다양한 GNU 소프트웨어가 합쳐진 운영체제를 의미하기도 한다. 운영체제는 기본적으로 컴퓨터 자원의 효율적인 사용성과 사용자가 보다 쉽게 사용할 수 있는 편의성을 제공해야 하는데, 데비안이나 레드햇과 같은 리눅스 배포판은 리눅스 커널과 GNU 소프트웨어를 통해서 이러한 기능을 제공한다.

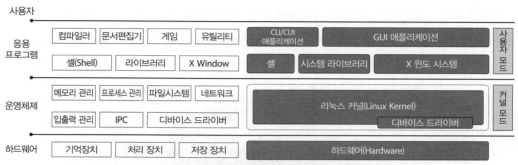

그림 2-3 리눅스의 계층적 구조

리눅스 운영체제는 크게 커널, 디바이스 드라이버, 시스템 라이브러리, 셸(Shell), 유틸리티, X 윈도 시스템으로 나눌 수 있다. 먼저 커널(Kernel)은 중심부, 핵심이라는 뜻인데, 리눅스 커널은 실제 운영체제(Operating System)를 구성하는 기본적인 토대로서 시스템의 가장 기본적인 메모리나 프로세스 등의 하드웨어를 관리하고, 애플리케이션이 커널을 이용할 수 있도록 시스템 호출(System Call) 같은 API(Application Programming Interface)를 제공한다. 또한 커널은 하드웨어의 제어를 위한 디바이스 드라이버(Device Driver)를 포함한다.

이러한 커널 위에 GNU에서 개발한 다양한 리눅스 유틸리티와 glibc 같은 다양한 라이브러리들이 위치한다. 사용자는 이러한 유틸리티들을 통해서 리눅스를 사용할 수 있으며, 유틸리티는 커널에서 제공하는 시스템 호출 인터페이스를 통해서 커널과 통신할 수 있다.

리눅스에서는 콘솔(Console)이나 터미널(Terminal)을 통한 셸을 사용해 다양한 유틸리티를 실행할 수 있는데, 이러한 인터페이스를 CLI(Command Line Interface)라고 한다. 리눅스는 또한 MS 윈도우 같은 GUI 시스템도 제공하고 있는데, 이를 위해 유닉스의 표준 GUI 시스템인 X 윈도 (X Window) 시스템을 사용한다.

2.2 리눅스의 기본 명령어

2.2.1 셸과 프롬프트

셸은 커널의 바깥쪽에 위치하며 사용자와 커널 사이의 인터페이스를 제공한다. 사용자는 이러한 셸을 통해서 입력한 명령어를 수행할 수 있다. 라즈베리 파이를 처음 부팅하면 환경 설정 화면이 표시되는데 여기에서 ESC 키를 누르면 리눅스의 bash 셸이 표시된다. 부팅 시 X 윈도 시스템이 바로 실행되었다면, 작업표시줄(Taskbar)의 Terminal(터미널) 애플리케이션의 아이콘을 더블클릭하여 터미널 애플리케이션을 실행시킬 수 있으며, 이 터미널을 이용해서 리눅스의 기본 셸을 사용할 수 있다.

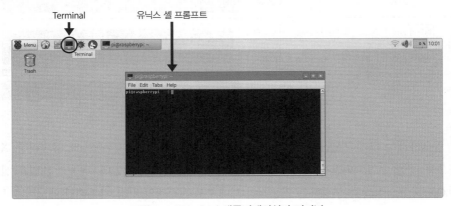

그림 2-4 **Terminal** 애플리케이션과 터미널

셸에는 기본적으로 'pi@raspberrypi: ~ $'라는 글씨가 보이고 $ 문자 뒤에 작은 블록(커서)이 표시되면서 사용자의 입력을 기다리고 있는데, 이것을 유닉스 셸 프롬프트(Prompt)라고 한다. 프롬프트는 컴퓨터가 입력을 기다리고 있음을 가리키기 위해 화면에 나타나는 표시로, 이 프롬프트에 명령어를 입력하여 실행할 수 있다. 라즈베리 파이의 기본 프롬프트는 '계정명@호스트명 디렉터리: $'와 같은 형태다.

리눅스의 명령어는 내장 명령어와 유틸리티로 나눌 수 있다. 내장 명령어는 셸에서 제공하는 명령어이고, 유틸리티는 사용자의 편의를 위해 시스템에서 제공하는 프로그램이다. 일반적으로 유틸리티는 외부에 별도의 실행 파일로 제공되는데, 셸이 프로그램 파일의 내용을 메모리로 로드하여 수행한다.

유닉스에서 사용하는 셸로는 초창기의 System V부터 사용하던 본(Bourne) 셸, BSD 유닉스에서 사용되었던 C 셸(csh), Korn 셸 등이 있지만, 리눅스는 본 셸과 csh의 장점만 가져온 bash(Bourne Again Shell)를 사용한다.

2.2.2 리눅스의 기본 명령어

리눅스에서는 GNU 소프트웨어를 이용하여 다양한 유틸리티들을 제공하고 있는데, 다음과 같은 다양한 명령어를 사용할 수 있다(표 2-1). 실제 리눅스에는 이외에도 많은 명령어들이 있지만, 너무 많으므로 가장 기본적인 유틸리티만 살펴보자.

표 2-1 리눅스의 주요 명령어

명령어	내용	비고
ls	디렉터리 내용의 목록을 표시한다.	LiSt
clear	화면을 깨끗하게 지운다.	bash에서 'Ctrl + l' 명령과 같다.
echo	인수로 지정한 문자열을 그대로 출력한다.	
cp	파일을 복사한다.	(CoPy)
rm	파일을 삭제한다.	(ReMove)
mv	파일을 이동한다.	(MoVe)
ln	다른 파일과의 연결(링크)을 생성한다.	(LiNk)
cd	현재의 디렉터리를 이동한다.	(Change Directory)
mkdir	디렉터리를 생성한다.	(MaKe DIRectory)
rmdir	비어 있는 디렉터리를 삭제한다.	(ReMove DIRectory)
pwd	현재 작업 중인 디렉터리의 경로를 표시한다.	(Print Working Directory)
dirs	디렉터리 스택에 저장된 내용을 표시한다.	
pushd	디렉터리 스택에 디렉터리를 저장한다.	
popd	디렉터리 스택에서 마지막에 저장한 디렉터리를 삭제하고 그 디렉터리로 이동한다.	
cat	파일의 내용을 표시한다.	(ConcAtenaTe)
more	파일의 내용을 페이지 단위로 표시한다.	less, head, tail 명령어
wc	파일 내의 줄(단어, 글자)의 수를 알려준다.	(Word Counter)
man	유틸리티나 API에 대한 도움말 매뉴얼을 보여준다.	(MANual), info 명령어
apropos	해당 주제와 관련된 명령어들을 표시한다.	
find	파일명을 이용해서 시스템에서 파일을 찾는다.	
grep	파일 안의 내용(패턴)을 이용해서 파일을 찾는다.	
which	명령어가 위치하고 있는 경로를 표시한다.	whereis 명령어
adduser	시스템에 사용자를 추가한다.	userdel 명령어
sudo	다른 사용자의 보안 권한으로 명령어를 수행한다.	(SUbstitute User DO)
su	root나 다른 사용자로 변경한다.	(Suspend a User)
who	사용자에 대한 정보를 표시한다.	who am I 명령어
wall	시스템에 접속한 모든 사용자에게 메시지를 표시한다.	

표 2-1 리눅스의 주요 명령어 (계속)

명령어	내용	비고
logout	현재의 시스템에서 계정을 로그아웃한다.	login 명령어
dmesg	부팅 로그와 같은 커널 메시지를 출력한다.	
chmod	파일의 접근 권한을 변경한다.	(CHange MODe)
chown	파일의 소유자를 변경한다.	(CHange OWNer)
chgrp	파일과 관련된 그룹을 변경한다	(CHange GRouP)
passwd	사용자의 비밀번호를 변경한다.	(PASSWorD)
du	디스크의 사용량을 검사한다.	(Disk Usage)
df	디스크의 남은 공간을 표시한다.	(Disk Free)
free	현재 메모리 사용량을 표시한다.	
mount	디바이스를 시스템에 연결(Mount)한다.	umount 명령어
ps	프로세스의 상태를 표시한다.	(Process Status)
kill	현재 실행 중인 프로세스를 죽인다.	
top	현재 프로세스의 상태를 표시한다.	
fg	프로세스를 포그라운드 모드로 실행한다.	(ForeGround)
bg	프로세스를 백그라운드 모드로 실행한다.	(BackGround)
time	프로세스의 실행 시간을 출력한다.	
date	현재의 시간과 날짜를 출력한다.	
cal	달력을 보여준다.	(CALendar)
tar	여러 개의 파일을 하나의 파일로 묶는다.	
compress	파일을 압축하거나 파일의 압축을 해제한다.	gzip, unzip 명령어
sync	현재 캐시된 내용을 저장한다.	
halt	시스템을 종료한다.	
reboot	시스템을 재시작한다.	
poweroff	시스템의 전원을 내린다(라즈베리 파이는 자동으로 꺼지지 않는다).	
startx	X 윈도 시스템을 시작한다.	
apt-get	데비안에서 소프트웨어 패키지를 설치 및 관리한다.	
apt-cache	데비안에서 소프트웨어 패키지를 검색하여 표시한다.	

터미널의 셸에서 프롬프트의 뒤에 리눅스의 명령어를 입력하고 엔터 키를 누르면 명령어가 실행된다.

$ 명령어 [옵션][6] [파일명]

---

6   이 책에서 [ ] 표시는 입력을 생략할 수 있는 내용을 의미한다.

리눅스 명령어에 관한 도움말을 얻고 싶은 경우에는 '$ ls --help'처럼 명령어의 커맨드 라인 옵션으로 --help 옵션을 사용할 수 있다. 보다 자세한 도움이 필요한 경우에는 '$ man ls'처럼 man 명령어를 사용할 수 있다.

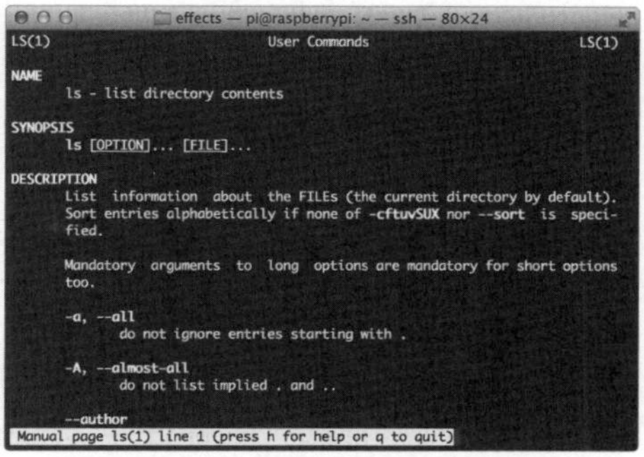

앞에서 설명한 '--help' 옵션이나 'man' 명령어 이외에도 'info' 명령어를 이용해서 도움말을 볼 수 있다. info나 man 명령어를 종료할 때는 'q' 키를 누르면 된다.

그림 2-5 ls에 대한 man 페이지

```
pi@raspberrypi:~ $ ls --help
pi@raspberrypi:~ $ info ls
pi@raspberrypi:~ $ man ls
pi@raspberrypi:~ $ man -a printf
```

참고 하기 ➕ **man 명령어(매뉴얼)**

man 명령어는 도움말을 제공해주는 유틸리티로 여러 섹션으로 구분할 수 있다. CD-ROM이나 전자문서가 발달하지 않았을 때는 유닉스를 구매하면 책 형태의 섹션별 매뉴얼을 제공하였다.

리눅스에서는 man 유틸리티에 대한 매뉴얼 페이지를 /usr/share/man 디렉터리에서 제공한다. 일반적으로 man 페이지는 유닉스에서 8개의 카테고리로 나눠지지만, 리눅스에서는 커널 프로그래밍이 추가되어 있어서 9개의 카테고리로 제공된다.

표 2-2 man 페이지

번호	내용	비고
0	개요(Introduction)	
1	일반 명령어(Commands)	/usr/share/man/man1
2	시스템 호출(System Calls)	/usr/share/man/man2
3	라이브러리 함수(Libraries)	/usr/share/man/man3
4	관련 장치나 디바이스, 특수 파일 등(Device)	/usr/share/man/man4
5	/etc 등의 디렉터리에 사용되는 파일의 포맷(File formats)	/usr/share/man/man5
6	게임(Games)	/usr/share/man/man6
7	리눅스 시스템 파일 관련 표준, 규칙, 프로토콜, 문자셋, 시그널 목록(Linux system files와 conventions)	/usr/share/man/man7
8	시스템 관리와 관련 유틸리티(Administration)	/usr/share/man/man8
9	리눅스 커널 루틴(Linux kernel routines)	리눅스만 제공

man 명령어를 실행하면 번호가 높은 매뉴얼이 기본으로 표시된다. 동일한 내용의 도움말이 섹션별로 제공되는 경우가 있는데, 예를 들면 chmod라는 명령어는 유틸리티와 시스템 호출로 모두 제공된다. '$ man chmod'를 수행했을 때는 명령어 섹션이 1번이므로 명령어 섹션만 표시되고 시스템 호출에 대한 설명은 볼 수 없다. 이때는 '$ man 2 chmod'와 같이 매뉴얼 번호를 함께 사용해야 시스템 호출에 대한 명령어를 볼 수 있다.

섹션 번호를 모를 때는 –a 옵션을 사용할 수 있는데 '$ man –a chmod'를 수행하면 모든 섹션에 대한 도움말을 순차적으로 볼 수 있다.

종료를 원할 때는 halt나 poweroff 또는 shutdown 명령어를 사용하고, 재부팅을 원할 때는 reboot 명령어를 사용할 수 있다. 이러한 시스템 관련 명령어는 root의 권한이 필요하며, 다음과 같이 sudo를 이용해서 수행할 수 있다.

> **참고하기 ➕ root 계정 활성화**
>
> 리눅스에서 디바이스 파일을 다루는 작업은 슈퍼 유저(root)의 권한이 필요한데, 데비안에서는 보안상의 이유로 root가 비활성화되어 있고 로그인도 차단한다. 라즈비안을 처음 설치한 후 root를 사용하기 위해서는 root의 암호를 입력해서 계정을 활성화해주는 별도의 과정이 필요하다.
>
> 다음과 같이 사용자 계정에서 sudo passwd 명령을 실행해서 root의 암호를 입력하고 설정한다. root 계정이 활성화되면 '$ su'를 이용해서 root로 계정을 변경할 수 있다.
>
> ```
> pi@raspberrypi:~ $ sudo passwd root
> pi@raspberrypi:~ $ su
> pi@raspberrypi ~ #7
> ```

▪ ls

먼저 가장 기본적인 명령어인 ls(List)에 대해서 살펴보도록 하자. ls 명령어는 현재 디렉터리에 있는 파일의 목록을 표시해주는 유틸리티로 일반적으로 유닉스의 /bin 디렉터리에 위치한다. 기본적으로 명령어의 실행은 다음과 같이 ls 명령어만 입력하여 실행할 수 있다.

그림 2-6 ls 명령어

---

7   책에서 터미널에 입력할 내용 앞에는 $나 # 같은 프롬프트를 표시하는데, $는 일반 계정을 의미하고, #은 root 계정을 의미한다. 일반 계정에서 root 계정의 권한이 필요하면 명령어 앞에 'sudo'를 붙여서 실행하면 된다.

ls 명령어는 다양한 명령어 옵션들을 제공한다. '$ ls --help'[8]를 이용해서 ls 명령어와 관련된 도움말을 보다 자세히 살펴볼 수 있다. 아래의 옵션들은 '-a -l -F'처럼 각각 부여하거나 '-alF'처럼 '-' 문자 뒤에 옵션들을 한꺼번에 붙여서 사용할 수 있다.

표 2-3 ls 명령어의 옵션

옵션	내용	비고
-l	파일에 대해서 권한이나 생성 시간처럼 보다 자세한 내용을 출력한다.	long
-a	숨긴 파일이나 디렉터리 등의 현재 디렉터리의 모든 내용을 출력한다.	all
-h	파일의 크기를 K나 M, G와 같이 사람이 읽기 편한 단위로 출력한다.	human readable
-F	실행 파일이나 디렉터리 등이 쉽게 구분될 수 있도록 출력한다.	
-R	하위 디렉터리의 내용들도 함께 출력한다.	

일반적으로 ls 명령어는 유닉스의 '.'으로 시작하는 숨김(Hidden) 파일들을 표시하지 않는데, 이 파일을 함께 보려면 -a 같은 옵션을 사용해야 한다.

유닉스에서는 디렉터리나 디바이스 같은 장치[9]들이 모두 파일로 취급된다. ls 명령어에 -l 옵션을 사용하면 파일의 권한(Permission) 정보 등이 함께 출력되는데 출력되는 줄의 첫 번째 문자를 살펴보면 파일의 종류를 구분할 수 있다.

표 2-4 파일의 구분

문자	의미	비고
-	일반(보통) 파일	
b	블록 디바이스 파일	block
c	문자열 디바이스 파일	character
d	디렉터리	directory
l	심볼릭 링크 파일	link
p 또는 =	명명된 파이프(named pipe)/FIFO	pipe
s	소켓	socket

■ 파일의 조작

유닉스는 트리(tree) 구조의 파일 시스템을 사용하는데, 데이터를 저장하는 가장 기본적인 단위가 파일이며 파일은 디렉터리 안에 위치한다. 유닉스에서는 파일을 조작하기 위해 다양한 유틸리티들을 제공한다.

---

8   리눅스 명령어의 대부분은 도움말을 위한 '--help' 옵션을 지원하고 있다.
9   디바이스 장치들은 일반적으로 /dev에 위치한다.

기존의 파일을 다른 이름으로 복사하고 싶은 경우에는 cp 명령어를 사용할 수 있다. cp 명령어 뒤에 원본 파일의 이름을 쓰고 그 뒤에 복사될 파일의 이름을 나열하면 해당 파일을 다른 이름의 파일로 복사할 수 있다. 동일한 이름으로 다른 디렉터리로 복사하고 싶은 경우에는 두 번째 인자로 복사될 디렉터리의 위치만 지정하면 된다. cp 명령어와 함께 -R 옵션을 사용하면 서브 디렉터리까지 복사할 수 있다.

```
$ cp  원본_파일명  복사될_위치나_파일명
```

정규 표현식(Regular Expression)을 이용하면 다양한 옵션을 보다 편리하게 사용할 수 있다. 정규 표현식과 함께 여러 개의 파일들을 동시에 복사하고 싶은 경우에는 '*'나 '?' 같은 와일드카드(Wildcard) 문자를 사용할 수 있다. 와일드카드 문자는 아무 문자나 가능하다는 것을 의미하는데, 여러 개의 문자를 대체하는 경우에는 '*'를 사용하고 하나의 문자를 대체하는 경우에는 '?'를 사용할 수 있다. 예를 들어 .jpg 확장자를 갖는 모든 파일을 의미할 때는 *.jpg처럼 사용할 수 있다. ab.jpg나 ac.jpg와 같이 a로 시작하는 하나의 문자를 갖고 .jpg 확장자를 갖는 파일은 a?.jpg처럼 사용할 수 있다.

파일의 이름을 변경하거나 위치를 이동하고 싶은 경우에는 mv 명령어를 사용할 수 있다. 기본적으로 mv 명령어는 두 개의 인자를 갖는데 첫 번째 인자에는 원본 파일의 이름을, 두 번째 인자에는 바꿀 파일의 이름이나 변경하고 싶은 디렉터리의 위치를 명시하면 된다.

```
$ mv  원본_파일명  변경될_위치나_바꿀_파일명
```

이미 있는 파일을 삭제하고 싶은 경우에는 rm 명령어를 사용할 수 있다. rm 명령어는 지울 파일만 명시하면 되므로 기본적으로 하나의 인자만 사용한다.

```
$ rm  {파일명}+10
```

파일을 삭제할 때, rm 명령의 수행을 확인하려면 -i 옵션을 사용하고, 확인 없이 강제적으로 삭제하고 싶은 경우에는 -f 옵션을 사용한다. 그리고 서브 디렉터리까지 한꺼번에 삭제하고 싶은 경우에는 -R이나 -r 옵션을 사용하면 되는데, 인자로 디렉터리명을 사용하면 디렉터리와 함께 해당 디렉터리에 있는 모든 것을 제거할 수 있다. 유닉스에서 rm 명령어를 사용하면 파일을 복구하기 어렵기 때문에 파일 삭제 시 주의가 필요하다.

---

10 정규 표현식에서 나타내는 것과 같이 {파일명}+는 파일명을 하나 이상 사용할 수 있다는 것을 의미한다.

touch 명령어를 사용하면 0바이트의 비어 있는 파일을 생성하거나 현재 존재하는 파일의 최종 사용 시간과 변경 시간을 간단하게 변경할 수 있다.

```
$ touch {파일명}+
```

 이제 리눅스에서 제공하고 있는 파일 조작 명령어로 간단한 작업을 수행해보도록 하자. 먼저 a.txt라는 파일을 touch 명령어를 이용해서 생성해보자.

```
pi@raspberrypi:~ $ touch a.txt
pi@raspberrypi:~ $ ls -al *.txt
-rw-r--r-- 1 pi pi 0 Nov 22 15:03 a.txt
pi@raspberrypi:~ $ cp a.txt b.txt
pi@raspberrypi:~ $ mv b.txt c.txt
pi@raspberrypi:~ $ ls ?.txt
a.txt  c.txt
pi@raspberrypi:~ $ ls [ac].txt
a.txt  c.txt
```

이렇게 생성된 a.txt를 ls 명령어를 통해서 살펴보면 생성된 시간이 바로 지금이고 파일의 크기가 0인 것을 알 수 있다. a.txt를 cp 명령어를 통해서 b.txt라는 파일로 복사하고, 다시 b.txt를 c.txt로 변경해보자. 위의 명령어를 실행한 후 ls 명령어와 와일드 카드(*.txt)를 사용하여 .txt 확장자를 가지고 있는 모든 파일을 출력해보면 a.txt와 c.txt만 있는 것을 확인할 수 있다.

유닉스에서는 파일 선택 시 정규 표현식의 [ ]을 이용해서 그룹을 사용할 수 있다. 그룹은 [와] 사이에 들어가는 문자들 각각을 의미하는데 위에서 [ac].txt는 a.txt와 c.txt의 두 개의 파일을 의미한다. a, b, c, d 중 하나의 문자를 사용하고 싶은 경우에는 [abcd]로 표현할 수 있는데, 이는 '-' 기호를 이용해서 [a-d]로 간략하게 표시할 수 있다.

참고하기 ❖ bash의 편리한 기능

bash를 사용하면서 명령어나 파일명을 입력할 때 tab 키를 이용하면 자동완성 기능을 이용해서 입력을 보다 편하게 할 수 있다. touch 명령을 입력하는 경우, t를 입력하고 tab 키를 누르면 t로 시작되는 모든 명령어를 표시해주고, tou까지 입력하고 tab 키를 누르면 tou로 시작되는 명령어가 touch밖에 없기 때문에 touch가 자동으로 입력된다. 명령어 인자로 쓰이는 파일명도 같은 방법으로 tab 키를 이용해서 자동완성 기능을 사용할 수 있다.

bash에서는 대부분의 유닉스 셸처럼 히스토리 기능을 이용할 수 있다. 터미널에서 '$ history'라고 입력하면 현재까지 실행했던 명령들이 표시되는데, '$! 숫자'처럼 화면에 표시된 숫자를 입력해서 예전에 실행했던 명령어를 바로 실행할 수 있다. 그리고 키보드의 위아래 화살표 키(↑↓)를 이용해서 이전 명령들을 찾아서 수행할 수 있다.

```
pi@raspberrypi:~ $ history
  102  ls
  103  clear
  104  touch a.txt
```

```
    105  ls -al *.txt
    106  cp a.txt b.txt
    107  ls ?.txt
    108  ls [ac].txt
    109  history
pi@raspberrypi:~ $ !103
pi@raspberrypi:~ $ !!
pi@raspberrypi:~ $ touch d.txt
pi@raspberrypi:~ $ rm -rf !$
rm -rf d.txt
```

bash 셸에서 이전의 명령어를 다시 실행하려면 !!을 사용하며, 바로 이전에 수행했던 명령어의 인자만 다시 사용하고 싶으면 !$를 사용하면 된다. 그리고 방금 전에 실행했던 'g'로 시작하는 명령어는 '!g'로 바로 실행할 수 있는데, 컴파일과 같이 긴 옵션을 사용한 명령어를 보다 빠르게 실행 가능하다. bash의 사용과 관련된 보다 자세한 내용은 부록의 'bash 셸 프로그래밍'를 참고하라.

■ 디렉터리의 조작

유닉스에서는 파일들을 저장하고 관리하기 위해 트리 형태의 디렉터리 구조를 사용한다.

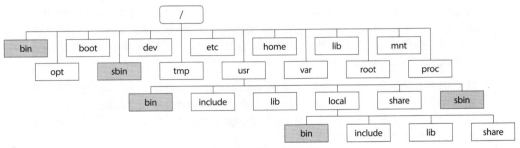

그림 2-7 유닉스 디렉터리 구조

유닉스에서 사용하는 디렉터리는 각각 특별한 용도로 사용된다.

표 2-5 유닉스의 디렉터리 구분

문자	의미	비고
/bin	유닉스의 기본 유틸리티들이 위치한다.	
/sbin	유닉스의 시스템 유틸리티들이 위치한다.	
/dev	시스템에 연결되어 있는 디바이스 파일들이 위치하고 있는 디렉터리이다.	
/lib	일반적으로 공유 라이브러리들이 위치한다.	
/boot	리눅스 커널 이미지와 같은 시스템 부팅과 관련된 파일들이 위치한다.	
/home	일반 사용자의 홈 디렉터리들이 위치한다.	
/root	슈퍼 유저(root)를 위한 디렉터리로 일반 사용자들이 접근할 수 없다.	
/etc	시스템 설정과 관련된 파일들이 위치한다.	
/proc	프로세스[†]와 시스템(커널)의 상태를 제공하는 가상 파일 시스템이다.	

표 2-5 유닉스의 디렉터리 구분 (계속)

문자	의미	비고
/usr	서드파티 유틸리티나 프로그래밍과 관련된 파일들, 매뉴얼 등의 파일들이 위치한다.	
/usr/include	프로그래밍과 관련된 헤더 파일이 위치한다.	
/usr/lib	프로그래밍과 관련된 라이브러리들이 위치한다.	
/usr/bin, /usr/sbin	/bin이나 /sbin과 비슷하지만 일반 유닉스에서 제공하는 유틸리티가 아닌 서드파티나 확장 유틸리티를 위한 디렉터리이다.	
/usr/local	시스템 관리자가 시스템을 위해 설치하는 유틸리티나 헤더 파일, 라이브러리 등이 위치하는 디렉터리이다.	
/usr/share	시스템에서 사용되는 공유 파일들을 위한 디렉터리이다.	
/usr/bin/X11	X 윈도 시스템을 위한 디렉터리이다.	
/var	가변적으로 변화하는 log나 메일과 같은 파일들이 위치한다.	
/mnt	시스템에 마운트되는 장치들을 위한 디렉터리이다.	/media
/tmp	일반적으로 임시적으로 사용되는 파일들이 위치한다.	
/lost+found	디스크의 오류나 부적절한 시스템 종료에 의해 잃어버리는 파일을 위해 사용되는 디렉터리이다.	
/opt	기본적으로 설치된 것을 제외한 모든 소프트웨어 및 애드온 패키지를 위해 준비된 디렉터리이다.	
/selinux	보다 향상된 보안을 위한 NSA(National Security Agency)에서 개발한 SELinux(Security Enhanced) 파일 시스템을 가지고 있다.[††]	

† 프로세스(process)는 현재 실행 중인 프로그램을 의미한다.
†† https://www.raspberrypi.org/forums/viewtopic.php?t=16738 참고

이러한 디렉터리들 사이를 이동하고 싶을 때는 cd 명령어를 사용한다. cd 명령어 뒤에 이동하고 싶은 디렉터리를 입력하면 되는데, 예를 들어 /root로 이동하고 싶은 경우에는 '$ cd /root'라 입력하면 된다.

```
$ cd  [디렉터리명]
```

cd 명령어 뒤에 아무런 인자를 사용하지 않으면 사용자의 홈 디렉터리(Home Directory)[11]로 이동하는데, 사용자의 홈 디렉터리는 사용자가 처음 로그인했을 때 위치하는 디렉터리로서 각 계정을 위한 저장 공간이다.

디렉터리 경로(path)는 상대 경로와 절대 경로로 나타낼 수 있다. 상대 경로는 다른 디렉터리의 위치를 현재의 디렉터리를 기반으로 해서 나타내는 방법이고, 절대 경로는 /(루트 디렉터리라고 부른다)로부터의 경로를 표시하는 방법이다. 유닉스에서는 상대 경로를 표시할 수 있도록 디렉터리에 대한 메타

---

11 사용자 홈 디렉터리는 /etc/passwd 파일에 지정되어 있다.

심볼을 제공하고 있는데, 현재의 디렉터리는 '.'로 나타내고 부모의 디렉터리는 '..'으로 나타낸다.

표 2-6 상대 경로 표시를 위한 디렉터리의 메타 심볼

문자	의미
.	현재의 디렉터리를 표시하는 메타 심볼이다.
..	부모의 디렉터리를 표시하는 메타 심볼이다.
~	사용자의 홈 디렉터리를 표시하는 메타 심볼이다.

예를 들어 사용자가 /usr/include 디렉터리에서 /usr/local 디렉터리로 이동하고 싶은 경우, 상대 경로는 '$ cd ../local'로 나타내고, 절대 경로는 '$ cd /usr/local'로 나타낸다.

사용자가 디렉터리를 이동시킨 후 현재의 디렉터리를 확인할 때는 pwd 명령어를 사용할 수 있다. 유닉스에서 현재 위치하고 있는 디렉터리에 대한 정보는 PWD라는 환경 변수[12]에도 설정되어 있는데, 환경 변수를 출력하고 싶은 경우에는 echo 명령어를 사용한다.

```
pi@raspberrypi:~ $ pwd
pi@raspberrypi:~ $ echo $PWD
```

echo 명령어는 뒤에 나오는 문자열을 터미널로 출력하는데, 셸 스크립트(Shell script) 같은 파일에서 현재의 진행 상태나 메시지를 화면에 출력할 때 이용한다. echo 명령어를 통해서 환경 변수의 내용을 사용(출력)하고 싶은 경우에는 환경 변수 앞에 $ 기호를 붙인다.

디렉터리를 새롭게 생성하고 싶은 경우에는 mkdir 명령어를 사용할 수 있다. 생성하고 싶은 디렉터리의 이름을 mkdir 명령어 뒤에 인자로 사용하는데, 해당 경로명과 같은 디렉터리나 파일이 이미 존재하고 있는 경우에는 디렉터리가 생성되지 않는다.

```
$ mkdir {디렉터리명}+
```

이렇게 생성된 디렉터리를 삭제하고 싶은 경우에는 rmdir 명령어를 사용한다. 삭제하고 싶은 디렉터리의 이름을 rmdir 명령어 뒤에 인자로 사용하는데, 디렉터리가 비어 있지 않은 경우에는 디렉터리를 삭제할 수 없다. 이러한 경우에는 '$ rm –rf'를 사용할 수 있으나 강제적으로 디렉터리의 모든 내용을 삭제하므로 주의하기 바란다.

```
$ rmdir {디렉터리명}+
```

---

12 환경 변수에 관한 내용은 13장 'bash 셸 프로그래밍'을 참고하라.

이제 위의 명령어를 이용하여 간단하게 디렉터리를 조작해보도록 하자. 먼저 /tmp 디렉터리로 이동한 후 pwd 명령어나 echo 명령어를 사용하여 현재의 디렉터리를 출력한다. 그리고 a라는 디렉터리를 생성한 후 생성된 디렉터리로 이동한다. 계속해서 touch 명령어로 a.txt 파일을 생성하고, 다시 a.txt라는 디렉터리를 만들어보도록 하자.

```
pi@raspberrypi:~ $ cd /tmp
pi@raspberrypi:/tmp $ pwd
/tmp
pi@raspberrypi:/tmp $ mkdir a
pi@raspberrypi:/tmp $ cd a
pi@raspberrypi:/tmp/a $ echo $PWD
/tmp/a
pi@raspberrypi:/tmp/a $ touch a.txt
pi@raspberrypi:/tmp/a $ mkdir a.txt
mkdir: cannot create directory 'a.txt': File exists
pi@raspberrypi:/tmp/a $ cd ..
pi@raspberrypi:/tmp $ rmdir a
rmdir: failed to remove 'a': Directory not empty
pi@raspberrypi:/tmp $ rm -rf a
pi@raspberrypi:/tmp $ ls a
ls: cannot access a: No such file or directory
pi@raspberrypi:/tmp $ cd
pi@raspberrypi:~ $ cd ~
pi@raspberrypi:~ $ cd -
```

mkdir 명령어를 수행하면 이미 a.txt 파일이 있기 때문에 에러가 발생한다. 부모 디렉터리로 이동하고 싶은 경우에는 '..'를 이용하면 된다. 앞에서 생성한 디렉터리 a를 삭제하기 위해 rmdir 명령어를 수행하면 디렉터리 안에 파일이 존재하므로 디렉터리를 삭제할 수 없다는 메시지가 표시된다. 이때는 '$ rm -rf' 명령어를 이용하면 해당 디렉터리가 삭제된 것을 확인할 수 있다.

마지막으로, cd 명령어를 실행하면 홈 디렉터리로 이동한다. 프롬프트를 보면 '~' 표시가 되어 있는데, 유닉스에서 홈 디렉터리는 '~'로 표시되며 '$ cd ~'나 그냥 '$ cd' 명령어만 수행해도 홈 디렉터리로 이동한다. 또한 '$ cd $HOME' 명령과 같이 표 13-3의 환경 변수를 이용할 수도 있다.

■ **파일의 내용 표시**

현재 파일의 내용을 표시하기 위해서는 기본적으로 텍스트 편집기(Editor)를 사용할 수 있지만, 간단하게 파일의 내용만을 표시하고 싶은 경우라면 cat이나 more, head, tail 같은 명령어를 사용할 수 있다.

파일 내용을 표시하기 위해서는 출력할 내용이 있는 파일이 필요하다. 이러한 파일은 유닉스의 리다이렉션을 사용해서 쉽게 생성할 수 있는데, '$ ls -lR > list.txt' 명령어를 실행해서 현재 홈 디렉터리부터 서브 디렉터리까지의 내용을 list.txt로 저장해보자.

참고하기 ➕ **나눠서 정복하기: 분할 정복(Divide and Rule/Conquer)**

유닉스의 모토 중 하나는 복잡한 일을 각각의 단위로 나눠서 처리하는 것이다. 하나의 프로그램에서 모든 것들을 처리할 수 있으면 좋겠지만, 프로그램에 기능을 추가할수록 복잡도가 증가하고 프로그램을 작성하는 시간도 늘어나며 버그가 일어날 확률이 많아진다. 그래서 유닉스에서는 이러한 기능을 별도의 프로그램으로 작성하고 이 프로그램들을 연결해서 처리할 수 있도록 지원하고 있다. 바로 여기서 유닉스의 파이프와 리다이렉션을 사용할 수 있다.

리다이렉션(Redirection)이란 표준 스트림(표준 입력/stdin, 표준 출력/stdout, 표준 에러/stderr)을 사용자가 원하는 방향으로 바꾸는 것을 의미한다. 리다이렉션은 출력으로 '>', '>>' 기호를 이용하고, 입력으로 '<' 기호를 이용한다.

```
$ 명령어 > 파일명
```

리다이렉션을 이용하면 ls로 실행한 결과를 화면에 출력하지 않고 파일로 저장할 수 있다. 이때 'ls > 파일명'과 같이 수행하면, 같은 파일이 이미 존재하고 있는 경우 그 파일의 내용을 없애고 새로운 내용으로 다시 채워진다(truncate). 만일, 이전 파일의 내용 뒤에 추가(append)하고 싶은 경우에는 'ls >> 파일명'과 같이 수행하면 된다.

프로그램의 실행 중에 표준 출력(stdout)이나 표준 에러(stderr)만 별도로 파일로 저장할 수 있는데, 이때에는 1>이나 2>와 같이 > 앞에 4장에서 살펴볼 스트림의 파일 디스크립터 번호를 이용할 수 있다. 출력 메시지 전체를 저장하고 싶으면 &>을 이용할 수 있다.

두 개의 명령어를 사용해서 첫 번째 명령어의 결과를 두 번째 명령어의 입력으로 사용하고 싶은 경우에는 파이프(|, 키보드에 따라 ¦ 기호로 표시되기도 함)를 사용할 수 있다.

```
$ 명령어1 | 명령어2
```

예를 들어 '$ ls –alR'처럼 한 화면을 넘어가는 결과를 more를 이용해서 보고 싶다면 '$ ls –alR | more'처럼 사용할 수 있다.

cat 명령어는 파일의 내용을 터미널로 출력할 때 사용할 수 있다.

```
$ cat {파일명}+
```

cat 명령어는 파일의 내용을 출력할 때 사용되는데, 두 개 이상의 파일을 리다이렉션을 이용해서 하나의 파일로 합칠 때도 사용할 수 있다. 예를 들어 a.txt와 b.txt를 c.txt로 합하고 싶은 경우에는 '$ cat a.txt b.txt > c.txt'처럼 cat 명령어를 사용할 수 있다.

앞에서 생성한 list.txt 파일을 cat 명령어로 실행해보면 화면에 list.txt 파일이 출력되는 것을 확인할 수 있다. 하지만 list.txt 파일의 내용이 한 화면을 넘어가기 때문에 파일 내용의 첫 부분을 확인할 수 없다. 이러한 문제점을 해결하기 위해 more나 head 같은 명령어를 사용한다.

more 명령어는 파일의 내용을 한 화면씩 출력할 때 사용할 수 있다. 사용 방법은 간단한데 cat 명령어처럼 파일명을 more 명령어의 인자로 사용하면 된다.

```
$ more {파일명}+
```

more 명령어는 문서의 내용이 아주 길 때 유용하게 사용할 수 있다. 화면에 파일의 내용을 출력하고 아래 부분에 표시된 문서의 전체 %를 나타내는데, 다음 장으로 넘어가고 싶은 경우에는 스페이스바를 누르고, 한 줄씩 넘어가고 싶은 경우에는 엔터 키를, 문서 보기를 종료하려면 q 키나 Ctrl + C 키를 누른다. 또한 키보드의 위/아래 화살표 키를 이용하면 줄 단위로 이동할 수 있다.

파일 내용의 처음 몇 줄이나 마지막 몇 줄만 확인하려면 head와 tail 명령어를 사용할 수 있다. head 명령어는 파일의 앞에서 10줄을 표시해주고, tail 명령어는 파일의 뒤에서 10줄을 표시해준다. 원하는 줄만큼 확인하려면 –n 옵션 뒤에 원하는 줄 수를 명시하면 된다.

```
$ head [-n 숫자] {파일명}+
```

■ 파일의 압축과 해제

tar 명령어는 여러 개의 파일을 하나로 묶는 명령어지만 파일을 압축하는 기능은 제공하지 않는다. 앞에서 이야기한 유닉스의 기본 모토인 '분할 정복(divide and conquer)'과 같이 복잡한 작업을 여러 유틸리티로 나눠서 진행하는데, tar 명령어를 이용해서 여러 파일을 하나로 묶고, gzip이나 bzip2 같은 명령어를 이용해서 압축을 수행한다.

tar 명령어에서는 압축 유틸리티와 함께 작업을 자동으로 처리할 수 있도록 관련 옵션을 제공한다. '.tgz'나 '.tar.gz' 확장자를 갖는 파일의 압축을 해제할 때는 'zxvf' 옵션을 이용하면 자동으로 gzip 명령어가 수행되고, '.tar.bz2'나 '.tbz' 확장자를 갖는 파일에는 'jxvf' 옵션을 사용하면 bzip2 명령어가 수행된다. 압축을 할 경우에는 'zcvf'와 같이 x(eXtract) 옵션 대신 c(Create) 옵션을 사용하면 된다.

```
$ tar zcvf 압축된_파일명.tar.gz 압축을_원하는_디렉터리명
```

일반적으로 윈도우에서도 많이 사용되는 '.zip' 확장자를 갖는 파일은 unzip 명령어를 사용하여 압축을 해제한다.

■ 검색

컴퓨터를 쓰다 보면 파일명으로 파일의 위치를 알아보거나 파일 내용만으로 파일을 찾고 싶을 때가 있다. 리눅스에서도 이러한 경우를 대비해서 find나 grep 등의 다양한 유틸리티들을 제공한다.

find 명령어는 해당 시스템에서 원하는 파일을 찾을 때 사용하며, 검색을 시작하는 디렉터리와 찾으려는 파일명을 인자로 사용할 수 있다. 파일을 검색할 때는 정규 표현식을 사용하면 좋다. 정규 표현식은 패턴이나 내용을 보다 자세히 정의할 수 있는 문법을 제공하므로 좀 더 정교한 검색을 수행할 수 있다.

```
$ find [-f] 디렉터리명 {패턴}+
```

패턴은 –iname이나 –name, -ctime, -size 등을 사용할 수 있는데, 파일의 이름으로 검색하고 싶은 경우에는 –name을 일반적으로 사용한다. 예를 들어 / 디렉터리로부터 a.txt라는 파일을 찾고 싶은 경우에는 '$ find / -name a.txt'처럼 사용할 수 있다.

파일명이 아닌 내용으로 파일을 검색하고 싶은 경우에는 grep 명령어를 사용한다. 이 명령어는 검색과 관련된 다양한 옵션들을 제공하는데, 서브 디렉터리까지 검색하고 싶은 경우에는 –r이나 –R 옵션을 사용할 수 있다.

```
$ grep [-R] {패턴} {파일명}+
```

grep 명령어도 찾을 내용에 정규 표현식을 지원한다. 예를 들어 문자열 'A1', 'A2', 'A3', 'A4'를 가진 파일들을 한꺼번에 찾고 싶으면 '$ grep –r A[1-4] *'를 이용해서 파일들을 검색할 수 있다.

```
pi@raspberrypi:~ $ sudo find / -name bash
/bin/bash
/etc/apparmor.d/abstractions/bash
/usr/share/menu/bash
/usr/share/doc/bash
/usr/share/lintian/overrides/bash
pi@raspberrypi:~ $ echo "txt" > e.txt
pi@raspberrypi:~ $ grep  txt  *
e.txt:txt
pi@raspberrypi:~ $ grep  -r  printf  /usr/include/*
```

프로그램의 위치와 관련된 검색에는 which, whereis, apropos 같은 명령어를 사용할 수 있다. which 명령어는 프로그램의 위치를 반환해주고, whereis 명령어는 프로그램과 설정 파일, man 페이지 등 관련 파일의 위치를 전부 보여준다. apropos 명령어는 인자로 사용한 프로그램과 비슷한 다른 프로그램들에 대한 내용을 표시해준다.

```
pi@raspberrypi:~ $ which bash
/bin/bash
pi@raspberrypi:~ $ whereis bash
bash: /bin/bash /etc/bash.bashrc /usr/share/man/man1/bash.1.gz
pi@raspberrypi:~ $ apropos bash
bash (1)               - GNU Bourne-Again SHell
bash-builtins (7)     - bash built-in commands, see bash(1)
bashbug (1)           - report a bug in bash
builtins (7)          - bash built-in commands, see bash(1)
dh_bash-completion (1) - install bash completions for package
rbash (1)             - restricted bash, see bash(1)
```

데비안에서는 패키지 정보의 확인을 위해 apt-cache 명령어를 제공하고 있는데, bash의 패키지 정보를 알고 싶으면 '$ apt-cache search bash'처럼 사용하면 된다.

2.2.3 사용자 계정과 그룹

앞에서 설명한 것과 같이 유닉스는 다중 유저 시스템이다. 사용자 계정은 adduser나 useradd 명령어를 통해서 추가[13]할 수 있는데, 사용자 계정을 삭제하고 싶으면 userdel 명령어를 사용하면 된다.

각각의 유저들은 계정과 비밀번호 그리고 홈 디렉터리(/home 아래 위치)라고 불리는 고유한 저장 공간을 가지고 있다. 사용자의 정보들은 /etc/passwd 파일에 정의되어 있는데 사용자 계정명, 비밀번호, 사용자 ID(uid), 그룹 ID(gid), 홈 디렉터리의 위치, 기본 셸 등의 필드가 있다.

/etc/passwd 파일의 필드

사용자이름:비밀번호:UID:GID:주석:홈디렉터리:기본셸

유닉스의 초기 버전에서는 비밀번호를 /etc/passwd에 저장했지만 보안을 강화하기 위해 /etc/passwd 파일 내의 패스워드 필드를 x로 표시하고 /etc/shadow 파일에 암호화하여 저장한다. 사용자 계정을 삭제하고 싶으면 userdel 명령어를 사용하면 된다.

/etc/shadow 파일의 필드

사용자이름:암호화된비밀번호:최종수정일:최소사용일:최대사용일:경고기간:파기기간:만료기간:예약필드

유닉스의 시스템에서 계정을 생성하면 사용자들은 특정 그룹에 가입된다. 리눅스는 계정이 생성되면 사용자의 ID와 같은 그룹을 생성하며 리눅스 시스템 내에서 여러 그룹을 생성해서 각각 활동할

---

13 adduser 명령어는 사용자 계정만을 만들어주고 홈 디렉터리나 기타 사항은 관리자가 직접 설정해줘야 하지만 useradd 명령어는 계정부터 홈 디렉터리까지의 모든 사항을 자동으로 추가해준다.

수 있다. 현재 시스템의 그룹에 대한 정보는 /etc/group 파일에 저장되어 있으며, groupadd 명령어를 통해서 새로운 그룹을 추가하고, groupdel 명령어로 그룹을 삭제할 수 있다.

/etc/group 파일의 필드

```
ID:x:GID:소속계정리스트
```

또한 리눅스에서는 현재 프로세스의 사용자와 그룹에 대해서 알아볼 수 있도록 users와 groups라는 명령어를 제공하고 있다.

2.3 리눅스 텍스트 에디터

2.3.1 텍스트 에디터

텍스트 에디터는 문자 기반으로 파일을 생성하고 수정할 수 있는 프로그램이다. 프로그래밍은 소스 코드의 입력과 수정이 가장 필수적인 작업이다. 이러한 작업을 위해서는 텍스트 에디터를 사용해야 하는데, 유닉스에서는 ed, ex, vi, pico, jove, Emacs, LaTeX 등의 다양한 텍스트 에디터를 제공한다.

표 2-7 유닉스의 텍스트 에디터

프로그램	내용
ed/ex	적은 메모리를 사용하고 속도는 빠르지만, 텍스트 파일을 줄(라인) 단위로 편집하기 때문에 다른 텍스트 에디터에 비해 불편하다.
vi	대부분의 유닉스에서 지원하고 있으며, 강력한 기능을 제공하지만 사용할 수 있는 기능이 너무 많아서 완벽히 배우기 어렵다.
GNU nano	문자의 색상 표시, 정규 표현식을 이용한 검색 등을 지원하는 유닉스를 위한 텍스트 에디터로 vi보다 편리한 편집 기능을 제공한다. 라즈베리 파이도 nano를 지원하며 vi를 대신하여 사용할 수 있다.
Emacs	GNU를 만든 리처드 스톨먼이 만든 텍스트 에디터로 라이선스가 자유롭고 강력한 기능을 제공하지만, 대부분의 유닉스에서 기본으로 제공되지 않고 별도의 설치 과정이 필요하다.
LaTeX	알고리즘과 프로그래밍 기법의 선구자 도널드 커누스(Donald Ervin Knuth)가 만든 TeX 기반의 문서 조판용 프로그램이다. 다양한 매크로와 변환 기능을 제공한다.

vi 에디터는 UC 버클리의 BSD 유닉스용으로 개발되었지만, 거의 모든 유닉스에서 기본적으로 제공되고 있다. vi 에디터가 개발되었던 초기의 컴퓨터(ADM-3A)는 방향키가 없고 키 배치도 현재 컴퓨터와 달라서 지금 사용하기에는 약간 불편하다. 그래서 리눅스에서는 기존의 vi를 보다 편하게 사용하도록 성능을 개선한 vim(vi improved)을 사용한다.

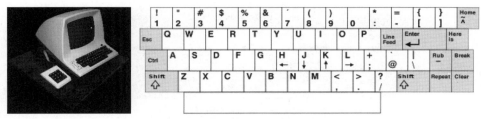

그림 2-8 ADM-3A과 키보드의 키 배치

이러한 콘솔 기반의 에디터 프로그램 이외에도 GUI 기반의 텍스트 에디터도 사용할 수 있다. 라즈베리 파이의 X 윈도 시스템에서 GUI 기반의 텍스트 에디터를 제공하는데, 보다 직관적으로 편리하게 사용할 수 있다.

2.3.2 vi 에디터

vi 에디터를 실행할 때 vi 명령어 뒤에 파일명을 인자로 사용하면, 해당 파일이 있는 경우에는 파일의 내용을 화면에 표시하고 파일이 없는 경우에는 새로운 파일을 생성할 수 있다.

```
$ vi    [{파일명}+]
$ vim   [{파일명}+]
```

■ vi 에디터의 모드

vi 에디터는 크게 세 가지 모드를 가지며, 처음 실행하면 명령 모드로 실행된다. vi 에디터는 입출력 장치의 느린 속도 문제를 해결하기 위해 버퍼를 사용하여 문서의 내용을 편집한다. 현재 편집하는 문서는 저장 명령을 사용하기 전까지는 메모리의 버퍼에서만 수정되므로 작업 취소나 변경이 자유롭다.

표 2-8 vi 에디터 모드

모드	내용	키(Key)
명령(Command) 모드	기본 명령을 수행할 수 있는 모드	Esc
편집(Edit) 모드	문자 입력과 수정을 할 수 있는 모드	a, o, i 등
ex(EXtended)[15] 모드	화면의 제일 아래 행(last line)에 명령어를 입력할 수 있는 모드	:, ?, / 등

명령 모드에서는 파일의 내용을 입력할 수 없으며, 편집 모드와 ex 모드의 중간에 위치하고 있는 단계로 삭제 등과 같은 기본적인 명령을 수행할 수 있다.

---

14 ex 모드는 기존의 라인 에디터인 ex에서 제공하는 기능을 의미하는데, ex 에디터는 표준 유닉스 에디터인 ed를 개선했다. BSD 유닉스에서 기본 제공한다.

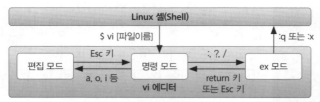

그림 2-9 vi 에디터의 모드

기본적으로 문자를 입력하고 수정하는 편집 모드로 들어가기 위해서는 a, o, i 등과 같은 편집 모드 기능키를 사용한다. 편집 모드나 ex 모드에서 명령 모드로 돌아오기 위해서는 Esc 키(Escape)를 누르면 된다.

표 2-9 vi 에디터의 입력/편집 모드 키

키	내용	비고
i	현재 커서의 앞에서부터 문자를 입력한다.	소문자
I	현재 커서가 위치하고 있는 줄의 제일 앞부분에서부터 문자를 입력한다.	대문자
a	현재 커서가 뒤에서부터 문자가 입력된다.	소문자
A	현재 커서가 위치하고 있는 줄의 제일 뒷부분에서부터 문자를 입력한다.	대문자
o	현재 커서의 위치에서 다음 줄을 삽입하고 문자를 입력한다.	소문자
O	현재 커서의 위치에서 앞 줄을 삽입하고 문자를 입력한다.	대문자
r	현재 커서가 있는 위치의 기존 문자를 새로운 문자로 바꾸고 새로 입력되는 문자를 뒤에 추가한다.	소문자
R	현재 커서가 있는 위치부터 줄 끝까지 기존의 문자열을 새로운 문자열로 덮어쓴다.	대문자

따라하기 이제 a.txt 파일을 만들고 내용을 입력해보자. '$ vi a.txt' 명령을 입력하여 vi 에디터를 실행한다.

```
pi@raspberrypi:~ $ vi a.txt
```

내용을 입력하려면 입력 모드로의 변환을 위해 i 나 a 같은 입력 키를 사용해야 하는데, 기존에 입력된 내용이 없을 때는 두 명령어의 결과에 큰 차이가 없다. 일단 i 키를 누른 후 'Hello World' 라는 문자열을 입력해보자.

기본적으로 입력 모드에서는 문자를 입력하거나 수정할 수 있다. 다시 명령 모드로 나가기 위해서는 키보드의 Esc 키를 누른다. vi 에디터를 종료하고 싶으면 :q!를 입력하고 엔터를 누르면 편집된 내용의 저장 없이 종료할 수 있다.

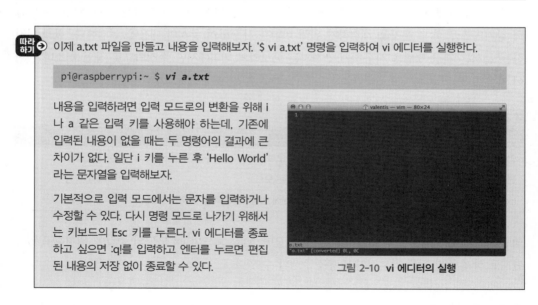

그림 2-10 vi 에디터의 실행

■ 복사와 붙여넣기

현재의 줄을 메모리로 복사하고 싶은 경우에는 vi의 명령 모드에서 y 키를 두 번 눌러 yy 명령을 사용한다. 메모리에 복사한 내용을 다시 붙여넣고 싶은 경우에는 p 키를 누르는데, 같은 내용을 여러 번 붙여넣으려면 원하는 반복 횟수를 입력한 후 p 키를 누른다. 마찬가지로 한꺼번에 여러 줄을 메모리로 복사하고 싶은 경우에는 '[숫자] yy' 명령을 사용할 수 있다.

표 2-10 복사와 붙여넣기

키	내용	비고
yy	현재의 라인을 메모리로 복사한다(copy).	:y ↵
x	현재 커서 위치의 문자를 삭제하고 메모리로 복사한다.	
dd[16]	현재의 커서가 위치하고 있는 줄을 잘라낸다(cut).	
p	메모리에 복사된 내용을 현재의 위치에 붙여넣는다(paste).	:pu ↵

■ 커서의 이동

vi에서 커서를 이동하기 위해서는 키보드의 방향키나 h, j, k, l 키[16]를 이용할 수 있다. 유닉스의 vi에서는 커서의 위치 이동에 h, j, k, l 키만 지원했었지만, 리눅스에서 사용하는 vim에서는 방향키를 함께 사용할 수 있다.

표 2-11 커서의 이동

키	내용
'↑'(위 방향키)나 k 또는 -	현재의 커서를 한 줄 위로 이동한다.
'↓'(아래 방향키)나 j 또는 +	현재의 커서를 한 줄 아래로 이동한다.
'→'(오른쪽 방향키) 또는 l	현재의 커서를 한 문자 오른쪽으로 이동한다.
'←'(왼쪽 방향키) 또는 h	현재의 커서를 한 문자 왼쪽으로 이동한다.
∧ 또는 0	커서를 현재 줄의 시작 위치로 이동한다.
$	커서를 현재 줄의 마지막 위치로 이동한다.
b	현재의 커서를 한 단어 앞으로 이동한다.
w	현재의 커서를 한 단어 뒤로 이동한다.
Control-D	반 화면 아래로 이동한다.
Control-U	반 화면 위로 이동한다.
Control-F	한 화면 아래로 이동한다.
Control-B	한 화면 위로 이동한다.
:nn↵[†] 또는 nnG	커서를 nn번째의 줄로 이동한다.

† vi 에디터에는 문자 입력만으로 실행되는 명령어가 있고, 엔터 키를 눌러야 동작하는 명령어도 있다. 일반적으로 ex 모드에서는 엔터 키가 필요하다.

---

15 dd 명령은 현재의 라인을 삭제하는 명령이지만 삭제된 내용이 메모리로 복사되어 붙여넣기에 사용할 수 있다.

16 h, j, k, l은 키보드상에 한 줄로 배치되어 있는데 왼쪽(←), 아래(↓), 위(↑), 오른쪽(→) 방향으로 생각하면 기억하기 쉽다.

위의 vi 에디터에서 방향키를 이용해서 커서를 이동해보도록 한다. 기본적인 커서의 이동은 명령 모드에서 실행[17]되므로 명령 모드로 전환하고 커서를 이동시킨다.

■ 범위: 삭제, 치환, 검색

vi 에디터에서는 복사와 붙여넣기 외에도 현재의 문자나, 단어, 줄의 삭제, 치환(변경), 검색할 수 있는 기능도 제공한다. 특정 범위의 줄을 삭제하려면 범위를 지정해야 하는데, 범위 조정에는 '.'과 '$' 문자를 사용할 수 있다.

표 2-12 범위

문자	내용
숫자	해당 숫자의 줄 번호를 의미한다.
.	현재의 커서가 있는 줄 번호를 의미한다.
$	파일의 마지막 줄 번호를 의미한다.

범위는 범위의 시작 줄과 끝줄을 ',' 와 함께 지정할 수 있는데, 예를 들어 문서의 처음 줄부터 마지막 줄까지는 '1,$'로 나타내고, 첫 줄부터 현재 줄까지는 '1,.'로 나타내며, 현재 줄부터 마지막 줄까지는 '.,$'로 나타낸다. 바로 앞줄의 위치는 '.-1'과 같이 현재 줄을 기준으로 산술 연산을 이용해서 위치를 계산할 수 있다.

이제 문자를 삭제해보도록 하자. 문자의 삭제는 현재 커서의 위치에서 문자, 단어, 줄 단위로 삭제할 수 있다. 삭제된 내용은 메모리의 버퍼로 복사되므로 p 키를 이용해서 붙여넣을 수 있다.

표 2-13 삭제와 변경

삭제	내용	변경	비고
x	현재의 커서의 문자를 삭제/변경한다.	r	문자
dw	현재의 커서에서 단어를 삭제/변경한다.	cw	단어
dd	현재의 커서가 위치하고 있는 줄을 삭제/변경한다.	cc	줄
D	현재 커서의 위치에서 마지막까지 삭제한다.		
:<범위>d↵	특정 범위의 줄을 삭제한다.		

문자열을 바꾸려면 ':<범위>s'를 이용하여 지정된 범위 내의 문자열을 치환할 수 있다. 원본 문자열과 바꿀 문자열을 /로 구분하면 되는데, 기본적으로 문자열에서 처음 나오는 원본 문자열만 바뀌며, /g 옵션을 사용하면 한 줄 안에 있는 같은 내용의 문자열을 모두 바꿀 수 있다.

---

17 vim에서는 편집 모드에서 방향키를 이용해서 커서를 이동할 수 있으나 가끔씩 문제가 발생하기도 한다.

표 2-14 **치환**

문자	내용
:<범위>s/원본문자열/바꿀문자열/g↵	범위 내의 모든 문자열을 바꾼다.
:<범위> co 위치↵	범위 내의 줄을 위치로 복사한다.
:<범위> m 위치↵	범위 내의 줄을 위치로 이동한다.

문서 내의 문자열을 찾기 위해서는 ex 모드에서 검색을 수행하면 된다. 찾고 싶은 문자열을 /나 ? 를 이용해서 지정하며, 문서의 앞쪽이나 뒤쪽 방향으로 검색할 수 있고, n, N, /, ?를 이용하면 반복 검색도 가능하다.

표 2-15 **검색**

명령	내용
/[검색할문자열]↵	현재의 위치에서 문서의 끝방향으로 검색할 문자열을 찾는다.
?[검색할문자열]↵	현재의 위치에서 문서의 앞방향으로 검색할 문자열을 찾는다.
n이나 /↵	이전에 검색했던 문자열을 가지고 문서의 끝방향까지 다음의 내용을 찾는다.
n이나 ?↵	이전에 검색했던 문자열을 가지고 문서의 앞방향까지 다음의 내용을 찾는다.
:[줄번호]↵	해당 줄 번호로 바로 이동한다.

명령 모드에서 .을 입력하면 기존에 실행했던 내용을 반복해서 수행할 수 있다. ex 모드에서 ':! [명령어]'를 입력하면 외부 명령어를 실행할 수 있는데, 셸로 잠시 넘어가고 싶은 경우에는 ':! sh'을 입력한다. 뒤의 명령어 없이 ':!'만 수행하면 셸에 표시된 내용을 살펴볼 수 있는데, 특히 프로그래밍 시 컴파일 에러나 터미널로 출력된 결과를 확인할 때 아주 유용하다. vi 에디터를 사용하다가 바이너리 코드나 다른 이유로 화면이 깨져서 잘 표시되지 않는 경우에는 Ctrl + L 키를 눌러서 화면을 다시 그리게 할 수 있다.

> **참고하기 ➕ bash의 화면 출력 잠금**
>
> vi 에디터를 사용하다가 단축키를 잘못 누르면 화면이 동작하지 않는 것처럼 보일 때가 있다. 표 5-7과 같이 bash에서는 Ctrl + S 키를 누르면 화면 출력 잠금이 설정되는데, 이때 Ctrl + Q를 누르면 화면 출력 잠금이 해제된다. Ctrl + S 키로 화면 출력 잠금이 되지 않도록 하려면 '$ stty ixany' 명령을 수행하면 되는데, ~/.bashrc 파일에 추가하면 로그인 시 자동으로 설정되어 편리하다.

■ **vi의 설정**

vi 에디터를 쓰면서 문서의 줄 번호를 표시하거나 자동 들여쓰기(auto indent)가 되도록 설정할 수 있다. 기본 설정은 ex 모드에서 진행한다.

표 2-16 **vi**의 설정

명령	내용	비고
:se nu ↵	문서의 줄 번호를 표시한다.	:set number ↵
:se nonu ↵	표시된 줄 번호를 숨긴다.	:set nonumber ↵
:se ai ↵	자동 들여쓰기를 설정한다.	:set autoindent, :set noai ↵
:se cindent ↵	C 언어 스타일의 들여쓰기를 설정한다.	:set nocindent ↵
:se smartindent ↵	스마트한 들여쓰기를 설정한다.	:set nosmartindent ↵
:se shiftwidth=4 ↵	자동 들여쓰기를 4칸으로 설정한다.	
:se expandtab ↵	탭 대신 공백(space)으로 설정한다.	
:se tabstop=4 ↵	탭을 4칸의 공백으로 설정한다.	
:se list ↵	보이지 않는 특수 문자(\t(tab), \$(eol) 등)들을 표시한다.	:se nolist ↵
:se ↵	현재 설정한 모든 vi 변수들을 출력한다.	:set ↵
:se all ↵	모든 vi 변수와 현재 값을 출력한다.	:set all ↵

줄 번호를 표시하면 소스 코드를 작성할 때 해당 줄 번호를 참고할 수 있으므로 편리하다. 표시된 줄 번호는 파일 저장 시에는 함께 저장되지 않는다.

vi 에디터가 시작될 때 항상 설정된 값을 이용하려면 홈 디렉터리 안에 .vimrc(~/.vimrc) 파일을 만들고 se nu처럼 한 줄씩 vi와 관련된 설정을 지정하면 된다. 인터넷에 검색해보면 리눅스나 라즈베리 파이에 맞게 설정해놓은 .vimrc 파일을 구할 수 있는데, 이 파일을 이용하면 vi를 보다 편리하게 사용할 수 있다.

■ **vi의 저장 및 종료**

이제 편집한 문서를 저장해보도록 하자. 문서의 저장은 vi 에디터의 ex 모드에서 :w를 입력하여 실행할 수 있다. 강제적으로 저장하고 싶은 경우라면 !를 사용하여 ':w!'와 같이 쓸 수 있다.[18]

표 2-17 **vi**의 저장과 종료

명령	내용	비고
:w [파일명] ↵	인수로 파일명이 있는 경우 해당 파일명으로 저장하고 인수가 없으면 기존에 오픈한 파일에 편집한 내용을 저장한다.	:w! ↵
:e 파일명 ↵	새로운 파일을 오픈한다.	
:r 파일명 ↵	현재의 내용에 파일명의 내용을 가져와서 제일 마지막 줄 이후로 추가한다.	
:q ↵	vi 에디터를 종료한다.	:q! ↵
:x ↵	편집한 내용을 저장하고 vi 에디터를 종료한다.	:wq ↵, :ZZ ↵, :x! ↵

---

18 해당 동작에 대한 권한이 없는 경우에는 !를 사용해도 강제적으로 실행할 수 없는 경우가 있다.

vi 에디터를 종료할 때 기존 문서의 내용이 변경되었다면 바로 종료되지 않는다. 기존의 내용을 저장하지 않고 종료하고 싶은 경우에는 :q!처럼 !를 붙여서 강제로 종료할 수 있다.

> **따라 하기 ➡** 앞에서 추가한 Hello World를 복사해서 붙여 넣어 보자. 명령 모드에 yy를 입력하면 한 줄이 메모리로 복사되는데, 메모리로 복사된 내용을 네 번 붙여넣으려면 숫자 4와 p를 입력한다. 붙여넣기를 완료하면 커서의 현재 위치가 두 번째 줄로 이동한다. 바로 전에 실행한 명령을 취소하려면 u(Undo) 키를 눌러 다시 되돌릴 수 있다.
>
>
>
> 그림 2-11 **복사와 붙여넣기**
>
> 커서를 이동하기 위해서는 방향키를 사용하거나 명령 모드에서 키보드의 h, j, k, l 키나 방향키를 사용하면 된다. 줄 번호를 보여주고 싶은 경우에는 ex 모드에서 :se nu를 입력한다. 편집이 끝나면 내용을 저장하고 종료하는데, 저장에는 ex 모드에서 :w!를 사용하고, 종료에는 :q!를 사용한다.
>
> vi 에디터는 아주 많은 명령과 옵션들을 제공한다. 처음부터 모든 것을 알려고 하지 말고 필요할 때 하나하나 알아가는 것이 좋겠다.

2.3.3 nano 에디터

nano 에디터는 비교적 가볍고 사용하기 쉬운 텍스트 에디터로 vi 에디터에 비해 직관적이며 사용하기 쉽지만, 다양한 기능을 지원하지 않는 단점이 있다. nano 에디터는 문서의 내용을 구분하기 위해 색상 등을 기본적으로 제공한다. 파일을 편집하려면 nano 에디터를 실행할 때 불러올 파일을 지정하면 된다.

```
$ nano [{파일명}+]
```

Ctrl + X 키를 누르면 에디터를 종료할 수 있는데, 내용이 편집된 경우에는 변경된 내용의 저장 여부를 묻는다. 이때 'y' 키를 누르면 편집한 문서를 다른 이름으로 저장할 수 있다.

그림 2-12 **nano 텍스트 에디터**

현재 편집하고 있는 줄을 삭제하거나 잘라내려면 Ctrl + K 키를 누르고, 붙여넣으려면 Ctrl + U 키를 누른다. 블록 단위로 복사하려면 Ctrl + ^ 키를 눌러 블록 지정을 시작하고, 다시 Ctrl + ^ 키를 눌러 블록을 해제할 수 있다. 지정된 블록은 Ctrl + K 키와 Ctrl + U 키를 사용해서 잘라내고 붙여넣을 수 있다.

현재의 문서에서 원하는 내용에 대한 찾기 기능을 사용하고 싶은 경우에는 Ctrl + W 키를 누른다. 이외에도 더 많은 기능들을 제공하는데, 추가 기능을 알고 싶으면 Ctrl + G 키를 눌러 도움말을 살펴볼 수 있다.

2.4 리눅스의 프로그래밍 도구

2.4.1 GCC

1987년 리처드 스톨먼은 공개용 컴파일러인 GCC(GNU Compiler Collection)를 발표하였다. GCC는 GNU 소프트웨어와 리눅스 같은 오픈 소스 운동의 시발점이 되었다. GCC는 다양한 플랫폼을 지원하며, C, C++, Objective-C, 포트란(Fortran), 자바(Java) 등의 다양한 프로그래밍 언어들을 지원한다. 처음에는 C 언어만 지원했기 때문에 GNU C Compiler라고 불렀지만, 나중에 여러 언어를 지원하면서 GNU Compiler Collection으로 이름이 바뀌었다.

표 2-18 리눅스의 프로그래밍 도구

도구		내용
gcc		리눅스에서 기본으로 사용하는 컴파일러
Binutils	ld	GNU 링커(Linker)
	as	GNU 어셈블러(Assembler)
	ar	아카이브(압축) 파일을 생성하고, 수정하고, 분리한다.
	nm	목적 파일로부터 심볼(Symbol)을 출력한다.
	objcopy	목적 파일을 복사한다.
	objdump	목적 파일에 대한 정보를 출력한다.
	ranlib	아카이브를 위한 색인(Index)을 생성한다.
	strip	목적 파일이나 라이브러리에서 심볼들을 제거한다.
	strings	출력 가능한 문자열을 출력한다.
	size	목적 파일이나 아카이브에서 섹션의 크기의 리스트를 출력한다.
gdb		GNU 디버거(Debugger)
make		소스 코드를 빌드하기 위한 자동화 도구

GCC는 빌드와 프로그램 작성을 위한 여러 도구를 제공한다. C 언어나 C++ 언어를 사용해서 실행 파일을 만들기 위해서는 먼저 소스 코드를 작성해야 한다. 이렇게 작성된 소스 코드는 빌드 과정을 거쳐서 실행 파일이 생성되는데, 빌드 과정은 크게 컴파일 과정과 링크 과정으로 나눌 수 있다.

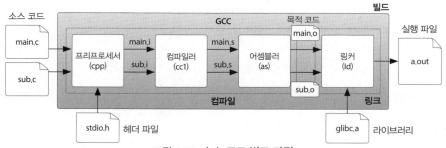

그림 2-13 소스 코드 빌드 과정

컴파일 과정은 소스 코드를 목적 파일(Object Code)로 만드는 과정으로, #include나 #define과 같은 전처리기들을 처리하기 위한 선행 처리 과정을 거치고, cc1이라는 컴파일러와 as라는 어셈블러를 통해서 목적 파일을 생성한다. 이때 stdio.h나 unistd.h 같은 헤더 파일이 별도로 필요하다.

목적 파일들을 하나로 묶는 과정을 링크(link)라고 한다. 목적 파일 하나만 사용할 수도 있지만 프로젝트의 규모에 따라서 여러 개의 목적 파일이 하나의 실행 파일로 링크될 수 있다. 링크 시에는 일반적으로 정적(Static) 라이브러리나 공유(Shared) 라이브러리가 필요하다. 링크 과정이 끝나면 실행 파일이 생성된다.

참고하기 ➕ 소프트웨어 개발 환경 설치하기

라즈베리 파이에 소프트웨어의 개발과 관련된 도구들이 설치되어 있지 않다면 다음과 같이 설치한다.

```
pi@raspberrypi:~ $ sudo apt-get install gcc xterm git-core subversion
```

2.4.2 gcc 컴파일러

앞서 이야기한 대로 GCC는 GNU의 컴파일 모음을 의미하기도 하지만, gcc라고 소문자로 쓰면 컴파일러 자체를 의미하기도 한다. gcc는 리눅스의 기본 컴파일러로, 일반적으로 리눅스 시스템 프로그램이나 리눅스 커널의 소스 코드를 빌드하기 위해서 사용된다.

gcc로 소스 코드를 빌드하기 위해서는 컴파일과 링크 과정을 거치는데, 이때 앞에서 설명한 cc1이나 ld 같은 유틸리티가 사용된다. gcc는 이러한 과정을 모두 자동으로 처리하며, 빌드 과정에서 컴파일만 진행하거나 목적 코드를 이용해서 링크를 따로 진행하고자 하는 경우, 이러한 과정을 별도로 처리할 수 있도록 관련 옵션을 제공한다.

표 2-19 **gcc의 옵션**

옵션	내용	비고
-v	gcc의 버전 정보를 출력한다.	
-c	소스 코드에 대한 컴파일을 수행해서 목적 코드를 생성한다.	
-o	실행 파일에 대한 이름을 부여한다. 이름을 부여하지 않으면 유닉스에서는 기본적으로 a.out이라는 이름으로 실행 파일을 생성한다.	
-E	프리프로세서 과정만 수행한다.	
-S	프리프로세서 과정과 컴파일 과정만 수행해서 어셈블러 파일을 생성한다.	
-I(대문자 i) 경로	컴파일 시 사용되는 헤더 파일의 위치를 지정한다. (기본 디렉터리는 /usr/include)	
-l(소문자 L) 이름	링크 시 사용되는 라이브러리를 지정한다.	
-L 경로	링크 시 사용되는 라이브러리의 위치를 지정한다(기본 디렉터리는 /usr/lib).	
-g[, 1, 2, 3]	디버그 정보를 실행 파일에 추가한다.	-ggdb
-D 매크로	컴파일 시 사용할 매크로를 지정한다.	
-O[s, 0-3]	컴파일 시 최적화 옵션을 수행한다.	
-nostdinc	기본 include 디렉터리를 사용하지 않는다.	

 앞의 vi 에디터를 이용해서 다음의 코드를 작성해보자. 기본적인 C 언어의 'Hello World'[19]이다.

코드 2-1 **helloworld.c**

```c
#include <stdio.h>

int main(int argc, char **argv)
{
    printf("Hello, World!\n");

    return 0;
}
```

리눅스에서는 main ( ) 함수의 반환형으로 int를 사용[20]하고 프로그램 수행 중에 문제가 없다면 0을 반환한다. 위의 코드를 gcc를 이용해서 빌드한다.

```
pi@raspberrypi:~ $ gcc -o helloworld helloworld.c
```

일반적으로는 빌드 시 '-o' 옵션을 사용하지 않으면 기본으로 'a.out'이라는 이름의 파일이 생성된다. 앞에서와 같이 한꺼번에 소스 코드를 실행 파일로 빌드할 수 있지만 gcc의 옵션을 사용하면 각 단계별로 나누어 빌드할 수 있다.

---

19 Hello World 프로그램은 데니스 리치와 C 언어를 공동으로 만들었던 브라이언 캐니건이 벨 연구소의 내부 문서에 처음으로 사용하였으며, 《The C Programming Language》라는 책을 집필하면서 첫 예제로 사용하였다. 다른 책들도 이 책의 오마주(Hommage)로 첫 예제에 "Hello World"를 사용한다.

20 ANSI C에서는 표준으로 main( ) 함수의 반환형으로 int 형을 사용한다.

```
pi@raspberrypi:~ $ gcc -S helloworld.c
pi@raspberrypi:~ $ as -o helloworld.o helloworld.s
pi@raspberrypi:~ $ gcc -o helloworld helloworld.o
```

위와 같이 먼저 소스 코드를 gcc의 '-S' 옵션을 사용해서 어셈블리 코드(확장자가 .s)로 만든 후, 이를 다시 as를 이용해서 목적 코드로 만들 수 있다. 목적 코드를 실행 파일로 만들 때는 crt1.o과 같은 스타트업(startup) 코드와 라이브러리가 필요하다.

'$ gcc -o hello hello.o'와 같이 gcc를 바로 사용하는 경우에는 별다른 옵션이 필요 없지만, ld 명령어를 직접 사용하는 경우에는 링크할 라이브러리와 C 코드에서 처음 실행될 함수명을 지정해야 한다. C 언어는 기본적으로 libc.a라는 라이브러리를 링크해야 하므로 '-lc'가 필요하고, main 함수부터 수행되므로 '-e main' 옵션을 함께 사용하면 된다.

file 명령어를 통해서 실행 파일을 확인해보면 실행 가능하다는 내용을 표시한다. 이 빌드된 애플리케이션을 실행하기 위해서는 실행 파일의 이름 앞에 './'를 붙인다. 앞의 디렉터리에서 본 것처럼 '.'은 '현재 디렉터리'라는 뜻이며, './'은 실행 파일이 '현재 디렉터리 안에 위치하고 있다'는 의미다.

```
pi@raspberrypi:~ $ file helloworld
test: ELF 32-bit LSB executable, ARM, EABI5 version 1 (SYSV), dynamically
linked,interpreter/lib/ld-linux-armhf.so.3, for GNU/Linux 3.2.0,
BuildID[sha1]=73898aa96384801ccd9bd26b992e1745fcb98672, not stripped
pi@raspberrypi:~ $ ./helloworld
Hello, World!
```

유닉스에서는 보안을 이유로 현재 디렉터리에 있는 실행 파일이 기본적으로 바로 실행되지 않는다.[21] 실행 파일은 PATH라는 환경 변수에 지정되어 있는데, 현재 디렉터리에 있는 실행 파일을 실행하기 위해 '$ export PATH = $PATH:./'처럼 현재 디렉터리를 환경 변수에 추가할 수 있지만 보안성이 떨어지므로 권장하지 않는다.

2.4.3 make 유틸리티

일반적으로 애플리케이션 제작은 프로젝트 기반으로 진행되는데 하나의 프로젝트에는 아주 많은 수의 소스 코드가 사용된다. 이러한 소스 코드를 gcc를 이용해서 하나하나 컴파일하기에는 너무 많은 작업과 시간이 소요된다. 번거롭고 복잡한 소스 코드의 빌드 작업을 자동화하는 도구가 바로 make 유틸리티이다.

---

21 유닉스의 시스템 유틸리티들은 '/bin'이나 '/sbin'과 같은 디렉터리에 위치하고 있는데, 해커들이 비교적 보안이 약한 사용자 디렉터리에 시스템 유틸리티와 동일한 이름의 프로그램을 복사해서 해킹을 시도하기도 한다.

■ **make 유틸리티의 사용**

make 유틸리티는 makefile이라는 파일에 특수한 형태의 의존 규칙(dependency rule)들을 정의하고, 이 파일을 기준으로 해서 소스 코드들을 자동으로 빌드할 수 있다. 기존의 소스 코드 중에서 어떤 파일이 다시 컴파일되어야 하는지를 자동으로 판단하고, 필요한 유틸리티(gcc, cc 등)를 이용하여 해당 파일만을 재컴파일할 수 있기 때문에 빌드 시간을 상당히 줄일 수 있다.

make 유틸리티를 사용하기 위해서는 makefile이 필요하다. 일반적으로 makefile이 있는 경우 '$ make'를 입력하면 자동으로 빌드 과정이 실행되는데, 별도의 파일을 지정하고 싶다면 '--makefile' 또는 '-f' 옵션을 사용할 수 있다.

```
$ make  [--makefile=파일명]
```

■ **makefile의 생성**

이제 makefile을 작성해보도록 하자. makefile은 크게 세 부분으로 나눌 수 있는데, 목표(target), 의존관계(dependency), 명령(command)으로 기본적인 규칙(rule)들을 정의하면 된다.

```
targetList:      dependencyList
                 commandList
```

표 2-20 **makefile의 규칙**

요소	내용
목표(target list)	명령(command list)이 수행되어 생성될 결과 파일(목적 파일이나 실행 파일)을 지정한다.
의존관계(dependency list)	목표를 수행하기 위해 필요한 의존 관계를 설정한다.
명령(command list)	의존관계(depenency list)에 정의된 파일의 내용이 바뀌었거나, 목표(target list)에 해당하는 파일이 없을 때 여기에 정의된 내용이 차례대로 실행된다.

명령은 여러 개의 유틸리티를 사용해서 수행할 수 있는데, gcc 컴파일러뿐만 아니라 셸에서 사용할 수 있는 clear, echo, cp 등 대부분의 명령어들을 사용할 수가 있다. 명령의 앞부분은 반드시 탭(TAB) 문자로 시작해야 하며, 공백(빈칸) 등의 다른 문자를 사용하면 make 실행 중에 에러가 발생하므로 주의해야 한다.

따라
하기

이제 make 유틸리티를 사용해서 코드를 빌드해보자. makefile을 작성하기 전에 개발에 사용할 소스
코드가 준비되어야 한다. 다음과 같은 c 소스 파일을 만들어보자.

코드 2-2 **main.c**

```
#include "common.h"

int main()
{
    char* str = input();
    print(str);
    print("\n");

    return 0;
}
```

위 main.c 파일의 main( ) 함수에서는 외부 함수인 print( ) 함수와 input( ) 함수를 사용한다.[22] print( )
함수는 문자열을 출력하는 함수이고, input( ) 함수는 문자열을 입력받는 함수이다. C 언어에서 사용하
는 함수는 먼저 선언이 되어 있어야 한다. 다른 파일에 구현된 함수는 보통 extern으로 선언하며, 이러
한 함수들은 일반적으로 헤더 파일로 관리한다.

코드 2-3 **common.h**

```
#ifndef __COMMON_H__
#define __COMMON_H__

extern void print(char* str);
extern char* input();

#endif    /* __COMMON_H__ */
```

일반적으로 헤더 파일은 컴파일 시 여러 번 반복해서 포함될 수 있는데, 이를 막기 위해서 '#ifndef ~
#endif'와 '#define' 프리프로세서를 사용한다. 헤더 파일 내부에 main( ) 함수에서 사용한 print( ) 함
수와 input( ) 함수를 extern으로 선언하면 된다.

코드 2-4 **print.c**

```
#include <stdio.h>
#include "common.h"

void print(char* str)
{
    printf("%s", str);
}
```

print.c 파일은 문자열을 출력하는 코드이고, input.c 파일은 문자열을 입력받는 코드이다. C 언어에서
기본적으로 사용하는 표준 입출력 함수인 printf( )와 scanf( ) 함수를 사용하였다.

코드 2-5 **input.c**

```
#include <stdio.h>
#include <stdlib.h>
#include "common.h"
```

---

[22] 다른 소스 파일들과 공통으로 사용하는 함수나 매크로 등은 별도의 헤더 파일을 사용하는 것이 좋다.

```
char* input( )
{
    char *str;
    str = (char*)malloc(BUFSIZ);
    scanf("%s", str);

    return str;
}
```

위 코드들은 gcc를 이용해서 빌드할 수 있다.

```
pi@raspberrypi:~ $ gcc -o test main.c print.c input.c
```

이러한 기본적인 gcc 옵션들을 makefile을 이용해서 다음과 같이 작성할 수 있다. makefile에서 두 번째 줄의 gcc 앞에는 **공백이 아니라 탭 문자를 사용**해야 한다. 앞에서 설명한 것과 같이 공백이나 다른 문자를 사용하면 에러가 발생하므로 주의해야 한다.

makefile 파일

```
test :
    gcc -o test main.c print.c input.c
```

makefile을 작성한 후 make 유틸리티를 실행하면 자동으로 빌드가 완료된다.

```
pi@raspberrypi:~ $ make
gcc -o test main.c print.c input.c
```

위의 makefile을 조금 더 수정해보도록 하자. make 시 빌드와 관련된 의존관계와 필요한 사항을 다음과 같이 추가한다.

makefile 파일

```
test : main.o print.o input.o
    gcc -o test main.o print.o input.o

main.o : main.c common.h
    gcc -c main.c

print.o : print.c common.h
    gcc -c print.c

input.o : input.c common.h
    gcc -c input.c
```

main.c, print.c, input.c 파일의 소스 파일들과 common.h의 헤더 파일을 각각 설정하고, gcc의 −c 옵션을 이용해서 컴파일한 후, 이를 다시 하나로 링크해서 실행 파일을 생성할 수 있다. 이때 앞에서 살펴본 gcc 옵션을 사용할 수 있다.

```
pi@raspberrypi:~ $ make
gcc -c main.c
gcc -c print.c
gcc -c input.c
gcc -o test main.o print.o input.o
```

위의 makefile을 살펴보면 파일의 목적 파일을 만드는 곳에서 비슷한 과정이 반복된다. 이러한 반복 작업을 쉽게 처리할 수 있도록 make 유틸리티에서는 확장자 규칙이나 매크로 등의 방법들을 제공한다.

■ **makefile의 매크로**

매크로는 makefile에서 편리하게 사용하기 위해 미리 정의된 변수다. '${매크로}', '$(매크로)', '$매크로' 같은 형태를 사용할 수 있으나 일반적으로 '$(매크로)'를 사용한다.

 위의 makefile을 매크로를 이용해서 변경해보자. 일반적으로 매크로에는 대문자를 사용하며, '='을 이용해서 값을 설정하고, 앞에서 정의한 매크로를 사용하기 위해 $( )를 이용한다.

makefile 파일

```
OBJECTS = main.o print.o input.o

test : $(OBJECTS)
    gcc -o test $(OBJECTS)

main.o : main.c common.h
    gcc -c main.c

print.o : print.c common.h
    gcc -c print.c

input.o : input.c common.h
    gcc -c input.c
```

make 유틸리티는 CC, GCC처럼 미리 정의되어 있는 다양한 매크로를 제공하는데, make 유틸리티에서 제공하는 매크로는 '$ make -p'를 이용해서 확인할 수 있다. 이러한 매크로를 이용해서 이 makefile을 조금 더 수정해보자.

makefile 파일

```
OBJECTS = main.o print.o input.o
SRCS = main.c print.c input.c
CFLAGS = -g
TARGET = test

$(TARGET) : $(OBJECTS)
    $(CC) -o $(TARGET) $(OBJECTS)

clean :
    rm -f $(OBJECTS) $(TARGET) core

main.o : main.c common.h
print.o : print.c common.h
input.o : input.c common.h
```

위의 makefile에서는 소스 코드 파일을 지정하는 SRCS 매크로를 설정했으며, 컴파일 시 플래그를 위해 CFLAGS를 지정한다. 일반적으로 컴파일과 관련해서는 CFLAGS라는 정의어를 사용하고, 링크와 관련해서는 LDFLAGS라는 매크로를 사용하는데, make 유틸리티에는 다음과 같은 매크로들이 이미 지정되어 있다.

표 2-21 makefile의 컴파일을 위한 매크로

매크로	내용
ARFLAGS	ar 아카이브 관리 프로그램(Archiver)의 플래그
ASFLAGS	as 어셈블러의 플래그
CFLAGS	C 컴파일러의 플래그
CXXFLAGS	C++ 컴파일러의 플래그
CPPFLAGS	C 전처리기의 플래그
LDFLAGS	ld 링커의 플래그
COFLAGS	co 유틸리티[†]의 플래그
FFLAGS	포트란 컴파일러의 플래그
PFLAGS	파스칼(Pascal) 컴파일러의 플래그
LFLAGS	lex의 플래그
YFLAGS	yacc의 플래그

† co는 check out의 의미로, 버전 관리 프로그램인 RCS로부터 파일을 추출하는 유틸리티다.

```
pi@raspberrypi:~ $ make clean
rm -f main.o print.o input.o test core
pi@raspberrypi:~ $ make
cc -g   -c -o main.o main.c
cc -g   -c -o print.o print.c
cc -g   -c -o input.o input.c
cc -o test main.o print.o input.o
```

빌드 후 생성되는 최종 파일을 위해 TARGET 매크로를 지정하였고, 빌드 시 앞에서 지정하지 않는 매크로인 CC를 사용하였다. makefile 내에 해당 매크로에 대해 설정된 값이 없는 경우에는 make 유틸리티의 기본값인 cc를 통해 빌드된다.

표 2-22 makefile의 명령어 매크로

명령어 매크로	명령어	내용	비고
AR	ar	아카이브 관리 프로그램	
AS	as	어셈블러	
CC	cc	C 컴파일러	리눅스에서는 gcc와 같다.
CXX	g++	C++ 컴파일러	
CO	co	co 유틸리티	
CPP	$(CC) -E	C 프리프로세서	
FC	f77	포트란 컴파일러	
PC	pc	파스칼 컴파일러	
LEX	lex	LEX 프로세서	
YACC	yacc	YACC 프로세서	
TEX	tex	TEX 프로세서	
RM	rm -f	파일 삭제	

파일을 정리할 수 있도록 clean이라는 목표가 추가되었는데, 이를 실행하려면 '$ make clean'과 같이 make 유틸리티의 인자로 목적을 추가하면 된다.

```
pi@raspberrypi:~ $ make clean
rm -f main.o print.o input.o test core
```

위의 makefile을 보면 main.o나 print.o와 같이 별도의 명령을 지정하지 않았지만 자동으로 컴파일이 진행되었다. make 유틸리티는 확장자 규칙을 제공하며, 다음과 같은 파일의 확장자를 보고 그에 따라 적절한 연산을 수행한다.

```
.a .ln .o .c .cc .cpp .C .p .f .F .r .y .l .s .S .mod .sym .def .h
.out .info .dvi .tex .texinfo .texi .txinfo .w .ch .web .sh .elc .el 등
```

예를 들어 .c 확장자를 가진 파일의 경우에는 다음의 규칙을 통해서 컴파일한다. 기본 규칙에서 CFLAGS라는 플래그를 통해 컴파일하도록 되어 있는데, 앞에서 컴파일 시에 -g 옵션을 추가하였다.

```
# default
COMPILE.c = $(CC) $(CFLAGS) $(CPPFLAGS) $(TARGET_ARCH) -c
```

따라하기 → 위의 확장자 규칙을 makefile에 적용할 수 있다. 주의 깊게 살펴볼 확장자를 .SUFFIXES를 이용해서 등록하고 관련된 작업을 명시하면 된다. makefile에서 주석은 #로 시작한다.

makefile 파일

```
# makefile
.SUFFIXES : .c .o

OBJECTS = main.o print.o input.o
SRCS = main.c print.c input.c

CC = gcc
CFLAGS = -g
TARGET = test

$(TARGET) : $(OBJECTS)
	$(CC) -o $@ $(OBJECTS)

.c.o :
	$(CC) $(CFLAGS) -c $< -o $@

clean :
	$(RM) $(OBJECTS) $(TARGET) core

main.o : main.c common.h
print.o : print.c common.h
input.o : input.c common.h
```

목적 $(TARGET) 명령에서 빌드 시 타깃은 $@을 사용할 수 있는데, make 유틸리티에서는 다양한 자동 변수(automatic variables)들을 지원한다.

표 2-23 makefile의 주요 자동 변수

변수	내용
$*	확장자가 없는 현재 목표 파일(Target)의 이름을 지칭한다.
$@	현재 목표 파일(Target)의 이름을 지칭한다.
$<	현재 목표 파일(Target)보다 더 최근에 갱신된 파일명으로, 첫 번째 종속물의 이름이다.
$?	'$<'과 같다.

목적 .c.o에서는 .o와 대응되는 .c를 발견하면 이 .c.o 목적에 있는 명령이 수행된다. $<은 확장자를 제외한 파일의 이름과 목적(.c.o)에서 앞의 .c를 붙여서 사용되고, 뒤의 $@은 확장자를 제외한 파일의 이름과 목적인 뒤의 .o를 붙여서 사용된다.

make 유틸리티를 실행해보면 소스 코드나 다른 변경사항이 있는지를 먼저 확인하기 때문에 빌드가 진행되지 않는다. 앞에서처럼 clean을 먼저 수행하고 빌드를 수행해야 한다.

```
pi@raspberrypi:~ $ make
make: `test' is up to date.
pi@raspberrypi:~ $ make clean
rm -f main.o print.o input.o test core
pi@raspberrypi:~ $ make
gcc -g  -c main.c -o main.o
gcc -g  -c print.c -o print.o
gcc -g  -c input.c -o input.o
gcc -o test main.o print.o input.o
```

기본적으로 gcc에 -c 옵션을 사용하면 자동으로 동일한 이름의 목적 파일이 생성되기 때문에 위의 '$(CC) $(CFLAGS) -c $< -o $@'을 '$(CC) $(CFLAGS) -c $<'처럼 보다 간략하게 표시할 수 있다.

위의 makefile에서 OBJECTS와 SRCS는 확장자만 다를 뿐 거의 비슷한데, 이러한 경우 매크로 내용의 일부분을 바꿔서 다시 사용하는 매크로 치환을 사용할 수 있다.

```
$ (매크로이름:이전내용=새로운내용)
```

매크로 치환을 이용하면 위의 makefile의 내용을 다음과 같이 바꿀 수 있다.

makefile 파일

```
                              /* 중간 표시 생략 */
OBJECTS = main.o \
          print.o \
          input.o
 SRCS = $(OBJECTS:.o=.c)
                              /* 중간 표시 생략 */
```

프로젝트의 규모에 따라서 컴파일할 파일이 많아지는 경우 한 줄에 모든 파일을 나열하는 것이 힘들어질 수 있다. makefile은 줄 기반으로 처리되는데, 줄의 끝에 '\' 표시를 입력하여 한 줄을 여러 줄로 분할할 수 있다.

■ **다중 타깃**

프로젝트를 진행하다 보면 실행 파일이 두 개 이상 생성되어야 하는 경우가 있다. 이러한 경우를 대비해서 make에서도 관련 기능을 지원하고 있다. makefile 안에 all이라는 목표를 만들고 그 뒤의 의존 관계에 관련된 목표들을 나열하면 되는데, all의 앞부분에는 다른 목표를 넣으면 안 된다.

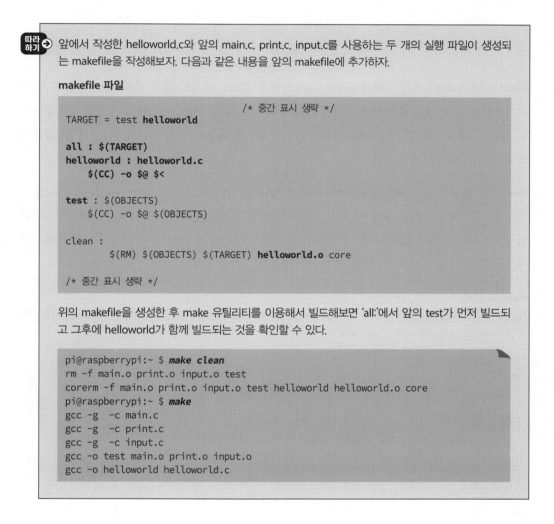

따라하기 앞에서 작성한 helloworld.c와 앞의 main.c, print.c, input.c를 사용하는 두 개의 실행 파일이 생성되는 makefile을 작성해보자. 다음과 같은 내용을 앞의 makefile에 추가하자.

makefile 파일

```
                                        /* 중간 표시 생략 */
TARGET = test helloworld

all : $(TARGET)
helloworld : helloworld.c
    $(CC) -o $@ $<

test : $(OBJECTS)
    $(CC) -o $@ $(OBJECTS)

clean :
        $(RM) $(OBJECTS) $(TARGET) helloworld.o core

/* 중간 표시 생략 */
```

위의 makefile을 생성한 후 make 유틸리티를 이용해서 빌드해보면 'all:'에서 앞의 test가 먼저 빌드되고 그후에 helloworld가 함께 빌드되는 것을 확인할 수 있다.

```
pi@raspberrypi:~ $ make clean
rm -f main.o print.o input.o test
corerm -f main.o print.o input.o test helloworld helloworld.o core
pi@raspberrypi:~ $ make
gcc -g  -c main.c
gcc -g  -c print.c
gcc -g  -c input.c
gcc -o test main.o print.o input.o
gcc -o helloworld helloworld.c
```

■ **다중 디렉터리**

프로젝트를 진행하다 보면 여러 디렉터리로 소스 코드를 분산해야 하는 경우가 있다. 이러한 경우에 각 디렉터리별로 makefile을 만들고 프로젝트의 시작 디렉터리에서 make를 한꺼번에 실행하게 할 수 있다. 이를 재귀 호출에 의한 빌드라고도 부른다.

현재 디렉터리 아래에 'foo'와 'bar' 디렉터리가 있는 경우 다음과 같이 두 개의 디렉터리를 지정한 후 안에 들어가서 컴파일되도록 할 수 있다.

```
SUBDIRS := foo bar

all: $(SUBDIRS)
$(SUBDIRS):
        $(MAKE) -C $@

.PHONY: all $(SUBDIRS)
```

PHONY는 makefile에서 가상의 이름을 이용하여 PHONY 타깃(target)을 만들 때 사용한다. 앞의 all이나 clean은 실제로 존재하는 파일이 아니기 때문에 실제로 해당 파일이 있으면 문제가 발생할 수 있다. 그래서 이러한 타깃들을 .PHONY로 지정하며, make 시 실제 파일과는 아무런 상관이 없다는 것을 표시한다.

make에서 변수는 재귀 확장(recursively expanded) 변수와 간단 확장(simply expanded) 변수로 나눌 수 있는데, 일반적으로 재귀 확장 변수는 '='로 정의하고, 간단 확장 변수는 ':='로 정의한다. 그리고 현재 디렉터리 아래에 있는 모든 디렉터리를 지정하는 경우에는 '$(wildcard */.)' 키워드를 이용하면 더 편리하다.

makefile 파일

```
SUBDIRS := $(wildcard */.)
CLEANDIRS = $(SUBDIRS:%=clean-%)

all: $(SUBDIRS)
$(SUBDIRS):
        $(MAKE) -C $@

clean: $(CLEANDIRS)
$(CLEANDIRS):
        $(MAKE) -C $(@:clean-%=%) clean

.PHONY: $(TOPTARGETS) $(SUBDIRS) $(CLEANDIRS)
```

'clean'과 같은 규칙을 추가하고 싶은 경우에 위와 같이 별도의 규칙을 추가할 수도 있다. makefile 에서 타깃의 이름이 겹치는 경우에 문제가 발생한다. 타깃의 이름을 바꾸고 clean에서 명령어 실행 시 원래의 이름으로 바꿔서 타깃이 겹치는 것을 방지할 수 있다.

2.4.4 gdb 유틸리티

gdb(GNU Debugger) 유틸리티는 리눅스에서 프로그래밍 오류를 찾기 위한 디버깅에 사용되는 도구이다. 디버깅은 애플리케이션 개발 과정에서 중요한 이슈가 되는 부분으로 가장 많은 병목 현상(Bottleneck)을 유발한다.

디버깅(Debugging)은 분리나 제거를 뜻하는 접두어 'De-'와 벌레라는 의미를 가진 'bug', 그리고 '~하는 중'을 의미하는 현재 진행형 접미사인 '-ing'가 결합된 단어이다. 의미 그대로를 살펴보자면 벌레를 제거하는 과정이라는 뜻을 가진 단어로 프로그래머가 작성한 프로그램이 의도대로 작동하지 않을 때 잘못된 부분을 찾아내는 과정을 의미한다.

버그(Bug)는 프로그램 내에서 잘못된 부분을 의미하는 단어로, 소스 코드 내에서 잘못된 버퍼의 크기, 메모리 누수(Memory Leak), 송/수신 데이터의 엔디안(Endian)이나 전역 변수 오용 등에 의해서 발생한다. 1944년에 그레이스 호퍼(Grace Hopper)가 하버드 대학교에서 Mark I 컴퓨터로 애플리케이션을 개발하는 도중에 문제가 발생했는데, 진공관 사이의 벌레(Bug)를 발견하고는 프로그램 내의 오류를 버그[23]라고 명명하였다.

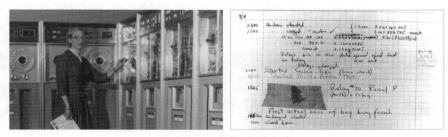

그림 2-14 그레이스 호퍼와 버그

gdb 유틸리티는 애플리케이션이 실행되는 도중에 지정된 중단점(Breakpoint)에 멈출 수 있으며, 해당 지점의 변수나 포인터 값 등의 내부 상태를 조사하거나, 에러가 발생했을 때 원인을 규명하기 위해 사용된다. gdb를 실행하기 위해서는 gdb 유틸리티의 이름 뒤에 검사하고 싶은 애플리케이션의 이름을 인자로 사용하면 된다.

```
$ gdb [프로그램명]
```

gdb 유틸리티는 줄 단위로 명령을 받아서 디버깅을 실행한다. gdb 유틸리티를 실행하면 명령을 받아들일 수 있도록 프롬프트가 표시되는데, 도움말을 보고 싶은 경우에는 help를 입력하고 종료

---

23 실제 버그라는 용어는 오래전부터 엔지니어 사이에 사용되어 왔다. 1878년 발명왕 토머스 에디슨도 언급한 기록이 있다.

하고 싶은 경우에는 quit을 입력하고 엔터 키를 누르거나 Ctrl + D 키를 입력한다.

중단점을 설정하고 싶은 경우에는 break(b) 명령어를 사용한다. 'break [파일명:]함수명' 또는 'break [파일명:]줄번호'를 사용해서 해당 함수나 줄번호에 중단점을 설정할 수 있다. 이렇게 설정된 중단점에 대한 정보는 info break를 입력해서 확인할 수 있다. 설정된 중단점은 clear나 delete 명령어를 사용해서 해제할 수 있는데, 'clear [파일명:]함수명' 또는 'clear [파일명:]줄번호'를 사용해서 해제하거나 'delete [breakpoint 번호]'를 이용해서 삭제할 수 있다.

표 2-24 gdb의 중단점 설정과 관련된 명령어

명령어	내용	비고
break	중단점을 설정한다.	b
clear	설정된 중단점을 해제한다.	
delete	설정된 중단점을 삭제한다.	d
info break	중단점과 관련된 정보를 표시한다.	info b

중단점을 설정한 후 애플리케이션의 실행은 run(r) 명령어를 통해서 실행할 수 있다. 애플리케이션이 실행되면 첫 번째 중단점에서 멈춰 있는데, 다음 줄로 진행하기 위해서는 n을 입력한다.

표 2-25 gdb의 진행과 관련된 명령어

명령어	내용	비고
continue	다음 중단점까지의 코드를 수행한다.	c
step	소스 프로그램의 한 줄을 진행하되 진행할 내용이 함수인 경우 함수의 내부로 이동한다.	s
next	소스 프로그램의 한 줄을 진행하되 함수의 내부로 들어가지 않고 다음 줄로 이동한다.	n
kill	프로그램의 수행을 종료한다.	

위의 s나 n 키를 누르면 다음 줄로 이동하는데, s나 n 키를 실행한 후 바로 엔터 키를 누르면 바로 이전에 실행했던 명령이 다시 실행되므로 다음 줄로 이동하는 경우라면 엔터 키만 계속 누르면 된다. 그리고 현재 지점에서의 소스 코드를 살펴보려면 list(l) 명령어를 수행하면 된다.

현재 정지된 위치에서 변수의 값을 조사하고 싶은 경우에는 print [변수명]을 이용하면 된다. 줄을 이동할 때마다 해당 변수를 계속 확인하려면 display [변수명] 명령을 수행하면 되는데, 설정된 display 명령을 해제하고 싶은 경우에는 delete display [변수명] 명령을 사용한다.

실행 시 특정 변수의 값을 변경하고 싶은 경우에 print 명령어를 이용할 수 있다. 예를 들어 변수 str의 값을 문자열 abc로 바꾸고 싶은 경우에는 p str="abc"와 같이 사용할 수 있다.

따라하기 앞에서 작성한 test 함수를 gdb를 사용해서 조사해보자. 먼저 gdb를 이용해서 test 프로그램을 실행한다.

```
pi@raspberrypi:~ $ gdb test
GNU gdb (Raspbian 7.12-6) 7.12.0.20161007-git
Copyright (C) 2016 Free Software Foundation, Inc.
License GPLv3+: GNU GPL version 3 or later <http://gnu.org/licenses/gpl.html>
This is free software: you are free to change and redistribute it.
There is NO WARRANTY, to the extent permitted by law.  Type "show copying"
and "show warranty" for details.
This GDB was configured as "arm-linux-gnueabihf".
Type "show configuration" for configuration details.
For bug reporting instructions, please see:
<http://www.gnu.org/software/gdb/bugs/>.
Find the GDB manual and other documentation resources online at:
<http://www.gnu.org/software/gdb/documentation/>.
For help, type "help".
Type "apropos word" to search for commands related to "word"...
Reading symbols from test...done.
(gdb) b print
Breakpoint 1 at 0x104d8: file print.c, line 6.
(gdb) b input
Breakpoint 2 at 0x104fc: file input.c, line 7.
(gdb) b main.c:7
Breakpoint 3 at 0x104ac: file main.c, line 7.
```

gdb 유틸리티가 실행되면 중단점을 설정해보도록 하자. 중단점의 설정은 b(break) 명령어 뒤에 원하는 함수명이나 줄 번호를 사용하면 된다. print( ) 함수와 input( ) 함수 그리고 main.c의 일곱(7) 번째 줄 (printf 함수)에 중단점을 설정해보자. 그리고 현재 설정된 중단점을 확인하려면 info 명령어를 사용할 수 있다.

```
(gdb) info break
Num     Type          Disp Enb Address    What
1       breakpoint    keep y   0x000104d8 in print at print.c:6
2       breakpoint    keep y   0x000104fc in input at input.c:8
3       breakpoint    keep y   0x000104ac in main at main.c:7
```

애플리케이션의 실행은 r(run) 명령어를 통해서 수행할 수 있다. 애플리케이션을 수행하면 첫 번째로 지정한 main( ) 함수에서 멈춰 있는데, 다음 줄로 진행하고 싶으면 s(step)나 n(next) 명령어를 사용한다.

```
(gdb) r
Starting program: /home/pi/test

Breakpoint 2, input ( ) at input.c:8
8               str = (char*)malloc(BUFSIZ);
(gdb) n
Current language:  auto; currently minimal
9               scanf("%s", str);
(gdb) n
abc
11              return str;
```

n 명령어를 수행하면 다음 줄로 진행되는데, 일곱 번째 줄에 문자열을 입력받는 scanf( ) 함수가 있으므로 다음 줄을 수행하면 프롬프트가 표시되어 문자열을 입력할 수 있다. 여기에 'abc'라고 입력한 후 변수 'a'에 값이 제대로 들어갔는지 p(print) 명령어를 통해서 확인해보자.

```
(gdb) p str
$1 = 0x21034 <a> "abc"
(gdb) p str="123"
$2 = 0x22410 "123"
(gdb) p str
$3 = 0x22410 "123"
```

p 명령어를 통해서 포인터 변수 str의 값을 출력해보면 입력한 문자열을 표시한다. 앞서 언급한 대로 p 명령어를 통해서 변숫값을 변경해보자. p str="abc"를 입력하고 str의 값을 확인해보도록 하자.

> **참고하기** **gdb와 멀티스레드 프로그래밍**
>
> 멀티스레드를 사용해서 프로그래밍한 경우 스레드별로 각각 디버깅해야 한다. gdb를 이용해서 현재 프로그램에서 실행되고 있는 스레드를 알고 싶은 경우에는 'info threads' 명령어를 사용할 수 있으며, 해당 스레드로 전환하고 싶은 경우 'thread 스레드_번호' 명령어를 사용하면 된다.
>
> ```
> (gdb) info threads
>   Id    Target Id          Frame
> * 1     process 2098 "test" input () at input.c:11
> (gdb) thread 1
> [Switching to thread 1 (process 2098)]
> #0  input () at input.c:11
> 10              return str;
> ```

다음 중단점까지 바로 수행하고 싶은 경우에는 c(continue) 명령어를 입력한다. c 명령어를 수행하면 다음 중단점까지 이동하고, l(list) 명령어를 입력하면 현재 지점의 소스 코드가 출력된다.

```
(gdb) c
Continuing.
Breakpoint 1, print (str=0x22410 "123") at print.c:6
6               printf("%s", str);
(gdb) list
1           #include <stdio.h>
2           #include "common.h"
3
4           void print(char* str)
5           {
6               printf("%s", str);
7           }
(gdb) c
Continuing.
Breakpoint 3, main () at main.c:7
7               print("\n");
```

여기서 다시 c 명령어를 수행하면 다음 중단점까지 이동하는데, p 명령어로 str을 출력해보면 앞에서 바꾼 변수의 값이 제대로 변경된 것을 확인할 수 있다.

```
(gdb) p str
$6 = 0x22410 "123"
(gdb) s

Breakpoint 1, print (str=0x105a0 "\n") at print.c:6
6                printf("%s", str);
(gdb) n
123
7            }
(gdb) ↵
main () at main.c:9
9                return 0;
(gdb) ↵
10           }
(gdb) ↵
13           }
(gdb) ↵
__libc_start_main (main=0x7efff334, argc=1996095488,
    argv=0x76e7b678 <__libc_start_main+276>, init=<optimized out>,
    fini=0x10590 <__libc_csu_fini>, rtld_fini=0x76fdf2a4 <_dl_fini>,
    stack_end=0x7efff334) at libc-start.c:325
325     libc-start.c: No such file or directory.
(gdb) ↵
[Inferior 1 (process 2070) exited normally]
```

n 명령어와 엔터 키를 통해서 다음 줄을 계속 수행하면 화면에 'abc'가 출력되고 프로그램이 종료되는
것을 확인할 수 있다. 디버깅을 끝내고 프롬프트에 quit을 입력하면 gdb 유틸리티를 종료할 수 있다.

참고하기 ➕ C 언어 프로그램과 메모리 구조

리눅스의 실행 파일은 ELF(Executable and Linkable Format) 형식으로 실행 및 링크가 가능한 형식이다. ELF
형식은 실행 파일, 목적 파일, 공유 라이브러리, 그리고 코어 덤프를 위한 표준 파일 형식으로 섹션과 세그
먼트로 구성될 수 있다. 섹션은 어셈블러나 링커가 사용하는 단위이고, 세그먼트는 프로그램을 메모리에
로드하는 단위이다. 섹션을 분석하기 위해서 readelf 명령어를 사용하면 되는데 '-S' 옵션을 이용하자.

```
pi@raspberrypi:~ $ readelf -S /bin/ls
There are 28 section headers, starting at offset 0x1a470:

Section Headers:
  [Nr] Name            Type        Addr     Off    Size   ES Flg Lk Inf Al
  [ 0]                 NULL        00000000 000000 000000 00      0   0  0
  [ 1] .interp         PROGBITS    00010154 000154 000019 00   A  0   0  1
  [ 2] .note.ABI-tag   NOTE        00010170 000170 000020 00   A  0   0  4
  [ 3] .note.gnu.build-i NOTE      00010190 000190 000024 00   A  0   0  4
  [ 4] .gnu.hash       GNU_HASH    000101b4 0001b4 000408 04   A  5   0  4
  [ 5] .dynsym         DYNSYM      000105bc 0005bc 000810 10   A  6   1  4
  [ 6] .dynstr         STRTAB      00010dcc 000dcc 0005ad 00   A  0   0  1
  [ 7] .gnu.version    VERSYM      0001137a 00137a 000102 02   A  5   0  2
  [ 8] .gnu.version_r  VERNEED     0001147c 00147c 000050 00   A  6   2  4
  [ 9] .rel.dyn        REL         000114cc 0014cc 000040 08   A  5   0  4
  [10] .rel.plt        REL         0001150c 00150c 000370 08   AI 5  22  4
  [11] .init           PROGBITS    0001187c 00187c 00000c 00   AX 0   0  4
```

```
[12] .plt            PROGBITS         00011888 001888 00053c 04   AX  0   0  4
[13] .text           PROGBITS         00011dc8 001dc8 01313c 00   AX  0   0  8
[14] .fini           PROGBITS         00024f04 014f04 000008 00   AX  0   0  4
[15] .rodata         PROGBITS         00024f0c 014f0c 00453c 00    A  0   0  4
[16] .ARM.exidx      ARM_EXIDX        00029448 019448 000008 00   AL 13   0  4
[17] .eh_frame       PROGBITS         00029450 019450 000004 00    A  0   0  4
[18] .init_array     INIT_ARRAY       00039ef8 019ef8 000004 04   WA  0   0  4
[19] .fini_array     FINI_ARRAY       00039efc 019efc 000004 04   WA  0   0  4
[20] .data.rel.ro    PROGBITS         00039f00 019f00 000004 00   WA  0   0  8
[21] .dynamic        DYNAMIC          00039f04 019f04 0000f8 08   WA  6   0  4
[22] .got            PROGBITS         0003a000 01a000 0001c8 04   WA  0   0  4
[23] .data           PROGBITS         0003a1c8 01a1c8 00013c 00   WA  0   0  8
[24] .bss            NOBITS           0003a308 01a304 001200 00   WA  0   0  8
[25] .ARM.attributes ARM_ATTRIBUTES   00000000 01a304 00002f 00        0   0  1
[26] .gnu_debuglink  PROGBITS         00000000 01a334 000034 00        0   0  4
[27] .shstrtab       STRTAB           00000000 01a368 000108 00        0   0  1
Key to Flags:
  W (write), A (alloc), X (execute), M (merge), S (strings), I (info),
  L (link order), O (extra OS processing required), G (group), T (TLS),
  C (compressed), x (unknown), o (OS specific), E (exclude),
  y (purecode), p (processor specific)
```

C 언어의 메모리 영역(Segment)의 텍스트(.text) 영역은 CPU에 의해 실행 가능한 명령(Instruction) 코드(기계어)들을 가진 영역으로, 프로세스들 사이에서 공유할 수 있다. 데이터(.data) 영역의 데이터 영역(Initialized data segment)은 실행 시작 시에 초깃값을 갖는 변수들이 들어가 있고, 비초기화 데이터 영역(uninitialized data segment)인 bss(block started by symbol)는 프로세스에 의해 0으로 초기화된다.

힙(heap) 영역은 malloc( )이나 alloc( )과 같은 C 언어의 함수들이 동적으로 메모리를 할당하기 위해 사용하는 영역이고, 스택(stack) 영역은 함수의 호출과 같은 상황에서 기존의 데이터를 보관하기 위해 사용되는 영역이다. 텍스트와 데이터 영역은 고정된 크기를 갖지만 힙과 스택 영역은 동적으로 증가하거나 감소할 수 있다.

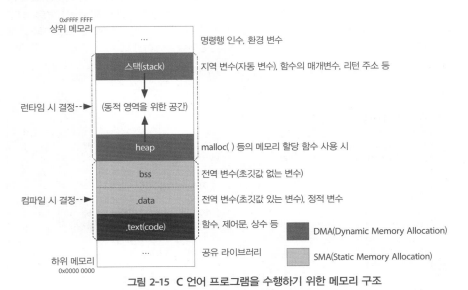

그림 2-15 C 언어 프로그램을 수행하기 위한 메모리 구조

프로그램이 실행되면 제일 먼저 main( ) 함수가 실행되고, 다시 input( ) 함수가 실행되면 스택에 현재 main( ) 함수에서 실행되는 정보들을 저장한다. 저장되는 main( ) 함수의 정보는 현재 실행되고 있는 코드의 위치와 지역 변수 등의 정보로, C 언어에서 지역 변수는 스택에 저장되고 포인트 변수는 힙에 할당된다.

gdb를 통해 현재 전체 스택(콜 스택)의 정보에 대해 알고 싶은 경우에 bt(backtrace) 명령어를 사용할 수 있다. bt 명령어를 실행하려면 gdb 명령어를 다시 실행시킨 후 중단점을 걸고 r 명령을 실행해야 한다.

```
(gdb) bt
#0  input ( ) at input.c:10
#1  0x000104a0 in main ( ) at main.c:5
```

bt 명령어를 수행해보면 아래에 main( ) 함수가 있는데, 다섯 번째 줄에서 input( ) 함수를 호출하였다는 것을 의미한다. 그리고 스택의 제일 위에 input( ) 함수의 열 번째 줄의 코드가 실행되고 있다.

2.4.5 라이브러리 만들기

라이브러리(Library)는 자주 사용되는 루틴(함수)들의 모음으로 목적 코드를 병합해서 생성할 수 있다. 라이브러리는 하나의 블랙 박스라고 볼 수 있는데, 일반적으로 큰 프로젝트는 애플리케이션을 여러 모듈로 나눠서 관리한다. 여러 업체들이 개발을 진행하는 경우 각 모듈들을 라이브러리 형태로 나눠서 배포하는데, 라이브러리를 이용하면 소스 코드를 전달하지 않아도 되므로 보안이나 관리 측면에서도 유용하다.

유닉스에서 사용하는 라이브러리는 크게 정적(Static) 라이브러리와 공유(Shared) 라이브러리로 나뉜다. 정적 라이브러리는 링크 시 실행 파일에 포함되지만, 공유 라이브러리는 포함되지 않는다. 공유 라이브러리를 사용하는 애플리케이션은 실행 시 메모리 내에 해당 공유 라이브러리들이 있는지 확인하고, 공유 라이브러리가 메모리에 없는 경우 '/lib'나 '/usr/lib' 등의 디렉터리나 LD_LIBRARY_PATH 같은 환경 변수를 검색하여 공유 라이브러리를 메모리로 로드(load)한 후 실행된다. 만약, 라이브러리를 찾지 못한 경우 애플리케이션에 에러가 발생하면서 실행되지 않는다.

유닉스의 라이브러리들은 모두 lib로 시작하며, 정적 라이브러리는 .a(archived) 확장자를 갖고 공유 라이브러리는 .so(shared object) 확장자를 갖는다. GCC에서도 라이브러리를 만들 수 있도록 ar, ranlib, nm 등의 유틸리티를 제공한다.

■ ar 유틸리티

ar 명령어는 목적 파일들을 병합하여 정적 라이브러리를 만들 때 사용한다.

```
$ ar [옵션] 라이브러리명 { 목적파일명 }+
```

ar 명령어는 기존의 라이브러리를 조회하고 새로운 라이브러리를 생성하거나 라이브러리에서 목적 파일을 제거하는 등의 여러 옵션을 제공한다.

표 2-26 **ar 유틸리티의 옵션**

옵션	내용	비고
r	라이브러리에 새로운 목적 파일을 추가하거나 기존의 파일을 바꾼다.	
s	아카이브 인덱스를 생성해서 링크 시 속도가 느려지거나 에러가 발생하지 않도록 한다.	ranlib
c	새로운 파일을 만들어도 경고를 출력하지 않는다.	
u	목적 파일의 타임 스탬프를 비교해서 새로운 파일일 경우에만 바꾼다.	
t	라이브러리에 포함된 목적 파일들의 리스트를 출력한다.	
d	라이브러리에서 해당 목적 파일을 제거한다.	

■ **ranlib 유틸리티**

ranlib 명령어는 라이브러리에 포함된 객체들의 아카이브(archive) 인덱스를 작성한다. 아카이브 인덱스는 소스 코드 빌드 과정에서 사용되는데, 링크 시 작업을 보다 빠르게 진행할 수 있도록 한다. ar 명령어를 이용해서 라이브러리를 만들 때 s 옵션을 주면 ranlib 명령어를 실행하는 것과 같이 정적 라이브러리에 아카이브 인덱스가 만들어진다.

```
$ ranlib { 라이브러리명 }+
```

■ **nm 유틸리티**

nm 명령어는 라이브러리에서 해당 객체의 심볼(Symbol)과 연관된 이름이나 타입 등의 정보를 출력해준다.

```
$ nm { 라이브러리명 }+
```

nm 명령어와 함께 '-a' 옵션을 사용하면 보통은 출력하지 않는 디버거용 심볼을 포함한 모든 심볼을 출력해준다. C++ 언어로 프로그래밍한 경우 심볼에 대한 정보가 제대로 출력되지 않을 수 있는데, '-C' 옵션을 이용하여 사람이 알아볼 수 있는 형태로 표현할 수 있다.

따라 하기 C 언어 소스 코드를 빌드하면 실행을 위한 기계어(바이너리) 코드와 전역 변수 등은 컴파일 시에 코드의 크기와 위치가 결정된다. size라는 유틸리티를 이용하면 각 영역에 대한 크기를 알 수 있고, nm 명령어를 이용하면 함수 등의 위치를 살펴볼 수 있다.

```
pi@raspberrypi:~ $ size test
   text        data         bss         dec         hex      filename
   1113         288           4        1405         57d      test
pi@raspberrypi:~ $ nm test
         U abort@@GLIBC_2.4
00021034 B __bss_end__
00021034 B _bss_end__
00021030 B __bss_start
00021030 B __bss_start__
000103d8 t call_weak_fn
00021030 b completed.10783
00021028 D __data_start
00021028 W data_start
000103fc t deregister_tm_clones
00010460 t __do_global_dtors_aux
00020f14 t __do_global_dtors_aux_fini_array_entry
0002102c D __dso_handle
00020f18 d _DYNAMIC
00021030 D _edata
00021034 B __end__
00021034 B _end
00010590 T _fini
00010488 t frame_dummy
00020f10 t __frame_dummy_init_array_entry
000105b0 r __FRAME_END__
00021000 d _GLOBAL_OFFSET_TABLE_
         w __gmon_start__
00010334 T _init
00020f14 t __init_array_end
00020f10 t __init_array_start
000104f0 T input
00010598 R _IO_stdin_used
         U __isoc99_scanf@@GLIBC_2.7
0001058c T __libc_csu_fini
0001052c T __libc_csu_init
         U __libc_start_main@@GLIBC_2.4
0001048c T main
         U malloc@@GLIBC_2.4
000104c4 T print
         U printf@@GLIBC_2.4
00010428 t register_tm_clones
0001039c T _start
00021030 D __TMC_END__
```

■ strip 유틸리티

strip 명령어는 목적 파일이나 실행 파일에서 불필요한 심볼을 제거해서 파일의 용량을 줄인다.

```
$ strip [aCgx] { 파일명 }+
```

디버깅에 필요한 심볼들도 제거되므로 디버깅을 하기 위해서는 strip 명령어를 사용하면 안 된다.
일반적으로 모든 개발이 끝난 후 제품을 발표하기 전 단계에서 사용한다.

■ 기타 유틸리티

애플리케이션과 관련된 정보를 표시해주는 유틸리티로 ldd, objdump, readelf 유틸리티가 있다.
ldd 명령어는 애플리케이션과 관련된 공유 라이브러리의 의존관계를 표시해주고, objdump 명령
어는 애플리케이션과 관련된 라이브러리와 객체 정보를 표시해준다. 그리고 readelf 명령어는 실행
시 필요한 공유 라이브러리들을 표시해준다.

```
pi@raspberrypi:~ $ ldd /bin/bash
    linux-vdso.so.1 (0xbefb5000)
    /usr/lib/arm-linux-gnueabihf/libarmmem-${PLATFORM}.so => /usr/lib/
arm-linux-gnueabihf/libarmmem-v7l.so (0xb6f86000)
    libtinfo.so.6 => /lib/arm-linux-gnueabihf/libtinfo.so.6 (0xb6f26000)
    libdl.so.2 => /lib/arm-linux-gnueabihf/libdl.so.2 (0xb6f13000)
    libc.so.6 => /lib/arm-linux-gnueabihf/libc.so.6 (0xb6dc5000)
    /lib/ld-linux-armhf.so.3 (0xb6f9b000)
pi@raspberrypi:~ $ objdump -p /bin/bash

/bin/bash:     file format elf32-littlearm

Program Header:
0x70000001 off    0x000dc2c4 vaddr 0x000ec2c4 paddr 0x000ec2c4 align 2**2
        filesz 0x00000008 memsz 0x00000008 flags r--
    PHDR off    0x00000034 vaddr 0x00010034 paddr 0x00010034 align 2**2
        filesz 0x00000120 memsz 0x00000120 flags r--
                            /* ~ 중간 표시 생략 ~ */
    RELRO off   0x000dcef0 vaddr 0x000fcef0 paddr 0x000fcef0 align 2**0
        filesz 0x00000110 memsz 0x00000110 flags r--

Dynamic Section:
    NEEDED               libtinfo.so.6
    NEEDED               libdl.so.2
    NEEDED               libc.so.6
    NEEDED               ld-linux-armhf.so.3
    INIT                 0x00029a90
                            /* ~ 중간 표시 생략 ~ */
    VERNEEDNUM           0x00000004
    VERSYM               0x00027f86
```

```
Version References:
  required from libdl.so.2:
    0x0d696914 0x00 05 GLIBC_2.4
  required from ld-linux-armhf.so.3:
    0x0d696914 0x00 04 GLIBC_2.4
                              /* ~ 중간 표시 생략 ~ */
private flags = 5000400: [Version5 EABI] [hard-float ABI]
pi@raspberrypi:~ $ readelf -d /bin/bash

Dynamic section at offset 0xd9efc contains 27 entries:
  Tag        Type                         Name/Value
 0x00000001 (NEEDED)                      Shared library: [libtinfo.so.6]
 0x00000001 (NEEDED)                      Shared library: [libdl.so.2]
 0x00000001 (NEEDED)                      Shared library: [libc.so.6]
 0x00000001 (NEEDED)                      Shared library: [ld-linux-armhf.so.3]
 0x0000000c (INIT)                        0x29a90
                              /* ~ 중간 표시 생략 ~ */
 0x6ffffff0 (VERSYM)                      0x27f86
 0x00000000 (NULL)                        0x0
```

 이제 앞에서 작성한 소스 코드를 이용해서 라이브러리를 작성해보자. 기본적으로 라이브러리를 만들기 위해서는 목적 코드가 필요하다. gcc의 –c 옵션을 이용해서 input.c와 print.c에 대한 목적 파일들을 생성한다.

```
pi@raspberrypi:~ $ gcc -c input.c print.c
```

라이브러리의 조작에는 ar 유틸리티를 사용하는데, rs 옵션을 사용해서 정적 라이브러리를 생성할 수 있다. 이렇게 생성된 라이브러리에 ar 유틸리티 tv 옵션을 사용해서 두 개의 목적 파일이 추가된 것을 확인할 수 있다.

```
pi@raspberrypi:~ $ ar rs libmine.a input.o print.o
ar: creating libmine.a
pi@raspberrypi:~ $ ar tv libmine.a
rw-r--r-- 0/0    4316 Dec 31 13:00 1969 input.o
rw-r--r-- 0/0    4252 Dec 31 13:00 1969 print.o
pi@raspberrypi:~ $ ar d libmine.a input.o
pi@raspberrypi:~ $ file libmine.a
libmine.a: current ar archive
pi@raspberrypi:~ $ ar tv libmine.a
rw-r--r-- 0/0    4252 Dec 31 13:00 1969 print.o
pi@raspberrypi:~ $ ar rs libmine.a input.o
pi@raspberrypi:~ $ ar tv libmine.a
rw-r--r-- 0/0    4252 Dec 31 13:00 1969 print.o
rw-r--r-- 0/0    4316 Dec 31 13:00 1969 input.o
```

file 명령어는 파일의 종류를 알기 위해 사용되는 명령어로, 이를 통해 살펴보면 현재 파일이 라이브러리(ar archive)인 것을 확인할 수 있다. 기존의 라이브러리에 목적 파일을 삭제할 때는 d 옵션을 사용하고, 추가할 때는 라이브러리를 생성할 때 이용했던 r 옵션을 사용하면 된다.

```
pi@raspberrypi:~ $ nm libmine.a

print.o:
00000000 T print
         U printf

input.o:
00000000 T input
         U __isoc99_scanf
         U malloc
```

생성된 라이브러리는 nm 명령어를 통해 관련 정보를 확인할 수 있다. 라이브러리 생성이 완료되면 ranlib 명령어를 통해 아카이브 인덱스를 추가한다.

```
pi@raspberrypi:~ $ gcc -o test main.c -lmine -L.
```

gcc 명령어를 이용하여 빌드할 때 라이브러리는 '-l'(소문자 L) 옵션으로 라이브러리 이름을 명시할 수 있는데, 유닉스에서 라이브러리는 항상 lib로 시작하고 '.a'나 '.so' 같은 확장자로 끝나므로 이를 제외한 이름을 사용해야 한다. 라이브러리의 기본 위치에 위치하지 않은 경우 '-L' 옵션을 통해 해당 라이브러리가 위치하고 있는 경로를 별도로 명시할 수 있다.

```
pi@raspberrypi:~ $ ls -al test
-rwxr-xr-x 1 pi pi 12068 Aug 21 15:58 test
pi@raspberrypi:~ $ strip test
pi@raspberrypi:~ $ ls -al test
-rwxr-xr-x 1 pi pi 5552 Aug 21 15:58 test
pi@raspberrypi:~ $ gdb test
GNU gdb (Raspbian 8.2.1-2) 8.2.1
Copyright (C) 2018 Free Software Foundation, Inc.
License GPLv3+: GNU GPL version 3 or later <http://gnu.org/licenses/gpl.html>
This is free software: you are free to change and redistribute it.
There is NO WARRANTY, to the extent permitted by law.
Type "show copying" and "show warranty" for details.
This GDB was configured as "arm-linux-gnueabihf".
Type "show configuration" for configuration details.
For bug reporting instructions, please see:
<http://www.gnu.org/software/gdb/bugs/>.
Find the GDB manual and other documentation resources online at:
    <http://www.gnu.org/software/gdb/documentation/>.

For help, type "help".
Type "apropos word" to search for commands related to "word"...
Reading symbols from test...(no debugging symbols found)...done.
```

생성된 실행 파일의 용량을 줄이기 위해 strip 명령어를 사용해보자. strip 명령어를 수행하면 해당 파일에서 디버깅처럼 실행에 필요 없는 심볼을 삭제해서 파일의 용량을 거의 절반 정도로 줄인다. strip 명령을 수행한 실행 파일을 gdb 유틸리티로 디버깅해보면 '디버깅을 위한 심볼을 찾을 수 없다(no debugging symbols found)'는 메시지를 출력한다.

■ 공유 라이브러리 만들기

정적 라이브러리를 사용하면 프로그램의 덩치가 커지며, 외부 라이브러리가 업그레이드됐을 경우 이를 사용하는 프로그램을 모두 다시 컴파일해야 한다. 이러한 문제는 공유 라이브러리(Shared Library)를 사용하면 해결할 수 있다.

 공유 라이브러리는 gcc를 이용해서 만들 수 있는데, 먼저 gcc를 이용해서 목적 코드를 생성한다. 유닉스에 따라 라이브러리를 위해 위치에 상관없는 코드(PIC, Position Independent Code)를 생성하도록 -fPIC 옵션을 사용해야 할 수도 있다. 목적 코드를 생성할 때 PIC 옵션을 줘야 하는데, -fPIC를 이용하면 CPU에 관계없이 사용할 수 있다.

공유 라이브러리는 gcc의 -shared 옵션을 사용해서 만들 수 있다. 기본적으로 소스 코드를 빌드하는 과정과 같지만 결과 파일에 공유 라이브러리가 생성된다. 공유 라이브러리를 사용해서 소스 코드를 빌드하는 방법은 정적 라이브러리와 같다. 소스 코드의 빌드 시 앞에서 만든 정적 라이브러리와 혼동될 수 있으니 기존의 정적 라이브러리를 삭제하고 빌드해보자.

```
pi@raspberrypi:~ $ gcc -fPIC -c print.c input.c
pi@raspberrypi:~ $ gcc -shared -o libmine.so print.o input.o
pi@raspberrypi:~ $ rm libmine.a
pi@raspberrypi:~ $ gcc -o test main.c -lmine -L.
pi@raspberrypi:~ $ ./test
./test: error while loading shared libraries: libmine.so: cannot open shared
object file: No such file or directory
pi@raspberrypi:~ $ export LD_LIBRARY_PATH=$PWD:$LD_LIBRARY_PATH
```

프로그램을 실행하기 위해 필요한 공유 라이브러리는 /lib나 /usr/lib와 같은 특정한 위치에 있어야 한다. 이런 위치에 있지 않는 공유 라이브러리를 사용하기 위해서는 LD_LIBRARY_PATH 환경 변수를 사용하거나 '/etc/ld.so.conf' 파일과 'ldconfig -v' 유틸리티와 같은 별도의 설정이 필요하다.

 ### 유닉스의 탄생 과정 - 유닉스의 아버지 켄 톰프슨과 데니스 리치

유닉스(Unix)의 개발은 1969년에 벨 연구소 내의 개인적인 실험으로 출발했다. 1960년대 벨 연구소의 연구원이었던 켄 톰프슨(Ken Thompson)은 제너럴일렉트릭(GE)과 허니웰(Honeywell), MIT(매사추세츠 공과대학) 등과 함께 벨 연구소의 공동 사업인 멀틱스(Multics) 개발에 참여하였다. 멀틱스는 IBM에 대항하기 위한 GE635용 운영체제였으나 보기 좋게 실패하고 GE는 컴퓨터 시장에서 철수하였다.

켄 톰프슨은 멀틱스 개발과 함께 GE635에서 실행되는 스페이스 트래벌(Space Travel)이라는 게임을 개발하였지만 멀틱스 개발의 중지와 함께 스페이스 트래벌을 실행시킬 기계를 잃게 되자 그는 연구소에 버려진 미니컴퓨터인 PDP-7을 사용하여 게임을 실행하고자 했다.

하지만 PDP-7은 애플리케이션 개발을 위한 가장 기본적인 도구인 어셈블러조차도 내장되어 있지 않았다. 그는 연구소 동료였던 데니스 리치(Dennis Ritchie)의 도움을 받아 부동소수점 패키지나 세미 그래픽용 패키지, 디버거 시스템까지 작성하였다. 여기에 편리한 툴이나 유틸리티 프로그램을 추가하였고, 이것은 일종의 파일링 시스템으로 변해 갔으며 점차 유닉스의 모습을 갖추어나갔다.

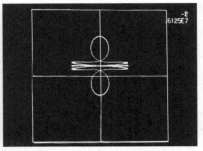

그림 2-16 켄 톰프슨과 데니스 리치와 PDP-11[24] 그리고 스페이스 트래벌[25]

켄 톰프슨은 유닉스를 작성하는 것에 만족하지 않고, 의존성이 적고 호환성이 높은 프로그래밍 언어까지 만들고자 했다. 그는 CPL(Combined Programming Language)을 단순화시켜 BCPL(BASIC CPL)을 만들었으며, 1970년대에 B 언어라 이름 붙였다. 후에 데니스 리치가 B 언어의 장점만을 추려내고, 데이터 구조기법을 가미하여 C 언어를 만들어냈다. 이렇게 만들어진 C 언어는 또 다시 유닉스의 발전에 기여하게 된다.

C 언어를 만든 켄 톰프슨과 데니스 리치는 계속해서 야심찬 실험에 매달렸다. PDP-11에서 동작시키던 유닉스를 고급 언어인 C 언어로 작성하려고 했던 것이다. 이 실험은 순조롭게 진행되었으며, C 언어로 작성된 PDP-11용 유닉스는 IBM시스템/370이나 다른 플랫폼으로 쉽게 포팅이 이루어졌다. 그리고 점차 기존의 어셈블러에 비해 개발이나 오류 처리가 쉽다는 장점 때문에 세계적으로 유닉스가 널리 사용되었다. 유닉스와 함께 배포되었던 C 언어 역시, 높은 호환성과 성능 덕분에 그 우수성을 인정받았고 중요한 프로그래밍 언어로 자리잡게 된다.

2.5 요약

라즈베리 파이는 리눅스를 기반으로 동작하므로 라즈베리 파이를 사용하기 위해서는 리눅스의 기본적인 명령어들을 사용할 줄 알아야 한다. 리눅스에서 셸은 운영체제와 사용자의 인터페이스를 담당하며, 사용자가 입력한 명령어를 해석하여 실행하는 역할을 담당한다. 라즈베리 파이에서도 기본 셸로 bash 셸을 사용한다.

리눅스는 GNU 소프트웨어를 이용하여 기본 명령어들을 제공한다. 현재 디렉터리의 내용을 표시하는 ls 명령어에서부터, 파일 조작, 디렉터리 조작, 파일 내용 출력 등 다양한 기능의 유틸리티들을 사용할 수 있다.

파일 조작을 위해 cp, mv, rm 등의 명령어를 제공하고, 디렉터리 조작을 위해 cd, mkdir, rmdir 등의 명령어를 제공하며, 작성한 파일의 내용을 확인할 수 있도록 cat, more, less, head, tail 등의 명령어와 파일을 검색할 수 있도록 find나 grep 등의 명령어도 제공한다.

---

24 초기의 PDP-11은 모니터나 하드디스크 없이 프린터와 자기 테이프를 이용해서 작동하였다.

25 https://www.uvlist.net/game-164857-Space+Travel

또한, 리눅스는 다양한 텍스트 에디터를 제공한다. 그중에서 가장 널리 사용되는 것이 바로 vi 에디터다. vi 에디터는 명령 모드와 편집 모드 그리고 ex 모드로 나눠지며, 명령 모드로 실행되므로 문자를 입력하기 위해서는 a, i, o 등의 키를 이용해서 편집 모드로 전환해야 한다. vi 에디터는 복사, 붙여넣기, 탐색, 삭제, 검색 등의 다양한 기능을 제공하며, 정규 표현식을 이용하면 보다 확장된 기능을 사용할 수 있다. 라즈베리 파이에서는 문자 편집을 보다 쉽게 할 수 있도록 nano라는 텍스트 에디터도 제공하고 있다.

리눅스의 기본 컴파일러는 GCC이다. GCC는 리처드 스톨먼에 의해 개발된 오픈 소스 개발 환경으로 C, C++, Objective-C 등의 다양한 프로그래밍 언어를 지원하며, 다양한 유틸리티들로 이루어져 있다. 이러한 gcc를 이용해서 소스 코드를 실행 파일로 빌드할 수 있지만, 복잡한 프로젝트의 경우에는 소스 코드의 수가 많기 때문에 하나씩 컴파일하기 어렵다. make 유틸리티는 복잡한 프로젝트의 개발 환경 자동화를 위해 제공되며, 이는 makefile이라는 파일에 빌드와 관련된 사항을 기술해서 애플리케이션의 빌드 과정을 자동화할 수 있다.

애플리케이션 개발에서 가장 시간이 많이 걸리는 작업 중 하나가 바로 디버깅이다. 디버깅은 프로그램의 잘못된 부분, 즉 버그를 찾아내는 과정으로, 동적 메모리의 잘못된 사용, 적절하지 못한 스택의 크기, 엔디안 문제 등이 버그를 유발한다. 리눅스에서도 디버깅 작업을 보다 쉽게 하도록 gdb 유틸리티를 제공한다. gdb 유틸리티를 사용하면 애플리케이션을 실행하여 소스 코드 내의 특정 부분에서 중단점을 설정하고 변숫값을 조사하는 등 디버깅과 관련된 작업을 수행할 수 있다.

라이브러리는 프로그래밍 시 자주 사용되는 모듈들을 모아놓은 파일로, 유닉스에서도 라이브러리의 생성과 관리를 위해서 ar, ranlib, nm, strip 등의 유틸리티들을 제공하고 있다. 유닉스의 라이브러리들은 lib로 시작되며, 정적 라이브러리(.a)와 공유 라이브러리(.so)[26]로 구분할 수 있다. 일반적으로 실행 파일을 생성하게 되면 디버깅 정보와 같은 심벌들이 포함되어 있기 때문에 용량이 커지게 된다. 유닉스에서는 실행 파일에서 실행과 관계없는 불필요한 부분을 제거할 수 있도록 strip과 같은 유틸리티도 제공하고 있다.

---

26 https://en.wikipedia.org/wiki/Executable_and_Linkable_Format 참고

## CHAPTER 2

연습문제

1 리눅스의 탄생과 역사에 대해서 설명하시오.

2 리눅스와 유닉스에 대해서 설명하고 관련된 표준에 대해서 설명하시오.

3 운영체제가 제공해야 하는 주요 역할에 대해서 설명하시오.

4 리눅스의 특징과 구조에 대해서 설명하시오.

5 리눅스 커널과 GNU 유틸리티의 관계에 대해서 설명하시오.

6 유닉스의 셸과 프롬프트에 대해서 설명하시오.

7 리눅스의 내장 명령어와 외부 명령어인 유틸리티의 차이점에 대해서 설명하시오.

8 유닉스의 디렉터리 구조와 관련 유틸리티들에 대해서 설명하시오.

9 vi 에디터의 모드와 모드 변환에 대해서 설명하시오.

10 리눅스의 기본 컴파일러에 대해서 설명하고 C 언어로 된 소스 코드가 실행 파일로 빌드되는 과정에 대해서 설명하시오.

11 makefile의 기본 구조와 주의 사항을 설명하시오.

12 디버깅에 대해서 설명하고 gdb의 기본 사용법에 대해서 설명하시오.

13 유닉스의 라이브러리에 대해서 설명하고 생성할 때 사용되는 명령어는 무엇인지 기술하시오.

3

라즈베리 파이와 GPIO: 하드웨어 제어

컴퓨터의 뇌 역할을 하는 CPU는 버스라는 통로를 통해서 주변 장치들과 통신한다. 라즈베리 파이는 외부 하드웨어와의 인터페이스로 GPIO를 제공하고 있다. GPIO는 일반 목적의 입출력 포트라고 생각할 수 있는데, LED, 조도 센서, 버저, 모터 같은 액추에이터를 동작시키기 위해 사용된다. GPIO를 사용하기 위해서는 몇 가지 이론을 알아야 한다. 특히, 하드웨어를 구성하기 위한 기본적인 전자 이론 지식이나 ARM에 대한 레지스터 및 스펙을 읽는 기초적인 지식들도 필요하다.

이 장에서는 이러한 센서들과 액추에이터를 사용하기 위한 기본적인 지식들에 대해서 살펴보고, GPIO를 이용한 프로그래밍에 대해 살펴본다. 또한, 리눅스의 명령어를 사용해서 GPIO를 제어하는 방법을 살펴보고, 리눅스 시스템 프로그래밍을 통해서 GPIO를 제어한다. 마지막으로, wiringPi라는 라이브러리를 사용하여 발광 다이오드(LED)의 출력, 센서와 스위치 사용 및 스피커를 통한 음악의 연주 등을 프로그래밍해보도록 한다.

라즈베리 파이 재단에서는 공식적으로 SenseHAT을 제공하고 있다. SenseHAT은 자이로스코프, 가속도 센서, 지자기 센서, 기압 센서, 온도 센서 등의 다양한 센서와 8×8 LED 매트릭스를 제공한다. 이 다양한 센서들을 이용해서 현재의 온도와 기압 등을 측정할 수 있는데, 마지막으로 이를 이용해서 기상 관측 시스템을 만들어보겠다.

3.1 GPIO의 개요

3.1.1 컴퓨터 구조

사람은 생각을 하는 두뇌와 두뇌에서 명령을 받아서 행동하는 손과 발 등으로 구분할 수 있다. 이는 컴퓨터도 마찬가지라 생각(연산)을 하는 CPU(Central Processing Unit)와 생각을 저장하는 메모리(RAM/ROM), 하드디스크(SSD/HDD), 그리고 생각을 보여주는 모니터나 프린터와 같은 장치들로 구성되어 있다.

인간에게 있어 뇌가 중요한 것과 같이 컴퓨터의 가장 중요한 장치는 CPU이다. CPU는 일반적인 수학 계산부터 참과 거짓을 판단하는 로직까지 처리하는 ALU(산술 논리 장치, Arithmetic Logical Unit)와 FPU(부동 소수점 장치, Floating Point Unit) 등으로 구성되어 있다. 컴퓨터는 CPU가 처리할 데이터나 결과를 저장하기 위해서 메모리나 하드디스크를 사용하는데, 그림 3-14와 같이 CPU는 시스템 버스(Bus)[1]를 통해서 외부 장치들과 통신한다.

---

[1] 컴퓨터 버스란, 컴퓨터 메인보드 내에 프로세서, 메모리, 주변 장치들을 서로 연결하여 시스템이 원활하게 돌아갈 수 있도록 데이터 전송 역할을 하는 공통의 '통로'를 의미한다. (참고: 정보통신기술용어해설)

즉, 시스템 버스는 CPU와 외부 장치들이 서로 통신을 위해 사용되는 통로라고 볼 수 있는데, 주소를 지정할 때 사용되는 어드레스 버스(Address Bus), 주고받는 데이터를 위한 통로인 데이터 버스(Data Bus), 그리고 이들 사이에 제어가 필요할 때 사용되는 컨트롤 버스(Control Bus)로 구성되어 있다. 이 세 개의 버스를 통해서 통신하는데, CPU에서 메모리에 데이터를 읽거나 쓰기 위해서 어드레스 버스를 통해서 주소를 지정하고, 컨트롤 버스를 통해서 입출력 방향을 설정한 후, 데이터 버스를 통해 실제 데이터를 주고받는다.

3.1.2 라즈베리 파이와 GPIO

GPIO(General Purpose Input/Output)는 일반적인 입출력을 위한 포트로, 라즈베리 파이나 아두이노 같은 보드(임베디드 시스템)에서 외부 하드웨어의 연결을 위해 사용된다. 라즈베리 파이는 표 1-2와 같이 브로드컴(Broadcom)의 ARM 기반 CPU로 사용하는데, ARM은 AMBA(Advanced Microcontroller Bus Architecture)라는 버스(Bus)를 통해 외부 장치들과 연동한다. 라즈베리 파이에서 GPIO는 AMBA의 SoC(System-on-a-chip) 퍼리퍼럴(peripheral)에 연결되어 있다.

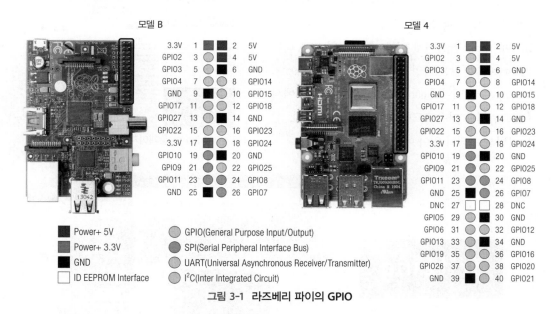

그림 3-1 라즈베리 파이의 GPIO

라즈베리 파이는 외부 하드웨어와의 연결을 위해 많은 수의 GPIO 포트를 제공하고 있다. GPIO 포트의 수는 모델에 따라 서로 다른데, A+/B+ 이후 모델들은 40개의 단자에 26개의 GPIO 포트가 제공되며, 모델 A/B에는 26개 단자에 17개의 GPIO 포트가 제공된다. A+/B+ 이후 모델이 제공하는 40핀 중 26핀은 이전 모델인 모델 B와 호환성을 제공한다.

라즈베리 파이 3 B+부터 44개의 GPIO 핀을 제공하는데, 4개는 PoE(Power on Ethernet)를 위한 핀으로 라즈베리 파이 PoE HAT을 위해서 사용된다. PoE는 이더넷 케이블을 통해 네트워크 장치에 전원을 공급할 수 있도록 하는 IEEE 802.3af 및 802.3at 표준에 의해 정의된 기능이다. 이 4개의 핀을 제외하면 라즈베리 파이 3 B+ 이후 모델도 기존의 라즈베리 파이 B+ 모델과 핀 배치가 같다.

모든 라즈베리 파이의 GPIO 포트 중에서 2개는 UART, 2개는 I^2C 그리고 6개는 SPI로 사용되고 있다. UART는 병렬 및 직렬 방식으로 데이터를 전송하는 포트로 주로 주변 기기와의 직렬 통신을 위해 사용된다. I^2C는 저속의 데이터 통신을 위해 사용되며, SPI는 직렬 주변 기기 인터페이스 버스로 마스터/슬레이브 모드로 동작하는 동기화 직렬 데이터 연결 표준이다.

3.1.3 하드웨어의 스케치와 fritzing

fritzing은 하드웨어의 연결을 스케치하기 위해 사용하는 도구로, 아두이노나 라즈베리 파이, 인텔의 갈릴레오 보드 같은 다양한 오픈 소스 하드웨어를 지원한다. fritzing 소프트웨어는 무료로 사용할 수 있으며, Qt로 만들어져 있기 때문에 윈도우, 리눅스, macOS와 같은 다양한 플랫폼을 지원한다. fritzing은 홈페이지(https://fritzing.org/download)에서 소프트웨어를 다운로드한 후 설치하면 되는데, 설치 마법사로 되어 있어 아주 간단하다.

그림 3-2 **fritzing 홈페이지**(https://fritzing.org)

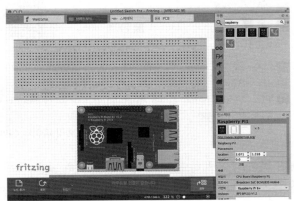

그림 3-3 **fritzing의 시작 화면과 편집 화면**

fritzing은 여러 라즈베리 파이 모델들을 지원하므로 관련된 다양한 스케치를 작성할 수 있다. 이 책에서도 fritzing 프로그램을 이용해서 라즈베리 파이와 관련된 회로를 스케치할 것이다. 이러한 프로그램을 이용하면 회로를 미리 그려봄으로써 실제 하드웨어의 배치를 보다 명확하게 도식화할 수 있고 문제점을 미리 살펴볼 수 있다.

3.2 LED 제어 프로그래밍

이제부터 라즈베리 파이의 GPIO를 이용해서 하드웨어를 제어하기 위한 기본적인 프로그래밍에 대해 살펴보자.

3.2.1 전자 부품

라즈베리 파이의 GPIO에 LED, 모터, 조도, 온도, 압력, 적외선 등의 다양한 센서들을 사용할 수 있다. 이러한 센서들은 전자 부품(Electronics Component)의 일종으로 센서들 외에도 저항, 콘덴서, 다이오드, 트랜지스터, IC 같은 다양한 부품들이 있다. 이러한 전자 부품들은 전자 회로를 만들 때 편리하도록 각 부품들의 핀 굵기나 간격들이 규격화되어 있다.

표 3-1 전자 회로에 사용되는 부품

명칭	품명	내용	값	기호
저항	R	전기의 흐름을 억제하는 역할을 한다.	색띠	─\/\/\/─
콘덴서	C	물을 막는 댐처럼 일정한 양의 전류를 가두는 충전지 역할을 한다.	숫자	─┤├─
다이오드	D	전기를 한 방향으로만 흘려주는 역할을 한다.		─▶├─
트랜지스터	TR	전원의 흐름을 제어한다.		
스위치	SW	전원을 인위적으로 켜고/끄다(On/Off).		─○╱○─
커넥터	CON	단자와 단자를 연결한다.		
점퍼	JP	커넥터와 비슷한 기능을 제공하는데, 일반적으로 회로를 연장하거나 기능 설정 시 사용한다.		
오실레이터	OSC	진동하는 클럭을 생성한다.	숫자	─┤│├─
IC	IC	집적 회로(Integrated Circuit)를 표시한다.		
전원	VCC	5V나 3.3V의 High 상태의 + 전원을 의미한다.		
접지	GND	0V의 Low 상태의 – 전원을 의미한다.		─┴─
건전지	BATT	직류 전원을 공급한다.		─┤├─+
교류 전원		교류 전원을 공급한다.		○
신호 선		이진수 상태를 갖는 부품 간의 연결에 사용된다.		
버스 선		여러 신호 선이 뭉쳐서 사용된다. 일반적으로 CPU와 메모리, 외부 장치들 사이에 주소, 데이터 등의 교환을 위해 사용된다.		
빛 감지	LDR	빛을 감지하는 데 사용된다.		⊕

이 책에서는 LED, 저항, 트랜지스터, 조도 센서, 모터 등의 전자 부품과 SenseHAT을 사용할 것이다. 전자 부품들의 이론과 사용법에 대한 기본적인 내용은 이번 장에서 설명하겠지만, 전자 회로에 대한 보다 전문적인 지식이 필요한 분들은 전자 기초 서적이나 회로 이론, 전자 회로 같은 전자공학 분야의 전문 서적을 읽어보기 바란다.

이 전자 부품들은 라즈베리 파이를 구매했던 다양한 온라인 사이트에서 구매할 수 있으며, 라즈베리 파이 스타터킷에는 라즈베리 파이와 함께 '이 책에 대하여' xxi쪽의 부품들 중 일부가 포함되어 있다. 책에서 사용하는 부품들의 구매와 관련해서는 '이 책에 대하여'를 참고하기 바란다.[2]

3.2.2 전자 블록

전자 블록은 전자 부품에 대한 기본적인 사용법을 알려주기 위해 여러 도구들이 고안되었다. 그중 유명한 디자이너인 디터 람스(Dieter Rams)가 디자인한 Braun Lectron System[3]은 레고처럼 간단한 블록을 조립해서 회로를 만드는 방식으로, 납땜이나 브레드보드 같은 회로 없이 간단하게 회로를 만들고 테스트할 수 있다.

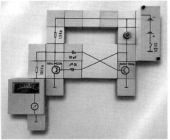

그림 3-4 Braun Lectron System[4]

1970년대 중반에 일본에서 등장하여 한국에서도 만능 키트로 판매된 학연(Gakken)의 EX 시리즈도 있다. 각각의 블록을 해당 공간 공간에 껴 맞추고 연결해서 하나의 제품들을 만들 수 있는데, 회로를 꾸밀 수 있는 별도의 문서를 제공하고 있으며, 이렇게 만들 수 있는 회로는 수백개에 이른다.

1980년대까지 판매되다가 절판되었는데 최근에 다시 복각되어서 한정판으로 판매하였고 최근에 대인의 과학 시리즈를 통해서 기존의 블록 수를 25개로 줄인 전자 블록(Denchi Block) 미니를 다시 판매하고 있다. 학연사에서는 EX 시리즈에 대한 아이패드(iPad)용 애플리케이션을 별도로 제공하

---

2   최근에는 초등학교 수업을 위한 '손감지 멜로디', '알람이와 깜빡이'와 같은 전자 회로 키트가 있다. 가격은 5천 원 내외로 브레드보드와 비슷한 간단한 회로 구성 도구부터 LED, 스피커, 조도 센서, 트랜지스터, 저항 등의 다양한 전자 부품들을 포함한다.

3   https://en.wikipedia.org/wiki/Raytheon_Lectron

4   https://makezine.com/2011/12/08/the-braun-lectron-system-retro-circuit-dominoes

고 있으니 이러한 애플리케이션을 이용해서 기본적인 소자의 특성과 사용 방법에 대해 알아보아도 좋을 것이다.[5]

그림 3-5 학연의 EX-150와 전자 블록 미니 그리고 아이패드용 EX 시리즈

사물인터넷을 위해 보다 대중화된 것이 바로 리틀 비츠(Little Bits)[6]다. 리틀 비츠는 간단하게 블록들을 연결해서 회로를 꾸밀 수 있는 제품으로, 각각의 센서들을 하나로 연결해서 원하는 회로를 만들 수 있다. 사물인터넷 하드웨어 기기들을 만들 수 있도록 다양한 시리즈를 제공하고 있으며, 클라우드 비츠의 경우 인터넷을 통한 웹 서비스와 연결이 가능하다.

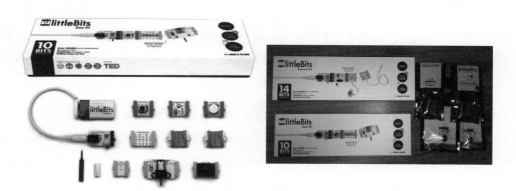

그림 3-6 리틀 비츠(Little Bits)

5　이전에 제공되었던 아이폰용은 더 이상 배포되지 않고, 아이패드용은 미국이나 일본 계정을 통해서 구매할 수 있다.

6　https://littlebits.com

3.2.3 GPIO와 LED

라즈베리 파이의 GPIO에 LED를 연결하기 위해서는 하나의 LED와 저항 그리고 전선이 필요하다. 각각의 전자 부품을 연결할 때 전선을 통해서 직접 연결할 수도 있겠지만 각 부품들과 전선을 납땜으로 연결하지 않으면 단선될 위험이 있다. 납땜은 납을 인두로 녹여서 각 부품들을 연결해야 하고, 한 번 사용한 부품을 다시 사용하기 위해서는 기존의 납을 제거해야 하므로 번거롭다. 그래서 납땜을 하지 않고 전자 회로 실험을 할 수 있도록 브레드보드(Breadboard)라는 도구를 사용하고 있다.

그림 3-7 다양한 브레드보드(왼쪽)와 브레드보드의 내부 연결 상태(오른쪽)

브레드보드는 납땜 없이 회로를 구성할 수 있는 장치로, 시제품의 제작이나 전자 실험을 위해서 사용된다. 저항이나 콘덴서 같은 전자 부품들을 연결할 수 있도록 저항의 다리 크기에 맞는 여러 개의 구멍(Hole)을 가지고 있으며, 안쪽에서 한 라인씩 연결되어 있어서 부품을 배치하고 테스트하기가 편리하다.

브레드보드라는 이름은 초기의 시제품을 만들 때 빵을 자르는 도마를 이용해서 회로에 구멍을 뚫고 전선을 연결하여 구성한 것에서 유래하였다. 브레드보드는 많은 숫자의 구멍으로 이루어져 있는데, 각 구멍은 특정한 규칙에 따라 서로 연결되어 있다.

브레드보드는 그림 3-7의 제일 오른쪽 그림과 같이 'A', 'B', 'C', 'D'의 네 부분으로 나눠진다. 'A'와 'D'의 제일 외곽에 있는 두 부분은 보통 전기를 연결하는 데 사용되는데, 빨간색 선에는 양극(+)을 연결하고 파란색 선에는 음극(-)을 연결해서 사용한다. 이 두 줄의 선은 위와 아래로 전부 연결되어 있다.

'B'와 'C'의 중간 부분은 전자 소자들을 연결하는 데 사용되며, 부품 배치를 위해 5개씩 쌍으로 일렬 연결되어 있다. 이 구멍에 저항이나 콘덴서, 발광 다이오드, 스위치 등의 전자 부품들을 꽂아서 사용하면 되는데, 전자 부품들이 규격화되어 있어서 아주 쉽게 구성할 수 있다. 작은 소자들은 'B'와 'C'의 영역에 배치할 수 있지만, 크기가 큰 스위치나 DIP(Dual In-line Package) 형태의 IC(집적 회로)는 'B'와 'C' 사이에 놓고 사용한다.

이제 브레드보드를 사용하여 LED와 라즈베리 파이를 연결해보도록 하자. 다음과 같이 LED와 220V 저항 하나를 GPIO 18번 핀과 GND 핀을 연결하여 LED가 점멸하는 프로그램을 작성해보자.

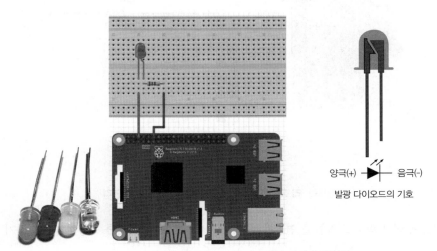

양극(+) ——▷|—— 음극(-)

발광 다이오드의 기호

그림 3-8 다양한 종류의 LED와 라즈베리 파이와의 연결

LED(Light Emitting Diode, 발광 다이오드)는 빛을 발산하는 전자소자로 전자 회로에서 널리 사용되고 있다. 빛의 삼원색인 빨강, 파랑, 초록의 세 가지 색을 이용해서 자연색을 구현할 수 있으며, 다양한 색상을 표시하기 위해 플라스틱 자체에 색상을 추가하거나 물질의 고유 파장(Intrinsic wavelength)을 이용해서 다른 색의 빛을 출력할 수 있다.

LED 소자는 빛을 내는 부분과 두 개의 다리로 이루어진다. 이는 다이오드처럼 양극(+)(Anode)과 음극(-)(Cathode)의 극성으로 고정되어 있는데, 다리(리드)가 긴 쪽이 양극, 짧은 쪽이 음극이다.

일반적으로 전류는 VCC(전원)에서 GND(접지)로 흐른다. LED 소자를 라즈베리 파이에 연결할 때는 GND 핀을 음극에 연결하고, GPIO를 양극에 연결한다. 저항은 전류의 흐름을 방해하는 부품으로, 전기 에너지는 열 에너지로 변환되어 사라진다. 이렇게 전류를 감소시킬 수 있다. 라즈베리 파이의 GPIO 18번 핀에 저항 220Ω을 연결하고, 이 저항의 다른 쪽 단자에 LED의 양극을 연결한다. 저항은 LED와 다르게 극성이 없다. 그리고 LED의 음극을 라즈베리 파이의 GND 핀에 연결한다.

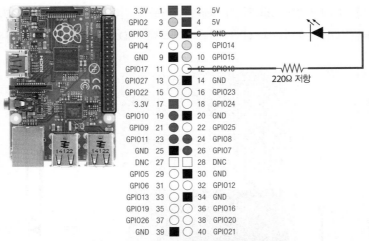

그림 3-9 라즈베리 파이의 GPIO의 단자와 LED의 연결

브레드보드에 전자 회로 소자들을 연결할 때 전선 커넥터나 핀 커넥터를 사용하면 연결하기 쉽다.[7]

그림 3-10 점프 케이블과 다양한 커넥터들

🔍 깊게보기 ▼ 저항 그리고 옴의 법칙

LED 소자를 전원에 연결할 때 일반적으로 저항을 사용한다. 전자 부품들은 각각 허용 한계(정격전력)를 가진다. 이 허용 한계가 넘어가면 부품이 타거나 터지는 현상이 발생할 수 있는데, 이러한 현상을 저항을 사용해서 방지할 수 있다. 라즈베리 파이에서 사용하는 GPIO의 전압은 3.3V이고, 경우에 따라 갑자기 높은 전압이 인가될 수도 있으므로 LED를 오래 사용하고 싶다면 전기가 들어가는 양극에 저항을 연결하는 것이 좋다.

저항의 크기는 LED의 허용 한계에 따라 다른데, 이때 필요한 저항의 값은 옴(Ohm)의 공식으로 계산할 수 있다. LED의 최대 허용 전압을 V_{LED}라고 하고, LED의 소비 전력(mA, 보통 iF로 표시)을 I_{LED}라고 한다면 필요한 저항의 최소 크기는 다음과 같다. 여기에서 V_S는 전지에서 들어오는 전압(Source Voltage)을 의미한다.

V(전압) $= I$(전류) $\times R$(저항) $\rightarrow$ 옴의 법칙

$$R = \frac{(V_S - V_{LED})}{I_{LED}}$$

일반적으로 LED를 보호하기 위해 220Ω이나 330Ω(인가 전압이나 LED의 저항값에 따라)의 저항을 직렬로 사용하여 10mA 이상의 과전류가 흐르는 것을 방지한다. 저항값이 위 식으로 계산한 값보다 너무 크면 LED에 들어가는 전압이 낮아서 빛이 약할 수 있으니 계산 값에 근사한 저항을 사용하도록 한다.

---

[7] 이러한 커넥터들은 엘레파츠(www.eleparts.co.kr), **ICBanq**(www.icbanq.com) 등의 온라인 상점에서 구매할 수 있다.

■ **저항의 값 읽기**

저항의 값을 읽기 위해서는 저항에 표시된 색띠를 볼 줄 알아야 한다. 저항에는 4개 또는 5개의 색띠가 표시되어 있다. 띠는 밴드라고도 하며, 각 띠의 색상에 따라 저항값을 알 수 있다. 4색띠의 경우 앞에서 2개의 띠가 숫자를 나타내며, 그다음 띠는 10의 제곱수, 마지막 띠는 오차 범위를 나타낸다(5색띠의 경우 앞에서 3개의 띠가 숫자). 마지막 띠가 갈색이나 빨간색처럼 숫자값과 10의 제곱수를 나타내는 띠와 함께 표시될 경우에는 해당 띠가 첫 번째 띠인지 마지막 띠인지 구분하기 어려우므로 마지막 띠는 앞 띠와 약간 떨어져 있다(마지막 띠가 금색이나 은색일 경우에는 일반적으로 붙어 있다).

표 3-2 저항의 색 밴드(QR 코드의 컬러 화보 참고)[8]

순서	4밴드 / 5밴드	첫 번째 띠	두 번째 띠	- / 세 번째 띠	세 번째 띠 / 네 번째 띠	마지막 띠
의미		첫 번째 숫자	두 번째 숫자	세 번째 숫자	10의 제곱수	오차 범위
	검은색	0			10^0	
	갈색	1			10^1	±1%(F)
	빨간색	2			10^2	±2%(G)
	주황색	3			10^3	
	노란색	4			10^4	(±5%)[†]
	초록색	5			10^5	±0.5%(D)
	파란색	6			10^6	±0.25%(C)
	보라색	7			10^7	±0.1%(B)
	회색	8			10^8	±0.05%(A) (±10%)
	흰색	9			10^9	
	금색				10^{-1}	±5%(J)
	은색				10^{-2}	±10%(K)
	없음					±20%(M)

† 노란색과 회색은 고전압에서 도료의 특성을 피하기 위해 사용될 수 있다.

예를 들어, 다음과 같이 빨강, 빨강, 노랑, 금색 순서의 색띠라면 4색이므로 앞의 두 색상만 숫자이다. 빨강, 빨강이니 22가 되고, 그 뒤의 색상은 10의 제곱수이며 노란색이므로 10^4이다. 즉, 저항값은 22×10^4이므로 220,000Ω(=220kΩ)이다. 마지막의 금색은 ±5% 오차범위를 의미한다. 220Ω 저항은 빨강, 빨강, 갈색이다. 마지막 밴드에서 표시하는 저항의 오차 범위가 적으면 좋겠지만 앞서 나온 것과 같은 간단한 회로에서는 크게 신경쓰지 않아도 된다.

저항의 기호

그림 3-11 220kΩ 저항

---

8 https://en.wikipedia.org/wiki/Electronic_color_code 참고

색상으로 계산하기 힘들다면 멀티미터(Multimeter, 멀티테스터라고도 함)를 이용하는 방법이 있다. 멀티미터는 저항의 크기 이외에도 회로의 전압이나 전류도 측정할 수 있기 때문에 전자 회로 테스트에 필수적인 장비라고 할 수 있다. 멀티미터의 가격과 종류에 따라 전류 측정을 지원하지 않을 수 있으므로 구매 시에 유의하여야 한다.

그림 3-12 멀티미터

🔍 저항과 콘덴서 읽기

저항을 읽을 때는 1,000을 킬로(k)로 줄여서 읽는다. 전자공학에서는 큰 단위의 전류나 부품들이 많기 때문에 약어로 줄여서 읽는 경우가 많은데, 표 3-3과 같은 단위가 있다. 저항뿐만 아니라 3대 전자 소자[9] 중 하나인 콘덴서도 이러한 단위를 사용한다.

콘덴서(Capacitor)는 전자 회로에서 전기적 에너지를 저장하는 디바이스로 일정한 용량을 가지고 있다. 이를 전류를 저장하는 댐(Dam)이라고 생각하면 이해하기 편한데, 콘덴서가 비어 있는 경우 콘덴서의 용량만큼 전류를 저장하고, 콘덴서 외부의 전류가 댐에 저장된 전류의 크기보다 적으면 콘덴서에 저장한 전류를 밖으로 보낸다. 콘덴서에 전류가 가득 차게 되면 흐르지 않는데, 이러한 성질을 이용해서 일반적으로 직류 전류를 차단하고 교류 전류만 통과시키는 데 사용한다.

콘덴서는 알루미늄 형태의 전해 콘덴서, 세라믹 콘덴서, 고체 형태의 탄탈 콘덴서(Tantalum Capacitor), 가변 콘덴서 등 여러 종류가 있다. 콘덴서는 일반적으로 극성이 없는데, 전해 콘덴서와 같이 극성이 있는 콘덴서도 있다. 전해 콘덴서의 경우 다이오드처럼 다리가 긴 쪽이 양극(+)이며, 음극(-)에는 보통 필름에 아래 방향의 줄 표시가 되어 있다.

그림 3-13 콘덴서의 종류(전해 콘덴서와 세라믹 콘덴서)[10]

전해 콘덴서와 같이 콘덴서의 옆면에 용량이 직접 표시된 것도 있지만, 세라믹 콘덴서처럼 세 자리 숫자만 표시되어 있는 콘덴서도 있다. 일반적으로 첫 번째와 두 번째 숫자는 값을 나타내고, 마지막 세 번째 숫자는 10의 제곱수를 의미한다. 콘덴서의 기본 단위는 피코 패럿(pF)으로 예를 들어, 콘덴서에 10^4라고 적혀있으면 $10 \times 10^4 pF$으로 $0.01 \mu F$과 같다.

---

9 RLC: 저항(resistor)(R), 인덕터(inductor)(L), 콘덴서(capacitor)(C)

10 http://www.hansenhobbies.com/products/ 참고

표 3-3 10의 제곱수 단위

10^n	접두어	기호		값
15	페타(peta)	P	천조	(1,000,000,000,000,000)
12	테라(tera)	T	조	(1,000,000,000,000)
9	기가(giga)	G	십억	(1,000,000,000)
6	메가(mega)	M	백만	(1,000,000)
3	킬로(kilo)	k	천	(1,000)
0			일	(1)
−3	밀리(milli)	m	천분의 일	(0.001)
−6	마이크로(micro)	μ	백만분의 일	(0.000001)
−9	나노(nano)	n	십억분의 일	(0.000000001)
−12	피코(pico)	p	조분의 일	(0.000000000001)
−15	펨토(femto)	f	천조분의 일	(0.000000000000001)
−18	아토(atto)	a	백경분의 일	(0.000000000000000001)

3.2.4 echo 명령어와 LED의 점멸

LED의 회로를 제대로 연결하였다면 이제 회로가 제대로 구성되었는지 확인해보자. 컴퓨터나 라즈베리 파이와 같은 임베디드 보드는 다양한 전자 부품으로 이루어져 있다. 앞에서 설명한 것과 같이 인간의 두뇌 역할을 하는 전자 부품이 CPU이고, 이러한 CPU에 버스를 통해서 다양한 주변 기기들이 연결되어 있다. 다양한 주변 기기들은 서로 구분할 수 있도록 주소를 가졌는데, 실생활에서 아파트나 각 집마다 주소가 존재하는 것과 같다.

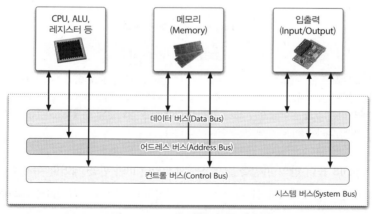

그림 3-14 **CPU와 외부 장치들의 연결**

라즈베리 파이도 마찬가지로 CPU와 메모리나 GPIO는 시스템 버스를 통해 연결되어 있다. CPU 는 주변 기기들과 통신할 때 먼저 어드레스 버스를 통신할 주변 기기를 지정하고 컨트롤 버스를 통해 데이터를 출력할지 보낼지 등을 설정한 후 데이터 버스를 통해 실제 데이터를 주고받게 된다. 이와 같이 출력할 GPIO 번호를 지정하고, 출력(out)이나 입력(input)을 설정하고, 해당 GPIO에 값(1 또는 0)을 쓰면 된다.

유닉스에서 echo 명령어를 이용하면 파일이나 디바이스에 원하는 값을 출력할 수 있으며, GPIO 제어를 위한 기본적 디바이스 파일로 /sys/class/gpio를 사용한다. GPIO 18번 핀을 사용하기 위해 서 /sys/class/gpio/export에 "18"을 출력하면 /sys/class/gpio/gpio18 폴더가 생성된다.

```
pi@raspberrypi:~ $ echo "18" > /sys/class/gpio/export
pi@raspberrypi:~ $ echo "out" > /sys/class/gpio/gpio18/direction
pi@raspberrypi:~ $ echo "1" > /sys/class/gpio/gpio18/value
pi@raspberrypi:~ $ echo "0" > /sys/class/gpio/gpio18/value
pi@raspberrypi:~ $ echo "18" > /sys/class/gpio/unexport
```

그리고 GPIO 핀을 출력으로 사용할지 입력으로 사용할지를 설정해야 한다. LED나 모터와 같은 액추에이터(Actuator)처럼 무언가를 동작시키는 경우에는 GPIO를 출력 모드로 사용하고, 스위치나 센서처럼 값을 받아들이는 경우에는 입력 모드로 사용한다.

빠르게 보기 ▽ 하드웨어 핀의 입출력

ARM에서 핀을 설정할 때 모드와 입출력 방향 등을 설정할 수 있다. GPIO와 같이 포트들은 외부 입출력을 하기 위해서는 3상태 버퍼(tri-state buffer)[11]로 구현되는데, 스위치를 이용해서 입출력을 제어할 수 있다.

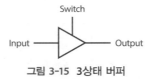

그림 3-15 3상태 버퍼

일반적인 하드웨어 핀은 입력과 출력 상태를 갖는데, 출력은 핀을 0(Off)이나 1(On)의 값으로 설정할 수 있으며, 값을 한 번 설정해놓으면 변경 전까지는 동일한 상태의 값을 출력한다.[12] 반면 입력은 핀이 어떤 값을 가진 상태면 다른 값을 받아들일 수 없다. 그래서 다른 값을 받아들일 수 있는 오픈된 상태여야 하는데, 이를 하이 임피던스(High Impedance, Hi-Z) 상태라고 한다.

/sys/class/gpio/gpio18 폴더 안의 파일들을 이용해서 GPIO 18번 핀을 제어할 수 있는데, "out" 문자열을 direction 파일로 출력해서 핀을 출력 모드로 설정하고, "1"(on)과 "0"(off)을 value 파일로 출력

---

11   버퍼는 입력에서 출력으로 단방향으로 데이터를 전달한다.
12   일반적으로 메모리나 레지스터에 사용되는 핀들은 계속 동일한 값을 가지며, 이러한 핀을 래치(latch)라고 부른다.

해서 LED를 켜거나 끌 수 있다. 마지막으로 GPIO의 사용이 끝나면 /sys/class/gpio/unexport 파일에 '18'을 출력해서 사용한 핀을 해제하면 된다.

> **참고 ⊕ /sys/class**
>
> 유닉스에서는 파일이나 디렉터리, 디바이스, 소켓 등이 파일로 취급된다. /sys/class는 커널 내에 있는 sysfs 커널 모듈에서 제공하는 가상 파일 시스템(Virtual File System)으로 커널 영역 내에 있는 디바이스와 사용자 영역이 함께 작업할 수 있는 기능을 제공한다. 이 가상 파일 시스템을 이용하면 사용자 영역에서 하드웨어의 GPIO 핀에 접근할 수 있다. sysfs 커널 모듈을 사용하려면 리눅스 커널 메뉴에서 Device Drivers의 GPIO Support를 설정하고 커널을 다시 빌드하면 된다.

위와 같이 GPIO를 제어하기 위해서 매번 echo 명령어를 입력하기 힘들다. 이는 프로그래밍을 통해서 보다 간단하게 할 수 있는데 이를 위한 프로그램을 작성해보도록 하자. 위의 /sys/class/gpio 파일을 이용해서 GPIO를 사용할 수 있도록 프로그래밍을 할 수 있다. 유닉스의 open( ) 시스템 호출을 이용해서 디바이스 파일을 오픈하고, read( )나 write( ) 시스템 호출로 관련 정보를 출력하고, 디바이스의 사용이 끝나면 close( ) 시스템 호출로 파일을 닫으면 된다. open( ), read( ), write( ) 등의 시스템 호출은 다음 장에서 설명한다. 그리고 C 언어의 sprintf( ) 함수를 이용해서 GPIO의 해당 핀에 대한 문자열을 서식화할 수 있다.

코드 3-1 **gpioled.c**

```c
#include <stdio.h>
#include <stdlib.h>                 /* atoi( ) 함수 */
#include <string.h>
#include <fcntl.h>
#include <unistd.h>                 /* close( ) 함수 */

int ledControl(int gpio)
{
    int fd;
    char buf[BUFSIZ];

    fd = open("/sys/class/gpio/export", O_WRONLY);            /* 해당 GPIO 디바이스 사용 준비 */
    sprintf(buf, "%d", gpio);
    write(fd, buf, strlen(buf));
    close(fd);

    sprintf(buf, "/sys/class/gpio/gpio%d/direction", gpio);   /* 해당 GPIO 디바이스의 방향 설정 */
    fd = open(buf, O_WRONLY);
    /* LED를 위해 디바이스를 출력으로 설정 : 입력의 경우 write(fd, "in", 3); 사용 */
    write(fd, "out", 4);
    close(fd);

    sprintf(buf, "/sys/class/gpio/gpio%d/value", gpio);       /* 디바이스에 값 출력 */
    fd = open(buf, O_WRONLY);
    write(fd, "1", 2);
    close(fd);
```

```
    getchar();                          /* LED 확인을 위한 대기 */

    fd = open("/sys/class/gpio/unexport", O_WRONLY);           /* 사용한 GPIO 디바이스 해제하기 */
    sprintf(buf, "%d", gpio);
    write(fd, buf, strlen(buf));
    close(fd);

    return 0;
}

int main(int argc, char **argv)
{
    int gno;

    if(argc < 2) {
        printf("Usage : %s GPIO_NO\n", argv[0]);
        return -1;
    }
    gno = atoi(argv[1]);
    ledControl(gno);

    return 0;
}
```

코드 3-1을 빌드하고 실행하면 앞의 echo 명령어를 사용하는 것처럼 동작한다. 빌드된 실행 파일을 실행하기 위해서는 디바이스 파일에 접근할 수 있는 root의 권한이 필요하다.

```
pi@raspberrypi:~ $ sudo ./gpioled 18
```

코드 3-1은 빌드한 후 sudo 명령어를 이용해서 실행하면 LED가 켜지는 것을 확인할 수 있다.

그림 3-16 LED의 점멸

코드 3-1은 LED에 값을 출력하기 위한 예제이다. 입력 장치로 센서와 같은 디바이스를 사용하려면, 센서로 입력된 값을 읽기 위해 디바이스 파일을 읽기 모드로 연 후 read( ) 시스템 호출을 이용하면 된다.

```
    char value;
    sprintf(buf, "/sys/class/gpio/gpio%d/value", gpio);      /* 디바이스에서 값 읽기 */
    fd = open(buf, O_RDONLY);
    read(fd, &value, 1);
    if(value == '0') {
        /* 현재 GPIO 상태 : LOW */
    } else {
        /* 현재 GPIO 상태 : HIGH */
    }
    close(fd);
```

3.2.5 gpio 명령어

라즈베리 파이에서 GPIO를 쉽게 사용할 수 있도록 하는 gpio 명령어가 있는데, 다음에 나오는 wiringPi가 설치되어 있다면 사용할 수 있다. 현재 기본으로 설치되어 있는 wiringPi는 Raspberry pi 4를 지원하지 않기 때문에 데비안 패키지를 직접 받아서 설치해야 한다. 이 gpio 명령어는 root 권한이 아니더라도 사용할 수 있기 때문에 일반 유저도 쉽게 다룰 수 있다.

```
pi@raspberrypi:~ $ wget https://project-downloads.drogon.net/wiringpi-latest.deb
pi@raspberrypi:~ $ sudo dpkg -i wiringpi-latest.deb
```

이 gpio 명령어를 이용하면 보다 쉽게 LED를 켜고 끌 수 있다. 먼저 GPIO 핀의 모드(입력(in), 출력 (out), PWM(pwm) 등)를 설정하고, 값을 직접 설정하여 LED를 켜거나 끄면 된다.

```
pi@raspberrypi:~ $ gpio -g mode 18 out
pi@raspberrypi:~ $ gpio -g write 18 1
pi@raspberrypi:~ $ gpio -g write 18 0
```

gpio 명령어는 sysfs의 /sys/class/gpio 파일 시스템의 사용도 지원하고 있는데, 사용법은 앞의 echo 명령어를 사용하는 방법과 비슷하다. export로 해당 GPIO 핀을 사용 설정한 후 값을 읽거나 쓰고, 사용이 끝나면 unexport로 사용된 핀을 해제한다.

```
pi@raspberrypi:~ $ gpio export 18 out
pi@raspberrypi:~ $ gpio -g write 18 1
pi@raspberrypi:~ $ gpio unexport 18
```

3.3 wiringPi를 이용한 GPIO 프로그래밍

3.3.1 wiringPi

wiringPi는 라즈베리 파이에서 사용하는 브로드컴의 CPU(BCM2835/BCM2836/BCM2837/BCM2711 등)에서 GPIO를 사용하기 위한 C 언어 라이브러리이다. wiringPi를 이용하면 라즈베리 파이의 GPIO에 보다 간단하게 접근할 수 있는데, 아두이노와 비슷한 문법으로 쉽게 프로그래밍할 수 있다.

wiringPi는 자유롭게 사용할 수 있으며, 라즈비안에 기본적으로 설치되어 있다. wiringPi의 소스

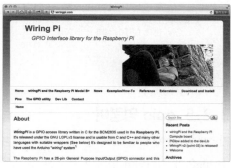

그림 3-17 **wiringPi 홈페이지(**http://wiringpi.com/**)**

코드는 무료로 다운로드할 수 있는데, 그러려면 git 패키지[13]가 필요하다. git 명령어를 이용해서 wiringPi 소스 코드를 내려받은 후 빌드해서 설치하면 된다.

```
pi@raspberrypi:~ $ git clone https://github.com/WiringPi/WiringPi.git
Cloning into 'WiringPi'...
                          /* ~ 중간 표시 생략 ~ */
pi@raspberrypi:~ $ cd WiringPi/
pi@raspberrypi:~/wiringPi $ git pull origin
Already up to date.
pi@raspberrypi:~/wiringPi $ ./build
wiringPi Build script
=====================
WiringPi Library
[UnInstall]
[Compile] wiringPi.c
[Compile] wiringSerial.c
                          /* ~ 중간 표시 생략 ~ */
[Install]
All Done.
NOTE: To compile programs with wiringPi, you need to add:
    -lwiringPi
  to your compile line(s) To use the Gertboard, MaxDetect, etc.
  code (the devLib), you need to also add:
    -lwiringPiDev
  to your compile line(s).
```

---

13 git 패키지가 없으면 '$ sudo apt-get install git-core' 명령을 실행해서 설치할 수 있다.

3.3.2 wiringPi를 이용한 프로그래밍

설치 과정이 끝났으면 LED를 점멸하는 코드를 작성해보자. wiringPi의 함수를 사용하기 위해서
는 <wiringPi.h>라는 헤더 파일이 필요하다.

코드 3-2 **wiringled.c**

```
#include <wiringPi.h>            /* wiringPi 라이브러리를 위한 헤더 파일 */
#include <stdio.h>
#include <stdlib.h>              /* atoi() 함수 */

int ledControl(int gpio)
{
    int  i;

    pinMode(gpio, OUTPUT);       /* Pin의 출력 설정 */

    for (i = 0; i < 5; i++) {
        digitalWrite(gpio, HIGH);    /* HIGH(1) 값을 출력: LED 켜기 */
        delay(1000);                 /* 1초(1000밀리초) 동안 대기 */
        digitalWrite(gpio,  LOW);    /* LOW(0) 값을 출력: LED 끄기 */
        delay(1000);
    }

    return 0;
}

int main(int argc, char **argv)
{
    int gno;

    if(argc < 2) {
        printf("Usage : %s GPIO_NO\n", argv[0]);
        return -1;
    }
    gno = atoi(argv[1]);
    wiringPiSetup();             /* wiringPi 초기화 */
    ledControl(gno);

    return 0;
}
```

wiringPi의 기본적인 설정은 wiringPiSetup() 함수의 호출[14]을 통해 이루어진다. wiringPiSetup()
함수가 호출된 후 pinMode() 함수를 이용해서 사용하려는 핀의 입출력 모드를 설정할 수 있다.
입력 핀이면 INPUT 값을 사용하고, 출력 핀이면 OUTPUT 값을 사용하면 된다. 출력 핀으로 설
정하면 핀을 통해서 전류가 출력되는데, 이 전류를 이용해서 LED를 켤 수 있다.

---

14 http://wiringpi.com/reference/setup 참고

출력 핀에 디지털 값을 출력하려면 digitalWrite( ) 함수를 사용하고, 입력 핀에서 디지털 값을 읽고 싶은 경우에는 digitalRead( ) 함수를 이용한다. 이러한 함수 외에도 DC 모터 제어를 위한 PWM(Pulse-Width Modulation) 생성을 위해 pwmWrite( ) 함수도 제공한다.

일반적으로 GPIO 핀은 래치(Latch) 모드로 동작한다. 값을 설정하고 대기하고 있으면 계속 값이 출력되는데, wiringPi에서는 일정 시간 동안 대기할 수 있도록 delay( )나 delayMicroseconds( ) 같은 함수들을 제공한다.

위의 코드를 빌드하기 위해서는 wiringPi 라이브러리가 필요하다. 라이브러리의 사용을 위해서 gcc 유틸리티에 앞 장에서 살펴본 -l(소문자 L) 옵션을 사용한다.

```
pi@raspberrypi:~ $ gcc -o wiringled wiringled.c -lwiringPi
```

빌드된 코드를 실행하려면 root 권한이 필요하다. 그러므로 앞에서처럼 sudo 명령어를 사용하여 코드를 실행하도록 한다. 이때 라즈베리 파이의 핀 번호와 wiringPi에서 사용하는 핀 번호가 서로 다르므로 주의해야 한다. gpio 프로그램의 readall 옵션을 사용하면 전체 핀에 대한 번호를 알 수 있다.

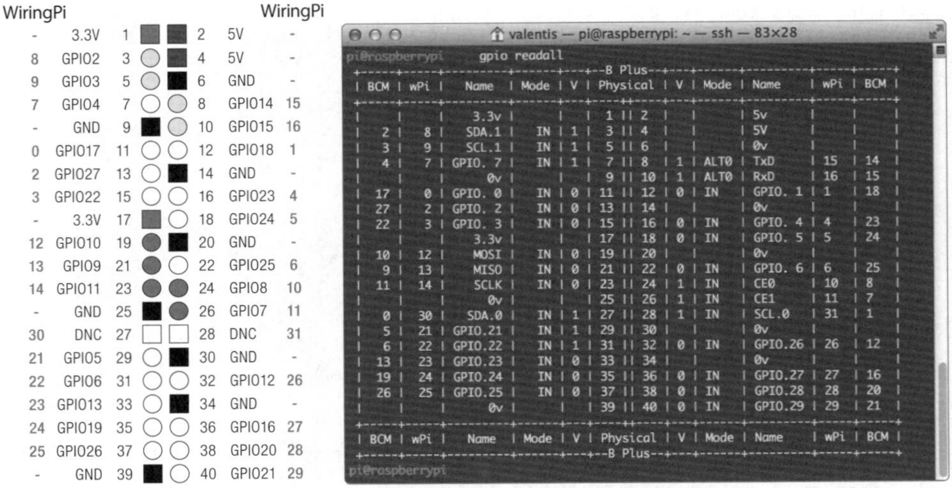

그림 3-18 **wiringPi의 핀 번호[15]: $ gpio readall**

그림 3-18과 같이 GPIO 18번 핀에 대한 wiringPi의 핀 번호는 1이다. 애플리케이션 시작 시 인자로 1을 사용하면 앞의 코드의 for 루프에 의해서 LED가 5회 연속 깜빡인다.

---

15 https://projects.drogon.net/raspberry-pi/wiringpi/pins 참고

이렇게 GPIO를 사용하면 LED를 켤 수 있으며, 출력뿐만 아니라 스위치(Switch)나 센서 같은 데이터 입력도 가능하다. 조도 센서를 이용하면 빛을 감지할 수 있는데 빛의 양에 따라 전등을 켜고 끄거나 커튼을 여닫는 기능을 만들 수 있다. 또한, 온도 센서를 이용하여 에어컨을 켜고 끄는 등 실생활에 이로운 다양한 기능들을 사용할 수 있다.

3.3.3 PWM(Pulse Width Modulation)

PWM은 펄스 폭 변조를 의미하는데, 한 주기에 있는 HIGH와 LOW 값의 비율로 출력되는 디지털 신호의 폭을 조절해서 값을 출력하는 방법이다. 이 신호를 이용하면 서보 모터를 비롯한 다른 기기들을 제어할 수 있다. PWM에서 한 주기(T) 동안 HIGH가 차지하는 비율을 듀티(Duty)라고 하는데, 듀티 사이클(Duty Cycle)은 신호가 시스템이 살아 있는 특정 기간의 백분율이다.

PWM의 듀티 사이클을 이용하면 디지털 출력으로 0~3.3V 사이 아날로그 값의 전류를 생성할 수 있다. 이런 아날로그 값을 이용하면 LED의 밝기나 모터의 속도 등을 제어할 수 있다. 예를 들어 듀티 사이클 50%는 3.3V의 절반이니, 약 1.65V와 같은 전류로 계산할 수 있다.

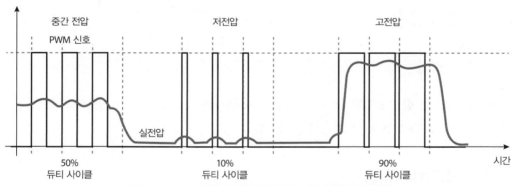

그림 3-19 PWM 신호와 듀티 사이클 그리고 전류 값의 관계

라즈베리 파이는 아날로그 신호를 낼 수 없지만 PWM을 이용해서 아날로그 값을 비슷하게 만들 수 있다. 이 PWM을 이용해서 LED의 밝기를 조정해보자. 코드의 기본 구조는 wiringled.c와 같지만 PWM 신호를 생성하는 부분이 추가되었다. softPwmCreate() 함수로 PWM의 범위를 설정하고 softPwmWrite() 함수를 이용해서 PWM 신호를 생성하면 된다.

코드 3-3 **pwmled.c**

```c
#include <wiringPi.h>
#include <softPwm.h>
#include <stdio.h>
#include <stdlib.h>

void ledPwmControl(int gpio)
{
    pinMode(gpio, OUTPUT);                       /* Pin의 출력 설정 */
    softPwmCreate(gpio, 0, 255);                 /* PWM의 범위 설정 */

    for(int i = 0; i < 10000; i++) {
        softPwmWrite(gpio, i&255);               /* PWM 값을 출력: LED 켜기 */
        delay(5);
    }

    softPwmWrite(gpio, 0);                       /* LED 끄기 */
}

int main(int argc, char **argv)
{
    int gno;

    if(argc < 2) {
        printf("Usage : %s GPIO_NO\n", argv[0]);
        return -1;
    }
    gno = atoi(argv[1]);
    wiringPiSetup();                             /* wiringPi 초기화 */
    ledPwmControl(gno);

    return 0;
}
```

pwmled.c 코드를 빌드하기 위해서는 마찬가지로 wirlingPi의 라이브러리가 필요하다. 코드 빌드 후 실행해보면 LED가 점점 밝아지는 것을 확인할 수 있다.

3.3.4 스위치의 사용

앞에서 LED를 이용한 출력에 대해 알아보았는데, 이제 스위치나 센서의 입력을 사용하는 방법에 대해서 알아보자. 먼저 앞에서 만든 LED 점멸 코드에 스위치를 연결하여 스위치를 누르면 LED가 켜지도록 수정해보자.

전자 회로에서 사용하는 가장 간단한 입력 장치는 바로 스위치(Switch)다. 스위치는 전기적인 흐름을 제어하는 소자로 일단 2개의 금속을 연결하거나 떼는 방법으로 전기의 흐름을 제어하는데, 버튼과 금속의 접촉면을 연결해 버튼을 누르면 전기가 흐를 수 있도록 한다. 스위치는 전기의 흐름을 제어하는 데 사용되며, 스위치를 누르거나 on의 위치(1)에 있으면 전기가 통하고, 스위치가 떼어지거나 off의 위치(0)에 있으면 통하지 않는다.

그림 3-20 다양한 스위치의 종류: (왼쪽부터)딥 스위치, 토글 스위치, 택트 스위치, 슬라이딩 스위치, 디지털 스위치

딥 스위치, 토글 스위치, 택트 스위치, 슬라이딩 스위치, 로터리 스위치, 푸시 버튼 스위치 등 다양한 종류의 스위치들이 있는데, 일반적으로 전기 회로 실험에는 가격이 저렴하고 사용이 편한 택트 스위치를 많이 사용한다. 택트(Tact) 스위치는 위에 버튼을 누르면 동작하는 스위치로, 버튼을 누를 때만 회로가 연결되고 손을 떼면 연결이 자동으로 끊어진다. 가운데 스위치를 누르면 서로 연결되는 구조다.

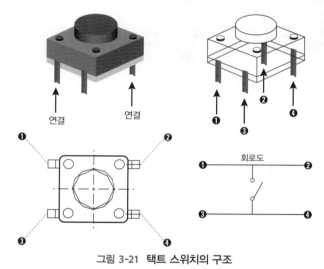

그림 3-21 택트 스위치의 구조

택트 스위치는 스위치를 누르지 않은 상태이면 off이고, 누르고 있는 상태라면 on으로 동작한다. 스위치에 따라 반대로 동작하는 것도 있다. 기본적으로 4개의 발이 있으며, 2개의 발이 쌍으로 연결되고 있다.[16] 택트 스위치는 양 옆으로 발이 나와 있는데 2개씩 쌍으로 사용된다.

이제 브레드보드 위에 택트 스위치를 배치해보자. 택트 스위치는 브레드보드의 'B'와 'C' 영역의 중간 부분에 위치하면 되는데, 'B'와 'C'의 영역에서 5개의 홀은 일직선으로 모두 연결되어 있으므로 'B'나 'C' 영역 내에 스위치를 배치해봐야 아무런 의미가 없다. 또한, 택트 스위치는 그림 3-21과 같이 위/아래의 단자가 연결되어 있으므로 위아래 단자 대신에 우측 열과 좌측 열로 나눠서 사용해야 한다.

---

16   2개의 발만 제공하는 택트 스위치도 있다.

택트 스위치의 한쪽 핀에 GPIO 24번 핀을 연결하고, 반대쪽에는 3.3V의 전압이 나오는 1번 핀에 10kΩ(갈색, 검정, 주황)의 저항을 함께 연결한다. 택트 스위치는 배치를 보다 편하게 하기 위해 그림 3-23과 같이 브레드보드의 중앙을 기준으로 양쪽으로 배치하는 것이 편리하다. 스위치는 극성이 없으므로 스위치의 어느 다리든 관계없이 서로 연결하면 된다.

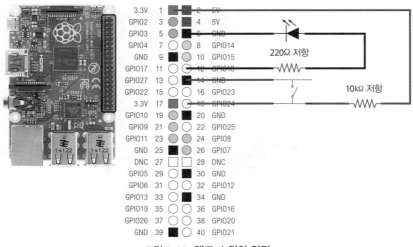

그림 3-22 택트 스위치 연결

라즈베리 파이의 회로는 3.3V로 동작하기 때문에 GPIO에 값을 입력하기 위해서는 3.3V의 전원이 필요하다. 이 전원으로 다른 GPIO 핀의 출력을 이용할 수도 있겠지만 회로를 보다 간단하게 구성하도록 3.3V 출력 핀을 사용한다. 그리고 스위치의 GPIO 24번 핀을 연결된 한 쌍의 핀을 GND에 연결해서 3.3V의 전원이 접지될 수 있도록 한다.

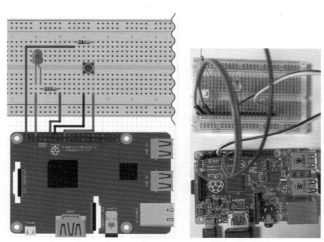

그림 3-23 라즈베리 파이와 스위치와 LED 연결

회로를 살펴보면 라즈베리 파이의 3.3V 핀에서 전기가 나와서 10kΩ 저항을 통해 택트 스위치로 흘러간다. 택트 스위치의 3, 4번의 양 발은 연결되어 있으므로 바로 GPIO로 전기가 흘러가는데, GPIO의 기본값은 HIGH가 된다. 스위치를 누르면 저항이 낮은 GND 쪽으로 전기가 흘러가며, 그로 인해 GPIO는 LOW가 된다.

참고하기 ➕ **풀업 저항/풀다운 저항**

스위치의 버튼을 누르는 순간 전기가 안정적으로 공급되는게 아니라 0과 1 사이를 방황하는 상태가 되는데, 이를 플로팅(Floating) 상태라고 한다. 이 플로팅 상태가 되면 라즈베리 파이가 다운될 수 있는데, 이러한 문제를 해결하기 위해 풀업(pull-up)이나 풀다운(pull-down) 저항을 연결한다.

풀업은 값을 끌어 올린다는 의미로 VCC 쪽에 저항과 함께 연결하는 것인데, 스위치가 열려 있을 때 GPIO는 1이 되고, 스위치가 닫혀 있으면 GND와 GPIO가 연결되어 GPIO는 0이 된다.

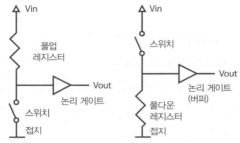

그림 3-24 풀업과 풀다운 저항

반대로 풀다운은 값을 끌어내린다는 의미로 GND 쪽과 저항을 연결하는 방식인데, 스위치가 열려 있을 때 GPIO는 0이 되고, 닫혀 있으면 VCC와 GND가 연결되어 GPIO가 1이 된다. 풀다운일 때는 저항이 있어서 전기가 GND로 바로 흐르지 못한다. 또한, 일반적으로 풀다운보다 풀업이 노이즈나 충격에 강하다.

이제 앞서 나온 회로가 동작할 수 있도록 코드를 작성해보자. 앞에서는 LED에 사용하는 핀의 번호를 명령행 인수(Command-line argument)로 가져왔지만 여기서는 매크로(#define)를 사용하여 GPIO 핀 번호를 고정했다.

코드 3-4 **wiringswitch.c**

```
#include <wiringPi.h>
#include <stdio.h>

#define SW  5                           /* GPIO24 */
#define LED 1                           /* GPIO18 */

int switchControl()
{
    int i;

    pinMode(SW,  INPUT);                /* Pin 모드를 입력으로 설정 */
    pinMode(LED, OUTPUT);
```

```
    for (;;) {                          /* 스위치의 확인을 위해 무한 루프를 수행한다. */
        if(digitalRead(SW) == LOW) {    /* Push 버튼이 눌러지면(LOW) */
            digitalWrite(LED, HIGH);    /* LED 켜기(On) */
            delay(1000);
            digitalWrite(LED, LOW);     /* LED 끄기(Off) */
        }
        delay(10);                      /* Ctrl+C 등의 이벤트를 감지하기 위해 잠시 쉰다. */
    }
    return 0;
}

int main(int argc, char **argv)
{
    wiringPiSetup();
    switchControl();                    /* 스위치 사용을 위한 함수 */
    return 0;
}
```

스위치의 GPIO 24번 핀은 wiringPi에서 5번에 해당한다. 입력을 받으려면 pinMode( ) 함수에 INPUT 인자를 사용하여 핀 모드를 입력 상태로 만들고, digitalRead( ) 함수를 이용하여 값을 읽어온다. 스위치를 눌렀을 때, 값이 LOW(off)이면 LED를 켜고 1초간 기다렸다가 끈다. 회로를 보면 GPIO 18번 핀에 3.3V 출력 핀이 바로 연결되어 있기 때문에 기본값이 on이 되는데, 스위치를 누르면 전원이 GND로 흘러가면서 off가 된다. 해당 코드는 무한루프를 돌면서 스위치의 변화를 감지하는데, Ctrl + C 키를 눌러서 종료할 수 있다.

3.3.5 스피커의 사용

에밀레종이나 보신각종처럼 큰 종은 울리면 소리가 발생한다. 소리굽쇠처럼 종의 울림은 주변 공기를 진동시키며 소리가 퍼져나가는 모양으로 설명할 수 있는데, 이렇듯 인위적으로 공기 진동을 일으키면 소리가 발생할 수 있다. 스피커나 전자 버저, 피에조 버저와 같은 전자 부품들은 전기적인 신호로 공기의 진동을 만들어 소리를 출력한다.

스피커의 구조를 살펴보면 진동판에 코일(솔레노이드)을 감고 이를 영구 자석 사이에 위치시킨 형태로 되어 있다. 코일에 전류를 흘려보내면 자기장이 생기는데[17], 영구 자석의 자기력과 반응하여 한쪽 방향으로 움직인다. 이때 전류의 극성을 바꿔주면 반대쪽 방향으로 움직이는데, 이 성질을 이용해 극성을 연속해서 바꿔주면 자석의 끝에 붙어 있는 진동판이 공기를 진동시킨다. 이러한 진동은 앞에서 설명한 종(鐘)이 소리를 전달하는 것과 같이 소리를 발생시켜서 퍼져나간다.[18]

---

17 이를 전자기 유도 현상이라고 한다.

18 https://electronics.howstuffworks.com/speaker6.htm

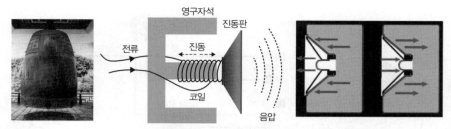

그림 3-25 에밀레종과 스피커의 진동에 의한 소리의 발생

피에조 버저(Piezo Buzzer)는 스피커와 같이 소리를 내는 전자 장치로, 피에조 효과를 이용하여 소리를 낸다. 피에조 효과는 압전 효과라고도 하는데, 압전 물질(수정이나 세라믹 같은 결정체)의 성질을 이용하는 것으로, 이러한 소자에 전압을 걸어주면 변형이 일어나고, 전기의 극성을 바꿔주면 소자를 진동시켜 스피커와 같이 소리를 낼 수 있다.

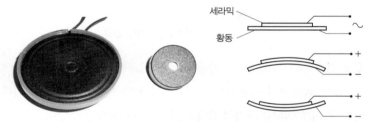

그림 3-26 다양한 소리 발생 장치와 피에조 버저의 압전(피에조) 효과[19]

피에조 버저는 일반적으로 큰 소리를 내지는 못하기 때문에 주로 작은 크기의 소리를 내는 데 사용된다. 그러나 구조가 단순해서 얇고 작게 만들 수 있어 값이 싸고, 주파수 2만Hz 이상의 초음파를 발생시킬 수 있다.

이렇듯 스피커나 피에조 버저는 전기 신호를 공기의 떨림으로 바꾸어 소리를 출력한다. 라즈베리 파이에 이러한 스피커나 피에조 버저를 연결해서 소리를 낼 수 있는데, wiringPi를 사용하면 간단한 음악을 연주할 수 있다. 이를 위해 먼저 라즈베리 파이 기존 회로에 GND와 GPIO 22번 핀을 이용하여 스피커나 피에조 버저를 연결한다. 스피커는 일반적으로 극성이 없으므로 GPIO 핀과 GND 핀에 직접 연결한다.

피에조 버저를 사용하는 경우, 액티브 타입과 패시브 타입이 있으니 주의해야 한다. 액티브 타입은 단순한 음만 만들 수 있으므로, 여러 주파수를 이용해서 음악을 연주하려면 패시브 타입을 선택해야 한다. 피에조 버저의 경우 극성이 존재하는 경우가 있으므로 라즈베리 파이와 연결할 때 극성을 주의하자.

---

19 http://www.hs-buzzer.com/technology/Piezo%20Buzzer

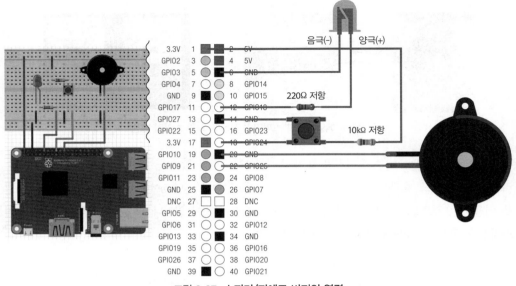

그림 3-27 스피커/피에조 버저의 연결

여기서는 '학교종'을 연주하는 프로그램을 작성해보자. '학교종 악보'의 계이름들을 주파수[20]로 변환해서 나타낼 수 있다. 음악에서 사용하는 계이름은 1939년 영국 국제협약에 의해서 라(A)음을 440Hz로 하고 있고, 옥타브(Octave) 사이의 간격은 약 두 배의 크기를 갖는다.

표 3-4를 이용해서 계이름을 주파수로 변환할 수 있다. '학교종'의 악보는 4분 음표와 2분 음표로 간단하게 구성되어 있는데, 이는 배열로 간단하게 나타낼 수 있다. 더욱 간단하게 만들기 위해 2분 음표를 4분 음표 2개로 나타낸다. 사람의 귀는 익숙한 소리를 본인의 경험에 비추어 해석하므로 4분 음표 2개를 2분 음표 1개로 인식할 것이다.

'학교종'의 첫 번째 음절인 '솔솔라라'는 '391 391 440 440'으로 표시할 수 있는데, 이 주파수를 이용하면 음악을 연주할 수 있다. wiringPi의 softToneWrite( ) 함수에 들어가는 값은 정수지만 주파수는 실수이다. '학교종'의 악보를 정수의 배열로 표시했지만, 쉽게 이해할 수 있도록 주파수 값은 표 3-4에서와 같이 실수로 넣어두었다. C 언어에서는 실수를 정수로서 자동 형변환하면서 소숫점 아래는 버림이 발생하지만, 절대음감이 아니고서 구별하기 힘들 것이다.

---

20 음은 파동의 형태로 되어 있으며 각 음은 고유의 주파수를 가진다.

그림 3-28 학교종 악보

표 3-4 계이름과 주파수

피아노 건반	음이름		계이름	주파수 (Frequency)	음이름	계이름	주파수
	C	[다]	도	130.81	C#/Db	도#/레b	138.59
	D	[라]	레	146.83	D#/Eb	레#/미b	155.56
	E	[마]	미	164.81			
	F	[바]	파	174.61	F#/Gb	파#/솔b	185.00
	G	[사]	솔	196.00	G#/Ab	솔#/라b	207.65
	A	[가]	라	220.00	A#/Bb	라#/시b	233.08
	B	[나]	시	246.94			
	C	[가온다(C4)]	도	261.63	C#/Db	도#/레b	277.18
	D	[라]	레	293.66	D#/Eb	레#/미b	311.13
	E	[마]	미	329.63			
	F	[바]	파	349.23	F#/Gb	파#/솔b	369.99
	G	[사]	솔	391.00	G#/Ab	솔#/라b	415.30
	A	[가]	라	440.00	A#/Bb	라#/시b	466.16
	B	[나]	시	493.88			
	C	[다]	도	523.25	C#/Db	도#/레b	554.37
	D	[라]	레	587.33	D#/Eb	레#/미b	622.25
	E	[마]	미	659.26			
	F	[바]	파	698.46	F#/Gb	파#/솔b	739.99
	G	[사]	솔	783.99	G#/Ab	솔#/라b	830.61
	A	[가]	라	880.00	A#/Bb	라#/시b	923.33
	B	[나]	시	987.77			
	C	[다]	도	1046.50	C#/Db	도#/레b	1108.74

```
#include <wiringPi.h>
#include <softTone.h>

#define SPKR    6                       /* GPIO25 */
#define TOTAL   32                      /* 학교종의 전체 계이름의 수 */

int notes[] = {                         /* 학교종을 연주하기 위한 계이름 */
    391, 391, 440, 440, 391, 391, 329.63, 329.63, \
    391, 391, 329.63, 329.63, 293.66, 293.66, 0, \
    391, 391, 440, 440, 391, 391, 329.63, 329.63, \
    391, 329.63, 293.66, 329.63, 261.63, 261.63, 261.63, 0
};

int musicPlay()
{
    int i;

    softToneCreate(SPKR);               /* 톤 출력을 위한 GPIO 설정 */

    for (i = 0; i < TOTAL; ++i) {
        softToneWrite(SPKR, notes[i]);  /* 톤 출력: 학교종 연주 */
        delay(280);                     /* 음의 전체 길이만큼 출력되도록 대기 */
    }

    return 0;
}

int main()
{
    wiringPiSetup();
    musicPlay();                        /* 음악 연주를 위한 함수 호출 */
    return 0;
}
```

wiringPi에서 스피커를 사용하려면 <softTone.h>라는 헤더 파일이 필요하다. 소리를 출력하기 위해서 softToneCreate( ) 함수를 이용하여 스피커가 연결된 GPIO 핀을 설정하고, softToneWrite( ) 함수를 이용하여 실제 음악이 출력될 주파수(음의 높이)를 명시한다. 그리고 출력되는 음의 길이(박자)는 delay( ) 함수로 조정할 수 있다.

그림 3-29 **라즈베리 파이와 피에조 버저의 연결**

이 코드를 빌드하기 위해서는 wiringPi 라이브러리만 있으면 된다. 빌드 후 실행해보면 어릴 때 불렀던 그 '학교종' 연주를 들을 수 있다.

3.3.6 조도 센서의 사용

빛 감지(Photo Resistor) 센서는 일명 조도(Illuminance) 센서라고 부른다. 이러한 빛 감지를 위한 소자로 황화카드뮴(cds)을 많이 사용하는데 이것은 빛이 없으면 저항이 증가하고, 빛이 닿으면 저항이 감소하는 성질을 가졌다. 이러한 성질을 이용해서 빛 감지에 사용할 수 있다.

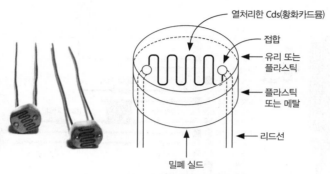

그림 3-30 조도 센서(황화카드뮴)와 구조도

조도 센서를 사용하기 위해서는 약간의 복잡한 회로 구성이 필요하다. 라즈베리 파이에서도 이와 같이 황화카드뮴 센서를 이용해서 빛을 감지할 수 있는데, 사용 방법은 스위치와 비슷하다. 먼저 회로를 구성해보자. 조도 센서와 10kΩ의 저항[21]이 필요하며, 브레드보드에 그림 3-32와 같이 회로를 구성한다.

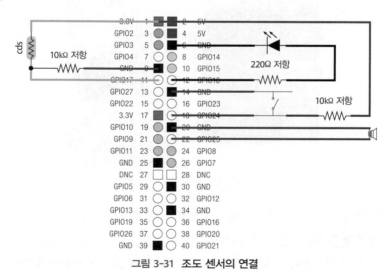

그림 3-31 조도 센서의 연결

---

21 저항은 전기의 흐름을 방해하는 요소로 물체에 흐르는 단위 전류가 가지는 전압이다. V(전압) = I(전류) × R(저항)의 옴의 법칙으로 표현된다.

이제, 10kΩ 저항과 조도(cds) 센서를 연결하자. 저항과 cds 센서 모두 극성이 없으므로 아무 단자나 사용해서 연결하면 된다. 조도 센서의 한쪽 단자에 3.3V 1번 핀을 연결한다. 그리고 다른 쪽 단자는 GPIO 17번 핀으로 연결하고, 다시 GND에 연결하는데 중간에 10kΩ 저항(풀다운 저항)을 연결하여 전류가 모두 GND로 가지 않고 GPIO 핀으로도 흘러가도록 해준다.

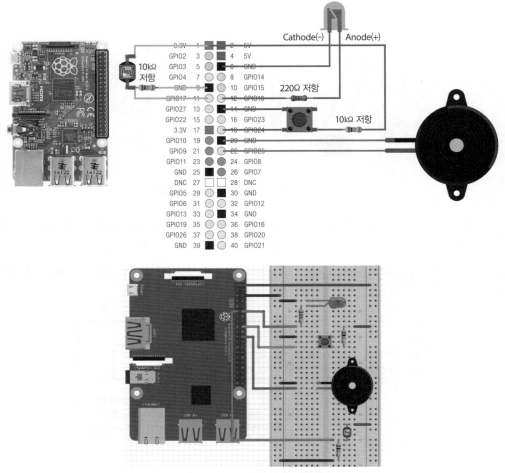

그림 3-32 조도 센서가 추가된 회로

황화카드뮴 센서의 규격이 각각 다르기 때문에 회로가 잘 동작하지 않을 수 있다. 이때는 10kΩ이 아닌 다른 값의 저항을 이용하면 된다. GPIO 17번 핀은 전류를 받아들이므로 나중에 GPIO 17번 핀을 입력 핀으로 설정할 것이다. 회로 구성이 끝났으면 이제 회로를 구동하기 위한 코드를 작성해보자.

코드 3-6 wiringlight.c

```c
#include <wiringPi.h>
#include <stdio.h>

#define SW  5       /* GPIO24 */
#define CDS 0       /* GPIO17 */
#define LED 1       /* GPIO18 */

int cdsControl()
{
    int i;

    pinMode(SW,  INPUT);        /* Pin 모드를 입력으로 설정 */
    pinMode(CDS, INPUT);        /* Pin 모드를 입력으로 설정 */
    pinMode(LED, OUTPUT);       /* Pin 모드를 출력으로 설정 */

    for (;;) {                              /* 조도 센서 검사를 위해 무한 루프를 실행한다. */
        if(digitalRead(CDS) == HIGH) {      /* 빛이 감지되면(HIGH) */
            digitalWrite(LED, HIGH);        /* LED 켜기(On) */
            delay(1000);
            digitalWrite(LED, LOW);         /* LED 끄기(Off) */
        }
    }

    return 0;
}
int main()
{
    wiringPiSetup();
    cdsControl();                           /* 조도 센서 사용을 위한 함수 호출 */
    return 0;
}
```

코드는 기본적으로 스위치와 동일한 것을 알 수 있다. 무한 루프로 인해 빛이 감지되면 황화카드뮴의 저항값이 낮아지기 때문에 3.3V 1번 핀의 전류가 GPIO 17번 핀으로 들어오고, 빛이 없는 경우 황화카드뮴의 저항값이 높아서 전류가 흐르지 않는다. 앞의 스위치에서와 같이 프로그램을 종료하려면 Ctrl + C 키를 눌러서 강제 종료시켜야 한다.

3.3.7 DC 모터의 사용

모터는 커튼부터 자동차까지 다른 디바이스들을 움직이기 위해 사용하는 대표적인 액추에이터이다. 액추에이터(Actuator)는 시스템을 움직이는 기계 장치를 의미하는데, 전기나 유압, 압축 공기 등을 사용하는 장치들을 말한다. 전자적 관점에서는 주로 전기를 이용해서 기계적으로 변환하는 모터를 사용한다. 모터는 전류를 자기장으로 바꾸고 자석의 반발력으로 회전 운동을 실시한다.

그림 3-33 플레밍의 왼손 법칙과 모터의 작동 원리

많은 종류의 모터가 있지만 가장 간단하면서도 저렴한 것으로는 DC 모터, 서보 모터, 스테핑 (Stepping) 모터, 교류(AC) 모터 등이 있다.

DC 모터는 저렴하고 가벼워서 미니카 등의 장난감에 주로 사용되는 건전지를 통해 작동하는 모터로, 연결과 사용이 단순하지만 속도나 회전 수, 회전 반경 등에 대한 세밀한 조절이 어렵다. 스테핑 모터는 간단히 스텝 모터로도 불리는데, 하나의 회전을 각각의 스텝으로 제어할 수 있기 때문에 속도나 회전 반경을 쉽게 조정할 수 있지만, 무겁고 가격이 비싸다는 단점이 있다. 이 모터들의 중간 형태로 서보 모터가 있는데, 회전 수와 위치를 간단히 제어할 수 있지만 힘이 약하다. AC 모터는 DC 모터에 비해서 구동이 힘들지만, 발열 특성과 힘이 좋다.

그림 3-34 DC 모터, 스테핑 모터, AC 모터, 서보 모터

이 책에서는 보다 간단한 회로 구성을 위해 DC 모터를 사용한다. DC 모터를 사용하기 위해서는 트랜지스터라는 별도의 소자가 필요하다. 트랜지스터는 스위치 역할을 하는 전자 소자로써 전류를 증폭, 변조, 발진 등을 할 수 있다.

라즈베리 파이에서는 GPIO 단자를 통해서 3.3V와 5V 전압의 전류가 출력되지만, 라즈베리 파이에 공급하는 전류의 양이 작으므로 DC 모터를 라즈베리 파이에 직접 연결하면 전류 부족으로 시스템이 다운되는 문제가 발생한다.

이러한 문제점을 해결하기 위해 외부 전류를 사용할 수 있다. DC 모터의 경우 일반적으로 3V(1.5V 건전지 2개)를 연결해주면 되는데, 전자 회로에 배터리를 연결하기 위해서는 배터리 홀더나 배터리 박스[22]를 이용하면 된다. DC 모터는 극성을 가지고 있는데, 정방향으로 전류를 보내면 모터가 앞으로 회전하고, 반대방향으로 전류를 보내면 반대방향으로 회전한다.

---

22 배터리 박스/홀더는 초등학교 전기 실험이나 전자 실험세트에도 포함되어 있으니 문구점이나 인터넷을 통해서 구매가 가능하다.

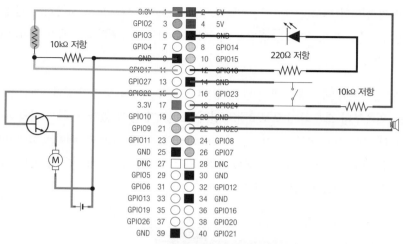

그림 3-35 모터의 제어를 위한 회로도

DC 모터에 바로 전기를 연결하면 라즈베리 파이로 제어할 수 없는데, 이러한 경우에 트랜지스터를 사용할 수 있다. NPN형 트랜지스터의 컬렉터에 배터리의 +극을 연결하고, 이미터에는 모터의 한쪽 단자를 연결한다. 모터의 나머지 단자는 배터리의 −극을 연결한 후에 트랜지스터의 베이스를 라즈베리 파이의 GPIO에 연결하면 된다. GPIO에서 전기가 나가면 라즈베리 파이로 다시 돌아와야 하는데, 이를 위해 라즈베리 파이의 GND와 배터리 박스의 −극을 서로 연결해야 한다.

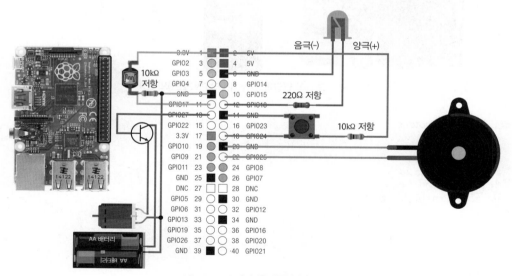

그림 3-36 모터가 추가된 회로 구성

라즈베리 파이에서 GPIO에 On이 되면 트랜지스터의 베이스에 전원이 가해지면서 배터리의 전기가 이미터에서 컬렉터 방향으로 흐르고, 모터를 지나면서 모터가 동작한다. 트랜지스터에 따라 사용할 수 있는 전압의 범위와 이미터, 베이스, 컬렉터 단자의 순서가 다르므로 사용하기 전에 반드시 각 단자를 확인해보기 바란다. GND는 접지를 의미하므로 위의 회로처럼 라즈베리 파이의 다른 GND를 사용해도 된다.

트랜지스터는 둥근 머리에 3개의 발이 달린 형태다. 위의 머리를 보면 평평한 면이 있는데, 그 면을 기준으로 왼쪽부터 오른쪽 순으로 3개의 단자에 번호가 붙어 있다. 여기서 사용하는 PN222x는 그림 3-37과 같이 제일 왼쪽(1번)이 이미터(Emittor)이고, 가운데(2번)가 베이스(Base)이며, 제일 오른쪽(3번)이 컬렉터(Collector)가 된다. 모터를 동작시키는 코드는 LED 점멸과 비슷하다. GPIO를 출력 핀으로 설정하고 HIGH로 설정하면 모터가 동작한다.

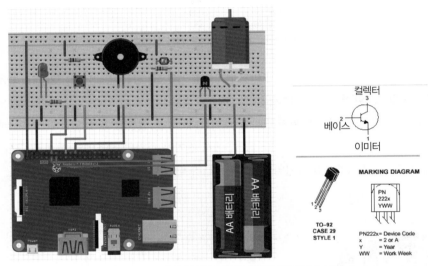

그림 3-37 모터의 연결과 트랜지스터(PN2222)의 스펙

코드 3-7 **wiringmotor.c**

```
#include <wiringPi.h>
#include <stdio.h>
#include <stdlib.h>

int motorControl(int gpio)
{
    int i;

    pinMode(gpio, OUTPUT);              /* Pin의 모드 설정 */

    for (i = 0; i < 3; i++) {
        digitalWrite(gpio, HIGH);       /* HIGH(1) 값을 출력: 모터 켜기 */
        delay(1000);                    /* 1초(1000밀리초) 동안 대기 */
        digitalWrite(gpio,  LOW);       /* LOW(0) 값을 출력: 모터 끄기 */
        delay(1000);
    }
```

```
    return 0;
}

int main(int argc, char **argv)
{
    int gno;

    if(argc < 2) {
        printf("Usage : %s GPIO_NO\n", argv[0]);
        return -1;
    }

    gno = atoi(argv[1]);
    wiringPiSetup( );
    motorControl(gno);

    return 0;
}
```

앞의 회로에서 사용했던 GPIO 13번 핀에 대한 wiringPi의 핀 번호는 2이다. 애플리케이션 시작 시 인자로 2를 사용하면 앞의 코드와 마찬가지로 모터가 '1초 동안 켜졌다가 꺼지기'를 3회 반복한다.

```
pi@raspberrypi:~ $ ./wiringmotor 2
```

트랜지스터 한 개로는 DC 모터를 한쪽 방향으로 켜거나 끄는 기능만 사용할 수 있다. 원격 조정 탱크나 자동차는 앞/뒤로 이동하는데, 이를 위해서는 모터가 양방향으로 회전해야 한다. 모터의 회전 방향을 설정하려면 여러 개의 트랜지스터를 사용해서 트랜지스터 브릿지 회로를 만들어야 한다. 하지만 브릿지 회로 구성이 아주 복잡하므로 이를 하나의 IC로 만들어서 사용하는데, 이를 모터 드라이버(Motor Driver)라고 부른다.

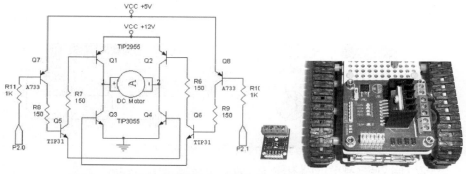

그림 3-38 **DC 모터 제어를 위한 트랜지스터 브릿지 회로와 모터 드라이버**

다이오드와 트랜지스터

전자공학에서 많이 사용되는 소자에 다이오드와 트랜지스터가 있다. 다이오드와 트랜지스터 같은 반도체 소자들은 반도체의 P와 N의 접합을 사용하고 있다.

다이오드(Diode)는 극성이 정해져 있어서 전류를 한 방향으로 흐르게 하는 역할을 하는데, 쉽게 말해서 일 반통행 도로와 같다. 다이오드의 P형 반도체(Anode)[23]는 양극이고 N형 반도체(Cathode)[24]는 음극인데, 전류 는 양극에서 음극의 방향(정방향)으로 흐르며, 반대 방향(역방향)으로는 전류가 통과하지 못한다. 이러한 속 성을 이용하여 AC 전압을 DC 전압으로 바꾸는 정류에 많이 사용된다. 다이오드에는 보통 띠 표시를 이용 해서 음극(캐소드)을 표시한다.

그림 3-39 다이오드와 일방통행

트랜지스터(Transistor)는 전류의 흐름을 제어하는 역할을 한다. 쉽게 말해, 문을 열고 닫아 물의 유량을 제 어하는 수문과 같다. 수문을 열면 물이 흐르고 수문을 닫으면 물이 흐르지 못하는 것처럼 하나의 스위치를 이용해서 전류의 흐름을 제어할 수 있다.

그림 3-40 다양한 트랜지스터와 영산강 하구원의 수문

트랜지스터는 컬렉터(Collector), 베이스(Base), 이미터(Emitter)의 3개 단자로 구성되는데, 베이스를 이용해서 두 단자 사이에 흐르는 전류를 제어할 수 있다. 트랜지스터는 P형 반도체와 N형의 반도체의 결합에 따라 PNP형과 NPN형으로 구분된다. 트랜지스터의 베이스에 전류를 컬렉터에서 이미터 방향(NPN형) 혹은 이미 터에서 컬렉터(PNP형) 방향으로 전류가 흐르는데, 이 원리를 이용해서 적은 양의 전류를 베이스에 가해 보 다 큰 전류를 흐르게 할 수 있다.

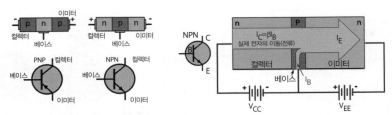

그림 3-41 트랜지스터의 구조와 원리

트랜지스터의 이러한 제어는 현재 사용하는 전압보다 더 높은 전압을 필요로 하는 증폭에 사용되는데 DC 모터에도 이용할 수 있다.

---

23 P형 반도체: 4가의 원소(규소(Si)나 저마늄(Ge))인 실리콘에 3가의 원소인 알루미늄(Ai)이나 붕소(B)를 첨가해서 만든다.

24 N형 반도체: 4가의 원소인 실리콘에 5가의 원소인 인(P)이나 비소(As)를 첨가해서 만든다.

3.3.8 7세그먼트의 사용

7세그먼트(Segment)는 전자시계처럼 숫자를 표시해야 하는 전자 장비에 많이 사용되는 디스플레이 시스템으로 FND(Flexible Numeric Display)라고도 불린다. 7개의 LED가 숫자를 출력할 수 있도록 배치되어 있다.

그림 3-42 다양한 크기의 7세그먼트

7세그먼트라고 불리지만 일반적으로는 소수점 등의 구분을 위해 하나의 LED가 추가되어 총 8개의 LED를 사용한다. 일반적으로 숫자만 표시하는 경우에는 7개의 단자만 사용하면 된다. 7세그먼트는 8개의 LED를 위한 단자와 두 개의 VCC/GND 단자까지 더하여 총 10개의 단자를 사용하며, 각각의 단자가 사용하는 LED는 고정되어 있다.

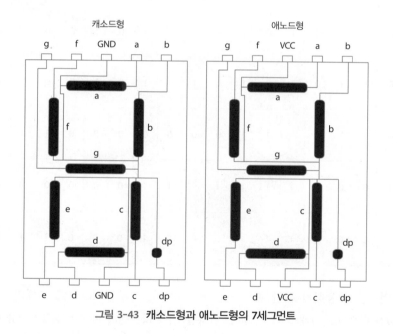

그림 3-43 캐소드형과 애노드형의 7세그먼트

7세그먼트는 캐소드형(Common-Cathode FND)과 애노드형(Common-Anode FND)으로 구분된다. 캐소드형은 3, 8번 단자에 GND가 연결되고, 애노드형은 3, 8번 핀에 VCC가 연결된다. 각각의 단자는 LED에 연결되어 있는데, 숫자를 표기하기 위해서는 캐소드형과 애노드형에 따라 서로 다른 값을 입력해야 한다.

표 3-5 **7세그먼트의 표시 값과 입력값**[25]

표시	2진수(BCD)				캐소드형							애노드형						
	D	C	B	A	a	b	c	d	e	f	g	a	b	c	d	e	f	g
0	0	0	0	0	1	1	1	1	1	1	0	0	0	0	0	0	0	1
1	0	0	0	1	0	1	1	0	0	0	0	1	0	0	1	1	1	1
2	0	0	1	0	1	1	0	1	1	0	1	0	0	1	0	0	1	0
3	0	0	1	1	1	1	1	1	0	0	1	0	0	0	0	1	1	0
4	0	1	0	0	0	1	1	0	0	1	1	1	0	0	1	1	0	0
5	0	1	0	1	1	0	1	1	0	1	1	0	1	0	0	1	0	0
6	0	1	1	0	1	0	1	1	1	1	1	0	1	0	0	0	0	0
7	0	1	1	1	1	1	1	0	0	0	0	0	0	0	1	1	1	1
8	1	0	0	0	1	1	1	1	1	1	1	0	0	0	0	0	0	0
9	1	0	0	1	1	1	1	0	0	1	1	0	0	0	1	1	0	0

이제 7세그먼트를 사용하기 위한 회로도를 구성해보자. 숫자를 표시하는 7개의 단자를 위해 7개의 GPIO가 필요하고, 2개의 VCC/GND 단자를 위해 라즈베리 파이의 VCC나 GND를 연결한다. 다음의 회로에서는 애노드형의 7세그먼트를 사용하였다. 캐소드형을 이용하는 경우에는 회로의 구성과 소스 코드가 달라질 수 있다.

---

25 http://popovic.info/html/arduino/arduinoUno_1.html 참고

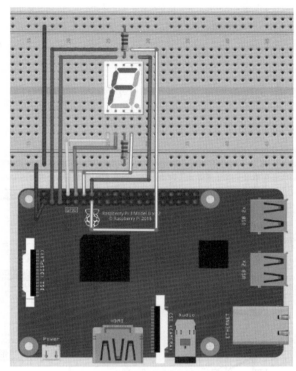

그림 3-44 7세그먼트를 위한 회로의 구성

7세그먼트도 앞의 LED처럼 보호를 위해 220Ω의 저항을 각각 연결하도록 한다. 표 3-5를 이용해서 값을 출력하되, 각 값에 대응하는 핀들에 대해 if 문이나 switch 문을 이용하면 좋다.

일반적으로 7세그먼트는 여러 개를 함께 사용하여 시간이나 값 등을 표현할 수 있다. 시와 분을 표시하는 시계를 만들기 위해서는 4개의 7세그먼트를 사용해야 하는데, 그러기 위해서는 총 28개의 GPIO가 필요하다. 라즈베리 파이의 GPIO는 총 26개이므로 하나의 라즈베리 파이를 이용해서 시간을 표시할 수 없는데, 이를 해결하기 위해서는 디지털 논리 회로를 사용하면 된다.

컴퓨터에서는 숫자를 표시할 때 2진수를 사용하는데 10_{10}은 2진수 1010_2으로 4비트만 있으면 된다.[26] 논리 연산인 AND나 OR 게이트 등을 이용하면 7세그먼트도 4개의 GPIO 단자만 사용해 모든 값을 표현할 수 있다. 이러한 논리는 디지털 논리 회로에서 사용하는 카르노 맵(Karnaugh map, K-map)을 이용하여 단순화할 수 있다.[27] 카르노 맵에 대한 설명은 이 책의 범위를 넘기 때문에 자세한 내용은 전자공학이나 컴퓨터공학의 디지털회로 도서를 참고하기 바란다.

---

[26] 7세그먼트를 이용하면 숫자 0에서 9의 값을 출력할 수 있는데, 이를 2진수로 나타내면 0_2에서 1001_2의 값이 된다. 즉 10진수 1010은 2진수로는 4비트만으로 표현할 수 있다.

[27] 7세그먼트의 카르노 맵: http://gorgeous-karnaugh.com/tutorials/practical-usage/7-segment-led-display.html

논리 회로는 불 대수(Boolean Algebra)[28]를 회로로 구현한 것으로, 디지털 회로는 AND, OR, NOR, NAND, NOT 등의 게이트(Gate)[29]로 구성되어 있다. 논리 회로는 이러한 게이트를 이용해서 0, 1과 같은 바이너리 수식을 계산할 수 있다.

AND 게이트는 입력의 값이 모두 1일 경우에만 1의 결과가 나오는데, 이는 곱셈과 같다. OR 게이트는 입력의 값이 모두 0일 경우에만 0의 결과가 나오는데, 이는 덧셈과 같다. NOT 게이트는 입력값을 반전(invert)시키는데 1이면 0을 출력하고, 0이면 1을 출력한다.

표 3-6 기본 논리 회로[30]

논리 회로	기호	불 대수 공식	공식 테이블
AND	(기호)	$A = A \cdot B$	입력 A B / 출력 X: 0 0 0 / 0 1 0 / 1 0 0 / 1 1 1
OR	(기호)	$A = A + B$	입력 A B / 출력 X: 0 0 0 / 0 1 1 / 1 0 1 / 1 1 1
NOT	(기호)	$A = \overline{A}$	입력 A / 출력 X: 0 1 / 0 0
NAND	(기호)	$A = \overline{A \cdot B}$	입력 A B / 출력 X: 0 0 1 / 0 1 1 / 1 0 1 / 1 1 0
NOR	(기호)	$A = \overline{A + B}$	입력 A B / 출력 X: 0 0 1 / 0 1 0 / 1 0 0 / 1 1 0
XOR	(기호)	$A = A \oplus B$	입력 A B / 출력 X: 0 0 0 / 0 1 1 / 1 0 1 / 1 1 0

---

[28] 불 대수(Boolean Algebra)는 1854년 조지 불(George boole)이 체계적인 논리 표현을 위해 제안했는데, 논리 회로에서 참은 1(High)에 대응하고, 거짓은 0(Low)에 대응한다. 논리 게이트는 불 공식에 의해 참(비트 1)과 거짓(비트 0)의 결과(출력)를 생성하도록 전기 흐름을 제어한다

[29] 게이트는 R, L, C나 다이오드, 트랜지스터와 같은 소자들로 구성되어 있다.

[30] https://www.bbc.co.uk/bitesize/guides/zc4bb9q/revision/2 참고

NAND 게이트는 AND 게이트를 NOT 게이트로 연결할 것이고, NOR 게이트는 OR 게이트를 NOT 게이트로 연결한 것이다. XOR[31] 게이트는 입력값이 서로 다르면 1을 출력하고, 같으면 0을 출력한다. 74 시리즈에서는 이러한 게이트들을 연결하여 디지털 회로를 구성할 수 있도록 해준다.

이 디지털 논리를 다이오드나 트랜지스터, RLC 회로 등으로 구성하기에는 상당히 복잡하다. 이러한 이유로 다양한 소자를 하나의 칩으로 묶어서 사용하는 것이 바로 IC이다. IC는 집적 회로(Integrated Circuit)라고 부르는데, 여러 개의 전자 소자를 집적해서 하나의 칩으로 만든 것을 의미한다. 이렇게 여러 전자 소자를 하나의 칩으로 만들어 놓으면 사용하는 전체 면적(크기)을 줄일 수 있으며, 신뢰성도 높일 수 있다. 그리고 비용이나 전기 소모, 속도면에서도 유리하다.

BCD 값을 7세그먼트로 변환해주는 다양한 IC 칩들이 있는데, TTL 레벨의 74 시리즈 중에는 7446, 7447[32] 등이 있다. 이 중에 애노드형의 7세그먼트를 위해 사용되는 것이 7447이다.

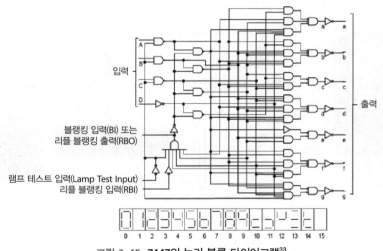

그림 3-45 **7447의 논리 블록 다이어그램**[33]

7447이 7세그먼트의 디스플레이를 위해 많이 사용되는데 7세그먼트를 위해 a~g까지의 8개 핀을 제공하고 있고 GPIO로 부터의 입력을 위해 4개의 핀을 제공하고 있다. 74 시리즈와 같은 IC에서 1번 핀을 구분할 수 있도록 1번 핀이 있는 부분에 점이나 타원 등으로 표시되어 있다.

---

31   XOR은 익스클루시브 오아(exclusive or) 또는 짧게 엑스오아(ex-or)라고 읽는다.

32   http://www.maxim4u.com/view_download.php?id=1042694&file=0039%5Chd74ls47_291810.pdf 참고

33   https://code.google.com/archive/p/74clock/wikis/Design.wiki

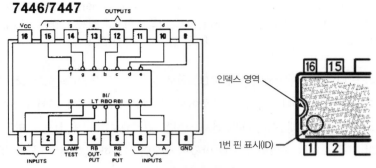

그림 3-46 **7446/7447의 핀의 배열과 1번 핀의 표시**

7447을 이용해서 앞의 회로를 단순화해보자. 앞의 회로와는 다르게 4개의 GPIO 핀을 이용했으므로 상당히 단순해지는 것을 확인할 수 있다. 7세그먼트를 보호하기 위해서는 앞의 예제와 같이 220Ω의 저항을 연결해주는 것이 좋다.

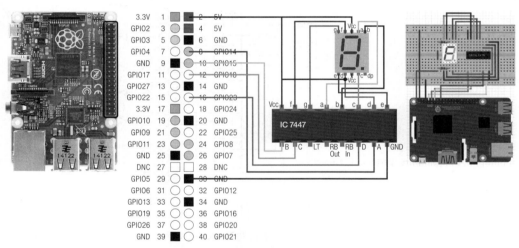

그림 3-47 **7447을 이용한 7세그먼트의 연결**

이제 회로 동작을 위한 코드를 작성해보자. 4개의 핀을 배열로 넣어놓고 각각의 숫자에 대한 점멸을 배열로 지정해놓으면 보다 간단하게 프로그램을 작성할 수 있다.

코드 3-8 **wiringfnd.c**

```
#include <wiringPi.h>
#include <stdio.h>
#include <stdlib.h>

int fndControl(int num)
{
    int i;
    int gpiopins[4] = {4, 1, 16, 15};                    /* A, B, C, D : 23 18 15 14 */
```

```
            int number[10][4] = { {0,0,0,0},              /* 0 */
                                   {0,0,0,1},              /* 1 */
                                   {0,0,1,0},              /* 2 */
                                   {0,0,1,1},              /* 3 */
                                   {0,1,0,0},              /* 4 */
                                   {0,1,0,1},              /* 5 */
                                   {0,1,1,0},              /* 6 */
                                   {0,1,1,1},              /* 7 */
                                   {1,0,0,0},              /* 8 */
                                   {1,0,0,1} };            /* 9 */

            for (i = 0; i < 4; i++) {
                pinMode(gpiopins[i], OUTPUT);                    /* 모든 Pin의 출력 설정 */
            }

            for (i = 0; i < 4; i++) {
                digitalWrite(gpiopins[i], number[num][i]?HIGH:LOW);  /* FND에 값을 출력 */
            }
            getchar();                                           /* 숫자 표시 대기 */

            for(int i = 0; i < 4; i++)  {                        /* FND 초기화 */
                digitalWrite(gpiopins[i], HIGH);
            }

            return 0;
        }

        int main(int argc, char **argv)
        {
            int no;

            if(argc < 2) {
                printf("Usage : %s NO\n", argv[0]);
                return -1;
            }
            no = atoi(argv[1]);
            wiringPiSetup();                                     /* wiringPi 초기화 */
            fndControl(no);

            return 0;
        }
```

기본적인 코드는 앞의 LED를 사용하는 것과 같다. 10진수에 대한 2진수의 값을 배열로 만든 후에 for 루프를 이용해서 각각의 LED를 켜고 잠시 기다렸다가 끈다. 7세그먼트에 있는 LED를 다 끄고 싶은 경우에는 그림 3-46의 7447의 논리 블록 다이어그램과 같이 15 값을 주면 된다. 15는 2진수로 1111_2을 의미하는데, 4개의 핀에 모두 HIGH를 출력해주면 모든 LED가 꺼진다.

3.4 SenseHAT을 이용한 기상 관측 시스템

3.4.1 아스트로 파이 프로젝트와 SenseHAT

영국에서는 청소년을 대상으로 라즈베리 파이를 이용한 '아스트로 파이(Astro Pi) 챌린지'라는 대회를 진행했다. 이 아스트로 파이 챌린지의 우승자는 영국 우주비행사 팀 피크(Tim Peake)를 따라 국제 우주 정류장에 갔다 올 수 있었다. 이 아스트로 파이 챌린지를 위해서 만들어진 라즈베리 파이용 특별 센서 확장 보드가 바로 SenseHAT이다.

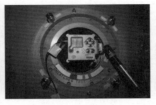

그림 3-48 아스트로 파이와 SenseHAT

SenseHAT은 라즈베리 파이 재단에서 첫 번째로 만든 확장 보드이다. HAT은 한글로 모자를 의미하는데, 실제로는 Hardware Attached on Top(HAT: 업보드, 실드 보드 등)의 머리글자를 따서 만든 글자로 위에 붙이는 하드웨어라는 의미를 가지고 있다. 아두이노의 실드(Shield)처럼 라즈베리 파이는 HAT을 이용해서 보드를 확장할 수 있다. SenseHAT은 라즈베리 파이의 GPIO 수와 같은 40핀의 단자를 제공하고 있는데, 라즈베리 파이에 간단히 꽂아서 설치할 수 있다.

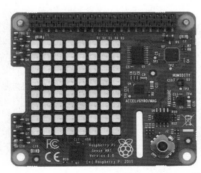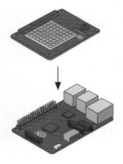

그림 3-49 SenseHAT 설치

SenseHAT에는 다양한 하드웨어가 탑재되어 있는데, 8×8 LED 매트릭스와, 온습도 센서, 자이로 센서, 기울기 센서, 지자기 센서 등을 탑재하고 있다. SenseHAT의 센서들은 I^2C 인터페이스를 통해 라즈베리 파이와 연결되어 있다.[34]

---

34 https://astro-pi.org/missions/space-lab/ 참고

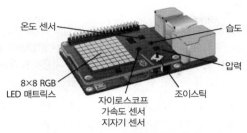

그림 3-50 **SenseHAT에 탑재되어 있는 센서**

SenseHAT은 ATtiny88이라는 8비트 AVR 마이크로 컨트롤러가 탑재되어 있으며, 기울기는 일반적인 6축이 아닌 9축을 감지할 수 있는 ST Microelectronics의 LSM9DS1을 사용하고 있다.

표 3-7 **SenseHAT의 센서들**

구분	I²C 주소	부품명	내용
MCU	0x46	ATtiny88	Atmel 8비트 마이크로컨트롤러
지자기	0x1C (0x1E)	LSM9DS1(STMicroelectronics)	지자기 센서: ± 4/8/12/16 가우스(gauss)
자이로스코프 센서	0x6A (0x6B)		각도측정 센서: ±245/500/2000dps
가속도 센서			선형가속 센서: ±-2/4/8/16g
디스플레이 모듈	0x46	LED2472G(STMicroelectronics)	8×8 LED 매트릭스 디스플레이
조이스틱	0x46	SKRHABE010(ALPS)	소형 5 버튼 조이스틱
기압 센서	0x5C	LPS25H(STMicroelectronics)	260 ~ 1260hPa 절대 범위
온도 센서	0x5F	HTS221(STMicroelectronics)	0 ~ 65 degC의 범위 내에서 ± 2degC 정확도
습도 센서			20 ~ 80%Rh의 범위 내에서 ±4.5% 정확도, 15 ~ 40degC의 범위 내에서 ±0.5degC 정확도

라즈베리 파이에서 I²C를 사용하려면 1장에서 본 라즈베리 파이 설정을 통해 인터페이스의 I²C를 활성화해주어야 한다. 라즈비안은 /usr/src/sense-hat 디렉터리에 SenseHAT을 위한 기본 예제 코드와 C 라이브러리 등을 제공하고 있다. SenseHAT과 관련된 패키지는 '$ sudo apt-get install sense-hat'을 통해 설치할 수 있다.

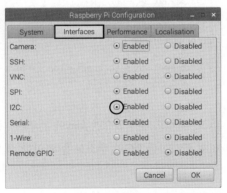

그림 3-51 **라즈베리 파이 설정에서 I²C의 활성화**

라즈베리 파이에서 외부에 있는 주변 기기들을 위한 통신 방법으로 GPIO를 이용한 직접 제어 이외에도 SPI, I²C 그리고 시리얼 통신을 지원한다. SPI와 I²C는 동기적인 통신 방법이며, UART 통신은 비동기적인 통신 방법이다. 동기적 통신 방식은 동기화를 위한 별도의 신호를 사용하기 때문에 비동기적인 방식보다 배선이 복잡하지만, 보다 빠른 속도를 제공할 수 있다는 장점이 있다.

SPI(Serial Peripheral Interface)는 모토로라가 고안한 MCU와 주변 장치 간의 Serial 통신을 위한 규격으로, 간단한 통신 방식으로서 많이 사용된다. 하나의 마스터(Master)와 하나 또는 다수의 슬레이브(Slave) 간(1:N)의 동기식 통신 방식이다.

I²C(Inter-Integrated Circuit)는 마이크로프로세서와 저속 주변 장치 사이의 통신을 위해 필립스(Philips)에서 개발한 규격으로 속도 면에서는 다른 방식보다 느리지만, 하드웨어적으로 간단한 구성과 하나의 버스에 많은 수의 노드를 연결할 수 있다는 장점을 제공하고 있다. I²C 통신은 양방향선인 동기화 클럭인 SCL(Serial Clock Line)과 데이터 라인인 SDA(Serial Data Line)와 전원 및 GND 등으로 구성된다.

UART(Universal Asynchronous Receiver/Transmitter)는 비동기식 통신 방식으로 병렬 데이터의 형태를 직렬 방식으로 전환하여 데이터를 전송한다. 비동기 방식이기 때문에 통신하기 전에 보내는 쪽과 받는 쪽의 속도를 미리 정의할 필요가 있으며, 패킷의 시작과 끝을 위한 비트를 기존 정보에 붙여서 별도의 프레임을 구성해야 한다.

라즈베리 파이는 2개의 I²C를 사용할 수 있는데, 기본적으로 라즈베리 파이 설정으로 I²C는 1번만 활성화할 수 있고 I²C 0번은 수동으로 설정해줘야 한다. I²C 0번을 사용하고 싶은 경우에는 /boot/config.txt 파일에 'dtparam=i2c_vc=on'을 같이 입력하고 재부팅하면 된다.

```
pi@raspberrypi:~ $ sudo vi /boot/config.txt
                            /* ~ 중간 표시 생략 ~ */
#uncomment to overclock the arm. 700 MHz is the default.
#arm_freq=800

# Uncomment some or all of these to enable the optional hardware interfaces
dtparam=i2c_arm=on
dtparam=i2c_vc=on
#dtparam=i2s=on
dtparam=spi=on

# Uncomment this to enable the lirc-rpi module
                            /* ~ 중간 표시 생략 ~ */
```

I²C가 활성화되어 있으면 /dev에 관련된 디바이스 파일이 생성된다. i2cdetect 명령어[35]를 사용하면 현재 활성화된 I²C의 주소들을 확인할 수 있다.

---

35 i2cdetect 유틸리티가 없으면 '$ sudo apt-get install i2c-tools'를 통해 설치할 수 있다.

```
pi@raspberrypi:~ $ ls /dev/*i2c*
/dev/i2c-1
pi@raspberrypi:~ $ i2cdetect -y 1
     0 1 2 3 4 5 6 7 8 9 a b c d e f
00:          -- -- -- -- -- -- -- -- -- -- -- --
10: -- -- -- -- -- -- -- -- -- -- -- -- 1c -- -- --
20: -- -- -- -- -- -- -- -- -- -- -- -- -- -- -- --
30: -- -- -- -- -- -- -- -- -- -- -- -- -- -- -- --
40: -- -- -- -- -- -- UU -- -- -- -- -- -- -- -- --
50: -- -- -- -- -- -- -- -- -- -- -- -- 5c -- -- 5f
60: -- -- -- -- -- -- -- -- -- -- 6a -- -- -- -- --
70: -- -- -- -- -- -- -- --
```

i2cdetect 명령어를 실행해서 I²C 1번을 보면 표 3-7에서 설명한 SenseHAT의 0x1c(LSM9DS1), 0x46(UU), 0x5c(LPS25H), 0x5f(HTS221), 0x6a(LSM9DS1)의 주소가 활성화되어 있는 것을 알 수 있다. i2cget, i2cset와 i2cdump 유틸리티를 이용해서 I²C의 레지스터들을 제어할 수도 있다.

그리고 SenseHAT을 연결하고 로드된 커널 모듈을 보면 프레임 버퍼나 조이스틱, I²C 등의 커널 모듈들이 로드된 것을 확인할 수 있다. 커널 모듈은 12장에서 볼 lsmod 명령어를 사용하면 된다.

```
pi@raspberrypi:~ $ lsmod | grep rpisense
rpisense_js            16384  0
rpisense_fb            16384  0
rpisense_core          16384  2 rpisense_js,rpisense_fb
syscopyarea            16384  2 rpisense_fb,drm_kms_helper
sysfillrect            16384  2 rpisense_fb,drm_kms_helper
sysimgblt              16384  2 rpisense_fb,drm_kms_helper
fb_sys_fops            16384  2 rpisense_fb,drm_kms_helper
```

3장에서는 센서를 사용하는 방법에 대해 설명하고 8×8 LED 매트릭스와 조이스틱을 사용하는 방법은 뒤에서 설명하도록 하겠다.

3.4.2 SenseHAT의 기압 센서

SenseHAT은 기압 센서를 가지고 있다. 기압 센서는 STMicroelectronics의 LPS25H를 이용하고 있는데, 기압 뿐만 아니라 온도를 잴 수 있는 기능도 함께 제공하고 있다. 온도에 따라서 물체는 팽창하거나 수축하는 성질을 가지고 있다. 온도는 원자나 분자가 가지고 있는 운동 에너지의 크기를 의미하는데, 온도에 따라서 변화하는 압력이나 저항을 이용해서 측정할 수 있다.

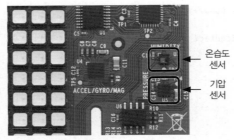

온습도
센서

기압
센서

그림 3-52 **SenseHAT의 기압과 온습도 센서**

라즈베리 파이에서 I²C를 사용하기 위해서 /dev/i2c-1과 같은 디바이스 파일을 이용할 수 있다. 디바이스 파일을 오픈한 후 장치 파일을 위한 기본적인 설정을 해야 하는데, 이러한 디바이스 파일을 위한 설정은 ioctl( ) 함수를 사용할 수 있다. ioctl( ) 함수는 이름 그대로 입출력(I/O)를 제어(Control)하기 위해 제공되는 함수이다.

```
#include <sys/ioctl.h>

int ioctl(int fd, unsigned long request, ...);
```

ioctl( ) 함수의 첫 번째 인자로 디바이스 파일의 파일 디스크립터가 들어가고, 두 번째 인자로는 옵션이 들어간다. 세 번째 인자는 생략이 가능한데, 일반적으로 옵션에 대한 값이 들어간다. 여기서는 ioctl( ) 함수의 두 번째 값으로 I²C의 모드를 설정하고, 세 번째 값으로는 I²C의 주소 값이 들어간다.

디바이스 파일을 제어하기 위해서는 STMicroelectronics의 LPS25H의 레지스터에 대해 알아야 한다.[36]

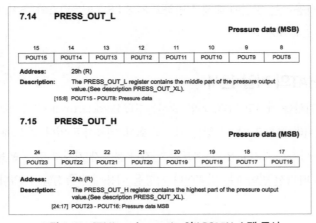

그림 3-53 **STMicroelectronics의 LPS25H 스펙 문서**

---

36 LPS25H의 스펙은 https://www.pololu.com/file/0J761/LPS25H.pdf에서 살펴볼 수 있다.

스펙 문서를 보면 압력의 출력값을 위한 PRESS_OUT_XL, PRESS_OUT_L, PRESS_OUT_H 등의 값을 살펴보면 28h, 29h, 2Ah 등의 주소를 사용하는 것을 확인할 수 있다. 이 문서를 이용해서 레지스터의 주소를 정리해보면 다음 코드와 같이 나타낼 수 있다.

코드 3-9 **pressure.c**

```
#include <stdio.h>
#include <fcntl.h>
#include <unistd.h>
#include <wiringPi.h>
#include <wiringPiI2C.h>
#include <sys/ioctl.h>

static const char* I2C_DEV = "/dev/i2c-1";          /* I2C를 위한 장치 파일 */
static const int I2C_SLAVE = 0x0703;        /* ioctl() 함수에서 I2C_SLAVE 설정을 위한 값[37] */

static const int LPS25H_ID = 0x5C;          /* SenseHAT의 i2c-1의 값 */

static const int CTRL_REG1 = 0x20;          /* STMicroelectronics의 LPS25H 스펙 문서의 값 */
static const int CTRL_REG2 = 0x21;

static const int PRESS_OUT_XL = 0x28;       /* STMicroelectronics의 LPS25H 스펙 문서의 값 */
static const int PRESS_OUT_L = 0x29;
static const int PRESS_OUT_H = 0x2A;
static const int PTEMP_OUT_L = 0x2B;
static const int PTEMP_OUT_H = 0x2C;

void getPressure(int fd, double *temperature, double *pressure);/* 기압과 온도를 위한 함수 */

int main()
{
    int i2c_fd;
    double t_c = 0.0;                       /* 온도와 압력을 출력하기 위한 변수 */
    double pressure = 0.0;

    /* I²C 장치 파일 오픈 */
    if((i2c_fd = open(I2C_DEV, O_RDWR)) < 0) {
        perror("Unable to open i2c device");
        return 1;
    }

    /* I²C 장치의 슬레이브(slave) 모드 설정을 위해 LPS25H를 사용 */
    if(ioctl(i2c_fd, I2C_SLAVE, LPS25H_ID) < 0) {
        perror("Unable to configure i2c slave device");
        close(i2c_fd);
        return 1;
    }

    for(int i = 0; i < 10; i++) {
        /* LPS25H 장치 초기화 */
        wiringPiI2CWriteReg8(i2c_fd, CTRL_REG1, 0x00);
```

---

37 '/usr/include/linux/i2c-dev.h' 헤더 파일에 선언되어 있다.

```c
        wiringPiI2CWriteReg8(i2c_fd, CTRL_REG1, 0x84);
        wiringPiI2CWriteReg8(i2c_fd, CTRL_REG2, 0x01);
        /* 기압과 온도 값 획득 */
        getPressure(i2c_fd, &t_c, &pressure);

        /* 계산된 값을 출력 */
        printf("Temperature(from LPS25H) = %.2f°C\n", t_c);
        printf("Pressure = %.0f hPa\n", pressure);

        delay(1000);                            /* 다시 측정하기 전에 1초(1000밀리초)간 대기 */
    }

    /* 사용이 끝난 장치를 정리 */
    wiringPiI2CWriteReg8(i2c_fd, CTRL_REG1, 0x00);
    close(i2c_fd);

    return 0;
}

/* 기압과 온도를 가져오기 위한 함수 */
void getPressure(int fd, double *temperature, double *pressure)
{
    int result;

    unsigned char temp_out_l = 0, temp_out_h = 0;   /* 온도를 계산하기 위한 변수 */
    unsigned char press_out_xl = 0;                 /* 기압을 계산하기 위한 변수 */
    unsigned char press_out_l = 0;
    unsigned char press_out_h = 0;

    short temp_out = 0;                             /* 온도와 압력을 저장하기 위한 변수 */
    int press_out = 0;

    /* 측정이 완료될 때까지 대기 */
    do {
        delay(25);                                 /* 25밀리초 대기 */
        result = wiringPiI2CReadReg8(fd, CTRL_REG2);
    } while(result != 0);

    /* 측정된 온도 값 읽기(2바이트 읽기) */
    temp_out_l = wiringPiI2CReadReg8(fd, PTEMP_OUT_L);
    temp_out_h = wiringPiI2CReadReg8(fd, PTEMP_OUT_H);

    /* 측정된 기압 값 읽기(3바이트 읽기) */
    press_out_xl = wiringPiI2CReadReg8(fd, PRESS_OUT_XL);
    press_out_l = wiringPiI2CReadReg8(fd, PRESS_OUT_L);
    press_out_h = wiringPiI2CReadReg8(fd, PRESS_OUT_H);

    /* 각각 측정한 값들을 합성해서 온도(16비트)와 기압(24비트) 값 생성(비트/시프트 이용) */
    temp_out = temp_out_h << 8 | temp_out_l;
    press_out = press_out_h << 16 | press_out_l << 8 | press_out_xl;

    /* 출력값 계산 */
    *temperature = 42.5 + (temp_out / 480.0);
    *pressure = press_out / 4096.0;
}
```

센서를 사용하기 위해 CTRL_REG1나 CTRL_REG2와 같은 컨트롤 레지스터를 먼저 설정해서 장치를 초기화한다. 그리고 값을 읽어오는 레지스터로부터 값을 읽어오면 되는데, 센서에 설정해야 하는 값이나 레지스터의 주소는 스펙 문서에 나와 있으니 그 값을 참고하면 된다.

기압 값은 정밀도를 높이기 위해 3개의 레지스터(PRESS_OUT_XL, PRESS_OUT_L, PRESS_OUT_H)로 부터 값을 읽어오고, 온도 값은 2개의 레지스터(PTEMP_OUT_L, PTEMP_OUT_H[38])로부터 값을 읽어온다. 값을 읽어올 때는 wiringPi 라이브러리의 wiringPiI2CWriteReg8( ) 함수를 사용하였다. wiringPi를 사용하고 싶지 않은 경우에는 i2c_smbus_read_byte_data( )[39] 함수를 이용해서 값을 읽어올 수도 있다.

이렇게 각각 읽어온 값은 시프트 연산자와 비트 연산자를 이용해서 하나의 값으로 합쳤다. 그리고 출력값을 계산하기 위해 스펙 문서에 있는 것과 같이 압력은 4,096으로 나누고 온도는 480으로 나눠서 42.5를 더하면 된다.

The PRESS_OUT_XL register contains the lowest part of the pressure output value, that is the difference between the measured pressure and the reference pressure (REF_P registers).See AUTOZERO bit in CTRL_REG2.The full reference pressure value is composed by PRESS_OUT_H/_L/_XL and is represented as 2's complement. Pressure Values exceeding the operating pressure Range (see Table 3) are clipped.
Pressure output data: Pout(hPa) = PRESS_OUT / 4096
Example: P_OUT = 0x3ED000 LSB = 4116480 LSB = 4116480/4096 hPa= 1005 hPa
Default value is 0x2F800 = 760 hPa

Description:	The TEMP_OUT_L register contains the low part of the temperature output value.Temperature data are expressed as TEMP_OUT_H & TEMP_OUT_L as 2's complement numbers. Temperature output data: T(°C) = 42.5 + (TEMP_OUT / 480) If TEMP_OUT = 0 LSB then Temperature is 42.5 °C

그림 3-54 STMicroelectronics의 LPS25H 스펙 문서에 명시된 기압과 압력을 계산하는 공식

위 코드는 wiringPi를 사용하고 있으므로 빌드 시 앞에서와 같이 관련 라이브러리를 함께 링크해 줘야 한다. 코드를 빌드해서 실행시켜보면 현재의 온도와 기압이 표시되는 것을 확인할 수 있다. 이러한 온도와 기압을 이용해서 기상 관측 시스템을 만드는 것도 가능하다.

```
pi@raspberrypi:~ $ gcc -o pressure pressure.c -lwiringPi
pi@raspberrypi:~ $ ./pressure
Temperature(from LPS25H) = 27.44°C
Pressure = 1002 hPa
```

---

38 스펙 문서에서는 'TEMP_OUT_H'로 나타나 있지만 뒤의 온도 센서와 이름이 같아서 겹치지 않도록 앞에 'P'를 붙였다.
39 i2c_smbus_read_byte_data( ) 함수를 사용하려면 libi2c-dev 모듈을 설치해야 한다. '$ sudo apt-get install libi2c-dev'

3.4.3 SenseHAT의 온습도 센서

SenseHAT의 LPS25H 기압 센서를 이용해서 온도를 구할 수 있지만 습도는 별도의 센서가 필요하다. 습도는 공기 중에 포함되는 수증기의 양을 나타내는 단위로 상대습도와 절대습도로 구분된다. 상대습도는 대기 중에 포함되어 있는 수증기의 양을 현재의 대기 온도에서 포함할 수 있는 최대 수증기량에 대한 비율을 백분율로 표시한 것이고, 절대습도는 1기압에서 1평방미터에 포함되어 있는 수증기의 양을 g으로 표시한 것이다. 사막같이 건조한 곳에서는 상대습도가 낮고, 비가 오기 전의 날씨에서는 상대습도가 높다.

SenseHAT에서는 STMicroelectronics의 HTS221이라는 온습도 센서를 별도로 제공하고 있다. 온습도 센서를 사용하는 방법은 기압 센서를 사용하는 것과 같다. /dev/i2c-1 디바이스 파일을 오픈한 후 ioctl( ) 함수를 사용해서 관련 설정을 하면 된다.[40]

스펙 문서를 보면 습도와 온도의 출력값을 위한 H_T_OUT_L, H_T_OUT_H, TEMP_OUT_L, TEMP_OUT_H 등의 값을 살펴보면 28h, 29h, 2Ah, 2Bh 등의 주소를 사용하는 것을 확인할 수 있다. 이 문서를 이용해서 레지스터의 주소를 정리해보면 다음의 코드와 같이 나타낼 수 있다.

코드 3-10 **temperature.c**

```c
#include <stdio.h>
#include <fcntl.h>
#include <unistd.h>
#include <wiringPi.h>
#include <wiringPiI2C.h>
#include <sys/ioctl.h>

static const char* I2C_DEV = "/dev/i2c-1";          /* I2C를 위한 장치 파일 */
static const int I2C_SLAVE = 0x0703;        /* ioctl( ) 함수에서 I2C_SLAVE 설정을 위한 값[41] */

static const int HTS221_ID = 0x5F;          /* SenseHAT의 i2c-1의 값 */

static const int CTRL_REG1 = 0x20;          /* STMicroelectronics의 HTS221 스펙 문서의 값 */
static const int CTRL_REG2 = 0x21;

static const int H0_T0_OUT_L = 0x36;        /* STMicroelectronics의 HTS221 스펙 문서의 값 */
static const int H0_T0_OUT_H = 0x37;
static const int H1_T0_OUT_L = 0x3A;
static const int H1_T0_OUT_H = 0x3B;
static const int H0_rH_x2 = 0x30;
static const int H1_rH_x2 = 0x31;

static const int H_T_OUT_L = 0x28;
static const int H_T_OUT_H = 0x29;
```

---

40 이를 위한 STMicroelectronics의 HTS221의 스펙은 http://www.farnell.com/datasheets/1836732.pdf에서 살펴볼 수 있다.

41 '/usr/include/linux/i2c-dev.h' 헤더 파일에 선언되어 있다.

```c
static const int T0_OUT_L = 0x3C;
static const int T0_OUT_H = 0x3D;
static const int T1_OUT_L = 0x3E;
static const int T1_OUT_H = 0x3F;
static const int T0_degC_x8 = 0x32;
static const int T1_degC_x8 = 0x33;
static const int T1_T0_MSB  = 0x35;

static const int TEMP_OUT_L = 0x2A;
static const int TEMP_OUT_H = 0x2B;

/* 온도와 습도를 위한 함수 */
void getTemperature(int fd, double *temperature, double *humidity);

int main()
{
    int i2c_fd;
    double temperature, humidity;

    /* I²C 장치 파일을 오픈 */
    if((i2c_fd = open(I2C_DEV, O_RDWR)) < 0) {
        perror("Unable to open i2c device");
        return 1;
    }

    /* I²C 장치를 슬레이브(slave) 모드로 HTS221을 설정 */
    if(ioctl(i2c_fd, I2C_SLAVE, HTS221_ID) < 0) {
        perror("Unable to configure i2c slave device");
        close(i2c_fd);
        return 1;
    }

    for(int i = 0; i < 10; i++) {
        /* HTS221 장치 초기화 */
        wiringPiI2CWriteReg8(i2c_fd, CTRL_REG1, 0x00);
        wiringPiI2CWriteReg8(i2c_fd, CTRL_REG1, 0x84);
        wiringPiI2CWriteReg8(i2c_fd, CTRL_REG2, 0x01);
        /* 온도와 습도 값 획득 */
        getTemperature(i2c_fd, &temperature, &humidity);

        /* 계산된 값을 출력 */
        printf("Temperature(from HTS221) = %.2f°C\n", temperature);
        printf("Humidity = %.0f%% rH\n", humidity);

        delay(1000);                    /* 다음 측정하기 전에 1초(1000밀리초)간 대기 */
    }

    /* 사용이 끝난 장치를 정리 */
    wiringPiI2CWriteReg8(i2c_fd, CTRL_REG1, 0x00);
    close(i2c_fd);

    return 0;
}
```

```c
/* 온도와 습도를 가져오기 위한 함수 */
void getTemperature(int fd, double *temperature, double *humidity)
{
    int result;

    /* 측정이 완료될 때까지 대기 */
    do {
        delay(25);                      /* 25밀리초 대기 */
        result = wiringPiI2CReadReg8(fd, CTRL_REG2);
    } while(result != 0);

    /* 온도(LSB (ADC))를 위한 보정 값(x-데이터를 위한 2지점) 읽기 */
    unsigned char t0_out_l = wiringPiI2CReadReg8(fd, T0_OUT_L);
    unsigned char t0_out_h = wiringPiI2CReadReg8(fd, T0_OUT_H);
    unsigned char t1_out_l = wiringPiI2CReadReg8(fd, T1_OUT_L);
    unsigned char t1_out_h = wiringPiI2CReadReg8(fd, T1_OUT_H);

    /* 온도(°C)를 위한 보정 값(y-데이터를 위한 2지점) 읽기 */
    unsigned char t0_degC_x8 = wiringPiI2CReadReg8(fd, T0_degC_x8);
    unsigned char t1_degC_x8 = wiringPiI2CReadReg8(fd, T1_degC_x8);
    unsigned char t1_t0_msb = wiringPiI2CReadReg8(fd, T1_T0_MSB);

    /* 습도(LSB(ADC))를 위한 보정 값(x-데이터를 위한 2지점) 읽기 */
    unsigned char h0_out_l = wiringPiI2CReadReg8(fd, H0_T0_OUT_L);
    unsigned char h0_out_h = wiringPiI2CReadReg8(fd, H0_T0_OUT_H);
    unsigned char h1_out_l = wiringPiI2CReadReg8(fd, H1_T0_OUT_L);
    unsigned char h1_out_h = wiringPiI2CReadReg8(fd, H1_T0_OUT_H);

    /* 습도(% rH)를 위한 보정 값(y-데이터를 위한 2지점) 읽기 */
    unsigned char h0_rh_x2 = wiringPiI2CReadReg8(fd, H0_rH_x2);
    unsigned char h1_rh_x2 = wiringPiI2CReadReg8(fd, H1_rH_x2);

    /* 각각 측정한 값들을 합성해서 온도(x-값) 값 생성(비트/시프트 이용) */
    short s_t0_out = t0_out_h << 8 | t0_out_l;
    short s_t1_out = t1_out_h << 8 | t1_out_l;

    /* 각각 측정한 값들을 합성해서 습도(x-값) 값 생성(비트/시프트 이용) */
    short s_h0_t0_out = h0_out_h << 8 | h0_out_l;
    short s_h1_t0_out = h1_out_h << 8 | h1_out_l;

    /* 16비트와 10비트의 값 생성(비트 마스크/시프트 이용) */
    unsigned short s_t0_degC_x8 = (t1_t0_msb & 3) << 8 | t0_degC_x8;
    unsigned short s_t1_degC_x8 = ((t1_t0_msb & 12) >> 2) << 8 | t1_degC_x8;

    /* 온도 보정 값(y-값) 계산*/
    double d_t0_degC = s_t0_degC_x8 / 8.0;
    double d_t1_degC = s_t1_degC_x8 / 8.0;

    /* 습도 보정 값(y-값) 계산*/
    double h0_rH = h0_rh_x2 / 2.0;
    double h1_rH = h1_rh_x2 / 2.0;

    /* 온도와 습도의 계산을 위한 보정 선형 직선 그래프 'y = mx + c' 공식을 계산 */
    double t_gradient_m = (d_t1_degC - d_t0_degC) / (s_t1_out - s_t0_out);
    double t_intercept_c = d_t1_degC - (t_gradient_m * s_t1_out);
```

```
    double h_gradient_m = (h1_rH - h0_rH) / (s_h1_t0_out - s_h0_t0_out);
    double h_intercept_c = h1_rH - (h_gradient_m * s_h1_t0_out);

    /* 주변의 온도 읽기(2바이트 읽기) */
    unsigned char t_out_l = wiringPiI2CReadReg8(fd, TEMP_OUT_L);
    unsigned char t_out_h = wiringPiI2CReadReg8(fd, TEMP_OUT_H);

    /* 16비트 값 생성 */
    short s_t_out = t_out_h << 8 | t_out_l;

    /* 주변의 습도 읽기(2바이트 읽기) */
    unsigned char h_t_out_l = wiringPiI2CReadReg8(fd, H_T_OUT_L);
    unsigned char h_t_out_h = wiringPiI2CReadReg8(fd, H_T_OUT_H);

    /* 16비트 값 생성 */
    short s_h_t_out = h_t_out_h << 8 | h_t_out_l;

    /* 주변의 온도 계산 */
    *temperature = (t_gradient_m * s_t_out) + t_intercept_c;

    /* 주변의 습도 계산 */
    *humidity = (h_gradient_m * s_h_t_out) + h_intercept_c;
}
```

디지털 온습도 센서는 보정 디지털 신호가 출력이 되는데, 이것을 이용해서 보다 정확한 값을 계산할 수 있다. 보정 값이 있기 때문에 측정과 계산이 상당히 복잡한데, 보정을 위한 계산으로 코드가 상당히 긴 것을 알 수 있다. 값을 읽어올 때는 wiringPi 라이브러리의 wiringPiI2CWriteReg8( ) 함수를 사용했기 때문에 빌드 시 wiringPi 파이브러리가 필요하다.

기압 센서와 같이 보정 값과 현재 온습도 값을 각각 읽어와서 비트 연산자를 이용해 합성하고 이를 계산해서 화면에 출력하였다. 각 레지스터와 관련된 내용은 HTS221의 스펙 문서를 참고하면 된다. 온습도 센서에 대한 코드를 빌드하고 실행해보면 현재의 온도와 상대 습도가 출력되는 것을 확인할 수 있다.

```
pi@raspberrypi:~ $ gcc -o temperature temperature.c -lwiringPi
pi@raspberrypi:~ $ ./temperature
Temperature(from HTS221) = 29.98°C
Humidity = 54% rH
```

3.4.4 SenseHAT의 가속도/자이로스코프/지자기 센서

SenseHAT에는 기울기나 방향, 가속도 등을 구할 수 있도록 다양한 센서 등이 탑재되어 있다. 아이폰에서 가속도 센서와 자이로스코프 센서를 탑재하기 시작하면서 실생활에서도 많이 쓰이게 되었다.

가속도 센서는 단위 시간당 속도의 변화를 검출하는 센서로, 가속도/진동/충격 등의 움직임을 감지할 수 있다. 가속도 센서는 x, y, z축 방향으로 속도의 변화를 측정하는데, 단위로는 'g'를 사용한다. 가속도 센서는 중력에도 반응하므로 이를 이용해서 기울기를 측정할 수 있다.

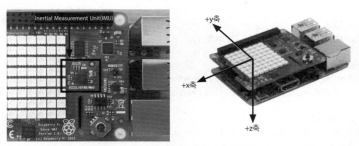

그림 3-55 SenseHAT의 가속도/자이로/지자계 센서와 가속도 센서의 방향

자이로 센서는 회전각의 속도 측정에 사용되는데 초당 각(degree/sec)이라는 단위로 측정한다. 회전의 각도는 x축의 '롤(roll)'과 y축의 '피치(pitch)' 그리고 z축의 '요(yaw)'의 세 가지 방향이 있는데, 이러한 회전 용어는 비행기의 항법 장치에서 왔다. 요는 z축 방향 회전을 의미하고, 롤은 좌우로 회전하는 것을 의미하며, 피칭은 비포장 도로를 달리는 차 안에서 앞뒤로 흔들리는 것과 같이 기울어지는 방향을 의미한다.

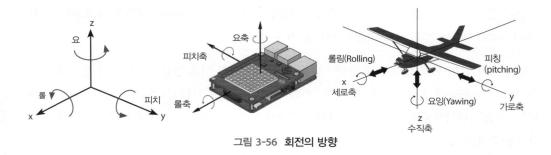

그림 3-56 회전의 방향

지자기 센서는 지구 자기장을 측정하는 센서로 나침반과 같이 방향을 검출할 수 있기 때문에 스마트폰에서 인공위성까지 가장 많이 판매되는 센서 중 하나이다. 지구의 주위는 지자기로 둘러싸여 있고 이를 이용해서 자북을 구할 수 있다.[42] 지자기 센서는 x, y, z 방향으로 값을 알 수 있으며, 마이크로 테슬라(uT) 단위로 측정된다.

SenseHAT은 지자기 센서와 가속도/자이로 센서를 위해 STMicroelectronics의 LSM9DS1을 사용한다.[43]

---

[42] https://www.aichi-mi.com/k-home-new/전자-나침반/k-方位計算の基礎 참고

[43] LSM9DS1의 스펙은 https://www.st.com/resource/en/datasheet/lsm9ds1.pdf로부터 확인할 수 있다.

이제 SenseHAT의 센서를 이용해서 가속도와 회전각, 그리고 지자기 값을 구해보도록 하자. 기본적인 코드는 앞의 코드들과 같다. 지자기 센서와 가속도/자이로 센서는 레지스터를 따로 쓰므로 각각 따로 열어서 처리하는 게 편리하다. /dev/i2c-1 디바이스 파일을 연 후 ioctl() 함수를 이용해서 지자기 센서와 가속도/자이로 센서를 설정하고 해당 레지스터에서 관련된 값을 읽어서 표시하면 된다.

코드 3-11 **accelerometer.c**

```c
#include <stdio.h>
#include <fcntl.h>
#include <unistd.h>
#include <wiringPi.h>
#include <wiringPiI2C.h>
#include <sys/ioctl.h>

static const char* I2C_DEV = "/dev/i2c-1";        /* I2C를 위한 장치 파일 */
static const int I2C_SLAVE = 0x0703;              /* ioctl() 함수에서 I2C_SLAVE 설정을 위한 값 */

static const int LSM9DS1_MAG_ID = 0x1C;           /* SenseHAT의 i2c-1의 값 */
static const int LSM9DS1_ACC_ID = 0x6A;

static const int CTRL_REG1_G = 0x10;              /* LSM9DS1 스펙에 나와 있는 값 */
static const int CTRL_REG4 = 0x1E;
static const int CTRL_REG6_XL = 0x20;
static const int CTRL_REG7_XL = 0x21;
static const int CTRL_REG8 = 0x22;
static const int CTRL_REG9 = 0x23;

static const int OUT_X_G = 0x18;                  /* 자이로 센서를 위한 값 */
static const int OUT_Y_G = 0x1A;
static const int OUT_Z_G = 0x1C;

static const int OUT_X_XL = 0x28;                 /* 가속도 센서를 위한 값 */
static const int OUT_Y_XL = 0x2A;
static const int OUT_Z_XL = 0x2C;

static const int OUT_X_L_M = 0x28;                /* 지자기 센서를 위한 값 */
static const int OUT_X_H_M = 0x29;
static const int OUT_Y_L_M = 0x2A;
static const int OUT_Y_H_M = 0x2B;
static const int OUT_Z_L_M = 0x2C;
static const int OUT_Z_H_M = 0x2D;

static void getAccel(int fd, int *ax, int *ay, int *az);
static void getGyro(int fd, int *gx, int *gy, int *gz);
static void getMagneto(int fd, int *mx, int *my, int *mz);

int main()
{
    int acc_fd, mag_fd;

    /* 가속도/자이로 센서를 위한 초기화 */
    acc_fd = open(I2C_DEV, O_RDWR);
```

```
        if(ioctl(acc_fd, I2C_SLAVE, LSM9DS1_ACC_ID) < 0) {
            perror("Failed to acquire bus for accelerometer\n");
            return 1;
        }

        /* 지자기 센서를 위한 초기화 */
        mag_fd = open(I2C_DEV, O_RDWR);
        if(ioctl(mag_fd, I2C_SLAVE, LSM9DS1_MAG_ID) < 0) {
            perror("Failed to acquire bus for magnetometer\n");
            return 1;
        }

        /* 가속도/자이로 센서를 위한 초기화 */
        wiringPiI2CWriteReg8(acc_fd, CTRL_REG6_XL, 0x60);   /* 119hz 가속도 */

        /* 자이로스코프를 모든 각도에서 사용할 수 있도록 초기화 */
        wiringPiI2CWriteReg8(acc_fd, CTRL_REG4, 0x38);
        wiringPiI2CWriteReg8(acc_fd, CTRL_REG1_G, 0x28);    /* 0x28 = 14.9hz, 500dps */

        /* 지자기 센서를 위한 초기화 */
        wiringPiI2CWriteReg8(mag_fd, CTRL_REG6_XL, 0x48);   /* 출력 데이터의 속도/파워 모드 설정 */
        wiringPiI2CWriteReg8(mag_fd, CTRL_REG7_XL, 0x00);   /* 기본 스케일(Scale) */
        wiringPiI2CWriteReg8(mag_fd, CTRL_REG8, 0x00);      /* 연속 변환 */
        wiringPiI2CWriteReg8(mag_fd, CTRL_REG9, 0x08);      /* 고성능 모드 */

        for(int i = 0; i < 10; i++) {
            int ax, ay, az;
            int gx, gy, gz;
            int mx, my, mz;

            getAccel(acc_fd, &ax, &ay, &az);
            printf("Accelerator : %d, %d, %d\n", ax, ay, az);

            getGyro(acc_fd, &gx, &gy, &gz);
            printf("Gyro : %d(pitch), %d(roll), %d(yaw)\n", gx, gy, gz);

            getMagneto(mag_fd, &mx, &my, &mz);
            printf("magnetic : %d, %d, %d\n", mx, my, mx);

            delay(100);
        }

        /* 열린 파일 디스크립터 닫기 */
        close(acc_fd);
        close(mag_fd);

        return 0;
}

void getAccel(int fd, int *ax, int *ay, int *az)
{
        /* 가속도 센서의 값 읽어오기 */
        *ax = wiringPiI2CReadReg16(fd, OUT_X_XL);
        *ay = wiringPiI2CReadReg16(fd, OUT_Y_XL);
        *az = wiringPiI2CReadReg16(fd, OUT_Z_XL);
```

```
    /* 경계 검사 */
    if(*ax > 32767) *ax -= 65536;
    if(*ay > 32767) *ay -= 65536;
    if(*az > 32767) *az -= 65536;
}

void getGyro(int fd, int *gx, int *gy, int *gz)
{
    /* 자이로 센서의 값 읽어오기 */
    *gx = wiringPiI2CReadReg16(fd, OUT_X_G);
    *gy = wiringPiI2CReadReg16(fd, OUT_Y_G);
    *gz = wiringPiI2CReadReg16(fd, OUT_Z_G);
}

void getMagneto(int fd, int *mx, int *my, int *mz)
{
    /* 지자기 센서의 값 읽어오기 */
    unsigned char out_x_l_m = wiringPiI2CReadReg8(fd, OUT_X_L_M);
    unsigned char out_x_h_m = wiringPiI2CReadReg8(fd, OUT_X_H_M);
    unsigned char out_y_l_m = wiringPiI2CReadReg8(fd, OUT_Y_L_M);
    unsigned char out_y_h_m = wiringPiI2CReadReg8(fd, OUT_Y_H_M);
    unsigned char out_z_l_m = wiringPiI2CReadReg8(fd, OUT_Z_L_M);
    unsigned char out_z_h_m = wiringPiI2CReadReg8(fd, OUT_Z_H_M);

    *mx = out_x_l_m + (out_x_h_m << 8);
    *my = out_y_l_m + (out_y_h_m << 8);
    *mz = out_z_l_m + (out_z_h_m << 8);

    /* 정수의 부호 검사: 경계 검사 */
    if(*mx > 32767) *mx -= 65536;
    if(*my > 32767) *my -= 65536;
    if(*mz > 32767) *mz -= 65536;
}
```

wiringPi 라이브러리는 16비트의 값을 읽을 수 있도록 wiringPiI2CReadReg16( ) 함수를 제공한다. 16비트의 수를 읽을 때는 엔디안 문제가 있을 수 있으니 사용하기 전에 확인해봐야 한다. 앞의 코드를 빌드하고 실행해서 SenseHAT을 움직여보면 다음과 같이 가속도와 회전각, 그리고 지자기 센서의 값이 출력되는 것을 확인할 수 있다.

```
pi@raspberrypi:~ $ gcc -o temperature temperature.c -lwiringPi
pi@raspberrypi:~ $ ./accelerometer
Accelerator : -1150, -127, 15807
Gyro : 65427(pitch), 53(roll), 65502(yaw)
magnetic : 2638, 1470, -3414
Accelerator : -1160, -145 ,15827
Gyro : 65429(pitch), 54(roll), 65503(yaw)
magnetic : 2638, 1470, -3414
                        /* ~ 중간 표시 생략 ~ */
Accelerator : -1157, -101, 15873
Gyro : 65430(pitch), 54(roll), 65506(yaw)
magnetic : 2621, 1484, -3456
```

RLC 회로

아날로그 회로는 기본적으로 저항(R), 인덕터(L), 콘덴서(C)를 사용한다. 이 3개의 전자 소자는 각자의 특성을 가졌다.

저항은 전류의 흐름(양)을 제한한다. 옴의 법칙은 I=V/R로 정의되는데, 같은 전압의 크기에서 저항의 값이 클수록 흐르는 전류의 양은 줄어든다. 수도꼭지를 잠그면 물이 적게 흐르는 것과 같다. 여러 개의 수도꼭지(저항)가 병렬로 연결되어 있는 경우에 수도꼭지(저항)가 많이 열려 있는 곳(저항이 낮은 곳)에 더 많은 물(전류)이 흐른다.

콘덴서는 전기를 저장하는 댐과 같은데, 직류일 때는 전류가 흐르지 못하고 교류일 때만 흐를 수 있다. 콘덴서는 교류 성분에 대한 저항이라고 볼 수 있는데, 값이 클수록 흐르는 전압이 작아진다.

인덕터는 코일이 감긴 형태로 이루어진 소자이다. 급격한 교류 전류의 변화를 막기 때문에 저주파만 통과시킨다. 같은 크기의 교류 전류에서 L이 크면 클수록 흐를 수 있는 전류의 양이 줄어든다.

그림 3-57 인덕터의 기호와 소자

콘덴서와 인덕터 모두 교류 신호일 경우에는 의미가 있는데, 높은 주파수에서 콘덴서의 경우는 전류가 더 많이 흐르고, 인덕터는 전류가 더 적게 흐른다. 이러한 성질을 이용해서 RL, LC, RC, RLC 등의 회로를 구성할 수 있다.

3.5 요약

라즈베리 파이는 메인 CPU로 ARM을 기반으로 한 브로드컴의 SoC(BCM2835/BCM2836/BCM2937 등)를 사용한다. ARM은 AMBA를 이용하여 메모리나 외부 포트 등의 장치들을 위한 인터페이스를 제공한다.

컴퓨터의 뇌라고 할 수 있는 CPU는 어드레스 버스, 데이터 버스, 컨트롤 버스를 통해서 다른 디바이스들과 통신을 한다. 이처럼 CPU가 외부 장치와 통신하는 통로를 시스템 버스라고 한다.

라즈베리 파이는 외부 기기들과 통신을 위해 GPIO를 사용한다. 모델 A와 B는 26개의 포트를 제공하며, 이후 모델들은 40개의 포트를 제공한다. 기본적으로 두 모델은 서로 호환되며, 모델 A/B

에는 26개의 단자 중 17개의 GPIO 포트를 제공하고 이후 모델들은 40개의 단자에 26개의 GPIO 포트를 제공한다.

하드웨어를 쉽게 구성하기 위해 브레드보드를 사용할 수 있다. 브레드보드는 저항이나, 콘덴서 등의 전자 소자들을 쉽게 배치하고 연결하는 방법을 제공하고 있는데, 이를 통해 간단한 전자 실험을 실행할 수 있다.

발광 다이오드(LED)는 +극과 −극을 갖는 빛을 내는 전자 소자이다. LED는 정전압 소자이므로 정격 전류 이상의 전류를 공급할 경우 수명이 감소하거나 파손될 수 있는데 이를 방지하기 위해서 저항을 사용한다. 라즈베리 파이의 GPIO를 이용하여 LED를 연결하고, 빛을 출력하기 위해서는 리눅스 시스템 프로그래밍이나 /sys/class의 가상 파일을 사용할 수 있다.

리눅스 시스템 프로그래밍으로 값을 출력하기 위해서는 라즈베리 파이에서 사용하는 메모리 맵 입출력이나 GPIO에 대한 메모리 주소와 값을 설정하는 방법 등 복잡한 개념에 대한 이해가 필요한데, 이를 보다 간단하게 처리하기 위해 wiringPi 라이브러리를 사용할 수 있다. wiringPi를 사용하면 LED 출력이나 스위치로부터의 입력을 보다 쉽게 처리할 수 있다. 또한, 기본적인 센서나 스위치의 사용뿐만 아니라 DC 모터 등의 기기를 지원하기 위해 PWM 생성을 위한 기능도 지원하며, 주파수를 기본값으로 하는 사운드 출력 기능도 제공한다.

SenseHAT은 아스트로 파이 프로젝트를 위해 탄생한 보드로, 라즈베리 파이의 첫 번째 HAT (Hardware on A Top)이다. 가속도/자이로 센서, 지자계 센서, 온습도 센서, 기압 센서 등의 다양한 센서와 조이스틱의 입력 장치, 그리고 8×8 LED 매트릭스 등 다양한 센서와 입출력 장치를 탑재하고 있다. 라즈베리 파이와는 I^2C를 이용해서 통신하는데, 이를 위해 각 장치의 레지스터와 값을 설정하는 방법에 대해 알아야 한다.

## CHAPTER 3

연습문제

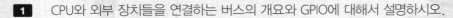

1 CPU와 외부 장치들을 연결하는 버스의 개요와 GPIO에 대해서 설명하시오.

2 라즈베리 파이의 각 모델들의 포트 수와 GPIO에 대해서 설명하시오.

3 fritzing 소프트웨어 등의 스케치 프로그램을 이용하는 장점에 대해서 설명하시오.

4 LED를 라즈베리 파이의 GPIO에 연결하는 과정에 대해서 설명하시오.

5 전자 회로에서 LED를 사용할 때 저항을 사용하는 이유는 무엇인지 설명하시오.

6 음악에서 사용하는 계이름과 주파수의 관계에 대해서 설명하시오.

7 빛을 감지하기 위한 센서는 무엇인지 설명하고, 라즈베리 파이에서 이러한 센서를 사용하기 위한 방법을 설명하시오.

8 SenseHAT에서 8×8 LED 매트릭스를 위해 사용하는 디바이스 파일은 무엇인가?

9 SenseHAT에 있는 기압 센서를 설정하는 방법에 대해 간략하게 설명하시오.

10 가속도 센서와 자이로 센서의 차이점은 무엇인가?

II

리눅스
기본 프로그래밍

리눅스는 유닉스라면 반드시 지켜야 할 표준인 단일 유닉스 규격(Single UNIX Spec)을 준수한다. 단일 유닉스 규격 표준은 서로 다른 유닉스 사이에 공통으로 사용하는 API를 정의해놓은 것으로 SUS를 준수하는 애플리케이션은 여러 유닉스 시스템에서 사용할 수 있다. 단일 유닉스 규격은 이러한 API뿐만 아니라 2장에서 살펴본 유닉스 시스템의 기본적인 환경, 유틸리티, 디렉터리 등의 아주 다양한 분야에 대한 표준이다. 그리고 유닉스의 커널은 기본적으로 C 언어를 기반으로 하므로 C의 ANSI/ISO 표준을 준수해야 한다.

2부에서는 리눅스 시스템 프로그래밍과 HTTP 기반의 원격 통신 서버를 만드는 데 필요한 내용들을 살펴본다. 기본적인 유닉스 시스템 프로그래밍을 할 수 있는 시스템 호출에 대해 알아보고, BSD 유닉스에서 도입되었던 네트워크 통신을 할 수 있는 BSD 소켓을 이용한 네트워크 프로그래밍에 대해 알아본다. 단일 유닉스 규격은 지원하는 유닉스의 시스템 호출을 통해 리눅스 시스템 프로그래밍에 한걸음 다가설 수 있을 것이고, 리눅스 네트워크 프로그래밍을 통해 사물인터넷 시대의 모든 디바이스들을 네트워크로 연결할 수 있는 능력을 갖추게 될 것이다.

PART II의 구성

2부에서는 리눅스의 구조와 리눅스 시스템 프로그래밍을 위한 시스템 호출에 대해서 설명하고, 네트워크의 기초와 리눅스 네트워크 프로그래밍에 대해서 설명한다. 1부와 마찬가지로 세 개 장으로 구성된다.

CHAPTER 4 ## 리눅스 프로그래밍의 기초

4.1 리눅스의 기본 구조와 파일 시스템
4.2 파일 처리와 표준 입출력
4.3 파일 정보와 권한
4.4 디렉터리와 시간 처리
4.5 리눅스 시스템 프로그래밍과 라즈베리 파이의 제어

4장에서는 리눅스의 기본적인 구조와 시스템 호출의 개요, 그리고 단일 유닉스 규격에서 제공하는 파일 입출력을 위한 시스템 호출과 유닉스에서 보안을 위해 사용하는 접근 권한 및 디렉터리, 시간의 처리 방법 등 리눅스 기본 시스템 프로그래밍을 위한 내용을 살펴본다.

CHAPTER 5 ## 프로세스와 스레드: 다중 처리

5.1 프로세스와 시그널
5.2 멀티 프로세스와 다중 처리 프로그래밍
5.3 프로세스 간 통신
5.4 POSIX 스레드와 동기화
5.5 다중 처리와 라즈베리 파이의 제어

프로세스는 실행 중인 프로그램을 의미하는데, 일을 하는 하나의 단위이다. 스마트폰이나 컴퓨터를 사용할 때 음악을 들으면서 프린트를 하는 등 여러 일을 동시에 진행할 수 있다. 이를 다중 처리라고 하는데, 이번 장에서는 다중 처리 프로그래밍을 위한 방법들에 대해 알아본다. 우선, 리눅스에서 기본적으로 제공하는 fork( ), exec( ) 등의 시스템 호출을 이용한 멀티 프로세스 기반의 멀티태스킹 프로그래밍 방법을 설명하며, 계속해서 프로세스 간 통신에 쓰이는 IPC를 사용하는 방법을 알아본다. 그리고 POSIX 스레드를 사용한 멀티스레드 프로그래밍 방법도 설명한다.

CHAPTER 6 ## 리눅스 네트워크 프로그래밍: 사물인터넷의 연결을 위한 기초

6.1 네트워크의 개요와 BSD 소켓
6.2 UDP 네트워크 프로그래밍
6.3 TCP 서버와 클라이언트 프로그래밍
6.4 HTTP와 웹 서버 프로그래밍
6.5 웹 서버와 라즈베리 파이의 제어

사물인터넷은 네트워크를 통해 사물들이 서로 연결되는 초연결의 시대를 말한다. 이러한 초연결의 바탕에는 기본적으로 네트워크 프로그래밍이 있다. 6장에서는 네트워크 프로그래밍에 필요한 기본적인 네트워크의 개요에 대해 알아보고, 리눅스에서 네트워크 프로그래밍을 위해 사용하는 소켓을 이용하는 방법에 대해 알아본다. 그리고 웹에서 사용하는 HTTP 프로토콜을 이용하여 웹 서버를 만들어보고, 웹브라우저를 통해 PC나 스마트 장비에서 라즈베리 파이에 원격으로 접속하고 제어할 수 있는 애플리케이션을 만들어보자.

4

리눅스 프로그래밍의 기초

리눅스 커널은 하드웨어를 효율적으로 관리하고 사용자에게 보다 편리한 인터페이스를 제공해준다. 또한 커널은 애플리케이션이 하드웨어와 시스템의 기능을 사용할 수 있도록 시스템 호출이라는 인터페이스를 제공한다.[1] 개발자는 이러한 시스템 호출을 이용해서 애플리케이션을 프로그래밍할 수 있다.

리눅스에서 디바이스, 디렉터리, 명명된 파이프(named pipe), 소켓 등의 입출력에 필요한 기본 디바이스들은 파일로 취급된다. 이러한 파일들을 다루기 위해서는 파일 처리와 관련된 시스템 호출에 대한 이해가 필수다.

리눅스에서 파일들은 디렉터리 안에 위치하고, 커널 내부의 자료 구조인 아이노드 테이블에 의해 관리된다. ls 명령어를 이용해서 파일 시스템에 대한 정보를 볼 수 있는데, 리눅스에서는 이러한 정보를 사용할 수 있도록 다양한 시스템 호출을 제공한다.

리눅스 시스템은 파일 권한을 이용해서 보안 기능을 제공한다. 파일 권한은 사용자, 그룹, 다른 사람의 읽기, 쓰기, 실행으로 구분되는데, 리눅스에서는 이러한 파일의 권한과 디렉터리 조작과 함께 시간 처리 등의 시스템 호출도 제공한다. 이번 장에서는 이러한 기본적인 리눅스의 시스템 호출에 대해 알아보도록 하자.

4.1 리눅스의 기본 구조와 파일 시스템

4.1.1 리눅스 시스템의 구조

리눅스의 주요 기능은 2장에서 설명한 것처럼 커널을 통해 관리되고 제공된다. 커널은 운영체제의 핵심으로 컴퓨터 시스템의 전반적인 운영과 관리를 담당하며, 사용자에게는 편의성을 제공하고 하드웨어 관리의 효율성을 보장한다.

---

[1] 유닉스의 시스템 호출에 대해 자세히 알고 싶다면 다음 링크를 참고하길 바란다.
http://www.di.uevora.pt/~lmr/syscalls.html

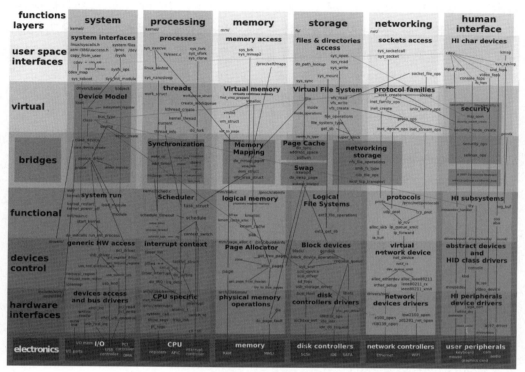

그림 4-1 리눅스 커널 맵

리눅스 커널은 프로세스, 메모리, 파일, 입출력 등의 자원들을 관리한다. 또한, 시스템 보호를 위해 사용자와 시스템의 영역을 서로 나눠 관리하는 역할도 하는데, 여러 애플리케이션으로부터 운영체제를 보호하고, 시스템마다 각각 권한을 부여해서 다른 사용자들이 시스템을 잘못 사용하지 않도록 보안 기능을 제공하고 있다.

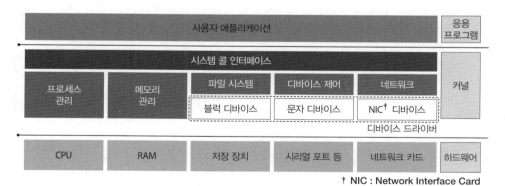

† NIC : Network Interface Card

그림 4-2 리눅스 커널의 블록도(Monolithic Kernel)

커널은 시스템과 사용자 영역의 프로세스가 상호작용할 수 있는 인터페이스를 제공하여, 애플리케이션들이 컴퓨터 하드웨어나 시스템을 다룰 수 있는 보다 효율적인 애플리케이션 프로그래밍 환경을 지원한다. 또한, 단일 유닉스 규격(SUS)을 준수함으로써 다른 유닉스와 같은 표준화된 시스템 호출(애플리케이션 프로그래밍) 인터페이스를 제공하고 있는데, 시스템 호출을 이용하여 프로세스 제어, 파일 조작, 디바이스 관리, 시스템 정보 관리, 통신 등의 기능을 수행한다.

리눅스는 커널 모드와 유저 모드[2]로 동작한다. 유저 모드는 프로세스가 동작하는 구역으로 유저 모드의 프로세스는 커널 모드로 직접 접근할 수 없다. 애플리케이션이 시스템 호출을 수행하면 유저모드로 실행되고, 커널이 해당 명령을 수행하면서 커널 모드로의 전환이 일어난다. 일반적으로 유저 모드에서는 시스템의 메모리에 접근하거나 하드웨어 같은 중요 장치를 사용할 수 없다. 이러한 디바이스의 사용이 필요한 경우에만 커널 모드[3]로 동작하도록 해서 시스템을 보호하고 있다.

4.1.2 리눅스 파일 시스템

운영체제에서는 커널 프로그램과 유틸리티 등 다양한 시스템의 실행과 관련된 시스템 파일들을 제공한다. 그리고 사용자 데이터의 저장을 위해서도 파일을 사용하는데, 이러한 파일들은 파일 시스템으로 관리된다. 파일 시스템은 파일의 저장, 삭제, 읽기 등의 파일 관리 기능과 파일에 대한 접근 제어(보호) 기능을 제공한다.

윈도우에서는 FAT32나 NTFS 같은 파일 시스템을 사용하고, 리눅스에서는 EXT2, EXT3, EXT4 등의 파일 시스템을 사용한다. EXT2는 리눅스 커널 초기부터 사용되었던 리눅스 기본 파일 시스템이고, EXT3는 EXT2에 쉬운 복구를 위한 저널링(journaling) 기능이 추가된 파일 시스템이다.

유닉스에서는 디스크, 터미널, 사운드 카드 등 모든 주변 장치들을 하나의 파일로 취급한다. 유닉스 파일 시스템에서는 다양한 파일들을 제공하는데, 각각의 기능에 따라 다음과 같이 구분할 수 있다.

---

2 사용자 모드라고도 부른다.
3 이때 CPU는 특권 레벨(privilege level)로 동작한다.

표 4-1 유닉스의 파일 시스템 구성 요소

파일	내용
루트 파일 시스템 (Root File System)	시스템 프로그램과 디렉터리들이 포함된 시스템 초기화 및 관리에 필요한 내용을 담고 있어 부팅에 꼭 필요한 파일 시스템이다. 하드디스크에 적어도 하나의 파일 시스템이 존재한다.
일반 파일 (Regular File)	수행 가능한 프로그램 파일이나 원시 프로그램, 파일 텍스트 파일[†], 데이터 파일 등 컴퓨터에 의해 처리될 수 있는 파일들이 저장된다.
디렉터리 파일 (Directory File)	다른 파일과 디렉터리에 관한 정보를 저장하는 논리적인 단위이며 계층 구조로 구성되는데, 파일명과 아이노드[††] 번호를 연결한다.
특수 파일 (Special File)	디바이스들을 위한 파일이며 디바이스에 접근하기 위해 사용되는데, 명명된 파이프(named pipe) 파일, 심볼릭 링크 파일[⚹], 디바이스 파일[‡‡] 등이 있다.

†   ASCII 코드처럼 문자 코드로 구성된 파일로, 일반적으로 MS 윈도우에서는 문자형(ASCII) 파일과 바이너리 파일을 따로 취급하지만 리눅스 커널에서는 이러한 파일들을 모두 동등하게 취급한다.
††   아이노드(inode)는 유닉스의 파일 시스템에서 사용되는 자료 구조로 실제 파일에 대한 정보를 가지고 있다.
⚹   MS 윈도우의 바로가기 기능처럼 다른 파일과 연결해주는 기능을 가진 파일이다.
‡‡   리눅스는 디바이스도 파일로 관리하므로 디바이스 파일을 통해서 디바이스에 접근하고 제어할 수 있다.

리눅스에서는 다양한 파일 시스템들을 하나의 파일 시스템처럼 사용할 수 있도록 가상 파일 시스템이라는 구조를 사용한다. 가상 파일 시스템은 모든 파일 시스템을 하나의 파일 시스템으로 보이게 하는 레이어다. 파일이나 디렉터리, 디바이스 등을 파일로 취급할 수 있기 때문에 파일 처리를 위한 시스템 호출을 이용하여 조작할 수 있다는 장점을 제공한다.

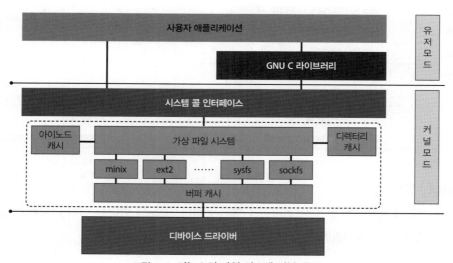

그림 4-3 리눅스의 파일 시스템 기본 구조

가상 파일 시스템은 리눅스 커널의 특징 중 하나이며, 기존의 유닉스 시스템이 특정 파일 시스템만을 지원하던 것에 비해 리눅스 커널은 비교적 초창기부터 가상 파일 시스템을 지원했다.

4.2 파일 처리와 표준 입출력

유닉스에서는 디렉터리나 디바이스들도 파일로 취급되기 때문에 파일 처리에 대한 기본 지식을 잘 익혀두어야 한다. 유닉스는 단일 유닉스 규격(SUS)을 기반으로 파일의 열기/생성, 읽기, 쓰기, 닫기, 설정 등의 다섯 가지 중요한 조작(File Operation)을 위해 open( ), read( ), write( ), close( ), fcntl( )/ioctl( )[4] 함수와 같은 중요한 시스템 호출을 제공한다.

4.2.1 저수준 파일 입출력

리눅스에서는 단일 유닉스 규격(SUS)을 기반으로 하는 파일 시스템을 다루기 위한 다양한 함수들을 제공한다.

표 4-2 리눅스 저수준 파일 관련 함수

함수	내용	비고
open( )	파일을 읽거나 쓰기 위해 열거나 생성한다.	
creat( )	비어 있는 파일을 생성한다.	open( ) 함수로 대체 가능
close( )	열려 있는 파일을 닫는다.	
read( )	열려 있는 파일로부터 데이터를 읽어온다.	
write( )	열려 있는 파일에 데이터를 저장한다.	
lseek( )	파일 포인터를 특정 위치로 이동한다.	
unlink( )	파일을 삭제한다.	
remove( )	파일이나 디렉터리를 삭제한다.	
fcntl( )	파일과 관련되어 있는 속성을 설정하거나 조정한다.	ioctl( )
dup( )	파일 디스크립터를 복제한다.	dup2( )
sync( )	변경된 캐쉬(cache/buffer)를 바로 비운다/출력한다.	fsync( )과 fdatasync( )

■ open( ) 함수

파일을 조작하기 위해서는 먼저 해당 파일을 열어야 한다. open( ) 함수는 이미 존재하고 있는 파일을 열 수 있을 뿐만 아니라 파일이 없는 경우에는 새롭게 생성할 수 있다.

```
#include <sys/types.h>
#include <sys/stat.h>
#include <fcntl.h>

int open(const char *path, int flags, /*, mode_t  mode */);
```

---

[4]   초기에는 fcntl( ) 함수를 사용했지만 유닉스 버전 7부터 I/O 제어를 위해 ioctl( ) 함수를 추가했다.

open( ) 함수의 첫 번째 인자(argument)인 path에는 열 파일의 경로(Path)를 지정하는데 절대 경로 혹은 상대 경로를 사용할 수 있다. 두 번째 인자(flags)에는 파일을 열 때 사용할 수 있는 플래그 값을 명시한다. 아래의 플래그 값들은 <fcntl.h> 파일에 정의되어 있다.

표 4-3 **open( ) 함수의 플래그**

플래그	내용	비고
O_RDONLY	읽기 전용	0
O_WRONLY	쓰기 전용	1
O_RDWR	읽기/쓰기 모두 가능	2
O_APPEND	쓰기 작업 수행 시 파일의 끝에 새로운 내용을 추가한다.	
O_CREAT	파일이 없을 경우 파일을 생성한다.	3번째 인자 사용
O_EXCL	파일이 있는 경우에 에러를 발생시킨다.	O_CREAT와 함께 사용
O_TRUNC	기존의 파일의 내용이 있으면 지운다.	
O_NONBLOCK	논블로킹(Non-blocking) 모드[†]로 전환한다.	
O_SYNC	쓰기 연산마다 버퍼[††]를 이용하지 않고, 변경된 내용을 바로 디스크에 저장한다.	

[†] 블로킹은 함수가 실행될 때까지 대기하고 있어야 하지만, 논블로킹의 경우에는 함수를 실행할 수 없어도 다음으로 넘어갈 수 있다.

[††] 표준 입출력(Standard I/O)에서는 일반적으로 CPU나 메모리에 비해 하드디스크 같은 외부 저장 공간의 속도가 매우 느리기 때문에 변경 사항이 발생하면 디스크로 바로 저장하지 않고 메모리의 버퍼를 사용하였다가 버퍼가 차면 한꺼번에 파일로 저장하는 방식을 사용한다. 컴퓨터 메모리 버퍼의 내용을 저장하기 전에 컴퓨터가 꺼지거나 다른 문제가 발생하면 변경된 사항이 디스크에 반영되지 않는 문제가 발생할 수 있고 버퍼가 매우 큰 경우 응답이 늦을 수 있다.

파일을 열 때는 읽기 전용, 쓰기 전용, 읽기/쓰기 모두 가능 중에서 한 가지로 설정할 수 있으며, 나머지 플래그 값들은 파이프 기호(|)[5]와 함께 사용할 수 있다.

세 번째 인자(mode)는 생략 가능한 인자로, 파일 생성 시에 접근 권한을 설정할 수 있다. 접근 권한(Permission)은 유닉스에서 파일을 보호하기 위해 사용하며, 파일의 소유자(Owner), 소유자가 속한 그룹(Group), 그리고 다른 사람(Other)을 위한 권한을 각각 설정할 수 있다. 일반적으로 umask 값과 이 값을 연산해서 접근 권한을 설정한다. 파일의 접근 권한에 대해서는 뒤에서 보다 자세히 설명하도록 하겠다.

---

5   파이프 기호는 '또는'이나 '논리합(OR)'을 의미하는 논리적 표현이다.

표 4-4 파일의 접근 권한

플래그	내용	값
S_IRWXU	파일의 소유자에게 읽고, 쓰고, 실행하는 모든 권한을 부여한다.	00700
S_IRUSR	파일의 소유자에게 읽기 권한을 부여한다.	00400
S_IWUSR	파일의 소유자에게 쓰기 권한을 부여한다.	00200
S_IXUSR	파일의 소유자에게 실행 권한을 부여한다.	00100
S_IRWXG	소유자가 속한 그룹에 읽고, 쓰고, 실행하는 모든 권한을 부여한다.	00070
S_IRGRP	소유자가 속한 그룹에 읽기 권한을 부여한다.	00040
S_IWGRP	소유자가 속한 그룹에 쓰기 권한을 부여한다.	00020
S_IXGRP	소유자가 속한 그룹에 실행 권한을 부여한다.	00010
S_IRWXO	다른 사람에게 읽고, 쓰고, 실행하는 모든 권한을 부여한다.	00007
S_IROTH	다른 사람에게 읽기 권한을 부여한다.	00004
S_IWOTH	다른 사람에게 쓰기 권한을 부여한다.	00002
S_IXOTH	다른 사람에게 실행 권한을 부여한다.	00001

파일 열기에 성공하면 정수형의 0보다 큰 파일 디스크립터의 번호를 반환하고 실패하면 –1을 반환한다.

깊게 보기 파일 디스크립터 테이블

프로그램이 실행되면 프로세스가 생성된다. 프로세스는 실행 중인 프로그램을 의미하는데, 프로세스 컨트롤 블록(PCB, Process Control Block)이라는 자료형에 프로세스의 실행과 관련된 정보를 저장한다. 프로세스 컨트롤 블록에는 현재 프로세스에서 사용하고 있는 파일에 대한 정보도 들어 있다.

리눅스에서 실행되는 모든 프로세스는 프로세스 디스크립터 테이블을 가지며, 이 테이블 안에는 현재 프로세스에서 사용하는 파일들에 대한 정보를 가진 파일 디스크립터 테이블이 있다.

프로그램이 실행되면 기본적으로 콘솔(console)과 관련된 표준 입력(stdin), 표준 출력(stdout), 표준 에러(stderr)의 세 가지 파일을 자동으로 연다. 일반적으로 표준 입력은 키보드와 연결되어 있는데 사용자의 입력을 받고, 표준 출력과 표준 에러는 모니터에 연결되어 있는데 메시지를 사용자에게 출력한다. C 언어의 표준 입출력 라이브러리에서는 표준 입력, 표준 출력, 표준 에러를 scanf( ) 함수, printf( ) 함수, perror( )와 같은 함수들이 각각 담당한다.[6]

파일 디스크립터 테이블에서는 현재 프로세스에서 사용하고 있는 파일들을 정수형으로 관리한다. 표준 입력(stdin)은 0번을 사용하고, 표준 출력(stdout)은 1번, 표준 에러(stderr)는 2번을 사용하는데, 이 번호는 프로세스 생성 시 자동으로 할당받는다. 그리고 open( ) 함수의 반환값으로는 int 형의 변수가 사용된다. 즉, 프로세스에서 새로운 파일을 열면 정수형의 번호를 반환받는데, 파일 디스크립터 테이블에 할당된 번호(0, 1, 2)의 다음 번호인 3번을 할당받는다.

---

6   C 언어의 표준 라이브러리 헤더 파일인 <stdio.h>에 정의되어 있다.

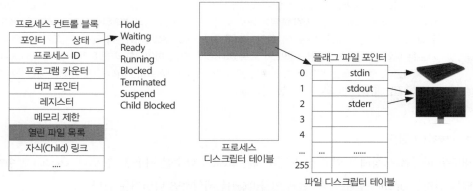

그림 4-4 PCB와 파일 디스크립터 테이블

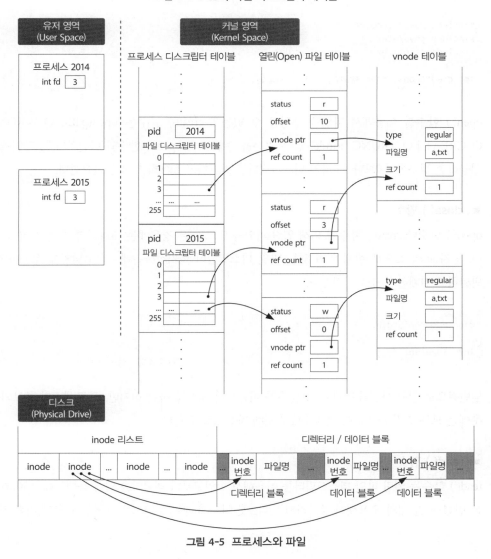

그림 4-5 프로세스와 파일

리눅스 커널 내부에서는 현재 열려 있는 파일에 대한 오픈 파일 테이블(Open-file table)을 별도로 관리하는데, 이는 각 프로세스마다 지금 열린 파일에 대해 읽거나 쓸 위치를 지정하기 위한 오프셋(Offset)을 별도로 유지한다. 오프셋은 양의 값을 가지는데, 파일이 처음 열릴 때 0으로 초기화된다. 같은 파일을 여러 번 여는 경우 새로운 파일 테이블을 할당받고 별도의 오프셋(offset)을 갖고, 아이노드의 참조 계수(Reference count)도 하나씩 증가한다. 열 수 있는 파일의 최대 수는 운영체제에 따라 다르지만 어느 숫자 이하로 제한되어 있으므로 사용이 끝난 파일은 반드시 닫아주는 것이 좋다.

■ creat( ) 함수

새로운 파일을 생성해서 열고 싶은 경우에는 creat( ) 함수를 사용할 수 있다. creat( ) 함수에 사용되는 인자는 open( ) 함수의 두 번째 인자(flags)를 제외하면 나머지는 같다.

```
#include <sys/types.h>
#include <sys/stat.h>
#include <fcntl.h>

int creat(const char *path, mode_t mode);
```

open( ) 함수를 이용해서 파일을 생성할 수 있는데 creat( ) 함수는 'open(path, O_WRONLY | O_CREAT | O_TRUNC, mode)' 같은 기능을 수행한다. open( ) 함수와 마찬가지로, 파일 열기에 성공하면 정수형의 0보다 큰 파일 디스크립터를 반환하고 실패하면 –1을 반환한다.

■ close( ) 함수

open( ) 함수나 creat( ) 함수에 의해 열린 파일을 닫고 싶은 경우에는 close( ) 함수를 사용할 수 있다. 인자(fd)의 값으로 현재 열려 있는 파일 디스크립터를 지정하는데, 파일 닫기에 성공하면 0을 반환하고 실패하면 –1을 반환한다.

```
#include <unistd.h>

int close(int fd);
```

일반적으로 열린 파일들은 close( ) 함수를 이용해서 직접 닫아야 하지만, 프로세스가 종료되는 경우에는 모든 열린 파일들이 운영체제에 의해 자동으로 닫힌다.

■ read( ) 함수

read( ) 함수는 열린 파일 디스크립터를 이용해서 파일로부터 데이터를 읽어 들이는데, 데이터를 읽은 만큼 파일 내의 오프셋이 증가하게 된다. 첫 인자(fd)에는 읽고 싶은 파일 디스크립터를 사용하고, 두 번째 인자(buf)에 읽어 들인 데이터를 저장하는 버퍼의 포인터형 변수를 사용하며, 마지막 세 번째 인자(count)에는 한 번에 읽어 들일 데이터의 최대 바이트의 수를 지정한다.

```
#include <unistd.h>

ssize_t read(int fd, void *buf, size_t count);
```

read( ) 함수에서 데이터를 읽어 들일 수 있으면 버퍼로 읽어 들인 데이터의 바이트 수를 반환하며, 파일의 끝을 만나면 0을 반환하고 데이터 읽기에 실패하면 -1을 반환한다. read( ) 함수의 제일 마지막 인자와 파일에서 읽어 들인 데이터의 수가 같다면 성공한 것이다. 만약, 읽어 들인 데이터가 지정한 바이트의 수보다 적은 경우에는 여러 가지를 고려해볼 수 있다. 일반 파일은 파일의 끝에 도달해서 더 이상 읽을 데이터가 없는 상황이고, 디바이스 파일은 경우에 따라 다른 처리가 필요할 수 있다.

- **write( ) 함수**

write( ) 함수는 열린 파일 디스크립터를 이용해서 파일에 데이터를 쓰며, 데이터를 쓴 만큼 파일 내의 오프셋이 증가한다. 첫 번째 인자(fd)에는 쓰고 싶은 파일 디스크립터를 사용하고, 두 번째 인자(buf)에 쓸 데이터가 있는 버퍼의 포인터형 변수를 지정하며, 세 번째 인자(count)에는 한 번에 쓸 데이터의 최대 바이트의 수를 지정한다.

```
#include <unistd.h>

ssize_t write(int fd, const void *buf, size_t count);
```

write( ) 함수의 실행에 성공하면 쓴 데이터의 바이트 수가 반환되고, 실패하면 -1을 반환한다. 파일 시스템이 가득 차 있거나 파일 크기가 한계 값을 초과하면 에러가 발생할 수 있다.

> **깊게 보기** ● **write( ) 함수와 블록 상태**
> 일반 파일이 아닌 파이프, 특수 파일, 소켓과 같은 파일에 write( ) 함수를 사용할 경우 블록(Block)될 수도 있다. 블록된 상태에서 시그널이 발생하면 write( ) 함수가 블록 상태에서 해제되고 -1을 리턴하며 끝낸다. 이때 에러를 판단하는 데 사용되는 변수인 errno 값은 EINTR로 설정된다.

- **lseek( ) 함수**

lseek( ) 함수는 열린 파일에서 조작(읽기나 쓰기 등)을 원하는 위치로 파일 내의 오프셋을 이동시킨다.

```
#include <unistd.h>
#include <sys/types.h>

off_t lseek(int fd, off_t offset, int whence);
```

첫 번째 인자(fd)에는 쓰고 싶은 파일 디스크립터를 사용하고, 두 번째 인자(offset)에 이동시키고 싶은 기준점에서의 상대적인 거리를 바이트 단위로 지정하며, 마지막 인자(whence)에는 기준점을 지정한다. 기준점으로는 표 4-5의 값들을 사용할 수 있다.

표 4-5 **whence의 값**

인자	내용	offset의 값
SEEK_SET	파일의 첫 부분에서부터의 상대적인 거리	양수 또는 0
SEEK_CUR	파일의 현재 오프셋으로부터의 상대적인 거리	양수 또는 음수
SEEK_END	파일의 마지막에서부터의 상대적인 거리	음수 또는 0

마지막 인자(whence)의 값에 따라 이동되는 상대적인 위치가 달라지는데, 파일의 처음으로 이동하고 싶은 경우 lseek(fd, 0, SEEK_SET)을 사용하고, 파일 끝으로 이동하고 싶은 경우에는 lseek(fd, 0, SEEK_END)를 사용할 수 있다. lseek( ) 함수가 성공적으로 실행되면 이동한 지점의 오프셋을 반환하고, 실패하면 –1을 반환한다.

■ **fcntl( ) 함수와 ioctl( ) 함수**

fcntl( ) 함수는 일반 파일이나 파일 디스크립터와 관련된 연산을 위해 사용되는데, 이미 열린 파일의 성질을 바꿀 수 있다. 함수가 성공적으로 호출되면 두 번째 인자(cmd)의 값에 따라 서로 다른 결과를 반환하고 실패하면 –1을 반환한다.

```
#include <unistd.h>
#include <fcntl.h>

int fcntl(int fd, int cmd, /* int arg */ … );
```

fnctl( ) 함수는 현재 파일 디스크립터의 복사, 파일 디스크립터 값 설정/획득, 파일의 상태 플래그 값 설정/획득, 비동기 입출력 소유권 설정/획득, 레코드 잠금 설정/획득 등의 다양한 기능을 제공한다.

표 4-6 fcntl( ) 함수의 옵션

옵션	내용	비고
F_DUPFD	파일 디스크립터를 복제할 때 사용되며, 세 번째 인수보다 크거나 같은 값 중에 가장 작은 미사용 값을 반환한다.	
F_GETFD	파일 디스크립터의 플래그를 반환한다.	FD_CLOEXEC
F_SETFD	파일 디스크립터의 플래그를 설정한다.	
F_GETFL	파일 테이블에 저장되어 있는 파일 상태 플래그를 반환한다.	
F_SETFL	파일 상태 플래그를 설정(O_APPEND, O_NONBLOCK, O_SYNC 등)한다.	
F_GETOWN	SIGIO, SIGURG 시그널을 받는 프로세스 ID와 프로세스 그룹 ID를 반환한다.	
F_SETOWN	SIGIO, SIGURG 시그널을 받는 프로세스 ID와 프로세스 그룹 ID를 설정한다.	

하나 이상의 프로세스가 같은 자원(파일)에 접근하려고 할 때 다른 프로세스와의 혼선을 막기 위해 파일 잠금이 필요하다. fcntl( ) 함수를 이용해서 이러한 작업이 가능하며, 파일이 잠긴 동안 다른 프로세스는 대기하도록 할 수 있다. fcntl( ) 함수를 이용해서 파일을 잠그려면 세 번째 인자로 flock 구조체를 사용한다.

```
struct flock {
    short int l_type;      /* 잠김 타입: F_RDLCK, F_WRLCK 또는 F_UNLCK */
    short int l_whence;    /* 파일의 절대 위치 */
    off_t l_start;         /* 파일의 오프셋(offset) */
    off_t l_len;           /* 잠그려는 파일의 크기 */
    pid_t l_pid;           /* 파일을 잠그는 프로세스의 pid */
};
```

flock 구조체의 첫 번째 멤버인 l_type에는 표 4-7의 값을 사용해서 파일에 대한 잠금을 설정할 수 있다.

표 4-7 fcntl( ) 함수의 잠금 타입

인자	내용
F_SETLK	flock_t 구조체 내용에 따라 잠금을 설정하거나 해제한다.
F_SETLKW	잠금을 할 수 없으면 -1을 즉시 반환한다.
F_GETLK	잠금 설정을 확인하는데 S_SETLK와 같으나 잠금을 만들 수 없으면 대기한다. 잠금이 설정되어 있으면 l_type을 F_UNLOCK으로, l_whence를 SEEK_SET으로 설정하고 나머지 구조체 값은 변경하지 않고 전달한다.
F_RDLCK	읽기 잠금 설정
F_WRLCK	쓰기 잠금 설정
F_UNLCK	설정된 잠금 해제

fcntl( ) 함수를 이용해서 파일을 잠그려면 파일 권한에 set GID(set-group-ID)를 설정하고, 그룹 실행 (group-execute) 비트(rw-r-Sr--)를 끈다(Clear). 파일 권한에 대해서는 뒤에서 보다 자세히 살펴보겠다.

ioctl( ) 함수는 3장에서 살펴본 것과 같이 일반 파일, 파일 디스크립터, 네트워크 통신 모듈 같은 디바이스와 관련된 속성의 연산을 위해 등장하였다. ioctl( ) 함수는 디바이스를 제어하는 가장 적합한 방법으로, 명령어(cmd)와 인자(arg)를 사용해서 디바이스를 설정하거나 설정된 값을 읽어오는 데 주로 사용한다.

```
#include <sys/ioctl.h>

int ioctl(int fd, int cmd, /* int arg */ … );
```

일반적으로 ioctl( ) 함수가 성공적으로 호출되면 0이나 0보다 큰 수를 반환하고 실패하면 −1을 반환한다. ioctl( ) 함수가 입출력을 위한 제어를 위해 주로 사용하는 것만 제외하면 기본적인 것은 fcntl( ) 함수와 같다.

> **따라하기** ➡ 이제 위의 함수들을 이용해서 하나의 파일의 내용을 다음 파일로 복사하는 코드를 작성해보도록 하자. 애플리케이션을 실행하면 명령행 인수로 2개의 파일명을 입력받고 2개의 파일을 열거나 생성한 후 첫 번째 파일에서 데이터를 읽어서 두 번째 파일로 쓰면 된다.
>
> 출력을 할 때 C 언어에서 표준 입출력 라이브러리를 이용하는 경우에 printf( ) 함수[7]를 사용할 수 있겠지만, 저수준 입출력만을 이용하는 경우에는 write( ) 함수를 사용한다. 그림 4-4를 보면 에러를 출력하고 싶은 경우에 모니터와 연결된 표준 에러가 2번이므로 write( ) 시 첫 번째 인자의 값을 '2'로 지정해서 stderr로 에러를 출력할 수 있다.
>
> 코드 4-1 **copy.c**
>
> ```
> #include <unistd.h>        /* 유닉스 표준(UNIX Standard) 시스템 콜을 위한 헤더 파일 */
> #include <fcntl.h>
> #include <stdio.h>         /* perror() 함수 */
> #include <sys/stat.h>
> #include <sys/types.h>
>
> int main(int argc, char **argv)
> {
>     int n, in, out;
>     char buf[1024];
>     /* 명령행 인수로 복사할 파일명이 없는 경우에 에러를 출력하고 종료한다. */
>     if (argc < 3) {
>         write(2, "Usage : copy file1 file2\n", 25);
>         return -1;
> ```

---

7   printf( ) 함수는 메시지를 표준 출력(stdout)으로 출력하며, 표준 에러로 출력하기 위한 표준 입출력 함수는 perror( ) 함수이다.

```
    }

    /* 복사의 원본이 되는 파일을 읽기 모드로 연다. */
    if ((in = open(argv[1], O_RDONLY)) < 0) {
        perror(argv[1]);
        return -1;
    }

    /* 복사할 결과 파일을 쓰기 모드(새로운 파일 생성 | 기존에 파일 내용 지움)로 연다. */
    if ((out = open(argv[2], O_WRONLY|O_CREAT|O_TRUNC, S_IRUSR|S_IWUSR)) < 0) {
        perror(argv[2]);
        return -1;
    }

    /* 원본 파일의 내용을 읽어서 복사할 파일에 쓴다. */
    while ((n = read(in, buf, sizeof(buf))) > 0)
        write(out, buf, n);

    /* 열린 파일들을 닫는다. */
    close(out);
    close(in);

    /* 프로그램의 정상 종료 시 0을 반환한다. */
    return 0;
}
```

두 개의 파일을 open( ) 함수를 이용해서 따로 연다. 읽어 들일 파일은 O_RDONLY 옵션을 사용하였고, 쓸 파일은 O_WRONLY로 열었다. 쓸 파일의 경우에는 파일이 없는 경우도 있기 때문에 파일을 새로 생성할 수 있도록 O_CREAT를 사용하였고, 기존의 파일이 있는 경우에는 기존에 내용을 추가하는 것이 아니라 새로운 내용으로 덮어써야 하기 때문에 O_TRUNC를 사용한다. 마지막으로 새로 만든 파일의 접근 권한을 설정하였다.

첫 번째 파일에서 read( ) 함수를 이용해서 데이터를 읽고, 두 번째 파일에는 write( ) 함수를 이용해서 읽은 데이터를 쓰는데, 파일의 끝까지 작업을 반복한다. 복사 작업이 완료되면 close( ) 함수를 이용해서 두 개의 파일을 모두 닫는다.

```
pi@raspberrypi:~ $ gcc -o copy copy.c
pi@raspberrypi:~ $ ./copy copy.c copy1.c
pi@raspberrypi:~ $ ls -al copy*.c
-rw------- 1 pi pi 1209 Jan  4 08:06 copy1.c
-rw-r--r-- 1 pi pi 1209 Jan  4 08:06 copy.c
```

위의 파일을 실행해보면 복사된 파일이 생성되어 있는 것을 확인할 수 있다. 쓰기 파일의 생성 권한을 사용자 읽기와 사용자 쓰기로만 설정해두었기 때문에 ls 명령어를 수행해보면 다음과 같이 권한이 설정되어 있는 것을 확인할 수 있는데, 파일 권한에 대해서는 뒤에서 살펴본다.

4.2.2 표준 입출력 라이브러리

유닉스가 본격적으로 개발되었던 1960년대 말이나 1970년대에는 자기테이프나 천공 테이프, 자기 드럼 메모리가 외부 저장장치로 주로 사용되었으며, 하드디스크 드라이브와 플로피 디스크가 처음으로 등장했다.

그림 4-6 유닉스를 개발했던 PDP-11과 자기테이프

유닉스가 개발되었던 PDP-11 머신[8]에서는 초기에 출력 장치로 모니터 대신 프린터가 사용되고 저장 장치로는 자기 테이프[9]가 사용되었는데 입출력 속도가 너무 느렸다.[10] 이러한 디바이스에서 데이터를 저장하거나 출력하면 입출력 시간 때문에 프로그램이 멈춰 있는 시간이 너무 길어졌다.

이러한 문제점을 해결하기 위해 등장한 것이 표준 입출력 라이브러리(Standard Input/Ouput Library)로, 컴퓨터 외부로 출력할 때 데이터를 바로 출력하지 않고 버퍼(컴퓨터 메모리를 이용)에 저장하는데, 버퍼가 가득 차거나 일정 시간이 지나면 출력한다. 또한 입출력 코드를 분리하여 같은 자료를 여러 번 요청하면 입출력 장치에서 다시 읽지 않고 버퍼에 있는 내용을 반환하도록 작성되어 있다. 이 라이브러리는 C 언어의 전신인 B 언어[11]에서도 제공되었다.

이러한 표준 입출력 라이브러리에 여러 표준 함수들을 추가한 것이 C 표준 라이브러리(C standard library)인데, 여러 헤더 파일과 라이브러리 루틴이 모여 있는 것으로 C 프로그래밍 언어에서 입출력과 문자열 처리 작업에 사용한다.[12]

C 표준 라이브러리에서 파일의 입출력에 스트림(Stream)을 사용할 수 있다. 스트림이란, 사용자 프로그램과 파일 사이의 단방향의 자료 흐름으로, 표준 입출력 라이브러리를 이용하면 스트림을 통해 파일에 접근할 수 있다.

■ <stdio.h> 파일과 스트림

stdio는 Standard Input/Output의 약자로 표준 입출력을 의미한다. 앞에서 설명한 표준 입출력 라이브러리를 사용해서 입출력 작업을 할 때마다 덩어리(chunk)로 구성된 버퍼를 사용하는데, 읽기와 쓰기 작업 시 하드웨어를 보다 효율적으로 사용할 수 있다.

---

8   http://simh.trailing-edge.com/pdp11.html

9   http://en.wikipedia.org/wiki/DECtape

10 그림 2-16을 보면 유닉스를 개발했던 켄 톰프슨과 데니스 리치도 프린트 출력을 사용했음을 알 수 있다.

11 http://ko.wikipedia.org/wiki/B_(프로그래밍_언어)

12 http://ko.wikipedia.org/wiki/C_표준_라이브러리

<stdio.h>[13] 헤더 파일에는 이러한 표준 입출력과 관련된 함수들이 정의되어 있고 콘솔이나 파일 등의 입출력을 위한 다양한 시스템 호출을 제공한다. 표준 입출력 함수들은 또한 출력을 형식화하고 입력을 받아들이는 기능을 제공하는데, 다음과 같이 입출력 단위를 기준으로 나눌 수 있다.

표 4-8 표준 입출력 함수[14]

구분	입력	출력
문자 단위 입출력 함수	getc( ), fgetc( ) 등	putc( ), fputc( ) 등
줄 단위 입출력 함수	gets( ), fgets( ) 등	puts( ), fputs( ) 등
버퍼 기반의 입출력 함수	fread( ) 등	fwrite( ) 등
형식화된 입출력 함수	scanf( ), fscanf( ) 등	printf( ), fprintf( ) 등

<stdio.h> 파일은 표준 입출력 함수들과 함께, 파일의 끝을 의미하는 'EOF'(End Of File), 널 포인터를 의미하는 'NULL' 그리고 표준 입출력 시 사용되는 최적의 버퍼 크기를 의미하는 'BUFSIZ' 같은 매크로들도 제공한다.

C 언어에서 기본적으로 제공하는 입출력 스트림을 표준 스트림이라고 하며, 표준 입출력 함수에서 데이터는 스트림으로 취급된다. 스트림은 데이터의 흐름으로 애플리케이션에서 입출력을 통해서 처리되는 데이터를 위한 추상화된 개념으로 볼 수 있다.

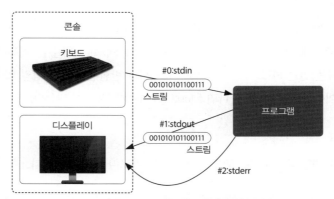

그림 4-7 스트림의 의미와 표준 입출력과 스트림

프로세스를 생성하면 자동으로 stdin(표준 입력), stdout(표준 출력), stderr(표준 에러)가 연결된다. stdin에 연결된 키보드로 데이터를 입력받고, stdout과 stderr에 연결된 모니터로 출력할 수 있는 이유는 키보드와 프로그램, 모니터 간의 다리 역할을 수행하는 입출력 스트림이 있기 때문이다.

---

13 http://ko.wikipedia.org/wiki/Stdio.h
14 일반적으로 유닉스 커널에서 제공하는 open( ), read( )와 같은 함수는 man 명령어의 2번 섹션을 통해서 확인할 수 있고, fopen( ), fread( )와 같이 라이브러리에서 제공하는 것은 3번 섹션을 통해서 확인할 수 있다.

■ **표준 라이브러리의 파일 입출력**

C 언어에서 스트림은 FILE 구조체라는 파일 포인터를 사용하여 조작할 수 있으며, 이 파일 포인터를 매개로 하여 파일을 조작할 수 있다. FILE 구조체는 하나의 스트림을 다루기 위한 정보를 포함하는 구조체로 <stdio.h> 파일에 정의되어 있다.

파일 스트림은 하나의 FILE 구조체로 표현되고, 이 구조체에 대한 포인터를 이용해서 해당 파일을 조작한다.

```
typedef  struct {
    int _cnt;
    unsigned char *_ptr;
    unsigned char *_base;
    unsigned char _flag;
    unsigned char _file;
} FILE;
```

FILE 구조체는 스트림을 다루기 위한 파일 디스크립터, 버퍼 공간에 대한 포인터, 버퍼 크기, 버퍼에 남아 있는 문자의 수, 에러 플래그 등의 정보를 담고 있다. 애플리케이션에서 하나의 스트림을 열 때 각 스트림과 연관된 버퍼가 하나씩 할당되며, 할당된 버퍼는 사용자 프로그램과 파일 사이의 데이터 전송을 위해 임시로 사용된다.

앞에서 저수준 입출력을 위해 open( ), read( ), write( ), close( ) 등의 함수를 이용한 것처럼 표준 라이브러리의 입출력에서도 비슷한 함수들을 제공한다. fopen( ) 함수를 이용하여 스트림을 열수 있으며, 스트림을 열면 FILE 구조체에 대한 포인터가 반환된다. 스트림의 입출력에는 fread( ), fwrite( ) 함수를 이용하고, 사용이 끝나면 fclose( ) 함수를 이용해서 닫는다.

■ **fopen( ) 함수**

fopen( ) 함수는 지정한 경로에 있는 파일의 스트림을 열고 버퍼를 할당한다.

```
#include <stdio.h>

FILE *fopen(const char *path, const char *mode);
```

첫 번째 인자(path)로 파일의 경로를 명시하고, 두 번째 인자(mode)에는 열 스트림의 형태(type)를 명시하는데, 여는 스트림의 형태에는 다음과 같은 것이 있다.

표 4-9 **fopen( ) 함수의 형태**

타입	읽기	쓰기	파일 생성[†]	open( ) 함수와 비교	비고
r	O	X	X	O_RDONLY	rb[††]
r+	O	O	X	O_RDWR	r + b / rb+
w	X	O	O	O_WRONLY | O_CREAT | **O_TRUNC**	wb
w+	O	O	O	O_RDWR | O_CREAT | **O_TRUNC**	w + b / wb+
a	X	O	O	O_WRONLY | O_CREAT | **O_APPEND**	ab
a+	O	O	O	O_RDWR | O_CREAT | **O_APPEND**	a + b / ab+

†   새로 생성되는 파일의 권한(POSIX.1): S_IRUSR | S_IWUSR | S_IRGRP | S_IWGRP | S_IROTH | S_IWOTH
††   b는 바이너리(binary)의 2진 파일을 의미하는데 리눅스에서는 일반 파일과 별 구분이 없다.

fopen( ) 함수는 내부적으로 FILE 구조체의 각 필드들을 초기화한 후에 open( ) 함수를 호출한다. 파일 열기에 성공하면 FILE 포인터를 반환하며, 실패하면 NULL 값을 반환하고 errno에 에러 정보를 설정한다.

■ **fclose( ) 함수**

fclose( ) 함수는 FILE 포인터가 가리키는 스트림과 파일을 분리한 후, 파일을 닫고 자원을 반환한다. 출력 버퍼에 있는 데이터는 스트림에 출력(저장)하고 입력 버퍼에 있는 데이터는 버린 후에 버퍼를 해제한다.

```
#include <stdio.h>

int fclose(FILE *fp);
```

fclose( ) 함수의 인자로 FILE 스트림을 사용한다. 함수의 호출에 성공하면 0을 반환하고 실패하면 EOF(-1) 값을 반환한다. 프로세스가 정상적으로 종료된 경우에는 열려 있는 모든 표준 입출력 스트림에 대해서 fclose( )의 기능을 수행한다.

■ **스트림 입출력: fread( ) 함수와 fwrite( ) 함수**

fread( )나 fwrite( ) 함수는 지정된 스트림에서 원하는 크기만큼의 데이터를 읽고 쓸 수 있는 버퍼 기반 입출력 함수이다.

```
#include <stdio.h>

size_t fread(void *ptr, size_t size, size_t nmemb, FILE *fp);
size_t fwrite(const void *ptr, size_t size, size_t nmemb, FILE *fp);
```

fread( ) 함수나 fwrite( ) 함수는 비슷한 인자를 가지고 있다. 첫 번째 인자(ptr)는 입력이나 출력을 위한 버퍼 공간이며, 두 번째 인자(size)는 입출력 데이터 하나의 크기이고, 세 번째 인자(nmemb)는 입출력을 위한 데이터의 수이다. 전체 입출력 데이터의 전체 크기는 하나의 크기와 수의 곱(size × nmemb)으로 나타낼 수 있다. 마지막 인자(fp)로 FILE 스트림을 명시한다.

함수가 성공적으로 수행되면 읽은 항목의 수를 반환하는데 항목이 없으면 0을 반환하고, 데이터를 읽기 전에 파일의 끝을 만나거나 에러가 발생하면 EOF를 반환한다. fread( ) 함수의 실행 후 반환값이 nmemb보다 작으면 에러나 파일의 끝에 도달한 것인데, 관련된 정보는 ferror( ), feof( ) 등의 함수를 통해 확인할 수 있다.

> **따라 하기** ➔ 앞에서와 같이 표준 입출력 함수를 이용해서 파일을 복사하는 코드를 작성해보자. 앞의 코드에서는 write( ) 함수와 표준 에러의 숫자 2를 이용해서 출력하였지만, 여기에서는 출력 방향을 정하는 함수인 fprintf( ) 함수와 표준 에러(strerr)를 이용해서 지정한다.[15]

코드 4-2 **fcopy.c**

```c
#include <stdio.h> /* 표준 입출력(Standard I/O) 함수를 위한 헤더 파일 */

int main(int argc, char **argv)
{
    int n;
    FILE *in, *out;
    char buf[BUFSIZ];

    /* 명령행 인수로 복사할 파일명이 없는 경우에 에러를 출력하고 종료한다. */
    if (argc != 3) {
        fprintf(stderr, "Usage: fcopy file1 file2\n");
        return -1;
    }

    /* 복사의 원본이 되는 파일을 읽기 모드로 연다. */
    if ((in = fopen(argv[1], "r")) == NULL) {
        perror(argv[1]);
        return -1;
    }

    /* 복사할 결과 파일을 쓰기 모드(새로운 파일 생성 | 기존에 파일 내용 지움)로 연다. */
    if ((out = fopen(argv[2], "w")) == NULL) {
        perror(argv[2]);
        return -1;
    }

    /* 원본 파일에서 파일 내용을 읽어서 복사할 파일에 쓴다. */
    while ((n = fread(buf, sizeof(char), BUFSIZ, in)) > 0)
        fwrite(buf, sizeof(char), n, out);

    /* 열린 파일들을 닫는다. */
    fclose(out);
    fclose(in);

    return 0;
}
```

입출력을 위한 두 개의 스트림을 fopen( ) 함수를 이용해서 각각 연다. 읽을 파일은 r 옵션을 사용하여 읽기 모드로 열었고 쓸 파일은 w 옵션을 사용하여 쓰기 모드로 열었다. fread( ) 함수를 사용하여 첫 번째 스트림으로부터 데이터를 읽고, fwrite( ) 함수를 사용하여 두 번째 스트림에 읽은 데이터를 쓴다. 이 작업을 파일의 끝에 도달할 때까지 반복한다. 복사가 완료되면 fclose( ) 함수를 이용해서 두 개의 스트림을 모두 닫는다. 위의 코드에 대한 빌드와 실행은 앞의 copy.c 코드와 같은데, 빌드해서 실행하면 동일한 결과를 볼 수 있다.

■ 스트림 오프셋

표준 입출력 라이브러리에서도 lseek( ) 함수처럼 스트림의 오프셋(Offset)을 변경하는 함수들을 제공한다.

```
#include <stdio.h>

int fseek(FILE *fp, long offset, int whence);
void rewind(FILE *fp);
```

fseek( ) 함수는 스트림의 오프셋을 변경하며 lseek( ) 함수와 비슷하다. lseek( ) 함수처럼 마지막 인자(whence)의 옵션은 SEEK_SET(처음 위치 기준), SEEK_CUR(현재의 위치를 기준), SEEK_END(파일의 끝을 기준)의 세 값을 사용할 수 있다. fseek( ) 함수 호출에 성공하면 0을 반환하고 실패하면 -1을 반환하며 errno에 관련 에러 정보를 설정한다. rewind( ) 함수는 스트림의 오프셋을 처음으로 이동시키며, 'fseek(fp, 0, SEEK_SET)'과 같다.

표준 입출력에서는 위의 두 함수에 의해서 변경된 스트림의 위치를 확인하는 함수들도 제공한다.

```
#include <stdio.h>

long ftell(FILE *fp);
int fgetpos(FILE *fp, fpos_t *pos);
int fsetpos(FILE *fp, const fpos_t *pos);
```

ftell( ) 함수는 파일의 현재 오프셋을 반환하고, fgetpos( ) 함수는 현재의 오프셋을 가져와서 두 번째 인자(pos)에 저장한다. fsetpos( ) 함수는 fp의 오프셋을 pos가 지정하는 위치에 놓는다. fgetpos( ) 함수나 fsetpos( ) 함수의 호출이 성공하면 0을 반환하고, 실패하면 0이 아닌 값을 반환한 후 errno에 현재 발생한 에러 정보를 설정한다.

■ fflush( ) 함수

표준 입출력 라이브러리는 버퍼를 이용해서 입출력을 수행하는데, 표준 입력(stdin)과 표준 출력 (stdout)은 버퍼를 사용하고, 표준 에러(stderr)는 버퍼를 사용하지 않고 즉시 출력한다. 표준 입출력 은 디바이스마다 사용하는 방식이 조금씩 다른데, 터미널 기반의 디바이스에서는 줄 단위의 버퍼를 사용하고 디스크 기반의 디바이스에서는 블록 단위의 버퍼를 사용한다.

입력과 출력의 역할이 변경될 때 버퍼의 내용을 비운다. 표준 입력(stdin)에서 읽기를 수행하면 자 동으로 표준 출력(stdout) 스트림의 내용을 비우며, fseek( ) 또는 rewind( ) 함수가 호출되면 쓰기 버 퍼를 비우고 데이터를 출력한다.

강제적으로 버퍼의 내용을 출력하고자 할 때에는 fflush( ) 함수를 사용할 수 있는데, 이 함수는 파일 스트림의 모든 데이터를 즉시 출력한다. 일반적으로 fflush( ) 함수는 출력 스트림에 대해 동 작한다.

```
#include <stdio.h>

int fflush(FILE *fp);
```

인자(fp)로 출력하고 싶은 스트림을 명시하는데, NULL을 명시하면 모든 출력 스트림에 대해 동작 한다. 함수가 성공적으로 호출되면 0을 반환하고 실패하면 EOF(-1)를 반환한다.

fclose( ) 함수는 호출될 때 내부적으로 비우기(flush) 작업을 수행하므로 별도로 fflush( )를 호출할 필요는 없다. 파일과 디렉터리 등의 정보를 모두 동기화하고 싶다면 sync( )나 fsync( ) 함수를 이용 할 수 있다.

■ 기타 스트림 함수들

구조체 전체를 읽거나 쓰기를 원할 때 표 4-8의 표준 입출력 함수를 사용할 수 있다. getc( ), putc( ) 등의 함수는 구조체 전체를 루프를 사용하여 순환하면서 한 문자씩 처리하는 방식으로 사용한 다. 반면, fgets( ), fputs( ) 등의 함수는 문자열을 처리할 수 있는데, fgets( ) 함수는 구조체 중간에 NULL이나 새 줄 문자(newline)[15]가 있으면 처리하지 못하며, fputs( ) 함수는 구조체 중간에 NULL 문자가 있으면 처리하지 못한다.

---

15 새 줄 문자는 줄바꿈을 표현하는 방법으로 시스템과 운영체제에 따라 여러 가지가 있다. 윈도우는 ASCII의 CR+LF를 사용하고 유닉 스는 LF만 사용한다.

표 4-10 **표준 라이브러리의 기타 함수**

구분	함수명	내용	헤더 파일	비고
출력	printf( )	형식 지정 문자열을 콘솔(stdout)로 출력한다.	<stdio.h>	fprintf( )
	putc( )	스트림(표준입력장치 및 파일)으로 문자를 출력한다.	<stdio.h>	fputc( )
	putchar( )	콘솔(stdout)로 문자를 출력한다.	<stdio.h>	putc( )
	putch( )	콘솔(stdout)로 문자를 출력하지만, LF(Line Feed: 새 줄 문자)를 CR(Carriage Return) + LF로 변환할 수 없다.	<conio.h>[†]	
	ungetc( )	스트림에 문자를 다시 입력으로 사용한다.	<conio.h>	
	puts( )	콘솔(stdout)로 문자열을 출력한다.	<stdio.h>	fputs( )
	sprintf( )	문자열 버퍼에 지정된 형식의 문자열을 출력한다.	<stdio.h>	
입력	scanf( )	콘솔(stdin)에서 형식에 맞게 데이터를 읽는다.	<stdio.h>	fscanf( )
	getc( )	스트림에서 문자를 입력받는다.	<stdio.h>	fgetc( )
	getchar( )	문자를 버퍼[††]에 입력받고 화면에 출력한다.	<stdio.h>	getche( )
	getch( )	문자를 입력받고 화면에 출력하지 않는다.	<conio.h>	
	gets( )[⚆†]	콘솔(stdin)로부터 문자열을 입력받는다.	<conio.h>	fgets( ), gets_s( )
	sscanf( )	문자열 버퍼에서 형식화된 데이터를 읽어온다.	<stdio.h>	
기타	freopen( )	파일 포인터가 가리키는 파일을 닫고 새로운 모드로 다시 연다.	<stdio.h>	
	fdopen( )	이미 열려 있는 파일을 스트림과 연결시킨다.	<stdio.h>	
	setbuf( )	버퍼의 관리 방법을 변경한다.	<stdio.h>	setvbuf( )
	fileno( )	스트림의 파일 번호를 반환한다.	<stdio.h>	
	ferror( )	스트림의 에러 상태를 검사한다.	<stdio.h>	
	feof( )	스트림이 끝까지 도달했는지 검사한다.	<stdio.h>	
	clearerr( )	설정된 에러 정보를 지운다.	<stdio.h>	

[†] <conio.h> 파일에서 제공되는 함수는 표준 입출력 함수는 아니다.

[††] getchar( ) 함수의 경우에 입력되는 문자가 버퍼에 저장되기 때문에 엔터 키를 누르기 전까지 수정이 가능(엔터 키를 눌러야 입력한 문자가 변수에 설정)하지만, getch( ) 함수나 getche( ) 함수는 키보드를 눌러 입력되는 문자가 바로 변수로 설정된다.

[⚆†] gets( ) 함수는 경계 검사를 하지 않기 때문에 버퍼 오버플로우 공격에 취약하다. 그래서 C11에서 제거되었는데, 대신 fgets( )나 gets_s( ) 함수를 사용하면 된다.

<stdio.h> 파일에서 제공하는 표준 함수 이외에도 파일의 크기를 바꾸는 truncate( ) 함수나 파일의 시간 정보[16]를 바꾸는 utime( ) 함수 등이 제공되고 있다.

---

16 파일은 수정 시간(파일의 내용이 마지막으로 수정된 시간), 상태 변경 시간(퍼미션 변경, 사용자 ID 변경, 링크 수 변경 등의 아이노드가 마지막으로 수정된 시간), 접근 시간(파일에 접근한 시간)의 세 가지 시간 정보를 가지고 있다.

예전에 볼랜드 C++에서 제공되었던 kbhit( ) 함수는 유닉스 표준이 아니기 때문에 리눅스에서는 사용할 수 없다. kbhit( ) 함수는 키보드의 입력을 감지하는 함수인데 유닉스에서는 fcntl( ) 함수와 터미널 제어[17]를 이용해서 이를 구현할 수 있다.

코드 4-3 **hitkey.c**

```c
#include <stdio.h>
#include <fcntl.h>
#include <unistd.h>
#include <termios.h>

/* 키보드 입력을 처리하기 위한 함수 */
int kbhit(void)
{

    struct termios oldt, newt;              /* 터미널에 대한 구조체 */
    int ch, oldf;

    tcgetattr(0, &oldt);                    /* 현재 터미널에 설정된 정보를 가져온다. */
    newt = oldt;
    newt.c_lflag &= ~(ICANON | ECHO);       /* 정규 모드 입력과 에코를 해제한다. */
    tcsetattr(0, TCSANOW, &newt);           /* 새로운 값으로 터미널을 설정한다. */
    oldf = fcntl(0, F_GETFL, 0);
    fcntl(0, F_SETFL, oldf | O_NONBLOCK);   /* 입력을 논블로킹 모드로 설정한다. */
    ch = getchar();

    tcsetattr(0, TCSANOW, &oldt);           /* 기존의 값으로 터미널의 속성을 바로 적용한다. */
    fcntl(0, F_SETFL, oldf);

    if(ch != EOF) {
        ungetc(ch, stdin);                  /* 앞에서 읽으며 꺼낸 문자를 다시 넣는다. */
        return 1;
    }

    return 0;
}

int main(int argc, char **argv)
{
    int i = 0;

    for(i = 0; ; i++) {
        if(kbhit()) {                       /* 키보드가 눌러졌는지 확인한다. */
            switch(getchar()) {             /* 문자를 읽는다. */
                case 'q':                   /* 읽은 문자가 q이면 종료한다. */
                    goto END;
                    break;
            };
        }
```

---

17 https://m.blog.naver.com/tipsware/221009514492 참고

```
        printf("%20d\t\t\r", i);          /* 현재 카운트한 숫자를 출력한다. */
        usleep(100);                      /* 100밀리초 동안 잠시 쉰다. */
    }

END:
    printf("Good Bye!\n");
    return 0;
}
```

터미널은 모니터와 키보드 같은 디바이스들을 지칭하는 말로 사용자가 키보드를 통해서 입력하면 모니터로 결과를 받아볼 수 있다. 터미널은 로컬이나 네트워크를 통해서 원격으로 연결되어 유닉스 시스템과의 대화를 위해 사용되는 디바이스로 /dev/tty라는 디바이스 파일을 사용한다.

예전에 여러 회사에서 만든 각자의 유닉스들은 다른 장비들을 사용해서 연결하였는데, 서로 간의 화면 제어가 달랐기 때문에 연결된 장비에 맞도록 터미널을 설정할 필요가 있었다. 리눅스도 이러한 터미널의 제어를 위한 여러 함수들을 제공한다.

터미널의 기본 제어에는 termios 구조체와 관련 함수들을 사용할 수 있는데, 위에서 입력되는 문자를 화면에 출력할 수 없도록 터미널 제어 함수인 tcgetattr( ) 함수와 tcsetattr( ) 함수를 이용해서 터미널에 대한 값을 가져오거나 설정한다. 터미널을 제어하기 전에 tcgetattr( ) 함수를 이용해서 현재의 속성을 저장한다.

ICANON 플래그는 정규 모드(Canonical Mode)[18]로 입력이 이루어지게 하는 속성이고, ECHO 플래그는 키보드로 입력한 내용을 모니터로 출력하도록 하는 속성이다. 여기서는 이 두 속성을 모두 꺼서 키보드로 입력한 내용을 화면에 출력되지 않도록 하였고, TCSANOW 옵션과 함께 tcsetattr( ) 함수를 호출하여 바로 터미널에 변경된 속성이 적용되도록 하였다.

getchar( ) 함수를 사용하면 키보드로 입력된 문자가 화면에 자동으로 출력되는데, 앞서 화면에 출력되지 않도록 옵션을 설정하였으므로 아무것도 출력되지 않는다. 문자를 입력받고 이전에 저장한 터미널 속성을 tcsetattr( )와 fcntl( ) 함수를 통해서 다시 설정한다. getchar( ) 함수를 통해 어떤 문자인지 검사하는데, 한번 읽은 문자는 입력 스트림에서 사라진다. 사라진 문자를 다시 읽도록 하려면 그 문자를 입력 스트림에 다시 넣어야 하는데, 이를 위해 ungetc( ) 함수를 사용할 수 있다. 이렇게 넣은 문자는 getchar( ) 함수로 다시 읽을 수 있다.

```
pi@raspberrypi:~ $ ./hitkey
Good Bye!          367
```

위의 코드를 빌드해보면 숫자가 제자리에서 증가한다. 한 줄에서만 숫자의 증가를 표시하기 위해 '\n' 대신에 '\r'을 사용하였다. 실행 중간에 'q' 키를 누르면 종료된다.

---

18 터미널은 크게 정규 모드와 비정규 모드로 나뉜다. 정규 모드는 라인 단위로 입출력이 처리되고, 비정규 모드는 바이트 단위로 입출력이 처리되어 CR, ERASE, EOF와 같은 특수 문자를 사용할 수 없다.

4.2.3 파일 조작 함수

■ 하드 링크와 심볼릭 링크

유닉스는 링크(Link)라는 개념을 지원한다. 링크는 해당 파일을 다른 것으로 연결해서 사용하는 개념으로, 유닉스에서는 하드 링크와 심볼릭(소프트) 링크를 제공한다. 하드 링크는 말 그대로 강하게 연결되어 있는 것이고, 심볼릭 링크는 약하게 연결되어 있는 것이다.

하드 링크는 하나의 파일이 두 개의 이름으로 불린다고 생각하면 이해하기 쉽다. 어떤 이름으로 파일을 수정하든 원본 파일에 접근 및 수정이 가능하다.

심볼릭 링크는 파일에 대한 간접적인 포인터로 실제 파일에 대한 경로를 저장한다. 심볼릭 링크는 윈도우의 바로가기와 비슷한 개념으로 심볼릭 링크는 원본 파일과 링크 파일이 따로 존재하므로 각각 참고할 수 있다.

하드 링크의 경우 단일 파일 시스템에서만 허용되고 디렉터리에 대한 링크는 슈퍼 유저만 수행할 수 있지만, 심볼릭 링크는 이와 관계없이 사용할 수 있다.

> **참고하기** **하드 링크와 소프트 링크**
>
> 하드 링크는 파일에 대해 같은 아이노드를 가지고 있다. 그러므로 어떤 파일로 접근하든 동일한 파일로 간주되고, 같은 아이노드 블록에서만 사용할 수 있기 때문에 단일 파일 시스템(하나의 파티션)에서만 사용이 가능하다.
>
> 반면에 심볼릭 링크는 원본 파일 위치에 대한 위치(아이노드)만을 저장하고 있기 때문에 아이노드와 데이터가 따로 존재한다.

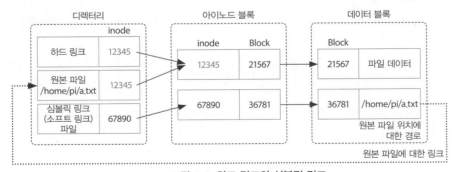

그림 4-8 하드 링크와 심볼릭 링크

유닉스의 ln 명령어는 하드 링크와 심볼릭 링크를 모두 지원한다. 심볼릭 링크를 사용하고 싶은 경우에는 '-s' 옵션을 함께 사용하면 되고, 하드 링크만 사용하고 싶은 경우에는 옵션 없이 ln 명령어만 사용하면 된다.

```
$ ln [-s] 원본_파일명 링크되는_이름
```

ln 명령어를 사용한 후 아이노드를 확인하고 싶은 경우에는 (곧 언급할) stat 명령어를 사용할 수 있지만 '$ ls -i'처럼 ls 명령어에 '-i' 옵션을 사용할 수도 있다.

```
pi@raspberrypi:~ $ touch 1.txt
pi@raspberrypi:~ $ ln 1.txt 2.txt
pi@raspberrypi:~ $ ln -s 1.txt 3.txt
pi@raspberrypi:~ $ ls -il [1-3].txt
58159 -rw-r--r--  2 pi pi 0 12  1 15:04 1.txt
58159 -rw-r--r--  2 pi pi 0 12  1 15:04 2.txt
58172 lrwxr-xr-x  1 pi pi 5 12  1 15:04 3.txt -> 1.txt
pi@raspberrypi:~ $ echo "123" >> 2.txt
pi@raspberrypi:~ $ more 1.txt
123
pi@raspberrypi:~ $ ls -il [1-3].txt
58159 -rw-r--r--  2 pi pi 4 12  1 15:06 1.txt
58159 -rw-r--r--  2 pi pi 4 12  1 15:06 2.txt
58172 lrwxr-xr-x  1 pi pi 5 12  1 15:04 3.txt -> 1.txt
```

심볼릭 링크된 파일을 ls 명령어의 -l 옵션으로 살펴보면 원본 파일을 가리키고 있는 것을 확인할 수 있다. 하드 링크를 수행한 경우 1.txt 파일이나 2.txt 파일 모두 같은 아이노드를 가리키고, 링크의 수가 증가하였으므로 링크 숫자가 2를 가리킨다. echo 명령어를 사용하여 2.txt 파일에 내용을 추가하면 1.txt 파일의 크기와 내용이 동일해짐을 확인할 수 있다.

■ link( ) 함수

link( ) 함수는 하드 링크를 만드는데, 기존의 파일(oldpath)에 대해 새로운 경로에 대한 항목(newpath)을 생성한다. link( ) 함수의 호출에 성공하면, 해당 아이노드에 대한 연결 계수(link count)를 1씩 증가시킨 후 0을 반환하고, 실패하면 -1을 반환한다.

```
#include <unistd.h>

int link(const char *oldpath, const char *newpath);
```

모든 파일은 자신의 아이노드를 가리키는 항목을 여러 곳에 만들 수 있다. 슈퍼 유저만이 디렉터리에 대한 링크를 설정할 수 있고, 서로 다른 파일 시스템 간의 하드 링크는 사용할 수 없다.

■ symlink( ) 함수

symlink( ) 함수는 심볼릭 링크를 생성한다. 심볼릭 링크는 다른 파일 시스템에서도 사용할 수 있다는 장점을 제공한다. 함수의 호출에 성공하면 0을 반환하고 실패하면 -1을 반환한다.

```
#include <unistd.h>

int symlink(const char *oldpath, const char *sympath);
```

> **참고하기 ➕ 심볼릭 링크 관련 함수**
>
> 심볼릭 링크 관련 함수는 심볼릭 링크 파일 자체를 조작하는 함수와 심볼릭 링크가 가리키는 원본 파일을 조작하는 함수로 구분할 수 있다. lchown( ), lstat( ), readlink( ), remove( ), rename( ), unlink( ) 등은 심볼릭 링크 파일 자체를 조작하는 함수이고, access( ), chdir( ), chmod( ), chown( ), creat( ), exec( ), link( ), mkdir( ), mkfifo( ), open( ), opendir( ), pathconf( ), stat( ), truncate( ) 등은 심볼릭 링크 파일이 가리키는 원본 파일을 조작하는 함수이다.

■ unlink( ) 함수

unlink( ) 함수는 파일의 연결 계수를 감소시키는데, 연결 계수가 0이 되면 파일을 디스크에서 제거하며, 디렉터리도 연결 계수가 동일하게 감소된다. 함수의 호출에 성공하면 0을 반환하고 실패하면 -1을 반환한다.

```
#include <unistd.h>

int unlink(const char *path);
```

만약 다른 프로세스들이 사용하고 있는 파일에 unlink( ) 함수를 수행하여 연결 계수가 0이 되더라도 이 파일을 사용 중이던 다른 프로세스는 종료 전까지 계속 접근이 가능하다.

■ remove( ) 함수

remove( ) 함수는 unlink( ) 함수와 같이 파일의 연결 계수를 감소시킨다. remove( ) 함수의 인자 (path)가 파일이면 unlink( ) 함수처럼 동작하고, 디렉터리이면 (곧 언급할) rmdir( ) 함수처럼 동작한다. 함수의 호출에 성공하면 0을 반환하고 실패하면 -1을 반환한다.

```
#include <stdio.h>

int remove(const char *path);
```

▪ rename( ) 함수

rename( ) 함수는 파일이나 디렉터리의 이름을 변경하는 데 사용한다. 함수의 호출에 성공하면 0을 반환하고 실패하면 -1을 반환한다.

```
#include <unistd.h>

int rename(const char *oldpath, const char *newpath);
```

rename( ) 함수는 기존 이름(oldpath)과 새로 변경할 이름(newpath)의 두 인자를 사용한다. 새로 변경할 이름이 이미 존재하는 경우 해당 파일이나 디렉터리를 덮어쓴다.

4.3 파일 정보와 권한

리눅스에서는 시스템과 파일의 보호를 위해 여러 단계에 걸쳐 보안을 제공한다. 일단 사용자와 그룹으로 나눌 수 있는데 사용자는 계정과 비밀번호, 사용자 ID에 의해서 식별되고, 그룹은 그룹 ID에 의해서 식별될 수 있다. 이러한 구분에 따른 접근 제어를 이용해서 파일 조작을 제한할 수 있다.

4.3.1 파일 정보와 권한을 위한 리눅스 명령어

ls 명령어를 통해 파일에 대한 접근 권한에 대해 자세히 살펴보도록 하자. 파일 내용을 자세히 보고 싶은 경우에는 '$ ls –l' 옵션을 사용할 수 있다.

```
pi@raspberrypi:~ $ ls -l ?.txt
-rw-r--r-- 2 pi pi 4 Feb 21 17:16 1.txt
-rw-r--r-- 2 pi pi 4 Feb 21 17:16 2.txt
lrwxrwxrwx 1 pi pi 5 Feb 21 17:16 3.txt -> 1.txt
```

$ ls –l 명령어의 출력 내용을 구분하면 다음과 같이 나타낼 수 있다.

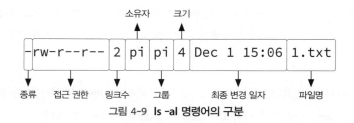

그림 4-9 **ls -al 명령어의 구분**

각 항목의 내용은 표 4-11과 같다. 2장의 ls 명령어에서 설명한 것과 같이 첫 번째 필드는 파일의 종류로 자세한 내용은 표 2-4를 참고하기 바란다.

표 4-11 **ls –l 옵션의 출력 구분**

구분	내용	비고
1	파일, 디렉터리, 블록 디바이스 등과 같은 파일의 종류를 나타낸다.	1글자
2	문자는 파일의 접근 권한을 의미한다. 접근 권한은 이 파일을 어떤 식으로 보호할지에 대해서 나타내는 것으로 앞에서부터 3개씩 rwx(읽기, 쓰기, 실행하기)로 구분해볼 수 있는데, 소유자, 그룹, 다른 사람의 순으로 각각 나타내 볼 수 있다.	9글자
3	링크의 수로 이 파일이 몇 번 링크되어 있는지 명시하는 것이다.	
4	파일의 소유자로 이 파일에 접근할 수 있는 파일의 소유자를 의미한다.	
5	파일의 그룹으로 이 파일에 접근할 수 있는 파일의 그룹을 의미한다.	
6	파일의 크기로 바이트 값이다.	
7	파일의 최종 변경 일자를 의미한다.	
8	파일의 이름을 의미한다.	

■ **파일 소유자와 그룹 변경**

리눅스에서는 파일 소유자와 그룹과 관련하여 여러 유틸리티를 제공하는데, 파일 소유자를 변경하고 싶으면 chown 명령어를 사용하고, 파일 그룹을 변경하고 싶으면 chgrp 명령어를 사용한다.

```
$ chown 변경할_사용자명 파일명
$ chgrp 변경할_그룹명 파일명
```

현재 프로세스의 사용자와 그룹을 알고 싶으면 users나 groups 명령어를 사용할 수 있다.

```
pi@raspberrypi:~ $ users
pi pi pi pi
pi@raspberrypi:~ $ sudo groups
root
pi@raspberrypi:~ $ groups
pi adm dialout cdrom sudo audio video plugdev games users input netdev gpio i2c spi
```

위에서 명령어를 실행해보면 users의 결과는 pi만 표시되는데, 일반적으로 시스템에는 슈퍼 유저인 root는 반드시 존재한다. groups의 결과에는 시스템이나 디바이스를 다루기 위한 다양한 그룹들이 표시된다.

앞에서 만든 2.txt의 사용자와 그룹을 변경해보도록 하자. chown 명령어를 사용하여 사용자를 root로 변경하고, chgrp 명령어를 사용하여 그룹은 users로 변경할 수 있다.

```
pi@raspberrypi:~ $ sudo chown root 2.txt
pi@raspberrypi:~ $ sudo chgrp users 2.txt
pi@raspberrypi:~ $ ls -l 2.txt
-rw-r--r-- 2 root users 4 Feb 21 17:16 2.txt
```

■ 파일의 접근 권한 변경

이제 접근 권한 변경에 대해 살펴보도록 하자. 파일의 접근 권한 제어는 chmod 명령어를 통해 수행할 수 있다. 디렉터리 사이의 파일 접근 권한을 재귀적으로 변경하고 싶은 경우에는 '-R' 옵션을 사용할 수 있다.

```
$ chmod [-R] 새로운_모드 {파일명}+
```

chmod 명령어의 인수(새로운_모드)에 파일의 접근 권한을 설정하는데, 파일 접근 권한을 설정하는 방법은 문자열을 이용하는 방법과 8진수를 이용하는 방법이 있다.

문자열을 사용한 방법은 아래와 같은 문자를 조합하여 권한을 설정한다.

표 4-12 문자열을 이용한 권한 설정

순서	의미
1	u(user/owner): 소유자, g(group): 그룹, o(others): 다른 사람, a(all): 모든 사람
2	+: 권한 추가, -: 권한 삭제
3	r(read): 읽기, w(write): 쓰기, x(execute): 실행, s(set-user-ID/set-group-ID)

예를 들어, 기존의 권한에서 소유자의 실행 권한을 제거하고 싶은 경우에는 'u-x' 옵션[19]을 사용하고, 그룹과 기타 사용자에게 읽기 권한을 부여하고 싶은 경우에는 'go+r' 옵션을 사용할 수 있다.

```
pi@raspberrypi:~ $ ls -l 2.txt
-rw-r--r-- 2 root users 4 Feb 21 17:16 2.txt
pi@raspberrypi:~ $ sudo chmod ug+x 2.txt
pi@raspberrypi:~ $ ls -l 2.txt
-rwxr-xr-- 2 root users 4 Feb 21 17:16 2.txt
```

이처럼 문자열을 이용한 방법은 기존의 파일 접근 권한에서 새로운 권한을 추가하거나 제거할 때는 편하지만, 파일 접근 권한 전체를 설정하는 경우에는 읽기, 쓰기, 실행 등에 대해서 각각 따로 지정해야 하므로 적합하지 않다. 이러한 경우에는 8진수를 이용한 방법이 편리하다.

---

19 유닉스에서 파일을 실행하기 위해서는 해당 파일이 실행 권한을 반드시 가지고 있어야 한다.

표 4-13 8진수를 이용한 권한 설정

구분	읽기	쓰기	실행
2진수	100	010	001
8진수	4	2	1

위의 숫자를 사용해서 읽기와 쓰기 그리고 실행에 대해 명시할 수 있다. 예를 들어 읽기와 실행 권한을 동시에 주고 싶은 경우에는 4 + 1의 값인 05(2진수 101)를 사용할 수 있고, 읽기와 쓰기 권한만 주고 싶은 경우에는 4 + 2의 값인 06(2진수 110)을 사용할 수 있다.

위의 값을 소유자, 그룹, 다른 사람에 각각 명시할 수 있는데, 예를 들어 모든 권한을 모두에게 주고 싶으면 777(rwxrwxrwx)을 사용할 수 있고, 사용자는 모든 권한을 갖고 그룹은 읽기와 실행 권한만 주고, 다른 사람에게는 권한을 주고 싶지 않으면 750(rwxr-x---)을 사용할 수 있다.

```
pi@raspberrypi:~ $ ls -l 2.txt
-rwxr-xr-- 2 root users 4 Feb 21 17:16 2.txt
pi@raspberrypi:~ $ sudo chmod 777 2.txt
pi@raspberrypi:~ $ ls -l 2.txt
-rwxrwxrwx 2 root users 4 Feb 21 17:16 2.txt
pi@raspberrypi:~ $ sudo chmod 660 2.txt
pi@raspberrypi:~ $ ls -l 2.txt
-rw-rw---- 2 root users 4 Feb 21 17:16 2.txt
```

파일과 디렉터리는 파일 접근 권한이 동작하는 방식이 다르다. 읽기(r)의 경우 파일은 읽기가 가능한지를 의미하지만, 디렉터리는 디렉터리 안에 있는 파일명을 볼 수 있는 권한을 의미하고, 쓰기(w)의 경우 파일은 쓰기가 가능한지를 의미하지만, 디렉터리는 파일 생성, 변경, 삭제가 가능한지를 의미한다. 또한 실행(x)의 경우 파일은 실행이 가능한지를 의미하지만, 디렉터리는 디렉터리 내 파일의 접근이 가능한지를 의미한다.

chmod 명령어를 사용하면 디렉터리의 접근 권한 설정도 변경할 수 있지만, 디렉터리 자체의 권한만 변경되고 그 디렉터리에 포함된 파일의 허가권을 변경시키지는 않는다.

■ 파일 생성 시의 접근 권한

유닉스에서는 새로 생성된 파일의 접근 권한을 umask 값과 연산하여 설정한다. umask 값은 프로세스가 새로운 파일이나 새로운 디렉터리를 생성할 때마다 사용되며, 기본 접근 권한은 666으로 여기에서 umask의 값을 빼서 새로 생성되는 파일의 권한으로 설정한다.

```
$ umask [새로운_모드]
```

umask 명령어를 옵션 없이 사용하면 현재 시스템에 설정되어 있는 umask의 값을 표시하고, 옵션을 사용하면 시스템의 모드가 새로 설정한 값으로 변경된다.

이제 umask 명령어를 수행해보도록 하자. umask 값이 022(시스템 기본값)인 경우 파일을 생성하면 0666 & ~022 = 0644(rw-r--r--)의 파일이 생성된다. umask의 값을 변경하고 새로운 파일을 생성하면 새로운 파일의 접근 권한이 변경되는 것을 확인할 수 있다.

```
pi@raspberrypi:~ $ umask
0022
pi@raspberrypi:~ $ touch 4.txt
pi@raspberrypi:~ $ ls -l 4.txt
-rw-r--r-- 1 pi pi 0 Feb 21 17:22 4.txt
pi@raspberrypi:~ $ umask 420
pi@raspberrypi:~ $ touch 5.txt
pi@raspberrypi:~ $ ls -l 5.txt
--w-r--rw- 1 pi pi 0 Feb 21 17:22 5.txt
```

다시 umask의 값을 420으로 바꾸면 0666 & ~420 = 0246(-w-r--rw-) 권한의 파일이 생성된다. 대부분의 유닉스 사용자들은 별도의 umask 값을 사용하지 않고, 시스템에서 정해진 값을 그대로 사용한다.

4.3.2 파일 정보

■ 파일 정보 출력을 위한 명령어

리눅스에서 파일에 대한 정보를 알고 싶은 경우에는 stat 명령어를 사용할 수 있다.

```
$ stat {파일명}+
```

stat 명령어를 실행하면 현재 파일의 이름, 크기, 사용하는 블록의 수, 아이노드에 대한 정보 등 다양한 정보를 출력한다.

```
pi@raspberrypi:~ $ stat 1.txt
   File: `1.txt'
   Size: 4            Blocks: 8           IO Block: 4096     regular file
Device: b302h/45826d  Inode: 392628       Links: 2
Access: (0660/-rw-rw----)  Uid: (    0/    root)  Gid: (  100/   users)
Access: 2015-02-21 17:16:03.989662888 +0000
Modify: 2015-02-21 17:16:23.739528179 +0000
Change: 2015-02-21 17:21:52.177319026 +0000
 Birth: -
```

 **디스크 파일 시스템**

컴퓨터 전원을 켜면 램이나 하드디스크 상태, 디스플레이 등을 검사하는 POST(Power On Self Test) 작업을 수행한다. 아마 컴퓨터가 켜지는 동안 이러한 화면들을 본 적이 있을 것이다.

POST 작업이 끝나면, 제일 먼저 하드 디스크의 첫 번째 블록을 읽어 들인다. 일반적으로 하드디스크는 여러 개의 블록으로 나누어지는데, 첫 번째 블록(첫 번째 512바이트)에는 부팅을 위한 정보가 들어 있다. 이 블록을 MBR(Master Boot Record)이라고 한다.

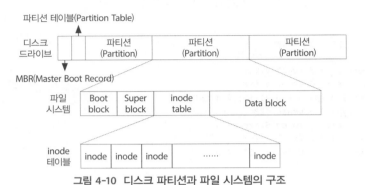

그림 4-10 디스크 파티션과 파일 시스템의 구조

하드디스크는 보통 하나 이상의 파티션(Partition)으로 나누어 사용하는데[20], 각각의 파티션은 MS 윈도우(FAT32)나 리눅스(EXT2)처럼 서로 다른 포맷으로 사용할 수 있다.

리눅스도 파티션을 여러 개로 나눠서 사용할 수 있으나 파티션 중 하나는 최상위 루트 디렉터리를 포함해야 한다. 이 파티션을 '루트 파티션'이라고 하며, 다른 파티션은 루트 파티션에 마운트(mount)해서 사용할 수 있다.

표 4-14 디스크 파일 시스템의 구조

구분	내용
부트 블록 (Boot Block)	파일 시스템의 첫 번째 블록으로 부팅을 위한 부트로더(Boot Loader) 등의 파일 시스템으로부터 유닉스 커널을 로딩하기 위한 부트스트랩 코드(시스템 부팅을 위한 프로그램)를 저장한다.
슈퍼 블록 (Super Block)	파일 시스템의 크기, 저장 공간의 상태, 자유공간 정보 등의 파일 시스템의 상태를 기술한다. 전체 파일 시스템에 대한 정보를 저장하고 있으며 사용 가능한 아이노드의 수와 디스크(disk) 블록의 수를 저장한다. – 파일 시스템 크기 – 파일 시스템 내의 자유 블록의 수 – 파일 시스템 내에서 사용 가능한 자유 블록의 리스트 – 아이노드 리스트의 크기 – 파일 시스템 내의 사용 가능한 아이노드의 수 – 파일 시스템 내의 사용 가능한 아이노드의 리스트 – 잠금(lock) 정보
아이노드 테이블 (아이노드 List)	각 파일이나 디렉터리에 대한 정보를 가지고 있는 블록으로 아이노드의 자료 구조[†] 정보가 저장된다.
데이터 블록 (Data Block)	파일이나 디렉터리에 대한 실제의 데이터가 저장되어 있는 블록이다.

† 파일이나 디렉터리에 대한 모든 정보를 가지고 있는 구조체

---

20 윈도우의 관점에서 보면 C: 드라이브나 D: 드라이브 같은 것이라고 생각할 수 있다.

파티션에는 실제 데이터의 정보를 가지고 있는 아이노드 테이블이 있다. 아이노드 테이블은 실제 데이터가 위치하고 있는 아이노드들을 가지고 있으며, 아이노드들은 데이터의 물리적인 위치에 대한 정보를 포함한다.

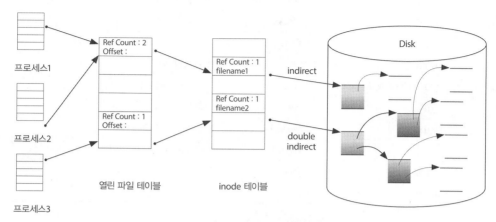

그림 4-11 디스크 블록 어레이

아이노드 테이블의 각 항은 하나의 파일과 대응한다. 컴퓨터가 부팅되면 아이노드 테이블은 추가 정보가 포함되어 메모리에 복사된다. 각 아이노드에는 파일 소유자 ID, 파일 유형, 접근 권한, 접근 시간, 링크 수, 파일 데이터의 주소 목록, 파일 크기 등의 정보가 들어 있다.

ls 명령어와 -i 옵션으로 아이노드 데이터를 살펴보면 하드 링크가 아닌 파일들이 각각 다른 아이노드를 가진 것을 확인할 수 있다.

```
pi@raspberrypi:~ $ ls -il 1.txt 2.txt 3.txt
392628 -rwxrwxrwx 2 root users 4 Feb 21 17:16 1.txt
392628 -rwxrwxrwx 2 root users 4 Feb 21 17:16 2.txt
392629 lrwxrwxrwx 1 pi   pi    5 Feb 21 17:16 3.txt -> 1.txt
```

리눅스에서는 EXT2라는 파일 시스템을 오랫동안 사용하였다. EXT2 파일 시스템은 아이노드와 관련된 정보들을 가지고 있으며, ext2_inode라는 구조체를 이용해서 이들 정보를 저장한다.

ext2_inode 구조체는 다음과 같은 필드를 가지며 stat 구조체가 제공하는 정보들을 보관한다.

표 4-15 ext2_inode 구조체

데이터 타입	필드	내용
__u16	i_mode	파일 유형과 접근 권한
__u16	i_uid	파일 소유자의 ID
__u32	i_size	파일 길이(바이트 단위)
__u32	i_atime	마지막 파일 접근(읽기) 시간
__u32	i_ctime	아이노드(모드)를 마지막으로 변경한 시간
__u32	i_mtime	파일 내용을 마지막으로 변경한(쓴) 시간
__u32	i_dtime	파일 삭제 시간
__u16	i_gid	파일을 소유한 그룹의 ID

표 4-15 ext2_inode 구조체 (계속)

데이터 타입	필드	내용
__u16	i_links_count	하드 링크의 수
__u32	i_blocks	파일의 데이터 블록의 수
__u32	i_flags	파일 플래그
union	osd1	특정 운영체제 정보
__u32[EXT2_N_BLOCKS]	i_block	데이터 블록에 대한 포인터
__u32	i_version	파일 버전(NFS용)
__u32	i_file_acl	파일 접근 제어 리스트
__u32	i_dir_acl	디렉터리 접근 제어 리스트
__u32	i_faddr	단편 주소
union	osd2	특정 운영체제 정보

■ stat( ) 함수

stat( ) 함수는 stat 명령어와 비슷한데, 주어진 파일에 대한 정보를 얻어올 때 사용한다.

함수의 첫 번째 인자로는 파일의 경로나 열려 있는 파일 디스크립터를 사용할 수 있으며, 두 번째 인자(buf)에는 stat 구조체에 대한 포인터로서 파일에 관한 정보를 포함한다. 함수의 호출에 성공하면 0을 반환하고 실패하면 -1을 반환한다.

```
#include <sys/types.h>
#include <sys/stat.h>
#include <unistd.h>

int stat(const char *path, struct stat *buf);
int fstat(int fd, struct stat *buf);
int lstat(const char *path, struct stat *buf);
```

stat( ) 함수나 fstat( ) 함수는 파일에 대한 정보를 반환하며, lstat( ) 함수는 심볼릭 링크가 가리키는 원본 파일에 대한 정보를 반환한다. 위의 세 함수 중에는 stat( ) 함수가 가장 많이 사용된다.

참고
하기 ✚ f~( )와 l~( ) 함수

일반적으로 f~로 시작되는 함수들은 파일의 경로 대신 이미 열려 있는 파일의 디스크립터를 인자로 사용하고, l~로 시작되는 함수들은 심볼릭 파일을 인자로 사용하는 경우 심볼릭 링크 파일 자체의 속성을 변경한다.

위의 stat( ) 함수에서 값을 가져올 때 사용되는 stat 구조체는 다음과 같은 구조를 가지고 있다.

```
struct stat {
    dev_t       st_dev;          /* 파일이 위치하고 있는 디바이스의 주/부 디바이스 번호 */
    ino_t       st_ino;          /* 아이노드 번호 */
    mode_t      st_mode;         /* 파일의 타입과 접근 권한(하위 12비트) */
    nlink_t     st_nlink;        /* 파일의 링크의 수 */
    uid_t       st_uid;          /* 파일 소유자의 ID */
    gid_t       st_gid;          /* 파일 소유 그룹의 ID */
    dev_t       st_rdev;         /* 디바이스 파일인 경우 주/부 디바이스 번호 */
    off_t       st_size;         /* 파일의 크기 */
    time_t      st_atime;        /* 파일의 최종 접근(읽은) 시간 */
    time_t      st_mtime;        /* 파일의 최종 수정(쓴) 시간 */
    time_t      st_ctime;        /* 파일의 아이노드(모드) 변경 시간 */
    long        st_blksize;      /* 파일에 입/출력 시의 참고 버퍼(Block) 크기 */
    long        st_blocks;       /* 파일 시스템에서의 블록의 크기 */
};
```

stat 구조체의 소유자 ID와 getpwuid( ) 함수를 이용하면 사용자의 이름을 구할 수 있고, 그룹 ID
와 getgrgid( ) 함수를 이용하면 그룹의 이름을 구할 수 있다. stat 구조체의 st_ctime은 파일의 소
유자 ID, 그룹의 ID, 파일의 최종 접근 시간과 수정 시간이 바뀌었을 때 변경된다.

리눅스에서는 stat 구조체를 이용해서 파일 타입을 검사하는 매크로 함수를 제공한다. 매크로 함
수를 사용하기 위해서는 <sys/stat.h> 파일이 필요한데, 해당 종류의 파일이면 1을 반환하고 아니
면 0을 반환한다.

표 4-16 파일의 종류를 검사하는 매크로

매크로	파일의 종류	내용
S_ISREG( )	정규 파일	데이터를 가지고 있는 텍스트 또는 이진 파일
S_ISDIR( )	디렉터리 파일	파일의 이름과 해당 파일에 대한 정보를 가지고 있는 곳을 가리키는 포인터로 구성
S_ISCHR( )	문자 특수 파일	문자 디바이스를 가리키는 파일로 입출력 수행 시 임의의 크기의 바이트 열 전송
S_ISBLK( )	블록 특수 파일	블록 디바이스를 가리키는 파일로 입출력 수행 시 일정한 크기로 데이터 전송
S_ISFIFO( )	pipe 또는 FIFO	프로세스 간 통신(IPC)에 사용되는 파일(named pipe)
S_ISLNK( )	심볼릭 링크	다른 파일을 가리키는 포인터 역할을 하는 파일
S_ISSOCK( )	소켓	네트워크 통신에 사용되는 파일

■ **심볼릭 링크**

리눅스에서는 심볼릭 링크에 대한 원본 파일의 정보를 가져올 수 있도록 관련 함수를 제공한다.
readlink( ) 함수는 심볼릭 링크 파일을 읽는 함수로 첫 번째 인자(path)는 심볼릭 링크가 위치한
경로를 표시하고, 두 번째 인자(buf)는 반환될 정보가 저장되는 버퍼이며, 세 번째 인자(bufsiz)는
버퍼의 크기를 의미한다.

```
#include <unistd.h>

ssize_t readlink(const char *path, char *buf, ssize_t bufsiz);
```

함수의 호출에 성공하면 0을 반환하고 실패하면 -1의 값을 반환한다. 또한 심볼릭 링크된 원래 파일에 대한 정보는 buf에 저장되는데, buf를 통해서 반환되는 문자열은 항상 NULL로 끝나지 않을 수 있으므로 buf의 크기에 주의해야 한다.

■ 파일의 접근 권한

access( ) 함수를 사용하면 파일을 사용하기 전에 접근 권한이 있는지 미리 검사할 수 있다.

```
#include <unistd.h>

int access(const char *path, int mode);
```

첫 번째 인자(path)로 파일의 경로명을 사용하고, 두 번째 인자(mode)에는 R_OK, W_OK, X_OK, F_OK 값을 이용할 수 있다.

access( ) 함수는 파일에 대한 읽기, 쓰기, 실행에 대한 권한뿐만 아니라 파일의 존재 여부도 확인할 수 있다. 함수 호출에 성공하면 0을 반환하고 실패하면 -1을 반환한다.

표 4-17 **access( ) 함수의 mode 값**

값	내용
R_OK	읽기 권한이 있는지 검사한다.
W_OK	쓰기 권한이 있는지 검사한다.
X_OK	실행 권한이 있는지 검사한다.
F_OK	파일이 존재하는지 검사한다.

4.3.3 보안을 위한 권한과 소유자

리눅스에서는 보안을 위한 사용자와 그룹, 그리고 다른 사용자에 대해 파일과 디렉터리에 대한 접근 권한을 제공하고, 이러한 보안과 관련된 설정을 위한 여러 함수들을 제공한다.

■ 파일의 소유자 및 그룹 변경

먼저, 파일의 소유자와 그룹과 관련된 함수를 알아보자. 유닉스에서는 파일의 소유자를 변경하기 위해 chown 명령어를 제공하고, 파일의 그룹을 변경할 수 있도록 chgrp 명령어를 제공한다. 이처럼 파일 소유자와 그룹의 변경을 위한 유틸리티는 두 개로 나누어져 있지만, 유닉스 프로그래밍에서는 chown( ) 함수로 모두 조작할 수 있다.

```
#include <unistd.h>

int chown(const char *path, uid_t owner, gid_t group);
int fchown(int fd, uid_t owner, gid_t group);
int lchown(const char *path, uid_t owner, gid_t group);
```

chown( ) 함수는 첫 번째 인자(path)로 지정된 파일의 소유자(user) ID와 그룹(group) ID를 변경한다. 이 역시 함수 호출에 성공하면 0을 반환하고 실패하면 -1을 반환한다. chown( ) 함수, fchown( ) 함수와 lchown( ) 함수[21]는 stat( ) 함수, fstat( ) 함수와 lstat( ) 함수들과 같이 서로 다른 인자의 타입을 가지고 있고 심볼릭 링크된 파일의 경우에도 비슷한 동작을 수행한다.

■ 파일의 권한 변경

chmod 명령어나 chmod( ) 함수는 파일에 대해 접근 권한을 변경한다. chmod( ) 함수의 호출에 성공하면 0을 반환하고 실패하면 -1을 반환한다.

```
#include <sys/stat.h>

int chmod(const char *path, mode_t mode);
int fchmod(int fd, mode_t mode);
```

chmod( ) 함수는 첫 번째 인자(path)에 파일의 경로명을 사용하고, 두 번째 인자(mode)에 변경할 파일의 접근 권한을 설정할 수 있다. 두 번째 인자는 OR(|)을 통해 여러 값들을 함께 사용할 수 있다.

표 4-18 chmod( ) 함수의 모드

매크로	내용	값	비고
S_ISUID	실행을 위한 사용자 ID를 설정한다.	04000	
S_ISGID	실행을 위한 그룹 ID를 설정한다.	02000	
S_ISVTX	스티키 비트를 설정한다.	01000	
S_IRUSR	**소유자(Owner)**가 읽기 권한을 갖는다.	00400	S_IREAD
S_IWUSR	**소유자(Owner)**가 쓰기 권한을 갖는다.	00200	S_IWRITE
S_IXUSR	**소유자(Owner)**가 실행 권한을 갖는다.	00100	S_IEXEC
S_IRGRP	**그룹(Group)**이 읽기 권한을 갖는다.	00040	
S_IWGRP	**그룹(Group)**이 쓰기 권한을 갖는다.	00020	
S_IXGRP	**그룹(Group)**이 실행 권한을 갖는다.	00010	
S_IROTH	**다른 사람(Other)**이 읽기 권한을 갖는다.	00004	
S_IWOTH	**다른 사람(Other)**이 쓰기 권한을 갖는다.	00002	
S_IXOTH	**다른 사람(Other)**이 실행 권한을 갖는다.	00001	

---

[21] lchown( )은 심볼릭 링크 파일의 정보를 수정하기 위해서 사용되었지만, 커널 2.2 이상부터 심볼릭 링크에 대한 권한 변경을 허용하지 않는다.

S_ISUID(set-user-ID)나 S_ISGID(set-group-ID)는 애플리케이션의 소유자 권한이나 그룹 권한을 파일을 실행한 사람이 가질 수 있도록 하는데, 일반적으로 시스템 프로그램의 경우 root(관리자) 권한으로 동작해야 하는 경우가 있다. 이러한 경우 S_ISUID를 지정해놓으면 root 권한의 프로그램을 일반 사용자도 사용할 수 있다.

S_ISVTX는 실행 파일에 스티키(Sticky) 비트를 설정하는 것으로, 그림 2-15와 같이 프로그램 실행 코드가 있는 text 영역(segment)을 스왑(Swap) 디스크에 위치하게 한다. 디렉터리에 스티키 비트가 설정되어 있을 때, 다음 조건 중 하나를 만족해야 디렉터리 안의 파일을 지우거나 이름을 변경할 수 있다.

- 파일을 지우거나 이름을 바꾸려는 사용자가 해당 파일이나 디렉터리의 소유자인 경우
- 사용자가 해당 파일에 쓸 수 있는 권한이 있는 경우
- 사용자가 슈퍼 유저(root)인 경우

> **참고하기** ➕ **리눅스의 페이징 기법과 스티키 비트**
>
> 리눅스에서는 페이징(Paging) 기법을 이용해서 실제 메모리보다 더 큰 공간의 메모리를 사용할 수 있도록 한다. 현재 사용되는 프로그램은 실제 메모리 공간에 올려두고 사용하지 않는 프로그램은 하드디스크에 저장하는데, 스티키 비트를 설정하면 현재 실행하지 않더라도 메인 메모리에 계속 위치하게 할 수 있다. 예전처럼 시스템의 속도가 느렸을 때는 속도 향상을 위해 사용되었지만 최근에는 거의 사용되지 않는다.

■ **파일 생성 모드 설정**

터미널에서 umask 값을 변경하고 싶은 경우 umask 명령어를 사용할 수 있지만, 애플리케이션 내에서 실행 시 생성되는 파일의 권한을 설정하고 싶은 경우라면 umask( ) 함수를 이용할 수 있다.

```
#include <sys/types.h>
#include <sys/stat.h>

mode_t umask(mode_t mask);
```

umask( ) 함수의 기본적인 동작은 앞에서 설명한 umask 명령어와 동일하다. umask( ) 함수의 인자(mask)를 통해 파일 생성 시 적용할 마스크 값을 설정할 수 있으며, 생성되는 파일의 권한은 사용한 인자(mask)와 & 연산한 값으로 결정된다.

앞의 함수들을 이용해서 현재 파일의 권한을 변경하는 코드를 작성해보도록 하자. 앞의 umask 명령어를 실행했다면 다음의 코드를 작성하기 전에 '$ umask 0022' 명령을 실행해서 umask를 원래로 돌려놔야 컴파일 시 파일에 접근할 수 있다.

코드 4-4 **chmod.c**

```c
#include <stdio.h>
#include <sys/types.h>
#include <sys/stat.h>

int main(int argc, char **argv)
{
    struct stat statbuf;

    if (argc < 3) {
        fprintf(stderr, "Usage: %s file1 file2\n", argv[0]);
        return -1;
    }
    /* 파일에 존재 여부에 대한 정보를 가져온다. */
    if (stat(argv[1], &statbuf) < 0) {
        perror("stat");
        return -1;
    }
    /* set-group-ID를 설정하고 그룹의 실행 권한을 해제한다. */
    if (chmod(argv[1], (statbuf.st_mode & ~S_IXGRP) | S_ISGID) < 0) {
        perror("chmod");
        return -1;
    }
    /* 파일의 권한을 644("rw-r--r--")로 설정한다. */
    if (chmod(argv[2], S_IRUSR | S_IWUSR | S_IRGRP | S_IROTH) < 0) {
        perror("chmod");
        return -1;
    }

    return 0;
}
```

코드는 크게 세 부분으로 나눌 수 있다. 첫 번째 부분에서는 파일의 존재 여부를 확인하기 위해 stat( ) 함수를 호출하였다. 두 번째 부분에서는 chmod( ) 함수를 호출해서 파일에 set-group-ID를 설정하였고 그룹의 실행 권한은 제거하였다. 세 번째 부분에서는 8진수를 이용해서 파일의 권한을 절댓값으로 설정하였다.

위의 코드를 빌드해서 실행하기 전에 4.txt에 실행 권한을 주고 실행해보자. 첫 번째 파일은 그룹의 set-group-ID가 설정되고 실행 권한이 제거되었으며, 두 번째 파일은 644 권한으로 설정되어 있음을 확인할 수 있다.

```
pi@raspberrypi:~ $ chmod g+x 4.txt
pi@raspberrypi:~ $ ls -l 4.txt 5.txt
-rw-r-xr-- 1 pi pi 0 Feb 21 17:22 4.txt
--w-r--rw- 1 pi pi 0 Feb 21 17:22 5.txt
pi@raspberrypi:~ $ ./chmod 4.txt 5.txt
pi@raspberrypi:~ $ ls -l 4.txt 5.txt
-rw-r-Sr-- 1 pi pi 0 Feb 21 17:22 4.txt
-rw-r--r-- 1 pi pi 0 Feb 21 17:22 5.txt
```

4.4 디렉터리와 시간 처리

4.4.1 디렉터리

디렉터리는 파일을 담는 데 사용한다. 새로운 디렉터리를 생성하면 현재의 디렉터리를 의미하는 '.' 파일과 부모 디렉터리를 의미하는 '..' 파일이 자동으로 생성된다.

디렉터리는 일반 파일 및 다른 디렉터리의 이름으로 구성된 파일로, 일반 파일 조작에 쓰이는 함수를 동일하게 사용할 수 있고 이와 함께 디렉터리 조작을 위한 보다 편리한 함수들도 제공한다.

■ 현재 디렉터리 알아보기

pwd(print working directory) 명령어처럼 getcwd() 함수를 사용해서 현재 디렉터리에 대한 경로를 얻을 수 있다. 함수의 호출에 성공하면 현재 작업 디렉터리의 경로를 담은 buf를 반환하고 실패하면 NULL을 반환한다. buf의 크기가 현재 접근하는 경로의 길이보다 작으면 에러가 발생할 수 있다.

```
#include <unistd.h>

char *getcwd(char *buf, size_t size);
```

각 프로세스마다 자신의 작업 디렉터리가 따로 존재한다. 일반적으로 프로그램이 처음 실행되는 디렉터리가 작업 디렉터리가 된다.

■ 디렉터리의 생성

mkdir 명령어를 사용해서 디렉터리를 생성하는 것과 마찬가지로 mkdir() 함수를 사용해서 디렉터리를 생성할 수 있다. 함수의 호출에 성공하면 0을 반환하고 실패하면 -1을 반환한다.

```
#include <sys/stat.h>
#include <sys/types.h>

int mkdir(const char *path, mode_t mode);
```

■ 디렉터리의 삭제

rmdir 명령어를 사용해서 디렉터리를 삭제하는 것과 마찬가지로 rmdir() 함수를 사용해서 디렉터리를 삭제할 수 있다. 함수의 호출에 성공하면 0을 반환하고 실패하면 -1을 반환한다.

```
#include <unistd.h>

int rmdir(const char *path);
```

빈 디렉터리만 삭제할 수 있으며 rmdir( ) 함수가 실행되면 연결 계수가 하나 감소된다. 디렉터리에 대한 영역이 해제되는 것은 연결 계수가 0이 될 때다.

■ 디렉터리 이동

chdir( ) 함수는 현재 작업 디렉터리를 이동할 때 사용된다. 함수의 호출에 성공하면 0을 반환하고 실패하면 –1을 반환한다.

```
#include <unistd.h>

int chdir(const char *path);
int fchdir(int fd);
```

프로세스가 이동한 현재 작업 디렉터리의 값은 부모 프로세서의 현재 작업 디렉터리에는 영향을 주지 않는다.

■ 디렉터리 접근

opendir( ) 함수는 디렉터리에 대한 내용을 가져온다. 함수 호출에 성공하면 해당 디렉터리가 들어 있는 DIR 구조체 포인터를 반환하고, 실패하면 NULL 값을 반환한다. DIR 구조체는 FILE 구조체와 마찬가지로 디렉터리에 대한 스트림이다. opendir( ) 함수가 반환하는 DIR 구조체의 포인터는 다른 함수와 함께 사용된다.

사용자가 디렉터리의 항목을 읽기 위해서는 해당 디렉터리에 대한 읽기 권한이 필요하며, 쓰기 작업의 직접 수행은 불가능하다. 디렉터리에 대한 내용을 읽을 때는 readdir( ) 함수를 수행한다. readdir( ) 함수를 수행할 때마다 디렉터리 파일의 오프셋은 sizeof(struct dirent)의 크기만큼 증가한다. readdir( ) 함수를 수행하면 각각의 항목이 dirent 구조체로 반환된다.

```
#include <sys/types.h>
#include <dirent.h>

DIR *opendir(const char *path);
DIR *fopenfir(int fd);

struct dirent *readdir(DIR *dirp);
```

opendir( ) 함수는 인수(path)가 가리키는 디렉터리에 대한 스트림을 열고 DIR 구조체를 반환하는데, readdir( ) 함수는 이를 이용해서 디렉터리에 있는 항목들을 읽을 수 있다.

readdir( ) 함수의 결괏값으로 반환되는 dirent 구조체는 여러 항목으로 구성되는 테이블 형식으로
<dirent.h> 파일에 정의되어 있다.

```
struct dirent {
    ino_t           d_ino;          /* 아이노드(inode) 번호 */
    off_t           d_off;          /* 다음 dirent까지의 오프셋 */
    unsigned short  d_reclen;       /* 현재 레코드의 길이 */
    unsigned char   d_type;         /* 파일의 타입 */
    char            d_name[256];    /* 파일의 이름 */
};
```

telldir( ) 함수는 디렉터리 스트림상에서 현재 위치를 나타내는 오프셋을 반환한다. seekdir( ) 함
수는 DIR 구조체의 포인터 타입으로 주어진 디렉터리 스트림에서 현재(readdir( ) 함수에서 읽는) 디
렉터리 스트림의 위치를 설정하는데, 이때 seekdir( ) 함수에서 위치 설정을 위한 인자인 pos는
telldir( ) 함수가 반환하는 오프셋 값을 사용할 수 있다.

```
#include <sys/types.h>
#include <dirent.h>

long telldir(DIR *dirp);
void seekdir(DIR *dirp, long offset);
```

rewinddir( ) 함수는 디렉터리 파일의 오프셋을 처음으로 변경하고 closedir( ) 함수는 사용이 끝난
디렉터리를 닫는다. closedir( ) 함수는 디렉터리 스트림을 닫고 그것과 연관된 자원들을 돌려준다.
함수 호출에 성공하면 0을 반환하고 실패하면 -1을 반환한다.

```
#include <sys/types.h>
#include <dirent.h>

void rewinddir(DIR *dirp);

int closedir(DIR *dirp);
```

 디렉터리에 대한 정보를 출력하는 코드를 작성해보자. 이는 기본적으로 '$ ls –Rl'과 비슷한 애플리케이
션이다.

코드 4-5 **list.c**

```
#include <unistd.h>
#include <stdio.h>
#include <string.h>
#include <fcntl.h>
#include <dirent.h>          /* 디렉터리 조작 함수를 위한 헤더 파일 */
```

```
#include <pwd.h>              /* getpwuid( ) 함수: uid를 이용해서 사용자의 이름 구하기 */
#include <grp.h>              /* getgrgid( ) 함수: gid를 이용해서 그룹의 이름 구하기 */
#include <time.h>             /* localtime( ) 함수 */
#include <sys/stat.h>
#include <sys/types.h>

int listDir(char *arg)
{
    DIR *pdir;                       /* 디렉터리 조작을 위한 스트림 */
    struct dirent *dirt;             /* 디렉터리의 항목을 위한 구조체 */
    struct stat statBuf;             /* 파일의 정보를 위한 구조체 */
    struct passwd *username;         /* 사용자 이름 출력을 위한 변수 */
    struct group *groupname;         /* 그룹 이름 출력을 위한 변수 */
    struct tm *t;                    /* 시간 출력을 위한 변수 */
    int i = 0, count = 0;
    char *dirName[255], buf[255], permission[11], mtime[20];

    memset(dirName, 0, sizeof(dirName));        /* 변수 초기화 */
    memset(&dirt, 0, sizeof(dirt));
    memset(&statBuf, 0, sizeof(statBuf));

    if((pdir = opendir(arg)) <= 0) {            /* 해당 디렉터리의 스트림 열기 */
        perror("opendir");
        return -1;
    }

    chdir(arg);                      /* 디렉터리로 이동 */
    getcwd(buf, 255);                /* 현재 디렉터리의 절대 경로를 가져와서 표시 */
    printf("\n%s: Directory\n", arg);
```

디렉터리를 순환해서 표시하려면 재귀 호출이 필요하다. 이러한 재귀 호출을 위해 별도의 함수를 만들었다. 디렉터리에 대한 내용을 읽기 위해 디렉터리를 열고 해당 디렉터리로 이동한 후 절대 경로를 화면에 표시한다.

```
while((dirt = readdir(pdir)) != NULL) { /* 현재 디렉터리를 읽을 수 있으면 순환 */
    lstat(dirt->d_name, &statBuf);       /* 현재 디렉터리에 대한 정보 가져오기 */
    /* 파일의 종류 검사 */
    if(S_ISDIR(statBuf.st_mode))
        permission[0]='d';
    else if(S_ISLNK(statBuf.st_mode))
        permission[0]='l';
    else if(S_ISCHR(statBuf.st_mode))
        permission[0]='c';
    else if(S_ISBLK(statBuf.st_mode))
        permission[0]='b';
    else if(S_ISSOCK(statBuf.st_mode))
        permission[0]='s';
    else if(S_ISFIFO(statBuf.st_mode))
        permission[0]='P';
    else
        permission[0]='-';
```

```
        /* 사용자에 대한 권한 검사 */
        permission[1] = statBuf.st_mode&S_IRUSR? 'r' : '-';
        permission[2] = statBuf.st_mode&S_IWUSR? 'w' : '-';
        permission[3] = statBuf.st_mode&S_IXUSR? 'x' :
                        statBuf.st_mode&S_ISUID? 'S' : '-';
        /* 그룹에 대한 권한 검사 */
        permission[4] = statBuf.st_mode&S_IRGRP? 'r' : '-';
        permission[5] = statBuf.st_mode&S_IWGRP? 'w' : '-';
        permission[6] = statBuf.st_mode&S_IXGRP? 'x' :
                        statBuf.st_mode&S_ISGID? 'S' : '-';
        /* 다른 사용자에 대한 권한 검사 */
        permission[7] = statBuf.st_mode&S_IROTH? 'r' : '-';
        permission[8] = statBuf.st_mode&S_IWOTH? 'w' : '-';
        permission[9] = statBuf.st_mode&S_IXOTH? 'x' : '-';

        if(statBuf.st_mode & S_IXOTH) {        /* 스티키 비트 설정 */
            permission[9]= statBuf.st_mode&S_ISVTX? 't' : 'x';
        } else {
            permission[9]= statBuf.st_mode&S_ISVTX? 'T' : '-';
        }

        permission[10]='\0';
```

파일에 대한 정보를 가져온 후 파일의 유형과 퍼미션을 분석해서 문자열 배열에 저장한다. 이는 '$ ls – l' 명령어를 실행했을 때 표시되는 앞의 10개 문자열과 같은 내용을 저장한다.

```
        if(S_ISDIR(statBuf.st_mode) == 1) {           /* 디렉터리인지 검사 */
            if(strcmp(dirt->d_name, ".") && strcmp(dirt->d_name, "..")) {
                dirName[count] = dirt->d_name;
                count = count + 1;
            }
        }

        username = getpwuid(statBuf.st_uid);          /* uid에서 사용자의 이름 획득 */
        groupname = getgrgid(statBuf.st_gid);         /* gid에서 그룹의 이름 획득 */
        t = localtime(&statBuf.st_mtime);             /* 최근 수정된 시간 출력 */
        /* 출력을 위한 서식화: tm 구조체는 뒤에서 설명 */
        sprintf(mtime, "%04d-%02d-%02d %02d:%02d:%02d",
                t->tm_year + 1900, t->tm_mon + 1, t->tm_mday,
                t->tm_hour, t->tm_min, t->tm_sec);

        printf("%s %2d %s %s %9ld  %s  %s\n", permission, statBuf.st_nlink,
                username->pw_name, groupname->gr_name,
                statBuf.st_size, mtime, dirt->d_name);
    }

    for(i = 0; i < count; i++) {           /* 다른 디렉터리에 대한 재귀 호출 */
        if(listDir(dirName[i]) == -1) break;
    }

    printf("\n");
    closedir(pdir);                        /* 열었던 디렉터리의 스트림을 닫는다. */
    chdir("..");                           /* 원래 디렉터리로 이동 */
```

```
        return 0;
}

int main(int argc, char **argv)
{
    if(argc < 2) {
        fprintf(stderr, "Usage : %s directory_name.\n", argv[0]);
        return -1;
    }

    listDir(argv[1]);

    return 0;
}
```

사용자 ID와 그룹 ID를 이용해서 사용자의 이름과 그룹의 이름을 구한 후 앞에서 구한 접근 권한과 수정 시간 등의 파일에 대한 정보를 화면에 출력한다. 서브 디렉터리에 대해서도 재귀 호출을 수행하고 관련 정보의 출력이 끝나면 디렉터리를 닫는다. 메인 함수에서는 사용자가 입력한 디렉터리에 대해 listDir( ) 함수를 호출한다.

```
pi@raspberrypi:~ $ ./list . | head

.: Directory
-rwxr-xr-x  1 pi pi      8771  2015-02-21 17:39:20  list
-rw-r--r--  1 pi pi      4539  2015-02-21 17:39:15  list.c
-rw-r--r--  1 pi pi       706  2015-02-21 17:27:49  chmod.c
-rwxr-xr-x  1 pi pi      6282  2015-02-21 17:15:01  fcopy
-rw-r--r--  1 pi pi       571  2015-02-21 17:14:54  fcopy.c
-rwxr-xr-x  1 pi pi      6083  2015-02-21 17:14:09  copy
-rw-r--r--  1 pi pi         0  2015-02-21 17:32:35  5.txt
-rw-rw----  2 root users     4  2015-02-21 17:16:23  1.txt
```

애플리케이션을 수행해보면 파일에 대한 정보가 출력되는데, 현재 디렉터리의 내용이 보다 간단히 표시되도록 head 명령어를 사용하였다.

4.4.2 유닉스의 시간

유닉스도 시스템에 설정된 시간을 가져오는 함수들을 제공하고 있는데, 시간은 크게 유닉스(달력) 시간과 프로세스 시간으로 나눌 수 있다.

유닉스 시간(Unix Time)[22]은 UTC 1970년 1월 1일 00:00:00 이후부터 현재까지 흐른 시간을 초(Seconds)로 환산한 값을 제공한다(time_t 자료형)[23]. 시간과 날짜 정보를 모두 가지는데, 지역 시간(Local Time)이 아닌 영국의 그리니치 천문대를 기준으로 한 UTC 시간을 사용한다. 또한, 일광 절약 시간(Daylight Saving Time, Summer Time)의 자동 변환을 지원한다.

---

[22] 유닉스 시간은 POSIX 시간, Epoch 시간이라고도 부른다.

[23] signed long integer형으로 저장되는데 32비트 시스템에서 2038년 1월 19일 화요일 03:14:08 UTC에 오버플로가 발생(음수)할 수 있다.

프로세스 시간(Process Time)은 프로세스가 사용한 CPU 시간(clock_t 자료형)을 클록 틱(clock tick) 단위로 측정할 때 사용한다. 프로세스 시간은 클럭 시간(clock time), 사용자 CPU 시간, 시스템 CPU 시간 등이 있고 보통 1초당 50, 60, 100 틱(tick)을 사용[24]하는데 이에 대한 매크로로 CLOCKS_PER_SEC[25]를 사용할 수 있다.

■ 유닉스 시간

일반적으로 시스템의 시간을 가져오기 위해서는 time( ) 함수를 이용한다. time( ) 함수는 현재 시간과 날짜를 반환하는데, 정수형(time_t 형)의 유닉스 시간이므로 사람이 이해하기 힘들다.

```
#include <time.h>

time_t time(time_t *timep);
```

인자 값으로 time_t 형의 인자(timep)를 사용하는데, timep가 NULL이 아니면 timep에 시간 값을 저장한다. time( ) 함수에서 얻은 값은 다른 함수들을 이용하여 사람이 읽을 수 있는 시간과 날짜 정보로 변환해서 사용할 수 있다.

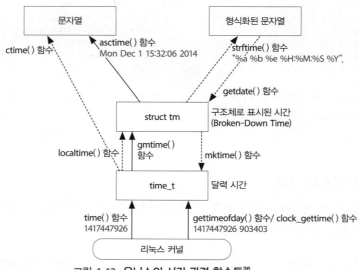

그림 4-12 유닉스의 시간 관련 함수들[26]

---

24 일반적으로 리눅스는 초당 100틱을 사용하고 현재 시스템의 틱은 sysconf(_SC_CLK_TCK)를 통해 얻어 올 수 있다.

25 초기에는 CLK_TCK 상수가 사용되었다.

26 점선으로 표시된 함수들은 시간대를 지정하는 TZ 환경 변수의 영향을 받는다. TZ 환경 변수는 시스템에 설정된 지역의 표준시간대를 알려준다.

time( ) 함수 이외에도 BSD(Berkeley Software Distribution) 유닉스에서 제공하는 시간 관련 함수들이 있다. gettimeofday( ) 함수는 현재의 시간을 가져올 때 사용하고, settimeofday( ) 함수는 시간을 설정할 때 사용한다.

```
#include <sys/time.h>

int gettimeofday(struct timeval *tv, struct timezone *tz);
int settimeofday(const struct timeval *tv, const struct timezone *tz);
```

gettimeofday( ) 함수의 기본적인 동작은 time( ) 함수와 매우 비슷하지만 timeval 구조체로 마이크로초 단위의 시간 정밀도를 제공한다. 현재 timezone 구조체는 사용하지 않으므로 tz는 NULL을 사용하면 된다.

```
struct timeval {
    time_t tv_sec;         /* 초 */
    suseconds_t tv_usec;   /* 마이크로초 */
}
```

POSIX에서는 gettimeofday( ) 함수와 비슷한 기능을 수행하는 clock_gettime( ) 함수를 제공한다.

```
#include <time.h>

int clock_getres(clockid_t clk_id, struct timespec *res);
int clock_gettime(clockid_t clk_id, struct timespec *tp);
int clock_settime(clockid_t clk_id, const struct timespec *tp);
```

clock_gettime( ) 함수의 첫 번째 인자(clockid_t 타입)는 시계의 종류를 나타내는데, SUS 표준에서는 CLOCK_REALTIME(시스템 전역의 시간), CLOCK_MONOTONIC(부팅 시간과 같은 소요 시간)의 두 가지를 제공한다. 여기에 비표준으로 CLOCK_MONOTONIC_RAW(리눅스 커널 2.6.28부터), CLOCK_PROCESS_CPUTIME_ID(프로세스 단위의 CPU 사용 시간)나 CLOCK_THREAD_CPUTIME_ID(스레드 단위의 CPU 사용 시간) 등의 값을 사용할 수 있다.

clock_gettime( ) 함수의 두 번째 인자로 사용하는 timespec 구조체는 나노초까지 나타낼 수 있다. time( )이나 gettimeofday( ) 함수보다 스레드에 안전한 clock_gettime( ) 함수를 사용하는 것이 좋다.

```
struct timespec {
    time_t  tv_sec;      /* 초 */
    long    tv_nes;      /* 나노초 */
}
```

■ **달력과 시간대**

각 나라와 문화마다 사용하는 달력 체계가 서로 다르다. 서양에는 1752년 9월 14일부터 사용하기 시작하여 현재 세계 대부분이 사용하는 그레고리안(Gregorian) 달력이 있고, 아랍에서 사용하는 이슬람 달력이 있다. 그리고 우리나라에서는 단군기원(檀君紀元)을, 일본에서는 와레키(和暦)[27]를 사용한다. 각 달력 체계마다 연도 기준이 다른데, 그레고리안을 기준으로 2010년을 단기로 바꾸면 4343년이 된다.

유닉스에서 현재 날짜에 대한 달력을 보고 싶은 경우에 cal 명령어를 수행하면 된다.

```
pi@raspberrypi:~ $ cal
       7월 2019
 일  월  화  수  목  금  토
     1   2   3   4   5   6
 7   8   9  10  11  12  13
14  15  16  17  18  19  20
21  22  23  24  25  26  27
28  29  30  31
```

cal 명령어를 수행하면 현재 달에 대한 달력이 표시되고, 한 해에 대한 달력이 필요한 경우에는 '$ cal 2020'과 같이 cal 명령어 뒤에 보고 싶은 연도를 함께 사용하면 된다.[28]

달력 체계와 함께 각 나라와 지역마다 시간 차이가 존재한다. 지구는 둥글기 때문에 나라마다 해가 뜨는 시간이 다르다. 나라마다 생활하기에 적합하도록 해뜨는 시간이 같은 지역을 묶어서 시간을 설정하는 것을 시간대(Time Zone)라고 부른다.

시간대는 영국 그리니치를 통과하는 본초 자오선을 기준으로 하는데, 기준 시간을 UTC(Universal Time Coordinated)/GMT(Greenwich Mean Time)라고 부른다. 동쪽으로는 시간을 더해서(+) 사용하고, 서쪽으로는 시간을 빼서(-) 사용한다.

---

27 30년간 사용한 '헤이세이'에서 최근 새로운 천황 즉위를 맞아 '레이와'로 바뀌었다.

28 출력된 달력을 파일로 저장하고 싶은 경우에 '$ cal 1974 > cal1974.txt'와 같이 앞에서 설명했던 리다이렉션을 사용하면 된다.

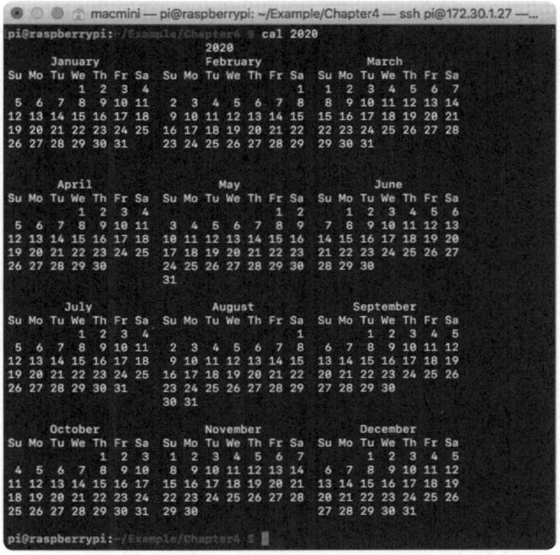

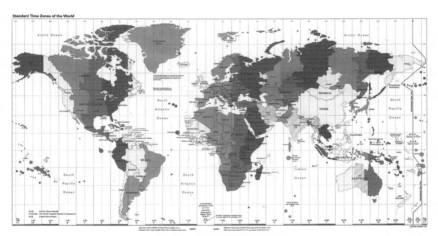

그림 4-13 **cal** 명령을 사용한 년에 대한 달력의 표시

또한 시간대에서 유럽이나 일부 지역은 더운 여름에 시계를 한 시간 앞당겨서 생활하는 일광 절약 시간(DST, Daylight Saving Time)[29]을 사용하기도 한다.

그림 4-14 **시간대(Time Zone)**

리눅스에서는 시간대와 관련해서 tzset( ) 함수를 제공한다. 지역 시간대를 TZ 환경 변수[30]에 저장하며, 시간대에 의존하는 다른 시간 변환 함수들에서 사용될 때 자동으로 호출되므로 별도로 사용할 필요가 없다.

---

29 주로 여름에 행해지기 때문에 서머 타임(summer time)이라고도 부른다. 예전에는 여름에 행해졌지만 2007년 개정으로 3월 중순부터 11월 초(북반구 기준)에 행해지고 있다.

30 유닉스에서는 다양한 환경 변수를 지원하고 있다. 환경 변수를 프로그램 내에서 설정하고 싶은 경우에는 putenv( ) 함수를 이용할 수 있다.

```
#include <time.h>

void tzset(void);

extern char *tzname[2];
extern long timezone;
extern int daylight;
```

tzname 문자열은 지역 표준시와 보정시의 시간대 이름을 약어로 저장한다. timezone 변수는 UTC
와 지역 표준 시간의 차이를 초로 저장한다. 만일 DST의 영향을 받는다면 daylight 변수는 0이 아
니고, 받고 있지 않다면 0이 된다.

리눅스에서는 BSD 유닉스에서 제공되었던 ftime() 함수를 제공한다.

```
#include <sys/timeb.h>

void ftime(struct timeb *tp);
```

ftime() 함수는 timeb 구조체에 현재 시간을 저장한다.

```
struct timeb {
    time_t time;                /* 유닉스 형식 */
    unsigned short millitm;     /* 밀리초 단위의 시간 */
    short timezone;             /* 그리니치(UTC/GMT)와 시간대 차이 */
    short dstflag;              /* 일광 절약제 시행 여부 */
}
```

■ 날짜 시간

time() 함수로 시간을 가져오면 사람이 이해할 수 있는 형태로 변경해야 한다. 이때 gmtime() 함
수나 localtime() 함수를 사용할 수 있다.

```
#include <time.h>

struct tm *gmtime(const time_t *timep);
struct tm *localtime(const time_t *timep);
```

localtime() 함수는 지역 시간과 일광 절약 시간을 고려하여 변환하고, gmtime() 함수는 UTC로
표시되는 시간으로 변환한다. 두 함수 모두 반환값으로 tm 구조체를 사용한다.

```
struct  tm {           /* 시간을 각 요소로 분해 */
    int  tm_sec;       /* 초(0 ~ 61): 윤(leap) 초 포함 */
    int  tm_min;       /* 분(0 ~ 59) */
    int  tm_hour;      /* 시(0 ~ 23) */
    int  tm_mday;      /* 일(1 ~31) */
    int  tm_mon;       /* 월(0 ~ 11): 1월부터 시작 */
    int  tm_year;      /* 1900년 이후의 년 */
    int  tm_wday;      /* 요일(0 ~ 6): 일요일부터 시작 */
    int  tm_yday;      /* 1월 1일 이후의 총 일수(0 ~ 365) */
    int  tm_isdst;     /* 일광 절약 시간 사용 여부 */
}
```

tm 구조체의 tm_sec는 윤초를 지원하기 때문에 초(tm_sec) 값이 59보다 클 수 있다. 일광 절약 시간이 적용되는 경우 tm_isdst는 양의 값을 가진다.

리눅스에서는 날짜 시간을 다시 유닉스 시간으로 변환하는 함수들도 지원한다.

```
#include <time.h>

time_t mktime(struct tm *tmp);
double difftime(time_t time1, time_t time0);
```

mktime( ) 함수는 시간 구조체를 유닉스 시간으로 변환시키기 위해 사용하는데 지역 시간으로 표시되는 분해된 시간을 time_t 값으로 변환한다. difftime( ) 함수는 double 형으로 time1과 time0 사이의 시간을 비교해서 경과된 시간을 초로 반환한다.

■ 날짜 시간의 문자형 변환

date 명령어를 수행하면 현재 시스템의 시간을 볼 수 있다.

```
pi@raspberrypi:~ $ date
Sun Nov 30 10:51:26 UTC 2014
```

date 명령어를 수행하는 것처럼 시스템의 현재의 시간을 문자열로 변경하기 위해서는 asctime( ) 함수나 ctime( ) 함수를 사용할 수 있다.

```
#include <time.h>

char *asctime(const struct tm *tmp);
char *ctime(const time_t *timep);
```

asctime( ) 함수와 ctime( ) 함수는 사람이 읽을 수 있는 26바이트 문자열 형태의 시간 정보로 변환한다. asctime( ) 함수는 분해된 시간이 담겨있는 tm 구조체를 인자로 사용하고, ctime( ) 함수는 유닉스 시간의 값을 인자로 갖는다. 위의 두 함수에서 출력되는 문자열은 고정되어 있다. 출력되는 시간의 포맷을 설정하고 싶은 경우 strftime( ) 함수를 이용할 수 있다.

```
#include <time.h>

size_t strftime(char *buf, size_t max, const char *format, const struct tm *tmp);
```

strftime( ) 함수는 sprintf 함수와 비슷하다. 첫 번째 인자(buf)는 변환된 문자열을 저장할 메모리이고, 두 번째 인자(max)는 첫 번째 인자의 크기이다. 세 번째 인자(format)에는 출력되는 문자열을 지정하는데 다음과 같은 형태를 사용할 수 있다.

표 4-19 **strftime( ) 함수의 서식 지정자**

형식	내용	형식	내용
%A	완전한 요일 이름	%a	간략한 요일 이름
%B	완전한 월 이름	%b	간략한 월 이름
%H	24시간으로 표시한 시간(00 ~ 23)	%I	12시간으로 표시한 시간(01 ~ 12)
%j	년 중의 지나간 합산 일(001 ~ 365)	%d	월 중의 일(01 ~ 31)
%m	월(01 ~ 12)	%p	AM / PM
%M	분(00 ~ 59)	%S	초(00 ~ 61/윤초)
%X	시간(12:21:13)	%x	날짜(02/13/74)
%Y	세기 있는 년도(1974)	%y	세기 없는 년도(74)
%W	월요일 주 수(00 ~ 53)	%w	요일(0=일요일 ~ 6)
%U	일요일 주 수(00 ~ 53)	%Z	시간대 이름(KST)
%c	날짜와 시간(Wed Feb 13 12:21:13 1974)		

마지막 인자(tmp)는 출력되는 시간이 들어 있는 tm 구조체를 사용한다. strftime( ) 함수의 호출이 완료되면 변환된 문자열의 크기를 반환한다. 리눅스에서는 문자열로 출력된 내용을 다시 tm 구조체로 변경해야 할 경우를 대비해서 getdate( ) 함수를 제공한다.

```
#include <time.h>

struct tm *getdate(const char* string);
```

getdate( ) 함수는 '09/22/06 12:21'과 같이 시간, 요일, 날짜 정보가 있는 문자열을 tm 구조체로 반환한다.

현재의 시간을 출력하는 코드를 작성해보자. 앞에서 살펴본 리눅스의 시간 관련 함수를 이용하면 된다.

코드 4-6 **time.c**

```c
#include <stdio.h>
#include <time.h>
#include <sys/time.h>                              /* getimeofday( ) 함수에서 사용 */
#include <stdlib.h>

int main(int argc, char **argv)
{
    int i, j;
    time_t rawtime;
    struct tm *tm;
    char buf[BUFSIZ];
    struct timeval mytime;

    time(&rawtime);                               /* 현재의 시간 구하기 */
    printf("time : %u\n", (unsigned)rawtime);     /* 현재의 시간을 화면에 출력 */

    gettimeofday(&mytime, NULL);                  /* 현재의 시간 구하기 */
    printf("gettimeofday : %ld/%d\n", mytime.tv_sec, mytime.tv_usec);

    printf("ctime : %s", ctime(&rawtime));        /* 현재의 시간을 문자열로 바꿔서 출력 */

    putenv("TZ=PST3PDT");                    /* 환경 변수를 설정한다. */
    tzset();                                 /* TZ 변수를 설정한다. */
    tm = localtime(&rawtime);                /* tm = gmtime(&rawtime); */
    printf("asctime : %s", asctime(tm));     /* 현재의 시간을 tm 구조체를 이용해서 출력 */

    strftime(buf, sizeof(buf), "%a %b %e %H:%M:%S %Y", tm); /* 사용자 정의 문자열 지정 */
    printf("strftime : %s\n", buf);

    return 0;
}
```

시간과 관련된 함수들은 <time.h> 파일에 정의되어 있다. 시간 출력을 위해 먼저 현재 시간을 가져오는데 time( ) 함수를 이용할 수 있다. 현재 시간을 가져와서 출력해보면 사람이 이해하기 힘든 큰 숫자(정수)를 반환한다. 이 값을 사람이 이해할 수 있는 형태로 변환하기 위해 ctime( ) 함수나 asctime( ) 함수를 사용할 수 있다.

시간과 관련된 구조체는 tm 구조체로, gmtime( )이나 localtime( ) 함수를 통해 구할 수 있다. gmtime( ) 함수는 UTC 시간을 반환하기 때문에 현재 지역(로컬)에 맞는 시간을 사용하려면 localtime( ) 함수를 이용하고, 원하는 서식에 맞도록 출력하고 싶으면 strftime( ) 함수를 이용하면 된다.

현재 출력되는 시간대를 바꾸고 싶다면 환경 변수를 조정하자. 현재 환경을 설정하는 것이 putenv( ) 함수인데, 시간대와 관련된 환경 변수는 'TZ'이다. 변경된 환경 변수를 tzset( ) 함수로 설정하고 시간을 출력해보면 지정된 시간대에 맞게 출력되는 것을 확인할 수 있다. 그리고 로케일 변경과 관련해서는 setlocale( ) 함수를 이용할 수 있다.

```
pi@raspberrypi:~ $ ./time
time : 1570157063
gettimeofday : 1570157063/257091
ctime : Fri Oct  4 11:44:23 2019
asctime : Fri Oct  4 00:44:23 2019
strftime : Fri Oct  4 00:44:23 2019
```

참고
하기 ➕ **유닉스 시간 함수들의 스레드 안전(thread safety) 문제**

다음 장에서 살펴볼 스레드는 일의 처리 단위로 하나의 프로그램 내에서 여러 개의 스레드가 동작할 수 있다. 여러 일이 동시에 행해질 때 실행에 문제가 발생할 수 있는데, 유닉스의 시간 함수들은 모두 이런 문제를 가지고 있다.

이 문제를 해결하기 위해 별도의 함수를 제공하는데, localtime( ) 함수는 localtime_r( ) 함수를 대신 사용하면 되며, gmtime( ), ctime( ), asctime( ) 함수들은 각각 gmtime_r( ), ctime_r( ), asctime_r( ) 함수를 사용하면 된다.

4.5 리눅스 시스템 프로그래밍과 라즈베리 파이의 제어

이제 이번 장에서 배운 리눅스 시스템 프로그래밍의 기초를 이용해서 라즈베리 파이와 SenseHAT을 제어하는 애플리케이션을 작성해보자. 3장에서 본 것과 같이 SenseHAT은 기상 관측 시스템을 만들 수 있는 기압 센서, 온습도 센서 등을 탑재하고 있다. 이번 장부터 기상 관측 시스템을 만들어 나가는데, 3장에서 사용한 라즈베리 파이의 제어를 위한 wiringPi 라이브러리를 그대로 사용하고 이번 장에서 배운 내용을 추가해보도록 하겠다. SenseHAT을 사용하는 방법은 3장에서와 같다. SenseHAT에서 기상 관측과 관련된 기압 센서(LPS25H)와 온습도 센서(HTS221)만 사용해서 값을 표시한다. 조이스틱과 8×8 LED 매트릭스의 사용에 대한 코드는 뒤에서 추가해보도록 하겠다.

코드 4-7 **rpi4.c**

```c
#include <stdio.h>
#include <fcntl.h>
#include <unistd.h>
#include <termios.h>
#include <wiringPi.h>
#include <wiringPiI2C.h>
#include <sys/ioctl.h>

static const char* I2C_DEV = "/dev/i2c-1";        /* I²C를 위한 장치 파일 */
static const int I2C_SLAVE = 0x0703;              /* ioctl() 함수에서 I2C_SLAVE 설정을 위한 값 */

static const int LPS25H_ID = 0x5C;                /* SenseHAT의 i2c-1의 값 */
static const int HTS221_ID = 0x5F;
```

```c
static const int CTRL_REG1 = 0x20;        /* STMicroelectronics의 스펙 문서의 값 */
static const int CTRL_REG2 = 0x21;

static const int PRESS_OUT_XL = 0x28;    /* STMicroelectronics의 LPS25H 스펙 문서의 값 */
static const int PRESS_OUT_L = 0x29;
static const int PRESS_OUT_H = 0x2A;
static const int PTEMP_OUT_L = 0x2B;
static const int PTEMP_OUT_H = 0x2C;

static const int H0_T0_OUT_L = 0x36;     /* STMicroelectronics의 HTS221 스펙 문서의 값 */
static const int H0_T0_OUT_H = 0x37;
static const int H1_T0_OUT_L = 0x3A;
static const int H1_T0_OUT_H = 0x3B;
static const int H0_rH_x2 = 0x30;
static const int H1_rH_x2 = 0x31;

static const int H_T_OUT_L = 0x28;
static const int H_T_OUT_H = 0x29;

static const int T0_OUT_L = 0x3C;
static const int T0_OUT_H = 0x3D;
static const int T1_OUT_L = 0x3E;
static const int T1_OUT_H = 0x3F;
static const int T0_degC_x8 = 0x32;
static const int T1_degC_x8 = 0x33;
static const int T1_T0_MSB  = 0x35;

static const int TEMP_OUT_L = 0x2A;
static const int TEMP_OUT_H = 0x2B;

int kbhit(void);
/* 기압과 온도를 위한 함수 */
void getPressure(int fd, double *temperature, double *pressure);
/* 온도와 습도를 위한 함수 */
void getTemperature(int fd, double *temperature, double *humidity);

int main(int argc, char **argv)
{
    int i = 0;
    int pressure_fd, temperature_fd;
    double t_c = 0.0;                      /* 온도와 압력, 습도를 출력하기 위한 변수 */
    double pressure = 0.0;
    double temperature, humidity;

    /* I²C 장치 파일을 오픈 */
    if((pressure_fd = open(I2C_DEV, O_RDWR)) < 0) {
        perror("Unable to open i2c device");
        return 1;
    }

    /* I²C 장치를 슬레이브(slave) 모드로 LPS25H를 설정 */
    if(ioctl(pressure_fd, I2C_SLAVE, LPS25H_ID) < 0) {
```

```
            perror("Unable to configure i2c slave device");
            close(pressure_fd);
            return 1;
    }

    /* I²C 장치 파일을 오픈 */
    if((temperature_fd = open(I2C_DEV, O_RDWR)) < 0) {
        perror("Unable to open i2c device");
        return 1;
    }

    /* I²C 장치를 슬레이브(slave) 모드로 HTS221을 설정 */
    if(ioctl(temperature_fd, I2C_SLAVE, HTS221_ID) < 0) {
        perror("Unable to configure i2c slave device");
        close(temperature_fd);
        return 1;
    }

    printf("p : Pressure, t : Temperature, q : Quit\n");
    for(i = 0; ;i++) {
        if(kbhit()) {                       /* 키보드가 눌렸는지 확인한다. */
            switch(getchar()) {             /* 문자를 읽는다. */
                case 'p':                   /* 읽은 문자가 p이면 기압을 출력한다. */
                    /* LPS25H 장치 초기화 */
                    wiringPiI2CWriteReg8(pressure_fd, CTRL_REG1, 0x00);
                    wiringPiI2CWriteReg8(pressure_fd, CTRL_REG1, 0x84);
                    wiringPiI2CWriteReg8(pressure_fd, CTRL_REG2, 0x01);

                    /* 기압과 온도 값 얻기 */
                    getPressure(pressure_fd, &t_c, &pressure);
                    /* 계산된 값을 출력 */
                    printf("Temperature(from LPS25H) = %.2f°C\n", t_c);
                    printf("Pressure = %.0f hPa\n", pressure);
                    break;
                case 't':                   /* 읽은 문자가 t이면 온도를 출력한다. */
                    /* HTS221 장치 초기화 */
                    wiringPiI2CWriteReg8(temperature_fd, CTRL_REG1, 0x00);
                    wiringPiI2CWriteReg8(temperature_fd, CTRL_REG1, 0x84);
                    wiringPiI2CWriteReg8(temperature_fd, CTRL_REG2, 0x01);

                    /* 온도와 습도 값 얻기 */
                    getTemperature(temperature_fd, &temperature, &humidity);
                    /* 계산된 값을 출력 */
                    printf("Temperature(from HTS221) = %.2f°C\n", temperature);
                    printf("Humidity = %.0f%% rH\n", humidity);
                    break;
                case 'q':                   /* 읽은 문자가 q이면 종료한다. */
                    goto END;
                    break;
            };
        }
    }
```

```
            printf("%20d\t\t\r", i); /* 현재 카운트한 숫자를 출력한다. */
            delay(100);/* 100밀리초 동안 쉰다. */
        }

    END:
        printf("Good Bye!\n");

        /* 사용이 끝난 장치를 정리 */
        wiringPiI2CWriteReg8(pressure_fd, CTRL_REG1, 0x00);
        close(pressure_fd);

        wiringPiI2CWriteReg8(temperature_fd, CTRL_REG1, 0x00);
        close(temperature_fd);

        return 0;
    }

/* 키보드 입력을 처리하기 위한 함수 */
int kbhit(void)
{
    struct termios oldt, newt;          /* 터미널에 대한 구조체 */
    int ch, oldf;

    tcgetattr(0, &oldt);                /* 현재 터미널에 설정된 정보를 가져온다. */
    newt = oldt;
    newt.c_lflag &= ~(ICANON | ECHO);   /* 정규 모드 입력과 에코를 해제한다. */
    tcsetattr(0, TCSANOW, &newt);       /* 새 값으로 터미널을 설정한다. */
    oldf = fcntl(0, F_GETFL, 0);
    fcntl(0, F_SETFL, oldf | O_NONBLOCK); /* 입력을 논블로킹 모드로 설정한다. */

    ch = getchar();

    tcsetattr(0, TCSANOW, &oldt);       /* 기존의 값으로 터미널의 속성을 바로 적용한다. */
    fcntl(0, F_SETFL, oldf);

    if(ch != EOF) {
        ungetc(ch, stdin);              /* 앞에서 읽은 위치로 이전으로 포인터를 돌려준다. */
        return 1;
    }

    return 0;
}

/* 기압과 온도 계산을 위한 함수 */
void getPressure(int fd, double *temperature, double *pressure)
{
    int result;

    unsigned char temp_out_l = 0, temp_out_h = 0;   /* 온도를 계산하기 위한 변수 */
    unsigned char press_out_xl = 0;                 /* 기압을 계산하기 위한 변수 */
    unsigned char press_out_l = 0;
    unsigned char press_out_h = 0;
```

```
    short temp_out = 0;                    /* 온도와 압력을 저장하기 위한 변수 */
    int press_out = 0;

    /* 측정이 완료될 때까지 대기 */
    do {
        delay(25);                         /* 25밀리초 대기 */
        result = wiringPiI2CReadReg8(fd, CTRL_REG2);
    } while(result != 0);

    /* 측정된 온도 값 읽기(2바이트 읽기) */
    temp_out_l = wiringPiI2CReadReg8(fd, PTEMP_OUT_L);
    temp_out_h = wiringPiI2CReadReg8(fd, PTEMP_OUT_H);

    /* 측정된 기압 값 읽기(3바이트 읽기) */
    press_out_xl = wiringPiI2CReadReg8(fd, PRESS_OUT_XL);
    press_out_l = wiringPiI2CReadReg8(fd, PRESS_OUT_L);
    press_out_h = wiringPiI2CReadReg8(fd, PRESS_OUT_H);

    /* 각각 측정한 값들을 합성해서 온도(16비트)와 기압(24비트) 값 생성(비트/시프트 이용) */
    temp_out = temp_out_h << 8 | temp_out_l;
    press_out = press_out_h << 16 | press_out_l << 8 | press_out_xl;
    /* 출력값 계산 */
    *temperature = 42.5 + (temp_out / 480.0);
    *pressure = press_out / 4096.0;
}

/* 온도와 습도를 가져오기 위한 함수 */
void getTemperature(int fd, double *temperature, double *humidity)
{
    int result;

    /* 측정이 완료될 때까지 대기 */
    do {
        delay(25);                         /* 25밀리초 대기 */
        result = wiringPiI2CReadReg8(fd, CTRL_REG2);
    } while(result != 0);

    /* 온도(LSB(ADC))를 위한 보정값(x-데이터를 위한 2지점) 읽기 */
    unsigned char t0_out_l = wiringPiI2CReadReg8(fd, T0_OUT_L);
    unsigned char t0_out_h = wiringPiI2CReadReg8(fd, T0_OUT_H);
    unsigned char t1_out_l = wiringPiI2CReadReg8(fd, T1_OUT_L);
    unsigned char t1_out_h = wiringPiI2CReadReg8(fd, T1_OUT_H);

    /* 온도(℃)를 위한 보정값(y-데이터를 위한 2지점) 읽기 */
    unsigned char t0_degC_x8 = wiringPiI2CReadReg8(fd, T0_degC_x8);
    unsigned char t1_degC_x8 = wiringPiI2CReadReg8(fd, T1_degC_x8);
    unsigned char t1_t0_msb = wiringPiI2CReadReg8(fd, T1_T0_MSB);

    /* 습도(LSB(ADC))를 위한 보정값(x-데이터를 위한 2지점) 읽기 */
    unsigned char h0_out_l = wiringPiI2CReadReg8(fd, H0_T0_OUT_L);
    unsigned char h0_out_h = wiringPiI2CReadReg8(fd, H0_T0_OUT_H);
```

```
    unsigned char h1_out_l = wiringPiI2CReadReg8(fd, H1_T0_OUT_L);
    unsigned char h1_out_h = wiringPiI2CReadReg8(fd, H1_T0_OUT_H);

    /*습도(% rH)를 위한 보정값(y-데이터를 위한 2지점) 읽기 */
    unsigned char h0_rh_x2 = wiringPiI2CReadReg8(fd, H0_rH_x2);
    unsigned char h1_rh_x2 = wiringPiI2CReadReg8(fd, H1_rH_x2);

    /* 각각 측정한 값들을 합성해서 온도(x-값) 값 생성(비트/시프트 이용) */
    short s_t0_out = t0_out_h << 8 | t0_out_l;
    short s_t1_out = t1_out_h << 8 | t1_out_l;

    /* 각각 측정한 값들을 합성해서 습도(x-값) 값 생성(비트/시프트 이용) */
    short s_h0_t0_out = h0_out_h << 8 | h0_out_l;
    short s_h1_t0_out = h1_out_h << 8 | h1_out_l;

    /* 16비트와 10비트의 값 생성(비트 마스크/시프트 이용) */
    unsigned short s_t0_degC_x8 = (t1_t0_msb & 3) << 8 | t0_degC_x8;
    unsigned short s_t1_degC_x8 = ((t1_t0_msb & 12) >> 2) << 8 | t1_degC_x8;

    /* 온도 보정값(y-값) 계산 */
    double d_t0_degC = s_t0_degC_x8 / 8.0;
    double d_t1_degC = s_t1_degC_x8 / 8.0;

    /* 습도 보정값(y-값) 계산 */
    double h0_rH = h0_rh_x2 / 2.0;
    double h1_rH = h1_rh_x2 / 2.0;

    /* 온도와 습도의 계산을 위한 보정 선형 직선 그래프 'y = mx + c' 공식을 계산 */
    double t_gradient_m = (d_t1_degC - d_t0_degC) / (s_t1_out - s_t0_out);
    double t_intercept_c = d_t1_degC - (t_gradient_m * s_t1_out);
    double h_gradient_m = (h1_rH - h0_rH) / (s_h1_t0_out - s_h0_t0_out);
    double h_intercept_c = h1_rH - (h_gradient_m * s_h1_t0_out);

    /* 주변의 온도 읽기(2바이트 읽기) */
    unsigned char t_out_l = wiringPiI2CReadReg8(fd, TEMP_OUT_L);
    unsigned char t_out_h = wiringPiI2CReadReg8(fd, TEMP_OUT_H);

    /* 16비트 값 생성 */
    short s_t_out = t_out_h << 8 | t_out_l;

    /* 주변의 습도 읽기(2바이트 읽기) */
    unsigned char h_t_out_l = wiringPiI2CReadReg8(fd, H_T_OUT_L);
    unsigned char h_t_out_h = wiringPiI2CReadReg8(fd, H_T_OUT_H);

    /* 16비트 값 생성 */
    short s_h_t_out = h_t_out_h << 8 | h_t_out_l;

    /* 주변의 온도 계산 */
    *temperature = (t_gradient_m * s_t_out) + t_intercept_c;

    /* 주변의 습도 계산 */
    *humidity = (h_gradient_m * s_h_t_out) + h_intercept_c;
}
```

main( ) 함수에서 2개의 센서에 대한 초기화를 수행하였다. 보다 코드를 간단하게 하기 위해 2개의 센서에 대한 파일 디스크립터를 각각 생성했고, 이를 이용해서 각각 초기화를 진행하였다. 키보드를 눌러 관련 기능을 제어할 수 있는데, 'p' 키를 눌러서 LPS25H 센서의 기압과 온도를 가져와 출력할 수 있다. 그리고 't' 키를 눌러서 HTS221 센서의 온도와 습도를 가져올 수 있다. 마지막으로 애플리케이션을 종료하기 위해서는 'q' 키를 누르면 된다. 각 센서의 값을 가져오는 부분은 3장에서와 같이 별도의 함수로 분리하였다.

이처럼 kbhit( ) 함수를 이용해서 현재 키보드에서 누른 문자열을 가져오고, 사용자가 누른 문자열에 따라서 각 센서를 제어할 수 있다. 위의 소스 코드에서는 하나의 프로세스만 사용하고 있기 때문에 온도 센서를 사용하는 순간에는 다른 동작을 수행할 수 없다. 여러 동작을 한꺼번에 수행하기 위해서는 추가로 다음 장에서 살펴볼 다중 처리에 대한 기능이 필요하다.

4.6 요약

리눅스 커널은 하드웨어의 제어와 사용자 인터페이스를 제공하는 운영체계의 핵심 계층으로, 프로세스 관리, 메모리 관리, 파일 시스템, 디바이스 제어, 네트워크 등 다양한 기능을 제공한다. 또한 애플리케이션이 이러한 기능을 효율적으로 사용할 수 있도록 시스템 호출 인터페이스를 제공하며, 개발자는 시스템 호출을 통해 애플리케이션을 작성할 수 있다.

유닉스에서는 파일, 디렉터리, 명명된 파이프, 소켓, 디바이스 등이 모두 파일로 취급되므로 이러한 디바이스를 다루기 위해서는 파일 처리에 대해 반드시 알아야 한다. 리눅스에서는 저수준으로 파일을 다룰 수 있는 open( ), read( ), write( ), close( ), fcntl( )/ioctl( ) 등의 함수들을 제공하고 있으며, 유닉스의 표준 라이브러리에서 제공하는 FILE 구조체를 이용하는 fopen( ), fread( ), fwrite( ), fclose( ) 함수 등의 고수준의 파일 입출력 함수도 제공한다.

스트림은 연속된 바이트들의 흐름으로 fread( )나 fwrite( ) 함수를 사용해서 데이터를 교환할 수 있다. 메시지는 레코드 단위의 데이터를 전송하는데 스트림 환경에서 메시지를 흉내 낼 수도 있다. 별도의 메시지 기반 함수를 사용할 수도 있는데, 개발자가 직접 메시지 포맷을 정의할 수 있다.

파일을 보호하기 위해 파일 권한을 설정할 수 있다. 파일의 소유자와 소유자가 속한 그룹, 다른 사람에 대해 읽기, 쓰기, 실행하기 등의 권한을 각각 설정할 수 있다. 파일에 대한 권한 설정을 위해 chmod( ) 함수를 제공하고, 관련 정보를 알 수 있도록 stat( ) 등의 함수를 제공한다.

파일들은 디렉터리에 담겨 관리된다. 이러한 디렉터리를 생성하고 변경하고 삭제할 수 있는 함수 또한 커널에서 제공하며, 각각의 디렉터리에 대한 정보를 가져올 수 있는 함수도 제공한다. 이와 같이 디렉터리를 조작하는 함수들을 통해 각각의 파일들에 접근할 수 있다.

유닉스는 유닉스 시간과 프로세스 시간을 제공한다. 프로세스 시간은 주로 프로세스의 시간 정보를 사용하는 것과 관련된 것이고, 시계나 달력의 시간 및 날짜와 관련된 것은 유닉스 시간이다. 유닉스의 time( ) 함수를 이용하면 UTC 기반의 시간을 가져올 수 있으며, 이 UTC 기반의 시간을 지역 시간으로 변경하거나 사람이 읽을 수 있는 형태로 변환하기 위해 다양한 함수들을 제공한다.

## CHAPTER 4

연습문제

1 POSIX와 유닉스의 표준에 대해서 설명하시오.

2 유닉스의 파일 구조와 주요 저수준 파일 처리 함수에 대해서 설명하시오.

3 리눅스의 저수준 파일 처리 함수와 앞의 소스 코드 4-1(copy.c)을 참고해서 2개의 파일을 하나로 병합하는 소스 코드를 작성하시오.

4 유닉스의 표준 입출력 라이브러리에 대해서 설명하시오.

5 유닉스의 표준 입출력 라이브러리와 소스 코드 4-2(fcopy.c)를 참고해서 2개의 파일을 하나로 병합하는 소스 코드를 작성하시오.

6 아이노드 테이블과 하드 링크와 심볼릭 링크를 비교해서 설명하시오.

7 스티키 비트(Sticky bit)에 대해서 설명하시오.

8 unlink( ) 함수와 remove( ) 함수의 차이점에 대해서 설명하시오.

9 디렉터리 생성과 삭제, 이동과 관련된 함수들에 대해서 설명하시오.

10 디렉터리 내의 파일에 대한 정보를 가져오기 위한 방법들에 대해서 설명하시오.

11 유닉스의 시간과 관련해서 유닉스 시간과 프로세스 시간과의 관계를 설명하시오.

5

프로세스와 스레드:
다중 처리

인도에 간 펭귄: 인도의 신들은 손의 갯수가 곧 능력을 의미했다.

프로세스는 실행 중인 프로그램을 말하며, 생성(New), 준비(Ready), 대기(Waiting), 실행(Running), 완료(Terminated) 등의 다양한 상태를 가지고 있다. 리눅스에서는 시분할 스케줄링 알고리즘에 의해 프로세스를 제어하는데, 이를 이용해서 여러 개의 일을 동시에 수행할 수 있는 멀티태스킹을 지원한다.

시그널은 프로세스들 사이에서 비동기적(Asynchronous) 사건의 발생을 전달하는 방법으로 유닉스에서 널리 사용된다. Ctrl + C 키를 눌러 프로세스를 종료하거나 숫자를 0으로 나누는 등의 경우에 발생하는 다양한 종류의 시그널이 있으며, 리눅스에서는 이러한 시그널 처리를 지원하고 있다.

멀티 프로세스 환경에서 새로운 프로세스를 생성할 때는 fork( ) 함수를 사용할 수 있는데, 일반적으로 클라이언트의 요청을 받아서 동일한 서비스를 제공하는 네트워크 서버와 같은 경우 하나의 프로세스를 복제하여 부모와 자식이 동시에 각각 관련된 기능을 실행할 수 있다. 셸에서와 같이 새로운 프로그램을 실행해야 하는 경우에는 fork( ) 함수로 자식 프로세스를 생성한 후에 exec( ) 함수를 호출하여 새로운 프로그램을 실행한다. SUS에는 fork( )/exec( )을 함께 수행하는 posix_spawn( ) 함수를 제공한다.

프로세스 사이에는 서로 공유하는 공간이 없기 때문에 서로 간에 메시지를 전달하기 위해서는 별도의 IPC(Inter-Process Communication)가 필요하다. 이러한 IPC로 파이프나 FIFO, 공유 메모리 등의 방법이 사용되는데, 파이프는 부모와 자식 관계에서만 통신할 수 있지만, FIFO는 부모-자식 관계가 아닌 프로세스들도 통신이 가능하다.

스레드는 일의 처리의 단위로 프로세스에 비해서 빠르게 생성할 수 있으며, 서로 공유되는 메모리를 이용해서 서로 간의 데이터를 전달할 수 있다. 하지만 모든 스레드가 동일한 메모리 공간을 공유하고 있으므로 동기화 문제가 발생할 수 있는데, 이는 세마포어나 뮤텍스를 이용해서 해결할 수 있다.

5.1 프로세스와 시그널

5.1.1 프로세스

유닉스는 시분할(Time Sharing) 시스템으로 여러 개의 프로그램을 동시에 실행하는 기능을 제공한다. 컴퓨터 내에서 현재 실행 중인 프로그램을 프로세스(Process)[1]라고 하는데, 종종 태스크(Task)라는 용어로도 불린다. 여러 프로세스가 동시에 실행되는 것을 멀티프로세스(Multiprocess)라 하고, 시분할 시스템의 경우에는 이를 멀티태스킹(Multitasking)이라고 부른다.

---

1 하드웨어적인 CPU를 의미하는 프로세서(processor)와는 다른 말이다.

■ 프로세스의 상태

CPU의 코어(core)는 한순간에 하나의 프로세스만 실행할 수 있기 때문에 다른 프로세스들은 대기를 해야 한다. 프로세스들은 각각의 상태를 가지는데, 프로세스의 상태를 관리하는 PCB(Process Control Block)[2]에 현재의 실행과 관련된 상태를 저장하고 있다.

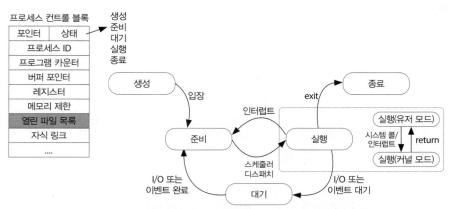

그림 5-1 프로세스 컨트롤 블록(PCB)과 프로세스의 상태도

CPU를 사용하기 위해 전체의 CPU 시간을 분할해서 프로세스에 할당한다. 프로세스들은 여러 상태들 사이를 전환하면서 프로세스의 일을 수행한다. 프로세스 상태는 일반적인 유저 모드(user mode)에서 수행 중인 상태, 커널 모드(kernel mode)에서 수행 중인 상태, 수행 대기(Waiting/Sleeping) 상태[3] 등으로 나눠볼 수 있다.

표 5-1 프로세스의 상태

상태	내용
생성 상태(New)	프로그램이 실행되어 프로세스가 생성되는 상태이다.
준비 상태(Ready)	프로세서에서 언제든 서비스의 실행을 기다리고 있는 상태로 CPU의 할당을 기다리고 있다. 실행 중에 시스템에서 특정 인터럽트가 발생하면 준비 상태로 전환된다.
실행 상태(Running)	코드가 현재 CPU에서 실행되고 있는 상태로 프로세서에 의해서 서비스를 받고 있는 상태이다. 커널에게 시스템 호출을 수행하게 할 수 있다[†].
대기 상태(Waiting/ Sleeping)	커널에 시스템 호출을 처리하기 위해 기다리는 상태이다. 다른 프로세스가 서비스나 I/O 작업이 수행되고 있는 동안 대기한다[††].
종료 상태(Terminated)	프로세스의 실행이 완료된 상태이다.

[†]   보통은 CPU time을 할당받은 상태로 유저 모드에서 실행되다가 시스템 호출(system call)에 의해서 커널 모드로 실행된다.

[††]   스와핑(swapping)은 대기/수면 상태가 지속될 때, 프로세스의 메모리 영역을 디스크의 가상 메모리(virtual memory) 공간으로 옮기는 동작을 수행한다.

---

2   《운영체제론(Operating Systems, 3rd Ed.)》(하비 디텔/폴 디텔/데이빗 쇼픈스 저, 송경희 역, 김명섭 감수, 한빛아카데미, 2009)에서는 "PCB는 운영체제가 프로세스를 표현한 것이다."라고 나타냈다.

3   수면(sleeping)이라고도 한다.

프로세스를 실행시키면 생성(New) 상태에서 준비(Ready) 상태로 들어간다. 준비 상태의 프로세스는 스케줄링 알고리즘에 따라 실행(Running) 상태로 넘어가서 애플리케이션이 실행된다.

시분할 시스템에서는 CPU에서 프로세스들이 돌아가면서 실행된다. CPU의 코어(Core)는 매순간 한 프로세스만 실행하지만, 실행하는 주기를 아주 짧게 나누면 사용자들은 여러 프로그램이 동시에 실행되는 것처럼 느껴진다. 이렇게 프로세스의 실행을 위해 나눠진 짧은 시간을 퀀텀 타임(Quantum Time)이라고 한다. 퀀텀 타임 단위로 여러 프로세스들이 돌아가면서 실행되는데, 이렇게 실행되는 프로세스들은 프로세스 큐에 의해서 관리된다.

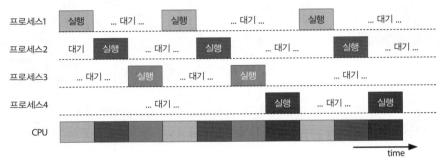

그림 5-2 시분할 시스템과 프로세스 큐

실행 중인 프로세스는 사용자가 터미널에서 Ctrl + C 키를 누르거나 Ctrl + Z 키를 누르면 발생하는 인터럽트에 의해 멈추거나 중지될 수 있다. 이때 운영체제에서 시그널이 발생해 해당 프로세스에 전달된다.

■ 프로세스의 자료 구조

유닉스에서 프로세스가 실행되면, 실행과 관련된 여러 데이터들[4]이 메모리상에서 관리된다.

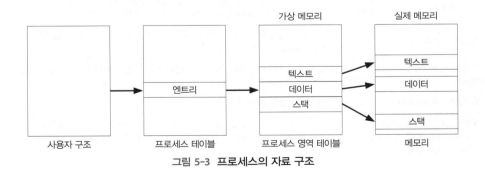

그림 5-3 프로세스의 자료 구조

---

4 사용자 구조(user structure, uarea), 프로세스 테이블(proc table), 커널 스택(kernel stack)과 각각의 프로세스에 대한 텍스트(text), 데이터(data), 스택(user stack)의 프로세스 영역 등의 정보

사용자 구조(User Structure)는 프로세스 수행 중에 필요한 정보를 저장하고, 프로세스 테이블(Process Table)은 앞 장에서 설명한 것처럼 프로세스 관리에 필요한 정보들을 저장한다. 리눅스에서 사용자 구조는 <user.h> 파일[5]에 정의되어 있다. 프로세스 영역 테이블은 텍스트, 데이터, 스택의 세그먼트 크기나 시그널 함수의 처리를 위한 시그널 번호, 에러 처리를 위한 정보 등 다양한 정보를 저장한다.

리눅스에서 프로세스에 대한 정보는 task_struct 구조체를 통해 관리된다. task_struct 구조체는 프로세스에 관한 모든 정보를 보관하는 프로세스 서술자로, 아주 많은 구조체의 멤버로 이루어져 있다.

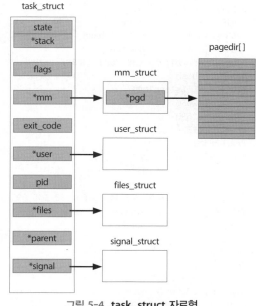

그림 5-4 **task_struct 자료형**

task_struct 구조체에 대한 정보는 ps 명령어를 통해서 가져올 수 있고, 현재 실행되는 프로세스들의 정보는 /proc 디렉터리를 통해서 확인할 수 있다.

그림 5-5 **/proc 디렉터리**

실행 중인 각각의 프로세스에 대한 정보는 /proc 디렉터리 안의 PID 숫자 이름의 서브 디렉터리에 존재하고 있으며, 관련 정보는 status 파일을 통해서 살펴볼 수 있다.

---

5   /usr/include/arm-linux-gnueabihf/sys/user.h에 위치한다.

```
pi@raspberrypi:~ $ ps
  PID TTY          TIME CMD
 2630 pts/1    00:00:01 bash
 2647 pts/1    00:00:00 ps
pi@raspberrypi:~ $ cat /proc/2630/status
Name:       bash
State:      S (sleeping)
Tgid:       2630
Pid:        2630
PPid:       2629
TracerPid:        0
Uid:        1000    1000    1000    1000
Gid:        1000    1000    1000    1000
FDSize:     256
Groups:     4 20 24 27 29 44 46 60 100 105 999 1000 1002 1003
VmPeak:         6888 kB
VmSize:         6824 kB
                                  /* ~ 중간 표시 생략 ~ */
VmSwap:            0 kB
Threads: 1
SigQ:       0/2925
SigPnd:     0000000000000000
ShdPnd:     0000000000000000
SigBlk:     0000000000010000
SigIgn:     0000000000384004
SigCgt:     000000004b813efb
                                  /* ~ 중간 표시 생략 ~ */
Cpus_allowed: 1
Cpus_allowed_list: 0
voluntary_ctxt_switches: 281
nonvoluntary_ctxt_switches: 225
```

5.1.2 프로세스 관련 명령어

리눅스 시스템은 멀티프로세스 환경을 지원하므로 많은 프로세스들이 동시에 수행될 수 있다. 시스템 관리나 프로그래밍 시에는 프로세스의 상태를 알아야 할 때가 있는데, 리눅스에서는 이러한 프로세스의 상태와 관련된 정보를 알려주는 다양한 유틸리티들을 제공한다.

■ ps 명령어

ps 명령어를 사용해서 시스템에서 현재 수행되고 있는 프로세스의 상태를 알 수 있다.

```
$ ps [-][auxefl]
```

ps 명령어는 출력을 위한 다양한 옵션들을 제공한다. ps 명령어는 옵션을 사용할 때 다른 리눅스의 명령어처럼 '-'를 앞에 붙일 수도 있고 그렇지 않을 수도 있다.

표 5-2 ps 명령어의 옵션

옵션	내용	전체 이름
u	프로세스의 사용자 이름과 시작 시간을 출력한다.	
f	프로세스의 정보를 한 줄로 자세히 출력한다.	(full)
l	프로세스의 정보를 한 줄로 보다 자세히 길게 출력한다.	(long)
e	환경에 대한 정보도 출력한다.	(environment)
a	다른 사용자들의 프로세스들을 모두 표시한다.	(all)
x	로그인 상태에서 아직 완료되지 않은 프로세스들을 표시한다. 사용자가 종료한 후에도 일정 프로세스는 계속해서 실행되는데 터미널이 없는 상태에서 실행되는 프로세스들을 확인할 수 있다.	
r	현재 실행 중인 프로세스들을 표시한다.	(running)
j	작업 중심의 형태로 출력한다.	(job)

ps 명령어를 실행해보면 현재 시스템에서 실행되고 있는 프로세스의 정보들이 다음과 같이 각각 구분되어 표시된다.

표 5-3 ps 명령어의 구분

구분	내용	비고
UID	사용자의 ID	(User ID)
USER	프로세스를 실행하고 있는 실제 사용자의 계정	
PID	프로세스의 ID	(Process ID)
PPID	부모 프로세스의 ID	(Parent Process ID)
STIME	프로세스 실행의 시작 시간	START
TTY	현재 프로세스의 표준 입출력을 담당하는 터미널	TT
TIME	프로세스에서 CPU를 점유하는 시간	
COMMAND	실행 명령어	CMD
STAT	프로세스의 현재 상태	S
PRI	스케줄링에서 프로세스의 우선순위	(PRIority)
%CPU	최근 1분 동안 프로세서가 사용한 CPU 시간의 백분율	
RSS	프로세서에서 사용하는 실제 메모리의 용량(Kbyte)	(Resident Set Size)
ADDR	프로세스의 시작 메모리 주소	(ADDRess)
SZ	프로세스가 사용하는 자료와 스택의 크기(Kbyte)	(SiZe)

프로세스의 현재 상태(STAT)는 한 자리의 영문자로 표시된다. P는 실행 가능이나 실행 중(Running)을 의미하고, D는 디스크 입출력 대기처럼 인터럽트할 수 없는 대기 상태를 의미하고, S는 20초 미만의 짧은 잠든 상태(Sleep), I는 20초 이상 길게 잠든 상태, R은 CPU를 점유하기 위해 대기하고

있는 상태(Ready), Z는 좀비(Zombie) 프로세스[6], T는 일시 정지된 상태를 의미한다.

■ kill 명령어

kill 명령어는 프로세스에 시그널을 보내는 명령어로 주로 프로세스를 강제적으로 종료시킬(죽일) 때 사용한다.

```
$ kill [-9][-15] { 프로세스_ID }+
```

일반적으로 옵션 없이 사용하지만 종료 시 프로세스의 상태에 따라 옵션이 필요할 때가 있는데, -9(SIGKILL) 옵션은 프로그램을 강제로 종료시키고, -15(SIGTERM) 옵션은 해당 프로그램이 종료 처리 작업을 수행한 후 끝낼 수 있다.

또한 kill 명령어는 위의 옵션 외에도 '-l' 옵션을 지원하는데, 이를 통해 시그널 번호들을 알 수 있다.

■ top 명령어

top 명령어는 현재 시스템의 프로세스 우선순위와 사용하고 있는 CPU 등의 시스템 사용량에 대한 정보를 실시간으로 보여준다.[7]

```
$ top
```

즉, top 명령어를 통해 프로세스들이 어떤 상태에 있는지 알아볼 수 있다. 경쟁 상태(Race condition)나 메모리 누수(Memory Leak) 또는 과도한 입출력이나, 좀비 프로세스 등 프로그램 실행에 치명적인 내용까지 살펴볼 수 있다.

top 명령어를 실행하면 화면 상단에 시스템 전체의 CPU와 메모리 사용량, Task에 대한 정보, 시스템이 부팅된 이후부터의 전체 시간과 상태에 대한 내용들이 요약되어 표시된다.

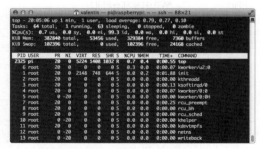

그림 5-6 라즈베리 파이에서의 top 명령어의 실행

---

6 좀비 상태는 프로세서가 종료될 때 다른 문제로 완전히 완료되지 못한 상태를 의미한다.

7 원하는 프로세스만 보고 싶은 경우에는 grep 명령어와 함께 '$ top | grep name'과 같이 수행할 수 있다.

표 5-4 **top 명령어의 내용**

줄	내용
top	현재의 시간, 시스템을 켠 이후부터의 경과시간(uptime), 현재 시스템에 로그인한 사용자(User) 수, 로드 평균(Load Average)
Tasks	전체(Total) 프로세스 수, 현재 실행 중인(Running) 프로세스, 유휴 상태(Sleeping) 프로세스, 정지 상태(Stopped) 프로세스, 좀비(Zombie) 프로세스
Cpu(s)	사용자가 사용 중인 CPU 사용률(us), 시스템이 사용하는 CPU 사용률(sy), NICE 기준 값 이하의 CPU 사용률(ni), 사용되지 않은 CPU의 미사용률(id), 입출력 대기 상태의 사용률(wa), 하드웨어 인터럽트(hi), 소프트웨어 인터럽트(si) 등
Mem	전체 물리적인 메모리(total), 사용 중인 메모리(used), 사용되지 않는 여유 메모리(free), 버퍼된 메모리(buffers)
Swap	전체 스왑 메모리(total), 사용 중인 스왑 메모리(used), 남아 있는 스왑 메모리(free), 캐시된 메모리(cached)

top 명령어의 제일 위에 표시되는 평균 부하량은 작업의 대기 시간을 의미하는데, 값이 1이면 1분 동안 평균 한 개의 프로세스가 대기 상태에 있음을 의미한다. 일반적으로 이 값이 5 이상이면 시스템 부하 상태이고, 10~15 값이면 과부하 상태이다.

Cpu(s)나 Mem 항목에서는 어떤 프로세스가 경쟁 상태(Race Condition)에 있거나 메모리 누수 현상이 발생하지는 않는지 확인할 수 있다. 만일 입출력 대기 상태의 사용률(wa)이나 하드웨어 인터럽트(hi)의 수치가 크다면, 현재의 시스템(CPU)이 인터럽트 처리에 바빠서 다른 프로세스를 원활하게 처리할 수 없으므로 시스템 전체의 속도가 현저히 떨어질 수 있다.

top 명령어 아래에는 각각의 프로세스에 대한 정보가 표시되며, 각 필드는 다음의 값을 나타낸다.

표 5-5 **top 명령어의 프로세스에 대한 내용**

항목	내용
PID	프로세스 ID(PID)
USER	프로세스를 실행시킨 사용자 ID
PR	프로세스의 우선순위(priority)
NI	작업 수행의 NICE(nice value) 값으로 마이너스를 가지는 값이 우선순위가 높다.
VIRT	가상 메모리 사용량(SWAP + RES)
RES	현재 페이지의 상주 크기(Resident Size)
SHR	분할된 페이지로 프로세스에 의해 사용된 메모리를 나눈 메모리의 총합
S	프로세스의 상태로 S(sleeping), R(running), W(swapped out process), Z(zombies) 등의 값을 갖는다.
%CPU	프로세스의 CPU 사용률
%MEM	프로세스의 메모리 사용률

top 명령어는 다음과 같은 주요 단축키를 제공하고 있다. 보다 다양한 단축키나 도움말(help)에 대한 내용은 top 명령어를 실행하는 동안 'h' 키를 누르면 볼 수 있다.

표 5-6 top 명령어의 주요 단축키

단축키	내용	비고
M	메모리 사용량이 큰 순서로 정렬된다.	Shift + M
P	CPU 사용량이 큰 순서로 정렬된다.	Shift + P
T	실행 시간이 큰 순서로 정렬된다.	Shift + T
F	정렬할 내용을 선택할 수 있는 화면이 표시되는데 여기에서 표시될 내용을 선택할 수 있다.	Shift + F
R	정렬의 순서(올림차순/내림차순)를 바꿀 수 있다.	Shift + R
k	프로세스 kill – k 입력 후 종료할 PID 입력 signal을 입력하라고 하면 kill signal인 9를 입력한다.	
c	명령 인자 표시/비표시	
d	갱신 주기를 다시 설정한다(기본 갱신 주기는 3초).	
스페이스바	다시 화면을 갱신한다(refresh).	
u	설정한 사용자의 프로세스만 표시	which u

유닉스 스케줄러는 시스템의 모든 프로세서에게 우선순위를 부여하는데, 우선순위가 높은 프로세서는 좀 더 긴 프로세서 시간을 할당받고 자주 수행된다. 리눅스의 nice 명령어를 이용해서 프로그램을 시작할 때 우선순위 값을 부여할 수 있다. nice 명령어를 수행하기 위해서는 실행에 필요한 권한을 가지고 있어야 한다.

```
pi@raspberrypi:~ $ sudo nice -n-10 ls
```

리눅스에서 nice 값은 -20부터 +19의 범위로 대부분의 프로세스들은 0의 값을 가지며, 값이 작을수록 우선순위가 높다. 리눅스에서는 nice( ) 함수를 이용해서 프로세스의 우선순위를 조정할 수 있다.

```
#include <unistd.h>

int nice(int incr);
```

현재 시스템에서 동작하는 프로세스들을 제어하고 싶은 경우 ps나 top, kill 등의 명령어를 수행할 수 있다. 이를 확인하기 위해 간단한 소스 코드를 작성하여 실행해보도록 하자.

코드 5-1 **loop.c**

```c
#include <stdio.h>
#include <unistd.h>

int main(int argc, char **argv)
{
    int i;

    /* 1초마다 0부터 숫자를 증가시키며 출력한다. */
    for(i = 0; ; i++) {
        printf("%10d\r", i);
        fflush(NULL);
        sleep(1);
    }

  return 0;
}
```

위의 코드를 컴파일해서 실행하면 1초에 한 번씩 숫자가 1씩 증가하면서 화면에 표시된다. 위의 소스 코드는 무한 루프로 실행되기 때문에 계속해서 출력되는데, 프로그램의 실행을 중지하고 싶은 경우에는 Ctrl + C 키를 누른다.

리눅스에서는 여러 개의 애플리케이션을 동시에 실행할 수 있다. 일반적으로 애플리케이션을 실행하면 포그라운드(Foreground) 모드로 실행되고 사용자의 키보드 입력을 받을 수 있고 터미널로도 출력할 수 있다. 하나의 터미널에서 포그라운드 모드로는 하나의 애플리케이션만 실행할 수 있으며 여러 애플리케이션을 동시에 실행하려면 다른 애플리케이션들은 백그라운드 모드로 실행한다.

백그라운드(Background) 모드로 애플리케이션을 실행하고 싶은 경우 실행을 위한 명령어의 제일 뒤에 & 기호를 붙인다. 애플리케이션을 백그라운드 모드로 실행시키면 현재의 작업(Job) 번호가 화면에 표시된다.

```
pi@raspberrypi:~ $ ./loop
^C       0
pi@raspberrypi:~ $ ./loop &
[1] 2633
pi@raspberrypi:~ $ fg %1
./loop
^Z       0
[1]+  Stopped                 ./loop
```

현재 백그라운드 모드로 실행되고 있는 애플리케이션을 포그라운드 모드로 바꾸려면 fg 명령어를 사용할 수 있다. fg 명령어를 사용할 때는 % 기호 뒤에 대괄호([ ]) 안의 작업 번호나 프로세스 ID를 입력하면 된다. 아무런 옵션 없이 fg 명령어를 사용하면 가장 최근에 백그라운드로 수행한 명령어가 포그라운드로 전환된다. 실행 중인 프로세스를 백그라운드 모드로 실행하고 싶은 경우에는 Ctrl + Z 키를 입력하면 된다.

표 5-7 리눅스 터미널의 단축키

단축키	내용	비고
Ctrl + D	현재 입력을 중지하거나 로그아웃을 수행한다.	
Ctrl + Z	현재 실행 중인 프로세스를 일시 중단한다.	
Ctrl + C	현재 실행 중인 프로세스를 취소한다.	
Ctrl + L	화면을 지운다.	clear 명령어
Ctrl + S	키보드 잠금(lock)을 수행한다.	
Ctrl + Q	키보드 잠금을 해제한다.	
Ctrl + P	이전 명령어를 표시한다.	Ctrl + N
Shift + PageUp/PageDown	이미 지나간 앞/뒤의 내용을 표시한다.	
Alt + F1~F6	가상 터미널을 사용한다.	X 윈도에서는 Ctrl + Alt + F1~F6
Alt + F7~F12	가상 X 윈도를 사용한다.	

ps 명령어를 옵션 없이 실행시키면 현재 사용자가 사용하는 프로세스들만 볼 수 있지만 'aux' 같은 옵션을 함께 사용하면 시스템에서 전체적으로 동작하는 프로세스에 대한 정보를 확인할 수 있다.

```
pi@raspberrypi:~ $ ps
  PID TTY          TIME CMD
 2409 pts/0    00:00:03 bash
 2633 pts/0    00:00:00 loop
 2634 pts/0    00:00:00 ps
pi@raspberrypi:~ $ ps aux
USER       PID %CPU %MEM    VSZ   RSS TTY      STAT START   TIME COMMAND
root         1  0.0  0.1   2148   748 ?        Ss   12:18   0:01 init [2]
root         2  0.0  0.0      0     0 ?        S    12:18   0:00 [kthreadd]
root         3  0.0  0.0      0     0 ?        S    12:18   0:00 [ksoftirqd/0]
                        /* ~ 중간 표시 생략 ~ */
pi        2409  0.0  0.9   6800  3508 pts/0    Ss   03:49   0:03 -bash
root      2427  0.0  0.0      0     0 ?        S    04:12   0:00 [kworker/0:1]
root      2436  0.0  0.0      0     0 ?        S    04:28   0:01 [kworker/0:0]
pi        2633  0.0  0.0   1544   380 pts/0    T    04:50   0:00 ./loop
pi        2637  0.0  0.2   5008  1136 pts/0    R+   04:52   0:00 ps aux
```

ps 명령어에 'aux' 옵션을 함께 실행하면 많은 프로세스들이 실행되고 있는 것을 확인할 수 있는데, 그중 원하는 결과만 표시하려면 파이프와 grep 명령어를 함께 사용해서 필터링할 수 있다.

```
pi@raspberrypi:~ $ kill -9 2633
[1]+  Killed                  ./loop
```

ps 명령어를 통해 얻은 정보와 kill 명령어를 사용해서 현재 실행 중인 프로세스를 강제적으로 종료시킬 수 있다.

5.1.3 시그널

시그널(Signal)은 소프트웨어적인 인터럽트(interrupts)로 이야기할 수 있는데, 하드웨어적인 시그널과는 다르며, 유닉스에서 아주 오래전부터 사용되는 인터럽션(interruption, 중단)의 간단한 형태이다. 터미널에서 프로그램을 실행하고 키보드의 Ctrl + C 키를 누르면 실행 중인 프로그램이 종료된다. 이때 운영체제에서 인터럽트를 의미하는 시그널이 발생해서 현재 실행 중인 프로그램에 전달이 되고, 해당 시그널을 받은 프로그램은 종료된다.

이렇듯 시그널은 프로그램에게 무언가 사건을 전달하기 위해 사용되는데, 유닉스에서 인터럽트 이외에 여러 사건들이 있고, 각각의 사건을 구별하기 위하여 여러 종류의 시그널을 사용한다. 리눅스에서도 아주 많은 종류의 시그널[8]들이 제공되는데, 시그널 이름은 대부분의 시그널이 SIGINT, SIGABRT, SIGALRM 등과 같은 'SIG'로 시작하는 이름을 갖는다.

표 5-8 리눅스의 주요 시그널[9]

시그널명	번호	내용	비고
SIGHUP	1	터미널의 연결이 끊어질 때 전달된다(HangUP).	POSIX
SIGINT	2	인터럽트(INTerrupt)를 위해 사용자가 INTR 문자(Ctrl + C)를 입력했을 때 전달된다.	ANSI
SIGQUIT	3	터미널에서 사용자가 QUIT 키(Ctrl + \)를 누르면 전달된다(QUIT).	POSIX
SIGILL	4	비정상적인 기계어 명령어를 실행하는 경우에 발생한다(ILLegal instruction).	ANSI
SIGTRAP	5	디버그에서 트레이스 트랩(Trace tRAP)을 위해 사용한 시그널이다.	POSIX
SIGABRT	6	abort( ) 함수나 프로세스가 비정상 종료로 인해서 발생되는 에러를 의미한다 (ABoRt).	ANSI
SIGIOT	6	SIGABRT와 유사한 작업을 수행시 발생하는 시그널이다(IOT trap).	4.2 BSD
SIGBUS	7	유용하지 않은 포인터가 비참조되어 BUS 에러가 발생했을 때 발생한다(BUS 에러).	4.2 BSD
SIGFPE	8	나눗셈에서 0으로 나누는 등의 심각한 산술적 에러를 보고한다(Floating-Point Exception).	ANSI
SIGKILL	9	즉각적인 프로그램 종료를 일으키기 위해 사용된다(KILL, unblockable).	POSIX
SIGUSR1	10	응용 프로그램에서 사용자가 정의하여 사용할 수 있는 시그널 1이다(USeR-defined signal 1).	POSIX
SIGSEGV	11	할당된 메모리의 범위를 벗어나는 곳에서 읽거나, 쓰기를 시도할 때 발생한다 (SEGmentation Violation).	ANSI
SIGUSR2	12	응용 프로그램에서 사용자가 정의하여 사용할 수 있는 시그널 2이다 (USeR-defined signal 2).	POSIX
SIGPIPE	13	파이프로 연결된 프로세스는 이미 종료되었지만 파이프로 계속 데이터를 전송할 때 발생한다(broken PIPE).	POSIX
SIGALRM	14	alarm 함수에 의해 설정된 타이머에 의해 발생한다(ALaRM clock).	POSIX

---

8   리눅스에서는 네트워크상의 RTS(Real Time Signal) 처리를 위해서 SIGRTMIN(32) 등을 지원하고 있다.

9   라즈베리 파이에서는 /usr/include/arm-linux-gnueabihf/bits/signum.h에 위치하고 있다.

시그널명	번호	내용	비고
SIGTERM	15	kill 명령어에 의해서 프로그램을 종료하는 데 사용하는 시그널이다(TERMination).	ANSI
SIGSTKFLT	16	보조 프로세서에서 스택 오류(STacK FauLT)가 발생했다는 것을 의미한다.	
SIGCLD	SIGCHLD	(SIGCHLD과 동일)	System V
SIGCHLD	17	exit( )나 wait( ) 함수에 의해서 자식 프로세스가 종료하거나 정지한 경우에 부모 프로세스에게 전달된다(CHiLD status has changed).	POSIX
SIGCONT	18	정지된 프로세스의 실행을 재개하는 작업 제어 시그널이다(CONTinue).	POSIX
SIGSTOP	19	프로세스를 정지시키는 작업 제어 시그널이다(STOP, unblockable).	POSIX
SIGTSTP	20	suspend 키(Ctrl + Z)를 누르면 발생하는 정지 시그널이다(Terminal/keyboard SToP).	POSIX
SIGTTIN	21	백그라운드에서 작업하는 프로세스가 터미널에 읽기를 시도하면 발생한다 (Background read from TTy INput).	POSIX
SIGTTOU	22	백그라운드에서 작업하는 프로세스가 터미널에 출력을 시도하거나 그 터미널 모드를 설정하려 시도할 때 발생한다(Background write to TTy OUtput).	POSIX
SIGURG	23	소켓에서 긴급(urgent) 메시지가 도착하면 발생한다(URGent condition on socket).	4.2 BSD
SIGXCPU	24	CPU 제한을 초과할 때 발생한다(CPU limit eXceeded).	4.2 BSD
SIGXFSZ	25	시스템에서 지원하는 파일의 크기를 넘을 때 발생한다(File SiZe limit eXceeded).	4.2 BSD
SIGVTALRM	26	현재 프로세스에 의해 사용된 CPU 시간을 계산하는 타이머의 경과를 알려준다 (VirTual ALaRM clock).	4.2 BSD
SIGPROF	27	프로파일 타이머가 끝날 때 발생한다(PROFiling alarm clock).	4.2 BSD
SIGWINCH	28	X 윈도상에서 윈도우(터미널)의 크기가 변경될 때 발생한다(WINdow size CHange).	4.2 BSD, Sun
SIGPOLL	SIGIO	입출력에서 폴링이 가능해지면 발생한다(POLLable event occurred).	System V
SIGIO	29	입출력이 가능해질 때 발생한다(I/O now possible).	4.2 BSD
SIGPWR	30	전원 공급에 문제가 발생했을 때 호출된다(PoWeR failure restart).	System V
SIGSYS	31	시스템 호출에 잘못된 인자가 전달될 때 발생한다(Bad SYStem call.).	
SIGUNUSED	31	사용되지 않는 시그널이다(UNUSED).	

프로세스는 다른 프로세스에 시그널을 전달/설정할 수 있으며, 해당 프로세스는 비동기적으로 시그널을 받아서 처리할 수 있다. SIGCONT 시그널은 같은 세션에 있는 임의의 프로세스에게 전달할 수 있다. 그리고 몇몇 시그널은 다른 방법으로 보내질 수 있는데, 특히 SIGURG는 TCP/IP 네트워크의 OOB(Out Of Band) 메시지를 통해서 전달될 수 있다.

■ signal( ) 함수

시그널이 발생하면 보통 기본 설정값에 의해 처리되지만 프로세스 내에서 해당 시그널에 대한 처리를 지정할 수도 있다. 시그널을 처리하기 위해서는 시그널 처리를 위한 핸들러를 생성한 후 signal( ) 함수를 통해서 해당 시그널을 등록하면 된다.

```
#include <signal.h>

typedef void (*sighandler_t)(int);

sighandler_t signal(int signum, sighandler_t handler);
```

signal( ) 함수의 첫 번째 인자(signum)로는 처리하고 싶은 시그널명을 사용하면 된다. 두 번째
인자(handler)로는 시그널을 처리하기 위한 시그널 핸들러를 등록하면 되는데, 핸들러는 일정한 형
태를 가지고 있고 인자 값으로 현재 발생한 시그널에 대한 번호를 받을 수 있다. 시그널 핸들러
(signal handler)는 시그널이 발생하면 호출될 함수의 주소, 하나의 정수형 인자를 갖고 반환값이 없
는 함수 포인터를 사용할 수 있다.

두 번째 인자로 함수에 대한 핸들러 이외에도 SIG_IGN와 SIG_DFL 같은 값을 이용할 수 있다.
SIG_IGN은 지정한 시그널을 무시하고, SIG_DFL은 기본 처리 방법에 따라 처리한다. signal( ) 함
수가 실행되면 지정한 시그널에 대한 이전까지의 처리 방법이 반환된다.

표 5-9 미리 정의된 시그널 함수의 포인터 값

상수	내용	비고
SIG_DFL	기본 설정(Default)으로 처리한다.	((void (*)( )) 0)
SIG_IGN	지정된 설정 방법을 무시(Ignore)한다.	((void (*)( )) 1)
SIG_ERR	에러가 발생하였다.	Error

시그널이 발생하면 이를 받아서(catch) 미리 등록된 시그널 핸들러(handler)가 수행되는데, SIGKILL
과 SIGSTOP 시그널에는 시그널 핸들러를 등록할 수 없다. 프로그램에서 시그널을 받으면 받은 시
그널의 종류에 따라서 종료하거나 대기(Block)하도록 되어 있는데, 특별한 처리 방법을 선택하지 않
은 경우에는 기본(default) 처리 방법[10]을 수행한다. SIGKILL과 SIGSTOP 시그널을 제외한 모든 시
그널을 무시할 수 있지만 하드웨어적인 오류에 의해 발생한 시그널은 주의해야 한다.

■ pause( ) 함수

프로그램상에서 실행 중 해당 시그널의 발생을 기다려야 하는 경우가 있다. 시그널이 발생할 때까
지 대기하고 싶은 경우에는 pause( ) 함수를 사용할 수 있다. pause( ) 함수는 시그널이 전달되어
처리될 때까지 프로세스의 실행을 잠시 지연시킨다.

---

10   일반적인 기본 처리 방법(SIG_DFL)은 프로세스를 종료시키는 것이다. 앞에서 설명한 것과 같이 signal( ) 함수를 이용해서 해당 시그
     널을 무시(SIG_IGN ; ignore)할 수 있다.

```
#include <unistd.h>

int pause(void);
```

pause( ) 함수는 시그널 처리 함수의 처리가 완료되는 경우에 반환되는데, 반환되는 값이 –1이면
에러이고, errno에 EINTR를 저장한다.

■ sigaction( ) 함수

signal( ) 함수보다 더 향상된 처리를 위해 sigaction( ) 함수"를 사용할 수 있다. signal( ) 함수에서
시그널이 발생하는 동안 다시 동일한 시그널이 발생하는 경우 이전 시그널을 처리하는 동안 시그
널이 블록되기 때문에 처리되지 않고 버려진다. 이러한 문제를 해결하기 위해 sigaction( ) 함수를
이용한다.

```
#include <signal.h>

int sigaction(int signum, const struct sigaction *act, struct sigaction *oldact);
```

sigaction( ) 함수는 sigaction 구조체를 이용할 수 있는데 이를 이용해서 보다 자세한 처리 방법의
지정이 가능하다. sigaction( ) 함수에는 바로 뒤에서 설명할 시그널 마스크라는 것을 사용하는데,
이 시그널 마스크를 이용하면 여러 시그널들에 대한 처리나 조사를 할 수 있다.

```
struct sigaction {
    void (*sa_handler)(int);                    /* 시그널을 처리하기 위한 핸들러 */
    void (*sa_sigaction)(int, siginfo_t *, void *); /* 아래의 sa_flags가 SA_SIGINFO일 경우
                                                     위의 sa_handler 대신에 동작하는 핸들러 */
    sigset_t sa_mask;                           /* 시그널을 처리하는 동안 사용되는 시그널 마스크 */
    int sa_flags;
    void (*sa_restorer)(void);                  /* 일반적으로 POSIX에서 사용하지 않는다. */
}
```

sigaction 구조체의 sa_handler의 값으로 앞의 signal( ) 함수에서 사용한 SIG_IGN, SIG_DFL 값
을 사용할 수 있고, SIG_HOLD 값도 사용할 수 있는데, 이 경우 신호는 프로세스의 신호 마스크
(mask)에 추가되고 신호 처리 방법은 변경되지 않는다.

sa_flags는 시그널 처리 시의 동작에 대해서 지정할 수 있는데 값을 사용하지 않거나 표 5-10의 값
들을 OR(|)과 함께 할 수 있다.

---

11 리눅스에서는 호환성을 위해 예전에 유닉스(Systme V)에서 사용하였던 sigset( )이나 sighold( ), sigrelse( ), sigignore( ) 함수들을 제공
    하고 있지만, 새로운 sigaction( )이나 sigprocmask( ) 같은 함수들을 사용하도록 하고 있다.

표 5-10 **sa_flags의 값**

상수	내용	비고
SA_NOCLDSTOP	시그널 번호(signum)가 SIGCHILD일 경우, 자식 프로세스가 멈추었을 때, 부모 프로세스에 SIGCHILD가 전달되지 않는다.	
SA_NOCLDWAIT	시그널 번호(signum)가 SIGCHLD일 경우, 자식 프로세스가 좀비가 되지 않도록 한다.	리눅스 커널 2.6 이상
SA_NODEFER	시그널을 처리하는 동안에 전달되는 시그널은 블록되지 않는다.	
SA_ONSTACK	sigaltstack( ) 함수에 의해서 제공되는 시그널 핸들러를 호출한다.	
SA_RESETHAND	시그널을 받으면 설정된 행동을 취하고 시스템 기본 설정인 SIG_DFL로 재설정된다.	
SA_RESTART	시그널 처리에 의해 방해받은 시스템 호출은 시그널 처리가 끝나면 재시작한다.	
SA_SIGINFO	sa_handler 대신에 sa_sigaction이 동작되며, 시그널 번호, 시그널의 생성 이유, 시그널을 받는 프로세스의 정보 등 보다 다양한 인수를 받을 수 있다.	리눅스 커널 2.2 이상, siginfo_t 등의 구조체를 사용

■ **시그널 마스크와 sigprocmask( ) 함수**

시그널 마스크는 일종의 필터(filter)로 해당 시그널에 대한 마스크를 사용하면 마스킹된 시그널은 해당 프로세스로 전달되지 않는다. 만약 프로세스에서 해당 시그널을 받기를 원하는 경우 이 시그널에 대한 마스크를 제거하면 블록되어 있는 시그널은 마스크가 제거된 프로세스로 전달된다.

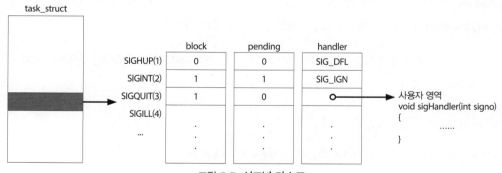

그림 5-7 **시그널 마스크**

리눅스에서는 시그널 마스크를 다루기 위한 함수들을 제공하고 있는데, 이때 sigset_t 형[12]의 시그널 셋을 이용할 수 있다.

---

[12] /usr/include/arm-linux-gnueabihf/bits/sigset.h와 /usr/include/signal.h에 정의되어 있다.

```
# define _SIGSET_NWORDS (1024 / (8 * sizeof (unsigned long int)))
typedef struct {
    unsigned long int __val[_SIGSET_NWORDS];
} __sigset_t;
#endif

typedef __sigset_t sigset_t;
```

sigset_set 구조체의 시그널 셋은 정수형 변수로 표현하는데, 변수의 각 비트가 하나의 시그널을 지칭한다. 비트의 값이 1이면 설정되어 있는 것이고 0이면 설정되어 있지 않은 것이다.

시그널 셋을 사용할 때는 반드시 sigemptyset( ) 함수나 sigfillset( ) 함수로 초기화한 다음에 사용해야 한다. sigemptyset( ) 함수는 모든 비트(시그널)를 0으로 설정하고 sigfillset( ) 함수는 모든 비트를 1로 설정한다.

```
#include <signal.h>

int sigemptyset(sigset_t *set);
int sigfillset(sigset_t *set);
int sigaddset(sigset_t *set, int signum);
int sigdelset(sigset_t *set, int signum);
int sigismember(const sigset_t *set, int signum);
```

sigaddset( ) 함수는 시그널에 해당하는 특정 비트를 1로 설정하고 sigdelset( ) 함수는 0으로 설정한다. sigismember( ) 함수는 해당 시그널이 0인지 1인지를 확인하는 함수이다.

sigset_t 형의 변수를 설정하고 시그널의 블록과 같은 제어를 하고 싶은 경우에는 sigprocmask( ) 함수를 사용할 수 있다.

```
#include <signal.h>

int sigprocmask(int how, const sigset_t *set, sigset_t *oldset);
```

sigprocmask( ) 함수는 시그널 마스크를 제어하거나 검사하는 데 이용된다. 시그널 마스크를 두 번째 인자(set)의 값으로 설정하고 싶으면 첫 번째 인자(how)에 SIG_SETMASK의 값을 사용하고, 현재의 시그널 마스크에 set의 값을 추가하고 싶으면 SIG_BLOCK을 사용할 수 있다. set 값의 시그널을 해제하고 싶은 경우에는 SIG_UNBLOCK을 사용하면 된다. 세 번째 인자는 sigprocmask( ) 함수를 사용하기 전에 설정되어 있던 값을 받아온다.

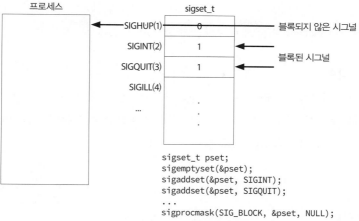

```
sigset_t pset;
sigemptyset(&pset);
sigaddset(&pset, SIGINT);
sigaddset(&pset, SIGQUIT);
...
sigprocmask(SIG_BLOCK, &pset, NULL);
```

그림 5-8 시그널 셋(sigset_t)

앞의 pause( ) 함수와 같이 시그널 마스크를 이용해서 시그널을 처리할 때 시그널이 발생될 때까지 대기하고 싶은 경우를 위해 sigpause( ) 함수를 제공한다.

```
#include <signal.h>

int sigpause(int sigmask);/* BSD */
int sigpause(int signum); /* System V / UNIX 95 */
```

sigpause( ) 함수는 신호를 받을 때까지 프로세스를 중지하는데, sigpause( ) 함수는 시그널 마스크에서 해당 비트를 블록된 시그널 상태로 설정하고 pause( ) 함수를 호출해서 대기하고, 시그널이 발생하면 다시 이전 시그널 마스크로 복원한다. sigpause( ) 함수는 원자(atomic) 단위의 연산이기 때문에 신호 마스크를 변경하고 프로세스를 중지시키는 작업은 다른 방해 없이 수행된다.

■ psignal( ) 함수

해당 시그널에 대한 내용을 출력하고 싶은 경우에는 psignal( ) 함수를 이용할 수 있는데 에러 메시지를 출력할 때 사용하는 perror( ) 함수와 비슷하다.

```
#include <signal.h>

void psignal(int signum, const char *s);
void psiginfo(const siginfo_t *pinfo, const char *s);

extern const char *const sys_siglist[ ];
```

psignal( ) 함수는 시그널에 대한 정보를 출력하는데, 두 번째 인자(s)로 지정한 메시지 뒤에 콜론을 붙이고, 첫 번째 인자(signum)의 값에 해당하는 문자열을 표준 에러로 출력한다.

■ strsignal( ) 함수

시그널이 처리되면 시그널 핸들러를 통해서 해당 시그널의 번호를 알 수 있다. 시그널 번호에 대한 정보를 문자열로 알고 싶은 경우에는 strsignal( ) 함수를 이용할 수 있는데, 에러 번호에 대한 문자열을 알고 싶을 때 사용하는 strerror( ) 함수와 비슷하다.

```
#include <string.h>

char *strsignal(int signum);

extern const char * const sys_siglist[ ];
```

 시그널을 받아서 이를 처리하기 위한 코드를 작성해보자. 일반적으로 가장 많이 사용되는 시그널이 Ctrl + C[13] 키를 눌렀을 때 발생하는 SIGINT이다. 이 시그널과 사용자 시그널을 처리하는 코드를 만들어보고 사용자 시그널을 발생시키는 방법에 대해서 살펴보자.

코드 5-2 **handleSignal.c**

```
#include <stdio.h>
#include <signal.h>                      /* signal() 함수를 위해 사용 */
#include <stdlib.h>                      /* exit() 함수를 위해 사용 */
#include <string.h>                      /* strsignal() 함수를 위해 사용 */
#include <unistd.h>

static void printSigset(sigset_t *set);  /* 현재 sigset_t에 설정된 시그널 표시 */
static void sigHandler(int);             /* 시그널 처리용 핸들러 */

int main(int argc, char **argv)
{
    sigset_t pset;                       /* 블록할 시그널을 등록할 sigset_t 형 */
    sigemptyset(&pset);                  /* 모두 0으로 설정 */
    sigaddset(&pset, SIGQUIT);           /* SIGQUIT와 SIGRTMIN을 설정 */
    sigaddset(&pset, SIGRTMIN);
    sigprocmask(SIG_BLOCK, &pset, NULL); /* 현재의 시그널 마스크에 추가 */

    printSigset(&pset);                  /* 현재 설정된 sigset_t를 화면으로 출력 */

    if(signal(SIGINT, sigHandler) == SIG_ERR) {  /* SIGINT의 처리를 위한 핸들러 등록 */
        perror("signal() : SIGINT");
        return -1;
    }
```

13　키보드의 컨트롤(Ctrl) 키를 짧게 ^로 표시하기도 한다.

```
        if(signal(SIGUSR1, sigHandler) == SIG_ERR) {   /* SIGUSR1 처리를 위한 핸들러 등록 */
            perror("signal() : SIGUSR1");
            return -1;
        }

        if(signal(SIGUSR2, sigHandler) == SIG_ERR) {   /* SIGUSR2 처리를 위한 핸들러 등록 */
            perror("signal() : SIGUSR2");
            return -1;
        }

        if(signal(SIGPIPE, SIG_IGN) == SIG_ERR) {       /* SIGPIPE 처리를 위한 핸들러 등록 */
            perror("signal() : SIGPIPE");
            return -1;
        }

        while(1) pause();                               /* 시그널 처리를 위해 대기 */

        return 0;
}

static void sigHandler(int signo)                   /* 시그널 번호를 인자로 받는다. */
{
    if(signo == SIGINT) {                           /* SIGINT 시그널이 발생했을 때 처리 */
        printf("SIGINT is catched : %d\n", signo);
        exit(0);
    } else if(signo == SIGUSR1) {                   /* SIGUSR1 시그널이 발생했을 때 처리 */
        printf("SIGUSR1 is catched\n");
    } else if(signo == SIGUSR2) {                   /* SIGUSR2 시그널이 발생했을 때 처리 */
        printf("SIGUSR2 is catched\n");
    } else if(signo == SIGQUIT) {
        printf("SIGQUIT is catched\n");
        sigset_t uset;
        sigemptyset(&uset);
        sigaddset(&uset, SIGINT);
        sigprocmask(SIG_UNBLOCK, &uset, NULL);
    } else {
        fprintf(stderr, "Catched signal : %s\n", strsignal(signo));
    }
}

static void printSigset(sigset_t *set)
{
    int i;
    for(i = 1; i < NSIG; ++i) {                      /* sigset_t에 설정된 전체 비트를 출력 */
        printf((sigismember(set, i))?"1":"0");
    }
    putchar('\n');
}
```

하나의 sigHandler 핸들러를 생성하고 signal( ) 함수를 이용해서 여러 시그널을 처리할 수 있도록 등록했다. SIGINT는 Ctrl + C 키를 누르면 발생하고 SIGUSR1과 SIGUSR2는 사용자가 발생하는 시그널이다. 위의 코드를 빌드하고 백그라운드 모드로 실행해보도록 하자.

```
pi@raspberrypi:~ $ ./handleSignal &
[1] 3354
0010000000000000000000000000001000000000000000000000000000000
pi@raspberrypi:~ $ kill -USR1 3354
SIGUSR1 is catched
pi@raspberrypi:~ $ kill -USR2 3354
SIGUSR2 is catched
pi@raspberrypi:~ $ ./handleSignal
0010000000000000000000000000001000000000000000000000000000000
^CSIGINT is catched : 2
pi@raspberrypi:~ $ kill -s SIGPIPE 3354
pi@raspberrypi:~ $ kill -s SIGQUIT 3354
pi@raspberrypi:~ $ kill -s SIGTERM 3354
[1]+  Terminated              ./handleSignal
```

시그널은 애플리케이션에 이벤트를 전달하기 위해 사용될 수 있다. 사용자 시그널인 SIGUSR1과 SIGUSR2는 kill 명령어를 사용해서 전달할 수 있는데 '–USR1'과 '–USR2' 옵션을 사용한다. kill 명령어에 전달하려는 시그널 번호를 직접 입력하고 싶은 경우에는 '–s' 옵션을 사용할 수 있다.

백그라운드 모드로 실행되고 있는 애플리케이션은 키보드 입력을 받을 수 없기 때문에 fg 명령어를 통해서 포그라운드 모드로 전환하거나 애플리케이션을 새로 포그라운드에서 실행한 후 Ctrl + C(^C) 키를 누르면 SIGINT 시그널을 전달해서 원하는 처리를 수행할 수 있다.

SIGQUIT와 SIGRTMIN 시그널을 sigprocmask( ) 함수를 통해서 블록 처리하고 SIGPIPE 함수는 signal( ) 함수를 통해서 무시하도록 처리해놓았기 때문에 3개의 시그널이 발행하더라도 애플리케이션은 종료되지 않고 별다른 반응을 보이지 않는다.

앞에서 설명한 것과 같이 kill 명령어도 프로세스에 같은 방식으로 시그널을 보낼 수 있다. 슈퍼 유저(root)는 임의의 프로세스에게 시그널을 전달할 수 있지만, 일반 유저의 경우에는 시그널을 발생하는 프로세스의 실제/유효 사용자 ID가 시그널을 수신할 프로세스의 실제/유효 사용자 ID와 동일한 경우에만 시그널을 전달할 수 있다.

시그널이 전달되면 시그널은 정해진 방법대로 처리하는데, 이때 발생된 시그널이 전달되지 못하는 지연(pending) 상태가 발생할 수 있다. 시그널이 블록되면 시그널의 블록이 해지되거나 무시하도록 변경될 때까지 지연된 상태로 남아 있다. 블록된 시그널은 시그널 마스크(signal mask)에 의해서 관리될 수 있다.

■ 시그널의 발생

프로그래밍을 하다 보면 코드 내에서 시그널을 발생시켜야 할 때가 있다. 이때 kill( ), raise( )나 alarm( ), abort( ) 함수를 사용할 수 있다. abort( ) 함수는 SIGABRT 시그널을 발생시킨다.

alarm( ) 함수는 인자 값으로 지정된 시간 이후에 SIGALRM 시그널이 발생하도록 타이머를 설정한다. 알람과 관련해서 signal( ) 함수와 같은 함수를 등록하여 사용하는데, 일반적인 SIGALRM의 기본 처리 방법은 프로세스를 종료하는 것이다. 알람의 처리 시간은 스케줄링 지연 때문에 정확하지는 않으며, 일반적으로 CPU에 부하(load)가 심한 경우 느려질 수 있다.

```
#include <unistd.h>

void abort(void);

unsigned int alarm(unsigned int seconds);
```

한 프로세스에는 하나의 알람 시계만 존재할 수 있다. 인자(seconds)의 값이 0인 경우에 이미 설정된 알람이 존재하면 남은 시간이 반환되고 알람은 해제된다. 만약 이미 알람이 설정된 상태에서 다시 alarm( ) 함수를 호출하면 이전 알람의 남은 시간이 반환되고 새로운 알람이 설정된다.

바로 시그널을 발생시킬 때는 kill( ) 함수나 raise( ) 함수를 이용할 수 있는데, kill( ) 함수는 특정 프로세스나 프로세스 그룹에게 지정된 시그널을 발생시키고 raise( ) 함수는 현재 프로세스에 지정된 시그널을 발생시킨다.

```
#include <sys/types.h>
#include <signal.h>

int kill(pid_t pid, int signum);
int raise(int signum);
```

kill( ) 함수의 첫 번째 인자(pid)를 이용해서 특정 프로세스나 프로세스 그룹을 지정할 수 있다.

표 5-11 kill( ) 함수의 첫 번째 인자(pid)의 지정 방법

값	내용
pid > 0	프로세스 ID가 pid인 프로세스에게 시그널을 전달한다.
pid == 0	호출한 프로세스와 같은 프로세스 그룹 ID의 모든 프로세스에게 시그널을 전달한다.
pid < 0	pid의 절댓값에 해당하는 프로세스 그룹 ID의 모든 프로세스에게 시그널을 전달한다.

위의 signum 인자에는 시그널 번호를 사용하면 되는데 NULL 값(signal(0))은 실제로 시그널을 보내지 않고 프로세스가 존재하고 있는지에 대한 여부를 파악하는 데 사용할 수 있다. 프로세스가 존재하지 않는다면 kill( ) 함수 호출은 에러(-1)를 반환하고 errno에 ESRCH를 저장한다.

5.2 멀티 프로세스와 다중 처리 프로그래밍

5.2.1 리눅스의 부팅 과정과 프로세스

PC에서 전원이 들어오면 ROM(Read Only Memory)/플래시(Flash) 메모리에 들어 있는 BIOS(Basic Input/Output System)[14]가 먼저 실행된다. BIOS에서는 시스템을 점검한 후 하드디스크의 첫 번째 섹터에 있는 GRUB나 LILO 같은 부트로더(Boot Loader)를 실행한다. 부트로더는 리눅스 커널을 메모리로 올리고 시스템을 초기화하는 과정을 진행한다.

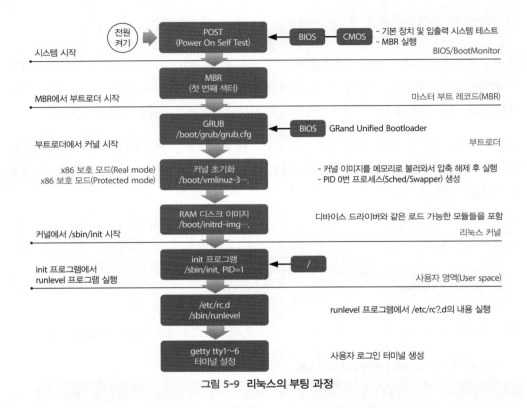

그림 5-9 리눅스의 부팅 과정

GRUB가 리눅스 커널 이미지를 메모리로 불러와서 시스템 제어권을 커널에게 넘겨준다. 커널의 로딩이 시작되면서 부팅과 관련된 메시지를 터미널로 출력한다.[15]

커널의 로딩이 되면 어셈블리 코드를 통해서 프로세스를 만드는데, 그림 2-15처럼 C 언어 코드가 실행될 수 있도록 메모리 구조를 설정하고 C 언어로 되어 있는 초기화 코드가 시작된다.

---

14 위키피디아에 설명되어 있는 바이오스는 컴퓨터에서 하드웨어와 소프트웨어의 중간 형태를 가지는 펌웨어의 일종으로, 대부분 소프트웨어가 하드웨어를 제어하고 하드웨어에 의해 변경되거나 생성된 정보를 소프트웨어에서 처리할 수 있도록 전달하는 등 인간의 신경망과 같은 기능을 수행한다.

15 부팅이 종료된 후 커널의 부팅 로그를 확인하고 싶은 경우에 12장에서 설명할 dmesg 명령어를 이용하면 된다.

C 언어의 메모리 영역(Segment)의 텍스트(.text) 영역은 CPU에 의해 실행 가능한 명령(Instruction) 코드들을 가지고 있는 영역으로 프로세스 간에 공유가 가능하다.[16] 데이터(.data) 영역(Initialized data segment)은 실행 시작 시에 초깃값을 갖는 변수들이 들어가 있고 비초기화 데이터 영역(uninitialized data segment)인 bss(block started by symbol)는 프로세스에 의해 0으로 초기화된다.

힙(heap) 영역은 malloc( )이나 alloc( )과 같은 C 언어의 함수들이 동적으로 메모리를 할당하기 위해 사용되는 영역이고, 스택(stack) 영역은 함수 호출 시 기존의 데이터를 보관하기 위해 사용되는 영역이다. 텍스트와 데이터 영역은 고정된 크기를 갖지만 힙과 스택 영역은 동적으로 증가하거나 감소할 수 있다.

깊게보기 🔍 부트로더와 리눅스의 부팅

부트로더는 리눅스 커널 이미지를 메모리로 올리는데 커널 이미지의 첫 부분이 기계어 수준의 어셈블리 코드로 되어 있다. 리눅스의 소스 코드의 대부분은 C 언어로 작성되어 있지만 아주 작은 부분이 어셈블리 어로 작성되어 있다.

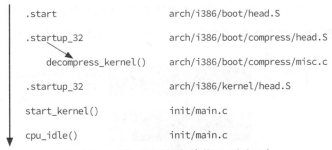

.start	arch/i386/boot/head.S
.startup_32	arch/i386/boot/compress/head.S
decompress_kernel()	arch/i386/boot/compress/misc.c
.startup_32	arch/i386/kernel/head.S
start_kernel()	init/main.c
cpu_idle()	init/main.c

그림 5-10 리눅스 부팅 과정(리눅스 커널 2.x)

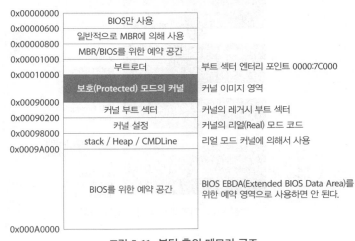

그림 5-11 부팅 후의 메모리 구조

---

[16] 셸이나 컴파일 같은 애플리케이션들은 오직 하나의 텍스트 영역만 사용해서 메모리를 공유하게 된다.

처음에 생성되는 swapper(또는 sched라고도 한다) 프로세스 (PID 0번)는 스케줄링에 사용되는 프로세스들을 관리하는데, 프로세스들을 메모리와 디스크 사이에서 스왑(swap in/out) 해주는 역할을 한다. swapper는 init 프로세스(PID 1번)[17]를 실행하는데 init 프로세서는 새로 생성되는 것이 아니라 기존에 swapper를 위해 만들었던 프로세스의 구조를 복사해서 사용한다. PID 0번 프로세스는 부팅 후 바로 감춰지고, 1번 프로세스인 init 프로세스가 계속 남아서 다른 모든 프로세스의 부모 프로세스가 된다.

init 프로세스가 실행되면서 /etc/inittab 파일을 읽어서 그 내용들을 차례대로 실행하는데, 시스템과 관련된 설정 파일과 데몬(Daemon) 프로세스들이 백그라운드 모드로 실행된 후 모든 것이 완료되면 사용자 로그인 프롬프트가 표시된다.

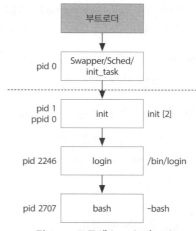

그림 5-12 프로세스 pid0과 pid1

라즈베리 파이는 리눅스를 사용하고 일반 PC에서 사용하는 GRUB와 같은 부트로더 대신 임베디드 보드를 위한 부트로더를 사용한다.[18] 기본적인 부팅 과정[19]은 PC와 비슷한데, 전원이 들어오면 ARM GPU와 여러 단계를 거치면서 시스템의 초기화와 관련된 처리를 진행하게 된다.

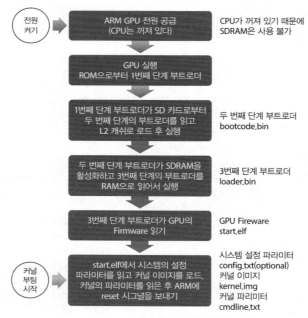

그림 5-13 라즈베리 파이의 부팅 과정

---

17 파일 시스템의 검사와 마운트, 서버를 위한 데몬의 실행, 사용자 로그인을 위한 로그인 화면과 셸의 실행 등의 역할을 담당한다.
18 https://thekandyancode.wordpress.com/2013/09/21/how-the-raspberry-pi-boots-up 사이트를 참고하라.
19 http://myembeddedlinux.blogspot.kr/2013/05/raspberry-pi-boot-sequence.html

5.2.2 프로세스의 처리

프로세스가 실행되면 각각의 프로세스는 프로세스 ID(PID, Process ID)라는 프로세스를 구분할 수 있는 별도의 ID를 부여받게 된다. 리눅스를 시작하면 실행되는 swapper는 커널에서 직접 생성하지만 다른 프로세스들은 기존의 프로세스를 복사해서 사용한다. 일반적으로 PID 0은 시스템 스케줄러(sched 또는 swapper)이고 PID 1은 init 프로세서, 그리고 PID 2부터 페이지 데몬 등의 시스템 프로그램이 실행되면서 서로 다른 프로세스 ID를 할당받게 된다.

이와 같이 프로세스가 생성될 때 부모 프로세스를 복사해서 사용되는데, 예를 들어 '$ ps aux | more' 명령어를 수행하는 경우에는 init 프로세스로부터 파생된 bash 셸이 프로그램을 수행한다. bash는 자기 자신을 복사해서 pid가 다르지만 동일한 내용을 갖고 있는 프로세스를 만드는데 이때 fork( )라는 시스템 호출을 사용한다. 그리고 다른 프로그램을 수행하기 위해서는 exec( )이라는 시스템 호출을 사용해서 새로 생성한 프로세스의 공간에 새로운 프로그램의 내용으로 채우고 코드를 실행하게 된다. 결국 ps 명령어와 more 명령어를 위한 2개의 프로세스를 생성하고, 파이프(|)를 이용해서 두 프로세스 간 통신(IPC, Inter-Process Communication)을 통해 내용을 전달하게 된다.

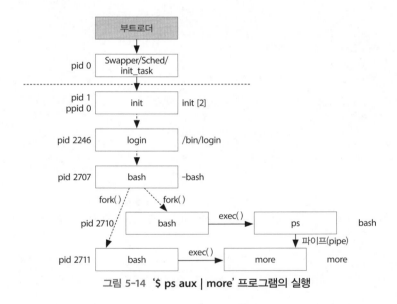

그림 5-14 '$ ps aux | more' 프로그램의 실행

■ getpid( )와 getppid( ) 함수

PID 0인 swapper를 제외한 프로세스들을 부모로부터 파생되어 생성되기 때문에 부모 프로세스를 구분할 수 있는 ppid(Parent PID)라는 값을 별도로 가지고 있다. 리눅스에서는 현재 실행 중인 프로세스 자신의 PID와 부모의 PID를 알 수 있도록 관련 시스템 호출을 제공한다.

```
#include <sys/types.h>
#include <unistdl.h>

pid_t getpid(void);
pid_t getppid(void);
```

getpid( ) 함수는 프로세스의 프로세스 ID를 반환하고, getppid( ) 함수는 부모의 PID를 반환한다. 반환값은 2~32767까지 범위의 pid_t 형[20]으로, 리눅스에서는 int 형을 사용하고 있는데, 이러한 이유로 32,768개 이상의 프로세스 생성은 불가능하다.[21]

참고하기 ➕ getrlimit( )와 setrlimit( ) 함수

현재 시스템에서 만들 수 있는 사용자 프로세스의 개수는 ulimit 명령어를 통해 확인이 가능하다. ulimit 명령어는 최대 스택의 크기 등 현재 시스템에서 사용할 수 있는 제한 사항을 보여주는데, 보다 자세한 내용은 '--help' 옵션을 통해 확인할 수 있다.

```
pi@raspberrypi:~ $ ulimit -a
core file size          (blocks, -c) 0
data seg size           (kbytes, -d) unlimited
scheduling priority             (-e) 0
file size               (blocks, -f) unlimited
pending signals                 (-i) 13039
max locked memory       (kbytes, -l) unlimited
max memory size         (kbytes, -m) unlimited
open files                      (-n) 1024
pipe size            (512 bytes, -p) 8
POSIX message queues     (bytes, -q) 819200
real-time priority              (-r) 95
stack size              (kbytes, -s) 8192
cpu time               (seconds, -t) unlimited
max user processes              (-u) 13039
virtual memory          (kbytes, -v) unlimited
file locks                      (-x) unlimited
```

시스템의 자원에 대한 제한 사항을 알아보고 싶은 경우에는 getrlimit( ) 함수를 이용할 수 있고, 설정하고 싶은 경우 setrlimit( ) 함수를 사용할 수 있다. getrusage( ) 함수는 현재 사용 중인 resource 정보를 반환한다.

```
#include <sys/time.h>
#include <sys/resource.h>

int getrlimit(int resource, struct rlimit *rlim);
int setrlimit(int resource, const struct rlimit *rlim);
int getrusage(int who, struct rusage *usage);
```

---

20 pid_t 형은 프로세스 번호(pid)를 저장하는 타입(type)이라는 의미이다.

21 커널 소스(linux/threads.h)에 PID_MAX_DEFAULT의 값으로 0x8000(== 32768)으로 설정되어 있는데 커널을 기본 옵션으로 컴파일했을 경우 프로세스는 0~32767 범위의 pid를 가질 수 있다.

두 함수 모두 rlimit 구조체를 사용한다. 소프트 리미트(soft limit)는 변경하고자 하는 값을 커널에 요청하는 것이고, 하드 리미트(hard limit)는 자원의 설정 가능한 최대 값으로 커널의 제한을 받는다.

```
struct rlimit {
    rlim_t rlim_cur;    /* 소프트 리미트 */
    rlim_t rlim_max;    /* 하드 리미트 (최대 rlim_cur) */
};
```

'resource.h'[22] 파일을 보면 사용할 수 있는 리소스는 다음과 같이 매크로로 정의되어 있다.

표 5-12 getrlimit( ) 함수의 주요 매크로

매크로	내용	값
RLIMIT_CPU	프로세스가 소비할 수 있는 최대 CPU 시간(초 단위)	0
RLIMIT_FSIZE	최대 파일 크기	1
RLIMIT_DATA	최대 데이터 크기	2
RLIMIT_STACK	최대 스택 크기	3
RLIMIT_CORE	최대 코어 파일 크기	4
RLIMIT_RSS	프로세스가 얻을 수 있는 최대 물리 메모리의 크기	5
RLIMIT_NPROC	최대 프로세스 수	6
RLIMIT_NOFILE	열 수 있는 파일의 최대 수	7
RLIMIT_MEMLOCK	잠긴 기억 장소 주소 공간의 최대 수	8
RLIMIT_AS	주소 공간(가상 메모리) 제한값	9
RLIMIT_SIGPENDING	대기할(pending) 수 있는 최대 시그널 수	11
RLIMIT_MSGQUEUE	POSIX 메시지 큐에서의 최대 바이트 수	12

getrlimit( ) 함수를 통해서 현재 시스템의 제한 사항을 가져와보자. rlimit 구조체의 객체를 생성한 후 getrlimit( ) 함수의 두 번째 인자로 사용하면 된다. 첫 번째 인자로 알고 싶은 매크로를 넣어주면 된다.

코드 5-3 limit.c

```
#include <sys/time.h>
#include <sys/resource.h>
#include <stdio.h>

int main()
{
    struct rlimit rlim;

    /* 현재 시스템에서 생성 가능한 프로세스 */
    getrlimit(RLIMIT_NPROC, &rlim);
    printf("max user processes : %lu / %lu\n",
           rlim.rlim_cur, rlim.rlim_max);

    /* 오픈 가능한 파일의 수 */
    getrlimit(RLIMIT_NOFILE, &rlim);
```

---

22 라즈베리 파이에서는 /usr/include/asm-generic/resource.h에 위치하고 있다.

```
        printf("file size : %lu / %lu\n", rlim.rlim_cur, rlim.rlim_max);

        /* 프로세스가 얻을 수 있는 최대 메모리 */
        getrlimit(RLIMIT_RSS, &rlim);
        printf("max memory size : %lu / %lu\n", rlim.rlim_cur, rlim.rlim_max);

        /* 초 단위 CPU 시간 */
        getrlimit(RLIMIT_CPU, &rlim);
        if(rlim.rlim_cur == RLIM_INFINITY) { /* 무한 사용 가능이면 UNLIMIT 메시지 출력 */
            printf("cpu time  : UNLIMIT\n");
        }
        return 0;
}
```

이 코드를 빌드해서 실행해보면 ulimit 명령어와 동일한 결과가 나오는 것을 확인할 수 있다.

```
pi@raspberrypi:~ $ ./limit
max user processes : 13039 / 13039
file size : 1024 / 1048576
max memory size : 4294967295 / 4294967295
cpu time  : UNLIMIT
```

■ **프로세스의 종료: exit( )와 _exit( ) 함수**

ANSI 표준에 따르면 C 언어의 main( ) 함수는 int 형의 반환값을 갖는다. 애플리케이션이 종료되면 실행 결과를 운영체제에 반환하고 운영체제는 그 프로세스가 열었던(open( ) 함수) 파일 디스크립터를 모두 닫는다(close( ) 함수). 그리고 프로세스가 차지하고 있던 메모리를 가용 메모리 풀(pool)로 반환하게 된다.

애플리케이션을 종료할 때 main( ) 함수에서 return 문을 이용할 수 있는데 실질적으로는 exit( ) 함수가 호출된다. C 컴파일러는 main( ) 함수에서 값을 반환(return)하는 경우 자동적으로 exit( ) 함수가 호출되도록 코드를 생성해준다.

```
#include <stdlib.h>

void exit(int status);
```

리눅스의 exit( ) 함수는 표준 입출력 정리 루틴을 수행하고 _exit( ) 함수를 호출한다. exit( ) 함수는 파일 스트림에 대해서도 동일한 작업을 수행하는데, 열려 있는 파일의 스트림에 대해서는 fclose( ) 함수를 호출해서 버퍼에 남은 데이터를 모두 출력(flush)한다.

```
#include <unistd.h>

void _exit(int status);

#include <stdlib.h>

void _Exit(int status);
```

일반적으로 _exit( ) 함수는 표준 입출력과 관련된 정리 작업을 수행하지 않는 것을 제외하고는 exit( ) 함수와 비슷한 동작을 수행한다.

exit( ) 함수나 _exit( ) 함수의 인자(status)는 하위 8비트만 사용해서 0 ~ 255의 값을 갖는다. 일반적으로 프로세스의 종료를 성공적으로 수행하면 0의 값을 사용하고, 에러가 발생했을 때는 0이 아닌 값을 사용한다. 이를 위해 'stdlib.h'에 2개의 매크로가 정의되어 있는데, C 언어에서 거짓(FALSE)은 0이고 참(TRUE)은 1로 취급되지만, EXIT_SUCCESS는 0으로 설정되어 있고 EXIT_FAILURE는 1로 설정되어 있다.

```
#define          EXIT_FAILURE          1          /* 실패한 반환/종료 상태 */
#define          EXIT_SUCCESS          0          /* 성공한 반환/종료 상태 */
```

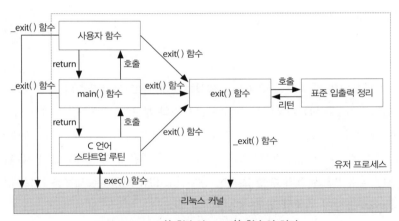

그림 5-15 exit( ) 함수와 _exit( ) 함수의 처리

■ 프로세스의 생성: fork( ) 함수

앞에서 설명한 것과 같이 리눅스가 처음 부팅되면, 리눅스 커널이 직접 처음 프로세스를 생성한 후 다음 프로세스부터는 이전 프로세스를 복사해서 사용한다.

일반적으로 프로그램을 수행하기 위해서는 fork( )와 exec( ) 함수를 함께 사용한다. fork( ) 함수는 프로세스를 생성하는데, 호출한 프로세스와 동일한 프로세스를 새로 생성하여 새로운 프로세스 ID를 할당한다. 새로 생성한 프로세스는 부모(parent) 프로세스를 갖게 되는데, 자기 자신은 부모 프로세스의 자식(child) 프로세스가 된다.

exec( ) 함수는 프로세스의 공간에 새로운 프로그램의 바이너리 코드를 올려서, 프로세스의 내용을 새로 변경하지만 프로세스 ID는 변경되지 않는다.

> **참고하기** ➕ **자식 프로세스의 메모리 공간**
>
> 커널은 자식 프로세스가 생성되면 프로세스 테이블에 등록하고 메모리를 할당한다. 일반적으로 프로세스가 생성되면, 자식 프로세스와 부모 프로세스는 텍스트(text) 영역은 공유하고, 데이터(data), 힙(heap), 스택(stack) 영역은 복사하는데, 보통 fork( ) 함수를 수행한 후에 바로 exec( ) 함수가 호출되기 때문에 대부분의 시스템에서 fork( ) 함수 수행 시 데이터, 힙, 스택 영역을 바로 복사하지 않는다. 자식 프로세스의 내용이 변경될 때 나머지 영역을 복사하는 방법을 통해서 실행 속도를 높일 수 있는데 이를 변형 시에 복사(Copy-On-Write, COW)라고 한다.

이제 fork( ) 함수를 이용해서 프로세스를 생성해보자. fork( ) 함수는 다음과 같은 형태로 사용한다.

```
#include <unistd.h>

pid_t fork(void);
```

fork( ) 함수를 사용하면 새로운 프로세스를 생성하는데, 부모 프로세스와 자식 프로세스가 생성된다. 위의 반환값인 pid_t를 이용해서 자식 프로세스와 부모 프로세스를 구분할 수 있는데 반환된 PID가 0이나 -1이 아니면(양수) 부모 프로세스이고, 0이면 자식 프로세스이다. fork( ) 함수의 실행이 실패한 경우에는 -1의 값을 반환하고 errno에 에러 내용을 저장하는데, EAGAIN은 시스템에서 허용하는 최대 프로세스의 수를 초과한 경우이고 ENOMEM은 새로운 프로세스를 위한 메모리와 스왑(swap) 공간이 부족한 경우이다.

fork( ) 함수의 호출이 완료되면 생성된 자식 프로세스와 부모 프로세스 모두 동일한 프로그램 코드를 가지고 있는데, 두 프로세스 모두 fork( ) 함수를 호출한 다음 줄(Line)의 코드부터 동시에 실행된다.

따라하기 fork() 함수를 이용해서 프로세스를 생성하는 코드를 작성해보자. 전역 변수와 지역 변수를 한 개 생성하고 fork() 함수를 이용해서 2개의 프로세스를 생성한다. 그리고 아래에서 관련 변수의 값을 변경하고 출력하는 코드를 작성해보자.

코드 5-4 **fork.c**

```
#include <stdio.h>
#include <unistd.h>

static int g_var = 1;      /* data 영역의 초기화된 변수 */
char str[ ] = "PID";

int main(int argc, char **argv)
{
    int   var;      /* stack 영역의 지역 변수 */
    pid_t pid;
    var = 92;

    if((pid = fork()) < 0) {      /* fork( ) 함수의 에러 시 처리 */
        perror("[ERROR] : fork()");
    } else if(pid == 0) { /* 자식 프로세스에 대한 처리 */
        g_var++;                /* 변수의 값 변경 */
        var++;
        printf("Parent %s from Child Process(%d) : %d\n",
                str, getpid(), getppid());
    } else {                    /* 부모 프로세스에 대한 처리 */
        printf("Child %s from Parent Process(%d) : %d\n", str, getpid(), pid);
        sleep(1);
    }
    /* 변수의 내용을 출력 */
    printf("pid = %d, Global var = %d, var = %d\n", getpid(), g_var, var);

    return 0;
}
```

위의 코드를 빌드해서 실행해보면 관련 내용이 터미널 창으로 출력된다. 처음에 위의 코드를 보면 잘 이해가 되지 않는데 코드를 차분히 살펴보면서 관련 사항을 이해해보도록 한다.

```
pi@raspberrypi:~ $ ./fork
Child PID from Parent Process(2436) : 2437
Parent PID from Child Process(2437) : 2436
pid = 2437, Global var = 2, var = 93
pid = 2436, Global var = 1, var = 92
```

출력된 결과를 보면 부모 프로세스 쪽의 출력 결과와 자식 프로세스 쪽의 출력 결과가 함께 표시된다. 앞에서도 설명했듯이 fork() 함수를 수행하면 프로세스는 2개의 프로세스로 분할되어서 실행된다. 2개의 프로세스는 반환되는 pid_t의 값을 이용해서 분류할 수 있는데 pid_t의 값이 0이면 자식 프로세스이고, 0이 아닌 양수의 값이면 부모 프로세스이다.

부모 프로세스는 자식 프로세스와 부모 프로세스 자신의 pid를 출력하는데, 이때 자식 프로세스의 PID는 fork( ) 함수에서 반환되는 값을 이용한다. 부모 프로세스에서는 1초간 자식 프로세스의 종료를 기다린 후 앞의 변수들의 값을 그대로 출력한 후 부모 프로세스는 종료된다. 부모 프로세스는 자식 프로세스보다 먼저 종료하면 안 되는데, 부모 프로세스가 먼저 종료되는 경우에는 자식 프로세스는 고아(Orphaned) 프로세스가 된다. 시스템에서는 주기적으로 고아 프로세스를 찾아서 init 프로세스의 자식으로 포함시켜준다.

자식 프로세스는 변수의 값들을 1씩 증가시킨 후 부모 프로세스와 자신의 pid를 출력하는데 이때 부모 프로세스의 PID를 구하기 위해 getppid( ) 함수를 이용할 수 있다. 앞에서 증가한 값을 터미널에 출력한 후 자식 프로세스를 그대로 종료한다. 자식 프로세스에서 출력된 부모 프로세스의 PID를 보면 부모 프로세스에서 출력한 PID와 동일한 것을 확인할 수 있다.

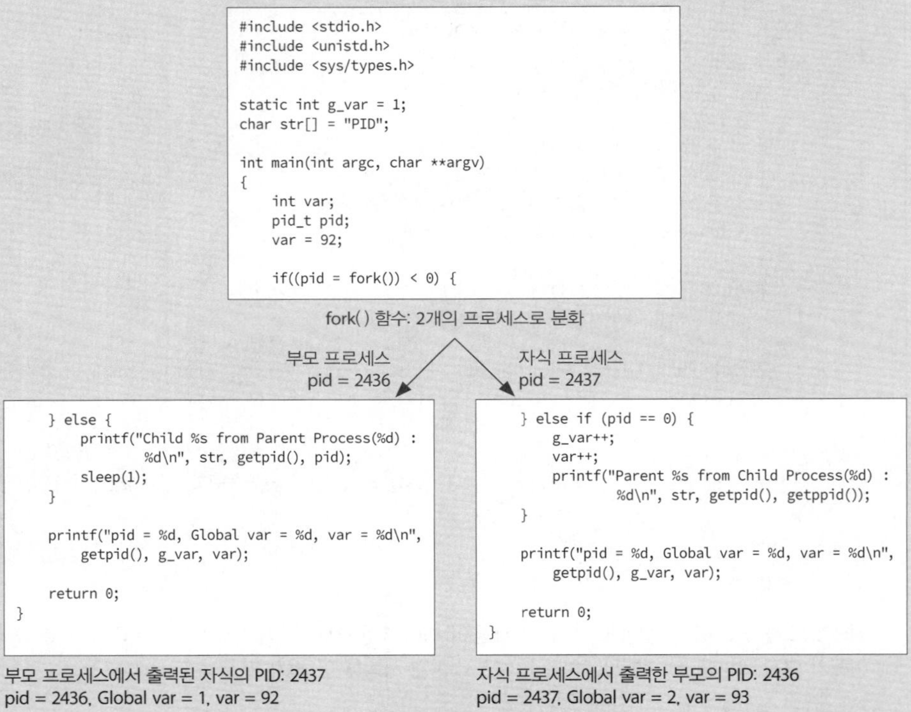

그림 5-16 fork( ) 함수의 실행

fork( ) 함수를 호출하면 전역 변수뿐만 아니라 열린 파일 디스크립터도 함께 공유된다. fork( ) 함수를 호출하기 전에 open( ) 함수를 호출한 후 다른 프로세스를 생성하면 사용자 구조의 파일 디스크립터 테이블이 복사되어 같은 오프셋을 가진다.

fork( ) 함수를 사용 시 부모 프로세스와 자식 프로세스 간에 서로 공유되는 값과 공유되지 않는 값들이 있는데 각 사항은 다음과 같다.

표 5-13 **fork( ) 함수의 호출 후 관련 사항**

두 프로세스가 공유하는 값	자식 프로세스에서 변경되는 값
• 실제/유효 사용자 ID, 실제/유효 그룹 ID, 보조 그룹 ID • 프로세스 그룹 ID, 세션 ID • set-user-ID 플래그, set-group-ID 플래그 • 현재 작업 디렉터리, 루트 디렉터리 • 파일 생성 마스크와 시그널 마스크 • 열린 파일 디스크립터와 close-on-exec 플래그 • 제어 터미널 • 환경 변수와 자원 제약	• fork( ) 함수의 반환값: 프로세스 ID, 부모 프로세스 ID • 부모 프로세스의 파일 잠금은 초기화 • 처리되지 않은(pending) 알람과 시그널은 자식 프로세스에서 초기화 • 자식 프로세스의 프로세스 진행 시간(tms_utime, tms_stime, tms_cutime, tms_cstime)의 값은 0으로 초기화

앞에서 다른 프로그램을 수행하는 경우에 fork( ) 함수를 수행한 후 바로 exec( ) 함수를 수행한다고 하였는데, 이때 fork( ) 함수의 경우에는 부모 프로세스의 text 영역을 자식 프로세스로 복사한다. exec( ) 함수를 수행하면 text 영역을 다른 프로그램의 바이너리로 채우기 때문에, fork( ) 함수의 수행 후 exec( ) 함수를 바로 호출한다면 부모 프로세스의 text 영역을 복사하는 작업은 불필요하게 된다.

이를 위해 vfork( ) 함수를 제공하고 있는데, vfork( ) 함수는 exec( ) 함수를 통해서 새로운 프로그램을 실행시킬 목적으로 자식 프로세스를 생성할 때 부모 프로세스의 메모리 영역을 모두 복사하지 않는다.

```
#include <sys/types.h>
#include <unistd.h>

pid_t vfork(void);
```

자식 프로세스는 exec( ) 함수나 exit( ) 함수를 호출할 때까지 부모 프로세스의 메모리 영역에서 실행되며, 부모 프로세스는 실행을 멈춰도 자식 프로세스가 항상 먼저 실행되는 것을 보장한다. 하지만 vfork( ) 함수는 이러한 점 때문에 여러 문제를 가지고 있다. vfork( )가 수행되고 난 후 exec( )이 수행되기 전에 부모 프로세스의 메모리가 변경되면 잠재적인 문제가 발생한다. 1980년에 등장했을 때는 획기적인 기술이었지만 다중 프로그래밍, 특히 멀티스레드 환경에서 각 스레드를 모두 제어하는 것은 로직을 상당히 복잡하게 만든다. 그리고 fork( ) 함수에 COW가 적용되면서 vfork( ) 함수와 성능상 큰 차이가 없게 되었다. 최근에는 보안 문제상 vfork( ) 함수를 사용하지 말기를 강력하게 권하고 있다.

앞의 fork( ) 함수를 이용한 코드를 vfork( )를 이용한 코드로 수정해보자.

코드 5-5 **vfork.c**

```c
#include <stdio.h>
#include <unistd.h>

static int g_var = 1;              /* 초기화된 data 영역의 전역 변수 */
char str[ ] = "PID";

int main(int argc, char **argv)
{
    int   var;                     /* 스택(stack) 영역의 자동 변수 */
    pid_t pid;
    var = 88;

    if((pid = vfork()) < 0) {      /* fork() 함수 호출 에러 */
        perror("vfork()");
    } else if(pid == 0) {          /* 자식 프로세스 */
        g_var++;                   /* 변수의 값 변경 */
        var++;
        printf("Parent %s from Child Process(%d) : %d\n", str, getpid(), getppid());
        printf("pid = %d, Global var = %d, var = %d\n", getpid(), g_var, var);
        _exit(0);
    } else {                       /* 부모 프로세스 */
        printf("Child %s from Parent Process(%d) : %d\n", str, getpid(), pid);
    }

    printf("pid = %d, Global var = %d, var = %d\n", getpid(), g_var, var);

    return 0;
}
```

이 코드를 빌드해서 실행해보면, vfork( ) 함수는 자식 프로세스를 생성하고 부모 프로세스는 대기하고 있기 때문에, 먼저 자식 프로세스의 내용이 출력되고 부모 프로세스의 내용이 출력된다.

```
pi@raspberrypi:~ $ ./vfork
Parent PID from Child Process(2542) : 2541
pid = 2542, Global var = 2, var = 89
Child PID from Parent Process(2541) : 2542
pid = 2541, Global var = 2, var = 89
```

출력된 결과를 보면 자식 프로세스에서 변경한 전역 변수와 지역 변수의 내용이 모두 변경되어 있는 것을 확인할 수 있다. 두 프로세스가 같은 공간을 사용하기 때문에 fork( )와는 다르게 자식 프로세스의 변경 내용이 부모 프로세스에도 영향을 준다. 자식 프로세스는 _exit( ) 함수를 통해서 종료해야 하는데, return 문으로 종료된 경우에는 프로세스들 사이에 공유된 함수의 스택도 삭제되므로 부모 프로세스의 종료 시 에러를 출력한다.

■ 자식 프로세스의 종료 대기: wait( )와 waitpid( ) 함수

일반적으로 자식 프로세스들은 부모 프로세스들이 관리해야 하는데 자식 프로세스들이 종료되기 전에 부모 프로세스들이 종료되면 안 된다. 자식 프로세스가 종료하면 부모 프로세스에게 SIGCHLD 시그널을 전달하여 대기(block) 상태를 해제한다.

자식 프로세스는 프로세스가 종료된 후 부모 프로세스는 자식 프로세스의 상태를 wait( )나 waitpid( ) 함수 등으로 종료 상태에 대한 반환값을 읽고 이와 관련된 리소스를 해제하기 위해서 대기한다. 커널이 프로세스의 프로세스 ID, 종료 상태 값, CPU 사용 시간 등의 정보를 유지하고 있기 때문에 이를 해제하지 않으면 시스템에 메모리가 부족해지는 현상이 발생하게 된다. 자식 프로세스는 종료했지만 부모 프로세스의 wait( ) 등의 처리가 끝나지 않아서 종료가 되어도 삭제되지 않고 남아 있는 프로세스를 좀비(zombie) 프로세서라고 한다. init 프로세스는 자식 프로세스가 종료할 때마다 wait( ) 함수를 호출해서 프로세스의 좀비 상태를 해제한다.

wait( ) 함수는 모든 자식 프로세스가 실행되고 있는 동안 대기(block)하고 있고, 자식 프로세스가 종료하면 종료 상태 값과 함께 즉시 반환된다. 또한 wait( ) 함수는 에러 발생 시에는 즉시 반환(자식 프로세스가 없는 경우)된다. 앞의 fork.c 코드에서 자식을 기다리는 경우에는 sleep( ) 대신에 wait( ) 함수를 사용하는 것이 좋다.

```
#include <sys/types.h>
#include <sys/wait.h>

pid_t wait(int *status);
pid_t waitpid(pid_t pid, int *status, int options);
int waitid(idtype_t idtype, id_t id, siginfo_t *infop, int options);
```

wait( ) 함수는 모든 자식 프로세스들을 대기할 때 사용하는데, 여러 자식 프로세스들이 있는 경우에 그중 하나만 종료해도 반환된다. waitpid( ) 함수는 특정 자식 프로세스를 지정해서 대기할 수 있는데, 첫 번째 인자(pid)를 이용해서 특정 프로세스나 여러 그룹 프로세스들의 대기를 지정할 수 있다.

표 5-14 waitpid( ) 함수의 PID의 값

옵션	내용	비고
pid == -1	모든 자식 프로세스를 대기한다.	wait( ) 함수와 같다.
pid > 0	프로세스 ID가 pid인 자식 프로세스를 대기한다.	
pid == 0	호출한 프로세스와 같은 프로세스 그룹 ID를 가진 자식 프로세스들을 대기한다.	
pid < -1	pid의 절댓값에 해당하는 프로세스 그룹 ID를 가진 자식 프로세스들을 대기한다.	

waitpid( ) 함수의 세 번째 인자(options)로 단순 대기(blocking)의 방지나 작업 제어 지원을 옵션 값으로 설정할 수 있다. 자식 프로세스가 없을 경우에는 바로 -1을 반환한다. 시그널에 의해서도 반환되며 errno에 EINTR 값을 저장한다.

표 5-15 waitpid( ) 함수의 옵션(options) 값

옵션	내용
WNOHANG	pid로 지정한 프로세스가 아직 종료하지 않았더라도 대기하지 않고 바로 0의 값을 반환한다.
WUNTRACED	작업 제어가 지원되는 시스템에서 pid로 지정한 프로세스가 잠시 중단된 경우에도 바로 반환한다.

wait( )나 waitpid( ) 함수의 실행이 완료된 후 완료된 자식 프로세스가 있으면 종료 상태 값을 인자 (status)에 저장하고 반환되는 값으로 종료된 자식 프로세스의 PID를 반환한다. 자식 프로세스의 종료 상태에 따라서 status에 저장되는 값이 다르다. 종료 상태 값이 필요하지 않은 경우에는 인자 (status)의 값을 NULL로 지정할 수 있다.

그림 5-17 status의 인자의 값

리눅스에서는 위의 인자(status)의 값을 쉽게 조사할 수 있도록 다양한 매크로들을 <wait.h>[23] 파일에서 제공한다.

```
/* This will define all the `__W*' macros.  */
# include <bits/waitstatus.h>
                            /* ~ 중간 표시 생략 ~ */
/* exit( ) 함수의 인자에서 하위 8비트 값을 반환 */
# define WEXITSTATUS(status)        __WEXITSTATUS (__WAIT_INT (status))
/* 실행을 종료시킨 시그널 번호를 반환 */
# define WTERMSIG(status)           __WTERMSIG (__WAIT_INT (status))
/* 실행을 일시 중단시킨 시그널 번호를 반환 */
# define WSTOPSIG(status)           __WSTOPSIG (__WAIT_INT (status))
/* 정상적으로 종료한 경우에 참 값을 반환 */
# define WIFEXITED(status)          __WIFEXITED (__WAIT_INT (status))
/* 시그널에 의해 종료한 경우에 참 값을 반환 */
# define WIFSIGNALED(status)        __WIFSIGNALED (__WAIT_INT (status))
```

---

23 <wait.h> 파일은 /usr/include/arm-linux-gnueabihf/sys/wait.h를 포함(include)한다.

```
/* 실행이 일시 중단된 경우에 참 값을 반환 */
# define WIFSTOPPED(status)          __WIFSTOPPED (__WAIT_INT (status))
# ifdef __WIFCONTINUED
#  define WIFCONTINUED(status)        __WIFCONTINUED (__WAIT_INT (status))
# endif
                                  /* ~ 중간 표시 생략 ~ */
#ifdef __USE_BSD
# define WCOREFLAG                   __WCOREFLAG
/* 코어 파일이 생성된 경우에 참 값을 반환 */
# define WCOREDUMP(status)           __WCOREDUMP (__WAIT_INT (status))
/* 시그널 번호와 반환되는 코드를 조합한다. */
# define W_EXITCODE(ret, sig)        __W_EXITCODE (ret, sig)
# define W_STOPCODE(sig)             __W_STOPCODE (sig)
#endif
```

리눅스에서는 위의 wait( )와 waitpid( ) 함수 이외에도 BSD에서 제공되었던 wait3( )와 wait4( ) 함수를 제공한다.

```
#include <sys/types.h>
#include <sys/time.h>
#include <sys/resource.h>
#include <sys/wait.h>

pid_t wait3(int *status, int options, struct rusage *rusage);
pid_t wait4(pid_t pid, int *status, int options, struct rusage *rusage);
```

wait3( ) 함수와 wait4( ) 함수는 rusage 자료 구조[24]를 사용하는데, 사용자 CPU 시간, 시스템 CPU 시간, 페이지 폴트(page faults)의 수, 수신된 시그널의 수 등과 같은 자원의 사용 정보를 가지고 있는 구조체이다. 두 함수 모두 종료된 프로세스와 그 모든 자식 프로세스가 사용한 자원에 대한 정보를 반환하고 자식 프로세스가 사용한 자원을 모두 해제한다.

■ 프로세스 그룹과 세션

프로세스 그룹은 버클리 유닉스(BSD)에서 작업 제어(Job control)를 구현하면서 처음 사용되었는데, 하나의 로그인 환경에 속해 있는 프로세스들을 프로세스 그룹이나 작업(job)이라고 부른다. 부모 프로세스들이 자식 프로세스들을 생성하면 하나의 프로세스 그룹을 만들 수 있다. 프로세스 그룹은 여러 프로세스의 집합으로 하나의 프로세스가 프로세스 그룹의 리더가 되어야 하는데 일반적으로 부모 프로세스가 그룹 리더가 된다. 프로세스 그룹은 각 그룹들을 구별할 수 있는 고유한 PGID(Process Group ID)를 가지고 있는데 PGID는 프로세스 그룹 리더의 PID를 사용하므로 프로세스 그룹 리더의 경우에는 PGID와 PID가 같게 된다.

---

[24] man 명령어를 이용해서 getrusage( ) 함수를 참고하라.

프로세스의 프로세스 그룹 ID를 알고 싶은 경우에는 getpgid() 함수를 사용하면 되는데 그룹 ID
에 대한 값을 반환해준다.

```
#include <unistdl.h>

int setpgid(pid_t pid, pid_t pgid);
pid_t getpgid(pid_t pid);

pid_t getpgrp(void);                      /* POSIX.1 버전 */
pid_t getpgrp(pid_t pid);                 /* BSD 버전 */

int setpgrp(void);                        /* System V 버전 */
int setpgrp(pid_t pid, pid_t pgid);       /* BSD 버전 */
```

이러한 프로세스 그룹과 함께 프로세스 세션(Session)이 있다. 세션은 그룹을 포함하는 그룹으로 하
나 또는 그 이상의 관련 있는 프로세스 그룹 모임이다. 일반적으로 하나의 로그인에 있는 모든 프
로세스들은 같은 세션에 속한다.

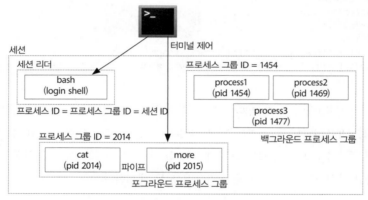

그림 5-18 **프로세스 그룹과 세션**

모든 프로세스는 프로세스 그룹에 속하고, 프로세스가 생성될 때 부모 프로세스와 같은 프로세
스 그룹과 세션의 멤버가 된다. setpgid() 함수를 사용해서 프로세스를 다른 프로세스 그룹으로
옮길 수 있고, setsid() 함수를 사용해서 새로운 세션이나 세션 리더[25]로 설정할 수 있다.

```
#include <unistd.h>

pid_t setsid(void);
pid_t getsid(pid_t pid);
```

---

25 서버에서 백그라운드로 동작하는 데몬(Daemon) 프로세스를 생성하는 경우에 이러한 세션 리더의 설정이 필요하다.

■ 다른 프로그램의 실행: exec( ) 함수

fork( ) 함수를 수행한 후 다른 프로그램을 실행하고 싶은 경우에 exec( ) 함수를 실행해서 프로그램의 코드를 새 프로세스에 로딩할 수 있다. exec( ) 함수는 실행 파일을 찾으면 기계어 코드인지를 확인하고 기계어 코드인 경우에는 직접 실행하고, 기계어 코드가 아닌 경우에는 셸 스크립트(Shell script)[26]로 인식해 '/bin/sh'을 실행하고 주어진 실행 파일을 셸의 인자로 해서 셸 스크립트를 수행한다.

```
#include <unistd.h>

extern char **environ;

int execl(const char *path, const char *arg, ...);
int execlp(const char *file, const char *arg, ...);
int execle(const char *path, const char *arg, ..., char * const envp[ ]);
int execv(const char *path, char *const argv[ ]);
int execvp(const char *file, char *const argv[ ]);
int execvpe(const char *file, char *const argv[ ], char *const envp[ ]);
```

첫 번째 인자로 사용되는 file은 경로에 대한 정보가 없는 파일명이고, path는 실행될 프로그램 파일에 대한 전체 경로[27]를 사용한다. 두 번째 인자로 사용되는 arg_0, $\cdots$, arg_n 또는 argv[ ]은 실행될 프로세스의 명령 라인 인자이다. 세 번째 인자(envp[ ])는 실행될 프로세스의 환경 변수 인자인데, 세 번째 인자를 사용하지 않는 경우에는 커널이 environ 전역 변수를 이용하여 환경 변수 배열을 만들어 전달한다. 명령 라인 인자와 환경 변수를 위해 사용되는 메모리 공간은 ARG_MAX 상수에 의해서 크기가 제한되어 있다.

표 5-16 **execXXX( ) 함수의 접미어 의미**

접미어	내용	비고
l	리스트(list) 형태의 명령 라인 인자	arg_0, arg_1, ..., arg_n
v	벡터/배열(vector) 형태의 명령 라인 인자	argv[ ]
e	환경 변수 인자	envp[ ]
p	경로에 대한 정보가 없는 실행 파일명	file

execve( ) 함수만 커널 내에서 사용하는 시스템 호출이고, 나머지 함수들은 라이브러리 함수들로 나중에 execve( ) 함수로 변경되어서 커널에 호출한다.

---

[26] bash나 csh 등 셸에서 여러 명령어들을 함께 수행할 수 있도록 스크립트 언어를 제공한다.
[27] 상대적 경로나 절대적 경로 중 하나를 사용할 수 있다.

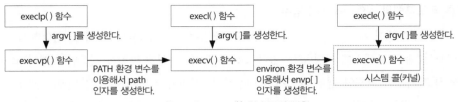

그림 5-19 **execve( ) 함수로의 변환**

exec( ) 함수를 호출하면 FD_CLOEXEC 플래그가 설정되어 있지 않은 경우에는 호출 전에 열린 파일 디스크립터들은 호출 후에도 그대로 유지되어 사용될 수 있다. exec( ) 함수도 fork( ) 함수와 마찬가지로 기존 프로세스와 새로운 프로세스의 내용이 변경되는 부분도 있고 변경되지 않는 부분도 있다.

표 5-17 **exec( ) 함수의 호출 후 관련 사항**

호출 후 변경되지 않는 값	호출 후 변경되는 값
• 프로세스 ID, 부모 프로세스 ID, 실제 사용자 ID, 실제 그룹 ID, 보조 그룹 ID • 프로세스 그룹 ID, 세션 ID, 제어 터미널 • 알람 시그널까지 남은 시간 • 현재 작업 디렉터리, root 디렉터리 • 파일 생성 마스크, 파일 잠금 • 시그널 마스크, 처리되지 않은 시그널 • 자원 제약 • CPU 사용 시간(tms_utime, tms_stime, tms_cutime, tms_cstime)	• 새로 실행되는 프로그램의 set-user-ID가 세트되어 있는 경우에는 유효 사용자 ID가 프로그램 파일의 소유자 ID로 변경된다. • 유효 그룹 ID도 새 프로그램의 set-group-ID 값에 따라 변경된다. • 각 시그널에 대한 처리는 초기(default) 설정으로 복원되는데, 무시(ignore)되고 있던 시그널은 계속 무시된다.

■ **system( ) 함수**

리눅스에서 외부 프로그램을 실행시키고 싶은 경우에 fork( )와 exec( ) 함수를 차례로 실행해도 되지만 보다 간단하게 실행하고 싶은 경우라면 system( ) 함수를 사용할 수 있다.

```
#include <stdlib.h>

int system(const char *cmdstring);
```

system( ) 함수는 실제 앞에서 살펴본 fork( ), exec( ), waitpid( ) 함수로 구성되어 있으며, fork( ) 함수가 실패하거나 waitpid( )가 EINTR 이외의 값을 반환하면, system( ) 함수는 errno에 값을 설정하고 -1을 반환한다. exec( ) 함수가 실패한 경우에는 생성한 프로세스의 종료 상태 값으로 127을 반환한다. 세 함수가 모두 성공하면 waitpid로 얻어낸 셸의 종료 상태 값을 반환한다.

system( ) 함수를 구현하면서 fork( ), exec( ) 그리고 waitpid( ) 함수를 사용해보자. 아래의 코드에서는 system( ) 함수를 자체적으로 구현했기 때문에 <stdlib.h> 헤더 파일을 포함하면 안 된다.

코드 5-6 **system.c**

```c
#include <stdio.h>
#include <errno.h>
#include <unistd.h>
#include <sys/wait.h>

int system(const char *cmd)        /* fork(), exec(), waitpid() 함수를 사용 */
{
    pid_t pid;
    int   status;

    if((pid = fork()) < 0) {        /* fork() 함수 수행 시 에러가 발생했을 때의 처리 */
        status = -1;
    } else if(pid == 0) {           /* 자식 프로세스의 처리 */
        execl("/bin/sh", "sh", "-c", cmd, (char *)0);
        _exit(127);                 /* execl() 함수의 에러 사항 */
    } else {                        /* 부모 프로세스의 처리 */
        while(waitpid(pid, &status, 0) < 0)    /* 자식 프로세스의 종료 대기 */
        if(errno != EINTR) {        /* waitpid() 함수에서 EINTR이 아닌 경우의 처리 */
            status = -1;
            break;
        }
    }

    return status;
}

int main(int argc, char **argv, char **envp)
{
    while(*envp)                    /* 환경 변수를 출력 */
        printf("%s\n", *envp++);

    system("who");                  /* who 유틸리티 수행 */
    system("nocommand");            /* 오류 사항의 수행 */
    system("cal");                  /* cal 유틸리티 수행 */

    return 0;
}
```

fork( ) 함수를 이용해서 프로세스를 생성하고 execl( ) 함수를 이용해서 사용자가 입력한 명령을 수행한다. 보다 간단하게 처리하기 위해 sh 셸 명령어로 수행할 수 있도록 /bin/sh의 인자로 명령어를 입력하였고 부모 프로세스는 waitpid( ) 함수를 이용해서 자식 프로세스의 수행을 기다리도록 하였다.

main( ) 함수의 3번째 인자로 현재 설정된 환경 변수들의 목록을 가져올 수 있다. 환경 변수의 사용을 위해 main( ) 함수의 3번째 인자를 사용하지 않고 광역 변수 environ을 사용할 수도 있다.

```c
extern char **environ;          /* 외부 참조 변수를 선언 */
```

앞의 코드를 수행하면 현재 설정된 환경 변수들이 화면에 출력되고 who 명령어의 결과가 출력된 후 nocommand라는 명령어가 없으므로 에러가 출력된다. 그리고 마지막으로 cal 명령어에 대한 결과가 출력된다.

```
pi@raspberrypi:~ $ ./system
SHELL=/bin/bash
LANGUAGE=en_US.UTF-8
                        /* ~ 중간 표시 생략 ~ */
PATH=/usr/local/sbin:/usr/local/bin:/usr/sbin:/usr/bin:/sbin:/bin:/usr/local/
        games:/usr/games
PWD=/home/pi
LANG=en_GB.UTF-8
SHLVL=1
HOME=/home/pi
LOGNAME=pi
SSH_CONNECTION=10.0.1.5 51385 10.0.1.99 22
_=./system
pi         tty7          2018-09-29 13:39 (:0)
pi         pts/0         2018-09-30 13:04 (172.30.1.50)
sh: 1: nocommand: not found
    September 2018
Su Mo Tu We Th Fr Sa
                   1
 2  3  4  5  6  7  8
 9 10 11 12 13 14 15
16 17 18 19 20 21 22
23 24 25 26 27 28 29
30
```

■ **posix_spawn( ) 함수**

새로운 프로그램을 실행하기 위해 fork( )와 exec( )을 수행하는 경우, exec( )을 수행하면 기존 프로그램의 내용을 새로운 프로그램으로 바꿔서 프로그램을 수행한다. 하지만 두 시스템 콜을 실행하는 사이에 시간차가 존재한다. 스케줄링이나 스레드 우선 순위 등의 이유로 fork( ) 함수의 수행 후 exec( ) 함수가 바로 수행될 수 있는데, 이 때 메모리 해제(메모리 부족) 등의 다양한 문제가 발생할 수 있다. 이러한 점 때문에 SUS에서는 1999년 IEEE-1003.1d에 새로운 시스템 콜을 추가하였다.

```c
#include <spawn.h>

int posix_spawn(pid_t *pid, const char *path,
             const posix_spawn_file_actions_t *file_actions,
             const posix_spawnattr_t *attrp,
             char *const argv[], char *const envp[]);
int posix_spawnp(pid_t *pid, const char *file,
              const posix_spawn_file_actions_t *file_actions,
              const posix_spawnattr_t *attrp,
              char *const argv[], char *const envp[]);
```

posix_spawn( ) 함수는 system( ) 함수처럼 간단히 프로그램을 실행할 수 있는데, fork( ) & exec( )을 사용하는 것보다 posix_spawn( ) 함수를 사용하는 것을 강력히 권장하고 있다. 앞에서 만든 system( ) 함수를 posix_spawn( ) 함수로 만들면 코드를 보다 간단하게 작성할 수 있다.

코드 5-7 spawn.c

```c
#include <stdio.h>
#include <sys/wait.h>
#include <spawn.h>

extern char **environ;

int system(char *cmd)              /* posix_spawn() 함수를 사용 */
{
    pid_t pid;
    int status;
    char *argv[] = {"sh", "-c", cmd, NULL};

    posix_spawn(&pid, "/bin/sh", NULL, NULL, argv, environ);

    waitpid(pid, &status, 0);

    return status;
}

int main(int argc, char **argv, char **envp)
{
    while( *envp)                  /* 환경 변수를 출력 */
        printf( "%s\n", *envp++);

    system("who");                 /* who 유틸리티 수행 */
    system("nocommand");           /* 오류 사항의 수행 */
    system("cal");                 /* cal 유틸리티 수행 */

    return 0;
}
```

posix_spawn( ) 함수의 첫 번째 인자로 fork( ) 함수와 같이 프로세스를 구분할 수 있는 pid_t의 인자를 넣고, 두 번째 인자로 exec( ) 함수와 같이 실행할 프로그램의 경로를 넣어준다. 그리고 세 번째와 네 번째 인자를 이용해서 posix_spawn( ) 함수의 속성을 넣을 수 있는데, 기본값으로 사용하는 경우에는 NULL을 넣어주면 된다. 두 번째 인자로 넣어서 실행할 프로그램에서 사용하는 인자를 다섯 번째 인자로 넣어주고, 마지막으로는 환경 변수를 넣어주면 된다. 코드를 빌드해서 실행해보면 앞의 fork( ) & exec( )과 동일하게 동작하는 것을 확인할 수 있다.

posix_spawn( ) 함수의 속성 등을 이용하면 waitpid( ) 함수 없이 비동기적 프로그래밍을 할 수 있다.

```
int system(char *cmd)        /* posix_spawn() 함수를 사용 */
{
    pid_t pid;
    int status;
    posix_spawn_file_actions_t actions;
    posix_spawnattr_t attrs;
    char *argv[] = {"sh", "-c", cmd, NULL};

    posix_spawn_file_actions_init(&actions);
    posix_spawnattr_init(&attrs);
    posix_spawnattr_setflags(&attrs, POSIX_SPAWN_SETSCHEDULER);

    posix_spawn(&pid, "/bin/sh", &actions, &attrs, argv, environ);

    return status;
}
```

posix_spawn( ) 함수의 속성은 posix_spawnattr_t 타입으로 변수를 만든 후에 posix_spawnattr_init( ), posix_spawnattr_setflags( ), posix_spawnattr_getflags( ), posix_spawnattr_destroy( ) 등의 함수를 이용해서 설정할 수 있다. 다음과 같은 속성이 제공된다.

표 5-18 **posix_spawnattr_t의 주요 속성**[28]

속성	내용	값
POSIX_SPAWN_RESETIDS	이 속성이 설정되지 않은 경우, 하위 프로세스는 상위 프로세스의 유효 그룹 ID를 상속받으며, 설정된 경우 하위 프로세스는 상위 프로세스의 실제 그룹 ID를 상속한다. 이 속성은 해당 프로세스에 그룹 비트가 설정되지 않은 경우에만 유효한다.	0x01
POSIX_SPAWN_SETPGROUP	이 속성이 설정되면 자식 프로세스의 pid는 0이고 pgid는 posix_spawnattr_setpgroup( ) 함수에 의해 설정된 posix_spawnattr_t의 spawn-pgroup spawnpgroup pgroup 값과 동일한 값을 받는다.	0x02
POSIX_SPAWN_SETSIGDEF	이 속성이 설정되면 시그널은 posix_spawnattr_setsigdefault( ) 함수에 의해 설정된 posix_spawnattr_t의 값으로 재설정된다.	0x04
POSIX_SPAWN_SETSIGMASK	이 속성이 설정되면 자식 프로세스의 초기 신호 마스크는 posix_spawnattr_setsigmask( ) 함수에 의해 설정된 posix_spawnattr_t의 spawn-sigmask 값으로 설정된다.	0x08
POSIX_SPAWN_SETSCHEDPARAM	이 속성이 설정되면 posix_spawnattr_setschedparam( ) 함수에 의해 설정된 프로세서의 우선 순위를 사용한다.	0x10
POSIX_SPAWN_SETSCHEDULER	이 속성이 설정되면 posix_spawnattr_setschedpolicy( ) 함수에 의해 설정된 프로세서의 스케줄 정책을 사용한다.	0x20

posix_spawnattr_t 타입은 open( ), dup2( ) 또는 close( ) 함수에서의 파일 디스크립터의 동작을 설정하는 데 사용된다. 새로운 프로세스의 생성 시 기존에 오픈된 파일 디스크립터에 대한 동작을 설정할 수 있다.

---

[28] 리눅스에서는 macOS와 같이 일부 유닉스에서 제공하는 POSIX_SPAWN_SETEXEC을 제공하지 않는다.

5.3 프로세스 간 통신

IPC(Inter-Process Communication)는 프로세스 간 통신을 위한 기법이다. 일반적으로 프로세스 간에는 공유되는 부분이 없기 때문에 서로 통신을 하기 위한 별도의 방법이 필요하다.

간단한 프로세스 간의 통신 기법으로는 파일 시스템을 이용하는 방법이 있다. 프로세스 간에 버퍼 용도의 사용할 수 있는 파일을 생성하고, 다수의 프로세스가 한 파일을 경유하는 방법으로, 파일에 입출력 작업을 수행해서 서로 데이터를 공유할 수 있다. 운영체제에 따라 일반적으로 쓰기 용도로는 하나의 프로세스만 파일을 열 수 있기 때문에 어떤 프로세스가 파일을 이용하고 있는지 확인하는 절차가 필요하다. 이처럼 파일 시스템은 입출력 다중화 시 문제 해결이 어렵다는 단점을 가지고 있고 파일 입출력 시 빈번한 시스템 호출이 발생하는 문제점도 있다.

이러한 문제점을 해결하기 위해 유닉스에서는 파일 시스템을 경유하지 않는 IPC 시스템 호출을 사용할 수 있는데, 이를 또 다시 몇 가지 방법으로 나눌 수 있다. 시스템 V의 IPC는 오랜 역사를 가졌고, 대부분의 시스템에 지원하기 때문에 호환성을 보장하지만, 개발될 당시에 고려되지 않은 보안이나 불분명한 함수명 등의 문제점이 있다. 이러한 문제를 해결하기 위해 POSIX IPC가 개발되었으며, 파일 디스크립터를 사용해서 보다 직관적이기 때문에 사용하기 쉽다.

표 5-19 다양한 프로세스 간의 통신 기법

구분	내용
파일 디스크립터 기반의 IPC	파이프와 FIFO(단방향), 소켓(양방향)
유닉스 시스템 V의 IPC	메시지 큐, 세마포어, 공유 메모리
POSIX의 IPC	메시지 큐, 네임드 세마포어, mmap(공유 메모리)

파이프는 부모 프로세스와 자식 프로세스 사이에서만 통신이 가능하고, FIFO, 소켓, 메시지 큐, 공유 메모리는 서로 관계없는 프로세스 사이에서 통신이 가능하다. 이러한 프로세스 간의 통신 기법을 사용하면 IPC 채널 조인 문제 및 동기화 문제에 대한 해결책을 제공할 수 있다.

그림 5-20 IPC(Inter-Process Communication)

5.3.1 파이프

파이프(Pipe)는 유닉스의 프로세스 간의 단방향 통신 메커니즘으로 '$ ps aux | more'와 같이 셸에서도 많이 사용된다. 통신을 위한 파일 버퍼는 커널 내에 존재하는 버퍼로서 보통 4KB 이상의 크기를 가지고 있다. 파이프는 단방향이기 때문에 쌍방향 통신을 위해서는 2개의 파이프가 필요하다.

pipe( ) 함수를 이용해서 파이프를 생성할 수 있으며, 2개의 파일 디스크립터에 대한 배열을 인자로 사용한다. pipe2( ) 함수는 pipe( ) 함수와 기본적으로 비슷하지만 논블로킹(O_NONBLOCK) 모드나 close-on-exec[29](O_CLOEXEC) 모드 같은 플래그를 설정할 수 있다.

```
#include <unistd.h>

int pipe(int pipefd[2]);

#define _GNU_SOURCE            /* feature_test_macros(7) 참고 */
#include <fcntl.h>             /* O_* 상숫값을 가져오기 위해서 */
#include <unistd.h>

int pipe2(int pipefd[2], int flags);
```

파이프는 부모 프로세스와 자식 프로세스 사이의 통신을 위해 사용되는데, 자식 프로세스의 파일 디스크립터 상속으로 IPC 채널의 조인 문제를 해결할 수 있다. 파이프를 사용하기 위해 부모 프로세스에서 파이프를 생성하고 fork( ) 수행 시 파일 디스크립터 상속 메커니즘에 의해서 자식 프로세스에게도 같은 파이프를 상속할 수 있다. 부모 프로세스와 자식 프로세스에서는 파이프의 방향을 결정한 후 필요 없는 파일 디스크립터를 닫고 나머지 파일 디스크립터로 통신한다.

파이프에 존재하는 데이터가 read( ) 함수에서 읽고 싶은 데이터의 양보다 적어도 read( ) 함수는 그 데이터를 읽고 반환한다. 파이프의 끝에 데이터를 쓰는 프로세스가 없으면 read( ) 함수는 0을 반환한다. write( ) 함수에서 쓰고 싶은 데이터의 양이 파이프의 버퍼보다 크면, write( ) 함수는 원자적(atomic)[30]으로 동작하지 않는다. 파이프의 끝에서 읽을 수 있는 프로세스가 없으면 write( ) 함수가 호출될 때 SIGPIPE 시그널이 생성한다.

---

29 exec( ) 함수를 수행하면 기존에 열려 있는 파일 디스크립터를 모두 닫는다.
30 위키디피아에 따르면, 원자성이란 어떤 작업이 실행될 때 언제나 완전히 진행이 종료되거나, 그럴 수 없는 경우에는 실행을 하지 않는 것을 의미한다. 실행이 진행되다가 종료하지 않고 중간에서 멈추는 경우는 있을 수 없다.

파이프를 생성해서 자식 프로세스와 부모 프로세스 사이에서 간단히 메시지를 전달하는 프로그램을 작성해보자.

코드 5-8 **pipe.c**

```c
#include <stdio.h>              /* printf() 함수를 위해 사용 */
#include <unistd.h>
#include <sys/wait.h>           /* waitpid() 함수를 위해 사용 */

int main(int argc, char **argv)
{
  pid_t pid;
  int pfd[2];
  char line[BUFSIZ];            /* <stdio.h> 파일에 정의된 버퍼 크기로 설정 */
  int status;

  if(pipe(pfd) < 0) {           /* pipe() 함수를 이용해서 파이프 생성 */
     perror("pipe()");
     return -1;
  }

  if((pid = fork()) < 0) {      /* fork() 함수를 이용해서 프로세스 생성 */
     perror("fork()");
     return -1;
  } else if(pid == 0) {         /* 자식 프로세스인 경우의 처리 */
     close(pfd[0]);             /* 읽기를 위한 파일 디스크립터 닫기 */
     dup2(pfd[1], 1);           /* 표준 출력(1)을 쓰기를 위한 파일 디스크립터(pfd[1])로 변경 */
     execl("/bin/date", "date", NULL);         /* date 명령어 수행 */
     close(pfd[1]);             /* 쓰기를 위한 파일 디스크립터 닫기 */
     _exit(127);
  } else {                      /* 부모 프로세스인 경우의 처리 */
     close(pfd[1]);             /* 쓰기를 위한 파일 디스크립터 닫기 */
     if(read(pfd[0], line, BUFSIZ) < 0) {       /* 파일 디스크립터로부터 데이터 읽기 */
        perror("read()");
        return -1;
     }
     printf("%s", line);        /* 파일 디스크립터로부터 읽은 내용을 화면에 표시 */

     close(pfd[0]);             /* 읽기를 위한 파일 디스크립터 닫기 */
     waitpid(pid, &status, 0);  /* 자식 프로세스의 종료를 기다리기 */
  }

  return 0;
}
```

pipe() 함수를 이용해서 파이프를 먼저 생성한 후 fork() 함수를 이용해서 자식 프로세스를 생성하였다. 위의 코드는 자식 프로세스에서 부모 프로세스로 현재의 시간에 대한 메시지를 보내는 코드로 자식 프로세스에서는 읽기를 위한 파일 디스크립터를 pfd[0]로 설정한 후 이를 닫았고, 부모 프로세스에서는 쓰기를 위한 파일 디스크립터로 pfd[1]을 닫았다. 자식 프로세스의 pfd[1]을 통해서 메시지를 보내면 부모 프로세스의 pfd[0]을 통해서 메시지를 받을 수 있다.

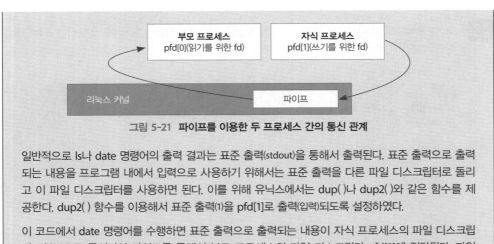

그림 5-21 **파이프를 이용한 두 프로세스 간의 통신 관계**

일반적으로 ls나 date 명령어의 출력 결과는 표준 출력(stdout)을 통해서 출력된다. 표준 출력으로 출력되는 내용을 프로그램 내에서 입력으로 사용하기 위해서는 표준 출력을 다른 파일 디스크립터로 돌리고 이 파일 디스크립터를 사용하면 된다. 이를 위해 유닉스에서는 dup( )나 dup2( )와 같은 함수를 제공한다. dup2( ) 함수를 이용해서 표준 출력(1)을 pfd[1]로 출력(입력)되도록 설정하였다.

이 코드에서 date 명령어를 수행하면 표준 출력으로 출력되는 내용이 자식 프로세스의 파일 디스크립터 pfd[1]으로 들어가서 파이프를 통해서 부모 프로세스의 파일 디스크립터 pfd[0]에 전달된다. 파일 디스크립터 pfd[0]를 읽으면 자식 프로세스에서 보낸 메시지를 읽을 수 있다. 파이프의 통신을 위한 작업이 완료되면 해당 파일 디스크립터를 닫아주면 된다.

```
pi@raspberrypi:~ $ ./pipe
Sat 05 Oct 2019 01:31:05 AM KST
```

코드 5-8과 같이 외부 프로그램을 실행해서 파이프를 사용하는 경우, 리눅스에서는 파일 디스크립터가 아닌 표준 입출력(FILE 구조체)을 이용할 수 있도록 별도의 라이브러리 함수를 제공한다. popen( ) 함수는 파일 대신에 파이프를 만드는 것만 빼면 fopen( ) 함수와 사용하는 것이 비슷하다. popen( ) 함수는 셸을 이용하여 프로그램을 실행하고 내부적으로 fork( )와 pipe( ) 함수를 사용하여 연결한다.

```
#include <stdio.h>

FILE *popen(const char *command, const char *type);

int pclose(FILE *stream);
```

popen( ) 함수의 첫 번째 인자(command)는 실행할 명령어이고, 두 번째 인자(type)는 fopen( ) 함수와 같이 파일의 여는(Open) 모드를 설정하는데, 실행된 프로그램으로부터 데이터를 가져올 때는 'r'을 사용하면 되고, 다른 프로세스에게 데이터를 보낼 때는 'w'를 사용하면 된다.

popen( ) 함수의 호출 성공 시 파일 포인터가 반환되는데 이를 이용해서 표준 입출력 함수의 사용이 가능하지만 버퍼링 등의 문제가 발생할 수 있다. 사용이 끝나면 pclose( ) 함수를 호출해서 자원을 반납하고 스트림을 닫아주면 된다.

popen( ) 함수를 사용하는 경우 앞의 코드는 아래와 같이 간단하게 바꿀 수 있다.

```
char line[BUFSIZ];
FILE *pf = popen("date", "r");
fgets(line, sizeof(line), pf);
```

5.3.2 FIFO

FIFO는 파이프와 유사한 단방향 통신을 위한 메커니즘이지만 파이프가 부모 프로세스와 자식 프로세스들 사이에만 통신이 된다는 문제점을 해결하기 위해서, FIFO 파일을 사용해서 IPC 채널의 조인 문제를 해결한다. 파이프와 기능은 비슷하지만 IPC 조인에 사용하는 이름이 있다고 해서 네임드 파이프(Named pipe)라고도 부른다.

FIFO를 사용하기 위해서는 채널 역할을 하는 FIFO 파일을 생성하는데, 이 파일은 데이터 전송에 사용되는 것이 아니라 프로세스 간 채널을 확립하기 위해서만 사용된다. 서버 프로세스나 클라이 언트 프로세스는 각자 동일한 FIFO 파일을 열고, 이때 얻은 파일 디스크립터를 이용해서 통신할 수 있다.

FIFO를 사용하기 위해서는 mkfifo( ) 함수를 이용해서 FIFO 파일을 생성하고, open( ) 함수 호출 후 반환되는 파일 디스크립터를 이용해서 read( )나 write( ) 함수로 통신을 수행하면 된다.

```
#include <sys/types.h>
#include <sys/stat.h>

int mkfifo(const char *path, mode_t mode);
```

FIFO 파일을 만드는 경우에 모드를 설정할 수 있는데 O_NDELAY 플래그를 사용해서 통신을 수 행할 상대방 프로세스가 없거나 데이터를 읽거나 쓸 수 없으면 대기하지 않고 바로 반환될 수 있 도록 설정할 수 있다.

 FIFO를 사용하기 위해서는 서버와 클라이언트의 2개의 코드를 작성해야 한다. 먼저 서버를 위한 코드를 작성해보자.

코드 5-9 **fifo_server.c**

```
#include <stdio.h>
#include <fcntl.h>
#include <unistd.h>    /* read(), close(), unlink() 등의 시스템 콜을 위한 헤더 파일 */
#include <sys/stat.h>
```

```
#define FIFOFILE    "fifo"

int main(int argc, char **argv)
{
    int n, fd;
    char buf[BUFSIZ];

    unlink(FIFOFILE);                                  /* 기존의 FIFO 파일을 삭제한다. */

    if(mkfifo(FIFOFILE, 0666) < 0) {                   /* 새로운 FIFO 파일을 생성한다. */
        perror("mkfifo()");
        return -1;
    }

    if((fd = open(FIFOFILE, O_RDONLY)) < 0) {    /* FIFO를 연다. */
        perror("open()");
        return -1;
    }

    while((n = read(fd, buf, sizeof(buf))) > 0)    /* FIFO로부터 데이터를 받아온다. */
        printf("%s", buf);                             /* 읽어온 데이터를 화면에 출력한다. */

    close(fd);
    return 0;
}
```

위의 FIFO 서버는 FIFO 통신을 위한 파일을 생성하고 FIFO 파일을 연 후, 클라이언트에서 데이터가 오면 읽어서 화면에 출력한다.

코드 5-10 **fifo_client.c**

```
#include <stdio.h>
#include <fcntl.h>
#include <unistd.h>

#define FIFOFILE    "fifo"

int main(int argc, char **argv)
{
    int n, fd;
    char buf[BUFSIZ];

    if((fd = open(FIFOFILE, O_WRONLY)) < 0) {    /* FIFO를 연다. */
        perror("open()");
        return -1;
    }

    while ((n = read(0, buf, sizeof(buf))) > 0)    /* 키보드로부터 데이터를 입력받는다 */
        write(fd, buf, n);                             /* FIFO로 데이터를 보낸다. */

    close(fd);

    return 0;
}
```

클라이언트는 FIFO 파일을 연 후 키보드로부터 데이터를 읽어서 서버에게로 해당 데이터를 출력한다.

이 코드를 빌드한 후 FIFO 서버는 백그라운드 모드로 실행한 후 FIFO 클라이언트를 실행한다. FIFO 클라이언트에서 입력해서 보낸 내용이 서버를 통해서 화면에 표시된다. Ctrl + C 키를 눌러서 클라이언트의 실행을 종료하면 FIFO가 깨지기 때문에 서버도 종료된다.

```
pi@raspberrypi:~ $ ./fifo_server  &
[1] 3640
pi@raspberrypi:~ $ ./fifo_client
hello world ↵
hello world
^C[1]+  Done                      ./fifo_server
pi@raspberrypi:~ $ ls -al fifo
prw-r--r-- 1 pi pi 0 Dec 14 23:09 fifo
```

ls 명령어를 통해서 FIFO 파일을 살펴보면 파일의 종류가 p(네임드 파이프)로 생성되어 있는 것을 확인할 수 있다.

5.3.3 유닉스 시스템 V/XSI의 IPC 함수

유닉스 시스템 V는 AT&T의 벨 연구소에서 만들던 유닉스 계열을 통칭하는 용어로 UC 버클리에서 만들던 BSD와는 다른 방식으로 프로세스 간의 통신을 지원하고 있었다. 현재 리눅스는 유닉스 시스템 V 계열의 유닉스에서 제공하는 시스템 호출과 BSD 계열의 유닉스에서 제공하던 시스템 호출을 모두 제공한다. 시스템 V의 IPC는 POSIX IPC가 등장한 이후로 XSI(X System Interface)로 불리우고 있다.

표 5-20 유닉스 시스템 V/XSI의 IPC

구분	내용
메시지 큐 (Message queue)	메시지 단위로 I/O를 수행하는데, 다른 IPC와 달리 서버와 클라이언트가 같은 시간에 존재할 필요가 없다.
세마포어 (Semaphore)	데이터 전송을 목적으로 만들어진 IPC가 아닌 프로세스 동기화(synchronization)에 필요한 공유 변수와 같은 공유된 리소스 제한을 위한 세마포어(semaphore)의 참조와 조작을 위해 만들어진 IPC이다.
공유 메모리 (Shared memory)	모든 IPC는 빈번한 메모리 복사로 인한 성능 문제가 제기되는데, 공유 메모리는 커널과 프로세스 사이에 메모리 복사를 2회 줄임으로써 비약적으로 IPC 성능을 향상시킬 수 있다. 공유 메모리에는 세마포어 같은 동기화 메커니즘이 별도로 요구된다.

메시지 큐, 세마포어, 공유 메모리 등은 유닉스 시스템 V에서 처음 제안된 IPC로 각 IPC 기법은 독특한 특징이 있다. 비슷한 채널 조인 방법과 인터페이스에 있어서 공통점이 존재하는데 동일한 네임 스페이스(name space)와 비슷한 인터페이스 함수를 사용한다. 고유의 시스템 호출을 제공하기 때문에 파일 시스템에서 제공하는 편리한 시스템 호출을 이용할 수 없다.

표 5-21 유닉스 시스템 V/XSI의 IPC 함수

구분	메시지 큐	세마포어	공유 메모리
헤더 파일	<sys/msg.h>	<sys/sem.h>	<sys/shm.h>
IPC 채널 생성/열기	msgget( )	semget( )	shmget( )
IPC 채널 제어/삭제	msgctl( )	semctl( )	shmctl( )
IPC 동작	msgsnd( ), msgrcv( )	semop( )	shmat( ), shmdt( )

네임 스페이스는 생성 가능한 채널 이름(또는 번호)의 집합으로 유닉스 시스템 V의 IPC에서는 모든 키에 동일한 key_t 타입을 사용한다. 키는 ftok( ) 함수로 생성할 수 있으며, 프로세스가 채널 이름의 할당을 요구할 때 커널은 동일한 채널 이름을 중복 할당해서는 안 된다.

```
#include <sys/types.h>
#include <sys/ipc.h>

key_t ftok(const char *pathname, int proj_id);
```

유닉스 시스템 V IPC의 네임 스페이스는 ftok( ) 함수로 생성하거나 개발자가 직접 지정할 수 있는데, 일반적으로 채널을 생성할 때 키를 만들고 앞의 IPC 공통 함수를 통해서 처리할 수 있다.

```
key_t key;
if((key = ftok("/tmp/msqkey", 'a')) < 0)
    perror("ftok()");
if((msqid = msgget(key, 0666 | IPC_CREAT)) < 0)
    perror("msgget()");
```

ftok( ) 함수는 키를 생성하기 위해 내부적으로 경로 대신 아이노드 번호를 사용하기 때문에 동일한 키(key) 값을 생성할 위험이 있다. 키 값으로 IPC_PRIVATE을 사용하면 커널은 고유한 IPC 채널을 할당하는데, 기존의 채널에 접근하는 것을 방지하고 항상 새로운 채널을 만들고자 할 때 사용한다.

하지만 두 프로세스 사이에 IPC를 공유하는 경우 각각의 프로세스에서 IPC_PRIVATE을 사용하게 되면 서로 다른 키 값을 만들기 때문에 이러한 경우에는 한 프로세스에서 키를 먼저 생성하고 다른 프로세스에 그 키 값을 전달하는 처리가 필요할 수 있다. IPC_PRIVATE은 일반적으로 IPC_CREAT과 함께 사용되는데, 키에 해당하는 채널이 이미 존재할 경우 -1을 리턴한다.

키를 생성한 후 msgget( ), semget( ), shmget( ) 함수와 같이 유닉스 시스템 V의 IPC 채널을 가져올 수 있다. 세 함수 모두 첫 번째 인자로는 키 값을 사용하고 마지막 인자로 플래그 값을 사용하는데, 유닉스 시스템 V에서는 공통적으로 사용할 수 있는 플래그 값을 제공한다.

표 5-22 msgget( ), semget( ), shmget( ) 함수의 공통 플래그

플래그	이전에 키가 없는 경우	키가 이미 있는 경우
없음	errno = ENOENT	기존 채널의 ID를 반환한다.
IPC_CREAT	새 채널의 ID를 반환한다.	기존 채널의 ID를 반환한다.
IPC_CREAT | IPC_EXCL	새 채널의 ID를 반환한다.	errno = EEXIST

IPC_CREAT만 쓰면 키에 해당하는 채널이 없는 경우에 채널을 새로 생성하고, 채널이 존재하는 경우에 기존 채널의 식별자를 반환한다. 각각의 채널에 접근 권한을 설정할 수 있으며, 접근 권한은 다음과 같다.

표 5-23 유닉스 시스템 V/XSI의 IPC 접근 권한

접근 권한		메시지 큐	세마포어	공유 메모리
사용자 (user)	읽기	MSG_R	SEM_R	SHM_R
	쓰기	MSG_W	SEM_W	SHM_W
그룹 (group)	읽기	MSG_R >> 3	SEM_R >> 3	SHM_R >> 3
	쓰기	MSG_W >> 3	SEM_W >> 3	SHM_W >> 3
다른사람 (other)	읽기	MSG_R >> 6	SEM_R >> 6	SHM_R >> 6
	쓰기	MSG_W >> 6	SEM_W >> 6	SHM_W >> 6

IPC의 채널을 가지고 오면 msgctl( ), semctl( ), shmctl( ) 함수를 통해서 IPC 동작을 수행할 수 있다. 이 함수들에는 다음과 같이 공통으로 사용할 수 있는 명령들이 있다.

표 5-24 msgctl( ), semctl( ), shmctl( ) 함수의 공통 명령(cmd)

플래그	내용
IPC_STAT	IPC 고유 데이터 구조의 현재값을 반환한다.
IPC_SET	IPC 고유 데이터 구조의 현재값을 설정한다.
IPC_RMID	IPC 채널을 제거한다.

ipc_perm 구조체는 채널마다 하나씩 할당되어 System V의 IPC에서 공통적으로 사용하는 데이터 구조로 <ipc.h>[31]에 정의되어 있다.

```
/* IPC 동작을 위한 권한 정보에 사용되는 데이터 구조 */
struct ipc_perm {
    __key_t __key;          /* 키(Key) */
    __uid_t uid;            /* 소유자(Owner)의 사용자(user) ID */
```

---

31 라즈베리 파이에서는 /usr/include/arm-linux-gnueabihf/bits/ipc.h에 위치한다.

```
    __gid_t gid;                    /* 소유자의 그룹(group) ID */
    __uid_t cuid;                   /* 생성자(Creator)의 사용자 ID */
    __gid_t cgid;                   /* 생성자의 그룹 ID */
    unsigned short int mode;        /* 읽기(Read)/쓰기(write) 권한(permission) */
    unsigned short int __pad1;
    unsigned short int __seq;       /* 시퀀스 번호(Sequence number) */
    unsigned short int __pad2;
    __syscall_ulong_t __glibc_reserved1;
    __syscall_ulong_t __glibc_reserved2;
};
```

■ 메시지 큐

유닉스 시스템 V의 프로세스 사이에서 서로 통신을 하기 위해 사용되는 매커니즘 중 하나로, 일반
적으로 메일 시스템과 비슷하다. 입출력 데이터를 커널 내부에 메시지 리스트 형태로 보관하는데,
메시지 타입은 선택적으로 메시지의 검색이 가능하다. FIFO와 비슷하지만 메시지는 중간에 저장
이 되기 때문에 메시지를 보내는 프로세스와 메세지를 받는 프로세스가 동일한 시점에 주고받을
필요가 없다.

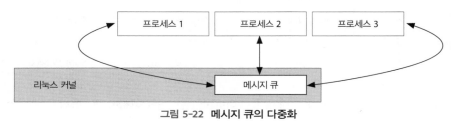

그림 5-22 메시지 큐의 다중화

메시지 큐(Message Queue)에서는 msqid_ds 구조체를 사용하며, <sys/msg.h>[32]에 설정되어 있다.

```
/* 커널 내에서 하나의 메시지를 보내기 위한 자료 구조 */
struct msqid_ds {
    struct ipc_perm msg_perm;             /* 동작의 권한을 위한 구조체 */
    __time_t msg_stime;                   /* 마지막 msgsnd 명령을 수한 시간 */
    unsigned long int __glibc_reserved1;
    __time_t msg_rtime;                   /* 마지막 msgrcv 명령을 수행한 시간 */
    unsigned long int __glibc_reserved2;
    __time_t msg_ctime;                   /* 마지막 변경 시간 */
    unsigned long int __glibc_reserved3;
    unsigned long int __msg_cbytes;       /* 현재 큐에 있는 바이트의 수 */
    msgqnum_t msg_qnum;                   /* 현재 큐에 있는 메시지의 수 */
    msglen_t msg_qbytes;                  /* 큐에 허용되는 최대 바이스의 수 */
    __pid_t msg_lspid;                    /* 마지막 msgsnd() 함수를 호출한 PID */
    __pid_t msg_lrpid;                    /* 마지막 msgrcv() 함수를 호출한 PID */
    unsigned long int __glibc_reserved4;
    unsigned long int __glibc_reserved5;
};
```

---

32 라즈베리 파이에서는 /usr/include/arm-linux-gnueabihf/bits/msq.h에 위치한다.

메시지 큐를 사용할 때 이용하는 함수들은 다음과 같은 것들이 있다. 다음 함수들의 호출에 실패하면 -1 값을 반환한다. 먼저 메시지 큐를 사용하기 위해서는 현재 메시지를 주고받을 수 있는 채널이 필요한데 msgget( ) 함수를 이용해서 획득할 수 있다. 함수 호출에 성공하면 채널의 ID가 반환된다.

```
#include <sys/types.h>
#include <sys/ipc.h>
#include <sys/msg.h>

int msgget(key_t key, int msgflg);
```

메시지 큐에 대한 채널을 획득한 후에는 데이터를 주고받아야 하는데, msgsnd( ) 함수나 msgrcv( ) 함수를 사용할 수 있다. msgsnd( ) 함수의 호출에 성공하면 0을 반환하고 msgrcv( ) 함수의 호출에 성공하면 읽은 데이터의 바이트 수가 반환된다.

```
#include <sys/types.h>
#include <sys/ipc.h>
#include <sys/msg.h>

int msgsnd(int msqid, const void *msgp, size_t msgsz, int msgflg);

ssize_t msgrcv(int msqid, void *msgp, size_t msgsz, long msgtyp, int msgflg);
```

메시지를 보낼 때는 msgsnd( ) 함수를 사용한다. 마지막 인자(msgflg)로 IPC_NOWAIT을 사용할 수 있는데 메시지 큐가 꽉 차면 errno을 EAGAIN로 설정해준다. 메시지를 받을 때는 msgrcv( ) 함수의 마지막 인자(msgflg)를 MSG_NOERROR로 설정하면 해당 메시지가 주어진 길이(msgsz)보다 클 때에 나머지 부분을 버리고 데이터를 저장한다.

msgrcv( ) 함수의 네 번째 인자의 값이 0이면 첫 번째 메시지를 반환하고, 0보다 크면 네 번째 인자의 값과 같은 첫 번째 메시지를 반환한다. 네 번째 인자의 값이 0보다 작으면 네 번째 인자의 절댓값보다 작거나 같은 첫 번째의 메시지를 반환한다.

데이터를 주고받을 때에 msgbuf 구조체를 이용할 수 있는데 리눅스에서는 다음과 같은 구조를 가지고 있다.

```
/* msgsnd( )와 msgrcv( ) 함수를 위한 메시지 버퍼 */
struct msgbuf {
    long mtype;             /* 메시지의 타입(type of message) */
    char mtext[1];          /* 메시지의 내용(message text) */
};
```

채널을 제어하거나 삭제할 때에는 msgctl( ) 함수를 사용할 수 있다.

```
#include <sys/types.h>
#include <sys/ipc.h>
#include <sys/msg.h>

int msgctl(int msqid, int cmd, struct msqid_ds *buf);
```

따라 하기 이제 메시지 큐를 이용한 통신을 살펴보도록 하자. 메시지 큐도 FIFO와 마찬가지로 서버와 클라이언트가 필요하다. 서버와 클라이언트는 동일한 키 값을 가져야 하며, 이 코드에서는 키 값으로 51234를 설정하였다.

코드 5-11 **msg_server.c**

```
#include <stdio.h>
#include <unistd.h>
#include <sys/msg.h>

#define MSQKEY      51234

struct msgbuf {
    long mtype;             /* 메시지의 타입: 0 이상의 정숫값 */
    char mtext[BUFSIZ];     /* 메시지의 내용: 1바이트 이상의 문자열 */
};

int main(int argc, char **argv)
{
    key_t key;
    int n, msqid;
    struct msgbuf mb;

    key = MSQKEY;
    /* 메시지 큐의 채널을 생성한다. */
    if((msqid = msgget(key, IPC_CREAT | IPC_EXCL | 0666)) < 0) {
        perror("msgget()");
        return -1;
    }

    /* 메시지 큐에서 데이터를 가져온다. */
    while((n = msgrcv(msqid, &mb, sizeof(mb), 0, 0)) > 0) {
        switch (mb.mtype) {
            /* 메시지 타입(mtype)이 1이면 화면에 가져온 데이터를 출력한다. */
            case 1:
                write(1, mb.mtext, n);
                break;
            /* 메시지 타입(mtype)이 2이면 메시지 큐의 채널을 삭제한다. */
            case 2:
                if(msgctl(msqid, IPC_RMID, (struct msqid_ds *) 0) < 0) {
                    perror("msgctl()");
                    return -1;
                }
                break;
        }
```

```
        }

        return 0;
}
```

서버에서는 메시지 큐를 위한 채널을 생성하고 메시지 큐로부터 데이터를 가져와서 mtype의 값이 1이면 화면에 가져온 데이터를 출력하고, mtype의 값이 2이면 메시지 큐에 대한 채널을 삭제한다.

코드 5-12 **msg_client.c**

```
#include <stdio.h>
#include <string.h>
#include <stdlib.h>
#include <sys/msg.h>

#define MSQKEY      51234

struct msgbuf {
    long mtype;
    char mtext[BUFSIZ];
};

int main(int argc, char **argv)
{
    key_t key;
    int rc, msqid;
    char* msg_text = "hello world\n";
    struct msgbuf *mb;
    mb = (struct msgbuf*)malloc(sizeof(struct msgbuf) + strlen(msg_text));

    key = MSQKEY;
    if((msqid = msgget(key, 0666)) < 0) {       /* 메시지 큐의 채널을 가져온다. */
        perror("msgget()");
        return -1;
    }

    /* mtype을 1로 설정하고 hello world라는 문자열을 보낸다. */
    mb->mtype = 1;
    strcpy(mb->mtext, msg_text);
    rc = msgsnd(msqid, mb, strlen(msg_text)+1, 0); /* 메시지 큐로 데이터를 보낸다. */
    if(rc == -1) {
        perror("msgsnd()");
        return -1;
    }

    /* mtype을 2로 설정하고 보낸다. */
    mb->mtype = 2;
    memset(mb->mtext, 0, sizeof(mb->mtext));
    if(msgsnd(msqid, mb, sizeof(mb->mtext), 0) < 0) {
        perror("msgsnd()");
        return -1;
    }

    return 0;
}
```

클라이언트는 mtype을 1로 설정하고 'hello world'라는 문자열을 서버로 보내고 다시 mtype을 2로 설정하고 서버로 메시지를 보낸다. 앞의 코드를 빌드해서 실행하면 서버와 클라이언트 간에 메시지를 주고받는 것을 확인할 수 있다.

```
pi@raspberrypi:~ $ ./msg_server &
[1] 3316
pi@raspberrypi:~ $ ./msg_client
hello world
[1]+  Done                    ./msg_server
```

■ IPC 관련 명령어

유닉스 시스템 V의 설정된 IPC 채널을 확인하고 싶은 경우에는 ipcs 명령어를 사용할 수 있다. 이 명령어는 -q(메시지 큐), -s(세마포어), -m(공유 메모리) 같은 옵션을 제공한다.

```
$ ipcs [-q | -m | -s]
```

채널을 생성하고 싶은 경우에는 ipcmk 명령어를 사용하면 되고, 설정된 채널을 삭제하고 싶은 경우에는 ipcrm 명령어를 사용할 수 있는데 채널의 ID나 채널의 키를 이용해서 삭제할 수 있다.

```
$ ipcmk [-M size] [-S nsems] [-Q] [-p mode]
$ ipcrm [-q | -m | -s { 채널의_ID }+ ] [-Q | -M | -S] { 채널의_Key }+ ]
```

메시지큐 서버를 실행한 후 ipcs 명령어를 수행하면 키(key)와 메시지 큐의 ID(msgid)가 표시되는데, ipcrm 명령어에 -q 옵션과 메시지 큐의 ID를 이용해서 해당 채널을 삭제할 수 있다.

```
pi@raspberrypi:~ $ ipcs

------ Shared Memory Segments --------
key        shmid      owner      perms      bytes      nattch     status
------ Semaphore Arrays --------
key        semid      owner      perms      nsems

------ Message Queues --------
key        msqid      owner      perms      used-bytes   messages
0x00000000 819200     pi         666        0            0
0x00000000 851969     pi         666        14           2

pi@raspberrypi:~ $ ipcrm -q 819200
```

■ **세마포어**

세마포어(Semaphore)는 에츠허르 비버 데이크스트라(Edsger Wybe Dijkstra)가 고안한, 두 개의 원자적 함수로 조작되는 정수 변수로서, 다중 프로그래밍 환경에서 공유 자원에 대한 접근을 제한하는 방법으로 사용된다. 이는 철학자들의 만찬 문제의 고전적인 해법이지만 모든 교착 상태를 해결하지는 못한다.[33]

유명한 맛집에 갔다고 생각해보자. 식당의 식탁(자리) 수는 고정되어 있다. 식당의 식탁이 8개이고 한 팀의 손님이 식탁 하나를 차지한다고 생각해보자. 처음에 손님이 3팀이 오면 식당에는 5개의 식탁이 남는다. 다시 손님이 2팀이 오면 3개의 식탁이 남게 되고, 다시 손님이 3팀이 오면 모든 식당의 식탁이 차서 더 이상 손님을 받을 수 없게 된다. 다시 손님이 2팀이 오게 되면 2팀의 손님들은 대기번호를 가지고 식당에서 다른 손님들이 일어날 때까지 대기하고 있게 되고, 다른 손님들이 일어나면 그때서야 식당에서 식사를 할 수 있다.

그림 5-23 유명 맛집의 대기번호

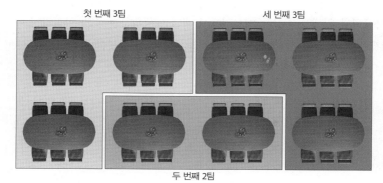

첫 번째 3팀   세 번째 3팀

두 번째 2팀

그림 5-24 세마포어: 식당과 식탁(자리)

세마포어는 이렇게 식당의 자리처럼 다수의 자원을 놓고 경쟁하는 프로세스들 사이에서 필요한 동기화 기법으로 자원의 수를 기록하는 세마포어 변수와 P(감소), V(증가) 연산을 이용하여 동기화한다.

---

33 http://ko.wikipedia.org/wiki/세마포어 참고

```
P(sem) 또는 Wait(sem):
    if(sem > 0) {                   /* 0보다 큰 경우 */
        decrement sem;              /* 손님의 팀만큼 식탁의 수 감소 */
    } else {                        /* 0보다 작거나 같은 경우 */
        wait until sem > 0;         /* 0보다 클 때까지 대기 */
        then decrement sem;         /* 자리가 나면 팀만큼 식탁의 수 감소 */
    }

V(sem) 또는 Signal(sem):
    increment sem;                  /* 손님이 일어나면 남은 식탁의 수를 증가 */
    wakeup a waiting process;       /* 대기하는 손님을 남은 식탁으로 보내기 */
```

세마포어에서도 공유 메모리와 마찬가지로 semid_ds 구조체를 사용하는데 <sem.h>[34] 파일에 다음과 같이 정의되어 있드.

```
/* 세마포어를 기술하기 위한 자료 구조 */
struct semid_ds {
    struct ipc_perm sem_perm;           /* 동작의 권한을 위한 구조체 */
    __time_t sem_otime;                 /* 마지막 semop( ) 함수를 수행한 시간 */
    unsigned long int __glibc_reserved1;
    __time_t sem_ctime;                 /* semctl( ) 함수에 의해서 변경된 마지막 시간 */
    unsigned long int __glibc_reserved2;
    unsigned long int sem_nsems;        /* 세마포어의 수 */
    unsigned long int __glibc_reserved3;
    unsigned long int __glibc_reserved4;
};
```

세마포어를 사용하기 위해서는 공유 메모리에서 채널을 생성하는 것과 마찬가지로 세마포어를 위한 채널을 생성하는 작업이 필요한데 semget( ) 함수를 통해 수행할 수 있다. semget( ) 함수의 호출이 성공하면 채널의 ID가 반환되고 실패하면 -1이 반환된다.

```
#include <sys/types.h>
#include <sys/ipc.h>
#include <sys/sem.h>

int semget(key_t key, int nsems, int semflg);
```

세마포어를 증가하거나 감소를 하기 위해 semop( ) 함수를 사용할 수 있는데, 호출 성공 시 0을 반환하고, 에러 발생 시 -1을 반환한다.

---

34 라즈베리 파이에서는 /usr/include/arm-linux-gnueabihf/bits/sem.h에 위치하고 있다.

298   CHAPTER 5 프로세스와 스레드: 다중 처리

```
#include <sys/types.h>
#include <sys/ipc.h>
#include <sys/sem.h>

int semop(int semid, struct sembuf *sops, unsigned nsops);

int semtimedop(int semid, struct sembuf *sops, unsigned nsops, timespec *timeout);
```

세마포어를 설정할 때 sembuf 구조체를 사용한다. sembuf 구조체의 sem_op 인자의 값이 0보다 클 때에는 세마포어의 값을 sem_op만큼 증가(V 연산)시키고, 0보다 작을 때는 세마포어의 값을 sem_op만큼 감소(P 연산)시킨다. sem_op의 값이 0인 경우에는 세마포어 값이 0이 될 때까지 대기한다.

```
/* semop() 함수에서 사용하는 자료 구조 */
struct sembuf {
    unsigned short   sem_num;      /* 배열에서의 세마포어의 인덱스 */
    short            sem_op;       /* 세마포어 동작(operation) */
    short            sem_flg;      /* 동작을 위한 플래그(flags) */
};
```

sembuf 구조체의 플래그 sem_flg의 값이 IPC_NOWAIT이면 semop() 함수의 호출 즉시 실행하지 못했을 경우 기다리지 않고 실패로 바로 복귀하고, SEM_UNDO인 경우에는 프로세스가 종료되면 시스템에서 세마포어 설정을 원래 상태로 되돌리는데, 보통 이 옵션을 사용한다.

세마포어를 제어하거나 삭제할 때에는 semctl() 함수를 사용할 수 있다.

```
#include <sys/types.h>
#include <sys/ipc.h>
#include <sys/sem.h>

int semctl(int semid, int semnum, int cmd, ...);
```

따라하기 세마포어를 수행하기 위해 필요한 과정들에 대해 알아보도록 하자. 세마포어의 P 연산과 V 연산에 대한 함수를 만들고, 다음의 두 함수를 이용해서 세마포어의 동작에 대해 알아보자. 식당에서 8개의 자리에 대한 세마포어는 다음과 같은 코드로 작동할 수 있다.

코드 5-13 **sem.c**

```
#include <stdio.h>
#include <unistd.h>
#include <sys/sem.h>

int cnt   = 0;
static int semid;
```

```c
void p()                                    /* 세마포어의 P 연산 */
{
    struct sembuf pbuf;
    pbuf.sem_num   = 0;
    pbuf.sem_op    = -1;
    pbuf.sem_flg   = SEM_UNDO;
    if(semop(semid, &pbuf, 1) == -1)        /* 세마포어의 감소 연산을 수행한다. */
        perror("p : semop()");
}

void v()                                    /* 세마포어의 V 연산 */
{
    struct sembuf vbuf;
    vbuf.sem_num   = 0;
    vbuf.sem_op    = 1;
    vbuf.sem_flg   = SEM_UNDO;
    if(semop(semid, &vbuf, 1) == -1)        /* 세마포어의 증가 연산을 수행한다. */
        perror("v : semop()");
}

int main(int argc, char **argv)
{
    union semun {                           /* semun 공용체 */
        int             val;
        struct  semid_ds *buf;
        unsigned short int *arrary;
    } arg;
    /* 세마포어에 대한 채널 얻기 */
    if((semid = semget(IPC_PRIVATE, 1, IPC_CREAT | 0666)) == -1) {
        perror("semget()");
        return -1;
    }

    arg.val = 1;                            /* 세마포어 값을 1로 설정 */
    if(semctl(semid, 0, SETVAL, arg) == -1) {
        perror("semctl() : SETVAL");
        return -1;
    }

    while(1) {
        if(cnt >= 8) {
            cnt--;
            p();
            printf("decrease : %d\n", cnt);
            break;
        } else {
            cnt++;
            v();
            printf("increase : %d\n", cnt);
            usleep(100);
        }
    }

    /* 세마포어에 대한 채널 삭제 */
    if(semctl(semid, 0, IPC_RMID, arg) == -1) {
        perror("semctl() : IPC_RMID");
        return -1;
    }

    return 0;
}
```

세마포어를 위한 채널을 생성하고 세마포어 한 개를 생성한다. 코드 내에서 세마포어에 대한 P 연산과 V 연산을 수행하는데, V 연산으로 세마포어가 증가되고 난 이후에 P 연산을 통해서 감소될 수 있다. 만약 두 연산의 수행 순서를 바꾸면 P 연산에서는 사용할 수 있는 세마포어가 생길 때까지 대기하게 된다.

```
pi@raspberrypi:~ $ ./sem
increase : 1
increase : 2
increase : 3
increase : 4
increase : 5
increase : 6
increase : 7
increase : 8
decrease : 7
```

위의 코드를 실행하면 8개까지 세마포어가 증가한 후 다시 세마포어가 감소하는 것을 확인할 수 있다.

■ 공유 메모리

프로세스 간에 메모리를 공유하는 방식으로 통신하는 방식으로 메모리 복사 횟수를 줄여서 성능 향상을 이끌 수 있다. 여러 프로세스들이 동시에 같은 메모리의 주소에 접근할 수 있기 때문에 세마포어 같은 동기화 기법이 필요하다.

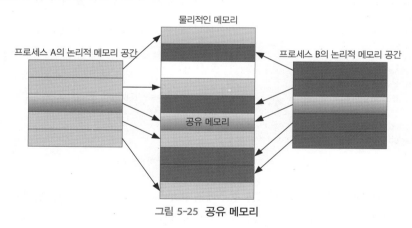

그림 5-25 **공유 메모리**

리눅스에서는 공유 메모리(Shared Memory)를 위한 함수들을 제공한다. 공유 메모리를 사용하기 위해서는 공유 메모리에 대한 채널을 생성하거나 기존의 채널을 가져와야 한다. 이때 shmget( ) 함수를 사용할 수 있다.

```
#include <sys/ipc.h>
#include <sys/shm.h>

int shmget(key_t key, size_t size, int shmflg);
```

shmget( ) 함수를 수행에 성공하면 해당 채널에 대한 ID를 반환하고 에러가 발생하면 -1의 값을 반환한다. 공유 메모리의 사용을 위해서는 공유 메모리를 현재 프로세스와 연결하고 메모리의 시작 주소를 가져와야 하는데 이때 shmat( ) 함수를 사용하면 되고, 사용이 끝난 공유 메모리는 현재의 프로세스와의 연결을 해제해야 하는데 이때 shmdt( ) 함수를 사용하면 된다.

```
#include <sys/types.h>
#include <sys/shm.h>

void *shmat(int shmid, const void *shmaddr, int shmflg);

int shmdt(const void *shmaddr);
```

shmat( ) 함수의 호출이 성공하면 메모리의 시작 주소가 반환되고 실패하면 -1이 반환된다. shmdt( ) 함수의 호출이 성공하면 0을 반환하고 실패하면 -1을 반환한다. shmat( ) 함수를 사용할 때 <shm.h> 파일[35]에 지정되어 있는 shmid_sd 구조체를 이용해서 관련된 설정을 진행할 수 있다.

```
/* 시스템에서 각각의 공유 메모리 세그먼트를 위한 자료 구조 */
struct shmid_ds {
    struct ipc_perm shm_perm;           /* 동작의 권한을 위한 구조체 */
    size_t shm_segsz;                   /* 세그먼트의 크기(bytes) */
    __time_t shm_atime;                 /* 마지막으로 shmat( ) 함수가 수행된 시간 */
    unsigned long int __glibc_reserved1;
    __time_t shm_dtime;                 /* 마지막으로 shmdt( ) 함수가 수행된 시간 */
    unsigned long int __glibc_reserved2;
    __time_t shm_ctime;                 /* shmctl( ) 함수에 의해 마지막 변경 시간 */
    unsigned long int __glibc_reserved3;
    __pid_t shm_cpid;                   /* 생성자의 PID */
    __pid_t shm_lpid;                   /* shmop( ) 함수로 마지막으로 조회한 프로세스의 PID */
    shmatt_t shm_nattch;                /* 현재 연결된 숫자 */
    unsigned long int __glibc_reserved4;
    unsigned long int __glibc_reserved5;
};
```

연결된 채널을 제어하거나 해제하고 싶은 경우에는 shmctl( ) 함수를 이용하면 된다. shmctl( ) 함수의 호출이 성공하면 0을 반환하고 실패하면 -1을 반환한다.

```
#include <sys/types.h>
#include <sys/ipc.h>
#include <sys/shm.h>

int shmctl(int shmid, int cmd, struct shmid_ds *buf);
```

---

[35] 라즈베리 파이에서는 /usr/include/arm-linux-gnueabihf/bits/shm.h에 위치하고 있다.

이제 공유 메모리에 대한 예제를 만들어보도록 하자. 아래의 애플리케이션은 2개의 프로세스를 만들어서 부모 프로세스와 자식 프로세스가 같은 메모리 공간을 함께 이용하는 예제이다. 먼저 2개의 프로세스를 생성한 후 shmget( ) 함수를 이용해서 공유 메모리 대한 채널을 가져와서 shmat( ) 함수를 이용해 공유 메모리를 현재의 프로세스의 공간에 붙인다.

코드 5-14 **shm.c**

```c
#include <stdio.h>
#include <unistd.h>
#include <sys/shm.h>

#define SHM_KEY    0x12345                        /* 공유 메모리를 위한 키 */

int main(int argc, char **argv)
{
    int i, pid, shmid;
    int *cVal;
    void *shmmem = (void *)0;

    if((pid = fork()) == 0) {             /* 자식 프로세스를 위한 설정 */
        /* 공유 메모리 공간을 가져온다. */
        shmid = shmget((key_t)SHM_KEY, sizeof(int), 0);
        if(shmid == -1) {
            perror("shmget()");
            return -1;
        }

        /* 공유 메모리를 사용하기 위해 프로세스의 메모리에 붙인다. */
        shmmem = shmat(shmid, (void *)0, 0666 | IPC_CREAT);
        if(shmmem == (void *)-1) {
            perror("shmat()");
            return -1;
        }
        cVal = (int *)shmmem;
        *cVal = 1;
        for(i = 0; i < 3; i++) {
            *cVal += 1;
            printf("Child(%d) : %d\n", i, *cVal);
            sleep(1);
        }
    } else if(pid > 0) {                  /* 부모 프로세스로 공유 메모리의 내용을 표시 */
        /* 공유 메모리 공간을 만든다. */
        shmid = shmget((key_t)SHM_KEY, sizeof(int), 0666 | IPC_CREAT);
        if(shmid == -1) {
            perror("shmget()");
            return -1;
        }

        /* 공유 메모리를 사용하기 위해 프로세스의 메모리에 붙인다. */
        shmmem = shmat(shmid, (void *)0, 0);
        if(shmmem == (void *)-1) {
            perror("shmat()");
            return -1;
        }
```

```
        cVal = (int *)shmmem;
        for(i = 0; i < 3; i++) {
            sleep(1);
            printf("Parent(%d) : %d\n", i, *cVal);
        }
    }

    shmctl(shmid, IPC_RMID, 0);

    return 0;
}
```

자식 프로세스에서는 변수의 값을 증가시키고 이를 화면에 출력하고 1초간 슬립 모드에 들어간다. 부모 프로세스는 1초간 슬립 모드에 들어간 후에 깨어나서 공유 메모리에 대한 내용을 출력한다.

```
pi@raspberrypi:~ $ ./shm
Child(0) : 2
Parent(0) : 2
Child(1) : 3
Parent(1) : 3
Child(2) : 4
Parent(2) : 4
```

위의 코드를 빌드해서 실행해보면 자식 프로세스에서 공유 메모리로 설정해놓은 내용을 부모 프로세스에서도 같은 메모리를 공유하여 동일한 값이 출력되는 것을 확인할 수 있다.

POSIX에서는 프로세스들 사이에서 메모리를 공유할 때 메모리맵(mmap)을 이용할 수 있다. 메모리맵은 공유 메모리와 비슷하면서도 다른데, 이 경우 채널의 조인을 위해 파일 디스크립터를 사용한다. 이에 대해서는 7장에서 살펴보겠다.

5.3.4 POSIX IPC 함수

오랫동안 사용한 기존의 IPC 방법은 유닉스 간의 호환성을 확실히 보장해 주는 장점을 제공하지만, 사용이 명확하지 않다는 단점이 있다. 이러한 문제로 POSIX IPC가 등장하였는데 직관적인 API로 사용하기 더 쉽다.

■ POSIX 메시지 큐

시스템 V의 메시지 큐와 마찬가지로 POSIX 메시지 큐를 사용하면 프로세스 간에 메시지의 형태로 데이터를 전송할 수 있다. POSIX 메시지 큐에서도 시스템 V의 msgget( ), msgsnd( ), msgrcv( ) 등과 비슷한 기능을 제공하는 함수들을 제공한다. 시스템 V의 함수들이 시스템 콜인 것에 비해서 POSIX의 함수는 라이브러리 형태로 제공된다.

POSIX의 메시지 큐는 mqd_t 형을 이용한다. msgget( ) 함수와 같이 메시지 큐의 생성과 획득을 위해 mq_open( ) 함수를 사용한다. mq_open( ) 함수를 사용하면 mqd_t 형을 반환받은 후 이용할 수 있다.

```
#include <fcntl.h>          /* O_* 상수를 위한 헤더 파일 */
#include <sys/stat.h>       /* mode 변수를 위한 헤더 파일 */
#include <mqueue.h>

mqd_t mq_open(const char *name, int oflag);
mqd_t mq_open(const char *name, int oflag, mode_t mode, struct mq_attr *attr);
```

msgsnd( )와 msgrcv( ) 함수와 같이 메시지 큐의 송수신을 위해 mq_send( )와 mq_receive( ) 함수를 사용할 수 있다.

```
#include <mqueue.h>

int mq_send(mqd_t mqdes, const char *msg_ptr, size_t msg_len, unsigned int msg_prio);
ssize_t mq_receive(mqd_t mqdes, char *msg_ptr, size_t msg_len, unsigned int *msg_prio);

#include <time.h>
#include <mqueue.h>

int mq_timedsend(mqd_t mqdes, const char *msg_ptr, size_t msg_len,
                 unsigned int msg_prio, const struct timespec *abs_timeout);
ssize_t mq_timedreceive(mqd_t mqdes, char *msg_ptr, size_t msg_len,
                        unsigned int *msg_prio, const struct timespec *abs_timeout);
```

그리고 프로세스가 큐의 사용을 끝낼 때 mq_close( ) 함수를 사용하여 닫으면 된다. 메시지 큐가 더 이상 필요 없게 된 경우 mq_unlink( ) 함수를 사용하여 큐를 삭제할 수 있다.

```
#include <mqueue.h>

int mq_close(mqd_t mqdes);
int mq_unlink(const char *name);
int mq_getattr(mqd_t mqdes, struct mq_attr *attr);
int mq_setattr(mqd_t mqdes, const struct mq_attr *newattr, struct mq_attr *oldattr);
```

메시지 큐의 속성은 mq_getattr( ) 함수를 이용해서 얻을 수 있고, mq_setattr( ) 함수를 사용해서 변경할 수 있다. 또한, mq_notify( ) 함수를 사용하면 메시지가 오는 것을 비동기적으로 통지받을 수 있다.

이제 앞에서 시스템 V/XSI로 구현한 코드를 간단하게 POSIX 메시지 큐로 변경해보자. 먼저 서버를 작성한다. 서버에서 통신을 위한 메시지 큐를 mq_open( ) 함수를 통해서 만들고, mq_receive( ) 함수를 통해 데이터를 받아온다. 가져온 데이터를 화면에 출력하고, 'q'가 들어온 경우에 메시지 큐를 닫은 후 정리하고 프로그램을 종료한다.

코드 5-15 **posix_msg_server.c**

```c
#include <stdio.h>
#include <unistd.h>
#include <mqueue.h>

int main(int argc, char **argv)
{
    mqd_t mq;
    struct mq_attr attr;
    const char* name = "/posix_msq";              /* 메시지 큐끼리 공유할 이름 */
    char buf[BUFSIZ];
    int n;

    /* 메시지 큐 속성의 초기화 */
    attr.mq_flags = 0;
    attr.mq_maxmsg = 10;
    attr.mq_msgsize = BUFSIZ;
    attr.mq_curmsgs = 0;

    mq = mq_open(name, O_CREAT | O_RDONLY, 0644, &attr);

    /* 메시지 큐에서 데이터를 가져온다. */
    while(1) {
        n = mq_receive(mq, buf, sizeof(buf), NULL);
        switch (buf[0]) {
            /* 메시지가 'q' 이면 END로 이동  */
            case 'q':
                goto END;
                break;
            /* 다른 메시지이면 화면에 가져온 데이터를 출력한다. */
            default:
                write(1, buf, n);
                break;
        }
    }

END:                /* 메시지 큐를 닫은 후 정리하고 프로그램을 종료한다. */
    mq_close(mq);
    mq_unlink(name);

    return 0;
}
```

메시지 큐 클라이언트는 서버와 거의 비슷하지만 메시지 큐를 새로 생성하는 것이 아니라 기존에 존재하고 있는 메시지 큐를 연다. mq_send( ) 함수를 이용해서 메시지를 보내는데, 처음에는 "Hello, World!\n"이라는 문자열을 보내고 다시 "q"를 보내서 서버를 종료시킨다. 메시지 큐의 사용이 끝나면 mq_close( ) 함수로 메시지 큐를 닫지만, 서버와는 다르게 메시지 큐를 삭제하지는 않는다.

코드 5-16 posix_msg_client.c

```c
#include <stdio.h>
#include <string.h>
#include <unistd.h>
#include <mqueue.h>

int main(int argc, char **argv)
{
    mqd_t mq;
    const char* name = "/posix_msq";
    char buf[BUFSIZ];

    mq = mq_open(name, O_WRONLY);

    /* "Hello, World!"라는 문자열을 보낸다. */
    strcpy(buf, "Hello, World!\n");
    mq_send(mq, buf, strlen(buf), 0);              /* 메시지 큐로 데이터를 보낸다. */

    /* "q"로 설정하고 보낸다. */
    strcpy(buf, "q");
    mq_send(mq, buf, strlen(buf), 0);

    /* 메시지 큐를 닫는다. */
    mq_close(mq);

    return 0;
}
```

위의 코드를 빌드하기 위해서 rt(Realtime) 라이브러리를 함께 링크해야 한다.

```
pi@raspberrypi:~ $ gcc -o posix_msg_server posix_msg_server.c -lrt
pi@raspberrypi:~ $ gcc -o posix_msg_client posix_msg_client.c -lrt
pi@raspberrypi:~ $ ./posix_msg_server &
pi@raspberrypi:~ $ ./posix_msg_client
Hello, World!
[1]+  Done          ./posix_msg_server
```

■ 네임드 세마포어

리눅스에서는 세마포어를 보다 쉽게 사용할 수 있는 라이브러리 형태의 함수들도 제공하고 있다. 이를 네임드 세마포어[36]라 부르는데, SUS 표준 IEEE1003.1b-1993/1003.1i-1995(POSIX(R))에 포함되었다.

```
#include <fcntl.h>              /* O_* 상수를 위한 헤더 파일 */
#include <sys/stat.h>           /* mode 인자를 위한 헤더 파일 */
#include <semaphore.h>

sem_t *sem_open(const char name, int oflag/*, mode_t mode, unsigned int value*/);
int sem_init(sem_t *sem, int pshared, unsigned int value);
int sem_post(sem_t *sem);
int sem_wait(sem_t *sem);
int sem_trywait(sem_t *sem);
int sem_timedwait(sem_t *sem, const struct timespec *abs_timeout);
int sem_close(sem_t *sem);
int sem_destroy(sem_t *sem);
```

세마포어를 사용하기 전에 반드시 sem_t 형을 초기화해야 한다. 초기화는 sem_open( ) 함수를 사용하면 된다. sem_open( ) 함수의 첫 번째 인자로 다른 세마포어와 구분할 수 있는 이름이 들어가는데, 이러한 이유로 네임드(named) 세마포어라고 부른다. 초기화가 끝나면 P 연산과 V 연산을 수행하면 되는데, 이 경우에는 sem_post( ), sem_wait( ) 함수를 사용하면 된다. 사용이 다 끝난 세마포어는 sem_close( ) 함수로 닫고, sem_destroy( ) 함수로 제거하면 된다.

코드 5-17 **posix_sem.c**

```
#include <stdio.h>          /* printf() 함수를 위한 헤더 파일 */
#include <fcntl.h>          /* O_CREAT, O_EXEC 매크로를 위한 헤더 파일 */
#include <unistd.h>
#include <semaphore.h>      /* sem_open(), sem_destroy(), sem_wait() 등 함수를 위한 헤더 파일 */

sem_t *sem;                 /* 세마포어를 위한 전역 변수 */
static int cnt = 0;         /* 세마포어에서 사용할 임계 구역 변수 */

void p()                    /* 세마포어의 P 연산 */
{
    cnt--;
    sem_post(sem);
}

void v()                    /* 세마포어의 V 연산 */
{
    cnt++;
    sem_wait(sem);
}
```

---

36 http://www.hanbit.co.kr/media/channel/view.html?cms_code=CMS5536818490

```c
int main(int argc, char **argv)
{
    const char* name = "posix_sem";
    unsigned int value = 8;                /* 세마포어의 값 */

    /* 세마포어 열기 */
    sem = sem_open(name, O_CREAT, S_IRUSR | S_IWUSR, value);

    while(1) {
        if(cnt >= 8) {
            p();
            printf("decrease : %d\n", cnt);
            break;
        } else {
            v();
            printf("increase : %d\n", cnt) ;
            usleep(100);
        }
    }

    /* 다 쓴 세마포어 닫고 정리 */
    sem_close(sem);
    printf("sem_destroy return value : %d\n", sem_destroy(sem));

    /* 세마포어 삭제 */
    sem_unlink(name);

    return 0;
}
```

sem_open( ) 함수를 이용해서 네임드 세마포어를 만들면, 사용이 끝난 후 더 이상 필요가 없어졌을 때 sem_unlink( )을 이용해서 네임드 세마포어를 삭제할 수 있다. 이제 코드를 빌드해서 실행해보자. 이 소스 코드를 빌드하기 위해서는 pthread 라이브러리를 링크해줘야 한다. 코드를 실행해보면 시스템 V의 세마포어와 같은 결과가 나오는 것을 확인할 수 있다.

```
pi@raspberrypi:~ $ gcc -o posix_sem posix_sem.c -pthread[37]
pi@raspberrypi:~ $ posix_sem
increase : 1
increase : 2
increase : 3
increase : 4
increase : 5
increase : 6
increase : 7
increase : 8
decrease : 7
sem_destroy return value : 0
```

---

37 gcc에서는 –lpthread 대신 –pthread를 사용할 수 있다.

5.4 POSIX 스레드와 동기화

5.4.1 POSIX 스레드

유닉스에서 여러 가지 일을 동시에 처리하고 싶은 경우에는 앞에서 배운 멀티 프로세스를 이용할 수 있다. 프로세스는 자신만의 메모리 공간을 가지고 있는데 새로운 프로세스를 만들 때마다 프로세스를 위한 메모리 공간을 따로 만들어줘야 하기 때문에 생성하는 작업이 복잡하며, 동일한 작업을 수행하는 경우에도 공유되는 부분 없이 별도의 영역을 사용하기 때문에 메모리 공간이 낭비된다는 문제가 있다.

이를 해결하기 위해 등장한 것이 스레드(Thread)다. 스레드는 프로세스에서 나누어지는 일의 단위로 커널 레벨의 스레드와 유저 레벨의 스레드로 구분된다. 일반적으로 애플리케이션에서는 유저 레벨의 스레드를 사용하는데, 유저 레벨의 스레드는 메모리를 다른 스레드와 공유할 수 있기 때문에 생성이 빠르며 메모리의 낭비도 막을 수 있다. 하지만 한 스레드가 메모리를 잘못 건드리면 메모리를 공유하고 있기 때문에 다른 스레드들에도 영향을 미친다는 단점이 있다.

그림 5-26 멀티 프로세스와 멀티스레드

일반적으로 스레드 간에는 전역 변수와 힙 메모리, 파일 디스크립터 등을 공유하고 있으며, 멀티 프로세스와 마찬가지로 몇 가지 일을 동시에 할 수 있지만 스레드 간 콘텍스트(Context) 스위칭이 프로세스보다 빠르고, 공유되는 메모리를 이용해서 스레드 간 통신이 프로세스 간 통신보다 간단하다는 장점을 제공한다.

> **참고하기** ➕ **스레드의 역사[38]와 리눅스**
>
> 튜링상(Turing Award)을 받은 버틀러 W. 램슨(Butler W. Lampson)[39]과 피터 두쉬 등이 함께 1965년 미국 캘리포니아 대학교 버클리에서 버클리 시분할 시스템을 개발하였다. 세마포어나 공유 변수라는 이름으로 상호작용 가능한 프로세스를 디자인하였는데, 후에 이것이 스레드의 기초가 되었다.
>
> 최초의 스레드는 맥스 스미스(Max Smith)에 의해 멀틱스(Multics)에 구현되었는데, 단일의 무거운 프로세스(HWP, Heavy-Weight Process) 내에서 멀티 스택 방식을 사용했다. 하지만 벨 연구소가 멀틱스 개발에 손을 떼면서 크게 발전하지 못하였다. 또한 IBM에서도 1965년 PL/1이라는 프로그래밍 언어에 TASK 콜을 이용해서 스레드를 사용하려는 시도를 하였지만 여러 가지 문제로 포기했다.

---

38 http://www.serpentine.com/blog/threads-faq/the-history-of-threads 참고
39 http://amturing.acm.org/award_winners/lampson_1142421.cfm 참고

1960년대 말 유닉스가 등장하였는데 유닉스의 프로세스는 멀틱스를 기반으로 하였다. 유닉스의 프로세스는 프로세스 보호 매커니즘에 의해서 프로세스 간에 메모리를 공유하지 않았다. 프로세스 간에 공유를 위해서는 파이프나 시그널, 공유 메모리 등을 사용하는데, 이는 무겁고 복잡한 작업을 요구한다. 이러한 방식은 결국 스레드의 발명을 가져왔는데, 이를 기존의 스레드와는 다르기 때문에 가벼운 프로세스(LWP, Light-Weight Process)라고도 부른다.

리눅스는 초기부터 스레드를 지원해왔다. 리눅스 커널 2.4까지는 clone( )이라는 커널 함수를 통해서 스레드를 지원했었지만, 프로세스 기반의 공유 기법을 이용해서 무겁게 동작했으며(M:1 매핑 모델) POSIX 기준을 준수하지 못했다.[40] 리눅스 커널 2.6부터 레드햇의 울리히 드래퍼(Ulrich Drepper)와 잉고 몰나르(Ingo Molnar)가 설계한 NPTL(Native POSIX Thread Library)[41]을 받아들이면서 POSIX 요구사항을 준수할 수 있게 되었다.

표 5-25 스레드 매핑 모델[42]

매핑 모델	내용	구조
1:1 (일-대-일)	하나의 사용자 스레드가 하나의 커널 스레드로 매핑하는 방식이다. 여러 스레드를 다중 분산하여 동시에 수행하는 병렬성을 지원한다는 장점이 있다. NPTL은 1:1 매핑 모델을 지원한다.	
M:1 (다-대-일)	여러 사용자 스레드를 하나의 커널 스레드로 매핑하는 방식으로, 사용자 영역에서 스레드 관리를 한다. 주로 커널에서 스레드를 지원하지 않는 시스템에서 사용되며, 하나의 스레드만 커널에 접근할 수 있다는 단점이 있다.	
M:N (다-대-다)	여러 사용자 스레드를 여러 커널 스레드로 매핑하는 방식이다. 병렬성 지원과 빠른 문맥 교환이 장점이지만, 구현이 어렵다는 단점이 있다.[47]	

---

40 리눅스 커널 2.4에서 POSIX 표준을 준수하기 위한 LinuxThreads 프로젝트가 있었고, 1:1 매핑 모델을 지원했다.

41 IBM에서도 NGPT(Next-Generation POSIX Threads)를 만들었지만, 2003년 중반에 프로젝트가 중지되었다.

42 https://ko.wikipedia.org/wiki/멀티스레딩 참고

■ 스레드의 생성

스레드를 생성하기 위해서는 pthread_create( ) 함수를 이용할 수 있다. pthread_create( ) 함수를 사용하기 위해서는 스레드로 하고 싶은 일을 하나의 함수(start_routine)로 작성한 후 함수 포인터를 이용해서 등록해줘야 한다.

```
#include <pthread.h>

int pthread_create(pthread_t *restrict thread, const pthread_attr_t *restrict attr,
                void *(*start_routine)(void *), void *restrict arg);
```

첫 번째 인자(pthread_t)는 스레드를 구분하기 위한 ID로 뒤의 스레드 함수에서 사용하기 위해 필요한 ID이다. 두 번째 인자(attr)는 스레드를 생성할 때 필요한 속성의 값으로 일반적으로 NULL을 사용한다. 리눅스에서 스레드는 합류 가능(Joinable)하고 비실시간(non real-time) 스케줄 정책으로 생성된다.

세 번째 인자(start_routine)는 스레드로 해야 할 일을 정의해놓은 함수인데 일반적으로 while이나 for 루프를 이용해서 원하는 일을 계속해서 실행하도록 한다. 네 번째 인자(arg)는 세 번째 인자에서 사용한 start_routine 함수로 넘겨주는 값이다.

이 함수의 호출에 성공하면 첫 번째 인자에 pthread_t 형의 현재의 스레드에 대한 ID를 설정하고 0을 반환한다. 만약 스레드 생성을 위한 자원이 부족하거나 최대 스레드 생성 수(PTHREAD_THREADS_MAX)를 초과하는 경우에는 EAGAIN 값이 반환된다.

프로세스를 생성한 후 자식 프로세스를 대기해야 하는 것처럼 스레드도 종료할 때까지 대기하고 있어야 한다. 서브 스레드가 실행되고 있을 때는 메인 스레드가 종료되지 않도록 해야 하는데, 이 때 pthread_join( ) 함수를 사용하면 된다. pthread_join( ) 함수의 첫 번째 인자로 pthread_create( )에서 설정된 스레드의 ID를 사용하면 되고, 두 번째 인자로는 스레드를 동작하는 함수(start_routine)에서 반환되는 값을 받기 위해 사용한다.

```
#include <pthread.h>

int pthread_join(pthread_t thread, void **retval);
```

일반적으로 main( ) 함수로 시작되는 메인 스레드[43]가 종료되면 서브 스레드들도 함께 종료된다.

43　프로세스를 생성할 때 함께 시작해서 동작하는 스레드

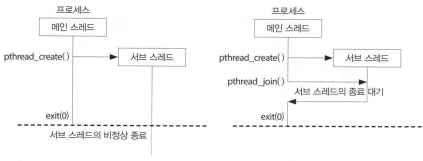

그림 5-27 pthread_join( ) 함수의 관계

메인 스레드에서 pthread_create( )를 이용해 생성된 스레드를 분리하고 싶은 경우에 pthread_
detach( ) 함수를 사용할 수 있다. 분리된 스레드가 종료될 경우 pthread_join( ) 함수를 호출하지
않아도 모든 자원을 해제한다.

```
#include <pthread.h>

int pthread_detach(pthread_t thread);
```

> **따라하기** ⊙ 이제 간단한 스레드를 위한 코드를 작성해보도록 하자. 앞의 POSIX 세마포어 함수를 스레드를 이용해
> 서 변경해보도록 하겠다.
>
> **코드 5-18 thread.c**
>
> ```
> #include <stdio.h>          /* printf() 함수를 위한 헤더 파일 */
> #include <unistd.h>
> #include <fcntl.h>          /* O_CREAT, O_EXEC 매크로를 위한 헤더 파일 */
> #include <pthread.h>
> #include <semaphore.h>      /* sem_open(), sem_destroy(), sem_ wait()
>                                등 함수를 위한 헤더 파일 */
>
> sem_t *sem;                 /* 세마포어를 위한 전역 변수 */
> static int cnt = 0;         /* 세마포어에서 사용할 임계 구역 변수 */
>
> void p()                    /* 세마포어의 P 연산 */
> {
>     sem_post(sem);
> }
>
> void v()                    /* 세마포어의 V 연산 */
> {
>     sem_wait(sem);
> }
>
> void *pthreadV(void *arg)   /* V 연산을 수행하기 위한 함수를 작성한다. */
> {
>     int i;
>     for(i = 0; i < 10; i++) {
> ```

```
            if(cnt >= 7) usleep(100);           /* 7 이상이면 100밀리초 동안 대기한다. */
            v();
            cnt++;
            printf("increase : %d\n", cnt) ;
            fflush(NULL);
        }

        return NULL;
    }

    void *pthreadP(void *arg)              /* P 연산을 수행하기 위한 함수를 작성한다. */
    {
        int i;

        for(i = 0; i < 10; i++) {
            p();              /* 세마포어가 0이 되면 블록된다. */
            cnt--;
            printf("decrease : %d\n", cnt);
            fflush(NULL);
            usleep(100);                  /* 100밀리초 간 기다린다. */
        }

        return NULL;
    }

    int main(int argc, char **argv)
    {
        pthread_t ptV, ptP;              /* 스레드를 위한 자료형 */

        const char* name = "posix_sem";
        unsigned int value = 7;          /* 세마포어의 값 */

        /* 세마포어 열기 */
        sem = sem_open(name, O_CREAT, S_IRUSR | S_IWUSR, value);

        pthread_create(&ptV, NULL, pthreadV, NULL);                     /* 스레드 생성 */
        pthread_create(&ptP, NULL, pthreadP, NULL);
        pthread_join(ptV, NULL);                              /* 스레드가 종료될 때까지 대기 */
        pthread_join(ptP, NULL);

        /* 다 쓴 세마포어 닫고 정리 */
        sem_close(sem);
        printf("sem_destroy() : %d\n", sem_destroy(sem));

        /* 세마포어 삭제 */
        sem_unlink(name);

        return 0;
    }
```

위의 코드에서는 메인 스레드 이외에 2개의 스레드가 번갈아가면서 실행된다. 먼저 첫 번째 스레드를 만들고 값을 증가시키고, 두 번째 스레드를 만들고 나서 값을 감소시킨다. 위의 값을 증가시키는 곳에서는 7 이상이면 100밀리초 동안 정지하고, 값을 감소시키는 곳에서도 100밀리초 동안 정지한다. 스레드를 사용할 때 잠시 정지하지 않고 계속 실행하게 되면 다른 스레드가 늦어질 수 있으므로 usleep( ) 함수를 적절히 사용해서 일의 중간에 잠시 정지하도록 하는 것이 좋다.

```
pi@raspberrypi:~ $ gcc -o thread thread.c -lpthread
pi@raspberrypi:~ $ ./thread
increase : 1
decrease : 0
increase : 1
increase : 2
increase : 3
increase : 4
increase : 5
increase : 6
increase : 7
decrease : 6
decrease : 5
increase : 6
increase : 7
decrease : 6
decrease : 5
decrease : 4
decrease : 3
decrease : 2
decrease : 1
decrease : 0
sem_destroy() : 0
```

위의 코드를 빌드하기 위해 pthread 라이브러리를 링크해야 한다. gcc는 -pthread를 지원하고 있지만, 다른 컴파일러를 위해서 -l(소문자 L) 옵션을 이용해서 pthread 라이브러리와 링크할 수 있도록 설정하면 된다. 빌드 후 실행해보면 값이 증가되고 난 이후에 값이 계속해서 감소되는데 감소하는 시점에서 세마포어가 0인 경우에는 값이 증가되기 전까지 semop() 함수에서 대기하고 있는 것을 확인할 수 있다. 스레드는 실행할 때마다 실행 순서가 바뀔 수 있으므로 결괏값은 다르게 나올 수 있다.

스레드를 종료하거나 취소하고 싶은 경우에는 pthread_exit() 함수나 pthread_cancel() 함수를 사용할 수 있다. 현재 스레드 자신에 대한 ID를 알고 싶은 경우에 pthread_self() 함수를 사용할 수 있다.

```
#include <pthread.h>

void pthread_exit(void *retval);
int pthread_cancel(pthread_t thread);
pthread_t pthread_self(void);
```

5.4.2 동기화

스레드는 프로세스와는 다르게 스레드 간에는 메모리를 공유하기 때문에 문제가 발생할 수 있는데, 이를 경쟁 상태(Race Condition)라고 한다. 예를 들어, 전역 변수 g_var를 두 개의 스레드에서 다음과 같이 사용한다고 해보자.

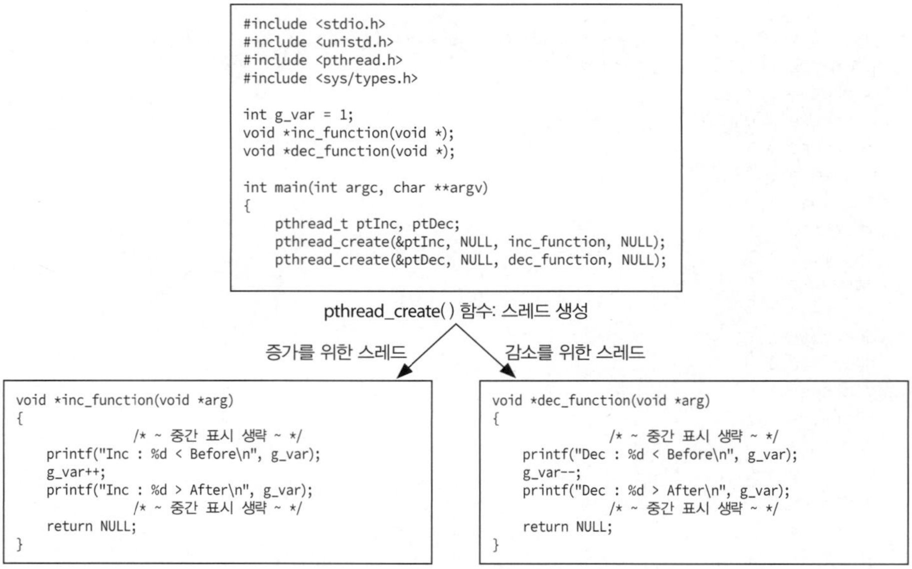

```
#include <stdio.h>
#include <unistd.h>
#include <pthread.h>
#include <sys/types.h>

int g_var = 1;
void *inc_function(void *);
void *dec_function(void *);

int main(int argc, char **argv)
{
    pthread_t ptInc, ptDec;
    pthread_create(&ptInc, NULL, inc_function, NULL);
    pthread_create(&ptDec, NULL, dec_function, NULL);
```

pthread_create( ) 함수: 스레드 생성

증가를 위한 스레드   감소를 위한 스레드

```
void *inc_function(void *arg)
{
            /* ~ 중간 표시 생략 ~ */
    printf("Inc : %d < Before\n", g_var);
    g_var++;
    printf("Inc : %d > After\n", g_var);
            /* ~ 중간 표시 생략 ~ */
    return NULL;
}
```

```
void *dec_function(void *arg)
{
            /* ~ 중간 표시 생략 ~ */
    printf("Dec : %d < Before\n", g_var);
    g_var--;
    printf("Dec : %d > After\n", g_var);
            /* ~ 중간 표시 생략 ~ */
    return NULL;
}
```

그림 5-28 스레드 간의 동기화 문제

변수의 초깃값을 1로 설정한 후 2개의 스레드에서 같은 변수를 조작한다. 하나의 스레드에서는 변수의 값을 출력하고 변수의 값을 증가한 후 다시 변수의 값을 출력한다. 다른 스레드에서는 변수의 현재 값을 출력한 후 다시 변수의 값을 감소시킨 후 다시 변수의 값을 출력한다.

```
pi@raspberrypi:~ $ ./thread_no_mutex
Inc : 1 < Before
Dec : 1 < Before
Inc : 2 > After
Dec : 1 > After
```

위의 코드에 대한 결괏값을 살펴보면 여러 개의 프로세스가 공유된 데이터에 대해 작업을 수행하려고 할 때, 각 프로세스의 실행 순서에 따라 수행 결과가 다르다. 값을 증가하는 코드에서는 먼저 1을 출력했다면 증가 연산을 한 후 다시 2를 출력해야 하고, 값을 감소하는 코드에서는 1을 출력했다면 감소 연산 후에 다시 0을 출력하는 프로그램을 작성한다고 가정해보자. 이를 위해서 위와 같이 증가와 감소 연산을 위한 2개의 스레드를 이용할 수 있다. 위의 실행 결과를 보면 증가하는 함수가 먼저 실행되고 감소하는 함수가 동시에 실행되는데, 감소하는 함수에서 1을 찍은 후에 0이 바로 출력되어야 하지만, 출력되기 전에 다시 값이 증가되어 1이 출력된다.

이렇듯 하나의 스레드에서 전역 변수에 대한 처리가 완료되기 전에 다른 스레드의 접근을 제한해야 하는데, 스레드 내에서 자원에 대해 보호가 필요한 구역을 임계 구역(Critical Section)이라고 한다. 제한된 자원에 대한 임의적 접근을 수행해야 하는데, 경쟁 상태를 해결하기 위해 시그널, IPC

등을 이용한 프로세스 간의 통신을 이용해서 접근 제어를 할 수 있다. 그러나 이 방법의 경우 구현이 복잡하다는 단점이 있다. 그래서 보통 자원의 잠금(lock)을 이용하는데 앞에서 살펴본 세마포어나 뮤텍스를 이용할 수 있다. 이렇게 한번에 하나의 쓰레드만 순차적으로 처리하는 것을 동기화(serialization)라고 한다.

■ 뮤텍스

앞의 코드를 뮤텍스(Mutex)를 이용해서 해결해보도록 하자. 뮤텍스는 세마포어와 공유되는 메모리에 하나의 스레드가 사용하는 동안 다른 스레드들의 접근을 막아주는데, 이를 이용해서 스레드의 동기화 문제를 해결할 수 있다.

뮤텍스는 스레드들이 임계 영역에 들어갈 때 걸어 잠그고 나갈 때 풀어주는 방식으로 동기화를 수행하는데, 뮤텍스는 세마포어의 일종으로 자원의 수가 하나인 경우[44]라고 보면 된다. 뮤텍스를 사용하기 위해서는 관련 초기화가 필요한데 이때 pthread_mutex_init() 함수를 사용할 수 있다.

```
#include <pthread.h>
int pthread_mutex_init(pthread_mutex_t *restrict mutex,
                       const pthread_mutexattr_t *restrict attr);
```

뮤텍스를 생성하고 난 이후에 해당 뮤텍스에 대한 ID가 pthread_mutex_t 형으로 설정된다. 이 값을 이용해서 뮤텍스를 잠그고 해제하면 되는데 잠글 때는 pthread_mutex_lock() 함수를 사용하면 되고, 잠금을 해제할 때는 pthread_mutex_unlock() 함수를 사용하면 된다.

```
#include <pthread.h>

int pthread_mutex_lock(pthread_mutex_t *mutex);
int pthread_mutex_trylock(pthread_mutex_t *mutex);

int pthread_mutex_unlock(pthread_mutex_t *mutex);
```

pthread_mutex_lock() 함수는 다른 스레드가 뮤텍스를 이미 잠근 상태에서는 그 잠금이 해제될 때까지 계속 대기하고 있는데, 알고리즘이 잘못된 경우 애플리케이션이 무한정 대기하고 있는 문제점이 있다. pthread_mutext_trylock() 함수는 다른 스레드가 뮤텍스를 이미 잠근 상태에서는 잠겨있는지만 확인하고, 실행할 수 없으면 블록되지 않고 다음 코드를 실행한다. 이는 단순히 뮤텍스가 잠겨있는지 확인할 때 유용하게 사용할 수 있는 함수이다.

---

44 세마포어에서 자원의 수가 하나인 경우를 바이너리 세마포어라고 부르고, 자원이 여러 개인 경우를 카운팅(counting) 세마포어라고 부른다.

```
#include <pthread.h>
#include <time.h>

int pthread_mutex_timedlock(pthread_mutex_t *restrict mutex,
                            const struct timespec *restrict abs_timeout);
```

무조건 대기하는 것이 아니라 특정 시간만 대기하는 경우에는 pthread_mutex_timedlock( ) 함수를 이용할 수 있다. pthread_mutex_trylock( ) 함수의 경우에는 대기하지 않고 그냥 넘어가고, pthread_mutex_lock( ) 함수는 계속 대기하는데 일정 시간만큼 대기하면 대기 사항에 대한 처리를 보다 유연하게 처리할 수 있다.

```
#include <pthread.h>

int pthread_mutex_destroy(pthread_mutex_t *mutex);
```

뮤텍스의 사용이 다 끝나면 pthread_mutex_destroy( ) 함수를 이용해서 뮤텍스를 해제한다.

따라하기 ➡ 이제 앞의 동기화를 뮤텍스를 이용해서 해결해보도록 하자. 먼저 뮤텍스를 2개의 스레드에서 모두 사용할 수 있도록 전역 변수로 선언하고 pthread_mutex_init( ) 함수를 통해서 초기화한 후 사용이 끝나면 pthread_mutex_destroy( ) 함수를 불러서 해제한다.

코드 5-19 **thread_mutex.c**

```c
#include <stdio.h>
#include <pthread.h>

int g_var = 1;
pthread_mutex_t mid;

void *inc_function(void *);
void *dec_function(void *);

int main(int argc, char **argv)
{
    pthread_t ptInc, ptDec;

    pthread_mutex_init(&mid, NULL);          /* 뮤텍스 초기화 */

    pthread_create(&ptInc, NULL, inc_function, NULL);
    pthread_create(&ptDec, NULL, dec_function, NULL);

    pthread_join(ptInc, NULL);
    pthread_join(ptDec, NULL);

    pthread_mutex_destroy(&mid);             /* 뮤텍스 삭제 */

    return 0;
}
```

```c
void *inc_function(void *arg)
{
    pthread_mutex_lock(&mid);                /* 임계 구역 설정 */
    printf("Inc : %d < Before\n", g_var);
    g_var++;
    printf("Inc : %d > After\n", g_var);
    pthread_mutex_unlock(&mid);              /* 임계 구역 해제 */

    return NULL;
}

void *dec_function(void *arg)
{
    pthread_mutex_lock(&mid);                /* 임계 구역 설정 */
    printf("Dec : %d < Before\n", g_var);
    g_var--;
    printf("Dec : %d > After\n", g_var);
    pthread_mutex_unlock(&mid);              /* 임계 구역 해제 */

    return NULL;
}
```

뮤텍스의 초기화가 완료되면 2개의 스레드 함수에서 임계 구역(값을 출력한 후 값을 변화시키고 다시 변경된 값을 출력하는 부분)의 옆에 pthread_mutex_lock( ) 함수를 추가하고 뒷부분에 pthread_mutex_unlock( ) 함수를 추가하여 보호하도록 한다.

```
pi@raspberrypi:~ $ gcc -o thread_mutex thread_mutex.c -lpthread
pi@raspberrypi:~ $ ./thread_mutex
Inc : 1 < Before
Inc : 2 > After
Dec : 2 < Before
Dec : 1 > After
```

위의 코드를 빌드해서 실행해보면 증가 부분의 코드가 완료되고 난 이후에 감소 부분이 실행되거나 반대로 감소 부분의 실행이 완료된 이후에 증가 부분이 실행되는 것을 확인할 수 있다.

POSIX에서 기본적인 뮤텍스 이외에도 읽기(Read)와 쓰기(Write), 잠금(Lock)도 지원한다. 데이터의 변경이 필요없는 경우에 읽기 잠금(Read Lock)을 사용할 수 있고, 데이터의 쓰기가 필요 없는 경우 쓰기 잠금을 사용할 수 있다.

```c
#include <pthread.h>

int pthread_rwlock_init(pthread_rwlock_t *restrict rwlock, const pthread_rwlockattr_t
                        *restrict attr);
int pthread_rwlock_destroy(pthread_rwlock_t *rwlock);

int pthread_rwlock_rdlock(pthread_rwlock_t *rwlock);
int pthread_rwlock_wrlock(pthread_rwlock_t *rwlock);
int pthread_rwlock_unlock(pthread_rwlock_t *rwlock);
```

pthread_rwlock_init( ) 함수를 통해서 pthread_rwlock_t 타입의 변수를 초기화한 후 pthread_rwlock_rdlock( ) 함수로 읽기 잠금을 수행하고, pthread_rwlock_wrlock( ) 함수로 쓰기 잠금을 수행할 수 있다. 읽기 잠금이나 쓰기 잠금 모두 pthread_rwlock_unlock( ) 함수로 잠금 해제할 수 있다. 잠금이 더 이상 필요없는 경우에는 pthread_rwlock_destroy( ) 함수로 해제할 수 있다.

■ 스레드와 시그널

시그널은 스레드 간에 공유된다. 특정 시그널이 발생하면 프로세스의 모든 스레드에 전달되는데, 이때 스레드에 전달되는 시그널을 조정하고 싶으면 pthread_sigmask( ) 함수를 사용할 수 있다. pthread_sigmask( ) 함수는 sigprocmask( ) 함수와 사용하는 방법이 비슷하다.

```
#include <pthread.h>
#include <signal.h>

int pthread_sigmask(int how, const sigset_t *newmask, sigset_t *oldmask);
```

앞에서 살펴본 sigset_t 타입으로 시그널 마스크를 생성한 후 pthread_sigmask( ) 함수를 이용해서 설정한다. pthread_sigmask( ) 함수는 현재의 스레드에 첫 번째 인자(how)와 두 번째 인자(newmask)를 이용해서 시그널 마스크를 설정한다. how는 SIG_BLOCK, SIG_UNBLOCK, SIG_SETMASK 중 하나를 사용할 수 있는데, SIG_BLOCK는 현재 설정된 시그널 마스크에 newmask를 추가하며 SIG_UNBLOCK는 현재 설정된 시그널 마스크에서 newmask를 제거하고 SIG_SETMASK는 newmask로 현재 시그널 마스크를 설정한다.

리눅스에서는 pthread_sigmask( ) 함수 이외에도 다른 스레드로의 시그널 전달을 위한 pthread_kill( ) 함수와 시그널을 받기 위해 대기하는 sigwait( ) 같은 함수들을 제공한다.

5.5 다중 처리와 라즈베리 파이의 제어

5.5.1 SenseHAT의 조이스틱

SenseHAT은 사용자의 입력을 위해 조이스틱(Joystick)을 지원한다. 터미널을 띄운 후 SenseHAT의 조이스틱을 움직여보면 키보드의 방향키와 엔터 키로 동작하는 것을 확인할 수 있다. 라즈베리 파이에 SenseHAT을 연결해보면 프레임 버퍼를 위한 디바이스 파일만 생기는 것이 아니라 '/dev/input/event10'과 같이 조이스틱을 위한 디바이스 파일도 열려 있다. 디바이스 파일의 이름은 현재 시스템에 연결되어 있는 장치들에 따라서 다를 수 있으니 사용하기 전에 확인하기 바란다.

일반적으로 유닉스에서는 파일이나, 디렉터리, 외부 장치들을 모두 하나의 파일로 취급하는데, 이러한 디바이스 파일을 읽어서 조이스틱과 관련된 제어를 수행할 수 있다.

코드 5-20 **joystick.c**

```c
#include <stdio.h>
#include <fcntl.h>
#include <stdlib.h>
#include <unistd.h>
#include <linux/input.h>

#define JOY_DEV "/dev/input/event10"

int main()
{
    int fd;
    struct input_event ie;

    if((fd = open(JOY_DEV, O_RDONLY)) == -1) {
        perror("opening device");
        exit(EXIT_FAILURE);
    }

    while(read(fd, &ie, sizeof(struct input_event))) {
        printf("time %ld.%06ld\ttype %d\tcode %-3d\tvalue %d\n",
                ie.time.tv_sec, ie.time.tv_usec, ie.type, ie.code,
                            ie.value);
        if(ie.type) {
            switch(ie.code) {
                case KEY_UP: printf("Up\n");        break; /* 'Up' 방향키: 조이스틱 'Up' */
                case KEY_DOWN: printf("Down\n");    break; /* 'Down' 방향키: 조이스틱 'Down' */
                case KEY_LEFT: printf("Left\n");    break; /* 'Left' 방향키: 조이스틱 'Left' */
                case KEY_RIGHT: printf("Right\n"); break; /* 'Right' 방향키: 조이스틱 'Right' */
                case KEY_ENTER: printf("Enter\n"); break; /* 'Enter' 키: 조이스틱 'Press' */
                default: printf("Default\n"); break;      /* 위의 키가 아닌 경우 */
            }
        }
    }

    return 0;
}
```

조이스틱은 input_event 구조체를 사용한다. input_event 구조체 안에서 현재 이벤트가 발생한 시간을 표시하기 위해 timeval 구조체를 사용하는데, timeval 구조체는 이벤트가 발생한 초의 값을 저장하고 있다.

```
struct input_event {
    struct timeval time;
    __u16 type;
    __u16 code;
    __s32 value;
};

struct timeval {
    long tv_sec;
    long tv_usec;
};
```

위의 값을 printf( ) 함수를 이용해서 출력해보면 이벤트가 발생했을 때의 시간과 이벤트의 타입, 그리고 이벤트의 코드 값 등을 출력할 수 있다.

input_event 구조체의 type을 이용하면 어떤 키가 눌려지는지 확인할 수 있는데, 리눅스의 키맵은 'iso-8859-x' 표준을 따르고 있다.[45] 키보드의 'Up' 키는 KEY_UP(103)이고, 'Down' 키는 KEY_DOWN(108), 'Left' 키는 KEY_LEFT(105), 'Right' 키는 KEY_RIGHT(106)이고 'Enter' 키는 KEY_ENTER(28)이다. 조이스틱이 눌려지는 경우에 code 값이 '1'이고 아닌 경우에 '0'이 들어온다. 로그가 중복해서 찍힐 수 있으므로 code의 값이 '1'인 경우에만 출력할 수 있도록 하였다.

위의 코드를 빌드한 후 실행해서 조이스틱을 움직이면 관련된 로그가 출력되는 것을 확인할 수 있는데, 조이스틱과 LED 매트릭스를 이용하면 정보의 표시나 게임 등을 만들어볼 수 있을 것이다.

```
pi@raspberrypi:~ $ ./joystick
time 1538177367.382212         type 1          code 103
value 1
Up
time 1538177367.382212         type 0          code 0          value 0
time 1538177369.370463         type 1          code 108        value 1
Down
time 1538177369.370463         type 0          code 0          value 0
```

5.5.2 스레드를 이용한 병렬 처리

앞장의 코드에 다중 처리를 위한 코드를 추가해보자. 기압 센서와 온습도 센서 그리고 조이스틱의 경우는 항상 데이터가 들어오는지 확인해야 하는데, 이를 위해서 스레드를 사용할 수 있다. 4장의 rpi4.c의 코드에 스레드를 이용하여 멀티태스킹 기능을 추가해보도록 하자.

---

[45] /usr/include/linux/input-event-codes.h 헤더 파일에 정의되어 있다.

코드 5-21 rpi5.c

```c
#include <stdio.h>
                              /* ~ 중간 표시 생략: rpi4.c를 참고 ~ */
#include <sys/ioctl.h>
#include <errno.h>
#include <pthread.h>
#include <linux/input.h>
                              /* ~ 중간 표시 생략: rpi4.c를 참고 ~ */
static const int TEMP_OUT_H = 0x2B;

/* 스레드에서 사용하는 뮤텍스 */
static pthread_mutex_t pressure_lock;
static pthread_mutex_t temperature_lock;

static int is_run = 1;             /* 스레드 종료를 위한 플래그 */
                              /* ~ 중간 표시 생략: rpi4.c를 참고 ~ */
void getTemperature(int fd, double *temperature, double *humidity);   /* 온도/습도를 위한 함수 */

int pressure_fd, temperature_fd;
void *pressureFunction(void *arg)
{
    double t_c = 0.0;                                          /* 온도와 압력을 출력하기 위한 변수 */
    double pressure = 0.0;
    while(is_run) {
        if(pthread_mutex_trylock(&pressure_lock) != EBUSY) {        /* 임계 구역 설정 */
            /* LPS25H 장치 초기화 */
            wiringPiI2CWriteReg8(pressure_fd, CTRL_REG1, 0x00);
            wiringPiI2CWriteReg8(pressure_fd, CTRL_REG1, 0x84);
            wiringPiI2CWriteReg8(pressure_fd, CTRL_REG2, 0x01);
            getPressure(pressure_fd, &t_c, &pressure);
            printf("Temperature(from LPS25H) = %.2f°C\n", t_c);
            printf("Pressure = %.0f hPa\n", pressure);
            pthread_mutex_unlock(&pressure_lock);               /* 임계 구역 해제 */
        }
        delay(1000);
    }

    return NULL;
}


void *temperatureFunction(void *arg)
{
    double temperature, humidity;
    while(is_run) {
        if(pthread_mutex_trylock(&temperature_lock) != EBUSY) {    /* 임계 구역 설정 */
            /* HTS221 장치 초기화 */
            wiringPiI2CWriteReg8(temperature_fd, CTRL_REG1, 0x00);
            wiringPiI2CWriteReg8(temperature_fd, CTRL_REG1, 0x84);
            wiringPiI2CWriteReg8(temperature_fd, CTRL_REG2, 0x01);
            getTemperature(temperature_fd, &temperature, &humidity);
            printf("Temperature(from HTS221) = %.2f°C\n", temperature);
            printf("Humidity = %.0f%% rH\n", humidity);
            pthread_mutex_unlock(&temperature_lock);               /* 임계 구역 해제 */
        }
        delay(1000);
    }
```

```
        return NULL;
}

void* joystickFunction(void* arg)
{
    int fd;
    struct input_event ie;
    const char* joy_dev = "/dev/input/event10";

    if((fd = open(joy_dev, O_RDONLY)) == -1) {
        perror("opening device");
        return NULL;
    }

    while(is_run) {
        read(fd, &ie, sizeof(struct input_event));
        printf("time %ld.%06ld\ttype %d\tcode %-3d\tvalue %d\n",
                        ie.time.tv_sec, ie.time.tv_usec, ie.type, ie.code,
                        ie.value);

        if(ie.type) {
            switch(ie.code) {
                case KEY_UP: printf("Up\n");        break;  /* 'Up' 방향키: 조이스틱 'Up' */
                case KEY_DOWN: printf("Down\n");    break;  /* 'Down' 방향키: 조이스틱 'Down' */
                case KEY_LEFT: printf("Left\n");    break;  /* 'Left' 방향키: 조이스틱 'Left' */
                case KEY_RIGHT: printf("Right\n"); break;   /* 'Right' 방향키: 조이스틱 'Right' */
                case KEY_ENTER:                             /* 'Enter' 키: 조이스틱 'Press' */
                printf("Enter\n"); is_run = 0; break;
                default: printf("Default\n"); break;        /* 위의 키가 아닌 경우 */
            }
        }
        delay(100);
    }

    return NULL;
}

int main(int argc, char **argv)
{
    int i = 0;
    pthread_t ptPressure, ptTemperature, ptJoystick;

    pthread_mutex_init(&pressure_lock, NULL);               /* 뮤텍스 초기화 */
    pthread_mutex_init(&temperature_lock, NULL);

    /* I²C 장치 파일을 오픈 */
    if((pressure_fd = open(I2C_DEV, O_RDWR)) < 0) {
                        /* ~ 중간 표시 생략: rpi4.c를 참고 ~ */
    }

    pthread_create(&ptPressure, NULL, pressureFunction, NULL);
    pthread_create(&ptTemperature, NULL, temperatureFunction, NULL);
    pthread_create(&ptJoystick, NULL, joystickFunction, NULL);

    printf("q : Quit\n");
    for(i = 0; is_run;i++) {
        if(kbhit()) {                                       /* 키보드가 눌렸는지 확인한다. */
            switch(getchar()) {                             /* 문자를 읽는다. */
                case 'q':                                   /* 읽은 문자가 q이면 종료한다. */
```

```
                    is_run = 0;
                    goto END;
            };
        }

        delay(100);                                      /* 100밀리초 동안 잠시 쉰다. */
    }
END:
    printf("Good Bye!\n");

    /* 사용이 끝난 장치를 정리 */
    wiringPiI2CWriteReg8(pressure_fd, CTRL_REG1, 0x00);
    close(pressure_fd);

    wiringPiI2CWriteReg8(temperature_fd, CTRL_REG1, 0x00);
    close(temperature_fd);

    pthread_mutex_destroy(&pressure_lock);               /* 뮤텍스 삭제 */
    pthread_mutex_destroy(&temperature_lock);

    return 0;
}

/* 키보드 입력을 처리하기 위한 함수 */
int kbhit(void)
{
                        /* ~ 중간 표시 생략: rpi4.c를 참고 ~ */
```

기압 센서와 온습도 센서는 항상 동작해야 하므로 스레드를 이용해서 동작시켜주면 좋다. 그리고 조이스틱을 사용하기 위해서도 스레드를 이용하였다. 기압 센서와 온습도 센서를 읽어오고 있는 동안에 다시 읽어오라는 명령을 내려오면 하나의 GPIO에 대해서 명령이 여러 번 동시에 수행될 수 있기 때문에 원하지 않는 결과가 나타날 수도 있다. 위 코드에서는 이러한 경우의 처리를 위해 뮤텍스를 사용했다.

뮤텍스를 사용하기 위해 pthread_mutex_init( ) 함수를 사용해서 초기화했고, 사용이 끝난 뮤텍스는 pthread_mutex_destroy( ) 함수를 사용하여 해제했다. 뮤텍스는 잠금과 해제의 두 가지 매커니즘에 의해서 사용되는데, 앞의 예제에서 살펴본 pthread_mutex_lock( ) 함수는 뮤텍스를 사용할 수 있을 때까지 대기한다. 현재 코드에서는 이미 센서를 읽고 있기 때문에 읽어오기까지 시간이 많이 소요되는데, 이런 경우는 pthread_mutex_trylock( ) 함수를 사용하는 것이 좋다. pthread_mutex_trylock( ) 함수는 현재 뮤텍스를 사용할 수 없으면 에러 코드를 반환하고 다음 줄의 코드를 실행한다. 그리고 임계 구역을 벗어날 때 뮤텍스의 잠금을 해제하기 위해 pthread_mutex_unlock( ) 함수를 사용하였다.

전역변수 is_run을 이용해서 키보드, 조이스틱, 기압 센서, 온습도 센서를 돌리는 스레드들을 모두 종료했다. 앞의 코드를 빌드할 때는 pthread 라이브러리와 wiringPi 라이브러리를 모두 링크해줘야 한다.

코드를 빌드해서 실행해보면 멀티스레드가 제대로 동작하는 것을 확인할 수 있다.

```
pi@raspberrypi:~ $ gcc -o rpi5 rpi5.c -pthread -lwiringPi
```

아직 8×8 LED 매트릭스를 사용하고 있지 않아서 데이터의 입력만 들어오는 부분만 사용하는데, 7장 멀티미디어에서 이 8×8 LED 매트릭스를 사용하는 부분에 대해 추가할 것이다.

5.6 요약

프로세스는 일의 처리 단위로 프로세스의 준비에서부터 종료까지의 여러 상태들을 가지고 있다. 리눅스에서는 프로세스의 제어를 위한 여러 유틸리티를 제공한다. 현재 시스템에서 실행되는 프로세스들의 상태를 확인하기 위해서는 ps 명령어를 사용하는데 'aux' 옵션을 사용해서 시스템의 모든 프로세스에 대한 정보를 확인할 수 있다.

시그널은 프로세스 사이에 비동기적인 사건을 전달하기 위해 사용되는데 리눅스 시그널에 대한 작업 시그널의 발생, 전달, 처리를 지원한다. 이러한 시그널 처리에 시그널 마스크를 이용해서 보다 다양한 처리가 가능하다. sigprocmask( ) 함수를 사용하여 시그널 마스크에 해당 시그널을 선택적으로 블록시키고 해제할 수 있는데, 한 번 시그널 마스크가 설정되면 다음 설정 때까지 현재 설정된 값을 그대로 사용한다. 시그널 마스크가 실행되는 동안에 전달된 시그널은 블록되고, 시그널이 블록되어 있는 동안 한 번 이상의 시그널이 발생하더라도 블록이 해제된 후에는 한 번만 전달된다.

하드웨어를 보다 효율적으로 사용하기 위해서는 다중 처리 기법은 중요한 기술 중에 하나였다. 이러한 다중 처리 기법은 동시에 여러 사람이 컴퓨터를 이용할 수 있도록 하고 동시에 여러 개의 프로그램을 실행시킬 수 있도록 한다. 이러한 다중 처리 기법에는 멀티 프로세스를 사용하는 방법과 멀티스레드를 사용하는 방법이 있다.

프로세스는 실행 중인 프로그램으로 프로그램의 처리 단위라고 생각할 수 있다. 리눅스에서는 시분할 시스템을 이용해서 CPU의 처리 시간을 짧게 쪼개서 이를 각각 처리할 수 있는 방법을 제공한다. 하지만 프로세스는 각각의 메모리 공간을 따로 가지고 있기 때문에 프로세스를 생성하는데 소요되는 시간이나 자원의 낭비가 발생하며, 많은 수의 프로세스를 생성할 수 없다는 단점을 가지고 있다.

이러한 단점을 해결하기 위해 등장한 것이 스레드다. 스레드는 프로세스 간에 함께 사용하는 메모리를 공유함으로써 생성이 빠르고 낭비되는 메모리를 막을 수 있다. 하지만 스레드는 메모리 공간을 공유하기 때문에 여러 스레드가 동시에 하나의 자원에 접근할 때 동기화 문제가 발생할 수 있는데, 이러한 동기화 문제를 해결하기 위해 세마포어나 뮤텍스를 지원한다. 리눅스는 멀티 프로세스와 멀티스레드 시스템을 모두 지원하고 있으며, 리눅스 커널 2.6부터 기존의 커널보다 향상된 LWP(Light-Weight Process)를 지원한다.

프로세스가 시작되면 특정 시점에서 종료를 해야 하는데, 종료에는 정상 종료와 비정상 종료가 있다. 정상적인 종료는 main( ) 함수로부터의 리턴이나 exit( ) 함수를 호출하는 것으로 표준 C 라이브러리와 시스템 호출을 이용해서 exit( ) 함수나 _exit( ) 함수를 호출하거나 종료 상태 값을 명시적으로 지정해서 반환할 수 있다. 비정상적인 종료는 abort( ) 함수를 호출하여 SIGABRT 시그널을 발생시키거나 0으로 나눈 경우, 잘못된 메모리 참조 등의 시그널에 의해 종료될 수 있는데, 커널이 종료 상태에 대한 값을 생성한다.

멀티 프로세스 시스템을 만들기 위해 fork( )와 exec( ) 함수를 사용한다. fork( ) 함수를 호출한 프로세스를 부모 프로세스라고 하고, fork( ) 함수에 의해 생성되는 프로세스를 자식 프로세스라고 한다. 두 프로세스는 fork( ) 함수의 반환값으로 구분하는데 부모 프로세스는 생성된 자식 프로세스의 PID를 갖고, 자식 프로세스는 0의 값을 갖는다. 또한 자식 프로세스는 getppid( ) 함수를 이용하여 부모 프로세스를 확인할 수 있다.

IPC는 독립된 프로세스 간에 데이터를 주고받는 것을 의미한다. FIFO는 FIFO 파일을 생성하며, 버퍼링 용도가 아닌 채널 설정을 위해 사용한다. 공유 메모리는 프로세스 간에 공유 메모리를 설정하여 커널 버퍼 경유를 없앨 수 있다. BSD 유닉스에서 제공하였던 파일 디스크립터 기반 IPC와 시스템 V의 IPC, 그리고 POSIX IPC 등이 있다.

리눅스에서는 스레드를 위해서 POSIX 스레드 라이브러리를 이용하며 pthread_create( ), pthread_join( ), pthread_detach( ), pthread_cancel( )과 pthread_exit( ) 등의 다양한 함수들을 제공한다. 그리고 스레드 간에 경쟁을 해결하기 위해 뮤텍스를 사용할 수 있다.

## CHAPTER 5

연습문제

1 리눅스의 부팅 과정에 대해서 설명하시오.

2 유닉스의 시그널과 처리 방법에 대해서 설명하시오.

3 ps 명령어와 kill 명령어의 사용법에 대해서 설명하시오.

4 리눅스의 시그널에 대해서 설명하고 처리 방법에 대해서 설명하시오.

5 프로세스와 스레드의 차이점에 대해서 설명하시오.

6 프로세스 그룹과 세션에 대해서 설명하시오.

7 멀티 프로세스를 사용하는 애플리케이션을 프로그래밍하는 방법에 대해서 설명하시오.

8 fork( ) 함수와 vfork( ) 함수의 차이점에 대해 설명하고, 1980년 경에 만들어진 vfork() 함수가 현재의 멀티스레드 환경에서는 적합하지 않은 이유는 무엇인지도 설명하시오.

9 exec( ) 함수들의 각 차이점에 대해서 설명하시오.

10 IPC가 필요한 이유와 유닉스의 IPC 방법에 대해서 설명하시오.

11 파이프와 FIFO의 차이점에 대해서 설명하시오.

12 유닉스 시스템 V 계열에서 제공하였던 IPC 방법들과 각 방법의 차이점에 대해서 설명하시오.

13 멀티스레드를 사용하는 애플리케이션을 프로그래밍하는 방법에 대해서 설명하시오.

14 세마포어와 뮤텍스의 차이점에 대해서 설명하시오.

6

리눅스 네트워크 프로그래밍: 사물인터넷의 연결을 위한 기초

사물인터넷이라는 단어 자체에 인터넷이 들어간 것에서 알 수 있듯이, 인터넷은 우리 생활 깊숙히 들어왔다. 사물 간의 통신을 위해서는 네트워크라는 기술을 사용한다. 우리가 흔히 이용하는 카 카오톡 같은 메신저, 웹 서비스, 온라인 뱅킹 등이 모두 네트워크를 사용하는 기술이며, 네트워크 를 사용하기 위해서는 인터넷, 프로토콜, 네트워크 주소, 포트 번호 등의 다양한 개념을 이해해야 한다.

인터넷(Internet)에서는 TCP/IP 프로토콜이 사용되는데, TCP/IP는 아주 다양한 프로토콜로 구성되 어 있다. 통신 방식은 크게 두 가지로 TCP와 UDP로 나눠볼 수 있다. TCP는 일상 생활의 전화와 같이 데이터를 안내원이나 전화 교환기(PBX)를 통해서 먼저 연결한 후 통신하는 방식을 의미하고, UDP는 일상 생활의 일반 우편과 같은데 중간에 분실 우려가 있다. 전화를 걸거나 편지를 보낼 때 상대방의 전화번호나 주소가 필요하듯, 네트워크에서도 각각의 클라이언트들을 구분하기 위해서 IP 주소와 도메인 주소, MAC 주소가 사용되고 있으며, 서비스들을 구분하기 위해서 포트 번호가 사용된다.

유닉스에서는 네트워크 프로그래밍을 위해 BSD 소켓을 이용한다. 소켓을 이용해서 단말끼리의 연결을 수립하고 네트워크 통신을 수행할 수 있다. 소켓은 네트워크 프로그래밍을 위한 기본 단위 이며, 유닉스에서는 다른 디바이스와 같이 파일로 인식되기 때문에 read( )나 write( )와 같은 기본 입출력 함수를 사용할 수 있다. 네트워크 통신은 주로 서버와 클라이언트 구조로 이루어져 있는 데, BSD 소켓을 이용해서 서버와 클라이언트를 작성할 수 있으며 서로 통신을 지원할 수 있다.

우리가 많이 사용하고 있는 웹 서비스는 HTTP(HyperText Transfer Protocol)와 HTML을 이용한 다. HTTP를 이용해 웹 서버와 웹 클라이언트 간에 통신하는데, HTTP는 요청(Request)과 응 답(Response) 방식을 통해서 동작한다. 이번 장에서는 네트워크 프로그래밍에 대해서 알아보고 HTTP 기반의 웹 서버를 만들어보면서 사물인터넷을 위해서 필요한 네트워크 연동에 대해서 살펴 보도록 하겠다.

6.1 네트워크의 개요와 BSD 소켓

6.1.1 네트워크의 개요

네트워크(Network)는 통신을 위해 묶어놓은 단말(Terminal), 링크(Link), 노드(Node)들의 집합이다. 단말에는 컴퓨터나 스마트폰 같은 전자기기들이 있으며, 링크는 이들의 연결이다. 노드는 네트워 크상의 특정 지점을 가리키는데, 네트워크의 기본 요소 단위인 하나의 LAN(Local Area Network)에 연결된 컴퓨터와 그 안에 속한 장비들을 의미한다.

네트워크 서비스는 주로 서버와 클라이언트라는 단말을 통해 이루어진다. 클라이언트(Client)는 사용자와 연결되어 있는 부분으로 서버가 제공하는 데이터나 서비스를 사용자에게 보여주는 역할을 수행하고, 서버(Server)는 클라이언트가 요구한 서비스나 데이터를 공급하는 역할을 한다. 이 서버와 클라이언트 사이에 서비스나 데이터를 주고받기 위해서는 네트워크를 통한 연결(링크)이 필요하다.

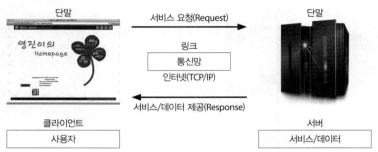

그림 6-1 웹 서비스와 네트워크

우리가 사용하는 웹 서비스를 생각해보자. 클라이언트(웹 브라우저)와 웹 서버는 네트워크를 통해 연결되어 있는데 웹 서비스에는 인터넷이라는 통신망이 사용된다. 사용자가 웹 브라우저(Web Browser)를 통해서 웹 서버(Web Server)에 데이터를 요청하면, 서버가 웹 페이지를 보내주고 웹 브라우저는 이를 다시 사용자에게 보여준다.

■ 네트워크의 역사

1844년 미국의 발명가인 새뮤얼 모스(Samuel Finley Breese Morse)는 짧은 발신 전류와 긴 발신 전류를 이용한 데이터 통신인 모스 부호(Morse Code)를 고안하였으며, 1876년 미국의 알렉산더 그레이엄 벨(Alexander Graham Bell)에 의해 전화기가 발명된 이후로 음성 통신의 시대가 열렸다. 1876년 3월 전화기 특허가 미국의 특허청에 등록되었고, 1885년 AT&T(American Telephone and Telegraph Company)가 설립되었으며, 1895년 이탈리아의 마르코니(Guglielmo Marconi)에 의해 무선 통신이 시작되었다.

초기의 컴퓨터들은 사무실만한 크기에 많은 전력을 소모하였고 가격이 고가라서 이를 효율적으로 사용하고자 하는 노력을 하게 되었다. 2차 대전을 거치면서 컴퓨터들이 크게 발전하였는데, 냉전 속에서 소련이 세계 최초의 인공위성 발사에 성공하자 미국에서도 첨단 기술의 연구를 위해 여러 프로젝트가 시작되었다. 이러한 프로젝트 사이에서 정보 교환을 위한 새로운 형태의 네트워크가 필요하게 되었는데, 이를 위해 탄생한 것이 바로 아파넷(ARPAnet, Advanced Research Project Agency)이다. 아파넷은 유닉스가 탄생한 1960년대 말부터 미 국방성의 컴퓨터와 대학 등의 연구기관 컴퓨터들을 네트워크로 묶는 연구와 작업을 수행하였다.

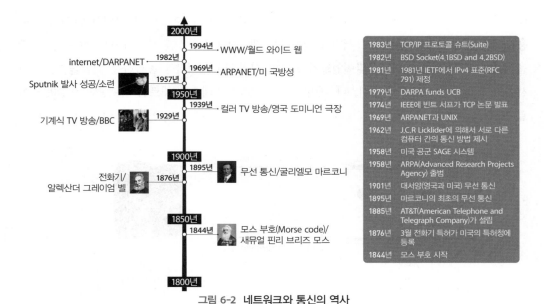

그림 6-2 네트워크와 통신의 역사

이러한 아파넷은 1983년 군사용인 밀넷(MILNET, Military Network)과 대학 등의 연구망인 다르파 (DARPA, Defense Advanced Research Projects Agency) 인터넷으로 분화하였고, 서서히 지금의 인터넷으로 성장했다. 아파넷 초기에는 NCP(Network Control Program)를 기반으로 하는 프로토콜을 사용하였지 만 나중에 TCP/IP로 변경되었다.

 BSD 유닉스와 TCP/IP 네트워크

1960년대 말 AT&T의 벨 연구소에 의해 유닉스가 개발된 후 이 유닉스의 커 널은 미국의 UC 버클리로 배포되었다. 데니스 리치와 켄 톰슨의 노력에 힘입 어 1974년 UC 버클리 내의 PDP-11 머신에 유닉스가 설치되었으며, 1975년 켄 톰슨은 또 다른 천재, 빌 조이[1]를 만나 교육용 파스칼 시스템을 개발하였고, 빌 조이는 곧 BSD의 핵심 커널 개발자로 일하게 되었다. 1978년 최초의 BSD 유닉스가 발표되었고, 많은 해커들이 BSD 유닉스에 매달려 소켓이나 csh처럼 AT&T에서 개발된 오리지널 유닉스보다 더 좋은 기능들을 제공하였다.

빌 조이는 썬 마이크로시스템즈의 공동 창업자이며 BSD의 핵심 개발자 중 한 명이다. 그는 유닉스의 기본 에디터로 사용되고 있는 vi 에디터를 단 일 주일만에 개발하였고, csh, chroot, NFS 같은 다양한 유닉스의 유틸리티와 솔라리스를 개발하였다. 또한 자바 개발에도 참여하였고, 썬에서 사용했던 CPU인 SPARC의 디자인에도 참여하였다.

그림 6-3 빌 조이

그 당시 미국의 다르파(DARPA)에서는 유닉스에 네트워크를 추가하기를 원했는데, UC 버클리에서 BSD 유 닉스를 제작하고 있었기 때문에 BSD 유닉스에 TCP/IP를 넣는 작업은 어찌 보면 당연했을지도 모르겠다.

---

1 http://ko.wikipedia.org/wiki/빌_조이

초기의 TCP/IP의 개발은 BBN 테크놀로지(BBN Technologies, Bolt Beranek and Newman Technologies)[2]에서 시작되었고, BSD 유닉스와의 연결을 위해 개발된 코드를 UC 버클리로 보내게 되었다. 이때 다르파와 함께 일하고 있었던 사람이 바로 빌 조이이다. 빌 조이는 BBN 테크놀로지에서 받아온 소스 코드가 BSD 유닉스에서 제대로 동작하지 않는다는 것을 알고, 새로 TCP/IP 코드를 작성해서 BSD 유닉스에 추가한다. 그리고 TCP/IP와 함께 통신을 위한 socket( ) 인터페이스가 BSD 유닉스에 추가되었다.

BSD 개발 후 UC 버클리를 떠나 썬 마이크로시스템즈의 공동 창업자가 된 빌 조이는 솔라리스 개발에 매진하게 된다. 그러던 중 솔라리스에도 BSD 유닉스에 탑재하였던 TCP/IP를 탑재하였다. BSD 유닉스의 성공과 솔라리스의 눈부신 활약에 힘입어 빌 조이가 개발한 TCP/IP는 AT&T에서 개발한 유닉스에도 탑재되었으며, 지금까지 리눅스를 비롯한 모든 유닉스에서 사용되고 있다.

■ 인터넷

위키피디아의 정의에 의하면 인터넷(Internet)은 전 세계의 컴퓨터가 서로 연결되어 TCP/IP(Transmission Control Protocol/Internet Protocol)[3]라는 통신 프로토콜을 이용해 정보를 주고받는 컴퓨터 네트워크다.[4]

인터넷이란 용어는 1973년 TCP/IP 프로토콜의 기본 개념을 생각한 빈턴 서프(Vinton Cerf)와 밥 칸(Bob Khan)에 의해서 명명되었고,[5] 1990년대 웹 서비스가 급격히 발달하면서 컴퓨터 간의 통신으로 폭넓게 사용되고 있다.

> **참고하기** ➕ **프로토콜**
>
> 프로토콜(Protocol)은 컴퓨터 간 통신을 위해 필요한 상호 규약으로 TCP/IP, 토큰링, SNA 등이 있다. 사람과 사람 사이에서도 대화를 위해 필요한 것이 바로 언어이다. 만일 한 사람은 영어로 이야기하고, 다른 사람은 한국어로 이야기한다면 의사소통에 어려움을 겪을 것이다. 컴퓨터 간 통신도 마찬가지로 컴퓨터 사이의 공통 규약이 필요한데 이것을 프로토콜이라 한다. 현재 인터넷에서는 TCP/IP를 표준 프로토콜로 사용한다.

■ OSI 7계층과 TCP/IP

OSI 7계층(Open System Interconnection 7 Layer)은 ISO(International Standard Organization, 국제표준화기구)에서 1984년 발표한, 통신을 위한 이상적인 프로토콜 모델이다. 기존에는 IBM에서 개발한 SNA, 토큰링, FDDI 등 다양한 네트워크[6]가 존재하였다. 이렇게 다양한 네트워크 사이에서 이들을 연결하고 상호 호환성을 제고하기 위해 등장한 모델이 바로 OSI 7계층으로, 각 계층은 다음과 같이 구분할 수 있다.

---

2 http://ko.wikipedia.org/wiki/BBN_테크놀로지
3 TCP/IP는 빈턴 서프(Vinton Cerf)와 밥 칸(Bob Khan)이 고안한 프로토콜로 인터넷상에 있는 컴퓨터끼리 데이터를 주고받는 방법을 정의한다.
4 http://ko.wikipedia.org/wiki/인터넷
5 '네트워크의 네트워크'를 지향하며 모든 컴퓨터를 하나의 통신망 안에 연결(inter network)하자는 의미에서 인터넷(internet)으로 명명되었다.
6 현재 이러한 네트워크는 TCP/IP의 이더넷(Ethernet)이 등장하면서 거의 없어지거나 부분적으로만 사용되고 있다.

표 6-1 **OSI 7계층**

레벨	계층	내용
7계층	응용 계층	사용자가 네트워크에 접근하기 위해 필요한 **서비스(Service)** 정의
6계층	표현 계층	네트워크를 통한 데이터를 사용자에게 **표현(Presentation)**하기 위해 필요한 기능 정의
5계층	세션 계층	**포트(Port)**의 연결로 통신 장치 간의 상호 작용을 설정 및 유지하고 동기화하기 위해 필요한 기능 정의
4계층	전송 계층	**세그먼트(Segment)**를 이용해서 신뢰성 있는 통신을 위한 발신지와 목적지 간의 제어와 에러의 관리를 위해 필요한 기능 정의
3계층	네트워크 계층	다중 네트워크 링크에서 **패킷(Packet)** 단위로 데이터를 목적지에 확실하게 전송하기 위해 필요한 기능 정의
2계층	데이터링크 계층	네트워크에서 디바이스들 사이에 **프레임(Frame)** 단위로 데이터를 오류 없이 전송하기 위해 필요한 기능 정의
1계층	물리 계층	네트워크 카드나 케이블과 같은 물리적인 매체를 통한 **비트(bit)** 단위의 데이터 전송을 위해 필요한 기능 정의

인터넷에서 사용되는 TCP/IP도 4개의 계층으로 구성되어 있는데 OSI 7계층과는 다음과 같이 비교할 수 있다.

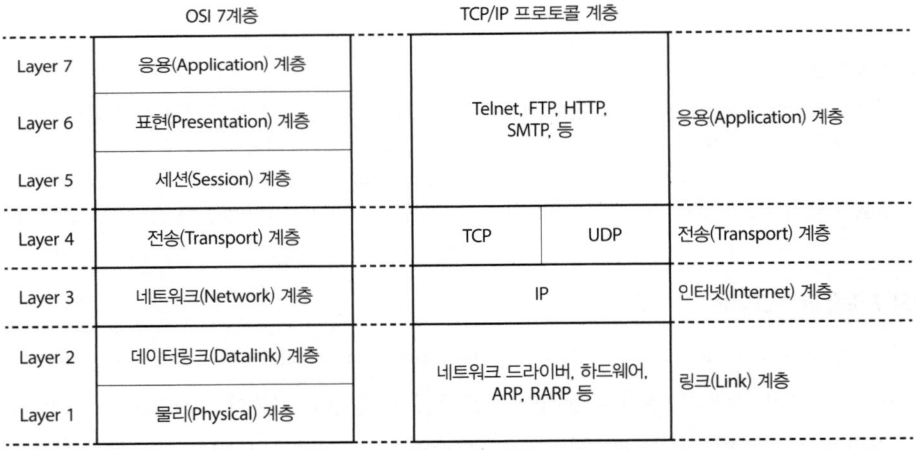

그림 6-4 **OSI 7계층과 TCP/IP 프로토콜**

OSI 7계층이 비교적 이론적인 개념에서의 설계였다면 TCP/IP는 실제 사용과 관련된 구현이라고 할 수 있다. TCP/IP의 각 계층은 다음과 같이 구분할 수 있다.

표 6-2 TCP/IP 프로토콜의 계층

계층	내용	주요 프로토콜
응용 계층	사용자가 실제로 사용하는 응용 프로그램을 실행하기 위해 필요한 기능 정의	HTTP, SMTP, POP3, SIP 등
전송 계층	패킷의 오류를 검사하고 재전송 요구 등의 제어 및 응용 프로그램 간의 통신을 위한 기능 정의	TCP, UDP 등
인터넷 계층	IP 주소와 데이터 전송 경로 제어를 위해 필요한 기능 정의	IP(IPv4, IPv6), ICMP 등
링크 계층	네트워크 하드웨어 간의 전송 제어 및 서비스 제공을 위해 필요한 기능 정의	ARP, RARP 등

애플리케이션이 인터넷을 통해 통신을 수행하면 응용 계층, 전송 계층, 인터넷 계층, 링크 계층을 통해 실제 네트워크 케이블로 데이터가 전송되고(위에서 아래로), 상대방은 반대로 링크 계층, 인터넷 계층, 전송 계층, 응용 계층을 통해(아래에서 위로) 데이터를 받을 수 있다.

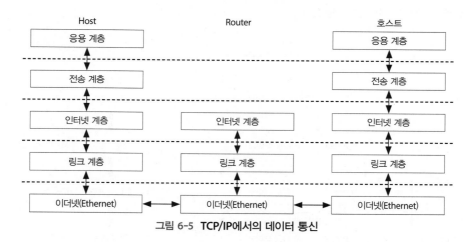

그림 6-5 **TCP/IP에서의 데이터 통신**

TCP/IP의 인터넷 계층인 IP는 데이터가 목적지에 제대로 도달하도록 한다. 전송 계층은 송신자와 수신자를 연결하며, 크게 TCP(Transmission Control Protocol)와 UDP(User Datagram Protocol)로 나눠진다.

TCP는 연결 지향의 신뢰성 있는 프로토콜로, 1974년 빈턴 서프와 밥 칸이 노드 간의 정보 공유를 위한 패킷 스위칭 방식의 망간 프로토콜(internetworking protocol)을 제안한 데서 시작되었다. TCP는 서버와 클라이언트 사이에 데이터를 주고받기 전에 3-Way Handshaking[7]을 이용하여 연결을 수립한다. 또한, 데이터가 목적지에 제대로 도착했는지와 순서대로 보내지는지(바이트 순서 보장) 등을 검사하고 복구할 수 있는 알고리즘을 포함한다.

---

7   3-Way Handshaking: 신뢰성 있는 연결을 체결하기 전에 패킷을 3번 교환(SYN, SYN/ACK, ACK)하여 확인하는 과정

1980년에 데이빗 리드(David P. Reed)가 설계한 UDP는 신뢰성이 없는 단순한 프로토콜로, 데이터를 보내고 난 이후에 데이터의 손실이나 도착 순서의 바뀜, 중복, 누락 등에 대한 검사나 오류 수정을 위한 별도의 검사가 없다.

TCP는 통신을 위해 별도의 연결을 수립하고 오류나 중복에 대한 검사와 수정을 진행하므로 데이터에 문제가 생길 위험은 적지만 연결과 검사 과정 때문에 속도가 느리다. 반면 UDP는 별도의 연결이나 검사 과정이 없으므로 속도는 빠르지만 데이터가 없어질 위험이 있기 때문에 신뢰성이 필요한 통신에는 사용하지 않는다.[8]

데이터는 TCP/IP의 각 계층을 통해 전송된다. 각 계층을 통과할 때마다 기존의 데이터에 별도의 데이터(헤더)가 추가되며, 네트워크의 각 요소들은 데이터가 목적지로 가는 동안 이 헤더들을 이용해서 전송과 관련된 처리를 수행한다.

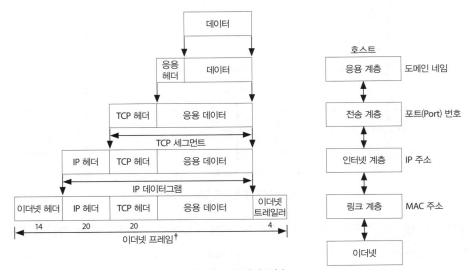

† 이더넷의 최대 전송 단위(MTU, Maximun Transfer Unit)는 1,500바이트이다.

그림 6-6 TCP/IP 프로토콜과 주소 체계

■ TCP/IP의 주소 체계

네트워크는 단말(호스트)들을 서로 구분하기 위해 네트워크 주소를 사용하는데, TCP/IP는 크게 세 가지 주소 체계를 가지고 있다.

---

8 UDP의 빠른 속도를 이용한 프로토콜로 RTP(Realtime Transfer Protocol)가 있는데 TCP 기반의 RTCP(RTP Control Protocol)를 이용해서 신뢰성 검사를 제공한다. RTP는 인터넷 전화(VoIP)나 동영상 스트리밍 같은 실시간 네트워크 서비스에 사용한다.

표 6-3 TCP/IP의 주소 체계

주소체계	내용	비고
MAC 주소	네트워크 카드나 라우터 같은 **하드웨어**들이 서로를 인식하기 위해 사용하는 주소	48비트
IP 주소	**운영체제**에서 네트워크상의 다른 단말들을 구분하기 위해 사용하는 주소	32비트(v4) / 128비트(v6)
도메인 네임	**사람**이 서버나 단말을 구분하기 위해 사용하는 주소: 숫자로 되어 있는 IP 주소는 사람이 외우기 힘들기 때문에 이를 문자열로 대체하여 사용	문자열

먼저 링크 계층에서 사용하는 주소 체계는 MAC(Media Access Control) 주소로 48비트로 구성되어 있다. LAN에서 모든 네트워크 장비들은 고유한 MAC 주소를 가진다. 앞의 24비트는 제조사 식별 번호(OUI, Organizational Unique Identifier)이고, 뒤의 24비트는 시리얼 번호다.

OUI(Organizational Unique Identifier)			UAA(Universal Administered Address)		
1st Octet	2nd Octet	3rd Octet	4th Octet	5th Octet	6th Octet
1	2	3	4	5	6

그림 6-7 MAC 주소[9]

MAC 주소는 네트워크 카드나 단말에서 서로를 구분하기 위해 사용되며, 이러한 이유로 NIC(Network Interface Card) 주소라고도 불린다.

IP 주소는 운영체제에서 네트워크상의 다른 단말들을 구분하기 위해 사용한다. 인터넷에 존재하는 모든 단말들은 고유 IP 주소를 가지는데, 현재 사용하고 있는 TCP/IP는 IPv4의 32비트 주소 체계를 가진다. 앞으로 단말들이 늘어나면 현재 사용하는 IPv4의 주소가 부족할 것을 대비해서 IPv6는 128비트의 주소 공간을 제공한다.

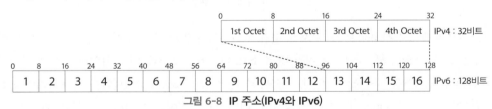

그림 6-8 IP 주소(IPv4와 IPv6)

IP 주소는 크게 네트워크(Network ID) 부분과 호스트(Host ID) 부분으로 구분할 수 있다. 네트워크 부분은 회사나 망과 같은 네트워크의 구분을 위해 사용되고, 호스트 부분은 한 회사의 컴퓨터처럼 네트워크 내의 단말들을 구분하기 위해 사용된다. IPv4에서는 그림 6-9와 같이 IP 주소들을 구분한다. IP 주소의 클래스에 따라 사용할 수 있는 최대 네트워크와 호스트의 수가 차이가 있다.

9　옥텟(Octet)은 8바이트 단위를 의미한다.

이렇게 IP 주소를 구분해 놓은 이유는 IP 주소를 보다 효율적으로 분배하기 위함이다. IBM 같은 글로벌 기업이나 KT나 U+처럼 인터넷 서비스를 제공하는 회사(ISP, Internet Service Provider) 그리고 큰 규모의 대학교에서는 네트워크에 많은 컴퓨터들이 연결되어 있으므로 A 클래스를 사용하고, 소규모 회사(SOHO)처럼 적은 수의 컴퓨터를 가지고 있는 곳에서는 C 클래스의 네트워크를 사용할 수 있다.

IP 주소는 1장에서 라즈베리 파이의 인터넷 주소를 설정하는 것처럼 주로 운영체제에서 사용하며, 일반적으로 하드웨어를 제작할 때 고정적으로 기록되는 MAC 주소와 달리 사용하는 네트워크에 맞게 변경할 수 있다.

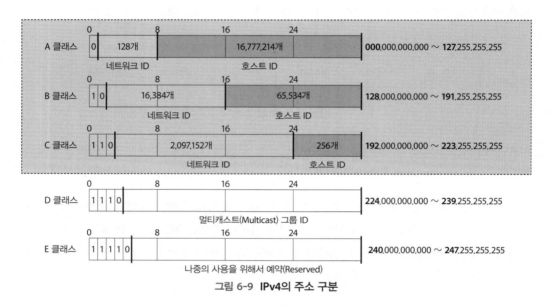

그림 6-9 IPv4의 주소 구분

하지만 운영체제에서 사용하는 IP 주소는 숫자로 이루어져 있기 때문에 사람이 기억하기가 어렵다. 예를 들어, 구글의 웹 사이트는 여러 IP 주소로 이루어져 있는데 이를 확인하고 싶은 경우에는 nslookup 명령어를 사용할 수 있다. 라즈베리 파이에서 nslookup 명령어를 사용하려면 apt-get 명령어를 통해 dnsutils 패키지를 설치하면 된다. dig 명령어를 통해서도 확인할 수 있는데, '$nslookup -query=Any google.com' 명령을 수행해보면 더 상세한 정보를 열람할 수 있다.

```
pi@raspberrypi:~ $ sudo apt-get install dnsutils[10]
pi@raspberrypi:~ $ nslookup google.com
Server: 168.126.63.1
Address: 168.126.63.1#53

Non-authoritative answer:
Name: google.com
Address: 59.18.44.168[11]

pi@raspberrypi:~ $ dig google.com

; <<>> DiG 9.11.5-P4-5.1-Raspbian <<>> google.com
;; global options: +cmd
;; Got answer:
;; ->>HEADER<<- opcode: QUERY, status: NOERROR, id: 39761
;; flags: qr rd ra; QUERY: 1, ANSWER: 1, AUTHORITY: 4, ADDITIONAL: 9

;; OPT PSEUDOSECTION:
; EDNS: version: 0, flags:; udp: 4096
;; QUESTION SECTION:
;google.com.                    IN    A

;; ANSWER SECTION:
google.com.                            265     IN    A     172.217.31.142

;; AUTHORITY SECTION:
google.com.                            29090   IN    NS    ns3.google.com.
google.com.                            29090   IN    NS    ns1.google.com.
google.com.                            29090   IN    NS    ns2.google.com.
google.com.                            29090   IN    NS    ns4.google.com.

;; ADDITIONAL SECTION:
ns1.google.com.                        29571   IN    A     216.239.32.10
ns2.google.com.                        29571   IN    A     216.239.34.10
                        /* ~ 중간 표시 생략 ~ */
ns3.google.com.                        130959  IN    AAAA  2001:4860:4802:36::a
ns4.google.com.                        130959  IN    AAAA  2001:4860:4802:38::a

;; Query time: 210 msec
;; SERVER: 168.126.63.1#53(168.126.63.1)
;; WHEN: Tue Oct 02 01:00:18 KST 2018
;; MSG SIZE  rcvd: 303
```

구글 홈페이지는 59.18.44.168 등의 주소를 이용할 수 있고, 다음(daum), 네이트(nate) 등의 다른 포털들도 각자의 IP 주소를 가지고 있다. 하지만 사람이 이러한 숫자 형태의 IP 주소를 모두 기억하는 것은 쉽지 않다.

---

10 라즈비안의 패키지 서버 위치는 바뀔 수 있다. dnsutils 패키지가 설치가 되지 않는 경우, '$ sudo apt-get update' 명령을 이용해서 패키지가 있는 서버의 목록을 갱신할 수 있다.

11 구글이나 다음과 같이 네트워크 트래픽이 많이 몰리는 사이트에서는 여러 서버들을 묶어서 클러스터로 관리하므로 IP 주소는 nslookup을 실행할 때마다 다를 수 있다.

그림 6-10 **IP 주소 59.18.44.168로 접속한 구글의 홈페이지**

IP 주소보다 쉽게 기억할 수 있는 것이 바로 도메인 네임(Domain Name)이다. 도메인 네임은 숫자로 된 IP 주소를 사람이 보다 쉽게 이해할 수 있는 문자 형태의 주소로 변경한다. 예를 들면, 구글의 홈페이지는 www.google.com으로 연결할 수 있다. 그러나 도메인 네임은 사람만 이해할 수 있기 때문에 이를 운영체제(컴퓨터)에서 사용하기 위해서는 IP 주소로 변경해야 한다. 이러한 변경 작업에는 IP 주소와 도메인 네임의 쌍을 저장하고 있는 도메인 네임 서버와 도메인 네임 서비스(DNS, Domain Name Service)가 이용된다.

■ 포트 번호

TCP/IP 기반의 네트워크는 주로 서버와 클라이언트의 구조로 되어 있다. 서버는 서비스를 공급해 주는 주체(컴퓨터)를 의미하고, 클라이언트는 사용자와 함께 서비스를 요구하는 단말(컴퓨터)을 의미한다. 보통 서버에는 메일 서비스, 웹 서비스, 도메인 서비스, FTP, TELNET 등 아주 많은 서비스들이 수행된다. 앞에서 각각의 서버는 IP 주소나 도메인 네임 같은 주소 체계를 통해 찾을 수 있다고 하였다. 서버를 찾고 나면 우리가 사용할 서비스를 지정해야 하는데, 이때 사용되는 것이 바로 포트 번호이다.

각각의 서비스들을 구분하기 위해 사용되는 포트 번호는 정수형의 숫자를 사용한다. FTP, TELNET, 웹 등의 서비스들은 이미 다른 단말에도 널리 알려져 있는데, 이를 잘 알려진 포트(Well-known Port)라고 한다. 보통 잘 알려진 포트 번호들은 0~1023번 사이의 번호를 사용한다. 유닉스에서 잘 알려진 포트 번호는 '/etc/services' 파일을 통해 알 수 있다.

```
pi@raspberrypi:~ $ sed -n '28,32p' /etc/services12
ftp                21/tcp
fsp                21/udp      fspd
ssh                22/tcp                            # SSH Remote Login Protocol
telnet             23/tcp
smtp               25/tcp      mail
```

표 6-4 유닉스의 포트 번호

포트 번호	내용	비고
0번 ~ 1023번	잘 알려진 포트(Well-known Port)	ECHO: 7, FTP: 21, telnet: 23, WWW: 80 등
1024번 ~ 49151번	등록된 포트(Registered Port)	
49152번 ~ 65535번	동적 포트(Dynamic Port)	

잘 알려진 포트 번호는 일반적으로 서비스를 제공하는 데몬(Daemon) 프로세스들이 이용하는데 사용자가 작성한 애플리케이션에서 이 포트 번호를 이용하기 위해서는 루트 권한이 필요하다.

클라이언트는 일반적으로 포트 번호를 바인딩(binding)[13]하지 않는다. 클라이언트가 서버와의 통신을 시도할 때 커널이 자동으로 포트 번호를 지정하며, 이 번호는 서버와 통신하는 동안만 유효한 임시 번호다. 반면, 서버는 항상 클라이언트의 요청에 응답해야 하므로 커널에 포트 번호를 등록해서, 실행되는 동안 고정된 포트 번호를 갖는다.

깊게보기 ▷ TCP/IP 네트워크

네트워크의 구조와 동작을 이해하기 위해, 사용자가 PC 웹 브라우저를 통해 웹 서비스를 이용하는 경우를 생각해보자. 구글 홈페이지의 도메인 네임(http://www.google.com)을 입력하면 해당 웹 서버를 찾아서 데이터를 요청하고 가져온 데이터를 사용자에게 보여줘야 한다.

먼저 웹 브라우저의 주소 입력창에 구글 홈페이지의 도메인 네임을 입력하면 이를 IP 주소로 변경해야 한다. 도메인 네임을 IP 주소로 변경하기 위해서는 도메인 네임 서비스를 이용하면 된다. 도메인 네임 서버에 연결해서 도메인 주소를 IP 주소로 변경해야 하는데, 그러기 위해서는 도메인 네임 서버의 주소를 알고 있어야 한다. 일반적으로 운영체제에 IP 주소를 설정할 때 도메인 네임 서버의 주소도 함께 설정하는데, 이를 통해 도메인 네임 서버를 이용할 수 있다. 라즈베리 파이의 도메인 네트워크 설정과 관련해서는 1장을 참고하라.

그림 6-11 도메인 네임 서버와 기본 게이트웨이의 설정

---

12 '/etc/services' 파일은 거의 600줄이 되기 때문에 sed 명령어를 이용해서 28줄부터 32줄의 내용만 표시하였다.

13 특정 포트로 데이터가 들어오면 해당 애플리케이션이 데이터를 전달받을 수 있도록 운영체제에 연결(binding)하는 것이다.

PC나 스마트폰과 같은 단말에서 외부로 데이터를 내보내기 위해서는 인터넷 케이블 같은 하드웨어를 이용한다. TCP/IP 프로토콜의 링크 계층(하드웨어)에서는 MAC 주소를 사용한다. PC나 스마트폰은 주기적으로 자신의 IP와 MAC 주소를 주변에 알려주는데, 다른 기기들은 이를 받아서 저장해두고 IP 주소의 MAC 주소 변환에 이용한다. 만약 특정 IP에 대한 MAC 주소를 모를 경우에는 ARP 프로토콜을 이용해서 다른 사용자에게 해당 MAC 주소를 물어볼 수 있다. 현재 시스템에 저장된 LAN상의 호스트에 대한 MAC 주소는 arp 명령어를 통해 알 수 있다.

```
pi@raspberrypi:~ $ arp
Address          HWtype    HWaddress          Flags Mask    Iface
172.30.1.50      ether     88:53:95:8a:6e:1f  C              wlan0
172.30.1.254     ether     88:3c:1c:1e:ab:75  C              wlan0
```

웹 서버는 보통 로컬이 아닌 외부에 위치한다. 네트워크와 네트워크는 라우터(혹은 게이트웨이)라는 장비들을 통해 연결되어 있는데, 이렇게 라우터(혹은 게이트웨이) 안의 네트워크를 LAN(Local Area Network)이라고 한다. 큰 규모의 대학교 같은 경우에는 공대나 자연대 같은 단과대별로 라우터가 별도로 존재하는데 각각의 단대나 학과별로 LAN을 구성할 수 있고, 작은 회사의 경우에는 한 회사나 한 건물의 네트워크에 하나의 라우터를 사용해서 LAN을 구성할 수 있다. 이러한 LAN들이 모여 보다 넓은 의미의 WAN(Wide Area Network)이 된다.

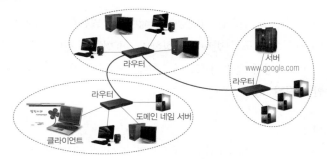

그림 6-12 TCP/IP LAN과 인터넷

로컬에 위치하지 않은 서버로의 통신에서는 다음과 같은 경로로 데이터가 전송된다. 먼저, 단말은 라우터(혹은 게이트웨이)에게 데이터를 전송하고, 라우터는 다음에 연결되어 있는 라우터에 데이터를 전송한다. 계속해서 라우터들을 통해서 데이터가 전송되며 웹 서버가 연결되어 있는 라우터를 만나면 이를 통해 LAN 안의 웹 서버에까지 데이터가 전송된다.

현재 위치에서 특정 서버까지의 경로를 알고 싶은 경우에는 traceroute라는 프로그램을 이용할 수 있다. traceroute 명령어를 이용하면 중간에 있는 라우터의 IP 주소와 가는 데 걸리는 시간 등의 정보가 표시된다.

```
pi@raspberrypi:~ $ traceroute google.com
traceroute to google.com (172.217.31.142), 30 hops max, 60 byte packets
 1 172.30.1.254 (172.30.1.254)  8.524 ms  8.419 ms  8.350 ms
 2 * * *
 3 218.146.35.9 (218.146.35.9)  8.180 ms  8.148 ms  8.082 ms
                        /* ~ 중간 표시 생략 ~ */
 9 74.125.251.235 (74.125.251.235)  39.430 ms  39.305 ms  35.881 ms
10 nrt20s08-in-f14.1e100.net (172.217.31.142)  35.813 ms  38.155 ms  38.057 ms
```

데이터를 전달받은 웹 서버는 잘 알려진 포트(Well-known port) 중 80번 포트 번호를 이용하여 웹 서비스를 찾고, 해당 클라이언트의 요청에 대한 응답을 수행한다.

6.1.2 BSD 소켓

■ 인터넷과 BSD 유닉스

1983년 아파넷이 다르파(DARPA)로로 분화된 후 UC 버클리에서 사용하는 BSD(Berkeley Software Distribution)에 TCP/IP 네트워크의 구현을 맡겼는데, 유닉스에 TCP/IP 스택(Stack)이 추가되었으며 여기에 통신을 위해 추가된 것이 바로 소켓이다. BSD 유닉스에 포함된 BSD 소켓(Socket)은 네트워크 프로그래밍의 표준 인터페이스로, 원격 호스트를 연결시켜 주는 매개체 역할을 수행한다.

인터넷 개발 초기에 유닉스를 이용하였기 때문에 대부분의 네트워크와 관련된 서비스들이 유닉스를 기반으로 한다. 초기에 인터넷이 BSD 유닉스에 적용되었고 다른 유닉스에서도 포팅되었는데, 현재에도 대부분의 유닉스의 TCP/IP 네트워크 스택(Stack)은 BSD를 기반으로 하고 있으며, BSD 소켓 시스템도 그대로 사용할 수 있다.

■ BSD 소켓의 개요

소켓(Socket)은 프로세스 간의 상호 양방향 통신 방식으로 소프트웨어로 작성된 통신 접속점을 나타내고 네트워크상에서 단말들끼리의 연결을 위해 사용한다. 유닉스에서의 소켓은 일반적인 디바이스 파일과 마찬가지로 파일로 다룰 수 있도록 파일/소켓 디스크립터를 제공하며, 각 종단점으로의 여러 속성들을 가지고 있다. 소켓은 파일 디스크립터를 이용해서 높은 호환성을 제공하는데, 파일로 저장하는 기능이나 네트워크를 이용해서 데이터를 보내는 기능을 하나의 코드로 함께 사용할 수 있다.

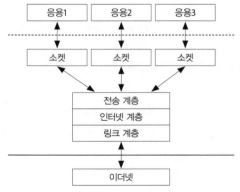

그림 6-13 TCP/IP와 소켓

소켓을 이용하면 TCP/IP 네트워크에 대한 인터페이스를 이용해서 통신을 수행할 수 있는데, 소켓을 통한 프로세스의 통신은 클라이언트와 서버 구조에 기초를 두고 있다. 리눅스에서는 소켓을 위해 다음과 같은 함수들을 제공한다.

표 6-5 BSD 소켓 함수

함수	내용	비고
socket( )	네트워크 통신을 위한 소켓을 생성한다.	
socketpair( )	연결을 위한 한 쌍의 소켓을 지정한다.	IPC
bind( )	서버에서 소켓에 이름을 부여한다.	
listen( )	클라이언트의 소켓들을 위한 큐(Queue)를 생성한다.	서버
accept( )	서버에서 클라이언트의 접속을 대기한다.	
connect( )	클라이언트에서 서버로 접속한다.	클라이언트
write( ) / send( )	데이터를 상대방에게 전송한다.	TCP, sendmsg( ), sendmmsg( )[†]
sendto( )	데이터를 UDP 패킷으로 상대방에게 전송한다.	UDP
read( ) / recv( )	데이터를 상대방으로부터 받는다.	TCP, recvmsg( ), recvmmsg( )
recvfrom( )	데이터를 UDP 패킷으로 상대방으로부터 받는다.	UDP
close( )	소켓의 연결을 종료한다.	
shutdown( )	선택적으로 소켓의 연결을 종료한다.	

†   sendmmsg( )와 recvmmsg( ) 함수는 리눅스(2.6 후반 버전 이상)에서만 지원하는 함수로, 여러 메시지를 한꺼번에 송수신할 수 있게 해주는 데 성능상의 이점이 존재한다.

■ **소켓을 통한 IPC**

프로세스 간 통신에도 소켓을 사용할 수 있다. socketpair( ) 함수는 주소를 갖지 않는 한 쌍의 소켓을 생성하는데, 이 한 쌍의 소켓을 이용해서 부모 프로세스와 자식 프로세스 간 통신을 수행할 수 있다.

```
#include <sys/types.h>                    /* POSIX.1에서는 필요하지 않다. */
#include <sys/socket.h>

int socketpair(int domain, int type, int protocol, int sv[2]);
```

socketpair( ) 함수에 들어가는 인자는 바로 뒤의 socket( ) 함수에서 더 자세히 살펴보겠다. socketpair( ) 함수는 파이프나 FIFO와는 다르게 양방향 통신을 지원하며, 유닉스 내부적으로 통신할 때 사용되는 유닉스 도메인에서만 사용 가능하고, 서로 관계없는 프로세스 간의 통신은 지원하지 않는다.

이제 socketpair( ) 함수를 이용해서 두 프로세스 사이에 데이터를 교환하는 코드를 작성해보자. 기본적인 코드는 앞 장의 파이프를 이용하는 것과 비슷하다.

코드 6-1 **socketpair.c**

```c
#include <stdio.h>
#include <unistd.h>
#include <string.h>
#include <wait.h>
#include <sys/socket.h>

int main(int argc, char **argv)
{
    int ret, sock_fd[2];
    int status;
    char buf[ ] = "Hello World", line[BUFSIZ];
    pid_t pid;

    ret = socketpair(AF_LOCAL, SOCK_STREAM, 0, sock_fd);    /* 한 쌍의 소켓을 생성 */
    if(ret == -1) {
        perror("socketpair()");
        return -1;
    }

    printf("sorket 1 : %d\n", sock_fd[0]);        /* 각 소켓의 디스크립트 번호를 출력 */
    printf("sorket 2 : %d\n", sock_fd[1]);

    if((pid = fork()) < 0) {                       /* fork( ) 함수 실행 에러 시의 처리 */
        perror("fork()");
    } else if(pid == 0) {              /* 자식 프로세스일 때의 처리 */
        write(sock_fd[0], buf, strlen(buf) + 1);   /* 부모 프로세스로 데이터 보내기 */
        printf("Data send : %s\n", buf);

        close(sock_fd[0]);               /* 소켓 닫기 */
    } else {                 /* 부모 프로세스일 때의 처리 */
        wait(&status);                     /* 자식 프로세스의 종료 대기 */

        read(sock_fd[1], line, BUFSIZ);           /* 자식 프로세스에서 온 데이터 읽기 */
        printf("Received data : %s\n", line);

        close(sock_fd[1]);                 /* 소켓 닫기 */
    }

    return 0;
}
```

socketpair( ) 함수는 2개의 소켓 디스크립터를 열기 때문에 배열을 이용해서 2개의 int 형 소켓 디스크립터를 위한 배열을 생성한다. socketpair( ) 함수는 로컬 도메인만 사용하기 때문에 AF_LOCAL 혹은 AF_UNIX를 첫 번째 인자로 사용해야 하고, 두 번째 인자로는 스트림 통신을 위한 SOCK_STREAM을 사용하면 된다. 이 옵션에 대해서는 뒤에서 살펴본다.

소켓을 열고 난 후에 데이터를 주고받을 때는 파일 입출력에서 살펴본 기본 함수인 read( ), write( ) 함수를 사용하고, 소켓의 사용이 끝나면 해당 파일 디스크립터를 닫는다.

```
pi@raspberrypi:~ $ ./socketpair
sorket 1 : 3
sorket 2 : 4
Data send : Hello World
Received data : Hello World
```

위의 코드를 빌드하여 실행해보면, 소켓을 위한 파일 디스크립터 번호로 (stdio(0), stdout(1), stderr(2)의 다음 번호인) 3번과 4번이 할당되고 'Hello World'라는 문자열이 전송되는 것을 확인할 수 있다.

6.2 UDP 네트워크 프로그래밍

UDP 프로토콜은 데이터의 전송 시 신뢰성은 없지만 속도가 빠르기 때문에 일반적인 LAN 환경에서 많이 사용하는데, 일반적으로 LAN상에서는 패킷의 분실이 거의 없다고 한다. 유닉스의 네트워크 프로그래밍에서도 UDP 프로토콜을 이용한 통신을 지원하는데, socket( ) 함수를 사용할 때 SOCK_DGRAM 옵션을 통해 설정할 수 있다.

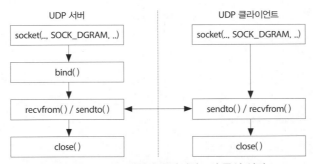

그림 6-14 UDP 서버와 클라이언트의 통신 설정

일반적으로 UDP 서버와 클라이언트의 구현 방법은 비슷하지만, 서버의 경우 bind( ) 함수를 사용하여 운영체제의 해당 포트로 들어오는 서비스를 UDP 서버에서 사용할 수 있도록 연결(등록)해주어야 한다. UDP 서버와 클라이언트 모두 sendto( ) 함수를 통해서 데이터그램을 보내고, recvfrom( ) 함수를 통해 데이터그램을 수신한다. 소켓의 사용이 모두 끝나면 close( ) 함수를 사용하여 소켓을 닫는다.

6.2.1 소켓의 사용

유닉스에서 인터넷 통신을 하기 위해서는 먼저 소켓을 생성해야 하는데, 이를 위해 socket( ) 함수를 사용한다. socket( ) 함수의 호출에 성공하면 소켓에 대한 파일 디스크립터를 반환하고, 실패하면 –1을 반환한다.

```
#include <sys/types.h>            /* POSIX.1에서는 필요하지 않다. */
#include <sys/socket.h>

int socket(int domain, int type, int protocol);
```

첫 번째 인자(domain)는 소켓의 통신 방식으로 인터넷으로 통신할 것인지 아니면 내부적인 파일 시스템을 이용해 통신할 것인지 결정할 수 있다.

표 6-6 소켓의 도메인

도메인	내용	비고
PF_INET, AF_INET †	IPv4 인터넷 프로토콜을 사용한다.	
PF_INET6, AF_INET6	IPv6 인터넷 프로토콜을 사용한다.	
PF_LOCAL, AF_LOCAL	같은 유닉스 시스템 내에서 프로세스끼리 통신한다.	PF_UNIX, AF_UNIX
PF_PACKET, AF_PACKET	저수준 소켓 인터페이스를 이용한다.	SOCK_PACKET
PF_NS, AF_NS	제록스 네트워크 시스템 프로토콜을 사용한다.	
PF_IPX, AF_IPX	노벨의 IPX 프로토콜을 사용한다.	
PF_APPLETALK, AF_APPLETALK	애플의 AppleTalk DDS 프로토콜을 사용한다.	

† PF는 Protocol Family의 약자이며, AF는 Address Family의 약자이다. 초기의 BSD 유닉스에서 PF_*와 AF_*를 따로 정의했지만, 그 뒤의 표준들은 AF_*를 사용하고 있다.

두 번째 인자(type)는 소켓의 전송 방식을 결정한다. 소켓은 TCP와 UDP를 지원하며, IP를 직접 이용하거나 직접 프로토콜을 만들 때 사용할 수 있는 Raw(원시)[14] 소켓도 지원한다. 스트림 소켓은 TCP 기반으로 신뢰성이 필요한 통신에 이용되고, 데이터그램 소켓은 UDP 기반으로 신뢰성이 필요 없는 빠른 통신에 이용된다.

표 6-7 소켓의 타입

타입	상수	내용	비고
스트림 소켓 (stream socket)	SOCK_STREAM	연결 지향형의 TCP를 기반 소켓 간의 연결 후 데이터 전송	1
데이터그램 소켓 (datagram socket)	SOCK_DGRAM	비연결형의 UDP를 기반 송수신 시 도착지 주소 필수	2
Raw 소켓 (raw socket)	SOCK_RAW	저수준 프로토콜 접근 IP 계층을 이용하며 ICMP, OSPF 등이 사용한다.	3

마지막 인자(protocol)는 네트워크 프로토콜을 의미하는데 보통 0의 값을 사용한다. socket( ) 함수가 처음 등장했을 때 각각의 회사별로 다양한 프로토콜이 사용되었기 때문에 호환성을 위해 제공되었지만 TCP/IP가 주로 사용되는 지금은 더 이상 큰 의미가 없다.

---

14 raw는 '날 것의', '가공되지 않은 상태'를 의미한다.

소켓이 열린 후에 반환된 소켓의 파일 디스크립터를 이용해서 통신을 진행할 수 있다.

6.2.2 서버를 위한 bind( ) 함수

UDP 서버를 생성하기 위해서는 bind( ) 함수를 사용해서 클라이언트로부터 들어오는 서비스를 현재의 애플리케이션이 사용할 수 있도록 해당 포트를 운영체제에 등록하는 작업을 수행해야 한다. bind( ) 함수는 UDP 서버뿐만 아니라 TCP 서버에서도 사용된다.

```
#include <sys/types.h>                    /* POSIX.1에서는 필요하지 않다. */
#include <sys/socket.h>

int bind(int sockfd, const struct sockaddr *addr, socklen_t addrlen);
```

bind( ) 함수의 첫 번째 인자로는 socket( ) 함수를 통해 반환받은 소켓의 파일 디스크립터를 사용하고, 두 번째 인자로는 UDP 서버의 주소 정보를, 세 번째 인자로는 주소 크기를 입력한다.

주소 체계는 사용하는 도메인에 따라 다르다. 일반적으로 유닉스 내부에서 통신을 사용하는 경우에는 sockaddr_un 구조체를 사용하며 주소로 파일 위치를 사용한다. 반면, 네트워크 통신을 사용하는 경우에는 sockaddr_in 구조체를 사용하며 서버의 IP 주소와 포트 번호를 사용한다.

```
/* 일반 소켓 주소를 위한 구조체 : /usr/include/arm-linux-gnueabihf/bits/socket.h */
struct sockaddr
    __SOCKADDR_COMMON (sa_);                /* 일반 데이터 : 주소(address) 패밀리와 길이 */
    char sa_data[14];      /* 주소 데이터 */
};

/* UNIX IPC 도메인 : /usr/include/linux/un.h */
#define UNIX_PATH_MAX    108

struct sockaddr_un {
    __kernel_sa_family_t sun_family;        /* AF_UNIX */
    char sun_path[UNIX_PATH_MAX];           /* 파일의 경로(pathname) */
};

/* 인터넷(IP) 주소를 위한 소켓 구조체 : /usr/include/linux/in.h */
#define __SOCK_SIZE__    16/* 크기 : sizeof(struct sockaddr) */
struct sockaddr_in {
    __kernel_sa_family_t  sin_family[15];   /* 주소 패밀리(Address family) */
    __be16                sin_port;         /* 포트 번호(Port number) */
    struct in_addr        sin_addr;         /* 인터넷 주소(Internet address) */

    /* 패딩(Pad to size of `struct sockaddr'). */
    unsigned char         __pad[__SOCK_SIZE__ - sizeof(short int) -
                          sizeof(unsigned short int) - sizeof(struct in_addr)];
};
#define sin_zero          __pad            /* BSD 유닉스와의 호환성을 위해 */
```

---

15 sin_*은 socketaddr_in(internet)의 약자이고, sun_*은 socketaddr_un(unix)의 약자이다.

이 두 구조체를 하나로 통합하는 구조체가 sockaddr 구조체다. 소켓을 구현했을 당시 C 언어에 void형[16]이 없었기 때문에 sockaddr 구조체를 이용해서 두 구조체를 함께 사용하는 문제를 해결하였다.

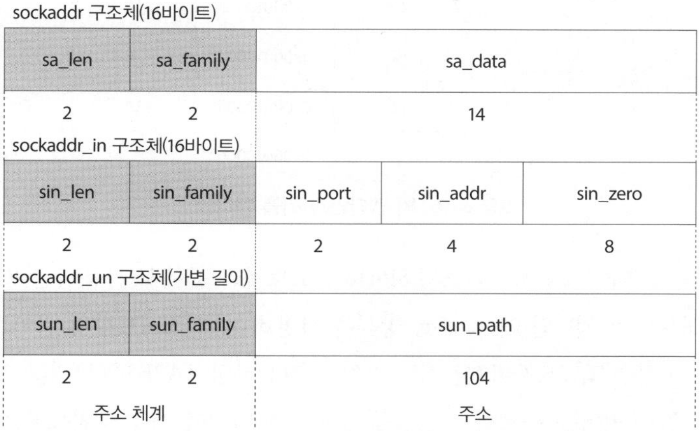

sockaddr 구조체(16바이트)		
sa_len	sa_family	sa_data
2	2	14

sockaddr_in 구조체(16바이트)				
sin_len	sin_family	sin_port	sin_addr	sin_zero
2	2	2	4	8

sockaddr_un 구조체(가변 길이)		
sun_len	sun_family	sun_path
2	2	104
주소 체계		주소

그림 6-15 **소켓에서 사용하는 주소**

인터넷을 사용하는 경우에는 sockaddr_in 구조체를 이용하면 되고 서버의 주소와 포트 번호를 등록한다.

서버의 주소는 서버의 IP 주소를 사용하면 되는데, IP 주소가 자주 변경되는 환경에서는 INADDR_ANY를 사용하면 자동으로 서버의 주소를 채워준다. 또한, 2개 이상의 네트워크 카드를 사용하는 서버의 경우에는 특정 NIC의 IP 주소를 등록해서 어떤 네트워크 카드로 서비스를 제공할지를 명시할 수 있다.

포트 번호의 경우, TELNET이나 웹과 같은 기본 서비스를 제공하는 서버를 만들지 않는다면 잘 알려진 포트 번호를 피해서 사용하면 좋은데 일반적으로 5000번 이후의 포트 번호를 많이 사용한다.

6.2.3 바이트 순서 변환

일반적으로 네트워크 서버로 많이 사용되었던 SUN에서 사용하는 RISC CPU와 IBM PC에서 사용하는 인텔의 x86 CPU는 메모리에 데이터를 저장하는 방식[17]이 다르다. 인텔의 x86이나 DEC의 프로세스에서 사용하는 리틀 엔디안(Little Endian) 방식이 가장 작은 값의 바이트부터 먼저 표시(저장)된다. 예를 들어, 16진수 '1A2B3C4D'를 '4D3C2B1A'로 저장한다.

---

[16] 1982년 소켓이 등장할 당시에는 K&R C를 사용했지만, void형은 ANSI-C(C89)부터 제공되었다.

[17] 이것을 엔디안이라 부르는데 《걸리버 여행기》의 소인국 이야기에서 삶은 계란을 깰 때 뭉툭한 끝(big-end)을 먼저 깨는지(빅 엔디안) 아님 뾰족한 끝(little-end)을 먼저 깨는지(리틀 엔디안)의 논쟁에서 따온 것이다.

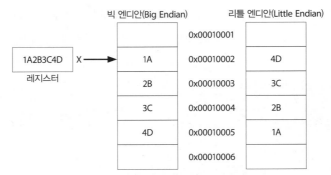

그림 6-16 빅 엔디안과 리틀 엔디안[18]

IBM 370 컴퓨터와 썬 마이크로시스템즈의 SPARC, 모토롤라 등에서 사용하는 RISC 방식의 워크
스테이션용 CPU들은 빅 엔디안(Big Endian) 방식을 사용하며, 가장 큰 값의 바이트부터 표시(저장)
된다. 예를 들면, 16진수 '1A2B3C4D'를 저장 공간에 저장하면 '1A2B3C4D'라고 저장하는데, 왼쪽
에서 오른쪽으로 읽는 언어를 사용하는 사람들에게는 이 방식이 가장 자연스러운 방식이다.

네트워크상에서도 데이터를 보내는 순서에 따라 엔디안이 달라질 수 있다. 네트워크상에서는 순
차적으로 데이터가 전송되는데 이런 이유로 빅 엔디안이 보다 적합하다. 이를 네트워크 바이트 순
서(Network Byte Order)라고 하는데 송/수신 데이터 모두 빅 엔디안으로 간주해서 처리해야 한다.

일반적으로 PC에서 사용하고 있는 CPU는 인텔 계열의 CPU이기 때문에 엔디안 변환이 필요할
수 있는데, 유닉스는 호스트 바이트 순서와의 변환을 위한 다양한 함수들을 제공하고 있다. 빅 엔
디안을 사용하는 시스템에서는 변환 과정이 불필요할 수도 있겠지만 소스 코드의 호환성을 위해
엔디안 변환 함수들을 사용하는 것이 좋다.

```
#include <arpa/inet.h>

uint32_t htonl(uint32_t hostlong);
uint16_t htons(uint16_t hostshort);
uint32_t ntohl(uint32_t netlong);
uint16_t ntohs(uint16_t netshort);
```

위의 엔디안 변환 함수들은 엔디안 변환의 방향과 크기에 따라 둘로 구분할 수 있다. 엔디안 변환
방향에는 hton 방향과 ntoh 방향이 있다. hton은 호스트에서 네트워크 바이트 순서(host to network)
로의 변환을 의미하고, ntoh는 네트워크에서 호스트 바이트 순서(network to host)로의 변환을 의미

---

18 빅 엔디안과 리틀 엔디안의 두 가지 방식을 모두 지원하는 것을 미들 엔디안이라고 부르며, 둘 중 하나씩 선택적으로 지원할 수 있는
    것을 바이 엔디안이라고 부른다. 유닉스가 처음 구현되었던 PDP-11 머신이 미들 엔디안을 사용하였고, 라즈베리 파이에서 사용하는
    ARM이나 PowerPC, MIPS, PA-RISC 등은 바이 엔디안을 사용하고 있다.

한다. 마지막에 붙는 접미어는 변환 크기를 나타내며, 's'는 short 형(16비트)을 의미하고 'l'(소문자 L)은 long 형(32비트)을 의미한다.

IPv4의 IP 주소는 32비트이므로 htonl( ) 함수를 사용하면 되고, 포트 번호는 16비트이므로 htons( ) 함수를 사용하면 된다. 위의 함수와 함께 64비트(8바이트) 처리를 위해 htobe16( ), htole16( ), be16toh( ), le16toh( ) 등의 새로운 함수들을 제공하고 있다. 새 네트워크 함수들은 예전의 플랫폼에서 지원하지 않을 수 있지만, glibc 2.9 이상에서 사용할 수 있다.

```
#include <endian.h>

uint16_t htobe16(uint16_t host_16bits);
uint16_t htole16(uint16_t host_16bits);
uint16_t be16toh(uint16_t big_endian_16bits);
uint16_t le16toh(uint16_t little_endian_16bits);

uint32_t htobe32(uint32_t host_32bits);
uint32_t htole32(uint32_t host_32bits);
uint32_t be32toh(uint32_t big_endian_32bits);
uint32_t le32toh(uint32_t little_endian_32bits);

uint64_t htobe64(uint64_t host_64bits);
uint64_t htole64(uint64_t host_64bits);
uint64_t be64toh(uint64_t big_endian_64bits);
uint64_t le64toh(uint64_t little_endian_64bits);
```

h는 htons와 같이 호스트를 의미하고, be는 빅 엔디안, le는 리틀 엔디안을 의미한다. 뒤의 숫자는 비트 수를 의미하는데, 그래서 htons( ) 함수는 htobe16( ) 함수와 같고, ntohl( ) 함수는 be32toh( ) 함수와 같은 의미를 가졌다. 이러한 함수들 외에도 16비트(2바이트), 32비트(4바이트), 64비트(8바이트)의 값들을 보다 쉽게 변환할 수 있는 bswap_16( ), bswap_32( ), bswap_64( ) 매크로들을 제공한다.

```
#include <byteswap.h>

bswap_16(x);
bswap_32(x);
bswap_64(x);
```

6.2.4 네트워크 주소 변환

우리가 사용하는 네트워크의 주소는 IP 주소이거나 도메인 네임이다. IP 주소의 경우 '127.0.0.1'과 같은 문자열을 사용하는데, soctaddr_in 구조체의 sin_addr 항목에 사용하는 값은 16비트의 정숫값이므로 이 문자열을 16비트로 변환해야 한다. 리눅스에서는 이러한 주소 변환을 위해 다음과 같은 함수들을 제공한다.

표 6-8 리눅스의 네트워크 주소 변환 함수

함수	내용	비고
inet_pton( )	문자열 형태의 IP 주소를 숫자 형태의 IP 주소로 변환한다.	inet_aton( )[†] 또는 inet_addr( )[††]
inet_ntop( )	숫자 형태의 IP 주소를 문자열 형태의 IP 주소로 변환한다.	inet_ntoa( )
inet_network( )	IP 주소를 호스트 순서에서 네트워크 순서로 변환한다.	
getnameinfo( )	도메인 주소로부터 IP 주소를 구한다. 해당 호스트의 정보를 가진 hostent 구조체 포인터를 반환한다.	gethostbyname( ), gethostbyaddr( ), getservbyname( ), getservbyport( )
getaddrinfo( )	IP 주소로부터 도메인 주소를 구한다. 최신의 DNS 서버는 보안 문제로 Reverse DNS 기능을 지원하기 않기 때문에 getnameinfo( ) 함수가 제대로 동작하지 않을 수 있다.	gethostbyaddr( ), getservbyport( )
gethostname( )	현재 프로세스가 실행되고 있는 호스트의 이름을 구한다.	
sethostname( )	현재 프로세스가 실행되고 있는 호스트의 이름을 설정한다.	
inet_lnaof( )	IP 주소에서 호스트 주소 부분을 추출한다.	
inet_netof( )	IP 주소에서 네트워크 주소 부분을 추출한다.	
inet_makeaddr( )	분리된 호스트 주소와 네트워크 주소를 결합해서 IP 주소를 만든다.	

[†] inet_aton( )이나 inet_ntoa( ) 함수 그리고 gethostbyname( ), gethostbyaddr( ), getservbyname( ), getservbyport( ), gethostbyaddr( ),
   getservbyport( ) 함수 등은 BSD에서 제공되었던 함수이다.

[††] inet_addr( ) 함수는 보안상의 이유로 지원하지 않는 플랫폼도 있으니 사용하지 않는 것이 좋다.

표 6-8과 같이 문자열 '127.0.0.1'을 2진수나 16진수와 같이 숫자로 된 IP 주소로 변경하고 싶은 경우에는 POSIX 버전의 inet_pton( ) 함수를 사용할 수 있다.

6.2.5 UDP 데이터의 송수신

TCP의 경우 서버가 연결되어 있기 때문에 read( )나 write( ) 같은 파일 디스크립터를 조작하는 함수를 이용해서 데이터를 송수신할 수 있지만, UDP의 경우 서버와 연결되어 있지 않으므로 다른 함수를 사용해야 한다. 통신을 위해 일반적으로 sendto( ) 함수와 recvfrom( ) 함수를 사용한다. UDP는 sendto( ) 함수에 데이터를 받을 상대방의 정보(주소와 포트 번호)를 입력하고 recvfrom( ) 함수를 이용해서 데이터를 보낸 상대방의 정보를 가져올 수 있다.

```
#include <sys/types.h>              /* POSIX.1에서는 필요 없다. */
#include <sys/socket.h>

ssize_t sendto(int sockfd, const void *buf, size_t len, int flags,
            const struct sockaddr *dest_addr, socklen_t addrlen);
ssize_t recvfrom(int sockfd, void *buf, size_t len, int flags,
            struct sockaddr *src_addr, socklen_t *addrlen);
```

UDP에서도 하나의 서버만 통신하는 경우라면 connect( ) 함수(TCP에서 곧 살펴볼 것이다)를 이용해 서버에 접속한 후, 지정된 주소와 read( )나 write( ) 함수를 통해 통신을 수행할 수 있다. 일반적으로 sendto( ) 함수나 recvfrom( ) 함수들은 데이터를 주고받을 때 네트워크를 연결하고, 처리가 끝나면 연결된 네트워크가 끊어진다. 하지만 connect( )를 이용하면 네트워크의 연결을 계속 유지하기 때문에 보다 빠른 속도로 제공할 수 있다.

6.2.6 바이트 조작

네트워크 프로그래밍에서는 IP 주소나 기타 처리를 위해 바이트 조작이 필요한 경우가 많다. 이러한 바이트 조작을 위해 memset( ), memcpy( ), memcmp( ) 등의 함수가 제공되며, BSD 유닉스에서 bzero( ), bcopy( ), bcmp( ) 등의 함수를 제공했다.

표 6-9 바이트 조작 함수

함수	내용	BSD 함수
void *memset(void *s, int c, size_t n);	바이트 영역을 특정 값으로 설정한다.	두 번째 인자(c)가 0이면 bzero( )와 동일
void *memcpy(void *dest, const void *src, size_t n);	메모리를 복사한다.	bcopy( )
int memcmp(const void *s1, const void *s2, size_t n);	메모리를 비교한다.	bcmp( )

memset( ) 함수는 메모리의 바이트를 특정 값으로 설정할 수 있지만, 네트워크 주소의 초기화는 주로 bzero( ) 함수를 사용해서 바이트를 모두 0으로 설정한다. bzero( ) 함수가 단순히 0으로 만드는 경우에는 속도가 빠르지만, 표준 함수가 아니라 플랫폼에 따라 예상하지 못하는 문제가 발생하거나 사용할 수 없는 플랫폼이 있다는 단점이 있다.

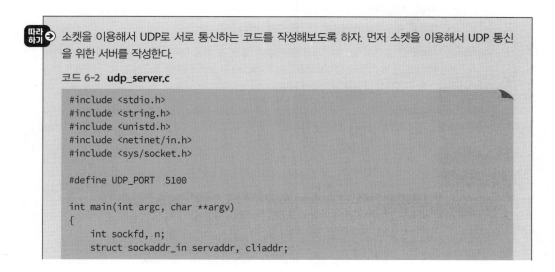

따라하기 ➔ 소켓을 이용해서 UDP로 서로 통신하는 코드를 작성해보도록 하자. 먼저 소켓을 이용해서 UDP 통신을 위한 서버를 작성한다.

코드 6-2 udp_server.c

```c
#include <stdio.h>
#include <string.h>
#include <unistd.h>
#include <netinet/in.h>
#include <sys/socket.h>

#define UDP_PORT  5100

int main(int argc, char **argv)
{
    int sockfd, n;
    struct sockaddr_in servaddr, cliaddr;
```

```
    socklen_t len;
    char mesg[1000];

    sockfd = socket(AF_INET, SOCK_DGRAM, 0);    /* UDP를 위한 소켓 생성 */

    /* 접속되는 클라이언트를 위한 주소 설정 후 운영체제에 서비스 등록 */
    memset(&servaddr, 0, sizeof(servaddr));
    servaddr.sin_family = AF_INET;
    servaddr.sin_addr.s_addr = htonl(INADDR_ANY);
    servaddr.sin_port = htons(UDP_PORT);
    bind(sockfd, (struct sockaddr *)&servaddr, sizeof(servaddr));

    /* 클라이언트로부터 메시지를 받아서 다시 클라이언트로 전송 */
    do {
        len = sizeof(cliaddr);
        n = recvfrom(sockfd, mesg, 1000, 0, (struct sockaddr *)&cliaddr, &len);
        sendto(sockfd, mesg, n, 0, (struct sockaddr *)&cliaddr, sizeof(cliaddr));

        mesg[n] = '\0';
        printf("Received data : %s\n", mesg);
    } while(strncmp(mesg, "q", 1));

    close(sockfd);                      /* 사용이 끝난 후 소켓 닫기 */

    return 0;
}
```

위의 서버는 클라이언트로부터 데이터를 받아서 그대로 다시 되돌려주는 에코(echo) 서버이다. 이를 위해서 먼저 socket( ) 함수에 SOCK_DGRAM 옵션을 사용하여 UDP를 위한 소켓의 파일 디스크립터를 연다. 해당 프로그램을 서버로 사용하기 위해서는 운영체제에 서비스를 등록해야 한다. 이때 사용하는 함수가 바로 bind( ) 함수이다.

bind( ) 함수에 sockaddr_in 구조체를 사용해서 서버의 주소와 포트 번호를 설정하는데, 설정하기 전에 sockaddr_in 구조체를 memset( ) 함수를 통해 0으로 초기화하였다. 또한, 서버의 주소가 동적으로 바뀌더라도 사용하기 쉽도록 INADDR_ANY를 사용하였으며, htonl( )와 htons( ) 함수를 이용해서 IP 주소와 포트 번호를 네트워크 순서로 엔디안을 변경하였다.

루프문(do ~ while문)을 돌면서 클라이언트로부터 데이터를 받고, 받은 데이터를 sendto( ) 함수를 이용해서 다시 클라이언트로 전송하였다. 클라이언트에서 문자열 'q'가 오면 루프를 종료하고, 모든 작업이 끝나면 close( ) 함수를 이용해서 소켓을 닫아주면 된다.

코드 6-3 udp_client.c

```
#include <stdio.h>
#include <string.h>
#include <unistd.h>
#include <netinet/in.h>
#include <sys/socket.h>
#include <arpa/inet.h>
#define UDP_PORT  5100


int main(int argc, char **argv)
{
```

```
        int sockfd, n;
        socklen_t clisize;
        struct sockaddr_in servaddr, cliaddr;
        char mesg[BUFSIZ];

        if(argc != 2) {
            printf("usage : %s <IP address>\n", argv[0]);
            return -1;
        }

        sockfd = socket(AF_INET, SOCK_DGRAM, 0);        /* UDP를 위한 소켓 생성 */

        /* 서버의 주소와 포트 번호를 이용해서 주소 설정 */
        memset(&servaddr, 0, sizeof(servaddr));
        servaddr.sin_family = AF_INET;
        /* 문자열을 네트워크 주소로 변경 */
        inet_pton(AF_INET, argv[1], &(servaddr.sin_addr.s_addr));
        servaddr.sin_port = htons(UDP_PORT);

        /* 키보드로부터 문자열을 입력받아 서버로 전송 */
        do {
            fgets(mesg, BUFSIZ, stdin);
            sendto(sockfd, mesg, strlen(mesg), 0, (struct sockaddr *)&servaddr,
                    sizeof(servaddr));
            clisize = sizeof(cliaddr);

            /* 서버로부터 데이터를 받아서 화면에 출력 */
            n = recvfrom(sockfd, mesg, BUFSIZ, 0, (struct sockaddr*)
                        &cliaddr, &clisize);
            mesg[n] = '\0';
            fputs(mesg, stdout);
        } while(strncmp(mesg, "q", 1));

        close(sockfd);

        return 0;
    }
```

위의 클라이언트 코드는 서버보다 간단하다. 프로그램을 실행할 때 접속할 서버의 주소를 입력하면 되는데, 입력받은 문자는 inet_pton( ) 함수를 이용해서 16진수 주소로 변환할 수 있다. 위 코드는 IPv4를 기준으로 작성되었는데, IPv6를 사용하는 경우에는 첫 번째 인자의 값으로 AF_INET6을 사용하면 된다.

```
#include <arpa/inet.h>

int inet_pton(int af, const char *src, void *dst);
```

앞의 서버와 클라이언트의 코드들을 빌드하고 먼저 서버를 실행한다.

```
pi@raspberrypi:~ $ ./udp_server &
Received data : Hello World
```

클라이언트를 함께 실행하려면 다른 터미널이 필요하다. Alt + F2 키(X 윈도는 새로운 터미널을 실행시킨다)를 눌러 다른 터미널을 열고 다시 로그인[19]하면 되고, SSH로 라즈베리 파이에 접속하는 중이라면 별도의 터미널을 열어서 다시 SSH로 라즈베리 파이에 접속하거나 서버를 백그라운드 모드로 실행하면 된다. 프로그램을 백그라운드 모드로 실행하고 싶은 경우, 프로그램 실행 시 제일 끝에 '&'를 추가해 실행하면 된다.

같은 라즈베리 파이 안에서 UDP 서버와 클라이언트를 함께 실행할 때는 접속할 서버 주소로 '127.0.0.1'을 입력한다. '127.0.0.1'은 루프백(loopback) 주소라고도 하는데 일반적으로 현재 시스템 자체의 IP 주소를 지칭할 때 사용한다.

```
pi@raspberrypi:~ $ ./udp_client 127.0.0.1
hello world ↵
Hello World
q
```

클라이언트에서 문자열을 입력하면 UDP를 통해 클라이언트와 서버 간 통신이 이루어진다. 서버는 운영체제에서 넘어온 데이터를 받아서 화면에 출력한 뒤 바로 출력하고 다시 클라이언트의 입력을 기다린다. 클라이언트를 종료하고 싶으면 'q'를 입력하면 되는데, 그때 서버도 함께 종료된다.

6.3 TCP 서버와 클라이언트 프로그래밍

TCP는 연결 기반의 신뢰성이 있는 통신 방식으로 FTP, 메일, 웹 서비스 등 인터넷을 이용한 다양한 서비스에서 사용되고 있다. TCP는 주로 서버와 클라이언트 간 통신 방식으로 사용되는데, 앞에서 다뤘던 UDP보다는 좀 더 복잡한 방식으로 서버와 클라이언트를 작성한다.

TCP 서버는 소켓을 생성한 후 바인드(bind)하는 과정은 UDP 서버와 동일하다. 그러나 UDP와 다르게 TCP는 클라이언트가 3 Way Handshaking[20](connect() 함수)을 통해서 서버에 접속하기 때문에 클라이언트의 대기를 처리하기 위한 큐(queue)가 필요하다. 이를 위해 listen() 함수를 통해 대기 큐를 설정하고, accept() 함수를 통해 클라이언트의 접속을 기다릴 수 있다.

TCP 클라이언트는 먼저 소켓을 생성하고 서버에 접속을 해야 하는데 이때 connect() 함수를 이용한다. 서버와 접속된 후에는 read()나 write() 함수를 통해 통신을 진행해도 되고, recv()나 send() 함수를 사용해도 된다. UDP와는 달리, 이미 서버에 접속해 있으므로 데이터를 보낼 때 서버의 정보를 사용할 필요가 없다.

---

19 1장에서 설명한 것과 같이 로그인을 위한 기본 ID는 'pi'이고 비밀번호는 'raspberry'이다.

20 신뢰성 있는 연결을 위해 3번의 패킷 교환(SYN, SYN/ACK, ACK)으로 연결한다.

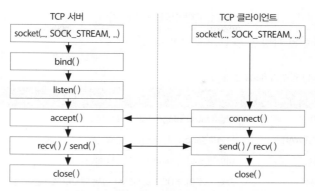

그림 6-17 **TCP의 서버와 클라이언트의 통신 설정**

TCP도 UDP와 같이 관련 통신 작업이 완료되면 close( ) 함수를 불러서 소켓을 닫아주면 된다.

6.3.1 TCP 클라이언트

TCP 클라이언트는 소켓을 만든 후에 TCP 서버에 접속해야 한다. connect( ) 함수를 이용하여 서버에 접속하고, write( )나 send( ) 함수를 통해 데이터를 보내며, read( )나 recv( ) 함수를 통해 데이터를 받을 수 있다. 서버와의 통신이 끝나면 close( ) 함수를 이용해서 열었던 소켓을 닫는다.[21]

```
#include <sys/types.h>                   /* POSIX.1에서는 필요하지 않다. */
#include <sys/socket.h>

int connect(int sockfd, const struct sockaddr *addr, socklen_t addrlen);
```

connect( ) 함수는 서버의 소켓에 연결하며, 서버와의 연결에 성공하면 0을 반환하고, 서버 소켓이 존재하지 않거나 소켓 큐가 가득 차 있으면 –1을 반환한다.

소켓은 파일 디스크립터로 취급되기 때문에 read( )나 write( ) 함수를 통해서 데이터를 읽거나 보낼 수 있으며 recv( )와 send( ) 함수를 이용해서 통신을 수행할 수 있다.

```
#include <sys/types.h>                   /* POSIX.1에서는 필요하지 않다. */
#include <sys/socket.h>

ssize_t recv(int sockfd, void *buf, size_t len, int flags);
ssize_t send(int sockfd, const void * buf, size_t len, int flags);
```

---

21 close( ) 함수를 통해서 소켓을 닫으면, TCP/IP 프로토콜의 관점에서 상대방에게 연결 종료를 요청하게 되는데, 이때 다른 쪽 호스트에서도 연결 종료 신호를 받아서 소켓을 닫을 수 있게 된다.

send( )나 recv( ) 함수는 write( )나 read( ) 함수와 비슷하지만, 표 6-10과 같은 flags 값을 설정해서 네트워크 통신과 관련된 다양한 옵션을 부여할 수 있다.

표 6-10 send( )나 recv( ) 함수의 flags 인자

함수	상수	내용	비고
공용	MSG_OOB	긴급(Out-Of-Band) 데이터로 전송	
	MSG_DONTWAIT	논블로킹(non blocking) 입출력 설정	리눅스 2.2
recv( )	MSG_PEEK	버퍼에 들어온 데이터가 있는지 확인	
	MSG_TRUNC	Raw 소켓이나 UDP 소켓에서 실제 패킷의 길이를 반환	리눅스 2.2
	MSG_ERRQUEUE	소켓 오류 큐에 저장된 오류들을 획득	
	MSG_WAITALL	요청된 조건이 모두 만족할 때까지 대기	
	MSG_CMSG_CLOEXEC	close-on-exec 플래그를 설정해서 exec( )이 수행되면 파일 디스크립터를 닫도록 설정	리눅스 2.6.23
send( )	MSG_DONTROUTE	데이터 전송 시 라우팅 테이블을 사용하지 않고 로컬 네트워크 내로 전송	
	MSG_MORE	보낼 데이터가 더 있다는 것을 명시	리눅스 2.4.4
	MSG_NOSIGNAL	소켓이 끊어져도 SIGPIPE 등의 시그널을 보내지 않도록 설정	리눅스 2.2

데이터를 보낼 때 긴급 데이터는 MSG_OOB를 설정해서 보내는데, OOB 데이터를 전달받은 운영 체제는 SIGURG 시그널을 발생한다. 이를 이용해서 보내는 쪽에서 Ctrl + c를 눌렀을 때 데이터 전송 취소와 같은 긴급 사항을 처리할 수 있다.

6.3.2 TCP 서버

TCP 서버는 TCP 클라이언트와의 통신을 위해 소켓을 생성한 후, bind( ) 함수를 사용하여 운영 체제(커널)에 서비스를 연결(등록)함으로써 서버로 접속하는 클라이언트의 데이터를 받을 수 있도록 준비한다.

클라이언트 서비스의 준비가 완료되면 서버에서 클라이언트의 접속을 처리해야 할 메모리 공간이 필요하게 된다. 이때 listen( ) 함수를 이용해서 연결 요청을 위한 대기 큐를 설정할 수 있다.

```
#include <sys/types.h>          /* POSIX.1에서는 필요하지 않다. */
#include <sys/socket.h>

int listen(int sockfd, int backlog);
```

listen( ) 함수는 연결 요청을 할 수 있는 소켓의 최대 수[22]를 명시하며, 이 수를 넘어서는 클라이언트의 연결 시도는 거부된다.

서버에서 클라이언트의 연결에 대한 공간(대기 큐)을 확보한 후에는 클라이언트의 연결을 대기해야 하는데, 이때 accept( ) 함수를 이용할 수 있다. accept( ) 함수를 통해서 서버에 클라이언트가 연결되면 클라이언트와 통신할 수 있는 소켓에 대한 파일 디스크립터가 반환된다.

```
#include <sys/types.h>              /* POSIX.1에서는 필요하지 않다. */
#include <sys/socket.h>

int accept(int sockfd, struct sockaddr *addr, socklen_t *addrlen);

#define _GNU_SOURCE                 /* feature_test_macros(7) 참조 */
#include <sys/socket.h>

int accept4(int sockfd, struct sockaddr *addr, socklen_t *addrlen, int flags);
```

accept( ) 함수에는 접속한 클라이언트의 정보를 얻기 위해 주소 구조체를 사용한다. 이 주소 구조체 필드 중 IP와 포트는 빅 엔디안(Big Endian)으로 사용되기 때문에 인코딩 변환이 필요할 수 있다. 클라이언트의 접속이 이루어지면 클라이언트와의 통신을 위한 새로운 포트 번호가 반환되며 이를 통해서 서버와 클라이언트 간 통신을 처리할 수 있다.

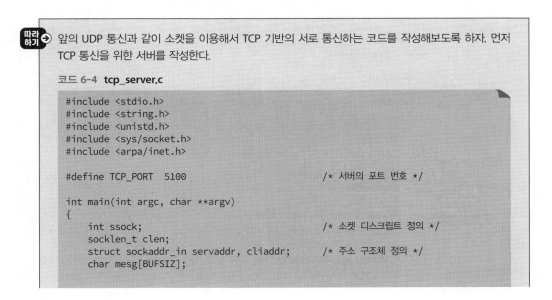

따라하기 ▶ 앞의 UDP 통신과 같이 소켓을 이용해서 TCP 기반의 서로 통신하는 코드를 작성해보도록 하자. 먼저 TCP 통신을 위한 서버를 작성한다.

코드 6-4 **tcp_server.c**

```
#include <stdio.h>
#include <string.h>
#include <unistd.h>
#include <sys/socket.h>
#include <arpa/inet.h>

#define TCP_PORT  5100                         /* 서버의 포트 번호 */

int main(int argc, char **argv)
{
    int ssock;                                 /* 소켓 디스크립트 정의 */
    socklen_t clen;
    struct sockaddr_in servaddr, cliaddr;      /* 주소 구조체 정의 */
    char mesg[BUFSIZ];
```

---

22 전체 클라이언트와의 통신 수가 아니라 연결을 위한 대기 큐의 수다. 클라이언트는 connect( ) 함수를 이용해서 서버에 접속한다. 서버는 accept( ) 함수를 이용해서 클라이언트의 연결을 처리하는데, accept( ) 함수가 호출되면 해당 대기 큐가 감소하기 때문에 다른 클라이언트와의 연결을 추가로 처리할 수 있다.

```
/* 서버 소켓 생성 */
if((ssock = socket(AF_INET, SOCK_STREAM, 0)) < 0) {
    perror("socket()");
    return -1;
}

/* 주소 구조체에 주소 지정 */
memset(&servaddr, 0, sizeof(servaddr));
servaddr.sin_family = AF_INET;
servaddr.sin_addr.s_addr = htonl(INADDR_ANY);
servaddr.sin_port = htons(TCP_PORT);          /* 사용할 포트 지정 */

/* bind 함수를 사용하여 서버 소켓의 주소 설정 */
if(bind(ssock, (struct sockaddr *)&servaddr, sizeof(servaddr)) < 0) {
    perror("bind()");
    return -1;
}

/* 동시에 접속하는 클라이언트의 처리를 위한 대기 큐를 설정 */
if(listen(ssock, 8) < 0) {
    perror("listen()");
    return -1;
}

clen = sizeof(cliaddr);
do {
    /* 클라이언트가 접속하면 접속을 허용하고 클라이언트 소켓 생성 */
    int n, csock = accept(ssock, (struct sockaddr *)&cliaddr, &clen);

    /* 네트워크 주소를 문자열로 변경 */
    inet_ntop(AF_INET, &cliaddr.sin_addr, mesg, BUFSIZ);
    printf("Client is connected : %s\n", mesg);

    if((n = read(csock, mesg, BUFSIZ)) <= 0)
        perror("read()");

    printf("Received data : %s", mesg);

    /* 클라이언트로 buf에 있는 문자열 전송 */
    if(write(csock, mesg, n) <= 0)
        perror("write()");

    close(csock);                              /* 클라이언트 소켓을 닫음 */
} while(strncmp(mesg, "q", 1));

close(ssock);                                  /* 서버 소켓을 닫음 */

return 0;
}
```

이 서버는 앞의 UDP 예제처럼 클라이언트로부터 데이터를 받아서 그대로 보내주는 TCP 기반의 에코 서버다. socket( ) 함수에 SOCK_STREAM 옵션을 사용하여 TCP용 소켓 디스크립터를 연다. UDP와 마찬가지로 해당 프로그램을 서버로 사용하기 위해서는 bind( ) 함수를 이용하여 운영체제에 서비스를 등록해야 하고, bind( ) 함수의 두 번째 인자로 서버 자신의 IP 주소를 사용해야 한다. 이를 보다 쉽게 처리할 수 있도록 INADDR_ANY를 사용하였는데 이는 서버의 IP 주소를 자동으로 찾아서 채워준다. 그리고 클라이언트와의 통신을 위한 포트 번호도 설정하였다.

클라이언트의 소켓들을 위해 대기 큐를 설정해야 한다. 여기서는 listen( ) 함수를 이용해서 최대 8대의 클라이언트가 동시 접속 대기를 할 수 있도록 설정하였다. 소켓 큐의 설정이 끝나면 클라이언트의 접속을 기다려야 하는데, 이때 accept( ) 함수를 사용할 수 있다. 접속된 클라이언트에 대한 정보는 두 번째 인자로 전달되며, inet_ntop( ) 등의 함수로 사람이 읽을 수 있는 문자 기반의 주소 스트링으로 변환해서 출력할 수 있다.

```c
#include <arpa/inet.h>

const char *inet_ntop(int af, const void *src, char *dst, socklen_t size);
```

실제 클라이언트의 통신은 accept( ) 함수로 반환되는 소켓 디스크립터를 이용하고 read( )/recv( )와 write( )/send( ) 같은 함수를 이용해서 통신을 진행할 수 있다.

통신 작업이 끝나면 close( ) 함수로 접속된 클라이언트와 서버의 소켓을 각각 닫는다.

코드 6-5 **tcp_client.c**

```c
#include <stdio.h>
#include <string.h>
#include <unistd.h>
#include <sys/socket.h>
#include <arpa/inet.h>

#define TCP_PORT  5100

int main(int argc, char **argv)
{
    int ssock;
    struct sockaddr_in servaddr;
    char mesg[BUFSIZ];

    if(argc < 2) {
        printf("Usage : %s IP_ADRESS\n", argv[0]);
        return -1;
    }

    /* 소켓을 생성 */
    if((ssock = socket(AF_INET, SOCK_STREAM, 0)) < 0) {
        perror("socket()");
        return -1;
    }

    /* 소켓이 접속할 주소 지정 */
    memset(&servaddr, 0, sizeof(servaddr));
    servaddr.sin_family = AF_INET;

    /* 문자열을 네트워크 주소로 변경 */
    inet_pton(AF_INET, argv[1], &(servaddr.sin_addr.s_addr));
    servaddr.sin_port = htons(TCP_PORT);


    /* 지정한 주소로 접속 */
    if(connect(ssock, (struct sockaddr *)&servaddr, sizeof(servaddr)) < 0) {
        perror("connect()");
        return -1;
    }
```

```
        fgets(mesg, BUFSIZ, stdin);
        if(send(ssock, mesg, BUFSIZ, MSG_DONTWAIT) <= 0) {   /* 데이터를 소켓에 씀 */
            perror("send()");
            return -1;
        }

        memset(mesg, 0, BUFSIZ);
        if(recv(ssock, mesg, BUFSIZ, 0) <= 0) {     /* 데이터를 소켓으로부터 읽음 */
            perror("recv()");
            return -1;
        }

        printf("Received data : %s ", mesg);        /* 받은 문자열을 화면에 출력 */

        close(ssock);                               /* 소켓을 닫음 */

        return 0;
    }
```

클라이언트에서는 TCP용 소켓을 생성한 후 connect( ) 함수를 사용하여 서버에 접속한다. connect( ) 함수에는 서버 주소에 대한 정보를 명시한다. 기본적인 주소 설정 방법은 bind( ) 함수와 동일하지만, connect( ) 함수는 INADDR_ANY를 사용할 수 없다. 포트 번호는 서버와 같은 번호를 사용하였다.

서버에 접속한 후 fgets( ) 함수를 이용해서 키보드로 데이터를 받아들인 후, 앞에서 생성한 소켓을 이용하여 send( )나 write( ) 함수를 통해 서버로 데이터를 보내고, recv( )나 read( ) 함수를 통해 데이터를 받는다. 그리고 printf( ) 함수를 이용해서 서버로부터 받은 데이터를 화면에 표시하였다.

앞의 코드를 빌드하고 먼저 서버를 실행시킨다. UDP와 마찬가지로 클라이언트를 함께 실행하려면 다른 터미널이 필요하므로 Alt + F2 키를 눌러(X 윈도는 별도의 터미널을 실행해서) 다른 터미널을 열고 다시 로그인하거나 서버를 백그라운드 모드로 실행한다.

```
pi@raspberrypi:~ $ ./tcp_server &
Client is connected : 127.0.0.1
Received data : Hello World
```

같은 라즈베리 파이/PC에서 실행되고 있는 서버로 접속할 때는 서버의 '127.0.0.1'을 입력한다.

```
pi@raspberrypi:~ $ ./tcp_client 127.0.0.1
hello world ↵
Received data : Hello World
```

클라이언트에서 문자열을 입력하면 TCP를 통해서 클라이언트와 서버 간에 통신이 이루어지는데 UDP와 기본적인 동작 방법은 비슷하다. 클라이언트는 먼저 서버로 문자열을 보내면 서버에서는 문자열을 읽고 다시 클라이언트에게 되돌려준다. 클라이언트는 서버로부터 전달된 데이터를 받아서 화면에 출력하고 서버를 종료하고 싶을 때는 클라이언트를 시작하고 'q'를 입력하면 된다.

앞의 클라이언트에서 서버와의 연결을 끊기 위해 close( ) 함수를 사용하였다. 출력 스트림을 종료하면 소켓을 통해 연결되어 있는 호스트로 EOF 메시지가 전달되는데, EOF의 전송으로 데이터 전송의 끝을 알릴 수 있다. EOF 전송 시, 상대 호스트의 데이터 수신 함수(read( )나 recv( ) 함수)는 0을 반환한다.

6.3.3 우아한 연결 종료: shutdown( ) 함수

close( ) 함수를 사용하면 서버에서의 읽기(입력 스트림)/쓰기(출력 스트림)용 소켓을 모두 닫는다. 그러나 shutdown( ) 함수를 사용하면 경우에 따라 읽기 소켓만 닫거나 쓰기 소켓(half-close)만 닫을 수도 있다.

```
#include <sys/socket.h>

int shutdown(int sockfd, int how);
```

shutdown( ) 함수의 두 번째 인자(how)를 통해 읽기나 쓰기 혹은 읽기/쓰기용 소켓을 모두 닫을 수 있다.

shutdown( ) 함수에 SHUT_RDWR을 이용하면 close( ) 함수처럼 입/출력 스트림을 모두 닫는데, close( ) 함수와 달리 별다른 작업[23] 없이 바로 종료시킨다.

표 6-11 shutdown( ) 함수의 how 인자

상숫값	모드	내용
0	SHUT_RD	입력 스트림을 종료한다.
1	SHUT_WR	출력 스트림을 종료한다.
2	SHUT_RDWR	입/출력 스트림을 종료한다.

```
                                        /* ~ 중간 코드 생략 ~ */
    fgets(mesg, BUFSIZ, stdin);
    if(send(ssock, mesg, BUFSIZ, MSG_DONTWAIT) <= 0) {  /* 데이터를 소켓에 씀 */
        perror("send()");
        return -1;
    }

    shutdown(ssock, SHUT_WR);                   /* 쓰기 소켓을 닫음 */

    memset(mesg, 0, BUFSIZ);
    if(recv(ssock, mesg, BUFSIZ, 0) <= 0) {     /* 데이터를 소켓으로부터 읽음 */
        perror("recv()");
        return -1;
    }

    shutdown(ssock, SHUT_RD);                   /* 읽기 소켓을 닫음 */

    printf("Received data : %s", mesg);         /* 받아온 문자열을 화면에 출력 */

    close(ssock);                               /* 소켓을 닫음 */
                                        /* ~ 중간 코드 생략 ~ */
```

위의 클라이언트 코드에서는 데이터를 보낸 후에 shutdown( ) 함수를 이용해서 소켓의 쓰기 스트림을 닫고(SHUT_WR), 데이터를 읽은 후에는 소켓의 읽기 스트림을 닫을 수 있다(SHUT_RD).

---

23 소켓은 멀티 프로세스 등을 통해서 공유할 수 있는데, 여러 프로세스들이 소켓을 사용하게 되면, 내부적으로는 레퍼런스 카운터를 이용해서 관리한다. close( ) 함수는 이 레퍼런스 카운트가 0이 되어야 소켓을 닫지만, shutdown( ) 함수는 레퍼런스 카운트의 수와 관계없이 바로 소켓을 닫는다.

6.3.4 병행 처리 서버

앞의 서버 코드를 빌드해서 실행하면 하나의 클라이언트가 접속하는 경우에는 문제없이 실행되지만 2대의 클라이언트가 접속하는 경우라면 이야기가 달라진다. 첫 번째 클라이언트는 서버에 문제없이 접속되지만, (첫 번째 클라이언트가 연결된 상태에서) 두 번째 클라이언트가 접속하면, 두 번째 클라이언트는 첫 번째 클라이언트의 연결이 끊어질 때까지 대기 상태로 있게 된다. 이처럼 여러 클라이언트를 동시에 병렬로 처리하기 위해서는 앞에서 배운 멀티 프로세스나 멀티스레드 기반의 서버가 필요하다.

멀티 프로세스 서버의 경우에는 클라이언트의 접속이 들어올 때마다 새로운 프로세스를 만들어서 처리할 수 있었다. 하지만 프로세스를 만드는 데 시간이 많이 걸리고, 프로세스 간 통신(IPC)이 멀티스레드에 비해 복잡하기 때문에 초창기에는 많이 사용되었지만 지금은 멀티스레드 방식이 더 많이 사용된다.

멀티스레드 서버도 클라이언트의 요청이 들어올 때마다 새로운 스레드를 만들어서 처리한다. 멀티 프로세스보다 쉽게 스레드를 만들 수 있고, 서로 통신이 간단하기 때문에 많이 사용된다. 스레드를 이용해서 서버를 만드는 방법은 뒤에서 살펴보도록 하겠다.

다중 클라이언트의 통신을 처리하는 방법으로 멀티 프로세스와 멀티스레드 방식 이외에도 I/O 멀티플랙싱(Multiplexing) 방식이 있다. 멀티플랙싱 방식은 클라이언트의 요구사항이 많지 않은 경우 주로 이용되는데, 이는 하나의 소켓 디스크립터를 효율적으로 사용할 수 있게 해준다. I/O 멀티플랙싱은 하나의 프로세스 또는 스레드에서 사용하는 다중 처리 방법으로 다음과 같이 구분된다.

표 6-12 I/O 멀티플랙싱

구분	내용	비고
폴링 (Polling)	루프를 이용해서 처리해야 할 일이 있는지 주기적으로 지켜보다가 처리해야 할 작업들이 생기면 순차적으로 돌아가면서 처리하는 방법이다.	poll
셀렉트 (Selecting)	지정된 파일 디스크립터의 변화를 확인해서 변화(입력, 출력, 에러)가 감지되면 해당 작업을 처리하는 방법이다.	select
인터럽트 (Interrupt)	프로세스가 어떤 작업을 처리하는 도중에 특정한 이벤트가 발생하면 시그널 등을 이용해서 해당 이벤트를 처리하는 방식이다.	시그널, epoll

폴링(polling) 방식은 커널이 주변 장치에게 일을 시킨 후 루프를 돌면서 그 일이 완료되었는지 주기적으로 검사하는 방식이고, 인터럽트(interrupt) 방식은 애플리케이션이 주변 장치에게 일을 시킨 후 프로세스는 다른 일을 하며 디바이스가 일을 완료한 후 시그널이나 다른 인터럽트로 알리는 방식이다.

select와 poll은 파일 디스크립터를 기반으로 처리한다. select는 최대 1,024개[24]의 파일 디스크립터만 처리할 수 있지만, poll은 더 많은 파일 디스크립터를 처리할 수 있다. select와 poll이 모두 이벤트를 감지하기 위해 파일 디스크립터를 순차적으로 검색하고, 이벤트가 발생하면 파일 디스크립터의 집합(fd_set)을 모두 변경해야 하기 때문에 속도가 느리다.

표 6-13 I/O 멀티플렉싱의 속도 비교[25]

동작(Operation)	select	poll	epoll
$10(10^1)$	0.73	0.61	0.41
$100(10^2)$	3.0	2.9	0.42
$1000(10^3)$	35	35	0.53
$10000(10^4)$	930	990	0.66

이러한 문제를 해결하기 위해 만들어진 것이 바로 epoll이다. epoll은 파일 디스크립터 수의 제한을 받지 않으며, 리눅스 커널에서 파일 디스크립터를 관리하므로 fd_set의 복사가 필요 없으므로 가장 빠른 속도를 제공한다. 먼저 select를 살펴보고 epoll에 대해 살펴보자.

> **참고하기** ➕ **인터럽트와 트랩**
>
> 시스템에서 발생하는 비동기적인 사건을 알리는 메커니즘으로 인터럽트와 트랩(Trap)이 있다. 인터럽트는 현재 수행 중인 프로세스와 관계없이 하드웨어적인 사건을 알리는 메커니즘이고, 트랩은 현재 수행 중인 프로그램이 유발한 소프트웨어적인 사건의 발생을 알리는 메커니즘이다.

▪ select() 함수

I/O 멀티플렉싱을 위한 대표적인 함수가 바로 select( )다. select( ) 함수는 파일 디스크립터 변화를 확인하는데, 파일 디스크립터를 통해 데이터 송수신이 가능한 상태인지 확인하는 것이다. 이러한 변화를 감지해서 하나의 전송로를 동시에 여러 사용자가 사용할 수 있도록 효율성을 극대화할 수 있다.[26]

---

24 매크로 FD_SETSIZE에 설정되어 있는데, 라즈베리 파이에서는 '/usr/include/linux/posix_types.h'에 __FD_SETSIZ로 설정되어 있다. ulimit 명령어 등을 이용해서 이 값을 변경하면 select( ) 함수에서 처리 가능한 파일 디스크립터의 수를 변경할 수 있다.

25 https://jvns.ca/blog/2017/06/03/async-io-on-linux--select--poll--and-epoll 참고

26 하나의 전송로를 통해 여러 일을 동시에 수행하기 위해서는 주파수 분할이나 시분할 같은 방식을 이용할 수 있다.

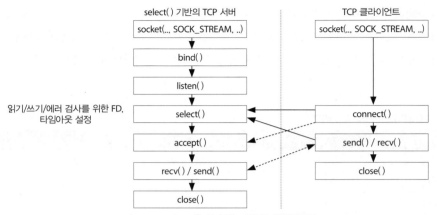

그림 6-18 **select( ) 함수를 이용한 통신 방식**

select( ) 함수를 사용하기 위해서는 파일 디스크립터의 범위를 설정해야 한다. 효율적인 수행을 위해 확인해야 하는 파일 디스크립터의 범위를 제한하는 것이다. 그리고 타임아웃(timeout) 시간을 설정할 수 있는데 select( ) 함수가 호출할 때 이벤트 발생에 대해 얼마만큼(마이크로 단위의 시간) 기다릴 것인지를 지정할 수 있다.

```
/* POSIX.1-2001에 따르면 */
#include <sys/select.h>

/* 이전 표준에 따르면 */
#include <sys/time.h>
#include <sys/types.h>
#include <unistd.h>

int select(int nfds, fd_set *readfds, fd_set *writefds, fd_set *exceptfds,
           struct timeval *timeout);
```

select( ) 함수의 첫 번째 인자(nfds)는 상태를 지켜볼 파일 디스크립터의 제일 높은 번호로, 일반적으로 파일 디스크립터의 '가장 큰 디스크립터 번호 + 1'을 이용하면 된다. 실행 중에 파일이나 소켓을 열었다가 닫으면 파일 디스크립터는 중간의 번호가 비게 되는데, 이때 nfds에 들어갈 숫자는 전체 개수가 아닌 열린 파일 디스크립터의 제일 높은 번호이므로 주의해야 한다.

마지막 인자(timeout)는 함수 호출 후, 무한 대기 상태에 빠지지 않도록 타임아웃을 설정할 수 있다. 마지막 인자(timeout)의 값으로 timeval 구조체를 사용하면 된다.

```
struct timeval {
    __time_t tv_sec;            /* 초(Seconds) */
    __suseconds_t tv_usec;      /* 밀리초(Microseconds) */
};
```

select( ) 함수는 파일 디스크립터의 읽기, 쓰기, 예외 사항에 대한 3가지의 중요한 변화에 대해서 처리할 수 있다.

표 6-14 **select( ) 함수의 감지용 인자**

인자	내용	비고
readfds	수신할 데이터가 있는지 확인한다.	입력 버퍼에 데이터 존재
writefds	데이터 전송이 가능한 상태인지 확인한다.	출력 버퍼에 충분한 여유 공간 존재
exceptfds	소켓에 예외 상황이 발생했는지 확인한다.	OOB 메시지 전송 등의 사항

함수 호출에 성공하면 0 이상의 값이 반환되고, 0이 반환되면 timeout으로 설정된 시간에 타임아 웃이 되었다는 의미다. select( ) 함수 호출에 오류가 발생하면 -1을 반환한다.

select( ) 함수의 인자인 readfds, writefds, exceptfds는 모두 fd_set이라는 자료형을 사용한다. 살펴 보고 싶은 파일 디스크립터의 번호를 fd_set 자료형에 마크하는데, 기본적으로 시그널 마스크처럼 하나의 비트가 해당 파일 디스크립터 번호와 일치하는 형태로 되어 있다. fd_set 자료형을 설정하 는 매크로들은 다음과 같다.

표 6-15 **fd_set 자료형을 설정을 위한 매크로**

매크로	내용
void FD_ZERO(fd_set *fdset);	파일 디스크립터 집합을 초기화(모두 해제)한다.
void FD_CLR(fd, fd_set *fdset);	해당 파일 디스크립터를 해제한다.
void FD_SET(fd, fd_set *fdset);	해당 파일 디스크립터를 설정한다.
int FD_ISSET(fd, fd_set *fdset);	해당 파일 디스크립터가 설정되었는지 확인한다.

fd_set 자료형을 설정한 후 select( ) 함수에 등록해서 실행하면, 이벤트가 발생할 때까지 select( ) 함 수가 대기하고 있다가, 해당 이벤트가 발생했을 때 변화가 생긴 파일 디스크립터를 확인할 수 있다.

select( ) 함수와 비슷하지만 timeval 구조체가 아닌 POSIX에서 사용하는 timespec 구조체를 사용 하는 pselect( ) 함수도 있다.

```
#include <sys/select.h>

int pselect(int nfds, fd_set *readfds, fd_set *writefds, fd_set *exceptfds,
            const struct timespec *timeout, const sigset_t *sigmask);
```

pselect( ) 함수는 select( ) 함수와 기본적인 기능이나 사용 방법은 동일하지만, 타임아웃 시간을 나 노초로 설정할 수 있고, 파일 디스크립터 조사 중에 시그널이 발생하는 것을 블록할 수 있도록 지 원한다.

앞의 TCP 서버 코드를 select( ) 함수를 이용하여 병렬 처리할 수 있도록 변경해보도록 하자.

코드 6-6 **select_server.c**

```c
#include <stdio.h>
#include <string.h>
#include <unistd.h>
#include <sys/socket.h>
#include <arpa/inet.h>

#define SERVER_PORT 5100                        /* 서버의 포트 번호 */

int main(int argc, char **argv)
{
    int ssock;
    socklen_t clen;
    int n;
    struct sockaddr_in servaddr, cliaddr;
    char mesg[BUFSIZ];

    fd_set readfd;                              /* select( ) 함수를 위한 자료형 */
    int maxfd, client_index, start_index;
    int client_fd[5] = {0};                     /* 클라이언트의 소켓 FD 배열 */

    /* 서버 소켓 디스크립터를 연다. */
    if((ssock = socket(AF_INET, SOCK_STREAM, 0)) < 0) {
        perror("socket()");
        return -1;
    }

    memset(&servaddr, 0, sizeof(servaddr));     /* 운영체제에 서비스 등록 */
    servaddr.sin_family = AF_INET;
    servaddr.sin_addr.s_addr = htonl(INADDR_ANY);
    servaddr.sin_port = htons(SERVER_PORT);
    if(bind(ssock, (struct sockaddr*)&servaddr, sizeof(servaddr)) < 0) {
        perror("bind()");
        return -1;
    }

    if(listen(ssock, 8) < 0) {                  /* 클라이언트의 소켓들을 위한 큐 생성 */
        perror("listen()");
        return -1;
    }
```

이 코드는 TCP 서버와 마찬가지로 클라이언트와의 통신을 위한 소켓을 생성한 후, 운영체제에 서비스를 등록하고, 클라이언트의 접속을 처리할 수 있는 대기 큐를 생성하는 기본 작업을 수행하였다. 앞의 TCP 서버와의 다른 부분은 select( ) 함수에서 사용할 fd_set 변수형을 선언한 부분밖에 없다.

```c
    FD_ZERO(&readfd);              /* fd_set 자료형을 모두 0으로 초기화 */
    maxfd = ssock;                 /* 현재 최대 파일 디스크립터의 번호는 서버 소켓의 디스크립터 */
    client_index = 0;

    do {
```

```
            FD_SET(ssock, &readfd); /* 읽기 동작 감지를 위한 fd_set 자료형 설정 */

        /* 클라이언트의 시작 주소부터 마지막 주소까지 fd_set 자료형에 설정 */
        for(start_index = 0; start_index < client_index; start_index++) {
            FD_SET(client_fd[start_index], &readfd);
            if(client_fd[start_index] > maxfd)
                maxfd = client_fd[start_index]; /* 가장 큰 소켓의 번호를 저장 */
        }
        maxfd = maxfd + 1;

        /* select( ) 함수에서 읽기가 가능한 부분만 조사 */
        select(maxfd, &readfd, NULL, NULL, NULL); /* 읽기가 가능해질 때까지 블로킹 */
        if(FD_ISSET(ssock, &readfd)) {             /* 읽기가 가능한 소켓이 서버 소켓인 경우 */
            clen = sizeof(struct sockaddr_in);
            /* 클라이언트의 요청 받아들이기 */
            int csock = accept(ssock, (struct sockaddr*)&cliaddr, &clen);
            if(csock < 0) {
                perror("accept()");
                return -1;
            } else {
                /* 네트워크 주소를 문자열로 변경 */
                inet_ntop(AF_INET, &cliaddr.sin_addr, mesg, BUFSIZ);
                printf("Client is connected : %s\n", mesg);

                /* 새로 접속한 클라이언트의 소켓 번호를 fd_set에 추가 */
                FD_SET(csock, &readfd);
                client_fd[client_index] = csock;
                client_index++;
                continue;
            }

            if (client_index == 5) break;
        }

        /* 읽기 가능했던 소켓이 클라이언트였던 경우 */
        for(start_index = 0; start_index < client_index; start_index++) {
            /* for 루프를 이용해서 클라이언트들을 모두 조사 */
            if(FD_ISSET(client_fd[start_index], &readfd)) {
                memset(mesg, 0, sizeof(mesg));

                /* 해당 클라이언트에서 메시지를 읽고 다시 전송(Echo) */
                if((n = read(client_fd[start_index], mesg, sizeof(mesg))) > 0) {
                    printf("Received data : %s", mesg);
                    write(client_fd[start_index], mesg, n);
                    close(client_fd[start_index]); /* 클라이언트 소켓을 닫는다. */
                    /* 클라이언트 소켓을 지운다. */
                    FD_CLR(client_fd[start_index], &readfd);
                    client_index--;
                }
            }
        }
    } while(strncmp(mesg, "q", 1));

    close(ssock);                                  /* 서버 소켓을 닫는다. */

    return 0;
}
```

select( ) 함수를 사용하더라도 일반적인 클라이언트와의 통신 처리는 기본 TCP 서버와 비슷하다. 다만 다른 것은 select( ) 함수를 이용해서 서버 소켓이나 클라이언트 소켓에서 읽을 데이터가 있는지 확인하고 이를 각각 처리할 수 있도록 하는 것이다.

먼저 fd_set 자료형을 FD_ZERO( ) 매크로를 통해 모든 비트를 0으로 초기화하고, 서버 소켓의 파일 디스크립터에 대한 번호를 FD_SET( ) 매크로를 통해 설정한다. select( ) 함수를 이용하여 현재의 fd_set 자료형에 대해 읽기가 가능한 이벤트가 있는지 확인하는데, 가장 마지막 인자(timeout)가 NULL로 설정이 되어 있으므로 읽기가 가능할 때까지 무제한으로 대기한다.

서버에 클라이언트로부터 접속이 들어오면 select( ) 함수에서 빠져나와 fd_set에 어떤 비트가 설정되어 있는지 확인할 수 있다. 이때 FD_ISSET( ) 매크로를 사용하고, 만약 서버 소켓에서 이벤트가 발생했으면 accept( ) 함수를 통해 클라이언트의 접속을 받아들이고, fd_set에 FD_SET( ) 매크로를 통해 새로 접속한 클라이언트의 소켓에 대한 파일 디스크립터를 추가한다.

서버는 다시 select( ) 함수로 돌아가서 서버나 클라이언트에서 데이터가 오는지 확인하고, 새로운 클라이언트의 요청이 들어오면 이전 작업을 다시 수행한다. 이미 접속한 클라이언트에서 메시지가 들어오는 경우라면 다음 작업을 수행한다. for 루프와 FD_ISSET( ) 매크로를 이용해서 이전에 접속된 클라이언트들의 소켓의 배열에서 어떤 클라이언트로부터 데이터가 들어왔는지 확인하고, 데이터가 들어왔으면 read( ) 함수를 통해 데이터를 읽은 후 다시 write( ) 함수를 통해 클라이언트로 동일한 메시지를 보낸다.

```
pi@raspberrypi:~ $ ./select_server
Received data : Hello world
```

앞에서 작업한 TCP 클라이언트를 이용해서 select_server에 접속할 수 있다. 기존처럼 2개 이상의 터미널을 이용해서 서버와 클라이언트들을 동작시키면 앞의 TCP 서버에서와 같이 에코(echo) 기능이 잘 동작하는 것을 확인할 수 있다.

이 방법과 함께 유닉스에서 다중 접속을 처리하는 또 다른 방법으로 시그널을 사용할 수 있다. 소켓에 비동기 I/O 신호가 있을 때 커널에서 SIGIO 시그널을 받을 수 있도록 하는 방법이다. signal( ) 함수에 I/O 처리에 대한 시그널의 SIGIO 인자와 시그널 처리 함수를 설정하고 'fcntl(소켓_FD, F_SETFL, O_SYNC)'로 처리할 소켓 디스크립터를 지정한다. 커널에서 직접 시그널을 받으므로 빠른 처리가 가능하지만, 동시에 여러 개의 소켓에서 I/O에 대한 시그널(SIGIO)이 발생하면 어떤 소켓에서 시그널이 발생했는지 알 수 없다는 단점이 있다.

■ epoll API

select는 처리할 수 있는 파일 디스크립트 수의 제한과 속도가 늦다는 단점이 있다. 이러한 단점을 해결하고 보다 빠른 속도를 제공하는 것이 바로 epoll이다. epoll은 리눅스 환경에서 사용할 수 있도록 만든 I/O 통지 기법(Input/Ouptut Completion Port)으로 입력과 출력을 담당할 포트를 지정하여 처리하기 때문에 select와 같이 전체 파일 디스크립터에 대해 순차적으로 감사하지 않고, 전체 파일 디스트립터도 복사하지 않는다.

운영체제가 직접 파일 디스크립터의 정보를 담은 저장소를 관리하고 관찰 대상을 위한 저장소의 생성을 요청하면, 그 저장소에 해당하는 파일 디스크립터(epoll_fd)를 반환한다. 그리고 무언가 이벤트가 발생하면 epoll_fd를 통해 확인할 수 있다. epoll은 주로 epoll_create( ), epoll_ctl( ), epoll_wait( ) 함수를 사용해서 병행 서버를 만들 수 있다. epoll의 기본적인 사용 방법은 poll과 비슷하다.

표 6-16 주요 epoll 함수

함수	설명	IOCP(MS 윈도우)
epoll_create( )	epoll을 위한 커널 공간 생성	CreateIoCompletionPort
epoll_ctl( )	관심 있는 파일 디스크립터의 변경	CreateIoCompletionPort
epoll_wait( )	관심 있는 파일 디스크립터의 변화를 대기	GetQueuedCompletionStatus

epoll_ctl( ) 함수는 지정한 크기(size)의 파일 디스크립터 수에 맞게 커널 공간을 확보한다. 성공하면 epoll에서 사용할 수 있는 파일 디스크립터(epoll_fd)를 반환하고, 실패하면 –1을 반환한다.

```
#include <sys/epoll.h>27

int epoll_create(int size);
int epoll_create1(int flags);
```

epoll_create( ) 함수를 통해 epoll_fd이 받으면, epoll_ctl( ) 함수를 통해서 제어할 수 있다. epoll_ctl( ) 함수는 관찰 대상이 되는 파일 디스크립터들을 등록하거나 삭제하는 데 사용된다.

```
#include <sys/epoll.h>

int epoll_ctl(int epfd, int op, int fd, struct epoll_event *event);
```

epoll_ctl( ) 함수는 4개의 인자를 갖는데, 첫 번째는 epoll_create( ) 함수를 통해 얻은 epoll_fd이고, 두 번째는 세 번째 인자인 파일 디스크립터에 대한 동작이다.

표 6-17 epoll_ctl( ) 함수: op의 인자

인자	설명
EPOLL_CTL_ADD	관심 있는 파일디스크립터를 추가한다.
EPOLL_CTL_MOD	기존 파일 디스크립터를 수정한다.
EPOLL_CTL_DEL	기존 파일 디스크립터를 관심 목록에서 삭제한다.

그리고 epoll_ctl( ) 함수의 마지막 인자는 epoll_event 구조체를 사용한다.

---

27   라즈베리 파이는 '/usr/include/arm-linux-gnueabihf/sys/epoll.h'에 위치하고 있다.

```
typedef union epoll_data {
    void  *ptr;                            /* 사용자 정의 데이터 포인터 */
    int   fd;                              /* 파일 디스크립터 */
    uint32_t  u32;                         /* 32비트 정수 */
    uint64_t  u64;                         /* 64비트 정수 */
} epoll_data_t;

struct epoll_event {
    uint32_t  events;                      /* epoll 이벤트(비트 마스크) */
    epoll_data_t  data;                    /* 사용자 데이터 */
} __EPOLL_PACKED;
```

관찰을 원하는 파일 디스크립터의 등록이 끝나면, 어떤 것의 어떤 상태를 알고 싶은 경우에는 epoll_wait( ) 함수를 통해 상태에 변화가 있을 때까지 기다리면 된다.

```
#include <sys/epoll.h>

int epoll_wait(int epfd, struct epoll_event *events, int maxevents, int timeout);
int epoll_pwait(int epfd, struct epoll_event *events, int maxevents, int timeout,
                const sigset_t *sigmask);
```

epoll_wait( )의 첫 번째는 epoll_create( ) 함수를 통해 얻은 epoll_fd이고, 두 번째는 이벤트에 대한 비트 마스크이다.

표 6-18 epoll_wait( ) 함수: epoll_event의 비트 마스크

비트	입력	반환	설명	값
EPOLLIN	○	○	높은 순위 데이터를 제외한 데이터를 읽을 수 있다.	0x001
EPOLLPRI	○	○	높은 순위 데이터를 읽을 수 있다.	0x002
EPOLLOUT	○	○	일반 데이터를 기록할 수 있다.	0x004
EPOLLERR	×	○	에러가 발생했다	0x008
EPOLLHUP	×	○	먹통(Hang up)이 발생하였다.	0x010
EPOLLRDBAND	○	○	우선 순위 데이터 대역을 읽을 수 있다.	0x080
EPOLLRDHUP	○	○	상대편 소켓의 shutdown을 확인한다.	0x2000
EPOLLONESHOT	○	×	이벤트를 알린 후에 이벤트 감시를 비활성화한다.	1u << 30
EPOLLET	○	×	에지 트리거를 알림 방식으로 선택 (기본 값: 레벨 트리거)	1u << 31

파일 디스크립터에서 이벤트가 발생하면 epoll_wait( )는 파일 디스크립터를 배열로 반환하는데, 세 번째 인자(maxevents)는 반환할 배열의 개수이다. 이벤트가 발생할 때까지 무한 대기가 아니라 특정한 시간만큼 기다리고 싶으면 select( ) 함수와 같이 timeout 인자를 이용할 수 있다.

이제 다시 TCP 서버 코드를 epoll의 함수를 이용하여 병렬 처리할 수 있도록 변경해보도록 하자.

코드 6-7 **epoll_server.c**

```c
#include <stdio.h>
#include <string.h>
#include <fcntl.h>
#include <unistd.h>
#include <sys/socket.h>
#include <arpa/inet.h>
#include <sys/epoll.h>

#define SERVER_PORT     5100            /* 서버의 포트 번호 */
#define MAX_EVENT         32

/* 파일 디스크립터를 논블로킹 모드로 설정 */
void setnonblocking(int fd)
{
    int opts = fcntl(fd, F_GETFL);
    opts |= O_NONBLOCK;
    fcntl(fd, F_SETFL, opts);
}

int main(int argc, char **argv)
{
    int ssock, csock;
    socklen_t clen;
    int n, epfd, nfds = 1;                  /* 기본 서버 추가 */
    struct sockaddr_in servaddr, cliaddr;
    struct epoll_event ev;
    struct epoll_event events[MAX_EVENT];
    char mesg[BUFSIZ];

     /* 서버 소켓 디스크립터를 연다. */
    if((ssock = socket(AF_INET, SOCK_STREAM, 0)) < 0) {
        perror("socket()");
        return -1;
    }

    setnonblocking(ssock);                  /* 서버를 논블로킹 모드로 설정 */

    memset(&servaddr, 0, sizeof(servaddr));     /* 운영체제에 서비스 등록 */
    servaddr.sin_family = AF_INET;
    servaddr.sin_addr.s_addr = htonl(INADDR_ANY);
    servaddr.sin_port = htons(SERVER_PORT);
    if(bind(ssock, (struct sockaddr*)&servaddr, sizeof(servaddr)) < 0) {
        perror("bind()");
        return -1;
    }

    if(listen(ssock, 8) < 0) {                  /* 클라이언트의 소켓들을 위한 큐 생성 */
        perror("listen()");
        return -1;
    }
```

TCP 서버와 같이 소켓을 생성한 후 bind( )와 listen( ) 함수를 이용해서 서비스를 운영체제에 등록하였다. 이제 epoll의 함수들을 이용해서 병렬 처리를 위한 코드를 추가해보자.

```c
/* epoll_create() 함수를 이용해서 커널에 등록 */
epfd = epoll_create(MAX_EVENT);
if(epfd == -1) {
    perror("epoll_create()");
    return 1;
}

/* epoll_ctl() 함수를 통해 감시하고 싶은 서버 소켓을 등록 */
ev.events = EPOLLIN;
ev.data.fd = ssock;

if(epoll_ctl(epfd, EPOLL_CTL_ADD, ssock, &ev) == -1) {
    perror("epoll_ctl()");
    return 1;
}

do {
    epoll_wait(epfd, events, MAX_EVENT, 500);
    for(int i = 0; i < nfds; i++) {
        if(events[i].data.fd == ssock) { /* 읽기가 가능한 소켓이 서버 소켓인 경우 */
            clen = sizeof(struct sockaddr_in);
            /* 클라이언트의 요청 받아들이기 */
            csock = accept(ssock, (struct sockaddr*)&cliaddr, &clen);
            if(csock > 0) {
                /* 네트워크 주소를 문자열로 변경 */
                inet_ntop(AF_INET, &cliaddr.sin_addr, mesg, BUFSIZ);
                printf("Client is connected : %s\n", mesg);

                setnonblocking(csock);      /* 클라이언트를 논블로킹 모드로 설정 */

                /* 새로 접속한 클라이언트의 소켓 번호를 fd_set에 추가 */
                ev.events = EPOLLIN | EPOLLET;
                ev.data.fd = csock;

                epoll_ctl(epfd, EPOLL_CTL_ADD, csock, &ev);
                nfds++;
                continue;
            }
        } else if(events[i].events & EPOLLIN) {    /* 클라이언트의 입력 */
            if(events[i].data.fd < 0) continue;    /* 소켓이 아닌 경우의 처리 */

            memset(mesg, 0, sizeof(mesg));
            /* 해당 클라이언트에서 메시지를 읽고 다시 전송(Echo) */
            if((n = read(events[i].data.fd, mesg, sizeof(mesg))) > 0) {
                printf("Received data : %s", mesg);
                write(events[i].data.fd, mesg, n);
                close(events[i].data.fd);      /* 클라이언트 소켓을 닫고 지운다. */
                epoll_ctl(epfd, EPOLL_CTL_DEL, events[i].data.fd, NULL);
                nfds--;
            }
        }
    }
}
```

```
        } while(strncmp(mesg, "q", 1));

        close(ssock);                              /* 서버 소켓을 닫는다. */

        return 0;
}
```

epoll_create( ) 함수를 이용해서 감시하고 싶은 파일 디스크립터의 숫자를 넣어줬는데, 서버 + 클라이언트의 수로 설정하면 된다. 그런 다음 epoll_ctl( ) 함수에 서버 소켓을 추가하였다. 서버 소켓은 클라이언트의 접속을 감시할 것이므로 입력(EPOLLIN)으로 이벤트를 설정했다.

서버에 클라이언트가 접속되면 epoll_wait( ) 함수에서 넘어가게 되는데, 이벤트가 발생한 소켓이 서버이면 accept( ) 함수를 통해서 받아들이고 epoll_ctl( ) 함수를 통해 다시 커널에 클라이언트의 소켓 디스크립터를 감시할 수 있도록 추가한다.

클라이언트 소켓로부터 이벤트가 발생하면 클라이언트에서 온 데이터를 읽어서 다시 클라이언트로 전송(에코)하고 클라이언테 소켓을 닫은 후 epoll_ctl( ) 함수를 통해 커널에 추가한 클라이언트 소켓의 감시를 삭제한다.

이제 코드를 빌드해서 실행해보자. 클라이언트는 select와 같이 tcp_client를 이용하면 된다. 기존처럼 2개 이상의 터미널을 이용해서 서버와 클라이언트들을 동작시키면 앞의 TCP 서버에서와 같이 에코(echo) 기능이 잘 동작하는 것을 확인할 수 있다.

```
pi@raspberrypi:~ $ ./epoll_server
Received data : Hello world
```

epoll이 select에 비해 속도는 빠르지만, 특정 플랫폼에서는 사용할 수 없다는 한계가 있다.

6.4 HTTP와 웹 서버 프로그래밍

6.4.1 웹과 HTTP

웹(Web)은 인터넷을 위한 네트워크 시스템으로 서버와 클라이언트들이 연결되어 있는 집합이다. 전 세계의 네트워크가 하이퍼텍스트 링크로 연결된 모습이 마치 거대한 거미집(Cobweb) 또는 거미집 모양의 망과 같다고 해서 붙여진 이름이다.

본격적인 인터넷 시대를 연 웹은 1989년 3월 유럽 입자 물리 연구소(CERN)의 소프트웨어 공학자인 팀 버너스 리(Timothy John Berners Lee)의 제안으로 시작되었다. 초기의 목적은 연구를 위해 세계의 여러 연구기관과 대학에서 일하는 학자들의 상호 간 신속하고 체계적인 정보 공유를 위해 WWW(World Wide Web, W3) 서비스가 시작되었는데, 모자익(Mosaic)과 넷스케이프 네비게이터(Netscape Navigator)라는 웹 브라우저가 등장하면서 폭발적으로 성장하게 되었다.

그림 6-19 팀 버너스 리와 NeXTSTEP 그리고 최초의 웹 브라우저[28]

이러한 웹 기술은 HTTP(HyperText Transfer Protocol)라는 프로토콜 위에서 구동되며, 웹과 관련된 표준화는 월드 와이드 웹 컨소시움(W3C, World Wide Web Consortium)에서 진행한다. 웹은 인터넷을 기반으로 웹 서버와 웹 브라우저가 서버와 클라이언트 구조로 동작한다. TCP를 기반으로 동작하며 잘 알려진 포트 번호인 80번을 사용한다.

HTTP의 첫 두 글자는 하이퍼텍스트(HyperText)를 가리키며, 현재 문서와 연결된 다른 페이지로의 연결을 의미한다. HTTP는 하나의 페이지에서 다른 페이지로 이동하는 하이퍼텍스트 환경에서 이용되고 있는데, 이러한 HTTP를 사용하는 웹에서의 문서를 기술하는 데 HTML(HyperText Markup Language)이 사용된다.

6.4.2 웹 브라우저와 웹 엔진

웹 서비스를 이용해서 사용자에게 정보를 보여주기 위해서는 웹 브라우저(web browser)라는 프로그램이 필요하다. 웹 브라우저는 인터넷상의 문서나 멀티미디어 등을 표시하는 데 사용되며, 웹에서 서버와 클라이언트 간 통신을 위한 프로토콜인 HTTP(HyperText Transfer Protocol)나 웹에서 문서를 표현하기 위한 마크업 언어인 HTML(HyperText Markup Language)을 분석하기 위한 웹 브라우저 엔진(web browser engine)을 가지고 있다. 현재 대표적인 인터넷 브라우저 엔진은 웹킷(Webkit), 게코 (Gecko) 등이 있는데, 모두 오픈 소스이다.

웹킷(Webkit)은 KDE 프로젝트의 캉커러(Konqueror)에서 사용되었던 KHTML 렌더링 엔진을 애플이 가져와서 오픈 소스화한 것이다. 현재 가장 많은 인터넷 트래픽을 기록하고 있는 웹 엔진으로 iOS와 macOS의 사파리와 심비안(Symbian)등에서 사용되며, 안드로이드, 타이젠(Tizen) 등의 많은

---

28 초기의 웹 서버는 스티브 잡스가 만든 NeXT의 워크스테이션인 NeXTcube와 NeXTSTEP에서 구동되었으며 최초의 웹 브라우저도 Objective-C 기반으로 작성되었다.

스마트폰 환경과 삼성전자, LG전자의 스마트 TV와 구글의 안드로이드[29] TV 등에 사용되는 블링크(Blink)도 웹킷(Webkit)에서 분리된 웹 엔진이다.

웹킷과 함께 많이 사용되는 엔진이 바로 게코(Gecko) 엔진이다. 게코 엔진은 네스케이프 네비게이터 웹 브라우저 6에서부터 사용되던 오픈 소스 엔진으로, 현재는 모질라(Mozila) 재단에서 관리하고 있으며 파이어폭스(FireFox) 웹 브라우저의 웹 엔진으로 사용되고 있다.

6.4.3 HTTP의 구조

앞에서 설명한 것과 같이 HTTP는 웹에서 사용되는 프로토콜(RFC 2068)로 인터넷상에서 HTML 문서를 주고받는 데 사용되며, TCP와 80번 포트를 사용한다. 1996년에 버전 1.0, 1999년에는 지금까지 가장 많이 사용되고 있는 버전 1.1이 발표되었으며, 2015년 HTTP 1.1을 확장한 HTTP 2.0이 발표되었고, UDP 기반의 QUIC 프로토콜을 기반으로 하는 3.0 버전이 개발되고 있다.

인터넷에서의 통신이 일반적으로 요청(request)과 응답(response)으로 이루어지는 것과 같이, 웹 클라이언트가 웹 서버로 요청하고 웹 서버가 웹 클라이언트로 응답한다. 이때 사용되는 프로토콜(상호 연결 규칙)이 HTTP다. HTTP 클라이언트의 대표적인 예가 웹 브라우저이며, 웹 브라우저의 요청을 받아서 처리하는 HTTP 서버를 웹 서버라고 부른다. HTTP는 TCP/IP 스택의 상위 레벨인 애플리케이션 레벨의 프로토콜로, 서버와 클라이언트는 하위의 TCP/IP 프로토콜을 통해 통신한다.

HTTP 요청을 먼저 살펴보면, 웹 서버에 요청하는 가장 일반적인 방법은 바로 웹 브라우저의 주소 창에 URL(Unifrom Resource Locator)을 입력하는 것이다. 즉, 'http://valentis.pe.kr'과 같이 URL을 입력하고 엔터 키를 누른다. 여기서 http는 웹 서비스를 위한 프로토콜을 의미하는데 ftp, telnet 등의 다른 서비스를 위한 프로토콜도 존재한다.

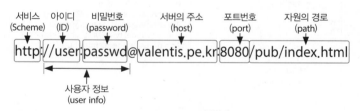

그림 6-20 **URL의 형식**

HTTP는 메시지를 만들고 해석하며, 실제 네트워크로의 전송은 TCP/IP 프로토콜이 담당한다. 앞에서 본 것과 같이 네트워크상에서 사용하는 주소는 숫자를 기반으로 한 IP 주소를 사용한다. 예

---

29 크롬/크로미엄(Chromium)과 안드로이드 롤리팝(Lolipop)부터 구글이 웹킷에서 분화한 블링크(Blink)를 웹 엔진으로 사용한다.

로 든 'valentis.pe.kr' 같은 이름 형식의 주소는 DNS(Domain Name System)에 의해 숫자 형태의 IP 주소로 변환된다.

■ **HTTP 요청 메시지**

HTTP는 사람이 이해하기 쉬운 텍스트 기반으로 여러 라인으로 구성되는데, 요청과 응답 부분이 다르다. 웹 브라우저에서 웹 서버로 보내는 요청 메시지는 요청(request) 라인, 메시지 헤더(header), 메시지 본문(body)의 세 부분으로 구성된다.[30]

```
GET index.html HTTP/1.1
Date: Tue, 03 Dec 2014 09:36:30 GMT
Content-Type: text/html; charset=iso-8859-1
↵[31]
```

요청 라인은 크게 3부분으로 구성되는데 '<메소드(Method)><공백><URI><공백><HTTP 버전(Version)>' 형식으로 'GET /index.html HTTP/1.1'과 같이 요청한다. 요청하는 정보는 URI(Universal Resource Identifier)로 지정되는데 보통 서버에 위치하고 있는 파일의 경로를 사용한다.

요청 라인의 첫 번째 부분은 메소드(Method)이며, 웹 서버에 요청하는 서비스의 종류를 나타낸다. 보통 GET, POST, PUT, HEAD, DELETE 등이 많이 사용된다.

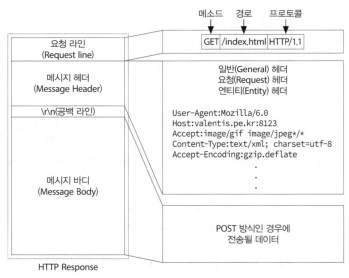

그림 6-21 **HTTP의 요청 헤더**

---

30 HTTP 1.1의 세부 사양은 다음에서 확인할 수 있다. http://tools.ietf.org/html/rfc2616

31 HTTP 헤더는 항상 "\r\n"(New line) 문자로 끝난다.

표 6-19 자주 사용되는 HTTP의 요청 메소드

요청	내용	비고
HEAD	메시지 본문을 제외한 헤더만을 전달 받는데, 기본 사항은 GET 메소드와 같다. 파일을 다운로드하기 전에 콘텐츠의 크기와 같이 헤더에 명시된 정보만을 필요로 할 때 주로 사용된다.	meta-information
GET	URL에 지정된 데이터를 가져오기 위해 데이터를 요청하는데, 일반적인 웹 서핑 시에 주로 이용한다.	
POST	클라이언트에서 서버로 정보를 전달할 때 사용되는데, 게시판, 카운터, 뉴스그룹, 메일링 리스트 등으로 메시지를 전달할 수 있다. 주로 PHP 같은 서버 사이트 스크립트에서 클라이언트의 정보를 받을 때 사용된다.	
PUT	해당 URL에 자료의 저장을 요청한다.	
DELETE	해당 URL의 자료의 삭제를 요청한다.	
TRACE	이전에 요청한 내용을 다시 요청한다.	
OPTIONS	서버에서 처리할 수 있는 옵션을 요청한다.	
CONNECT	프록시가 사용하는 요청으로 SSL(Secure Socket Layer) 터널링을 위해 예약된다.	

일반적으로 GET은 URL 기반으로 웹 브라우저의 주소창을 통해서 웹 서버에 접속할 때 사용되는 메소드다. 또한 POST는 HTML의 FORM 태그를 이용할 때 사용되는데, ID나 비밀번호, 이메일 제목이나 내용, 첨부파일 등이 이 메소드를 통해 웹 서버로 전송된다.

POST 메소드: FORM 기반   GET 메소드: URL 기반

그림 6-22 HTTP의 GET과 POST 메소드

요청 라인의 두 번째(URI)에는 서버에 요청할 자원(HTML이나 이미지 등의 파일)의 위치를 명시한다. 인터넷에서 자원의 위치는 주로 URL을 이용해서 명시한다. URL은 그림 6-20과 같이 @ 기호로 사용자 정보[32]를 구분하고, 웹 서버의 IP 주소와 포트 번호[33]는 : 기호로 구분한다. 그리고 제일 마지막에 서버에서 위치를 자원의 경로로 나타내는데, HTTP의 요청 라인에서는 이 자원의 경로만을 사용한다.

요청 라인의 마지막 부분에는 통신에 사용되는 HTTP 프로토콜의 버전을 명시한다. 현재 주로 사용하는 HTTP 프로토콜의 버전은 1.1이므로 'HTTP/1.1'과 같이 명시한다.

---

32 일반적으로 웹 서버에서는 사용자 정보를 사용하지 않는다.

33 HTTP의 기본 포트인 80번을 사용하는 경우에는 별도로 명시하지 않아도 된다.

메시지 헤더에는 날짜, 사용하는 브라우저 정보, 사용자 인증, 클라이언트에서 다룰 수 있는 데이터의 종류, 언어, 압축 형식, 클라이언트나 서버의 프로그램의 명칭이나 버전 등의 정보가 들어간다. 일반적으로 메시지 헤더는 클라이언트와 서버 사이의 추가적인 정보 교환을 위해 HTTP 송수신 메시지에서 사용된다. 헤더의 종류에는 일반 헤더(General Header), 요청 헤더(Request Header), 응답 헤더(Response Header), 엔터티 헤더(Entity Header)가 있다.

표 6-20 **HTTP 헤더 메시지**

종류	내용	속성
일반 헤더	메시지에 대한 일반적인 정보를 전달할 때 사용된다.	Cache-Control(캐시 제어), **Connection**(연결 제어), **Date**(일자), Pragma, Transfer-Encoding(메시지의 인코딩 방식), Upgrade, Via 등
요청 헤더	요청 메시지에서만 이용되는데 클라이언트의 요청에 대한 추가 정보 및 클라이언트에 대한 정보를 전달한다.	Accept, Accept-Charset(수용 가능한 문자셋), Accept-Encoding(수용 가능한 인코딩), Accept-Language(수용 가능한 언어), Authorization(인증), From, Host, Proxy-Authorization, Range, Referer, Use-Agent 등
응답 헤더	응답 메시지에서만 이용되는데 서버의 구성과 응답에 대한 추가적인 정보를 전달한다.	Age, Location, Proxy-Authenticate, Public, Retry-After, Server (서버의 정보), Warning, WWW-Authenticate, Accept-Ranges 등
엔터티 헤더	문서의 본문에 대한 정보를 전달한다.	Allow, Content-Base, **Content-Encoding**(콘텐츠의 인코딩 방식), Content-Language, **Content-Length**(콘텐츠의 크기), Content-Location, Content-MD5, Content-Range, **Content-Type**(콘텐츠의 형태)[†], Last-Modified 등

† MIME 타입을 이용해서 명시한다. MIME 타입에 대해서는 http://ko.wikipedia.org/wiki/MIME 사이트를 참고하라.

메시지 헤더와 메시지 본문 사이는 한 줄을 비운다. 일반적으로 요청 라인만 있어도 웹 서버가 동작하는 경우도 있지만 보안상의 문제로 메시지 헤더까지 있어야 응답하는 웹 서버들도 있다. HTTP 헤더는 마지막에 항상 하나의 빈 줄 있어야 하는데, 이 빈 줄을 이용해서 HTTP 헤더의 끝을 인지하고 메시지 본문과 구분할 수 있다.

HTTP 요청 시 메시지 본문은 POST나 PUT 메소드일 경우에 주로 사용되는데, 서버로 보낼 데이터가 명시된다. GET 메소드의 경우에는 헤더만으로도 충분하지만, POST 메소드의 경우에는 메시지 본문이 있어야 한다. 이메일 서비스(POST 메세드)를 이용하는 경우 제목, 내용, 첨부파일 등을 이 메시지 본문을 통해 서버로 전송할 수 있다.

 웹 서버에 접속해서 HTTP 요청과 관련 메시지들을 확인하고 싶은 경우에는 telnet 프로그램을 이용할 수 있다. telnet은 서버에 원격으로 접속할 때 이용되는데, 일반적으로 서버의 주소만을 사용하는 경우에 TCP 23번 포트로 서버의 telnet 서비스에 접속한다. telnet 명령어의 마지막에 포트 번호를 입력하면 서버의 특정 포트로 접속할 수 있다. HTTP 서비스를 위해 80번을 이용하면 웹 서비스에 접속할 수 있다.

```
$ telnet  서버의_IP주소  [ port_번호 ]
```

라즈베리 파이에는 telnet이 기본적으로 설치되어 있지 않기 때문에 apt-get 명령어를 사용하여 telnet 프로그램을 설치한다. 그런 다음, 다음과 같이 google.com 웹 서비스에 접속하고, HTTP 요청 라인을 입력한 후 엔터 키를 두 번 누르면 웹 서버에서 응답 메시지를 보내온다.

```
pi@raspberrypi:~ $ sudo apt-get install telnet
pi@raspberrypi:~ $ telnet google.com 80
Trying 173.194.127.137...
Connected to google.com.
Escape character is '^]'.
GET /search?q=a HTTP/1.1↵
↵
HTTP/1.1 200 OK
Content-Type: text/html; charset=ISO-8859-1
Date: Sat, 05 Oct 2019 03:02:12 GMT
Expires: -1
                              /* ~ 중간 표시 생략 ~ */
</body></html>
```

■ HTTP 응답 메시지

웹 클라이언트에서 웹 서버로 위와 같은 요청이 들어오면 웹 서버는 클라이언트에 요청한 서비스에 대한 응답(Response)을 보낸다. 응답 메시지도 요청 메시지와 마찬가지로 상태 라인(state line), 메시지 헤더, 메시지 본문의 세 부분으로 나눌 수 있다.

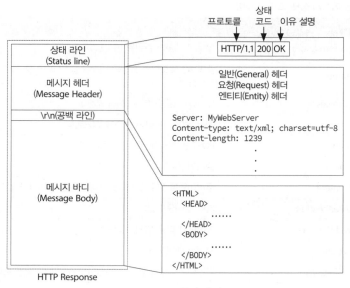

그림 6-23 응답 헤더

상태 라인의 형식은 '<HTTP 버전><공백><상태 코드(statue code)><공백><이유 설명(Reason Phrase)>'이다. 상태 라인은 요청 메시지의 요청 라인와 비슷하게 HTTP 프로토콜 버전과 함께 상태 코드와 이유 설명으로 구성되는데, 클라이언트 요청에 대한 결과를 담고 있다.

메시지 헤더에는 서버 정보, 전송되는 데이터의 길이와 타입, 서버 소프트웨어의 종류 등이 포함되고, 메시지 본문에는 클라이언트가 요청한 실제 데이터가 들어간다.

```
HTTP/1.1 400 Bad Request
Date: Tue, 04 Dec 2014 06:36:32 GMT
Connection: close
Transfer-Encoding: chunked
Content-Type: text/html; charset=iso-8859-1
↵
```

상태 라인의 가장 처음에는 응답 메시지에 사용하는 HTTP의 버전을 명시한다. 일반적으로 요청 헤더와 같은 HTTP/1.1을 사용하고, 뒤에 상태 코드와 이유 설명을 표시한다.

상태 코드는 일반적으로 세 자리의 숫자로 구성되어 있으며 각 숫자는 의미를 가지고 있다. 웹 서버에서는 상태 코드와 함께 응답하는데, 웹 클라이언트에서는 이 상태 코드를 가지고 적절한 동작을 수행한다. 대표적인 상태 코드는 다음과 같다.

표 6-21 **HTTP 응답 메시지 상태 코드의 의미**

상태 코드		이유 설명	내용
1xx		정보(Information)	정보의 교환과 관련된 메시지이다.
	100	Continue	클라이언트로부터 요청의 일부분을 받고 난 후 계속 나머지 요청을 보내준다.
2xx		성공(Success)	데이터가 성공적으로 전송되었다.
	200	OK	에러 없이 데이터의 전송을 성공한다.
	201	Created	POST 명령에 대한 요청이 처리되었다.
	202	Accepted	클라이언트의 요청을 수락했다.
	204	No Content	클라이언트 요구을 처리했으나 전송할 데이터가 없다.
3xx		이동(Redirection)	자료가 이동되었다.
	301	Moved Permanently	데이터가 다른 위치로 이동하였다.
	302	Not Found	요청한 데이터가 없다.
4xx		클라이언트 에러	클라이언트에서 잘못된 요청(잘못된 주소나 문법 오류 등)을 하였다.

표 6-21 **HTTP 응답 메시지 상태 코드의 의미 (계속)**

상태 코드		이유 설명	내용
	400	Bad Request	잘못된 HTTP 요청으로 문법상 오류로 요청이 실패하였다.
	401	Unauthorized	권한이 없는 승인되지 않는 요청이다.
	403	Forbidden	서버가 허용하지 않는 웹 페이지나 미디어에 대한 요청이다.
	404	Not Found	클라이언트가 요청한 내용을 찾을 수 없다.
	408	Request timeout	요청 시간이 지났다.
5xx		서버 에러	서버 측 오류로 요청이 처리되지 않았다.
	500	Internal Server Error	PHP나 ASP 등의 코드에 문제가 있어서 서버에서 처리할 수 없는 경우의 에러이다(서버 내부 오류).
	503	Service Unavailable	외부 서비스가 죽었거나 멈춘 상태이다.
	505	HTTP version not supported	서버에서 요청한 HTTP 버전을 처리할 수 없다.

6.4.4 HTML과 웹 페이지

HTML(HyperText[34] Markup Language)은 인터넷의 웹에서 사용하는 문서를 나타내기 위해 개발된 언어이다. 웹 페이지(web page)는 HTML 태그와 이미지 등의 멀티미디어로 이루어진 웹 브라우저를 통해서 표현되는 동적인 문서이다.

최근에 나온 HTML5는 W3C에서 만든 차세대 웹 표준으로서 마이크로소프트, 모질라, 애플, 구글, 오페라 등 모든 웹 브라우저 벤더가 참여하고 있는 산업 표준이다. 시맨틱 마크업, 편리한 웹 폼 기능, 리치 웹 애플리케이션 API들을 포함하고 있으며, 과거 HTML의 호환성 유지를 목적으로 새로운 웹 앱을 개발할 수 있는 API들을 포함한다.

HTML5는 기존의 HTML 4.01이나 XHTML 1.0에는 없던 2D/3D 그래픽을 위한 Canvas, 통신, 데이터베이스, 파일 저장, 비디오나 오디오 같은 멀티미디어 재생 등 웹 기반의 애플리케이션[35]을 만들 수 있는 기능들을 포함하고 있다. HTML5는 HTML에 새로운 CSS 표준인 CSS3를 사용하고, 기존의 웹 브라우저에서 동적인 기능을 넣기 위해 사용했던 자바스크립트(Javascript)를 이용하여 애플리케이션을 작성한다.

---

[34] 하이퍼텍스트(HyperText)는 참고 링크(하이퍼링크)를 통해서 현재의 문서에서 다른 문서로 즉시 접근할 수 있는 텍스트를 말하며, 웹에서 다른 페이지로의 이동이나 참고를 위해 사용되고 있다.

[35] RIA(Rich Internet Application)이라고 한다. RIA에 대한 설명은 http://ko.wikipedia.org/wiki/리치_인터넷_애플리케이션 사이트를 참고하라.

그림 6-24 HTML5의 주요 요소

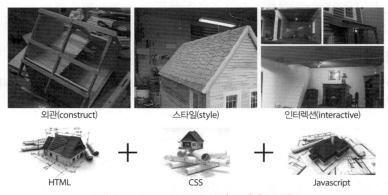

외관(construct)   스타일(style)   인터렉션(interactive)

HTML   +   CSS   +   Javascript

그림 6-25 HTML5, CSS3 그리고 자바스크립트

CSS(Cascading Style Sheets)는 '계단형 스타일시트'라고도 한다. 기본적으로 HTML은 문서의 외관을 만들 수 있을 뿐 보다 세밀한 스타일은 부여할 수 없다. 그래서 스타일을 부여하기 위해 등장한 기술이 바로 CSS이다. CSS를 사용하면 하나의 CSS 파일을 여러 HTML에 적용할 수 있기 때문에 홈페이지(사이트) 전체에 통일성을 유지할 수 있다.

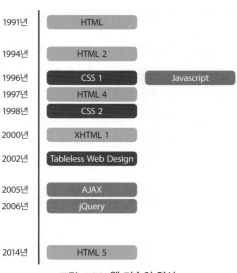

연도	
1991년	HTML
1994년	HTML 2
1996년	CSS 1 / Javascript
1997년	HTML 4
1998년	CSS 2
2000년	XHTML 1
2002년	Tableless Web Design
2005년	AJAX
2006년	jQuery
2014년	HTML 5

그림 6-26 웹 기술의 역사

자바스크립트의 원래 이름은 라이브스크립트(LiveScript)이다. 넷스케이프에 동적인 기능을 추가하기 위해 개발되었는데, 당시 가장 각광 받는 언어인 자바(Java)의 객체 기능을 추가하여 자바스크립트로 변경하였다. 1996년 자바스크립트가 출시된 이후로 자바스크립트 기반의 AJAX나 jQuery 같은 다양한 기술들이 나왔으며, 대부분의 웹 사이트에 사용될 정도로 널리 사용되고 있다. 웹에서는 자바스크립트를 이용해서 사용자와의 동적인 기능들을 구현하고 있으며, 웹뿐만 아니라 PhoneGap과 같은 스마트폰 애플리케이션 개발도구나 Unity3D 같은 게임 엔진 등에서도 널리 사용되고 있다.

 앞서 살펴본 HTTP 프로토콜과 스레드 그리고 소켓 프로그래밍을 이용해서 웹 브라우저와 통신할 수 있는 웹 서버를 작성해보도록 하자. 웹 서버에 스레드를 이용하면 여러 웹 브라우저에서 동시에 접근할 수 있다. 다음과 같이 관련 코드를 작성해보도록 하자.

코드는 다섯 부분으로 구성되어 있다. 메인 함수에서는 서버를 초기화하고 클라이언트 요청이 들어오면 스레드를 생성한다. 스레드 처리 함수에서는 클라이언트에서 메시지를 읽고 HTTP 헤더를 분석하여 해당 내용을 처리한다. 클라이언트에서 데이터를 요청하면 sendData( ) 함수를 호출하고 파일을 읽어서 해당 데이터를 클라이언트로 보낸다. sendOK( ) 함수는 요청된 내용에 문제가 없고 단순 요청인 경우 이를 처리하며 '200 OK'라는 상태 메시지를 보낸다. sendError( ) 함수는 요청된 내용에 문제가 있는 경우에 '400 Bad Request'라는 응답 메시지를 보낸다.

코드 6-8 **webserver.c**

```c
#include <stdio.h>
#include <string.h>
#include <stdlib.h>
#include <fcntl.h>
#include <unistd.h>
#include <pthread.h>
#include <arpa/inet.h>
#include <sys/socket.h>
#include <netinet/in.h>

/* 스레드 처리를 위한 함수 */
static void *clnt_connection(void *arg);
int sendData(FILE* fp, char *ct, char *filename);
void sendOk(FILE* fp);
void sendError(FILE* fp);

int main(int argc, char **argv)
{
    int ssock;
    pthread_t thread;
    struct sockaddr_in servaddr, cliaddr;
    unsigned int len;

    /* 프로그램을 시작할 때 서버를 위한 포트 번호를 입력받는다. */
    if(argc!=2) {
        printf("usage: %s <port>\n", argv[0]);
```

```
            return -1;
    }

    /* 서버를 위한 소켓을 생성한다. */
    ssock = socket(AF_INET, SOCK_STREAM, 0);
    if(ssock == -1) {
        perror("socket()");
        return -1;
    }

    /* 입력받는 포트 번호를 이용해서 서비스를 운영체제에 등록한다. */
    memset(&servaddr, 0, sizeof(servaddr));
    servaddr.sin_family = AF_INET;
    servaddr.sin_addr.s_addr = htonl(INADDR_ANY);
    servaddr.sin_port = (argc != 2)?htons(8000):htons(atoi(argv[1]));
    if(bind(ssock, (struct sockaddr *)&servaddr, sizeof(servaddr))==-1) {
        perror("bind()");
        return -1;
    }
    /* 최대 10대의 클라이언트의 동시 접속을 처리할 수 있도록 큐를 생성한다. */
    if(listen(ssock, 10) == -1) {
        perror("listen()");
        return -1;
    }

    while(1) {
        char mesg[BUFSIZ];
        int csock;
        /* 클라이언트의 요청을 기다린다. */
        len = sizeof(cliaddr);
        csock = accept(ssock, (struct sockaddr*)&cliaddr, &len);
         /* 네트워크 주소를 문자열로 변경 */
        inet_ntop(AF_INET, &cliaddr.sin_addr, mesg, BUFSIZ);
        printf("Client IP : %s:%d\n", mesg, ntohs(cliaddr.sin_port));

        /* 클라이언트의 요청이 들어오면 스레드를 생성하고 클라이언트의 요청을 처리한다. */
        pthread_create(&thread, NULL, clnt_connection, &csock);
        /* pthread_join(thread, NULL); */ /* 연속적인 클라이언트 처리 */
    }

    return 0;
}
```

먼저 main( ) 함수에서는 웹 서비스를 사용하기 위해 소켓을 생성하고 운영체제에 서비스를 등록한다.
서버의 주소에 INADDR_ANY 값을 사용하여 간단히 서버 주소를 처리할 수 있도록 하고, 입력받은 포
트 번호를 이용한다. 최대 10대의 클라이언트의 동시 접속을 처리할 수 있도록 대기 큐를 생성한 후 클
라이언트를 기다린다.

클라이언트의 요청이 들어오면 접속된 클라이언트의 정보를 출력하고 새로운 스레드를 생성한다. 스
레드를 생성할 때 새로 들어온 클라이언트의 소켓을 스레드의 인자로 넘겨, 스레드 처리 함수에서 해
당 클라이언트와 통신할 수 있도록 하였다.

```c
void *clnt_connection(void *arg)
{
    /* 스레드를 통해서 넘어온 arg를 int 형의 파일 디스크립터로 변환한다. */
    int csock = *((int*)arg);
    FILE *clnt_read, *clnt_write;
    char reg_line[BUFSIZ], reg_buf[BUFSIZ];
    char method[BUFSIZ], type[BUFSIZ];
    char filename[BUFSIZ], *ret;

    /* 파일 디스크립터를 FILE 스트림으로 변환한다. */
    clnt_read = fdopen(csock, "r");
    clnt_write = fdopen(dup(csock), "w");

    /* 한 줄의 문자열을 읽어서 reg_line 변수에 저장한다. */
    fgets(reg_line, BUFSIZ, clnt_read);
    /* reg_line 변수에 문자열을 화면에 출력한다. */
    fputs(reg_line, stdout);
    /* ' ' 문자로 reg_line을 구분해서 요청 라인의 내용(메소드)를 분리한다. */
    ret = strtok(reg_line, "/ ");
    strcpy(method, (ret != NULL)?ret:"");
    if(strcmp(method, "POST") == 0) { /* POST 메소드일 경우를 처리한다. */
        sendOk(clnt_write);               /* 단순히 OK 메시지를 클라이언트로 보낸다. */
        goto END;
    } else if(strcmp(method, "GET") != 0) {/* GET 메소드가 아닐 경우를 처리한다. */
        sendError(clnt_write);          /* 에러 메시지를 클라이언트로 보낸다. */
        goto END;
    }

    ret = strtok(NULL, " ");            /* 요청 라인에서 경로(path)를 가져온다. */
    strcpy(filename, (ret != NULL)?ret:"");
    if(filename[0] == '/') {            /* 경로가 '/(슬래시)'로 시작될 경우 /를 제거한다. */
        for(int i = 0, j = 0; i < BUFSIZ; i++, j++) {
            if(filename[0] == '/') j++;
            filename[i] = filename[j];
            if(filename[j] == '\0') break;
        }
    }

    /* 메시지 헤더를 읽어서 화면에 출력하고 나머지는 무시한다. */
    do {
        fgets(reg_line, BUFSIZ, clnt_read);
        fputs(reg_line, stdout);
        strcpy(reg_buf, reg_line);
        char *str = strchr(reg_buf, ':');
    } while(strncmp(reg_line, "\r\n", 2)); /* 요청 헤더는 '\r\n'으로 끝난다. */

    /* 파일의 이름을 이용해서 클라이언트로 파일의 내용을 보낸다. */
    sendData(clnt_write, type, filename);

END:
    fclose(clnt_read);                       /* 파일의 스트림을 닫는다. */
```

```
    fclose(clnt_write);

    pthread_exit(0);                        /* 스레드를 종료시킨다. */

    return (void*)NULL;
}
```

clnt_connection( ) 함수는 클라이언트의 접속을 처리하는 함수다. 클라이언트 소켓을 스레드의 인자로 넘겨받아서 int 형의 파일 디스크립터로 변환한 후, 다시 fdopen( ) 함수를 통해 파일 스트림(FILE 구조체)으로 변환한다. 일반적으로 HTTP의 헤더들은 줄 단위로 처리되는데, 이때 파일 스트림을 줄 단위로 처리하는 fgets( ) 같은 함수를 사용하면 편리하다.

먼저 HTTP의 요청 라인을 읽고 분석한다. 요청 라인은 메소드, 경로(URI)와 HTTP 버전으로 구성되는데 공백으로 분리되어 있다. 이러한 문자열은 strtok( ) 함수를 이용해서 분석할 수 있는데, 공백(' ') 문자를 인자로 사용하여 각각의 요소를 분리할 수 있다.

요청 라인의 첫 번째 요소(문자열)는 메소드인데, 이를 분석해서 POST 메소드에 대해서는 간단하게 '200 OK'라는 응답만 클라이언트로 보내고, GET 메소드인 경우에는 요청한 경로(URI)의 파일을 읽어서 클라이언트로 보내준다. 현재의 웹 서버는 GET과 POST 메소드만 처리하는데, 클라이언트의 요청이 두 메소드가 아닌 경우에는 '400 Bad Request'라는 에러 메시지를 클라이언트로 보낸다.

요청 라인 뒤에는 메시지 헤더가 오는데 앞의 웹 서버에서는 이를 처리하지 않으므로 C 언어의 순환문을 통해서 전부 무시한다. 메시지 본문으로 오는 문서의 크기를 알고 싶은 경우, 'Content-Length' 항목을 사용하면 되는데 관련 사항은 순환문 안에 구현하면 된다. 요청 헤더는 '\r\n'으로 끝나고 헤더와 메시지 본문을 구분한다. 클라이언트에 대한 처리가 끝나면 스트림을 닫고 스레드를 종료한다.

코드 6-8 **webserver.c (이어서)**

```
int sendData(FILE* fp, char *ct, char *filename)
{
    /* 클라이언트로 보낼 성공에 대한 응답 메시지 */
    char protocol[ ] = "HTTP/1.1 200 OK\r\n";
    char server[ ] = "Server:Netscape-Enterprise/6.0\r\n";
    char cnt_type[ ] = "Content-Type:text/html\r\n";
    char end[ ] = "\r\n";            /* 응답 헤더의 끝은 항상 \r\n */
    char buf[BUFSIZ];
    int fd, len;

    fputs(protocol, fp);
    fputs(server, fp);
    fputs(cnt_type, fp);
    fputs(end, fp);

    fd = open(filename, O_RDWR);        /* 파일을 연다. */
    do {
        len = read(fd, buf, BUFSIZ);                /* 파일을 읽어서 클라이언트로 보낸다. */
        fputs(buf, fp);
    } while(len == BUFSIZ);

    close(fd);              /* 파일을 닫는다. */

    return 0;
}
```

sendData( ) 함수는 요청한 파일을 열어 내용을 읽고 클라이언트에게 보낸다. 파일 내용을 보내기 전에 HTTP에 대한 응답 헤더를 보내며 그 뒤에 이어 파일 내용을 함께 보낸다. 파일의 사용이 끝나면 열었던 파일을 닫고 함수를 종료한다.

코드 6-8 **webserver.c (이어서)**

```c
void sendOk(FILE* fp)
{
    /* 클라이언트에 보낼 성공에 대한 HTTP 응답 메시지 */
    char protocol[ ] = "HTTP/1.1 200 OK\r\n";
    char server[ ] = "Server: Netscape-Enterprise/6.0\r\n\r\n";
    fputs(protocol, fp);
    fputs(server, fp);
    fflush(fp);
}
```

sendOk( ) 함수는 HTTP가 성공했다는 응답으로 '200 OK'라는 문자열을 클라이언트로 보낸다.

코드 6-8 **webserver.c (이어서)**

```c
void sendError(FILE* fp)
{
    /* 클라이언트로 보낼 실패에 대한 HTTP 응답 메시지 */
    char protocol[ ] = "HTTP/1.1 400 Bad Request\r\n";
    char server[ ] = "Server: Netscape-Enterprise/6.0\r\n";
    char cnt_len[ ] = "Content-Length:1024\r\n";
    char cnt_type[ ] = "Content-Type:text/html\r\n\r\n";

    /* 화면에 표시될 HTML의 내용 */
    char content1[ ] = "<html><head><title>BAD Connection</title></head>";
    char content2[ ] = "<body><font size=+5>Bad Request</font></body></html>";

    printf("send_error\n");
    fputs(protocol, fp);
    fputs(server, fp);
    fputs(cnt_len, fp);
    fputs(cnt_type, fp);
    fputs(content1, fp);
    fputs(content2, fp);
    fflush(fp);
}
```

sendError( ) 함수는 '400 Bad Request'라는 메시지를 클라이언트에 보내고, 이때 웹 브라우저에 표시될 HTML의 내용을 함께 보낸다.

웹 서버를 동작시키려면 HTML 문서가 필요하다. HTML 파일은 태그로 구성되며 <HTML> 태그 안에 <HEAD>와 <BODY> 태그가 포함된다. <HEAD>는 문서에 대한 정보를 명시하고, <BODY>는 화면에 표시되는 내용을 명시한다.

HTML 파일: index.html[36]

```html
<HTML>
  <HEAD>
    <TITLE>Hello World</TITLE>
  </HEAD>
  <BODY>
    <H1>Hello World!</H1>
  </BODY>
</HTML>
```

위의 코드를 컴파일하기 위해서는 '–lpthread' 옵션을 줘서 스레드 라이브러리를 별도로 링크해야 한다. 웹 서버 실행 시, 웹 서비스에서 사용할 포트 번호를 지정한다. 웹 서버를 잘 알려진 포트 번호로 동작하고 싶으면 80번 포트 번호를 사용하면 되는데, 이때는 root의 권한이 필요하다.

```
pi@raspberrypi:~ $ gcc -o webserver webserver.c -lpthread
pi@raspberrypi:~ $ ./webserver 8080
Client IP : 10.0.1.5:49793
GET /index.html HTTP/1.1
Host: 10.0.1.99:8080
Connection: keep-alive
Upgrade-Insecure-Requests: 1
User-Agent: Mozilla/5.0 (Macintosh; Intel Mac OS X 10_13_6) AppleWebKit/537.36
(KHTML, like Gecko) Chrome/69.0.3497.100 Safari/537.36
Accept: text/html,application/xhtml+xml,application/xml;q=0.9,image/
webp,image/apng,*/*;q=0.8
Accept-Encoding: gzip, deflate
Accept-Language: ko-KR,ko;q=0.9,en-US;q=0.8,en;q=0.7
```

서버를 실행할 때 포트 번호로 8080번을 사용하였는데, 라즈베리 파이에 할당된 IP 주소가 10.0.1.99인 경우, PC에서 웹 브라우저를 동작시킨 후 http://10.0.1.99:8080/index.html에 접속하면 앞에서 작동시킨 웹 서버에 접속할 수 있다.

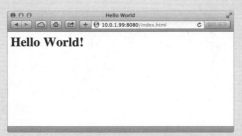

그림 6-27 웹 브라우저(사파리)를 이용한 웹 서버 접속[37]

웹 브라우저를 통해 앞에서 실행시킨 웹 서버에 접속하면 HTML 파일의 내용이 표시된다. 이러한 HTML을 이용해서 웹 서버를 제어할 수 있는데, 이는 HTML의 <FORM> 태그와 웹 서버에 관련 코드를 추가하면 된다. 이는 뒤에서 살펴보도록 하겠다.

---

36 일반적으로 웹 서버에서 시작 페이지의 이름으로 index.html을 사용한다.

37 위에서는 사파리(Safari)를 통해서 웹 서버에 접속하였으므로, 위의 로그(HTTP 요청 헤더)에 macOS와 사파리에 관련된 정보가 출력되었다.

6.4.5 부팅 시 웹 서버의 실행

웹 서버를 라즈베리 파이의 부팅 시 실행하게 할 수도 있다. 이를 위해서 systemd와 함께 웹 서버를 실행하게 만들어야 한다. 이를 위해서 서비스 파일을 systemd의 설정 디렉터리인 /etc/systemd/system에 작성한다. 다음과 같이 webserver.service를 작성하면 되는데, 기존의 다른 서비스 파일을 복사해서 사용하면 편리하다. 웹 서버의 실행 파일은 ExecStart에 절대 경로로 지정해주면 된다.

webserver.service 파일

```
[Unit]
Description=Web Server

[Service]
Type=simple
User=pi
ExecStart=/home/pi/webserver 8000
TimeoutSec=0
StandardOutput=tty
RemainAfterExit=yes
WorkingDirectory=/home/pi

[Install]
WantedBy=multi-user.target
```

위의 파일의 수정이 끝나면 systemctl 명령어를 통해 서비스를 등록하고 시작한다. 관련 사항이 활성화되면 현재 상태는 '$ systemctl status webserver.service' 명령을 통해 확인할 수 있다.

```
pi@raspberrypi /etc/systemd/system $ systemctl daemon-reload
==== AUTHENTICATING FOR org.freedesktop.systemd1.manage-unit-files ===
Authentication is required to manage system service or unit files.
Multiple identities can be used for authentication:
 1.  ,,, (pi)
 2.  root
Choose identity to authenticate as (1-2): 1
Password:
==== AUTHENTICATION COMPLETE ===
pi@raspberrypi /etc/systemd/system $ systemctl enable webserver.service
                         /* ~ 중간 표시 생략 ~ */
pi@raspberrypi /etc/systemd/system $ systemctl start webserver.service
                         /* ~ 중간 표시 생략 ~ */
```

시스템 부팅 과정에서 systemd 데몬을 실행한다. 이 데몬이 실행되면서 관련 서비스를 시작하도록 할 수 있는데, 관련 파일을 만들어서 systemd에 등록해서 사용하면 된다. 앞에서는 systemctl 명령어를 이용해서 서비스를 수동으로 시작했지만, 다시 부팅하면 해당 서비스가 자동으로 시작된다.

런 레벨

런 레벨은 시스템의 관리를 쉽게 하기 위해 나눈 서비스의 실행 수준으로, 시스템의 부팅이나 재시작 시 해당 런 레벨(/etc/rc.d 디렉터리)에 있는 rc 스크립트 파일이 실행된다. 배포판에 따라 다르지만 일반적으로 0번은 종료(halt), 1번은 싱글 유저(single user), 6번은 재시작(reboot)이다. 데비안(라즈비안)은 2번부터 5번까지 동일한 멀티 유저 + 네트워크를 지원한다. 현재의 런 레벨은 '$ who –r '명령어를 통해 알 수 있다. 런 레벨이 5이면 rc5.d가 먼저 수행된 후 rc.local이 마지막에 호출된다.

6.4.6 데몬 프로세스

일반적으로 시스템 서비스는 데몬(Daemon)이라는 형태의 프로세스로 실행된다. 데몬은 일반적으로 백그라운드로 실행되는 프로그램을 의미하는데, 터미널을 사용할 수 없기 때문에 터미널로 메시지를 출력하는 printf( ) 등의 함수를 사용할 수 없다.

데몬 프로세스를 만들려면, 먼저 umask( ) 함수를 사용하여 데몬이 생성하는 파일의 접근 권한을 미리 설정한다. 새로운 프로세스를 만들어 세션과 그룹의 리더로 만들고, 터미널 제어와 관련된 시그널을 모두 무시한다. 그리고 프로세스의 작업 디렉터리를 '/'로 설정하고, 열린 파일 디스크립터를 모두 닫는다. 마지막으로 터미널과 관련된 표준 입력(stdio)과 표준 출력(stdout), 표준 에러(stderr)에 대해 사용할 수 없도록 처리하고, 데몬과 관련된 처리를 수행하면 된다.

데몬 프로세스는 몇 가지 특징을 더 가지고 있는데 그중 하나는 부모 프로세스가 init 프로세스라는 것이다. 부모를 init 프로세스로 만들기 위해, 프로세스를 만들어서 부모 프로세스는 종료하고, 자식 프로세스는 세션과 그룹의 리더가 되게 한다. 이때 setsid( ) 함수를 사용하면 되는데 현재의 프로세스가 그룹의 리더가 아니면, 새로운 세션을 생성해 새로운 세션과 새로운 그룹의 리더가 되도록 하고, 터미널을 제어하지 못하도록 한다.

데몬 프로세스가 실행되다가 오류가 발생하면 터미널이나 파일 입출력을 할 수 없기 때문에 별도의 메시지를 남길 방법이 필요하다. 이런 경우 syslog( ) 함수를 이용하여 로그 파일에 메시지를 기록할 수 있는데, 로그 파일은 /var/log/syslog에 위치한다.

```c
#include <syslog.h>

void openlog(const char *ident, int option, int facility);
void syslog(int priority, const char *format, ...);
void closelog(void);

#include <stdarg.h>

void vsyslog(int priority, const char *format, va_list ap);
```

392 **CHAPTER 6** 리눅스 네트워크 프로그래밍: 사물인터넷의 연결을 위한 기초

syslog( ) 함수의 첫 번째 인자(priority)는 로그의 레벨(level)과 기능(facility)을 함께 사용하며, 그 값은 다음과 같다.

표 6-22 syslog( ) 함수의 로그 레벨

레벨	내용
LOG_EMERG	시스템을 사용할 수 없다.
LOG_ALERT	바로 해결해야 할 상황이다.
LOG_CRIT	심각한 상황이다.
LOG_ERR	에러 상황이다.
LOG_WARNING	경고 상황이다.
LOG_NOTICE	일반적인 상황이다.
LOG_INFO	정보 표시 메시지이다.
LOG_DEBUG	디버그 레벨의 메시지이다.

표 6-23 syslog( ) 함수의 주요 기능

기능	내용
LOG_USER	유저 애플리케이션
LOG_DAEMON	시스템 데몬
LOG_SYSLOG	Syslog
LOG_AUTH	보안
LOG_AUTHPRIV	개인 보안
LOG_CRON	CRON과 At
LOG_MAIL	메일
LOG_LOCAL0 ~ LOG_LOCAL7	사용자 정의

두 번째와 세 번째 인자에는 printf( ) 함수 같은 문자열 포맷을 위한 서식 지정자와 에러 메시지 출력을 위한 '%m'을 사용할 수 있다. 예를 들어 'syslog(LOG_MAKEPRI(LOG_LOCAL1, LOG_ERROR), "Unable to reach %s :%m", hostIP)'와 같이 사용할 수 있는데, %m은 에러 메시지 (strerror(errno))로 채워진다.

코드 6-9 **daemon.c**

```c
#include <stdio.h>
#include <fcntl.h>
#include <signal.h>
#include <string.h>
#include <syslog.h>
#include <unistd.h>
#include <sys/stat.h>
#include <sys/resource.h>

int main(int argc, char **argv)
{
    struct sigaction sa;          /* 시그널 처리를 위한 시그널 액션 */
    struct rlimit rl;
    int fd0, fd1, fd2, i;
    pid_t pid;

    if(argc < 2) {
        printf("Usage : %s command\n", argv[0]);
        return -1;
    }

     /* 파일 생성을 위한 마스크를 0으로 설정 */
    umask(0);

    /* 사용할 수 있는 최대의 파일 디스크립터 수 얻기 */
    if(getrlimit(RLIMIT_NOFILE, &rl) < 0) {
        perror("getlimit()");
    }

    if((pid = fork()) < 0) {
        perror("error()");
    } else if(pid != 0) {          /* 부모 프로세스는 종료한다. */
        return 0;
    }

    /* 터미널을 제어할 수 없도록 세션의 리더가 된다. */
    setsid();

    /* 터미널 제어와 관련된 시그널을 무시한다. */
    sa.sa_handler = SIG_IGN;
    sigemptyset(&sa.sa_mask);
    sa.sa_flags = 0;
    if(sigaction(SIGHUP, &sa, NULL) < 0) {
        perror("sigaction() : Can't ignore SIGHUP");
    }

    /* 프로세스의 워킹 디렉터리를 '/'로 설정한다. */
    if(chdir("/") < 0) {
        perror("cd()");
    }
```

```
    /* 프로세스의 모든 파일 디스크립터를 닫는다. */
    if(rl.rlim_max == RLIM_INFINITY) {
        rl.rlim_max = 1024;
    }

    for(i = 0; i < rl.rlim_max; i++) {
        close(i);
    }

    /* 파일 디스크립터 0, 1과 2를 /dev/null로 연결한다. */
    fd0 = open("/dev/null", O_RDWR);
    fd1 = dup(0);
    fd2 = dup(0);

    /* 로그 출력을 위한 파일 로그를 연다. */
    openlog(argv[1], LOG_CONS, LOG_DAEMON);
    if(fd0 != 0 || fd1 != 1 || fd2 != 2) {
        syslog(LOG_ERR, "unexpected file descriptors %d %d %d", fd0, fd1, fd2);
        return -1;
    }

    /* 로그 파일에 정보 수준의 로그를 출력한다. */
    syslog(LOG_INFO, "Daemon Process");

    while(1) {
    /* 데몬 프로세스로 해야 할 일을 반복 수행 */
    }

    /* 시스템 로그를 닫는다. */
    closelog();

    return 0;
}
```

이 코드는 데몬 프로세스를 만드는 코드다. 먼저 파일 생성을 위한 마스크를 umask( ) 함수를 통해 0으로 설정하고 새로운 프로세스를 생성한다. 부모 프로세스를 종료한 후 자식 프로세스를 세션 리더로 만들어 터미널 조작을 하지 못하게 한다. 터미널 제어와 관련된 시그널을 무시하고 프로세스의 현재 워킹 디렉터 리를 '/'(루트 디렉터리)로 설정한다. 모든 파일 디스크립터를 닫고 표준 입력(0), 표준 출력(1), 표준 에러(2)를 '/dev/null'로 연결한다. 위의 작업이 끝나면 새로운 프로세스는 데몬 프로세스처럼 동작한다.

데몬 프로세스는 터미널 입출력과 파일 입출력을 할 수 없기 때문에 문제 발생 시 관련 메시지를 출력할 수 없다. 이러한 문제를 해결하기 위해 유닉스에서는 시스템 로그 데몬[35]이 백그라운드에서 동작한다. 이 시스템 로그 데몬에 메시지를 보내면 /var/log 디렉터리에 관련 메시지들을 저장하는데, 이때 openlog( ), syslog( ), closelog( ) 함수를 이용할 수 있다.

앞의 코드를 컴파일해서 실행할 때 실행 파일 뒤에 명령어의 이름을 입력해야 한다. 여기서는 간단하게 'ls'라고 입력하여 실행해보자. 프로그램의 실행을 터미널로 확인할 수 없으므로 ps 유틸리티를 이용해야 한다.

```
pi@raspberrypi:~ $ ./daemon ls
pi@raspberrypi:~ $ ps aux | grep daemon
root      156  0.0  0.3   2888  1280 ?        Ss   19:59   0:00 udevd
--daemon
```

```
nobody     2043  0.0  0.1   2020    640 ?        Ss   20:00    0:00 /usr/sbin/thd
--daemon --triggers /etc/triggerhappy/triggers.d/ --socket /var/run/thd.socket
--pidfile /var/run/thd.pid --user nobody /dev/input/event*
104        2093  0.0  0.1   3180    620 ?        Ss   20:00    0:00 /usr/bin/
dbus-daemon --system
root       2232  0.0  0.2   2884   1060 ?        S    20:00    0:00 udevd
--daemon
root       2235  0.0  0.2   2884   1048 ?        S    20:00    0:00 udevd
--daemon
pi         4989 49.8  0.1   1672    492 ?        Rs   21:55   17:45 ./daemon ls
pi         5021  0.0  0.2   4100    860 pts/0    S+   22:31    0:00 grep
--color=auto daemon
pi@raspberrypi:~ $ tail /var/log/syslog
                             /* ~ 중간 표시 생략 ~ */
Dec 19 21:42:42 raspberrypi cron[4854]: (CRON) DEATH (can't lock /var/run/
crond.pid, otherpid may be 2086: Resource temporarily unavailable)
Dec 19 21:55:38 raspberrypi ls: Daemon Process
```

데몬 프로세스는 일반적으로 시스템이 시작할 때 함께 시작된다. 시스템 시작 시 /etc/rc.[1-6] 혹은 /etc/rc.local 파일에 지정하면 초기화 스크립트(rc script)에 의해 데몬 프로세스를 시작할 수 있으며, 데몬 프로세스는 root의 권한을 갖게 된다. 또한 프로그램의 실행을 주기적으로 하고 싶은 경우 cron 데몬을 이용할 수 있으며, 정해진 시간에 작업을 시작하고 싶은 경우에는 at 명령어를 사용할 수 있다.[38]

6.4.7 인터넷 패킷 모니터링: Wireshark

네트워크 프로그래밍은 문제가 발생하는 경우 다른 애플리케이션보다 디버깅이 어렵다. 네트워크 망을 통해서 데이터가 전송되므로 서버에서 데이터가 제대로 오지 않는지 아니면 클라이언트에서 요청을 제대로 하지 못하는지 등을 확인해야 한다. 이때 네트워크 망에서 패킷을 잡아서(가로채서) 직접 확인할 수 있으면 편리하다.

패킷 캡처 도구를 스나이퍼(Sniffer)라고도 부르는데, 리눅스에서는 이러한 네트워크 패킷을 직접 확인할 수 있는 dSniff, Ettercap, tcpdump, Wireshark 등의 다양한 패킷 캡처(Packet Capture) 도구를 제공한다.

패킷 캡처 도구를 이용하면 캡처한 패킷을 통해 프로토콜 구조를 확인할 수 있으며, 직접 작성한 프로토콜을 테스트할 때 정상 작동하는지 확인할 수 있다. 현재 네트워크상에 돌아다니는 암호화되지 않은 정보는 모두 확인할 수 있기 때문에 악의적인 용도로 사용하지 않도록 주의가 요구된다.

---

[38] /usr/sbin/rsyslogd

그중 리눅스에서 가장 많이 사용되는 도구가 바로 Wireshark[39]이다. Wireshark는 GUI(Graphical User Interface)를 지원하고, 필터링(filtering) 옵션과 정렬을 통해 더 많은 정보를 제공할 수 있다. Wireshark는 기본적으로 tcpdump도 사용하고 있는 pcap 라이브러리를 사용하여 tcpdump와 매우 유사한 기능을 제공하는데, 네트워크 인터페이스 모드를 promiscuous(무차별) 모드로 설정해서 네트워크상의 모든 패킷들을 확인할 수 있으며, 잘 알려진 프로토콜은 직접 분석하여 내용을 표시해준다.

라즈베리 파이에서 Wireshark의 설치하려면 apt-get 명령어를 사용하여 해당 패키지를 설치하면 된다. 설치할 때 root 계정이 아닌 경우에도 패킷을 캡처할 권한을 줄 것인지 물어보는데, 라즈베리 파이를 혼자 사용할 경우에 더 편하게 사용하고 싶다면 'Yes'를 선택한다.

```
pi@raspberrypi:~ $ sudo apt-get install wireshark
```

Wireshark를 사용하기 위해서는 X 윈도가 필요하다. 부팅 시 X 윈도로 로그인하지 않은 경우에는 터미널에서 '$ startx'를 실행하여 X 윈도를 실행한다. Wireshark가 제대로 설치되어 있다면 인터넷 (Internet) 메뉴에 Wireshark가 보일 것이다. 터미널을 이용해서 '$ sudo wireshark'를 실행할 수도 있다.

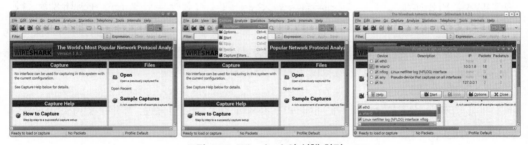

그림 6-28 **Wireshark의 실행 화면**

Wireshark를 실행한 후 Capture 메뉴의 'Interfaces...' 항목을 선택하면 캡처를 시작할 수 있다. 캡처를 원하는 네트워크 인터페이스를 선택하고 옵션(Option)을 통해서 캡처할 패킷을 필터링하거나 다양한 선택을 수행할 수 있다.

Wireshark의 화면은 크게 '패킷 리스트 창', '패킷 디테일 창'과 '패킷 바이트 창'의 3개 부분으로 구성된다. 메뉴바 아래에 있는 '패킷 리스트 창'은 캡처된 패킷의 리스트를 보여주는데, 캡처된 모든

---

39 1997년 말 제럴드 컴즈(Gerald Combs)가 개발을 시작한 Wireshark는 처음에 Ethereal(e-the-real)로 불렸으나 2006년 제럴드 컴즈가 이직한 후 Ethereal의 상표권 문제가 생기면서 Wireshark로 변경되었다.

패킷들을 색상별로 구분하여 보여주고, 소스와 목적지의 MAC 주소와 IP 주소 TCP나 UDP 포트 번호, 그리고 프로토콜, 패킷 내용 등 세부적인 정보들을 표시한다.

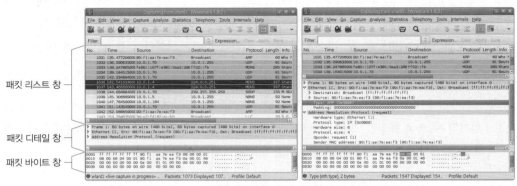

그림 6-29 **Wireshark의 패킷 캡처 화면**

패킷 리스트 창에서 하나의 패킷을 선택하면 하단의 '패킷 디테일 창'에 현재 선택된 패킷의 상세 정보가 OSI 레이어별로 표시되며, 항목의 계층을 확장하거나 축소하여 보다 자세한 정보를 볼 수 있다. 가장 밑에 있는 '패킷 바이트 창'은 패킷 디테일 창에서 현재 선택된 항목의 데이터를 16진수로 표시해준다.

Wireshark를 이용하면 실시간으로 네트워크 패킷의 분석이 가능하고 현재 분석되는 내용을 저장하여 나중에 확인할 수 있다. Statistics 메뉴에서 기본적인 통계 기능도 제공하며, OSI 7계층별로 세부적인 프로토콜에 대한 구조도(hierarchy)도 제공한다. 특정 단말과의 네트워크 통신 정보가 필요한 경우에 Endpoints 항목을 사용하면 좋다.

다른 패킷 캡처 도구나 Wireshark에 대해 보다 자세히 알고 싶다면 관련 책자나 인터넷의 자료를 참고하기 바란다.[40]

6.5 웹 서버와 라즈베리 파이의 제어

모바일이나 PC에서 라즈베리 파이를 제어할 수 있도록 코드를 작성해보자. 모바일이나 PC에서 라즈베리 파이에 손쉽게 접근하려면 웹 기반 기술을 이용하는 것이 편하다. 이번 장에서 만든 웹 서버에 앞 장의 라즈베리 파이 제어 관련 코드를 추가한다.

---

40   Wireshark에 대한 정보는 http://ko.wikipedia.org/wiki/와이어샤크를 참고하라.

코드 6-10 rpi6.c

```c
#include <stdio.h>
                                /* ~ 중간 표시 생략: 앞 장의 코드 참고 ~ */
#include <stdlib.h>
#include <string.h>
#include <signal.h>
#include <sys/socket.h>
#include <arpa/inet.h>
#include <netinet/in.h>
                                /* ~ 중간 표시 생략: 앞 장의 코드 참고 ~ */
static int is_run = 1;
int pressure_fd, temperature_fd;


                                    /* 스레드 처리를 위한 함수 */
void* webserverFunction(void* arg);
static void *clnt_connection(void *arg);
int sendData(FILE* fp, char *ct, char *filename);
void sendOk(FILE* fp);
void sendError(FILE* fp);
                                /* ~ 중간 표시 생략: 앞 장의 코드 참고 ~ */
void *pressureFunction(void *arg)
{
                                /* ~ 중간 표시 생략: 앞 장의 코드 참고 ~ */
}


void *temperatureFunction(void *arg)
{
                                /* ~ 중간 표시 생략: 앞 장의 코드 참고 ~ */
}


void* joystickFunction(void* arg)
{
                                /* ~ 중간 표시 생략: 앞 장의 코드 참고 ~ */
}


int main(int argc, char **argv)
{
    int i = 0;
    pthread_t ptPressure, ptTemperature, ptJoystick, ptWebserver;
    pthread_mutex_init(&pressure_lock, NULL);        /* 뮤텍스 초기화 */
    pthread_mutex_init(&temperature_lock, NULL);

    /* 프로그램을 시작할 때 서버를 위한 포트 번호를 입력받는다. */
    if(argc!=2) {
        printf("usage: %s <port>\n", argv[0]);
        return -1;
    }

    /* I2C 장치 파일을 오픈 */
    if((pressure_fd = open(I2C_DEV, O_RDWR)) < 0) {
                                /* ~ 중간 표시 생략: 앞 장의 코드 참고 ~ */
    }

    pthread_create(&ptJoystick, NULL, joystickFunction, NULL);
```

```c
        pthread_create(&ptWebserver, NULL, webserverFunction, (void*)(atoi(argv[1])));

        printf("q : Quit\n");
        for(i = 0; is_run;i++) {
            if(kbhit()) {                            /* 키보드가 눌렸는지 확인한다. */
                switch(getchar()) {                  /* 문자를 읽는다. */
                    case 'q':                        /* 읽은 문자가 q이면 종료한다. */
                        pthread_kill(ptWebserver, SIGINT);
                        pthread_cancel(ptWebserver);
                        is_run = 0;
                        goto END;
                };
            }

            delay(100);                              /* 100밀리초 동안 잠시 쉰다. */
        }
                             /* ~ 중간 표시 생략: 앞 장의 코드 참고 ~ */
        return 0;
}

/* 키보드 입력을 처리하기 위한 함수 */
int kbhit(void)
{
                             /* ~ 중간 표시 생략: 앞 장의 코드 참고 ~ */
}

/* 기압과 온도 계산을 위한 함수 */
void getPressure(int fd, double *temperature, double *pressure)
{
                             /* ~ 중간 표시 생략: 앞 장의 코드 참고 ~ */
}

/* 온도와 습도를 가져오기 위한 함수 */
void getTemperature(int fd, double *temperature, double *humidity)
{
                             /* ~ 중간 표시 생략: 앞 장의 코드 참고 ~ */
}

void* webserverFunction(void* arg)
{
    int ssock;
    pthread_t thread;
    struct sockaddr_in servaddr, cliaddr;
    unsigned int len;

    int port = (int)(arg);

    /* 서버를 위한 소켓을 생성한다. */
    ssock = socket(AF_INET, SOCK_STREAM, 0);
    if(ssock == -1) {
        perror("socket()");
        exit(1);
    }

    /* 입력받는 포트 번호를 이용해서 서비스를 운영체제에 등록한다. */
```

```
        memset(&servaddr, 0, sizeof(servaddr));
        servaddr.sin_family = AF_INET;
        servaddr.sin_addr.s_addr = htonl(INADDR_ANY);
        servaddr.sin_port = htons(port);
        if(bind(ssock, (struct sockaddr *)&servaddr, sizeof(servaddr))==-1) {
            perror("bind()");
            exit(1);
        }

        /* 최대 10대의 클라이언트의 동시 접속을 처리할 수 있도록 큐를 생성한다. */
        if(listen(ssock, 10) == -1) {
            perror("listen()");
            exit(1);
        }

        while(is_run) {
            char mesg[BUFSIZ];
            int csock;
                                    /* ~ 중간 표시 생략: 앞의 코드 참고 ~ */
        return 0;
}

void *clnt_connection(void *arg)
{
    /* 스레드를 통해서 넘어온 arg를 int 형의 파일 디스크립터로 변환한다. */
    int csock = *((int*)arg), clnt_fd;
                                /* ~ 중간 표시 생략: 앞의 코드 참고 ~ */
            if(filename[j] == '\0') break;
        }
    }

    /* URL에 경로(path)이 없을 때 기본 처리 */
    if(!strlen(filename)) strcpy(filename, "index.html");

    /* 라즈베리 파이를 제어하기 위한 HTML 코드를 분석해서 처리한다. */
    if(strstr(filename, "?") != NULL) {
        char optLine[BUFSIZ];
        char optStr[32][BUFSIZ];
        char opt[BUFSIZ], var[BUFSIZ], *tok;
        int count = 0;

        ret = strtok(filename, "?");
        if(ret == NULL) goto END;
        strcpy(filename, ret);
        ret = strtok(NULL, "?");
        if(ret == NULL) goto END;
        strcpy(optLine, ret);

        /* 옵션을 분석한다. */
        tok = strtok(optLine, "&");
        while(tok != NULL) {
            strcpy(optStr[count++], tok);
            tok = strtok(NULL, "&");
        }
```

```c
    /* 분석한 옵션을 처리한다. */
    for(int i = 0; i < count; i++) {
        strcpy(opt, strtok(optStr[i], "="));
        strcpy(var, strtok(NULL, "="));
        printf("%s = %s\n", opt, var);
        if(!strcmp(opt, "led") && !strcmp(var, "On")) {          /* 8×8 LED 매트릭스를 켬 */
        } else if(!strcmp(opt, "led") && !strcmp(var, "Off")) {  /* 8×8 LED 매트릭스를 끔 */
        }
    }
}

    /* 메시지 헤더를 읽어서 화면에 출력하고 나머지는 무시한다. */
    do {

                        /* ~ 중간 표시 생략: 앞의 코드 참고 ~ */
    return (void*)NULL;
}

int sendData(FILE* fp, char *ct, char *filename)
{
    /* 클라이언트로 보낼 성공에 대한 응답 메시지 */
    char server[ ] = "Server:Netscape-Enterprise/6.0\r\n";
    char cnt_type[ ] = "Content-Type:text/html\r\n";
    char end[ ] = "\r\n";                            /* 응답 헤더의 끝은 항상 \r\n */
    char html[BUFSIZ];
    double temperature, humidity;
    double t_c = 0.0;                                /* 온도와 압력을 출력하기 위한 변수 */
    double pressure = 0.0;

    /* LPS25H 장치 초기화 */
    wiringPiI2CWriteReg8(pressure_fd, CTRL_REG1, 0x00);
    wiringPiI2CWriteReg8(pressure_fd, CTRL_REG1, 0x84);
    wiringPiI2CWriteReg8(pressure_fd, CTRL_REG2, 0x01);
    getPressure(pressure_fd, &t_c, &pressure);     /* 기압/온도를 위한 함수 */

    /* HTS221 장치 초기화 */
    wiringPiI2CWriteReg8(temperature_fd, CTRL_REG1, 0x00);
    wiringPiI2CWriteReg8(temperature_fd, CTRL_REG1, 0x84);
    wiringPiI2CWriteReg8(temperature_fd, CTRL_REG2, 0x01);
    getTemperature(temperature_fd, &temperature, &humidity); /* 온도/습도를 위한 함수 */

    sprintf(html, "<html><head><meta http-equiv=\"Content-Type\" " \
                "content=\"text/html; charset=UTF-8\" />" \
                "<title>Raspberry Pi Controller</title></head><body><table>" \
                "<tr><td>Temperature</td><td colspan=2>" \
                "<input readonly name=\"temperature\"value=%.3f></td></tr>" \
                "<tr><td>Humidity</td><td colspan=2>" \
                "<input readonly name=\"humidity\"value=%.3f></td></tr>" \
                "<tr><td>Pressure</td><td colspan=2>" \
                "<input readonly name=\"pressure\"value=%.3f></td></tr></table>" \
                "<form action=\"index.html\" method=\"GET\" " \
                "onSubmit=\"document.reload()\"><table>" \
                "<tr><td>8x8 LED Matrix</td><td>" \
                "<input type=radio name=\"led\" value=\"On\" checked=checked>On</td>" \
                "<td><input type=radio name=\"led\" value=\"Off\">Off</td>" \
```

```
                    "</tr><tr><td>Submit</td>" \
                    "<td colspan=2><input type=submit value=\"Submit\"></td></tr>" \
                    "</table></form></body></html>",
                    temperature, humidity, pressure);

    fputs(protocol, fp);
    fputs(server, fp);
    fputs(cnt_type, fp);
    fputs(end, fp);
    fputs(html, fp);
    fflush(fp);

    return 0;
}

void sendOk(FILE* fp)
{
                            /* ~ 중간 표시 생략: 앞의 코드 참고 ~ */
}

void sendError(FILE* fp)
{
                            /* ~ 중간 표시 생략: 앞의 코드 참고 ~ */
}
```

코드의 기본 골격은 웹 서버와 같다. 라즈베리 파이를 이용해서 제어할 수 있도록 관련 코드를 포함했다. PC나 모바일에서 웹 서버에 접속하면 화면에 내용을 표시해줄 HTML 파일이 필요한데, HTML 문서 안에 온도와 습도 등을 직접 표현할 수 있도록 코드에 HTML을 직접 삽입하였다. HTML에서는 LED를 켜고 끌 수 있도록 라디오 버튼을 추가하였는데, 아래의 HTML 파일에서는 LED를 켜고 끄거나 음악을 연주하고 모터를 제어하는 옵션을 표시하였다. 사용자가 옵션을 선택한 후 submit 버튼을 누르면 관련 옵션이 서버로 전송된다. 8×8 LED 매트릭스와 관련된 코드는 7장에서 추가하도록 하겠다.

웹 브라우저에서 웹 서버에 데이터를 보낼 때에는 <FORM> 태그를 사용한다. <FORM> 태그는 기본적으로 POST 메시지로 요청을 보내지만, 앞의 웹 서버는 GET 메소드만 처리하기 때문에 <FORM> 태그의 method 속성을 이용하여 GET 메소드로 보내도록 설정한다.

웹 브라우저에서 웹 페이지를 불러들여서 옵션을 선택하고 아래의 Submit 버튼을 선택하면, 웹 서버로 'http://서버주소:포트번호/index.html?led=Off' 형태의 요청이 GET 메소드로 전달된다. 웹 서버에서는 GET 메소드로 전송된 메시지를 분석하고 라즈베리 파이의 GPIO에 해당 명령을 내릴 수 있다.

위의 코드를 빌드할 때는 Pthread 라이브러리와 wiringPi 라이브러리를 모두 링크해주어야 한다. 코드를 빌드한 후 실행할 때는 웹 서버에서 사용할 포트 번호를 인자로 사용한다.

```
pi@raspberrypi:~ $ gcc -o rpi6 rpi6.c -lpthread -lwiringPi
pi@raspberrypi:~ $ sudo ./rpi6 8080
q : Quit
Client IP : 172.30.1.36:63213
GET /index.html?led=Off HTTP/1.1
Host: 172.30.1.27:8080
Connection: keep-alive
                            /* ~ 중간 표시 생략: ~ */
```

모바일이나 PC의 웹 브라우저를 통해 라즈베리 파이의 서버에 접속해보자. 웹 브라우저에서 라즈베리 파이의 웹 서버에 접속할 때는 웹 브라우저의 주소창에 'http://IP주소:포트번호' 형태로 입력해야 한다. 웹 브라우저에 접속하면 온도, 습도, 기압이 표시된다. 그리고 웹 페이지에서 LED를 제어할 수 있는 옵션이 표시된다.

그림 6-30 접속한 클라이언트에서 표시되는 화면

6.6 요약

사물인터넷의 세상에서 가장 중요한 것은 바로 사물이 서로 연결되는 인터넷, 즉 네트워크 환경이다. 인터넷은 아파넷(ARPAnet)으로부터 발전해 왔으며, 유닉스에 네트워크 기능이 추가되고 웹이 등장하면서 폭발적으로 성장하였다. 인터넷은 패킷 기반의 통신 방식인 이더넷을 기반으로 하고, 주로 서버와 클라이언트 구조를 사용한다.

네트워크 통신은 신뢰성을 제공하는 TCP 소켓과 신뢰성이 없지만 속도가 빠른 UDP 소켓으로 나눠볼 수 있으며, 리눅스 네트워크 프로그래밍에서는 두 종류의 소켓을 모두 지원한다. 소켓 인터페이스는 응용 프로그램에서 TCP/IP를 이용하는 창구 역할을 하며, 네트워크 응용 프로그램은 소켓을 통해 데이터를 송수신할 수 있다. 리눅스는 파일이나 디바이스 등 모든 인터페이스가 파일로 취급되는데 소켓 또한 파일로 취급된다. 소켓도 read( ), write( ), close( ), ioctl( ) 등의 저수준 입출력 함수로 제어가 가능하다.

일반적으로 네트워크상에서 통신을 할 때는 서비스를 제공해주는 서버와 서비스를 받아서 사용자에게 제공해주는 클라이언트의 구조를 사용한다. 서버와 클라이언트는 서로 구조가 다르다. 서버에서 클라이언트의 접속을 위한 서비스를 운영체제에 등록(bind( ) 함수)하고 접속을 처리할 수 있는 대기 큐를 생성(listen( ) 함수)한다. 그리고 클라이언트의 접속을 대기(accept( ) 함수)한다. 클라이언트가 접속되면 서로 통신을 수행하고 모든 통신이 완료되면 소켓을 닫아(close( ) 함수) 네트워크 통신을 중단한다. 프로세스가 열 수 있는 파일 디스크립터의 수에는 제한이 있으므로 필요 없는 소켓은 반드시 닫는 것이 좋다.

네트워크상에서 서버와 클라이언트가 통신하기 위해서는 IP 주소 이외에도 포트 번호가 사용된다. 포트 번호는 TCP/IP 소프트웨어에서 상위 애플리케이션의 서비스를 구분하기 위해 사용된다. TCP와 80번 포트 번호를 기반으로 웹상의 데이터 접근 시 사용되는 프로토콜이 바로 HTTP다. HTTP의 가장 기본적인 동작 방식은 클라이언트에서 서버에게 요청(request)을 하면 서버가 그에 대한 응답(response)을 하는 것이다.

리눅스에서 백그라운드에서 서비스를 제공해주는 프로그램을 데몬이라고 부른다. 일반적으로 데몬 프로세서는 세션이나 그룹의 리더로 설정되며, 터미널 입출력을 가지면 안 되는데, 이 때문에 시스템 로그 데몬을 이용해서 에러 등의 정보를 기록한다.

## CHAPTER 6

연습문제

1 네트워크의 개념과 발달과정에 대해서 설명하시오.

2 클라이언트와 서버의 개념에 대해서 설명하시오.

3 OSI 7계층과 TCP/IP의 관계에 대해서 비교하여 설명하시오.

4 TCP/IP에서 사용하는 주소 체계에 대해서 설명하시오.

5 TCP 통신과 UDP 통신의 차이점에 대해서 설명하시오.

6 TCP 기반의 서버와 클라이언트의 차이점에 대해서 설명하시오.

7 TCP 기반에서 서버를 생성하는 순서와 관련 함수들에 대해서 설명하시오.

8 UDP 기반의 서버와 TCP 기반의 서버의 차이점에 대해서 설명하시오.

9 데몬에 대해서 설명하고 생성하는 방법에 대해서 설명하시오.

10 HTTP 프로토콜에 대해서 설명하시오.

11 패킷 모니터링에 대해서 설명하고 이점과 문제점에 대해서 설명하시오.

III

멀티미디어
프로그래밍

리눅스에서는 이미지, 사운드, 비디오, 동영상 등 다양한 멀티미디어 처리를 위해 커널에서 OSS, ALSA, V4L, 프레임 버퍼와 관련된 저수준의 시스템 호출(system call)을 제공하고 있으며, GStreamer, SDL, PulseAudio, ncurses 등의 다양한 라이브러리도 지원한다. 7장에서는 리눅스 커널에서 제공해주는 저수준의 시스템 호출을 통해 라즈베리 파이에서 멀티미디어를 프로그래밍하는 방법에 대해서 알아보도록 하겠다.

최근 자율 주행 자동차와 같은 스마트 기기들이 등장하면서 카메라를 통한 영상 인식에 대한 기술의 중요성이 높아짐에 따라 영상 인식과 같은 영상 처리를 보다 간단하게 할 수 있도록 OpenCV라는 라이브러리를 사용하고 있다. OpenCV는 리눅스를 비롯한 MS 윈도우, macOS 등을 지원하는데, 라즈베리 파이에서도 사용할 수 있다. 8장에서는 OpenCV를 이용해서 영상 처리하는 방법에 대해 배울 것이다.

사물인터넷 기술과 함께 3D 프린터, AR/VR/MR과 같은 3D 기술이 발전하고 있다. 컴퓨터 내에서 3D 객체를 모델링하기 위해서 OpenGL이나 Direct3D와 같은 기술을 이용해야 하는데, Direct3D는 MS 윈도우만 지원하기 때문에 라즈베리 파이에서는 사용할 수 없다. 스마트 디바이스를 비롯한 대부분의 장치들이 3D를 위해 OpenGL을 지원하는데, 9장에서는 라즈베리 파이에서 3D 객체를 출력할 수 있도록 OpenGL프로그래밍 방법에 대해 살펴볼 것이다.

PART III의 구성

3부도 마찬가지로 세 개 장에 걸쳐서 라즈베리 파이의 보다 다양한 기능을 사용하는 방법에 대해서 설명한다. 먼저 멀티미디어 기능을 사용하기 위한 프로그래밍 방법에 대해 알아보고, OpenCV를 이용한 영상 처리 프로그래밍과 카메라 영상의 얼굴 인식 프로그래밍에 대해 설명한다. 이어서 OpenGL ES와 셰이딩 언어를 이용해서 라즈베리 파이에서 3D 프로그래밍 방법에 대해서도 설명한다.

CHAPTER 7 **리눅스 멀티미디어 프로그래밍: 현란함과 즐거움**

7.1 멀티미디어와 라즈베리 파이

7.2 리눅스 사운드 프로그래밍

7.3 프레임 버퍼를 통한 이미지 출력

7.4 Video4Linux2와 Pi Camera

7.5 라즈베리 파이와 멀티미디어

7장에서는 리눅스의 프레임 버퍼 프로그래밍과 사운드, 카메라 등의 멀티미디어 프로그래밍에 대해서 설명할 것이다. 프레임 버퍼를 이용하면 라즈베리 파이의 현재 상태를 표시하기 위해 화면이나 이미지 등을 출력할 수 있고, 리눅스 커널에서 제공해 주는 멀티미디어 기능을 이용해서 사운드 파일의 출력과 라즈베리 파이에 부착할 수 있는 카메라로부터 영상을 가져와 화면에 출력할 수 있다.

CHAPTER 8 **OpenCV 프로그래밍: 사진 속 얼굴을 찾아라**

8.1 영상 처리와 OpenCV

8.2 OpenCV 기본 프로그래밍

8.3 OpenCV와 영상 처리

8.4 OpenCV를 이용한 얼굴 인식

8.5 라즈베리 파이와 OpenCV

OpenCV 영상 처리를 위해 초기에 인텔에서 개발을 시작한 오픈 소스 프로젝트이다. 다른 영상 처리 라이브러리에 비해 관리가 되어 있으며, OpenCV 2.0 버전부터 C++을 지원해서 사용하기 쉽다. OpenCV는 라즈베리 파이에서도 사용할 수 있다. 8장에서는 OpenCV를 이용해서 이미지를 처리하는 방법에 대해 설명하고, 이를 이용해서 얼굴 인식과 같은 영상 인식 프로그래밍 방법에 대해 설명한다.

CHAPTER 9 **OpenGL ES를 이용한 3D 프로그래밍: 3차원의 세계로**

9.1 라즈베리 파이와 OpenGL

9.2 EGL™와 OpenGL ES 1.0

9.3 OpenGL ES 1.1을 이용한 3D 애니메이션

9.4 OpenGL ES 2.0과 셰이딩 언어

9.5 3D와 라즈베리 파이

웨어러블 장치는 스마트워치를 넘어 홀로렌즈나 플레이스테이션 VR과 같은 3D 영상 장치로 넘어가고 있다. 또한, 3D 프린터는 제조업의 혁신이라고 불릴 정도로 미래의 가치를 인정받고 있다. 이러한 제품에서 3D 객체를 표현하기 위해서 3D 모델링이 더욱 중요해졌다. OpenGL은 3D 모델링을 위한 사업계 표준으로 라즈베리 파이는 OpenGL ES를 지원하고 있다. 9장에서는 OpenGL ES를 이용해서 3D 그래픽을 프로그래밍하는 방법에 대해 배우고, OpenGL을 동적으로 사용할 수 있도록 하는 셰이딩 언어에 대해 설명한다.

7

리눅스 멀티미디어 프로그래밍: 현란함과 즐거움

데이터 통신 기술의 발달과 하드웨어의 향상으로 처리되는 데이터 역시 정적인 형태의 텍스트에서 동적인 형태의 멀티미디어로 발전하였다. 이제 멀티미디어 프로그램은 시장의 필수 요소가 되었다. 그러나 멀티미디어가 말 그대로 하나의 미디어가 아닌 여러 미디어들의 모임이기 때문에 각각의 미디어 처리에 대한 많은 지식이 요구된다.

1990년대 중반 MS 윈도우가 출시되면서 PC에 사운드 카드가 보급되기 시작하고, 점차 웹이 발전함에 따라 멀티미디어에 대한 기본 처리가 가능해졌다. 2000년대 들어 PC에서 멀티미디어를 활용한 동영상의 재생이나 편집 등은 기본적인 일이 되었고, 이와 더불어 멀티미디어 프로그래밍에 대한 기술도 널리 보급되기 시작하였다.

리눅스는 커널에서 기본적으로 사운드 입출력과 TV 수신 카드나 USB 카메라를 사용할 수 있도록 관련 시스템 호출을 제공하고 있으며, 프레임 버퍼나 X 윈도를 통해 이미지나 영상을 출력할 수 있다. 또한 멀티미디어를 위해 OpenGL, OpenAL, OpenCV 등의 산업계 표준 기술들과 GStreamer나 SDL 등의 다양한 라이브러리들을 지원한다. 이번 장에서는 이러한 멀티미디어를 사용하기 위한 기본 개념들과 리눅스 커널에서 제공하는 ALSA나 Video4Linux2와 같은 멀티미디어 관련 기본 시스템 호출을 사용하는 방법을 살펴보도록 하겠다.

7.1 멀티미디어와 라즈베리 파이

멀티미디어는 인간이 오감으로 인식하는 여러 매체들의 혼합을 의미하는 것으로, '많은', '다양한'이라는 뜻을 가진 멀티(Multi)와 전달 등의 '수단', '방법', '매체'들을 뜻하는 미디어(Media)의 합성어이다.

7.1.1 멀티미디어

인간은 감각기관을 이용해서 소리, 이미지 등의 정보를 받아들이고 데이터를 받아들이기 위해 눈(시각), 귀(청각), 코(후각), 혀(미각), 피부(촉각)의 '오감(五感)'을 사용한다. 인간의 감각기관을 통해서 인식되는 정보를 미디어(Media)[1]라는 단어로 표현할 수 있다.

디지털 미디어는 일반적으로 하나의 미디어만 사용되지 않고 음성, 소리, 문자, 그림, 동영상 등의 미디어가 혼합된 형태로 사용되는데 이를 멀티미디어(Multimedia)라고 부른다. 디지털 미디어에서는 여러 미디어 중에서도 주로 시각과 청각을 사용하고 있다.

---

1 매스미디어와 같이 미디어는 인간 상호 간에 정보, 지식, 감정, 의사 등을 전달하는 수단을 의미한다. 또한 이를 이용하여 상대방에게 지식이나 정보를 전달함으로써 서로 나눠 갖는다는 뜻도 있다.

7.1.2 색상 체계

색상은 빛이 물체에 의해서 반사되어서 사람의 눈에 관찰된 빛의 파동을 의미한다.[2] 자연계에 존재하고 있는 색상을 컴퓨터의 모니터나 컬러 프린터 같은 장비로 표현하는 데는 한계가 있다. 이러한 색상들을 표현하고자 여러 색상 모델들이 만들어졌지만, 각 모델별로 표현할 수 있는 색상의 범위에 제한이 있다.

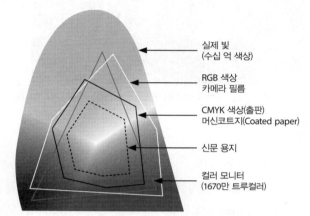

실제 빛
(수십 억 색상)

RGB 색상
카메라 필름

CMYK 색상(출판)
머신코트지(Coated paper)

신문 용지

컬러 모니터
(1670만 트루컬러)

그림 7-1 자연계의 색상과 색상 공간(color space)(QR 코드의 컬러 화보 참고)

일반적으로 많이 사용되는 모니터(RGB 모드)와 인쇄물(CMYK 모드)은 색상 표현 방식이 다르기 때문에 동일하게 표현되지 않는다. 모니터 같은 시스템에서는 RGB 색상 모형을 사용하고, 인쇄를 위한 시스템에서는 CMYK 색상 모형을 사용한다. 또한 색상, 채도, 명도를 사용하는 경우 HSI 색상 모형은 영상 처리에서 주로 사용된다.

영상 입력 디바이스는 YUV를 많이 사용하는데, 영상의 압축에 많이 사용되는 JPEG과 MPEG와 같은 코덱에서도 YUV를 이용한다. 이러한 YUV 데이터를 사람에게 보여주기 위해서는 색상 공간의 종류와 변환법에 대해서 알 필요가 있다.

■ RGB 색상 모델

빛을 표현하기 위해서는 RGB 색상 모델을 사용하며, 이는 빨간색(Red), 초록색(Green), 파란색(Blue)의 세 가지 색으로 표현되는데, 이를 빛의 삼원색이라고 부른다. 컴퓨터상의 표시를 위해서 주로 사용되는 색상 모델이며 모니터나 영화관 등에서 사용하는 빛의 혼합을 위한 색상 모델이다.

---

2   빛이 물체에 반사되어 사람의 눈에 도착하면 눈에 있는 시신경을 통해서 인식되는데, 인간의 눈은 구조상 색상보다는 밝기에 더 민감하다.

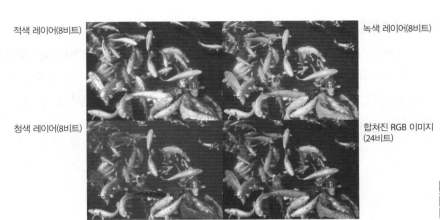

그림 7-2 **RGB 색상 모델의 이미지 표현(QR 코드의 컬러 화보 참고)**

■ CMY/CYMK 색상 모델

CMY 색상 모델은 청록색(Cyan), 자홍색(Magenta), 노랑색(Yellow) 색으로 구성되는데, 이를 색의 삼원색이라고 부른다. CMY 색상 모델의 세 가지 색을 모두 합하면 이론적으로는 검은색이 나와야 하지만 실제적으로는 진한 회색이 나오므로 검정색(Black)을 추가해서 CYMK 모델을 사용한다.

그림 7-3 **CYMK 색상 모델의 이미지 표현(QR 코드의 컬러 화보 참고)**

■ HSI/HSV 색상 모델

HSI 색상 모델은 색상(Hue), 채도(Saturation), 명도(Intensity/Value)[3]의 세 가지를 이용해서 영상을 나타낸다. 색상은 앞의 색상 모델의 색으로 다양한 파장이 관측자에게서 느껴지는 느낌이고, 채도는 백색으로 희석되지 않는 색깔의 정도(순수성, 탁한 정도)이며, 명도는 빛이 물체에 반사되어 느껴지는 밝기의 강도로 정의될 수 있다.

---

3   히스토그램 평활화나 에지(경계) 추출과 같은 영상 처리에서는 주로 명도 값을 사용한다.

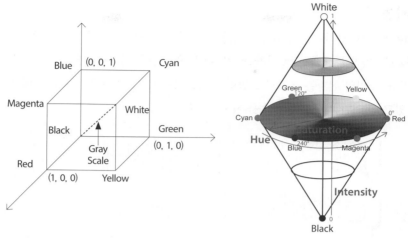

그림 7-4 RGB 색상 모델과 HSI 색상 모델(QR 코드의 컬러 화보 참고)

■ YUV 색상 모델

YUV나 YIQ 색상 공간은 컬러 TV에서 사용되는 색 표현 방식으로 YUV나 YIQ는 아날로그에서 사용하고 YCbCr은 JPEG/MPEG 코덱이나 디지털 방송에서 사용한다. Y는 밝기 정보인 휘도(Luminance)이며, IQ/UV/CrCb는 비디오 신호의 색상 정보를 형성하며 색상(Chrominance)이라 한다.

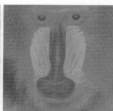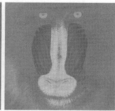

그림 7-5 YUV 색상 모델의 이미지 표현(QR 코드의 컬러 화보 참고)

컬러의 표시를 위해서 사용하는 RGB 색상 모델은 흑백 TV에서 바로 사용할 수 없다. 이를 해결하기 위해서 등장한 모델이 바로 YUV 모델이다. 컬러 방송을 YIQ로 송출했는데, 여기서 Y가 바로 흑백 TV에서 사용하는 밝기와 동일한 신호이므로 YUV를 사용해서 흑백 TV와의 호환성을 유지할 수 있었다.

7.1.3 사운드

소리(Sound)는 인간이 말하는 음성이나 악기가 내는 악기음 등의 다양한 형태가 존재한다. 소리는 공기 입자의 보이지 않는 진동으로 잔잔한 수면에 돌을 던졌을 때 볼 수 있는 물결처럼 공기 중에서 퍼져나간다. 소리의 전파는 공기의 소밀로 표시할 수 있는데 이는 사인(sine) 형태의 파동[4]으로 나타낼 수 있고, 이러한 파동은 주파수를 가지고 있다.

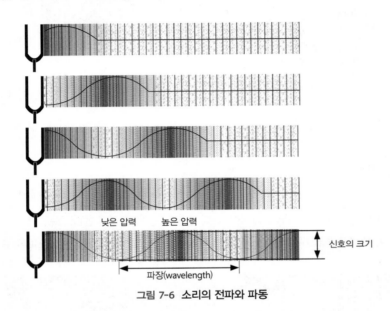

그림 7-6 소리의 전파와 파동

파동의 주파수 중에 인간이 들을 수 있는 범위를 소리라고 한다. 사람의 청각 범위(가청 주파수)는 20Hz ~ 20KHz인데, 일반 사람이 말할 수 있는 언어의 진동수는 1 ~ 3KHz이고, 사람이 낼 수 있는 주파수 대는 약 100Hz ~ 6KHz로 사람의 청각은 1 ~ 6 KHz에 가장 민감하다.

7.1.4 아날로그/디지털 신호 변환

실생활에서 우리가 사용하는 오디오나 이미지의 형태는 데이터의 값이 시간의 변화에 따라서 순차적으로 변화하는 아날로그 파동(analog wave)의 형태로 나타낼 수 있다. 컴퓨터에서는 디지털 형태의 데이터만 이해하기 때문에 컴퓨터에서의 처리를 위해 아날로그 데이터를 디지털 형태로 변환하는 과정이 필요하다.

---

4   파형은 주파수와 크기를 가지고 있는데, 주파수란 기본파를 나타내는 단위로 1초 동안 반복되는 주기를 뜻하며 헤르츠(Hz)로 표현된다.

■ **디지털 변환**

우리가 일반적으로 사용하는 소리, 음악과 같은 데이터는 아날로그 신호이다. 아날로그 신호는 디지털 신호와는 달리 시간에 따라서 연속적으로 값이 변화하지만, 디지털 신호는 작은 범위로 나누어진 시간의 영역에서 이산적인 값을 갖는다.

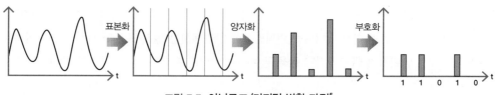

그림 7-7 아날로그/디지털 변환 과정[5]

아날로그 신호를 디지털 신호로 변경하기 위해서는 '표본화(Sampling)', '양자화(Quantization)', '부호화(Encoding)'의 세 가지 단계를 거쳐야 한다. 먼저 아날로그 신호를 디지털의 크기를 가질 수 있도록 표본화 단계를 거쳐야 하는데, 시간 영역(x축)을 일정한 구역으로 나누고 각 구역마다 신호의 샘플 데이터를 구한다. 그런 다음 양자화 과정에서 구해진 샘플 데이터의 크기(y축)를 디지털 단위로 바꾼 후, 마지막으로 디지털 단위의 크기를 '0'과 '1'의 부호(압축)로 줄이는 부호화 과정을 거쳐서 아날로그 신호는 디지털 신호로 바뀌게 된다.

■ **오디오 데이터의 디지털 변환**

오디오 데이터의 표본화는 샘플링 레이트라는 샘플의 단계(개수)를 구하는 단계로 x축의 단위를 정하는 것이라고 생각하면 되는데, 일반적으로 나이키스트 이론을 사용한다. 양자화는 y축의 단 위를 정하는 것인데 보통 8비트나 16비트를 사용하지만, 하이 레졸루션 오디오(Hi-Res Audio)와 같은 고품질 오디오의 경우에는 24비트를 이용하기도 한다. 또한 인간은 두 개의 귀에 대한 각각의 채널을 의미하는 모노나 스테레오 등의 속성을 설정해야 한다.

> 참고
> 하기 ➕ **나이키스트(Nyquist)의 표본화 이론**
>
> 신호를 주파수 영역으로 표현했을 때 가장 빠른 주파수 성분을 f_{max}라고 하면 신호 내에 있는 유효한 정보를 디지털로 모두 표현하기 위해서 적어도 f_{max}의 두 배 이상으로 표본화해야 한다. 즉 가장 빠른 주파수의 두 배로 표본화하면 된다.

일반적으로 사람이 대화할 때의 목소리가 1KHz에서 약 3KHz 이상이기 때문에 이 대역의 두 배인 8KHz로 샘플링하면 되는데, 전화 음성의 경우에 표본의 수는 8,000이고 8비트로 양자화를 한다.

---

5   아날로그 데이터의 디지털 변환에서 표본화라고 하는 것은 신호의 x축 눈금(시간 영역)을 정의하는 것이고, 양자화는 y축(데이터의 크기)의 눈금을 정의하는 것이다.

반면 음악의 경우에는 사람의 가청 주파수가 20Hz ~ 20KHz이므로 20KHz의 두 배인 44.1KHz를 사용하는데, 음악을 주로 저장하는 CD의 표본화율은 44.1K이고 16비트 양자화 크기와 스테레오 모드를 사용한다.

■ 이미지 데이터의 표본화

영상 이미지는 스캐너나 디지털 카메라에 있는 이미지 센서를 통해서 전기적인 신호로 변경된다. 전기적인 신호로 변경된 이미지 데이터를 디지털화하기 위해서는 먼저 표본화 과정을 거쳐야 한다. 표본화 과정에서 이미지의 불연속적인 점을 픽셀(Pixel)이라고 부른다. 색상 모델에 따라 각 픽셀의 구성이 다른데, 일반적으로 모니터나 BMP 등의 이미지는 RGB 요소가 사용된다.

이미지는 2차원적인 구조로 이루어져 있기 때문에 오디오의 표준화와는 다르게 2차원적인 공간(x 축과 y축)을 동시에 표본화해야 한다. 전체 이미지의 x축과 y축의 픽셀의 크기를 해상도(Resolution) 라고 부르며, 이미지의 해상도는 크게 모니터 기준과 TV 화면 기준 그리고 통신을 기준으로 나눌 수 있다.

표 7-1 모니터 기반의 해상도

이름	해상도	비고
qVGA(quarter VGA)	320×240	VGA의 1/4배
VGA(Video Graphic Array)	640×480	640×480: 16색, 320×200: 256색
SVGA(Super VGA)	800×600	
XGA(eXtended GA)	1024×768	
WXGA(Wide XGA)	1280×768	XGA의 가로 확대
SXGA	1280×1024	WXGA의 세로 확대
UXGA	1600×1200	XGA의 확대
WUXGA(Wide UXGA)	1920×1200	UXGA의 가로 확대
QXGA	2048×1536	XGA의 4배
QSXGA	2560×2048	QXGA의 확대

HDTV의 표준은 일반적으로 16:9의 비율로 미국의 차세대 텔레비전 방식을 심의하는 위원회인 ATSC(Advanced Television System Committee)에서 정한 규격이다.

표 7-2 **TV 기반의 해상도**[6]

이름	해상도	비고	
480p	720×480	SD	
	852×480	크루드 아나모픽(Crude anamorphic)	
720P	1280×720	HD	
1080i	1366×768	Full HD	비월(interlaced) 주사
1080P	1920×1080		순차(progressive) 주사
2K	1998×1080	2K 플랫(Flat)	
	2048×1080	2K 네이티브(Native)	
	2560×1440	QHD	
4K	3840×2160	UHD	
	4096×1716	시네마스코프(CinemaScope)	
8K	7680×4320	FUHD(Full Ultra High Definition)	

CIF[7]는 화상 회의 시스템에서 사용되는 비디오 형식으로, 전화 회선을 이용한 화상통신이나 2.5G, 3G, 4G와 같은 모바일 통신에서 사용하는 방식이다.

표 7-3 **통신 기반의 해상도**

이름	해상도	비고
SQCIF(Sub QCIF)	128×96	
QCIF(Quarter CIF)	176×144	전화 회선을 이용한 화상통신, MPEG-4 SP(simple profile) @ Level 1[†]
CIF(Common Intermediate Format)[††]	352×288	FCIF(Full CIF), MPEG-4 SP @ Level 3
4CIF	704×576	CIF의 4배
16CIF	1408×1152	CIF의 16배

[†]   http://www.ti.com/lit/an/spra985/spra985.pdf 참고
[††]   CIF는 NTSC(720×486)와 PAL(720×576) 방식의 신호를 모두 지원하고, 초당 30프레임이다.

해상도는 이미지의 크기를 좌우한다. 큰 해상도를 갖는 이미지는 더 많은 저장 공간을 필요로 하고, 작은 해상도를 갖는 이미지는 필요로 하는 저장 공간도 작다.

---

[6]   http://en.wikipedia.org/wiki/Graphics_display_resolution#FHD
[7]   해상도와 관련된 용어들은 멀티미디어 작업 시에 주로 약어가 사용되므로 알고 있는 것이 좋다.

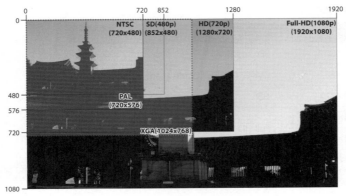

그림 7-8 해상도별 이미지의 크기 비교

■ **이미지 데이터의 양자화**

표본화에서 이미지의 해상도가 결정되면 양자화 단계에서는 픽셀의 밝기 값을 양자화하는 과정을 거친다. 각 픽셀에 대한 수치 값은 색상이 되는데 컬러 이미지의 경우 RGB 값이 되고, 흑백 이미지의 경우 빛의 강도 즉 밝기의 값이 된다.

양자화에서 각각의 픽셀의 밝기 값으로 얼마의 비트를 할당할 것을 결정해야 한다. 표현할 수 있는 색상의 수가 2^G인 경우 G비트 양자화라고 하는데, 일반적으로 흑백 이미지의 경우 'unsigned char' 형의 8비트를 이용하여 256단계(2^8)[8]로 명암을 구분한다. 컬러의 경우 R, G, B에 8비트씩을 제공하며, 픽셀당 총 24비트로 표현할 수 있는 색의 값은 16,777,216이 되는데, 이를 자연색을 표현할 수 있다는 의미로 트루 컬러(True Color)라고 부른다.

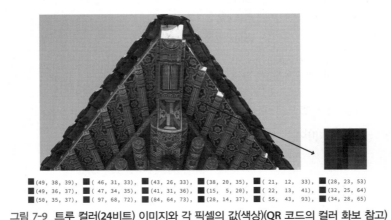

그림 7-9 트루 컬러(24비트) 이미지와 각 픽셀의 값(색상)(QR 코드의 컬러 화보 참고)

---

8 'unsigned char'의 8비트 값으로 표현되는데 8비트는 256단계의 값을 나타내므로 색의 범위는 0~255의 값을 갖게 된다. 흑백 영상의 경우 하나의 점(pixel)을 표현하기 위해 8비트 한 개가 필요하고 컬러 색상의 경우 RGB 모델에서 각각 R, G, B 색상(채널)당 8비트씩 필요하므로 8×3의 24비트가 필요하게 된다.

24비트 이미지와 함께 많이 사용되는 것이 바로 32비트 이미지이다. 32비트 이미지는 24비트 이미지에 투명도를 위한 채널을 추가해서, 하나의 픽셀은 4바이트의 RGBA 요소[9]로 되어 있다.

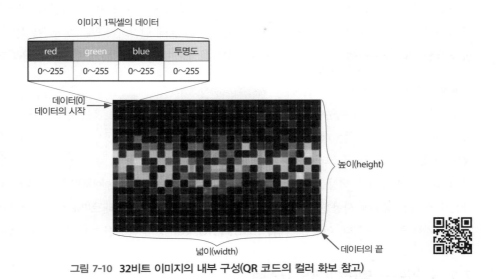

그림 7-10 **32비트 이미지의 내부 구성(QR 코드의 컬러 화보 참고)**

이미지의 표현 방식에는 24비트나 32비트 이외에도 16비트, 15비트, 8비트, 1비트 등의 색상 표현 방식이 있다. 16비트나 15비트는 RGB의 색상을 줄여서 2바이트 내로 표현하는 방식이며, 흑백의 경우에는 그레이 레벨의 채널만 있으면 되므로 8비트를 이용해서 표현할 수 있다.

그림 7-11 **1비트(모노), 4비트(컬러), 8비트(흑백), 24비트(트루컬러) 이미지(QR 코드의 컬러 화보 참고)**

같은 컬러 이미지의 경우에도 사용하는 비트 수에 따라서 표현할 수 있는 색의 수에 차이가 난다. 24비트 이미지의 경우 모든 색상을 표현할 수 있지만 용량이 커지고, 16비트 이미지의 경우 색상을 표현하는 범위는 작아지지만 사용되는 데이터의 양이 작다.

이렇듯 양자화 단계에서 색상의 수를 줄이는 이유는 이미지의 크기가 너무 크기 때문에 이를 조정해서 저장되는 양을 줄이기 위해서이다. 일반적으로 임베디드 장비에서 16비트나 20비트의 색상을 지원하는 저렴한 LCD 표시 장치를 많이 사용하고 있다.

9　빨강, 초록, 파랑의 컬러 채널과 투명도를 의미하는 알파(Alpha) 채널로 이루어져 있다.

■ **이미지 데이터의 부호화**

일반적인 이미지의 크기는 해상도와 각 픽셀에 할당된 비트 수로 계산할 수 있다. 이미지의 양자화 단계가 끝나면 부호화 단계를 거치게 된다. 부호화를 통해서 이미지 데이터를 줄일 수 있는데, 이미지 데이터의 크기를 줄이는 방법으로 이미지에서 사람의 눈에 민감하지 않는 부분[10]을 삭제하는 방법과 색상 맵을 사용하여 각 픽셀에 들어가는 비트 수(색상의 수)를 줄이는 방법 등이 사용되고 있다.

일반적으로 트루 컬러의 경우 한 점에 24비트[11]가 사용되기 때문에 이미지 전체를 보면 사용되는 데이터의 양이 많다. 일반적으로 포스터(Poster)의 경우에 5색 내외로 색상을 사용

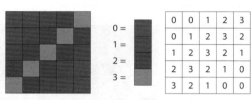

그림 7-12 **인덱스 색상(Indexed Color)(QR 코드의 컬러 화보 참고)**

하는데 이러한 경우에 사용한 색상(Indexed Color)에 대해서 매핑한 팔레트(Palette)를 이용해서 이미지의 크기를 줄일 수 있다. 이러한 방법은 BMP, PNG, GIF 등의 다양한 이미지에서 이용된다.

7.1.5 리눅스 멀티미디어 시스템

리눅스 커널에서는 멀티미디어를 위해 다양한 시스템 호출을 제공한다. 사운드를 위해 OSS와 ALSA를 지원하고, 그래픽을 위해 프레임 버퍼를 이용한 터미널 출력과 X 윈도를 지원한다. 또한, USB 카메라나 TV 수신 카드를 통해 영상 데이터를 가져올 수 있도록 Video4Linux API를 지원하며, 디지털 방송을 위해 DVB(Digital Video Broadcasting)[12]도 지원한다.

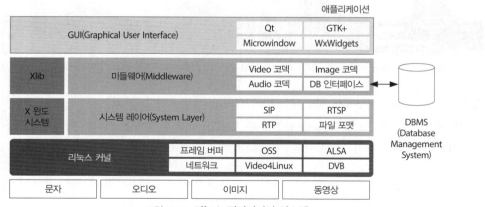

그림 7-13 **리눅스 멀티미디어 시스템**

---

10 JPEG 코덱은 색상 성분을 줄이고 변화가 심하지 않는 부분 등 사람이 덜 민감하게 여기는 부분들을 삭제한다.

11 트루 컬러에서 RGB 색상의 각 요소에 대한 밝기는 256가지로 구분할 수 있다. 예를 들어 빨강의 경우 (255, 0, 0)으로 생각할 수 있고 흰색의 경우 (255, 255, 255)로 생각할 수 있다.

12 https://linuxtv.org/docs.php 참고

리눅스는 기본적인 이미지나 동영상을 위한 코덱부터 RTP, SIP, RTSP 같은 멀티미디어를 위한 네트워크 라이브러리까지 지원된다.

7.1.6 라즈베리 파이의 멀티미디어 시스템

라즈베리 파이에서도 다양한 멀티미디어 기능을 지원한다. 리눅스 커널 3 버전[13]에서 지원하는 ALSA와 Video4Linux2를 지원하고, 프레임 버퍼 디바이스와 X 윈도를 이용한 그래픽 출력을 지원한다. 내부적으로 OpenGL ES와 OpenVG가 지원되는 내장된 VideoCore IV GPU를 탑재하고 있으며, 사운드 출력을 위한 단자와 HDMI 포트를 기본으로 지원한다. 라즈베리 파이의 Vidoecore IV GPU를 이용하는 OpenGL ES에 대해서는 뒤에서 보다 자세히 살펴보도록 하겠다.

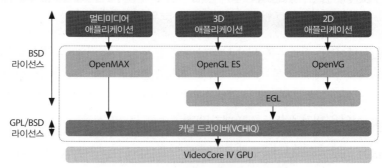

그림 7-14 라즈베리 파이의 멀티미디어 지원

7.2 리눅스 사운드 프로그래밍

오래전부터 리눅스에서는 오디오 출력을 위한 사운드 시스템을 지원했다. 커널 수준에서 오디오의 출력을 위해 OSS와 ALSA 시스템을 지원했으며, X 윈도에서 멀티미디어 환경을 제공하기 위해 aRts나 EsounD 등의 사운드 시스템을 제공했었지만, JACK과 PolyAudio로 변경되었다.

7.2.1 리눅스 사운드 시스템

리눅스에서는 오래전부터 커널 차원에서 기본적으로 사운드 드라이버를 지원했다. 하지만 기존의 커널 2.2와 2.4에서 제공했던 OSS는 다양한 사운드 카드를 지원하지 못하고 SMP(Symmetric Multi-Processing, 대칭형 다중처리) 환경에서 제대로 동작하지 않는 등 질적으로나 기능적으로 많이 떨어졌기 때문에 새로운 사운드 시스템들이 개발되었다.

---

13 리눅스 커널 2.4까지의 멀티미디어 프로그래밍에 대해 궁금하다면 필자가 2002년에 작성한 자료를 참고하기 바란다.
http://valentis.pe.kr/Suhdang/QT_Programming/Lecture_MM.html

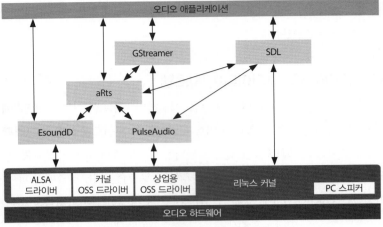

그림 7-15 리눅스 사운드 시스템

리눅스 커널 2.4까지는 기본으로 OSS(Open Sound System)를 지원했다. OSS는 미국의 4Front Technologies라는 회사에서 만든 라이브러리로, 리눅스뿐만 아니라 유닉스 플랫폼에서도 사용할 수 있다. 리눅스 커널에서 기본으로 제공하는 OSS/Free 이외에도 다양한 기능과 여러 사운드 카드를 지원하는 상업용 버전을 별도로 판매하였다.

ALSA(Advanced Linux Sound Architecture)는 OSS가 지원하지 않았던 사운드 카드를 지원하고 OSS의 단점들을 개선하기 위해 개발되었다. 커널 2.4까지는 ALSA를 사용하기 위해서 별도의 설치 작업이 필요했지만 커널 2.5 이후부터는 ALSA 사운드 시스템이 커널의 기본 사운드 시스템으로 받아들여져서 편리하게 사용할 수 있다.

ALSA가 커널 2.6부터 기본 사운드 시스템으로 사용되고 있으며, 리눅스 커널 3.0부터는 OSS를 완전히 대체하였다. ALSA는 OSS와의 호환을 위해 OSS 호환층을 두고 있기 때문에 기존에 OSS 용으로 작성한 응용 프로그램을 그대로 사용할 수 있다.

일반적으로 유닉스에서는 파일, 디렉터리, 디바이스 모두 가상 파일 시스템을 통해서 파일로 취급되고 있다. OSS에서도 오디오 디바이스는 하나의 파일로 취급된다. 만일, 임의의 프로그램(프로세서)이 하나의 파일을 열어 사용하고 있다면, 다른 프로그램(프로세스)은 처음의 프로그램이 사용을 마칠 때까지 해당 파일을 사용할 수 없다. 이러한 점은 동시에 여러 개의 프로그램이 실행되는 X 윈도 환경에서는 큰 제약이 아닐 수 없다.

이 문제점을 해결하기 위해 GNOME이나 KDE 같은 X 윈도 데스크톱 환경에서는 여러 프로그램의 사운드를 동시에 처리할 수 있도록 사운드 매니저를 사용한다. GNOME에서는 EsounD라는 사운드 매니저를 제공하고, KDE에서는 aRts를 사운드 매니저로 제공하였다.

■ **커널 표준 사운드 드라이버**

OSS는 4Front Technologes가 개발하여 배포하는 사운드 드라이버로, 자유롭게 사용할 수 있는 버전(OSS/free)과 상업용(OSS/commercial) 버전이 있다. 커널 표준 드라이버는 OSS/Free라고도 불리며 4Front Technologies의 한누 사볼라이넨(Hannu Savolainen)에 의해 대부분 개발되었다.

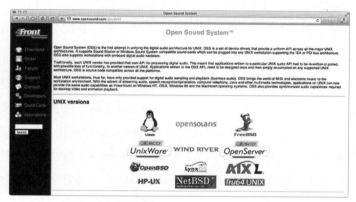

그림 7-16 **OSS 홈페이지**(http://www.opensound.com/oss.html)

■ **ALSA**

ALSA(Advanced Linux Sound Architecture)는 ALSA 프로젝트에서 제작하고 배포하는 리눅스용 자유 (Free) 사운드 드라이버이다. 상업용인 OSS와 달리 GPL에 의해 자유롭게 사용할 수 있고 재배포도 가능하다.

커널 표준 드라이버나 OSS 드라이버와의 호환성을 가지고 있어서 이전 드라이버용으로 작성된 대부분의 프로그램을 그대로 ALSA 드라이버에서 사용할 수 있다. ALSA는 OSS의 한계를 극복하는 뛰어난 성능 덕분에 리눅스 커널 2.6부터 기본으로 포함되었다.

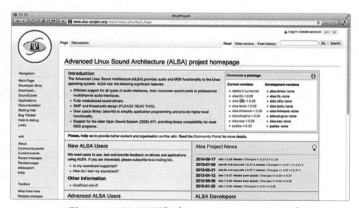

그림 7-17 **ALSA 프로젝트**(https://www.alsa-project.org)

■ EsounD와 PulseAudio

EsounD(Enlightened Sound Deamon)는 GNOME 기반의 X 윈도 환경에서 멀티미디어 환경을 제공하기 위한 서버 프로세스다. 이는 리눅스의 단일 오디오 디바이스(OSS나 ALSA 사운드 시스템 같은)에서 재생할 여러 오디오 스트림을 믹싱할 수 있는 단일화된 인터페이스를 제공하는 라이브러리(esd)와 사운드 데몬을 제공한다. 또한, EsounD는 기본적인 사운드 입출력 이외에 여러 사운드 스트림의 동시 지원 등 저수준 드라이버가 제공하지 않는 추가 기능도 제공한다.

PulseAudio는 네트워크를 지원하는 사운드 시스템으로 다양한 오디오 소스로부터의 오디오 입력을 지원하고 다양한 오디오 디바이스로의 출력을 지원한다. OSS뿐만 아니라 ALSA도 지원하는데, OSS를 위해서 padsp라는 유틸리티를 제공하여 /dev/dsp에 대한 접근을 제공하고 있다. 2004년 Polyaudio라는 프로젝트로 시작되었지만 2006년 PulseAudio로 이름이 변경되었다. EsounD 프로젝트는 PulseAudio 2.0으로 대체되었고, PulseAudio는 EsounD에 대한 에뮬레이션 프로토콜을 제공하고 있다. 그리고 라즈비안은 오디오 서버로 PulseAudio를 사용한다.

■ aRts와 JACK

aRts(analog Real-time synthesizer)는 KDE 환경에서 동시에 여러 응용 프로그램의 사운드 입출력을 제공하기 위한 사운드 시스템으로, aRts와 관련 데몬을 통해 사운드를 사용할 수 있다. aRts는 네트워크 전송 등의 기능들을 제공하며, 사운드 입출력을 위한 하위 시스템으로 EsounD, ALSA, OSS를 사용할 수 있다.

aRts를 개선해서 KDE에 새롭게 등장한 것이 JACK(JACK Audio Connection Kit)[14] 사운드 서버다. JACK 사운드 서버는 리눅스 전용으로 제작된 작은 지연시간을 갖는 오디오 서버다. Jackd라는 데몬을 제공하고, 복수의 응용 프로그램 내 동기화를 지원하여 지연시간이 적게 설계되어 있다.

7.2.2 ALSA를 이용한 오디오 프로그래밍

ALSA는 고품질의 리눅스 사운드 서버 시스템을 개발하려는 프로젝트로, ALSA 커널 드라이버와 프로그래머가 쉽게 프로그래밍할 수 있는 ALSA 라이브러리로 구성되어 있다. 기존 OSS의 한계인 멀티스레드와 2개 이상의 CPU를 사용하는 대칭형 다중 처리(SMP, Symmetric MultiProcessing)에서의 문제점들을 개선하였고, 관련 프로그램과 dmix를 비롯한 플러그인들을 제공한다.

ALSA는 기존에 존재하는 OSS 응용 프로그램의 지원을 위해 에뮬레이션 래퍼(wrapper) 라이브러리(liboss)를 제공한다. ALSA는 믹서, 사운드 플레이어 등 많은 콘솔 기반(커맨드 라인)의 유틸리티와

---

14 https://jackaudio.org 참고

도구들을 제공한다.

■ **ALSA의 유틸리티**

ALSA는 멀티미디어 사용과 관련된 amixer, alsamixer, alsactl, aplay 등의 다양한 유틸리티를 제공한다. 볼륨을 조정하고 싶은 경우에는 alsamixer 명령어를 사용하고, 오디오 파일을 재생하고 싶은 경우라면 aplay 유틸리티를 사용하면 된다.

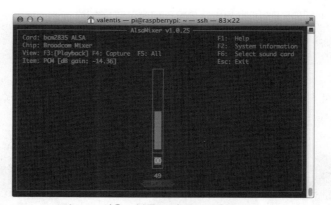

그림 7-18 사운드 볼륨 조정 프로그램 alsamixer

라즈베리 파이에서 사운드가 나오는지 확인하고 싶은 경우에는 speaker-test 명령어를 사용한다. 사운드 시스템에 문제가 없는 경우 스피커로 화이트 노이즈가 출력되는 것을 확인할 수 있다. 사운드가 출력되지 않는 경우 사운드가 뮤트(mute)로 되어 있지는 않은지 확인하고 raspi-config 유틸리티를 통해 사운드가 어느 방향(HDMI 혹은 사운드잭)으로 출력되도록 설정되어 있는지 확인하기 바란다. 사운드가 뮤트인지는 X 윈도 패널을 통해 확인하거나 alsamixer 유틸리티를 통해 확인할 수 있는데, alsamixer의 가운데 사각형에 'MM'으로 표시되어 있으면 뮤트이다. alsamixer에서 'm' 키를 누르면 뮤트를 해제하거나 다시 설정할 수 있다.

```
pi@raspberrypi:~ $ speaker-test

speaker-test 1.1.3

Playback device is default
Stream parameters are 48000Hz, S16_LE, 1 channels
Using 16 octaves of pink noise
Rate set to 48000Hz (requested 48000Hz)
Buffer size range from 192 to 2097152
Period size range from 64 to 699051
Using max buffer size 2097152
Periods = 4
was set period_size = 524288
was set buffer_size = 2097152
0 - Front Left
^C
```

사운드 카드의 기능은 amixer 유틸리티를 이용해서 알 수 있다. 라즈베리 파이에서는 기본적으로 사운드의 출력만을 지원하고 녹음을 위한 오디오 디바이스가 없다.

```
pi@raspberrypi:~ $ amixer -c0
Simple mixer control 'PCM',0
  Capabilities: pvolume pvolume-joined pswitch pswitch-joined
  Playback channels: Mono
  Limits: Playback -10239 - 400
  Mono: Playback -147 [95%] [-1.47dB] [on]
```

라즈베리 파이에서 사운드를 입력하기 위해서는 울프슨 Pi 오디오 카드나 리눅스를 지원하는 USB 사운드 카드 같은 별도의 하드웨어가 필요하다.

그림 7-19   울프슨 Pi 오디오 카드와 사운드 블러스터 Play!

사운드 카드가 녹음 기능을 지원하는지는 /var/lib/alsa/asound.state 파일을 확인하면 되는데, 현재 ALSA의 상태 값(인터페이스와 지원되는 기능)을 확인할 수 있다.

```
pi@raspberrypi:~ $ cat /var/lib/alsa/asound.state
state.ALSA {
    control.1 {
        iface MIXER
        name 'PCM Playback Volume'
        value -1725
        comment {
            access 'read write'
            type INTEGER
            count 1
            range '-10239 - 400'
            dbmin -9999999
            dbmax 400
            dbvalue.0 -1725
        }
    }
    control.2 {
        iface MIXER
        name 'PCM Playback Switch'
        value true
        comment {
            access 'read write'
            type BOOLEAN
            count 1
        }
    }
                            /* ~ 중간 표시 생략 ~ */
    control.5 {
        iface PCM
        name 'IEC958 Playback Con Mask'
        value '02000000000000000000000000000000000000000000000000000000000000
0000000000000000000000000000000000000000000000000000000000000000000000000000000
0000000000000000000000000000000000000000000000000000000000000000000000000000000
0000000000000000000000000000000000000000000000000000000000000000000000000000000
00000000000000000000000000000000000'
        comment {
            access read
            type IEC958
            count 1
        }
    }
                            /* ~ 중간 표시 생략 ~ */
}
```

■ ALSA의 구조

ALSA는 많은 종류의 사운드 카드들을 지원하기 위한 커널 디바이스 드라이버와 라이브러리 (libsound)로 구성되어 있다. 고급 라이브러리를 제공하므로 저수준 동작에 대해 자세히 알 필요 없이 (커널 시스템 호출이 아닌) 라이브러리 API를 이용하여 쉽게 프로그래밍할 수 있다.

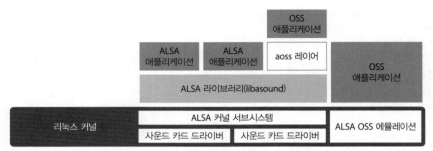

그림 7-20 **ALSA의 구조**

ALSA 역시 OSS와 마찬가지로 여러 오디오 디바이스들을 제공하며, 해당 디바이스들은 기본적으로 OSS에서 제공하는 디바이스들과 같다. ALSA에서는 이러한 디바이스를 다루기 위해 다음과 같은 주요 인터페이스를 사용한다.

표 7-4 **ALSA의 인터페이스**

인터페이스	내용
제어(Control) 인터페이스	제어 인터페이스는 크게 일반 제어 인터페이스와 고수준 제어 인터페이스로 나눌 수 있다. 제어 인터페이스는 초기적인 제어 기능을 제공하는데, 사용 가능한 디바이스들에 대한 정보 표시나 상태가 바뀌면 알려주는 인터페이스도 제공한다.
PCM(Pulse Code Modulation) 인터페이스	오디오 출력과 입력을 받기 위해 사용되는 디바이스다(OSS의 '/dev/dsp' 같은 디바이스).
믹서(Mixer) 인터페이스	사운드 볼륨의 설정과 입력 디바이스의 선택 기능을 제공한다(OSS의 믹서('/dev/mixer')).
Raw MIDI 인터페이스	미디 표준 인터페이스를 지원하기 위해 제공된다. 이 인터페이스를 통해서 타임스탬프(timestamp) 없이 미디 케이블을 통해 미디 데이터를 읽고 쓸 수 있다(OSS의 미디 디바이스).
타이머(Timer) 인터페이스	오디오 디바이스에서 사운드 이벤트의 동기화에 사용되는 내부 타이머를 사용할 수 있게 한다.
시퀀서(Sequencer) 인터페이스	클라이언트와 포트 간에 미디 이벤트를 전달하기 위해 사용되는데, 미디 프로토콜과 타이밍을 관리한다.

현재 시스템에서 지원하는 인터페이스들을 확인하고 싶다면 '/proc/asound/devices' 파일을 조사해 보면 된다. 또한 시스템에 연결된 오디오 디바이스는 '/proc/asound/cards'를 통해서 알 수 있다.

```
pi@raspberrypi:~ $ cat /proc/asound/devices
  0: [ 0]   : control
 16: [ 0- 0]: digital audio playback
 17: [ 0- 1]: digital audio playback
 18: [ 0- 2]: digital audio playback
 33:        : timer
```

ALSA는 OSS와 마찬가지로 믹서 인터페이스 위에 PCM 인터페이스와 다른 인터페이스가 위치한다. 이러한 믹서 인터페이스를 이용해서 동적으로 여러 응용 프로그램에서 발생한 사운드 스트림을 하나의 스트림으로 합할 수 있다.

7.2.3 사운드 프로그래밍

ALSA는 오디오를 위한 PCM 데이터를 녹음하고 출력할 수 있는 인터페이스[15]를 제공한다. 이러한 인터페이스를 이용하는 API[16]를 사용하기 위해서는 'asoundlib.h'라는 헤더 파일을 포함해야 한다. 'asoundlib.h' 헤더 파일은 ALSA 라이브러리에 의해 사용되는 함수들에 대한 정의를 가지고 있다. 이 헤더 파일은 보통 '/usr/include/alsa' 디렉터리에 위치한다.

```
#include <alsa/asoundlib.h>
```

일반적으로 ALSA 프로그램은 다음과 같은 순서로 PCM 인터페이스를 사용한다(OSS나 다른 오디오 프로그래밍의 순서도 비슷하다).

1. 녹음이나 재생을 위한 인터페이스를 연다(snd_pcm_open( ) 함수).
2. 오디오 디바이스의 매개변수(접근 모드, 데이터 포맷, 채널, 샘플링 레이트 등)를 설정한다.
3. 데이터가 처리 중이라면 PCM 데이터를 읽거나(snd_pcm_readi( ) 함수) PCM 데이터를 쓴다(snd_pcm_writei( ) 함수).
4. 위의 과정이 모두 끝나면 인터페이스를 닫는다(snd_pcm_close( ) 함수).

위의 과정을 통해 오디오 프로그래밍을 할 수 있다. 다음의 코드는 PCM 데이터를 생성해서 출력하는 코드이다. 이 소스 코드를 살펴보면서 ALSA에 대한 이해를 넓혀가도록 하겠다.

코드 7-1 **alsapcm.c**

```
#include <stdio.h>              /* perror( ) 시스템 호출을 위해 사용 */
#include <limits.h>             /* SHRT_MAX 상수를 위해서 사용 */
#include <math.h>               /* sin( ) 함수를 위해서 사용 */
#include <alsa/asoundlib.h>     /* ALSA 사운드 시스템의 헤더 파일 */


#define BITS        2           /* 샘플당 16비트의 크기: 2 × 8 = 16bit */
#define FRAGMENT    8
#define DURATION    5.0         /* sec */
#define MODE        1           /* 채널 수: mono */
```

---

[15] 라즈베리 파이에서 ALSA의 디바이스 파일은 /dev/snd 디렉터리 안에 위치하고 있다. PCM 출력에 대한 디바이스 파일은 /dev/snd/pcmC0D0와 같은 이름을 가지고 있다.

[16] ALSA와 관련된 API들은 https://www.alsa-project.org/alsa-doc/alsa-lib/group___p_c_m.html 사이트를 참고하라.

```c
#define FREQ              44100         /* 샘플링 레이트 */
#define BUFSIZE (int)(BITS*FREQ*DURATION*MODE) /* 위의 Duration 기간을 재생할 수 있는 버퍼의 크기 */

int setupDSP(snd_pcm_t *dev, int buf_size, int format, int sampleRate, int channels);

int main(int argc, char **argv)
{
    snd_pcm_t *playback_handle;
    double total = DURATION, t;            /* 재생 시간은 5초 */
    int freq = 440;                        /* 재생음의 주파수는 440Hz(A) */
    int i, frames, count = 1;              /* 반복 횟수 */
    char *snd_dev_out = "plughw:0,0";      /* 오디오 디바이스의 이름 */
    short buf[BUFSIZE];                    /* 입출력 오디오를 위한 버퍼 */

    /* ALSA 오디오 디바이스 열기 */
    if(snd_pcm_open(&playback_handle, snd_dev_out, SND_PCM_STREAM_PLAYBACK, 0) < 0) {
        perror("Cound not open output audio dev");
        return -1;
    }

    /* 오디오 디바이스 설정 */
    if(setupDSP(playback_handle, BUFSIZE, SND_PCM_FORMAT_S16_LE, FREQ, MODE) < 0) {
        perror("Cound not set output audio device");
        return -1;
    }

    /* 정현파 데이터 생성 */
    printf("Make Sine wave!!!\n");
    for(i = 0; i < BUFSIZE; i++) {
        t = (total / BUFSIZE) * i;
        buf[i] = SHRT_MAX * sin((int)(2.0 * M_PI * freq * t));
    }

    frames = BUFSIZE / (MODE * BITS);

    while(count--) {
        /* 오디오 출력을 위한 준비 */
        snd_pcm_prepare(playback_handle);

        /* 오디오 데이터를 디바이스로 출력(쓰기) */
        snd_pcm_writei(playback_handle, buf, frames);
    }

    /* 오디오 버퍼 버리기 */
    snd_pcm_drop(playback_handle);

    /* 오디오 디바이스 닫기 */
    snd_pcm_close(playback_handle);

    return 0;
}
/* ~ 437쪽에 소스 코드 계속 연결 ~ */
```

소리를 출력하기 위해서는 출력을 위한 버퍼의 메모리 공간을 할당한다. 필요한 메모리 공간은 다음의 공식을 이용해서 계산할 수 있다.

$$오디오의\ 크기 = 표본화율 \times 양자화\ 눈큼의\ 크기(비트\ 수) \times 모드(모노/스테레오) \times 시간(초)$$

PCM 데이터를 저장하기 위해 필요한 버퍼의 크기를 매크로로 정의하였다. 양자화 비트 16비트, 샘플링 주파수 44.1KHz, 채널은 모노(1)를 사용했다. 스테레오를 사용하는 경우 소리 출력을 위해 우측과 좌측의 두 개 채널을 사용하므로 모노에 비해 두 배의 크기가 필요하게 된다.

오디오에 필요한 버퍼를 계산하기 위해서는 여러 가지 복잡한 고려사항과 계산들을 필요로 하지만, ALSA에서는 이러한 작업을 쉽게 하도록 snd_pcm_hw_params_get_buffer_size( ) 함수를 제공하고 있다. 이 함수를 이용해서 필요한 버퍼의 크기를 가져올 수 있다. 버퍼가 아주 크면 예상할 수 없는 지연(latency)이 생길 수 있는데, 이러한 문제를 해결할 수 있도록 버퍼를 여러 주기의 연속된 공간[17]으로 나누어 데이터를 주기 단위로 전송할 수 있다.

■ PCM 인터페이스

ALSA에서는 snd_pcm_t 구조체를 이용해서 사운드 카드의 PCM 인터페이스에 접근한다. 사운드의 입력과 출력을 위해서는 각각 다른 인터페이스를 사용해야 하기 때문에 출력(playback_handle)을 위한 핸들을 정의하였다.

ALSA에서 사용하는 디바이스의 이름은 snd_pcm_open( ) 함수의 두 번째 매개변수로 사용되고, ASCII 형태의 문자열이 식별자(identifier)로 사용되는데 실제 오디오 디바이스의 이름이 사용될 수도 있다. 디바이스의 이름으로 'hw디바이스_이름:주 번호,부 번호' 형태의 3부분으로 나눠지는 문자열들이 사용된다. 주 번호는 사운드 카드를 구별할 수 있는 번호이고, 부 번호는 사운드 카드에서의 디바이스 번호이다.

앞의 프로그램에서는 첫 번째 사운드 카드의 첫 번째 디바이스를 사용하기 때문에 plughw:0,0으로 쓰였다. 여기서 오디오 디바이스의 이름으로 사용된 plughw는 플러그인을 사용하는 것을 명시한다.

---

[17] OSS에서는 이를 단편(Fragment)라고 한다.

■ PCM 인터페이스 열기 및 환경 설정

위의 작업이 끝나면 사운드 디바이스를 연다. PCM 인터페이스를 열 때는 snd_pcm_open( ) 함수를 사용하는데, 함수를 실행한 후 반환되는 값이 0이라면 열기에 성공한 것이다. 대부분의 ALSA 함수는 정수형의 상태 값을 반환하며, 0이 아닌 음수의 값은 오류 상태를 의미한다.

```
int snd_pcm_open(snd_pcm_t **pcm, const char *name, snd_pcm_stream_t stream, int mode);
```

snd_pcm_open( ) 함수의 첫 번째 인자(pcm)는 앞에서 설정한 PCM 핸들이고, 두 번째 인자(name)는 PCM 핸들의 문자열 형태의 식별자이다. 세 번째 인자(stream)는 열고자 하는 스트림을 지정하는데, 녹음용으로 여는 경우에는 'SND_PCM_STREAM_CAPTURE'를 사용하고, 재생용으로 여는 경우에는 'SND_PCM_STREAM_PLAYBACK'을 사용한다. 마지막 인자(mode)는 디바이스를 열 때의 모드를 지정하는데, 논블로킹 모드의 'SND_PCM_NONBLOCK'과 비동기 통지의 'SND_PCM_ASYNC' 등의 값을 사용한다.

> **참고하기 ➕ 오디오의 블로킹 모드와 논블로킹 모드[18]**
>
> 앞의 코드는 블로킹 모드에서 동작한다. 블로킹 모드에서 데이터가 모두 전송되지 않으면 시스템 호출은 반환되지 않고 멈춘 것처럼 느껴진다. GUI 응용 프로그램처럼 사용자와 상호 작용하는 이벤트 처리(event-driven) 방식에서 오랜 시간 하나의 함수가 블록되어 있으면 프로그램이 죽은 것처럼 느껴지므로 문제가 될 수 있다. 이를 해결하기 위해 ALSA에서는 snd_pcm_open( ) 함수와 SND_PCM_NONBLOCK 옵션을 사용하거나 snd_pcm_nonblock( ) 함수를 이용해서 논블로킹 방식을 제공할 수 있다. 이와 함께 또 다른 해결 방법으로 스레드를 사용할 수도 있다.

snd_pcm_open( ) 함수에서 설정한 PCM 핸들의 식별자를 표시하고 싶은 경우 snd_pcm_name( ) 함수를 사용할 수 있다. 이 함수는 ASCII 문자열로 반환한다.

```
printf("Identifier of PCM handle : %s\n", snd_pcm_name(playback_handle));
```

디바이스 열기가 끝나면 PCM 인터페이스에 사운드 출력과 재생을 위한 값들을 설정한다. PCM 인터페이스의 설정에 사용된 setupDSP( ) 함수는 뒤에서 자세히 알아보겠다.

■ PCM 데이터의 생성

기본적인 디바이스의 설정이 끝나면 소리의 출력을 위한 정현파를 생성한다. 소리는 어떤 물질이 진동함으로써 매질을 통해 전파되는 파동(음파)을 말하며, 파동의 진폭(소리의 크기)과 주파수

---

18 https://ju3un.github.io/network-basic-1 참고

(소리의 높낮이)를 가지고 시간에 따라 전파해 나간다.

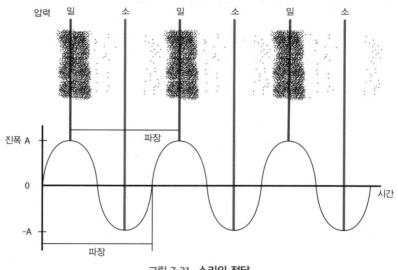

그림 7-21 소리의 전달

이렇듯 소리는 파형의 형태로 주파수를 가지고 있고 3장에서 설명한 계이름[19] 라(A음)를 440Hz로 사용하는 국제표준을 사용한다. 하나의 주파수를 갖는 파형을 정현파(正弦波, sine wave)라고 부르는데, 정현파는 sin 함수로 나타낼 수 있다.

```
y(t) = Asin(2πft)
```

A는 소리의 크기인 진폭(Amplitude), f는 주파수(frequency), t는 시간(time)을 의미한다. sin의 진폭의 값은 기본값으로 –1.0 ~ 1.0 사이인데, 여기에 SHORT의 최대 크기(SHRT_MAX)를 곱해서 소리의 음량을 설정하였다.

참고하기 ➕ 소리의 음량(세기)과 높이(주파수)

소리에는 여러 가지 특징이 있다. 그중에서 소리의 크기[20]를 의미하는 진폭과 높이를 의미하는 주파수가 있는데, 높이는 일반적으로 성인을 기준으로 여자와 남자의 목소리가 높낮이나 악기의 계이름과 같이 주파수의 차이에 따라 생기는 소리의 특징이다. 소리의 크기와 관련된 것이 바로 최근에 이슈가 되고 있는 층간소음 문제이다. 소리의 세기는 데시벨(dB)이라는 단위로 측정하며, 일반적인 소리의 강도는 다음과 같다.

---

19 1025년 이탈리아의 구이도 다레초(Guido d'Arezzo)가 '성 요한 찬가'에서 각 행의 첫머리 글자(Ut, Re, Mi, Fa, Sol, La, S)를 따서 만들었다.

20 진폭 A와 B를 갖는 두 신호의 크기의 차이는 'db = 10log(A/B)'와 같이 표현된다.

표 7-5 소리의 강도

데시벨(dB)	소리
0 ~ 20	최저 가청음
20 ~ 40	조용한 거실에서 들리는 소리
40 ~ 60	나지막한 대화 소리
60 ~ 80	일상적인 대화 소리
80 ~ 100	대형 트럭이 질주하는 소리
100 ~ 120	지하철에서의 소음
120 ~ 140	활주로에서 비행기가 이륙하는 소리나 천둥 소리
140 ~ 160	청취하기 고통스러운 소리
160 이상	가까이에서 들리는 제트기 소음

■ 데이터의 입출력

오디오 디바이스를 연 후에 PCM 인터페이스로부터 오디오 데이터를 입/출력할 수 있다. ALSA에서 사운드를 입력받기 위해 snd_pcm_readi( ) 함수와 snd_pcm_readn( ) 함수를 사용한다. 이때 snd_pcm_readi( ) 함수처럼 i로 끝나는 함수는 인터리브드(interleaved) 모드[21]를 의미하고, snd_pcm_readn( ) 함수처럼 n으로 끝나는 함수는 논인터리브드(non-interleaved) 모드[22]를 의미한다.

일반적으로 인터리브드 모드를 많이 사용한다. 주로 오디오의 입력에는 snd_pcm_readi( ) 함수를 사용하고, 출력에는 snd_pcm_writei( ) 함수를 사용한다. snd_pcm_readi( ) 함수의 매개변수는 다음과 같다.

```
snd_pcm_sframes_t snd_pcm_readi(snd_pcm_t *pcm, void *buffer, snd_pcm_uframes_t size);
```

snd_pcm_readi( ) 함수의 첫 번째 인자(pcm)는 snd_pcm_open( ) 함수로부터 얻은 오디오 디바이스의 PCM 핸들이고, 두 번째 인자(buffer)는 PCM 인터페이스로부터 가져온 오디오 데이터가 저장될 버퍼의 프레임이다. 마지막 인자(size)는 읽어올 프레임의 크기이다. snd_pcm_readi( ) 함수는 블로킹 모드에서 모든 데이터를 가져올 때까지 블록 상태로 존재한다. 만일 반환값이 '-EPIPE'이면 오버런(overrun)이 발생했다는 의미다.

---

21 오디오 데이터가 순차적으로 저장되는 것으로, 스테레오 모드인 경우 '우좌우좌우좌…'나 '좌우좌우좌우…'처럼 두 채널이 번갈아 가면서 저장된다.

22 오디오 데이터의 채널이 한꺼번에 저장되는 것으로, '좌…좌우…우'처럼 좌측 채널의 모든 오디오 데이터가 저장된 후 우측 채널의 모든 오디오 데이터가 저장되는 형태이다.

참고 오버런
하기

일반적으로 사운드 카드들은 오디오 데이터의 녹음을 위해 작은 오디오 버퍼들을 가지고 있다. 버퍼가 가득 차면 인터럽트를 발생시켜서 커널 드라이버로 하여금 사운드 카드 내의 오디오 데이터를 DMA를 통해 응용 프로그램에 전달하게 한다. 하지만 응용 프로그램의 버퍼 공간이 크지 않으면(작은 경우) 연속적으로 전송되는 데이터를 읽지 못하기도 하는데 이런 경우를 오버런(Overrun)이라고 한다.

오디오 디바이스로 소리를 출력하기 위해서는 snd_pcm_writei( ) 함수를 사용하는데, PCM 디바이스에 데이터를 써서 오디오 데이터를 출력한다. 커널 프레임에 정의되어 있는 크기를 제외하고 write( ) 시스템 호출과 비슷하게 동작한다. 오디오의 재생에서도 마찬가지로 비인터리브드 모드를 위해 snd_pcm_writen( ) 함수를 제공한다. snd_pcm_writei( ) 함수의 매개변수는 다음과 같다.

```
snd_pcm_sframes_t snd_pcm_writei(snd_pcm_t *pcm, const void *buffer,
                                 snd_pcm_uframes_t size);
```

snd_pcm_writei( ) 함수의 인자는 snd_pcm_readi( )와 비슷하지만 입력이 아니라 출력이라는 점만 다르다. 첫 번째 인자(pcm)는 snd_pcm_open( ) 함수를 통해서 얻은 오디오 디바이스의 PCM 핸들이고, 두 번째 인자(buffer)는 PCM 인터페이스로부터 출력할 오디오 데이터가 저장될 버퍼의 프레임이다. 마지막 인자(size)는 출력할 프레임의 크기이다.

에러 조건을 검사하기 위해서는 반환값을 점검해야 한다. 반환되는 값이 양수라면 실제로 쓰인 프레임이고 음수라면 에러가 발생했다는 것을 의미한다. '–EPIPE' 에러 코드는 데이터 처리를 중지시키는 원인인 언더런(underrun)이 발생했다는 것을 의미하며, 오버런과는 정반대의 경우다.

참고 언더런
하기

오디오를 재생할 때는 응용 프로그램의 버퍼에서 사운드 카드의 원형 순환 버퍼(링 버퍼)로 오디오 데이터를 저장한다. 이때 버퍼의 크기가 너무 크면 버퍼에 오디오 데이터가 채워지지 않는 언더런(Underrun)이 발생한다.

소리의 녹음과 출력을 함께할 때를 생각해보자. 데이터를 읽어와 녹화를 한 후 출력을 하거나, 출력을 한 후 다시 녹음하기 위해서는 오디오 디바이스에 저장되어 있는 데이터들을 버리고 오디오 디바이스의 준비 작업을 다시 해야 한다. 이때 snd_pcm_drop( ) 함수와 snd_pcm_prepare( ) 함수를 사용할 수 있다.

snd_pcm_drop( ) 함수는 프레임의 출력을 대기하고 있는 PCM을 바로 멈추고, 버퍼에서 대기하고 있는 샘플들은 버린다(무시한다). snd_pcm_drop( ) 함수의 인자로는 PCM 핸들이 사용된다. 함수가 문제없이 수행되면 0이 반환된다.

```
int snd_pcm_drop(snd_pcm_t *pcm);
```

snd_pcm_prepare( ) 함수는 PCM 인터페이스를 사용할 수 있도록 준비하며, 인자로 PCM 핸들이 사용된다. 함수가 문제없이 수행되면 0이 반환된다.

```
int snd_pcm_prepare(snd_pcm_t *pcm);
```

함수 호출이 끝나면 pcm 인터페이스는 준비 상태(SND_PCM_STATE_PREPARED)로 들어간다. 언더 런이나 오버런이 발생할 경우에는 이 상태로부터 빠져나올 수 있도록 snd_pcm_prepare( ) 함수를 사용하여 스트림이 다시 시작되는 대기(PREPARED) 상태로 바꾸면 된다.

■ PCM 인터페이스 닫기 및 종료

오디오 데이터의 처리가 끝나면 snd_pcm_drain( ) 함수를 호출해서 대기하고 있는(pending) 사 운드 샘플을 모두 출력하고 사운드 스트림을 닫아주어야 한다. 사용이 끝난 PCM 인터페이스는 snd_pcm_close( ) 함수로 닫을 수 있다.

```
int snd_pcm_close(snd_pcm_t *pcm);
```

snd_pcm_close( ) 함수의 인자로 pcm 핸들이 사용되는데, 스트림을 닫는데 문제가 없으면 0이 반 환된다. 프로그램을 종료 시 오디오 출력을 위해 동적으로 할당한 버퍼가 있다면 이를 해제한 후 종료하면 된다.

■ 환경 설정

ALSA를 이용해서 오디오 데이터를 입출력하기 위해서는 사운드의 출력을 위해 필요한 값들을 설정 해야 한다. ALSA에서도 OSS처럼 사운드 카드를 설정할 수 있는 방법들을 제공하며, ALSA 라이브 러리의 함수를 사용하므로 ioctl( )을 사용하는 OSS보다 직관적인 이름[23]을 제공한다.

---

23 snd_pcm_hw_params_set_<property>, snd_pcm_hw_params_get_<property>, snd_pcm_hw_params_can_<property>, snd_pcm_
   hw_params_is_<property> 같은 이름의 함수들을 제공한다.

```c
int setupDSP(snd_pcm_t *dev, int buf_size, int format, int sampleRate, int channels)
{
    snd_pcm_hw_params_t* hw_params;      /* 오디오 디바이스 설정을 위한 매개변수 */
    snd_pcm_uframes_t frames;            /* 사운드 카드의 버퍼 프레임 */
    int fragments = FRAGMENT;
    int bits = (format == SND_PCM_FORMAT_S16_LE)?2:1;

    /* 오디오 디바이스의 매개변수 구조체를 위한 메모리 할당 */
    if(snd_pcm_hw_params_malloc(&hw_params) < 0) {
        perror("Cound not allocate parameter");
        return -1;
    }

    /* 오디오 디바이스의 매개변수들을 초기화한다. */
    if(snd_pcm_hw_params_any(dev, hw_params) < 0) {
        perror("Cound not initialize parameter");
        return -1;
    }

    /* 오디오 데이터의 접근(access) 타입(인터리브드, 논인터리브드)을 설정한다. */
    if(snd_pcm_hw_params_set_access(dev, hw_params, SND_PCM_ACCESS_RW_INTERLEAVED) < 0) {
        perror("Cound not set access type");
        return -1;
    }

    /* 샘플의 포맷을 설정한다: 부호 있는 16비트 리틀 엔디안 */
    if(snd_pcm_hw_params_set_format(dev, hw_params, format) < 0) {
        perror("Cound not set sample format");
        return -1;
    }

    /* 샘플링 레이트를 설정한다: 44.1KHz(CD 수준의 품질) */
    if(snd_pcm_hw_params_set_rate_near(dev, hw_params, &sampleRate, 0) < 0) {
        perror("Cound not set sample rate");
        return -1;
    }

    /* 채널 설정: MONO(1) */
    if(snd_pcm_hw_params_set_channels(dev, hw_params, channels) < 0) {
        perror("Cound not set channel count");
        return -1;
    }

    /* 프레임 주기 설정 */
    if(snd_pcm_hw_params_set_periods_near(dev, hw_params, &fragments, 0) < 0) {
        perror("Count not set fragments");
        return -1;
    }

    /* 버퍼의 크기 설정 */
    frames = (buf_size * fragments) / (channels * bits);
    if(snd_pcm_hw_params_set_buffer_size_near(dev, hw_params, &frames) < 0) {
        perror("Count not set buffer_size");
```

```
        return -1;
    }

    buf_size = frames * channels * bits / fragments;

    /* 앞에서 설정한 오디오 디바이스의 매개변수를 ALSA 시스템에 적용 */
    if(snd_pcm_hw_params(dev, hw_params) < 0) {
        perror("Count not set HW params");
        return -1;
    }

    return 0;
}
```

ALSA에서 오디오 디바이스의 매개변수의 설정하기 위해 snd_pcm_hw_params_t 구조체[24]가 사용되고, snd_pcm_uframes_t 구조체는 오디오에 사용되는 프레임 구조체를 위해 사용된다.

snd_pcm_hw_params_t 구조체를 위한 변수의 공간을 할당하기 위해 snd_pcm_hw_params_alloca( ) 매크로나 snd_pcm_hw_params_malloc( ) 함수를 이용할 수 있다. snd_pcm_hw_params_alloca( ) 매크로는 유닉스의 표준 alloca( ) 함수를 이용하고 snd_pcm_hw_params_malloc( ) 함수는 malloc( ) 함수를 사용한다.

```
#define snd_pcm_hw_params_alloca(ptr)

int snd_pcm_hw_params_malloc(snd_pcm_hw_params_t **ptr);
```

변수의 공간을 할당한 후에는 snd_pcm_hw_params_any( ) 함수를 사용하여 snd_pcm_hw_params_t 형의 변수를 초기화한다.

```
int snd_pcm_hw_params_any(snd_pcm_t *pcm, snd_pcm_hw_params_t *params);
```

snd_pcm_hw_params_any( ) 함수의 첫 번째 인자(pcm)는 snd_pcm_open( ) 함수로부터 얻은 오디오 디바이스의 PCM 핸들을 사용하고, 두 번째 인자(params)는 앞에서 정의한 snd_pcm_hw_params_t 구조체를 넣는다.

위의 기본적인 환경 설정을 위한 snd_pcm_hw_params_t 변수의 초기화 과정이 끝나면 PCM의 매개변수를 설정한다. 오디오 환경 설정에서 중요한 것은 바로 오디오의 포맷(format), 샘플링 레이트와 채널의 수 같은 속성이다. 이 값들을 이용해서 오디오의 초기화를 진행하면 된다.

---

24 https://www.alsa-project.org/alsa-doc/alsa-lib/group___p_c_m___h_w___params.html

이 값들의 설정을 위해 ALSA에서는 PCM 스트림 핸들, 오디오 디바이스의 매개변수 구조체와 매개변수 값을 설정하는 함수를 사용한다. 앞에서 생성했던 PCM 데이터 스트림의 출력을 위해 인터리브드 모드, 하나의 채널(모노 모드), 44100Hz 샘플링 레이트, 16비트의 샘플 크기를 사용할 수 있도록 설정한다.

먼저 오디오 데이터의 접근 타입을 설정하기 위해서는 snd_pcm_hw_params_set_access( ) 함수를 사용한다.

```
int snd_pcm_hw_params_set_access(snd_pcm_t *pcm, snd_pcm_hw_params_t *params,
                                 snd_pcm_access_t _access);
```

함수의 마지막 인자(access)는 접근 형태를 나타내며, 접근 형태는 다음과 같다.

표 7-6 **snd_pcm_hw_params_set_access( ) 함수의 접근 형태**

접근 타입(snd_pcm_access_t)	내용
SND_PCM_ACCESS_MMAP_INTERLEAVED	인터리브드 채널의 mmap 접근
SND_PCM_ACCESS_MMAP_NONINTERLEAVED	논인터리브드 채널의 mmap 접근
SND_PCM_ACCESS_MMAP_COMPLEX	복잡한 배치(placement)의 mmap 접근
SND_PCM_ACCESS_RW_INTERLEAVED	snd_pcm_readi/snd_pcm_writei 접근
SND_PCM_ACCESS_RW_NONINTERLEAVED	snd_pcm_readn/snd_pcm_writen 접근

앞의 오디오 출력 코드에서 인터리브드 모드인 snd_pcm_readi( )/snd_pcm_writei( ) 함수를 사용하였으므로 'SND_PCM_ACCESS_RW_INTERLEAVED' 값을 사용하였다.

접근 타입에 대한 설정이 끝나면, 사용되는 오디오 포맷을 설정하기 위해 snd_pcm_hw_params_set_format( ) 함수를 사용한다.

```
int snd_pcm_hw_params_set_format(snd_pcm_t *pcm, snd_pcm_hw_params_t *params,
                                 snd_pcm_format_t val);
```

snd_pcm_hw_params_set_format( ) 함수의 마지막 인자(format)에 오디오 포맷을 지정하며, 많이 사용되는 주요 오디오 포맷은 다음과 같다.[25] 다른 포맷들은 '/usr/include/alsa/pcm.h' 파일을 참고하라.

---

25 https://www.alsa-project.org/alsa-doc/alsa-lib/group___p_c_m.html#gaa14b7f26877a812acbb39811364177f8

표 7-7 **ALSA의 주요 오디오 포맷**

이름	내용
SND_PCM_FORMAT_UNKNOWN	미지정
SND_PCM_FORMAT_MU_LAW	로그 μ-Law(mu-Law) 인코딩
SND_PCM_FORMAT_A_LAW	로그 A-Law 인코딩
SND_PCM_FORMAT_S8	부호 있는(signed) 표준 8비트 오디오 인코딩
SND_PCM_FORMAT_U8	부호 없는(unsigned) 표준 8비트 오디오 인코딩(PC)
SND_PCM_FORMAT_S16_LE	부호 있는 표준 16비트 리틀 엔디안 오디오 인코딩
SND_PCM_FORMAT_S16_BE	부호 있는 표준 16비트 빅 엔디안 오디오 인코딩
SND_PCM_FORMAT_U16_LE	부호 없는 표준 16비트 리틀 엔디안 오디오 인코딩
SND_PCM_FORMAT_U16_BE	부호 없는 표준 16비트 빅 엔디안 오디오 인코딩
SND_PCM_FORMAT_S32_LE	부호 있는 32비트 표준 리틀 엔디안 오디오 인코딩
SND_PCM_FORMAT_S32_BE	부호 있는 32비트 표준 빅 엔디안 오디오 인코딩
SND_PCM_FORMAT_FLOAT_LE	32비트 리틀 엔디안 플로팅(범위 -1.0 ~ 1.0)
SND_PCM_FORMAT_FLOAT_BE	32비트 빅 엔디안 플로팅(범위 -1.0 ~ 1.0)
SND_PCM_FORMAT_MPEG	MPEG MP2/MP3 오디오 포맷
SND_PCM_FORMAT_GSM	GSM 포맷

오디오 포맷의 설정이 끝나면 샘플링 레이트를 설정한다. 사운드 하드웨어는 모든 샘플링 레이트를 지원하지 않을 수 있다.[26] ALSA에서는 snd_pcm_hw_params_set_rate_near( ) 함수[27]를 이용하여 원하는 샘플링 레이트에서 지원 가능한 가장 가까운 값을 설정할 수 있다.

```
int snd_pcm_hw_params_set_rate_near(snd_pcm_t *pcm, snd_pcm_hw_params_t *params,
                            unsigned int *val, int *dir);
```

snd_pcm_hw_params_set_rate_near( ) 함수의 세 번째 인자(val)에 원하는 샘플링 레이터의 설정 값을 입력한 후 함수를 호출하면, 실제로 설정된 값이 val을 통해 다시 반환되는데 이 값을 확인해서 원하는 값이 제대로 설정되었는지 확인할 수 있다. 이 방법 외에도 네 번째 매개변수(dir)의 값을 통해 설정값을 확인할 수 있다. 입력된 값으로 설정되었다면 dir 값은 0이 되고, 입력 값보다 높은 값으로 설정되면 1이, 입력값보다 낮은 값으로 설정되면 -1이 된다.

---

26 샘플링 레이트는 오디오 카드에 있는 크리스탈 진동자의 신호를 분주(2^n으로 나눠서)해서 사용하는데, 크리스탈의 신호가 정확히 2의 배수로 분주되지 않으면, 샘플링 레이트와 가까운 근처의 값을 사용할 수 있다.

27 함수명 뒤에 _near가 붙는 함수는 설정한 값에서 최대한 가까운 값으로 설정해주는데, 원하는 값이 설정되지 않을 수 있으니 함수 수행 후 제대로 설정되었는지 마지막 인자를 통해 확인해봐야 한다.

프로그램의 중간에 현재 오디오 디바이스에 설정된 샘플링 레이트의 값을 읽어오고 싶은 경우에는 snd_pcm_hw_params_get_rate( ) 함수를 이용할 수 있다.

오디오의 채널은 snd_pcm_hw_params_set_channels( ) 함수를 이용하여 설정할 수 있다. 두 번째 인자(val)를 이용해서 오디오 디바이스에서 사용할 채널을 설정할 수 있는데, 모노인 경우에는 1을 사용하고 스테레오인 경우에는 2를 사용한다.

```
int snd_pcm_hw_params_set_channels(snd_pcm_t *pcm, snd_pcm_hw_params_t *params,
                                   unsigned int val);
```

ALSA에서는 채널을 설정할 수 있는 함수로 최솟값을 설정할 수 있는 snd_pcm_hw_params_set_channels_first( ) 함수와 최댓값을 설정할 수 있는 snd_pcm_hw_params_set_channels_last( ) 함수도 함께 제공한다. 또한 현재 오디오 디바이스에 설정된 채널 값을 읽어오고 싶은 경우에는 snd_pcm_hw_params_get_channels( ) 함수를 사용할 수 있다.

snd_pcm_hw_params_set_periods_xxx( ) 함수(first, last, min, max, minmax, integer, near)는 오디오 디바이스를 주어진 주기[28]로 설정한다. 앞의 코드에서는 snd_pcm_hw_params_set_periods_near( ) 함수를 사용하여 주어진 값에 가장 가까운 값을 설정하도록 하였다. snd_pcm_hw_params_set_periods_near( ) 함수의 기본적인 사용 방법은 snd_pcm_hw_params_set_rate_near( ) 함수와 같다.

```
int snd_pcm_hw_params_set_periods_near(snd_pcm_t *pcm, snd_pcm_hw_params_t *params,
                                       unsigned int *val, int *dir);
```

이제 오디오 디바이스에서 사용하는 버퍼의 크기를 설정한다. 버퍼의 크기는 snd_pcm_hw_params_set_buffer_size_xxx( ) 함수(first, last, min, max, minmax, near)를 사용할 수 있으며, 사운드 입출력을 위한 하나의 버퍼에 대한 크기를 결정한다. 앞서 사용한 snd_pcm_hw_params_set_buffer_size_near( ) 함수는 주어진 값에서 현재 오디오 디바이스에서 사용 가능한 가장 가까운 버퍼의 크기로 설정하기 위해서 사용된다.

```
int snd_pcm_hw_params_set_buffer_size_near(snd_pcm_t *pcm, snd_pcm_hw_params_t
                                           *params, snd_pcm_uframes_t *val);
```

---

28 하드웨어 버퍼에 접근할 수 있는 간격으로, 단편과 버퍼의 크기는 주기의 횟수와 한 주기의 크기와 관련이 있다.

버퍼 하나의 크기는 다음과 같이 계산할 수 있다.

$$버퍼\ 하나의\ 크기 = (프레임의\ 수 \times 채널의\ 수 \times 비트의\ 자릿수)\ /\ 단편의\ 수$$

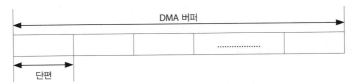

그림 7-22 **사운드를 위한 버퍼와 단편**

설정 과정이 끝나면 마지막으로 snd_pcm_hw_params( ) 함수[29]를 이용해서 앞에서 설정한 매개변수의 값들을 ALSA 사운드 시스템에 적용시킨다. snd_pcm_hw_params( ) 함수 호출이 끝나면 기본적인 오디오 디바이스의 설정 과정이 마무리된다.

```
int snd_pcm_hw_params(snd_pcm_t *pcm, snd_pcm_hw_params_t *params);
```

디바이스의 매개변수는 snd_pcm_hw_params( ) 함수가 호출되기 전까지는 시스템에 적용되지 않아 효력이 발생하지 않는다. snd_pcm_hw_params( ) 함수가 호출되고 난 후에 자동으로 snd_pcm_prepare( ) 함수가 호출되고, 오디오 스트림은 SND_PCM_STATE_PREPARED 상태로 들어간다.

위의 코드를 컴파일하기 위해서는 ALSA에서 제공하는 ALSA 라이브러리(-lasound)를 링크해야 한다. 라즈베리 파이에서 이 ALSA 라이브러리를 사용하기 위해서는 별도의 패키지 설치가 필요한데, apt-get[30]을 이용해서 libasound2-dev를 설치한다.

몇몇의 ALSA 라이브러리 함수들은 'dlopen' 함수와 소수점 연산 같은 수학 관련 함수를 사용한다. 이로 인해 '-ldl'과 '-lm'이 필요할 때가 있다. 앞의 코드에서는 sin( ) 함수를 사용하였으므로 수학(math)(-lm) 라이브러리를 링크해야 한다.

```
pi@raspberrypi:~ $ sudo apt-get install libasound2-dev
pi@raspberrypi:~ $ gcc -o alsapcm alsapcm.c -lasound -lm
pi@raspberrypi:~ $ ./alsapcm
Make Sine wave!!!
```

---

29 https://www.alsa-project.org/alsa-doc/alsa-lib/group___p_c_m.html

30 apt-get을 이용해서 어떤 패키지를 설치해야 할지 모를 경우에는 '$ apt-cache search libasound'와 같이 apt-cache 명령어를 이용할 수 있다.

앞의 코드를 빌드 후 실행하면 계이름 '라'(A 음)의 소리가 출력되는 것을 확인할 수 있다. 만약 실행 시 소리가 나지 않는다면 사운드 출력 방향이 스피커가 아니거나 출력되는 소리의 크기가 0일 수 있다. 이 경우 믹서를 통해서 출력하는 장치와 소리 크기를 조정해 주어야 한다. 또한 라즈베리 파이에서는 사운드 출력이 HDMI나 헤드폰 잭(Headphone Jack)의 2가지가 있다. 이 두 단자의 조정은 1장에서 살펴본 raspi-config 유틸리티를 이용하면 된다.

> **참고하기 ➕ 오디오의 음질과 프레임**
>
> 위에서 소리가 제대로 나오면 표본화에서 사용하는 샘플링 레이트(sampling rate)나 양자화에서 사용하는 샘플당 비트 수(bits depth : bits per sample)를 변경해서 음질을 테스트할 수 있다. 이를 위해 FREQ의 값을 8000으로 변경한 후 출력해보라. 기존의 소리와 음질이 크게 차이가 나는 것을 바로 확인할 수 있다.
>
> 앞의 코드에서 FRAGMENT 매크로는 오디오 디바이스에서 입출력을 위해 사용하는 프레임의 수를 의미하는데, 이 크기가 너무 작은 경우에는 언더런이나 오버런이 발생하여 소리가 끊기는 현상이 일어날 수 있다. FRAGMENT의 값을 2로 수정한 후 소리가 어떤 식으로 출력되는지 확인해보기 바란다.

ALSA 프로그래밍을 진행하다가 관련된 상태나 지원 사항을 알아야 할 경우가 있는데, ALSA에서는 설정된 값을 확인하는 다음과 같은 함수들을 제공한다.

표 7-8 **ALSA의 상태 확인 함수**

함수	내용
snd_pcm_state_t snd_pcm_state( )	PCM 상태(state)를 반환한다.
snd_pcm_hw_params_get_period_time( )	설정된 값으로부터 주기 시간을 가져온다.
snd_pcm_hw_params_get_period_size( )	설정된 값으로부터 주기의 크기를 가져온다.
snd_pcm_hw_params_get_buffer_time( )	설정된 값으로부터 버퍼의 시간을 가져온다.
snd_pcm_hw_params_get_buffer_size( )	설정된 값으로부터 버퍼의 크기를 가져온다.
snd_pcm_hw_params_get_periods( )	설정된 값으로부터 주기를 가져온다.
snd_pcm_hw_params_is_half_duplex( )	하드웨어가 반이중 통신 방식(half duplex)만 지원하는지 확인한다.
snd_strerror( )	오류 코드에 대한 메시지를 반환한다.

오디오 디바이스를 사용하면 각 상태에 따라서 스트림의 상태도 변하며, 스트림 상태는 다음과 같은 값으로 정의된다. 현재의 상태는 snd_pcm_state( ) 함수를 통해서 가져오고, 상태에 대한 영문명은 snd_pcm_state_name( ) 함수를 통해서 가져올 수 있다.

```
enum snd_pcm_state_t {
    SND_PCM_STATE_OPEN = 0,          /* 열린(open) 상태 */
    SND_PCM_STATE_SETUP,             /* 설정되어 있는 상태 */
    SND_PCM_STATE_PREPARED,          /* 시작을 준비하는 상태 */
    SND_PCM_STATE_RUNNING,           /* 실행되고 있는(running) 상태 */
    SND_PCM_STATE_XRUN,              /* 멈추어 있는 상태: 재생 시 언더런(underrun)이나
                                        녹화 시 오버런(overrun) 감지 */
```

```
    SND_PCM_STATE_DRAINING,              /* 배출(draining) 상태: 재생 시 실행이나 녹화 시 멈춤 */
    SND_PCM_STATE_PAUSED,                /* 멈춤(paused) 상태 */
    SND_PCM_STATE_SUSPENDED,             /* 오디오 디바이스가 일시중지된(suspended) 상태 */
    SND_PCM_STATE_DISCONNECTED,          /* 오디오 디바이스와의 연결이 끊어진(disconnected) 상태 */
    SND_PCM_STATE_LAST = SND_PCM_STATE_DISCONNECTED
}
```

7.2.4 ALSA 믹서 프로그래밍

ALSA에서도 OSS 같은 다른 사운드 시스템과 같이 믹서(Mixer) 인터페이스를 제공하여, 믹서 인터페이스는 단순(simple) 믹서 인터페이스와 믹서 인터페이스로 구분할 수 있다. 믹서는 말 그대로 섞는다는 의미로, 믹서를 이용해서 사운드 볼륨 조절이나 녹음 입력원 선택 등의 작업을 수행할 수 있다. 이러한 ALSA의 믹서를 이용해서 사운드의 볼륨을 조정하는 방법에 대해 살펴보자.

코드 7-2 **alsavolume.c**

```c
#include <stdio.h>
#include <alsa/asoundlib.h>

int main(int argc, char **argv)
{
    snd_mixer_t *mixer;
    snd_mixer_elem_t *elem;               /* 믹서를 위한 PCM 엘리먼트(element) */
    snd_mixer_selem_id_t *id;
    int status;
    long maxVal = 100, minVal = 0, outVal;

    if(argc <= 1) {                        /* 설정할 볼륨의 크기를 명령행 인수로 받는다. */
        printf("usage : %s volume\n", argv[0]);
        return -1;
    }

    outVal = atoi(argv[1]);

    static const char* mix_name = "PCM";   /* 이전 버전은 'PCM'을 사용 */
    static const char* card = "default";
    static int mix_index = 0;

    snd_mixer_open(&mixer, 0);             /* mixer 디바이스 열기 */

    snd_mixer_attach(mixer, card);         /* 기본 믹서 사용하기 */
    snd_mixer_selem_register(mixer, NULL, NULL);
    snd_mixer_load(mixer);                 /* 믹서 불러오기 */

    /* 믹서 사용을 위한 ID 객체의 할당 */
    snd_mixer_selem_id_alloca(&id);        /* snd_mixer_selem_id_malloc() */

    /* ID에 믹서의 이름(name)과 인덱스(Index) 설정 */
    snd_mixer_selem_id_set_index(id, mix_index);
    snd_mixer_selem_id_set_name(id, mix_name);

    /* 설정된 ID를 이용해서 해당 믹서의 엘리먼트 찾기 */
```

```
        elem = snd_mixer_find_selem(mixer, id);

        /* 볼륨의 범위(최솟값/최댓값)를 설정하고 현재의 값을 설정하기 */
        outVal = (outVal * (maxVal - minVal) / (long)(100-1)) + minVal;
        snd_mixer_selem_set_playback_volume_range(elem, minVal, maxVal);
        snd_mixer_selem_set_playback_volume_all(elem, outVal);

        /* 현재 설정된 믹서의 범위를 가져와서 화면에 표시 */
        snd_mixer_selem_get_playback_volume_range(elem, &minVal, &maxVal);
        fprintf(stderr, "Set volume %i(%d/%d)\n", outVal, maxVal, minVal);

        snd_mixer_close(mixer);                    /* 믹서(mixer) 닫기 */

        return 0;
}
```

코드의 앞부분에 믹서 인터페이스에서 사용되는 구조체의 변수를 선언했다. snd_mixer_t 구조체는 믹서 핸들에 사용되고, snd_mixer_elem_t 구조체는 믹서 요소의 핸들이다. 하나의 믹서는 PCM, 마이크, CD-ROM 등 다양한 오디오 디바이스를 관리할 수 있으며, 각각의 디바이스들을 요소(element)라고 볼 수 있다. 믹서의 요소들은 snd_mixer_selem_id_t 구조체를 통해 찾을 수 있는데, 이 구조체는 믹서 요소의 식별자를 위해 사용된다.

믹서를 사용하기 위해서는 ALSA 사운드 프로그래밍과 마찬가지로 설정값을 위해 메모리 공간을 할당해야 한다. 메모리 공간의 할당은 snd_mixer_selem_id_alloca( ) 매크로[31]나 snd_mixer_selem_id_malloc( ) 함수를 사용할 수 있다.

```
#define snd_mixer_selem_id_alloca(ptr)
```

snd_mixer_selem_id_alloca( ) 매크로는 snd_pcm_hw_params_alloca( ) 매크로와 같이 유닉스의 표준 alloca( ) 함수를 사용해서 snd_mixer_selem_id_t 구조체를 위한 변수의 공간을 할당한다.

믹서를 사용하기 위해 믹서를 위한 인터페이스를 열어야 한다. 믹서 인터페이스는 snd_mixer_open( ) 함수[32]로 열 수 있으며, mode 인자에는 기본값으로 0을 사용한다.

```
int snd_mixer_open(snd_mixer_t **mixer, int mode);
```

---

31 https://www.alsa-project.org/alsa-doc/alsa-lib/group___simple_mixer.html
32 https://www.alsa-project.org/alsa-doc/alsa-lib/group___mixer.html

믹서를 연 후에는 열린 믹서에 snd_mixer_attach( ) 함수를 사용하여 HCTL(High level ConTroL Interface) 이름을 부여하고 사용할 준비를 한다. 인자(name)는 기본값으로 'default'를 사용하면 된다.

```
int snd_mixer_attach(snd_mixer_t *mixer, const char *name);
```

snd_mixer_selem_register( ) 함수[33]를 이용해서 믹서를 위한 단순 요소 클래스(simple element class)를 등록한다. 두 번째 인자의 snd_mixer_selem_regopt 구조체는 단순 믹서 인터페이스의 옵션을 설정할 때 사용하며, 간단히 NULL을 사용했다. 일반적으로 세 번째 인자(classp)에 믹서 심플 요소 클래스 핸들이나 'NULL'을 입력하면 된다.

```
int snd_mixer_selem_register(snd_mixer_t *mixer, struct snd_mixer_selem_regopt
                             *options, snd_mixer_class_t **classp);
```

위의 작업이 끝나면 snd_mixer_load( ) 함수를 이용해서 해당 믹서를 불러온다.

```
int snd_mixer_load(snd_mixer_t *mixer);
```

이 코드에서 사용하는 믹서의 단순 인터페이스를 위해, 믹서의 단순 요소를 찾고 인터페이스의 사용을 위한 설정 작업을 진행한다. 먼저 snd_mixer_selem_id_set_name( ) 함수를 이용하여 믹서의 단순 요소를 찾기 위한 식별자에 이름 부분을 설정한다.

```
void snd_mixer_selem_id_set_name(snd_mixer_selem_id_t *obj, const char *val);
```

이름 설정이 끝났으면 snd_mixer_find_selem( ) 함수에 앞에서 설정한 식별자를 이용해서 믹서의 단순 요소를 찾는다.

```
snd_mixer_elem_t *snd_mixer_find_selem(snd_mixer_t *mixer, const snd_mixer_
                                       selem_id_t *id);
```

믹서를 불러오는 기본적인 작업들은 끝났다. 마지막으로 볼륨을 설정하기 전에, snd_mixer_selem_set_playback_volume_range( ) 함수를 이용해서 오디오 디바이스를 위한 볼륨 크기의 최솟값과 최댓값을 설정한다.

---

33 http://www.alsa-project.org/alsa-doc/alsa-lib/group___simple_mixer.html

```
int snd_mixer_selem_set_playback_volume_range(snd_mixer_elem_t *elem,
                                        long min, long max);
```

최솟값과 최댓값의 설정이 끝나면, 이제 앞에서 가져온 믹서의 요소를 이용해서 사운드 볼륨 크기를 설정할 차례이다. snd_mixer_selem_set_playback_volume_all( ) 함수를 사용해서 믹서 심플 요소의 재생 시 사용하는 모든 볼륨의 크기를 설정할 수 있다.

```
int snd_mixer_selem_set_playback_volume_all(snd_mixer_elem_t *elem, long value);
```

ALSA에서는 각 채널에 대한 볼륨 값 설정도 지원하며, 각각의 채널별로 설정하고 싶으면 snd_mixer_selem_set_playback_volume( ) 함수와 SND_MIXER_SCHN_SIDE_LEFT(왼쪽), SND_MIXER_SCHN_SIDE_RIGHT(오른쪽) 등의 값을 사용할 수 있다.

```
snd_mixer_selem_set_playback_volume(elem, SND_MIXER_SCHN_SIDE_LEFT, outVal);
snd_mixer_selem_set_playback_volume(elem, SND_MIXER_SCHN_SIDE_RIGHT, outVal);
```

실제 snd_mixer_selem_set_playback_valume_all( ) 함수도 위의 함수에 각각의 옵션을 호출해서 설정한다.

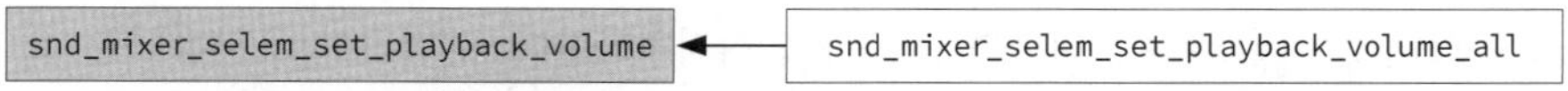

그림 7-23 **snd_mixer_selem_set_playback_volume_all( ) 함수의 관계도**

믹서의 사용이 끝나면 snd_mixer_close( ) 함수를 호출하여 사용된 믹서를 닫고 관련된 자원들을 모두 반환해야 한다.

```
int snd_mixer_close(snd_mixer_t *mixer);
```

이 프로그램을 실행하여 볼륨 값을 설정할 수 있다. 설정된 볼륨 값은 amixer 유틸리티를 통해 확인할 수 있다.

```
pi@raspberrypi:~ $ gcc -o alsavolume alsavolume.c -lasound
pi@raspberrypi:~ $ amixer
Simple mixer control 'Master',0
  Capabilities: pvolume pswitch pswitch-joined
  Playback channels: Front Left - Front Right
  Limits: Playback 0 - 65536
  Mono:
  Front Left: Playback 1106 [2%] [on]
```

```
   Front Right: Playback 1106 [2%] [on]
                                          /* ~ 중간 표시 생략 ~ */
pi@raspberrypi:~ $ ./alsavolume 50
Set volume 50(100/0)
pi@raspberrypi:~ $ amixer
Simple mixer control 'Master',0
  Capabilities: pvolume pswitch pswitch-joined
  Playback channels: Front Left - Front Right
  Limits: Playback 0 - 65536
  Mono:
  Front Left: Playback 32783 [50%] [on]
  Front Right: Playback 32783 [50%] [on]
                                          /* ~ 중간 표시 생략 ~ */
```

7.2.5 WAV 파일의 출력과 녹음

오디오 파일을 출력하기 위해서는 앞의 아날로그 오디오의 디지털 변환에서 살펴본 샘플링 레이트, 샘플당 비트 수(bit depth)와 채널과 같은 오디오 특성에 대해서 알아야 한다. 오디오 파일의 헤더에서 이러한 오디오와 관련된 특성들을 가져올 수 있는데, 이 값을 이용해서 오디오 디바이스를 설정하고 오디오 데이터를 출력할 수 있다.

■ 오디오 파일

PCM(WAV)이나 MP3 같은 오디오 파일은 가장 널리 사용되고 있는 사운드 파일 형식으로 소리를 녹음기로 녹음하듯 아날로그 오디오를 녹음하여 디지털화한다. 일반적으로 사용하는 오디오 파일에는 WAV와 MP3 같은 아주 많은 종류의 파일 형식이 있다.

미디(MIDI, Musical Instrument Digital Interface)는 전자 악기 간 디지털 신호를 상호 교환하기 위한 음악 데이터 전송 규격과 연결 방식에 대한 공통 규약이다. 또한 미디 악기에 대한 제어 정보 같은 음원의 데이터를 가진 파일 형식으로 컴퓨터를 이용하여 음악을 연주하거나 사운드 데이터를 녹음하고 교환하는 데 있어 표준화된 파일 형식이기도 하다.

■ WAV 파일과 RIFF 포맷 형식

WAV 파일은 마이크로소프트와 IBM이 공동 개발한 사운드 파일 형식으로서 윈도우에서 기본으로 사용하는 포맷이다. 대개 압축되어 있지 않지만 압축된 형식의 지원도 가능하다. WAV는 사운드 품질이 좋지만 일반적으로 압축을 하지 않기 때문에 파일 크기가 크다. 보통 음악 한 곡당 약 30 ~ 40MB의 크기를 갖는다.

WAV 파일은 RIFF(Resource Interchange File Format) 파일 형식을 따른다. RIFF 파일 형식은 윈도우 기반의 애플리케이션에서 사용되는 멀티미디어 파일 형식(Multimedia file formats)을 위한 기본 포맷 형식으로 애플의 AIFF와 동등하게 만들어졌다. 오디오를 위한 WAV 파일 이외에도 AVI 파일 등의 동영상 파일 등도 RIFF 파일 형식을 따르고 있다.

표 7-9 **RIFF 파일의 형식**

멀티미디어 파일 형식	포맷 형식	파일 확장자
웨이브 형식의 오디오 파일(Waveform Audio File)	WAVE	.wav
동영상 파일(Audio/Video Interleaved File)	AVI	.avi
미디(MIDI) 파일	RMID	.rmi
디바이스 독립 비트맵 파일(Device Independent Bitmap File)	RDIB	.rdi
팔레트 파일(Palett File)	PAL	.pal

■ **WAV 파일의 구조**

RIFF는 단순한 구조로서 사운드 파일 저장, 상호 교환, 사운드를 다루는 멀티미디어 응용에 광범위하게 사용된다. RIFF 파일 형식은 '청크(chunk)[34]'라고 불리는 데이터의 블록들로 구성되어 있다.

표 7-10 **RIFF의 기본 형식**

크기(Byte)	내용	설명
4	ID	식별자로서 ASCII 코드 네 문자 사용
4	크기(size)	데이터의 크기
n	데이터(data)	실제 데이터
1	패딩(padding)	크기가 홀수일 때 사용

WAV 파일도 청크로 구성되며, RIFF 파일 형식을 WAV로 사용하기 위해서는 다음과 같은 구조를 가져야 한다. WAV 파일은 RIFF의 데이터 청크를 사용해서 WAV 파일의 정보를 구성하는데, 이 RIFF의 데이터 청크를 WAVE 헤더, 포맷(fmt) 청크, 데이터 청크로 나눠서 사용한다.

그림 7-24 **WAV 파일 구조와의 청크 형식**

---

34 '덩어리, 상당한 양, 덩어리로 나누다.' 등의 뜻을 가지고 있다.

WAVE 헤더에는 여러 RIFF 멀티미디어 파일 중에서, 해당 파일이 WAVE 파일임을 나타내기 위한 정보가 담겨있으며, 포맷 청크는 WAV 파일의 오디오에 대한 기본 정보가 들어 있다. 그리고 데이터 청크에는 순수한 WAV 파일의 오디오 데이터가 저장된다.

표 7-11 **WAV 파일의 기본 형식**

크기(Byte)	내용	설명
4	'RIFF'	RIFF 파일이라는 지정
4	크기(Size)	데이터의 크기
4	'WAVE'	WAVE 파일
4	'fmt '	포맷(format) 청크 시작
4	(보통) 16	포맷 청크 데이터 길이
16	fmt 청크 데이터	포맷 청크 데이터
4	'data'	data 청크 시작
4	데이터의 크기	데이터(data)의 크기
n	데이터	음악 PCM 데이터

일반적으로 WAV 헤더 부분은 44바이트를 갖는다. 각각의 청크들을 다시 살펴보면 다음과 같이 구분할 수 있다.

첫 번째 청크는 RIFF 청크 필드는 RIFF라는 것을 마크하기 위한 필드와 전체 WAV 파일의 크기를 지정하고 현재 파일이 WAV 파일임을 명시하기 위한 세 개의 필드로 구성된다.

표 7-12 **RIFF 청크: WAV 파일**

크기(Byte)	내용	설명
4	'RIFF'	RIFF 파일임을 표시하기 위한 필드로 모든 마이크로소프트 멀티미디어 파일들은 대부분 RIFF라는 문자열로 시작한다.
4	파일의 크기(Size)	WAV 파일 크기(길이) 정보, RIFF 청크 길이를 제외한 값으로 WAV 파일 크기에서 8을 뺀 수치를 저장한다.
4	'WAVE'	WAV 파일임을 명시(WAVE)한다.

RIFF 청크의 파일 크기인 두 번째 필드를 이용하면, WAV 부분의 크기를 구할 수 있다. 예를 들어, 두 번째 필드가 500바이트이면 WAV 부분의 크기는 500바이트에서 RIFF 청크 헤더인 8바이트를 빼서 얻을 수 있다. 결과적으로는 492(500 - 8)바이트가 된다.

두 번째 청크는 WAVE 청크 필드로 포맷 청크와 데이터 청크로 구분된다. 포맷 청크는 WAV 파일의 사운드에 대한 기본적인 정보가 들어 있으며, 많은 필드로 구성되어 있다.

표 7-13 포맷 청크

크기(Byte)	내용	설명
4	'fmt '	포맷 청크임을 나타내며, 4문자로 구성되고 마지막 문자는 공백(0x20) 문자로 채워진다.
4	포맷 청크의 크기	웨이브 정보에 대한 필드의 길이를 저장하고 있는데 주파수 정보 바이트 수, 비트 정보 바이트 수 등을 합한 모든 필드들의 바이트 수로 일반적으로 16의 값을 갖는다.
2	압축 형태	WAV 파일의 압축 형태를 명시하는데 PCM 형식의 WAV 파일은 1이다.
2	채널의 수	채널의 수로 모노(1) 또는 스테레오(2)이다.
4	샘플링 레이트	WAV 파일에서 사용하고 있는 샘플링 레이트이다.
4	초당 전송되는 평균 바이트의 수	WAV 파일을 재생하기 위해 초당 전송해야 할 바이트의 수로 '샘플링 레이드 × 샘플당 비트 수 × 채널의 수' 공식으로 계산할 수 있다.
2	한 샘플당 바이트 수	샘플 슬라이스의 바이트 수로 한 '샘플당 비트 수 / 8 × 채널의 수'로 계산할 수 있다.
2	샘플당 비트 수	샘플당 비트 수로 양자화 비트라고 생각하면 되는데, 16비트라면 16을 사용하고 8비트라면 8을 사용한다.

WAV 파일에서 사용하는 압축 형태는 다음과 같다. WAV 파일은 일반적으로 압축을 사용하지 않기 때문에 1(PCM)의 값이 가장 많이 사용된다.

표 7-14 WAV 파일의 압축 형태

코드	내용
0	알려져 있지 않음(Unknown)/잘못된 사용(Illegal)
1	PCM
2	마이크로소프트(Microsoft) ADPCM
6	ITU G.711 A-Law
7	ITU G.711 μ-Law
17	IMA ADPCM
20	ITU G.723 ADPCM
49	GSM 6.10
64	ITU G.721 ADPCM
80	MPEG
65535	시험용(Experimental)

한 샘플당 바이트 수는 샘플링 레이트에서 초당 전송되는 평균 바이트의 수를 계산하기 위해 사용되며, 샘플링 레이트와 상관없이 채널(모노/스테레오)의 수와 샘플당 비트 수(8비트/16비트)에 따라 전송될 바이트 수가 결정된다. 스트레오의 경우 채널이 두 개(좌/우)이기 때문에 전송될 바이트

수가 두 배가 되고, 샘플당 비트 수가 16비트라면 기본 8비트의 두 배이므로 이 값에 다시 두 배를 해야 한다.

마지막 필드는 데이터 청크로, 실제 데이터가 들어 있으며 크게 세 부분으로 구성된다.

표 7-15 데이터 청크

크기(Byte)	내용	설명
4	'data'	데이터 청크임을 나타내는데 4문자로 구성되는 문자열이 사용된다.
4	데이터 청크의 크기[†]	사운드 데이터의 크기이다.
n	실제 오디오 데이터	실제 사운드 데이터가 들어 있으며 스테레오 인터리브드 모드의 경우 실제 데이터 파일은 'L R L R L R ...'과 같이 저장된다.

[†] 일반적으로 WAV 헤더 부분은 44바이트이고, RIFF 청크 길이가 8바이트로 WAV 헤더의 크기를 뺀 나머지가 이 값으로 사용된다.

이제 이 값들을 이용해서 MS 윈도우에서 제공하고 있는 WAV 파일을 직접 분석해보자. 아래는 MS 윈도우 XP에서 기본적으로 제공되고 있는 ding.wav[35] 파일의 데이터이다.

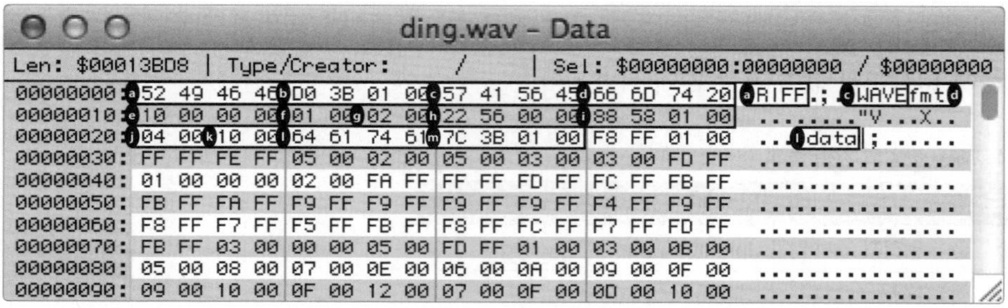

그림 7-25 ding.wav 파일의 데이터

ding.wav 파일은 다음과 같이 분석할 수 있다.

표 7-16 ding.wav 파일 분석

순서	필드	크기	내용
a	RIFF 청크	4	"RIFF" 값이 들어와서 RIFF 청크임을 지정한다.
b	WAV 파일의 크기	4	WAV 파일은 리틀 엔디안(Little Endian)이므로, 값을 역순으로 계산하는데, D0 3B 01 00[†]는 0x13BD00이 되며 80848바이트 값이 된다.
c	WAVE 청크	4	WAVE 청크임을 표시한다.
d	포맷 청크	4	'fmt ' 값이 들어와서 포맷 청크임을 표시한다.
e	포맷 청크의 크기	4	0x10 = 16(10 00 00 00) 바이트의 크기를 갖는다.

---

35   MS 윈도우 버전에 따라서 ding.wav 파일이 다르다. https://guidebookgallery.org/sounds 또는 윈도우(Windows) XP의 C:\WINDOWS\ Media 디렉터리 참고

표 7-16 ding.wav 파일 분석 (계속)

순서	필드	크기	내용
f	압축 형태	2	PCM(1)임을 표시(01 00)한다.
g	채널의 수	2	0x02 = 스테레오(02 00)다.
h	샘플링 레이트	4	0x5622(22 56 00 00) = 22050 ≒ 22k의 값을 갖는다.
i	초당 전송되는 평균 바이트의 수	4	0x15888(88 58 01 00) = 88200의 값을 갖는다.
j	한 샘플당 바이트 수	2	'샘플당 바이트의 수 / 8 * 채널의 수로 4(04 00)(16Bit / 8 x Stereo) 바이트이다.
k	샘플당 비트 수	2	16(10 00)바이트다.
l	데이터 청크	4	'data' 값이 들어와서 데이터 청크임을 표시한다.
m	데이터 청크의 크기	4	0x13B7C(7C 3B 01 00) = 80764의 데이터 크기를 갖는다.
n	실제 데이터	80764	

† D0 3B 01 00는 2바이트씩 뒤에서부터 읽으면 00 01 3B D0이 되고 이를 정리하면 0x13BD0이 된다.

앞에서 분석한 내용은 윈도우의 파일 등록 정보나 macOS의 파일 정보를 통해서도 확인이 가능하다. 윈도우의 파일 등록 정보에 표시되는 비트 전송률은 '샘플링 레이트(22050) × 채널(2) × 샘플 크기(16) ≒ 705kbps'로 계산될 수 있다.

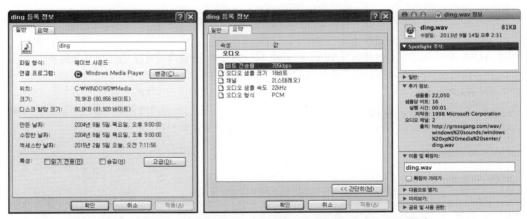

그림 7-26 ding.wav 파일의 상세 정보(MS 윈도우와 맥에서의 파일 정보)

ALSA에서는 WAV 파일과 같은 오디오 파일의 출력을 위해서는 aplay 유틸리티를 오디오 녹화를 위해서는 arecord 유틸리티를 제공하고 있다.

```
pi@raspberrypi:~ $ aplay ding.wav
Playing WAVE 'ding.wav' : Signed 16 bit Little Endian, Rate 22050 Hz, Stereo
pi@raspberrypi:~ $ arecord -d 3 -D plughw:1,0 hello.wav
Recording WAVE 'test.wav' : Unsigned 8 bit, Rate 8000 Hz, Mono
```

■ WAV 플레이어 프로그래밍

이제 WAV 파일을 재생할 수 있는 플레이어를 만들어보자. 앞에서 살펴본 WAV 파일의 헤더의 분석된 내용을 이용해서 다음과 같이 WAV 파일을 위한 헤더 파일을 만들 수 있다.

코드 7-3 **wavFile.h**

```c
#ifndef __WAVHEADER_H
#define __WAVHEADER_H

typedef struct wavFile_t {
    unsigned char   riffID[4];        /* "RIFF" : riffID[ ] = {'R', 'I', 'F', 'F'}; */
    unsigned long   riffLen;          /* 다음에 나오는 데이터의 크기 */
    unsigned char   waveID[4];        /* "WAVE" : waveID[ ] = {'W', 'A', 'V', 'E'}; */
    unsigned char   fmtID[4];         /* "fmt " : fmtID[ ] = {'f', 'm', 't', ' '}; */
    unsigned long   fmtLen;           /* 일반적으로 16 */
    unsigned short  fmtTag;           /* 일반적으로 PCM(1) */
    unsigned short  nChannels;        /* 채널의 수 */
    unsigned long   sampleRate;       /* 샘플링 레이트 */
    unsigned long   avgBytesPerSec;   /* 초당 바이트 수(Bytes / sec) */
    unsigned short  nblockAlign;      /* 한 샘플당 바이트 수 : 일반적으로 1 */
    unsigned short  bitsPerSample;    /* 샘플당 비트 수(Bits / sample) */
    unsigned char   dataID[4];        /* "data" : dataID[ ] = {'d', 'a', 't', 'a'}; */
    unsigned long   dataLen;          /* 데이터의 크기 */
} WAVHEADER;

#endif
```

이제 ALSA 라이브러리를 이용해서 WAV 파일을 재생하기 위한 플레이어를 만들어보도록 하자.

코드 7-4 **wavPlayer.c**

```c
#define ALSA_PCM_NEW_HW_PARAMS_API
#include <alsa/asoundlib.h>[36]     /* ALSA 라이브러리를 위한 헤더 파일 */

#include "wavFile.h"

WAVHEADER wavheader;

int main(int argc, char **argv)
{
    int fd = -1;                /* WAV 파일을 위한 파일 디스크립터 */
    int rc, buf_size, dir;
    int channels, format;       /* 오디오 디바이스 설정을 위한 채널과 포맷 */
    long count, remain;
    unsigned int val;
    char *buffer;               /* 오디오 출력을 위한 데이터 버퍼 */

    snd_pcm_t *handle;          /* ALSA 디바이스 설정을 위한 구조체 */
```

---

[36] asoundlib.h 헤더 파일은 ALSA 프로그래밍에 필요한 다양한 헤더 파일들을 기본적으로 포함하고 있기 때문에 일반적인 경우에는 이 헤더 파일 하나만 포함해도 문제없이 소스 코드를 빌드할 수 있다.

```c
snd_pcm_hw_params_t *params;          /* 오디오 디바이스 설정을 위한 구조체 */
snd_pcm_uframes_t frames;             /* 오디오 프레임 설정을 위한 구조체 */

if(argc <= 1) {                       /* 출력할 오디오 파일을 명령행 인수로 받는다. */
    printf("usage : %s filename\n", argv[0]);
    return -1;
} else {
    printf("Playing file : %s\n", argv[1]);
}

/* WAV 파일 열기 */
if((fd = open(argv[1], O_RDONLY)) == -1) {
    printf("Could not open the specified wave file : %s\n", argv[1]);
    return -1;
}

/* WAV 파일로부터 헤더 읽어오기 */
if((count = read(fd, &wavheader, sizeof(WAVHEADER))) < 1) {
    printf("Could not read wave data\n");
    goto END;
}

/* 출력을 위한 ALSA PCM 디바이스 열기 */
rc = snd_pcm_open(&handle, "default", SND_PCM_STREAM_PLAYBACK, 0);
if(rc < 0) {
    fprintf(stderr, "unable to open pcm device: %s\n", snd_strerror(rc));
    return -1;
}

/* 오디오 디바이스에 오디오 디바이스의 매개변수 설정을 위한 공간 확보 */
snd_pcm_hw_params_alloca(&params);

/* 기본값으로 초기화 */
snd_pcm_hw_params_any(handle, params);

/* 헤더에서 채널에 대한 정보를 가져와서 출력하고 설정하기 */
channels = wavheader.nChannels;
printf("Wave Channel Mode : %s\n", (channels-1)? "Stereo":"Mono");
snd_pcm_hw_params_set_channels(handle, params, channels);

/* 오디오 포맷 설정 */
printf("Wave Bytes : %d\n", wavheader.nblockAlign);
switch(wavheader.nblockAlign) {
    case 1:                           /* 모노 8비트 */
        format = SND_PCM_FORMAT_U8;
        break;
    case 2:                           /* 모노 16비트이거나 스테레오 8비트 */
        format = (channels==1)? SND_PCM_FORMAT_S16_LE : SND_PCM_FORMAT_U8;
        break;
    case 4:                           /* 스테레오 파일인 경우 */
        format = SND_PCM_FORMAT_S16_LE;
        break;
    default:
        printf("Unknown byte rate for sound\n");
        return -1;
}

/* 인터리브드 모드로 설정 */
```

```c
    snd_pcm_hw_params_set_access(handle, params, SND_PCM_ACCESS_RW_INTERLEAVED);
    /* 오디오 디바이스의 포맷 설정 */
    snd_pcm_hw_params_set_format(handle, params, format);

    /* 오디오 디바이스의 샘플링 레이트 설정 */
    printf("Wave Sampling Rate : 0x%d\n", wavheader.sampleRate);
    val = wavheader.sampleRate;
    snd_pcm_hw_params_set_rate_near(handle, params, &val, &dir);

    /* 출력을 위한 32개의 프레임 설정 */
    frames = 32;
    snd_pcm_hw_params_set_period_size_near(handle, params, &frames, &dir);

    /* ALSA 드라이버에 오디오 디바이스의 파리미터 적용 */
    rc = snd_pcm_hw_params(handle, params);
    if(rc < 0) {
        fprintf(stderr, "Unable to set hw parameters: %s\n", snd_strerror(rc));
        goto END;
    }

    /* 하나의 주기에 필요한 가장 큰 버퍼의 사이즈 얻기 */
    snd_pcm_hw_params_get_period_size(params, &frames, &dir);
    /* 버퍼의 크기 =  프레임의 수 × 채널 × 바이트/샘플 */
    buf_size = frames * channels * ((format == SND_PCM_FORMAT_S16_LE)?2:1);
    /* 출력을 위한 버퍼 공간 확보 */
    buffer = (char*)malloc(buf_size);

    /* ALSA의 주기 시간을 가져오기 */
    snd_pcm_hw_params_get_period_time(params, &val, &dir);

    remain = wavheader.dataLen;          /* 패딩을 버리기 위한 초기화 */
    do {                                 /* WAV 파일에서 오디오 데이터를 읽어서 ALSA로 출력하기 */
        buf_size = (remain > buf_size)? buf_size: remain;      /* 패딩을 버리기 위한 계산 */
        if((count = read(fd, buffer, buf_size)) <= 0) break;
        remain -= count;

        rc = snd_pcm_writei(handle, buffer, frames);
        if(rc == -EPIPE) {                 /* 언더런(EPIPE)의 경우일 때 처리 */
            fprintf(stderr, "Underrun occurred\n");
            snd_pcm_prepare(handle);
        } else if(rc < 0) {                /* 에러가 발생했을 때의 처리 */
            fprintf(stderr, "error from write: %s\n", snd_strerror(rc));
        } else if(rc != (int)frames) {
            fprintf(stderr, "short write, write %d frames\n", rc);
        }
    } while(count == buf_size);

END:
    close(fd);
    sleep(1);
    snd_pcm_drain(handle);
    snd_pcm_close(handle);/* 사용이 끝난 디바이스 닫기 */

    free(buffer);

    return 0;
}
```

먼저 명령행 인수(Command-line Argument)를 이용해서 출력을 위한 사운드 파일을 설정하고, 사운드 파일에서 헤더를 가져와서 오디오 디바이스 설정과 관련된 값들을 가져온다. 관련된 값으로 오디오 디바이스를 설정하면 되는데 여기에서 중요한 값이 샘플링 레이트, 샘플당 비트 수와 채널의 수이다. 값을 읽어올 때에는 데이터를 읽는 단위를 주의하여야 한다. 샘플의 크기가 8비트(SND_PCM_FORMAT_U8)이면 unsigned char 형의 단위로 읽고, 16비트(SND_PCM_FORMAT_S16_LE)이면 short 형의 단위로 데이터를 읽어서 snd_pcm_writei( ) 함수를 이용해서 사운드 카드로 출력하면 된다.

이 코드를 빌드해서 실행해보면 WAV 파일에 대한 정보가 출력된 후 소리가 나오는 것을 확인할 수 있다.

```
pi@raspberrypi:~ $ ./wavPlayer ding.wav
Playing file : ding.wav
Wave Channel Mode : Stereo
Wave Bytes : 4
Wave Sampling Rate : 0x22050
```

이 코드는 대부분의 WAV 파일이 문제없이 출력되지만, 모든 WAV 파일의 출력을 위해 범용으로 만든 것이 아니므로 출력되지 않는 파일이 있을 수 있다.

■ WAV 녹음기 프로그래밍

라즈베리 파이는 기본적으로 녹음 기능을 지원하지 않는다. 사운드를 녹화하기 위해서는 그림 7-19와 같은 별도의 사운드 카드나 마이크가 있는 웹캠이 필요하다. 녹음이 가능한 사운드 장치가 있는 경우라면 사운드를 녹음해서 파일로 저장하는 녹음기를 만들 수 있다.

WAV 녹음기는 WAV 플레이어와 거의 비슷한 구조를 갖지만, 사운드를 출력하는 게 아니라 사용자가 입력한 사운드를 저장하는 기능을 수행하는 프로그램이다. WAV 녹음기도 WAV 플레이어와 동일한 헤더 파일을 사용한다.

코드 7-5 wavRecorder.c

```
#define ALSA_PCM_NEW_HW_PARAMS_API
#include <alsa/asoundlib.h>              /* ALSA 라이브러리를 위한 헤더 파일 */

#include "wavFile.h"

WAVHEADER wavheader;

int main(int argc, char **argv)
{
    int fd = -1;                        /* WAV 파일을 위한 파일 디스크립터 */
    int rc, buf_size, dir;
```

```c
int format;                                    /* 오디오 디바이스 설정을 위한 포맷 */
long count = 0;                                 /* 전체 오디오 데이터의 크기 */
unsigned int val;
char *buffer;                                   /* 오디오 출력을 위한 데이터 버퍼 */

snd_pcm_t *handle;                              /* ALSA 디바이스 설정을 위한 구조체 */
snd_pcm_hw_params_t *params;                    /* 오디오 디바이스 설정을 위한 구조체 */
snd_pcm_uframes_t frames;                       /* 오디오 프레임 설정을 위한 구조체 */

if(argc <= 1) {                                 /* 저장할 오디오 파일을 명령행 인수로 받는다. */
    printf("usage : %s filename\n", argv[0]);
    return -1;
}

/* WAV 파일 열기 */
if((fd = open(argv[1], O_WRONLY | O_CREAT | O_TRUNC, S_IRUSR | S_IWUSR)) == -1) {
    printf("Could not open the specified wave file : %s\n", argv[1]);
    return -1;
}

/* WAV 헤더 초기화 */
memset(&wavheader, 0, sizeof(WAVHEADER));

/* WAV 헤더 설정: 매직넘버 설정 */
strncpy(wavheader.riffID, "RIFF", 4);
strncpy(wavheader.waveID, "WAVE", 4);
strncpy(wavheader.fmtID, "fmt ", 4);
strncpy(wavheader.dataID,"data",4);

/* WAV 헤더 설정: 포맷 청크의 설정 */
wavheader.fmtLen = 16;                          /* FMT 길이 */
wavheader.fmtTag = 1;                           /* PCM */
wavheader.nChannels = 1;                        /* 모노(mono) */
wavheader.nblockAlign = 1;                      /* 8비트 */

/* 오디오 데이터 속성 설정 */
wavheader.sampleRate = 8000;                    /* 샘플링 레이트: 8kHz */
wavheader.bitsPerSample = 8;                    /* 샘플당 비트의 수: 8(byte) */

/* WAV 파일에 헤더 쓰기 */
write(fd, &wavheader, sizeof(WAVHEADER));

/* 녹음을 위한 ALSA PCM 디바이스 열기 */
rc = snd_pcm_open(&handle, "plughw:1,0", SND_PCM_STREAM_CAPTURE, 0);

/* 오디오 디바이스에 오디오 디바이스의 매개변수 설정을 위한 공간 확보 */
snd_pcm_hw_params_alloca(&params);
/* 기본값으로 초기화 */
snd_pcm_hw_params_any(handle, params);
/* 채널 설정하기 */
snd_pcm_hw_params_set_channels(handle, params, wavheader.nChannels);
/* 오디오 포맷 설정 */
format = SND_PCM_FORMAT_U8;                     /* 모노 8비트 */
/* 인터리브드 모드로 설정 */
snd_pcm_hw_params_set_access(handle, params, SND_PCM_ACCESS_RW_INTERLEAVED);
```

```c
    /* 오디오 디바이스의 포맷 설정 */
    snd_pcm_hw_params_set_format(handle, params, format);
    /* 오디오 디바이스의 샘플링 레이트 설정 */
    val = wavheader.sampleRate;
    snd_pcm_hw_params_set_rate_near(handle, params, &val, &dir);

    /* 32개의 프레임 설정 */
    frames = 32;
    snd_pcm_hw_params_set_period_size_near(handle, params, &frames, &dir);

    /* ALSA 드라이버에 오디오 디바이스의 파리미터 적용 */
    rc = snd_pcm_hw_params(handle, params);

    /* 하나의 주기에 필요한 가장 큰 버퍼의 사이즈 얻기 */
    snd_pcm_hw_params_get_period_size(params, &frames, &dir);
    /* 버퍼의 크기 =  프레임의 수 × 채널 × 바이트/샘플 */
    buf_size = frames * wavheader.nChannels * ((format == SND_PCM_FORMAT_S16_LE)? 2:1);
    /* 출력을 위한 버퍼 공간 확보 */
    buffer = (char*)malloc(buf_size);

    /* ALSA의 주기 시간을 가져오기 */
    snd_pcm_hw_params_get_period_time(params, &val, &dir);

    /* 사운드 카드로 부터 들어온 데이터를 WAV 파일에 녹화하기 */
    for(int i = 0; i < 500; i++) {
        rc = snd_pcm_readi(handle, buffer, frames);
        if(rc == -EPIPE) {
            /* 오버런(EPIPE)을 경우의 처리 */
            fprintf(stderr, "Overrun occurred\n");
            snd_pcm_prepare(handle);
        }
        rc = write(fd, buffer, buf_size);
        count += rc;
        if(rc != buf_size) break;
    }

    /* WAV 파일의 크기 변경 */
    lseek(fd, 4, SEEK_SET);
    write(fd, &count, 4);

END:
    close(fd);                      /* 사용이 끝난 파일 닫기 */
    snd_pcm_close(handle);          /* 사용이 끝난 디바이스 닫기 */

    free(buffer);

    return 0;
}
```

WAV 파일은 데이터를 저장할 것이므로 읽기가 아닌 쓰기(O_WRONLY)로 연다. 그리고 WAV 파일의 헤더를 녹음하고 싶은 사운드의 포맷으로 설정하고 이 구조체의 값을 WAV 파일에 저장한다.

라즈베리 파이에서 기본으로 제공하는 ALSA 오디오 디바이스는 녹음 기능이 없으니 추가된 장치를 사용해야 한다. 이를 위해 장치 파일의 이름을 'plughw:1,0'로 설정하였는데, 첫 번째 숫자는 장치의 순번이라고 보면 된다. C 언어는 인덱스가 0번부터 시작하니 0번이 라즈베리 파이에서 기본으로 제공하는 사운드 장치이고, 1번이 추가로 연결한 사운드 장치이다. 녹음을 위해 ALSA 오디오 장치를 SND_PCM_STREAM_CAPTURE 속성으로 열였다.

ALSA 장치의 속성을 설정하고 snd_pcm_readi( ) 함수를 이용해서 마이크로부터 오디오 데이터를 가져와 WAV 파일에 추가한다. 오디오 버퍼와 관련해서 WAV 플레이어에서는 언더런이 발생하지만, WAV 녹음기는 반대로 오버런이 발생한다. 오디오 데이터의 크기는 녹음이 끝나봐야 알기 때문에 오디오 데이터를 녹음하면서 전체 오디오 데이터의 크기를 합산하고 녹음이 끝나면 최종적으로 WAV 파일 포맷의 오디오 데이터 전체 크기를 설정하여 파일과 ALSA 디바이스를 닫고 종료하면 된다.

코드를 빌드해서 실행해보면 WAV 파일로 오디오가 녹화되는 것을 확인할 수 있다. 더 긴 시간 동안 오디오를 녹화하고 싶은 경우에는 4장에서 배운 hitkey( ) 코드와 5장의 멀티 스레드를 이용해서 코드를 수정할 수 있다. 앞의 코드는 보다 간단하게 표시하기 위해 에러 처리를 하지 않았다. 필요한 에러 처리는 WAV 플레이어 코드를 참고하면 된다.

7.3 프레임 버퍼를 통한 이미지 출력

프레임 버퍼는 화면 출력을 위한 메모리 공간으로 대부분의 최신 그래픽 카드에서 프레임 버퍼를 직접 접근하는 것을 허용한다. 프레임 버퍼는 컴퓨터에서 화면에 무언가를 출력하기 위해서는 이를 저장할 메모리 공간으로, 호스트 컴퓨터(PC)에서는 그래픽 카드의 메모리이며 임베디드 장비에서는 LCD 컨트롤러에 있는 메모리이다.

그림 7-27 그래픽 하드웨어와 프레임 버퍼

프레임 버퍼의 메모리 공간은 화면에 출력될 RGB 요소들과 일대일로 대응하는데, 프레임 버퍼에 화면에 출력될 데이터를 생성해서 넣으면 모니터에 그대로 출력할 수 있다. 화면에 출력될 영상을 처리할 때 생기는 부하를 줄이고 다른 그래픽 카드 간에 호환성을 제공하기 위해서 프레임 버퍼가 고안되었다. 즉, 그래픽 카드에서 래스터 이미지가 생성되어 모니터로 전달될 때 중간에 그림이 잠시 저장될 '프레임 버퍼'(비디오 메모리)를 거친다.[37]

리눅스 시스템에서 프레임 버퍼 디바이스는 응용 프로그램에서 제어할 수 있도록 만들어진 디바이스 드라이버(device driver)로, 프레임 버퍼를 이용해서 그래픽을 표현할 수 있다. 리눅스에서의 프레임 버퍼 디바이스는 그래픽 하드웨어에 대한 추상을 제공한다. 프레임 버퍼 디바이스는 그래픽 하드웨어를 위해 자신만의 특수한 구조에서 분리시켜 표준형의 접근 방법으로 하드웨어를 제어하도록 한다. 그러므로 그래픽을 출력하는 응용 프로그램이 그래픽 출력 장치의 내부 구조를 알지 못해도 그래픽을 출력하도록 만들 수 있다.

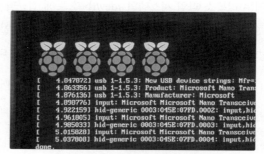

그림 7-28 쿼드코어를 지원하는 라즈베리 파이 2의 부팅 로고

리눅스에서 프레임 버퍼가 지원되면 부팅 시에 펭귄(또는 라즈베리) 이미지가 현재 사용하는 시스템의 CPU에서 지원하는 코어(Core)의 수만큼 표시된다. 리눅스의 프레임 버퍼는 VESA 2.0 표준을 준수하는 비디오 카드에서 지원되고 있는데, 리눅스 커널의 vesafb는 일반적인 VESA 2.0 호환 그래픽 카드를 지원한다. 실제 지원되는 해상도와 색상은 커널 소스의 'Documentation/vesafb.txt'에서 확인할 수 있다.

표 7-17 프레임 버퍼에 대한 설정값(커널 모드)[38]

색상(color)	640×480	800×600	1024×768	1280×1024	1600×1200
8비트	0x301	0x303	0x305	0x307	0x31d
16비트	0x311	0x314	0x317	0x31a	0x31e
24비트	0x312	0x315	0x318	0x31b	0x31f
32비트	0x329	0x32e	0x338	0x33d	0x342

---

37 래스터 엔진(raster engine) ➡ 프레임 버퍼(frame buffer) ➡ 모니터

38 https://en.wikipedia.org/wiki/VESA_BIOS_Extensions#Linux_video_mode_numbers 참고

프레임 버퍼의 용량은 해상도와 사용하는 색상에 비례하는데, 라즈베리 파이에서 사용하는 프레임 버퍼의 해상도(FRAMEBUFFER_WIDTH, FRAMEBUFFER_HEIGHT)는 /boot/config.txt 파일[39]을 이용해서 설정할 수 있다. 그리고 색상의 기본값은 32비트로 FRAMEBUFFER_DEPTH를 이용해서 설정하면 되는데, 이는 8, 16, 24, 32비트 색상을 지원한다.

7.3.1 프레임 버퍼의 정보 표시

앞에서 보았듯이 사용하는 디바이스마다 지원하는 해상도와 색상이 다를 수 있다. 현재 사용하는 디바이스에서 프레임 버퍼의 해상도와 색상 같은 정보의 획득을 위해 리눅스에서 관련 구조체를 제공한다. 또한 이러한 정보들은 fbset이나 hwinfo 명령어를 통해 설정하거나 알아 올 수 있다.

일반적으로 프레임 버퍼에는 리눅스 파일 시스템의 '/dev/fb'를 통해 접근할 수 있다. 프로그램을 작성하고 동작시키기 위해 '$ ls –l /dev/fb0'를 통해 프레임 버퍼 디바이스 파일이 있는지 확인할 수 있으며, 프레임 버퍼가 활성화되어 있으면 /proc/fb를 통해서도 프레임 버퍼 디바이스 파일에 대한 정보를 알아올 수 있다.

```
pi@raspberrypi:~ $ ls -al /dev/fb0
crw-rw---- 1 root video 29, 0 Oct 11 00:30 /dev/fb0
pi@raspberrypi:~ $ cat /proc/fb
0 DRM emulated
1 RPi-Sense FB[40]
```

프로그래밍을 통해서 프레임 버퍼에 대한 정보를 가져오고 싶은 경우에는 fb_var_screeninfo 구조체와 fb_fix_screeninfo 구조체 등을 사용할 수 있다. 리눅스에서 프레임 버퍼를 다루기 위해 사용하는 헤더 파일은 <linux/fb.h>인데, 이 헤더 파일에 fb_var_screeninfo 구조체와 fb_fix_screeninfo 구조체, 그리고 FBIOGET_FSCREENINFO나 FBIOGET_VSCREENINFO 상수 등이 정의되어 있다.

이제 프레임 버퍼의 정보를 가져오는 코드를 작성해보도록 하자. fb_var_screeninfo 구조체는 해상도의 폭(width)과 높이(height) 등의 정보를 제공한다.

---

39 https://www.raspberrypi.org/documentation/configuration/config-txt/video.md 참고
40 SenseHAT의 8×8 LED 매트릭스를 위한 프레임 버퍼 디바이스 파일이다.

코드 7-6 **fbinfo.c**

```c
#include <stdio.h>
#include <fcntl.h>
#include <unistd.h>
#include <linux/fb.h>
#include <sys/ioctl.h>

#define FBDEVICE        "/dev/fb0"

int main(int argc, char **argv)
{
    int fbfd = 0;
    /* 프레임 버퍼 정보 처리를 위한 구조체 */
    struct fb_var_screeninfo vinfo, old_vinfo;
    struct fb_fix_screeninfo finfo;

    /* 프레임 버퍼를 위한 디바이스 파일을 읽기와 쓰기 모드로 연다. */
    fbfd = open(FBDEVICE, O_RDWR);
    if(fbfd < 0) {
        perror("Error: cannot open framebuffer device");
        return -1;
    }

    /* 현재 프레임 버퍼에 대한 화면 정보를 얻어온다. */
    if(ioctl(fbfd, FBIOGET_FSCREENINFO, &finfo) < 0) {
        perror("Error reading fixed information");
        return -1;
    }

    /* 현재 프레임 버퍼에 대한 가상 화면 정보를 얻어온다. */
    if(ioctl(fbfd, FBIOGET_VSCREENINFO, &vinfo) < 0) {
        perror("Error reading variable information");
        return -1;
    }

    /* 현재 프레임 버퍼에 대한 정보를 출력한다. */
    printf("Resolution : %dx%d, %dbpp\n", vinfo.xres, vinfo.yres,
           vinfo.bits_per_pixel);
    printf("Virtual Resolution : %dx%d\n", vinfo.xres_virtual, vinfo.yres_virtual);
    printf("Length of frame buffer memory : %d\n", finfo.smem_len);

    /* 이전의 값을 백업해 놓는다. */
    old_vinfo = vinfo;

    /* 프레임 버퍼에 새로운 해상도(800×600)를 설정한다. */
    vinfo.xres = 800;
    vinfo.yres = 600;
    /* vinfo.bits_per_pixel = 16; */ /* 라즈베리 파이 4는 지원하지 않는다. */

    if(ioctl(fbfd, FBIOPUT_VSCREENINFO, &vinfo) < 0) {
        perror("fbdev ioctl(PUT)");
        return -1;
    }
```

```
    /* 설정한 프레임 버퍼에 대한 정보를 출력한다. */
    printf("New Resolution : %dx%d, %dbpp\n", vinfo.xres, vinfo.yres,
           vinfo.bits_per_pixel);

    getchar();                 /* 사용자의 입력을 대시 */

    ioctl(fbfd, FBIOPUT_VSCREENINFO, &old_vinfo);  /* 원래의 값으로 복귀 */

    close(fbfd);               /* 사용이 끝난 프레임 버퍼의 디바이스 파일 닫기 */

    return 0;
}
```

프레임 버퍼를 사용하기 위해서는 프레임 버퍼의 디바이스 파일인 '/dev/fb?'을 열고, 디바이스에 대한 정보를 가져올 수 있다. 프레임 버퍼에 대한 정보를 조작할 때는 ioctl( ) 함수를 이용한다. 화면에 대한 프레임 버퍼의 정보를 가져올 때는 FBIOGET_FSCREENINFO 옵션을 사용할 수 있는데, 현재 화면에 대한 해상도나 색상의 깊이(Depth) 등의 값을 가져올 수 있다.

프레임 버퍼는 가상 해상도(virtual resolution)를 지원한다. 설정할 때는 FBIOPUT_VSCREENINFO 옵션을 사용할 수 있고, 값을 가져올 때는 FBIOGET_VSCREENINFO 옵션을 사용한다. 이를 통해서 프레임 버퍼를 원하는 값으로 설정했다가 다시 원래의 값으로 돌릴 수 있다. 마지막으로 프레임 버퍼 디바이스에 대한 사용이 끝나면 close( ) 함수를 이용해서 디바이스를 닫아주면 된다.

위의 코드를 실행하려면 표 5-7의 단축키(Ctrl + Alt + F1 등)를 이용해서 터미널로 전환해야 한다. 빌드해서 실행해보면 현재 프레임 버퍼에 대한 정보가 출력된 후 새로운 해상도로 변경되는 것을 확인할 수 있다. 만일, ssh로 접속했다면 접속된 터미널의 정보를 출력하는 것이 아니라, 실제 라즈베리 파이의 해상도에 대한 정보를 출력하고 해상도를 바꾸기 때문에 기기에 직접 연결된 디스플레이를 통해서 확인해야 한다. 코드를 통해 프레임 버퍼의 값을 바꾸더라도 리부팅하면 초깃값으로 되돌아온다.

```
pi@raspberrypi:~ $ ./fbinfo
Resolution : 1920x1080, 32bpp
Virtual Resolution : 1920x1080
Length of frame buffer memory : 8294400
New Resolution : 800x600, 32bpp
```

7.3.2 프레임 버퍼를 이용한 그래픽

이제 프레임 버퍼에 간단한 도형을 그려보자. 프레임 버퍼에 점이나 선 같은 객체들을 그리기 위해서는 앞에서 배웠던 유닉스의 open( ), read( ), write( ), close( ), fcntl( )/ioctl( ) 등의 기본 입출력 시스템 호출을 사용한다. 먼저, 도형을 그리기 전에 픽셀과 색의 관계에 대해서 알아보자.

■ 프레임 버퍼의 드로잉

코드 7-6 fbinfo.c를 이용해서 확인해보면 라즈베리 파이의 프레임 버퍼는 기본적으로 32비트를 사용하고, SenseHAT의 8×8 LED 매트릭스는 16비트 색상을 사용한다. 32비트 색상은 빛의 삼원색인 빨간색(Red), 초록색(Green), 파란색(Blue)에 투명도인 알파(Alpha) 채널을 추가한 것으로, 채널을 배치하는 순서에 따라서 ARGB, RGBA, ABGR, BGRA 등의 포맷들이 존재한다. 라즈베리 파이의 프레임 버퍼는 이 중 BGRA를 사용하고 있는데, 그래픽 요소들을 출력하기 위해서는 색상을 파랑, 초록, 빨강, 알파 채널 순으로 프레임 버퍼에 배치하면 된다. SenseHAT에서 사용하는 16비트 색상은 뒤에서 살펴보도록 하겠다.

색상 모델에 대해 알아보았으므로 이제 프레임 버퍼를 이용해서 그래픽 객체들을 그려보자. 프레임 버퍼에 색을 표시하기 위해서는 4장에서 설명한 파일 시스템을 이해할 필요가 있다. 유닉스에서는 파일, 디렉터리, 디바이스, 네트워크를 모두 파일로 취급하는데, 프레임 버퍼는 '/dev/fb0'로 접근할 수 있다. 이 파일에 open( ), close( ), write( ), lseek( ) 함수를 이용해서 원하는 동작을 수행할 수 있다.

먼저 open( ) 함수를 이용해서 프레임 버퍼 디바이스를 연다. 프레임 버퍼는 화면에 출력되는 그래픽 데이터를 위한 메모리라고 생각하면 쉬운데 출력하기를 원하는 위치에 색상 값을 입력하면 화면에 색상이 출력된다. lseek( ) 함수를 사용하여 점을 그릴 위치로 이동한 후 write( ) 함수를 통해 색상(점)을 쓰면 된다.

위치의 이동이나 점을 그릴 때 고려해야 할 것은 픽셀당 비트 수이다. 8비트 색상을 사용하면 1바이트씩 이동하면 되고, 16비트 색상을 사용하면 2바이트, 24비트 색상을 사용하면 3바이트, 32비트 색상을 사용하면 4바이트씩 이동하면 된다. 라즈베리 파이에서는 32비트를 사용하고 있기 때문에 4바이트씩 이동한다. 이동에는 lseek( ) 함수를 사용하는데 이 함수는 다음과 같은 매개변수를 갖는다.

```
#include <sys/types.h>
#include <unistd.h>

off_t lseek(int fd, off_t offset, int whence);
```

lseek( ) 함수에서 두 번째 인자(offset)를 이용해서 원하는 위치로 이동할 수 있다. 32비트 색상의 이동은 4바이트이므로 4를 바로 사용해도 되지만, fb_var_screeninfo 구조체의 bits_per_pixel 멤버를 8로 나눈 값을 사용하면 이식성을 높일 수 있다.

인자(오프셋) = (x의_위치 + y의_위치 × 해상도의_넓이) × (fb_var_screeninfo.bits_per_pixel / 8.)

점을 그리는 경우 write( ) 함수를 이용한다. 라즈베리 파이의 색상은 16비트(2바이트) 컬러 색상을 이용하는데, 이를 위해 write(fd, *buf, 2)처럼 두 번째 인자에 16비트의 색상 값을 입력하고, 마지막 인자의 값으로는 숫자 2(픽셀당 2바이트)를 지정하면 된다.

코드 7-7 fbdraw.c

```c
#include <stdio.h>
#include <unistd.h>
#include <fcntl.h>
#include <linux/fb.h>
#include <sys/ioctl.h>

#define FBDEVICE "/dev/fb0"

typedef unsigned char ubyte;

struct fb_var_screeninfo vinfo;

/* 점을 그린다. */
static void drawpoint(int fd, int x, int y, ubyte r, ubyte g, ubyte b)
{
    ubyte a = 0xFF;

    /* 색상 출력을 위한 위치를 구한다. */
    /* offset  = (X의_위치 + Y의_위치 × 해상도의_넓이) × 색상의_바이트_수 */
    int offset = (x + y*vinfo.xres)*vinfo.bits_per_pixel/8.;
    lseek(fd, offset, SEEK_SET);
    write(fd, &b, 1);
    write(fd, &g, 1);
    write(fd, &r, 1);
    write(fd, &a, 1);
}

int main(int argc, char **argv)
{
    int fbfd, status, offset;
    /* 프레임 버퍼 정보 처리를 위한 구조체 */
    unsigned short pixel;

    fbfd = open(FBDEVICE, O_RDWR);          /* 사용할 프레임 버퍼 디바이스를 연다. */
    if(fbfd < 0) {
        perror("Error: cannot open framebuffer device");
        return -1;
    }

    /* 현재 프레임 버퍼에 대한 화면 정보를 얻어온다. */
```

```
    if(ioctl(fbfd, FBIOGET_VSCREENINFO, &vinfo) < 0) {
        perror("Error reading fixed information");
        return -1;
    }

    drawpoint(fbfd, 50, 50, 255, 0, 0);        /* 빨간색(Red) 점을 출력 */
    drawpoint(fbfd, 100, 100, 0, 255, 0);      /* 초록색(Green) 점을 출력 */
    drawpoint(fbfd, 150, 150, 0, 0, 255);      /* 파란색(Blue) 점을 출력 */

    close(fbfd);        /* 사용이 끝난 프레임 버퍼 디바이스를 닫는다. */

    return 0;
}
```

위 코드를 수행하면 빨강, 초록, 파랑의 점이 사선으로 화면에 나타난다. 점이 작으므로 자세히 살펴보자. 선을 그리는 방법은 점을 그리는 방법과 기본적인 것은 같다. 점을 연속해서 이어 그리면 선이 되는데, for 루프를 이용해서 점의 좌표 시작점부터 끝점까지 연결한다.

코드 7-7 fbdraw.c (이어서)

```
static void drawline(int fd, int start_x, int end_x, int y, ubyte r, ubyte g, ubyte b)
{
    ubyte a = 0xFF;

    /* for 루프를 이용해서 점을 이어서 선을 그린다. */
    for(int x = start_x; x < end_x; x++) {
        int offset = (x+y*vinfo.xres)*vinfo.bits_per_pixel/8.;
        lseek(fd, offset, SEEK_SET);
        write(fd, &b, 1);
        write(fd, &g, 1);
        write(fd, &r, 1);
        write(fd, &a, 1);
    }
}

int main(int argc, char **argv)
{
                            /* ~ 중간 표시 생략 ~ */
    drawline(fbfd, 0, 100, 200, 0, 255, 255);          /* 청록색(Cyan)을 생성 */
                            /* ~ 중간 표시 생략 ~ */
}
```

위의 코드는 (0, 200)에서 (100, 200)까지 이어지는 선을 그린다. 원을 그리는 방법도 선을 그리는 방법과 마찬가지로, x, y의 좌표를 계산해서 그린다.[41] 원은 sin과 cos 공식을 사용하여 좌표를 계산할 수 있는데, 다음과 같이 정수를 이용하는 것이 속도가 빠르다.

---

[41] https://en.wikipedia.org/wiki/Midpoint_circle_algorithm

코드 7-7 **fbdraw.c (이어서)**

```
                                  /* ~ 중간 표시 생략 ~ */
static void drawcircle(int fd, int center_x, int center_y, int radius, ubyte r,
                       ubyte g, ubyte b)
{
    int x = radius, y = 0;
    int radiusError = 1 - x;

    /* 순환문을 이용해서 원을 그리기: 정숫값을 계산해서 원 그리기 */
    while(x >= y) {
        drawpoint(fd,  x + center_x,  y + center_y, r, g, b);
        drawpoint(fd,  y + center_x,  x + center_y, r, g, b);
        drawpoint(fd, -x + center_x,  y + center_y, r, g, b);
        drawpoint(fd, -y + center_x,  x + center_y, r, g, b);
        drawpoint(fd, -x + center_x, -y + center_y, r, g, b);
        drawpoint(fd, -y + center_x, -x + center_y, r, g, b);
        drawpoint(fd,  x + center_x, -y + center_y, r, g, b);
        drawpoint(fd,  y + center_x, -x + center_y, r, g, b);

        y++;
        if (radiusError < 0) {
            radiusError += 2 * y + 1;
        } else {
            x--;
            radiusError += 2 * (y - x + 1);
        }
    }
}

int main(int argc, char **argv)
{
                                  /* ~ 중간 표시 생략 ~ */
    drawcircle(fbfd, 200, 200, 100, 255, 0, 255);      /* 자홍색(Magenta)을 생성 */
    drawline(fbfd, 0, 100, 200, 0, 255, 255);          /* 청록색(Cyan)을 생성 */
                                  /* ~ 중간 표시 생략 ~ */
}
```

면을 그리는 것도 선을 그리는 것과 비슷한데, 면을 그릴 때는 두 개의 for 루프를 사용한다. 점과 선, 원을 그리고 그 위에 면을 그리게 되면 기존의 도형들을 모두 덮어쓰기 때문에 면을 그리고 난 이후에 다른 도형을 그리도록 코드를 수정한다.

코드 7-7 **fbdraw.c (이어서)**

```
                                  /* ~ 중간 표시 생략 ~ */
static void drawface(int fd, int start_x, int start_y, int end_x, int end_y, ubyte r,
                     ubyte g, ubyte b)
{
    ubyte a = 0xFF;

    if(end_x == 0) end_x = vinfo.xres;
    if(end_y == 0) end_y = vinfo.yres;
```

```
        /* 2개의 for 루프를 이용해서 면을 그린다. */
        for(int x = start_x; x < end_x; x++) {
            for(int y = start_y; y < end_y; y++) {
                int offset = (x + y*vinfo.xres)*vinfo.bits_per_pixel/8.;
                lseek(fd, offset, SEEK_SET);
                write(fd, &b, 1);
                write(fd, &g, 1);
                write(fd, &r, 1);
                write(fd, &a, 1);
            }
        }
}

int main(int argc, char **argv)
{
                                    /* ~ 중간 표시 생략 ~ */
    drawface(fbfd, 0, 0, 0, 0, 255, 255, 0);          /* 노란색(Yellow)을 생성 */
    drawcircle(fbfd, 200, 200, 100, 255, 0, 255);     /* 자홍색(Magenta)을 생성 */
    drawline(fbfd, 0, 100, 200, 0, 255, 255);         /* 청록색(Cyan)을 생성 */
                                    /* ~ 중간 표시 생략 ~ */
}
```

화면에 기존의 내용이 있으면 위의 코드가 실행될 때 제대로 표시되지 않는다. 먼저 유닉스의 clear 명령어를 이용해서 화면을 지우고 이 코드를 함께 실행해보도록 하자.

```
pi@raspberrypi:~ $ clear; ./fbdraw
```

코드를 실행해보면 제일 먼저 면이 출력되고 점 3개와 선, 원이 출력된다. 앞에서 이야기했듯이 면이 제일 먼저 출력되도록 출력 순서를 잘 조정해야 화면에 모두 표시된다.

이 코드는 화면 전체에 면이 채워지는 것이 너무 느리게 표시된다. 저수준 입출력 함수를 사용하는 경우, 다음 위치를 계산하여 이동하고 점을 화면에 그리는 작업을 반복하기 때문에 속도가 느릴 수밖에 없다. 이러한 문제는 메모리 기반의 접근을 통해 해결할 수 있다.

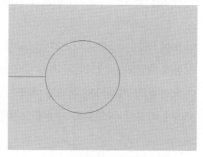

그림 7-29 화면에 출력된 도형

■ **mmap( ) 함수를 이용한 프로그래밍**

mmap( ) 함수는 파일이나 디바이스와 같은 파일 디스크립터를 메모리의 공간으로 매핑(mapping)시키는 함수로, POSIX에서 IPC로도 사용된다. 일반적으로 파일을 읽거나 쓰는 파일 조작 시에 파일 내의 위치를 설정하기 위해서는 lseek( ) 함수를 통해 파일 포인터를 이동시켜야 한다. mmap( ) 함수를 이용하면 메모리 배열의 인자를 통해 데이터를 조작할 위치를 바로 접근할 수 있으므로 속도도 빠르고 편리하다.

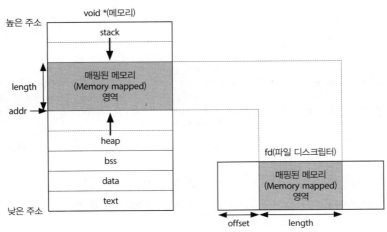

그림 7-30 **MMAP(Memory Mapped I/O)**

mmap( ) 함수와 연결된 메모리를 해제하는 munmap( ) 함수는 <sys/mman.h> 헤더 파일 내에 정의되어 있으며, mmap( )과 munmap( ) 시스템 호출의 인자는 다음과 같다.

```
#include <sys/mman.h>

void *mmap(void *addr, size_t length, int prot, int flags, int fd, off_t offset);
int munmap(void *addr, size_t length);
```

mmap( ) 함수는 파일 디스크립터(fd)를 인자로 사용한 특정 위치의 메모리(addr)에 매핑한 후에 매핑된 지점에 해당되는 메모리의 가상 주소를 반환하는 함수이다. mmap( ) 함수의 다섯 번째 인자(fd, 파일 디스크립터)가 가리키는 객체를 마지막 인자(offset)의 값을 기준으로 두 번째 인자(length)의 크기만큼 메모리에 매핑할 수 있도록 커널에 요청하면, 실제 매핑된 시작 주소가 반환된다.

표 7-18 mmap( ) 함수의 인자

인자	값
addr	선호하는 시작 주소의 값(일반적으로 NULL 사용)
length	매핑시킬 메모리 영역의 길이
prot	매핑되는 메모리 보호 정책
flags	매핑되는 데이터의 처리 유형
fd	메모리로 매핑할 파일의 디스크립터
offset	매핑할 때의 시작 지점

mmap( ) 함수의 첫 번째 인자(addr)는 일반적으로 무시되므로 NULL(0)로 설정하고, 두 번째 인자 (length)는 메모리에 매핑할 크기를 의미하며, 메모리 매핑의 크기는 페이지 단위의 정수 배만 가능 하다. 세 번째 인자(prot)는 메모리 매핑 시에 읽기/쓰기 방식을 설정하는데, 다음과 같은 네 가지 옵션을 설정할 수 있다.

표 7-19 mmap( ) 함수의 prot 옵션 값

옵션 값	내용	비고
PROT_READ	데이터를 읽을 수 있다.	읽기 가능한 페이지
PROT_WRITE	데이터를 쓸 수 있다.	쓰기 가능한 페이지
PROT_EXEC	데이터를 수행시킬 수 있다.	실행 가능한 페이지
PROT_NONE	데이터에 접근할 수 없다.	접근 불가능한 페이지

네 번째 인자(flags)는 매핑되는 데이터의 처리에 대한 정보를 제공하며, 다음과 같은 옵션 값을 사 용할 수 있다.

표 7-20 mmap( ) 함수의 flags 옵션 값

옵션 값	내용
MAP_SHARED	동일 파일을 매핑한 프로세스끼리 공유(share)한다(IPC).
MAP_PRIVAT	매핑을 공유하지 않고 혼자만 사용(private)한다.
MAP_FIXED	기존의 매핑과 겹칠 경우에는 기존의 내용을 대신 새 매핑으로 대체한다.

다섯 번째 인자(fd)는 매핑에 사용될 파일 디스크립터이고, 여섯 번째 인자(offset)는 다섯 번째 인자 (fd)로 표현되는 객체의 오프셋(offset)이다.

리눅스에서 메모리 매핑을 사용하기 위해서는 프레임 버퍼 디바이스 드라이버를 연 후 mmap( ) 함 수를 이용하여 프레임 버퍼의 메모리를 매핑하면 된다.

```c
#include <sys/mman.h>
                                        /* ~ 중간 표시 생략~ */
/* mmap() 함수를 이용해서 면을 그린다. */
static void drawfacemmap(int fd, int start_x, int start_y, int end_x, int end_y, \
                         ubyte r, ubyte g, ubyte b)
{
    ubyte *pfb, a = 0xFF;
    int color = vinfo.bits_per_pixel/8.;

    if(end_x == 0) end_x = vinfo.xres;
    if(end_y == 0) end_y = vinfo.yres;

    /* mmap() 함수를 이용해서 메모리맵을 작성한다. */
    pfb = (ubyte *)mmap(0, vinfo.xres * vinfo.yres * color, PROT_READ | PROT_WRITE,
                        MAP_SHARED, fd, 0);

    /* 2개의 for 루프를 이용해서 면을 그린다. */
    for(int x = start_x; x < end_x*color; x+=color) {
        for(int y = start_y; y < end_y; y++) {
            *(pfb + (x+0) + y*vinfo.xres*color) = b;
            *(pfb + (x+1) + y*vinfo.xres*color) = g;
            *(pfb + (x+2) + y*vinfo.xres*color) = r;
            *(pfb + (x+3) + y*vinfo.xres*color) = a;
        }
    }

    /* 사용이 끝난 메모리 매핑을 해제한다. */
    munmap(pfb, vinfo.xres * vinfo.yres * color);
}

int main(int argc, char **argv)
{
                                        /* ~ 중간 표시 생략 ~ */
    drawfacemmap(fbfd, 0, 0, 0, 0, 255, 255, 0);            /* 노란색(Yellow)을 생성 */
    drawcircle(fbfd, 200, 200, 100, 255, 0, 255);          /* 자홍색(Magenta)을 생성 */
                                        /* ~ 중간 표시 생략 ~ */
}
```

'*(pfb + (x+0) + y*vinfo.xres*color) = b;'와 같이 포인터를 이용해서 작성한 코드는 'pfb[(x+0) + y*vinfo.xres*color] = b;'와 같이 배열을 이용하면 보다 쉽게 사용할 수 있다. mmap( ) 함수를 이용해서 설정한 메모리 매핑을 해제하고 싶은 경우에는 munmap( ) 함수를 사용하면 된다. 앞의 메모리 매핑을 사용하면 기존의 파일 I/O 함수를 사용한 것에 비해 속도가 상당히 빨라지는 것을 확인할 수 있다.

7.3.3 SenseHAT의 8×8 LED 매트릭스

SenseHAT은 사용자에게 정보를 표시할 수 있도록 8×8 LED 매트릭스를 제공하고 있다. SenseHAT이 라즈베리 파이에 활성화되면 /dev/fb1 디바이스 파일이 생성되어 있는데, 이 디바이스 파일을 이용하면 SenseHAT의 LED 매트릭스를 제어할 수 있다. 디바이스 파일을 보면 알 수 있듯이 LED 매트릭스는 기본적으로 프레임 버퍼와 같이 동작한다.

먼저, 간단한 값을 이용해서 LED 매트릭스를 제어해보자. LED 매트릭스에 임의의 색상을 채우고 싶으면 /dev/urandom 파일을 사용한다. /dev/urandom 파일은 라즈베리 파이에서 임의의 수를 생성할 수 있도록 해주는 디바이스 파일이다.

8×8 LED 매트릭스에서 LED 매트릭스는 64개이지만 1개당 2개의 바이트(16비트 색상)를 사용한다. 총 128개의 0을 /dev/fb1으로 출력해주면 LED 매트릭스를 제어할 수 있다. 현재 LED 매트릭스에 표시된 내용을 저장하고 싶은 경우 리다이렉션을 사용해서 파일로 저장할 수 있고, 저장된 내용을 다시 /dev/fb1으로 보내서 LED 매트릭스에 표시할 수도 있다.

```
pi@raspberrypi:~ $ cat /dev/urandom | head -c 128 > /dev/fb1
pi@raspberrypi:~ $ cat /dev/fb1 > fbdata.raw
pi@raspberrypi:~ $ cat /dev/zero | head -c 128 > /dev/fb1
pi@raspberrypi:~ $ while true; do cat /dev/urandom | head -c 128 > /dev/fb1 ; sleep
0.25; done
pi@raspberrypi:~ $ cat fbdata.raw > /dev/fb1
```

LED 매트릭스를 전부 끄고 싶으면 모든 값을 0으로 설정하면 되는데, 이때 /dev/zero 파일을 이용할 수 있다. 부록에서 설명하고 있는 셸 프로그래밍을 이용해서 임의의 형태로 LED 매트릭스를 반복해서 표시하도록 만들 수도 있다.

LED 매트릭스는 코드를 통해서 제어할 수도 있다. 많은 임베디드 장비에서는 가격과 속도 문제로 16비트(bits_per_pixel 값이 16비트)를 사용하고 있는데, 24비트 색상 이외에 8비트, 16비트 색상을 사용할 수 있다. SenseHAT에서 16비트 색상을 사용하기 위해서는 24비트 색상을 16 비트의 색상으로 변환해야 한다.

그림 7-31 SenseHAT의 8×8 LED 매트릭스의 사용

■ **16비트 RGB 색상 변환**

16비트 색상은 2바이트로 색상을 표현하며, 16비트(2바이트) 안에 RGB 색상을 모두 포함해야 한다. 16비트 색상의 구조는 다음과 같다. 빨간색(Red)과 파란색(Blue)은 각각 5비트씩, 초록색(Green)은 6비트의 정보를 갖게 되고, 최상위 비트(MSB, Most Significant Bit)에서 최하위 비트(LSB : Least Significant Bit)쪽으로 빨간색, 초록색, 파란색 순으로 저장한다.

MSB			LSB
빨강/Red(5비트)	초록/Green(6비트)	파랑/Biue(5비트)	

그림 7-32 **16비트 색상의 구조**

빨간색에서 상위 5비트, 초록색에서 상위 6비트, 파란색에서 상위 5비트를 취한 것이 16비트 색상 방식이고, 각각 5바이트식 취하는 것이 15비트 색상 방식이다. 16비트 색상 체계에서 빨간색이 표현할 수 있는 색의 범위는 0, 7, 23.... 240, 241까지다. 하위 3비트를 버리기 때문에[42] 용량을 줄이면서 일정한 범위의 색상을 제공할 수 있다.

16비트 색상 체계에서는 2바이트를 이용해서 최상위 비트에서 최하위 비트 쪽으로 빨간색(r), 초록색(g), 파란색(b)의 순으로 저장되므로 색상을 표현하는 빨간색(0~255), 초록색(0~255), 파란색(0~255)의 3바이트 값을 처리해서 2바이트(short 형)로 변환해야 한다. 이러한 경우 비트 연산을 이용하면 편리한데, 24비트 색상의 3바이트 값을 입력받아 빨간색(r)과 파란색(b)에서는 하위 3비트를 버리고 상위 5비트만을 사용하며, 초록색(g)의 값은 하위 2비트 값만을 버린 후 상위 6바이트를 사용한다. 이렇게 나온 각 색상 성분의 값들을 순서대로 OR 처리하면 2바이트로 변경할 수 있다.

```
(((r>>3)<<11 | ((g>>2)<<5 | (b>>3));
```

■ **SenseHAT의 8×8 LED 매트릭스의 드로잉**

이제 SenseHAT의 8×8 LED 매트릭스를 제어하는 코드를 작성해보자. SenseHAT의 LED 매트릭스를 사용하는 방법은 프레임 버퍼를 사용하는 것과 같다.

코드 7-8 **ledmatrix.c**

```
#include <stdio.h>
#include <fcntl.h>
#include <stdlib.h>
#include <unistd.h>
#include <string.h>
#include <sys/mman.h>
#include <sys/ioctl.h>
#include <linux/fb.h>

#define FBDEVICE        "/dev/fb1"        /* SenseHAT의 8×8 LED 매트릭스의 디바이스 파일 */

/* 색상을 24비트에서 16비트로 변경한다. */
extern inline unsigned short makepixel(unsigned char r, unsigned char g,
                                        unsigned char b)
{
```

---

42 하위 비트를 버리는 이유는 사람의 눈이 색상의 큰 변화(상위 비트)보다 색상의 작은 변화(하위 비트)에 덜 민감하기 때문이다.

```c
    return (unsigned short)(((r>>3)<<11)|((g>>2)<<5)|(b>>3));
}

int main(void)
{
    struct fb_fix_screeninfo finfo;               /* 프레임 버퍼의 고정 정보를 위한 구조체 */
    struct fb_var_screeninfo vinfo;               /* 프레임 버퍼의 가변 정보를 위한 구조체 */
    unsigned short *pfb;
    int fbfd, size;

    fbfd = open(FBDEVICE, O_RDWR);                 /* 사용할 프레임 버퍼 디바이스를 연다. */
    if(fbfd < 0) {
        perror("Error: cannot open framebuffer device");
        return EXIT_FAILURE;
    }

    ioctl(fbfd, FBIOGET_FSCREENINFO, &finfo);      /* 프레임 버퍼의 고정 정보를 가져온다. */
    if (strcmp(finfo.id, "RPi-Sense FB") != 0) {   /* 현재 장치가 SenseHAT인지 확인한다. */
        printf("%s\n", "Error: RPi-Sense FB not found");
        close(fbfd);
        return EXIT_FAILURE;
    }

    /* 현재 프레임 버퍼에 대한 화면 정보를 얻어온다. */
    if(ioctl(fbfd, FBIOGET_VSCREENINFO, &vinfo) < 0) {
        perror("Error reading fixed information");
        return EXIT_FAILURE;
    }

    size = vinfo.xres * vinfo.yres * sizeof(short);
    /* 가져온 화면 정보로 버퍼의 크기를 계산한다. */

    /* 프레임 버퍼를 메모리로 매핑(사상)한다. */
    pfb = mmap(NULL, size, PROT_READ | PROT_WRITE, MAP_SHARED, fbfd, 0);
    if (pfb == MAP_FAILED) {
        close(fbfd);
        perror("Error mmapping the file");
        return EXIT_FAILURE;
    }

    memset(pfb, 0, size);                          /* 8×8 LED 매트릭스를 지운다.(초기화) */
    *(pfb+0+0*vinfo.xres) = makepixel(255, 0, 0);  /* LED 매트릭스에 점을 찍는다. */
    *(pfb+2+2*vinfo.xres) = makepixel(0, 255, 0);
    *(pfb+4+4*vinfo.xres) = makepixel(0, 0, 255);
    *(pfb+6+6*vinfo.xres) = makepixel(255, 0, 255);

    /* 메모리 매핑을 해제하고 장치를 닫는다. */
    if (munmap(pfb, size) == -1) {
        perror("Error un-mmapping the file");
    }

    close(fbfd);

    return EXIT_SUCCESS;
}
```

이 코드를 빌드해서 실행해보면 왼쪽 위 지점에 부터 대각선으로 붉은색 점, 초록색 점, 파란색 점, 분홍색 점이 표시된다. 좌측 윗 지점을 원점으로 x축은 좌에서 우로 증가하고, y축은 위에서 아래로 증가한다. 메모리는 2차원 좌표이므로 이를 1차원으로 변환하려면 앞의 오프셋을 구한 것과 같이 y축은 x축의 넓이와 곱해서 더하면 된다. 이때 프레임 버퍼에서 가져온 정보를 이용하면 이식성을 높일 수 있다.

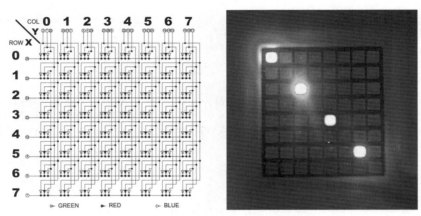

그림 7-33 8×8 LED 매트릭스의 좌표와 출력된 결과

SenseHAT의 LED 매트릭스의 프레임 버퍼에 저장되는 색상값은 16비트를 사용해야 하므로 앞의 공식을 이용하면 되는데, 인라인 함수로 만들면 속도를 좀 더 빠르게 할 수 있다.

■ 숫자의 표시: 폰트의 사용

SenseHAT의 8×8 LED 매트릭스를 이용하면 숫자나 문자를 출력할 수 있다. 숫자를 표시하기 위해서는 일종을 패턴을 만들어야 하는데, 이를 폰트(Font)라고 부른다. 먼저 8×8 LED 매트릭스에 어떤 식으로 표시할지를 설계하고 이를 코드로 구현하면 된다.

SenseHAT의 8×8 LED 매트릭스가 64개의 데이터를 저장하므로 폰트의 글자 하나는 1차원 배열을 이용해서 표현할 수 있다. 1차원 배열에 위의 값을 저장해야 하는데 글자가 보이는 부분은 색상으로 표현하고, 표시되지 않는 부분은 0으로 넣어두면 된다.

표 7-21 SenseHAT의 8×8 LED 매트릭스를 위한 숫자 폰트[43]

숫자	패턴	폰트를 위한 배열	SenseHAT

0		`{0, 0, c, c, c, c, 0, 0, \`
		`0, c, c, 0, 0, c, c, 0, \`
		`0, c, c, 0, 0, c, c, 0, \`
		`0, c, c, 0, c, c, c, 0, \`
		`0, c, c, c, 0, c, c, 0, \`
		`0, c, c, 0, 0, c, c, 0, \`
		`0, c, c, 0, 0, c, c, 0, \`
		`0, 0, c, c, c, c, 0, 0}`	

1		`{0, 0, 0, c, c, 0, 0, 0, \`
		`0, 0, c, c, c, 0, 0, 0, \`
		`0, 0, c, c, c, 0, 0, 0, \`
		`0, 0, 0, c, c, 0, 0, 0, \`
		`0, 0, 0, c, c, 0, 0, 0, \`
		`0, 0, 0, c, c, 0, 0, 0, \`
		`0, 0, 0, c, c, 0, 0, 0, \`
		`0, 0, c, c, c, c, 0, 0}`	

2		`{0, 0, c, c, c, c, 0, 0, \`
		`0, c, c, c, c, c, c, 0, \`
		`0, c, 0, 0, 0, c, c, 0, \`
		`0, 0, 0, 0, c, c, 0, 0, \`
		`0, 0, 0, c, 0, 0, 0, 0, \`
		`0, 0, c, 0, 0, 0, 0, 0, \`
		`0, c, c, c, c, c, c, 0, \`
		`0, 0, c, c, c, c, 0, 0}`	

3		`{0, 0, c, c, c, c, 0, 0, \`
		`0, c, c, 0, 0, c, c, 0, \`
		`0, 0, 0, 0, 0, c, c, 0, \`
		`0, 0, 0, c, c, c, 0, 0, \`
		`0, 0, 0, c, c, c, c, 0, \`
		`0, 0, 0, 0, 0, c, c, 0, \`
		`0, c, c, 0, 0, c, c, 0, \`
		`0, 0, c, c, c, c, 0, 0}`	

4		`{0, 0, 0, 0, c, c, 0, 0, \`
		`0, 0, 0, c, c, c, 0, 0, \`
		`0, 0, c, 0, c, c, 0, 0, \`
		`0, c, 0, 0, c, c, 0, 0, \`
		`0, c, c, c, c, c, c, 0, \`
		`0, c, c, c, c, c, c, 0, \`
		`0, 0, 0, 0, c, c, 0, 0, \`
		`0, 0, 0, 0, c, c, 0, 0}`	

---

43 https://xantorohara.github.io/led-matrix-editor/를 이용해서 폰트를 설계하였다.

숫자	패턴	폰트를 위한 배열	SenseHAT

5		`{0, c, c, c, c, c, c, 0, \`
		`0, c, c, 0, 0, 0, 0, 0, \`
		`0, c, c, 0, 0, 0, 0, 0, \`
		`0, c, c, c, c, c, 0, 0, \`
		`0, 0, 0, 0, 0, c, c, 0, \`
		`0, c, 0, 0, 0, c, c, 0, \`
		`0, c, c, 0, 0, c, c, 0, \`
		`0, 0, c, c, c, c, 0, 0}`	

6		`{0, 0, c, c, c, c, 0, 0, \`
		`0, c, c, 0, 0, 0, c, 0, \`
		`0, c, c, 0, 0, 0, 0, 0, \`
		`0, c, c, c, c, c, 0, 0, \`
		`0, c, c, 0, 0, c, c, 0, \`
		`0, c, c, 0, 0, c, c, 0, \`
		`0, c, c, 0, 0, c, c, 0, \`
		`0, 0, c, c, c, c, 0, 0},`	

7		`{0, c, c, c, c, c, c, 0, \`
		`0, c, c, 0, 0, c, c, 0, \`
		`0, 0, 0, 0, 0, c, c, 0, \`
		`0, 0, 0, 0, c, c, 0, 0, \`
		`0, 0, 0, 0, c, c, 0, 0, \`
		`0, 0, 0, c, c, 0, 0, 0, \`
		`0, 0, 0, c, c, 0, 0, 0, \`
		`0, 0, 0, c, c, 0, 0, 0}`	

8		`{0, 0, c, c, c, c, 0, 0, \`
		`0, c, c, 0, 0, c, c, 0, \`
		`0, c, c, c, 0, c, c, 0, \`
		`0, 0, c, c, c, c, 0, 0, \`
		`0, c, c, 0, 0, c, c, 0, \`
		`0, c, c, 0, 0, c, c, 0, \`
		`0, c, c, 0, 0, c, c, 0, \`
		`0, 0, c, c, c, c, 0, 0}`	

9		`{0, 0, c, c, c, c, 0, 0, \`
		`0, c, c, 0, 0, c, c, 0, \`
		`0, c, c, 0, 0, c, c, 0, \`
		`0, c, c, 0, 0, c, c, 0, \`
		`0, 0, c, c, c, c, c, 0, \`
		`0, 0, 0, 0, 0, c, c, 0, \`
		`0, c, 0, 0, 0, c, c, 0, \`
		`0, 0, c, c, c, c, 0, 0}`	

위의 폰트를 이용해서 SenseHAT의 LED 매트릭스에 문자를 표시해보자. 표시된 문자의 색상을 앞의 makepixel( ) 함수를 이용해서 만들고, 폰트를 만든 후 이를 프레임 버퍼로 복사해주면 좋다. 숫자들을 묶어서 2차원 배열로 만들면 사용하기 편한데, 뒤에서 이를 사용하는 방법에 대해 알아보도록 하겠다.

```
unsigned short c = makepixel(128, 128, 255);
unsigned short number0[64] = {{0, 0, c, c, c, c, 0, 0, \
                              0, c, c, 0, 0, c, c, 0, \
                              0, c, c, 0, 0, c, c, 0, \
                              0, c, c, 0, c, c, c, 0, \
                              0, c, c, c, 0, c, c, 0, \
                              0, c, c, 0, 0, c, c, 0, \
                              0, c, c, 0, 0, c, c, 0, \
                              0, 0, c, c, c, c, 0, 0};
memcpy(pfb, number0, size);
```

7.3.4 BMP 파일 표시하기

BMP 파일은 IBM과 마이크로소프트가 OS/2라는 IBM의 운영체제를 위해 개발한 가장 간단한 파일 형식으로, 윈도우에서 많이 사용하는 표준 DIB(Device-Independent Bitmap) 파일 형식이다.

BMP 파일도 WAV 파일처럼 헤더를 가진다. BMP 파일의 헤더는 파일에 대한 정보와 앞서 살펴본 해상도 및 픽셀당 비트 수(색상) 같은 이미지 데이터에 대한 정보로 구성되어 있다.

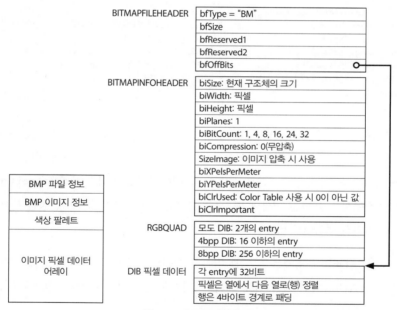

그림 7-34 **BMP 파일의 구조**

파일 정보 헤더와 이미지 정보 헤더 뒤에는 실제 이미지의 픽셀(pixel) 데이터 값이 있다. 오디오와 마찬가지로 BMP 파일을 열어서 헤더를 분석한 후 실제 데이터는 이미지 처리의 기본 단위인 'unsigned char' 자료형으로 읽어 화면에 출력한다.

일반적으로 bmp 파일은 이미지 데이터를 압축하지 않은 픽셀(pixel) 값을 그대로 가지고 있다. 실제
비트맵 데이터상에서는(파일 내부에서는) 그림의 왼쪽 아래부터 뒤집힌 방향으로 저장된다.

그림 7-35 **BMP 파일 내의 이미지 저장**

마이크로소프트의 Visual C++에서도 BMP 파일을 처리할 수 있는 구조체를 제공하고 있다. 이
구조체를 기반으로 BMP 파일을 분석해보자. 비트맵 파일에 대한 헤더 정보는 다음과 같으며, 앞
에서부터 바이트 단위로 할당된다.

```
typedef struct tagBITMAPFILEHEADER {
    unsigned short bfType;            /* BM 표시: "BM" (2글자) 문자 */
    unsigned int bfSize;             /* 파일 크기: 4바이트 정수 */
    unsigned short bfReserved1;      /* 추후의 확장을 위해 필드(reserved) */
    unsigned short bfReserved2;      /* 추후의 확장을 위해 필드(reserved) */
    unsigned int bfOffBits;          /* 실제 이미지까지의 오프셋: 바이트 */
} BITMAPFILEHEADER;
```

BITMAPFILEHEADER 구조체는 BMP 파일에 대한 기본적인 정보를 가지고 있다. BMP 파일은
'BM'이라는 문자열로 시작되며, 전체 파일의 크기를 명시하고, 마지막에 실제 이미지 데이터가 있
는 오프셋이 명시된다. 앞에서 포스터를 설명할 때 이야기했던 인덱스 색상(Indexed Color)을 이용
하는 경우 이미지에서 사용하는 색상에 따라 팔레트의 크기가 가변적으로 설정된다. 이때는 오프
셋을 이용하면 이미지 데이터로 바로 이동할 수 있다.

BITMAPINFOHEADER 구조체는 비트맵 이미지 데이터를 위한 기본적인 정보를 가지고 있다.
BITMAPINFOHEADER 구조체의 전체 크기, 이미지 해상도(넓이 × 높이), 픽셀당 비트 수(색상),
압축의 유무 등이 명시된다.

```
typedef struct tagBITMAPINFOHEADER {
    unsigned int biSize;             /* 현 구조체의 크기: 4바이트 */
    unsigned int biWidth;            /* 이미지의 폭(픽셀 단위): 4바이트 */
    unsigned int biHeight;           /* 이미지의 높이(픽셀 단위): 4바이트 */
    unsigned short biPlanes;         /* 비트 플레인 수(항상1): 2바이트 */
    unsigned short biBitCount;       /* 픽셀당 비트 수: 2바이트 */
```

```
    unsigned int biCompression;         /* 압축 유형: 4바이트 */
    unsigned int SizeImage;             /* 이미지의 크기(압축 전 바이트 단위): 4바이트 */
    unsigned int biXPelsPerMeter;       /* 가로 해상도: 4바이트 */
    unsigned int biYPelsPerMeter;       /* 세로 해상도: 4바이트 */
    unsigned int biClrUsed;             /* 실제 사용되는 색상 수: 4바이트 */
    unsigned int biClrImportant;        /* 중요한 색상 인덱스(0인 경우 전체): 4바이트 */
} BITMAPINFOHEADER;
```

이미지에 대한 정보 다음에는 색상 팔레트(테이블)에 대한 정보가 따라온다. 일반적으로 16비트 등
의 잘 알려진 색상이나 트루 컬러를 사용하는 경우에는 색상 팔레트는 사용되지 않으며, 그 이외
의 경우에 인덱스 색상의 이미지에서 사용하는 색상의 종류만큼 각 RGBA(32비트) 색상을 저장할
수 있다. 팔레트 데이터는 RGBQUAD 구조체를 통해 명시할 수 있다.

```
typedef struct tagRGBQUAD {
    unsigned char rgbBlue;              /* 파란색을 위한 요소 */
    unsigned char rgbGreen;             /* 초록색을 위한 요소 */
    unsigned char rgbRed;               /* 빨간색을 위한 요소 */
    unsigned char rgbReserved;          /* 투명도(알파값) 등을 위한 예약 공간 */
} RGBQUAD;

typedef struct tagBITMAPINFO {
    BITMAPINFOHEADER bmiHeader;
    RGBQUAD bmiColor[1];                /* 팔레트 테이블(Pallete Table) */
} BITMAPINFO;
```

앞에서 설명한 BMP의 자료 구조를 하나의 파일로 정리하면 다음과 같다.

코드 7-9 **bmpHeader.h**

```
#ifndef __BMP_FILE_H__
#define __BMP_FILE_H__

typedef struct __attribute__((__packed__)) {
    unsigned short bfType;              /* BM 표시: "BM" (2글자) 문자 */
    unsigned int bfSize;                /* 파일의 크기: 4바이트 정수 */
    unsigned short bfReserved1;         /* 추후의 확장을 위해 필드(reserved) */
    unsigned short bfReserved2;         /* 추후의 확장을 위해 필드(reserved) */
    unsigned int bfOffBits;             /* 실제 이미지까지의 오프셋: 바이트 */
} BITMAPFILEHEADER;                     /* BMP 파일 데이터를 위한 구조체 */

typedef struct {
    unsigned int biSize;                /* 현 구조체의 크기: 4바이트 */
    unsigned int biWidth;               /* 이미지의 폭(픽셀 단위): 4바이트 */
    unsigned int biHeight;              /* 이미지의 높이(픽셀 단위): 4바이트 */
    unsigned short biPlanes;            /* 비트 플레인 수(항상 1): 2바이트 */
    unsigned short biBitCount;          /* 픽셀당 비트 수: 2바이트 */
    unsigned int biCompression;         /* 압축 유형: 4바이트 */
    unsigned int SizeImage;             /* 이미지의 크기(압축 전 바이트 단위): 4바이트 */
```

```
    unsigned int biXPelsPerMeter;          /* 가로 해상도⁴⁴: 4바이트 */
    unsigned int biYPelsPerMeter;          /* 세로 해상도: 4바이트 */
    unsigned int biClrUsed;                /* 실제 사용되는 색상 수: 4바이트 */
    unsigned int biClrImportant;           /* 중요한 색상 인덱스(0인 경우 전체): 4바이트 */
} BITMAPINFOHEADER;                        /* BMP 이미지 데이터를 위한 구조체 */

typedef struct {
    unsigned char rgbBlue;                 /* 파란색을 위한 요소 */
    unsigned char rgbGreen;                /* 초록색을 위한 요소 */
    unsigned char rgbRed;                  /* 빨간색을 위한 요소 */
    unsigned char rgbReserved;             /* 투명도(알파값) 등을 위한 예약 공간 */
} RGBQUAD;                                 /* 색상 팔레트를 위한 구조체 */

#endif /* __BMP_FILE_H__ */
```

참고하기 ➕ 구조체와 패딩

> BMP 파일의 이미지 가로 길이(x축 픽셀의 수)는 4바이트의 배수로, 비트맵은 메모리에 저장될 때 ARM 기반 CPU에서는 가로줄이 반드시 4바이트의 배수 단위로 저장된다. 픽셀당 8비트로 표현되는 256 컬러 이미지에서 가로의 길이가 38픽셀이었다면, 이를 더 효율적으로 사용하기 위해 2바이트를 추가하여 40바이트를 만든다. 이처럼 가로 길이가 4배수가 아닌 경우에는 2바이트는 의미 없는 빈 공간을 넣어서 해결하는데, 이를 패딩(padding)이라고 한다.
>
> 패딩은 입출력을 속도를 높이기 위해서는 아주 효율적이지만 구조체 단위로 입출력을 수행하는 경우에는 문제가 발생할 수 있다. 앞서 BITMAPFILEHEADER 구조체의 크기는 14바이트로 4의 배수(4 × 4 = 16바이트)가 아니기 때문에 2바이트의 의미 없는 공간이 자동으로 추가된다. 이러한 경우에 구조체 선언 시 '__attribute__((__packed__))'를 넣어주면, 컴파일 시 패딩을 사용하지 않도록 할 수 있다.

위의 헤더 파일을 이용해서 프레임 버퍼에 이미지를 출력하는 코드를 작성해보자.

코드 7-10 bmpHeader.c

```
#include <stdio.h>

#include "bmpHeader.h"

int readBmp(char *filename, unsigned char **data, int *cols, int *rows)
{
    BITMAPFILEHEADER bmpHeader;
    BITMAPINFOHEADER bmpInfoHeader;
    FILE *fp;

    /* BMP 파일을 오픈한다. */
    fp = fopen(filename,"rb");
    if(fp == NULL) {
        perror("ERROR\n");
        return -1;
    }
```

---

44 0x03C3 = 96dpi, 0x0B12 = 72dpi

```
    /* BITMAPFILEHEADER 구조체의 데이터 */
    fread(&bmpHeader, sizeof(BITMAPFILEHEADER), 1, fp);

    /* BITMAPINFOHEADER 구조체의 데이터 */
    fread(&bmpInfoHeader, sizeof(BITMAPINFOHEADER), 1, fp);

    /* 트루 컬러를 지원하지 않으면 표시할 수 없다. */
    if(bmpInfoHeader.biBitCount != 24) {
        perror("This image file doesn't supports 24bit color\n");
        fclose(fp);
        return -1;
    }

    /* 이미지에서 해상도의 정보를 가져온다. */
    *cols = bmpInfoHeader.biWidth;
    *rows = bmpInfoHeader.biHeight;

    /* 이미지의 해상도(넓이 × 깊이) */
    printf("Resolution : %d x %d\n", bmpInfoHeader.biWidth, bmpInfoHeader.biHeight);
    printf("Bit Count : %d\n", bmpInfoHeader.biBitCount);    /* 픽셀당 비트 수(색상) */

    /* 실제 이미지 데이터가 있는 위치를 계산해서 가져온다. */
    fseek(fp, bmpHeader.bfOffBits, SEEK_SET);
    fread(*data, 1, bmpHeader.bfSize-bmpHeader.bfOffBits, fp);

    fclose(fp);                /* 사용이 끝난 이미지 파일을 닫는다. */

    return 0;
}
```

위의 readbmp( ) 함수는 BMP 파일을 읽어서 헤더 정보를 가져온다. BMP 파일에서 헤더 데이터를 읽어 이미지의 폭과 높이 그리고 픽셀당 비트 수(색상)를 명시한 후, 실제 데이터를 읽어서 가져온다. 이제 이 정보를 이용하여 프레임 버퍼에 이미지를 표시해보자. 위의 함수를 사용하는 메인 함수는 다음과 같이 구현할 수 있다.

코드 7-11 bmpViewer.c

```
#include <stdio.h>
#include <stdlib.h>              /* malloc() 함수와 free() 함수를 위해서 사용한다. */
#include <string.h>              /* memcpy() 함수를 위해서 사용한다. */
#include <fcntl.h>               /* O_RDWR 상수를 위해서 사용한다. */
#include <limits.h>              /* USHRT_MAX 상수를 위해서 사용한다. */
#include <unistd.h>
#include <sys/mman.h>
#include <sys/ioctl.h>
#include <linux/fb.h>

#include "bmpHeader.h"

#define FBDEVFILE           "/dev/fb0"
/* 이미지 데이터의 경계 검사를 위한 매크로 */
#define LIMIT_UBYTE(n) (n>UCHAR_MAX)?UCHAR_MAX:(n<0)?0:n
```

```
typedef unsigned char ubyte;

/* BMP 파일의 헤더를 분석해서 원하는 정보를 얻기 위한 함수 */
extern int readBmp(char *filename, ubyte **pData, int *cols, int *rows, int *color);

int main(int argc, char **argv)
{
    int cols, rows, color = 24;                    /* 프레임 버퍼의 가로 × 세로의 크기 */
    ubyte r, g, b, a = 255;
    ubyte *pData, *pBmpData, *pFbMap;
    struct fb_var_screeninfo vinfo;
    int fbfd;

    if(argc != 2) {
        printf("Usage: ./%s xxx.bmp\n", argv[0]);
        return 0;
    }

    /* 프레임 버퍼를 연다. */
    fbfd = open(FBDEVFILE, O_RDWR);
    if(fbfd < 0) {
        perror("open()");
        return -1;
    }

    /* 현재 프레임 버퍼에 대한 화면 정보를 얻어온다. */
    if(ioctl(fbfd, FBIOGET_VSCREENINFO, &vinfo) < 0) {
        perror("ioctl() : FBIOGET_VSCREENINFO");
        return -1;
    }

    /* BMP 출력을 위한 변수의 메모리 할당 */
    pBmpData = (ubyte *)malloc(vinfo.xres * vinfo.yres * sizeof(ubyte) *
                              vinfo.bits_per_pixel/8);
    pData = (ubyte*)malloc(vinfo.xres * vinfo.yres * sizeof(ubyte) * color/8);

    /* 프레임 버퍼에 대한 메모리 맵을 수행한다. */
    pFbMap = (ubyte *)mmap(0, vinfo.xres * vinfo.yres * vinfo.bits_per_pixel/8,
                         PROT_READ|PROT_WRITE, MAP_SHARED, fbfd, 0);
    if((unsigned)pFbMap == (unsigned)-1) {
        perror("mmap()");
        return -1;
    }

    /* BMP 파일에서 헤더 정보를 가져온다. */
    if(readBmp(argv[1], &pData, &cols, &rows, &color) < 0) {
        perror("readBmp()");
        return -1;
    }

    /* BMP 이미지 데이터를 프레임 버퍼 데이터로 변경 */
    for(int y = 0, k, total_y; y < rows; y++) {
        k = (rows-y-1)*cols*color/8;
        total_y = y*vinfo.xres*vinfo.bits_per_pixel/8;

        for(int x = 0; x < cols; x++) {
            /* BMP 이미지는 뒤집혀 있기 때문에 BGR 형태로 가져온다. */
            b = LIMIT_UBYTE(pData[k+x*color/8+0]);
```

```
            g = LIMIT_UBYTE(pData[k+x*color/8+1]);
            r = LIMIT_UBYTE(pData[k+x*color/8+2]);

            *(pBmpData + x*vinfo.bits_per_pixel/8 + total_y + 0) = b;
            *(pBmpData + x*vinfo.bits_per_pixel/8 + total_y + 1) = g;
            *(pBmpData + x*vinfo.bits_per_pixel/8 + total_y + 2) = r;
            *(pBmpData + x*vinfo.bits_per_pixel/8 + total_y + 3) = a;
        }
    }

    /* 앞에서 생성한 BMP 데이터를 프레임 버퍼의 메모리 공간으로 복사 */
    memcpy(pFbMap, pBmpData, vinfo.xres*vinfo.yres*vinfo.bits_per_pixel/8);

    /* 프레임 버퍼 파일을 닫고 이미지 데이터를 위해서 사용한 메모리를 해제 */
    munmap(pFbMap, vinfo.xres*vinfo.yres*vinfo.bits_per_pixel/8);
    free(pBmpData);
    free(pData);

    close(fbfd);                            /* 프레임 버퍼를 위한 디바이스 파일 닫기 */

    return 0;
}
```

main( ) 함수에서는 프레임 버퍼를 열고 프레임 버퍼의 해상도를 이용해서 BMP 파일 분석과 변환을 위한 자료형들의 메모리를 할당하고 설정한다. BMP 파일에 대한 정보는 앞에서 설명했던 readbmp( ) 함수를 이용하여 가져온다.

가져온 24비트 이미지 데이터를 앞에서 사용했던 방법을 이용해서 현재 프레임 버퍼가 사용하는 32비트 이미지 데이터로 변경한 후에 메모리 버퍼에 저장해둔다. 이미지가 뒤집혀 저장되었으므로 RGB가 아니라 BGR로 값을 처리한다.

저장된 메모리 버퍼를 memcpy( ) 함수를 이용해서 프레임 버퍼의 공간으로 복사하면 화면에 이미지가 표시된다. 관련 작업이 끝나면 메모리 맵과 할당된 메모리를 해제하고 프레임 버퍼를 닫고 종료한다.

```
pi@raspberrypi:~ $ gcc -o bmpViewer bmpViewer.c bmpHeader.c
pi@raspberrypi:~ $ ./bmpViewer mandrill.bmp
Resolution : 512 x 512
Bit Count : 24
```

위에서 하나의 헤더 파일과 두 개의 소스 코드를 사용했는데, 2개 이상의 소스 코드를 사용하는 경우, 빌드 시 gcc 명령에서 관련 파일들을 일렬로 나열하면 된다. 일반적으로 헤더 파일은 소스 코드에 포함되기 때문에 gcc 명령어를 수행할 때는 별도로 명시하지 않아도 된다.

위의 프로그램을 실행시켜보면 화면에 BMP가 표시되는 것을 확인할 수 있다. 2개의 순환문을 사용 중이라 최적화가 중요한데, 컴파일 시 최적화 옵션 (-O3)을 주면 보다 빠르게 실행할 수 있다.

그림 7-36 원본 이미지와 출력된 이미지
(mandrill.bmp)

> **참고하기** ✚ **이미지 포맷 변환**
>
> BMP 파일이 없는 경우라면 imagemagick 패키지를 사용해서 다른 포맷의 이미지를 BMP로 변환할 수 있다. 라즈베리 파이에서 imagemagick 패키지의 설치는 apt-get으로 쉽게 할 수 있다.

```
pi@raspberrypi:~ $ sudo apt-get install imagemagick
pi@raspberrypi:~ $ wget
http://www.johnloomis.org/ece563/notes/basics/depth/mandrill.jpg
--2018-10-12 01:08:16--
https://www.johnloomis.org/ece563/notes/basics/depth/mandrill.jpg
                            /* ~ 중간 표시 생략 ~ */
2018-10-12 01:08:17 (358 KB/s) - 'mandrill.jpg'. saved [76258/76258]

pi@raspberrypi:~ $ convert mandrill.jpg -colorspace RGB mandrill.bmp
```

imagemagick 패키지 설치 후 convert 명령어를 사용해서 이미지 포맷을 변환할 수 있는데 변환하는 이미지는 확장자로 간단하게 지정할 수 있다. 이미지를 24비트로 변환하고 싶은 경우에는 '-colorspace RGB' 옵션을 사용하면 된다.

7.3.5 Qt를 이용한 이미지 표시

X 윈도에서 프레임 버퍼의 사용은 같은 그래픽 카드의 메모리를 사용하기 때문에 화면이 깨지는 문제가 있다. X 윈도에서 이미지를 표시하기 위해서는 모티프(Motif), GTK+나 Qt와 같은 툴킷을 사용해야 한다. Qt나 X 윈도에 대해서는 다음 장에서 보다 자세히 살펴볼 것이다.

Qt는 크로스 플랫폼을 지원하는 툴킷(Toolkit) 라이브러리로 C++ 기반으로 객체지향을 지원하고 있는데, Qt를 이용하여 이미지를 아주 간단하게 표시할 수 있다. 일반적인 2D 그래픽은 QPainter 클래스를 이용하여 구현할 수 있으며, 이미지는 QLabel 같은 위젯을 이용하여 쉽게 표현할 수 있다. 위의 위젯들은 setPixmap( )이라는 메소드를 제공하고 있는데 이 메소드를 이용해서 이미지를 표시하면 된다.

Qt 프로그래밍을 위해 먼저 qtImageViewer라는 새로운 디렉터리를 생성하고, 그 아래 다음과 같은 파일을 생성한다.

코드 7-12 **qtimageViewer.cpp**

```cpp
#include <QApplication>
#include <QLabel>
#include <QPixmap>

int main(int argc, char **argv)
{
    QApplication app(argc, argv);
    QLabel* lb = new QLabel("", 0);

    lb->setPixmap(QPixmap("mandrill.jpg"));
    lb->show();

    return app.exec();
}
```

위의 코드를 빌드하기 위해서는 먼저 Qt가 설치되어 있어야 한다. Qt의 설치에 대해서는 11장을 참고하자. Qt를 사용한 소스 코드의 빌드는 'qmake' 유틸리티를 사용하면 되는데, 새로 생성된 디렉터리 안에서 다음과 같이 실행한다. Qt는 소스 코드를 프로젝트 단위로 관리하며 '$ qmake –project' 명령을 수행하면 현재 디렉터리에서 소스 코드와 헤더 파일 등을 모아서 새로운 프로젝트 파일 ('.pro')을 자동으로 생성해준다.

코드 7-13 **qtImageViewer.pro**

```
########################################################################
# Automatically generated by qmake (3.0) Fri Oct 12 08:30:43 2018
########################################################################

QT       += core gui
greaterThan(QT_MAJOR_VERSION, 4): QT += widgets
TEMPLATE = app
TARGET = qtimageViewer
INCLUDEPATH += .

# Input
SOURCES += qtimageViewer.cpp
```

qmake를 통해 프로젝트 파일이 생성되면 Qt 4에서는 바로 makefile을 생성하고 소스 코드를 빌드하면 된다. Qt 5부터 QLabel 같은 Qt의 위젯들을 사용하기 위해서는 Qt Widgets라는 별도의 모듈이 필요한데, Qt 5를 사용하는 경우에는 프로젝트(.pro) 파일을 오픈하고 관련 사항을 추가한다.

Qt 프로젝트와 관련된 설정이 끝났으면, 이제 빌드를 위한 makefile을 생성한다. 'qmake [–makefile]' 을 실행하면 makefile이 자동으로 생성되며, make 유틸리티를 실행하면 빌드가 완료된다.

```
pi@raspberrypi:~ $ qmake -project
pi@raspberrypi:~ $ qmake
pi@raspberrypi:~ $ make
                            /* ~ 중간 표시 생략 ~ */
pi@raspberrypi:~ $ ./qtImageViewer
```

Qt로 만든 프로그램을 실행하기 위해서는 X 윈도 환경이 필요하다. 일반적으로 라즈베리 파이는 X 윈도로 부팅되지만 터미널로 설정한 경우에는 X 윈도의 실행은 '$ startx' 명령어를 이용하면 된다. X 윈도에서 위의 프로그램을 실행해서 이미지를 표시할 수 있다.

7.4 Video4Linux2와 Pi Camera

7.4.1 Video4Linux

TV 수신 카드와 영상 캡처 장치들 그리고 USB 카메라 등의 다양한 이미지 캡처 장치들이 리눅스를 지원[45]하고 있다. 리눅스에서는 비디오 캡처 시스템을 위해 Video4Linux(약어로 V4L)와 Video4Linux2[46](약어로 V4L2)의 표준 API를 제공한다. MS 윈도우에서도 Video4Linux와 같은 Video4Windows(약어로 V4W)라는 표준 API를 제공한다.

Video4Linux는 리눅스 커널에서 직접 지원하는 기본 모듈로 TV 수신 카드를 지원하기 위해 등장했다. Video4Linux(이하 V4L)는 비교적 초기에 등장했는데 BT848과 같은 TV 수신 카드를 위해 등장했기 때문에 나중에 등장한 USB 카메라를 제대로 지원하지 못하는 문제가 있었다. 이러한 문제를 해결하기 위해 Video4Linux2(이하 V4L2)가 등장하였으며, USB 카메라를 위한 화면의 확대/축소 등의 기능을 지원한다. 리눅스 커널 2.6부터 V4L2를 지원하였고, 리눅스 커널 3.0부터 V4L2가 V4L을 대체하였다. V4L2가 V4L과 직접 호환되지 않지만, ALSA가 OSS와의 호환성을 제공하는 것과 같이 V4L2도 역시 V4L와의 호환성을 위한 방법을 제공한다.

> **참고하기 ➕ V4L2에서 V4L 사용하기**
>
> 리눅스 커널 3.0이 넘어오면서 커널에서 V4L의 지원이 점점 줄어들고 있다. V4L로 개발된 애플리케이션을 V4L2에서 실행하기 위해서는 v4l1compat.so라는 공유 라이브러리를 이용한다. v4l1compat.so 라이브러리는 라즈베리 파이에서는 /usr/lib/arm-linux-gnueabihf/libv4l 디렉터리에 위치하며, Video4Linux로 개발된 애플리케이션을 실행할 때에는 LD_PROLOAD 환경 변수를 통해 다음과 같이 실행하면 된다.
>
> ```
> pi@raspberrypi:~ $ LD_PRELOAD=/usr/lib/arm-linux-gnueabihf/libv4l/
> v4l1compat.so ./video4linux_program
> ```

---

[45] http://www.exploits.org/v4l/

[46] https://linuxtv.org/downloads/v4l-dvb-apis/

리눅스에서는 V4L/V4L2를 이용하는 여러 개의 프로그램들이 제공되는데, 그중 대표적인 것이 camstream과 cheese다.

camstream은 1990년대 말부터 개발되기 시작되었으며 Qt 기반으로 V4L을 지원하는 대표적인 오픈 소스 프로그램이다. 다양한 색상 공간 변환을 위한 어셈블러 코드를 지원하고 있으며, 소스 코드가 공개되어 있으므로 V4L의 동작과 관련하여 참고가 가능하다.

cheese는 비교적 최근에 나온 카메라 사용 프로그램으로 GTK+ 기반으로 동작하며 V4L2를 지원하는 오픈 소스 프로그램이다. 애플의 포토 부스(Photo Booth) 같은 다양한 효과(Effect)를 지원하며 라즈베리 파이에서도 사용할 수 있다.

```
pi@raspberrypi:~ $ sudo apt-get install cheese
```

7.4.2 Pi Camera

라즈베리 파이 재단에서는 라즈베리 파이에 사용할 수 있는 Pi Camera[47]를 별도로 판매한다. Pi Camera는 $29.95 정도이며 라즈베리 파이의 CSI 카메라 커넥터(Camera Connector)를 이용하여 사용할 수 있다.

그림 7-37 Pi Camera의 설치

Pi Camera의 설치는 비교적 간단하다. 라즈베리 파이의 전원을 완전히 제거하고, CSI 카메라 커넥터의 고정 핀을 위로 올린 후 Pi Camera의 커넥터를 완전히 꽂은 후 다시 내리면 된다. 너무 무리하게 힘을 주면 커넥터가 부서질 수 있으므로 주의하자.

Pi Camera의 설치가 완료된 후 라즈베리 파이에서 사용하기 위해서는 별도의 설정이 필요하다. Pi Camera의 설정을 위해 1장의 '라즈베리 파이의 환경 설정'을 참고하자. raspi-config 유틸리티의

---

47 Pi Camera가 없는 경우 일반 USB 카메라를 사용할 수 있지만 모델에 따라 리눅스에서 지원되지 않을 수 있다. USB 카메라가 UVC(USB video class) 비디오 디바이스 인터페이스를 지원하면, 리눅스에서 '$ sudo modprobe uvcvideo' 명령어로 V4L에 대한 커널 모듈을 사용할 수 있다.

'Interfacing Options'에서 'Camera'를 선택(Select)하고 'Would you like the camera interface to be enabled?'(카메라 인터페이스를 활성화하시겠습니까?)'에 'Yes'(예)를 선택한 후 다시 처음 화면으로 나가서 아래의 완료(Finish)를 선택하면 되는데, 환경 설정이 끝나면 라즈베리 파이를 재부팅(Reboot)해야 Pi Camera를 제대로 사용할 수 있다.

라즈베리 파이에서 V4L/V4L2를 곧바로 사용할 수 있는 것은 아니다. V4L/V4L2는 '/dev/video' 디바이스 파일을 사용하는데, 디바이스 파일을 사용하려면 커널 모듈을 올려야 한다. 또한 V4L을 위한 유틸리티를 사용하기 위해서는 별도의 패키지를 설치해야 하며, 이는 apt-get 명령어와 rpi-update 명령어[48]를 통해 간단하게 수행할 수 있다.

```
pi@raspberrypi:~ $ sudo apt-get update
pi@raspberrypi:~ $ sudo apt-get upgrade
pi@raspberrypi:~ $ sudo rpi-update
pi@raspberrypi:~ $ sudo reboot
pi@raspberrypi:~ $ sudo apt-get install v4l-utils
pi@raspberrypi:~ $ sudo modprobe bcm2835-v4l2
pi@raspberrypi:~ $ ls /dev/video0
/dev/video0
pi@raspberrypi:~ $ v4l2-dbg -D /dev/video0
Driver info:
    Driver name   : bm2835 mmal
    Card type     : mmal service 16.1
    Bus info      : platform:bcm2835-v4l2
    Driver version: 4.14.70
    Capabilities  : 0x85200005
        Video Capture
        Video Overlay
        Read/Write
        Streaming
        Extended Pix Format
        Device Capabilities
```

rpi-update 명령어를 수행하면 현재 라즈베리 파이의 펌웨어(firmware)를 최신 버전으로 업데이트한다. Pi Camera가 라즈베리 파이보다 나중에 나왔기 때문에 초기 버전의 라즈베리 파이를 이용하는 경우 Pi Camera를 사용할 수 있도록 펌웨어를 업데이트한다.

이 작업이 끝나면 라즈베리 파이에 v4l-utils 패키지를 설치해서 V4L을 사용하기 위한 기본 유틸리티와 드라이버를 설치한다. 관련 유틸리티가 설치되면 raspistill, raspivid나 raspiyuv 등의 명령어[49]를 이용해서 Pi Camera가 제대로 동작하는지 확인할 수 있다. raspistill이나 raspiyuv 명령어는 Pi

---

48 https://www.ics.com/blog/raspberry-pi-camera-module#.VJtOwACCA 참고

49 https://www.raspberrypi.org/wp-content/uploads/2013/07/RaspiCam-Documentation.pdf

Camera로부터 촬영한 정지 영상을 화면에 표시하고 이미지로 저장한다. raspivid 명령어를 이용하면 Pi Camera의 비디오 영상을 동영상 파일로 저장할 수 있다. raspistill 명령어는 /dev/video0 장치를 사용하지 않기 때문에 V4L과는 별도의 인터페이스를 사용하는 유틸리티이다.

```
pi@raspberrypi:~ $  raspistill -v -o sample.jpg
```

라즈베리 파이에서 V4L/V4L2의 디바이스 파일을 활성화하기 위해서는 해당 커널 모듈을 불러온다. 커널 모듈을 불러올 때에는 modprobe라는 유틸리티를 사용할 수 있는데, 커널 모듈의 유틸리티에 대해서는 9장에서 살펴볼 것이다. 라즈베리 파이의 V4L/V4L2에 대한 커널 모듈은 bcm2835-v4l2이다. 이 모듈을 커널로 로드하면 디바이스 파일이 생성된다. 생성된 디바이스 파일에 대한 정보를 확인하고 싶은 경우에는 v4l-utils 패키지의 v4l2-dbg나 v4l2-ctl 명령어를 사용할 수 있다.

V4L2에서는 V4L과 같이 다양한 디바이스들을 지원한다. V4L2에서는 다양한 코덱이나 효과를 사용할 수 있으며, ioctl( ) 함수를 통해 드라이버의 현재 설정 상태를 가져오거나 원하는 값을 설정할 수 있다.

표 7-22 **Vidoe4Linux2의 관련 디바이스들**

디바이스	내용
비디오 캡처 인터페이스(video capture interface)	카메라나 TV 수신 카드와 같이 영상을 캡처할 수 있는 디바이스
비디오 출력 인터페이스(video output interface)	모니터나 프로젝터와 같이 영상을 보여주기 위한 디바이스
비디오 오버레이 인터페이스(video overlay interface)	CPU를 거치지 않고 영상을 표시할 수 있는 디바이스
VBI 인터페이스(vertical blanking interval interface)	자막을 위한 클로우즈 캡션(closed caption)이나 문자 방송인 텔레텍스트(teletext) 같은 디바이스
라디오 인터페이스(radio interface)	라디오 같은 음향을 재생하기 위한 디바이스

참고하기 ➕ 커널 모듈의 자동 로드

modprobe 명령어를 사용해서 커널 모듈을 로드하면 부팅할 때마다 다시 커널 모듈을 불러와야 한다. 이러한 불편을 없애고 싶으면 부팅 시 커널 모듈을 자동으로 불러올 수 있도록 /etc/modules-load.d/modules.conf 파일에 불러오고 싶은 모듈들을 나열하면 된다.

```
pi@raspberrypi:~ $ sudo vi /etc/modules-load.d/modules.conf
# /etc/modules: kernel modules to load at boot time.
#
# This file contains the names of kernel modules that should be loaded
# at boot time, one per line. Lines beginning with "#" are ignored.

bcm2835-v4l2
```

/etc 아래의 파일들은 시스템의 설정과 관련된 파일이므로 root 권한으로만 편집이 가능하다. sudo 명령어를 사용해서 파일을 작업해야 수정된 내용을 저장할 수 있다.

7.4.3 Video4Linux2 프로그래밍

Video4Linux2(이하 V4L2)는 기존에 사용되고 있던 Video4Linux(이하 V4L)의 문제점을 개선하기 위해 등장했다. V4L2는 V4L과 같은 디바이스의 이름을 사용할 수 있지만 V4L과는 달리 사용자가 마이너 번호[50]를 부여할 수 있다.[51]

또한 V4L2는 V4L과는 달리 디바이스 파일을 동시에 여러 번 오픈할 수 있다. 이는 동시에 /dev/video 디바이스 파일에 접근할 수 있는 것을 뜻하며 2개의 애플리케이션에서 각각 밝기나 색상을 따로 조절하면서 비디오를 캡처할 수 있다.

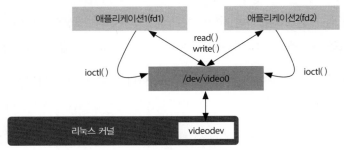

그림 7-38 **V4L2의 구조도**

V4L2는 하드웨어에 종속적이지 않는 디바이스 제어 API를 제공하여 밝기, 색상 등을 조절할 수 있다. 이러한 V4L2의 하드웨어의 기본 제어를 위한 대표적인 ioctl( ) 함수의 옵션은 다음과 같다.

표 7-23 **V4L2를 위한 ioctl( ) 함수의 옵션**

ioctl 번호	내용
VIDIOC_QUERYCAP	디바이스의 지원 여부 확인
VIDIOC_ENUMINPUT	비디오 연결 번호, 타입, 이름 확인
VIDIOC_G_FREQUENCY	튜너의 주파수 얻어오기
VIDIOC_S_FREQUENCY	튜너의 주파수 설정
VIDIOC_ENUMSTD	지원되는 비디오 표준 확인(PAL, NTSC 등)
VIDIOC_QUERYCTRL	가능한 제어 확인
VIDIOC_S_FMT	이미지 포맷 설정(색 공간 정보 포함)
VIDIOC_REQBUFS	드라이버에 메모리 맵 I/O를 위한 버퍼 공간 요청

---

50 리눅스 디바이스 드라이버에서 메이저(major) 번호는 장치의 종류를 구분하기 위해 사용되고, 마이너(minor) 번호는 같은 종류의 장치가 여러 개 있을 때 각각의 장치들을 구분하기 위해 사용된다.

51 V4L 모듈은 드라이버가 로드될 때, 마이너 번호를 디바이스 타입에 종속적으로 자동으로 할당받았지만, V4L2는 메이저 번호는 여전히 81이지만 마이너 번호를 사용자가 마음대로 등록할 수 있다.

V4L2는 기본적으로 V4L의 API와는 호환성이 없으며, 만약 V4L 드라이버에서 V4L2의 ioctl() 호출을 사용하려고 하면 'EINVAL' 에러 코드가 발생한다. V4L의 사용법과 함수들은 앞에서 설명한 필자의 홈페이지[52]에서 설명하고 있으니 관련 사항을 참고하기 바란다.

이제 V4L2를 이용해서 PI Camera로부터 영상을 가져와서 표시하는 애플리케이션을 작성해보도록 하자. 먼저 V4L2에서 사용할 헤더 파일들과 관련 매크로를 설정한다.

코드 7-14 **v4l2_framebuffer.c**

```c
#include <stdio.h>
#include <stdlib.h>
#include <string.h>
#include <fcntl.h>     /* 저수준(Low level) I/O를 위해 사용 */
#include <errno.h>
#include <unistd.h>
#include <sys/mman.h>
#include <sys/ioctl.h>
#include <linux/fb.h>
#include <linux/videodev2.h>            /* Video4Linux2를 위한 헤더 파일 */

#define VIDEODEV        "/dev/video0"   /* Pi Camera를 위한 디바이스 파일 */
#define FBDEV           "/dev/fb0"      /* 프레임 버퍼를 위한 디바이스 파일 */
#define WIDTH           800             /* 캡처할 영상의 크기 */
#define HEIGHT          600

/* Video4Linux에서 사용할 영상을 저장하기 위한 버퍼를 위한 구조체 */
struct buffer {
    void* start;
    size_t length;
};

static int fd = -1;                     /* Pi Camera의 디바이스의 파일 디스크립터 */
struct buffer *buffers = NULL;          /* Pi Camera의 MMAP를 위한 변수 */
static int fbfd = -1;                   /* 프레임 버퍼의 파일 디스크립터 */
static unsigned char *fbp = NULL;       /* 프레임 버퍼의 MMAP를 위한 변수 */
static struct fb_var_screeninfo vinfo;  /* 프레임 버퍼의 정보 저장을 위한 구조체 */

static void processImage(const void *p);
static int readFrame();
static void initRead(unsigned int buffer_size);
                                /* ~ 중간 표시 생략 ~ */
int main(int argc, char **argv)
{
    long screensize = 0;

    /* 디바이스 열기 */
    /* Pi Camera 열기 */
    fd = open(VIDEODEV, O_RDWR | O_NONBLOCK, 0);
    if(fd == -1) {
        perror("open() : video devive");
        return EXIT_FAILURE;
```

52 http://valentis.pe.kr/Suhdang/Linux/Video4LinuxAPI.html

```
    }

    /* 프레임 버퍼 열기 */
    fbfd = open(FBDEV, O_RDWR);
    if(fbfd == -1) {
        perror("open() : framebuffer device");
        return EXIT_FAILURE;
    }

    /* 프레임 버퍼의 정보 가져오기 */
    if(ioctl(fbfd, FBIOGET_VSCREENINFO, &vinfo) == -1) {
        perror("Error reading variable information.");
        exit(EXIT_FAILURE);
    }

    /* mmap(): 프레임 버퍼를 위한 메모리 공간 확보 */
    screensize = vinfo.xres * vinfo.yres * vinfo.bits_per_pixel/8;
    fbp = (unsigned char *)mmap(NULL, screensize, PROT_READ | PROT_WRITE, MAP_SHARED, fbfd, 0);
    if((int)fbp == -1) {
        perror("mmap() : framebuffer device to memory");
        return EXIT_FAILURE;
    }
    memset(fbp, 0, screensize);

    initDevice();              /* 디바이스 초기화 */
    mainloop();                /* 캡처 실행 */
    uninitDevice();            /* 디바이스 해제 */

    /* 디바이스 닫기 */
    close(fbfd);
    close(fd);

    return EXIT_SUCCESS;       /* 애플리케이션 종료 */
}
```

이 코드는 앞에서 살펴본 프레임 버퍼를 이용해서 카메라로부터 캡처한 영상을 표시한다. 먼저 main( ) 함수를 살펴보자. main( ) 함수에서는 비디오 디바이스를 먼저 열고 프레임 버퍼를 연다. 프레임 버퍼로부터 현재 해상도에 대한 정보를 가져오는데, 이 정보는 메모리를 할당하거나 영상을 표시하는 데 사용한다. 앞에서처럼 프레임 버퍼를 이용하기 위한 메모리 공간을 mmap( ) 함수를 이용해서 설정하였다.

Pi Camera를 사용하여 영상을 캡처하기 위해 먼저 디바이스를 초기한다. 디바이스의 초기화가 완료되면 메인루프(mainloop)를 돌면서 영상을 연속적으로 캡처하는데, 캡처된 영상은 변환 작업을 거쳐서 프레임 버퍼로 출력한다. 캡처가 완료되면 캡처를 종료하고 할당 자원을 해제한다. 그런 다음 프레임 버퍼나 기타 디바이스를 닫고 애플리케이션을 종료하면 된다. 이제 디바이스 사용 순서에 따라 카메라를 초기화하기 위한 코드를 살펴보자.

```
static void initDevice()
{
    struct v4l2_capability cap;        /* 비디오 디바이스에 대한 기능을 조사한다. */
    struct v4l2_format fmt;
    unsigned int min;

    /* v4l2_capability 구조체를 이용해서 V4L2를 지원하는지 조사 */
    if(ioctl(fd, VIDIOC_QUERYCAP, &cap) < 0) {
        if(errno == EINVAL) {
            perror("/dev/video0 is no V4L2 device");
            exit(EXIT_FAILURE);
        } else {
            perror("VIDIOC_QUERYCAP");
            exit(EXIT_FAILURE);
        }
    }

    /* 카메라가 영상 캡처 기능이 있는지 조사한다. */
    if(!(cap.capabilities & V4L2_CAP_VIDEO_CAPTURE)) {
        perror("/dev/video0 is no video capture device");
        exit(EXIT_FAILURE);
    }

    /* v4l2_format 구조체를 이용해서 영상의 포맷 설정 */
    memset(&fmt, 0, sizeof(struct v4l2_format));
    fmt.type = V4L2_BUF_TYPE_VIDEO_CAPTURE;
    fmt.fmt.pix.width = WIDTH;
    fmt.fmt.pix.height = HEIGHT;
    fmt.fmt.pix.pixelformat = V4L2_PIX_FMT_YUYV;
    fmt.fmt.pix.field = V4L2_FIELD_NONE;

    /* 카메라 디바이스에 영상의 포맷을 설정 */
    if(ioctl(fd, VIDIOC_S_FMT, &fmt) == -1) {
        perror("VIDIOC_S_FMT");
        exit(EXIT_FAILURE);
    }

    /* 영상의 최소 크기를 구한다. */
    min = fmt.fmt.pix.width * vinfo.bits_per_pixel/8;
    if(fmt.fmt.pix.bytesperline < min) fmt.fmt.pix.bytesperline = min;
    min = fmt.fmt.pix.bytesperline * fmt.fmt.pix.height;
    if(fmt.fmt.pix.sizeimage < min) fmt.fmt.pix.sizeimage = min;

    /* 영상 읽기를 위한 초기화 */
    initRead(fmt.fmt.pix.sizeimage);
}
```

OSS의 사운드 디바이스 파일을 사용하지 않는 ALSA와는 다르게 V4L2는 V4L에서도 사용하는 '/dev/video' 파일을 사용한다.

V4L2에서 비디오 디바이스의 기능을 조사할 때 v4l2_capability 구조체와 함께 ioctl( ) 함수에 VIDIOC_QUERYCAP 옵션을 사용한다. 이러한 v4l2_capability 구조체를 통해 캡처를 지원하는

지(V4L2_CAP_VIDEO_CAPTURE), 스트리밍을 지원하는지(V4L2_CAP_STREAMING), 디바이스에 읽고 쓰기가 가능한지(V4L2_CAP_READWRITE) 등 디바이스의 기능을 파악할 수 있다.

영상을 캡처하기 위해서는 캡처할 영상의 해상도(넓이 × 높이), 색상의 포맷 등에 대한 설정이 필요하다. 설정값을 위해 v4l2_format 구조체를 이용할 수 있는데, 현재 디바이스에 대한 설정을 위해서는 ioctl( ) 함수에 VIDIOC_S_FMT 옵션을 사용하고, 현재 디바이스에 설정된 값을 가져오기 위해서는 VIDIOC_G_FMT 옵션을 사용할 수 있다.

```
struct v4l2_format {
    enum v4l2_buf_type type;
    union {
        struct v4l2_pix_format pix;          /* 픽셀의 포맷 */
        struct v4l2_window win;              /* 윈도우의 속성 */
        struct v4l2_vbi_format vbi;          /* VBI(Vertical blanking interval) 포맷 */
        struct v4l2_sliced_vbi_format sliced;
        __u8    raw_data[200];
    } fmt;
};
```

또한 영상 캡처를 위해서 v4l2_format 구조체 안의 v4l2_buf_type에 V4L2_BUF_TYPE_VIDEO_CAPTURE를 사용하고, v4l2_pix_format 구조체에 캡처와 관련된 설정을 해준다. v4l2_pix_format 구조체[53]를 이용해서 캡처할 영상의 폭(width), 높이(height), 픽셀 형태(pixelformat) 등의 값을 설정하면 된다. 픽셀의 형태는 RGB/BGR, YUV, V4L2_PIX_FMT_JPEG(JPEG 스트림 포맷), V4L2_PIX_FMT_MPEG(MPEG 스트림 포맷) 등[54]으로 다양하며, 각 디바이스에서 지원되는 포맷이 다르므로 디바이스의 지원 여부를 확인해야 한다.

디바이스 설정이 끝나면 영상을 읽어 들일 준비를 한다. 먼저 영상을 위한 메모리를 확보하고 관련 버퍼를 초기화한다. 영상을 읽어 들일 때도 mmap( )을 통해 메모리 맵을 사용할 수 있지만, 여기서는 소스 코드를 최소화하기 위해 간단하게 메모리 할당을 사용하였다. mmap( )과 관련된 예제는 필자의 웹 사이트에서 제공하는 소스 코드[55]를 참고하기 바란다.

코드 7-14 v4l2_framebuffer.c (이어서)

```
static void initRead(unsigned int buffer_size)
{
    /* 카메라에서 사용하는 영상을 위한 메모리를 할당한다. */
    buffers = (struct buffer*)calloc(1, sizeof(*buffers));
    if(!buffers) {
        perror("Out of memory");
```

---

[53] https://github.com/torvalds/linux/blob/master/include/uapi/linux/videodev2.h 참고

[54] 지원되는 포맷은 아주 많은데, 더 자세한 사항은 /usr/include/linux/videodev2.h 파일을 확인하기 바란다.

[55] http://valentis.pe.kr/v4l2.c 참고

```
        exit(EXIT_FAILURE);
    }

    /* 버퍼를 초기화한다. */
    buffers[0].length = buffer_size;
    buffers[0].start = malloc(buffer_size);
    if(!buffers[0].start) {
        perror("Out of memory");
        exit(EXIT_FAILURE);
    }
}
```

버퍼의 초기화까지 마치면 비디오 디바이스의 사용과 관련된 초기화가 끝났다. 이제 루프를 돌면
서 영상 데이터를 캡처한 후 화면에 표시해주면 된다.

코드 7-14 v4l2_framebuffer.c (이어서)

```
#define NO_OF_LOOP    100

static void mainloop()
{
    unsigned int count = NO_OF_LOOP;
    while(count-- > 0) {                    /* 100회 반복 */
        for(;;) {
            fd_set fds;
            struct timeval tv;             /* select 함수의 대기시간을 위한 구조체 */
            int r;

            /* fd_set 구조체를 초기화하고 비디오 디바이스를 파일 디스크립터를 설정한다. */
            FD_ZERO(&fds);
            FD_SET(fd, &fds);

            /* 타임아웃을 2초로 설정한다. */
            tv.tv_sec = 2;
            tv.tv_usec = 0;

            /* 비디오 데이터가 올 때까지 대기한다. */
            r = select(fd + 1, &fds, NULL, NULL, &tv);
            switch(r) {
                case -1:                   /* select( ) 함수 에러 시의 처리 */
                    if(errno != EINTR) {
                        perror("select()");
                        exit(EXIT_FAILURE);
                    }
                    break;
                case 0:                    /* 타임아웃 시의 처리 */
                    perror("select timeout");
                    exit(EXIT_FAILURE);
                    break;
            };

            if(readFrame()) break;         /* 카메라에서 하나의 프레임을 읽고 화면에 표시 */
        }
    }
}
```

mainloop( ) 함수는 while 루프를 통해 반복 순환하며, 6장에서 살펴본 select( ) 함수를 통해 비디오 디바이스로부터 읽은 데이터가 있는지 확인한다. 읽을 데이터가 있으면 readFrame( ) 함수를 이용해서 영상 데이터를 읽어 화면에 표시한다.

코드 7-14 v4l2_framebuffer.c (이어서)

```
static int readFrame()
{
    /* 카메라에서 하나의 프레임을 읽어온다. */
    if(read(fd, buffers[0].start, buffers[0].length) < 0) {
        perror("read()");
        exit(EXIT_FAILURE);
    }

    /* 읽어온 프레임을 색상 공간 등을 변경하고 화면에 출력한다. */
    processImage(buffers[0].start);

    return 1;
}
```

readFrame( ) 함수는 비디오 디바이스로부터 이미지를 읽어와 이미지를 프레임 버퍼로 출력하기 위해 32비트 BGRA 포맷으로 변경한다. 이미지가 unsigned short 형의 경계를 넘어가지 않도록 clip( ) 함수를 이용하여 경계 검사를 수행한다. 간단한 함수는 inline 함수로 만들면 보다 빨리 수행할 수 있다.

코드 7-14 v4l2_framebuffer.c (이어서)

```
/* unsigned char의 범위를 넘어가지 않도록 경계 검사를 수행한다. */
inline unsigned char clip(int value, int min, int max);
unsigned char clip(int value, int min, int max)
{
    return(value > max ? max : value < min ? min : value);
}

/* YUYV를 BGRA로 변환한다. */
static void processImage(const void *p)
{
    int j, y;
    long location = 0;
    int width = WIDTH, height = HEIGHT;
    int istride = WIDTH*2;        /* 이미지의 폭을 넘어가면 다음 라인으로 내려가도록 설정한다. */

    unsigned char* in = (unsigned char*)p;
    int y0, u, y1, v, colors = vinfo.bits_per_pixel/8;
    unsigned char r, g, b, a = 0xff;

    for(y = 0; y < height; y++, in += istride) {
        for(j = 0; j < vinfo.xres *2; j += colors) {
            if(j >= width*2) {    /* 현재의 화면에서 이미지를 넘어서는 남은 공간을 처리한다. */
                location += colors*2;
                continue;
            }
```

```
        /* YUYV 성분을 분리한다. */
        y0 = in[j];
        u = in[j + 1] - 128;
        y1 = in[j + 2];
        v = in[j + 3] - 128;

        /* YUV를 RBGA로 전환한다. */
        r = clip((298 * y0 + 409 * v + 128) >> 8, 0, 255);
        g = clip((298 * y0 - 100 * u - 208 * v + 128) >> 8, 0, 255);
        b = clip((298 * y0 + 516 * u + 128) >> 8, 0, 255);
        fbp[location++] = b;
        fbp[location++] = g;
        fbp[location++] = r;
        fbp[location++] = a;

        /* YUV를 RBGA로 전환: Y1 */
        r = clip((298 * y1 + 409 * v + 128) >> 8, 0, 255);
        g = clip((298 * y1 - 100 * u - 208 * v + 128) >> 8, 0, 255);
        b = clip((298 * y1 + 516 * u + 128) >> 8, 0, 255);
        fbp[location++] = b;
        fbp[location++] = g;
        fbp[location++] = r;
        fbp[location++] = a;
    }
  }
}
```

라즈베리 파이에서는 YUV420 포맷을 지원한다. YUV는 Y와 UV의 조합에 따라서 YUV444, YUV422, YUV411 등의 포맷이 존재한다. 이러한 조합뿐만 아니라 YUV의 각 요소들을 배치하는 순서에 따라서도 포맷을 나눌 수 있기 때문에 여기에서 모든 포맷들을 설명하기는 어렵다.

참고 하기 ➕ YUV 색상 모델과 변환 공식

YUV 방식은 인간의 눈이 색상보다는 밝기에 민감하다는 사실에서 착안된 방식으로 색을 밝기(Luminance)인 Y 성분과 색상(Chrominance)인 U와 V 성분으로 구분한다. 이는 영상 데이터의 압축에 이용되는데 인간은 밝기 정보에 더 민감하므로 Y 성분은 그대로 두고 UV의 색상 성분의 값을 줄여서 데이터를 압축할 수 있다.

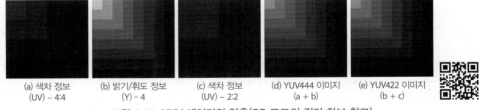

(a) 색차 정보   (b) 밝기/휘도 정보   (c) 색차 정보   (d) YUV444 이미지   (e) YUV422 이미지
(UV) – 4:4   (Y) – 4   (UV) – 2:2   (a + b)   (b + c)

그림 7-39 YUV 데이터의 압축(QR 코드의 컬러 화보 참고)

밝기와 색상 성분의 비율이 2:1인 경우 Y를 4의 값으로 가정하면 UV의 값은 2로 생각할 수 있는데 이를 간단하게 표시하면 YUV422로 표현할 수 있다. YUV420 포맷(format)은 MPEG와 JPEG 코덱에서 주로 사용하는 포맷의 한 종류로 YUV의 4:1:1 비율을 사용하는 것이다.

일반적으로 영상 입력 시스템에 사용되는 카메라는 RGB24나 YUV420의 영상 데이터를 출력한다. 하지만 카메라로부터 YUV420 형태의 데이터를 받더라도 모니터에 표시하기 위해서는 RGB24/32의 형태로 변환해야 한다. 이때 색상 모델 변환이 필요한데 YUV를 RGB로 변환할 때는 다음과 같은 공식을 이용할 수 있다. 일반적으로 실수 연산보다 정수 연산이 속도가 빠른데, 다음의 변환 코드는 코드 7-13과 같이 변환 가능하다.

RGB에서 YUV로의 변환 공식	YUV에서 RGB로의 변환 공식
Y = 0.3R + 0.59G + 0.11B U = (B-Y) × 0.493 V = (R-Y) × 0.877	R = Y + 0.956U + 0.621V G = Y + 0.272U + 0.647V B = Y + 1.1061U + 1.703V

위의 Y를 구하는 공식은 컬러(RGB) 이미지를 흑백 이미지로 변환하는 과정에서도 사용한다.

먼저 라즈베리 파이에서 지원하는 YUV420 포맷에 대해 살펴보기로 하자. YUV420 포맷은 Y, U, V가 4:1:1로 들어가 있는 구조이며 Y가 앞쪽에 모여 있고, 뒤에 U와 V가 순차적으로 배치되어 있다. 데이터를 읽을 때도 마찬가지로 이와 같이 2개의 Y 성분에 UV가 각각 따로 있는 구조를 생각해야 한다.

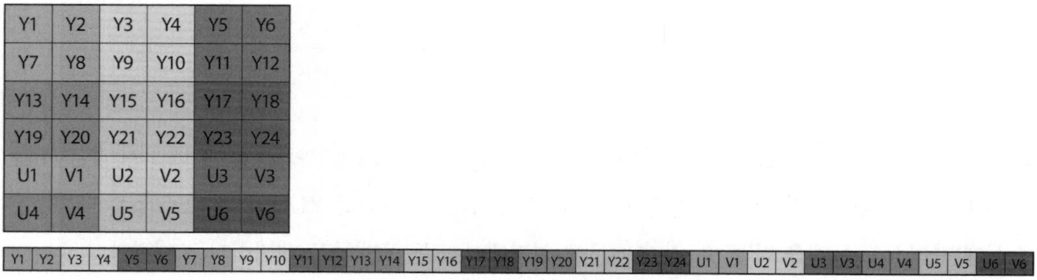

그림 7-40 YUV420 포맷의 구조

카메라에서 영상 데이터를 읽어와 YUV 요소로 각각 분리하고, 사용자에게 보여주기 위해 이를 다시 RGB 요소로 변환해야 하는데, 이때 YUV에서 RGB로의 변환 공식을 사용한다. 변환이 완료되면 각 R, G, B 요소가 0과 255 사이에 있는지 경계 검사를 수행 후 32비트 RGBA로 바꾸고 프레임 버퍼로 출력한다.

```
static void uninitDevice()
{
    long screensize = vinfo.xres * vinfo.yres * vinfo.bits_per_pixel/8;

    /* 사용했던 메모리를 해제한다. */
    free(buffers[0].start);
    free(buffers);
    munmap(fbp, screensize);
}
```

비디오의 출력이 끝나면 관련 버퍼를 정리하고 앞에서 프레임 버퍼를 위해 설정한 메모리 맵을 해제한다. 이 코드를 빌드해서 실행해보면 프레임 버퍼를 통해 영상을 출력할 수 있다.

그림 7-41 Video4Linux2를 이용한 영상의 출력

7.4.4 BMP 파일로 이미지 캡처

Pi Camera를 통해 들어온 영상 데이터를 앞에서 배운 BMP 파일의 구조를 이용해서 이미지로 저장할 수 있다. BMP 이미지를 만들기 위해서는 먼저 BMP 헤더를 생성해야 한다.

BMP 헤더에서 중요한 값은 이미지의 폭과 넓이, 픽셀당 비트 수(색상)와 파일 크기, 이미지 데이터의 크기 등이다. 이미지의 폭과 넓이는 아날로그 데이터를 디지털 데이터로 변환하는 표본화와 관련된 값이고, 이미지의 픽셀당 색상 수는 양자화와 관련된 값이다. 오디오에서와 마찬가지로 이러한 값들은 BMP 헤더에 저장된다.

BMP 파일의 이미지 데이터는 카메라에서 영상을 가져와서 변환하는 부분에서 저장하면 된다. 앞의 v4l2_framebuffer.c 파일을 bmpCapture.c로 복사한 후 관련 사항을 추가해보도록 하자. 카메라의 반복을 1회로 바꿔서 이미지가 바로 저장될 수 있도록 한다.

코드 7-15 bmpCapture.c

```c
#include "bmpHeader.h"
                                /* ~ 중간 표시 생략 ~ */
#define NUMCOLOR        3
                                /* ~ 중간 표시 생략 ~ */
void saveImage(unsigned char *inimg)
{
    RGBQUAD palrgb[256];
    FILE *fp;
    BITMAPFILEHEADER bmpFileHeader;
    BITMAPINFOHEADER bmpInfoHeader;

    /* BITMAPFILEHEADER 구조체에 BMP 파일 정보 설정 */
    memset(&bmpFileHeader, 0, sizeof(BITMAPFILEHEADER));
```

```c
    bmpFileHeader.bfType = 0x4d42;              /* (unsigned short)('B' | 'M' << 8)과 같다. */
    /* 54(14 + 40)바이트의 크기 */
    bmpFileHeader.bfOffBits = sizeof(BITMAPFILEHEADER) + sizeof(BITMAPINFOHEADER);
    bmpFileHeader.bfOffBits += sizeof(RGBQUAD) * 256;
    bmpFileHeader.bfSize = bmpFileHeader.bfOffBits;
    bmpFileHeader.bfSize += WIDTH*HEIGHT*NUMCOLOR;

    /* BITMAPINFOHEADER 구조체에 BMP 이미지 정보 설정 */
    memset(&bmpInfoHeader, 0, sizeof(BITMAPINFOHEADER));
    bmpInfoHeader.biSize = sizeof(BITMAPINFOHEADER);          /* 40바이트의 크기 */
    bmpInfoHeader.biWidth = WIDTH;
    bmpInfoHeader.biHeight = HEIGHT;
    bmpInfoHeader.biPlanes = 1;
    bmpInfoHeader.biBitCount = NUMCOLOR*8;
    bmpInfoHeader.SizeImage = WIDTH*HEIGHT*bmpInfoHeader.biBitCount/8;
    bmpInfoHeader.biXPelsPerMeter = 0x0B12;
    bmpInfoHeader.biYPelsPerMeter = 0x0B12;

    /* 저장을 위한 이미지 파일 오픈 */
    if((fp = fopen("capture.bmp", "wb")) == NULL) {
        fprintf(stderr, "Error : Failed to open file...\n");
        exit(EXIT_FAILURE);
    }

    /* BMP 파일(BITMAPFILEHEADER) 정보 저장 */
    fwrite((void*)&bmpFileHeader, sizeof(bmpFileHeader), 1, fp);

    /* BMP 이미지(BITMAPINFOHEADER) 정보 저장 */
    fwrite((void*)&bmpInfoHeader, sizeof(bmpInfoHeader), 1, fp);

    /* 팔렛트(RGBQUAD) 정보 저장 */
    fwrite(palrgb, sizeof(RGBQUAD), 256, fp);

    /* BMP 데이터 저장 */
    fwrite(inimg, sizeof(unsigned char), WIDTH*HEIGHT*NUMCOLOR, fp);

    fclose(fp);
}
                                    /* ~ 중간 표시 생략 ~ */
#define NO_OF_LOOP    1
                                    /* ~ 중간 표시 생략 ~ */

/* YUYV를 RGBA로 변환한다. */
static void processImage(const void *p)
{
    int j, y;
    long location = 0, count = 0;
    int width = WIDTH, height = HEIGHT;
    int istride = WIDTH*2;              /* 이미지의 폭을 넘어가면 다음 라인으로 내려가도록 설정 */

    unsigned char* in = (unsigned char*)p;
    int y0, u, y1, v, colors = vinfo.bits_per_pixel/8;
    unsigned char r, g, b, a = 0xff;
    unsigned char inimg[NUMCOLOR*WIDTH*HEIGHT];              /* 이미지 저장을 위한 변수 */

    for(y = 0; y < height; y++, in += istride, count = 0) {
        for(j = 0; j < vinfo.xres *2; j += colors) {
```

```
            if(j >= width*2) {          /* 현재의 화면에서 이미지를 넘어서는 빈 공간을 처리한다. */
                    location+=colors*2;
                    continue;
            }
            /* YUYV 성분을 분리한다. */
            y0 = in[j];
            u = in[j + 1] - 128;
            y1 = in[j + 2];
            v = in[j + 3] - 128;

            /* YUV를 RGBA로 전환: Y0 */
            r = clip((298 * y0 + 409 * v + 128) >> 8, 0, 255);
            g = clip((298 * y0 - 100 * u - 208 * v + 128) >> 8, 0, 255);
            b = clip((298 * y0 + 516 * u + 128) >> 8, 0, 255);
            fbp[location++] = b;
            fbp[location++] = g;
            fbp[location++] = r;
            fbp[location++] = a;

            /* BMP 이미지 데이터 */
            inimg[(height-y-1)*width*NUMCOLOR+count++] = b;
            inimg[(height-y-1)*width*NUMCOLOR+count++] = g;
            inimg[(height-y-1)*width*NUMCOLOR+count++] = r;

            /* YUV를 RBGA로 전환: Y1 */
            r = clip((298 * y1 + 409 * v + 128) >> 8, 0, 255);
            g = clip((298 * y1 - 100 * u - 208 * v + 128) >> 8, 0, 255);
            b = clip((298 * y1 + 516 * u + 128) >> 8, 0, 255);
            fbp[location++] = b;
            fbp[location++] = g;
            fbp[location++] = r;
            fbp[location++] = a;

            /* BMP 이미지 데이터 */
            inimg[(height-y-1)*width*NUMCOLOR+count++] = b;
            inimg[(height-y-1)*width*NUMCOLOR+count++] = g;
            inimg[(height-y-1)*width*NUMCOLOR+count++] = r;
        }
    }

    /* 이미지 데이터를 BMP 파일로 저장한다. */
    saveImage(inimg);
}
```

이미지 데이터를 위한 메모리의 크기는 이미지의 넓이, 이미지의 높이, 픽셀당 비트 수(색상)로 계산할 수 있다. 이미지 데이터의 YUV 색상을 RBGA 색상으로 변환한 후 이를 이미지 데이터를 위한 메모리에 저장한다. BMP 파일은 영상 데이터가 뒤집혀 있기 때문에 데이터를 저장할 때 이 순서를 지켜야 한다. 관련 처리가 완료되면 saveImage( ) 함수를 이용해서 BMP 파일의 헤더를 생성하고 이미지 데이터를 저장할 수 있다.

위의 코드를 빌드해서 실행해보자. 생성한 이미지 파일의 이름은 'capture.bmp'로 저장하였으며, 저장된 이미지 데이터는 앞에서 만든 bmpViewer 프로그램을 통해 확인할 수 있다.

7.5 라즈베리 파이와 멀티미디어

라즈베리 파이의 Pi Camera를 통해 영상을 캡처하고 웹 서버를 통해 클라이언트로 보낼 수 있도록 앞의 웹 서버 코드를 수정해보도록 하자. 웹 서버에서 영상을 캡처해서 'capture.bmp' 파일로 저장해서 클라이언트로 전송한다.

이미지 캡처는 앞의 Video4Linux2의 캡처 부분을 사용하는데, 출력되는 영상을 이미지로 저장할 수 있도록 bmpCapture.c의 'int main(int argc, char **argv)' 함수를 int captureImage(int sockfd)로 수정한다. 그리고 앞 장에서 만든 코드와 함께 사용하면 된다.

코드 7-16 rpi7.c

```c
#include <stdio.h>
                            /* ~ 중간 표시 생략: 앞 장의 코드 참고 ~ */
/* 외부 파일에 있는 이미지를 캡처하는 함수를 선언한다. */
extern int captureImage(int fd);

int sendData(FILE* fp, char *ct, char *file_name)
{
    /* 클라이언트로 보낼 성공에 대한 응답 메시지 */
    char protocol[ ] = "HTTP/1.1 200 OK\r\n";
                            /* ~ 중간 표시 생략: 앞 장의 코드 참고 ~ */
    getTemperature(temperature_fd, &temperature, &humidity);  /* 온도와 습도를 위한 함수 */

    sprintf(html, "<html><head><meta http-equiv=\"Content-Type\" " \
            "content=\"text/html; charset=UTF-8\" />" \
            "<meta http-equiv=\"refresh\" content=\"5\"; url=\"control.html\">" \
            "<title>Raspberry Pi : Observation Server</title></head><body><table>" \
            "<tr align=\"center\"><img src=capture.bmp></tr>" \
            "<tr><td>Temperature</td><td colspan=2>" \
            "<input readonly name=\"temperature\" value=%.3f></td></tr>" \
            "<tr><td>Humidity</td><td colspan=2>" \
            "<input readonly name=\"humidity\" value=%.3f></td></tr>" \
            "<tr><td>Pressure</td><td colspan=2>" \
            "<input readonly name=\"pressure\" value=%.3f></td></tr></table>" \
            "<form action=\"index.html\" method=\"GET\" "\
            "onSubmit=\"document.reload()\"><table>" \
            "<tr><td>8x8 LED Matrix</td><td>" \
            "<input type=radio name=\"led\" value=\"On\">On</td>" \
            "<td><input type=radio name=\"led\" value=\"Off\">Off</td>" \
            "</tr><tr><td>Submit</td>" \
            "<td colspan=2><input type=submit value=\"Submit\"></td></tr>" \
            "</table></form></body></html>",temperature, humidity, pressure);

    fputs(protocol, fp);
    fputs(server, fp);

    if(!strcmp(filename, "capture.bmp")) {
        char cnt_type[ ] = "Content-Type:image/bmp\r\n";
        fputs(cnt_type, fp);
```

```
        fputs(end, fp);
        captureImage(fileno(fp));
        int len, fd = open(filename, O_RDONLY);          /* 파일을 연다. */
        do {
            len = read(fd, html, BUFSIZ);                 /* 파일을 읽어서 클라이언트로 보낸다. */
            fwrite(html, len, sizeof(char), fp);
        } while(len == BUFSIZ);
        close(fd);
    } else {
        fputs(cnt_type, fp);
        fputs(end, fp);
        fputs(html, fp);
    }
    fflush(fp);

    return 0;
}
                    /* ~ 중간 표시 생략: 앞 장의 코드 참고 ~ */
```

이처럼 앞의 코드를 간단하게 수정해서 두 애플리케이션을 하나의 애플리케이션으로 합하였다. 이 코드를 빌드해서 실행해보면, 처음에 웹 페이지를 요청해서 HTML 문서를 읽어온 후 HTML 문서에 있는 capture.bmp 파일을 다시 요청한다. 이때 파일명을 비교하여 이미지 파일에 대한 요청일 경우, 카메라 캡처를 수행하고 capture.bmp 파일을 저장한 후 다시 클라이언트로 보낸다.

웹 페이지를 주기적으로 다시 불러오고 싶은 경우에 <HEAD>에 <META> 태그를 이용할 수 있다. <meta> 태그에 http-equiv=refresh를 사용할 수 있으며, 뒤의 content에 주기를 초 단위로 설정한다. 그리고 <BODY>에 <IMG> 태그를 이용해서 화면에 표시되는 이미지를 지정하면 된다.

위의 코드를 빌드하기 위해서는 rpi7.c와 bmpCapture.c 등의 파일을 한꺼번에 사용해야 한다. 그리고 헤더 파일인 bmpHeader.h가 필요하다.

```
pi@raspberrypi:~ $ gcc -o rpi7 rpi7.c bmpCapture.c -lpthread -lwiringPi
```

위의 코드를 빌드한 후 실행하면 웹 브라우저에서 현재 촬영한 영상을 확인할 수 있다. PC나 모바일의 웹 브라우저를 통해 라즈베리 파이의 서버에 접속해보면 Pi Camera를 통해 입력받은 이미지를 5초 주기로 전송하는 것을 확인할 수 있다.

그림 7-42 캡처되어 웹 서버로 전송된 이미지(PC와 아이폰)

이 코드는 이미지 데이터를 캡처해서 이미지 파일을 만들고 이를 다시 불러오기 때문에 속도가 느리다. 이러한 문제를 해결하기 위해 유닉스의 특징 중 하나인 파일 디스크립터를 사용할 수 있다.

유닉스에서는 파일, 디렉터리, 디바이스, 소켓들이 모두 파일로 취급된다고 4장에서 이미 설명하였다. 파일로 저장하는 부분을 소켓으로 바로 보낼 수 있다면 파일로 저장할 필요 없이 찍은 영상을 클라이언트에 전송할 수 있다.

이 방법을 이용하면 이미지 파일을 요청할 때, 카메라에서 영상 데이터를 읽고 별도의 저장 없이 BMP 파일로 만들어서 바로 네트워크로 출력할 수 있기 때문에, 파일의 저장과 다시 불러오는 데 필요한 시간을 줄일 수 있다.

7.6 요약

영화나 TV, 뉴스, 웹과 같은 실생활 속에서 멀티미디어는 우리의 삶 속 깊숙이 들어와 있다. 미디어는 인간의 오감을 이용해서 외부의 정보를 받아들이는 수단을 말하며, 이러한 미디어들이 복합적으로 함께 사용되는 것을 멀티미디어라고 한다. 멀티미디어 중에서 가장 많이 사용되는 것은 시각과 청각이다. 시각은 빛이 물체에 반사된 것을 사람이 느끼는 것으로 색상과 관계가 있다. 멀티미디어에서 시각과 함께 사용되는 것이 청각이다. 사운드는 소리의 크기(음량)를 나타내는 진폭과, 소리의 높낮이를 결정하는 주파수 등의 속성을 가지고 있다.

실생활에서 사용되는 미디어는 아날로그 형태로서 컴퓨터에서 사용하기 위해서는 디지털 형태로 변환해야 한다. 이때 표본화, 양자화, 부호화 과정을 거치게 된다. 표본화는 신호의 x축을 결정하고 양자화는 y축을 결정하는 것이며, 사용하는 비트 수가 많을수록 표현할 수 있는 데이터의 정밀도는 증가하지만 요구되는 저장 공간이 증가한다는 단점을 가지고 있다. 일반적으로 오디오 데이터나 이미지 데이터 모두 용량이 큰데, 이러한 데이터는 부호화 과정을 거치면서 압축할 수 있다.

리눅스에서는 오디오, 비디오, 카메라, 디지털 방송(DVB) 등의 멀티미디어를 지원한다. 리눅스 커널에서 오디오는 OSS와 ALSA 사운드 시스템을 지원한다. OSS는 리눅스 커널 2.4까지 주로 사용되었으나 리눅스 커널 2.6부터는 ALSA로 대체되었다. ALSA에서는 PCM이나 미디, 믹서 같은 다양한 인터페이스를 지원하고 있으며, OSS와는 다르게 라이브러리 형태로 제공되므로 소스 코드의 빌드 시 libasound 라이브러리를 링크해주어야 한다.

일반적으로 사용되는 오디오 파일은 WAV, MP3, OGG, M4A 등이 있으며, 이러한 오디오 파일은 압축되는 방식과 파일 형식에 따라 구분할 수 있다. WAV 파일은 마이크로소프트에서 미디어 파일을 저장할 때 사용하는 RIFF 형식 중 하나로 헤더와 데이터 부분으로 구성되어 있다. WAV 파일은 오디오 데이터를 저장하기 위해 기본적인 속성들을 헤더에 명시하며, 헤더 분석을 통해 오디오 파일을 출력할 수 있는 플레이어를 제작할 수 있다.

리눅스에서는 그래픽을 위해 프레임 버퍼나 X 윈도를 사용할 수 있다. 프레임 버퍼는 리눅스 커널 상에서 직접 지원하는 그래픽 출력을 위한 디바이스이며, 프레임 버퍼를 통해 점, 선, 원 등의 다양한 그래픽 요소를 출력할 수 있다.

오디오와 마찬가지로 이미지를 저장하기 위해 사용되는 이미지 파일들도 BMP, GIF, PNG, JPG, TIFF 등 다양한 포맷을 가지고 있다. BMP는 IBM과 마이크로소프트가 함께 개발한 이미지 포맷으로 헤더와 데이터 부분으로 나눠볼 수 있다. BMP 헤더에는 이미지의 해상도, 픽셀당 비트 수(색상) 등의 이미지의 속성이 있다.

리눅스 커널에서는 영상 장치의 캡처를 위해 Video4Linux라는 API를 제공한다. Video4Linux는 TV 수신 카드, USB 웹 카메라와 같은 영상 캡처 장비를 통해 데이터를 가져올 수 있다. 라즈베리 파이에서는 영상 캡처를 위해 Pi Camera를 지원하며, 리눅스의 표준 영상 캡처 시스템인 Video4Linux2를 지원한다. 이러한 Video4Linux2를 사용해서 카메라로부터 이미지 데이터를 가져와 영상을 처리하거나 BMP 등의 이미지 파일로 저장할 수 있다.

## CHAPTER 7

연습문제

1 아날로그 형태의 데이터를 컴퓨터에서 사용하는 디지털 형태로 변환하는 과정에 대해서 설명하시오.

2 여러 종류의 색상 모델이 있는 이유와 각각의 색상 모델에 대해서 설명하시오.

3 오디오 같은 아날로그 신호를 디지털 신호로 바꾸고자 할 때 표본화 과정에서 적용할 수 있는 규칙에 대해서 설명하시오.

4 Linux 커널에서 제공하고 있는 사운드 시스템에 대해서 설명하시오.

5 ALSA를 이용한 사운드 프로그래밍 절차에 대해서 설명하시오.

6 WAV 파일의 구조에 대해서 설명하시오.

7 리눅스에서 프레임 버퍼를 이용한 프로그래밍 방법에 대해서 설명하시오.

8 24비트 색상을 16비트 색상으로 변경하는 방법에 대해서 설명하시오.

9 BMP 파일의 구조에 대해서 설명하시오.

10 Video4Linux2를 이용한 카메라 프로그래밍 방법에 대해서 설명하시오.

8

OpenCV 프로그래밍: 사진 속 얼굴을 찾아라

잉카의 고대 도시 마추픽추에서 알파카와 함께 인증샷···

OpenCV는 1999년 인텔의 게리 브래드스키(Gary Bradsky)가 개발을 시작하여 2000년에 처음 공개된 C/C++ 기반의 영상 처리 전용 라이브러리로, 파이썬이나 C# 등의 다양한 언어를 지원하고 있다. OpenCV를 사용하면 쉽게 영상 처리를 할 수 있는데, 다양한 영상 처리 알고리즘을 지원하고 카메라와 같은 장치를 통한 영상 입력 기능들도 제공하고 있다.

영상 처리, 패턴 인식, 컴퓨터 비전 알고리즘을 구현한 풍부한 함수를 제공하며, 영상의 인식과 처리, 색상 공간의 변환, 필터링, DFT 및 FFT, 주파수 변환 등의 다양한 기능들을 제공한다.

다른 영상 처리 라이브러리에 비해 체계적으로 개발되고 있고, 오픈 소스이므로 자유롭게 사용할 수 있으며, 인텔 CPU에 최적화되어 있어 MMX 등의 멀티미디어를 지원하는 CPU를 사용하는 경우에는 가속 기능을 사용할 수도 있다.

여기서는 라즈베리 파이에서의 OpenCV 설치와 간단한 프로그래밍 방법에 대해 설명한다. OpenCV 개발에 대한 보다 상세한 자료는 OpenCV의 문서 사이트[1]를 참고하기 바란다.

8.1 영상 처리와 OpenCV

OpenCV(Open source Computer Vision)는 원래 인텔에서 개발한 이미지 처리를 위한 라이브러리로, 주로 실시간 이미지 처리를 위해서 사용된다. 최근 이슈가 되고 있는 인공지능을 위한 텐서플로(TensorFlow)나 카페(Caffe) 등의 딥러닝 프레임워크와 함께 사용할 수 있어서 인공지능 영상 인식 등에서 많은 주목을 받고 있다. OpenCV는 초기에 C 언어를 사용하였지만, 2.0 이후로 C++ 언어를 지원하고 있다.

8.1.1 영상 처리(Image Processing)

7장에서 본 것과 같이 그래픽에서 사진과 같은 데이터를 표현하기 위해 이미지를 사용한다. 이미지는 벡터(Vector)나 래스터(Raster) 그래픽으로 구성되는데, 일반적으로 많이 사용되는 BMP, JPEG, GIF, PNG 등의 이미지들이 래스터 이미지이다. 래스터 이미지는 색상과 밝기라는 값을 가지고 있는 여러 화소(Pixel)들로 모아져 있는 데이터를 의미하는데, 영상이라는 표현을 사용하기도 한다.

다양한 형태로 이미지 데이터를 처리하는 기술을 영상 처리라고 한다. 영상 처리에는 간단히 이미지의 밝기나 대비를 조정해서 보기 편하게 만들거나, 영상에서 사람이나 자동차와 같은 객체들에 다양한 작업을 수행할 수 있다. 이러한 영상 처리를 이용해서, 영상 향상, 영상 복원, 영상 압축,

---

1 https://docs.opencv.org

영상 인식 등의 다양한 작업을 수행할 수 있다.

영상 처리는 1920년대 초반 사진 전송을 위해 사용되었다. 뉴욕과 런던 사이에 해저 케이블이 놓이게 되었는데, 각 신문사들이 미국과 영국에서 사진을 주고받는 가운데 손상된 이미지를 복원하기 위해 사용되었다. 1950년대 이후로 아폴로 달 착륙선 등의 우주 개발과 PC의 보급을 비롯한 웹(Web)을 통한 멀티미디어의 사용이 본격화되면서 영상 압축과 같은 영상 처리 기술도 함께 발달하게 되었다.

초기의 영상 처리는 C 언어와 같은 저수준의 언어를 이용해서 처리하였지만, 멀티미디어에 대한 기본적인 이론이나 영상 구조와 같은 정보를 알지 못하면 영상 처리가 힘들었다. 이러한 영상 처리를 보다 쉽게 할 수 있도록 다양한 라이브러리가 등장하였는데, 그중에서 가장 많이 사용되는 라이브러리가 바로 OpenCV이다.

OpenCV는 초기에 인텔 주도하에 만들었던 영상 처리 전용 라이브러리로, 기본적인 영상을 읽고 쓰는 기능부터 고급 영상 처리 알고리즘까지 제공한다. 게다가 인텔 CPU에 최적화되어 있어 PC에서 빠른 실행 속도를 제공한다. 오픈소스이므로 자유롭게 사용할 수 있고, 다른 영상 처리 라이브러리에 비해 체계적으로 개발되고 있다.

8.1.2 OpenCV 설치

OpenCV를 이용하면 영상 처리를 쉽게 진행할 수 있다. 라즈베리 파이에서도 Pi 카메라나 USB 웹캠을 통해 영상을 입력받거나 이미지 파일(BMP나 PNG 등) 등에서 이미지 데이터를 가져와 보다 쉽게 처리할 수 있으며, 이때 OpenCV를 사용할 수 있다. OpenCV에서도 Video4Linux를 사용하므로 7장을 참고하여 Video4Linux를 사용할 수 있도록 설정하자.

Video4Linux의 설정이 완료되면 OpenCV의 개발 환경을 설치하자. OpenCV의 개발 환경은 apt-get 명령어를 통해 설치할 수 있다. 다음의 설치 작업은 패키지들이 많아서 시간이 조금 소요된다.

```
pi@raspberrypi:~ $ sudo apt-get install libopencv-dev
```

설치가 완료되었으면 이제 OpenCV를 이용해서 영상을 처리하는 방법에 대해 살펴보도록 하자.

8.2 OpenCV 기본 프로그래밍

OpenCV 라이브러리는 영상 처리, 컴퓨터 비전, 기계 학습 등과 같은 2,500개가 넘는 알고리즘을 지원한다. 이를 통해 기본적인 이미지의 처리와 사람의 얼굴과 같은 객체의 검출과 인식, 적목 현상의 제거 등의 작업을 수행할 수 있다.

OpenCV 라이브러리의 설치가 완료되면 간단한 OpenCV 애플리케이션 코드를 작성해보도록 하자. OpenCV는 C와 C++ 뿐만 아니라 최근에 인기 있는 언어인 파이썬(Python)과 매트랩(Mathlab) 등의 언어를 지원하며, MS 윈도우, macOS, 리눅스 등의 다양한 운영체제를 지원하고 있다. OpenCV 버전 2부터는 C++를 지원하므로 .hpp 헤더 파일 형태로 제공되는데, 버전 1과 같이 C 기반으로 작성하는 경우에는 .h 형태의 헤더 파일을 사용하면 된다.

8.2.1 Hello World 프로그래밍

먼저 OpenCV를 이용해서 간단한 'Hello World' 프로그램을 작성해보도록 하자. OpenCV는 기본적으로 C++를 사용하므로 소스 코드의 확장자는 '.cpp'를 사용하면 된다.

코드 8-1 **helloopencv.cpp**

```cpp
#include <opencv2/highgui/highgui.hpp>

using namespace cv;

int main()
{
    Mat image(300, 400, CV_8UC1, Scalar(255));    /* 흰색 배경의 행렬을 생성한다. */
    imshow("Hello World", image);                 /* "Hello World" 창에 이미지를 표시한다. */
    waitKey(0);                                    /* 사용자의 키 입력을 대기한다. */
    return 0;
}
```

OpenCV의 코드는 C++를 사용하는데, Scalar( )나 imshow( ) 함수와 같은 주요 클래스와 함수들은 cv 네임스페이스(namespace)를 사용한다. 이를 보다 간단하게 사용하기 위해 cv 네임스페이스를 소스 코드의 앞에 선언해두었다. cv::Mat 클래스는 OpenCV에서 가장 기본이 되는 데이터 타입으로 행렬(Matrix)를 의미하는 구조체이다.

waitKey( ) 함수는 사용자의 키보드 입력을 기다리는데, 인자로 사용하는 밀리초만큼 입력을 대기한다. 인자의 값이 0이면 사용자가 키보드를 입력할 때까지 무제한 대기한다.

Mat 클래스는 다양한 생성자를 가지고 있는데, 이를 이용해서 객체 생성시 바로 이미지의 크기와 색상 평면의 값을 지정할 수 있다. 그리고 색상도 지정할 수 있는 cv::Scalar 클래스를 사용한다.

```
Mat::Mat(int rows, int cols, int type)
Mat::Mat(Size size, int type)
Mat::Mat(int rows, int cols, int type, const Scalar& s)
Mat::Mat(Size size, int type, const Scalar& s)
```

Mat 클래스에 사용되는 크기는 넓이(Width)와 높이(Height)를 각각 지정하거나 다른 Mat 클래스 등에서 이미지를 반환받아서 사용할 수 있는데, 이미지를 처리하는 기본 데이터형은 cv::Size 클래스이다.

이미지의 색상 평편은 CV_8UC1와 같은 상수를 이용하는데, 앞의 숫자 8은 각 요소당 비트의 수를 의미하고, 제일 마지막 1은 요소의 수를 의미한다. 중앙의 UC는 부호 없는(Unsigned) 데이터형의 채널(Channel)을 의미하고, SC는 부호 있는(Signed) 데이터형을 의미한다. 그리고 F는 실수형(Float)을 의미한다. 7장에서 살펴본 것과 같이 일반적으로 색상은 요소들은 8비트를 사용하며, 흑백이나 하나의 색상(채널)만 이용하는 경우에 제일 마지막의 수를 1로 사용하면 된다.

이러한 이미지를 화면에 표시하기 위해서 imshow( ) 함수를 사용하면 되는데, 타이틀 바에 들어가는 제목과 이미지 객체를 함께 사용해서 윈도우에 이미지를 표시할 수 있다. 프로그램을 실행하면 창이 뜬 후 바로 프로그램이 종료되는데, waitKey( ) 함수로 사용자의 확인을 기다리게 할 수 있다.

위의 소스 코드를 빌드하기 위해서는 OpenCV와 관련된 헤더 파일의 위치를 지정하고 관련 라이브러리를 링크해야 한다. 소스 코드 빌드 시 OpenCV의 빌드와 관련된 정보를 설정하기 위해서는 상당히 긴 옵션들을 표시해주어야 한다. 이를 보다 수월하게 할 수 있도록 제공되는 것이 pkg-config 유틸리티다. pkg-config 유틸리티는 소스 코드 빌드 시 관련 옵션을 자동으로 설정해주는데, 컴파일 옵션은 --cflags를 사용하고 링크 옵션은 --libs를 사용한 후 모듈 이름을 명시하면 된다.

```
pi@raspberrypi:~ $ g++ -o helloopencv helloopencv.cpp `pkg-config --cflags --libs opencv`
```

pkg-config 유틸리티를 실행한 후 이를 컴파일러의 옵션으로 추가하고 싶은 경우에는 "`(백틱)' 문자를 사용하여 pkg-config 명령어의 옵션들을 묶어준다. '`' 문자는 Esc 키 아래에 있다. 앞의 코드를 빌드해서 실행해보면 빈 창이 표시되는 것을 확인할 수 있다.

그림 8-1 **Hello OpenCV 프로그램**

8.2.2 OpenCV를 이용한 드로잉[2]

OpenCV는 선, 원, 사각형 등 램양한 도형의 드로잉을 지원하고 있다. OpenCV의 함수들을 이용해서 기본적인 그래픽스를 사용해보자.

■ 선 그리기

그래픽의 기본은 점과 선이다. OpenCV를 이용해서 먼저 선을 그려보자. 선을 그리기 위해서는 line( ) 함수를 사용할 수 있다. line( ) 함수에는 선의 시작점(pt1)과 끝점(pt2), 그리고 선의 색상(color)과 두께(thickness), 스타일(lineType) 등을 설정할 수 있는 옵션을 제공한다.

```
void line(Mat& img, Point pt1, Point pt2, const Scalar& color, int thickness=1,
          int lineType=8, int shift=0)
```

앞의 코드를 수정해서 OpenCV를 이용해서 선을 그려보자.

코드 8-2 **drawline.cpp**

```cpp
#include <opencv2/highgui/highgui.hpp>
#include <opencv2/imgproc/imgproc.hpp>

using namespace cv;

int main()
{
    Mat image = Mat::zeros(300, 400, CV_8UC3);    /* 검은색 배경의 이미지를 생성한다. */
    image.setTo(Scalar(255, 255, 255));           /* 흰색으로 채운다. */
    Scalar color(255, 0, 0);                      /* 파란색(blue), 초록색(green), 빨간색(red) */
    Point p1(10, 10), p2(100, 100);               /* 선을 위한 2개의 점의 값을 설정 */
    line(image, p1, p2, color, 5);                /* 선의 굵기는 5 */

    imshow("Draw Line", image);                   /* "Draw Line" 창에 이미지 표시 */
    waitKey(0);                                    /* 사용자의 키 입력을 대기한다. */
    return 0;
}
```

Mat 클래스를 이용하여 검은색 배경의 이미지를 만들고 싶으면 cv::Mat 클래스의 zeros( ) 함수를 사용해서 초기화하고, 흰색 배경의 이미지를 만들고 싶으면 setTo( ) 함수를 사용해서 흰색을 채우면 된다. 컬러 이미지를 사용하기 위해서 색상 평면의 값으로 'CV_8UV3'를 사용하였다.

line( ) 함수의 인자로 사용되는 점은 OpenCV의 Point 클래스를 사용한다. Point 클래스는 가로와 세로의 위치를 2차원의 좌표로 나타내기 위한 템플릿 클래스로, x와 y의 두 점의 위치를 인자로

---

[2] https://docs.opencv.org/2.4/modules/core/doc/drawing_functions.html 참고

사용한다. 객체 간의 사칙 연산을 지원하며 비교 연산자도 사용할 수 있다.

OpenCV에서 색상은 일반적으로 RGB를 사용하는데 RGB는 색상 값을 Red(255, 0, 0), Green(0, 255, 0), Blue(0, 0, 255)의 세 가지 요소로 나타낼 수 있으며, 각각의 범위는 0 ~ 255이다. OpenCV에서 색상은 RGB 순서가 아닌 BGR 순서를 사용하며, 각각 BGR 요소는 8비트를 사용하는데 0~255(0~2^8-1)의 범위를 사용한다. 색상은 Scalar 클래스를 이용해서 지정할 수 있다.

line( ) 함수의 첫 번째 값으로 Mat 클래스의 객체를 지정하면, 그려진 선이 Mat 클래스의 객체에 저장된다. line( ) 함수의 두 번째 값은 선의 시작점이고, 세 번째 인자는 선의 끝점이다. 그리고 색상과 선을 굵기를 설정하면 되는데, 이렇게 작업한 이미지를 화면에 표시하면 파란색 선이 표시되는 것을 확인할 수 있다.

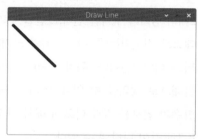

그림 8-2 **OpenCV를 이용한 선의 표시**

■ 사각형 그리기

이제 사각형을 그려보자. 사각형은 rectangle( ) 함수를 사용하면 된다.

```
void rectangle(Mat& img, Point pt1, Point pt2, const Scalar& color, int thickness=1,
               int lineType=8, int shift=0)
void rectangle(Mat& img, Rect rec, const Scalar& color, int thickness=1, int
               lineType=8, int shift=0 )
```

rectangle( ) 함수는 사각형의 대각선 두 점(pt1, pt2)이나 Rect 클래스로 표현되는 구역(rec)과 색상(color), 굵기(thickness) 등을 이용해서 Mat 클래스의 객체에 사각형을 그릴 수 있다.

코드 8-3 drawrect.cpp

```
#include <opencv2/highgui/highgui.hpp>
#include <opencv2/imgproc/imgproc.hpp>

using namespace cv;

int main()
{
    Mat image = Mat::zeros(300, 400, CV_8UC3);     /* 검은색 배경의 이미지를 생성한다. */
    image.setTo(Scalar(255, 255, 255));            /* 흰색으로 채운다. */
    Scalar color(0, 255, 0);                       /* 파란색(blue), 초록색(green), 빨간색(red) */
    Point p1(10, 10), p2(100, 100), p3(220, 10);   /* 사각형을 위한 3개의 점을 설정 */
    Size size(100, 100);                           /* Rect를 위한 크기 */
    Rect rect1(110, 10, 100, 100);                 /* 사각형을 위한 구역(4개의 인자) */
    Rect rect2(p3, size);                          /* 사각형을 위한 구역(점과 크기) */
    rectangle(image, p1, p2, color, 2);            /* 굵기가 2 */
```

```
    rectangle(image, rect1, color, 2);
    rectangle(image, rect2, color, 2);

    imshow("Draw Rect", image);                        /* "Draw Rect" 창에 이미지 표시 */
    waitKey(0);                                        /* 사용자의 키 입력을 대기한다. */
    return 0;
}
```

앞의 코드와 같이 rectangle( ) 함수는 line( ) 함수와 같이 2개의 점이나 구역을 인자로 받을 수 있다. 구역은 Rect 클 래스로 정의되는데, 위치(x, y)와 크기(width, height)로 정의 되는 데이터형이다. 위치는 Point 클래스로, 크기는 Size 클래스로 정의할 수 있다. 앞의 코드와 같이 rectangle( ) 함수의 인자를 각각 다르게 해서 사각형을 그려보면 그림 8-3과 같이 나타낼 수 있다.

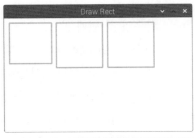

그림 8-3 OpenCV를 이용한 사각형의 표시

■ 원 그리기

OpenCV는 원이나 타원 그리기도 지원하는데, 이를 위해 circle( )과 ellipse( ) 함수를 사용할 수 있다.

```
void circle(Mat& img, Point center, int radius, const Scalar& color, int thickness=1,
            int lineType=8, int shift=0)
void ellipse(Mat& img, Point center, Size axes, double angle, double startAngle,
            double endAngle, const Scalar& color, int thickness=1, int lineType=8,
            int shift=0)
void ellipse(Mat& img, const RotatedRect& box, const Scalar& color, int thickness=1,
            int lineType=8)
```

두 함수 모두 Mat 클래스의 객체를 첫 번째 인자로 사용하고 색상(color), 굵기(thickness) 등을 인자 로 사용한다.

circle( ) 함수는 원의 중심점(center)과 반지름(radius)을 인자로 사용하고, ellipse( ) 함수는 원의 중 심(center)과 타원이 그려질 공간의 영역(box), 그리고 타원의 기울기 각(angle)과 시작 각도(startAngle) 와 끝나는 각도(endAngle) 등을 인자로 사용한다.

```cpp
#include <opencv2/highgui/highgui.hpp>
#include <opencv2/imgproc/imgproc.hpp>

using namespace cv;

int main()
{
    Mat image = Mat::zeros(300, 400, CV_8UC3);        /* 검은색 배경의 행렬을 생성한다. */
    image.setTo(Scalar(255, 255, 255)); /* 흰색으로 채운다. */
    Scalar color(0, 0, 255);                  /* 파란색(blue), 초록색(green), 빨간색(red) */
    Point p1(100, 100), p2(220, 100);         /* 타원을 위한 2개의 점을 설정 */
    Size size(50, 40);
    circle(image, p1, 50, color, -1);                     /* 원 그리기 */
    ellipse(image, p2, size, 45, 0, 270, color, -1);      /* 타원 그리기 */

    imshow("Draw Circle", image);             /* "Draw Circle" 창에 이미지 표시 */
    waitKey(0);                               /* 사용자의 키 입력을 대기한다. */
    return 0;
}
```

앞의 코드는 원과 타원을 그렸다. 원을 그리기 위해 사용되는 circle( ) 함수에 중앙점과 반지름 그리고 색상을 사용했다. 그리고 마지막 값은 원 외곽의 두께로 -1을 부여했을 때 설정된 색으로 원을 채워준다.

타원을 그리기 위해 사용되는 ellipse( ) 함수는 타원의 중앙점과 반지름을 설정하면 되는데, 가장 긴 지점과 짧은 지점의 값을 넣어주면 된다. 그리고 타원의 기울기 값을 45°로 설정하였고, 원을 0°부터 270°까지 그릴 수 있도록 하였다.

그림 8-4 **OpenCV를 이용한 원의 표시**

■ **다각형 그리기**

다각형은 여러 점들을 이은 도형으로 OpenCV의 polylines( )나 fillPoly( ) 함수를 이용해서 그릴 수 있는데, 점들을 vector와 같은 클래스를 이용해서 먼저 정의해야 한다.

```cpp
void polylines(Mat& img, const Point** pts, const int* npts, int ncontours,
               bool isClosed, const Scalar& color, int thickness=1, int lineType=8,
               int shift=0)
void polylines(InputOutputArray img, InputArrayOfArrays pts, bool isClosed,
               const Scalar& color, int thickness=1, int lineType=8, int shift=0)
void fillPoly(Mat& img, const Point** pts, const int* npts, int ncontours,
              const Scalar& color, int lineType=8, int shift=0, Point offset=Point())
```

점들은 표준 템플릿 라이브러리(STL)의 vector 클래스를 이용해서 하나로 묶을 수 있다. vector에 데이터를 추가하고 싶으면 insert( )나 push_back( ) 함수를 사용하면 되고, 데이터를 가져오고 싶으면 pop_back( ) 함수를 사용하면 된다. 또한 안에 있는 모든 데이터를 삭제하고 싶으면 erase( ) 함수를 사용하고, 저장된 원소의 갯수를 알고 싶으면 size( ) 함수를 이용한다. vector에 점을 추가할 때는 Point 클래스를 이용해서 직접 추가하거나 변수를 만들어서 추가할 수 있다.

코드 8-5 **drawpolygon.cpp**

```cpp
#include <opencv2/highgui/highgui.hpp>
#include <opencv2/imgproc/imgproc.hpp>

using namespace cv;

int main()
{
    Mat image = Mat::zeros(300, 400, CV_8UC3); /* 검은색 배경의 행렬을 생성한다. */
    image.setTo(Scalar(255, 255, 255));        /* 흰색으로 채운다. */
    Scalar color(255, 0, 255);                 /* 파란색(blue), 초록색(green), 빨간색(red) */
    Point p1(50, 50), p5(150, 150);            /* 다각형을 위한 2개의 점을 설정 */

    std::vector<Point> contour;
    contour.push_back(p1);
    contour.push_back(Point(200, 100));
    contour.push_back(Point(250, 50));
    contour.push_back(Point(180, 200));
    contour.push_back(p5);

    const Point *pts = (const cv::Point*) Mat(contour).data;
    int npts = contour.size();                 /* Mat(contour).rows를 대신 사용할 수 있다. */
    polylines(image, &pts, &npts, 1, true, color);

    imshow("Draw Polygon", image);             /* "Draw Polygon" 창에 이미지 표시 */
    waitKey(0);                                /* 사용자의 키 입력을 대기한다. */
    return 0;
}
```

vector에 추가된 점들은 polylines( )나 fillPoly( ) 함수를 이용해서 다각형을 그릴 수 있다. polylines( ) 함수는 외곽선만 그려주는 함수이고 fillPoly( ) 함수는 내부를 지정한 색으로 채워주는 함수이다.

polylines( ) 함수는 표시할 이미지의 Mat 객체와 점들, 그리고 점의 수, 그리고 외곽선의 굵기와 폐곡선(true)인지 아니면 개곡선(false)인지의 여부, 색상 등을 인자로 사용한다. 폐곡선(閉曲線)은 첫점과 끝점을 이어서 연결한 도형으로 닫힌 도형을 의미하고, 개곡선(開曲線)은 첫점과 끝점이 이어지지 않는 열린 도형을 의미한다. 뒤의 코드를 실행해보면 인자에 따라서 폐곡선과 개곡선이 표시되는 것을 확인할 수 있다.

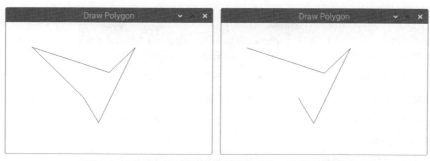

그림 8-5 **OpenCV를 이용한 다각형의 표시: polylines( ) 함수**

다각형의 내부를 채우기 위해서는 fillPoly( ) 함수를 사용한다.

```
fillPoly(image, &pts, &npts, 1, color);
```

fillPoly( ) 함수는 polylines( ) 함수와 비슷하지만 폐곡선이나 개곡선과 같은 옵션이 없다. 앞의 코드에서 polylines( ) 함수를 fillPoly( ) 함수로 바꿔서 실행해보면 안이 채워진 다각형을 볼 수 있다.

그림 8-6 **OpenCV를 이용한 다각형의 표시: fillPoly( ) 함수**

■ **글자의 표시**

문자는 사용자에게 정보를 표시하는 많이 사용되는 수단으로, OpenCV에서 문자를 표시할 수 있도록 putText( ) 함수를 제공하고 있다.

```
void putText(Mat& img, const string& text, Point org, int fontFace, double fontScale,
            Scalar color, int thickness=1, int lineType=8, bool bottomLeftOrigin=false)
```

문자 표시는 putText( ) 함수를 사용한다. putText( ) 함수의 두 번째 인자에 표시할 문자열을 사용하고, 세 번째 인자로 표시할 위치를 사용하면 된다. 네 번째 인자로 폰트 옵션을 사용하는데, 표 8-1과 같은 옵션들이 있다.

표 8-1 **putText( )** 함수의 폰트 옵션

옵션	값	의미
FONT_HERSHEY_SIMPLEX	0	중간 크기의 산세리프 폰트
FONT_HERSHEY_PLAIN	1	작은 크기의 산세리프 폰트
FONT_HERSHEY_DUPLEX	2	2줄 산세리프 폰트
FONT_HERSHEY_COMPLEX	3	중간 크기의 세리프 폰트
FONT_HERSHEY_TRIPLEX	4	3줄 세리프 폰트
FONT_HERSHEY_COMPLEX_SMALL	5	COMPLEXT보다 작은 크기
FONT_HERSHEY_SCRIPT_SIMPLEX	6	필기체 스타일 폰트
FONT_HERSHEY_SCRIPT_COMPLEX	7	복잡한 필기체 스타일
FONT_ITALIC	16	이탈릭체를 위한 플래그

다섯 번째 인자로 문자열을 얼만큼 확대할지를 설정한다. 그리고 색상과 굵기를 설정해서 사용하면 된다.

코드 8-6 **drawtext.cpp**

```cpp
#include <opencv2/highgui/highgui.hpp>
#include <opencv2/imgproc/imgproc.hpp>

using namespace cv;

int main()
{
    Mat image = Mat::zeros(300, 400, CV_8UC3);   /* 검은색 배경의 이미지를 생성한다. */
    image.setTo(Scalar(255, 255, 255));          /* 흰색으로 채운다. */
    Scalar color(255, 255, 0);                   /* 파란색(blue), 초록색(green), 빨간색(red) */
    float scale = 0.8;

    putText(image, "FONT_HERSHEY_SIMPLEX", Point(10, 30),
            FONT_HERSHEY_SIMPLEX, scale, color, 1);
    putText(image, "FONT_HERSHEY_PLAIN", Point(10, 60),
            FONT_HERSHEY_PLAIN, scale, color, 1);
    putText(image, "FONT_HERSHEY_DUPLEX", Point(10, 90),
            FONT_HERSHEY_DUPLEX, scale, color, 1);
    putText(image, "FONT_HERSHEY_COMPLEX", Point(10, 120),
            FONT_HERSHEY_COMPLEX, scale, color, 1);
    putText(image, "FONT_HERSHEY_TRIPLEX", Point(10, 150),
            FONT_HERSHEY_TRIPLEX, scale, color, 1);
    putText(image, "FONT_HERSHEY_COMPLEX_SMALL", Point(10, 180),
            FONT_HERSHEY_COMPLEX_SMALL, scale, color, 1);
    putText(image, "FONT_HERSHEY_SCRIPT_SIMPLEX", Point(10, 210),
            FONT_HERSHEY_SCRIPT_SIMPLEX, scale, color, 1);
    putText(image, "FONT_HERSHEY_SCRIPT_COMPLEX", Point(10, 240),
            FONT_HERSHEY_SCRIPT_COMPLEX, scale, color, 1);
    putText(image, "FONT_HERSHEY_PLAIN + FONT_ITALIC", Point(10, 270),
            FONT_HERSHEY_PLAIN | FONT_ITALIC, scale, color, 1);
```

```
        imshow("Draw Polygon", image);              /* "Draw Polygon" 창에 이미지 표시 */
        waitKey(0);                                  /* 사용자의 키 입력을 대기한다. */
        return 0;
    }
```

앞에서 살펴본 것과 같이 putText( ) 함수는 여덟 가지 이상의 문자열의 스타일을 지정하고 있는
데, 각각의 스타일을 표시해보면 다음의 그림과 같은 스타일을 볼 수 있다. 출력된 결과를 보면
putText( ) 함수로 표시된 문자의 기준점은 왼쪽 위가 아니라 왼쪽 아래인 것에 주의하기 바란다.

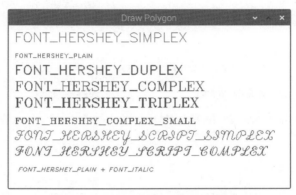

그림 8-7 OpenCV를 이용한 문자의 표시

8.2.3 마우스 이벤트 핸들러를 이용한 페인터

앞 장에서 OpenCV의 기본 그래픽 요소 표시에 대해 살펴보았다. OpenCV의 그래픽 요소와
마우스의 이벤트를 이용해서 간단한 마우스나 터치 기반의 페인터를 만들 수 있다. 키보드는
waitKey( ) 함수를 통해서 처리할 수 있고, 마우스 이벤트는 이벤트 핸들러(Event Handler)를 등록
해서 사용할 수 있다. 이벤트 처리를 위해 사용되는 이벤트 핸들러는 특별한 형식을 가지고 있고,
setMouseCallback( ) 함수를 통해서 특정 윈도우의 마우스 이벤트를 감지할 수 있다. 먼저, 코드를
작성해보고 이를 이용해서 마우스 처리에 대해 설명하도록 하겠다.

코드 8-7 draw.cpp

```
#include <opencv2/highgui/highgui.hpp>
#include <opencv2/imgproc/imgproc.hpp>
using namespace cv;

int isDrawing = 0;                          /* 현재 드로잉 중인지를 표시한다. */
Point prevPt;                               /* 선을 그리기 위해 저장될 이전 점의 위치 */
Mat image;                                  /* 드로잉될 이미지를 위한 행렬 */

void CallBackFunc(int event, int x, int y, int flags, void* userdata)
{
    Scalar color(0, 0, 0);                  /* 파란색(blue), 초록색(green), 빨간색(red) */
```

```
    Point newPt(x, y);                          /* 현재 마우스 커서의 좌표 */
    if(event == EVENT_LBUTTONDOWN) {            /* 마우스 왼쪽 버튼을 눌렀을 때 */
        isDrawing = 1;                          /* 드로잉 시작 */
        circle(image, newPt, 1, color, -1);     /* 원 그리기 */
    } else if(event == EVENT_MOUSEMOVE) {       /* 마우스를 이동했을 때 */
        if(isDrawing) {                         /* 드로잉 중일 때 */
            line(image, prevPt, newPt, color, 1); /* 선 그리기 */
        }
    } else if(event == EVENT_LBUTTONUP) {       /* 마우스 왼쪽 버튼을 띄었을 때 */
        isDrawing = 0;                          /* 드로잉 끝 */
        line(image, prevPt, newPt, color, 1);   /* 선 그리기 */
    }
    prevPt = newPt;                             /* 다음 드로잉을 위해 현재점을 이전 점에 대입 */
}

int main()
{
    image = Mat(300, 400, CV_8UC3, Scalar(255, 255, 255));

    namedWindow("Draw", WINDOW_NORMAL);         /* 윈도우의 생성 */

    /* 마우스의 이벤트 처리를 위한 콜백 함수를 등록한다. */
    setMouseCallback("Draw", CallBackFunc, NULL);

    while(1) {
        /* 이미지를 표시한다. */
        imshow("Draw", image);                  /* 이미지를 표시한다. */
        int key = waitKey(1) & 0xFF;            /* 키보드 입력을 받고 하위 8비트만 취한다. */
        if(key == 27) break;                    /* ESC 키가 눌러지면 루프를 탈출한다. */
    }
    destroyAllWindows();                        /* 현재 있는 모든 윈도우를 닫는다. */

    return 0;
}
```

마우스 이벤트의 처리는 이벤트 핸들러를 이용한다. 이벤트 핸들러는 setMouseCallback() 함수를 이용해서 등록하는데, 등록할 창의 이름과 이벤트 핸들러, 그리고 이벤트 핸들러로 전송하고 싶은 값을 인자로 사용하면 된다. 콜백 함수는 마우스의 이벤트를 처리할 수 있는데, 마우스 버튼이 눌리면 드로잉을 시작하고 마우스가 이동하면 이전 점에서 현재 점까지 선을 그린다. 마우스 버튼이 띄어지면 드로잉을 끝내고 마지막 점까지 선을 그리면 된다.

현재의 이미지를 갱신하기 위해 이름 있는 창을 만들고 거기에 주기적으로 이미지를 갱신할 수 있도록 while() 문을 이용해서 무한 루프를 수행하였다. 루프 안에서 키보드를 이용해서 ESC 키(ASCII 코드로 27)가 눌리면 무한 루프를 탈출해서 애플리케이션을 종료할 수 있도록 하는데, 키보드 입력이 없어도 다음 루프를 수행할 수 있도록 waitKey() 함수에 값을 1로 등록하였다. 보다 자세한 설명은 코드에 붙어 있는 주석을 참고하기 바란다. 위의 코드를 수행하면 마우스를 이용해서 간단히 메모를 작성할 수 있다.

그림 8-8 마우스를 이용한 페인터

참고로 임베디드의 경우에 타이틀 바의 닫기 버튼으로 애플리케이션을 종료할 수 있기 때문에 전체화면으로 프레임 없는 창을 많이 사용한다. OpenCV에서 현재의 창을 프레임 없이 전체 화면으로 표시하고 싶은 경우에는 창의 프로퍼티(속성)를 설정하면 되는데 'setWindowProperty("Draw", CV_WND_PROP_FULLSCREEN, CV_WINDOW_FULLSCREEN);'과 같은 함수를 사용해서 해당 속성을 부여하면 된다.

8.2.4 이미지 파일 저장과 불러오기

OpenCV로 작업한 결과를 이미지 파일로 저장할 수 있는데, OpenCV는 이를 위해 imwrite( ) 함수를 제공한다.

```
bool cv::imwrite(const String &filename, InputArray img, const std::vector<int>
                 &params=std::vector<int>())
```

이미지를 저장할 때 지정되는 파일의 확장자(JPEG, BMP, GIF, PNG)를 통해서 다양한 이미지 포맷으로 저장이 가능하다. 마지막의 파라미터는 저장하는 이미지의 화질과 압축률에 대한 것으로 다음의 값을 이용할 수 있다.

표 8-2 imwrite( ) 함수의 주요 파라미터

파라미터	파라미터 값(기본값)	의미
IMWRITE_JPEG_QUALITY	0 ～ 100(95)	JPEG의 화질
IMWRITE_JPEG_PROGRESSIVE	0 또는 1(0)	다운로드되면서 이미지가 천천히 표시되는 프로그래시브 모드 지원
IMWRITE_JPEG_OPTIMIZE	0 또는 1(0)	JPEG 압축 최적화
IMWRITE_PNG_COMPRESSION	0 ～ 9(3)	PNG 파일의 압축 레벨
IMWRITE_PXM_BINARY	0 또는 1(1)	2진 포맷의 이미지 포맷 설정

JPEG의 화질의 값은 높은 값일수록 화질이 좋아지고 PNG 압축 레벨이 높을수록 압축률이 좋아진다. JPEG의 경우에는 손실 압축 방식이므로 압축률이 높아지면 원본 이미지로 복원했을 때 이미지 데이터의 손실이 발생할 수 있다.

코드 8-8 **saveimage.cpp**

```cpp
#include <opencv2/highgui/highgui.hpp>
#include <opencv2/imgproc/imgproc.hpp>

using namespace cv;

int main()
{
    Mat image = Mat::zeros(300, 400, CV_8UC3); /* 검은색 배경의 이미지를 생성한다. */
    Scalar color(255, 255, 0);                 /* 파란색(blue), 초록색(green), 빨간색(red) */
    std::vector<int> jpegParams, pngParams;
    jpegParams.push_back(IMWRITE_JPEG_QUALITY);
    jpegParams.push_back(80);
    pngParams.push_back(IMWRITE_PNG_COMPRESSION);
    pngParams.push_back(9);

    circle(image, Point(100, 100), 50, color, -1);    /* 원 그리기 */

    imwrite("sample.jpg", image, jpegParams);
    imwrite("sample.png", image, pngParams);

    return 0;
}
```

이 코드를 빌드해서 실행해보면 'sample.png'와 'sample.jpg'라는 2개의 이미지 파일이 저장된다. 두 파일은 파일의 형식은 다르지만 동일한 값의 데이터가 저장된다.

그림 8-9 **저장된 이미지 파일**

이미지 파일을 읽어올 때는 imread( ) 함수를 사용할 수 있다. 읽어오는 파일의 형식은 지정되는 파일의 확장자를 이용해서 자동으로 설정된다.

```
Mat cv::imread(const String &filename, int flags=IMREAD_COLOR)
```

표 8-3 **imwrite( ) 함수의 주요 파라미터**

파라미터	의미
IMREAD_UNCHANGED	원본 이미지의 색상 그대로 읽어온다.
IMREAD_GRAYSCALE	이미지를 흑백(그레이 스케일) 이미지로 변환한다.
IMREAD_COLOR	이미지를 BGR 색상 이미지로 변환한다.

이제 앞에서 저장한 이미지 파일을 불러와서 표시하는 코드를 작성해보자.

코드 8-9 **loadimage.cpp**

```
#include <opencv2/highgui/highgui.hpp>

using namespace cv;

int main()
{
    Mat image = imread("sample.jpg", IMREAD_COLOR);

    imshow("Load Image", image);                    /* "Load Image" 창에 이미지 표시 */
    waitKey(0);                                      /* 사용자의 키 입력을 대기한다. */

    return 0;
}
```

imread( ) 함수를 이용하면 이미지 파일을 불러올 수 있다. 이렇게 불러온 이미지 함수를 이용해서 다양한 영상 처리를 할 수 있는데, 이 방법은 뒤에서 살펴보겠다.

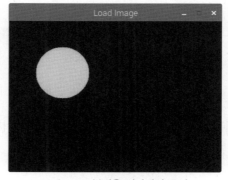

그림 8-10 **불러온 이미지의 표시**

8.3 OpenCV와 영상 처리

이제 OpenCV를 이용해서 이미지를 처리하는 방법에 대해 살펴보자. 먼저 Mat 클래스를 이용한 영상 처리 방법에 대해 살펴보고, 이어서 OpenCV에서 제공하는 함수들에 대해 살펴보자.

8.3.1 Mat 클래스와 산술 연산

앞에서 살펴본 것과 같이 래스터 이미지는 화소들의 연결이다. 화소는 부호 없는 8비트 자료형 (unsigned char)으로 나타낼 수 있는데, 흑백(그레이 스케일) 이미지는 하나의 요소를 가졌고, 컬러 이미지는 3개(BGR)나 4개(BGRA)의 요소를 가지고 있다. 이러한 각각의 요소들을 별도의 채널로 분리해서 처리할 수 있다.

이미지의 화소는 값이 높을수록 밝아지고, 낮을수록 어두워진다. 또한, 이미지의 화소에 사칙연산을 수행할 수 있는데, 덧셈이나 곱셈은 이미지를 밝게 만들고, 빼기나 나눗셈은 이미지를 어둡게 만든다.

Mat 클래스의 인스턴스에 직접 사칙연산을 수행할 수 있는데, 상수의 값을 더하면 전체 픽셀의 값이 증가하기 때문에 이미지가 전반적으로 밝아진다.

코드 8-10 **matplus.cpp**

```cpp
#include <opencv2/highgui/highgui.hpp>

using namespace cv;

int main()
{
    Mat image = imread("mandrill.jpg", IMREAD_COLOR);
    image += 50;

    imshow("Mat : Plus", image);            /* "Mat : Plus" 창에 이미지를 표시한다. */
    waitKey(0);                             /* 사용자의 키 입력을 대기한다. */

    return 0;
}
```

상수의 값을 곱하는 경우에는 작은 값은 작게 변화하고 큰 값은 더 커진다. 예를 들어 1에 5를 더하면 5가 되지만, 30에 5를 곱하면 150이 되기 때문이다.

코드 8-11 **matmultiply.cpp**

```cpp
#include <opencv2/highgui/highgui.hpp>

using namespace cv;
```

```
int main()
{
    Mat image = imread("mandrill.jpg", IMREAD_COLOR);
    image *= 2;

    imshow("Mat : Multiply", image);              /* "Mat : Multiply" 창에 이미지 표시 */
    waitKey(0);                                    /* 사용자의 키 입력을 대기한다. */

    return 0;
}
```

이 코드를 실행한 후 두 이미지를 비교해보면 둘다 밝기가 증가했지만, 곱셈의 경우에 밝기 픽셀의 값이 더 많이 증가한 것을 확인할 수 있다. 이러한 곱셈을 이용해서 명도를 조절할 수 있으며, 영상을 더 부각시킬 수도 있다.

그림 8-11 덧셈과 곱셈을 실시한 이미지의 비교

덧셈이나 곱셈과 같이 Mat 클래스에 뺄셈과 나눗셈을 수행할 수도 있다. 뺄셈과 나눗셈을 수행하면 화소의 값이 작아지므로 영상이 전체적으로 어두워진다.

코드 8-12 **matminus.cpp**

```
#include <opencv2/highgui/highgui.hpp>

using namespace cv;

int main()
{
    Mat image = imread("mandrill.jpg", IMREAD_COLOR);
    image -= 50;

    imshow("Mat : Minus", image);                 /* "Mat : Minus" 창에 이미지 표시 */
    waitKey(0);                                     /* 사용자의 키 입력을 대기한다. */

    return 0;
}
```

상수의 값을 나누는 경우에는 곱셈과 같이 작은 값은 작게, 큰 값은 더 크게 변한다.

```cpp
#include <opencv2/highgui/highgui.hpp>

using namespace cv;

int main()
{
    Mat image = imread("mandrill.jpg", IMREAD_COLOR);
    image /= 2;

    imshow("Mat : Divide", image);                    /* "Mat: Divide" 창에 이미지 표시 */
    waitKey(0);                                        /* 사용자의 키 입력을 대기한다. */

    return 0;
}
```

뺄셈과 나눗셈을 수행하면 이미지가 어두워지는데, 나눗셈을 이용해서 명도를 조정할 수 있다.

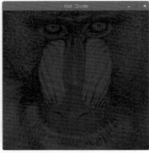

그림 8-12 **뺄셈과 나눗셈을 실시한 이미지의 비교**

이미지에 나눗셈을 수행하면 모든 픽셀의 값이 작게 나오는데, 이를 다시 밝게 만들어서 이미지를 분석할 때 사용할 수 있다.

Mat 클래스에 상숫값 이외에도 두 개 이상의 Mat 클래스 객체를 이용해서 사칙연산을 수행할 수 있는데, 이를 이용해서 이미지의 합성을 수행할 수 있다.

코드 8-14 **addimages.cpp**

```cpp
#include <opencv2/highgui/highgui.hpp>

using namespace cv;

int main()
{
    Mat image1 = imread("mandrill.jpg", IMREAD_COLOR);
    Mat image2 = imread("lena.bmp", IMREAD_COLOR);
    auto image = (image1 + image2)/2;
```

```
        imshow("Add Images", image);              /* "Add Images" 창에 이미지 표시 */
        waitKey(0);                                /* 사용자의 키 입력을 대기한다. */

        return 0;
}
```

그림 8-13 두 이미지의 병합

8.3.2 OpenCV의 함수와 색상의 변환

앞에서 Mat 클래스와 사칙연산자를 이용해서 산술 처리했다. 이러한 방법 이외에도 함수를 이용하는 방법이 있는데, C++과 C 언어가 서로 다른 함수들을 제공하고 있다. C 언어 함수는 OpenCV 1.0부터 제공되었던 함수들이고, C++ 함수는 OpenCV 2.0부터 사용하고 있다. 두 함수에는 차이점이 존재하는데 C 언어의 함수들은 cv로 시작하며 IplImage 자료형을 이용하고, C++의 함수들은 Mat 클래스를 사용한다.

표 8-4 **OpenCV( )의 주요 영상 처리 함수**

구분	C++ 함수	내용	C 언어 함수
산술 연산	add( )	두 영상 간의 덧셈을 수행	cvAdd( ), cvAddS( )
	subtract( )	두 영상 간의 뺄셈을 수행	cvSub( ), cvSubS( )
	multiply( )	두 영상 간의 곱셈을 수행	cvMul( )
	divide( )	두 영상 간의 나눗셈을 수행	cvDiv( )
영상 변환	cvtColor( )	영상의 색상을 다른 포맷으로 변환	cvCvtColor( )
	resize( )	영상의 크기 변환	cvResize( )
	flip( )	대칭 영상 생성	cvFlip( )
	getRotationMatrix2D( )	영상의 회전	cv2DRotationMatrix( )
에지 검출	Sobel( )	소벨 마스크를 이용한 에지 검출	cvSobel( )
	Laplacian( )	라플라시안 마스크를 이용한 에지 검출	cvLaplace( )
	Canny( )	케니 에지 검출	cvCanny( )

표 8-4 OpenCV( )의 주요 영상 처리 함수 (계속)

구분	C++ 함수	내용	C 언어 함수
히스토그램		히스토그램 생성	cvCreateHist( )
	calcHist( )	히스토그램 계산	cvCalcHist( )
		히스토그램에서 최대 빈도수와 최소 빈도수 계산	cvGetMinMaxHistValue( )
	equalizeHist( )	히스토그램 평활화 수행	cvEqualizeHist( )
기타	Mat::setTo( )	영상이나 행렬을 주어진 값으로 채우기	cvSet( )
	bitwise_not( )	영상의 반전 수행	cvNot( )
	gaussianBlur( ), blur( ), medianBlur( )	이미지에 스무딩 처리	cvSmooth( )
	threshold( )	영상의 이진화 수행	cvThreshold( )

색상의 변환을 위해서 cvCvtColor( )나 cvtColor( ) 함수를 사용한다. 먼저, C 언어의 함수를 사용해서 색상 변환을 해보고 다시 C++ 함수를 사용하는 방법에 대해 알아보자.

C 언어의 함수 기반의 OpenCV 함수들을 이용해서 영상을 처리해보자. 이를 위해 다음과 같이 코드를 작성할 수 있다.

코드 8-15 opencv1.c[3]

```
#include <opencv2/core/core_c.h>
#include <opencv2/imgproc/imgproc_c.h>
#include <opencv2/highgui/highgui_c.h>
#include <opencv2/imgcodecs/imgcodecs_c.h>
#pragma comment(lib, "cv.lib")
#pragma comment(lib, "highgui.lib")
#pragma comment(lib, "cxcore.lib")

int main(int argc, char **argv)
{
    IplImage *image1 = cvLoadImage("sample1.jpg", CV_LOAD_IMAGE_COLOR);
    IplImage *image2 = cvLoadImage("sample2.jpg", CV_LOAD_IMAGE_COLOR);
    IplImage *image_add = cvCreateImage(cvGetSize(image1), IPL_DEPTH_8U, 3);
    IplImage *image_sub = cvCreateImage(cvGetSize(image1), IPL_DEPTH_8U, 3);
    IplImage *image_mul = cvCreateImage(cvGetSize(image1), IPL_DEPTH_8U, 3);
    IplImage *image_div = cvCreateImage(cvGetSize(image1), IPL_DEPTH_8U, 3);
    IplImage *image_gray1 = cvCreateImage(cvGetSize(image1), IPL_DEPTH_8U, 1);
    IplImage *image_gray2 = cvCreateImage(cvGetSize(image1), IPL_DEPTH_8U, 1);
    IplImage *image_white = cvCreateImage(cvGetSize(image1), IPL_DEPTH_8U, 1);
    IplImage *image_gray_sub = cvCreateImage(cvGetSize(image1), IPL_DEPTH_8U, 1);

    /* 윈도우를 생성한다. */
    cvNamedWindow("IMAGE_1", CV_WINDOW_AUTOSIZE);
    cvNamedWindow("IMAGE_2", CV_WINDOW_AUTOSIZE);
```

---

3 빌드 시 undefined reference to 'cvRound' 에러가 발생하면 -O4 -g 옵션을 사용하면 된다.

```
        cvNamedWindow("IMAGE_ADDITION", CV_WINDOW_AUTOSIZE);
        cvNamedWindow("IMAGE_SUBTRACTION", CV_WINDOW_AUTOSIZE);
        cvNamedWindow("IMAGE_MULTIPLICATION", CV_WINDOW_AUTOSIZE);
        cvNamedWindow("IMAGE_DIVISION", CV_WINDOW_AUTOSIZE);
        cvNamedWindow("IMAGE_GRAY1", CV_WINDOW_AUTOSIZE);
        cvNamedWindow("IMAGE_GRAY2", CV_WINDOW_AUTOSIZE);
        cvNamedWindow("IMAGE_WHITE", CV_WINDOW_AUTOSIZE);

        /* 영상 처리를 진행한다. */
        cvAdd(image1, image2, image_add, NULL);            /* 영상 합성: 산술 연산(더하기) */
        cvSub(image1, image2, image_sub, NULL);            /* 영상 합성: 산술 연산(빼기) */
        cvMul(image1, image2, image_mul, 1);               /* 영상 합성: 산술 연산(곱하기) */
        cvDiv(image1, image2, image_div, 1);               /* 영상 합성: 산술 연산(나누기) */
        cvCvtColor(image1, image_gray1, CV_RGB2GRAY);      /* 영상 색상 변환 */
        cvCvtColor(image2, image_gray2, CV_RGB2GRAY);
        cvAbsDiff(image_gray1, image_gray2, image_gray_sub);      /* 행렬의 차 계산 */
        cvThreshold(image_gray_sub, image_white, 100, 255, CV_THRESH_BINARY); /* 임곗값 계산 */

        /* 화면에 처리된 결과를 표시한다. */
        cvShowImage("IMAGE_1", image1);
        cvShowImage("IMAGE_2", image2);
        cvShowImage("IMAGE_ADDITION", image_add);
        cvShowImage("IMAGE_SUBTRACTION", image_sub);
        cvShowImage("IMAGE_MULTIPLICATION", image_mul);
        cvShowImage("IMAGE_DIVISION", image_div);
        cvShowImage("IMAGE_GRAY1", image_gray1);
        cvShowImage("IMAGE_GRAY2", image_gray2);
        cvShowImage("IMAGE_WHITE", image_white);

        /* 키보드가 눌릴 때까지 대기한다. */
        cvWaitKey(0);

        /* 앞에서 사용할 리소스들을 해제한다. */
        cvReleaseImage(&image1);
        cvReleaseImage(&image2);
        cvReleaseImage(&image_add);
        cvReleaseImage(&image_sub);
        cvReleaseImage(&image_mul);
        cvReleaseImage(&image_div);
        cvReleaseImage(&image_gray1);
        cvReleaseImage(&image_gray2);
        cvReleaseImage(&image_white);
        cvReleaseImage(&image_gray_sub);

        /* 모든 윈도우를 삭제한다. */
        cvDestroyAllWindows();

        return 0;
}
```

위의 소스 코드에서 IplImage 객체는 이미지 처리를 위한 클래스로 이미지 파일이나 카메라로부터
이미지를 가지고 오거나 영상 처리된 데이터를 저장하는 경우에 사용한다. 화면에 이미지 데이터
를 표시하기 위해서는 cvNamedWindow( ) 함수를 통해 윈도우를 생성한 후 cvShowImage( ) 함
수를 통해 화면에 표시할 수 있다.

OpenCV는 영상 처리를 위한 여러 함수들을 제공한다. 두 영상의 합산을 위한 cvAdd( ) 함수, 두 영상의 차이를 구하기 위한 cvSub( ) 함수, 두 영상의 곱을 위한 cvMul( ) 함수, 두 영상의 나눗셈의 값을 구하기 위한 cvDiv( ) 함수, 색상 변환을 위한 cvCvtColor( ) 함수 등 다양하다.

OpenCV 1.0은 윈도우 생성을 위해 cvNamedWindow( ) 함수를 사용한다. 앞의 Mat 클래스와 같이 윈도우를 만들고 이미지를 표시하면 된다.

표 8-5 **OpenCV의 주요 이미지와 윈도우 함수**

구분	C++ 언어	내용	C 언어
이미지	imread( )	이미지 불러오기	cvLoadImage( )
	Mat 클래스(생성자)	영상 데이터를 위한 공간 생성	cvCreateImage( )
	imshow( )	영상 표시	cvShowImage( )
	imwrite( )	영상 저장	cvSaveImage( )
	Mat::clone( ), Mat::copyTo( )	영상 데이터 복사	cvCloneImage( )
	Mat 클래스(소멸자)	영상 데이터 해제	cvReleaseImage( )
윈도우	namedWindow( )	윈도우 객체 생성	cvNamedWindow( )
	moveWindow( )	윈도우 이동	cvMoveWindow( )
	destroyWindow( ), destroyAllWindows( )	윈도우 객체 제거	cvDestroyWindow( ), cvDestroyAllWindows( )
	resizeWindow( )	윈도우 크기 조정	cvResizeWindow( )

같은 해상도의 두 이미지를 sample1.jpg와 sample2.jpg라는 이름으로 같은 디렉터리로 복사한 후 X 윈도에서 위의 애플리케이션을 수행해보면 두 개의 이미지에 대한 영상 처리의 결과를 화면에서 확인할 수 있다.

그림 8-14 **OpenCV를 이용한 다양한 영상 처리**

앞의 코드를 OpenCV C++ 함수로 바꿔보자. C++ 함수로 바꿔서 실행해도 C로 작성한 코드와 동일한 결과를 보여주는 것을 확인할 수 있다.

코드 8-16 opencv2.cpp

```cpp
#include <opencv2/highgui/highgui.hpp>
#include <opencv2/imgproc/imgproc.hpp>

using namespace cv;

int main(int argc, char **argv)
{
    Mat image1 = imread("sample1.jpg", IMREAD_COLOR);
    Mat image2 = imread("sample2.jpg", IMREAD_COLOR);
    Mat image_add = Mat::zeros(image1.size(), image1.type());
    Mat image_sub = Mat::zeros(image1.size(), image1.type());
    Mat image_mul = Mat::zeros(image1.size(), image1.type());
    Mat image_div = Mat::zeros(image1.size(), image1.type());
    Mat image_gray1 = Mat::zeros(image1.size(), CV_8UC1);
    Mat image_gray2 = Mat::zeros(image1.size(), CV_8UC1);
    Mat image_white = Mat::zeros(image1.size(), CV_8UC1);
    Mat image_gray_sub = Mat::zeros(image1.size(),CV_8UC1);

    /* 영상 처리를 진행한다. */
    add(image1, image2, image_add);                          /* 영상 합성: 산술 연산(더하기) */
    subtract(image1, image2, image_sub);                     /* 영상 합성: 산술 연산(빼기) */
    multiply(image1, image2, image_mul);                     /* 영상 합성: 산술 연산(곱하기) */
    divide(image1, image2, image_div);                       /* 영상 합성: 산술 연산(나누기) */
    cvtColor(image1, image_gray1, CV_BGR2GRAY);              /* 영상 색상 변환 */
    cvtColor(image2, image_gray2, CV_BGR2GRAY);              /* 영상 색상 변환 */
    absdiff(image_gray1, image_gray2, image_gray_sub);       /* 행렬의 차 계산 */
    threshold(image_gray_sub, image_white, 100, 255, THRESH_BINARY);   /* 임곗값 계산 */

    /* 화면에 처리된 결과를 표시한다. */
    imshow("IMAGE_1", image1);
    imshow("IMAGE_2", image2);
    imshow("IMAGE_ADDITION", image_add);
    imshow("IMAGE_SUBTRACTION", image_sub);
    imshow("IMAGE_MULTIPLICATION", image_mul);
    imshow("IMAGE_DIVISION", image_div);
    imshow("IMAGE_GRAY1", image_gray1);
    imshow("IMAGE_GRAY2", image_gray2);
    imshow("IMAGE_WHITE", image_white);

    /* 키보드가 눌릴 때까지 대기한다. */
    waitKey(0);

    /* 모든 윈도우를 삭제한다. */
    destroyAllWindows();

    return 0;
}
```

8.3.3 히스토그램

히스토그램(Histogram)은 이미지 밝기의 분포를 그래프로 표현한 방식이다. 히스토그램을 이용하면 이미지 전체의 밝기 분포와 채도 등의 정보를 쉽게 파악할 수 있다. OpenCV에서 히스토그램은 calcHist( ) 함수를 통해서 계산할 수 있다. calcHist( ) 함수에는 입력될 데이터(images)와 채널의 수(channels) 그리고 픽셀의 범위 등의 값을 인자로 사용한다. 사용하는 인자에 대해서는 코드를 통해 보다 자세히 알아보겠다.

```
void calcHist(const Mat* images, int nimages, const int* channels,
              InputArray mask, OutputArray hist, int dims, const int* histSize,
              const float** ranges, bool uniform=true, bool accumulate=false)
```

앞에서 덧셈으로 연산한 두 이미지를 히스토그램으로 분석해보자. 히스토그램 분석은 밝기 분석이므로 주로 흑백(그레이 스케일) 영상을 가지고 작업한다. 그러므로 이미지를 불러올 때 컬러가 아닌 흑백(그레이 스케일)으로 불러오도록 하자.

코드 8-17 **histogram.cpp**

```cpp
#include <opencv2/highgui/highgui.hpp>
#include <opencv2/imgproc/imgproc.hpp>

using namespace cv;

int main()
{
    MatND hist;
    const int* chan_nos = { 0 };
    float chan_range[] = { 0.0, 255.0 };
    const float* chan_ranges = chan_range;
    int histSize = 255;
    double maxVal = 0, minVal = 0;                        /* 최대, 최소 빈도수 */

    Mat image1 = imread("mandrill.jpg", IMREAD_GRAYSCALE);
    Mat image2 = Mat::zeros(image1.size(), image1.type());
    Mat histImg1(histSize, histSize, CV_8U, Scalar(histSize));  /* 히스토그램 출력 행렬 */
    Mat histImg2(histSize, histSize, CV_8U, Scalar(histSize));  /* 히스토그램 출력 행렬 */
    image2 = image1 + 50;
    calcHist(&image1, 1,           /* 단일 영상의 히스토그램만 */
            chan_nos,              /* 대상 채널 */
            Mat(),                 /* 마스크 사용하지 않음 */
            hist,                  /* 결과 히스토그램 */
            1,                     /* 1차원(1D) 히스토그램 */
            &histSize,             /* 빈도수 */
            &chan_ranges);         /* 화솟값 범위 */

    minMaxLoc(hist, &minVal, &maxVal, 0, 0);
    int hpt = static_cast<int>(0.9 * histSize);      /* 90%를 최대점으로 설정 */

    for(int h = 0; h < histSize; h++) {              /* 각 빈도에 대한 수직선을 그리기 */
```

```
            float binVal = hist.at<float>(h);
            int intensity = static_cast<int>(binVal * hpt / maxVal);
            /* 두 점 사이의 거리를 그리는 함수 */
            line(histImg1, Point(h, histSize), Point(h, histSize - intensity),
                Scalar::all(0));
    }

    calcHist(&image2, 1,            /* 단일 영상의 히스토그램만 */
            chan_nos,              /* 대상 채널 */
            Mat(),                 /* 마스크 사용하지 않음 */
            hist,                  /* 결과 히스토그램 */
            1,                     /* 1차원(1D) 히스토그램 */
            &histSize,             /* 빈도수 */
            &chan_ranges);         /* 화소값 범위 */

    minMaxLoc(hist, &minVal, &maxVal, 0, 0);

    for(int h = 0; h < histSize; h++) {              /* 각 빈도에 대한 수직선 그리기 */
        float binVal = hist.at<float>(h);
        int intensity = static_cast<int>(binVal * hpt / maxVal);
        line(histImg2, Point(h, histSize), Point(h, histSize - intensity),
            Scalar::all(0));
    }

    imshow("Histogram1", histImg1);                  /* 창에 히스토그램 분포 이미지 표시 */
    imshow("Histogram2", histImg2);

    waitKey(0);                                      /* 사용자의 키 입력을 대기한다. */

    return 0;
}
```

minMaxLoc( ) 함수는 4개의 인자(최소 지점, 최대 지점, 최소 포인터, 최대 포인터)를 이용해서 이미지에서 가장 큰 값과 작은 값을 찾을 수 있는 탬플릿 매칭 함수이다. 계산된 히스토그램을 앞에서 배운 OpenCV의 line( ) 함수를 이용해서 그래프로 나타내보았다. 두 이미지를 비교해보면 덧셈을 실시한 이미지가 더 밝아지므로 히스토그램 그래프를 확인해보면 덧셈한 이미지의 그래프가 더 오른쪽에 분포돼 있는 것을 확인할 수 있다.

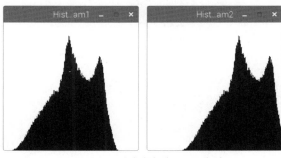

그림 8-15 두 이미지의 히스토그램 비교

이렇듯 히스토그램을 잘 활용하면 영상의 밝기 분석 외에 명도 개선에도 사용할 수 있다. 히스토그램을 이용한 명도 개선을 히스토그램 평활화라고 하는데, OpenCV에서 equalizeHist( ) 함수를 이용해서 수행할 수 있다.

```
void equalizeHist(InputArray src, OutputArray dst)
```

앞에서 덧셈한 이미지를 이용해서 명도 개선을 수행해보자.

코드 8-18 **equalize.cpp**

```cpp
#include <opencv2/highgui/highgui.hpp>
#include <opencv2/imgproc/imgproc.hpp>

using namespace cv;

int main()
{
    int histSize = 255;
    Mat image1 = imread("mandrill.jpg", IMREAD_COLOR);
    Mat image2 = Mat::zeros(image1.size(), image1.type());
    Mat histImg(histSize, histSize, CV_8U, Scalar(histSize));   /* 히스토그램 개선 이미지 */

    image1 += 50;
    cvtColor(image1, image2, CV_BGR2YCrCb);
    std::vector<Mat> channels;
    split(image2, channels);
    equalizeHist(channels[0], channels[0]);
    merge(channels, image2);
    cvtColor(image2, histImg,CV_YCrCb2BGR);

    imshow("Image", image1);                /* 창에 이미지 표시 */
    imshow("equalize", histImg);

    waitKey(0);                             /* 사용자의 키 입력을 대기한다. */

    return 0;
}
```

히스토그램 평활화를 수행하면 이미지의 밝기 그래프가 평준화되면서 이미지의 명도도 개선되는 것을 확인할 수 있다.

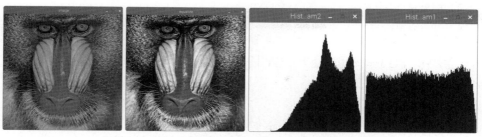

그림 8-16 히스토그램 평활화를 수행한 이미지와 그래프 비교

8.3.4 영상 기하적 변형

OpenCV는 이미지를 다양한 형태로 변형할 수 있도록 여러 함수들을 제공하고 있다. 먼저, 이미지를 변형시키는 코드를 작성해보고 코드에 사용된 함수들을 살펴보자.

코드 8-19 rotate.cpp

```cpp
#include <opencv2/highgui/highgui.hpp>
#include <opencv2/imgproc/imgproc.hpp>

using namespace cv;

int main()
{
    Mat image1 = imread("mandrill.jpg", IMREAD_COLOR);
    Mat image2 = Mat::zeros(image1.size(), image1.type());
    Mat image3 = Mat::zeros(image1.size(), image1.type());
    Mat image4 = Mat::zeros(image1.size(), image1.type());
    Mat image5 = Mat::zeros(image1.size(), image1.type());
    double angle = 45;
    Point2f center(image1.cols/2., image1.rows/2);
    Mat rotMat = getRotationMatrix2D(center, angle, 1.0);

    warpAffine(image1, image2, rotMat, image1.size());
    flip(image1, image3, 0);                      /* 수직(상하) 대칭 */
    flip(image1, image4, 1);                      /* 수평(좌우) 대칭 */
    transpose(image1, image5);

    imshow("Image", image1);                      /* 창에 이미지 표시 */
    imshow("warpAffine", image2);
    imshow("flip", image3);
    imshow("mirror", image4);
    imshow("transpose", image5);

    waitKey(0);                                   /* 사용자의 키 입력을 대기한다. */

    return 0;
}
```

OpenCV를 이용해서 이미지의 회전이나 플립 등의 동작을 수행할 수 있다. 회전은 간단히 gpu::rotate( ) 함수를 이용할 수 있지만, 라즈베리 파이에서 gpu 네임스페이스 관련 동작이 잘 수행되지 않는다. 대신 warpAffine( ) 함수를 이용할 수 있는데, 이는 행렬을 이용해서 객체를 변형시키는 함수이다.

```
void warpAffine(InputArray src, OutputArray dst, InputArray M, Size dsize,
                int flags=INTER_LINEAR, int borderMode=BORDER_CONSTANT,
                const Scalar& borderValue=Scalar())
```

회전을 위해서는 먼저 행렬을 설정해야 한다. 회전을 위한 행렬은 getRotationMatrix2D( ) 함수를 이용하면 되는데, 회전의 중앙값(center)과 각도(angle), 그리고 확대(scale)와 관련된 값을 설정하면 된다.

```
Mat getRotationMatrix2D(Point2f center, double angle, double scale)
```

플립은 이미지를 좌우나 상하로 대칭시키는 것으로 flip( ) 함수를 사용하면 된다. 원본 이미지와 결과 이미지 그리고 수직 대칭의 경우에는 0, 수평 대칭의 경우에는 1의 값을 사용한다.

```
void flip(InputArray src, OutputArray dst, int flipCode)
```

transpose( ) 함수는 전치 행렬을 만드는 함수이다. 전치 행렬이란 주대각선을 축으로 반사 대칭하면 되는데, 행렬의 행과 열을 교환해서 얻을 수 있는 행렬이다.

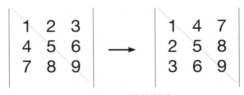

그림 8-17 전치 행렬

transpose( ) 함수를 수행하면 이미지가 90도 회전하는 효과를 줄 수 있는데, 원본 이미지와 결과 이미지를 인자로 사용하면 된다.

```
void transpose(InputArray src, OutputArray dst)
```

이렇듯 다양한 OpenCV의 함수들을 이용하면 이미지의 회전과 대칭(반전) 등의 작업을 쉽게 수행할 수 있다.

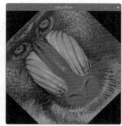

그림 8-18 이미지의 기하학적 변형(회전, 수직 대칭, 수평 대칭, 전치)

8.3.5 이미지 스무싱

스무싱은 이미지를 부드럽게 만들어서 이미지의 경계를 뭉툭하게 만드는 것이고 샤프닝은 이미지의 경계를 보다 잘 표현될 수 있도록 날카롭게 만드는 것이다. 이미지는 7장에서 언급한 것과 같이 오디오 신호와 같은 주파수로 표현할 수 있는데, 이미지도 고주파 부분과 저주파 부분이 존재한다. 고주파는 이미지의 밝기가 크게 변화하는 부분이고, 저주파는 이미지의 밝기의 변화가 거의 없는 부분이다.

이러한 주파수에 필터를 적용하면 원하는 주파수만 통과할 수 있는데, 고주파를 제거하면 밝기의 변화 폭이 큰 부분이 없어지므로 이미지를 좀 더 부드럽게 만들 수 있다. 이미지를 부드럽게 만드는 것을 스무싱(Smoothing)이라고 하는데, 이는 블러(Blur) 처리를 통해서 결과를 얻을 수 있다. 반대로 밝기의 변화를 좀 더 크게 하면 경계가 좀 더 뚜렷해지는데, 이를 샤프닝(Sharpening)이라고 한다.

OpenCV는 스무싱을 위해 평균값(Averaging), 가우시안 필터(Gaussian Filtering), 미디언 필터(Median Filtering), 양방향 필터(Bilateral Filtering) 등의 다양한 방법을 제공한다. 이 중 가우시안 필터에 대해 살펴보도록 하자. 가우시안 블러는 GaussianBlur( ) 함수를 이용하면 된다. 원본과 처리 결과를 저장할 이미지를 인자로 사용하고, 커널(Kernel)의 크기(ksize)를 지정하면 된다.

```
void GaussianBlur(InputArray src, OutputArray dst, Size ksize, double sigmaX,
                double sigmaY=0, int borderType=BORDER_DEFAULT)
```

커널은 필터로 사용할 행렬을 의미하는데, 크기가 클수록 더 큰 범위에 걸쳐 스무싱이 일어나고, 가우시안 블러는 양수의 홀수만 사용할 수 있다. 이 필터를 이미지의 픽셀에 적용해서 상하좌우, 대각선 방향 등에 대해 필터를 적용하는데, 이미지의 모든 픽셀에 필터를 적용하면 된다. 이제 가우시안 블러를 적용한 코드를 작성해보자.

코드 8-20 **blur.cpp**

```cpp
#include <opencv2/highgui/highgui.hpp>
#include <opencv2/imgproc/imgproc.hpp>

using namespace cv;

int main()
{
    Mat image1 = imread("mandrill.jpg", IMREAD_COLOR);
    Mat image2 = Mat::zeros(image1.size(), image1.type());
    Mat image3 = Mat::zeros(image1.size(), image1.type());

    GaussianBlur(image1, image2, Size(3,3), 3);

    imshow("Image", image1);                        /* 창에 이미지를 표시한다. */
    imshow("GaussianBlur", image2);

    waitKey(0);                                     /* 사용자의 키 입력을 대기한다. */

    return 0;
}
```

앞의 코드를 수행해서 이미지에 스무싱 처리를 하면 이미지의 경계가 부드러워지는 것을 확인할 수 있다. 무선 통신 등에서 노이즈가 들어가면 높은 주파수로 표시된다. 스무싱은 이미지의 높은 주파수를 제거하는데, 이러한 노이즈(오류)를 제거하는 데도 사용할 수 있다.

OpenCV는 앞서 나온 함수들 외에도 다양한 영상 처리 알고리즘을 제공하고 있다. 이러한 처리 방법에 대해서는 인터넷이나 다른 책자[4]를 참고하기 바란다.

그림 8-19 **이미지의 스무싱**

8.4 OpenCV를 이용한 얼굴 인식

OpenCV를 이용해서 객체의 인식 등의 작업을 수행할 수 있는데, 그중 가장 많이 하는 작업이 바로 얼굴 인식이다. 먼저 객체 인식을 위한 이미지 경계 검사에 대한 방법에 대해 알아보고 OpenCV를 이용한 얼굴의 인식에 대해 살펴보자.

---

4 《OpenCV 제대로 배우기》(개리 로스트 브라드스키, 에이드리안 캘러 저, 황선규 역, 한빛미디어, 2009)

8.4.1 이미지 경계 검사

이미지 경계 검사란, 이미지에서 색상이나 밝기의 값이 급격하게 변화하는 곳을 찾는 방법으로 물체의 검출에 이용된다. 경계 검사를 위해서는 로버츠(Roberts), 소벨(sobel), 프리윗(prewitt), 라플라시안, 스카(Scharr) 등의 다양한 알고리즘이 이용되는데, OpenCV에서 각각의 알고리즘에 대한 함수들을 제공하고 있다.

그중 소벨 마스크와 라플라시안 알고리즘을 가장 많이 사용하는데, 소벨 알고리즘은 x축과 y축에 대하여 각각 실행하고 이를 합쳐서 표현할 수 있다. OpenCV는 소벨 알고리즘을 위해 Sobel() 함수를 제공한다.

```
void Sobel(InputArray src, OutputArray dst, int ddepth, int dx, int dy, int ksize=3,
        double scale=1, double delta=0, int borderType=BORDER_DEFAULT)
```

Sobel() 함수에서 원본 이미지(src)와 결과를 저장할 이미지(dst)를 위한 변수를 설정하고, 처리할 픽셀 깊이(ddepth)와 x 방향(dx)인지 y 방향(dy)인지를 설정한다. 그리고 커널의 크기(ksize)와 스케일(scale) 등의 다양한 값들도 설정할 수 있다.

OpenCV에서 라플라시안 알고리즘은 Laplacian() 함수를 사용하면 된다. 기본적인 인자는 Sobel() 함수와 비슷하다.

```
void Laplacian(InputArray src, OutputArray dst, int ddepth, int ksize=1,
            double scale=1, double delta=0, int borderType=BORDER_DEFAUL)
```

스카(Scharr) 알고리즘은 소벨 알고리즘을 보완하기 위해서 한노 스카(Hanno Scharr)가 2000년에 발표하였다. 스카 알고리즘은 Scharr() 함수를 사용하면 되는데, 기본 인자의 앞의 두 함수들과 비슷하다. 스카 알고리즘의 수행은 x와 y 방향으로 각각 수행한 후 이를 하나로 합하면 된다.

```
void Scharr(InputArray src, OutputArray dst, int ddepth, int dx, int dy,
        double scale=1, double delta=0, int borderType=BORDER_DEFAULT)
```

마지막으로 1986년에 존 F 캐니(John F Canny)가 개발한 캐니(Canny) 알고리즘을 위해 Canny() 함수를 제공하는데, x와 y 방향에 대한 경곗값을 직접 입력해서 경계를 보다 효율적으로 찾도록 하고 있다. 캐니 알고리즘은 노이즈에 민감하기 때문에 수행하기 전에 가우시안 필터 등의 스무싱 작업을 먼저 수행해주는 것이 좋다.

```
void Canny(InputArray image, OutputArray edges, double threshold1, double threshold2,
        int apertureSize=3, bool L2gradient=false )
```

이제 앞의 알고리즘을 적용해서 각각의 결과를 비교하는 코드를 작성해보자.

코드 8-21 edge.cpp

```cpp
#include <opencv2/highgui/highgui.hpp>
#include <opencv2/imgproc/imgproc.hpp>

using namespace cv;

int main()
{
    Mat image1 = imread("lena.bmp", IMREAD_GRAYSCALE);
    Mat image2 = Mat::zeros(image1.size(), image1.type());
    Mat image3 = Mat::zeros(image1.size(), image1.type());
    Mat image4 = Mat::zeros(image1.size(), image1.type());
    Mat image5 = Mat::zeros(image1.size(), image1.type());
    Mat xEdgeMat, yEdgeMat;
    int ddepth = CV_16S;

    /* 노이즈를 제거하기 위해 가우시안 블러를 수행한다. */
    GaussianBlur(image1, image1, Size(3,3), 0, 0, BORDER_DEFAULT);

    /* 소벨 알고리즘을 적용한다. */
    Sobel(image1, xEdgeMat, ddepth, 1, 0);
    Sobel(image1, yEdgeMat, ddepth, 0, 1);
    convertScaleAbs(xEdgeMat, xEdgeMat);
    convertScaleAbs(yEdgeMat, yEdgeMat);
    addWeighted(xEdgeMat, 0.5, yEdgeMat, 0.5, 0, image2);

    /* 라플라시안 알고리즘을 적용한다. */
    Laplacian(image1, image3, ddepth, 3);
    convertScaleAbs(image3, image3);

    /* 스카 알고리즘을 적용한다. */
    Scharr(image1, xEdgeMat, ddepth, 1, 0);
    Scharr(image1, yEdgeMat, ddepth, 0, 1);
    convertScaleAbs(xEdgeMat, xEdgeMat);
    convertScaleAbs(yEdgeMat, yEdgeMat);
    addWeighted(xEdgeMat, 0.5, yEdgeMat, 0.5, 0, image4);

    /* 캐니 알고리즘을 적용한다. */
    Canny(image1, image5, 50, 150);

    imshow("Image", image1);                        /* 창에 이미지를 표시한다. */
    imshow("Sobel", image2);
    imshow("Laplacian", image3);
    imshow("Scharr", image4);
    imshow("Canny", image5);

    waitKey(0);                                     /* 사용자의 키 입력을 대기한다. */

    return 0;
}
```

이미지의 노이즈를 제거하기 위해 먼저 가우시안 블러를 수행하였다. 그리고 경계 검사를 위한 알고리즘을 수행했는데, 소벨과 스카 알고리즘은 x와 y 방향에 각각 수행하고 이를 합쳤다. 그리고 라플라시안이나 캐니 알고리즘은 하나의 함수를 이용해서 수행할 수 있으므로 더욱 간단하다.

앞의 코드를 수행하면 각각의 알고리즘에 따라서 다음과 같은 결과가 나온다.

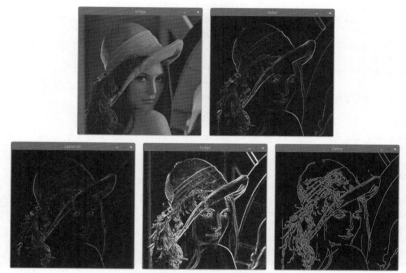

그림 8-20 경계 경사(원본, 소벨, 라플라시안, 스카, 캐니)

8.4.2 OpenCV와 프레임 버퍼를 이용한 카메라 프로그래밍

이제 OpenCV를 이용해서 카메라로부터 영상을 가져와 화면에 출력하는 프로그램을 작성해보자. OpenCV가 리눅스뿐만 아니라 MS 윈도우와 macOS 등의 다양한 플랫폼을 지원하고 있기 때문에 Video4Linux를 사용하지 않는 시스템에서도 사용할 수 있다는 장점이 존재한다.

OpenCV는 X 윈도에서 기본적으로 실행되는데, 메모리가 작은 라즈베리 파이는 X 윈도보다 프레임 버퍼를 사용하는 것이 메모리를 더 적게 사용한다. OpenCV를 통해 카메라로부터 영상을 가져오고 이를 프레임 버퍼로 출력하는 애플리케이션을 작성해보도록 하자.

카메라를 사용할 수 있도록 OpenCV 1.0에서 cvCaptureFromCAM( ) 함수를 사용했지만, OpenCV 2.0에서 VideoCapture 클래스를 제공한다. 여기서는 최신 버전인 VideoCapture 클래스를 사용해서 카메라를 이용하는 방법에 대해 살펴보자.

```
#include <fcntl.h>
#include <unistd.h>
#include <linux/fb.h>
#include <sys/mman.h>
#include <sys/ioctl.h>
#include <opencv2/highgui/highgui.hpp>

using namespace cv;

#define   FBDEV                          "/dev/fb0"
#define   CAMERA_COUNT     100
#define   CAM_WIDTH           640
#define   CAM_HEIGHT         480

int main(int argc, char **argv)
{
    int fbfd;
    /* 프레임 버퍼 정보 처리를 위한 구조체 */
    struct fb_var_screeninfo vinfo;

    unsigned char *buffer, *pfbmap;
    unsigned int x, y, i, screensize;
    VideoCapture vc(0);                                      /* 카메라를 위한 변수 */
    Mat image(CAM_WIDTH, CAM_HEIGHT, CV_8UC3, Scalar(255));  /* 영상을 위한 변수 */
    if (!vc.isOpened()) {
        perror("OpenCV : open WebCam\n");
        return EXIT_FAILURE;
    }

    /* 캡처할 영상의 속성을 설정한다. */
    vc.set(CV_CAP_PROP_FRAME_WIDTH, CAM_WIDTH);
    vc.set(CV_CAP_PROP_FRAME_HEIGHT, CAM_HEIGHT);

    /* 프레임 버퍼 열기 */
    fbfd = open(FBDEV, O_RDWR);
    if(fbfd == -1) {
        perror("open() : framebuffer device");
        return EXIT_FAILURE;
    }

    /* 프레임 버퍼의 정보 가져오기 */
    if(ioctl(fbfd, FBIOGET_VSCREENINFO, &vinfo) == -1) {
        perror("Error reading variable information.");
        return EXIT_FAILURE;
    }

    /* mmap(): 프레임 버퍼를 위한 메모리 공간 확보 */
    screensize = vinfo.xres * vinfo.yres * vinfo.bits_per_pixel/8.;
    pfbmap = (unsigned char *)mmap(NULL, screensize, PROT_READ | PROT_WRITE,
            MAP_SHARED, fbfd, 0);
    if((int)pfbmap == -1) {
        perror("mmap() : framebuffer device to memory");
        return EXIT_FAILURE;
    }
    memset(pfbmap, 0, screensize);
```

```
for(i = 0; i < CAMERA_COUNT; i++) {
    int colors = vinfo.bits_per_pixel/8;
    long location = 0;
    int istride = image.cols*colors;
    /* 이미지의 폭을 넘어가면 다음 라인으로 내려가도록 설정한다. */

    vc >> image;                        /* 카메라로부터 한 프레임의 영상을 가져온다. */
    buffer = (uchar*)image.data;        /* Mat 클래스의 영상 데이터를 획득한다. */

    for(y = 0, location = 0; y < image.rows; y++) {
        for(x = 0; x < vinfo.xres; x++) {
            /* 화면에서 이미지를 넘어서는 빈 공간을 처리한다. */
            if(x >= image.cols) {
                location+=colors;
                continue;
            }
            pfbmap[location++] = *(buffer+(y*image.cols+x)*3+0);
            pfbmap[location++] = *(buffer+(y*image.cols+x)*3+1);
            pfbmap[location++] = *(buffer+(y*image.cols+x)*3+2);
            pfbmap[location++] = 0xFF;
        }
    }
}

/* 사용이 끝난 자원과 메모리를 해제한다. */
munmap(pfbmap, screensize);

close(fbfd);
return 0;
}
```

현재의 카메라로부터 한 프레임의 영상 데이터를 가져온 후 이미지 데이터를 가져온다. 이 이미지 데이터는 Mat 클래스의 객체인데, 프레임 버퍼로 출력하기 위해서는 unsigned char* 형의 데이터가 필요하다. Mat 클래스의 data 멤버 변수를 사용하면 프레임 버퍼에서 사용할 수 있는 데이터를 가져올 수 있고, 이 데이터를 프레임 버퍼에 맞도록 색상을 변환하여 화면에 출력하면 된다.

8.4.3 OpenCV를 이용한 얼굴 인식

OpenCV는 얼굴 인식 기능도 지원한다. OpenCV 버전 2부터 C++ 언어를 기본으로 지원하는데, OpenCV의 기능을 제대로 사용하려면 C++로 코드를 작성하는 것이 좋다.

코드 8-23 opencv_facedetect.cpp

```
#include <stdlib.h>
#include <fcntl.h>
#include <linux/fb.h>
#include <unistd.h>
#include <sys/mman.h>
#include <sys/ioctl.h>

#include <opencv2/core/core.hpp>
```

```cpp
#include <opencv2/imgproc/imgproc.hpp>
#include <opencv2/highgui/highgui.hpp>
#include <opencv2/objdetect/objdetect.hpp>

#define  FBDEV            "/dev/fb0"
#define  CAMERA_COUNT     3
#define  CAM_WIDTH        640
#define  CAM_HEIGHT       480

using namespace cv;

const static char* cascade_name =
        "/usr/share/opencv/haarcascades/haarcascade_frontalface_alt.xml";

int main(int argc, char **argv)
{
    int fbfd;
    /* 프레임 버퍼 정보 처리를 위한 구조체 */
    struct fb_var_screeninfo vinfo;

    unsigned char *buffer, *pfbmap;
    unsigned int x, y, i, j, screensize;
    VideoCapture vc(0);                         /* 카메라를 위한 변수 */
    CascadeClassifier cascade;                  /* 얼굴 인식을 위한 classifier */
    Mat frame(CAM_WIDTH, CAM_HEIGHT, CV_8UC3, Scalar(255));      /* 영상을 위한 변수 */
    Point pt1, pt2;                             /* 인식된 얼굴의 대각선의 두 점을 저장하기 위한 변수들 */

    /* 얼굴 인식을 위한 캐스케이드를 불러온다. */
    if(!cascade.load(cascade_name)) {
        perror("load()");
        return EXIT_FAILURE;
    }

    /* 캡처할 영상의 속성을 설정한다. */
    vc.set(CV_CAP_PROP_FRAME_WIDTH, CAM_WIDTH);
    vc.set(CV_CAP_PROP_FRAME_HEIGHT, CAM_HEIGHT);

    /* 프레임 버퍼 열기 */
    fbfd = open(FBDEV, O_RDWR);
    if(fbfd == -1) {
        perror("open() : framebuffer device");
        return EXIT_FAILURE;
    }

    /* 프레임 버퍼의 정보 가져오기 */
    if(ioctl(fbfd, FBIOGET_VSCREENINFO, &vinfo) == -1) {
        perror("Error reading variable information.");
        return EXIT_FAILURE;
    }

    /* mmap(): 프레임 버퍼를 위한 메모리 공간 확보 */
    screensize = vinfo.xres * vinfo.yres * vinfo.bits_per_pixel/8.;
    pfbmap = (unsigned char *)mmap(NULL, screensize, PROT_READ | PROT_WRITE,
            MAP_SHARED, fbfd, 0);
    if((int)pfbmap == -1) {
        perror("mmap() : framebuffer device to memory");
        return EXIT_FAILURE;
    }
```

```
    memset(pfbmap, 0, screensize);

    for(i = 0; i < CAMERA_COUNT; i++) {
        int colors = vinfo.bits_per_pixel/8;
        long location = 0;
        int istride = frame.cols*colors;  /* 이미지의 폭을 넘어가면 다음 라인으로 내려가도록 설정 */

        vc >> frame;                       /* 카메라로부터 한 프레임의 영상을 가져온다. */

        /* 카메라 캡처를 위해 영상을 다른 이름으로 복사한다. */
        Mat image(CAM_WIDTH, CAM_HEIGHT, CV_8UC1, Scalar(255));
        cvtColor(frame, image, CV_BGR2GRAY);
        equalizeHist(image, image);

        /* 영상에서 얼굴들을 인식한다. */
        std::vector<Rect> faces;
        cascade.detectMultiScale(image, faces, 1.1, 2, 0|CV_HAAR_SCALE_IMAGE,
                                 Size(30, 30));

        /* 영상에서 찾은 얼굴들을 프레임에 표시한다. */
        for(j = 0; j < faces.size(); j++) {
            /* 찾은 얼굴의 양 모서리 구하기 */
            pt1.x = faces[j].x; pt2.x = (faces[j].x + faces[j].width);
            pt1.y = faces[j].y; pt2.y = (faces[j].y + faces[j].height);

            /* 이미지에 얼굴 그리기 */
            rectangle(frame, pt1, pt2, Scalar(255,0,0), 3, 8);
        }

        buffer = (uchar*)frame.data;      /* Mat 클래스의 영상 데이터 획득 */

        /* 프레임 버퍼로 출력 */
        for(y = 0, location = 0; y < frame.rows; y++) {
            for(x = 0; x < vinfo.xres; x++) {
                /* 화면에서 이미지를 넘어서는 빈 공간을 처리 */
                if(x >= frame.cols) {
                    location+=colors;
                    continue;
                }
                pfbmap[location++] = *(buffer+(y*frame.cols+x)*3+0);
                pfbmap[location++] = *(buffer+(y*frame.cols+x)*3+1);
                pfbmap[location++] = *(buffer+(y*frame.cols+x)*3+2);
                pfbmap[location++] = 0xFF;
            }
        }
    }

    /* 사용이 끝난 자원과 메모리를 해제한다. */
    munmap(pfbmap, screensize);

    close(fbfd);
    return 0;
}
```

얼굴 인식은 CascadeClassifier 클래스를 사용하고 load( ) 함수를 통해 얼굴의 인식에 필요한 내용이 정의되어 있는 파일을 불러온다. 얼굴 인식은 하르(Haar) 알고리즘을 사용하는데, 2001년에 비올라(Viola)와 존스(Jones)가 제안한 알고리즘이다. 유사 하르 특징(Haar like feature)을 기반으로 하는 알고리즘으로 특정한 패턴을 이용해서 얼굴이나 눈 등을 검출하는 데 사용된다. OpenCV에서 얼굴이나 눈 등의 패턴을 정의하는데, 얼굴 인식의 경우에는 'haarcascade_frontalface_alt.xml' 파일을 사용하고, 눈 인식의 경우 'haarcascade_eye_tree_eyeglasses.xml' 파일을 사용하면 된다. 라즈베리 파이에서 이 파일들은 '/usr/share/opencv/haarcascades' 디렉터리에 저장되어 있다.

카메라에서 하나의 영상에 대한 프레임을 가져오면 얼굴 인식을 위해 그레이 색상 값으로 변환하고 인식률을 높이기 위해 히스토그램 평활화를 수행한다. 얼굴 인식은 CascadeClassifier 클래스의 detectMultiScale( ) 함수를 사용하는데, 영상 데이터에 여러 개의 얼굴이 존재할 수 있기 때문에 이를 처리하기 위해 배열이나 벡터 템플릿을 사용한다. detectMultiScale( ) 함수의 첫 번째 인자로 인식할 데이터를 명시하고, 두 번째 인자로는 인식된 얼굴의 위치를 저장하기 위한 Rect 클래스의 벡터형 변수를 사용한다.

```
void CascadeClassifier::detectMultiScale(const Mat& image, vector<Rect>& objects,
        double scaleFactor=1.1, int minNeighbors=3, int. flags=0,
        Size minSize=Size( ), Size maxSize=Size( ));
```

detectMultiScale( ) 함수에서 얼굴들을 인식하면 앞의 Rect 클래스를 사용하여 해당 위치를 계산하고, cvRectangle( ) 함수를 통해 화면에 표시될 이미지 데이터에 사각형을 표시하면 된다. 이 코드를 빌드한 후 실행해보면 얼굴 인식을 수행하는 것을 확인할 수 있다.

그림 8-21 OpenCV를 이용한 얼굴 인식

소스 코드를 빌드하여 실행해보면 애플리케이션의 실행 속도가 느린 것을 알 수 있다. 기본적으로 영상 처리의 경우에는 CPU를 많이 사용하므로 빠른 속도의 CPU가 필요하다. 이를 개선하기 위해서는 어셈블러 코드를 사용하거나 liboil 같은 라이브러리를 사용하는 것이 좋다.

8.5 라즈베리 파이와 OpenCV

앞 장에서 리눅스에서 제공하는 Video4Linux2를 이용하여 라즈베리 파이의 Pi Camera를 통해 영상을 캡처하고 웹 서버를 통해 클라이언트로 보냈다. 이 코드를 OpenCV로 영상을 캡처하고 클라이언트로 보낼 수 있도록 변경해보자.

OpenCV에서 이미지를 저장할 수 있도록 opencv_facedetect.cpp의 'int main(int argc, char **argv)' 함수를 int captureImage(int sockfd)로 수정한다. 그리고 캡처한 얼굴을 'captureimage.bmp' 파일로 저장할 수 있도록 다음과 같이 코드를 수정한다.

코드 8-24 **opencv_facedetect.cpp**

```
#include <stdio.h>
                              /* ~ 중간 표시 생략: 앞의 코드 참고 ~ */
const static char* cascade_name = "/usr/share/opencv/haarcascades/haarcascade_fron
                              talface_alt.xml";

int captureImage(int fd)
{
    int fbfd;
                              /* ~ 중간 표시 생략: 앞의 코드 참고 ~ */
    }

    Mat saveImage = Mat(frame.size(), CV_8UC3, buffer);
    imwrite("captureimage.bmp", saveImage);

    /* 사용이 끝난 자원과 메모리를 해제한다. */
    munmap(pfbmap, screensize);

    close(fbfd);
    return 0;
}
```

이렇게 저장한 이미지를 웹 서버에서 전송하면 되는데, 7장의 rpi7 코드를 이용하여 함께 컴파일해서 사용하면 된다. 웹 서버에서 웹 페이지를 5초마다 요청하도록 되어 있는데, 화면을 캡처하고 얼굴을 분석해서 다시 보내는 시간이 더 필요하므로 <meta> 태그에 http-equiv=refresh를 사용할 수 있으며, 뒤의 content에 주기를 10초 단위로 설정하면 좋다.

앞의 코드를 빌드하기 위해서는 rpi8.c와 opencv_facedetect.cpp 등의 파일을 한꺼번에 사용해야 한다. 그리고 C++ 코드를 함께 컴파일해야 하므로 컴파일러는 gcc가 아니라 g++을 사용하면 된다.

```
pi@raspberrypi:~ $ g++ -o rpi8 rpi7.c opencv_facedetect.cpp -pthread -lwiringPi `pkg-
config --cflags --libs opencv`
```

이 코드를 빌드한 후 실행하면, 웹 브라우저에서 현재 얼굴이 검출되었을 경우 앞에서와 같이 사각형으로 표시해주는 것을 확인할 수 있다.

그림 8-22 **OpenCV를 통해서 검출된 얼굴**

8.6 요약

OpenCV는 인텔(Intel)에서 개발한 IPL(Image Processing Library)을 기반으로 만들어진 컴퓨터 비전 라이브러리로, 2006년에 첫 버전인 1.0이 발표되었다. 2009년의 OpenCV 2.0 버전부터 C++ API를 기본으로 제공하며, 현재 3.x 버전을 서비스 중이다. OpenCV 1.0은 C 언어가 기반이고, OpenCV 2.0은 C++ 기반이어서 사용하는 데이터 타입과 함수가 서로 다르다. OpenCV 2.0은 주로 Mat 클래스를 사용하며, 이를 기반으로 다양한 영상 처리 알고리즘과 함수를 제공한다.

OpenCV는 다양한 그리기 함수들을 제공하고 있는데, 이를 이용해서 선, 사각형, 원, 문자 등을 그릴 수 있다. 점들을 이용해서 다각형을 그릴 수도 있는데, 폐곡선과 개곡선을 모두 지원한다. 문자열을 출력하기 위해서 putText( ) 함수도 제공하는데, 다양한 스타일의 문자열을 출력할 수 있다.

이미지 파일은 imread( ) 함수를 통해서 불러올 수 있으며, 불러올 때 컬러 이미지를 흑백(그레이 스케일) 이미지로 곧장 변경할 수 있다. 그리고 Mat 클래스에 저장된 이미지 데이터는 imwrite( ) 함수를 통해서 저장할 수 있다. JPEG, BMP, GIF, PNG 등의 다양한 이미지 파일 포맷을 지원하는데, 파일의 확장자를 설정해서 간단히 저장 가능하다.

OpenCV는 간단한 드로잉 함수 외에도 영상 처리 함수를 제공한다. 이미지 픽셀의 산술 연산, 침식이나 확장과 관련된 함수부터, 히스토그램 처리, 기하학적 변형, 경계 검사, 얼굴 인식 등의 다양한 영상 처리 알고리즘을 제공한다.

히스토그램 평활화(histogram equalization)는 특정 부분에서 한쪽으로 치우친 명암 분포를 가진 영상을 히스토그램의 재분배 과정을 거쳐서 균등한 히스토그램 분포를 갖게 하는 알고리즘이다.

OpenCV는 얼굴 인식을 위해 Haar Classifier Cascade 알고리즘을 사용한다. 얼굴 인식이 아닌 눈이나 코 등 형태의 패턴을 찾아 검출해주는데, 이를 다양한 용도로 사용할 수 있다.

## CHAPTER 8

연습문제

1 영상 처리에 OpenCV를 이용하면 좋은 점에 대해 설명하시오.

2 OpenCV에서 Mat 클래스를 사용하는 이유를 설명하시오.

3 Mat 클래스에 저장한 이미지를 X 윈도에 출력하는 함수에 대해 설명하시오.

4 OpenCV에서 다각형을 그리는 방법에 대해 설명하시오.

5 OpenCV에서 컬러 이미지를 흑백 이미지로 불러오는 방법에 대해 설명하시오.

6 OpenCV에서 색상을 변환하는 방법에 대해 설명하시오.

7 히스토그램과 이미지의 명도 개선을 위해 사용하는 방법에 대해 설명하시오.

8 Pi 카메라나 USB Cam과 같은 카메라를 이용해서 영상을 불러오는 방법에 대해 설명하시오.

9 Video4Linux2보다 OpenCV의 카메라 입력 기능을 이용하면 좋은 점을 설명하시오.

10 OpenCV에서 얼굴 인식을 위해 사용하는 알고리즘은 무엇인지 설명하시오.

9

OpenGL ES를 이용한
3D 프로그래밍: 3차원의 세계로

울면 안돼~ 울면 안돼~ 루돌프와 착한 아이 찾으러 떠나요···

컴퓨터에서 3차원 그래픽스를 위해 3D 프로그래밍을 하기 위해서는 OpenGL이나 Direct3D와 같은 3D 모델링 언어를 사용해야 한다. Direct3D는 PC에서 주로 사용되는 MS 윈도우를 만든 마이크로소프트에서 3D를 표현하기 위해서 사용하는 API로 다른 플랫폼에서 사용이 불가능하다. OpenGL에 비해서 편리하기 때문에 2000년대 중반까지 많은 게임 등에서 사용되었지만, 2008년 아이폰(iPhone)의 개발 환경과 안드로이드가 나오면서 다시 3D 그래픽스의 주류가 OpenGL로 넘어가게 되었다.

라즈베리 파이에서 OpenGL ES를 지원하기 위해서 비디오코어(VideoCore) API와 EGL을 사용한다. OpenGL ES는 OpenGL의 임베디드 버전으로 라즈베리 파이는 1.x와 2.0 이상의 버전을 지원하고 있다.

OpenGL ES를 통해서 3차원 이미지를 표시하기 위해서는 OpenGL ES의 API에 대해 알고 있어야 한다. OpenGL ES는 현재 버전 3까지 개발되었지만, 버전 1.x와 2.0대 이후로 호환이 되지 않는다. 일반적으로 버전 1.1이 2.0에 비해서 수학적 계산이 적어서 학습하기 쉬우나 2.0에 비해 기능의 사용이 제한적이다. 이 책에서는 먼저 OpenGL ES 1.1에 대해서 살펴본 후에 버전 2.0에 대해서 살펴보겠다.

아울러 라즈베리 파이에서 OpenGL ES 1.x를 이용해서 3차원 입체를 그리는 방법에 대해서 살펴보고 3차원 입체를 그리기 위해서 필요한 정점 배열의 사용법과 색상의 사용법에 대해서 알아볼 것이다. 그리고 회전을 위한 OpenGL 1.x의 변환 함수들을 살펴보겠다. 또한 OpenGL의 파이프라인과 OpenGL ES 2.0에서 지원하고 있는 셰이더 언어에 대해서 살펴보고, OpenGL ES 2.0에서 3차원 객체를 모델링하고 회전하는 방법에 대해서 알아보려 한다.

9.1 라즈베리 파이와 OpenGL

라즈베리 파이는 기본적으로 리눅스를 기반으로 동작하며, 파이썬이나 C/C++ 언어를 통한 시스템 프로그래밍 등의 개발 환경을 지원한다. 유닉스의 표준 GUI 환경인 X 윈도를 지원하며, 프레임 버퍼를 통한 그래픽 출력도 지원한다.[1] 라즈베리 파이에 탑재된 브로드컴의 ARM 기반 CPU는 그림 7-14와 같이 VideoCore라는 GPU를 통해서 OpenGL ES 1.1/OpenGL ES 2.0/OpenVG 1.1/OpenEGL/OpenMAX 등의 멀티미디어 환경을 제공하고 있다.

---

1   https://elinux.org/Raspberry_Pi_VideoCore_APIs 참고

9.1.1 3D 그래픽스와 OpenGL 그리고 OpenGL ES

컴퓨터에서 3차원 그래픽스를 위한 기술로 OpenGL과 Direct3D가 있다. Direct3D는 PC에서 주로 사용되는 MS 윈도우를 만든 마이크로소프트에서 3D를 표현하기 위해서 만든 API로, MS 윈도우 계열에서만 사용이 가능하다. OpenGL에 비해서 사용하기 편하기 때문에 2000년대 중반까지 많은 게임 등에서 사용되었지만 2008년 아이폰(iPhone)의 개발 환경과 안드로이드가 나오면서 다시 OpenGL로 3D 그래픽스의 주류가 넘어가게 되었다.

OpenGL은 3D 그래픽을 모델링하기 위한 언어로 3차원 입체들은 각각의 점(OpenGL은 이를 정점(Vertex)이라고 부른다.)과 면(프래그먼트(Fragment))로 구성되어 있다. 먼저 OpenGL을 이해하기 위해서 머릿속에 정육면체를 떠올려보자. 8개의 정점을 떠올리고 각 정점들의 사이의 거리는 일정하다고 간주한다. 2개의 정점을 이어서 12개의 선을 만들고, 4개의 정점과 4개의 선을 채워서 6개의 면을 만드는데, 면의 크기는 일정하다. 이렇게 말로 설명한 3차원 입체를 컴퓨터 내부로 표현하는 언어가 바로 OpenGL과 Direct3D이다.

OpenGL은 2차원 및 3차원 그래픽스를 하기 위한 표준으로, 3차원과 슈퍼컴퓨터로 유명한 실리콘 그래픽스(Silicon Graphics Inc.)에서 만든 워크스테이션에 사용되던 IRIS GL을 1992년 7월에 오픈화해서 발표한 C 언어 기반의 라이브러리이다. OpenGL 1.0은 약 250여 개 가량의 API를 제공하며, 단순한 기하도형에서부터 복잡한 3차원 장면을 생성할 수 있다.

OpenGL은 거의 모든 운영체제에서 지원이 되고 이식성(Portability) 또한 뛰어나서 한번 만든 코드는 다른 플랫폼에서도 거의 수정없이 사용할 수 있다. 현재 OpenGL의 관리는 크로노스 그룹(Khronos Group)에 의해서 이루어지고 있고 OpenGL의 제일 최근 버전은 4.x 버전이다.[2]

이러한 OpenGL은 초반의 Direct3D의 성능 문제와 함께 PC 시장을 거쳐서 널리 퍼져나갔다. 2000년대에 들어오면서 다양한 임베디드 장비와 모바일 장비들이 사용되었는데, 공개적인 표준 API인 OpenGL을 임베디드 시장에서도 활용하려고 하였다. 기존의 OpenGL은 PC에 맞도록 설계했기 때문에 이를 임베디드 장비에 사용하기에는 너무 무거웠고, 이를 임베디드에 맞도록 API를 정리해서 OpenGL ES(GLES, OpenGL for Embedded System)를 발표하게 된다.

9.1.2 OpenGL ES 1.1과 OpenGL ES 2.0

2003년 7월 28일에 발표된 OpenGL ES 1.0은 OpenGL 1.3을 기반으로 하였고, OpenGL ES 1.1은 OpenGL 1.5를 기반으로 한다. OpenGL 1.x는 2D 텍스처만 제공되며, GLfloat나 GLdouble과 같

---

2 https://www.khronos.org/opengl/wiki/History_of_OpenGL 참고

은 중복된 자료형과 관련 함수들을 정리하였다. glBegin( )이나 glEnd( ) 함수와 같은 폴리곤을 그리기 위한 API를 제공하지 않고 정점 배열을 이용해서 삼각형 위주로 그려서 메모리 사용량을 줄이고 속도가 빨라지도록 하였다.

2007년 3월, OpenGL ES 2.0이 발표되었는데 OpenGL 2.0을 기반으로 하였고, GLSL(OpenGL Shading Language)[3]라는 새로운 셰이딩 언어를 지원하여 보다 동적인 3D 그래픽이 가능해졌지만, OpenGL ES 1.x와는 호환되지 않는다. 셰이딩 언어는 C 언어나 어셈블러와 같은 저수준의 언어로 CPU가 아닌 GPU에서 동적으로 컴파일되고 실행할 수 있는 언어이다.

기존의 OpenGL ES 1.x은 고정된 파이프라인(Pipeline)[4]을 가졌지만, OpenGL ES 2.0은 GLSL을 이용해서 동적인 파이프라인의 수행이 가능해졌다. CPU는 일반적으로 논리 연산을 하기 위한 프로세서이므로 그래픽과 같이 2차원 공간을 처리하는 데 최적화되어 있지 않다. GPU는 2차원이나 3차원 공간을 처리하기 위한 프로세서로 병렬 구조의 부동소수점에 처리를 위한 연산을 제공하는데, GPU에서 OpenGL 하드웨어 가속 기능을 제공하는 경우에는 보다 더 빠르게 처리할 수 있다.

2012년 8월, OpenGL 4.3을 기반으로 하는 OpenGL ES 3.0을 발표하였고, 2014년 3월에 OpenGL 4.5를 기반으로 하는 OpenGL ES 3.1이 발표되었다. OpenGL ES 3.x는 OpenGL 2.0과 하위 호환성을 제공하며, 안드로이드 4.3 젤리빈, iOS 7 이후에 출시된 폰들에서 사용할 수 있다.[5] OpenGL ES의 최신 버전은 2015년 8월에 발표된 3.2이다.

9.1.3 라즈베리 파이의 멀티미디어 환경

라즈베리 파이는 멀티미디어 환경을 사용할 수 있도록 VideoCore를 위한 개발 환경을 제공한다. /opt/vc 디렉터리 아래에 개발 환경을 위한 헤더 파일(/opt/vc/include)과 라이브러리(/opt/vc/lib)가 있다. 그리고 OpenGL ES의 사용을 위한 기본 코드인 hello_triangle, H.264 비디오를 출력하는 hello_video, PCM 오디오 출력을 위한 hello_audio, OpenMAX API와 GPU를 사용하는 H.264 인코더를 위한 hello_encode 등의 다양한 예제들을 /opt/vc/src 디렉터리에서 제공하고 있다.

기본적으로 라즈비안(Raspbian)에는 설치되어 있지만, 경우에 따라 별도의 설치가 필요하면 깃허브(https://github.com/raspberrypi/firmware)를 이용할 수 있다. 라즈베리 파이에서 이 라이브러리로 OpenGL ES와 EGL을 사용하는데, X 윈도 대신에 프레임 버퍼를 이용해서 출력하므로 메모리 사용량이 적고 속도가 빠르다. 라즈베리 파이 4부터는 OpenGL 라이브러리인 MESA를 직접 지원

---

3   Direct3D에서 사용되는 셰이딩 언어는 HLSL(High Level Shading Language)라고 한다.
4   3D 그래픽을 출력하기 위해서 사용되는 모델링, 변환, 레더링과 같은 그래픽 처리 과정을 파이프라인이라고 부른다.
5   https://www.khronos.org/opengles/ 참고

하고 있으므로 VideoCore 함수 대신 DRM과 GBM을 바로 사용할 수 있다.

9.1.4 라즈베리 파이의 GPU 초기화

VideoCore GPU를 사용하려면 bcm_host_init( ) 함수를 이용해서 관련된 초기화를 수행하고, 그 래픽의 작업이 끝나면 bcm_host_deinit( ) 함수를 이용해서 할당된 자원의 반환과 같은 마무리 작 업을 수행한다. 라즈베리 파이의 그래픽의 구조를 보면 VideoCore 위에 리눅스 커널 드라이버로 VCHIQ가 올라가 있다. GPU의 초기화가 완료되면 vc_*_init(vc_vchi_dispmanx_init, vc_vchi_tv_init, vc_vchi_cec_init 또는 vc_vchi_gencmd_init 등) 함수를 이용해서 이와 관련된 처리를 수행할 수 있다.

코드 9-1 **init_screen.c**

```
#include <stdio.h>
#include <unistd.h>

#include <bcm_host.h>                         /* BCM GPU 사용을 위한 헤더 파일 */

int main(int argc, char **argv)
{
    bcm_host_init();                          /* BCM GPU를 위한 초기화 수행 */

    getchar();

    bcm_host_deinit();                        /* BCM GPU를 위한 정리 작업 수행 */

    return 0;
}
```

위의 소스 코드를 빌드하려면 앞에서 사용한 <bcm_host.h> 헤더 파일의 위치를 지정하고 관련 라이브러리를 별도로 링크해줘야 한다. 2장에서 본 것과 같이 gcc 명령어를 사용해서 컴파일할 때 'I'는 헤더 파일이 위치하고 있는 디렉터리를 표시하고, 'L'은 라이브러리 파일이 위치하고 있는 디 렉터리, 그리고 'l'(소문자 L)은 링크할 때 사용할 라이브러리를 의미한다.

```
pi@raspberrypi:~ $ gcc -o init_screen init_screen.c -I/opt/vc/include/ -I/opt/vc/
include/interface/vcos/pthreads -I/opt/vc/include/interface/vmcs_host/linux -L/opt/
vc/lib/ -lbcm_host
```

위의 init_screen.c를 빌드해서 수행하면 화면에 아무것도 표시되지 않는다. 화면에 무언가를 표 시하려면 라즈베리 파이의 GPU API와 EGL을 이용해서 OpenGL ES과 관련된 추가 작업이 필요 하다.

9.1.5 DRM과 GBM

DRM(Direct Rendering Manager)은 '직접 렌더링 관리자'라는 의미를 가지고 있는데, fbdev(프레임 버퍼 드라이버)를 대체하는 비디오 카드의 GPU의 렌더링을 담당하고 있는 리눅스 커널의 서브 시스템이다. DRM를 사용하여 디스플레이 컨트롤과 GPU 컨트롤을 함께 제어할 수 있는데, 애플리케이션은 DRM을 이용해서 디스플레이할 데이터를 GPU로 전송해서 표시해, 디스플레이 모드 설정과 같은 작업을 수행할 수 있다. 또한 하드웨어 가속 3D 렌더링 및 비디오 디코딩뿐 아니라 GPGPU 프로그래밍이 가능하다.

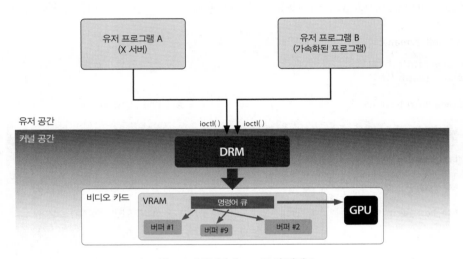

그림 9-1 **DRM과 OpenGL의 관계도**

DRM은 버퍼를 관리하는 GBM(Generic Buffer Manager)과 함께 사용하는데, 리눅스는 libdrm와 libgbm 라이브러리를 제공하고 있다. DRM을 사용하기 위해서는 'drm.h' 헤더 파일을 사용해야 하는데, 라즈베리 파이에서는 /usr/include/libdrm 디렉터리에 위치하고 있다. /usr/include 디렉터리 아래의 'xf86drmMode.h' 파일에서 'drm.h' 파일을 포함하고 있으므로 해당 파일을 사용하도록 하겠다. 그리고 GBM은 'gbm.h' 파일을 포함하면 된다.

X 윈도가 아니라 터미널에서 OpenGL을 출력하려면 프레임 버퍼나 DRI(Direct Rendering Infrastructure)를 사용하면 된다. DRI는 효율적으로 그래픽 하드웨어에 직접 액세스할 수 있는 프레임워크로 커널의 DRM를 포함하고 있고, Mesa의 OpenGL을 위한 하드웨어 가속을 지원한다. 라즈베리 파이에서 DRI 장치는 '/dev/dri'에 있으며, 라즈베리 파이 4에서는 'card1'을 이용해서 출력할 수 있는데, 다음 코드가 제대로 동작하지 않는다면 'card0'나 다른 번호를 사용하면 된다.

```c
#include <stdio.h>
#include <unistd.h>
#include <fcntl.h>
#include <gbm.h>
#include <xf86drmMode.h>

int main(int argc, char **argv)
{
    int device = open("/dev/dri/card1", O_RDWR);    /* DRI 장치 열기 */

    /* DRM(Direct Rendering Manager) 초기화 */
    drmModeRes *resources = drmModeGetResources(device);
    drmModeConnector *connector = drmModeGetConnector(device, resources->connectors[0]);
    drmModeModeInfo modeInfo = connector->modes[0];

    /* GBM(Generic Buffer Manager) 초기화 */
    struct gbm_device *gbmDev = gbm_create_device(device);
    struct gbm_surface *gbmSurface = gbm_surface_create(gbmDev, modeInfo.hdisplay,
                                     modeInfo.vdisplay, GBM_FORMAT_XRGB8888,
                                     GBM_BO_USE_SCANOUT | GBM_BO_USE_RENDERING);

    getchar();                                       /* EGL과 OpenGL 함수 수행 */

    /* GBM 장치 정리 */
    gbm_surface_destroy(gbmSurface);
    gbm_device_destroy(gbmDev);

    /* DRM 장치 정리 */
    drmModeFreeConnector(connector);
    drmModeFreeResources(resources);

    close(device);

    return 0;
}
```

DRM을 사용하기 위해 drmModeGetResources( ) 함수를 이용해서 현재 디스플레이 구성 정보를 검색하면 drmModeRes 구조체 정보를 반환한다. 이 정보를 이용해서 drmModeGetConnector( ) 함수를 이용해서 HDMI나 DisplayPort 등의 커넥터에 대한 모든 유효한 모드를 검색할 수 있다. 목록의 첫 번째 모드는 가능한 가장 높은 해상도를 가진 기본 모드이며, 일반적으로 사용하기 가장 좋다. 이 모드로부터 drmModeModeInfo 구조체를 반환할 수 있는데, drmModeModeInfo 구조체에서 디스플레이에서 사용할 수 있는 해상도(hdisplay × vdisplay)와 프레임 레이트(vrefresh) 등의 정보를 지니고 있다.

이 정보를 가지고 GBM을 설정하는데, 먼저 gbm_create_device( ) 함수를 이용해서 GBM 장치를 생성하고 gbm_surface_create( ) 함수로 EGL을 렌더링할 서피스를 생성한다. 이렇게 생성한 서피스를 이용해서 OpenGL을 수행할 수 있다. EGL과 OpenGL의 렌더링이 끝나면 생성한 GBM과 DRM 객체를 정리하고 DRI 장치를 닫고서 애플리케이션을 종료하면 된다.

'init_drm.c' 파일을 빌드하기 위해서는 libdrm과 libgbm 라이브러리를 함께 링크해야 한다. 그리고 DRM 헤더 파일을 위해 '-I/usr/include/libdrm' 옵션을 지정해줘야 한다.

```
pi@raspberrypi:~ $ gcc -o init_drm init_drm.c -I/usr/include/libdrm -ldrm -lgbm
```

9.2 EGL™과 OpenGL ES 1.0

OpenGL은 3D를 위한 모델링 언어로 입출력을 지원하지 않는다. OpenGL을 이용해서 모델링한 3D 객체를 화면에 표시(렌더링)하기 위해서는 다른 도구가 필요한데, 라즈베리 파이에서는 EGL(프레임 버퍼)이나 Qt(X 윈도)와 같은 라이브러리를 사용할 수 있다.

9.2.1 EGL™(Embedded-system Graphics Library)

EGL은 크로노스(Khronos) 그룹에서 관리하는 OpenGL, OpenGL ES, OpenVG와 같은 그래픽 라이브러리의 렌더링(Rendering)을 위해서 사용되는 라이브러리로, 렌더링(Rendering)은 컴퓨터 프로그램을 사용하여 모델(또는 이들을 모아놓은 장면인 씬(scene) 파일)로부터 영상을 만들어내는 과정을 의미한다.[6]

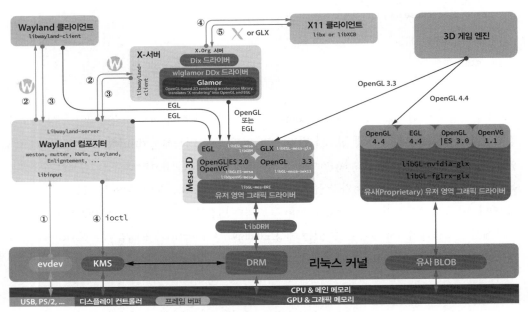

그림 9-2 OpenGL, OpenGL ES, OpenVG와 EGL[7]

---

6 https://ko.wikipedia.org/wiki/렌더링 참고
7 https://en.wikipedia.org/wiki/EGL_(API) 참고

OpenGL과 OpenGL ES는 3D를 위한 모델링 언어이고, OpenVG는 2D 벡터 그래픽을 위한 모델링 언어이다. 이러한 모델링 언어는 객체를 표현하는 방법은 제공하지만, 화면이나 프린터를 이용한 매체에 출력(렌더링)하는 방법은 제공하지 않는다. 이러한 모델링을 렌더링하기 위해서 안드로이드와 같은 임베디드 기기는 EGL을 많이 사용하며, 데스크탑은 GLUT, WGL, Qt 등과 같은 라이브러리를 많이 사용한다.

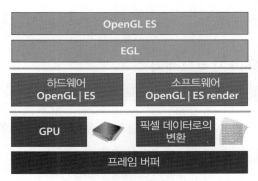

그림 9-3 **EGL과 OpenGL**

EGL은 네이티브 플랫폼 인터페이스(Native Platform Interface)로 그래픽을 출력하는 플랫폼과 OpenGL ES API 사이의 인터페이스를 위한 레이어를 제공하는데, 윈도우 시스템과의 인터페이스를 제공하고 디스플레이 연결을 위한 기능을 제공한다.

컴퓨터에서 화면에 무언가를 출력하기 위해서는 기본적으로 CPU를 사용한다. 이러한 데이터를 래스터 이미지(Raster Image)[8]라고 하는데, 각각의 픽셀이 RGB로 된 값을 가졌다. 7장에서 살펴본 것과 같이 비디오 카드의 프레임 버퍼(Frame Buffer)에 이 래스터 이미지를 밀어넣으면 화면에 출력된다.

화면에 출력할 래스터 이미지를 CPU로 작성하는 것보다 GPU로 작성하는 것이 더 빠른데, CPU는 화면과 같은 2차원의 벡터 연산에 최적화되어 있지 않은 데다 화면 전체에 대한 래스터 이미지 전체를 다시 생성하기 때문에 속도가 느리다. 최근에는 GPU에서 OpenGL 가속 기능을 제공하는 경우가 많은데, OpenGL을 사용해서 화면을 만들면 보다 더 빠르게 처리할 수 있다.

라즈베리 파이에서 그래픽 출력을 위해 OpenGL ES와 EGL을 이용할 수 있다. EGL은 OpenGL ES의 렌더링 이외에도 더욱 다양한 기능들을 제공하는데 전원 관리, 프로세스에 의한 다중 렌더링 콘텍스트의 지원, 프로세스에서 렌더링 콘텍스트에 대한 객체의 공유, EGL이나 OpenGL ES의 확장 기능을 사용할 수 있는 추가 메커니즘을 제공한다.

---

[8] https://ko.wikipedia.org/wiki/래스터_그래픽스 참고

라즈베리 파이 4에서 OpenGL을 사용하기 위해서는 다음과 같은 패키지의 설치가 필요하다.

```
pi@raspberrypi: ~ $ sudo apt-get install libgles2-mesa-dev xorg-dev libgbm-dev
```

EGL 1.0은 2003년 7월에 나왔으며, 최신 버전은 2014년 8월에 나온 EGL 1.5 버전이다. 라즈베리 파이는 EGL 1.4 버전을 지원하고 있다. 각 버전에 대한 EGL에 대한 스펙은 https://www.khronos.org/registry/egl에서 찾아볼 수 있다.

9.2.2 EGL™의 사용과 프로그래밍

EGL을 사용하기 위해서는 몇 가지 절차에 따라 초기화가 필요하다.

- 디바이스에 사용가능한 EGLDisplay 디스플레이 객체를 검색하고 초기화를 수행한다.
- EGLConfig 객체를 가져오고 렌더링 출력을 위한 설정을 수행한다.
- EGL 렌더링을 위한 콘텍스트(EGLContext) 생성하고 관련 설정을 수행한다.
- EGL에서 OpenGL ES의 모델을 렌더링하기 위한 EGLSurface 객체를 생성한다.
- VideoCore 또는 DRM/GBM을 이용한 EGL의 출력

먼저 라즈베리 파이의 VideoCore를 이용해보자. 앞의 init_screen.c 파일에 EGL을 사용하기 위한 코드를 추가한다.

코드 9-3 **draw_egl.c**

```
#include <stdio.h>
#include <unistd.h>

#include <bcm_host.h>                           /* BCM GPU 사용을 위한 헤더 파일 */

#include <EGL/egl.h>                            /* EGL을 위한 헤더 파일 */
#include <EGL/eglext.h>
#include <GLES/gl.h>                            /* OpenGL ES를 위한 헤더 파일 */
```

EGL을 사용하기 위해서는 'egl.h'와 'eglext.h' 헤더 파일이 필요하고 OpenGL ES를 사용하기 위해서는 OpenGL과 같이 'gl.h' 헤더 파일을 사용한다. 헤더 파일을 인클루드한 후 main( ) 함수에서 EGL과 OpenGL을 사용하기 위한 기본적인 초기화 과정을 수행하면 된다.

```
int main(int argc, char **argv)
{
    /* 화면의 크기를 저장하기 위한 변수 */
    uint32_t screenWidth, screenHeight;

    /* EGL을 위한 변수 선언 */
    EGLDisplay gDisplay;
    EGLSurface gSurface;
    EGLContext gContext;
    EGLConfig gConfig;

    EGLBoolean result;
    EGLint numConfig;
    int32_t success = 0;

    /* 라즈베리 파이에서 GPU 출력을 위한 자료형 */
    static EGL_DISPMANX_WINDOW_T nativeWindow;
    DISPMANX_ELEMENT_HANDLE_T dispmanElement;
    DISPMANX_DISPLAY_HANDLE_T dispmanDisplay;
    DISPMANX_UPDATE_HANDLE_T dispmanUpdate;
    VC_RECT_T dst_rect, src_rect;

    /* eglChooseConfig() 함수에서 사용할 설정값 */
    static const EGLint attribute_list[] = {
        EGL_RED_SIZE, 8,
        EGL_GREEN_SIZE, 8,
        EGL_BLUE_SIZE, 8,
        EGL_ALPHA_SIZE, 8,
        EGL_DEPTH_SIZE, 16,                  /* 색상 깊이(Color Depth) 버퍼를 위해 사용 */
        EGL_SURFACE_TYPE, EGL_WINDOW_BIT,
        EGL_NONE
    };

    /* eglCreateContext() 함수에서 사용할 설정값 */
    static const EGLint context_attributes[] = {
        EGL_CONTEXT_CLIENT_VERSION, 1,     /* OpenGL ES 1.x: 1, OpenGL ES 2: 2 */
        EGL_NONE
    };
```

EGL을 사용하기 위해서는 다양한 데이터형을 초기화해야 한다. EGLDisplay 구조체는 OpenGL 에서 모델링한 데이터를 렌더링할 실제 모니터 같은 디스플레이 장치를 의미하는 자료형으로 OpenGL과 EGL을 이용한 모니터 출력을 위해 반드시 필요하다.

EGL Surface 구조체는 EGL을 통해서 생성하는 화면(Surface)을 설정하는 자료형으로 EGL은 윈도 우(Window), 픽스맵(Pixmap), 픽셀 버퍼(pBuffer)의 세 화면이 있다. 이 중에 윈도우는 실제 영상을 디스플레이 장치로 출력하는 화면으로 라즈베리 파이에서도 출력을 위해서 사용될 수 있다. 픽셀 버퍼는 디스플레이 장치에 출력되지 않는 화면으로 이미지 매핑을 위한 텍스처(Texture)를 위해서 사용된다.

EGL 내에 생성된 화면은 내부 스크린(on-screen) 화면 또는 오프 스크린(off-screen) 화면으로 구분된다. 오프 스크린 화면은 디스플레이되지 않는 렌더링 공간으로 사용 가능한 픽셀 버퍼(그래픽 카드의 내부)이고, 내부 스크린 화면은 특정 윈도우 시스템에 연결(그래픽과 디스플레이 장치까지 포함)된다.

EGLContext 구조체는 OpenGL 파이프라인에서 사용하고 있는 상태의 값을 저장한다. OpenGL은 상태 머신(State Machine)으로 현재 사용하고 있는 상태들을 저장하고, 현재 설정된 상태를 이용해서 이용해서 모델링을 수행한다. OpenGL ES를 사용하기 위해서는 반드시 콘텍스트를 생성하고 렌더링을 위한 화면과 매핑시켜야 한다.

EGLConfig 구조체는 EGL 화면을 설정하는 자료형으로, 렌더링을 수행할 때 필요한 화면 포맷을 설정하는 데 사용된다.

```
bcm_host_init();                    /* BCM GPU를 위한 초기화 수행 */

/* EGL 디스플레이(display) 연결을 위한 EGLDisplay 객체 획득 */
gDisplay = eglGetDisplay(EGL_DEFAULT_DISPLAY);

/* EGLDisplay 객체의 초기화 */
result = eglInitialize(gDisplay, NULL, NULL);

/* EGL 프레임 버퍼 설정을 위해서 필요한 EGLConfig 객체 획득 */
result = eglChooseConfig(gDisplay, attribute_list, &gConfig, 1, &numConfig);

/* EGL에 OpenGL ES를 사용하기 위한 설정 */
result = eglBindAPI(EGL_OPENGL_ES_API);

/* EGL 렌더링을 위한 콘텍스트(EGLContext) 생성 */
gContext = eglCreateContext(gDisplay, gConfig, EGL_NO_CONTEXT, context_attributes);

/* 현재 화면의 크기를 가져온다. */
success = graphics_get_display_size(0 /* LCD */, &screenWidth, &screenHeight);

/* 라즈베리 파이에서 출력을 위한 설정 */
dst_rect.x = 0;
dst_rect.y = 0;
dst_rect.width = screenWidth;
dst_rect.height = screenHeight;

src_rect.x = 0;
src_rect.y = 0;
src_rect.width = screenWidth << 16;
src_rect.height = screenHeight << 16;

/* 라즈베리 파이의 출력을 위한 디스플레이(DISPMANX_DISPLAY_HANDLE_T) 획득 */
dispmanDisplay = vc_dispmanx_display_open(0 /* LCD */);

/* 화면 갱신을 위한 DISPMANX_UPDATE_HANDLE_T 자료형을 가져온다. */
dispmanUpdate = vc_dispmanx_update_start(0);
```

```
/* 라즈베리 파이에서 디스플레이 요소(DISPMANX_ELEMENT_HANDLE_T)를 추가한다. */
dispmanElement = vc_dispmanx_element_add(dispmanUpdate, dispmanDisplay,
            0/*layer*/, &dst_rect, 0/*src*/,
            &src_rect, DISPMANX_PROTECTION_NONE,
            0 /*alpha*/, 0/*clamp*/, (DISPMANX_TRANSFORM_T)0/*transform*/);

nativeWindow.element = dispmanElement;
nativeWindow.width = screenWidth;
nativeWindow.height = screenHeight;
vc_dispmanx_update_submit_sync(dispmanUpdate);          /* 화면 갱신을 위한 싱크 수행 */

/* EGL 렌더링을 위한 윈도우 화면(EGLSurface) 객체를 생성한다. */
gSurface = eglCreateWindowSurface(gDisplay, gConfig, &nativeWindow, NULL);

/* EGL 콘텍스트와 EGL 화면을 서로 연결한다. */
result = eglMakeCurrent(gDisplay, gSurface, gSurface, gContext);
```

EGL을 사용하기 전에 bcm_host_init( ) 함수로 라즈베리 파이의 GPU를 초기화한다. 그리고 EGL을 사용하기 위해서는 보통 앞의 정해진 순서로 초기화를 수행한다. eglGetDisplay( ) 함수를 통해서 출력 장치에 대한 EGLDisplay 구조체의 객체를 가져오고, eglInitialize( ) 함수를 이용해서 초기화를 수행한다.

EGLDisplay 구조체 객체의 생성과 설정이 끝나면 eglChooseConfig( ) 함수를 이용해서 현재의 프레임 버퍼와 관련된 설정을 위한 EGLConfig 구조체 객체를 가져온다. 그리고 eglChoose Config( ) 함수에 현재 사용할 화면의 RGBA 버퍼의 비트 수와 색상 깊이(Color Depth), EGL 화면의 타입 등을 배열로 만들어서 설정한다.

eglCreateContext( ) 함수를 이용해서 EGL 렌더링을 위한 콘텍스트(EGL Context)를 생성하고 현재 EGL에서 사용할 OpenGL ES의 버전을 설정하면 되는데, OpenGL ES 1.x를 사용하는 경우에 1을 사용하고 OpenGL ES 2.0을 사용하는 경우에는 2를 사용하면 된다.

EGL과 별도로 라즈베리 파이에서 그래픽을 사용하기 위해서는 별도의 작업이 필요하다. 먼저 vc_dispmanx_display_open( ) 함수를 이용해 라즈베리 파이에서 출력하기 위한 기본 디스플레이(DISPMANX_DISPLAY_HANDLE_T 자료형)를 획득하고, 화면 갱신을 위한 DISPMANX_UPDATE_HANDLE_T 자료형을 가져온다. 이 작업이 끝나면 라즈베리 파이에서 디스플레이를 위한 요소(DISPMANX_ELEMENT_HANDLE_T)를 추가한다. 이 작업이 끝나면 마지막으로 vc_dispmanx_update_submit_sync( ) 함수를 이용해서 화면 갱신과 싱크를 수행한다.

eglCreateWindowSurface( ) 함수를 이용해서 EGL과 OpenGL ES에서 모델링한 데이터를 렌더링하기 위한 EGLSurface 객체를 생성한다. 이 작업이 완료되면 eglMakeCurrent( ) 함수에 EGLDisplay, EGLSurface, EGLContext, EGLConfig 자료형을 인자로 사용해서 EGL 콘텍스트와

다른 수행 결과가 EGL 화면으로 출력될 수 있도록 연결한다.

```
    /* OpenGL에서 glClear() 함수로 버퍼를 지울 때의 색상을 설정 */
    glClearColor(0.15f, 0.25f, 0.35f, 1.0f);

    /* 색상 버퍼 비트(GL_COLOR_BUFFER_BIT) 지우기 */
    glClear(GL_COLOR_BUFFER_BIT);

    /* 현재 윈도우에 OpenGL의 표시를 위한 영역 설정 */
    glViewport(0, 0, screenWidth, screenHeight);

    eglSwapBuffers(gDisplay, gSurface);           /* OpenGL ES의 내용을 EGL로 출력 */

    getchar();

    bcm_host_deinit();                            /* BCM GPU를 위한 정리 작업 수행 */

    return 0;
}
```

보통 EGL의 명령어들이 egl로 시작되듯이 OpenGL/OpenGL ES의 함수들은 gl로 시작된다. glClearColor( ) 함수는 glClear( ) 함수를 통해서 지워지는[9] 색상을 지정한다. 7장에서 색상을 표시하는 빨간색(Red), 초록색(Green), 파란색(Blue)의 값들은 unsigned char 형으로 0~255의 8비트의 정숫값을 사용했지만, OpenGL은 0.0에서 1.0 사이의 실숫값을 사용한다. glClearColor( ) 함수는 4개의 인자를 사용하는데 빨강(Red), 초록(Green), 파랑(Blue)의 색상과 투명도를 의미하는 알파(Alpha) 값을 사용한다.

이렇게 설정된 색상은 glClear( ) 함수를 통해서 버퍼를 지우는(채우는) 데 사용된다. glClearColor( ) 함수에 '0.15f, 0.25f, 0.35f, 1.0f'의 값을 사용했는데, 이 값을 수행해보면 하늘색이 표시된다. 현재 화면에 사용할 영역을 glViewport( ) 함수를 이용해 설정하면 되는데, 원점에서부터 graphics_get_display_size( ) 함수에서 가져온 윈도우 크기를 설정하였다. 그리고 렌더링 명령을 위해서 eglSwapBuffers( ) 함수를 수행하였다.

프로그램이 종료되면 화면에 출력한 내용이 사라지는데, 이 내용의 표시를 위해 getchar( ) 함수를 이용해서 입력을 기다렸다가 사용자가 키보드로 입력하면 프로그램을 종료하도록 만들었다.

이제 소스 코드를 빌드해보자. 앞의 소스 코드에서 사용한 EGL과 OpenGL ES 1.x의 함수들을 위해서 'EGL'과 'GLESv1_CM' 라이브러리의 링크가 필요하다.

---

9 glClearColor( ) 함수에서 설정한 값으로 색상 버퍼가 채워진다.

```
pi@raspberrypi:~ $ gcc -o draw_egl draw_egl.c -I/opt/vc/include -I/opt/vc/include/
interface/vcos/pthreads/ -I/opt/vc/include/interface/vmcs_host/linux -L/opt/vc/lib
-lbcm_host -lEGL -lGLESv1_CM
```

이 소스 코드를 수행해보면 화면 가득히 하늘색이 표시되는 것을 확인할 수 있다.

그림 9-4 **EGL을 이용해서 출력한 결과**

■ **DRM을 이용한 출력**

라즈베리 파이 4에서 OpenGL의 출력을 위해 DRM/GBM을 이용해서 EGL을 사용해보도록 하자. 앞의 'init_drm.c'에 드로잉을 위한 코드를 추가한다. 앞에서와 같이 EGL에서 사용할 변수를 선언하고, eglChooseConfig( )과 eglCreateContext( ) 함수에 설정한 배열을 추가한다. EGL이나 OpenGL과 관련된 내용은 앞서 설명한 내용을 참고하자.

코드 9-4 **draw_drm.c**

```c
#include <stdio.h>
#include <stdlib.h>
#include <unistd.h>
#include <fcntl.h>
#include <gbm.h>
#include <xf86drmMode.h>
#include <GL/gl.h>
#include <EGL/egl.h>

int main(int argc, char **argv)
{
    int device = open("/dev/dri/card1", O_RDWR);               /* DRI 장치 열기 */

    /* EGL을 위한 변수 선언 */
    EGLDisplay gDisplay;
    EGLSurface gSurface;
    EGLContext gContext;
    EGLConfig gConfig, *gConfigs;
    EGLint cfgCnt, cfgIdx, count = 0, currFB;

    /* eglChooseConfig() 함수에서 사용할 설정값 */
    static const EGLint attribute_list[] = {
```

```
            EGL_RED_SIZE, 8,
            EGL_GREEN_SIZE, 8,
            EGL_BLUE_SIZE, 8,
            EGL_ALPHA_SIZE, 0,
            EGL_NONE
};

/* eglCreateContext( ) 함수에서 사용할 설정값 */
static const EGLint context_attributes[] = {
            EGL_CONTEXT_CLIENT_VERSION, 1,        /* OpenGL ES 1.x: 1, OpenGL ES 2: 2 */
            EGL_NONE
};

/* DRM(Direct Rendering Manager) 초기화 */
drmModeRes *resources = drmModeGetResources(device);
drmModeConnector *connector = drmModeGetConnector(device, resources->connectors[0]);
drmModeModeInfo modeInfo = connector->modes[0];

drmModeEncoder *encoder = drmModeGetEncoder(device, connector->encoder_id);
drmModeCrtc *crtc = drmModeGetCrtc(device, encoder->crtc_id);
uint32_t connector_id = connector->connector_id;
```

drmModeEncoder 객체를 설정하는데, 엔코더는 프레임 버퍼를 디스플레이 데이터로 변환하는 가상 장치이다. 이 엔코더는 CRTC를 통해서 프레임 버퍼에 연결된다.

그림 9-5 **DRM와 프레임 버퍼**

DRM에서 사용할 버퍼를 위해 GBM을 초기화하고 이 값을 이용해서 EGL 서피스를 생성한다. EGL 서피스 생성이 끝나면 OpenGL 함수를 수행해서 화면을 파란색으로 채운다. eglSwapBuffers( ) 함수를 수행한 후 화면에 출력을 해야 하는데 이를 위해서 GBM을 잠그고 drmModeAddFB( ) 함수로 출력을 위한 버퍼를 만든 후, drmModeSetCrtc( ) 함수를 이용해서 화면에 출력한다.

```
/* GBM(Generic Buffer Manager) 초기화 */
struct gbm_device *gbmDev = gbm_create_device(device);
struct gbm_surface *gbmSurface = gbm_surface_create(gbmDev, modeInfo.hdisplay,
                              modeInfo.vdisplay, GBM_FORMAT_XRGB8888,
                              GBM_BO_USE_SCANOUT | GBM_BO_USE_RENDERING);

/* EGL 초기화 */
gDisplay = eglGetDisplay(gbmDev);
eglInitialize(gDisplay, NULL, NULL);
eglGetConfigs(gDisplay, NULL, 0, &count);
```

```
eglBindAPI(EGL_OPENGL_API);
gConfigs = malloc(count * sizeof *gConfigs);
eglChooseConfig(gDisplay, attribute_list, gConfigs, count, &cfgCnt);

/* 현재 사용 가능한 채널 획득 */
for(cfgIdx = 0; cfgIdx < cfgCnt; cfgIdx++) {
    EGLint id;
    if(!eglGetConfigAttrib(gDisplay, gConfigs[cfgIdx], EGL_NATIVE_VISUAL_ID, &id))
        continue;
    if(id == GBM_FORMAT_XRGB8888) break;
}

/* EGL 서피스 생성 */
gContext = eglCreateContext(gDisplay, gConfigs[cfgIdx],
                            EGL_NO_CONTEXT, context_attributes);
gSurface = eglCreateWindowSurface(gDisplay, gConfigs[cfgIdx], gbmSurface, NULL);
free(gConfigs);
eglMakeCurrent(gDisplay, gSurface, gSurface, gContext);

/* EGL과 OpenGL 함수 수행 */
/* 화면의 크기를 저장하기 위한 변수 */
uint32_t screenWidth = modeInfo.hdisplay, screenHeight = modeInfo.vdisplay;

/* OpenGL에서 glClear() 함수로 버퍼를 지울 때의 색상을 설정 */
glClearColor(0.15f, 0.25f, 0.35f, 1.0f);

/* 색상 버퍼 비트(GL_COLOR_BUFFER_BIT) 지우기 */
glClear(GL_COLOR_BUFFER_BIT);

/* 현재 윈도우에서 OpenGL을 표시하기 위한 영역의 설정 */
glViewport(0, 0, screenWidth, screenHeight);

eglSwapBuffers(gDisplay, gSurface);     /* OpenGL ES의 내용을 EGL로 출력 */

/* GBM 잠금 */
struct gbm_bo *currBo = gbm_surface_lock_front_buffer(gbmSurface);
uint32_t handle = gbm_bo_get_handle(currBo).u32;
uint32_t pitch = gbm_bo_get_stride(currBo);
drmModeAddFB(device, modeInfo.hdisplay, modeInfo.vdisplay, 24, 32, pitch,
             handle, &currFB);
drmModeSetCrtc(device, crtc->crtc_id, currFB, 0, 0, &connector_id, 1, &modeInfo);

getchar();

/* DRM Crtc 원래 모드로 돌리기 */
drmModeSetCrtc(device, crtc->crtc_id, crtc->buffer_id, crtc->x, crtc->y,
               &connector_id, 1, &crtc->mode);
drmModeFreeCrtc(crtc);

/* 사용한 버퍼 해제 */
if(currBo) {
    drmModeRmFB(device, currFB);
    gbm_surface_release_buffer(gbmSurface, currBo);
}

/* GBM 장치 정리 */
```

```
        gbm_surface_destroy(gbmSurface);
        gbm_device_destroy(gbmDev);

        /* DRM 장치 정리 */
        drmModeFreeConnector(connector);
        drmModeFreeResources(resources);

        close(device);

        return 0;
}
```

위의 출력 작업이 사용한 자원들을 해제하고 DRM과 GBM을 정리하면 된다. 위의 코드를 빌드하기 위해서는 EGL과 OpenGL을 사용하였으므로 앞에서와 같이 관련 라이브러리를 함께 사용해야 한다.

```
pi@raspberrypi:~ $ gcc -o draw_drm draw_drm.c -I/usr/include/libdrm -ldrm -lgbm -lEGL
-lGLESv1_CM -lGL
```

9.2.3 OpenGL ES 1.x을 이용한 간단한 프로그래밍

앞의 코드를 변경해서 흰색 사각형이 표시될 수 있도록 해보자. 코드의 간단한 수정을 통해서 OpenGL ES 프로그래밍에 대해 더 자세히 살펴볼 수 있다. 앞서 나온 코드 9-3의 draw_egl.c의 함수에 삼각형을 그리기 위한 다음 코드를 추가하자.

코드 9-5 **draw_triangle.c**

```
                            /* ~ 중간 표시 생략 ~ */

        /* OpenGL에서 glClear() 함수로 버퍼를 지울 때의 색상을 설정 */
        glClearColor(0.15f, 0.25f, 0.35f, 1.0f);

        /* 색상 버퍼 비트(GL_COLOR_BUFFER_BIT) 지우기 */
        glClear(GL_COLOR_BUFFER_BIT);

        /* 현재 윈도우에서 OpenGL을 표시하기 위한 영역의 설정 */
        glViewport(0, 0, screenWidth, screenHeight);

        /* 출력될 도형을 위한 좌표 설정 */
        GLfloat points[] = {
            -0.5, -0.5, 0.0,        /* 좌측 아래 */
             0.5, -0.5, 0.0,        /* 우측 아래 */
             0.0,  0.5, 0.0,        /* 중앙 위쪽 */
        };

        /* 출력될 도형을 위한 색상 설정 */
        glColor4f(1.0, 1.0, 1.0, 1.0);

        /* 정점 배열 사용을 설정 */
```

```
glEnableClientState(GL_VERTEX_ARRAY);

/* 그래픽 출력을 위한 정점 배열 사용에 대한 설정 */
glVertexPointer(3, GL_FLOAT, 0, points);

/* 삼각형을 그린다. 처리할 정점의 수: 3개 */
glDrawArrays(GL_TRIANGLE_STRIP, 0, 3);

/* 그래픽 출력을 하고 나서 정점 배열 사용에 대한 설정 해제 */
glDisableClientState(GL_VERTEX_ARRAY);

eglSwapBuffers(gDisplay, gSurface);            /* OpenGL ES의 내용을 EGL로 출력 */

getchar();

                        /* ~ 중간 표시 생략 ~ */

return 0;
}
```

삼각형을 그리기 위해서는 3개의 정점에 대한 좌표가 필요하다. OpenGL ES는 3차원을 표시하기 위해서 사용되므로 x, y, z에 대한 좌표를 사용하면 되는데, 2D를 표시하려면 간단히 x, y 좌표만 이용해도 된다. 삼각형의 좌표를 배열로 저장하면 재활용 측면에서 좋고 좌표들을 관리하기도 좋은데, glEnableClientState( )와 glVertexPointer( ) 함수를 사용해서 간단하게 삼각형을 표현할 수 있다. OpenGL은 서버와 클라이언트 모델을 사용하는데, 서버에서 이미지를 생성하고 클라이언트에서 표시한다. glEnableClientState( ) 함수는 클라이언트에서 상태를 켤 때 사용한다.

9.2.4 OpenGL의 API 스타일

OpenGL의 명령어들은 '<라이브러리 접두어><루트 명령어><파라미터 수><인자 타입>'과 같은 형식을 가졌는데, <라이브러리 접두어>로는 gl을 사용한다. 다음 코드에서 대괄호([ ]) 안의 문자들은 선택적이라는 뜻으로, 인수의 형태나 개수는 함수에 따라서 가변적으로 달라질 수 있기 때문에 함수의 이름은 접미 부분을 빼고 <라이브러리 접두어>와 <루트 명령어> 위주로 부른다.

```
glXXXX[2,3,4][s,i,f,d][v](x,y,z,w);
```

<파라미터 수>를 명시하는 접미어는 모두 세 종류로, 각각 '2', '3', '4'의 값을 갖는데, 원칙적으로 2차원 평면 공간에서의 위치는 z축을 생략한 x, y 좌표만 사용할 수 있고, 3차원상의 좌표는 x, y, z 세 가지 좌표로 표현하지만, 분수 표현을 위해서 w(분모)를 사용할 수도 있다. w가 생략되면 1로 간주되며, z를 생략하면 0으로 간주한다.

<인자 타입>을 명시하는 점미어는 's', 'l', 'f', 'd'의 네 종류로 각각 GLshort, GLint, GLfloat, GLdouble을 의미한다. 일반적으로 색상이나 위치가 0.0~1.0의 실숫값이므로 GLfloat를 많이 사용하지만, 소수점 이하 자리가 필요없다면 GLint 타입을 사용할 수도 있고, 더 높은 정밀도가 요구되면 GLdouble 타입을 사용할 수도 있다. 마지막의 'v'(vector)는 구성하는 값들을 배열로 전달한다는 의미이다.

예를 들어서 앞에서 사용한 glColor4f( ) 함수의 경우 <라이브러리 접두어>인 gl은 OpenGL의 함수라는 의미이고, <루트 명령어>인 Color는 색상과 관련된 명령이며, <파라미터 수>인 4는 이 함수에 4개의 인자가 사용된다는 의미이다. 그리고 <인자의 타입>인 f는 인자의 형태로 float 타입이 사용된다는 의미이다.

9.2.5 OpenGL의 좌표계

OpenGL의 좌표계(Coordinate System)는 오른손 좌표계[10]로, 기본값으로 -1.0에서 1.0 사이의 크기를 갖는 직교 좌표계(Orthogonal Coordinate System)이다. 일반적인 화면에서 사용하는 좌표계와는 다르게 기본적으로 원점은 중앙에 위치하고, y축의 값은 아래에서 위로 올라갈수록 값이 증가한다. 그리고 x축의 값은 왼쪽에서 오른쪽으로 증가한다.

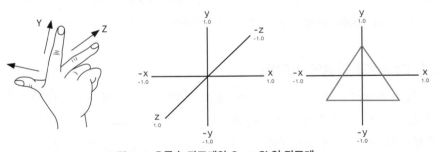

그림 9-6 오른손 좌표계와 OpenGL의 좌표계

좌표의 값이 z축은 모두 0.0이므로 x와 y 공간에 표시되는데, (-0.5, -0.5), (0.5, -0.5), (0.0, 0.5)의 삼각형으로 표시된다. 좌표를 설정하고 난 다음에는 glColor4f( ) 함수를 이용해서 앞에 채워질 색상을 설정한다. 앞의 glClearColor( ) 함수와 같이 0.0에서 1.0 사이의 실숫값을 사용해서 R, G, B, A의 각 요소에 대한 값을 설정할 수 있는데, 0.0은 검은색을 의미하고 1.0은 흰색을 의미한다.

색상과 좌표를 설정하고 난 이후에 화면에 삼각형을 표시할 수 있는데, 삼각형의 각 정점들을 배열로 사용하고 있으므로 glEnableClientState( ) 함수를 통해서 OpenGL에 정점 배열을 사용한다

10　MS 윈도우에서 3D를 위해서 사용되는 Direct3D의 경우에는 왼손 좌표계를 사용하고 있다.

고 설정하고, glVertexPointer( ) 함수를 통해서 각 정점이 사용하는 요소의 수(x, y, z)와 정점에 대한 자료형, 그리고 배열을 설정하면 된다. 이 설정이 끝나면 glDrawArrays( ) 함수를 통해서 삼각형을 그리면 되는데, 그려질 도형의 형태와 정점 수를 지정한다.

객체의 모델링이 끝나면 glEnableClientState( ) 함수로 설정한 상태는 glDisableClientState( ) 함수로 해제하고, eglSwapBuffers( ) 함수를 호출해서 OpenGL ES에서 모델링한 내용을 EGL로 출력하면 된다.

앞의 코드를 빌드하는 것은 앞서 나온 옵션을 그대로 사용하면 된다. 빌드한 후 실행해보면 흰색 (1.0, 1.0, 1.0, 1.0)의 삼각형이 화면에 표시되는 것을 확인할 수 있다.

그림 9-7 OpenGL ES 1.x를 이용해서 화면에 표시된 삼각형

출력된 삼각형을 보면 사용하는 화면의 비율에 따라서 찌그러져 보이는데, HD/Full HD의 TV나 모니터를 사용하는 경우라면 16:9의 비율에 맞춰서 삼각형이 수평으로 확장된다. 기본 좌표계가 -1.0에서 1.0 사이의 값을 가지고 있기 때문에 좌우비가 맞지 않아서 생기는 문제이다. 정삼각형으로 표시하려면 x축의 값을 조정하는 별도의 설정이 필요하다. 이를 위해 투영이나 변환과 같은 기본적인 개념에 대해서 보다 자세히 살펴보도록 하자.

9.2.6 OpenGL의 모델링과 투영(Projection)

3차원 입체 정의는 정점과 프래그먼트를 이용해서 표현할 수 있다. 정육면체는 8개의 정점과 12개의 선, 그리고 6개의 면으로 구성되며, 주변에 조명이 있으면 빛에 의해 밝은 부분과 어두운 부분이 생길 것이다. 3차원 입체는 정점에 의해서 위치와 크기 등의 모양이 결정되며, 빛에 의해서 생기는 색상은 프래그먼트로 표현할 수 있다.

컴퓨터에서 사용하는 모니터나 프린터와 같은 출력 장치는 2D로 표현된다. 최근에는 3D 프린터나 증강현실 등의 기술이 사용되긴 하지만, 일반적으로 컴퓨터 모니터를 통해서 3D를 표현하기 위해서는 2D로 변환해야 표시할 수 있다. 3차원 공간을 2차원의 공간으로 변환하기 위해서는 OpenGL의 3차원 그래픽의 파이프라인에 대해서 알아야 하는데, 변환, 절단, 투영 등의 과정을 거치고 모든 것이 마무리되면 래스터화하여 사용자 모니터에 표시한다. 이와 관련해서는 뒤에서 보다 자세히 살펴보도록 하겠다.

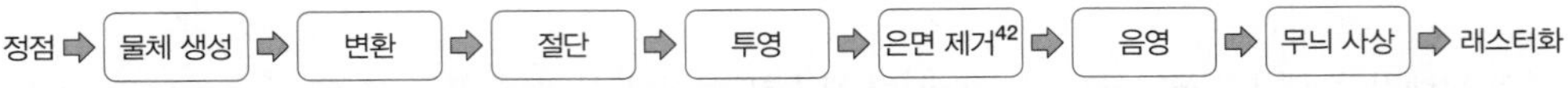

정점 ➡ 물체 생성 ➡ 변환 ➡ 절단 ➡ 투영 ➡ 은면 제거[42] ➡ 음영 ➡ 무늬 사상 ➡ 래스터화

그림 9-8 OpenGL의 3차원 표현 방식[11]

3차원 공간을 2차원 공간으로 변환할 때는 투영이라는 기법이 사용된다. 투영은 사용자가 입체를 바라보는 방법을 정의하는 것으로, 3차원 공간을 2차원으로 매핑하는 방법을 결정한다. 투영에는 2차원으로 그릴 때 모두 같은 크기로 그리는(직교) 방법과 사용자가 보는 거리에서 멀어질수록 작게 그리는 원근법(Perspective)이 있다.

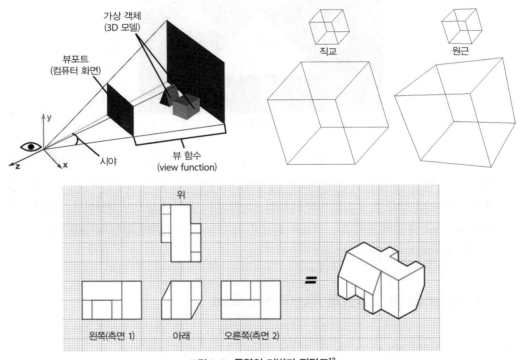

그림 9-9 투영의 기법과 평면도[12]

OpenGL도 두 가지의 투영법을 모두 지원하는데, 원근법이 없는 직교(Orthogonal) 투영과 원근법을 사용한 원근 투영을 사용할 수 있다.

---

11 삼차원 그래픽의 물체를 이차원으로 표현할 때 가려진 면이 화면에 나타나지 않도록 표현하는 기법
12 https://aswalmighty.tistory.com/96 참고

미술에서 원근법은 13세기 르네상스 시대에 이탈리아의 브루넬레스키에 의해서 발견되었다. 이 시기 전의 그림을 보면 거리에 상관없이 모두 같은 크기로 그렸지만, 원근법이 발견되면서 멀리 있는 것은 작게, 가까이 있는 것은 크게 그렸다.

그림 9-10 원근법을 사용하지 않은 그림과 사용한 그림

9.2.7 OpenGL의 좌표계 설정

앞서 작성한 삼각형은 좌우 대칭이 제대로 맞지 않았다. 이러한 문제를 해결하기 위해서 투영과 함께 좌표계의 범위와 관련된 코드를 추가할 수 있다.

```
                          /* ~ 중간 표시 생략 ~ */

    /* 색상 버퍼 비트(GL_COLOR_BUFFER_BIT) 지우기 */
    glClear(GL_COLOR_BUFFER_BIT);

    /* 직교 투영으로 좌표계의 범위를 설정한다. */
    glOrtho(-1.778f, 1.778f, -1.0f, 1.0f, -1.0f, 1.0f);

    /* 현재 윈도우에 OpenGL의 표시를 위한 영역의 설정 */
    glViewport(0, 0, screenWidth, screenHeight);

    /* 출력될 도형을 위한 좌표 설정 */
    GLfloat points[] = {
        -0.5, -0.5, 0.0,                      /* 좌측 아래 */
         0.5, -0.5, 0.0,                      /* 우측 아래 */
         0.0,  0.5, 0.0,                      /* 중앙 위쪽 */
    };

                          /* ~ 중간 표시 생략 ~ */
```

일반적으로 OpenGL에서 2차원 공간에 있는 객체는 거리감이 없기 때문에 직교 투영을 사용할 수 있다. OpenGL에서 직교 투영을 사용하기 위한 명령어로 glOrtho( ) 함수를 사용할 수 있는데, 다음과 같은 인자를 갖는다.

```
glOrtho(GLdouble left, GLdouble right, GLdouble bottom, GLdouble top, GLdouble near,
        GLdouble far);
```

앞의 두 인자는 x축의 왼쪽과 오른쪽을 의미하고, 세 번째와 네 번째의 인자는 y축에서의 위쪽과 아래쪽을 의미하며, 다섯 번째와 여섯 번째 인자는 z축에서의 앞쪽과 뒤쪽을 의미한다.

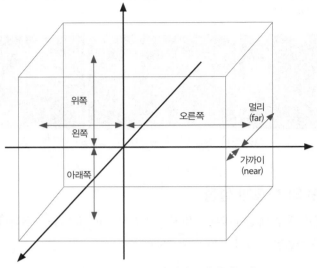

그림 9-11 **OpenGL의 평면 투영의 좌표계**

OpenGL의 기본 좌표계의 크기는 –1.0에서 1.0 사이의 값을 사용하는 좌표계를 이용하는데, 이 glOrtho() 함수를 이용해서 좌표계의 범위를 정의할 수 있다. 일반적으로 스마트 TV는 16:9의 비율을 사용하고 있으므로 x축의 좌표를 1.77777....로 변경하면 삼각형의 가로/세로 비율을 1:1로 설정할 수 있다. glOrtho() 함수를 빌드하기 위해 –lGL 옵션이 필요하다. 앞의 코드를 실행해보면 다음과 같이 중앙에 삼각형이 제대로 표시되는 것을 확인할 수 있다.

그림 9-12 **glOrtho() 함수를 적용한 삼각형**

다음의 glViewport() 함수는 현재 윈도우에서 보여지는 영역을 정의하는 함수로, 현재 윈도우에서 OpenGL을 표시하는 공간을 의미한다.

```
glViewport (GLint x, GLint y, GLsizei width, GLsizei height);
```

glViewport( ) 함수의 x, y는 뷰포트의 왼쪽 아래 좌표이며, width, height는 폭과 높이이다. 일반적인 그래픽과는 다르게 OpenGL은 왼쪽 아래점을 y축의 기준점으로 삼고 있다. 앞의 코드를 다음과 같이 수정해서 어떤식으로 표시되는지 알아보자.

```
                              /* ~ 중간 표시 생략 ~ */

    /* 직교 투영으로 좌표계의 범위를 설정 */
    glOrthof(-1.778f, 1.778f, -1.0f, 1.0f, -1.0f, 1.0f);

    /* 현재 윈도우에 OpenGL 표시를 위한 영역의 설정 */
    glViewport(0, 0, screenWidth/2, screenHeight/2);

    /* 출력될 도형을 위한 좌표 설정 */
    GLfloat points[] = {
        -0.5, -0.5, 0.0,                      /* 왼쪽 아래 */

                              /* ~ 중간 표시 생략 ~ */
```

이와 같이 수정하고 빌드해서 실행해보면 화면에서 아래의 ¼ 지역만 사용하는 것을 확인할 수 있다. OpenGL이 출력되는 위치를 설정하고 싶으면 glViewport( ) 함수 첫 번째와 두 번째의 x와 y 인자를 사용하면 된다.

그림 9-13 **glViewport( ) 함수의 적용**

앞에서 설명한 것과 같이 외곽의 하늘색은 라즈베리 파이의 VideoCore API와 EGL 부분의 코드를 수정하면 된다.

```
                              /* ~ 중간 표시 생략 ~ */
    dst_rect.x = 0;                           /* 출력 부분의 x 좌표 */
    dst_rect.y = 0;                           /* 출력 부분의 y 좌표 */
    dst_rect.width = GScreenWidth;            /* 출력 부분의 넓이(Width) */
    dst_rect.height = GScreenHeight;          /* 출력 부분의 높이(Height) */
                              /* ~ 중간 표시 생략 ~ */
```

9.3 OpenGL ES 1.1을 이용한 3D 애니메이션

이제 앞에서 살펴본 개념을 바탕으로 3차원 객체를 그려보고 변환을 통해서 3D 애니메이션을 진행해보자.

9.3.1 OpenGL ES 1.1과 3D 객체 표시

OpenGL은 3차원 모델링을 지원한다. 앞에서 2차원 도형만 그려봤는데, OpenGL을 이용해서 3차원의 정육면체를 만들어볼 수 있다. 3차원 그래픽은 2차원에 비해서 정점의 수가 더 많고 3D 공간을 고려해야 하므로 개념이 더 복잡하다. 정육면체를 출력하기 위해서 앞에서 작성한 코드 9-8 'draw_triangle.c'의 main( ) 함수를 다음과 같이 수정하자.

코드 9-6 **draw_cube.c**

```
                    /* ~ 중간 표시 생략 ~ */

/* OpenGL에서 glClear() 함수로 버퍼를 지울 때의 색상을 설정 */
glClearColor(0.15f, 0.25f, 0.35f, 1.0f);

/* 색상 버퍼 비트와 깊이(Depth) 버퍼 비트 지우기 */
glClear(GL_COLOR_BUFFER_BIT | GL_DEPTH_BUFFER_BIT);

/* 현재의 행렬 모드를 GL_PROJECTION으로 설정 */
glMatrixMode(GL_PROJECTION);
glLoadIdentity();

/* 직교 투영으로 좌표계의 범위를 설정 */
glOrtho(-1.778f, 1.778f, -1.0f, 1.0f, -10.0f, 10.0f);

/* 현재 윈도우에 OpenGL 표시를 위한 영역 설정 */
glViewport(0, 0, GScreenWidth, GScreenHeight);

glEnable(GL_DEPTH_TEST);

/* 현재의 행렬 모드를 GL_MODELVIEW로 설정 */
glMatrixMode(GL_MODELVIEW);
glLoadIdentity();

/* 출력될 도형을 위한 좌표 설정 */
GLfloat points[] = {
    -0.5f,-0.5f,-0.5f,          /* 뒤좌하*/
    -0.5f, 0.5f,-0.5f,          /* 뒤좌상 */
     0.5f, 0.5f,-0.5f,          /* 뒤우상 */
     0.5f,-0.5f,-0.5f,          /* 뒤우하 */
    -0.5f,-0.5f, 0.5f,          /* 앞좌하 */
    -0.5f, 0.5f, 0.5f,          /* 앞좌상 */
     0.5f, 0.5f, 0.5f,          /* 앞우상 */
     0.5f,-0.5f, 0.5f           /* 앞우하 */
};
```

```
/* 12개의 삼각형을 위한 정점의 배열 인덱스 */
GLubyte indices[] = {
    0,1,2, 0,2,3,                    /* 뒤면 */
    4,6,5, 4,7,6,                    /* 앞면 */
    0,4,5, 0,5,1,                    /* 좌면 */
    1,5,6, 1,6,2,                    /* 윗면 */
    2,6,7, 2,7,3,                    /* 우면 */
    3,7,4, 3,4,0                     /* 하면 */
};

/* 정점 배열 사용을 설정 */
glEnableClientState(GL_VERTEX_ARRAY);

/* 그래픽 출력을 위한 정점 배열 사용에 대한 설정 */
glVertexPointer(3, GL_FLOAT, 0, points);

/* 삼각형 12개를 드로잉(6*2) : 처리할 정점의 수 : 36개 */
glDrawElements(GL_TRIANGLES, 36, GL_UNSIGNED_BYTE, indices);

/* 그래픽 출력을 하고 나서 정점 배열 사용에 대한 설정 해제 */
glDisableClientState(GL_VERTEX_ARRAY);

eglSwapBuffers(gDisplay, gSurface);          /* OpenGL ES의 내용을 EGL로 출력 */

                        /* ~ 중간 표시 생략 ~ */
```

3차원 공간은 2차원 공간과는 다르게 깊이(Depth)를 가졌다. 3차원 공간을 사용하기 위해서 기존의 OpenGL이 사용하는 버퍼 영역을 glClear( ) 함수로 지우고, glEnable( ) 함수에 GL_DEPTH_TEST를 설정해서 OpenGL이 드로잉할 때 입체를 그릴 수 있도록 설정한다. OpenGL은 상태 머신(State Machine)으로, 현재 설정된 상태는 다시 변경할 때까지 계속 유지된다. 예를 들어, 정점의 색이 파란색이면 다시 변경하기 전까지 계속 파란색이 된다. glEnable( ) 함수는 OpenGL의 상태를 켜는 함수로, 켜져 있는 상태를 끄기 위해서 glDisable( ) 함수를 사용할 수 있다.

OpenGL에서 깊이를 위한 속성을 설정한 것과 같이 EGL을 이용해서 출력하는 경우에는 속성에 깊이의 크기를 넣어주어야 한다.

```
/* eglChooseConfig() 함수에서 사용할 설정값 */
static const EGLint attribute_list[] = {
        EGL_RED_SIZE, 8,
        EGL_GREEN_SIZE, 8,
        EGL_BLUE_SIZE, 8,
        EGL_ALPHA_SIZE, 0,
        EGL_DEPTH_SIZE, 24,
        EGL_NONE
};
```

9.3.2 OpenGL과 행렬

OpenGL은 현재의 객체의 상태나 매핑 정보들을 행렬(Matrix)을 이용해서 저장한다. 행렬을 이용하면 다음 좌표를 계산할 수 있는데, OpenGL은 4×4의 행렬을 이용한다. 3차원의 x, y, z의 요소는 3×3 행렬만 사용해도 될 것 같지만, 이동을 표시하려면 하나의 요소가 더 필요하다.

그림 9-14 단위 행렬과 좌표계 변환

예를 들어서 x' = M·x로 표시할 수 있는데 M의 값에 따라서 좌표계의 크기(Scale)를 바꿀 수 있다. 기존 x의 값을 2만큼 키우고 싶으면 x' = 2·x로 계산하면 되고, 여기에 x축으로 2만큼 이동하고 싶으면 x' = 2·x+2로 나타낼 수 있다.

OpenGL에서 상태 변경과 관련된 함수를 수행하면 행렬에 결과가 저장되고, 그 다음에 수행되는 함수도 결과를 현재 행렬에 계속 누적시킨다. OpenGL은 상태 머신을 기반으로 하여 동작하는데, 기본 좌표계의 변환 뿐만 아니라 투영도 행렬을 사용한다.[13]

표 9-1 OpenGL에서의 행렬 모드

모드	설명	사용
GL_MODELVIEW	모델 관측 스택에 적용된다.	장면상에서 물체를 이동할 때
GL_PROJECTION	투영 행렬 스택에 적용된다.	클리핑 공간을 정의할 때
GL_TEXTURE	텍스처 행렬 스택에 적용된다.	텍스처 좌표를 조작

OpenGL에서 현재 사용하는 행렬을 설정하기 위해서 glMatrixMode( ) 함수를 사용하고, 아래의 행렬 모드를 값으로 설정한다. 행렬에서 대각선으로 모두 1인 행렬을 단위 행렬이라고 하는데, glLoadIdentity( ) 함수를 사용해서 현재의 행렬을 단위 행렬로 초기화할 수 있다. 어떤 행렬의 단위 행렬을 곱하더라도 원래 행렬의 값은 그대로이다.

---

13 투영(Projection)도 카메라의 위치와 방향에 따라 좌표계를 변환시킨다.

9.3.3 3차원 좌표와 OpenGL ES의 입체 표시

3차원 좌표 공간은 2차원보다 복잡하다. 정육면체를 표시하기 위한 3차원 좌표계는 다음과 같이 정의할 수 있다.

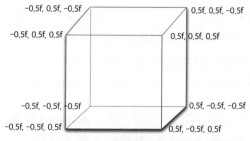

그림 9-15 OpenGL을 위한 정육면체의 좌표계

OpenGL의 좌표계는 일반적으로 -1.0 ~ 1.0 사이의 실숫값을 이용하는데, 정육면체가 좌표계의 영역 안에서 표시될 수 있도록 -0.5와 0.5 사이의 값을 이용하였다. OpenGL ES는 삼각형을 이용해서 도형을 표시하는데, 사각형은 2개의 삼각형을 이용하면 그릴 수 있다.

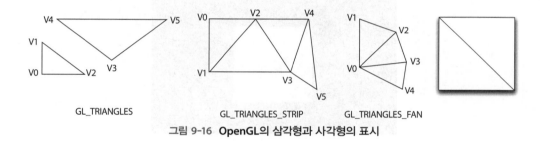

그림 9-16 OpenGL의 삼각형과 사각형의 표시

사각형을 그릴 때는 4개의 정점이 필요한데, GL_TRIANGLES 옵션을 사용하면 2개의 삼각형을 연결해서 하나의 사각형을 그릴 수 있다. 이와 같이 오각형은 3개의 삼각형을 연결하고, 육각형은 4개의 삼각형을 연결해서 그릴 수 있다. 다각형이나 보다 복잡한 입체를 모델링할 때 정점의 수가 많아지면 많아질수록 각각의 정점 좌표들을 입력하기 어렵고 정점의 방향 설정 등을 해야 한다. 그리고 정점을 하나씩 그릴 때마다 함수를 호출하면 속도 면에서도 좋지 않다. 이러한 것을 한번에 처리할 수 있도록 정점 배열을 사용한다.

정점 배열의 인덱스(Index)를 저장하는 인덱서 버퍼를 이용하면 3차원 객체의 모델링보다 간단히 처리할 수 있다. 정점 배열에서의 좌표를 (x, y, z) 단위로 묶고, 배열의 해당 인덱스 값만 사용하는 것이다. 예를 들어 앞면을 그리고 싶으면 4개의 (-0.5f, -0.5f, 0.5f), (-0.5f, 0.5f, 0.5f), (0.5f, 0.5f, 0.5f)와 (0.5f, -0.5f, 0.5f) 정점이 필요한데, 이 4개의 정점으로 2개의 삼각형이 그려질 수 있도록 정점 배열의 인덱스를 이용하여 (4, 6, 5)와 (4, 7, 6)과 같이 배치하면 된다.

OpenGL은 3차원이기 때문에 객체와 면들은 앞면과 뒷면을 가지고 있다. 일반적으로 반시계 방향(CCW, Counter-Clock-Wise)이 앞면이다. 이를 위해 정점 배열의 인덱스를 배열의 반시계 방향으로 저장하면 된다.

이렇게 만든 인덱스 배열을 이용해서 정육면체를 그리기 위해서는 glDrawElements( ) 함수를 사용하면 된다. 총 36개의 인덱스(정점)와 GL_TRIANGLES 인자로 삼각형을 그리는데, 2개의 삼각형을 이어 사각형을 만들고 6개의 사각형으로 정육면체와 같은 다각형을 그릴 수 있다. 정점 배열의 인덱스는 indices 배열에서 가져오는데, 데이터형은 GL_UNSIGNED_BYTE로 되어 있다.

정육면체의 기본 모델링은 2차원의 삼각형과 같다. glEnableClientState( ) 함수를 이용해서 GL_VERTEX_ARRAY 상태를 설정하고, 정점을 위한 좌표는 glVertexPointer( ) 함수를 이용해서 설정한다. 이어서 glDrawElements( ) 함수를 이용해서 정육면체를 모델링하고, glDisableClientState( ) 함수를 이용해서 앞에서 설정한 GL_VERTEX_ARRAY 상태를 해제한 뒤, eglSwapBuffers( ) 함수를 이용해서 화면에 출력하면 된다.

그림 9-17 OpenGL ES를 이용한 정육면체의 정면 표시

9.3.4 OpenGL 의 변환(Transform)

앞의 코드는 정육면체의 3D 객체를 모델링하였다. 하지만 수행해보면 화면에 정육면체가 아니라 흰색의 사각형이 표시된다. 그 이유는 정육면체의 앞면을 보고 있기 때문인데, 입체 상태의 정육면체로 보고 싶다면 객체를 회전하거나 이동시켜야 한다. OpenGL의 변환은 이동(translate), 회전(rotate), 크기 변환(scale)이 있다. OpenGL에서 이동은 glTranslate( ) 함수를 이용하고, 회전은 glRotate( ) 함수, 그리고 크기 변환은 glScale( ) 함수를 사용한다.

```
                    /* ~ 중간 표시 생략 ~ */

/* 현재의 행렬 모드를 GL_MODELVIEW로 설정 */
glMatrixMode(GL_MODELVIEW);
glLoadIdentity();
```

```
glTranslatef(0.0f, 0.0f, 1.0f);
glRotatef(45.0f, 1.0f, 1.0f, 1.0f);

/* 출력될 도형을 위한 좌표 설정 */
GLfloat points[] = {

                /* ~ 중간 표시 생략 ~ */
```

일반적인 그래픽스와는 다르게 OpenGL의 경우 변환은 객체 자체가 변환되는 것이 아니라 좌표계를 변환시킨다. 이동은 좌표계의 원점이 움직이고, 회전은 좌표계의 축이 돌아가며, 크기 변환은 좌표계의 눈금의 간격이 바뀐다.

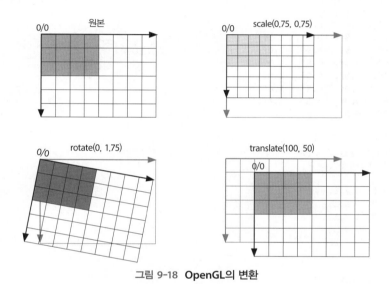

그림 9-18 **OpenGL의 변환**

동일한 객체라도 좌표계가 바뀌면 다른 위치나 크기로 그려질 수 있다. 앞에서 설명한 것과 같이 OpenGL은 상태 머신으로 기존의 상태를 저장한다고 하였다. OpenGL에서 변환을 수행하면 GL_MODELVIEW 행렬에 현재의 상태를 누적하는데, 경우에 따라 초깃값을 다시 이용해야 할 필요가 있다. 이때 glLoadIdentity( ) 함수를 수행하면 GL_MODELVIEW 행렬이 단위 행렬로 초기화된다.

glTranslate( ) 함수를 이용해서 뒤쪽(z축)으로 좌표계의 원점을 이동시키고, glRotate( ) 함수를 이용해서 좌표계의 축을 x, y, z축의 모든 방향으로 45도 회전시킬 수 있다. 이렇게 변환된 좌표계를 이용해서 객체를 표시하면 정육면체가 비스듬하게 입체로 표시되는 것을 확인할 수 있다.

그림 9-19 **정육면체의 변환**

9.3.5 OpenGL의 색상

앞의 출력 결과를 보면 모든 면들이 흰색이라 각각을 잘 구분할 수 없다. 정점에 별도의 색상을 설정하지 않았기 때문인데, 각 정점에 색상을 설정하면 구분할 수 있다. 이를 위해 앞의 코드에 다음과 같은 내용을 추가해보자.

```
                          /* ~ 중간 표시 생략 ~ */
    0.5f, 0.5f, 0.5f,
    0.5f,-0.5f, 0.5f
};

/* 정점의 색상을 위한 배열 */
GLfloat colors[] = {
    0.0f,  1.0f,  0.0f,  1.0f,
    0.0f,  1.0f,  0.0f,  1.0f,
    1.0f,  0.5f,  0.0f,  1.0f,
    1.0f,  0.5f,  0.0f,  1.0f,
    1.0f,  0.0f,  0.0f,  1.0f,
    1.0f,  0.0f,  0.0f,  1.0f,
    0.0f,  0.0f,  1.0f,  1.0f,
    1.0f,  0.0f,  1.0f,  1.0f
};

/* 12개의 삼각형을 위한 정점의 배열 인덱스 */
GLubyte indices[] = {
    0,1,2, 0,2,3,
    4,6,5, 4,7,6,
    0,4,5, 0,5,1,
    1,5,6, 1,6,2,
    2,6,7, 2,7,3,
    3,7,4, 3,4,0
};

/* 정점 배열 사용을 설정 */
glEnableClientState(GL_VERTEX_ARRAY);

/* 색상 배열 사용을 설정 */
glEnableClientState(GL_COLOR_ARRAY);

/* 그래픽 출력을 위한 정점 배열 사용에 대한 설정 */
glVertexPointer(3, GL_FLOAT, 0, points);

/* 그래픽 출력을 위한 색상 배열 사용에 대한 설정 */
glColorPointer(4, GL_FLOAT, 0, colors);

/* 삼각형 12개를 드로잉(6*2) : 처리할 정점의 수 : 36개(3*12) */
glDrawElements(GL_TRIANGLES, 36, GL_UNSIGNED_BYTE, indices);

/* 그래픽 출력을 하고 나서 색상 배열 사용에 대한 설정 해제 */
glDisableClientState(GL_COLOR_ARRAY);

/* 그래픽 출력을 하고 나서 정점 배열 사용에 대한 설정 해제 */
glDisableClientState(GL_VERTEX_ARRAY);

                          /* ~ 중간 표시 생략 ~ */
```

색상에 대한 배열이 필요한데, 정육면체이므로 8개의 정점에 대해서 R, G, B, A 네 값을 이용해서 색상을 설정한다. 정점 배열과 마찬가지로 색상 배열도 클라이언트의 상태를 켜야 한다. glEnableClientState( ) 함수에 GL_COLOR_ARRAY 인자를 이용해서 색상 배열 사용을 설정하고 glColorPointer( ) 함수를 이용해서 사용할 색상 배열을 설정한다. 그리고 glColorPointer( ) 함수에 색상의 수와 타입 등 값을 인자로 사용한다. glDrawElements( ) 함수를 이용해서 드로잉을 수행하면 모델링이 완료되는데, 색상 버퍼의 사용이 끝나면 glDisableClientState( ) 함수에 GL_COLOR_ARRAY 인자를 이용해서 색상 버퍼의 사용을 해제하면 된다.

그림 9-20 색상이 입혀진 정육면체

앞의 코드를 수행해보면 면이 각 정점의 색으로 혼합된 그라디언트 형태로 채워지는 것을 볼 수 있다. 한 색으로만 면을 채우고 싶은 경우에는 glShadeModel(GL_FLAT) 함수를 이용해서 쉐이트 모델을 GL_FLAT으로 설정하면 된다.

9.3.6 정육면체의 애니메이션

이제 마지막 단계로 애니메이션(Animation) 기법을 통해 정육면체를 움직여보자. 기존의 코드에 while 문과 sleep( ) 함수를 추가하고 객체의 회전을 위해서 glRotate( ) 함수를 사용하면 된다.

코드 9-7 draw_cube_animation.c

```
                        /* ~ 중간 표시 생략 ~ */

    2,6,7, 2,7,3,
    3,7,4, 3,4,0
};

GLfloat angle = 45.0f;
while(1) {
    glClear(GL_COLOR_BUFFER_BIT | GL_DEPTH_BUFFER_BIT);
    glMatrixMode(GL_MODELVIEW);
    glLoadIdentity();
    glTranslatef(0.0f, 0.0f, 4.0f);
    glRotatef(angle++, 1.0f, 1.0f, 1.0f);
```

```
        glEnableClientState(GL_VERTEX_ARRAY);           /* 정점 배열 사용을 설정 */
        glEnableClientState(GL_COLOR_ARRAY);            /* 색상 배열 사용을 설정 */

        glVertexPointer(3, GL_FLOAT, 0, points);        /* 정점 배열 사용에 대한 설정 */
        glColorPointer(4, GL_FLOAT, 0, colors);         /* 색상 배열 사용에 대한 설정 */

        /* 삼각형 12개를 드로잉(6*2) : 처리할 정점의 수 : 36개 */
        glDrawElements(GL_TRIANGLES, 36, GL_UNSIGNED_BYTE, indices);

        glDisableClientState(GL_COLOR_ARRAY);           /* 색상 배열 설정 해제 */
        glDisableClientState(GL_VERTEX_ARRAY);          /* 정점 배열 설정 해제 */

        eglSwapBuffers(gDisplay, gSurface);             /* OpenGL ES의 내용을 EGL로 출력 */
                                /* ~ 중간 표시 생략 ~ */

        usleep(100);
    }

                                /* ~ 중간 표시 생략 ~ */
```

애니메이션을 위해서 기존의 버퍼를 glClear( ) 함수를 이용해서 지우고, 현재의 행렬 모드를 GL_
MODELVIEW로 설정한 후, 단위 행렬로 초기화하고 회전과 관련된 glRotate( ) 함수를 실행하면
되는데, 시간에 따라서 각도가 변화할 수 있도록 하나의 변수를 사용하였다.

기존의 정육면체를 모델링하기 위한 함수들을 사용해서 모델링을 수행한 후 마지막에 eglS-
wapBuffers( ) 함수를 수행해서 화면에 정육면체를 출력하면 되는데, 여기서 애니메이션의 속도
를 조정하기 위해 usleep( ) 함수를 사용했다.

■ DRM/GBM을 이용한 3D 객체의 표시

DRM을 이용하는 경우에는 렌더링 후 작업을 순환문 안에서 다시 처리해줘야 한다. GBM을 이
용해서 프레임 버퍼를 위한 공간을 생성하므로 이전 버퍼를 삭제하는 작업을 추가한다.

```
                                /* ~ 중간 표시 생략 ~ */
    EGLint cfgCnt, cfgIdx, count = 0, currFB, prevFB;
    struct gbm_bo *prevBo = NULL;
                                /* ~ 중간 표시 생략 ~ */
        eglSwapBuffers(gDisplay, gSurface);             /* OpenGL ES의 내용을 EGL로 출력 */

        struct gbm_bo *currBo = gbm_surface_lock_front_buffer(gbmSurface);
        uint32_t handle = gbm_bo_get_handle(currBo).u32;
        uint32_t pitch = gbm_bo_get_stride(currBo);

        drmModeAddFB(device, modeInfo.hdisplay, modeInfo.vdisplay, 24, 32,
                    pitch, handle, &currFB);
        drmModeSetCrtc(device, crtc->crtc_id, currFB, 0, 0, &connector_id, 1, &modeInfo);

        /* 사용한 버퍼 해제 */
        if(prevBo) {
```

```
            drmModeRmFB(device, prevFB);
            gbm_surface_release_buffer(gbmSurface, prevBo);
    }

    prevBo = currBo;
    prevFB = currFB;

    usleep(100);
}

drmModeSetCrtc(device, crtc->crtc_id, crtc->buffer_id, crtc->x, crtc->y,
               &connector_id, 1, &crtc->mode);
drmModeFreeCrtc(crtc);

/* 사용한 버퍼 해제 */
if(prevBo) {
    drmModeRmFB(device, prevFB);
    gbm_surface_release_buffer(gbmSurface, prevBo);
}
                              /* ~ 중간 표시 생략 ~ */
```

이제 앞의 코드를 수행해보면 정육면체가 빙글빙글 회전하는 것을 확인할 수 있다.

그림 9-21 **정육면체의 회전(Rotate)**

위의 프로그램에서 무한 루프가 수행되므로 Ctrl + C 키를 눌러서 종료한다. 이 경우, 종료 작업이
제대로 이루어지지 않아 화면에 아무것도 뜨지 않을 수 있다. 이때는 clear 명령어를 수행하면 프
롬프트가 표시된다.

9.4 OpenGL ES 2.0과 셰이딩 언어

OpenGL이나 Direct3D를 이용해서 모델링한 3차원 그래픽을 사람에게 보여주기 위해서는 3D TV
나 홀로그램과 같은 3차원 디스플레이(Display) 장치나 3D 프린터를 이용할 수도 있겠지만, 아무래
도 아직은 보급화되지 못했다. 현재 가장 많이 사용되는 영상 표시 장치는 역시 2D 기반의 모니터
나 프린터이며, 이 장치에서 문제없이 보기 위해서는 3차원으로 모델링된 데이터를 2차원 데이터
로 변환하고 렌더링(변환 및 표시)한다.

9.4.1 OpenGL의 파이프라인

앞서 언급했던 3D 객체를 모델링해 컴퓨터에 표현하는 것에 대해서 다시 이야기해보자. 3차원 객체를 모델링하기 위해서는 정점(버텍스)과 각 면에 대한 표현이 필요하다. 이렇게 OpenGL로 모델링한 3D 객체를 다시 사람이 볼 수 있는 형태로 만들기(렌더링) 위해서는 모델링과는 또다른 작업이 필요하다.

3D 모델을 모니터나 프린터를 통해서 사용자에게 보여주려면 OpenGL을 이용해서 모델링된 각 정점을 이어서 면(프래그먼트)을 만들고 면에 색(픽셀)을 채우는데, 색을 채우는 작업은 면의 색상, 조명의 위치와 밝기, 관찰자의 시점 등에 따라 영향을 받는다.

이러한 변환 과정에서 그래픽스(혹은 렌더링) 파이프라인(Pipeline)이 사용되는데, 이런 이유로 OpenGL을 이용한 프로그래밍에는 파이프라인에 대한 이해가 필요하다. 위키피디아[14]에 따르면 "렌더링(Rendering)은 컴퓨터 프로그램을 사용하여 모델(또는 이들을 모아놓은 장면인 씬(scene) 파일)로부터 영상을 만들어내는 과정을 말한다."라고 한다.

■ OpenGL ES 1.0/1.1의 변환 과정

이러한 변환 과정을 이해하기 위해서 OpenGL ES 1.x에 기반한 변환 과정에 대해서 알아보자. OpenGL 1.x는 다음과 같은 순서로 코드를 작성한다.

1. OpenGL 좌표계의 초기화(GL_PROJECTION): glOrtho( )나 gluPerspective( )와 같은 함수를 통해서 3D에서 사용할 좌표계를 설정할 수 있다. 앞에서 설명한 것과 같이 OpenGL은 상태 머신(State Machine)으로 현재의 상태를 4×4 행렬에 저장한다. OpenGL의 행렬은 몇 가지가 있는데, 좌표계의 상태를 저장하기 위한 행렬(GL_PROJECTION)과 모델링된 객체를 위한 행렬(GL_MODELVIEW) 등으로 구분할 수 있다.

2. 3D 모델을 위한 변환(GL_MODELVIEW): 회전(glRotate( ) 함수), 위치 이동(glTranslate( ) 함수), 크기 변환(glScale( ) 함수)의 과정을 거쳐 3차원에서 모델링한 객체들을 변환할 수 있다.

3. 3D 객체 모델링: 3D 객체를 정점의 위치, 색상, 이미지 표시를 위한 텍스처 매핑 작업 등을 통해서 모델링할 수 있다.

3차원 객체의 모델링에서 제일 중요한 단위는 바로 정점이다. 3차원 공간에서 정점은 x, y, z의 3개의 요소로 정의되며, 2차원 공간에서의 정점은 x, y라는 2개의 요소로 정의된다. 2차원과 3차원이 서로 다르기 때문에 렌더링에서도 이렇듯 정점을 3차원 공간에서 2차원 공간으로 변환해야 한다.

---

14 http://ko.wikipedia.org/wiki/렌더링

이렇게 3차원으로 모델링한 객체를 2차원으로 렌더링하기 위해서는 몇 가지 파이프라인을 거치는데, 다음과 같은 좌표의 변환 과정이 필요하다. 각각의 정점들은 각 단계를 거치며 3차원에서 2차원으로 변환된다.

그림 9-22 **OpenGL의 좌표계의 변환**

여기에서 가장 중요한 좌표계는 절단 좌표와 정규 좌표이다. 절단 좌표는 시점 좌표에서 이동, 크기, 회전 변환을 적용한 좌표계이고, 정규 좌표는 시점 좌표에서 원근 분할(perspective division)을 적용하여 x, y, z로 세 방향 축으로 정규화된 좌표계이다.

표 9-2 **OpenGL의 좌표계**

좌표계	설명
모델 좌표 (MCS: Modeling Coordinate System)	각 객체별로 설정된 좌표계로 실제 모델링할 때 이용하는 좌표다. 일반적으로 모델링의 중심은 (0.0f, 0.0f, 0.0f)을 기준으로 하며, 모델링한 물체는 전역 좌표(정규 좌표)에서 임의의 위치에 배치된다.
전역 좌표 (WCS: World Coordinate System)	모든 객체들을 한꺼번에 표현할 수 있는 좌표계로, OpenGL 내에서 공통적으로 사용하는 좌표계를 의미한다.
시점 좌표 (VCS: View Coordinate System)	사람의 눈(카메라)을 기준으로 물체를 바라보는 시점을 표현한 좌표계다. 사람은 공간상에 있는 모든 물체를 볼 수 있는 것이 아니라 시점에 의해서 그중 일부만 볼 수 있다. 눈이 바라보는 각도에 따라 물체의 3D 표현은 달라지는데, 이와 같이 변환된 좌표를 말한다.
절단 좌표 (CCS: Clip Coordinate System)	시점에 의해서 보이지 않는 부분을 잘라내기 위해서 설정한 좌표계(-1 ~ +1 크기의 3차원 정육면체)이다. 시점으로부터 보이지 않는 공간을 이용해서 표시되는 영역을 잘라낼 수 있다.
정규 좌표 (NDCS: Normalized Device Coordinate System)	3차원 좌표에서 2차원 좌표로의 변환 시에 사용하는 좌표계로, 3D 공간에 계산된 좌표계는 다시 화면의 좌표계로 변환되어야 한다(원점이 화면의 정중앙으로 -1.0f ~ +1.0f 크기의 정사각형을 갖는 2차원 좌표계). 특히 정규 좌표계는 모든 정점 좌표의 크기가 1보다 작은 값으로 되어 있으며, 원점은 화면 정중앙에 위치한다. 우상단은 (1.0f, 1.0f)이고 좌하단은 (-1.0f, -1.0f)이 된다.
화면 좌표 (SCS: Screen Coordinate System)	화면을 화소 단위로 표시하는 좌표계로, 장치 좌표 또는 윈도우 좌표라고도 하며, 최종적으로 정규 좌표계의 좌표는 화소 단위로 화면에 출력된다(y축 기준점은 화면 최상단점).

OpenGL을 이용해서 3차원 그래픽을 수행하면 각 객체들은 정점의 위치에 의해서 고유한 모델 좌표(Model Matrix)를 가진다. 각 객체들은 중앙의 x, y ,z 위치를 (0.0f, 0.0f, 0.0f)의 값으로 가졌다.

3차원 객체들은 glRotate( ), glTranslate( ), glScale( ) 함수에 의해 회전, 위치 이동, 크기 변환 등의 과정을 거쳐서 화면에 배치된다. 이렇게 변환된 각 객체들은 전체적으로 하나의 OpenGL의 좌표계로 위치시켜야 하는데, 이때 사용되는 좌표가 전역 좌표(또는 월드 좌표)이다.

이렇게 모델링된 3차원 객체들은 사람의 눈(카메라)의 방향과 시점에 따라 보이는 영역이 제한된다. 예로서 카메라를 떠올려보면 조리개를 조정해서 피사체와의 초점의 위치(시점 좌표)와 피사체가 보여지는 범위(절단 좌표)를 조정할 수 있는데, 이를 이용해서 시점 좌표와 절단 좌표를 설정할 수 있다. 이때 OpenGL의 glOrtho( )나 glFrustum( )/gluPerspective( ) 함수가 사용된다.

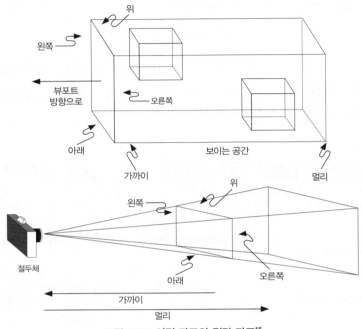

그림 9-23 시점 좌표와 절단 좌표[15]

이렇게 만들어진 3차원의 좌표를 모니터나 프린터로 출력하기 위해서는 2차원 좌표로 바꿔야 한다. 화면에 출력되는 위치는 glViewport( ) 함수에 의해서 설정되며, 최종적으로 설정된 좌표로 렌더링된다.

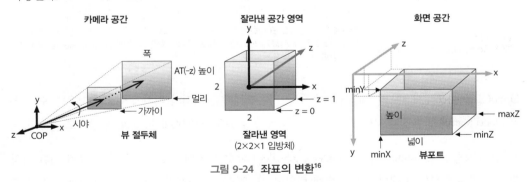

그림 9-24 좌표의 변환[16]

---

15 https://www.glprogramming.com/red/chapter03.html 참고

16 https://www3.ntu.edu.sg/home/ehchua/programming/opengl/CG_Examples.html 참고

- **OpenGL ES와 파이프라인**

OpenGL ES 1.0/1.1(이하 1.x)과 OpenGL ES 2.0/3.0 버전은 호환성을 제공하지 않는데, 가장 큰 차이점은 셰이딩 언어의 사용이다. 또한 OpenGL ES 1.x는 기본적으로 고정 기능 파이프라인(Fixed Function Pipeline)을 제공하며, OpenGL ES 2.0/3.0은 프로그래밍 가능한 파이프라인(Programmable Pipeline)을 제공한다.

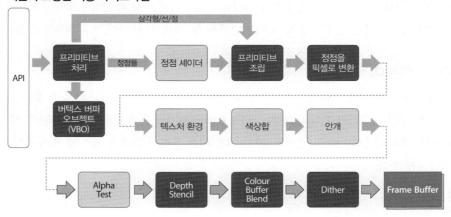

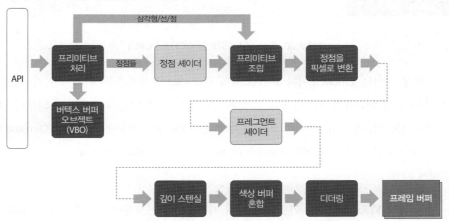

그림 9-25 **OpenGL ES 1.x와 OpenGL 2.0의 파이프라인 비교**[17]

OpenGL 1.x와 OpenGL 2.0/3.0의 가장 큰 차이는 바로 셰이딩 언어(Shading Language)라고 불리는 GPU 기반 프로그래밍이 가능한 언어가 지원되는지의 유무이다. OpenGL 1.x는 3D를 구현하

---

17 https://www.khronos.org/opengles/ 참고

기 위해서 OpenGL ES의 명령어(함수)만을 이용해서 고정된 기능만 사용할 수 있었으나, OpenGL 2.0/3.0에서부터 셰이딩 언어를 이용해서 파이프라인을 동적으로 사용할 수 있다.

9.4.2 셰이딩 언어

셰이드(Shade)를 한글로 번역하면 그늘이나 음영을 넣거나 색조를 천천히 변화시키는 것을 의미하는데, 이러한 셰이딩을 구현하는 언어가 바로 셰이딩 언어이다. 위키피디아에 따르면 "셰이딩 (shading) 또는 그림자 처리는 3차원 컴퓨터 그래픽스 분야의 렌더링 과정에서, 또는 소묘 과정에서 빛의 거리와 각도에 따라 물체 표면의 조도를 변화시키는 기법을 뜻한다."[18]로 정의하고 있다.

■ 셰이딩 언어와 OpenCL

일반적으로 프로그래밍 언어들이 CPU(Central Processing Unit)에 의해서 빌드되고 실행되는 것과 반대로, 셰이딩 언어는 그래픽 카드의 GPU(Graphic Processing Unit)에서 빌드되고 실행된다. 셰이딩 언어는 GPU를 통해서 실시간으로 실행될 수 있는데, 이를 통해서 그래픽 처리 중에 동적인 작업 수행이 가능하게 한다.

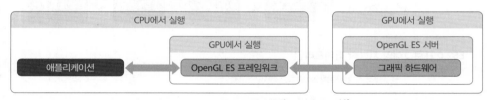

그림 9-26 **OpenGL ES의 실행(CPU와 GPU)**[19]

초기의 셰이딩 언어는 OpenGL이나 Direct3D와 같은 3D 그래픽스를 위해서만 사용되었으나, GPU가 CPU에 비해서 행렬 처리에 보다 최적화되어 있는 점을 이용해 유전자나 의료와 같은 다양한 분야에서도 시도되었고, 이러한 기능을 이용해서 OpenCL[20]나 쿠다(CUDA, Compute Unified Device Architecture)와 같은 GPGPU(General-Purpose computing on Graphics Processing Units) 컴퓨팅으로 발전하게 되었다.

쿠다는 엔비디아(NVidia)의 그래픽 카드의 GPU가 기반이어야만 사용이 가능하므로 라즈베리 파이에서 사용할 수 없다. OpenCL은 라즈베리 파이에서 사용할 수 있도록 하는 VC4CL 프로젝트[21]가

---

18 https://ko.wikipedia.org/wiki/셰이딩 참고

19 https://developer.apple.com/library/archive/documentation/3DDrawing/Conceptual/OpenGLES_ProgrammingGuide/ OpenGLESApplicationDesign/OpenGLESApplicationDesign.html 참고

20 https://www.khronos.org/registry/OpenCL/specs/opencl-1.2.pdf 참고

21 https://github.com/doe300/VC4CL 참고

있고, 브로드컴에서도 라즈베리 파이에서 사용하는 VideoCore IV 기반의 GPU를 사용할 수 있도록 관련 문서를 웹 사이트[22]에서 제공하고 있다.

■ **셰이딩 언어**

셰이딩 언어는 효과를 주기 위해서 사용되는 프로그래밍 언어로 셰이더(Shader)라고도 불린다. 위키피디아에서는 "컴퓨터 그래픽스 분야에서 셰이더(shader)는 소프트웨어 명령의 집합으로 주로 그래픽 하드웨어의 렌더링 효과를 계산하는 데 쓰인다. 또한, 셰이더는 그래픽 처리 장치(GPU)의 프로그래밍이 가능한 렌더링 파이프라인을 프로그래밍하는 데 쓰인다."[23]로 정의하고 있다.

OpenGL ES 2.0 이상 버전부터는 이러한 셰이딩 언어의 사용이 필요하며, 이러한 셰이더 언어를 이용해서 동적인 파이프라인의 생성이 가능하다. OpenGL의 렌더링 과정은 크게 세 가지 과정으로 나눌 수 있는데 3D 객체의 각 정점들을 구하고, 이렇게 구해진 각 정점들을 배치하고, 마지막에 이 정점들을 이용해서 면들을 생성하면 된다.

그림 9-27 **OpenGL의 그래픽 파이프라인**[24]

셰이딩 언어도 세 가지로 구분할 수 있는데 각 정점에 대한 버텍스 셰이더(Vertex Shader), 위치를 위한 지오메트리 셰이더(Geometry Shader), 그리고 화면에 출력된 면의 픽셀들을 위한 프래그먼트(혹은

---

22 https://docs.broadcom.com/docs/12358545 참고
23 https://ko.wikipedia.org/wiki/셰이더 참고
24 https://mkblog.co.kr/2018/08/11/gpu-graphics-pipeline/ 참고

픽셀) 셰이더(Fragment Shader)가 있다. OpenGL ES 2.x에서는 3개의 셰이더 중에서 버텍스 셰이더와 프래그먼트 셰이더가 주로 사용된다.

그림 9-28 셰이딩 언어의 사용

각각의 셰이더가 다른 특징들을 가지고 있다. 예를 들어서 책을 넘기는 효과(Page folding)를 넣고 싶은 경우에는 종이 이미지가 접히도록 각 픽셀들의 위치를 계산해야 한다. 이러한 점의 위치를 계산하기 위해서는 버텍스 셰이더를 사용하면 된다.

종이가 접힌 면에 그림자나 뒷면이 비치는 효과를 줄 수 있는데, 이 때도 각 픽셀의 색상 값을 계산하는 프래그먼트 셰이더를 사용할 수 있다. 셰이딩 언어는 C 언어와 비슷한 비교적 간단한 문법으로 이루어져 있다. 먼저 셰이딩 언어에서 제공하는 예약어들을 살펴보자.

그림 9-29 페이지 넘김
(Page Folding) 효과

표 9-3 셰이딩 언어의 주요 예약어(Reserved Word)[25]

	예약어	내용	참고
종류	uniform	실행 중 변하지 않는 값	
	attribute	외부 데이터와 연결되는 변수	
	varying	셰이더 간에 공유되는 값	
정밀도	highp	높은 정밀도를 갖는 값(high precision value)	
	lowp	낮은 정밀도를 갖는 값(low precision value)	
타입	mat4	4×4 float 행렬(matrix)	
	vec2	2D float 벡터(vector)	vec3, vec4
	sampler2D	2D 텍스처(texture)	
	float	실수 스칼라(floating scalar) 값	

셰이딩 언어는 보통 OpenGL과 함께 사용되는데, OpenGL에서 사용되는 셰이딩 언어를 GLSL (OpenGL Shading Language, OpenGL 셰이딩 언어)[26]이라고도 한다. 셰이딩 언어는 OpenGL과 같이 정점을 정의할 수 있도록 실수(float) 형의 4×4의 행렬이나 2D 벡터 등의 타입들을 제공한다.

---

25 https://www.khronos.org/opengles/sdk/docs/reference_cards/OpenGL-ES-2_0-Reference-card.pdf 참고
26 마이크로소프트의 Direct3D와 함께 사용되는 셰이딩 언어를 HLSL(High Level Shader Language)이라고 부른다.

변수는 세 가지 종류를 가졌는데, 첫 번째로는 변화하지 않는 값(상수)이 있고, 두 번째로는 셰이더 외부에서 셰이더 내부로 전달하기 위한 값을 위한 변수 타입이 있으며, 세 번째로는 버텍스 셰이더와 프래그먼트 셰이더 사이에 값을 전달하기 위한 타입이 있다. 셰이더들 사이에 값을 공유해야 할 때가 있는데, 정점의 위치(버텍스 셰이더)에 따라서 음영 효과(프래그먼트 셰이더)를 별도로 부여하고 싶은 경우에 이용될 수 있다.

셰이더는 C 언어와 같이 main( ) 함수로부터 시작되며, 계산된 결과는 버텍스[27] 셰이더의 경우 gl_Position 변수에 저장되고, 프래그먼트[28] 셰이더는 gl_FragColor 변수에 저장된다. 그리고 gl_FragDepth 변수는 프래그먼트 셰이더의 출력 변수 중 픽셀의 깊이값을 전달한다.

9.4.3 텍스처 매핑

3D 애니메이션이나 게임에서 옷감이나 탁자의 나무 질감과 같은 느낌들을 직접 그리는 것은 엄청난 작업이 필요하다. 이러한 것을 간단히 해내기 위해서 OpenGL에서는 텍스처(Texture) 매핑이라는 개념을 지원하고 있다. 텍스처 매핑은 미리 만들어져 있는 이미지를 다각형의 표면에 씌움으로써 임의의 무늬를 빠른 속도로 입혀내는 획기적인 방법이다. 최신 그래픽 카드는 하드웨어 차원에서 텍스처 매핑을 지원하므로 속도도 무척 빠르다.

텍스처 매핑은 OpenGL의 2D나 3D 객체 위에 이미지를 입히는 방식으로, 예를 들어 옷 위에는 옷감 이미지를 입히고, 탁자에는 나무 표면 이미지를 덧붙여서 이를 표시하는 것이다. 이를 이용하면 캐릭터나 복잡한 무늬들도 쉽게 구현할 수 있다.

그림 9-30 주사위 텍스처와 텍스처 매핑된 이미지

OpenGL은 입출력 기능을 제공하고 있지 않기 때문에 이미지 데이터는 리눅스의 시스템 콜이나 다른 방식을 통해서 가져온 후, 이를 그래픽 카드의 메모리로 전송해야 한다. 7장에서 Video4Linux2를 이용해서 받은 영상을 OpenGL을 이용해서 표시해보도록 하자.

---

27 정점(vertex): 3차원의 가장 기본적인 단위로 한 점의 위치를 의미
28 프래그먼트(fragment): 화면에 출력되는 픽셀의 색상 값을 의미

■ 셰이딩 언어를 이용한 텍스처 매핑

라즈베리 파이에서 OpenGL을 사용하기 위해서는 관련 헤더 파일이 필요하다. 이를 위해 소스 코드에 DRM와 GBM, 그리고 EGL과 OpenGL의 사용을 위한 코드를 추가해보도록 하자. 그리고 여기에 필요한 변수들을 전역 변수로 설정한다.

코드 9-8 **draw_camera.c**

```
#include <stdio.h>
                                    /* ~ 중간 표시 생략 ~ */
#include <linux/videodev2.h>                    /* Video4Linux2를 위한 헤더 파일 */
#include <gbm.h>                                 /* GBM을 위한 헤더 파일 */
#include <xf86drmMode.h>                         /* DRM을 위한 헤더 파일 */
#include <EGL/egl.h>                             /* EGL을 위한 헤더 파일 */
#include <GLES2/gl2.h>                           /* OpenGL을 위한 헤더 파일 */

                                    /* ~ 중간 표시 생략 ~ */

static struct fb_var_screeninfo vinfo;       /* 프레임 버퍼의 정보 저장을 위한 구조체 */
static int device;                           /* DRM 장치를 위한 변수 */
static EGLDisplay gDisplay;                   /* EGL을 위한 변수들 */
static EGLSurface gSurface;
static EGLContext gContext;
static drmModeRes *resources;                 /* DRM을 위한 변수들 */
static drmModeModeInfo modeInfo;
static drmModeCrtc *crtc;
static struct gbm_device *gbmDev;             /* GBM을 위한 변수들 */
static struct gbm_surface *gbmSurface;
static struct gbm_bo *prevBo = NULL;
static EGLint prevFB;
static uint32_t connector_id;
static drmModeConnector *connector;

                                    /* ~ 중간 표시 생략 ~ */
```

EGL을 사용하려면 초기화할 코드가 필요하다. 앞의 draw_drm.c 파일에서 초기화하는 부분을 하나의 함수로 분리하자.

```
static int initEGL(void)
{
    /* EGL을 위한 변수 선언 */
    EGLConfig gConfig, *gConfigs;
    EGLint cfgCnt, cfgIdx, count = 0;

    /* eglChooseConfig() 함수에서 사용할 설정값 */
    static const EGLint attribute_list[] = {
                EGL_RED_SIZE, 8,
                EGL_GREEN_SIZE, 8,
                EGL_BLUE_SIZE, 8,
                EGL_ALPHA_SIZE, 0,
                EGL_NONE
    };
```

```
        /* eglCreateContext() 함수에서 사용할 설정값 */
        static const EGLint context_attributes[] = {
                    EGL_CONTEXT_CLIENT_VERSION, 2, /* OpenGL ES 1.x: 1, OpenGL ES 2: 2 */
                    EGL_NONE
        };

        /* DRM(Direct Rendering Manager) 초기화 */
        resources = drmModeGetResources(device);
        connector = drmModeGetConnector(device, resources->connectors[0]);
        modeInfo = connector->modes[0];

        drmModeEncoder *encoder = drmModeGetEncoder(device, connector->encoder_id);
        crtc = drmModeGetCrtc(device, encoder->crtc_id);
        connector_id = connector->connector_id;

        /* GBM(Generic Buffer Manager) 초기화 */
        gbmDev = gbm_create_device(device);
        gbmSurface = gbm_surface_create(gbmDev, modeInfo.hdisplay, modeInfo.vdisplay,
                                    GBM_FORMAT_XRGB8888,
                                    GBM_BO_USE_SCANOUT | GBM_BO_USE_RENDERING);

        /* EGL 초기화 */
        gDisplay = eglGetDisplay(gbmDev);
        eglInitialize(gDisplay, NULL, NULL);
        eglGetConfigs(gDisplay, NULL, 0, &count);
        eglBindAPI(EGL_OPENGL_API);
        gConfigs = malloc(count * sizeof *gConfigs);
        eglChooseConfig(gDisplay, attribute_list, gConfigs, count, &cfgCnt);

        /* 현재 사용 가능한 채널 획득 */
        for(cfgIdx = 0; cfgIdx < cfgCnt; cfgIdx++) {
            EGLint id;
            if(!eglGetConfigAttrib(gDisplay, gConfigs[cfgIdx], EGL_NATIVE_VISUAL_ID, &id))
                continue;
            if(id == GBM_FORMAT_XRGB8888) break;
        }

        /* EGL 서피스 생성 */
        gContext = eglCreateContext(gDisplay, gConfigs[cfgIdx],
                                EGL_NO_CONTEXT, context_attributes);
        gSurface = eglCreateWindowSurface(gDisplay, gConfigs[cfgIdx], gbmSurface, NULL);
        free(gConfigs);
        eglMakeCurrent(gDisplay, gSurface, gSurface, gContext);

        return EXIT_SUCCESS;
}

/* 셰이더 객체를 생성하여 셰이더 소스를 로드한 후 셰이더를 컴파일 */
GLuint LoadShader(GLenum type, const char *shaderSrc)
{
                                /* ~ 중간 표시 생략 ~ */
}

/* 텍스처 이미지 생성 */
GLuint CreateTexture2D()
{
    GLuint textureId;                         /* 텍스처 객체를 위한 변수 */
    glGenTextures(1, &textureId);             /* 텍스처 객체 생성 */
```

```
/* 텍스처 객체와 연결 */
glActiveTexture(GL_TEXTURE0);
glBindTexture(GL_TEXTURE_2D, textureId);

/* 텍스처 불러오기 */
glTexImage2D(GL_TEXTURE_2D, 0, GL_RGB, WIDTH, HEIGHT,
             0, GL_RGB, GL_UNSIGNED_BYTE, pixels);

/* 필터링 모드 설정 */
glTexParameteri(GL_TEXTURE_2D, GL_TEXTURE_MIN_FILTER, GL_LINEAR);
glTexParameteri(GL_TEXTURE_2D, GL_TEXTURE_MAG_FILTER, GL_LINEAR);
glTexParameteri(GL_TEXTURE_2D, GL_TEXTURE_WRAP_S, GL_CLAMP_TO_EDGE);
glTexParameteri(GL_TEXTURE_2D, GL_TEXTURE_WRAP_T, GL_CLAMP_TO_EDGE);

return textureId;
}
```

먼저 텍스처를 사용하려면 만들 텍스처를 위한 핸들을 생성해야 한다. 이 핸들은 glGenTextures( ) 함수를 이용할 수 있다.

```
void glGenTextures(GLsizei n, GLuint *textures);
```

glGenTextures( ) 함수의 첫 번째 인자는 생성할 텍스처의 개수이고, 두 번째 인자는 텍스처를 접근할 때 사용하는 핸들(변수의 주소값)이다. 여러 개의 텍스처를 만들고 싶은 경우에 두 번째 인자로 배열의 주소를 넣어도 되고, 각각 하나씩 만들어도 되는데, 여기서는 각각 따로 만들었다.

텍스처를 위한 핸들을 생성한 후 glActiveTexture( ) 함수를 이용해서 텍스처를 활성화해야 한다.

```
void glActiveTexture(GLenum texture);
```

그런 다음 glBindTexture( ) 함수를 이용해서 텍스처를 텍스처 매핑이 되는 타깃과 바인딩한다.

```
void glBindTexture(GLenum target, GLuint texture);
```

glBindTexture( ) 함수의 첫 번째 인자로 바인딩되는 타깃이 들어가는데, GL_TEXTURE_1D, GL_TEXTURE_2D, GL_TEXTURE_3D, GL_TEXTURE_2D_ARRAY, GL_TEXTURE_RECTANGLE 등의 값[29]을 이용할 수 있지만, 일반적으로 2D 객체에 바인딩하므로 'GL_TEXTURE_2D'를 주로 사용한다.

---

29 https://www.khronos.org/registry/OpenGL-Refpages/gl4/html/glBindTexture.xhtml 참고

이제 텍스처로 사용할 이미지 데이터를 준비해야 하므로 V4L2로 캡처한 이미지 데이터를 그래픽 카드의 메모리 버퍼로 불러온다. 이미지 데이터는 텍스처 매핑에 적당한 형태로 가공해야 하므로 이를 위해 glTexImage2D( ) 함수를 호출한다.

```
void glTexImage2D(GLenum target, GLint level, GLint internalFormat, GLsizei width,
                  GLsizei height, GLint border, GLenum format, GLenum type,
                  const GLvoid *data);
```

glTexImage2D( ) 함수는 인자가 많을 뿐만 아니라 선택할 수 있는 값의 종류도 많다. 첫 번째 인자(target)는 이미지를 어떤 텍스처로 만들지를 설정하는데, 평범한 텍스처나 프록시[30], 큐브맵[31]을 만들 수도 있다. 두 번째 인자(level)는 밉맵(mipmap)[32] 사용 시 레벨을 설정하면 되는데, 밉맵을 사용하지 않을 때(해상도가 1개인 경우)는 0으로 지정한다.

세 번째 인자(internalFormat)는 내부 포맷으로 픽셀의 포맷을 지정한다. 텍스처에서의 화소를 텍셀 (texel)이라고 하는데, 텍셀을 묘사하는 R, G, B, A 구성 요소들(GL_RGB, GL_BGR 등) 또는 루미넌스나 밀돗값, 1부터 4의 값, 혹은 38개의 심볼상수의 정숫값 등 여러 가지 포맷을 사용할 수 있다.

표 9-4 이미지 포맷

상수명	텍셀 구성 요소
GL_RGBA	R, G, B, A(32비트)
GL_RGB	R, G, B(24비트)
GL_ALPHA	A(투명도)
GL_LUMINANCE	Intensity(밝기)
GL_LUMINANCE_ALPHA	Intensity(밝기), A

width, height 인자는 텍스처의 높이로 OpenGL 1.x 버전에서는 반드시 2의 제곱(2^n) 크기여야 하지만 OpenGL 2.0부터는 아니어도 상관없다. 경계선의 두께를 더해야 하는데, 경계선이 없을 경우 32, 64, 128, 256 정도의 크기면 된다. border 인자는 경계선의 두께를 지정하는데, 0(테두리가 없음) 이나 1(테두리 사용)로서 테두리의 폭이 있음을 표시할 수 있다.

format, type, data 인자는 비디오 카드로 복사되는 이미지의 래스터 데이터의 포맷과 픽셀의 타입, 그리고 래스터 데이터 배열이다. format 인자는 비디오 카드로 복사되는 이미지 픽셀의 형태를 설정한다.

---

30   OpenGL 환경에서 텍스처의 크기에 대해 포맷을 지원하는지를 확인할 수 있게 한다.
31   시점을 중심으로 둘러싼 환경들을 미리 렌더링해서 저장할 수 있는 텍스처로, 표면에 배경 등이 비치는 모습을 표시할 때 사용할 수 있다.
32   텍스처맵의 해상도와 윈도우 해상도가 다를 경우 텍스처를 위해 해상도를 줄여 놓은 텍스처맵

표 9-5 format 상수

상수명	의미
GL_COLOR_INDEX	컬러 인덱스
GL_RGB	R, G, B
GL_RGBA	R, G, B, A
GL_RED	Red(빨간색)
GL_GREEN	Green(녹색)
GL_BLUE	Blue(파랑색)
GL_ALPHA	Alpha(투명도)

type 인자는 데이터의 형태를 지정하고, 마지막 data 인자는 실제로 들어가는 데이터 값이다. 이 데이터는 비디오 카드에서 조작 가능하도록 디코딩된 상태여야 한다. 현재 순간에서 데이터를 넘기고 싶지 않으면 NULL(0)을 사용할 수 있다.

표 9-6 type 상수

상수명	의미
GL_UNSIGNED_BYTE	Unsigned 8bit 정수
GL_BYTE	Signed 8bit 정수
GL_UNSIGNED_SHORT	Unsigned 16bit 정수
GL_SHORT	Signed 16bit 정수
GL_INT	Signed 32bit 정수
GL_FLOAT	single precision 부동소수

이제 glTexParameteri( ) 함수를 이용해서 텍스처 매핑을 위한 필터링 옵션을 선택한다. 텍스처 파라미터를 지정할 때 이 파라미터에 따라 텍스처를 그리는 렌더링 방식이 달라진다.

```
void glTexParameter[f, i][v](GLenum target, GLenum pname, GLfloat param);
```

첫 번째 인자(target)는 텍스처의 핸들(차원)을 지정한다. 두 번째 인자(pname)는 파라미터의 이름이고, 세 번째 인자(param)는 값이다. 텍스처와 물체의 면적이 정확하게 일치하는 경우가 드문데, 이 때는 텍스처의 크기를 조정해서 매핑해야 한다. 텍스처맵의 매핑을 계산하는 과정을 텍스처 필터링이라고 한다. GL_TEXTURE_MIN_FILTER는 축소 시의 필터링 방식을 지정하고 GL_TEXTURE_MAG_FILTER는 확대 시의 필터링 방식을 지정한다.

최단 거리(GL_NEAREST) 필터는 비율상 대응되는 위치의 텍셀 값을 그대로 사용하는데, 알고리즘은 단순하지만 품질은 떨어진다. 선형(GL_LINEAR) 필터는 대응되는 위치 주변의 텍셀에 대한 평균값을 계산하며, 오버 헤더가 많지만 품질은 훨씬 더 좋다. 축소 시의 디폴트는 GL_NEAREST_MIPMAP_LINEAR이고, 확대 시의 디폴트는 GL_LINEAR이다.

GL_TEXTURE_WRAP_S와 GL_TEXTURE_WRAP_T 옵션은 확대나 축소 범위 밖의 텍셀들을 어떻게 할 것인지를 설정하는데, 이미지 자체를 반복(GL_REPEAT) 또는 이미지의 테두리 값 반복(GL_CLAMP_TO_EDGE) 중 한 가지로 설정할 수 있다.

이제 텍스처 매핑을 위한 OpenGL 함수를 작성해보자. 버텍스 셰이더에서는 현재 버텍스의 좌표를 설정할 때 이렇게 설정된 좌표에 텍스처를 매핑해야 한다. 버텍스 셰이더와 프래그먼트 셰이더 사이에 좌푯값을 서로 주고받아야 할 경우, 이 변수를 표 9-3의 varying 키워드로 지정할 수 있다. 현재 받아온 텍스처의 위치는 v_texCoord 변수로 지정하고 프래그먼트 셰이더에서 받아온다.

프래그먼트 셰이더에서 사용할 데이터는 sampler2D로 받아온다. 그리고 texture2D( ) 함수를 통해 v_texCoord의 좌표로 텍셀(s_texture)을 설정하고, 결과를 gl_FragColor에 전달한다.

```c
static int initOpenGL(void)
{
    /* 화면의 크기를 저장하기 위한 변수 */
    uint32_t screenWidth = modeInfo.hdisplay, screenHeight = modeInfo.vdisplay;

    /* 버텍스 셰이더(Shader)를 위한 소스 코드 */
    char vShaderStr[] =
        "attribute vec3 a_position;                          \n"
        "attribute vec2 a_texCoord;                          \n"
        "varying vec2 v_texCoord;                            \n"
        "                                                    \n"
        "void main()                                         \n"
        "{                                                   \n"
        "   gl_Position = vec4(a_position, 1);               \n"
        "   v_texCoord = a_texCoord;                         \n"
        "}                                                   \n";

    /* 프래그먼트 셰이더(Shader)를 위한 소스 코드 */
    char fShaderStr[] =
        "uniform sampler2D s_texture;                        \n"
        "varying vec2 v_texCoord;                            \n"
        "                                                    \n"
        "void main()                                         \n"
        "{                                                   \n"
        "   gl_FragColor = texture2D(s_texture, v_texCoord);    \n"
        "}                                                   \n";

    /* 버텍스 셰이더와 프래그먼트 셰이더 불러오기 */
    GLuint vertexShader = LoadShader(GL_VERTEX_SHADER, vShaderStr);
    GLuint fragmentShader = LoadShader(GL_FRAGMENT_SHADER, fShaderStr);
```

```
    /* 프로그램 객체 생성 */
    GLuint programObject = glCreateProgram();
    if(programObject == 0) {
        return 0;
    }

    /* 버텍스 셰이더와 프래그먼트 셰이더를 프로그램 객체와 연결 */
    glAttachShader(programObject, vertexShader);
    glAttachShader(programObject, fragmentShader);

    /* 버텍스 셰이더에서 사용하고 있는 vPosition 변수에 인덱스(0)를 대입 */
    glBindAttribLocation(programObject, 0, "a_position");

    GLint linked;
    glLinkProgram(programObject);                            /* 프로그램을 링크 */
    glGetProgramiv(programObject, GL_LINK_STATUS, &linked);  /* 링크의 상태를 검사 */
    CreateTexture2D();                                       /* 텍스처 생성 */
    glUseProgram(programObject);                             /* 프로그램에 연결한 셰이더를 사용 */

    glClearColor(0.0f, 0.0f, 0.0f, 0.0f);                   /* 배경색을 설정 */

    /* 사용한 셰이더 삭제 */
    glDeleteShader(fragmentShader);
    glDeleteShader(vertexShader);

    /* 뷰포트를 사용하기 위해 현재 윈도우의 크기를 질의 */
    EGLint surface_width = WIDTH;
    EGLint surface_height = HEIGHT;

    eglQuerySurface(gDisplay, gSurface, EGL_WIDTH, &surface_width);
    eglQuerySurface(gDisplay, gSurface, EGL_HEIGHT, &surface_height);

    /* 현재 윈도우에서 OpenGL을 표시하기 위한 영역의 설정 */
    glViewport(0, 0, surface_width, surface_height);

    return EXIT_SUCCESS;
}
```

그리고 다음에서 텍스처 생성을 위한 CreateTexture2D( ) 함수를 부르고 OpenGL을 표시할 뷰포트를 설정한다. 이제 카메라 영상을 매핑할 render( ) 함수를 작성해보도록 하자.

```
/* 카메라 영상을 텍스처 매핑 */
static void render()
{
    GLint verAttrib = 0, texAttrib = 1;
    GLfloat vVertices[] = {
        -1.0f,  1.0f, 0.0f,         /* 위치 0: 왼쪽 위 */
         0.0f,  0.0f,               /* 텍스처 0 */
         1.0f,  1.0f, 0.0f,         /* 위치 1: 오른쪽 위 */
         1.0f,  0.0f,               /* 텍스처 1 */
         1.0f, -1.0f, 0.0f,         /* 위치 2: 오른쪽 아래 */
         1.0f,  1.0f,               /* 텍스처 2 */
        -1.0f, -1.0f, 0.0f,         /* 위치 3: 왼쪽 아래 */
         0.0f,  1.0f                /* 텍스처 3 */
    };
```

```
    GLshort indices[] = {0, 1, 2, 2, 3, 0};

    glClear(GL_COLOR_BUFFER_BIT);                /* 화면 지우기 */

    /* 버텍스의 위치 불러오기 */
    glVertexAttribPointer(verAttrib, 3, GL_FLOAT, GL_FALSE, 5 * sizeof(GLfloat), vVertices);

    /* 텍스처의 위치 불러오기 */
    glVertexAttribPointer(texAttrib, 2, GL_FLOAT, GL_FALSE, 5 * sizeof(GLfloat), &vVertices[3]);

    /* 버텍스와 텍스처 가능 설정 */
    glEnableVertexAttribArray(verAttrib);
    glEnableVertexAttribArray(texAttrib);

    /* 텍스처 매핑 수행 */
    glTexSubImage2D(GL_TEXTURE_2D, 0, 0, 0, WIDTH, HEIGHT, GL_RGB, GL_UNSIGNED_BYTE, pixels);

    /* 삼각형들을 이용해서 객체 그리기: 2개의 삼각형 = 1개의 사각형 */
    glDrawElements(GL_TRIANGLES, 6, GL_UNSIGNED_SHORT, indices);
}
```

이 코드는 폴리곤을 간단하게 그리기 위해서 버텍스 배열을 이용하였다. OpenGL은 정사각형이든 직사각형이든 그림 9-30과 같이 -1.0 ~ 1.0 사이의 좌푯값을 기본값으로 이용한다. vVertices 배열의 4개의 점을 이용해서 사각형을 그릴 수 있는데, 위의 코드에서는 indices 배열의 2쌍의 인덱스인 {0, 1, 2}와 {2, 3, 0}을 이용해서 2개의 삼각형을 그렸고, 이 2개의 삼각형을 이어서 사각형을 그릴 수 있다. 버텍스의 방향은 둘 다 같은 방향으로 되어 있다.

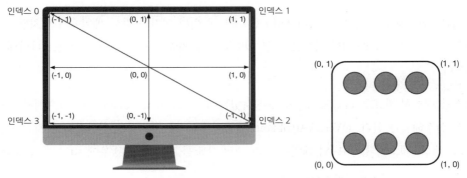

그림 9-31 2개의 삼각형을 위한 버텍스와 텍스처의 위치와 배열

vVertices 배열에는 버텍스의 위치만 있는 것이 아니라 텍스처의 위치도 저장하고 있다. 텍스처의 좌표는 버텍스와는 다르게 기본값이 0.0 ~ 1.0이다. 왼쪽 아래가 (0.0, 0.0)이 되고 오른쪽 위의 값이 (1.0, 1.0)의 위치가 된다.

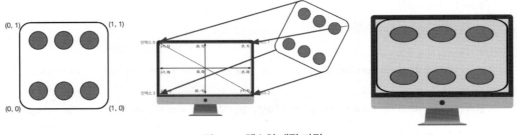

그림 9-32 텍스처 매핑 과정

glVertexAttribPointer( ) 함수를 사용해서 버텍스와 텍스처에 대한 인덱스 배열을 설정한다.

```
void glVertexAttribPointer(GLuint index, GLint size, GLenum type, GLboolean normalized,
                           GLsizei stride, const GLvoid *pointer);
```

glVertexAttribPointer( ) 함수의 첫 번째 인자(index)는 버텍스 셰이더의 레이어(위치)다. 그리고 두 번째 인자(size)는 버텍스 요소의 갯수로 1, 2, 3, 4 값만 가능한데, x, y, z로 구성되면 3이고 x, y, z, w로 구성되면 4이다.

세 번째 인자(type)는 버텍스 배열의 멤버 타입으로 GL_FLOAT이나 GL_BYTE, GL_UNSIGNED_BYTE, GL_SHORT, GL_UNSIGNED_SHORT, GL_INT 등의 값을 사용할 수 있다. 네 번째 인자(normalized)는 특정한 값의 범위 내로 재정의한 정규화를 의미한다.

다섯 번째 인자(stride)는 glVertexPointer( ) 함수의 세 번째 인자와 같이 배열에서 배치된 순서에 따라서 다음 구성 요소까지의 바이트 수를 의미하며, 마지막 인자(pointer)는 위치를 나타내는 데이터이다.

버텍스와 텍스처 좌표를 하나의 배열로 설정하였는데, glVertexAttribPointer( ) 함수에서 이와 관련해서 설정해줘야 한다. glVertexAttribPointer( ) 함수는 다음과 같은 인자값을 가지고 있는데, 버텍스, 색상, 텍스처 등 하나의 배열에 여러 개의 요소를 사용하는 경우에 stride를 설정해줘야 한다.

버텍스는 (x, y ,z)의 세 요소로 구성되어 있고, 텍스처는 (x, y)의 두 요소로 구성되어 있다. 먼저 마지막의 데이터의 위치를 보면 버텍스는 0번부터 시작하니까 &vVertices[0], 즉 vVertices를 그대로 사용하면 되고, 텍스처의 좌표는 네 번째 위치에서 시작하니까 &vVertices[3]을 사용하면 된다. 배열에서 버텍스와 텍스처의 다음 위치는 다섯 번째 요소 뒤에 있으므로 '5 × 요소의 크기'로 stride를 설정하면 된다.

glVertexAttribPointer( ) 함수의 수행이 끝나면 draw_cube.c 파일의 glEnableClientState( ) 함수와
같이 glEnableVertexAttribArray( ) 함수를 이용해서 버텍스 속성 배열을 활성화시킨다.

이제 실제 텍스처 매핑될 데이터를 불러오면 되는데, glTexSubImage2D( ) 함수를 사용한다.
glTexSubImage2D( ) 함수는 이미 사용한 텍스처에서 새로 변경될 부분(xoffset, yoffset, width, height)
만 바꾸는 것으로 몇 가지 인자를 제외하면 앞의 glTexImage2D( ) 함수와 비슷하다.

```
void glTexSubImage2D(GLenum target, GLint level, GLint xoffset, GLint yoffset,
                     GLsizei width, GLsizei height, GLenum format, GLenum type,
                     const GLvoid *pixels);
```

위의 버텍스와 텍스처에 대한 설정이 끝나면 glDrawElements( ) 함수를 이용해서 사각형(2개의 삼
각형)을 그리고 거기에 카메라에서 가져온 영상 데이터를 매핑할 수 있다.

```
static void initDevice()
{
                            /* ~ 중간 표시 생략 ~ */
}

static void initRead(unsigned int buffer_size)
{
                            /* ~ 중간 표시 생략 ~ */
}

#define NO_OF_LOOP    100

static void mainloop()
{
                            /* ~ 중간 표시 생략 ~ */
}

static int readFrame()
{
                            /* ~ 중간 표시 생략 ~ */
}

unsigned char clip(int value, int min, int max)
{
    return(value > max ? max : value < min ? min : value);
}

/* YUYV를 BGRA로 변환 */
static void processImage(const void *p)
{
    int width = WIDTH, height = HEIGHT;

    unsigned char* in = (unsigned char*)p;
    int y0, u, y1, v;
```

```
for(int i = 0, x = 0; i < width*height*2; i+=4, x+=6) {
    const unsigned char *pyuv = in+i;

    /* YUYV 성분을 분리 */
    y0 = pyuv[0];
    u  = pyuv[1] - 128;
    y1 = pyuv[2];
    v  = pyuv[3] - 128;

    pixels[x+0] = clip((298 * y0 + 409 * v + 128) >> 8, 0, 255);          /* Red */
    pixels[x+1] = clip((298 * y0 - 100 * u - 208 * v + 128) >> 8, 0, 255); /* Green */
    pixels[x+2] = clip((298 * y0 + 516 * u + 128) >> 8, 0, 255);          /* Blue */

    pixels[x+3] = clip((298 * y1 + 409 * v + 128) >> 8, 0, 255);          /* Red */
    pixels[x+4] = clip((298 * y1 - 100 * u - 208 * v + 128) >> 8, 0, 255); /* Green */
    pixels[x+5] = clip((298 * y1 + 516 * u + 128) >> 8, 0, 255);          /* Blue */
}

render();

int rc = eglSwapBuffers(gDisplay, gSurface);
if(rc != EGL_TRUE) {
    fprintf(stderr, "eglSwapBuffers failed\n");
    exit(EXIT_FAILURE);
}

/* GBM 잠금 */
EGLint currFB;
struct gbm_bo *currBo = gbm_surface_lock_front_buffer(gbmSurface);
uint32_t handle = gbm_bo_get_handle(currBo).u32;
uint32_t pitch = gbm_bo_get_stride(currBo);
drmModeAddFB(device, modeInfo.hdisplay, modeInfo.vdisplay, 24, 32, pitch,
            handle, &currFB);
drmModeSetCrtc(device, crtc->crtc_id, currFB, 0, 0, &connector_id, 1, &modeInfo);

/* 사용한 버퍼 해제 */
if(prevBo) {
    drmModeRmFB(device, prevFB);
    gbm_surface_release_buffer(gbmSurface, prevBo);
}

prevBo = currBo;
prevFB = currFB;
}
```

기존의 v4l2_framebuffer.c 파일에서 사용한 함수들을 그대로 사용하면 된다. processImage( ) 함수는 카메라로 받아온 이미지를 프레임 버퍼에 맞춰서 변환하는 작업을 수행하였는데, 여기서 텍스처 매핑에 사용하는 RGB 데이터를 생성한 후 render( ) 함수를 불러서 텍스처 매핑을 수행한다. 그리고 앞의 draw_drm.c에서와 같이 eglSwapBuffers( ) 함수를 불러서 OpenGL에서 모델링한 것을 화면에 표시하고 관련 처리 작업을 수행한다.

```
static void uninitDevice()
{
                            /* ~ 중간 표시 생략 ~ */

}

int main(int argc, char ** argv)
{
    long screensize = 0;
    int rc;

    device = open("/dev/dri/card1", O_RDWR);                 /* DRI 장치 열기 */

    /* 장치 열기 */
    fd = open(VIDEODEV, O_RDWR| O_NONBLOCK, 0);              /* Pi Camera 열기 */
        return EXIT_FAILURE;
    }

    initDevice();                                            /* 장치 초기화 */

    rc = initEGL();
    if(rc != EXIT_SUCCESS) {
        return EXIT_FAILURE;
    }

    rc = initOpenGL();
    if(rc != EXIT_SUCCESS) {
        return EXIT_FAILURE;
    }

    mainloop();                                              /* 캡쳐 실행 */

    uninitDevice();                                          /* 장치 해제 */

    /* 사용한 EGL 정리 작업 */
    eglMakeCurrent(gDisplay, EGL_NO_SURFACE, EGL_NO_SURFACE, EGL_NO_CONTEXT);
    eglDestroySurface(gDisplay, gSurface);
    eglDestroyContext(gDisplay, gContext);
    eglTerminate(gDisplay);
    eglReleaseThread();

    drmModeSetCrtc(device, crtc->crtc_id, crtc->buffer_id, crtc->x, crtc->y,
                   &connector_id, 1, &crtc->mode);
    drmModeFreeCrtc(crtc);

    /* 사용한 버퍼 해제 */
    if(prevBo) {
        drmModeRmFB(device, prevFB);
        gbm_surface_release_buffer(gbmSurface, prevBo);
    }

    /* GBM 장치 정리 */
    gbm_surface_destroy(gbmSurface);
    gbm_device_destroy(gbmDev);

    /* DRM 장치 정리 */
```

```
        drmModeFreeConnector(connector);
        drmModeFreeResources(resources);

        /* 장치 닫기 */
        close(fbfd);
        close(fd);
        close(device);

        return EXIT_SUCCESS;                              /* 애플리케이션 종료 */
}
```

main( ) 함수에서는 DRI 장치를 연 후 initDevice( ) 함수를 불러서 장치들을 초기화한다.
initEGL( )과 initOpenGL( ) 함수를 불러서 EGL과 OpenGL을 초기화 한 후 mainloop( ) 함수를
불러서 카메라로부터 영상을 가져와서 텍스처 매핑을 수행한 후 화면에 출력한다. 카메라의 사용
이 끝나면 uninitDevice( ) 함수를 불러서 앞에서 설정한 버퍼를 정리하고 EGL과 GBM, DRM 장
치 등의 정리 작업을 수행하고 프로그램을 종료하면 된다. 위의 코드를 빌드해서 수행하면 카메라
의 영상이 화면에 표시되는 것을 확인할 수 있다.

9.4.4 셰이더 언어와 OpenGL ES 2.0

이제 OpenGL ES 1.x 기반으로 만들었던 정육면체를 OpenGL ES 2.0 기반으로 만들어보자. 그리
고 셰이딩 언어를 사용하는 방법에 대해서도 살펴볼 것이다.

■ VideoCore와 셰이딩 언어를 이용한 3차원 객체의 표시

OpenGL ES 2.0의 셰이더는 기본적으로 GLSL 문법을 사용한다. GLSL은 C 언어와 비슷하다. 기
본적으로 버텍스 셰이더와 프래그먼트 셰이더를 사용해야 하는데, 다음과 같이 코드를 작성해보
도록 하자.

코드 9-9 draw_opengl2.c

```
#include <stdio.h>
#include <unistd.h>
#include <math.h>
#include <GLES/gl.h>                       /* OpenGL ES를 사용하기 위해서 */
#include <GLES2/gl2.h>
#include <EGL/egl.h>                       /* EGL을 사용하기 위해서 */

#include "bcm_host.h"                      /* 브로드컴(Broadcom)의 VideoCore 사용을 위해서 */

/* 셰이더 객체를 생성하여 셰이더 소스를 로드한 후, 셰이더를 컴파일 */
GLuint LoadShader(GLenum type, const char *shaderSrc)
{
    GLuint shaderId;                       /* 셰이더의 ID */
    GLint compiled;
```

```
    /* 셰이더 객체의 생성 */
    shaderId = glCreateShader(type);
    if(shaderId == 0) return 0;

    /* 셰이더 소스 로드 */
    glShaderSource(shaderId, 1, &shaderSrc, NULL);

    /* 셰이더 컴파일 */
    glCompileShader(shaderId);

    /* 컴파일 상태 검사 */
    glGetShaderiv(shaderId, GL_COMPILE_STATUS, &compiled);
    if(!compiled) {
        GLint infoLen = 0;
        glGetShaderiv(shaderId, GL_INFO_LOG_LENGTH, &infoLen);
        if(infoLen > 1) {
            char* infoLog = malloc(sizeof(char) * infoLen);
            glGetShaderInfoLog(shaderId, infoLen, NULL, infoLog);
            free(infoLog);
        }

        /* 에러 시 셰이더 삭제 */
        glDeleteShader(shaderId);

        return 0;
    }

    return shaderId;
}
```

셰이더를 사용하기 위해서는 먼저 셰이더의 객체를 만든 후에 소스 코드를 불러오고 이를 컴파일한 후에 사용하면 된다. 셰이더의 컴파일 시 생기는 에러 메시지를 보기 위해서 glGetShaderiv( )나 glGetShaderInfoLog( )와 같은 함수를 이용할 수 있다.

이제 메인 함수를 이용해서 OpenGL ES 2.0을 위한 코드를 작성해보자. OpenGL ES 2.0을 표시하기 위해서 사용되는 기본적인 설정 코드는 앞서 나온 라즈베리 파이의 VideoCore 코드와 EGL, OpenGL ES 1.x와 비슷하다.

```
int main(int argc, const char **argv)
{
    /* 해상도를 위한 초깃값을 1920×1080(FULL HD)로 지정 */
    uint32_t GScreenWidth = 1920;
    uint32_t GScreenHeight = 1080;
    int32_t success = 0;

    /* EGL 사용을 위한 변수들 */
    EGLDisplay gDisplay;
    EGLSurface gSurface;
    EGLContext gContext;
    EGLConfig config;
```

```
EGLBoolean result;
EGLint num_config;

static EGL_DISPMANX_WINDOW_T nativewindow;
DISPMANX_ELEMENT_HANDLE_T dispman_element;
DISPMANX_DISPLAY_HANDLE_T dispman_display;
DISPMANX_UPDATE_HANDLE_T dispman_update;
VC_RECT_T dst_rect;
VC_RECT_T src_rect;

static const EGLint attribute_list[] = {
    EGL_RED_SIZE, 8,
    EGL_GREEN_SIZE, 8,
    EGL_BLUE_SIZE, 8,
    EGL_ALPHA_SIZE, 8,
    EGL_DEPTH_SIZE, 16,              /* 깊이 버퍼링(Depth Buffering)을 하기 위해서 필요 */
    EGL_SURFACE_TYPE, EGL_WINDOW_BIT,
    EGL_NONE
};

static const EGLint context_attributes[] = {
    EGL_CONTEXT_CLIENT_VERSION, 2,    /* OpenGL ES 2.0을 위한 버전 설정 */
    EGL_NONE
};

/* 정육면체를 위한 8개의 정점 정의 */
GLfloat g_vertex_data[] = {
    -0.5f, -0.5f, -0.5f,
     0.5f, -0.5f, -0.5f,
     0.5f,  0.5f, -0.5f,
    -0.5f,  0.5f, -0.5f,
    -0.5f, -0.5f,  0.5f,
     0.5f, -0.5f,  0.5f,
     0.5f,  0.5f,  0.5f,
    -0.5f,  0.5f,  0.5f,
};

/* 정육면체의 6개 면(face)에 대한 인덱스 설정: 방향성 */
static GLubyte front[]  = {2, 1, 3, 0};            /* 앞면(front face) */
static GLubyte back[]   = {5, 6, 4, 7};            /* 뒷면(back face) */
static GLubyte top[]    = {6, 2, 7, 3};            /* 윗면(top face) */
static GLubyte bottom[] = {1, 5, 0 ,4};            /* 바닥면(bottom face) */
static GLubyte left[]   = {3, 0, 7, 4};            /* 왼쪽면(left face) */
static GLubyte right[]  = {6, 5, 2, 1};            /* 오른쪽면(right face) */
```

main( ) 함수에서 처음 나오는 코드는 OpenGL ES와 EGL, 그리고 브로드컴 VideoCore를 사용하기 위한 변수들을 설정하였다. 그리고 3차원 정육면체를 사용하기 위한 정점의 위치와 각 면의 인덱스를 배열로 설정하였다.

```
/* 버텍스 셰이더(Shader)를 위한 소스 코드 */
GLbyte vShaderStr[] =
    "attribute vec4 vPosition; \n"
    "void main() \n"
    "{ \n"
    "    gl_Position = vPosition; \n"
    "} \n";

/* 프래그먼트 셰이더(Shader)를 위한 소스 코드 */
GLbyte fShaderStr[] =
    "void main() \n"
    "{ \n"
    "    gl_FragColor = vec4(0.5, 0.5, 0.0, 1.0); \n"
    "} \n";
```

이제 셰이더를 사용하기 위한 코드들을 추가해보도록 하자. 셰이더는 셰이딩 언어를 통해서 구성된다. 셰이딩 언어는 C 언어와 비슷하다. 기본적으로 main( ) 함수를 사용해서 원하는 기능을 구현하면 되는데, 버텍스 셰이더와 프래그먼트 셰이더의 코드를 각각 작성하면 된다.

버텍스 셰이더는 정점의 좌표를 의미하는데, 계산된 좌표의 위치는 gl_Position 변수에 저장하면 이 값을 이용해서 정점이 위치된다. 버텍스 셰이더의 vPosition 변수는 attribute 타입으로 4×4의 행렬값을 저장할 수 있다. 이 변수에 glBindAttribLocation( ) 함수를 이용해서 셰이더 밖에서 값을 설정할 수 있다.

프래그먼트 셰이더는 면의 픽셀 값을 의미하는데, 계산된 픽셀의 색상은 gl_FragColor 변수에 저장하면 된다. 색상의 값은 vec4( ) 함수를 이용해서 빨강(R), 초록(G), 파랑(B), 투명도(A)의 값을 직접 입력해서 지정할 수 있다. 앞서 빨강과 초록을 같은 0.5의 값으로 지정했으므로 면은 50%의 노란색이 채워진다.

```
GLuint vertexShader;
GLuint fragmentShader;
GLuint programID;
GLint linked;

bcm_host_init();                                    /* 브로드컴의 VideoCore 초기화 */

/* EGL 디스플레이(display) 연결(connection)을 위한 객체 획득 */
gDisplay = eglGetDisplay(EGL_DEFAULT_DISPLAY);

/* EGL 디스플레이(display) 연결(connection)을 위한 객체 초기화 */
result = eglInitialize(gDisplay, NULL, NULL);

/* EGL 프레임 버퍼 설정을 위한 객체 획득 */
result = eglChooseConfig(gDisplay, attribute_list, &config, 1, &num_config);
```

```c
/* EGL과 OpenGL ES를 연결 */
result = eglBindAPI(EGL_OPENGL_ES_API);

/* EGL 렌더링 콘텍스트(context) 생성 */
gContext = eglCreateContext(gDisplay, config, EGL_NO_CONTEXT,
                            context_attributes);

/* EGL 윈도우 표면(window surface) 생성 */
success = graphics_get_display_size(0/* LCD */, &GScreenWidth, &GScreenHeight);

/* 화면의 중심에 객체가 표시되도록 설정 */
dst_rect.x = (GScreenWidth-GScreenHeight) / 2;    /* dst_rect.x = 0; */
dst_rect.y = 0;
dst_rect.width = GScreenHeight;                   /* dst_rect.width = GScreenWidth; */
dst_rect.height = GScreenHeight;

src_rect.x = 0;
src_rect.y = 0;
src_rect.width = GScreenWidth << 16;
src_rect.height = GScreenHeight << 16;

dispman_display = vc_dispmanx_display_open(0 /* LCD */);
dispman_update = vc_dispmanx_update_start(0);
dispman_element = vc_dispmanx_element_add(dispman_update, dispman_display,
                            0/*layer*/, &dst_rect, 0/*src*/,
                            &src_rect, DISPMANX_PROTECTION_NONE,
                            0/*alpha*/, 0/*clamp*/,
                            (DISPMANX_TRANSFORM_T)0/*transform*/);

nativewindow.element = dispman_element;
nativewindow.width = GScreenWidth;
nativewindow.height = GScreenHeight;
vc_dispmanx_update_submit_sync(dispman_update);

/* 화면 출력을 위한 EGL 윈도우 표면 생성 */
gSurface = eglCreateWindowSurface(gDisplay, config, &nativewindow, NULL);

/* 콘텍스트를 표면(surface)과 연결 */
result = eglMakeCurrent(gDisplay, gSurface, gSurface, gContext);

/* 배경색을 설정 */
glClearColor(0.15f, 0.25f, 0.35f, 1.0f);

glViewport(0, 0, GScreenWidth, GScreenHeight);          /* 뷰포트 설정 */

/* 버텍스 셰이더와 프래그먼트 셰이더 불러오기 */
vertexShader = LoadShader(GL_VERTEX_SHADER, vShaderStr);
fragmentShader = LoadShader(GL_FRAGMENT_SHADER, fShaderStr);

/* 프로그램 객체 생성 */
programID = glCreateProgram();
if(programID == 0) {
    printf("Error : glCreateProgram\n");
    return 0;
}
```

```
/* 버텍스 셰이더와 프래그먼트 셰이더를 프로그램 객체와 연결 */
glAttachShader(programID, vertexShader);
glAttachShader(programID, fragmentShader);

/* 버텍스 셰이더에서 사용하고 있는 vPosition 변수에 인덱스(0)를 대입 */
glBindAttribLocation(programID, 0, "vPosition");

/* 프로그램을 링크 */
glLinkProgram(programID);

/* 링크의 상태를 검사 */
glGetProgramiv(programID, GL_LINK_STATUS, &linked);

/* 프로그램에 연결한 셰이더를 사용 */
glUseProgram(programID);
```

먼저 브로드컴의 VideoCore를 초기화한 후, 화면 출력을 위한 EGL 객체를 설정하고 OpenGL ES를 초기화한다.

앞에서 작성된 셰이더 언어는 GPU를 통해서 컴파일과 실행이 이루어지는데, 이때 프로그램(Program) 객체가 사용된다. 앞에서 설명한 것과 같이 셰이더를 사용하기 위해서 먼저 셰이더 객체를 생성하고, 소스 코드를 불러온 후 컴파일한다. 이렇게 컴파일된 셰이더 객체의 ID를 이용해서 프로그램과 연결 (Attach)할 수 있다. 마지막으로 각각 컴파일된 버텍스 셰이더와 프래그먼트 셰이더를 링크하고 프로그램을 사용하면 된다. 이를 위해 OpenGL은 관련된 함수들을 제공한다.

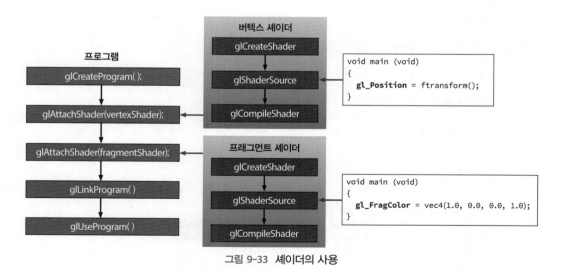

그림 9-33 셰이더의 사용

이렇게 셰이더의 설정이 끝나면 OpenGL ES 2.0의 코드를 이용해서 정육면체를 화면에 표시하면 된다.

```
glMatrixMode(GL_PROJECTION);                  /* OpenGL ES의 모드를 투영으로 설정 */
glLoadIdentity();

glClear(GL_COLOR_BUFFER_BIT | GL_DEPTH_BUFFER_BIT);        /* 화면 지우기 */
glEnable(GL_DEPTH_TEST);                   /* 3차원을 위한 GL_DEPTH_TEST 프래그 설정 */

/* OpenGL ES 2.0을 위한 좌표계 설정: 원근 투영 */
GLfloat nearp = 1.0f, farp = 500.0f, hht, hwd;
hht = nearp * (GLfloat)tan(45.0 / 2.0 / 180.0 * M_PI);
hwd = hht * (GLfloat)GScreenWidth / (GLfloat)GScreenHeight;

glFrustumf(-hwd, hwd, -hht, hht, nearp, farp);
```

glFrustum( ) 함수는 원근 투영을 위해서 사용한다. 함수의 인자에 대해서는 그림 9-23을 참고하기 바란다. glFrustum( ) 함수에서 절단 좌표로 사용되는 잘리는(clipping) 영역은 (left, bottom) – (right, top)에 의해서 정의된다.

```
void glFrustum(GLdouble left/*왼쪽*/, GLdouble right/*오른쪽*/,
               GLdouble bottom/*아래*/, GLdouble top/*윗쪽*/, GLdouble near/*근거리*/,
               GLdouble far/*원거리*/);
```

OpenGL ES 2.0은 glOrtho( ) 함수를 지원하지 않는다. 만약 직교 좌표계를 사용하고 싶은 경우에는 버텍스 셰이더 등을 이용해서 설정할 수 있다.

```
glMatrixMode(GL_MODELVIEW);
glLoadIdentity();

glVertexAttribPointer(
    0,                          /* 인덱스(Index) */
    3,                          /* 요소의 수(x, y, z) */
    GL_FLOAT,                   /* 데이터의 형 */
    GL_FALSE,                   /* 정규화(normalized) */
    0,                          /* 간격(stride) */
    g_vertex_data               /* 정점의 좌표를 가지고 있는 배열 */
);

/* 앞의 셰이더의 인덱스 0에 정육면체의 좌푯값을 설정 */
glEnableVertexAttribArray(0);

/* 6개의 면(face)을 다른 색으로 표시 */
glDrawElements(GL_TRIANGLE_STRIP, 4, GL_UNSIGNED_BYTE, front);
glDrawElements(GL_TRIANGLE_STRIP, 4, GL_UNSIGNED_BYTE, back);
glDrawElements(GL_TRIANGLE_STRIP, 4, GL_UNSIGNED_BYTE, top);
glDrawElements(GL_TRIANGLE_STRIP, 4, GL_UNSIGNED_BYTE, bottom);
glDrawElements(GL_TRIANGLE_STRIP, 4, GL_UNSIGNED_BYTE, left);
glDrawElements(GL_TRIANGLE_STRIP, 4, GL_UNSIGNED_BYTE, right);

/* EGL로 화면 표시 */
```

```
    eglSwapBuffers(gDisplay, gSurface);

    getchar();

    return 0;
}
```

마지막으로 정점의 좌표를 저장한 배열과 각 면의 인덱스를 이용해서 직육면체를 모델링하고 이를 화면으로 출력한다. 위 코드를 빌드하기 위해서는 앞에서와 같이 해당 라이브러리를 링크해주면 된다. 실행하기 전에 clear 명령어로 화면을 지우고 실행해보자. 앞에서 설명한 것과 같이 리눅스에서 '&&' 명령의 중간에 사용하면 앞 명령의 실행이 성공했을 때만 뒤의 명령이 실행된다.

```
pi@raspberrypi:~ $ gcc -c draw_opengl2.c -I/opt/vc/include -I /opt/vc/include/
interface/vcos/pthreads/ -I/opt/vc/include/interface/vmcs_host/linux
pi@raspberrypi:~ $ gcc -o draw_opengl2 draw_opengl2.o -lGLESv2 -lEGL -lGL -lbcm_host -L/
opt/vc/lib
pi@raspberrypi:~ $ clear && ./ drawopengl2
```

위 코드를 빌드해서 실행하면 화면의 중앙에 노란색의 직육면체가 표시되는데, 정면만 표시되므로 입체인지가 구분이 되지 않는다. OpenGL 1.x의 glRatate( ) 함수와 같이 OpenGL ES 2.0에서 회전하기 위해서는 버텍스 셰이더를 사용할 수 있다.

그림 9-34 OpenGL ES 2.0으로 실행한 노란색의 정육면체

■ DRM에서의 OpenGL ES 2.0

DRM/GBM을 이용해서 OpenGL 2.0을 사용하는 것은 앞의 VideoCore 소스 코드와 거의 비슷한 방법을 사용한다. 앞의 코드에 'draw_drm.c' 파일의 DRM/GBM을 초기화하는 코드를 추가한다.

```c
#include <stdio.h>
#include <stdlib.h>
#include <unistd.h>
#include <fcntl.h>
#include <gbm.h>
#include <xf86drmMode.h>
#include <GL/gl.h>
#include <GLES2/gl2.h>                /* OpenGL ES 2.0를 사용하기 위해서 */
#include <EGL/egl.h>                  /* EGL을 사용하기 위해서 */

/* 셰이더 객체를 생성하여 셰이더 소스를 로드한 후, 셰이더를 컴파일 */
GLuint LoadShader(GLenum type, const char *shaderSrc)
{
                              /* ~ 중간 표시 생략 ~ */
}

int main(int argc, char **argv)
{
    int device = open("/dev/dri/card1", O_RDWR);    /* DRI 장치 열기 */
                                   /* ~ 중간 표시 생략 ~ */
    EGLConfig gConfig, *gConfigs;
    EGLint cfgCnt, cfgIdx, count = 0, currFB;
    EGLBoolean result;
                                   /* ~ 중간 표시 생략 ~ */
    GLint linked;

    /* DRM(Direct Rendering Manager) 초기화 */
    drmModeRes *resources = drmModeGetResources(device);
    drmModeConnector *connector = drmModeGetConnector(device,
                     /* ~ 생략된 부분은 'draw_drm.c' 파일 참고 ~ */
    gSurface = eglCreateWindowSurface(gDisplay, gConfigs[cfgIdx], gbmSurface, NULL);
    free(gConfigs);
    eglMakeCurrent(gDisplay, gSurface, gSurface, gContext);

    /* EGL과 OpenGL 함수 수행 */
    /* 화면의 크기를 저장하기 위한 변수 */
    uint32_t screenWidth = modeInfo.hdisplay, screenHeight = modeInfo.vdisplay;

    /* OpenGL에서 glClear() 함수로 버퍼를 지울 때의 색상을 설정 */
    glClearColor(0.15f, 0.25f, 0.35f, 1.0f);

    /* 색상 버퍼 비트(GL_COLOR_BUFFER_BIT) 지우기 */
    glClear(GL_COLOR_BUFFER_BIT);

    /* 현재 윈도우에서 OpenGL을 표시하기 위한 영역의 설정 */
    glViewport((screenWidth-screenHeight)/2, 0, screenHeight, screenHeight);

    /* 버텍스 셰이더와 프래그먼트 셰이더 불러오기 */
    vertexShader = LoadShader(GL_VERTEX_SHADER, vShaderStr);

                              /* ~ 중간 표시 생략 ~ */
    eglSwapBuffers(gDisplay, gSurface);              /* OpenGL ES의 내용을 EGL로 출력 */

    struct gbm_bo *currBo = gbm_surface_lock_front_buffer(gbmSurface);
    uint32_t handle = gbm_bo_get_handle(currBo).u32;
                     /* ~ 생략된 부분은 'draw_drm.c' 파일 참고 ~ */
```

```
        close(device);

    return 0;
}
```

현재 화면의 중앙에 정사각형이 표시될 수 있도록 glViewport( ) 함수에서 위치와 크기를 조정하였다. 위의 코드를 빌드하려면 DRM/GBM 라이브러리와 함께 EGL과 OpenGL ES 2 라이브러리를 링크해줘야 한다.

```
pi@raspberrypi:~ $ gcc -o draw_opengl2_drm draw_opengl2_drm.c -I/usr/include/libdrm
-ldrm -lgbm -lEGL -lGLESv2 -lGL
```

빌드한 후 수행해보면 화면의 정가운데에 사각형이 표시되는 것을 확인할 수 있다.

■ 셰이딩 언어를 이용한 정육면체의 회전

이제 정육면체를 회전(Rotation)시켜 보자. 버텍스 셰이더를 이용해서 정육면체를 회전하고, 회전된 정육면체가 잘 보일 수 있도록 프래그먼트 셰이더를 이용해서 면의 색상을 변경한다. 앞의 셰이더 코드를 아래와 같이 변경하자.

```
                            /* ~ 중간 표시 생략 ~ */
/* 버텍스 셰이더(Shader)를 위한 소스 코드 */
GLbyte vShaderStr[] =
    "attribute vec4 vPosition; \n"
    "varying vec4 vColor; \n"
    "void main() { \n"
    "   float rad = 0.5; \n"
    "   mat4 xRotMat = mat4(1.0, 0.0,        0.0,      0.0, \n"
    "                       0.0, cos(rad), -sin(rad), 0.0, \n"
    "                       0.0, sin(rad),  cos(rad), 0.0, \n"
    "                       0.0, 0.1,       0.0,      1.0); \n"
    "   mat4 zRotMat = mat4(cos(rad), -sin(rad), 0.0, 0.0, \n"
    "                       sin(rad),  cos(rad), 0.0, 0.0, \n"
    "                       0.0,       0.0,      1.0, 0.0, \n"
    "                       0.0,       0.0,      0.0, 1.0); \n"
    "   gl_Position = xRotMat * zRotMat * vPosition; \n"
    "   vColor = 0.5 * (vPosition + vec4(1.0, 1.0, 1.0, 0.0)); \n"
    "} \n";

/* 프래그먼트 셰이더(Shader)를 위한 소스 코드 */
GLbyte fShaderStr[] =
    "varying vec4 vColor; \n"
    "void main() \n"
    "{ \n"
    "   gl_FragColor = vColor; \n"
    "} \n";
                            /* ~ 중간 표시 생략 ~ */
```

버텍스 셰이더에서 프래그먼트 셰이더와 함께 사용할 변수(색상)를 위한 vColor 변수를 varying으로 선언하였다.

표 9-7 **3차원 객체의 회전을 위한 공식**

기준축	행 우선 행렬(Direct3D)			열 우선 행렬(OpenGL)		
x축: Rx(θ)	1	0	0	1	0	0
	0	$\cos\theta$	$\sin\theta$	0	$\cos\theta$	$-\sin\theta$
	0	$-\sin\theta$	$\cos\theta$	0	$\sin\theta$	$\cos\theta$
y축: Ry(θ)	$\cos\theta$	0	$-\sin\theta$	$\cos\theta$	0	$\sin\theta$
	0	1	0	0	1	0
	$\sin\theta$	0	$\cos\theta$	$-\sin\theta$	0	$\cos\theta$
z축: Rz(θ)	$\cos\theta$	$\sin\theta$	0	$\cos\theta$	$-\sin\theta$	0
	$-\sin\theta$	$\cos\theta$	0	$\sin\theta$	$\cos\theta$	0
	0	0	1	0	0	1

OpenGL은 일반적인 수학과 다르게 열 우선(Column Major Order) 행렬[33]을 사용하므로 행과 열의 순서를 바꿔줘야 한다.

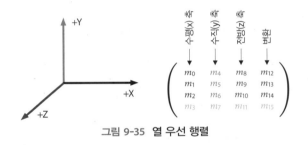

그림 9-35 **열 우선 행렬**

버텍스 셰이더는 x축과 z축에 대한 회전값을 sin( )과 cos( ) 함수를 이용해서 구하고, 기존의 위치값과 연산해서 gl_Position에 계산 결과를 저장한다.

버텍스 셰이더는 현재의 좌푯값을 이용해서 색상을 계산해 프래그먼트 셰이더와 공유하는 변수 vColor에 저장하였다. 그리고 프래그먼트 셰이더는 버텍스 셰이더에서 계산한 색상을 가져와서 그대로 표시하였다. 앞의 코드를 빌드해서 실행해보면 x축과 z축으로 기울어진 정육면체를 확인할 수 있다.

그림 9-36 **셰이더를 이용한 정육면체의 회전(Rotate)**

---

33 일반적으로 수학이나 Direct3D는 행 기반 행렬을 사용하지만, OpenGL은 열 기반 행렬을 사용한다.

■ 셰이딩 언어를 이용한 애니메이션

OpenGL ES 1.x는 glRotate( ) 함수를 이용해서 회전과 애니메이션을 수행하였지만, OpenGL ES 2.x는 셰이딩 언어를 사용하고 있다. 이를 위해서는 main( ) 함수에서 회전과 관련된 변수의 값을 변경하고, 이를 셰이딩 언어 밖에서 사용하는 변수(rad)로 값을 넘겨줘야 한다. 이를 위해 외부 변수와 셰이딩 코드 내의 변수를 연결하는 작업이 필요한데, 이때 glUniform( ) 함수를 사용할 수 있다. 앞의 코드를 다음과 같이 수정해보자.

코드 9-11 **draw_opengl2_animation.c**

```
                               /* ~ 중간 표시 생략 ~ */
static GLubyte right[]      = {6, 5, 2, 1};              /* 오른쪽 면(right face) */

/* 버텍스 셰이더(Shader)를 위한 소스 코드 */
GLbyte vShaderStr[] =
    "attribute vec4 vPosition; \n"
    "uniform float rad; \n"
    "varying vec4 vColor; \n"
    "void main() { \n"
        "float rad = 0.5; \n"
        "mat4 xRotMat = mat4(1.0,         0.0,        0.0,       0.0, \n"
                            "0.0,    cos(rad),  -sin(rad),      0.0, \n"
                            "0.0,    sin(rad),   cos(rad),      0.0, \n"
                            "0.0,         0.1,        0.0,       1.0); \n"
        "mat4 zRotMat = mat4(cos(rad), -sin(rad),      0.0,     0.0, \n"
                            "sin(rad), cos(rad),       0.0,     0.0, \n"
                            "    0.0,        0.0,       1.0,     0.0, \n"
                            "    0.0,        0.0,       0.0,     1.0); \n"
        "gl_Position = xRotMat * zRotMat * vPosition; \n"
        "vColor = 0.5 * (vPosition + vec4(1.0, 1.0, 1.0, 0.0)); \n"
    "} \n";

/* 프래그먼트 셰이더(Shader)를 위한 소스 코드 */
                               /* ~ 중간 표시 생략 ~ */
```

버텍스 셰이더에서 glUniform( ) 함수를 사용할 수 있도록 main( ) 함수의 내부 변수인 'rad'를 uniform 전역 변수로 변경한다. 그런 다음 애니메이션을 수행하면 된다.

```
                               /* ~ 중간 표시 생략 ~ */
/* 셰이더의 인덱스를 0으로 설정해서 정육면체의 좌푯값을 사용할 수 있도록 설정 */
glEnableVertexAttribArray(0);

GLfloat rad = 0;
while(1) {
    rad += 0.005;

    /* 애니메이션을 위한 코드 */
    GLint location_rad = glGetUniformLocation(programID, "rad");
    glUniform1f(location_rad, rad);
```

```
        /* 6개의 면(face)을 다른 색으로 표시 */
        glDrawElements(GL_TRIANGLE_STRIP, 4, GL_UNSIGNED_BYTE, front);
        glDrawElements(GL_TRIANGLE_STRIP, 4, GL_UNSIGNED_BYTE, back);
        glDrawElements(GL_TRIANGLE_STRIP, 4, GL_UNSIGNED_BYTE, top);
        glDrawElements(GL_TRIANGLE_STRIP, 4, GL_UNSIGNED_BYTE, bottom);
        glDrawElements(GL_TRIANGLE_STRIP, 4, GL_UNSIGNED_BYTE, left);
        glDrawElements(GL_TRIANGLE_STRIP, 4, GL_UNSIGNED_BYTE, right);

        /* EGL로 화면 표시 */
        eglSwapBuffers(gDisplay, gSurface);
            /* ~ 중간 표시 생략 : DRM 이용 시 draw_cube_animation.c 코드 참고 ~ */

        usleep(100);
    }
                            /* ~ 중간 표시 생략 ~ */

    return 0;
}
```

앞의 OpenGL ES 1.x와 같이 while( ) 문과 usleep( ) 함수를 이용해서 애니메이션을 수행한다. 먼저 셰이더 코드에서 rad 변수를 이용해서 회전을 수행하므로 연결을 위해 C 언어에서 변수 rad를 선언하고 0으로 초기화하였다. 그리고 while( ) 문에서 변수 rad의 값을 증가시키고 셰이더 프로그램을 계속 실행해주면서 도형을 다시 그리면 된다.

C 언어 코드와 셰이더의 연결을 위해 glGetUniformLocation( ) 함수를 이용해서 셰이더 안에 선언한 uniform 변수 rad의 위치를 얻어온다. glUniform( ) 함수를 이용해 외부 변수 rad와 셰이더의 uniform 변수 rad를 연결하고 정육면체를 다시 그려주면 된다. 이제 코드를 빌드하고 실행시키면 정육면체가 회전하는 것을 가져온 위치로 확인할 수 있다.

9.4.5 셰이더 언어를 이용한 GPGPU 프로그래밍

1990년대 중반에 3D 그래픽 카드가 등장하고 2000년대 3D 게임 등이 등장하면서 그래픽 카드의 GPU(Graphics Processing Unit)는 빠르게 발달하여 CPU의 처리 속도를 앞질렀다. 이러한 빠른 GPU를 기반으로 머신러닝과 딥러닝이라는 인공지능이 각광받으며, 새로운 제4차 산업혁명의 시대를 열고 있다.

이러한 GPU에서 프로그래밍이 가능한 언어가 앞에서 설명한 셰이딩 프로그래밍 언어이다. 이를 기반으로 GPU 내부 기능을 변경해서 3D 그래픽을 처리할 수 있는데, 이를 이용해서 그래픽스뿐만 아니라 다른 분야에서도 GPU의 병렬 처리를 이용하고자 하는 시도가 일어났다. 이렇게 GPU를 범용 연산에 사용하는 것을 GPGPU(General-Purpose computing on Graphics Processing Units) 프로그래밍이라고 한다.

2007년 2월 엔비디아(NVIDIA)에서 발표한 CUDA(Compute Unified Device Architecture)는 GPU를 병렬 처리를 위해 사용할 수 있도록 하였고, 또다른 GPGPU 프로그래밍 방식인 OpenCL(Open Computing Language)은 2008년 11월에 완성되어 개방형 범용 병렬 컴퓨팅 프레임워크를 지원하게 되었다. 여기서 OpenCL은 OpenGL과 같이 크로노스 그룹에서 개발 및 관리하고 있는 산업용 공개 표준이다. CUDA는 엔비디아의 그래픽 카드에서만 지원되므로 라즈베리 파이에서는 이용할 수 없다.

셰이더를 이용해서 이러한 처리를 할 수 있는데, 앞에서 카메라로부터 가지고 온 YUV 데이터를 RGB로 변환한 후 화면에 표시하였다. YUV 데이터는 같은 구조의 많은 픽셀로 되어 있기 때문에 이러한 데이터를 처리할 때는 GPU나 부록에서 설명하고 있는 SIMD를 이용하면 속도를 높일 수 있다.

GPU를 이용해서 데이터 처리를 할 수 있도록 draw_camera.c 소스 코드를 수정해보자. 셰이더를 이용해서 픽셀 포맷 변경을 수행하므로 YUV 데이터를 RGB 데이터로 변경해서 저장하는 pixels 과 관련된 부분은 더 이상 필요없다. 그러므로 이 부분과 관련된 내용을 코드에서 제거한다.

코드 9-12 **draw_camera_shader.c**

```
#include <stdio.h>
                                    /* ~ 중간 표시 생략 ~ */
static int fbfd = -1;                              /* 프레임 버퍼의 파일 디스크립터 */
static unsigned char *pixels = NULL;               /* 이미지 데이터를 위한 변수 */
struct buffer *buffers = NULL;                      /* Pi Camera의 MMAP를 위한 변수 */
                                    /* ~ 중간 표시 생략 ~ */
static drmModeConnector *connector;
static GLuint programObject;                        /* 텍스처 매핑을 위한 변수 */
                                    /* ~ 중간 표시 생략 ~ */
static int initEGL(void)
{
                                    /* ~ 중간 표시 생략 ~ */
    /* EGL 초기화 */
    gDisplay = eglGetDisplay(gbmDev);
    eglInitialize(gDisplay, NULL, NULL);
    eglGetConfigs(gDisplay, NULL, 0, &count);
    eglBindAPI(EGL_OPENGL_ES_API);                 /* EGL과 OpenGL ES를 연결 */
    gConfigs = malloc(count * sizeof *gConfigs);
                                    /* ~ 중간 표시 생략 ~ */
}

GLuint LoadShader(GLenum type, const char *shaderSrc)
{
                                    /* ~ 중간 표시 생략 ~ */
}

/* Y, U, V 요소 설정 */
GLuint SetLayer(GLuint id, char* shaderStr)
{
```

```
    int factor = 2;
    if(id == 0) factor = 1;

    /* 텍스처 설정 */
    glActiveTexture(GL_TEXTURE0 + id);
    glGenTextures(1, &id);                           /* 텍스처 객체 생성 */
    glBindTexture(GL_TEXTURE_2D, id);                /* 텍스처 객체와 연결 */
    glTexImage2D(GL_TEXTURE_2D, 0, GL_LUMINANCE, WIDTH/factor, HEIGHT/factor,
                 0, GL_LUMINANCE, GL_UNSIGNED_BYTE, NULL);

    /* 필터링 모드 설정 */
    glTexParameteri(GL_TEXTURE_2D, GL_TEXTURE_MIN_FILTER, GL_LINEAR);
    glTexParameteri(GL_TEXTURE_2D, GL_TEXTURE_MAG_FILTER, GL_LINEAR);
    glTexParameteri(GL_TEXTURE_2D, GL_TEXTURE_WRAP_S, GL_CLAMP_TO_EDGE);
    glTexParameteri(GL_TEXTURE_2D, GL_TEXTURE_WRAP_T, GL_CLAMP_TO_EDGE);

    return id;
}
/* 텍스처 이미지 생성 */
GLuint CreateTexture2D()
{
    /* 텍스처 객체를 위한 변수 */
    GLuint texY = 0;
    GLuint texU = 1;
    GLuint texV = 2;

    glPixelStorei(GL_UNPACK_ALIGNMENT, 1);

    /* 텍스처 생성 및 설정 */
    SetLayer(texY, "y_tex");
    SetLayer(texU, "u_tex");
    SetLayer(texV, "v_tex");

    return texY;
}
```

먼저 OpenGL ES로의 실행을 위해 initEGL( ) 함수에서 eglBindAPI( ) 함수에 사용한 EGL_OPENGL_API 값을 EGL_OPENGL_ES_API로 변경해야 한다.

텍스처 매핑될 이미지 데이터는 처리의 효율성을 위해 4바이트 단위로 정렬된다. 그렇기 때문에 한 행이 4의 배수가 안되더라도 뒷부분에 더미(패딩)를 추가해서라도 4의 배수로 맞추는 것이 유리하다. 그러나 정렬 단위를 바꾸고 싶다면 다음 함수로 비트맵의 저장 방식을 변경해야 한다.

```
void glPixelStore[f, i](GLenum pname, GLfloat param);
```

glPixelStore( ) 함수로 바이트 순서(GL_PACK_SWAP_BYTES)나 바이트 정렬(GL_PACK_ALIGNMENT) 등의 옵션을 지정한다. 메모리에서 비트맵을 읽을 때의 정렬은 GL_UNPACK_ALIGNMENT 옵션으로 지정한다. 기본 값은 4로 4바이트 정렬되는데, 1이나 2로 바꾸면 더 작은 단위로 정렬할 수 있다.

draw_camera.c 소스 코드에서는 RGB 이미지 데이터 하나만 처리했기 때문에 텍스처가 1 개였지만 여기서는 Y, U, V 데이터를 각각 처리하므로 3개의 텍스처가 필요하다. 이를 위해 CreateTexture2D( ) 함수에서 3개의 텍스처를 만들고 셰이더의 y_tex, u_tex, v_tex 변수와 연결할 수 있도록 설정하였다.

```c
static int initOpenGL(void)
{
    /* EGL과 OpenGL 함수 수행 */
    /* 화면의 크기를 저장하기 위한 변수 */
    uint32_t screenWidth = modeInfo.hdisplay, screenHeight = modeInfo.vdisplay;

    /* 버텍스 셰이더(Shader)를 위한 소스 코드 */
    char vShaderStr[] =
        "precision mediump float;                        \n"
        "attribute vec3 a_position;                      \n"
        "attribute vec2 a_texCoord;                      \n"
        "varying vec2 v_texCoord;                        \n"
        "                                                \n"
        "void main() {                                   \n"
        "   gl_Position = vec4(a_position, 1);           \n"
        "   v_texCoord = a_texCoord;                     \n"
        "}                                               \n";

    /* 프래그먼트 셰이더(Shader)를 위한 소스 코드 */
    char fShaderStr[] =
        "precision mediump float;                        \n"
        "varying vec2 v_texCoord;                        \n"
        "uniform sampler2D y_tex, u_tex, v_tex;          \n"
        "                                                \n"
        "void main() {                                   \n"
        "   float nx = v_texCoord.x;                     \n"
        "   float ny = v_texCoord.y;                     \n"
        "   float y = texture2D(y_tex, vec2(nx, ny))[0]; \n"
        "   float u = texture2D(u_tex, vec2(nx, ny))[0]; \n"
        "   float v = texture2D(v_tex, vec2(nx, ny))[0]; \n"
        "   y = 1.1643 * (y - 0.0625); \n"
        "   u = u - 0.5; \n"
        "   v = v - 0.5; \n"
        "   float r = y + 1.5958 * v; \n"
        "   float g = y - 0.39173 * u - 0.81290 * v; \n"
        "   float b = y + 2.018 * u;\n"
        "   gl_FragColor = vec4(r, g, b, 1.0); \n"
        "}                                               \n";

    /* 버텍스 셰이더와 프래그먼트 셰이더 불러오기 */
    GLuint vertexShader = LoadShader(GL_VERTEX_SHADER, vShaderStr);
    GLuint fragmentShader = LoadShader(GL_FRAGMENT_SHADER, fShaderStr);

    /* 프로그램 객체 생성 */
    programObject = glCreateProgram();
                            /* ~ 중간 표시 생략 ~ */
}
```

7장의 v4l2_framebuffer.c 파일에서 수행한 작업을 셰이더를 이용해서 수행하였다. 텍스처 이미지 데이터를 Y, U, V로 각각 받아서 7장의 'YUV 색상 모델과 변환 공식[34]과 같은 공식을 사용해서 변환하였다. 이렇게 계산된 값은 vec4( ) 함수로 R, G, B, A 순으로 입력해서 프래그먼트 셰이더의 최종 값인 gl_FragColor 변수에 넘겨주면 된다.

```c
/* 카메라 영상을 텍스처 매핑 */
void render()
{
                                    /* ~ 중간 표시 생략 ~ */
    glUseProgram(programObject);              /* 프로그램에 연결한 셰이더를 사용 */

    glClear(GL_COLOR_BUFFER_BIT);            /* 화면 지우기 */

    /* 버텍스의 위치 불러오기 */
    glVertexAttribPointer(verAttrib, 3, GL_FLOAT, GL_FALSE, 5 * sizeof(GLfloat),
                          vVertices);

    /* 텍스처의 좌표 불러오기 */
    glVertexAttribPointer(texAttrib, 2, GL_FLOAT, GL_FALSE, 5 * sizeof(GLfloat),
                          &vVertices[3]);

    /* 텍스처 매핑 수행 */
    const unsigned char* pixels = buffers[0].start;
    glActiveTexture(GL_TEXTURE0 + 0);
    glUniform1i(glGetUniformLocation(programObject, "y_tex"), 0);
    glTexSubImage2D(GL_TEXTURE_2D, 0, 0, 0, WIDTH, HEIGHT, GL_LUMINANCE,
                    GL_UNSIGNED_BYTE, pixels);

    glActiveTexture(GL_TEXTURE0 + 1);
    glUniform1i(glGetUniformLocation(programObject, "u_tex"), 1);
    glTexSubImage2D(GL_TEXTURE_2D, 0, 0, 0, WIDTH/2, HEIGHT/2, GL_LUMINANCE,
                    GL_UNSIGNED_BYTE, pixels+WIDTH*HEIGHT);

    glActiveTexture(GL_TEXTURE0 + 2);
    glUniform1i(glGetUniformLocation(programObject, "v_tex"), 2);
    glTexSubImage2D(GL_TEXTURE_2D, 0, 0, 0, WIDTH/2, HEIGHT/2, GL_LUMINANCE,
                    GL_UNSIGNED_BYTE, pixels+(WIDTH*HEIGHT*5/4));

    /* 버텍스와 텍스처 가능 설정 */
    glEnableVertexAttribArray(verAttrib);
    glEnableVertexAttribArray(texAttrib);

    /* 삼각형들을 이용해서 객체 그리기: 2개의 삼각형 = 1개의 사각형 */
    glDrawElements(GL_TRIANGLES, 6, GL_UNSIGNED_SHORT, indices);
}
```

카메라에서 영상 데이터가 새로 올 때마다 텍셀 데이터의 값을 변경해야 한다. render( ) 함수에서 glActiveTexture( ) 함수로 텍스처를 활성화하고 glUniform1i( ) 함수로 프레그먼트 셰이더의 변수

---

34 http://www.fourcc.org/fccyvrgb.php 참고

와 연결한다. 그리고 glTexSubImage2D( ) 함수로 텍스처의 변경할 영역을 설정해주면 된다. 기본 적으로 YUV420 포맷에서 Y의 크기는 이미지의 전체의 크기와 같지만, U와 V는 ¼ 크기(½폭 × ½ 넓이)이다. 그림 7-41과 같이 Y는 이미지의 첫 부분에 위치하고 있고, U와 V는 뒤에 ¼ 크기로 위치 하고 있다. 이에 접근하기 위해 Y의 크기(넓이 × 높이)의 위치가 U의 위치가 되고, Y의 크기(넓이 × 높이) + U의 크기(넓이 × 높이 × ¼)가 V의 위치가 된다.

기존에는 카메라를 사용할 때 V4L2_PIX_FMT_YUYV 포맷을 사용하였지만, YUYV 포맷은 Y 데이터가 연속적이지 않기 때문에 텍스처 매핑으로 값을 넣어주려면 데이터를 정형화하는 복잡한 작업이 필요하다. 보다 간단히 데이터를 처리할 수 있도록 V4L2_PIX_FMT_YUV420 포맷으로 설 정해서 사용하도록 하자.

```c
static void initDevice()
{
                                    /* ~ 중간 표시 생략 ~ */
fmt.fmt.pix.height = HEIGHT;
    fmt.fmt.pix.pixelformat = V4L2_PIX_FMT_YUV420;
    fmt.fmt.pix.field = V4L2_FIELD_NONE;
                                    /* ~ 중간 표시 생략 ~ */
}

static void initRead(unsigned int buffer_size)
{
                                    /* ~ 중간 표시 생략 ~ */
    }

    /* 메모리를 할당 */
    pixels = (unsigned char*)malloc(WIDTH * HEIGHT * vinfo.bits_per_pixel/8 *
                             sizeof(unsigned char));
    if(!pixels) {
        perror("Out of memory");
        exit(EXIT_FAILURE);
    }
}

#define NO_OF_LOOP    100

static void mainloop()
{
                                    /* ~ 중간 표시 생략 ~ */
}

static int readFrame()
{
                                    /* ~ 중간 표시 생략 ~ */
}

unsigned char clip(int value, int min, int max)
{
```

```
        return(value > max ? max : value < min ? min : value);
}

/* YUYV를 BGRA로 변환 */
static void processImage(const void *p)
{
    int width = WIDTH, height = HEIGHT;
    unsigned char* in = (unsigned char*)p;
    int y0, u, y1, v;

    for(int i = 0, x = 0; i < width*height*2; i+=4, x+=6) {
        const unsigned char *pyuv = in+i;

        y0 = pyuv[0];
        u  = pyuv[1] - 128;
        y1 = pyuv[2];
        v  = pyuv[3] - 128;

        pixels[x+0] = clip((298 * y0 + 409 * v + 128) >> 8, 0, 255);
        pixels[x+1] = clip((298 * y0 - 100 * u - 208 * v + 128) >> 8, 0, 255);
        pixels[x+2] = clip((298 * y0 + 516 * u + 128) >> 8, 0, 255);

        pixels[x+3] = clip((298 * y1 + 409 * v + 128) >> 8, 0, 255);
        pixels[x+4] = clip((298 * y1 - 100 * u - 208 * v + 128) >> 8, 0, 255);
        pixels[x+5] = clip((298 * y1 + 516 * u + 128) >> 8, 0, 255);
    }

    render();
                                    /* ~ 중간 표시 생략 ~ */
}

static void uninitDevice()
{
    free(buffers[0].start);
    free(buffers);
    free(pixels);
}

int main(int argc, char ** argv)
{
                                    /* ~ 중간 표시 생략 ~ */
}
```

initRead()와 uninitDevice() 함수에서 변환될 데이터를 저장하는 pixels 메모리를 할당하고 제거할 부분을 제거한다. 또한, processImage() 함수에서는 YUV를 RGB로 변경하는 코드를 제거한다.

기본적으로 GPU가 CPU보다 속도가 더 빠르지만, GPU가 일하는 동안 CPU는 다른 작업을 수행할 수 있기 때문에 더 빠르게 동작한다. 위의 코드를 빌드해서 수행해보면 7장에서와 같이 GPU를 이용해서 YUV 데이터가 RGB로 변경되면서 표시되는 것을 확인할 수 있는데, 셰이더를 이용하는 게 더 빠르다는 것을 깨달을 수 있다.

9.5 3D와 라즈베리 파이

이제 앞의 OpenGL ES와 3장에서 본 SenseHat의 가속도 센서로 3D 큐브의 회전을 제어해보도록 하자. 'draw_opengl2_animation.c' 코드에 3장의 'accelerometer.c' 코드를 합한다. draw_opengl2_ animation.c 파일을 기본으로 accelerometer.c 파일에 있는 전역 변수와 함수의 선언은 main( ) 함수 앞쪽에 선언하고, main 함수의 중요 부분은 합하며, 나머지 함수는 파일의 제일 마지막에 추가한다.

코드 9-13 **rpi9.c**

```c
#include <stdio.h>
#include <stdlib.h>
#include <unistd.h>
#include <fcntl.h>
#include <gbm.h>
#include <wiringPi.h>
#include <wiringPiI2C.h>
#include <sys/ioctl.h>
#include <xf86drmMode.h>
#include <GL/gl.h>
#include <GLES2/gl2.h>                       /* OpenGL ES 2.0를 사용하기 위해서 */
#include <EGL/egl.h>                         /* EGL을 사용하기 위해서 */

static const char* I2C_DEV = "/dev/i2c-1";   /* I²C를 위한 장치 파일 */
static const int I2C_SLAVE = 0x0703;         /* ioctl() 함수에서 I2C_SLAVE 설정을 위한 값 */

static const int LSM9DS1_MAG_ID = 0x1C;      /* SenseHAT의 i2c-1의 값 */
static const int LSM9DS1_ACC_ID = 0x6A;

static const int CTRL_REG1_G = 0x10;         /* LSM9DS1 스펙에 나와 있는 값 */
static const int CTRL_REG4 = 0x1E;
static const int CTRL_REG6_XL = 0x20;
static const int CTRL_REG7_XL = 0x21;
static const int CTRL_REG8 = 0x22;
static const int CTRL_REG9 = 0x23;

static const int OUT_X_G = 0x18;             /* 자이로 센서를 위한 값 */
static const int OUT_Y_G = 0x1A;
static const int OUT_Z_G = 0x1C;

static const int OUT_X_XL = 0x28;            /* 가속도 센서를 위한 값 */
static const int OUT_Y_XL = 0x2A;
static const int OUT_Z_XL = 0x2C;

static const int OUT_X_L_M = 0x28;           /* 지자기 센서를 위한 값 */
static const int OUT_X_H_M = 0x29;
static const int OUT_Y_L_M = 0x2A;
static const int OUT_Y_H_M = 0x2B;
static const int OUT_Z_L_M = 0x2C;
static const int OUT_Z_H_M = 0x2D;

static void getAccel(int fd, int *ax, int *ay, int *az);
static void getGyro(int fd, int *gx, int *gy, int *gz);
static void getMagneto(int fd, int *mx, int *my, int *mz);
```

```c
/* 셰이더 객체를 생성하여 셰이더 소스를 로드한 후, 셰이더를 컴파일 */
GLuint LoadShader(GLenum type, const char *shaderSrc)
{
                                /* ~ 중간 표시 생략 ~ */
}

int main(int argc, char **argv)
{
    int device = open("/dev/dri/card1", O_RDWR);        /* DRI 장치 열기 */
    int acc_fd, mag_fd;

    /* 가속도/자이로 센서를 위한 초기화 */
    acc_fd = open(I2C_DEV, O_RDWR);
    if(ioctl(acc_fd, I2C_SLAVE, LSM9DS1_ACC_ID) < 0) {
        perror("Failed to acquire bus for accelerometer\n");
        return 1;
    }

    /* 지자기 센서를 위한 초기화 */
    mag_fd = open(I2C_DEV, O_RDWR);
    if(ioctl(mag_fd, I2C_SLAVE, LSM9DS1_MAG_ID) < 0) {
        perror("Failed to acquire bus for magnetometer\n");
        return 1;
    }

    /* 속도/자이로 센서를 위한 초기화 */
    wiringPiI2CWriteReg8(acc_fd, CTRL_REG6_XL, 0x60);        /* 119Hz accel */

    /* 자이로스코프를 모든 각도에서 사용할 수 있도록 초기화 */
    wiringPiI2CWriteReg8(acc_fd, CTRL_REG4, 0x38);
    wiringPiI2CWriteReg8(acc_fd, CTRL_REG1_G, 0x28);        /* 0x28 = 14.9hz, 500dps */

    /* 지자기 센서를 위한 초기화 */
    wiringPiI2CWriteReg8(mag_fd, CTRL_REG6_XL, 0x48);        /* 출력 데이터의 속도/파워 모드 */
    wiringPiI2CWriteReg8(mag_fd, CTRL_REG7_XL, 0x00);        /* 기본 스케일(Scale) */
    wiringPiI2CWriteReg8(mag_fd, CTRL_REG8, 0x00);        /* 연속 변환 */
    wiringPiI2CWriteReg8(mag_fd, CTRL_REG9, 0x08);        /* 고성능 모드 */

    /* EGL을 위한 변수 선언 */
    EGLDisplay gDisplay;
    EGLSurface gSurface;
                                /* ~ 중간 표시 생략 ~ */
    /* 앞의 셰이더의 인덱스 0에 정육면체의 좌푯값을 설정 */
    glEnableVertexAttribArray(0);

    GLfloat rad = 0;
    while(1) {
        int ax, ay, az;
        int gx, gy, gz;
        int mx, my, mz;

        getAccel(acc_fd, &ax, &ay, &az);
        printf("Accelerator : %d, %d, %d\n", ax, ay, ax);

        getGyro(acc_fd, &gx, &gy, &gz);
        printf("Gyro : %d(pitch), %d(roll), %d(yaw)\n", gx, gy, gx);

        getMagneto(mag_fd, &mx, &my, &mz);
        printf("magnetic : %d, %d, %d\n", mx, my, mx);

        rad += (ax > 0)?0.005:-0.005;
```

```
        /* 애니메이션을 위한 코드 */
        GLint location_rad = glGetUniformLocation(programID, "rad");
        glUniform1f(location_rad, rad);
                                  /* ~ 중간 표시 생략 ~ */
    close(device);
    close(acc_fd);
    close(mag_fd);

    return 0;
}

void getAccel(int fd, int *ax, int *ay, int *az)
{
    /* 가속도 센서의 값 읽어오기 */
    *ax = wiringPiI2CReadReg16(fd, OUT_X_XL);
    *ay = wiringPiI2CReadReg16(fd, OUT_Y_XL);
    *az = wiringPiI2CReadReg16(fd, OUT_Z_XL);

    /* 경계 검사 */
    if(*ax > 32767) *ax -= 65536;
    if(*ay > 32767) *ay -= 65536;
    if(*az > 32767) *az -= 65536;
}

void getGyro(int fd, int *gx, int *gy, int *gz)
{
    /* 자이로 센서의 값 읽어오기 */
    *gx = wiringPiI2CReadReg16(fd, OUT_X_G);
    *gy = wiringPiI2CReadReg16(fd, OUT_Y_G);
    *gz = wiringPiI2CReadReg16(fd, OUT_Z_G);
}

void getMagneto(int fd, int *mx, int *my, int *mz)
{
    /* 지자기 센서의 값 읽어오기 */
    unsigned char out_x_l_m = wiringPiI2CReadReg8(fd, OUT_X_L_M);
    unsigned char out_x_h_m = wiringPiI2CReadReg8(fd, OUT_X_H_M);
    unsigned char out_y_l_m = wiringPiI2CReadReg8(fd, OUT_Y_L_M);
    unsigned char out_y_h_m = wiringPiI2CReadReg8(fd, OUT_Y_H_M);
    unsigned char out_z_l_m = wiringPiI2CReadReg8(fd, OUT_Z_L_M);
    unsigned char out_z_h_m = wiringPiI2CReadReg8(fd, OUT_Z_H_M);

    *mx = out_x_l_m + (out_x_h_m << 8);
    *my = out_y_l_m + (out_y_h_m << 8);
    *mz = out_z_l_m + (out_z_h_m << 8);

    /* 부호 있는 값으로 수정 */
    if(*mx > 32767) *mx -= 65536;
    if(*my > 32767) *my -= 65536;
    if(*mz > 32767) *mz -= 65536;
}
```

accelerometer.c 파일의 main( ) 함수에서 필요한 초기화는 main( ) 함수 앞쪽에 선언하고 while 문은 하나로 합한다.

```
                              /* ~ 중간 표시 생략 ~ */
    return shaderId;
}

int main(int argc, const char **argv)
{
    int acc_fd, mag_fd;

    /* 가속도/자이로 센서를 위한 초기화 */
    acc_fd = open(I2C_DEV, O_RDWR);
    if(ioctl(acc_fd, I2C_SLAVE, LSM9DS1_ACC_ID) < 0) {
        perror("Failed to acquire bus for accelerometer\n");
        return 1;
    }

    /* 지자기 센서를 위한 초기화 */
    mag_fd = open(I2C_DEV, O_RDWR);
    if(ioctl(mag_fd, I2C_SLAVE, LSM9DS1_MAG_ID) < 0) {
        perror("Failed to acquire bus for magnetometer\n");
        return 1;
    }

    /* 속도/자이로 센서를 위한 초기화 */
    wiringPiI2CWriteReg8(acc_fd, CTRL_REG6_XL, 0x60);   /* 119hz accel */
    /* 자이로스코프를 모든 각도에서 사용할 수 있도록 초기화 */
    wiringPiI2CWriteReg8(acc_fd, CTRL_REG4, 0x38);
    wiringPiI2CWriteReg8(acc_fd, CTRL_REG1_G, 0x28);    /* 0x28 = 14.9hz, 500dps */

    /* 지자기 센서를 위한 초기화 */
    wiringPiI2CWriteReg8(mag_fd, CTRL_REG6_XL, 0x48);  /* 출력 데이터의 속도와 파워 모드 설정 */
    wiringPiI2CWriteReg8(mag_fd, CTRL_REG7_XL, 0x00);  /* 기본 스케일(Scale) */
    wiringPiI2CWriteReg8(mag_fd, CTRL_REG8, 0x00);     /* 연속 변환 */
    wiringPiI2CWriteReg8(mag_fd, CTRL_REG9, 0x08);     /* 고성능 모드 */

    /* 해상도를 위한 초깃값을 1920×1080(FULL HD)으로 지정 */
    uint32_t GScreenWidth = 1920;
    uint32_t GScreenHeight = 1080;
    int32_t success = 0;

    /* EGL 사용을 위한 변수들 */
    EGLDisplay gDisplay;
    EGLSurface gSurface;
                              /* ~ 중간 표시 생략 ~* /

    /* 셰이더의 인덱스를 0으로 설정해서 정육면체의 좌푯값을 사용할 수 있도록 설정 */
    glEnableVertexAttribArray(0);

    GLfloat rad = 0;

    while(1) {
        int ax, ay, az;
        int gx, gy, gz;
        int mx, my, mz;

        getAccel(acc_fd, &ax, &ay, &az);
        printf("Accelerator : %d, %d, %d\n", ax, ay, ax);

        getGyro(acc_fd, &gx, &gy, &gz);
        printf("Gyro : %d(pitch), %d(roll), %d(yaw)\n", gx, gy, gx);

        getMagneto(mag_fd, &mx, &my, &mz);
```

```c
        printf("magnetic : %d, %d, %d\n", mx, my, mx);

        if(ax > 0)
            rad += 0.005;
        else
            rad -= 0.005;

        /* 애니메이션을 위한 코드 */
        GLint location_rad = glGetUniformLocation(programID, "rad");
        glUniform1f(location_rad, rad);

        /* 6개의 면(face)을 다른 색으로 표시 */
        glDrawElements(GL_TRIANGLE_STRIP, 4, GL_UNSIGNED_BYTE, front);
        glDrawElements(GL_TRIANGLE_STRIP, 4, GL_UNSIGNED_BYTE, back);
        glDrawElements(GL_TRIANGLE_STRIP, 4, GL_UNSIGNED_BYTE, top);
        glDrawElements(GL_TRIANGLE_STRIP, 4, GL_UNSIGNED_BYTE, bottom);
        glDrawElements(GL_TRIANGLE_STRIP, 4, GL_UNSIGNED_BYTE, left);
        glDrawElements(GL_TRIANGLE_STRIP, 4, GL_UNSIGNED_BYTE, right);

        /* EGL로 화면 표시 */
        eglSwapBuffers(gDisplay, gSurface);

        usleep(100);
    }

    getchar();

    /* 열린 파일 디스크립터 닫기 */
    close(acc_fd);
    close(mag_fd);

    return 0;
}

void getAccel(int fd, int *ax, int *ay, int *az)
{
    /* 가속도 센서의 값 읽어오기 */
    *ax = wiringPiI2CReadReg16(fd, OUT_X_XL);
    *ay = wiringPiI2CReadReg16(fd, OUT_Y_XL);
    *az = wiringPiI2CReadReg16(fd, OUT_Z_XL);

    /* 경계 검사 */
    if(*ax > 32767) *ax -= 65536;
    if(*ay > 32767) *ay -= 65536;
    if(*az > 32767) *az -= 65536;
}

void getGyro(int fd, int *gx, int *gy, int *gz)
{
    /* 자이로 센서의 값 읽어오기 */
    *gx = wiringPiI2CReadReg16(fd, OUT_X_G);
    *gy = wiringPiI2CReadReg16(fd, OUT_Y_G);
    *gz = wiringPiI2CReadReg16(fd, OUT_Z_G);
}

void getMagneto(int fd, int *mx, int *my, int *mz)
{
    /* 지자기 센서의 값 읽어오기 */
    unsigned char out_x_l_m = wiringPiI2CReadReg8(fd, OUT_X_L_M);
    unsigned char out_x_h_m = wiringPiI2CReadReg8(fd, OUT_X_H_M);
    unsigned char out_y_l_m = wiringPiI2CReadReg8(fd, OUT_Y_L_M);
```

```
    unsigned char out_y_h_m = wiringPiI2CReadReg8(fd, OUT_Y_H_M);
    unsigned char out_z_l_m = wiringPiI2CReadReg8(fd, OUT_Z_L_M);
    unsigned char out_z_h_m = wiringPiI2CReadReg8(fd, OUT_Z_H_M);

    *mx = out_x_l_m + (out_x_h_m << 8);
    *my = out_y_l_m + (out_y_h_m << 8);
    *mz = out_z_l_m + (out_z_h_m << 8);

    /* 부호 있는 값으로 수정 */
    if(*mx > 32767) *mx -= 65536;
    if(*my > 32767) *my -= 65536;
    if(*mz > 32767) *mz -= 65536;
}
```

이제 3D 큐브를 SenseHAT의 가속도 센서를 이용해서 제어할 수 있다. 앞의 소스 코드는 OpenGL 라이브러리와 wirlingPi 라이브러리를 이용해서 빌드하면 된다.

```
pi@raspberrypi:~ $ gcc -o rpi9 rpi9.c -lwiringPi -pthread -I/usr/include/libdrm
-ldrm -lgbm -lEGL -lGLESv2 -lGL
```

이 코드를 빌드하고 실행하면 그림 9-35와 같이 표시되는데, SenseHAT의 가속도 센서를 이용해서 회전의 방향이 바뀌는 것을 확인할 수 있다.

9.6 요약

라즈베리 파이는 3D 그래픽을 출력하기 위해서 OpenGL ES와 EGL을 제공한다. OpenGL은 3D를 표현하기 위해서 사용되는 산업계의 표준으로, 이 OpenGL을 임베디드나 모바일에 맞춰서 경량화시킨 것이 바로 OpenGL ES/GLES(OpenGL for Embedded System)이다. OpenGL ES와 EGL은 크로노스(Khronos) 그룹에서 관리하는 3D를 위한 라이브러리로, OpenGL이 모델링 기능을 제공하고 있기 때문에 화면에 이를 표시/렌더링하기 위해서는 EGL을 사용해야 한다.

라즈베리 파이는 이러한 EGL을 프레임 버퍼로 출력할 수 있도록 GPU와 관련된 함수들을 제공하는데, 여기에 OpenGL ES를 이용해서 3D 객체를 표현할 수 있다. OpenGL ES은 안드로이드나 iOS 등의 스마트폰 플랫폼에서도 지원하고 있다.

OpenGL ES 1.x는 glTranslate( ), glRotate( ) 등의 변환과 관련된 함수들을 제공하며, OpenGL ES 2.0보다는 간단해서 접하기 편하다는 장점이 있다. 하지만 OpenGL ES 2.0에서 제공되는 셰이딩 언어를 사용할 수 없으므로 파이프라인을 동적으로 구성할 수 없다.

라즈베리 파이는 OpenGL 1.1과 함께 OpenGL ES 2.0을 기본적으로 지원하지만, OpenGL은 1.x와 2.0/3.0 사이끼리는 호환되지 않는다. OpenGL ES 2.0 이후 버전부터는 셰이딩 언어의 사용이 필요하며, 동적으로 파이프라인을 사용할 수 있다.

GPU는 CPU에 비해 그래픽이나 행렬 연산 시 많은 이점을 제공한다. 라즈베리 파이에서 OpenCL을 지원하기 위한 VC3CL 프로젝트가 있고, 별도로 원하는 기능은 브로드컴에서 제공하는 VideoCore IV 매뉴얼을 이용해서 원하는 기능을 직접 작성할 수 있을 것이다.

OpenGL ES를 이용해서 프로그래밍을 수행하기 위해서는 셰이딩 언어 등의 학습에 보다 많은 시간을 투자해야 한다. 오큘러스 리프트, 3D TV, 삼성전자의 기어 VR이나 마이크로소프트의 홀로렌즈와 같은 가상현실(VR)/증강현실(AR) 장비들의 경쟁과 3D 프린터의 발전 덕에 앞으로 3D에 대한 수요가 더욱 많아질 예정이다.

> **참고하기 ➕ OpenGL과 존 카맥**
>
> OpenGL이 PC에서 널리 사용되게 시작한 것은 존 카맥(John Carmack)이 3D를 지원하는 OpenGL 게임을 만들기 시작하면서부터이다. 그는 2D와 3D가 결합된 둠(DOOM)과 완전한 3D 게임인 퀘이크(Quake)를 발표해서 세상에 새로운 충격을 안겼다. 퀘이크가 나오기 전까지는 OpenGL을 이용해서 3D 게임을 만드는 것은 매우 힘든 일로 인식되었지만, 존 카맥이 OpenGL에서 게임을 위한 API만 따로 뽑아내고 이를 라이브러리[35]화해서 게임을 제작할 수 있게 하였다.

그림 9-37 존 카맥(오큘러스 VR의 CTO)[36]과 그가 개발한 게임 퀘이크(Quake)[37]

그는 자신이 만든 게임의 소스 코드도 공개하여 OpenGL이 세상에 널리 퍼져나갈 수 있는 기반을 마련했다. 지금도 그는 3D 증강현실 분야에서 일하고 있다. 2014년에는 페이스북이 인수한 오큘러스 VR에서 최고 기술 책임자(CTO)가 되어 삼성전자와 함께 기어 VR을 개발하면서 제품 출시 발표장에도 모습을 드러냈다.

---

35 3D 게임 엔진으로 더 잘 알려져 있다.
36 https://www.oculus.com/blog/john-carmack-joins-oculus-as-cto/ 참고
37 https://www.moddb.com/games/quake 참고

## CHAPTER 9

연습문제

1 3D 객체를 모델링하기 위해서 사용되는 프로그래밍 방법에 대해서 설명하시오.

2 라즈베리 파이에서 OpenGL ES를 표현하기 위해서 EGL을 사용하는 이유는 무엇인지 설명하시오.

3 OpenGL과 Direct3D의 장단점에 대해서 설명하시오.

4 OpenGL과 OpenGL ES의 차이점에 대해서 설명하시오.

5 OpenGL ES 1.x와 OpenGL ES 2.0의 가장 큰 차이점은 무엇인지 설명하시오.

6 OpenGL ES 1.x의 변환에 대해서 설명하시오.

7 OpenGL ES의 상태 머신에 대해서 설명하시오.

8 OpenGL ES 1.x이 OpenGL 2.0에 비해서 갖는 가장 큰 장점은 무엇인지 설명하시오.

9 OpenGL ES 2.0 이상에서 셰이더 언어를 사용하는 이유에 대해서 설명하시오.

10 버텍스 셰이더와 프래그먼트 셰이더에 대해서 설명하시오.

IV

리눅스
고급 프로그래밍

리눅스는 X 윈도를 이용해 MS 윈도우나 macOS와 같이 GUI 시스템을 지원한다. GUI 시스템은 마우스를 통해 명령을 내릴 수 있기 때문에 콘솔이나 터미널을 이용하는 CLI/CUI보다 편리하며, 명령의 결과를 더 직관적으로 살펴볼 수 있다. X 윈도에서 GUI 프로그래밍을 하기 위해서는 X 윈도 툴킷(toolkit)을 사용해야 한다. 리눅스에서 사용할 수 있는 툴킷은 아주 다양하며, 대표적으로 모티프, GTK+, Qt, EFL 등이 있다. 이 중 KDE 프로젝트의 기본 위젯이자 크로스 플랫폼을 지원하는 Qt가 많이 사용되며, 이는 라즈베리 파이에서도 사용할 수 있다. 10장은 라즈베리 파이에 Qt를 이용한 GUI 프로그래밍을 하는데, 이를 이용해서 사용자에게 보다 편리한 사용성과 접근성을 제공할 수 있다.

제4차 산업혁명이 발달하면서 기계 학습과 딥러닝을 이용한 인공지능이 다시 비상했으며, 구글의 텐서플로, 버클리 대학(BVLC)의 Caffe 등 다양한 오픈 소스 프레임워크가 사용되고 있다. 이 중 Caffe는 영상 인식에 많이 사용되는 프레임워크로 라즈베리 파이에서도 자유롭게 사용할 수 있다. 11장에서는 인공지능의 개요와 Caffe를 이용한 필기체 인식 프로그래밍 등에 대해 알아보도록 하자.

리눅스 커널에서는 스케줄링 같은 다양한 기능과 디바이스 관리 기능들을 지원한다. 디바이스들은 커널에서 디바이스 드라이버를 통해서 인식되고 사용된다. GPIO의 LED 등도 리눅스 디바이스 드라이버로 제어할 수 있는데, 12장에서 이러한 리눅스 디바이스 제어 방법과 리눅스 커널, 그리고 디바이스 드라이버를 만드는 방법에 대해 살펴볼 수 있을 것이다.

PART IV의 구성

4부도 마찬가지로 세 장에 걸쳐서 라즈베리 파이를 보다 심화적으로 사용할 수 있는 방법에 대해서 설명한다. 먼저 Qt를 이용해 보다 나은 UI/UX를 위한 GUI 애플리케이션을 만드는 방법에 대해 알아보고 Caffe를 이용해 라즈베리 파이에서 기계 학습과 딥러닝 기반의 인공지능을 사용할 수 있다. 그리고 마지막으로 라즈베리 파이를 위한 리눅스 커널 프로그래밍과 디바이스 드라이버 프로그래밍 방법에 대해서 설명한다.

Qt는 리눅스, MS 윈도우, macOS에서부터 임베디드 리눅스, 안드로이드, iOS 등의 다양한 스마트폰 운영체제까지 모두 지원하는 C++ 기반의 크로스 플랫폼 GUI 라이브러리다. Qt는 라즈베리 파이도 지원하며, 8장에서는 리눅스의 GUI를 프로그래밍할 수 있는 Qt에 대해 설명하고 GUI로 라즈베리 파이를 설정하거나 제어하는 프로그램을 작성하는 방법에 대해 알아본다.

사물인터넷과 빅데이터의 발달로 가치 있는 데이터들을 쉽게 모을 수 있었다. 이러한 데이터를 다시 기계에 학습시키는 머신러닝과 딥러닝 분야의 인공지능이 각광받을 수 있게 되었고, IBM, 구글과 마이크로소프트 등의 다양한 기업들이 인공지능을 연구하고 있다. 인공지능을 위한 여러 오픈 소스 프레임워크가 등장하였는데, 그중 영상 처리에 특화되어 있는 프레임워크가 바로 Caffe이다. 이번 장에서는 인공지능에 대해 설명하고 Caffe를 이용해서 프로그래밍 하는 방법에 대해 알아본다. 그리고 손으로 쓴 글씨를 인식하는 프로그램을 작성해본다.

마지막 장인 12장에서는 리눅스 커널과 드라이버 모듈에 대해서 설명하고 리눅스 디바이스 드라이버를 만드는 방법에 대해 설명한다. 또한, 라즈베리 파이의 레지스터에 대해 알아보고, 3장에서 배운 라즈베리 파이의 GPIO 설정 기능을 커널의 디바이스 드라이버로 만들어서 사용하는 방법에 대해 설명한다.

10

Qt를 이용한 GUI 프로그래밍: 더 편리한 접근성

기술의 나라 일본에서 잠시 온천욕을...

명령어를 키보드로 직접 입력해서 처리하는 커맨드라인 인터페이스(CLI)는 사용자가 명령어를 외우고 있어야 사용할 수 있기 때문에 배우기 어렵다. 이러한 문제를 개선하기 위해 등장한 것이 그래픽을 이용해서 컴퓨터와 인터랙션할 수 있는 GUI 시스템이다. 유닉스에서는 X 윈도를 표준 GUI 시스템으로 사용한다.

X 윈도는 서버와 클라이언트 구조로 되어 있으며, 서버와 클라이언트 사이의 통신을 위해 X 프로토콜을 사용한다. X 클라이언트는 애플리케이션 레벨의 프로그램이고, X 서버는 하드웨어와 자원을 관리한다. X 서버는 사용자가 마우스나 키보드를 사용해서 이벤트를 발생하면 X 클라이언트에 이벤트를 보내고, X 클라이언트는 무언가에 대한 요구사항이 있으면 X 프로토콜을 통해 X 서버에 요청하고 응답을 받을 수 있다. 즉, X 클라이언트는 사용자가 화면에 무언가를 그리고 싶으면 X 서버에 요청하여 원하는 내용을 처리할 수 있다.

X 프로토콜만 이용해도 애플리케이션을 작성할 수 있지만 X 프로토콜이 너무 저수준이기 때문에 직접 프로그래밍하기 어렵다. 이러한 문제점을 해결하기 위해 X 프로토콜을 래핑하는 Xlib 레이어가 제공된다. Xlib는 C 언어 수준의 라이브러리로 주로 그래픽과 이벤트에 대한 기능들을 제공하지만 GUI 프로그래밍에는 적합하지 않다. 보다 고차원적인 X 윈도 프로그래밍을 위해 제공되는 것이 툴킷이며, Qt, GTK+, 모티프, EFL 등의 툴킷이 존재한다. 이 중 Qt는 데스크톱이나 임베디드뿐만 아니라, 안드로이드, iOS 같은 스마트폰에서부터 RTOS까지 다양하게 지원한다. 이번 장에서는 Qt를 이용하여 GUI 애플리케이션을 개발하는 방법에 대해서 살펴보도록 하겠다.

10.1 Qt와 라즈베리 파이: Qt on Pi

Qt는 C++ 기반의 크로스 플랫폼(cross platform)을 지원하는 위젯 라이브러리로 GUI 프로그래밍을 위해 주로 사용된다. 데스크톱과 임베디드 그리고 iOS나 안드로이드 같은 스마트폰 등 다양한 플랫폼을 지원하며, Qt on Pi 프로젝트를 통해 라즈베리 파이가 지원되었다.

10.1.1 X 윈도 시스템

X 윈도는 유닉스의 기본 윈도우 시스템으로 마우스와 GUI를 통해 사용자에게 보다 편리한 접근성을 제공하는 프레임워크다.

■ UI의 발달

사용자 인터페이스(UI, User Interface)는 사용자와 컴퓨터가 정보를 주고받기 위해 사용자와 프로그램이 상호작용하는 프로그램의 일부분이며, 사용자가 키보드에서 명령을 입력하여 프로그램을 작동시키는 것을 커맨드라인 인터페이스(Command-line Interface)라 한다. 또한, 메뉴 선택에 의한 명령으로 작동시키는 것을 메뉴 방식 인터페이스(Menu-driven Interface)라 하며, 위치 지정 도구(광전펜, 마우스, 컨트롤 볼, 조이스틱 등)를 사용하여 도형 표시 프로그램을 작동시키는 것을 그래픽 사용자 인터페이스(GUI, Graphical User Interface)라고 한다.[1] 이렇듯 사용자와 컴퓨터 같은 디바이스 사이의 상호작용을 위해 사용되는 것이 UI라고 볼 수 있다.

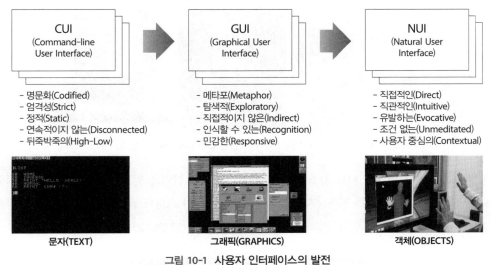

그림 10-1 사용자 인터페이스의 발전

사용자와 디바이스 간 상호작용 기술이 발전하고 이와 관련된 HCI(Human Computer Interaction)의 중요성이 커지면서 그와 관련된 인터페이스가 계속해서 개발되었다. 정보의 표현 매체가 문자 위주에서 SILK(Sound, Image, Language, Knowledge)로 전이되면서 인간과 컴퓨터 간의 상호작용에 관한 연구의 중요성은 더욱 커지고 있다.

여러 대의 터미널을 붙여서 작업해야 했던 방만한 크기의 값비싼 메인프레임(Mainframe)에서부터 Apple 컴퓨터, IBM PC의 MS-DOS(Microsoft-Disk Operating System) 같은 개인용 컴퓨터까지 초기의 컴퓨터 환경은 직접 문자형의 명령어를 키보드로 입력하는 CLI(Command-line Interface)나 CUI(Console User Interface) 방식이 주로 사용되었다.

이러한 방식은 사용자가 직접 명령어를 외우고 있어야 했으며, 컴퓨터의 작동 방식에 대해서도 잘 알고 있어야 했기 때문에 일반적으로 사용하기가 어렵고, 결과 또한 문자나 숫자로 출력되기 때문에 자세히 이해하기 힘들었다.

---

1   https://ko.wikipedia.org/wiki/그래픽_사용자_인터페이스 참고, GUI와 반대되는 개념으로 TUI(Text User Interface)가 있다.

이러한 방식을 개선하기 위해 여러 연구가 진행되었는데, 그중 가장 유명한 것이 제록스(Xerox)의 PARC(Palo Alto Research Center) 연구소에서 개발했던 GUI 방식이다. 1974년에 출시한 제록스 알토(Xerox Alto)[2]와 1981년에 공개된 제록스 스타(Xerox Star)[3]는 비트맵 디스플레이에 아이콘이나 폴더의 개념을 사용하였으며 클릭 등의 방식을 통해 화면상에 있는 콘텐츠나 객체들의 상호작용이 가능했다.

그림 10-2　제록스 사의 PARC 연구소에서 개발한 GUI 방식(제록스 알토, 제록스 스타)

당시 제록스를 방문했던 스티브 잡스는 이러한 GUI 방식에 감명을 받고, 이 GUI 방식을 애플의 새로운 컴퓨터에 적용하기를 원했다.[4] 이렇게 탄생한 컴퓨터가 스티브 잡스의 딸의 이름을 붙인 리사(Lisa) 컴퓨터로 1983년에 발표되었으며 다음해인 1984년에 매킨토시(Macintosh)가 출시되었다.

그림 10-3　리사와 매킨토시[5]

CUI 시스템은 일반적으로 사용자가 직접 키보드로 문자열을 입력하여 명령을 수행하지만, GUI 시스템은 마우스를 통해 명령을 수행한다. CUI 시스템은 출력 터미널이 하나이기 때문에 동시에 여러 프로그램을 수행하기 어렵지만, GUI 시스템은 여러 창을 사용하여 동시에 여러 프로그램을 실행할 수 있다. GUI 시스템은 컴퓨터를 보다 효율적으로 이용할 수 있으며, 마우스 같은 입력 장치의 이벤트에 대해서 응답하는 형식으로 애플리케이션을 작성할 수 있다.

2　http://www.digibarn.com/collections/software/alto/

3　https://en.wikipedia.org/wiki/Xerox_Star

4　https://m.blog.naver.com/sichomd/220612646856

5　https://www.mac-history.net/apple-history-2/apple-lisa/2007-10-12/apple-lisa

■ **X 윈도의 역사**

X 윈도는 1984년 MIT와 IBM, DEC 등이 공동으로 진행했던 아테나(Athena) 프로젝트[6]의 일환으로 밥 샤이플러(Bob Scheifler)와 짐 게티스(Jim Gettys)에 의해 개발되었으며, 1986년 밥 샤이플러에 의해 오픈 소스 프로젝트 디자인이 만들어졌고, 1987년에 X11이 발표되었다.

그림 10-4 **아테나 프로젝트와 X 윈도**

1988년 X 컨소시움이 조직되고 X11R2가 발표되었으며, 1996년에 X11R6를 끝으로 X 컨소시움이 해체되어 X/Open 그룹이 맡아서 관리하였다. 1999년 X.org 재단이 만들어졌으며 2004년 투명 창과 3차원 가상 화면 등의 다양한 시각 효과를 지원하는 X11R6.8 버전을 발표하였고, 2012년 6월 X11R7.7[7] 버전이 만들어졌다.

■ **X 윈도의 구조**

X 윈도는 클라이언트(X client)와 서버(X server) 구조로 되어 있다. X 서버는 각종 디바이스 드라이버와 폰트 출력 등의 자원을 관리하며, 클라이언트의 요청을 처리하고, 응용 프로그램과 하드웨어 간 인터페이스를 제공한다. X 클라이언트는 Xlib, 툴킷 그리고 사용자 애플리케이션으로 구성되어 있는데, 서버로부터 필요한 서비스를 제공받아 특정한 작업(task)를 수행하는 응용 프로그램이다.

X 서버와 X 클라이언트는 하나의 컴퓨터 내에 함께 존재하거나 각각 별도의 컴퓨터에 존재해도 큰 문제없이 작동된다. 그 이유는 X 서버와 클라이언트가 X 프로토콜이라는 통신 위에서 동작하기 때문이다. X 프로토콜은 현재 사용하는 TCP/IP 망이나 다른 네트워크 망에서도 통신할 수 있으며, 통신의 투명성(Network transparency)[8]을 지원한다.

---

6   https://en.wikipedia.org/wiki/Project_Athena
7   https://www.x.org/releases/X11R7.7/doc/
8   '유저가 사용하는 네트워크 망이나 다른 사항을 모르더라도 사용 가능하다.'는 의미이다.

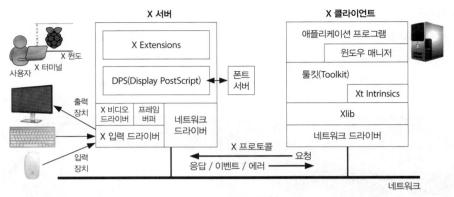

그림 10-5 X 윈도의 구조

사용자와 직접 인터페이스를 주고받는 부분이 바로 X 서버다. 사용자가 마우스나 키보드를 통해 이벤트를 발생시키면, 해당 이벤트를 X 서버에서 X 클라이언트로 보내며, X 클라이언트는 해당 처리를 통해 다시 X 서버에 결과 표시를 요청한다. X 서버는 그래픽 카드의 디바이스 드라이버를 통해 사용자에게 처리된 결과를 표시하고 관련 사항에 대해 클라이언트로 응답한다.[9]

일반적으로 X 서버는 클라이언트에 이벤트나 요청을 하고, X 클라이언트는 X 서버의 요청을 처리하여 응답한다. 이러한 요청(request), 응답(reply), 이벤트(event), 에러(error)는 X 프로토콜을 기반으로 하는데, X 프로토콜이 저수준이기 때문에 일반적으로 프로그래밍으로 구현하고 디버깅하기 어렵다는 문제점을 가지고 있다.

■ xlib와 툴킷

X 프로토콜 문제점을 해결하기 위해 등장한 것이 바로 Xlib(X Library)다. Xlib는 X 프로토콜을 생성하여 X 프로토콜의 복잡합을 감춘다. Xlib는 300개 이상의 함수로 구성되어 있으며, 윈도우의 생성/이동/크기 조정과 이벤트, 폰트나 드로잉 같은 간단한 작업을 수행할 수 있다.

Xlib는 저수준의 그리기 루틴을 제공하나, 버튼이나 레이블 같은 GUI 객체들을 가지고 있지 않기 때문에 이러한 객체[10]들을 사용하는 애플리케이션을 만들려면 코드의 양이 많고 복잡해진다. 예를 들어, Xlib로 버튼을 만들려면 다음과 같은 과정이 필요하다. 우선 저수준의 그리기 루틴을 사용하여 특정 위치에 사각형을 그리고 그 안에 문자열을 사용하여 버튼 모양을 만든다. 사용자가 마우스를 클릭하면 마우스가 클릭된 좌표의 값을 가져와서 확인하고, 사각형의 영역 안에서 마우스가

---

9 https://en.wikipedia.org/wiki/X_Window_System_protocols_and_architecture 참고

10 X 윈도에서는 이러한 객체를 위젯(widget)이라고 부른다.

클릭되면 버튼이 눌러진 것과 관련된 처리를 수행한다.[11] 버튼을 누른 효과를 주기 위해서는 기존의 버튼(사각형과 문자열)을 지우고 눌러진 모양의 버튼을 다시 그린 후, 아주 잠깐동안 타이머를 돌려서 잠시 후에 눌러진 모양의 버튼을 지우고, 처음에 그린 버튼을 다시 그리면 된다.

그림 10-6 Xlib으로 만든 버튼[12]

이렇듯 Xlib를 직접 사용하는 GUI 프로그래밍은 어렵다. 이러한 GUI 프로그래밍을 보다 쉽게 하기 위해 버튼이나 레이블 같은 위젯을 가지고 있는 툴킷(Toolkit)이 등장했다. 초창기에 아테나 프로젝트와 함께 사용되었던 아테나 위젯 라이브러리[13]가 있었고, 그 후로 등장해서 오랫동안 사용되었던 모티프(Motif) 툴킷[14]과 리눅스에서 주로 사용되는 GTK+[15]와 Qt 이외에도 아주 많은 툴킷이 있다.

그림 10-7 위젯 라이브러리(아테나, 모티프, GTK+)

아테나 위젯 라이브러리는 아테나 프로젝트에서 X 윈도와 함께 개발된 최초의 위젯 라이브러리로, 매우 간단한 인터페이스를 가졌으며, 현대의 인터페이스에 비하면 약간 비직관적이었다. 아테

---

11 http://docs.linux.org.ua/Програмування/Програмування_Xlib_на_C/ 참고
   (단축 URL: http://goo.gl/TWaowu)
12 http://7ujm.net/X/buttonSample.html 참고
13 https://en.wikipedia.org/wiki/X_Athena_Widgets
14 https://en.wikipedia.org/wiki/Motif
15 https://www.gtk.org

나 위젯 이후로 등장하여 80년대 후반부터 90년대 초까지 많이 이용되었던 툴킷이 바로 모티프 위젯이다.

모티프 위젯은 솔라리스나 AIX 등 대다수 상업용 유닉스의 X 윈도에 탑재되어 판매되었다. 현재에는 무료로 사용 가능하지만 초창기에는 개발에 라이선스가 필요했는데[16], 이러한 문제로 리눅스에서 다른 툴킷들이 만들어지게 되었다.

리눅스에서 처음으로 많이 사용되기 시작한 툴킷은 바로 Qt다. Qt는 트롤테크라는 회사에서 개발하였고 노키아와 디지아(Digia)를 거쳐서 현재는 The Qt Company에서 개발/관리한다. 리눅스의 X 윈도 환경인 KDE의 기본 위젯으로도 사용되고 있으며, 나사(NASA), 구글, 어도비(Adobe) 등의 기업에서도 사용하고 있다. 현재는 오픈 소스로 개발되고 있으며 다른 오픈 소스들과 달리 특정 회사에서 관리하고 있으므로 API의 호환성과 문서나 예제 등의 개발과 관련된 자료들이 풍부하다는 이점이 있다.

라이선스는 GNU/LGPL 라이선스와 상업용 라이선스를 선택할 수 있다. 상업용 라이선스를 사용할 경우 The Qt Company로부터 개발 지원을 받을 수 있어 리눅스의 다른 툴킷인 GTK+에 비해 문제 발생 시 해결이 쉽다.

GTK+는 GIMP Toolkit 혹은 GNU 툴킷이라고도 불리는데, GIMP 프로젝트 일환으로 모티프 툴킷를 대체하기 위해 만들어졌다. 기본적으로 C 언어로 이루어져 있으며, 다른 GNU 라이브러리와 같이 GLIB를 기반으로 한다. GNU 라이선스를 따르며, GNOME 데스크톱 환경의 기본 툴킷으로도 사용된다.

■ 윈도우 매니저와 표준 데스크톱 환경

X 윈도는 유닉스의 모토 중 하나인 '복잡한 일을 각각의 단위로 나눠서 처리한다(Divide And Rule/Conquer)'는 개념처럼 X 윈도에서도 복잡하게 여러 기능을 제공하지 않고, 하나의 애플리케이션의 실행만 지원한다. 이런 이유로 X 윈도에서는 여러 프로그램을 동시에 실행하기 위해 윈도우 매니저(window manager)를 사용한다.

윈도우 매니저는 특수한 형태의 X 클라이언트 프로그램으로 X 윈도 내에서 실행되는 애플리케이션의 윈도우를 관리하고 전체 모양과 운용 방식 등을 결정하는 프로그램이다. 윈도우 주위의 외각을 배치하고 최대화(전화면)/최소화(아이콘화)와 닫기 등의 버튼을 제공하고, 시스템 메뉴와 X 디스플레이의 일반적인 모양(look and feel)을 제공한다. 리눅스에서도 아주 많은 윈도우 매니저들

---

16   바이너리 배포는 로열티 없이 가능했지만 개발에는 라이선스가 필요했다.

이 만들어졌는데 FVWM[17], 애프터스텝(AfterStep), 윈도우 메이커(Window Maker), 인라이튼먼트(Enlightenment)[18], 블랙박스(Blackbox)[19] 등 다양하다.

그림 10-8 리눅스의 다양한 윈도우 매니저(FVWM, Enlightenment, Blackbox)

리눅스 초기인 1990년대에는 FVWM이 주로 사용되었으나 1990년대 후반에 다양한 윈도우 매니저가 등장하였다. 사용자 입장에서는 사용하고 싶은 윈도우 매니저를 사용할 수 있게 되었지만, 개발자 입장에서는 다양한 윈도우 매니저를 고려해야 하는 문제가 생겼다.

윈도우 매니저마다 고유의 모양과 운영 방식(효과)들을 제공하였는데 윈도우 프레임의 모양과 최대화/최소화, 닫기 버튼의 위치와 크기, 다이얼로그에서의 버튼 위치들이 서로 달랐다. 그리고 각각의 윈도우를 이동할 때의 애니메이션 방식들도 달랐으며, 단축키도 서로 달랐다.

이러한 문제점들을 해결하기 위해 애플리케이션 개발 과정에서 지켜야 할 규약들을 정의해 놓고 사용할 수 있는 표준 데스크톱 환경(Desktop Enviroment)이 등장한다. 모든 애플리케이션이 공통으로 지켜야 하는 툴킷과 가이드라인, GUI 스타일 등 행동 규약을 제공하면 여러 프로그램 사이에서도 일관성을 유지할 수 있으며, 처음 시작하는 사용자들에게는 쉬운 사용법을 제공할 수 있다.

일반적으로 유닉스에서 사용하는 표준 데스크톱 환경에는 기존의 솔라리스나 AIX 등의 상업용 유닉스에서 사용하고 있는 CDE(Common Desktop Environment)와 리눅스에서 주로 사용되고 있는 KDE(K Desktop Environment)[20], GNOME(GNU Network Object Model Environment)[21] 등이 있다.

---

17 http://www.fvwm.org/

18 https://www.enlightenment.org

19 https://ko.wikipedia.org/wiki/블랙박스_(창_관리자)

20 https://en.wikipedia.org/wiki/KWin

21 https://www.gnome.org

표 10-1 리눅스의 표준 데스크톱 환경

구분	KDE	GNOME
기본 툴킷	Qt, kdelib	GTK+, gnome-libs
관리 주체	www.kde.org	www.gnome.org
개발 시작/창시자	1996년/마티아스 에트리히(Matthias Ettrich)	1997년/미겔 데 이카자(Miguel de Icaza)
주 윈도우 매니저	KWM(KDE Window Manager)	주로 Sawfish를 사용하지만 고정되어 있지 않다.
주 애플리케이션	Calligra Suite, KDevelop, 캉커러(Konqueror), 패널 등	패널, 파일 매니저 등
통일성	KDE에서 개발/관리를 맡기 때문에 성능과 일관성이 뛰어나다.	여러 업체에 의해서 개발되기 때문에 KDE에 비해 일관성이 부족하다.
주 개발 지역	유럽	북미

KDE의 개발환경은 노르웨이에서 만들어진 Qt를 기본 위젯으로 하고, KDE를 위한 kdelib 라이브러리를 사용한다. 주로 유럽 쪽에 많은 개발자가 있고, 독일의 리눅스 배포판인 SUSE에 기본 데스크톱 환경으로서 사용되고 있다.

그림 10-9 리눅스의 대표적인 데스크톱 환경(KDE, GNOME)

GNOME은 KDE보다 1년 뒤인 1997년 멕시코의 개발자인 미겔 데 이카자가 개발하였는데 Qt 버전 1점대 버전의 라이선스가 GPL을 지원하지 않았던 문제[22]로 시작된 프로젝트이다. 주로 북미 개발자들에 의해 개발되고 있으며, 미국의 배포판인 레드햇(Redhat)과 페도라(Fedora)에서 기본 데스크톱 환경으로 사용되고 우분투(Ubuntu)를 비롯한 많은 배포판에서도 사용된다.

10.1.2 Qt의 개요

■ Qt의 특징

Qt는 1996년 초 노르웨이의 트롤테크(Trolltech)에서 발표한 위젯 라이브러리로 1991년부터 트롤테크의 공동 창업자인 호바르(Haavard Nord)와 에이리크(Eirik Chambe-Eng)에 의해 개발되었다. Qt는 2008년 1월 노키아(Nokia)에 인수되어 모바일 쪽으로 확장하게 되었으며, 노키아가 윈도우폰 개발

---

22 Qt는 버전 2부터 GPL을 지원하고 있으며 4.5부터 LGPL을 지원한다.

에 매진하면서 2012년 8월에 디지아(Digia)로 인수되었고 2014년에 다시 The Qt Company로 분사하였다.

그림 10-10 **Qt를 만든 트롤테크의 공동 창업자(왼쪽부터 호바르와 에이리크)**[23]

Qt는 크로스 플랫폼 GUI 프로그래밍 툴킷으로 리눅스, MS 윈도우, macOS를 지원한다. 또한, 안드로이드(Android), iOS, 블랙베리(Blackberry), 심비안(Symbian), 웹OS(webOS), 욜라(Jolla) 등의 모바일과 임베디드 리눅스나 윈도우 RT(WinRT) 같은 임베디드 영역(Embedded), 그리고 VxWorks나 QNX, INTEGRITY 등의 RTOS까지 지원한다. 그리고 비공식적으로 tvOS와 watchOS 등을 지원하고 있다.

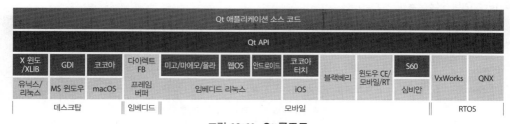

그림 10-11 **Qt 구조도**

Qt는 GUI 프로그램을 쉽게 제작할 수 있도록 풍부한 위젯들과 화려한 인터페이스를 제공한다. C++ 기반이기 때문에 C 기반인 GTK+나 다른 툴킷들보다 사용이 쉽고, 완전 객체지향을 지원하므로 프로그램의 확장이 쉽고 컴포넌트 프로그래밍이 가능하다. 또한, GUI를 보다 쉽게 만들 수 있도록 QML(Qt Modeling Language) 언어를 제공한다.

Qt의 라이선스는 다른 툴킷보다 자유롭다. 상업용 라이선스는 The Qt Company에 의해 판매되고 있으며 자유롭게 사용할 수 있도록 (L)GPL 라이선스도 제공한다. 상업용 라이선스를 이용하면 무료 업그레이드와 기술지원 서비스를 제공받을 수 있다. 데스크탑이나 모바일, 임베디드에 사용

---

23 https://www.cw.no/artikkel/mobile-enheter/meego-avhengig-av-norsk-teknologi

할 수 있는 라이선스가 다른데, 라이선스와 관련된 사항은 Qt의 사이트[24]를 참고하라.

오픈 소스로 관리되는 다른 리눅스용 툴킷들은 문제 발생 시 해결할 주체가 없는 문제[25]가 있지만, Qt는 The Qt Company에 의해 관리되므로 개발 도구나 문서 그리고 예제들이 체계적으로 관리되며, 상업용 라이선스를 통해 서비스를 받을 수 있다는 것도 큰 장점이다.

Qt는 임베디드나 모바일 같은 다양한 디바이스들을 지원하며, 작은 메모리에서도 최적의 성능을 낼 수 있도록 각 기능들을 모듈로 분리하여 제공한다.

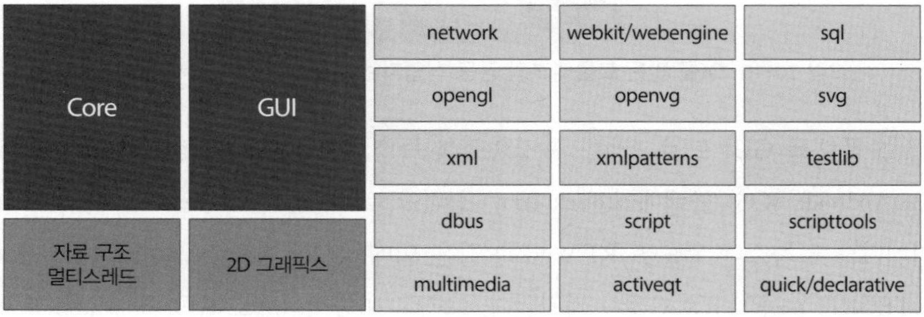

Core	GUI	network	webkit/webengine	sql
		opengl	openvg	svg
		xml	xmlpatterns	testlib
자료 구조 멀티스레드	2D 그래픽스	dbus	script	scripttools
		multimedia	activeqt	quick/declarative

그림 10-12 **Qt의 주요 모듈**[26]

표 10-2 **Qt의 주요 모듈**

모듈	내용
QtCore	핵심 모듈로 Qt의 자료형, 런타임 라이브러리 등의 기본 클래스들이 위치한다.
QtGui	그래픽 사용자 인터페스를 위한 구성 요소들을 가지고 있다.
QtNetwork	네트워크(인터넷) 통신을 사용하기 위한 소켓 등의 네트워크 구성 요소들을 가지고 있다.
QtOpenGL	3D 그래픽스를 위한 OpenGL과 OpenGL ES를 지원한다.
QtSql	다양한 데이터베이스와 SQL을 지원한다.
QtSvg	벡터 그래픽을 위한 SVG 파일을 지원한다.
QtXml	XML 문서 분석을 위한 SAX와 DOM 분석기(Parser)를 지원한다.
QtWebKit/QtWebEngine[†]	인터넷 웹브라우징을 위한 웹킷(WebKit) 웹 엔진을 지원한다.
QtMultimedia	사운드, 카메라, 비디오 등의 다양한 멀티미디어 환경을 지원한다.
QtTest	프로그램의 단위 테스트를 위한 환경을 지원한다.
QtQuick/QtDeclarative	QML을 이용하여 GUI를 구성하고 Qt와의 연동을 지원한다.

[†] Qt 5.4부터 웹킷(WebKit)에서 구글의 크로뮴(Chromium) 프로젝트로 변경되었다.

---

[24] https://www.qt.io/licensing 참고
[25] 실제 국내 업체에서도 수개월 동안 GTK+로 제품을 개발하였지만 발생한 문제를 해결하지 못하고 다시 Qt로 제품을 개발한 업체들도 있다. Qt가 LGPL을 지원하지 않을 때는 임베디드 쪽에서 라이선스 문제로 GTK+를 이용하였지만, 현재 GTK+는 개발 빈도가 정말 많이 줄어들었다.
[26] Qt 4에서 사용되었던 QtDeclarative 모듈은 Qt 5에서 QtQuick으로 변경되었다.

■ Qt와 라즈베리 파이: Qt On Pi

Qt는 오픈 소스로 개발되므로 대부분의 소스 코드가 공개되어 있다. 또한, 크로스 플랫폼을 지원하므로 다른 플랫폼으로 포팅(porting)하기가 쉽다. 이러한 점을 이용하여 Qt를 라즈베리 파이에 적용하고자 하는 프로젝트가 바로 Qt on Pi 프로젝트[27]다.

그림 10-13 **Qt on Pi 프로젝트**

Qt on Pi 프로젝트는 2012년 12월에 나온 Qt 5를 라즈베리 파이에 적용하였는데, OpenGL 같은 GPU의 하드웨어 가속과 함께 QML 등의 개발 환경도 지원한다. Qt on Pi 프로젝트는 성공적으로 진행되었으며, 현재 Qt에서 라즈베리 파이를 기본적으로 지원하고 있다.

■ Qt로 개발된 제품들

Qt로 만들어진 소프트웨어는 수를 셀 수 없을 정도로 많다. 대표적으로 지도를 보는 프로그램인 구글 어스(Google Earth)와 어도비 포토샵 앨범(Adobe Photoshop Album)[28], 3D 모델링과 애니메이션 제작용 소프트웨어로 유명한 마야(Maya)나 별자리를 보는 오픈 소스 프로그램인 스텔라리움(Stellarium) 등이 있고, 국내에는 예전에 한컴리눅스에서 만든 리눅스용 한컴 오피스2와 새롬기술의 리눅스용 다이얼패드[29] 등의 소프트웨어가 있다.

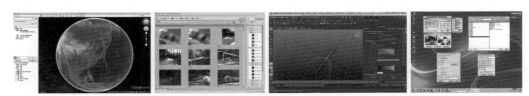

그림 10-14 **Qt로 개발된 소프트웨어(구글 어스, 어도비 포토샵 앨범, 마야, 리눅스용 SmaatzCall)**

---

27 이 프로젝트를 위해서 Qt를 관리하고 있던 노키아에서 400여 대의 라즈베리 파이(모델 B)를 무료로 개발자들에게 제공하였다.
https://wiki.qt.io/Qt-RaspberryPi

28 https://en.wikipedia.org/wiki/Adobe_Photoshop_Album

29 필자가 2000년에 개발한 세계 최초의 리눅스용 VoIP 프로그램이다. 2001년에 화상통화까지 추가(SmaartzCall for Linux)하여 한컴리눅스에도 탑재되어 보급되었다.

또한, Qt를 이용하여 개발된 제품들도 다양하다. 노키아의 N9, N950, 모토로라의 E680, A780, ZTE의 U980, Longcheer의 S100, Gionee의 S500, Oswin의 Zircon A108, 삼성전자의 SCH-i519 등 모바일 장비들이 있고, 샤프(Sharp)의 PDA(Zaurus)와 삼성전자의 디지털 액자(SPF-15V), LG전자의 세탁기, 소니의 휴대용 멀티미디어 커뮤니케이터(Mylo), 신도리코의 복합기(N700), 삼성전자의 IP 폰(SMT-I5343) 등의 장비들에도 사용되었다.

그림 10-15 Qt로 개발된 제품(샤프-Zaurus, 소니-Mylo, 신도리코-N700, 노키아-N9, 삼성전자-SMT-I5343)

10.1.3 라즈베리 파이로 Qt 설치하기

Qt를 실행하기 위한 라이브러리는 라즈베리 파이의 기본 배포판에 설치되어 있지만 애플리케이션을 위한 개발용 Qt 라이브러리는 별도로 설치해야 한다. apt-get을 이용하는 것보다 소스 코드를 직접 빌드하면 최신 버전의 Qt를 이용할 수 있지만, 빌드 과정이 복잡하고 소요시간이 많이 걸린다[30]는 단점을 가지고 있다.

Qt로 프로그램을 개발하기 위해서는 프로그래밍을 위한 라이브러리가 설치되어 있어야 한다. 애플리케이션을 실행하기 위한 실행용 라이브러리(공유 라이브러리)와 개발용 라이브러리(정적 라이브러리와 공유 라이브러리)는 다르며, 헤더 파일이나 기타 유틸리티들도 함께 필요하기 때문에 개발 환경의 설치 과정이 꼭 필요하다.

■ Qt 라이브러리 설치

현재 Qt는 버전 5.x를 사용하는데, 라즈베리 파이에서도 apt-get을 이용해서 쉽게 설치할 수 있다.[31]

```
pi@raspberrypi:~ $ sudo apt-get install qt5-default qtbase5-dev qtdeclarative5-dev
qt5-qmake qtcreator libqt5gui5 qtscript5-dev qtmultimedia5-dev libqt5multimedia5-
plugins qtquickcontrols2-5-dev libqt5network5 cmake build-essential
pi@raspberrypi:~ $ qmake -v
QMake version 3.1
Using Qt version 5.11.3 in /usr/lib/arm-linux-gnueabihf
```

---

30 라즈베리 파이 초기 모델에서 Qt를 빌드하는 경우 2일 이상이 소요되고, 라즈베리 파이 2 이상의 모델에서 Qt를 빌드하는 경우에는 3시간 정도 소요된다.

31 https://wiki.qt.io/Apt-get_Qt4_on_the_Raspberry_Pi 참고

라즈비안에서 apt-get을 이용해서 설치하면 보다 쉽게 Qt를 사용할 수 있다. Qt의 설치가 끝나면 qmake 명령어의 -v 옵션을 통해 설치된 Qt의 버전을 확인할 수 있다.

Qt Creator는 Qt를 개발하기 위한 기본적인 개발 도구로 2009년 3월 Qt 4.5와 함께 등장하였다. Qt 라이브러리를 설치할 때, apt-get 명령어에 qtcreator 패키지를 설치하면 Qt의 개발 환경인 Qt Creator도 함께 설치할 수 있다.

Qt는 X 윈도를 기반으로 하는 GUI 툴킷 라이브러리이기 때문에 Qt로 개발한 애플리케이션을 동작시키기 위해서는 X 윈도가 필요하다. 부팅 시 콘솔로 로그인한 경우라면 '$ startx' 명령어를 사용해서 X 윈도를 실행한 후 Qt Creator를 실행하면 된다.

그림 10-16 Qt Creator

■ 소스 코드를 빌드해서 Qt 설치하기

라즈베리 파이 2 이상 모델을 사용하는 경우, 보다 빠른 CPU와 충분한 메모리로 라즈베리 파이에서 Qt를 직접 컴파일해도 괜찮지만 라즈베리 파이 A/A+/B/B+의 경우에는 속도가 느리기 때문에 Qt 라이브러리 빌드에 며칠의 시간이 필요하다.

라즈베리 파이에 Qt를 설치하기 위해서는 다음 순서를 따른다.[32]

❶ 라즈베리 파이에서 Qt 소스 코드를 다운로드하고 관련 설정을 한 후 Qt 라이브러리를 빌드하여 설치한다.

❷ 라즈베리 파이에서 Qt의 모듈들을 빌드한 후 설치한다.

❸ 별도의 개발 환경이 필요한 경우 Qt Creator 등을 빌드한 후 설치한다.

---

32 https://wiki.qt.io/RaspberryPi 참고

■ 라즈베리 파이에서 Qt를 개발하기 위한 라이브러리의 설치

Qt 라이브러리의 빌드 시 SD 카드에도 넉넉한 공간이 필요하므로 16G 이상의 SD 카드를 사용하는 것이 좋다. 또한 라즈베리 파이에서 Qt 라이브러리의 설치를 위해서는 raspi-config를 이용해서 SD 카드 전체를 사용할 수 있도록 설정해야 한다.

라즈베리 파이를 사용하여 Qt를 설치하기 위해서는 상당히 많은 시간이 필요하다. 라즈베리 파이 B나 B+의 경우에 오버클록(overclocking)한 상태에서는 하루 이상 소요되고, 보통 상태에서는 이틀 이상 소요된다. 라즈베리 파이 2의 경우에는 훨씬 빨라서 전체 컴파일에 3~4시간 정도면 빌드가 완료된다.

이제 라즈베리 파이에서 Qt 라이브러리의 소스 코드를 다운로드하고 라이브러리 빌드를 위한 설정을 한다. 라즈베리 파이에 Qt를 설치하기 위해서는 디스크 이미지에 Qt를 설치하기 위한 패키지들이 먼저 설치되어 있어야 한다. Qt를 사용하기 위해서는 다음과 같은 패키지들이 필요하다.

표 10-3 **Qt 5의 관련 패키지**[33]

패키지	내용	비고
libdbus-1-dev	리눅스 IPC인 D-BUS를 지원하기 위한 라이브러리	
libfontconfig1-dev	폰트 관리를 위한 라이브러리	
libfreetype6-dev	가변 크기의 폰트 렌더링을 위한 라이브러리	
libudev-dev	리눅스의 디바이스 관리자를 위한 라이브러리	
libicu-dev	유니코드의 국제화 지원을 위한 라이브러리	
libsqlite3-dev	sqlite 데이터베이스를 위한 라이브러리	QWebKit
libxslt1-dev	XML 문서 분석을 위한 라이브러리	
libssl-dev	SSL(보안)을 위한 라이브러리	
libasound2-dev	사운드 처리를 위한 라이브러리	
libavcodec-dev	비디오/오디오 코덱을 위한 라이브러리	FFMPEG 라이브러리
libavformat-dev	미디어 파일 분석(file format)을 위한 라이브러리	
libswscale-dev	미디어 변환을 위한 라이브러리	
libgstreamer0.10-dev	GStreamer 애플리케이션 개발을 위한 라이브러리	
libgstreamer-plugins-base0.10-dev	GStreamer 플러그인을 사용하기 위한 라이브러리	
gstreamer-tools	GStreamer의 유틸리티들	GStreamer
gstreamer0.10-plugins-good	고품질의 GStreamer 플러그인	
gstreamer0.10-plugins-bad	저품질의 GStreamer 플러그인	

---

33 https://doc.qt.io/qt-5/linux-requirements.html 참고

먼저 Qt의 라이브러리 빌드에 필요한 패키지들을 설치한다. Qt 라이브러리의 빌드 시에는 OpenGL과 관련된 라이브러리가 필요하다. 먼저 리눅스의 OpenGL과 관련된 Mesa 라이브러리와 XCB(X protocol C-language Binding) 라이브러리 등을 설치하도록 하자.

```
pi@raspberrypi:~ $ sudo apt-get install libfontconfig1-dev libdbus-1-dev libudev-dev
libsqlite3-dev libxslt1-dev libssl-dev libgstreamer0.10-dev libgstreamer-plugins-
base0.10-dev gstreamer-tools libraspberrypi-dev freetds-dev libsqlite0-dev libpq-dev
libiodbc2-dev firebird-dev libgst-dev libxcb-keysyms1-dev libxcb-image0-dev libxcb-
shm0-dev libxcb-icccm4-dev libxcb-render-util0-dev libxrender-dev libxi-dev libssl-
dev libxcb-xinerama0-dev
```

관련 패키지의 설치가 완료되면 Qt 소스 코드를 다운로드한다. Qt 라이브러리는 라즈비안 이미지 다운로드와 마찬가지로 파이어폭스(Firefox) 웹 브라우저를 열어 Qt 프로젝트의 다운로드 사이트[34]에서 다운로드하거나 wget 또는 git 명령어를 통해 다운로드할 수 있다.

그림 10-17 **Qt 다운로드 사이트**

Qt 라이브러리의 다운로드 페이지에서 'Downloads for open source users'을 클릭하면, 실행 파일을 통해 설치할 수 있는 파일을 다운로드할 수 있는데, 라즈베리 파이에 Qt를 빌드하기 위해서는 소스 코드 자체가 필요하므로 하단의 'Download the Qt Online Installer'를 클릭한 후 다시 하단의 'offline packages you can get them here' 링크를 클릭한다. 그러면 'Offline Installers'의 'Source packages & Other releases' 링크에서 .zip이나 .tar.xz를 클릭하여 Qt 5에 대한 소스 코드를 다운로드할 수 있다. .zip은 unzip 명령어로 압축을 해제할 수 있고, .tar.xz는 tar 명령어에 Jxvf 옵션을 사용하면 된다. 최신 버전을 다운로드하고 싶은 경우에는 Qt 개발자 사이트에서 git과 init-repository 명령어를 사용하여 직접 다운로드할 수 있다.

---

34 https://www.qt.io/download

```
pi@raspberrypi:~ $ git clone git://code.qt.io/qt/qt5.git
pi@raspberrypi:~ $ cd qt5
pi@raspberrypi:~/qt5 $ ./init-repository
pi@raspberrypi:~/qt5 $ cd qtbase
```

소스 코드 다운로드가 끝나면 빌드를 하기 전에 라즈베리 파이에서 컴파일될 수 있도록 관련 사항을 추가한다. Qt가 설치된 디렉터리 아래의 qtbase 디렉터리 안에 있는 configure 파일의 제일 마지막에 다음 내용을 추가한다.[35]

```
# libdbus-1을 위한 플래그
QT_CFLAGS_DBUS="-I/usr/include/dbus-1.0/ -I/usr/lib/arm-linux-gnueabihf/dbus-1.0/
include/"
QT_LIBS_DBUS=-ldbus-1

# Glib을 위한 플래그(X11)
QT_CFLAGS_GLIB="-I/usr/include/glib-2.0/ -I/usr/lib/arm-linux-gnueabihf/glib-2.0/
include/"
QT_LIBS_GLIB=-lglib-2.0

QT_CFLAGS_PULSEAUDIO="-I/usr/include/glib-2.0/ -I/usr/lib/arm-linux-gnueabihf/glib-
2.0/include/"
QT_LIBS_PULSEAUDIO="-lpulse -lpulse-mainloop-glib"

# GStreamer를 위한 플래그(X11)
QT_CFLAGS_GSTREAMER="-I/usr/include/gstreamer-0.10/ -I/usr/include/glib-2.0/ -I/usr/
lib/arm-linux-
gnueabihf/glib-2.0/include/ -I/usr/include/libxml2/"
QT_LIBS_GSTREAMER=
```

Qt 라이브러리를 빌드하기 위한 환경 설정은 configure 명령을 이용하면 되는데, 현재 사용하는 시스템이나 Qt의 버전에 따라서 설정되는 내용이 다를 수 있다. 예를 들어서 DBus를 사용하지 않는 경우에 '-no-dbus' 옵션을 추가로 사용할 수 있는데, 이러한 설정과 관련된 옵션들은 configure 명령어의 '--help' 옵션을 통해서 알 수 있다. configure 명령어 수행에는 수 분 정도의 시간이 소요된다.

```
pi@raspberrypi:~/qt5/qtbase $ ./configure -v -opengl es2 -device linux-rasp-pi3-g++
-device-option CROSS_COMPILE=/usr/bin/ -opensource
-confirm-license -optimized-qmake -reduce-exports -release -qt-pcre -make libs
-prefix/usr/local/qt&> output
```

qt5 디렉터리에서 configure 명령을 이용해서 Qt를 설정한 후, 설정 과정이 끝나면 소스 코드를 빌드하고 설치하면 된다. configure 명령의 실행이 끝나면 /usr/local/qt/bin에 qmake 유틸리티가 생성

---

[35] https://wiki.qt.io/Native_Build_of_Qt5_on_a_Raspberry_Pi 참고

되어 있는 것을 확인할 수 있다.

```
pi@raspberrypi:~/qt5/qtbase $ make -j 4
pi@raspberrypi:~/qt5/qtbase $ sudo make install
pi@raspberrypi:~/qt5/qtbase $ /usr/local/qt5/bin/qmake -v
QMake version 3.1
Using Qt version 6.0.0 in /usr/local/qt5/lib
```

기본적인 Qt의 설치가 끝나면 라즈베리 파이에서 최신 버전의 Qt 개발 환경을 구축할 수 있다. 마지막으로 Qt Creator를 설치하여 환경 설정을 진행한 후 사용하면 된다.

■ 라즈베리 파이에서 Qt를 사용하기 위한 환경 설정

라즈베리 파이에서 Qt를 사용하기 위해서는 별도의 환경 설정이 필요하며, Qt에서 사용하는 환경 변수는 다음과 같다.

표 10-4 Qt의 환경 변수

환경 변수	내용
QTDIR	Qt가 설치된 디렉터리
PATH	유닉스의 명령어들이 위치하고 있는 디렉터리
LD_LIBRARY_PATH	유닉스의 공유 라이브러리들이 위치하고 있는 디렉터리

유닉스는 보안을 위해 PATH라는 환경 변수를 사용하여 실행 파일의 경로를 지정한다. Qt의 유틸리티들을 사용하기 위해서도 PATH 환경 변수에 Qt의 유틸리티가 있는 경로를 지정해 주어야 한다.

> **참고하기 ➕ PATH 환경 변수와 보안**
>
> 유닉스는 PATH 환경 변수에 경로가 명시되어 있지 않다면 현재 디렉터리나 기타 디렉터리에 있는 실행 파일은 절대 경로나 상대 경로를 통해서만 실행이 가능하다. ls나 cp 같은 유닉스의 기본 명령어들이 외부 프로그램으로 되어 있고, root 권한의 /bin에 위치하고 있다. 이는 같은 이름의 프로그램이 root 권한이 아닌 다른 디렉터리에 해커에 의해 설치된 프로그램이 실행되는 문제를 막기 위한 보안 방법이다.

일반적으로 사용자가 로그인하면 셸의 환경 변수를 읽어 환경을 설정한다. bash의 경우에는 .bashrc[36]나 .bash_profile 파일을 사용하여 관련된 설정을 진행하는데, 이 파일의 마지막 부분에 Qt의 환경 변수를 추가한다. 본 셸(sh)이나 bash에서 환경 변수를 설정하기 위해서는 셸 변수를 export 명령으로 지정해줘야 한다. 환경 변수에 대해서는 부록의 'bash의 환경 설정'을 참고하라.

---

36 유닉스에서 .으로 시작되는 파일은 숨김(hidden) 파일이다.

```
pi@raspberrypi:~ $ vi ~/.bashrc
# ~/.bashrc: executed by bash(1) for non-login shells.
# see /usr/share/doc/bash/examples/startup-files (in the package bash-doc)
                            /* ~ 중간 표시 생략 ~ */
# sources /etc/bash.bashrc).
if [ -f /etc/bash_completion ] && ! shopt -oq posix; then
    . /etc/bash_completion
fi

# Qt에 대한 셸 변수 지정
QTDIR=/usr/local/qt
PATH=$PATH:$QTDIR/bin
LD_LIBRARY_PATH=$QTDIR/lib:$LD_LIBRARY_PATH

# 셸 변수를 환경 변수로 지정
export QTDIR PATH LD_LIBRARY_PATH
~
pi@raspberrypi:~ $ source ~/.bashrc
pi@raspberrypi:~ $ which qmake
/usr/local/qt5/bin/qmake
```

bash의 설정 파일을 수정했다고 바로 환경 변수들이 적용되지는 않는다. 다시 로그인을 하거나 source 명령어를 이용해서 변경한 bash의 설정 파일을 환경 변수에 적용한다. 환경 변수의 설정이 완료되면 Qt에서 제공하는 라이브러리를 사용할 수 있다.

10.2 Qt 프로그래밍과 사용자 정의 위젯

Qt는 위젯(Widget) 라이브러리로 GUI 프로그래밍을 쉽게 할 수 있도록 다양한 표준 위젯들을 제공한다. 위젯[37]은 MS 윈도우의 컨트롤(Ctrl)과 같은 개념으로 사용자와 인터페이스를 위한 객체라고 볼 수 있다.

Qt는 버튼, 레이블, 체크박스 같은 다양한 위젯들을 제공하고 있으며, GTK+나 다른 툴킷에 비해 수려한 외관을 보여준다.

10.2.1 Hello World! 프로그래밍

항상 그렇듯 간단한 'Hello World!' 프로그램을 만들어보자. Qt는 다른 툴킷과 다르게 'Hello World!'를 만드는 방법이 더 간단하다. Qt의 소스 코드를 작업하기 전에 디렉터리를 먼저 생성하

---

[37] X 윈도에서는 레이아웃과 같이 사용자에게 보이지 않는 객체를 가젯(gadget)이라 했는데, 여기에 윈도우(window)가 합쳐 있다는 의미로 위젯(WIndow + gaDGET)이라고 한다.

고 그 디렉터리 내에서 작업하면 컴파일을 보다 편하게 할 수 있다. helloworld라는 디렉터리를 생성하고 그 디렉터리 내에 다음과 같은 파일을 작성해보도록 하자.

코드 10-1 **helloworld.cpp**[38]

```cpp
#include <QApplication>
#include <QLabel>

int main(int argc, char **argv)
{
    QApplication app(argc, argv);        /* QApplication 객체 생성 */

    QLabel *hello = new QLabel("<font color=blue>Hello <i>World!</i></font>", 0);
    hello->show();                       /* 위젯의 화면 표시 */

    return app.exec();                   /* Qt의 메인 이벤트 루프 실행 */
}
```

먼저 main( ) 함수를 살펴보자. Qt는 항상 하나의 QApplication 클래스의 객체를 가지고 있어야 하며, 다른 Qt의 객체들보다 먼저 선언되어야 한다. 이러한 이유로 대부분의 Qt 애플리케이션에서 QApplication 클래스는 주로 main( ) 함수에서 사용한다.

QApplication 클래스는 Qt를 사용할 수 있도록 초기화하고, 사용자의 명령행 인수(command line argument)를 처리한다. 그리고 마지막 라인의 QApplication 클래스의 exec( ) 함수로 이벤트를 처리한다. 마지막 라인이 없으면 main( ) 함수가 종료되면서 애플리케이션도 종료된다. exec( ) 함수는 애플리케이션이 종료되지 않도록 마이크로소프트의 Win32 소스 코드에서처럼 루프를 돌면서 이벤트를 처리하는 역할을 한다.

QApplication 클래스의 객체를 생성한 후에는 GUI 객체를 만들어야 하는데 여기서는 QLabel 클래스의 객체를 사용한다. QLabel 위젯은 말 그대로 화면에 레이블(Label[39])을 만든다. QLabel 객체 생성 시 첫 번째 인자에는 화면에 표시될 문자열을 사용할 수 있다. 코드 10-1처럼 HTML을 사용해서 문자열에 색이나 크기 등의 서식이 있는 리치 텍스트(rich text)를 사용할 수 있다.

두 번째 인자에는 QLabel이 들어가야 할 부모 위젯을 설정할 수 있다. 일반적으로 위젯은 부모와 자식 관계를 가지고 있으며, 자식 위젯은 부모 위젯의 공간 내에서 표시된다. 만약 현재의 위젯을 별도의 창(top-level widget)으로 열어야 하는 경우에는 부모 위젯을 지정할 수 없는데, 이때는 숫자 0(C++11에서는 nullptr)을 사용한다.

---

38 Qt는 C++로 되어 있기 때문에 소스 코드의 확장자는 .cpp를 사용해야 한다. .c로 하면 컴파일이 되지 않는다.
39 영어식 발음은 '레이블'이지만, 라벨도 옳은 표기로 간주한다.

QLabel 객체를 바로 생성하면 메인 메모리상에만 존재하고 사용자에게 보이지 않는다. 이를 사용자에게 보여주기 위해서는 QWidget 클래스의 show( ) 메소드를 사용한다. 일반적으로 모바일이나 임베디드 장비의 경우, 화면 갱신이 늦기 때문에 위젯들을 화면에 나타낸 후 속성을 변경하면 변경 과정이 사용자에게 보이게 된다. 그리고 화면 갱신 시 배터리 소모가 발생하므로 위젯을 생성하고 속성 설정을 완료한 후에 show( ) 메소드를 사용하는 것이 좋다.

이 코드에서는 QApplication과 QLabel의 2개의 클래스를 사용하며, 이 클래스들을 사용하기 위해서는 헤더 파일이 필요하다. 헤더 파일의 이름은 첫 번째와 두 번째 라인에서처럼 클래스 이름을 그대로 사용하면 된다. 클래스들을 보면 알 수 있듯이, Qt의 클래스들은 Q로 시작되며, 클래스 이름은 모두 파스칼 표기법[40]으로 되어 있다.

이 소스 코드를 컴파일하기 위해서는 qmake 유틸리티를 사용한다. Qt는 프로젝트를 .pro라는 프로젝트 파일로 관리하는데, qmake 명령어에 '-project' 옵션을 사용하면 프로젝트 파일을 생성할 수 있다.

참고하기 ➕ **Qt 5의 프로젝트 파일**

Qt 5는 Qt 4와 달리 기본 위젯들을 사용하기 위해 QtWidgets 모듈이 별도로 필요하다. 프로젝트 파일이 생성되면 다음과 같이 현재 버전이 4보다 클 때 widgets 모듈이 포함되도록 관련 사항을 추가한다.

```
pi@raspberrypi:~ $ vi helloworld.pro
#####################################################################
# Automatically generated by qmake (3.1) Thu Oct 17 10:48:10 2019
#####################################################################

QT += core gui
greaterThan(QT_MAJOR_VERSION, 4): QT += widgets

TEMPLATE = app
TARGET = helloworld
INCLUDEPATH += .

# Input
SOURCES += helloworld.cpp
```

프로젝트 파일이 생성되면 make 명령어에서 사용하는 makefile을 생성해야 하는데 qmake를 옵션 없이 실행하거나 '-makefile' 옵션을 사용할 수 있다. 현재 디렉터리에 여러 개의 프로젝트 파일이 있을 때는 현재 작업하는 프로젝트 파일을 qmake 명령어의 인자로 사용할 수도 있다.

---

[40] 첫 글자를 대문자로 시작하고, 다음에 연결된 단어의 첫 글자도 대문자로 표기한다.

```
pi@raspberrypi:~/helloworld $ qmake -project helloworld.cpp
pi@raspberrypi:~/helloworld $ qmake
pi@raspberrypi:~/helloworld $ make
```

makefile이 생성되면 make 명령어를 사용하여 소스 코드를 빌드한다.

그림 10-18 **Hello World! 프로그램(라즈베리 파이와 macOS)**

새로 빌드한 프로그램을 실행해보도록 하자. Qt 프로그램을 제대로 실행하기 위해서는 앞에서 다룬 환경 변수인 QTDIR, PATH, LD_LIBRARY_PATH 중에서 공유 라이브러리와 관련된 환경 변수인 LD_LIBRARY_PATH가 제대로 설정되어 있어야 한다. 실행에 문제가 있으면 이 환경 변수를 확인해보기 바란다.

> **참고하기** ➕ **공유 라이브러리를 위한 경로 설정**
>
> 일반적으로 공유 라이브러리는 유닉스에서 '/lib'나 '/usr/lib' 디렉터리에 위치하는데, 이 위치가 아닌 공유 라이브러리는 별도의 설정이 필요한다. '/etc/ld.so.conf' 파일에 해당 디렉터리를 명시한 후 '$ ldconfig –v' 등의 명령어를 통해 공유 라이브러리의 인덱스 정보를 갱신하거나 LD_LIBRARY_PATH 환경 변수에 해당 디렉터리의 위치를 명시해야 한다.

Qt 5를 사용하는 중이라면 X 윈도 없이 프레임 버퍼를 사용하여 실행할 수 있다. 다음과 같이 애플리케이션을 실행할 때 명령행 인자로 '-platform linuxfb'를 입력하면 된다.

```
pi@raspberrypi:~/helloworld $ ./helloworld -platform linuxfb
```

10.2.2 **Qt의 위젯**

Qt는 C++의 상속(inheritance)을 지원한다. Qt에서의 모든 위젯은 QWidget 클래스를 상속받는다. QWidget 클래스는 화면에 표시되는 기본적인 성질에 대한 속성들을 담고 있다. QWidget에 대해 더 살펴보려면 Qt 사이트의 Documentation 페이지[41]를 참고하라.

---

41 https://doc.qt.io

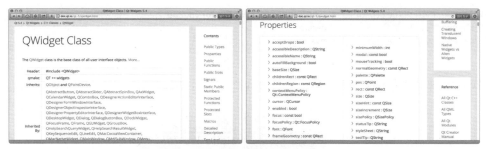

그림 10-19 **QWidget 도움말 페이지**(https://doc.qt.io/qt-5/qwidget.html)

도움말 페이지를 보면 위젯에 대한 간단한 설명과 상속 관계가 표시되고 위젯 타입과 속성, 메소드들이 명시되어 있다. QWidget 클래스의 속성(Properties)을 보면 위젯 모양과 크기, 위치에 대한 속성들을 보여준다. 여기서 위치와 관련된 속성인 pos를 선택해보자.

pos 속성을 선택하면 위치와 관련된 내용이 표시된다. Qt에서 위치를 나타내는 QPoint 클래스를 사용하고, 현재의 위치를 가져올 때는 pos( ) 메소드를, 위치를 설정할 때는 move( ) 메소드를 사용할 수 있다.

크기와 관련된 속성으로는 size가 있다. Qt에서 size 속성은 QSize 클래스로 나타낼 수 있으며, 위젯의 크기를 가져오는 size( )와 크기를 설정하는 resize( ) 메소드를 제공한다. 대부분의 Qt 위젯들이 QWidget 클래스를 상속받기 때문에 QWidget 클래스에 대해 자세히 살펴볼 필요가 있다.

이제 이 속성을 사용하여 위젯의 크기와 위치를 설정하도록 코드 10-1을 수정해보도록 하자.

코드 10-2 **helloworld.cpp**

```cpp
#include <QApplication>
#include <QLabel>

int main(int argc, char **argv)
{
    QApplication app(argc, argv);

    QLabel *hello = new QLabel("<font color=blue>Hello <i>World!</i></font>", 0);
    hello->resize(80, 35);        /* 위젯의 크기 설정 */
    hello->move(300, 300);        /* 위젯의 위치 설정 */
    hello->show();                /* 위젯의 화면 표시 */

    return app.exec();
}
```

QLabel 클래스는 QFrame 클래스를 상속받고, QFrame 클래스는 QWidget 클래스를 상속받기 때문에 QWidget의 메소드를 사용할 수 있다.

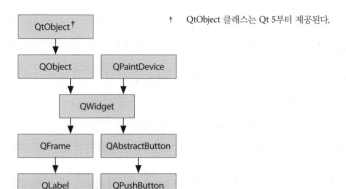

† QtObject 클래스는 Qt 5부터 제공된다.

그림 10-20 **QLabel과 QWidget 클래스의 상속 관계**

위와 같이 수정해서 실행해보면 위젯의 크기와 위치가 변경되는 것을 확인할 수 있다.

그림 10-21 **크기가 변경된 Hello World! 애플리케이션**

10.2.3 Qt에서의 이벤트 처리

GUI 프로그램은 마우스 클릭이나 키보드 입력 등의 이벤트(Event)를 처리하고, 해당 결과를 사용자에게 다시 보여주는 작업(Feedback)을 수행한다. Qt에서도 이러한 이벤트를 처리하기 위한 방법을 제공하는데, 다른 툴킷과는 다른 방법을 사용한다.

먼저 코드 10-2를 변경해서 버튼을 마우스로 실행할 수 있도록 하자. Qt는 버튼을 위해 QPush Button 위젯을 제공한다.

코드 10-3 **button.cpp**

```cpp
#include <QApplication>
#include <QPushButton>

int main(int argc, char **argv)
{
    QApplication app(argc, argv);

    QPushButton *button = new QPushButton("Quit", 0);
    button->resize(120, 35);       /* 위젯의 크기 설정 */
    button->move(300, 300);        /* 위젯의 위치 설정 */
    button->show();                /* 위젯의 화면 표시 */

    return app.exec();
}
```

앞의 코드를 빌드하고 실행하면 푸시 버튼에 "Quit" 문자가 표시되는 것을 볼 수 있다. QLabel 위젯은 서식 있는 문자열을 지원하지만 QPushButton 위젯은 지원하지 않는다.

이제 이 푸시 버튼을 클릭해보자. 어떤 반응이 나타나는가? 아직까지는 아무런 반응이 없다. 버튼을 누르면 이벤트가 발생하는데, 이 처리와 관련된 코드가 필요하다. Qt는 이벤트를 처리하기 위해 시그널(Signal)[42]과 슬롯(Slot)이라는 구조를 사용한다. 버튼 클릭 이벤트에 대응하여 반응 (Response)이 이루어지도록 하려면 먼저 각 객체들의 시그널과 슬롯을 연결해야 한다.

대부분의 Qt 클래스들은 QObject 클래스를 상속받는데, QWidget 클래스도 마찬가지로 QObject 클래스를 직접 상속받는다. QObject 클래스는 Qt의 객체들이 가지고 있어야 할 속성들을 지정해 놓은 클래스로 이벤트 처리와 관련된 속성들도 가지고 있다.

QObject 클래스는 시그널과 슬롯을 연결할 수 있도록 connect( )라는 static 메소드를 제공한다.

```
QMetaObject::Connection QObject::connect(const QObject *sender, const char *signal,
                                         const QObject *receiver, const char *method,
                                         Qt::ConnectionType type = Qt::AutoConnection);
```

표 10-5 connect( ) 함수의 대표 인자

인자	내용
sender	시그널을 발생시킬 객체의 포인터를 지정한다.
signal	첫 번째 매개변수로 지정된 객체(sender)가 발생시키는 시그널을 지정한다.
receiver	시그널을 받을 객체의 포인터를 지정한다.
method	세 번째 매개변수에 지정된 객체(receiver)에 정의된 슬롯을 지정한다.

connect( ) 함수는 5개의 인자를 제공하지만 일반적으로 3~4개의 인자를 많이 사용한다. 첫 번째의 인자는 시그널을 발생시킬 객체의 포인터형이고, 두 번째 인자는 첫 번째 인자가 발생시킬 시그널이다. QPushButton 클래스의 도움말을 찾아보면 4개의 시그널을 QAbstractButton 클래스로부터 상속을 받고 있는 것을 알 수 있다.

버튼을 누르거나(pressed( )), 떼거나(released( )), 클릭하거나(clicked( )), 혹은 버튼의 상태 변화(toggled( ))에 대한 시그널들[43]이 각각 제공되는데, 여기에서 원하는 시그널을 두 번째 인자로 사용하면 된다. 또한 시그널을 사용할 때에는 SIGNAL( )이라는 매크로를 이용해서 묶어주어야 한다.

---

[42] 유닉스 시스템 프로그래밍에서 살펴본 시그널과는 전혀 관계없이 Qt에서만 사용하는 개념이다.

[43] Qt의 시그널들은 일반적으로 과거형이다.

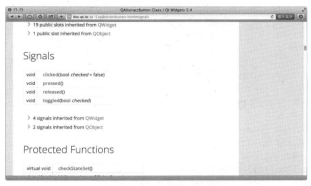

그림 10-22 **QAbstractButton 클래스의 시그널**

connect( ) 메소드의 세 번째 인자는 시그널이 발생했을 때 이 시그널을 처리할 객체의 포인터형이 들어가고, 네 번째 인자로는 그 객체의 슬롯을 사용하면 된다. 일반적으로 세 번째 인자가 this(현재 클래스)인 경우는 생략이 가능하다.

슬롯은 모티프나 GTK+의 콜백 함수(Callback)와 같이 이벤트를 처리하기 위한 함수로 일반적인 메소드와 비슷하지만 별도의 선언과 처리 과정이 필요하다. 네 번째 인자로 슬롯을 사용하기 위해서는 시그널과 마찬가지로 SLOT( ) 매크로를 이용해야 한다.

이제 이 코드에 이벤트를 처리할 수 있도록 시그널과 슬롯을 연결해보도록 하자. 시그널은 객체에서 발생하는데 버튼을 클릭할 때 애플리케이션을 종료할 수 있도록 해보자. 애플리케이션을 종료하기 위해서는 관련된 슬롯이 필요한데 QApplication 클래스에서 해당 슬롯을 제공한다.

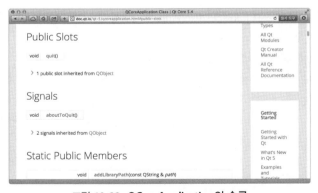

그림 10-23 **QCoreApplication의 슬롯**

QApplication 클래스의 도움말을 찾아보면 부모 클래스인 QCoreApplication 클래스에서 quit( ) 슬롯을 제공한다. 이 슬롯을 QPushButton 클래스의 clicked( )라는 시그널과 연결해서 버튼을 클릭했을 때 애플리케이션을 종료할 수 있도록 코드를 수정하자.

코드 10-4 **button.cpp**

```cpp
#include <QApplication>
#include <QPushButton>

int main(int argc, char **argv)
{
    QApplication app(argc, argv);

    QPushButton *button = new QPushButton("Quit", 0);
    button->resize(120, 35);        /* 위젯의 크기 설정 */
    button->move(300, 300);         /* 위젯의 위치 설정 */
    QObject::connect(button, SIGNAL(clicked()), &app, SLOT(quit()));
    button->show();                 /* 위젯의 화면 표시 */

    return app.exec();
}
```

이 코드를 빌드해서 실행해보자. 버튼을 클릭하면 애플리케이션이 종료되는 것을 확인할 수 있다. 실행된 애플리케이션의 창을 마우스로 드래그하면 윈도우(Window)의 크기를 변경할 수 있으며, 버튼의 크기도 함께 변경되는 것을 알 수 있다.

그림 10-24 **QPushButton 위젯**

시그널과 슬롯을 연결할 때 QObject 클래스에서 connect( ) 메소드를 제공했던 것과 같이, 연결된 슬롯과 시그널의 분리를 위해 QObject::disconnect( ) 메소드를 제공한다.

참고하기 ➕ **Qt 5의 새로운 시그널/슬롯 연결 방법**

Qt 5는 connect( ) 함수를 이용한 시그널과 슬롯의 연결 방법을 추가로 제공하고 있다.

```cpp
QMetaObject::Connection QObject::connect(const QObject* sender,
                        PointerToMemberFunction signal, const QObject* receiver,
                        PointerToMemberFunction method,
                        Qt::ConnectionType type = Qt::AutoConnection)
```

기존의 방법에 비해서 어떤 클래스의 시그널과 슬롯을 사용하고 있는지를 보다 직관적으로 알 수 있다. 위의 connect 함수는 다음과 같이 수정할 수 있다.

```cpp
QObject::connect(button, &QAbstractButton::clicked,
                 &app, QCoreApplication::quit);
```

그리고 Qt 5부터 C++11부터 지원하고 있는 람다(lambda) 함수도 사용할 수 있다.

10.2.4 사용자 정의 위젯

QPushButton 위젯에 서식 있는 문자열을 사용할 수 없지만 경우에 따라서 서식 있는 문자열을 사용해야 할 필요가 있다. 이러한 경우에 사용자 정의 위젯을 사용할 수 있다. 사용자 정의 위젯은 QWidget 클래스를 직접 상속받아서 위젯을 생성하는 방법으로 생성자와 관련 메소드들을 이용해서 위젯의 모양과 기타 사항들을 설정할 수 있다.

사용자 정의 위젯(Custom Widget)을 사용하기 위해서는 새로운 위젯 클래스를 생성해야 하는데 위젯 클래스를 위해 별도의 디렉터리를 생성한 후 헤더 파일과 소스 코드를 다음과 같이 구현해보도록 하자.

코드 10-5 CustomWidget.h

```
#ifndef __CUSTOM_WIDGET__
#define __CUSTOM_WIDGET__

#include <QWidget>

class CustomWidget : public QWidget {
  public:
      CustomWidget(QWidget *parent = 0);
};

#endif // __CUSTOM_WIDGET__
```

위의 헤더 파일에는 QWidget 클래스를 상속받는 사용자 정의 클래스를 정의하였고, 생성자를 추가하였다. 생성자의 인자로는 부모 클래스를 지정할 수 있도록 QWidget 타입의 인자를 추가하였다. 이제 CustomWidget 클래스에 대한 소스 코드를 구현해보자.

코드 10-6 CustomWidget.cpp

```
#include <QApplication>
#include <QPushButton>

#include "CustomWidget.h"

CustomWidget::CustomWidget(QWidget* parent) : QWidget(parent)
{
    QPushButton *button = new QPushButton("Quit", this);
    button->resize(120, 35);        /* 위젯의 크기 설정 */

    this->resize(120, 35);          /* 윈도우의 크기 설정 */
    move(300, 300);                 /* 윈도우의 위치 설정 */

    connect(button, SIGNAL(clicked()), qApp, SLOT(quit()));         /* 시그널/슬롯 연결 */
}
```

사용자 정의 위젯의 소스 코드는 헤더 파일에서 정의한 생성자에 대한 내용을 처리한다. 앞에서 main( ) 함수의 내용을 그대로 가져와서 사용하였다. QPushButton 위젯의 객체에 대해서 별도의 창을 여는 것이 아니라, 사용자 정의 위젯 안에 위치하고 있어야 하므로 QPushButton 객체의 부모로 현재 클래스를 의미하는 this를 지정하였다.

사용자 정의 위젯의 크기와 위치를 조정하고 싶은 경우에도 마찬가지로 QWidget 클래스의 메소드를 사용할 수 있다. 여기에 현재 클래스를 의미하는 this 지시어를 사용할 수 있는데, this 지시어는 생략해도 무방하다.

QPushButton 클래스의 clicked( ) 시그널과 QApplication 클래스의 quit( ) 슬롯을 연결해야 하는데, main( ) 함수와는 다르게 사용자 정의 클래스의 생성자에는 QApplication 클래스의 객체(인스턴스)가 없기 때문에 바로 연결할 수 없다. 앞에서도 설명했듯이 Qt에서는 일반적으로 QApplication 클래스의 객체는 main( ) 함수에서 선언된다. 이 객체를 다른 위치에서 사용하려면 조금 복잡한 작업이 필요한데, 이러한 처리를 보다 쉽게할 수 있도록 Qt는 별도의 qApp라는 글로벌 인스턴스를 제공한다. 이 인스턴스를 이용해서 시그널과 슬롯을 연결하면 된다.

이제 이 클래스를 사용할 수 있도록 main( ) 함수를 구현해보도록 하자. Qt의 메인 함수는 기본적인 구성이 비슷하므로 외워두는 것이 좋다.

코드 10-7 **main.cpp**

```
#include <QApplication>

#include "CustomWidget.h"

int main(int argc, char **argv)
{
    QApplication app(argc, argv);

    CustomWidget *widget = new CustomWidget(0);
    widget->show();        /* 위젯의 화면 표시 */

    return app.exec();
}
```

앞의 main( ) 함수와 마찬가지로 QApplication 클래스의 객체를 생성한 후 사용자 정의 위젯을 만들어서 사용하였다. 위의 코드를 빌드해서 실행해보면 앞의 QPushButton 위젯과 비슷하게 동작하지만 윈도우의 크기를 변경하면 앞에서와 다르게 사용자 위젯(윈도우)의 크기만 변경되고 사용자 정의 위젯 안에 들어 있는 자식 위젯인 푸시 버튼의 크기는 그대로 있는 것을 확인할 수 있다.

그림 10-25 사용자 정의 위젯

10.2.5 사용자 정의 시그널과 슬롯

이제 마지막으로 사용자 정의 시그널과 슬롯(custom signal/slot)을 만드는 방법에 대해서 살펴보도록 하자. 기본적으로 슬롯은 시그널이 발생했을 때 처리하는 코드이기 때문에 Qt에서 제공하는 기본 슬롯만 가지고는 프로그래밍을 하기 어렵다.

Qt 프로그래밍을 하기 위해서는 사용자 정의 슬롯을 만드는 방법에 대해서 반드시 알아야 하는 데, 이를 위해서는 QObject 클래스에 대해 보다 더 자세히 알아야 할 필요가 있다. Qt의 시그널과 슬롯은 QObject 클래스를 상속받는 클래스 내에서만 사용이 가능하고, 사용자 정의 시그널과 슬롯을 사용하기 위해서는 별도의 선언이 필요하다.

코드 10-8 **CustomWidget.h**

```
#ifndef __CUSTOM_WIDGET__
#define __CUSTOM_WIDGET__

#include <QWidget>

class CustomWidget : public QWidget {
        Q_OBJECT
  public:
      CustomWidget(QWidget *parent = 0);

  signals:
      void widgetClicked();      /* 사용자 정의 시그널 */

  public slots:
      void processClick();      /* 사용자 정의 슬롯 */
};

#endif // __CUSTOM_WIDGET__
```

먼저 클래스의 선언부 아래에 Q_OBJECT라는 매크로를 이용해서 현재 클래스가 사용자 정의 시그널과 슬롯을 사용한다고 명시해줘야 한다. 시그널과 슬롯은 C++ 프로그래밍 언어에서 제공해주는 개념이 아니기 때문에 이를 처리하기 위해서는 별도의 코드가 필요하다. Qt에서는 이를 메타 오브젝트 코드(Meta-Object Code)라고 부르고, 이를 위한 moc라고 부르는 컴파일러를 제공한다. 사용자 정의 시그널이나 슬롯을 사용하기 위해서는 qmake 명령어를 다시 수행해서 moc 명령어가 사용되도록 makefile을 재생성한다.

사용자 정의 시그널을 사용할 때 'signals:'라는 지시어 아래에 선언하면, moc 명령어에 의해서 자동으로 관련 코드가 생성되므로 별도의 구현이 필요하지 않다. 사용자 정의 슬롯을 사용할 때는 접근 지정자(public, private, protected)와 함께 'slots:'라는 지시어 아래에 선언[44]하고, 일반 메소드를 구현하듯 .cpp 파일 안에 구현한다. 이제 사용자 정의 시그널과 슬롯에 대한 소스 코드를 구현해보자.

코드 10-9 **CustomWidget.cpp**

```cpp
#include <QApplication>
#include <QPushButton>
#include "CustomWidget.h"

CustomWidget::CustomWidget(QWidget* parent) : QWidget(parent)
{
    QPushButton *button = new QPushButton("Quit", this);
    button->resize(120, 35);       /* 위젯의 크기 조정 */

    this->resize(120, 35);         /* 윈도우의 크기 조정 */
    move(300, 300);                /* 윈도우의 위치 조정 */

    connect(button, SIGNAL(clicked()), SLOT(processClick()));       /* 시그널/슬롯 연결 */
}

void CustomWidget::processClick()
{
    emit widgetClicked();          /* 사용자 정의 시그널 발생 */
}
```

QPushButton 클래스의 시그널과 현재 클래스의 슬롯을 연결하였다. 사용자 정의 슬롯을 사용하고 있는 경우에 세 번째 인자로 this를 사용하는데 이 경우에 세 번째 인자는 생략될 수 있다. 사용자 정의 슬롯에서 사용자 정의 시그널을 발생시켰는데, 시그널이 일반 메소드가 아니므로 호출하는 것이 아니라 emit 지시어를 사용하면 된다.

> **참고하기** ➕ **시그널 포워딩(Signal Forwarding)**
>
> 위와 같이 시그널에서 사용자 정의 슬롯을 호출한 후, 슬롯에서 시그널을 다시 발생하는 경우에는 아래와 같이 시그널과 시그널을 바로 연결할 수 있다.
>
> ```cpp
> connect(button, SIGNAL(clicked()), SIGNAL(widgetClicked()));
> ```
>
> 시그널 포워딩을 이용하면 사용자 정의 슬롯을 만들지 않아도 되기 때문에 편리하다.

---

44 Qt에서 시그널, 슬롯, 메소드는 소문자로 시작되고 다음 단어의 첫 글자는 대문자로 시작하는 카멜(Camel) 표기법을 사용한다. 메소드도 카멜 표기법으로 되어 있는데, 일반적으로 속성(Property)에 대한 값을 가져올 때는 property( )와 같이 속성명을 메소드명으로 사용하고, 값을 설정할 때는 setProperty( )와 같이 'set속성명'의 메소드명을 사용한다.

main( ) 함수에서 사용자 정의 시그널과 QApplication 클래스의 quit( ) 슬롯을 연결한 후 코드를 빌드해서 실행해보자. 앞에서 설명한 것과 같이 코드를 빌드하기 전에 반드시 'qmake' 유틸리티를 통해서 makefile을 다시 생성해야 한다.

코드 10-10 **main.cpp**

```cpp
#include <QApplication>

#include "CustomWidget.h"

int main(int argc, char **argv)
{
    QApplication app(argc, argv);

    CustomWidget *widget = new CustomWidget(0);
    QObject::connect(widget, SIGNAL(widgetClicked()), &app, SLOT(quit()));
    widget->show();

    return app.exec();
}
```

10.3 Qt 위젯과 레이아웃

Qt는 GUI 프로그래밍을 쉽게 할 수 있도록 다양한 기본(Built-in) 위젯들을 제공한다. 기본 위젯들도 사용자 정의 위젯과 같이 QWidget 클래스를 상속받고 있다.

10.3.1 Qt의 기본 위젯

위젯은 사용자와의 의사 소통을 위해 사용하는 윈도우, 버튼, 메뉴, 메시지 박스 같은 요소로, 일반적으로 정보 입력(Input)을 위한 것과 정보 표시(Display)를 위한 것으로 구분할 수 있다.

모티프나 GTK+ 등의 툴킷들이 위젯을 사용하기 위해서는 별도의 윈도우를 생성한 후에 레이아웃 매니저를 통해서 위젯들을 배치해야 하는 것과는 다르게, Qt의 위젯은 컨트롤과 컨테이너로 모두 사용이 가능하기 때문에 소스 코드를 보다 단순화할 수 있다는 장점을 제공한다.

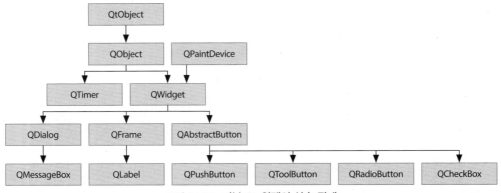

그림 10-26 기본 Qt 위젯의 상속 관계

대부분의 Qt 클래스들은 QObject 클래스를 상속받지만 QPaintDevice나 QString 클래스처럼 QObject 클래스를 상속받지 않는 경우도 있다. 앞에서 설명한 것과 같이 위젯들은 QWidget 클래스를 상속받는데, QWidget 클래스는 QObject 클래스와 QPaintDevice 클래스의 두 클래스를 다중 상속(Multiple Inheritance)받고 있다.

10.3.2 버튼 위젯

버튼은 마우스나 터치로 눌렀다 떼는(Release) 입력이나 옵션 선택과 같은 입력으로 사용되는 GUI 객체로, 클릭 이벤트를 위한 위젯으로 푸시 버튼(QPushButton)이나 툴 버튼(QToolButton) 위젯을 사용하고, 라디오 버튼(QRadioButton) 위젯과 체크 박스(QCheckBox) 위젯은 옵션을 선택할 때 사용한다.

옵션을 선택할 때 라디오 버튼과 체크 박스를 이용할 수 있는데, 두 위젯의 사용 방법이 서로 다르다. 라디오 버튼(Radio Button)은 한 번에 하나의 옵션만 선택할 수 있고, 체크 박스(Check Box)는 동시에 여러 옵션들을 선택할 수 있다. 일반적으로 라디오 버튼의 모양은 동그란 원으로 표시되고, 체크 박스의 모양은 사각형으로 표시된다.

버튼은 모두 QAbstractButton 클래스를 상속받는다. QAbstractButton 클래스는 버튼의 기본 속성을 갖는 추상 클래스로 문자나 그림 등을 이용해서 정보를 표시하는 메소드를 제공한다. QAbstractButton 클래스는 토글(Toggle)과 푸시 버튼을 모두 제공한다.

■ QPushButton 위젯

푸시 버튼(Push Button)은 앞에서도 살펴본 것과 같이 사용자의 마우스 클릭이나 터치에 대응하기 위한 그래픽 객체로, GUI 프로그램에서 사용자와의 인터페이스를 제공하는 기본 위젯이다.

푸시 버튼은 버튼을 누르면 명령이 수행되기 때문에 명령 버튼(Command Button)이라고도 하는데, 사용자가 마우스로 푸시 버튼을 클릭해서 요구(Request)하면 애플리케이션은 미리 정해진 응답(Response)을 수행한다.

QPushButtn 위젯에는 'OK', 'No', 'Help' 등과 같은 문자열을 표시하기 위한 setText( ) 메소드를 제공하고 있고, 비트맵 이미지의 아이콘(QIcon)을 표시할 수 있도록 setIcon( ) 메소드도 제공하고 있다.

■ QRadionButton 위젯

라디오 버튼은 사용자로부터 복수의 옵션 중 하나만 선택할 때 사용하는데, 라디오에서 주파수를 맞추면 한순간에 하나의 방송만을 들을 수 있는 것과 유사해서 라디오 버튼이라는 이름이 유래하였다.

라디오 버튼은 여러 버튼 중에 하나의 버튼이 이미 선택되어 있을 때 다른 버튼을 선택하면, 기존 버튼의 선택이 해제되고 새로 선택된 버튼만 선택된다. 이와 같이 동작하도록 하기 위해서는 여러 라디오 버튼들을 QButtonGroup 클래스를 사용해서 하나의 그룹으로 묶어서 사용해야 한다.

현재 버튼이 선택되었는지 확인하기 위해 isChecked( ) 메소드를 사용하면 되고, 버튼을 설정할 수 있도록 setChecked( ) 메소드를 제공한다.

코드 10-11 **RadioButton.cpp**

```cpp
#include <QApplication>
#include <QWidget>
#include <QRadioButton>
#include <QButtonGroup>

int main(int argc, char **argv)
{
    QApplication app(argc, argv);

    QWidget *widget = new QWidget(0);
    QButtonGroup *bg = new QButtonGroup(widget);               /* 버튼 그룹 객체 생성 */

    QRadioButton *rb1 = new QRadioButton("Option &1", widget);    /* 라디오 버튼 객체 생성 */
    rb1->move(10, 10);
    bg->addButton(rb1);              /* 버튼 그룹에 라디오 버튼 추가 */

    QRadioButton *rb2 = new QRadioButton("Option &2", widget);
    rb2->move(10, 30);
    bg->addButton(rb2);

    QRadioButton *rb3 = new QRadioButton("Option &3", widget);
    rb3->move(10, 50);
    bg->addButton(rb3);
```

```
    QRadioButton *rb4 = new QRadioButton("Option &4", widget);
    rb4->move(10, 70);
    bg->addButton(rb4);

    widget->resize(140, 110);    /* 위젯의 크기 설정 */
    widget->show();              /* 위젯을 화면에 표시 */

    return app.exec();
}
```

먼저 라디오 버튼들을 배치하는데, 앞에서 살펴본 QWidget 클래스의 move( ) 메소드를 사용할
수 있다. 버튼의 문자열을 보면 숫자 앞에 '&' 기호를 사용한다. 버튼의 문자열 앞에 '&' 기호를 사
용하면 버튼에 단축키(Accelerator)[45]를 지정할 수 있는데, 키보드의 'Alt + 단축키'로 버튼을 바로 선
택할 수 있다.

라디오 버튼 객체를 만들고 그룹으로 묶기 위해서는 QButtonGroup 클래스를 사용하면 된다. 이
코드를 실행해보면 기존의 버튼이 선택되어 있을 때 다른 버튼을 선택하면 이전 버튼의 선택이 해
제되면서 라디오 버튼처럼 동작하는 것을 확인할 수 있다.

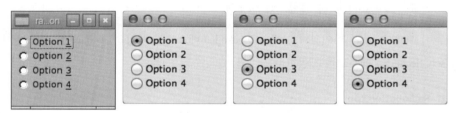

그림 10-27 라디오 버튼(QRadioButton) 위젯

■ QCheckBox 위젯

체크 박스(Check Box)는 사용자로부터 복수 옵션을 동시에 입력받을 때 사용된다. 체크 박스는 일
반적으로 하나씩 따로 사용되지만, 라디오 버튼과 마찬가지로 여러 체크 박스를 QButtonGroup
클래스를 이용해서 하나의 그룹으로 묶어서도 사용할 수 있다. QButtonGroup 클래스의
buttonClicked(int) 시그널을 이용하면 여러 개의 체크 박스 객체들을 보다 쉽게 관리할 수 있다.

QCheckBox 위젯을 이용해서 각각의 버튼을 만들고 버튼이 선택되는 것을 확인하기 위해서는
checked( ) 시그널을 각각의 버튼에 연결해서 사용할 수 있다. 하지만 버튼의 수가 많아지면 연결
되는 시그널과 슬롯의 수가 많아지게 되고 연결과 관리가 불편하다. 이러한 문제는 체크 박스들을
그룹으로 묶어서 사용하면 해결할 수 있다.

---

45 단축키는 운영체제에 따라서 동작하지 않을 수 있다.

코드 10-12 CheckBox.cpp

```cpp
#include <QApplication>
#include <QWidget>
#include <QCheckBox>
#include <QLabel>
#include <QButtonGroup>

int main(int argc, char **argv)
{
    QApplication app(argc, argv);

    QWidget *widget = new QWidget(0);
    QButtonGroup *bg = new QButtonGroup(widget);

    QLabel *lb = new QLabel("0", widget);               /* 레이블 객체 생성 */
    lb->move(10, 10);

    QCheckBox *cb1 = new QCheckBox("Option &1", widget);   /* 체크 박스 객체 생성 */
    cb1->move(10, 30);
    bg->addButton(cb1, 1);

    QCheckBox *cb2 = new QCheckBox("Option &2", widget);
    cb2->move(10, 50);
    bg->addButton(cb2, 2);

    QCheckBox *cb3 = new QCheckBox("Option &3", widget);
    cb3->move(10, 70);
    bg->addButton(cb3, 3);

    QCheckBox *cb4 = new QCheckBox("Option &4", widget);
    cb4->move(10, 90);
    bg->addButton(cb4, 4);

    bg->setExclusive(false);                            /* 버튼 그룹의 상호 배타 설정 해제 */
    QObject::connect(bg, SIGNAL(buttonClicked(int)), lb, SLOT(setNum(int)));

    widget->resize(110, 140);
    widget->show();

    return app.exec();
}
```

위의 코드는 라디오 버튼과 기본적인 코드가 비슷하다. QButtonGroup 클래스는 기본적으로 상호 배타적(exclusive)으로 동작한다. 라디오 버튼을 버튼 그룹으로 묶을 때는 상관없지만, 체크 박스를 버튼 그룹으로 묶을 때는 각각의 버튼들이 따로 동작할 수 있도록 QButtonGroup 클래스의 setExclusive( ) 메소드에 false 옵션을 설정해주어야 한다.

위의 코드를 수행해보면 체크 박스가 표시되는데 체크 박스를 선택하면 레이블에 선택한 버튼의 ID가 표시된다. 버튼 선택 시 ID를 제대로 표시하려면, 버튼을 버튼 그룹에 추가할 때

addButton( ) 메소드의 두 번째 인자의 값을 제대로 설정해야 한다. 두 번째 인자의 기본값은 -1이기 때문에, 버튼의 ID를 명시해주지 않으면 제대로 표시되지 않으니 주의하기 바란다.

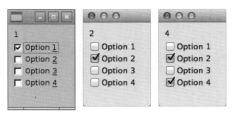

그림 10-28 **QCheckBox 위젯**

참고
하기 ➕ **시그널과 슬롯의 연결**

시그널과 슬롯을 연결할 때는 값을 넘길 수는 없고, 코드 10-12와 같이 서로 넘어가는 인자형만 지정할 수 있다. 시그널과 슬롯의 인자의 형은 같아야 하며 다른 경우에는 연결되지 않으므로 주의해야 한다. 일반적으로 시그널의 인자 수가 슬롯보다 많을 때는 문제가 없지만, 슬롯의 인자 수가 시그널의 인자 수보다 많은 경우에는 빌드 시 에러가 발생한다.

10.3.3 정보 표시 위젯

버튼은 사용자의 이벤트를 처리하는 위젯들이다. 이렇게 처리된 정보들은 정보 표시 위젯을 통해서 사용자들에게 보여질 수 있다. Qt는 정보 표시를 위해 QLabel, QLCDNumber, QProgressBar, QTextBrowser 등의 위젯을 제공한다. QProgressBar 위젯은 위젯의 기본 클래스인 QWidget 클래스를 상속받고, QLabel과 QLCDNumber 위젯은 외각에 프레임을 갖는 기본 클래스인 QFrame 클래스를 상속받고, QTextBrowser 위젯은 문자열을 입력받는 QTextEdit 위젯을 상속받는다.

이러한 정보 표시 위젯들은 사용자에게 문자열이나 픽스맵 이미지, 그리고 숫자값 등의 정보를 제공할 수 있다.

■ QLabel 위젯

QLabel 위젯은 레이블(Label) 형태로 사용자에게 정보를 알려줄 때 사용되는데, 문자열(String)뿐만 아니라 픽스맵(QPixmap), 픽처(QPicture)[46], 무비(QMovie)[47] 등 여러 형식의 정보들을 제공하는 데 사용된다.

---

46 QLabel의 픽처는 .bmp나 .png와 같은 일반 이미지와는 다르며 Qt의 그래픽스의 QPainter 클래스에서 사용하는 QPicture 클래스의 객체를 의미한다.

47 QLabel의 무비는 .avi나 .mpg와 같은 동영상 파일을 의미하는 것이 아니라, GIF89a나 MNG(Multiple-image Network Graphics)와 같은 여러 장의 이미지가 연속적으로 배열되어 있는 움직이는 이미지(QMovie 클래스)를 의미한다.

일반적으로 IP 주소나 ID를 입력받을 때와 같이 입력창으로 사용하는 위젯들과 레이블 위젯을 함께 사용한다. 하지만 문자열을 입력받는 QLineEdit나 QTextEdit 위젯 그리고 시간과 날짜를 처리하는 QTimeEdit나 QDateEdit 위젯은 다른 내용을 표시할 수 없기 때문에 앞의 버튼과 같이 '&' 기호를 사용해서 단축키를 지정하기 어렵다. 이러한 문제를 해결하기 위해 QLabel 위젯에 단축키를 지정하고 관련 입력 위젯들과 연결할 수 있다. 포커스를 받을 수 없는 레이블에 포커스가 오면 이를 친구(Buddy)에게 넘겨준다. Qt는 이러한 개념을 버디(Buddy)라고 한다.

■ QLCDNumber 위젯

QLCDNumber 위젯은 디지털 전자시계 같은 LCD 형태로 10진수, 16진수 등의 숫자나 온도 등의 숫자값을 표시하기 위해 사용된다.

코드 10-13 **LCDNumber.cpp**

```
#include <QApplication>
#include <QLCDNumber>

int main(int argc, char **argv)
{
    QApplication app(argc, argv);

    QWidget* widget = new QWidget(0);

    QLCDNumber *lcd1 = new QLCDNumber(widget);       /* LCD 넘버 객체 생성 */
    lcd1->setSegmentStyle(QLCDNumber::Flat);         /* 세그먼트 스타일 설정 */
    lcd1->display(2014);                             /* 표시할 값 설정 */
    lcd1->move(10, 10);

    QLCDNumber *lcd2 = new QLCDNumber(widget);
    lcd2->setSegmentStyle(QLCDNumber::Flat);
    lcd2->display(2014);
    lcd2->setHexMode();
    lcd2->move(10, 40);

    widget->resize(120, 80);
    widget->show();

    return app.exec();
}
```

QLCDNumber 위젯은 숫자를 2진수(Bin), 10진수(Dec), 8진수(Oct), 16진수(Hex) 모드로 표시할 수 있으며, 모드 변환 메소드를 이용하면 현재의 값을 해당 진수의 값으로 자동 변환할 수 있다.

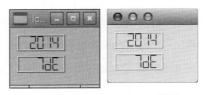

그림 10-29 **QLCDNubmer 위젯**

■ QProgressBar 위젯

QProgressBar 위젯은 숫자값을 바 형태로 도식화하여 표시하는데, 일반적으로 현재의 진행 단계를 보여줄 때 많이 사용된다. setRange( ) 메소드를 이용해서 전체 단계를 정의하고, setValue( ) 메소드를 이용해서 단계별로 현재 진행 사항을 표시한다. 기본값으로 0(최솟값)에서 100(최댓값) 사이의 값을 가지고 있다.

코드 10-14 **ProgressBar.cpp**

```cpp
#include <QApplication>
#include <QProgressBar>

int main(int argc, char **argv)
{
    QApplication app(argc, argv);

    QProgressBar *pb = new QProgressBar();          /* 프로그래스바 객체 생성 */
    pb->setRange(0, 60);
    pb->setValue(20);
    pb->show();

    return app.exec();
}
```

진행 상황을 표시하기 위해 그래프 형태의 그림과 함께 문자를 사용할 수 있으며, setOrientation( ) 메소드를 이용해서 수직(Qt::Vertical)이나 수평(기본값, Qt::Horizontal) 방향 설정이 가능하다.

그림 10-30 **QProgressBar** 위젯

■ QTextBrowser 위젯

QTextBrowser 위젯은 여러 줄의 문자열을 표시할 때 사용할 수 있다. 웹에서 문서를 표현할 때 사용하는 하이퍼텍스트(HyperText)를 표시할 때도 사용할 수 있다. 이 기능을 이용해서 간단한 HTML 문서를 표시할 수 있는데, 표나 프레임은 표시가 불가능하지만 리치 텍스트는 가능하다.

HTML 문서에 링크(Anchor)가 있을 때 backward( ), forward( ), home( ), reload( ) 메소드로 인터넷 탐색에서의 문서 탐색과 같은 기능들을 수행할 수 있다. HTML 문서의 태그를 문자 형태로 보여주고 싶으면 QTextEdit::setPlainText( ) 메소드를 이용할 수 있으며, HTML 서식을 적용해서 표시하고 싶으면 QTextEdit::setHTML( ) 메소드를 사용하면 된다.

코드 10-15 **TextBrowser.cpp**

```
#include <QApplication>
#include <QTextBrowser>
#include <QUrl>

int main(int argc, char **argv)
{
    QApplication app(argc, argv);
    QUrl url("index.html");

    QTextBrowser *tb = new QTextBrowser();          /* 텍스트 브라우저 객체 생성 */
    tb->setSource(url);
    tb->show();

    return app.exec();
}
```

QTextBrowser 위젯에 문서를 지정할 때는 QUrl 클래스를 사용하는데, QUrl 클래스는 URL을 지정하기 위해 Qt에서 제공하는 클래스이다. 위의 코드를 빌드하고 실행할 때는 index.html 파일이 필요하다. 6장에서 사용했던 index.html 파일을 사용해보도록 하자.

그림 10-31 **QTextBrowser 위젯**

10.3.4 문자 입력 위젯

Qt는 문자 입력 위젯으로 QLineEdit 위젯과 QTextEdit 위젯을 제공한다.

■ **QLineEdit 위젯**

QLineEdit 위젯은 한 줄의 문자열을 입력받기 위해 사용된다.

코드 10-16 **LineEdit.cpp**

```
#include <QApplication>
#include <QLineEdit>

int main(int argc, char **argv)
{
    QApplication app(argc, argv);
```

```
    QLineEdit *LE = new QLineEdit(0);              /* 라인 에디트 객체 생성 */
    LE->setEchoMode(QLineEdit::Password);          /* 에코 모드 설정 */
    LE->show();

    return app.exec();
}
```

입력 문자열을 입력하면 QLineEdit 위젯을 통해서 다시 사용자에게 보여지는데 이때 출력하는 모드(에코 모드)와 관련하여 여러 옵션을 제공한다.

표 10-6 **QLineEdit 위젯의 에코 모드**

옵션	내용	비고
Normal	입력받은 문자열을 그대로 출력한다.	디폴트 옵션 값
NoEcho	입력받은 문자열을 화면에 표시하지 않는다.	
Password	입력받은 문자를 '*' 기호로 바꾸어 출력한다.	
PasswordEchoOnEdit	입력받을 때 정상적으로 화면에 표시되다가 입력이 끝나면 '*' 기호로 표시한다.	Qt 4.2부터 제공

에코 모드에 따라서 입력된 값을 표시하는 형태가 달라진다. PasswordEchoOnEdit 옵션은 입력할 때는 정상적인 문자로 표시되지만, 포커스를 잃으면 입력된 문자가 '*'로 변경되어서 표시된다.

그림 10-32 **QLineEdit 위젯**

■ QTextEdit 위젯

QTextEdit 위젯은 여러 줄의 문자열을 입력받기 위해 사용된다. QTextEdit 위젯은 서식이 있는 텍스트(Rich Text)를 입력받기 위해서도 사용하는데, setReadOnly(true) 메소드를 이용하여 QTextBrowser 위젯과 같이 문자열의 출력에만 사용할 수도 있다.

위지위그(WYSIWYG)를 지원하는 텍스트 에디터로 사용할 수 있는데, 폰트 설정, 색상 설정 등의 기능을 지원하고 기본적인 정렬 기능을 지원한다. 이러한 기능과 함께 줌인(Zoom-in)과 줌아웃(Zoom-out)이 가능하고 배경색 설정 및 HTML 태그를 사용하여 서식을 부여할 수 있으며, 선택한 문자열의 복사, 자르기, 붙이기 등의 다양한 기능들도 지원한다.

작성한 문서를 toHTML( ) 메소드를 이용하여 HTML 형식으로 변경할 수 있고, 서식이 없는 평범한 문서의 형식으로 쉽게 변경할 수 있는 toPlainText( ) 메소드를 제공한다.

■ **QComboBox 위젯**

QComboBox 위젯은 선택 위젯으로 여러 옵션 중에서 하나의 값을 선택할 때 사용된다. 드롭다운(Drop-down) 리스트와 함께 작은 버튼을 제공하여 보다 작은 공간에서 옵션 선택 시에 사용할 수 있다. 그리고 선택 위젯으로 문자 입력 위젯은 아니지만 옵션에 따라 문자열을 입력받을 수 있다.

코드 10-17 **ComboBox.cpp**

```
#include <QApplication>
#include <QComboBox>

int main(int argc, char **argv)
{
    QApplication app(argc, argv);

    QComboBox *cb = new QComboBox();       /* 콤보 박스 객체 생성 */
    cb->addItem("KDE");                    /* 아이템 추가 */
    cb->addItem("GNOME");
    cb->addItem("FVWM");
    cb->addItem("CDE");
    cb->setEditable(true);                 /* 편집 가능(옵션 추가) 설정 */
    cb->show();

    return app.exec();
}
```

앞의 QRadioButton 위젯의 경우에 옵션을 한눈에 모두 살펴볼 수 있다는 장점은 있지만 버튼을 배치하기 위해 사용되는 공간이 너무 넓다. 하지만 QComboBox 위젯의 경우에는 QLineEdit 위젯만큼의 공간을 차지하고 옵션 값을 추가로 입력할 수 있다는 장점을 제공한다. setEditable(true) 메소드를 사용하면 콤보 박스의 창을 QLineEdit 위젯처럼 사용할 수 있는데, 사용자가 입력한 값은 기본적으로 콤보 박스의 마지막에 추가된다.

그림 10-33 **QComboBox 위젯**

QComboBox 위젯의 항목(Item)이 너무 많을 경우에는 화면을 넘길 때도 문제가 발생한다. 이런 경우 항목의 성격에 따라서 각각을 소그룹으로 나누어 여러 개의 콤보 박스나 다른 위젯으로 분리하여 사용해야 한다.

10.3.5 범위 선택 위젯

범위 선택 위젯은 사용자가 미리 정해 놓은 특정 숫자 범위의 값들을 선택하기 위해 사용되는데, Qt는 QSpinBox, QSlider, QScrollBar, QDial 위젯 등을 제공한다. Qt의 범위 선택 위젯은 보통 0부터 99까지의 기본값을 가지며, 증감하는 크기는 1이다. QProgressBar 위젯과는 다르게 기본 최댓값이 100이 아닌 99다.

QSpinBox와 QDial 위젯은 원형 순환(Circular)이라는 속성을 갖고 있다. 원형 순환은 현재의 값이 최솟값일 때 값을 내리면 최댓값으로 이동하고, 최댓값일 때 값을 올리면 최솟값으로 이동하는 것을 말하는데, 원형 순환되도록 값을 만들고 싶으면 setWrapping( ) 메소드에 true 값을 설정하면 된다.

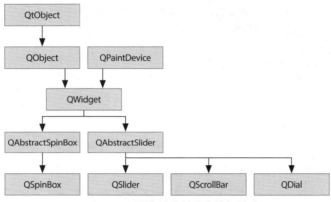

그림 10-34 범위 선택 위젯의 상속 관계

QSpinBox 위젯은 QAbstractSpinBox 클래스를 상속받고 있으며, QSlider, QScrollBar 및 QDial 위젯은 QAbstractSlider 클래스를 상속받고 있다.

■ QSpinBox 위젯

QSpinBox 위젯은 숫자 형태의 값을 입력받을 때 사용되는데, 스핀 박스 왼쪽에 있는 화살표를 이용하여 값을 변경할 수 있다. 앞의 QProgressBar 위젯과 마찬가지로 최댓값과 최솟값을 설정해서 사용할 수 있다.

코드 10-18 SpinBox.cpp

```cpp
#include <QApplication>
#include <QSpinBox>

int main(int argc, char **argv)
{
    QApplication app(argc, argv);
```

```
    QSpinBox *sp = new QSpinBox();      /* 스핀 박스 객체 생성 */
    sp->setRange(0, 10);                /* 전체 범위 설정 */
    sp->setValue(5);                    /* 현재 값 설정 */
    sp->setWrapping(true);              /* 원형 순환 설정 */
    sp->setSpecialValueText("Value");   /* 특별 값 문자 설정 */
    sp->show();

    return app.exec();
}
```

QSpinBox 위젯에 특별한 값이나 용도 등을 표시하기 위해 setSpecialValueText( ) 메소드를 이용해서 문자열을 표시할 수 있다. setPrefix( )나 setSuffix( ) 같은 메소드를 이용해서 숫자에 $와 같은 통화 기호 등의 문자를 추가로 표시할 수 있다.

그림 10-35 **QSpinBox 위젯**

■ **QDial 위젯**

QDial 위젯은 QSpinBox 위젯과 같이 특정 범위의 숫자값을 입력받거나 표시할 때 사용할 수 있다.

코드 10-19 **Dial.cpp**

```
#include <QApplication>
#include <QDial>

int main(int argc, char **argv)
{
    QApplication app(argc, argv);

    QDial *dl = new QDial();            /* 다이얼 객체 생성 */
    dl->setNotchesVisible(true);        /* 노치 표시 설정 */
    dl->setNotchTarget(10);             /* 노치 타깃 설정 */
    dl->setWrapping(true);              /* 원형 순환 설정 */
    dl->show();

    return app.exec();
}
```

QLCDNumber 위젯이 디지털 전자시계 같은 모양으로 숫자를 표시하는데 반해서, QDial 위젯은 자동차 속도계와 같은 모양을 갖고 범위를 원형으로 설정할 수 있다.

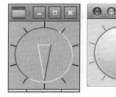

그림 10-36 **QDial 위젯**

QProgressBar 위젯과 같이 값을 정확하게 표시할 수 있는 마크인 노치(Notch)를 제공하는데 다이 얼에 구간을 알 수 있도록 하는 작은 선이 원 주위에 표시된다.

■ **QSlider 위젯**

QSlider 위젯은 수직 또는 수평의 슬라이더를 제공하는데, 슬라이더의 핸들(Handle)을 이동시키고 이 비율을 이용해 숫자값을 입력하거나 표시할 수 있다.

코드 10-20 **Slider.cpp**

```cpp
#include <QApplication>
#include <QSlider>

int main(int argc, char **argv)
{
    QApplication app(argc, argv);

    QSlider *sl = new QSlider(Qt::Horizontal, 0);    /* 슬라이더 객체 생성 */
    sl->setTickPosition(QSlider::TicksAbove);         /* 틱 마크 표시 */
    sl->setRange(0, 100);              /* 전체 범위 설정 */
    sl->setValue(50);                  /* 현재 값 설정 */
    sl->show();

    return app.exec();
}
```

슬라이더는 키보드의 방향키 및 마우스의 휠을 통해 값을 설정할 수 있다. 값을 보다 세세히 구 분할 수 있도록 틱 표지(Tick Mark)를 사용할 수 있는데, 슬라이더의 방향에 따라서 상하 방향이나 좌우 방향 등으로 표시되도록 설정할 수 있다.

그림 10-37 **QSlider 위젯**

■ **QScrollBar 위젯**

QScrollBar 위젯은 수직 또는 수평의 스크롤바를 제공하는데, 마우스로 스크롤바의 버튼을 클릭 하거나 스크롤바 중앙의 핸들을 이용해서 값을 설정할 수 있다. 기본적으로 스크롤바는 슬라이더 와 비슷한데 주로 값을 입력받기 위해 사용하는 것이 아니라 QTextBrowser 위젯이나 QTableView 위젯과 같이 스크롤 영역을 가진 위젯에서 현재 보여지는 부분이 전체의 어느 부분에 있는지 알고 싶은 경우에 사용될 수 있다.

QTextEdit 위젯과 같이 QAbstractScrollArea 클래스를 상속받는 클래스에서 수평 스크롤바는 horizontalScrollBar( ) 메소드를 통해서 가져올 수 있고, 수직 스크롤바는 verticalScrollBar( ) 메소드를 통해서 가져올 수 있다.

10.3.6 레이아웃

화면 구성(Geometry)은 위젯을 화면 내의 적절한 위치에 배열하여 정리 및 구성하는 것으로 레이아웃이라고도 한다. 아이폰(iPhone)의 등장과 함께 UX(사용자 경험, User eXperience)에 대한 개념이 중요해졌는데 기능의 구현 만큼이나 인터페이스의 모양과 배치도 중요하다.

Qt는 QWidget 클래스의 setGeometry( ), move( ), resize( ) 같은 메소드를 사용해서 레이아웃을 설정할 수 있지만, 위젯의 양이 많을 때는 모든 위젯들을 각각 따로 설정하는 게 쉽지 않다. 이러한 문제는 레이아웃(Layout) 매니저를 사용하면 쉬운데 위젯들을 보다 효율적으로 배치하고 관리할 수 있다.

■ 좌표계

Qt의 좌표계(Coordinate System)는 이차원적인 평면 구조를 갖는데, 모든 윈도우에는 윈도우의 왼쪽 제일 위쪽을 기준점(0, 0)으로 하는 정수 좌표계가 적용된다. x축은 왼쪽에서 오른쪽으로 이동할수록 좌푯값이 증가하고, y축은 위쪽에서 아래쪽으로 이동할수록 증가한다.[48]

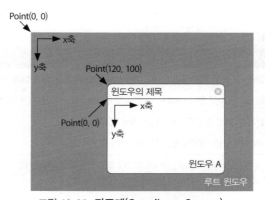

그림 10-38 **좌표계(Coordinate System)**

앞에서 살펴본 것과 같이 QWidget 클래스는 배치와 관련된 메소드를 제공하는데, x( ), y( ), pos( ), frameGeometry( ), move( ), setGeometry( ) 같은 위젯들의 크기와 위치와 관련된 메소드가 있다.

---

48 좌표의 단위는 표시되는 장치마다 다른데 모니터 같은 픽셀(Pixel) 기반의 장치에서는 픽셀이고 프린터에서는 포인트(Point) 단위를 사용한다.

윈도우를 화면에 배치하면 X 윈도의 윈도우 매니저나 윈도우나 macOS와 같은 운영체계에 의해서 타이틀바와 외각의 프레임들이 자동으로 붙는데, Qt에서 프레임과 관련된 메소드들이 구분된다. 주로 위치와 관련된 x( ), y( ), pos( ), move( )와 frameGeometry( ) 같은 메소드는 윈도우 프레임의 영향을 받고, 주로 크기와 관련된 width( ), height( ), rect( ), size( )와 geometry( ) 같은 메소드는 윈도우 프레임의 영향을 받지 않는다.

위젯을 폼에 배치할 때는 부모 위젯에서의 상대적인 위치만을 고려하면 되는데, 위젯의 좌표는 부모 윈도우나 절대적 좌표의 기준점인 루트 윈도우(Screen: 바탕 화면)에서 다르다. 경우에 따라 다른 좌표계로의 변환이 필요할 수 있는데, 이를 위해서 QWidget 클래스는 mapToGlobal( ), mapFromGlobal( ), mapToParent( ), mapFromParent( ), mapTo( ), mapFrom( )과 같은 메소드를 제공한다.

■ Qt의 레이아웃 클래스

QWidget 클래스에서 제공하는 메소드를 이용해서 위젯들의 좌푯값을 계산해서 직접 코딩할 수 있다. 위젯의 개수가 적을 경우에는 별다른 문제가 안 되지만, 위젯의 개수가 많을 경우 시간이 많이 소요되고, 사용자의 윈도우 크기 조정이나 국제화[49] 등과 같이 위젯의 크기가 동적으로 변해야 하는 경우에 자식 위젯의 크기 조정과 관련된 복잡한 코드가 필요하다. 이 경우에 레이아웃 매니저(Layout Manager)를 사용하면 미리 정해놓은 방식으로 위젯들을 정렬하고 자동으로 위치나 크기가 조정되게 할 수 있다.

표 10-7 **Qt의 레이아웃 클래스**

레이아웃 클래스	내용
QBoxLayout	위젯들을 한 줄로 배열하는 QHBoxLayout(수평)과 QVBoxLayout(수직) 클래스의 기본 클래스이다.
QStackedLayout	위젯의 스택 순서[†]를 조정해서 여러 위젯 중 하나의 위젯을 사용자에게 표시한다.
QGridLayout	테이블처럼 열과 행으로 위젯들을 순서대로 배열한다.
QFormLayout	입력 위젯과 관련 레이블들을 폼처럼 관리한다.

† 스택 순서(Stacking Order)는 z 인덱스(index) 값으로, 하나의 공간에 있는 여러 위젯들의 순서를 말한다. 하나의 공간에 여러 위젯들이 배치되어 있을 때, 제일 위에 있는 위젯(z 값이 큰)이 사용자에게 표시된다.

Qt는 다양한 형태의 레이아웃 클래스를 제공하고 있는데, 레이아웃 클래스는 기본적으로 QLayout 클래스를 상속받고 있다.

---

49 한국어로 '주소'는 영문자 4자의 공간을 갖지만 영어의 'Address'는 영문 7자의 공간을 갖는다.

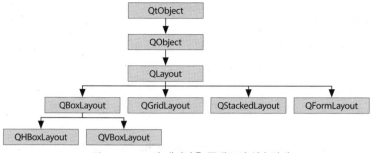

그림 10-39 **Qt**의 레이아웃 클래스의 상속관계

QLayout 클래스는 레이아웃 관련 클래스들의 기본 클래스로 레이아웃과 관련된 속성을 정의한
다. 레이아웃의 속성으로 마진(Margin)과 간격(Spacing)이 있는데, 마진은 레이아웃 내에서 위젯과
레이아웃 바깥쪽 외곽과의 여백을 의미하고, 간격은 레이아웃 내에서 위젯과 위젯 사이의 간격을
의미한다.

앞의 라디오 버튼 예제를 레이아웃을 이용해서 간단하게 수정해보자.

코드 10-21 **VBoxLayout.cpp**

```cpp
#include <QApplication>
#include <QWidget>
#include <QRadioButton>
#include <QButtonGroup>
#include <QVBoxLayout>

int main(int argc, char **argv)
{
    QApplication app(argc, argv);

    QWidget *widget = new QWidget(0);
    QButtonGroup *bg = new QButtonGroup(widget);
    QVBoxLayout *vbl = new QVBoxLayout;        /* QVBoxLayout 객체 생성 */
    vbl->setSpacing(6);                        /* 레이아웃의 간격 설정 */
    vbl->setMargin(3);                         /* 레이아웃의 마진 설정 */

    QRadioButton *rb1 = new QRadioButton("Option 1", widget);
    bg->addButton(rb1);
    vbl->addWidget(rb1);

    QRadioButton *rb2 = new QRadioButton("Option 2", widget);
    bg->addButton(rb2);
    vbl->addWidget(rb2);

    QRadioButton *rb3 = new QRadioButton("Option 3", widget);
    bg->addButton(rb3);
    vbl->addWidget(rb3);

    QRadioButton *rb4 = new QRadioButton("Option 4", widget);
```

```
    bg->addButton(rb4);
    vbl->addWidget(rb4);

    widget->setLayout(vbl);         /* 위젯의 레이아웃으로 설정 */
    widget->show();

    return app.exec();
}
```

위의 코드에서 QVBoxLayout 클래스를 생성한 후 마진과 간격을 설정하였다. 레이아웃에서 위젯들 사이의 간격은 setSpacing( ) 메소드로 설정할 수 있고, 위젯들과 레이아웃의 마진(여백)은 setMargin( ) 메소드로 설정한다.

코드 10-11에서는 라디오 버튼을 QWidget 클래스의 move( ) 메소드를 통해서 위치를 설정했지만, 여기서는 QVBoxLayout 클래스의 addWidget( ) 메소드를 통해서 위젯을 레이아웃에 추가하였다. QVBoxLayout 클래스에 위젯을 추가하면 자동적으로 위에서 아래로 추가된다.

현재 윈도우의 크기가 변경될 때 레이아웃 안에 있는 위젯들의 크기도 함께 변경되게 하려면, setLayout( ) 메소드를 이용해서 해당 레이아웃을 현재 위젯의 레이아웃으로 지정한다.

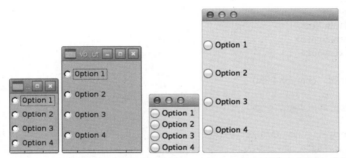

그림 10-40 **QVBoxLayout 클래스와 윈도우의 크기가 변경되었을 때의 자동 레이아웃**

10.3.7 Qt의 다이얼로그

다이얼로그(Dialog)는 사용자와 대화하기 위해 사용하는 창으로 Qt도 많은 종류의 표준 다이얼로그를 제공한다. Qt의 표준 다이얼로그는 QDialog 클래스를 상속받는데, 사용자 정의 다이얼로그를 만들고 싶은 경우에는 사용자 정의 위젯과 같이 QDialog 클래스를 부모 클래스로 상속받고 생성자에서 화면에 표시되는 위젯들을 배치해서 사용하면 된다.

표 10-8 **Qt의 표준 다이얼로그**

다이얼로그	내용
QColorDialog	색상 선택 다이얼로그
QFileDialog	파일 선택 다이얼로그
QFontDialog	폰트 선택 다이얼로그
QInputDialog	사용자로부터 간단한 입력을 받을 때 사용한다.
QMessageBox	간단한 정보를 출력하여 보여줄 때 사용한다.
QPrintDialog	프린터의 설정과 관련된 다이얼로그
QPageSetupDialog	프린터의 페이지 설정 다이얼로그
QProgressDialog	진행 상태 표시 다이얼로그
QErrorMessage	에러 메시지 출력 다이얼로그

■ **다이얼로그의 입력 모드**

다이얼로그가 일반 윈도우(위젯)과 다른 점은 바로 입력 모드라는 것을 가지고 있다는 것이다. 입력 모드는 애플리케이션 내에서 2개 이상의 윈도우가 떠 있는 경우 다른 윈도우의 사용과 관련이 있으며, 모달, 모들리스[50], 세미 모달과 같은 것들이 있다.

표 10-9 **다이얼로그의 입력 모드**

입력 모드	내용	해당 메소드
모달 (Modal)	같은 응용 프로그램의 다른 윈도우의 입력을 블록(Block)시키는 다이얼로그로 다른 윈도우를 사용하기 위해서는 먼저 다이얼로그를 닫아야 한다.	QDialog 클래스의 open( ) 메소드
모들리스 (Modeless)	다른 윈도우와 독립적으로 동작하는 다이얼로그로 현재 다이얼로그가 떠 있는 상태에서도 다른 다이얼로그의 조작이 가능하다.	QWidget 클래스의 show( ) 메소드
세미 모달 (Semi-modal)	호출한 윈도우에 제어권을 즉시 돌려주는 다이얼로그로 사용자의 입장에서는 모달(modal) 다이얼로그처럼 동작하고, 응용 프로그램 입장에서는 모들리스로 현재 다이얼로그에서 계속 처리가 가능하다.	QDialog 클래스의 exec( ) 메소드

QDialog 클래스는 다이얼로그의 입력 모드를 제공한다. 모달이나 세미 모달의 경우에는 다이얼로그가 뜨면 실행을 완료할 때까지 코드의 실행이 정지(블록)되어 창이 닫히면 선택된 버튼에 대한 값을 얻을 수 있지만, 모들리스(Non-Modal)인 경우는 두 윈도우가 별도로 동작하기 때문에 다이얼로그의 결과 값을 획득하기 위해 시그널과 슬롯을 연결해서 사용해야 한다.

■ **QMessageBox 다이얼로그**

다이얼로그 중에서 가장 많이 사용되는 다이얼로그가 메시지 박스이다.

---

50 논모달(non-modal)이라고도 부른다.

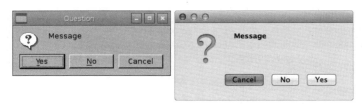

그림 10-41 **QMessageBox 다이얼로그**

메시지 박스는 사용자에게 시스템 오류나 정보 등의 정보를 보여줄 때 사용되는데 Qt에서도 일반적인 운영체제에서 많이 사용되는 네 종류의 메시지 박스를 제공한다.

표 10-10 **Qt의 메시지 박스**

종류	메소드	아이콘	내용
정보	information( )	!	사용자에게 정보를 제공하기 위한 다이얼로그
경고	warning( )	⚠	사용자에게 경고의 메시지를 전달하기 위한 다이얼로그
위기	critical( )	⬢	사용자에게 치명적인 수준의 경고 메시지를 전달하기 위한 다이얼로그
질문	question( )	?	사용자에게 Ok나 No의 정보를 입력받기 위한 다이얼로그

QMessageBox 클래스에서는 간단하게 메시지 박스를 띄울 수 있도록 information( ), warning( ), critical( ), question( ) 등의 메소드를 모두 정적(static) 메소드로 제공하는데, 클래스의 이름과 위의 메소드를 함께 사용해서 간단히 메시지 박스를 띄울 수 있다.

코드 10-22 **MessageBox.cpp**

```cpp
#include <QApplication>
#include <QMessageBox>
#include <stdio.h>

int main(int argc, char **argv)
{
    int button;
    QApplication app(argc, argv);
    button = QMessageBox::question(0, "Question", "Message", QMessageBox::Yes,
                              QMessageBox::No, QMessageBox::Cancel);
    switch(button) {
        case QMessageBox::Yes:    /* 메시지 박스의 반환값 확인 */
            printf("Yes\n");
            app.quit();
            break;
        case QMessageBox::No:
            printf("No\n");
            break;
        case QMessageBox::Cancel:
```

```
            printf("Cancel\n");
            break;
    };

    return app.exec();
}
```

QMessageBox 클래스 메소드들의 첫 번째 인자에는 부모 클래스가 들어가고, 두 번째 인자에는 메시지 박스의 타이틀바에 표시될 제목이 사용되며, 세 번째 인자에는 메시지 박스를 통해서 표시할 메시지를 사용하면 된다. 네 번째 인자부터는 메시지 박스에 표시될 버튼들을 나열하면 되는데, 버튼에 대한 인자를 사용하지 않으면 메시지 박스의 기본 버튼이 표시된다.

표 10-11 메시지 박스의 버튼들

상수	내용	값
QMessageBox::Ok	[Ok] 버튼	1
QMessageBox::Cancel	[Cancel] 버튼	2
QMessageBox::Yes	[Yes] 버튼	3
QMessageBox::No	[No] 버튼	4
QMessageBox::Abort	[Abort] 버튼	5
QMessageBox::Retry	[Retry] 버튼	6
QMessageBox::Ignore	[Ignore] 버튼	7
QMessageBox::YesAll	[Yes to all] 버튼	8
QMessageBox::NoAll	[No to all] 버튼	9

Qt는 다양한 메시지 박스의 버튼들에 대한 상수를 제공하는데, 버튼을 설정하고 확인할 때 이 상수를 이용할 수 있다.

10.3.8 Qt와 Video4Linux2

Qt는 QtMultimedia 모듈을 통해서 다양한 멀티미디어를 지원하고 있고, 이 모듈을 이용해서 각 운영제제의 멀티미디어 시스템을 사용할 수도 있다. 7장에서 Video4Linux2(이하 V4L2)로부터 가져온 영상 이미지 데이터를 프레임 버퍼로 출력하였는데, 이 영상을 Qt를 이용해서도 출력할 수 있다.

Qt는 이미지 데이터 처리를 위해 QImage나 QPixmap, QPicture 등의 클래스를 지원하고 있으며, 2D 그래픽을 위해 QPainter 클래스를 지원하고, 3D 그래픽을 위해서 OpenGL/OpenGL ES를 지원한다.

QImage 클래스는 주로 이미지 데이터의 처리나 입출력을 위해 사용되고, QPixmap 클래스는 BMP, JPG, GIF 같은 비트맵 이미지 파일의 처리를 위해 사용된다. 이러한 이미지 데이터는 QPainter 클래스를 통해서 그려질 수 있고, QLabel과 같은 기본 위젯을 통해서도 표시될 수 있다.

QPainter 클래스는 이미지 데이터를 원하는 위치와 크기로 표시할 수 있다는 장점을 제공하지만, QLabel과 같은 기본 위젯을 사용하는 것보다 복잡하기 때문에 간단히 QLabel 클래스를 이용해서 이미지 데이터를 화면에 표시해보자.

먼저 새로운 디렉터리를 생성한 후 7장에서 사용했던 v4l2_framebuffer.c 파일을 v4l2qt.cpp로 복사한 후 다음의 코드를 추가한다. Qt에서 unsigned char는 줄여서 uchar로 사용할 수 있다.

Qt의 메소드들과 구분하기 위해 유닉스의 open( ), read( )와 같은 시스템 호출 앞에는 ':::'을 붙여서 사용해야 한다. 또한, 이러한 유닉스의 표준 시스템 호출을 위해서 <unistd.h>라는 헤더 파일이 필요하다.

코드 10-23 **v4l2qt.cpp**

```
                                     /* ~ 중간 표시 생략 ~ */
static int readFrame()
{
    if(::read(fd, buffers[0].start, buffers[0].length) < 0) {
        perror("read()");
        exit(EXIT_FAILURE);
    }

    processImage(buffers[0].start);

    return 1;
}
                                     /* ~ 중간 표시 생략 ~ */
#define NO_OF_LOOP     1
                                     /* ~ 중간 표시 생략 ~ */

/* Qt에서 사용할 헤더 파일과 전역변수들을 정의한다. */
#include <QApplication>
#include <QLabel>

QApplication* app;
QLabel* label;

/* YUYV를 BGRA로 변환한다. */
static void processImage(const void *p)
{
    int j, y;
    long location = 0;
    int width = WIDTH, height = HEIGHT;
    int istride = WIDTH*2;              /* 이미지의 폭을 넘어가면 다음 라인으로 내려가도록 설정한다. */
    unsigned char* in = (unsigned char*)p;
```

```
        int y0, u, y1, v, colors = vinfo.bits_per_pixel/8;
        unsigned char r, g, b, a = 0xff;

        unsigned char* data = (unsigned char*)malloc(width*height*3*sizeof(unsigned char));

        for(y = 0; y < height; y++, in += istride) {
            for(j = 0; j < vinfo.xres*2; j += colors) {
                if(j >= width*2) {              /* 현재의 화면에서 이미지를 넘어서는 남은 공간을 처리한다. */
                    location += colors*2;
                    continue;
                }

                /* YUYV 성분을 분리한다. */
                y0 = in[j];
                u = in[j + 1] - 128;
                y1 = in[j + 2];
                v = in[j + 3] - 128;

                /* YUV를 RBGA로 전환한다. */
                r = clip((298 * y0 + 409 * v + 128) >> 8, 0, 255);
                g = clip((298 * y0 - 100 * u - 208 * v + 128) >> 8, 0, 255);
                b = clip((298 * y0 + 516 * u + 128) >> 8, 0, 255);
                data[location++] = r;
                data[location++] = g;
                data[location++] = b;

                /* YUV를 RBGA로 전환: Y1 */
                r = clip((298 * y1 + 409 * v + 128) >> 8, 0, 255);
                g = clip((298 * y1 - 100 * u - 208 * v + 128) >> 8, 0, 255);
                b = clip((298 * y1 + 516 * u + 128) >> 8, 0, 255);
                data[location++] = r;
                data[location++] = g;
                data[location++] = b;
            }
        }

        label->setPixmap(QPixmap::fromImage(QImage(data, width, height,
                                            QImage::Format_RGB888)));

        free(data);
}

                            /* ~ 중간 표시 생략 ~ */

int main(int argc,char ** argv)
{
    app = new QApplication(argc, argv);
    label = new QLabel(0);
    label->resize(WIDTH, HEIGHT);
    label->show();

    long screensize = 0;

    /* Open device */
    /* Pi Camera 열기 */
    fd = open(VIDEODEV, O_RDWR| O_NONBLOCK, 0);
```

```
if(fd == -1) {
    perror("open() : video devive");
    return EXIT_FAILURE;
}
                               /* ~ 중간 표시 생략 ~ */
initDevice();                  /* 디바이스 초기화 */
mainloop();                    /* 캡처 실행 */
uninitDevice();                /* 디바이스 해제 */

/* 디바이스 닫기 */
close(fbfd);
close(fd);

return app->exec();
}
```

main( ) 함수에서 앞의 Qt 애플리케이션과 같이 QApplication 클래스의 인스턴스를 설정하고 main( ) 함수의 마지막에 QApplication 클래스의 exec( ) 함수를 불러서 이벤트를 처리할 수 있도록 한다. 화면에 표시가 되는 위젯은 레이블(QLabel)인데, QLabel 클래스의 인스턴스를 만들고 캡처할 이미지의 크기에 맞도록 크기를 설정한 후 화면에 표시한다. 프레임 버퍼는 사용하지 않으므로 필요 없는 코드는 삭제하자.

Pi Camera로부터 캡처된 이미지 데이터는 processImage( ) 함수를 통해서 처리된다. 일반적으로 Qt는 32비트 RGB 형식의 이미지를 표시하는데, 24비트의 이미지는 QImage 클래스의 QImage::Format_RGB888 인자를 통해서 변환하거나 다음의 코드를 통해서 32비트 RGB 형식으로 변경할 수 있다. 32비트 이미지는 ARGB, RGBA, BGRA 등이 있는데, 알파 채널이 제일 뒤에 있는 경우(RGBA)에는 각각의 채널을 먼저 쓰고 제일 마지막에 알파 채널을 추가하면 된다.

```
static void rgb2rgba(int width, int height, unsigned char *src, unsigned char *dst)
{
    unsigned int  x, y, p;

    for(y = 0; y < (unsigned int)height; y++) {
        for(x = 0; x < (unsigned int)width; x++) {
            for(p = 0; p < 3; p++) {
                dst[4*(y*width+x)+p] = src[3*(y*width+x)+p];   /* R, G, B 채널의 복사 */
            }
            dst[4*(y*width+x)+3] = 0xFF;                        /* 알파 채널을 위한 설정 */
        }
    }
}
```

QLabel 위젯에 이미지를 표시하기 위해서는 QPixmap 클래스를 이용해야 한다. QImage 클래스로부터 가져온 데이터는 QPixmap::fromImage( ) 정적 메소드를 통해서 변환할 수 있다. QLabel

위젯의 setPixmap( ) 메소드에 변환된 QPixmap 클래스의 값을 이용해서 V4L2로부터 가져온 영상 데이터를 표시할 수 있다.

이미지를 표시하는 QLabel 위젯의 객체가 화면에 표시되려면, QApplication 클래스의 exec( ) 함수가 실행되어야 한다. 코드 10-23의 애플리케이션은 이미지 한 장을 캡처한 후에 표시되기 때문에 문제가 없지만, 연속해서 이미지 데이터를 표시하고 싶은 경우에는 사용자 정의 위젯을 생성하고 QTimer나 QThread 클래스[51]를 이용해서 영상을 표시할 수 있도록 해야 한다.

그림 10-42 카메라의 캡처된 영상을 표시해주는 GUI 프로그램

그리고 코드 10-23을 실행해서 표시해보면 영상 데이터를 가져와서 표시하는 데 시간이 많이 소요된다. 이러한 시간을 줄이고 싶은 경우에는 최적화 과정이 필요한데, 앞에서 YUYV의 영상 데이터를 RGB로 바꾸는 부분의 코드를 어셈블러로 바꾸거나 네온(NEON)과 같은 SIMD(Single Instruction Multiple Data) 명령어 집합의 사용과 같은 멀티미디어와 관련된 최적화 작업이 필요하다. 이러한 작업은 liboil[52]이나 FFMPEG[53]과 같은 라이브러리를 이용하면 보다 쉽게 할 수 있다.

---

51 리눅스나 맥에서는 POSIX 스레드를 사용해도 된다.

52 https://liboil.freedesktop.org 참고

53 https://www.ffmpeg.org 참고

10.4 Qt Creator를 이용한 GUI 디자인

Qt Creator는 Qt를 개발하기 위한 도구로 폼 디자인이나 디버그, 소스 코드 관리 등의 다양한 기능을 지원한다. Qt를 사용할 수 있는 환경이면 어디서든 사용할 수 있으며, MS 윈도우, 리눅스, macOS 등의 운영체제에서도 사용할 수 있다.

Qt Creator를 이용하면 Qt뿐만 아니라 C 언어나 C++ 언어 프로그래밍에도 사용할 수 있다. 라즈베리 파이 4의 메모리 1G에서는 Qt Creator의 실행 속도가 조금 느리지만, 2G 또는 4G를 사용하거나 다른 플랫폼에서 개발한 후 소스 코드를 라즈베리 파이에서 빌드하는 식으로 작업할 수 있다.

Qt Creator는 X 윈도 기반으로 실행되므로 X 윈도로 로그인하지 않은 경우에 '$ startx' 또는 '$ sudo startx(GPIO나 디바이스 파일 같은 root 권한 필요시 사용)' 명령어를 사용하여 X 윈도를 먼저 시작해야 한다. X 윈도를 시작하면 Menu(메뉴)의 Programming(개발)에서 Qt Creator를 찾을 수 있다. 직접 컴파일하여 설치한 경우라면 터미널에서 qtcreator 명령어로 직접 실행한다.

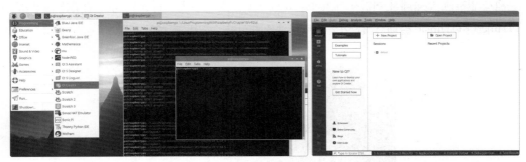

그림 10-43 **Qt Creator의 실행**

10.4.1 C 언어를 위한 프로젝트 생성과 실행

이제 Qt Creator를 이용해서 애플리케이션을 작성해보도록 하자.

■ C 언어를 위한 프로젝트

Qt Creator는 일반 C 언어나 C++ 언어를 위한 프로그래밍 환경도 제공한다. Qt Creator에서 프로젝트를 생성하기 위해서는 File 메뉴의 New File or Project... 항목을 선택한다.

그림 10-44 프로젝트의 생성

이 항목을 선택하면 New File or Project 창이 나타나고 왼쪽 패널에서 Non-Qt Project를 선택하면 오른쪽에 Plain C Application이나 Plain C++ Application이 표시된다. 여기서 C 언어 프로젝트를 생성하기 위해 Plain C Application 항목을 선택하도록 하자.

그림 10-45 프로젝트 생성을 위한 New 창과 Plain C Project 창

New File or Project 창에서 Choose... 버튼을 선택하면 프로젝트를 생성할 수 있는 Plain C Application 창이 나타난다. 프로젝트의 이름('Name:' 칸)에는 HelloWorld를 입력하고, 생성할 디렉터리를 원하는 디렉터리로 선택하는데, 디렉터리의 경로(Path)에 한글이나 공백이 들어가지 않도록 주의한다.

Next(다음) 버튼을 선택하여 기본 빌드 시스템을 선택하며, 기본값은 qmake이다. 다시 Next 버튼을 누르면 빌드에 사용할 Kit를 선택하는데, 기본값인 Desktop을 사용하면 된다. 또 Next 버튼을 눌러 Project Management 창으로 이동한다. 프로젝트의 버전 관리 시 여기에서 해당 사항을 선택할 수 있다. 버전 관리를 하지 않는다면 Finish 버튼을 눌러서 프로젝트를 생성한다.

그림 10-46 **Kit 선택 창과 프로젝트 관리 설정 창**

프로젝트를 생성하면 Qt의 기본 프로젝트처럼 Qt의 프로젝트 파일(.pro)과 함께 main.c 파일이 생성되고, HelloWorld에 대한 소스 코드가 자동으로 생성된다.

그림 10-47 **생성된 프로젝트와 Build 메뉴의 Run 항목**

애플리케이션을 실행하려면 Build 메뉴의 Run 항목을 선택하거나 단축키 Ctrl + R 또는 Qt Creator 왼쪽 하단의 Run 버튼(재생 버튼처럼 생긴 초록색의 삼각형)을 클릭한다. 코드가 실행되면 printf( ) 함수의 실행 결과가 Qt Creator의 Application Output 창으로 출력되는 것을 확인할 수 있다.

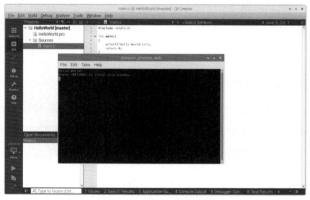
그림 10-48 **실행된 애플리케이션**

■ wiringPi를 위한 프로젝트

이제 3장에서 사용한 wiringPi를 위한 프로젝트를 생성해보도록 하자. 프로젝트를 생성하는 기본적인 방법은 앞의 C 언어를 위한 프로젝트와 같다. 프로젝트 이름을 wiringHello라고 지정하고 프로젝트를 생성하자.

프로젝트를 생성한 후 3장의 wiringled.c 코드를 입력하자. wiringled.c 코드를 입력한 후 이를 빌드하기 위해서는 libwiringPi 라이브러리를 함께 링크해야 한다. Qt는 프로젝트 단위로 관리되므로 프로젝트 파일에 해당 라이브러리에 대한 내용을 추가하면 된다. wiringHello.pro 프로젝트 파일을 열고 'LIBS += -lwiringPi'를 추가한 후 qmake를 실행하여 makefile을 다시 생성한다.

코드 10-24 wiringHello.pro

```
TEMPLATE = app                      /* ~ 중간 표시 생략 ~ */

CONFIG -= qt

SOURCES += main.c
LIBS    += -lwiringPi
```

Qt Creator에서 qmake 유틸리티를 실행하려면 Build 메뉴의 Run qmake 항목을 선택한다.

그림 10-49 **Build 메뉴의 Run qmake 항목**

makefile을 다시 생성한 후 앞에서 추가한 wiringled.c의 코드를 빌드하면 실행되는데, wiringled.c 파일은 실행 시, 명령행 인수로 gpio 번호를 입력하도록 되어 있다. 명령행 인수를 입력하기 위해 Qt Creator의 왼쪽 탭에서 Projects 항목을 선택해보자. Projects 탭에서는 프로젝트 환경과 관련된 설정을 진행할 수 있으며, Run 항목에서 실행과 관련된 설정을 할 수 있다. Run의 'Command line arguments:' 칸에 명령행 인수로 사용될 값인 1(GPIO의 번호)을 입력한다.

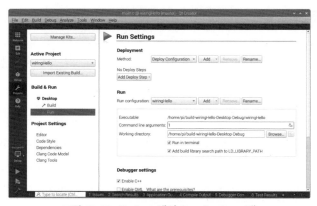

그림 10-50 **Project 탭의 Run Settings 탭**

여기까지 작업이 완료되면 애플리케이션을 실행해본다. 앞서 나온 코드를 실행하면 3장에서처럼 LED가 깜빡이는 것을 확인할 수 있다.

10.4.2 Qt 애플리케이션을 위한 프로젝트

Qt Creator는 Qt 프로그래밍을 위한 통합 개발 환경(IDE)으로 Qt 애플리케이션에 대한 프로젝트의 생성과 편집 등의 기능은 물론 GUI 디자인 등의 여러 기능들을 제공한다. 이제 Qt Creator를 이용한 GUI 디자인에 대해서 살펴보자.

▪ Qt를 위한 프로젝트 생성

Qt 애플리케이션을 위한 프로젝트를 생성하는 방법은 C 언어를 위한 프로젝트와 비슷하지만 기본 템플릿이 조금 다르다. 먼저 File 메뉴의 New File or Project... 항목을 선택하면 New File or Project 창이 나타난다. New File or Project 창의 왼쪽 패널에서 Application을 선택하면 오른쪽에 Qt 프로젝트 생성과 관련된 템플릿이 나타난다. 여기서, 일반적인 GUI 애플리케이션의 경우 Qt Widgets Application

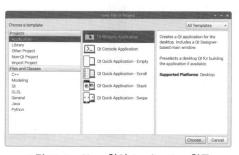

그림 10-51 **New 창의 Application 항목**

템플릿을 선택할 수 있다. 또한 다른 Qt의 애플리케이션 타입도 지원하는데 Qt Quick과 관련해서는 Qt Quick Application 템플릿을, GUI가 아닌 콘솔 기반의 CLI/CUI 애플리케이션의 경우에는 Qt Console Application 템플릿을 선택하면 된다.

여기서는 Qt Widgets Application 템플릿을 선택하고 아래의 Choose... 버튼을 눌러 Qt 기반의 GUI 애플리케이션을 생성해보도록 하자. Qt Widgets Application 창이 나타나면 프로젝트 이름(Name:)으로 'HelloQt'를 입력하고, 'Create in:'에 프로젝트가 생성되기를 원하는 디렉터리를 선택한 후 아래의 다음(Next) 버튼을 눌러 Kit 선택(Selection) 창으로 넘어간다. Kit Selection 창에서 기본값인 Desktop을 선택하고 아래의 다음(Next) 버튼을 눌러 클래스 정보(Class Information) 창으로 넘어간다.

그림 10-52 **Qt의 프로젝트 생성(프로젝트의 설정과 Kit의 설정)**

클래스 정보 창에서는 현재 생성되는 Qt 프로젝트의 클래스의 이름이나 기본 클래스(Base Class) 등을 선택할 수 있다. 여기에서 기본 클래스(Base class:)를 QWidget으로 선택하면 클래스의 이름 (Class name:)은 Widget으로 자동 설정된다. 폼 생성(Generate form:) 항목은 Qt의 디자인 환경인 Qt 디자이너의 폼 파일(Form file)인 .ui 파일을 생성할지를 묻는 옵션이다. 이 항목을 선택해야 위지위 그 에디터를 이용해서 폼을 쉽게 디자인할 수 있다.

그림 10-53 **Qt 프로젝트의 생성(기본 위젯의 선택과 프로젝트 관리 설정)**

이제 창 하단의 다음(Next) 버튼을 눌러 프로젝트 관리 화면에서 관련 설정을 진행하고, Finish(완료) 버튼을 눌러 프로젝트 생성을 완료한다.

프로젝트의 생성이 완료되면 프로젝트를 빌드하여 실행해본다. X 윈도에서 CPU와 메모리를 사용하기 때문에 콘솔에서 qmake와 make 명령어를 사용하여 직접 빌드하는 것보다는 시간이 더 소요된다. 애플리케이션이 실행되면 빈 창이 하나 나타날 것이다.

그림 10-54 실행된 Qt 애플리케이션

■ UI 디자인과 위젯의 배치

Qt Widgets Application의 기본 템플릿에는 간단한 창을 만드는 기본 코드만 들어 있다. 이 템플릿을 사용하여 애플리케이션을 제작하기 위해서는 앞서 보았던 Qt의 QPushButton이나 QLabel 같은 위젯들을 사용해야 하는데, 코드로 하나하나 직접 작업하기에는 시간이 많이 소요된다.

Qt에서는 이러한 작업을 보다 쉽게 진행할 수 있도록 Qt 디자이너(Qt Designer)[54]라는 도구를 제공한다. Qt 디자이너는 마우스를 사용하여 GUI를 편집할 수 있는 위지위그(WYSIWYG)[55] 개발 환경으로 GUI 디자인을 보다 편하게 작업할 수 있도록 해준다.

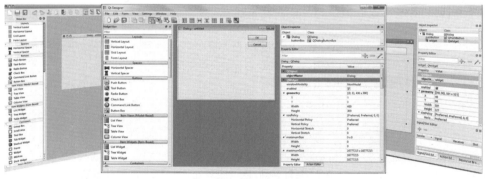

그림 10-55 Qt 디자이너

Qt Creator는 자체적으로 Qt 디자이너를 포함한다. 앞서 생성한 프로젝트를 보면 Projects 패널에 소스 코드들이 자동으로 생성되어 있다. 여기에서 Forms를 보면 widget.ui가 생성되어 있는 것을 확인할 수 있다. widget.ui 파일을 더블클릭하면 Qt Creator에서 폼을 디자인할 수 있는 디자인(Design) 창으로 넘어간다.

---

54 https://doc.qt.io/qt-5/qtdesigner-manual.html

55 'What You See Is What You Get'의 약자로 '보는 대로 얻는다'는 뜻이다.

그림 10-56 프로젝트 패널의 widget.ui 파일과 디자인 창

디자인 창의 한가운데를 보면 빈 폼이 배치되어 있다. 이 폼 위에 프로그램 내에서 사용하기를 원하는 위젯들을 배치할 수 있다. 위젯은 디자인 창 왼쪽의 툴 박스(Tool Box)에 위치한다. 먼저, 툴박스에서 Input Widgets의 Dial 위젯을 드래그하여 폼 위에 배치한다. 여기서는 Dial 위젯을 위쪽에 배치한 후 외각의 핸들을 사용하여 크기를 조정한다. 또한, Horizontal Slider 위젯, Spin Box 위젯을 위에서 아래(수직)의 순서대로 배치하고, 그 아래에 Display Widgets의 Label 위젯과 Input Widgets의 Line Edit 위젯도 수평으로 배치한다.

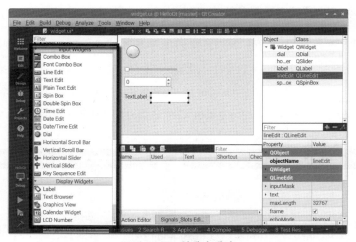

그림 10-57 위젯의 배치

이제 폼의 제일 아래에 버튼을 배치해보도록 하자. 보다 쉬운 폼의 사용을 위해 기존에 배치된 위젯들과 버튼 사이에 공백이 필요한데, 툴 박스의 상단에는 Spacers라는 요소가 있다. Spacer는 말그대로 폼의 공간을 확보할 때 사용하는 요소다. 이 중 Vertical Spacer를 드래그하여 위에서 배치한 Label과 Line Edit 위젯 아래쪽에 배치한다. 마지막으로, 툴 박스 하단의 Buttons에서 Push Button 위젯을 가져와 폼에 배치하였다.

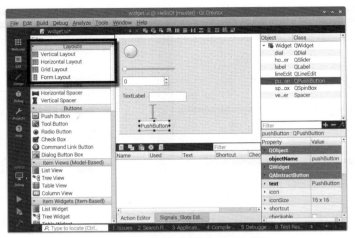

그림 10-58 **Spacer와 푸시 버튼의 배치**

기본적인 위젯의 배치를 마무리하였다면 이제 레이아웃을 설정해보자. 위젯들이 주로 수직으로 (위에서 아래로) 배치되어 있으므로 QVBoxLayout 클래스를 사용하면 좋을 것이다. 하지만 Label과 Line Edit 위젯이 수평으로(일렬로) 배치되어 있으므로 QVBoxLayout 클래스를 바로 사용할 수 없다. 이런 경우에는 두 위젯만 QHBoxLayout 클래스를 이용해서 수평으로 묶은 후, 나머지 위젯들과 함께 QVBoxLayout 클래스를 사용할 수 있다.

마우스로 Label 위젯을 먼저 선택한 후 컨트롤 키를 누른 상태에서 Line Edit 위젯을 선택하면 두 위젯을 동시에 선택할 수 있다. 두 위젯이 선택된 상태에서 메뉴 아래의 툴 박스에서 막대 3개가 나란히 배치되어 있는 아이콘의 버튼(Lay Out Horizontally)을 선택하여 두 위젯을 수평으로 레이아웃(QHBoxLayout)한다. 두 위젯을 레이아웃하면 위젯 주위에 박스가 표시된다.

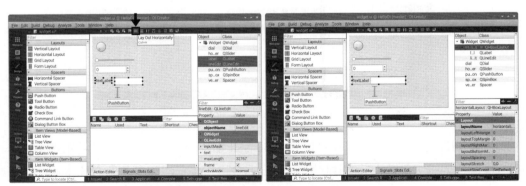

그림 10-59 **두 위젯의 수평 레이아웃(QHBoxLayout)**

이제 나머지 위젯들과 함께 수직으로 레이아웃(QVBoxLayout)해보자. 앞의 QHBoxLayout 클래스를 사용했던 것과 같이 위젯들을 모두 선택한 후 레이아웃하면 폼의 크기가 바뀌더라도 자식 위젯들의 크기가 변하지 않는다. 폼에 레이아웃을 설정하려면 위젯들이 아니라 폼을 선택한 후 레이아웃을 지정하면 된다. 폼의 빈 공간을 선택한 후 툴바에서 세 개의 막대가 수직으로 배치되어 있는 아이콘의 버튼(Lay Out Vertically)을 선택하여 폼의 위젯들을 수직으로 레이아웃한다. 레이아웃을 지정하면 폼 안에 배치된 위젯들의 크기가 자동으로 조정되면서 폼을 가득 채우게 된다.

그림 10-60　폼에서의 수직 레이아웃(QVBoxLayout)

■ 위젯 설정

위젯의 배치가 완료되면 이제 위젯들의 속성을 설정해보도록 하자. 먼저 폼 제일 위에 배치된 Dial 위젯을 선택한다. Qt Creator의 속성(Property) 패널에서 위젯에 관한 설정을 할 수 있다. 앞에서 설명한 것처럼 Qt는 C++의 상속을 지원하며, QDial 클래스의 경우 QObject 클래스 아래에 QWidget 클래스와 QAbstractSlider 클래스를 순차적으로 상속받으며, 이러한 상속의 계층 구조로 속성 패널을 이용할 수 있다.

속성 패널에서 QObject 클래스의 objectName 속성은 객체를 구분하기 위해 사용되는 속성으로 소스 코드에서 ui 파일의 객체로 접근할 때 변수 이름으로 사용된다. QWidget 항목은 위젯의 크기와 위치, 폰트, 색상 등의 속성에 대해 설정할 수 있고, QAbstractSlider 항목은 슬라이더의 기본 속성을 설정할 수 있다. QAbstractSlider 클래스를 상속받는 클래스들은 최솟값 0에서 최댓값 99까지의 값을 기본값으로 가진다. 다음의 QDial 항목에서 wrapping 항목과 notchesVisible 항목을 체크하여 관련된 속성들을 설정한다. 일반적으로 이러한 속성 패널의 항목들은 QDial 클래스의 메소드와 일대일로 대응한다.

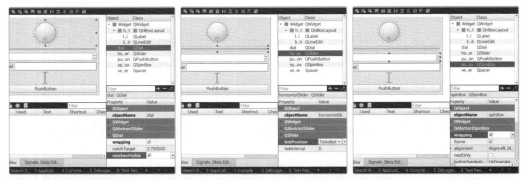

그림 10-61 **QDial 위젯과 QSpinBox 위젯의 속성 설정**

계속해서 Horizontal Slider 위젯을 선택하고, 속성 패널의 QSlider 항목에서 tickPisition을 Ticks BothSides 값으로 선택한다. 그런 다음에는 Spin Box 위젯을 선택하고 속성 패널의 QAbstract SpinBox 항목을 선택하여 wrapping 속성을 체크한다. QAbstractSpinBox 항목에는 앞에서 설명한 specialValueText가 있고, QSpinBox 항목에는 suffix나 prefix 같은 항목들도 제공된다.

계속해서 Label 위젯에 대한 속성을 설정한다. 여기서는 Label 위젯에 표시되는 문자열을 지정해보도록 하자. 문자열 지정은 속성 패널의 QLabel 항목에서 text 속성을 통해서 변경할 수 있지만 폼 위의 Label 위젯에서 바로 설정할 수도 있다. 폼 위에 배치된 Label 위젯을 더블클릭하면 문자열을 직접 입력할 수 있는데, 여기에 '&Value'라고 값을 입력해보도록 하자.

그림 10-62 **QLabel 위젯과 QLineEdit 위젯의 속성 설정**

이제 Line Edit 위젯에 대한 속성을 설정해보도록 하자. Line Edit 위젯은 숫자값을 입력받고 이 값을 이용해서 Dial이나 Spin Box 위젯 등의 값을 설정한다. Line Edit 위젯에서 문자가 아닌 숫자값만 입력받고 싶은 경우에는 inputMask 속성[56]을 이용한다. 속성 패널에서 QLineEdit 항목을 보면

---

56 https://doc.qt.io/qt-5/qlineedit.html#inputMask-prop 참고

inputMask 속성이 있다. 이 속성을 0이나 9로 설정하면 숫자값을 입력받을 수 있으며, 두 자리의 숫자를 입력받으려면 99로 설정하면 된다. inputMask 속성의 값을 99로 변경하면 전체 문자 수를 의미하는 maxLength 속성도 자동으로 2로 변경된다.

계속해서 Spacer 요소의 크기를 설정한다. sizeType 속성의 기본값은 Expanding인데, 이는 윈도우의 크기에 따라 계속 늘어난다. 윈도우에서 빈 공간이 너무 넓은 범위를 차지하고 있는데, 일정한 크기 이상 늘어나지 않도록 요소를 선택한 후 속성 패널에서 sizeType 속성을 Maximum으로 변경하고, sizeHint 속성에서 Height를 20으로 설정한다. sizeType은 레이아웃에서 크기 변경과 관련된 고정된 값이나 최솟값, 최댓값 등의 속성을 설정할 수 있다.

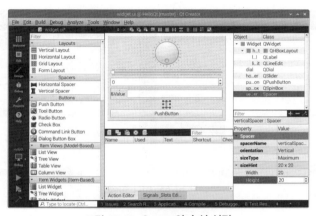

그림 10-63 **Spacer의 속성 설정**

마지막으로 버튼의 문자열을 설정하도록 하자. Label 위젯과 설정하는 방법이 비슷하다. Push Button 위젯을 더블클릭하고 '&Quit'이라는 문자열을 입력한다. (Enter 키를 누르면) 버튼에 문자열이 표시되며, 'Q'자에 밑줄이 표시되면서 버튼에 단축키가 설정된 것을 확인할 수 있다.

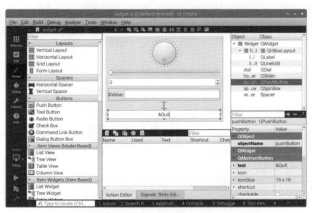

그림 10-64 **QPushButton 위젯의 속성 설정**

이제 버디(Buddy)를 설정해보자. 버디는 QLineEdit처럼 문자열로 단축키를 설정하지 못하는 위젯들을 Label 위젯을 사용하여 단축키를 설정할 수 있도록 해준다. Qt Creator의 툴바에서 'Edit Buddies' 버튼을 선택해보자.

폼에서 Label 위젯 위에 마우스를 올려놓으면 Label 위젯에 붉은색 박스가 표시된다. Label 위젯을 드래그하여 Line Edit 위젯으로 드롭한다. Label 위젯을 드래그할 때 화살표가 표시되는데 Line Edit 위젯에서 마우스를 놓으면 화살표가 Line Edit 위젯 쪽에 연결되면서 둘 사이에 버디가 설정된 것을 알려준다. 버디가 설정되면 Label에 설정되었던 'V' 앞의 '&'가 사라지고 'V' 문자 아래에 단축키를 의미하는 밑줄이 표시된다.

그림 10-65 버디 설정

■ 시그널과 슬롯의 설정

이제 기본적인 위젯의 배치와 속성 설정이 끝났다. 이제 위젯 사이에 시그널과 슬롯을 설정해보도록 하자. 먼저 Qt Creator의 툴바에서 'Edit Signals/Slots' 버튼을 선택한다.

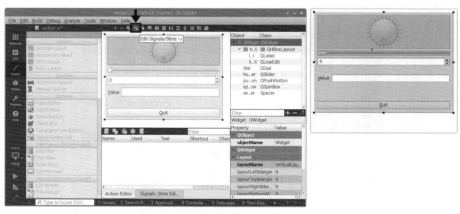

그림 10-66 시그널과 슬롯의 연결

폼 위의 Dial 위젯 위로 마우스를 올리면 위젯에 붉은색 박스가 표시되고, 선택하여 드래그하면 화살표가 표시된다. 마우스를 아래에 있는 Slider 위젯으로 드롭하면 둘 사이에 화살표가 연결되고, 시그널과 슬롯에 대한 연결을 할 수 있는 Configure Connection 창이 나타난다.

그림 10-67 **Configure Connection 창**

Configure Connection 창이 나타나면, 왼쪽에서 dial(QDial) 위젯의 valueChanged(int) 시그널을 선택하고, 오른쪽에서 horizontalSlider(QSlider)의 setValue(int) 슬롯을 선택한 후 아래의 OK 버튼을 눌러 시그널과 슬롯을 연결할 수 있다. 이렇게 연결된 슬롯은 Qt Creator의 폼 에디터 하단의 Signals & Slots Editor 탭에서 확인할 수 있다. 이 탭을 통해 직접 슬롯과 시그널을 연결할 수도 있고 해제할 수도 있다.

마찬가지로, Slider 위젯의 valueChanged(int) 시그널과 Spin Box 위젯의 setValue(int) 슬롯을 연결한다. 또한 Spin Box 위젯의 valueChanged(int) 시그널과 Dial 위젯의 setValue(int) 슬롯을 연결하여, 하나의 위젯에서 값을 변경하면 다른 위젯들의 값도 함께 변경될 수 있도록 한다.

Line Edit 위젯에 문자열을 표시하려면 QLineEdit 클래스의 setText(QString) 슬롯을 사용할 수 있다. 시그널과 슬롯을 연결할 때에는 시그널에서 슬롯으로 넘겨주는 데이터 형이 일치해야 한다. 그러나 Dial이나 Slider 위젯의 경우에는 valueChanged(int) 시그널밖에 제공하지 않기 때문에 이 슬롯과 연결할 수 없다. Spin Box 위젯의 경우에는 valueChanged(QString) 시그널을 제공하고 있는데, 이 시그널과 QLineEdit 클래스의 setText(QString) 슬롯을 연결할 수 있다. Spin

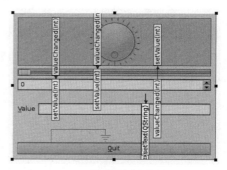

그림 10-68 **위젯에 연결된 시그널과 슬롯들 그리고 접지 마크**

Box 위젯의 시그널과 Line Edit 위젯의 슬롯을 연결해보도록 하자.

Line Edit 위젯에서 사용자가 문자열을 입력할 때 입력된 값을 사용하여 Dial, Slider, Spin Box 위젯의 값을 설정하면 좋겠지만 Qt에서는 이러한 시그널과 슬롯을 제공하지 않는다. 이런 경우에는 사용자 정의 슬롯을 사용하여 해결할 수 있다.

마지막으로, Push Button 위젯을 클릭하면 애플리케이션이 종료되도록 해보자. Push Button 위젯을 선택한 상태에서 마우스 버튼을 누르고 이동한 후 폼 위로 올리면 접지 마크가 표시된다. 이 때 마우스 버튼을 놓으면 Configure Connection 창이 나타난다. Configure Connection 창을 보면 Push Button 클래스에 대한 시그널은 표시되지만, Widget(QWidget) 클래스에 대한 슬롯은 표시되지 않는다. QWidget 클래스의 시그널과 슬롯을 표시하기 위해서는 Configure Connection 창 하단의 'Show signals and slots inherited from QWidget' 항목을 선택해야 한다. 이 항목을 선택하면 관련 슬롯들이 표시되는데, 이 중 pushButton(QPushButton) 클래스의 clicked( ) 시그널을 선택하고 Widget(QWidget) 클래스의 close( ) 슬롯을 선택한다.

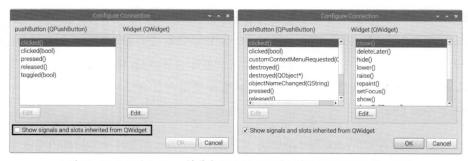

그림 10-69 **QPushButton 위젯과 QWidget 클래스와의 시그널과 슬롯의 연결**

소스 코드를 빌드하여 실행해보면 앞에서 설정한 시그널과 슬롯이 제대로 동작하는 것을 확인할 수 있다. Spin Box나 Slider 위젯의 값을 조정하면 다른 위젯에 표시된 값들도 변경되고 버튼을 누르면 애플리케이션이 종료된다.

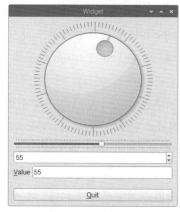

그림 10-70 **실행된 애플리케이션**

■ **사용자 정의 슬롯의 설정**

Line Edit 위젯에 대한 사용자 정의 슬롯을 생성해보도록 하자. Qt Creator의 툴바에서 위젯을 편집할 때 사용하는 'Edit Widgets' 버튼을 선택한다. 폼 위의 Line Edit 위젯을 선택하고 마우스 오른쪽 버튼을 누르면 팝업 메뉴가 표시된다. 팝업 메뉴의 'Go to Slot...' 항목에서 해당 시그널과 관련된 사용자 정의 슬롯을 생성할 수 있다.

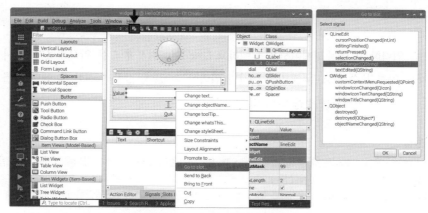

그림 10-71 **Go to slot 창 띄우기**

사용자가 Enter 키(맥의 Return 키)를 누를 때의 사용자 정의 슬롯을 생성해보도록 하자. Go to Slot 창에서 textChanged(QString) 항목을 선택하고 OK 버튼을 누르면, Qt Creator에서 widget.cpp에 자동으로 on_lineEdit_textChanged( ) 슬롯을 생성한 후 코드 입력창으로 곧바로 이동한다.

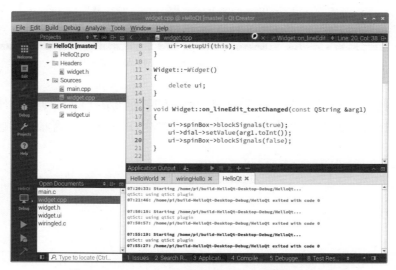

그림 10-72 **Qt Creator에 자동으로 생성된 사용자 정의 슬롯**

메소드의 내부에 Line Edit의 값을 가져와서 Spin Box 위젯에 설정할 수 있도록 다음의 코드를 입력한다. 일반적으로 디자이너(.ui) 파일에 접근할 때는 ui 객체를 사용한다. 위지위그 에디터에서 배치한 위젯의 변수명은 objectName 속성으로 설정되어 있다.

```
void Widget::on_lineEdit_textChanged(const QString &arg1)
{
    ui->spinBox->setValue(arg1.toInt());
}
```

위의 코드를 입력한 후 애플리케이션을 실행하고 Line Edit 위젯에 값을 입력해보자. 앞서 설정한 대로, 문자는 입력할 수 없고 두 자리의 숫자만 입력할 수 있다. 값을 입력한 후 엔터 키를 누르면 다른 위젯들도 값이 변경되는 것을 알 수 있다.

참고하기 ➕ 도움말

Qt Creator에서는 도움말을 볼 수 있는 Help 패널을 제공한다. Help 패널의 검색을 사용하여 도움말을 사용할 수 있지만 소스 코드를 편집하는 동안 해당 항목을 찾기 위해 다른 패널로 이동하는 것은 약간 불편하다. 이때는 F1 키를 눌러 소스 코드 에디터에서도 선택된 항목에 대한 도움말을 쉽게 찾아볼 수 있다.

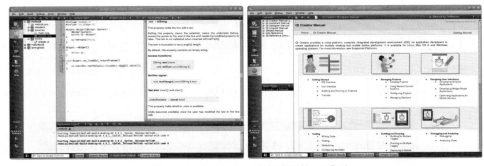

그림 10-73 Qt Creator에서 제공하는 도움말

Qt Creator에서는 이외에도 많은 기능들을 지원한다. Qt의 사용법과 Qt Creator의 사용법에 대해 더 자세히 알고 싶다면 필자의 《열혈강의 Qt 프로그래밍》(프리렉)이나 홈페이지[57]를 참고하기 바란다.

---

57 http://valentis.pe.kr

10.5 GUI와 라즈베리 파이

앞에서 배운 Qt를 이용해서 GUI를 만들고 이를 이용해서 라즈베리 파이를 제어해보도록 하자. 웹 페이지에서 <input> 태그를 이용해서 LED를 켜고 끄는 라디오 버튼을 만들었는데, 이와 비슷하게 Qt에서도 'On'과 'Off'의 두 가지 옵션을 선택할 수 있도록 라디오 버튼(QRadioButton) 위젯을 배치하고, 숫자값을 선택할 수 있도록 앞에서 본 다이얼(QDial) 위젯을 사용해보자. 그리고 온도, 습도, 기압 값을 출력할 수 있도록 레이블(QLabel) 위젯도 사용해보자.

이들 위젯들은 레이아웃 클래스들을 통해서 묶을 수 있는데 라디오 버튼 위젯들을 묶기 위해 QHBoxLayout 클래스를 사용하고, 여러 레이블과 QHBoxLayout 클래스 그리고 QLabel 위젯들을 묶기 위해 QFormLayout 클래스를 사용해보도록 하자. QFormLayout 클래스는 폼을 만들기 위해 사용하는 클래스다.

먼저 WithPi라는 새로운 디렉터리를 생성하고 사용자 정의 위젯을 정의한다. 이를 위해서 withPi. h라는 헤더 파일을 작성하도록 한다. withPi.h에서는 앞의 라디오 버튼 위젯과 푸시 버튼 위젯에서 사용할 슬롯들을 정의한다.

코드 10-25 withPi.h

```
#ifndef __CUSTOM_WIDGET__
#define __CUSTOM_WIDGET__

#include <QWidget>
class QLabel;
class QDial;

class PiWidget : public QWidget {
        Q_OBJECT
    public:
        PiWidget(QWidget *parent = 0);

    private:          /* 위젯의 멤버 */
        QLabel* imageLabel;
        QLabel* temperatureLabel;
        QLabel* humidityLabel;
        QLabel* pressureLabel;
        QDial* dial;
        int isOnOff;

    public slots:   /* 사용자 정의 슬롯 */
        void ledOn();
        void ledOff();
        void setNum(int );
        void monitor();
};

#endif // __CUSTOM_WIDGET__
```

앞의 작업이 끝나면 앞 장에서 작업한 rpi7.c 파일을 withPi.cpp 파일로 이름을 변경하여 복사하고, 관련된 코드를 추가한다. 기존의 애플리케이션은 시작할 때 명령행 인수로부터 웹 서버의 포트 번호를 입력받았지만 여기서는 기본값을 지정해서 포트 번호를 설정하였다.

Qt가 메인으로 동작해야 하므로 기존의 main() 함수는 별도의 스레드로 동작시킬 것이다. 이를 위해서 main() 함수를 void* 형의 반환 타입을 갖는 webServer(void*) 함수로 이름을 바꾸고 main() 함수 안의 반환(return)값을 모두 NULL로 변경한다.

코드 10-26 **withPi.cpp**

```
                                    /* ~ 중간 표시 생략 ~ */
#define PORT        8080

static const char* I2C_DEV = "/dev/i2c-1"; /* I2C를 위한 장치 파일 */
static const int I2C_SLAVE = 0x0703;        /* ioctl() 함수에서 I2C_SLAVE 설정을 위한 값 */
                                    /* ~ 중간 표시 생략 ~ */
#ifdef __cplusplus
extern "C" {
#endif

/* 외부 파일에 있는 이미지를 캡처하는 함수를 선언한다. */
extern "C" int captureImage(int fd);

                                    /* ~ 중간 표시 생략 ~ */
void* webServer(void *arg)
{
    int i = 0;
    pthread_t ptPressure, ptTemperature, ptJoystick, ptWebserver;
    pthread_mutex_init(&music_lock, NULL);                      /* 뮤텍스 초기화 */
    pthread_mutex_init(&motor_lock, NULL);

    /* 프로그램을 시작할 때 서버를 위한 포트 번호를 입력받는다. */
    if(argc!=2) {
        printf("usage: %s <port>\n", argv[0]);
        return -1;
    }

    /* I2C 장치 파일을 오픈 */
    if((pressure_fd = open(I2C_DEV, O_RDWR)) < 0) {
        perror("Unable to open i2c device");
        return NULL;
    }

    /* I2C 장치를 슬레이브(slave) 모드로 LPS25H를 설정 */
    if(ioctl(pressure_fd, I2C_SLAVE, LPS25H_ID) < 0) {
        perror("Unable to configure i2c slave device");
        close(pressure_fd);
        return NULL;
    }

    /* I2C 장치 파일을 오픈 */
```

```
    if((temperature_fd = open(I2C_DEV, O_RDWR)) < 0) {
        perror("Unable to open i2c device");
        return NULL;
    }

    /* I²C 장치를 슬레이브(slave) 모드로 HTS221을 설정 */
    if(ioctl(temperature_fd, I2C_SLAVE, HTS221_ID) < 0) {
        perror("Unable to configure i2c slave device");
        close(temperature_fd);
        return NULL;
    }

    pthread_create(&ptJoystick, NULL, joystickFunction, NULL);
    pthread_create(&ptWebserver, NULL, webserverFunction, (void*)(PORT));
                            /* ~ 중간 표시 생략 ~ */

    return NULL;
}

                            /* ~ 중간 표시 생략 ~ */
```

C 언어에서 사용한 함수를 C++에서 사용하기 위해 extern 'C'로 지정하여 사용하려는 함수가 .c 파일에 있는 함수라는 것을 따로 명시해줘야 한다.

참고하기 ➕ C++ 소스 코드와 C 소스 코드의 혼합 사용

일반적으로 C 언어는 gcc(cc)라는 컴파일러를 사용하고 C++ 언어는 g++(c++) 컴파일러를 사용하며 링크하는 방식도 다르다. 기본적으로 C++로 이루어진 소스 코드에서 C++과 C 언어로 되어 있는 두 개의 소스 코드를 함께 사용할 때 링크 시 문제가 발생할 수 있다. 이러한 경우에 C 언어의 코드를 extern "c" { ~ } 로 묶어주어야 C++에서 C 언어의 함수를 사용하는 데 문제가 발생하지 않는다.

```
#ifdef __cplusplus
extern "C" {
#endif

/* ~ C 언어의 코드 ~ */

#ifdef __cplusplus
}
#endif
```

앞의 lednumber.c 함수는 명령행 인자로 0부터 9의 숫자를 연속해서 표시할 수 있도록 했지만, 함수의 인자로 표시할 수 있도록 변경하였다.

```
                            /* ~ 중간 표시 생략 ~ */
int main(int argc, char **argv)
int setLed(int num)
{
    struct fb_fix_screeninfo finfo;      /* 프레임 버퍼의 고정 정보를 위한 구조체 */
```

```
struct fb_var_screeninfo vinfo;       /* 프레임 버퍼의 가변 정보를 위한 구조체 */
unsigned short *pfb;
int fbfd, size, num;
unsigned short c = makepixel(127, 0, 127);
unsigned short number[11][64] = {{0, 0, c, c, c, c, 0, 0, /* 0 */ \
                         /* ~ 중간 표시 생략 ~ */

if(argc < 2) {
    printf("Usage : %s number\n", argv[0]);
    return EXIT_FAILURE;
}


num = atoi(argv[1]);
                         /* ~ 중간 표시 생략 ~ */
pfb = (unsigned short *)mmap(NULL, size, PROT_READ | PROT_WRITE, MAP_SHARED, fbfd, 0);
                         /* ~ 중간 표시 생략 ~ */
```

그리고 10을 입력하면 8×8 LED 매트릭스가 꺼지도록 관련 코드를 추가하였다. 이제 lednumber.c
의 함수를 사용할 수 있도록 withPi.cpp 파일인 Qt의 함수와 슬롯들을 추가해보자.

코드 10-26 withPi.cpp (이어서)

```
                         /* ~ 중간 표시 생략 ~ */
#ifdef __cplusplus
}
#endif

#include <QApplication>
#include <QLabel>
#include <QDial>
#include <QTimer>
#include <QRadioButton>
#include <QButtonGroup>
#include <QPushButton>
#include <QHBoxLayout>
#include <QFormLayout>

#include "withPi.h"
#include "lednumber.c"

static pthread_t ptWebServer;

PiWidget::PiWidget(QWidget* parent) : QWidget(parent)
{
    dial = new QDial(this);                          /* 다이얼 객체 생성 */
    dial->setRange(0, 9);

    imageLabel = new QLabel(this);                   /* 이미지 표시를 위한 레이블 객체 생성 */
    temperatureLabel = new QLabel("0", this);        /* 온도 표시를 위한 레이블 객체 생성 */
    humidityLabel = new QLabel("0", this);           /* 습도 표시를 위한 레이블 객체 생성 */
    pressureLabel = new QLabel("0", this);           /* 압력 표시를 위한 레이블 객체 생성 */

    QRadioButton* radioButtonOn = new QRadioButton("O&n", this);   /* 8x8 LED 매트릭스 제어 */
    QRadioButton* radioButtonOff = new QRadioButton("O&ff", this);
```

```
        QHBoxLayout* horizontalLayout = new QHBoxLayout();
        horizontalLayout->addWidget(radioButtonOn);
        horizontalLayout->addWidget(radioButtonOff);

        QFormLayout* mainLayout = new QFormLayout(this);
        mainLayout->addRow(imageLabel);
        mainLayout->addRow(dial);
        mainLayout->addRow("8x8 LED Matrix", horizontalLayout);
        mainLayout->addRow("Temperature", temperatureLabel);
        mainLayout->addRow("Humidity", humidityLabel);
        mainLayout->addRow("Pressure", pressureLabel);
        setLayout(mainLayout);

        connect(dial, SIGNAL(valueChanged(int)), SLOT(setNum(int)));
        connect(radioButtonOn, SIGNAL(clicked()), SLOT(ledOn()));
        connect(radioButtonOff, SIGNAL(clicked()), SLOT(ledOff()));

        QTimer* timer = new QTimer(this);                        /* 데이터 갱신을 위한 타이머 */
        connect(timer, SIGNAL(timeout()), SLOT(monitor()));
        timer->start(5000);
}

void PiWidget::monitor()
{
        double temperature, humidity;
        double t_c = 0.0;
        double pressure = 0.0;

        getPressure(pressure_fd, &t_c, &pressure);          /* 기압과 온도를 위한 함수 */
        getTemperature(temperature_fd, &temperature, &humidity);  /* 온도와 습도를 위한 함수 */

        imageLabel->setPixmap(QPixmap("capture.bmp"));
        temperatureLabel->setText(QString::number(temperature));
        humidityLabel->setText(QString::number(humidity));
        pressureLabel->setText(QString::number(pressure));
}
```

생성자에서는 1개의 다이얼과 4개의 Label, 2개의 라디오 버튼을 사용하였다. 먼저 숫자값의 입력을 위한 QDial 클래스의 인스턴스를 생성한 후, 이어서 QLabel 클래스의 인스턴스를 생성하고 3개의 값을 표시하는 레이블 위젯에는 기본값인 '0'을 표시하였다. 그리고 2개의 QRadioButton 클래스의 객체를 만들고 'On'과 'Off' 문자열을 표시하고, QHBoxLayout 클래스를 사용해서 수평으로 정리하고 하나로 묶었다.

QLabel 객체는 각각 온도와 습도, 압력 등을 위한 값을 표시하는 데 사용된다. 앞에서 설명한 것처럼 푸시 라디오 버튼에 표시된 'n' 앞에 '&'를 사용하였는데 코드를 빌드해서 실행해보면 문자 밑에 '_'(밑줄)[58]이 표시되고, 키보드의 Alt + '문자'로 빠르게 접근할 수 있다.

---

[58] 단축키(Accelerator)는 운영체제에 따라서 Alt 키를 눌러야 표시되는 경우도 있다.

HTML을 보면 이 위젯들은 바둑판 형태로 정렬된다. 이를 위해 위젯들과 QHBoxLayout 클래스를 하나로 묶기 위해 QFormLayout 클래스를 사용하였다. QFormLayout 클래스는 폼을 만들 때 사용하는데, 레이블에 들어가는 문자와 위젯을 자동으로 버디로 연결하고 바둑판 형태로 배열해 준다.

이러한 과정이 끝나면 QFormLayout 클래스를 setLayout( ) 메소드를 통해서 현재 사용자 위젯의 기본 레이아웃으로 지정해주면 된다.

코드 10-26 **withPi.cpp (이어서)**

```cpp
void PiWidget::setNum(int n)      /* 8x8 LED 매트릭스에 숫자 표시 */
{
    setLed((isOnOff)?n:10);
}

void PiWidget::ledOn()
{
    isOnOff = 1;
    setLed(dial->value());
}

void PiWidget::ledOff()
{
    isOnOff = 0;
    setLed(10);
}

int main(int argc, char **argv)
{
    QApplication app(argc, argv);
    PiWidget* widget = new PiWidget();
    widget->resize(150, 250);
    widget->show();

    /* 웹 서버의 실행을 위한 스레드를 생성한다. */
    pthread_create(&ptWebServer, NULL, webServer, NULL);

    return app.exec();
}
```

사용자 정의 슬롯에서는 라즈베리 파이 제어를 위한 C 언어의 함수들을 불러내면 된다.

main( ) 함수에서는 QApplication 클래스의 인스턴스를 생성하고 초기화를 진행한다. 그리고 앞에서 정의한 사용자 정의 위젯인 PiWidget 클래스의 인스턴스를 생성한 후 관련된 초기화를 진행해 준다. 그리고 main( ) 함수에서 웹 서버를 위한 별도의 스레드를 생성한다. 그리고 웹 서버를 위한 스레드를 시작한다.

앞에서와 같이 위의 코드를 빌드하기 위해서는 withPi.cpp와 bmpCapture.c 같은 파일들 그리고 관련 라이브러리들을 한꺼번에 사용해야 한다. Qt에서는 프로젝트 파일을 이용하기 때문에 이러한 사항들을 프로젝트 파일 안에 명시해주면 된다. '$ qmake –project' 명령어를 통해서 프로젝트 파일을 생성한 후 다음 내용을 추가한다.

코드 10-27 withPi.pro

```
##################################################################
# Automatically generated by qmake (3.1) Mon Oct 21 08:11:25 2019
##################################################################

QT       += core gui
greaterThan(QT_MAJOR_VERSION, 4): QT += widgets

TEMPLATE = app
TARGET =
DEPENDPATH += .
INCLUDEPATH += .

# Input
HEADERS += bmpHeader.h withPi.h
SOURCES += withPi.cpp bmpCapture.c
LIBS     += -lpthread -lwiringPi
```

이제 qmake 유틸리티를 통해서 makefile을 만들고 관련 코드를 빌드해보도록 하자.

```
pi@raspberrypi:~ $ qmake
pi@raspberrypi:~ $ make
```

이러한 코드를 빌드하고 X 윈도에서 실행하면 라즈베리 파이의 GPIO 장비들을 제어할 수 있도록 관련 위젯들이 표시된다. 이 위젯들을 이용하면 LED를 켜거나 끄는 등의 동작을 수행할 수 있다.

그림 10-74 라즈베리 파이의 제어를 위한 GUI 프로그램

10.6 요약

UI는 보다 편한 사용자 인터페이스를 제공하기 위해 많은 발전을 거듭해왔다. 초기의 천공펀치에서 프린터기를 이용한 출력, 디스플레이 디바이스가 도입되면서 콘솔 기반의 CLI가 등장하였고 macOS(Classic), X 윈도, OS/2 등의 GUI 시스템들이 도입되었다. 유닉스에서는 X 윈도를 표준 GUI 시스템으로 사용하고 있는데 리눅스도 X 윈도 시스템을 지원한다.

X 윈도는 클라이언트 서버 구조로 디바이스 독립성(Platform Independent)을 제공하고 있으며, X 프로토콜을 사용한 투명한 네트워크(Network Transparency)를 지원하여 하드웨어 구조에 비의존적 환경을 제공한다. X 윈도는 X 프로토콜을 기반으로 동작하고 있으며, 클라이언트에 키보드나 마우스의 이벤트를 전달할 때 사용되는데, GUI에 무엇을 그릴 때도 X 프로토콜을 이용해서 서버에 요청할 수 있다.

하지만 X 프로토콜은 아주 저수준이기 때문에 직접 프로그래밍을 통해서 사용하기는 어렵다. 이러한 것을 보다 쉽게 해주기 위해 Xlib가 등장하였지만 Xlib는 주로 이벤트와 간단한 그래픽만을 지원하기 때문에 버튼이나 레이블로 이루어진 윈도우 프로그래밍으로는 적합하지 않다. 이러한 윈도우 프로그래밍을 보다 쉽게 하기 위해 등장한 것이 바로 Qt, GTK+, 모티프 같은 위젯 라이브러리(다른 말로 툴킷이라고 부른다)다.

Qt는 리눅스를 기반으로 개발된 위젯 라이브러리로 MS 윈도우, macOS 같은 대부분의 데스크톱 시스템을 지원하며, 리눅스, 솔라리스 등의 X11을 사용하는 유닉스들도 지원한다. 임베디드 리눅스와 윈도우 IoT Core 같은 임베디드 기기들도 지원하고 있고, 안드로이드, iOS, 블랙베리, 웹오에스(webOS), 미고(MeeGo), 심비안 등의 대표적인 모바일 플랫폼들과 QNX나 VxWorks 같은 RTOS도 지원한다.

Qt는 오픈 소스로 개발되고 있으며, C++ 기반이라 상속을 통한 확장도 가능하다. Qt는 이벤트 처리를 위해 시그널과 슬롯 방식을 사용하고 있는데, 컴파일 시 연결되는 시그널과 슬롯 간의 형 검사가 가능하기 때문에 GTK+나 모티프에서 사용하는 콜백 함수에 비해서 안전하고 직관적으로 사용할 수 있다는 장점을 제공한다.

Qt의 위젯들은 QWidget 클래스를 상속받는데, 레이블, 푸시 버튼, 라디오 버튼, 라인 에디터 같은 다양한 위젯들을 기본으로 지원한다. 이러한 위젯과 함께 메시지 박스 등의 표준 대화 상자(Dialog)도 제공한다.

레이아웃은 윈도우 내에 위젯의 위치를 결정하는 방법으로 Qt에서는 QLayout 클래스의 서브 클래스인 QVBoxLayout, QHBoxLayout, QGridLayout 등의 클래스들을 지원한다. 이러한 레이아웃 클래스들을 이용하면 화면에 위젯들을 쉽게 배치할 수 있고, 동적으로 위젯의 크기나 위치를 바꿔야 하는 경우에도 쉽게 대응할 수 있다.

Qt에서는 개발을 쉽게 할 수 있도록 하는 통합 환경인 Qt Creator를 제공하고 있으며 GUI 디자인을 쉽게 할 수 있도록 Qt 디자이너를 내장하고 있다. Qt 디자이너를 이용하면 폼에 위젯들을 배치하고, 레이아웃을 쉽게 적용할 수 있으며, 시그널과 슬롯을 바로 연결할 수 있다.

## CHAPTER 10

연습문제

─────────

1 GUI 시스템이 터미널 기반의 CUI에 비해 가지는 장점에 대해서 설명하시오.

2 유닉스의 표준 GUI 시스템인 X 윈도의 구조와 장점에 대해서 설명하시오.

3 X 프로토콜, Xlib, 툴킷의 차이에 대해서 설명하시오.

4 Qt의 특징들에 대해서 설명하시오.

5 Qt에서의 이벤트 처리 방법에 대해서 설명하고, 다른 위젯 라이브러리의 이벤트 처리에 비해서 갖는 장점을 설명하시오.

6 Qt에서 사용자 정의 위젯을 만드는 방법들에 대해서 설명하시오.

7 Qt의 위젯들이 상속받는 부모 클래스를 설명하고 Qt의 기본 위젯들에 대해서 설명하시오.

8 레이아웃의 개념과 Qt에서 제공하는 레이아웃 클래스에 대해서 설명하시오.

9 위젯과 다이얼로그의 차이점에 대해서 설명하고 Qt에서 제공하는 표준 다이얼로그들에 대해서 설명하시오.

10 Video4Linux에서 받아온 영상 데이터를 Qt를 이용해서 표시하는 방법에 대해서 설명하시오.

11 Qt Creator나 Qt 디자이너를 이용하면 좋은 점에 대해서 설명하시오.

11

라즈베리 파이와 인공지능: Caffe에서 한잔

치즈가 흐르는 달(月)의 강에서 달나라 토끼와 즐거운 한 때...

OMG!

사물인터넷이 등장하면서 다양한 센서들과 사물 간의 통신으로 많은 데이터가 발생하고 있다. 이러한 많은 양의 데이터를 처리하기 위해 빅데이터가 발달하였으며, 이렇게 취합된 가치 있는 데이터들을 다시 기계에 학습시키는 머신러닝과 딥러닝을 기반으로 하는 인공지능 분야가 새롭게 각광받고 있다.

라즈베리 파이도 다양한 딥러닝 라이브러리를 지원하고 있는데, 그중 영상 분석에 최적화된 라이브러리가 바로 Caffe이다. Caffe는 UC 버클리에서 개발하였고, C++ 언어 기반이지만 파이썬(Python)을 포함한 다른 언어들도 지원한다.

이번 장에서는 8장에서 배운 OpenCV를 기반으로 Caffe와 다른 딥러닝 라이브러리를 이용해서 사물 인식이나 자율 주행 자동차 등에 사용되는 번호판을 위한 숫자 인식과 같은 작업을 처리하는 방법에 대해 살펴보도록 하겠다.

11.1 인공지능의 개요

인공지능은 사람의 지적 능력 전체 또는 일부를 컴퓨터를 이용해서 구현한 것으로 '컴퓨터와 기계가 인간의 지능적인 행동을 모방할 수 있도록 하는 것'으로 정의할 수 있다. 즉, 인간의 인지 능력과 학습, 추론 등 지능을 구현하는 기술로 관련 소프트웨어, 하드웨어, 기초 기술 등을 포괄하는 기술이라고 볼 수 있다.

SF 소설이나 영화 등의 소재로 개발되었던 인류의 꿈이 현실화된 것이다. 이와 같이 지능을 부여하기 위해 다양한 기술들이 개발되었는데, 인공지능은 머신러닝(기계 학습), 인공 신경망, 딥러닝(심층 학습), 인지 컴퓨팅 등의 분야로 나눠볼 수 있다. 각 분야에 대해서는 뒤에서 설명하겠다.

인공지능은 머신러닝(기계 학습), 인공 신경망, 딥러닝(심층 학습), 인지 컴퓨팅 등의 분야로 나눌 수 있다.

그림 11-1 인공지능, 머신러닝, 딥러닝

11.1.1 인공지능의 등장과 발달

이렇게 인간을 뛰어넘는 인공지능의 등장으로 인해 제4차 산업혁명과 함께 새로운 세계가 열리고 있다. 하지만 인공지능이 처음부터 각광을 받았던 것은 아니다. 1946년 2월 14일 등장한 컴퓨터(애니악)는 2차 세계대전의 종료와 함께 다른 연구 목적으로 사용되기 시작했다. 이러한 컴퓨터를 이용해서 인공지능을 만들려는 노력이 시작되었는데, 1950년 앨런 튜링(Alan Turing)이 기계의 지능을 측정하는 방법(튜링 테스트)을 고안해내었다.

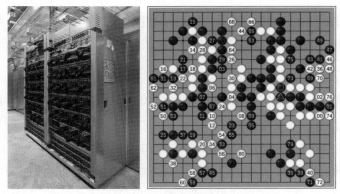

그림 11-2 알파고(**AlphaGo**)와 세기의 승부

그림 11-3 인공지능의 역사

1956년 미국의 다트머스 대학(Dartmouth College)의 존 매카시(John McCarthy) 교수와 마빈 민스키 (Marvin Minsky), 그리고 IBM의 수석 과학자인 클로드 섀넌(Claude Elwood Shannon)과 네이선 로체스터(Nathan Rochester)에 의해 개최된 회의(다트머스 회의)를 통해 처음으로 나온 인공지능(Artificial Intelligence)이라는 개념은 컴퓨터로 추론과 탐색을 통해 인간처럼 생각하고 문제를 해결하였지만, 그 당시 컴퓨터의 성능에 가로막혀서 크게 발달하지는 못했다. 1970년이 되어서도 크게 발달하지 못할 것으로 여겨지고 아예 암흑기에 접어들게 된다. 인공지능이 시작된 1950년대부터 암흑기로 끝난 1970년대까지를 인공지능의 1차 부흥기라고 한다.

그러던 인공지능이 1980년대 PC(퍼스널 컴퓨터)의 붐과 함께 다시 떠오르는데, 이를 2차 부흥기라고 부른다. 1980년대의 인공지능은 전문가 시스템(Expert System)이라고 부르는데, 인간처럼 모든 문제를 해결하는 게 아니라 특정한 문제에 대해서만 전문가 시스템을 구축하는 것이다. 다시 말해, 전문가(사람)가 가지고 있는 지식(데이터)을 컴퓨터에 입력하고 이렇게 입력된 규칙에 의해 원하는 문제를 해결하려 했던 것이다. 하지만 실용적인 문제보다는 간단한 문제 해결밖에 되지 않았고, 많은 데이터를 입력하기 위해서는 보다 많은 전문가가 필요하다는 역설로 1990년 초에 다시 암흑기에 접어들고 만다.

1990년대 말이 되면서 인터넷의 붐과 함께 다시 인공지능이 화제의 중심이 되었다. 전문가들에게 의존했던 정보들을 웹을 통해 인터넷 검색 엔진 등으로 쉽게 모으고 이를 이용할 수 있게 된 것이다. 이를 통해서 인공지능에 대한 낙관론이 제기되었고, 2010년대 스마트폰으로 대표되는 모바일과 사물인터넷, 빅데이터 등으로 모아진 더 많은 데이터들과 이를 기계에 학습시키는 알고리즘인 머신러닝, 그리고 GPU 등의 하드웨어 향상에 따른 딥러닝(Deep Learning)의 등장으로 새로운 부흥기를 맞이하고 있다.

표 11-1 인공지능의 역사

연대	주요 연혁	내용
1950년 ~ 1970년	인공지능의 시작	• 1950년: 튜링의 사고기계 제안 • 1956년: 다트머스 회의, 10명의 과학자가 모여 6주간 워크샵 • 1969년: IJCAI(International Joint Conference on Artificial Intelligence) 학회 창립
1970년대	1차 겨울(암흑기)	열정, 과열, 냉각: 인공지능이 애초의 기대를 만족하지 못하면서 투자 삭감으로 암흑기 도래
1980년대	전문가 시스템	• 지식 기반 전문가 시스템의 산업화: 전문자(사람)의 지식을 입력해서 만든 규칙 기반 시스템 • 일본의 5세대 컴퓨터 프로젝트 • 1980년: AAAI(American Association for the Artificial Intelligence) 학회 창립
1980년대 중반	2차 겨울(암흑기)	전문가 시스템의 개발비와 유지 비용 문제
1990년 ~ 2010년	과학적 방법론	• 신경망과 머신러닝의 연구: 전통적인 논리주의 패러다임을 대체하고 고차원적인 상징 조작에 집중하는 기술 • 1990년: 베이지안넷(Bayesian Network)과 확률적 추론 연구 • 1995년: 지능형 에이전트 연구
2010년 이후	머신러닝/딥러닝	• 빅데이터와 머신러닝의 산업화: 기계 스스로 학습 • 고성능 GPU의 등장으로 하드웨어 성능의 향상 • 2011년: 애플의 시리(Siri), 자율주행자동차 연구 • 2012년: 딥러닝 연구

11.1.2 머신러닝과 딥러닝

인터넷과 사물인터넷으로 수집된 정보는 일반적으로 더미(dummy) 데이터다. 가치가 없는 데이터에서 가치 있는 정보들을 찾아내는 기술이 빅데이터인데, 2010년대 초 빅데이터의 등장과 발달로 많은 양의 데이터들이 축적될 수 있었다. 이렇게 축적된 데이터를 컴퓨터에 학습시켜 인공지능을 만들고자 했던 기술이 바로 머신러닝(Machine Learning)이다. 머신러닝은 '데이터를 이용하여 컴퓨터가 어떤 시직이나 패턴을 학습하는 것'으로 기계 학습이라고도 하는데, 컴퓨터가 학습할 수 있게 하는 알고리즘과 기술을 개발하는 분야를 말한다.

1998년 카네기 멜론 대학교의 톰 미첼(Tom Mitchell) 교수는 '어떤 문제 T'와 '관련된 경험 E'로부터 '성능 평가 지표 P'를 가지고 학습하는 것으로 머신러닝을 정의하였다. 이를 이용하면 문제(T)에 대한 성과(P)를 측정하고 경험(E)을 통해 개선해 나가는 방법으로 인공지능을 개발할 수 있다.

이러한 머신러닝의 배경에는 신경망 네트워크 컴퓨터가 있다. 신경망 네트워크 컴퓨터는 1950년대에 인간의 뇌를 모방하기 위해 등장하였다. 많은 퍼셉트론을 연결해서 구성하는 거대 신경망은 인간의 뇌를 뉴런으로 구성된 전기적인 네트워크라고 보았는데, 이를 컴퓨터를 통해 구성하려고 하는 인공 신경망(ANN, Artificial Neural Networks)이 등장하였다. 1957년에 코넬 항공 연구소(Cornell Aeronautical Lab)의 프랑크 로젠블랫(Frank Rosenblatt)에 의해 신경망의 한 형태인 퍼셉트론[1]이 등장하였지만, 퍼셉트론으로 된 단순한 형태의 신경망은 배타적 논리합 회로를 처리하지 못했고 거대한 신경망에 의해 처리 시간이 많이 소요되는 문제가 있었다. 이러한 문제점들은 1969년 MIT 대학의 마빈 민스키(Minsky)와 시모어 페퍼트(Papert)의 다층(Multi layer) 퍼셉트론과 1974년[2] 하버드 대학 박사 과정에 재학 중이었던 폴 워보스(Paul Werbos), 1986년 캘리포니아 대학의 데이빗 럼벨하트(David Rumberhart), 제프리 힌튼(Geoffrey Hinton) 교수의 재귀 신경망(RNN, Recurrent Neural Networks) 등으로 해결되었다.

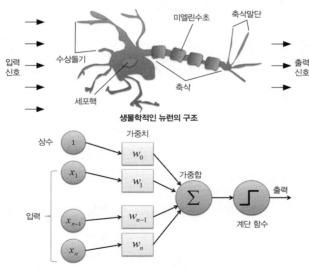

그림 11-4 **뉴론(Neuron)과 퍼셉트론(Perceptron)**

---

1   퍼셉트론(perceptron)은 인간의 뇌를 흉내낸 신경망 알고리즘으로 생물학적 뉴론을 하나의 함수로 구현한 것이다.
2   재귀 신경망에 대한 논문은 1974년에 작성했지만, 당시 사회 분위기(1차 암흑기)로 인해 발표하지 못하고 8년 후인 1982년에 발표하였다.

딥러닝은 인공 신경망을 여러 층(겹) 쌓아올린 기법으로, 깊게 인공 신경망을 쌓아올린다는 의미를 지닌다. 딥러닝은 심층 학습이라고도 부르는데, 여러 비선형 변환 기법을 조합하여 높은 수준의 추상화를 시도하는 기계 학습 알고리즘의 집합으로 정의된다.

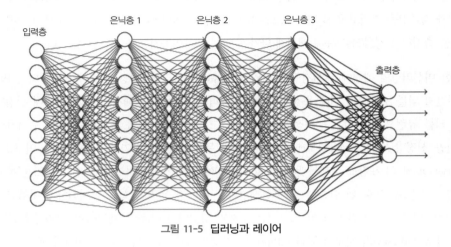

그림 11-5 딥러닝과 레이어

이러한 딥러닝에서 구성하는 여러 층의 인공 신경망을 심층 신경망(DNN, Deep Neural Network)이라고 부르는데, 이것은 입력층(input layer)과 출력층(output layer) 사이에 여러 개의 은닉층(hidden layer)이 존재하는 형태로 이루어진다. 심층 신경망은 일반적인 인공 신경망과 마찬가지로 복잡한 비선형 관계(non-linear relationship)들을 모델링할 수 있다.

11.1.3 인공지능의 분류

인공지능은 지적 수준, 기능 수준, 구현 방식에 의해 다시 구분될 수 있다. 지적 수준은 인공지능의 정보를 통해 인지한 데이터를 기반으로 하는 명령과 판단(사고체계)에 따른 분류이다.

1980년대 등장한 초기의 인공지능 세탁기, 에어컨, 전자레인지 등의 가전제품은 단순히 주어진 코드에 따라서 기기를 동작시키는 것뿐이었다. 이러한 인공지능을 단순 제어 시스템이라고 부르는데, 이는 마케팅 차원의 호칭이었다.

초기의 인공지능은 전문가 시스템으로 발전하게 된다. 이 전문가 시스템은 지식 기반의 고전적 인공지능으로, 극단적으로 많은 입력과 출력으로 인해 추론과 탐색이 가능한 시스템이다. 하지만 많은 데이터를 넣어야 하는 문제가 있기 때문에 초기에는 사람이 일일히 데이터를 입력해야 해서 발달하지 못하였고, 웹이 등장한 후 크롤링(crawling)이나 스크립핑(scriping)을 통해 웹 페이지에서 데이터를 추출하는 기술을 통해 더욱 발달하게 되었다.

표 11-2 인공지능의 분류[3]

분류	기준	내용
지적 수준	인간과 동일한 수준의 사고 여부	• 약인공지능(Weak AI): 유용한 도구로 설계된 인공지능으로, 인간이 쉽게 처리할 수 있지만 컴퓨터로 소화해내기 힘든 것들을 처리 • 강인공지능(Strong AI): 인간을 완벽히 모방한 인공지능으로, 인간의 지성을 컴퓨터로 구현한 시스템 • 초인공지능(Super AI): 인공지능을 뛰어넘은 인공지능으로 인간과 유사한 수준의 마음과 감정을 가짐
기능 수준	입력에 따른 출력의 변화 여부	• 레벨 1: 단순 제어 시스템(인공지능 세탁기, 인공지능 전자레인지 등) • 레벨 2: 고전적 인공지능(고전적 퍼즐 해결 등) • 레벨 3: 머신러닝(자연어 처리, 지도/비지도 학습 등) • 레벨 4: 딥러닝(구글 알파고, 이미지 인식 등)
구현 방식	지적 기능 구현 방식	• 지식 기반 방법론: 전문가 시스템, 논리/탐색 기반의 문제 해결 방식(인식, 추론, 학습) • 데이터 기반 방법론: 연역적인 지식을 추출하여 문제 해결(기계 학습, 데이터 마이닝)

전문가 시스템은 인터넷 검색 엔진 등을 통해 얻어진 데이터, 즉 빅데이터를 기계에 학습시키는 기계 학습, 다시 말해 머신러닝으로 발전하였다. 머신러닝은 방대한 데이터와 인간이 제시한 규칙과 논리를 기반으로 하는 학습(지도 학습)을 통해 판단/추론이 가능하도록 하는 기술이다.

머신러닝을 한 단계 발전시킨 것이 바로 딥러닝이다. 딥러닝은 2006년 캐나다 토론토 대학의 제프리 힌튼 교수가 제안한 개념으로 다계층의 신경망을 통해 기계 스스로가 인간이 알려주지 않은 데이터의 특징을 추출하고 해결하는 것을 의미하는데, 복잡한 비선형 문제를 비지도 학습을 통해 해결할 수 있다.

머신러닝 알고리즘은 지도 학습(Supervised Learning)과 비지도 학습(Unsupervised Learning) 그리고 강화 학습(Reinforcement Learning)으로 구분할 수 있다. 지도 학습은 데이터와 명시적인 정답(레이블)을 알려주고 학습하는 방법이고, 비지도 학습은 데이터에 대한 명시적인 정답 없이 데이터의 숨겨진 특징이나 패턴을 찾아서 데이터를 분석하는 방법이다. 강화 학습은 주어진 환경(state)에 대해 어떤 행동(action)을 취하고 이로부터 어떤 보상(reward)을 얻으면서 학습을 진행한다. 최대의 보상을 받도록 학습을 진행하는데, 이를 이용해서 데이터 수집 과정을 포함할 수도 있다. 강화 학습을 위한 대표적인 알고리즘에는 Q-Learning이 있고, 딥러닝과 결합된 Deep-Q-Network(DQN)도 있다.

---

[3] https://www.kipo.go.kr/upload/popup/patent_devide_01.html 참고

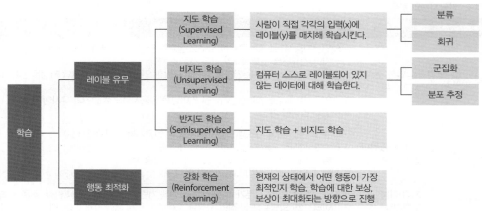

그림 11-6 학습 종류에 따른 분류

11.1.4 다양한 딥러닝 프레임워크

딥러닝을 기반으로 하는 인공지능이 발달하면서 이를 보다 쉽게 사용할 수 있도록 다양한 프레임워크들이 등장하고 있다. 여러 딥러닝 프레임워크 중에서 가장 많이 사용되는 것은 바로 텐서플로(TensorFlow)이다. 텐서플로는 기계 학습과 딥러닝을 위해 구글에서 만든 오픈 소스 라이브러리로 데이터 플로 그래프(Data Flow Graph) 방식을 사용하였다. 주로 파이썬을 사용하며, 케라스를 비롯한 여러 라이브러리가 지원된다.

표 11-3 대표적인 딥러닝 프레임워크

프레임워크	개발	발표 년도	주 사용 언어	비고
텐서플로(TensorFlow)	구글	2015년	파이썬	오픈 소스
씨아노(Theano)	MILA(몬트리올 대학)	2007년	파이썬	개발 중지
케라스(Keras)	구글	2015년	파이썬	MIT 라이선스
카페(Caffe)	BVLC(UC 버클리)	2014년	C++	BSD 라이선스
CNTK	마이크로소프트	2016년	파이썬/C++	오픈 소스
파이토치(PyTorch)	페이스북	2016년	파이썬/C++/쿠다(CUDA)	오픈 소스

11.2 Caffe를 이용한 인공지능

Caffe는 UC 버클리의 인공지능 연구소(BAIR, Berkeley AI Research)에서 관리하는 딥러닝 프레임워크로 이미지 처리에 특화되었으며, OpenCV에서도 쉽게 사용할 수 있다. Caffe는 C++ 기반으로 해당 언어를 주로 사용하며, 파이썬이나 매틀랩(Mathlab)과의 바인딩도 제공한다.

11.2.1 Caffe의 개요와 설치

Caffe는 버클리 비전&러닝 센터(BLVC, Berkeley Visionand Learning Center)에서 개발한 딥러닝을 위한 소프트웨어 프레임워크로 BSD 라이선스를 지원하고 있어 오픈 소스로 이용할 수 있다. 보다 빠른 처리를 위해 쿠다(CUDA) GPU 프로세싱을 지원하며, 엔비디아(NVIDIA)의 K40 또는 타이탄(Titan) GPU를 사용하면 4천만 장의 이미지를 하루만에 처리할 수 있다.

Caffe는 모델 정의와 코드 구현을 분리함으로써 실험 및 플랫폼 간의 매끄러운 변환을 가능하게 만들며, 이는 프로토타이핑 머신에서부터 클라우드에 이르기까지 여러 환경의 개발 및 배포에 용이하다. Caffe는 MS 윈도우, 리눅스, macOS 등의 여러 플랫폼을 지원하며, 라즈베리 파이에서도 사용할 수 있다. 이를 위해서는 먼저 해당 패키지를 설치해야 하는데, 소스 코드를 다운로드해서 빌드해야 한다.

먼저, Caffe 소스 코드의 빌드를 위해 빌드 시 필요한 패키지들을 설치한다. 빌드 시 cmake 명령어를 사용하는데, apt-get 명령어를 이용해서 설치한다.

```
pi@raspberrypi:~ $ sudo apt-get install libprotobuf-dev libleveldb-dev
libsnappy-dev libopencv-dev libhdf5-serial-dev protobuf-compiler
pi@raspberrypi:~ $ sudo apt-get install --no-install-recommends libboost-all-dev
pi@raspberrypi:~ $ sudo apt-get install libatlas-base-dev
libgflags-dev libgoogle-glog-dev liblmdb-dev
```

그리고 벡터나 행렬과 같은 수식을 계산할 때 사용하는 선형 대수학 라이브러리인 BLAS(Basic Linear Algebra Subprograms)와 나머지 패키지들을 설치한다.

표 11-4 **Caffe 설치를 위한 패키지/라이브러리**

패키지	내용
OpenCV	영상 처리를 위한 라이브러리
ATLAS	선형 대수 계산 라이브러리
Boost	C++ 언어의 확장을 위한 선형 대수, 의사 난수 발생, 멀티스레딩, 영상 처리, 정규 표현식, 그리고 단위(Unit) 테스트를 지원하는 라이브러리
GLOG	구글에서 만든 애플리케이션 레벨의 로깅을 위한 라이브러리
hdf5	대용량 데이터 처리를 위한 파일 포맷(Hierarchical Data Format version 5)
LevelDB	구글이 공개한 빠르고 가벼운 키/값(Key/Value) 데이터베이스
Lmdb	저장 데이터를 위한 파일 포맷을 지원하는 라이브러리
Snappy(스내피)	구글에서 개발한 압축 라이브러리
Protobuf(프로토콜 버퍼)	데이터 직렬화로 인터페이스 구조를 정의하는 데 사용되는 라이브러리

Caffe와 관련된 패키지의 설치가 끝나면 이제 소스 코드를 다운로드받아 빌드한다. 빌드 시에는 많은 시간이 소요된다. 빌드가 완료되면 'make runtest' 명령을 수행해보자. 문제가 없다며 패스 (PASSED)라는 메시지가 출력된다.

```
pi@raspberrypi:~ $ git clone https://github.com/BVLC/caffe.git
pi@raspberrypi:~ $ cd caffe && mkdir build && cd build
pi@raspberrypi:~/caffe/build $ cmake ..
pi@raspberrypi:~/caffe/build $ make all && make install
pi@raspberrypi:~/caffe/build $ make runtest
                             /* ~ 중간 표시 생략 ~ */
[----------] Global test environment tear-down
[==========] 1162 tests from 152 test cases ran. (294497 ms total)
[  PASSED  ] 1162 tests.
[100%] Built target runtest
pi@raspberrypi ~/caffe/build $ cd
pi@raspberrypi:~ $ echo 'export LD_LIBRARY_PATH=~/caffe/build/install/lib:$LD_
LIBRARY_PATH' >> .bashrc
pi@raspberrypi:~ $ source .bashrc
```

runtest 명령어의 실행이 문제없이 끝나면 Caffe의 공유 라이브러리를 환경 변수에 추가한다. Caffe 는 공유 라이브러리로 빌드되므로 실행을 위해 라이브러리 경로가 LD_LIBRARY_PATH라는 환경 변수에 지정되어 있어야 한다. 그리고 마지막으로 파이썬을 사용하는 경우라면 pycaffe를 빌드 하고 원활한 실행을 위해 환경 변수를 설정한다.

```
pi@raspberrypi:~ $ cd caffe/build
pi@raspberrypi:~/caffe/build $ make pycaffe
pi@raspberrypi:~/caffe/build $ cd
pi@raspberrypi:~ $ echo 'export PYTHONPATH=~/caffe/python/:$PYTHONPATH' >> .bashrc
pi@raspberrypi:~ $ source .bashrc
```

11.2.2 Caffe를 이용한 이미지의 분류

Caffe에서 데이터를 학습하기 위해서는 먼저 lmdb, leveldb, mdf5/.mat나 이미지 같은 Caffe 포맷 에 맞는 데이터가 준비되어 있어야 한다. 그리고 넷(net)을 정의한 후에 해결기(Solver)를 설정하고, caffe 명령어의 train 옵션을 사용해서 학습을 진행할 수 있다. 이러한 작업은 Caffe의 스크립트 파 일이나 유틸리티 등을 이용해서 보다 쉽게 진행할 수 있다.

라즈베리 파이에서 Caffe를 사용하기 위해서는 먼저 데이터셋을 학습시켜야 한다. 데이터셋을 학 습시키기 위해서는 많은 수의 이미지와 이 이미지에서 각각의 객체를 구분한 레이블이 필요한데,

캘리포니아 공과대학교(칼텍)이나 CaffeNet 등 여러 사이트[4]에서 인공지능 학습을 위한 이미지 데이터셋을 제공하고 있다.

Caffe는 이미지 분류를 위한 'classification' 유틸리티를 제공하고 있으며, 관련 API는 Caffe 소스코드가 설치된 디렉터리의 examples/cpp_classification/classification.cpp 파일을 통해 살펴볼 수 있다. Caffe의 빌드가 완료되면 이를 활용해서 여러 이미지들을 분류할 수 있다. 이미지를 분류하기 위해서는 먼저 데이터셋의 학습이 필요한데, 이때 많은 시간이 소요된다.

이미지 분류 시간을 단축하기 위해 Caffe 데이터셋을 미리 훈련한 데이터를 제공하는데, CaffeNet 모델을 사용한 분류 예제와 사전 훈련된 데이터는 'bvlc_reference_caffenet' 스크립트를 이용해 'Model Zoo'에서 다운로드할 수 있다. 다운로드를 위한 스크립트 파일은 파이썬으로 되어 있는데, 파이썬에서 사용하는 YAML을 위해 YAML 패키지를 설치하고 관련 다운로드를 진행하면 된다.

```
pi@raspberrypi:~/caffe $ sudo apt-get install python-yaml
pi@raspberrypi:~/caffe $ ./scripts/download_model_binary.py models/bvlc_reference_
caffenet
pi@raspberrypi:~/caffe $ ./data/ilsvrc12/get_ilsvrc_aux.sh
```

이 데이터에 클래스의 이름을 매핑하려면 이미지넷(ImageNet) 레이블 파일(synset 파일)도 필요하다. 이 파일은 'get_ilsvrc_aux.sh'를 통해서 다운로드할 수 있다. 이제 분류를 위한 데이터 준비가 끝났다. 이 데이터셋을 이용해서 이미지를 분류할 수 있는데, 이때 classification.bin 파일과 관련된 레이블들을 함께 사용해야 한다.

하지만 이미지넷 데이터를 라즈베리 파이에 바로 사용하기에는 데이터가 너무 커서 에러가 발생한다. 이는 다소 가벼운 모델을 제공하는 스퀴즈넷(SqueezeNet)[5]을 이용하면 같은 작업을 수행할 수 있다. git을 통해 데이터를 받고 다음과 같이 수행하면 원하는 이미지 데이터가 제대로 분류되었는지 확인할 수 있다.

```
pi@raspberrypi:~/caffe $ cd models
pi@raspberrypi:~/caffe/models $ git clone https://github.com/DeepScale/SqueezeNet.git
pi@raspberrypi:~/caffe/models $ cd ..
pi@raspberrypi:~/caffe $ ./build/examples/cpp_classification/classification.bin \
> models/SqueezeNet/SqueezeNet_v1.1/deploy.prototxt \
> models/SqueezeNet/SqueezeNet_v1.1/squeezenet_v1.1.caffemodel \
> data/ilsvrc12/imagenet_mean.binaryproto \
> data/ilsvrc12/synset_words.txt \
```

---

4   http://caffe.berkeleyvision.org/gathered/examples/cpp_classification.html 참고
5   https://github.com/DeepScale/SqueezeNet 참고

```
> examples/images/cat.jpg
---------- Prediction for examples/images/cat.jpg ----------
0.2763 - "n02123045 tabby, tabby cat"
0.2673 - "n02123159 tiger cat"
0.1766 - "n02119789 kit fox, Vulpes macrotis"
0.0827 - "n02124075 Egyptian cat"
0.0777 - "n02085620 Chihuahua"
```

예제에 있는 고양이 이미지를 사용하면 고양이라고 분석해준다. 인터넷으로부터 다른 이미지 파일들도 다운로드받아서 확인해보면, 다른 이미지들도 분석되는 것을 확인할 수 있다.

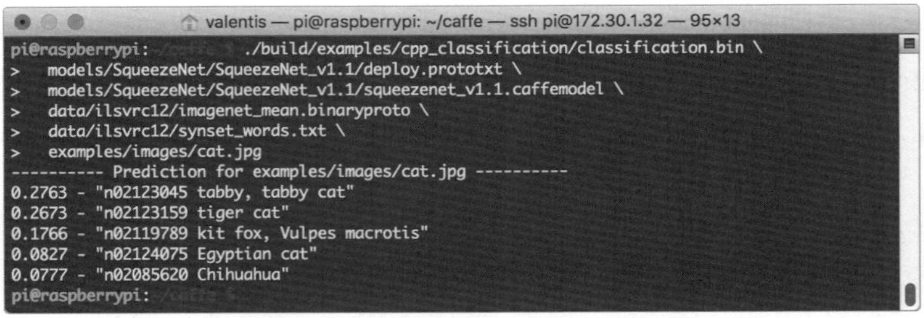

그림 11-7 고양이 이미지를 인식시킨 결과

앞에서 사용한 deploy.prototxt는 플레인 텍스트 프로토콜 스키마(Plain Text Protocol Schema)로 Caffe 학습을 위한 모델을 설정하는 것이고, squeezenet_v1.1.caffemodel은 학습된 모델이다. prototxt는 연속된 데이터를 표현할 수 있는 프로토콜 버퍼(Protocol Buffer) 형태의 파일인데, 여기서 사용하는 protobuf들의 정의는 Caffe 소스 코드의 src/caffe/proto/caffe.proto 파일에서 확인할 수 있다. Caffe에서 prototxt 파일을 사용하면 모델링을 할 때보다 쉬워진다. 이를 통해 더 작은 크기의 효율적인 직렬화와 다양한 언어 지원 등의 유연성과 확장성을 얻을 수 있다.

11.2.3 Caffe의 이미지의 분류 코드

앞에서 살펴본 것과 같이 Caffe는 classification 프로그램의 소스 코드를 제공하는데, Caffe의 소스 코드 디렉터리에서 examples/cpp_classification/classification.cpp 파일을 찾아볼 수 있다. 이 파일을 이용해서 카메라로 이미지 분류를 할 수 있는 애플리케이션을 만들어보자. 여기서는 소스 코드를 활용하는 법만 설명한다. 객체 인식과 관련된 보다 자세한 내용은 뒤를 참고하라.

먼저 이미지 분류를 위한 애플리케이션의 작성을 위해 CaffeWithCamera라는 새로운 폴더를 만들고 거기에 다음과 같은 파일을 작성한다. 그리고 classification.cpp 파일을 헤더 파일(.h)과 구현 파일(.cpp)로 나눈다. main( ) 함수에서 초기화하는 부분을 Classifier 클래스의 생성자로 보내고, 이미지를 분류하는 코드는 새로운 메소드를 만들어서 등록하면 된다.

먼저 classification.cpp 파일을 이용해서 헤더 파일을 만들어 보자. classification.cpp 파일에서 클래스의 선언부를 뽑아내고 main() 함수를 이용해서 이미지의 분류를 위해 checkImage() 메소드를 추가한다. 생성자에서 필요한 파일을 직접 설정할 것이므로 인자를 모두 없앤다.

코드 11-1 classification.h

```c
#ifndef CLASSIFICATION_H
#define CLASSIFICATION_H

#include <caffe/caffe.hpp>
#include <opencv2/core/core.hpp>
#include <opencv2/highgui/highgui.hpp>
#include <opencv2/imgproc/imgproc.hpp>

                              /* ~ 중간 표시 생략 ~ */
#include <vector>

using namespace caffe;                            /* Caffe를 위한 네임 스페이스 */
using std::string;                                /* string 클래스를 위한 설정 */

/* 예측(prediction)을 표현하기 위한 '레이블(label)과 신뢰도(confidence)'의 쌍(Pair) */
typedef std::pair<string, float> Prediction;

class Classifier {                                /* 클래스의 선언 */
  public:
    Classifier();                                 /* 생성자 */
    string checkImage(const string& file);        /* 이미지의 분류를 위한 메소드 */
    string checkImage(cv::Mat& img);
    std::vector<Prediction> Classify(const cv::Mat& img, int N = 5); /* 분류 */

  private:
    void SetMean(const string& mean_file);                    /* 평균 설정 */
    std::vector<float> Predict(const cv::Mat& img);           /* 예측 */
    void WrapInputLayer(std::vector<cv::Mat>* input_channels); /* 입력 계층 포장 */
    /* 선처리 */
    void Preprocess(const cv::Mat& img, std::vector<cv::Mat>* input_channels);

  private:
    std::shared_ptr<Net<float>> net_;             /* net을 위한 멤버 변수 */
    cv::Size input_geometry_;
    int num_channels_;                            /* 채널의 수 */
    cv::Mat mean_;                                /* 평균 */
    std::vector<string> labels_;
};

#endif                                            /* CLASSIFICATION_H */
```

이제 classification.cpp 파일을 작성해보자. 기존의 classification.cpp 파일에서 클래스 선언부를 제거하고 구현부만 남겨둔다. 그리고 거기에 필요한 메소드를 추가한다.

```cpp
#include "classification.h"

Classifier::Classifier() {
    /* 이미지 분류를 위한 데이터 파일을 설정한다. */
    const string model_file("/home/pi/caffe/models/SqueezeNet/SqueezeNet_v1.1/deploy.
                            prototxt");
    const string trained_file("/home/pi/caffe/models/SqueezeNet/SqueezeNet_v1.1/
                            squeezenet_v1.1.caffemodel");
    const string mean_file("/home/pi/caffe/data/ilsvrc12/imagenet_mean.binaryproto");
    const string label_file("/home/pi/caffe/data/ilsvrc12/synset_words.txt");

    Caffe::set_mode(Caffe::CPU);              /* 라즈베리 파이는 GPU를 사용할 수 없다. */

    /* 네트워크를 불러온다. */
    net_.reset(new Net<float>(model_file, TEST));
    net_->CopyTrainedLayersFrom(trained_file);

    CHECK_EQ(net_->num_inputs(), 1) << "Network should have exactly one input.";
    CHECK_EQ(net_->num_outputs(), 1) << "Network should have exactly one output.";

    /* 입력 계층을 위한 블랍을 설정한다. */
    Blob<float>* input_layer = net_->input_blobs()[0];
    num_channels_ = input_layer->channels();
    CHECK(num_channels_ == 3 || num_channels_ == 1)
        << "Input layer should have 1 or 3 channels.";
    input_geometry_ = cv::Size(input_layer->width(), input_layer->height());

    /* 이진 프로토콜 버퍼(binaryproto) 형태의 평균(mean) 파일을 불러온다. */
    SetMean(mean_file);

    /* 레이블(labels)을 불러온다. */
    std::ifstream labels(label_file.c_str());
    CHECK(labels) << "Unable to open labels file" << label_file;
    string line;
    while (std::getline(labels, line))
        labels_.push_back(string(line));

    Blob<float>* output_layer = net_->output_blobs()[0];
    CHECK_EQ(labels_.size(), output_layer->channels())
        << "Number of labels is different from the output layer dimension.";
}

/* 이미지를 분류하고 결과에 대한 문자열을 반환한다. */
string Classifier::checkImage(const string& file)
{
    string retString;

    std::cout << "---------- Prediction for" << file << "----------" << std::endl;
    cv::Mat img = cv::imread(file, -1);              /* 이미지 파일을 읽어서 cv:Mat로 저장한다. */
    CHECK(!img.empty()) << "Unable to decode image" << file;
    std::vector<Prediction> predictions = Classify(img);

    /* 선착순 N개의 예측에 대한 내용을 출력하고 문자열에 기록한다. */
```

```
        for (size_t i = 0; i < predictions.size(); ++i) {
            Prediction p = predictions[i];
            std::cout << std::fixed << std::setprecision(4) << p.second << "- \""
                      << p.first << "\"" << std::endl;
            retString += p.first;
            retString += '\n';
        }

        return retString;
    }

    string Classifier::checkImage(cv::Mat& img)
    {
        string retString;
        CHECK(!img.empty()) << "Unable to decode image";
        std::vector<Prediction> predictions = Classify(img);

        std::cout << "---------- Prediction ----------" << std::endl;

        /* 선착순 N개의 예측에 대한 내용을 출력하고 문자열에 기록한다. */
        for (size_t i = 0; i < predictions.size(); ++i) {
            Prediction p = predictions[i];
            std::cout << std::fixed << std::setprecision(4) << p.second << "- \""
                      << p.first << "\"" << std::endl;
            retString += p.first;
            retString += '\n';
        }

        return retString;
    }

static bool PairCompare(const std::pair<float, int>& lhs, const std::pair<float,
                        int>& rhs) {
    return lhs.first > rhs.first;
}

/* 선착순 N개의 값에 대한 벡터 v의 인덱스를 반환한다. */
static std::vector<int> Argmax(const std::vector<float>& v, int N) {
    std::vector<std::pair<float, int> > pairs;
    for (size_t i = 0; i < v.size(); ++i)
        pairs.push_back(std::make_pair(v[i], i));
    std::partial_sort(pairs.begin(), pairs.begin() + N, pairs.end(), PairCompare);

    std::vector<int> result;
    for (int i = 0; i < N; ++i)
        result.push_back(pairs[i].second);
    return result;
}

/* 선착순 N개의 예측을 반환한다. */
std::vector<Prediction> Classifier::Classify(const cv::Mat& img, int N) {
    std::vector<float> output = Predict(img);

    N = std::min<int>(labels_.size(), N);
    std::vector<int> maxN = Argmax(output, N);
```

```
    std::vector<Prediction> predictions;
    for (int i = 0; i < N; ++i) {
        int idx = maxN[i];
        predictions.push_back(std::make_pair(labels_[idx], output[idx]));
    }

    return predictions;
}

/* 2진 프로토콜 버퍼(binaryproto) 형태의 평균(mean) 파일을 불러온다. */
void Classifier::SetMean(const string& mean_file) {
    BlobProto blob_proto;
    ReadProtoFromBinaryFileOrDie(mean_file.c_str(), &blob_proto);

    /* BlobProto를 Blob<float>로 변환한다. */
    Blob<float> mean_blob;
    mean_blob.FromProto(blob_proto);
    CHECK_EQ(mean_blob.channels(), num_channels_)
        << "Number of channels of mean file doesn't match input layer.";

    /* 평균 파일의 포맷은 planar 32비트 실수형 BGR 또는 그레이 스케일 */
    std::vector<cv::Mat> channels;
    float* data = mean_blob.mutable_cpu_data();
    for (int i = 0; i < num_channels_; ++i) {
        /* 각각의 채널을 분리한다. */
        cv::Mat channel(mean_blob.height(), mean_blob.width(), CV_32FC1, data);
        channels.push_back(channel);
        data += mean_blob.height() * mean_blob.width();
    }

    /* 분리된 채널을 하나의 이미지로 합친다. */
    cv::Mat mean;
    cv::merge(channels, mean);

    /* 전역 평균 픽셀값을 계산하고 이 값을 채워서 평균 이미지를 생성한다. */
    cv::Scalar channel_mean = cv::mean(mean);
    mean_ = cv::Mat(input_geometry_, mean.type(), channel_mean);
}

std::vector<float> Classifier::Predict(const cv::Mat& img) {
    Blob<float>* input_layer = net_->input_blobs()[0];
    input_layer->Reshape(1, num_channels_,
                         input_geometry_.height, input_geometry_.width);
    /* 전방향 차원을 모든 계층으로 변경한다. */
    net_->Reshape();

    std::vector<cv::Mat> input_channels;
    WrapInputLayer(&input_channels);

    Preprocess(img, &input_channels);

    net_->Forward();

    /* 출력 계층을 std::vector로 복사한다. */
    Blob<float>* output_layer = net_->output_blobs()[0];
```

```
        const float* begin = output_layer->cpu_data();
        const float* end = begin + output_layer->channels();
        return std::vector<float>(begin, end);
}


/* 네트워크의 입력 계층을 분리된 cv::Mat 객체(채널당 하나씩)로 래핑한다.
 * 이 방법은 memcpy 동작을 줄여서 cudaMemcpy2D를 수행할 필요가 없어진다.
 * 마지막 전처리 작업은 개별 채널을 입력 계층에 직접 쓴다. * /
void Classifier::WrapInputLayer(std::vector<cv::Mat>* input_channels) {
    Blob<float>* input_layer = net_->input_blobs()[0];

    int width = input_layer->width();
    int height = input_layer->height();
    float* input_data = input_layer->mutable_cpu_data();
    for (int i = 0; i < input_layer->channels(); ++i) {
        cv::Mat channel(height, width, CV_32FC1, input_data);
        input_channels->push_back(channel);
        input_data += width * height;
    }
}


void Classifier::Preprocess(const cv::Mat& img, std::vector<cv::Mat>* input_channels) {
    /* 입력 이미지를 네트워크의 입력 이미지 포맷으로 변환한다. */
    cv::Mat sample;
    if (img.channels() == 3 && num_channels_ == 1)
        cv::cvtColor(img, sample, cv::COLOR_BGR2GRAY);
    else if (img.channels() == 4 && num_channels_ == 1)
        cv::cvtColor(img, sample, cv::COLOR_BGRA2GRAY);
    else if (img.channels() == 4 && num_channels_ == 3)
         cv::cvtColor(img, sample, cv::COLOR_BGRA2BGR);
    else if (img.channels() == 1 && num_channels_ == 3)
        cv::cvtColor(img, sample, cv::COLOR_GRAY2BGR);
    else
        sample = img;

    cv::Mat sample_resized;
    if (sample.size() != input_geometry_)
        cv::resize(sample, sample_resized, input_geometry_);
    else
        sample_resized = sample;

    cv::Mat sample_float;
    if (num_channels_ == 3)
        sample_resized.convertTo(sample_float, CV_32FC3);
    else
        sample_resized.convertTo(sample_float, CV_32FC1);

    cv::Mat sample_normalized;
    cv::subtract(sample_float, mean_, sample_normalized);

    /* input_channels의 cv::Mat 객체로 래핑되기 때문에
     * 분리된 BGR 평면을 네트워크의 입력 계층에 직접 쓴다. */
    cv::split(sample_normalized, *input_channels);

    CHECK(reinterpret_cast<float*>(input_channels->at(0).data)
```

```
        == net_->input_blobs()[0]->cpu_data())
        << "Input channels are not wrapping the input layer of the network.";
}
```

Classifier 클래스는 Caffe를 이용한 머신러닝에 대한 처리를 해주는 기본 코드이다. 이 코드를 이용해서 카메라로부터 읽어온 이미지를 분류할 수 있도록 코드를 작성해보도록 하자.

11.2.4 OpenCV를 이용한 카메라와 객체 인식

OpenCV를 이용한 카메라 인식은 8장에서 살펴보았다. 8장의 코드 opencv_fb.c 파일을 사용해서 다음과 같이 Widget 클래스를 작성하자. OpenCV에서 카메라를 사용하기 위해 관련 멤버 변수를 widget.h 파일에 선언한다.

카메라는 이미지를 반복적으로 가져와서 표시해야 하는데, 이러한 주기적인 일은 QTimer 클래스를 이용해서 처리할 수 있다. 발생하는 일들을 처리하기 위해 capture( ) 슬롯을 선언하고 관련 멤버 변수를 설정한다. 그리고 카메라의 시작과 끝을 위해 startCamera( )와 stopCamera( ) 슬롯을 추가한다.

코드 11-3 widget.h

```
#ifndef WIDGET_H
#define WIDGET_H

#include <QWidget>
#include <QTimer>
#include <opencv2/opencv.hpp>          /* OpenCV를 위한 헤더 파일 */

#include "classification.h"

class QTextBrowser;
class QLabel;
class QTimer;

class Widget : public QWidget
{
    Q_OBJECT

  public:
    Widget(QWidget *parent = nullptr);
    ~Widget();

  protected:
    /* OpenCV와 Qt의 이미지 포맷 변경을 위한 메소드 */
    QImage Mat2QImage(cv::Mat const& src);
    cv::Mat QImage2Mat(QImage const& src);

  private slots:
```

```
        void checkImage();                  /* 이미지를 분류한다. */
        void camera(bool);                  /* 카메라를 시작하거나 끈다. */
        void startCamera();                 /* 카메라를 시작한다. */
        void stopCamera();                  /* 카메라를 끈다. */
        void capture();                     /* 이미지를 캡쳐한다. */
        void openFile();                    /* 이미지 파일을 불러온다. */

    private:
        Classifier m_classifier;            /* 이미지 분류를 위한 Classifier 클래스의 객체 */
        QLabel* m_imageDisp;                /* 이미지 출력을 위한 QLabel 위젯 */
        QTextBrowser* m_resultDisp;         /* 이미지 분류 결과 출력을 위한 QTextBrowser 위젯 */
        QTimer* m_cameraTimer;              /* 카메라 동작을 위한 타이머 */
        cv::VideoCapture m_capture;         /* 카메라 사용을 위한 OpenCV의 VideoCapture 객체 */
        cv::Mat m_defaultBuffer;            /* 이미지 데이터 저장을 위한 버퍼 */
};

#endif              /* WIDGET_H */
```

생성자에서 화면에 표시할 위젯들을 구성하고 VideoCapture 클래스를 이용해서 캡처할 카메라와
해상도를 설정한다. 그리고 타이머 객체를 생성하고 timeout( ) 시그널과 앞에서 선언한 capture( )
슬롯을 연결한다.

Widget 클래스의 생성자에 버튼을 추가하고 헤더 파일에 설정한 슬롯과 연결한다. 카메라는 온/
오프 모드로 동작하므로 setCheckable( ) 메소드를 이용해서 버튼을 토글 버튼으로 설정하면 하나
의 버튼을 이용해서 카메라 켜기와 끄기를 설정할 수 있다.

코드 11-4 widget.cpp

```
#include <QLabel>                                   /* Qt의 클래스들을 위한 헤더 파일 */
#include <QTimer>
#include <QTextBrowser>
#include <QPushButton>
#include <QBoxLayout>
#include <QFileDialog>
#include <QImage>

#include "widget.h"

Widget::Widget(QWidget *parent) : QWidget(parent)
{
    m_imageDisp = new QLabel(this);                 /* 이미지 표시를 위한 QLabel 객체 */
    m_imageDisp->setMinimumSize(320, 240);

    m_resultDisp = new QTextBrowser(this);          /* 이미지 분류 결과 표시를 위한 위젯 */

    /* 이미지 분류를 위한 버튼 설정 */
    QPushButton* button = new QPushButton("Check", this);
    connect(button, SIGNAL(clicked()), SLOT(checkImage()));

    /* 카메라 사용을 위한 버튼 설정 */
    QPushButton* cameraButton = new QPushButton("Camera", this);
```

```
    cameraButton->setCheckable(true);
    connect(cameraButton, SIGNAL(toggled(bool)), SLOT(camera(bool)));

    /* 이미지 파일을 불러오기 위한 버튼 설정 */
    QPushButton* fileButton = new QPushButton("Image File", this);
    connect(fileButton, SIGNAL(clicked()), SLOT(openFile()));

    /* 위젯 배치를 위한 QVBoxLayout 클래스 사용 */
    QVBoxLayout *layout = new QVBoxLayout(this);
    layout->addWidget(m_imageDisp);
    layout->addWidget(m_resultDisp);
    layout->addWidget(button);
    layout->addWidget(cameraButton);
    layout->addWidget(fileButton);

    /* 캡처한 카메라를 지정 */
    m_capture = cv::VideoCapture(0);
    if(!m_capture.isOpened()) {
        perror("OpenCV : open WebCam\n");
        return;
    }

    /* 캡처할 영상의 속성을 설정 */
    m_capture.set(CV_CAP_PROP_FRAME_WIDTH, width());
    m_capture.set(CV_CAP_PROP_FRAME_HEIGHT, width());

    /* 연속적인 이미지 캡처를 위한 타이머 설정 */
    m_cameraTimer = new QTimer(this);
    connect(m_cameraTimer, SIGNAL(timeout()), SLOT(capture()));

    m_classifier = Classifier();              /* 이미지 분류를 위한 Classifier 클래스의 초기화 */
}

Widget::~Widget()
{
    m_capture.release();                      /* 카메라 해제 */
}

void Widget::camera(bool flag)                /* 카메라 사용을 위한 메소드 */
{
    (flag)?startCamera():stopCamera();
}

void Widget::startCamera()                    /* 카메라 시작을 위한 메소드 */
{
    if(!m_cameraTimer->isActive()) m_cameraTimer->start(1000/30);
}

void Widget::stopCamera()                     /* 카메라 종료를 위한 메소드 */
{
    if(m_cameraTimer->isActive()) m_cameraTimer->stop();
}

void Widget::capture()
{
    m_capture >> m_defaultBuffer;                        /* 카메라로부터 한 프레임의 영상을 가져옴 */
    QImage img = Mat2QImage(m_defaultBuffer);            /* 이미지 포맷 변경 */
    m_imageDisp->setPixmap(QPixmap::fromImage(img));     /* 이미지를 QLabel 위젯에 표시 */
```

```
}

/* OpenCV의 Mat 클래스를 QImage 클래스로 변환 */
QImage Widget::Mat2QImage(cv::Mat const& src)
{
    QImage img = QImage((uchar*) src.data, src.cols, src.rows, src.step,
                        QImage::Format_RGB888);
    QImage dest = img.rgbSwapped();                 /* BGR 포맷을 RGB 포맷으로 변환 */
    return dest;
}

/* Qt의 QImage 클래스를 OpenCV의 Mat 클래스로 변환 */
cv::Mat Widget::QImage2Mat(QImage const& src)
{
    QImage temp = src.rgbSwapped().copy();
    cv::Mat res(temp.height(), temp.width(), CV_8UC3, (uchar*)temp.bits(),
    temp.bytesPerLine());
    return res;
}
```

camera( ) 슬롯은 현재의 카메라의 상태에 따라 카메라를 켜거나 끈다. startCamera( )와 stopCamera( ) 슬롯에서 QTimer 객체가 동작 중인지 아닌지를 확인한 후 타이머를 동작시키거나 작동을 중지하면 된다. 타이머를 동작시킬 때 start( ) 메소드를 사용하면 되는데, 타이머의 주기를 밀리초 단위로 넣어주면 된다.

camera( ) 슬롯에서는 버튼의 토글 여부에 따라서 startCamera( )나 stopCamera( ) 슬롯을 호출해 주면 된다. capture( ) 슬롯에서는 OpenCV를 이용해서 카메라로부터 이미지를 가져와서 QImage 객체에 할당하면 되는데, OpenCV의 Mat 클래스를 QImage 클래스로 변환한 후 QLabel 위젯에 설정한다.

이제 마지막으로 파일을 불러오는 openFile( ) 슬롯과 이미지 분류를 위한 checkImage( ) 슬롯을 구현해보자.

코드 11-4 **widget.cpp (이어서)**

```
void Widget::openFile()                  /* 파일 불러오기 */
{
    QString filename = QFileDialog::getOpenFileName(this, tr("Open Image"), ".", tr
                        ("Image Files (*.png *.jpg *.bmp)"));
    m_defaultBuffer = cv::imread(filename.toUtf8().data(), -1);
    if(!m_defaultBuffer.empty()) {
        QImage img = Mat2QImage(m_defaultBuffer);
        m_imageDisp->setPixmap(QPixmap::fromImage(img).scaled(m_imageDisp->size()));
    }
}

/* 이미지 분류를 위한 메소드 */
void Widget::checkImage()
{
```

```
    stopCamera();                           /* 카메라 정지 */
    QString qstr = QString::fromStdString(m_classifier.checkImage(m_defaultBuffer));
    m_resultDisp->setText(qstr);            /* 결과 표시 */
}
```

openFile( ) 메소드에서 파일을 선택할 수 있도록 QFileDialog 클래스의 getOpenFileName( ) 정적 메소드를 이용하였다. 선택한 파일명이 QString 형으로 넘어오는데, 이를 OpenCV에서 사용할 수 있도록 변경하고 cv::Mat 클래스의 객체로 데이터를 읽어서 화면에 표시한다.

checkImage( ) 메소드는 카메라를 멈추고 앞의 cv::Mat 클래스의 객체로부터 데이터를 Classifier 클래스로 넘겨서 이미지를 분류한다. 분류된 결과는 문자열로 넘어오는데, 사용자에게 표시될 수 있도록 QTextBrowser 위젯에 설정한다.

이제 Widget 클래스의 사용을 위한 Qt 프로젝트를 위한 main.cpp 파일을 생성해보자. main.cpp 파일에 대한 내용은 10장을 참고하면 된다.

코드 11-5 main.cpp

```
#include <QApplication>                     /* QApplication 클래스를 위한 헤더 파일 */

#include "widget.h"

int main(int argc, char **argv)
{
    QApplication app(argc, argv);
    Widget w;
    w.show();
    return app.exec();
}
```

이제 코드를 빌드해보자. 먼저 위의 코드를 빌드할 수 있도록 qmake 명령어를 이용해서 프로젝트를 설정하고, 앞과 같이 OpenCV와 관련된 내용을 추가한다.

코드 11-6 CaffeWithCamera.pro

```
QT        += core gui
greaterThan(QT_MAJOR_VERSION, 4): QT += widgets

TARGET = CaffeWithCamera
TEMPLATE = app

DEFINES += QT_DEPRECATED_WARNINGS

HEADERS += widget.h classification.h
SOURCES += main.cpp widget.cpp classification.cpp

QMAKE_CXXFLAGS += -DCPU_ONLY `pkg-config --cflags opencv` -std=c++14 -I/usr/local/include
```

```
-I/usr/local/Cellar/openblas/0.3.3/include -I/home/pi/caffe/build/install/include

LIBS += $$(LDFLAGS) `pkg-config --libs opencv` -lcaffe -L/usr/local/Cellar/caffe/1.0_6/lib
-lglog -L/usr/local/Cellar/glog/0.3.5_3/lib -lboost_system -L/usr/local/lib -L/home/pi
/caffe/build/lib

QMAKE_CXXFLAGS += -std=c++0x -DCPU_ONLY
CONFIG     += c++11
```

이제 코드를 빌드해서 실행해보자. 프로그램을 실행해보면 이미지 파일이나 카메라를 이용해서 이미지를 분류할 수 있는 것을 확인할 수 있다.

그림 11-8 이미지 파일과 카메라를 이용한 이미지의 분류

11.3 Caffe 기본 프로그래밍

Caffe는 C++ 언어를 기반으로 리눅스 기반의 시스템 프로그래밍을 할 때 편하게 사용할 수 있다. Caffe를 이용해서 인공지능 프로그램을 작성하기 위해서는 기본 함수와 사용 방법에 대해 알아야 하는데, 이를 위해 간단한 코드들을 작성하고 빌드하는 방법에 대해 배워 보자.

11.3.1 Caffe의 메인 클래스: 블랍, 레이어, 넷, 해결기

Caffe를 사용하기 위해서는 기본적으로 사용하는 개념들을 알아야 한다. Caffe의 메인 클래스는 블랍(Blob), 레이어(Layer), 넷(Net), 해결기(Solver)가 있다. 학습(learning)에 가장 큰 영향을 미치는 것은 넷과 해결기로 넷은 손실(loss)과 기울기(gradient)를 계산하고, 해결기는 최적화와 파라미터 갱신을 수행한다. 딥러닝은 학습으로 파라미터를 갱신하면서 가중치를 계산해 이를 이용한다.

지도 학습의 방법으로 관계도를 나타내는 함수를 사용하는 '회귀 분석'을 사용한다. 회귀 분석은 관련된 연속형 변수들에 대해 두 변수 사이의 모형을 구한 뒤 적합도를 측정해 내는 분석 방법이다. 회귀 분석에는 선형 회귀, 상관 회귀, 분산 분석 등의 여러 가지 방법이 있는데, 선형 회귀 분석은 직선을 사용해서 상관 관계를 분석해 나가는 기법이다.

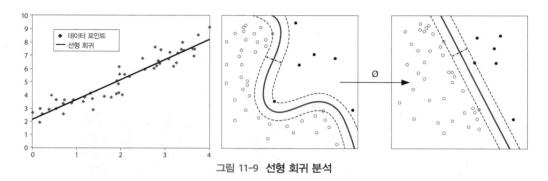

그림 11-9 선형 회귀 분석

예를 들어, 지각할 것인지 아닌지를 판단하려면 집에서 출발한 시간, 학교/회사까지의 거리, 이동 속도, 수업 시작 시간 등과 같은 값으로 판단할 수 있을 것이다. 지각 여부는 '수업 시작 시간' – '출발 시간' + ('이동 속도' × '거리')와 같은 공식을 통해 구할 수 있다. 여기서의 기울기는 이동 속도가 된다.

표 11-5 지각 여부 분석 표

출발 시각	거리(m)	이동 속도(m/min)	수업 시작 시간	소요 시간	지각 여부
8:30	1,000	45	9:00	22	아니요
8:45	500	35	9:00	14	아니요
8:35	1,500	40	9:00	38	예
10:00	2,700	50	11:00	54	아니요
8:20	2,500	60	9:00	42	예

위의 표에서 이동 속도는 사람마다 다르고 자동차를 이용하는 경우에 더 빨리 이동할 수 있기 때문에 지각 여부가 달라진다. 이와 같이 그래프의 기울기에 따라서 분석하는 내용이 달라지게 되는데, 이러한 기울기 값을 구하는 것이 바로 지도 학습에서 필요한 작업이 된다.

이러한 기울기를 구하기 위한 활성화 함수에는 Tanh(쌍곡탄젠트) 함수, 시그모이드(Sigmoid) 함수나 ReLU 함수 등이 사용된다. 시그모이드 함수는 분류를 위해 0과 1의 값만 사용하는 함수인데, 오류역전파 문제가 있다. 이를 해결한 것이 ReLU 함수이다.[6]

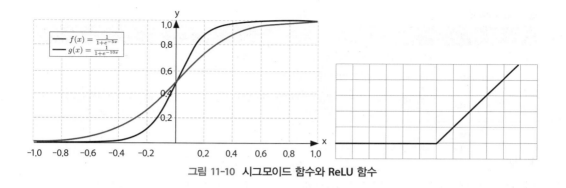

그림 11-10 시그모이드 함수와 ReLU 함수

■ 블랍

블랍(blob, binary large object)은 Caffe의 기초를 이루는 데이터 구조로서 데이터를 저장할 때 사용되는데, 레이어 사이를 이동할 때 사용되는 데이터의 기본 단위이다. 블랍은 Caffe 프레임워크에 의해 처리되고 생성되는데, CPU와 GPU 사이에 공유되어 사용되는 데이터를 위한 래퍼(Wrapper)로, 기본 컴퓨터 계산을 위한 레이어와 넷, 그리고 해결기 등을 설정할 때 사용할 수 있다.

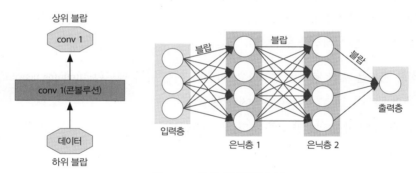

그림 11-11 Caffe의 블랍(blob)

블랍은 Caffe가 처리하고 전달한 실제 데이터에 대한 묶음으로, Caffe는 블랍을 사용해 데이터를 저장하고 전달한다. 메모리를 보다 효율적으로 사용하기 위해 필요할 경우 호스트와 디바이스에 느슨하게 할당되고, CPU와 GPU 사이의 동기화도 제공한다.

■ 레이어

레이어(Layer)는 모델의 핵심이자 계산을 위한 기본 단위로 넷(Net)을 사용하는데, 그림 11-11과 같이 하위(bottom) 연결을 통해 입력을 받고 상위(top) 연결을 통해 출력한다. 또한 필터(Filter)와 관련된 작업을 수행하고, 내적 생산(inner product)을 생성하며, 활성화 함수와 관련된 작업 및 데이터를 처리하는 등의 작업을 수행한다. 각 레이어는 설정(setup), 정방향(forward), 역방향(backward)의 세 가지 중요한 계산을 정의한다.

표 11-6 레이어

용어	내용
설정(Setup)	모델 초기화 시 레이어와 연결(connection)을 설정
정방향(Forward)	하위(bottom)로부터 받은 입력을 계산해 상위(top)로 출력
역방향(Backward)	상위(top)에서는 입력에 대한 기울기(gradient)를 계산하고 하위(bottom)로 전송. 변경된 기울기는 내부적으로 저장(출력에 대해 손실을 계산하고 기울기를 조정해 다시 학습하는 방식)

■ **넷**

넷(Net)은 레이어들과 그 사이의 연결(connection)로 정의된다. 대부분의 레이어 출력은 작업을 수행하는 함수에 의해 계산되고, 역방향(backward) 연산은 손실로부터 기울기를 계산해 학습한다. 일반적으로 데이터를 입력하는 데이터(data) 레이어에서 시작해, 작업의 목표를 계산하는 손실(loss) 레이어로 연결된다. Caffe는 정의로부터 넷을 생성하며, 넷 사이는 블랍 데이터들이 흘러가게 된다.

■ **해결기**

해결기(Solver)[7]는 네트워크의 손실을 개선하기 위한 정방향 추론(forward inference)과 파라미터 업데이트를 위한 역방향 기울기(gradient)를 계산하고, 이를 이용해 모델의 최적화를 수행한다. 해결기는 최적화를 위해 다음의 작업을 수행한다.

1. 최적화 기록을 위한 뼈대를 설계하고, 학습을 위한 학습 네트워크(training network)와 평가를 위한 테스트 네트워크(test network)를 생성한다.

2. 반복적으로 정방향/역방향 진행과 파라미터 갱신을 통한 최적화 작업을 수행한다.

3. (주기적으로) 테스트 네트워크를 평가한다.

4. 최적화를 수행하는 도주 모델(model)과 해결기의 상태를 저장한다.

또한, 해결기는 초기화된 모델을 학습된 상태로 만들기 위해 최적의 가중치(weight)/기울기(gradient)를 찾아 조정하면서 아래와 같은 작업을 반복한다.

1. 출력값과 손실을 계산하기 위해 네트워크를 정방향으로 호출

2. 기울기 계산을 위해 네트워크를 역방향으로 호출

3. 해결기 메소드에 따른 파라미터를 업데이트해 기울기를 통합

4. 학습률(learning rate), 학습 추세(이력), 방법에 따라 해결기의 상태를 업데이트

---

7   http://www.navisphere.net/4147/caffe-tutorial-5-solver 참고

앞부분은 모델의 초기화부터 학습이 완료될 때까지 모든 가중치를 취할 때마다 반복된다. Caffe의 모델과 같이 해결기도 CPU/GPU 모드에서 실행된다.

11.3.2 Hello Caffe 프로그래밍

이제 'Hello Caffe!'라는 메시지와 관련된 자료형을 사용하는 간단한 프로그램을 작성해보자. 앞에서 설명할 것처럼 Caffe는 C++ 언어를 사용하므로 파일명은 hellocaffe.cpp, 즉 확장자는 .cpp를 사용해야 하고, 컴파일은 openCV에서도 사용하였던 g++ 명령어를 이용해서 컴파일한다.

Caffe를 사용하기 위해서는 먼저 관련된 헤더 파일들을 포함해야 한다. 라즈베리 파이에서 Caffe를 설치하면 /usr/local/Cellar/caffe 디렉터리에 헤더 파일과 라이브러리가 설치되는데, 헤더 파일은 /usr/local/Cellar/caffe/include 디렉터리를 보면 찾을 수 있다.

코드 11-7 **hellocaffe.cpp**

```
#include <caffe/caffe.hpp>

using namespace std;
using namespace caffe;

int main(int argc, char **argv)
{
    cout << "Hello, Caffe!" << endl;

    Blob<double> blob(20, 30, 40, 50);            /* Blob 클래스의 매개변수를 설정 */
    cout << "Size of BLOB" << endl;
    cout << "  Num : " << blob.num() << endl;
    cout << "  Channels : " << blob.channels() << endl;
    cout << "  Height : " << blob.height() << endl;
    cout << "  Width : " << blob.width() << endl;
    cout << "  Count : " << blob.count() << endl;

    return 0;
}
```

Caffe의 헤더 파일을 포함하고 C++과 Caffe의 네임스페이스를 사용할 수 있도록 설정한다. 그리고 main 함수에서 'Hello, Caffe!'라는 메시지를 출력하고 Caffe를 위해 double 형의 Blob 템플릿을 하나 생성한다.

Caffe는 넷 레이어 사이를 정의해서 사용하는데, 이러한 레이어들 사이의 데이터는 블랍을 사용한다. Blob 템플릿은 기본 컴퓨터 계산을 위한 레이어(Layer), 넷(Net) 그리고 해결기(Solver) 등을 설정할 때 사용한다. Blob은 템플릿으로 사용되는 N-D 어레이로, number(N) × channel(K) × height(H) × width(W)로 구성된 4차원 배열이다. 각각의 값들을 생성자를 이용해서 초기화할 수 있다.

Blob 클래스의 생성자나 메소드를 통해 매개변수를 설정할 수 있고, 각각 설정된 값은 num( ), channels( ), height( ), width( ) 메소드를 통해 얻을 수 있으며, 데이터의 크기(볼륨)는 count( ) 메소드를 통해 얻을 수 있다.

Caffe를 위한 소스 코드를 빌드할 때 라즈베리 파이에는 쿠다(CUDA)를 사용할 수 없으므로 '-DCPU_ONLY' 컴파일 옵션을 이용해서 CPU 모드로 빌드되도록 해야 한다. 여기서 사용하는 Boost 라이브러리는 C++ 14 표준을 함께 사용하고 있는데, 컴파일 시 에러 메시지가 표시되지 않도록 -std=c++14 옵션도 함께 추가한다. 그리고 Caffe 라이브러리 뿐만 아니라 C++ Boost 라이브러리와 glog(Google Logging) 라이브러리 등을 함께 빌드해야 한다.

```
pi@raspberrypi:~ $ g++ -DCPU_ONLY -std=c++14 -o hellocaffe hellocaffe.cpp -I/home/pi/
caffe/build/install/include -lcaffe -L/home/pi/caffe/build/install/lib -lboost_system
-lglog -L/usr/lib/arm-linux-gnueabihf
pi@raspberrypi:~ $ ./hellocaffe
Hello, Caffe!
Size of BLOB
  Num : 20
  Channels : 30
  Height : 40
  Width : 50
  Count : 1200000
```

앞의 소스 코드에서 Blob 클래스의 생성자를 이용해 갯수는 20, 채널은 30, 폭은 40, 높이는 50으로 설정하였는데, 코드를 실행하면 해당 값이 그대로 출력된다. 그리고 데이터의 크기가 출력되는데, 블랍의 크기는 갯수(number)와 채널(channel)의 수, 그리고 폭(width)과 넓이(height)로 계산될 수 있다. 데이터의 크기는 20 × 30 × 40 × 50으로 1,200,000이 되는데, 앞의 코드를 빌드해서 수행해보면 count의 값으로 출력되는 것을 확인할 수 있다.

11.3.3 필러의 사용

필러(Filler)는 주어진 영역에 특정한 값을 채워서 초기화할 때 사용한다. 이를 이용해서 Blob 클래스의 객체를 초기화할 수 있다. Caffe에서는 ConstantFiller, UniformFiller, BilinearFiller, GaussianFiller 등 다양한 필러들을 제공하며, 필러를 사용하기 위해서는 filler.h 헤더 파일을 사용한다.

앞의 코드에 다음 내용을 추가해보자. 필러를 사용하기 위해서는 먼저 매개변수를 설정해야 하는데, FillerParameter 클래스로 설정할 수 있다. 여기서는 FillerParameter 클래스의 set_min( ) 메소드와 set_max( ) 메소드를 이용해서 필러에서 사용할 최솟값과 최댓값을 -3과 3으로 설정하였다.

이 코드에서는 UniformFiller 클래스를 이용하였는데, UniformFiller 클래스는 데이터를 균일하게 채울 때 사용된다. UniformFiller를 생성할 때 필러에 대한 매개변수를 설정하고 Fill() 메소드를 이용해서 Blob에 데이터를 채울 수 있다.

코드 11-8 **filler.cpp**

```cpp
#include <caffe/caffe.hpp>

using namespace std;
using namespace caffe;

int main(int argc, char **argv)
{
    Blob<double> blob(20, 30, 40, 50);              /* Blob 클래스의 매개변수를 설정 */

    FillerParameter filler_param;                   /* 필러의 매개변수 설정 */
    filler_param.set_min(-3);                        /* 최솟값: -3 */
    filler_param.set_max(3);                         /* 최댓값: 3 */

    UniformFiller<double> filler(filler_param);     /* UniformFiller 설정 */
    filler.Fill(&blob);                              /* Blob 클래스의 객체를 초기화 */

    /* Blob 합의 절댓값 */
    double expected_asum = 0;
    const double* data = blob.cpu_data();
    for (int i = 0; i < blob.count(); i++) {
        expected_asum += fabs(data[i]);
    }

    cout << "expected asum of BLOB : " << expected_asum << endl;
    cout << "asum of BLOB on CPU : " << blob.asum_data() << endl;

    return 0;
}
```

Blob 클래스의 cpu_data() 메소드를 이용해서 현재 블랍 데이터를 가져올 수 있는데, 배열(포인터)로 되어 있는 값이므로 절댓값을 구해서 이를 모두 합한다. 모든 요소의 절댓값을 합산한 값은 Blob 클래스에서 제공하는 asum_data() 메소드를 이용해서도 출력할 수 있는데, 이를 코드로 확인해보면 동일한 값이 나오는 것을 알 수 있다.

위의 코드를 빌드해서 실행하면, 그때마다 다른 값이 출력되는 것을 확인할 수 있다.

```
pi@raspberrypi:~ $ ./filler
expected asum of BLOB : 1.80026e+06
asum of BLOB on CPU : 1.80026e+06
pi@raspberrypi:~ $ ./filler
expected asum of BLOB : 1.79874e+06
asum of BLOB on CPU : 1.79874e+06
```

11.3.4 블랍

앞에서 설명했던 것과 같이 블랍(BLOB)은 Caffe의 기본 데이터형으로 각 레이어들 사이에서 Caffe에 의해 처리되어 전달되는 실제 데이터를 위한 래퍼이며, 배열과 프레임워크에 대한 통일된 메모리 인터페이스로 GPU와 GPU 사이에 동기화 기능을 제공한다.

심층 신경망은 데이터 청크(블랍)에서 작동하는 상호 연결된 계층의 컬렉션으로 자연스럽게 표현되는 합성 모델이다. Caffe는 자신의 모델 스키마에서 레이어마다 연결을 정의하며, 네트워크는 입력 데이터의 손실로 상향식(bottom-to-top) 모델 전체를 정의한다. 데이터와 기울기(도함수)가 정방향(forward)과 역방향(backword) 경로에서 네트워크를 통해 흐르는데, Caffe는 정보 교환을 위해서 블랍을 사용한다.

이제 코드를 작성해서 블랍이 레이어와 네트워크에서 어떻게 정보를 유지하고 통신하는지를 살펴보자. Caffe는 현재 엔비디아(NVIDIA)의 GPU를 지원하는데, 현재 라즈베리 파이의 GPU는 지원되지 않기 때문에 빌드 시 –DCPU_ONLY 옵션을 사용해야 한다.

코드 11-9 **blob.cpp**

```cpp
#include <caffe/caffe.hpp>

using namespace std;
using namespace caffe;

int main(int argc, char **argv)
{
    clock_t tStart, tEnd;                           /* 시간 측정을 위한 변수 */

    Blob<double> blob(20, 30, 40, 50);              /* Blob 클래스의 매개변수를 설정 */

    blob.Reshape(50, 40, 30, 20);                   /* Blob의 값을 재설정 */
    cout << "Size of Reshaped BLOB" << endl;
    cout << "  Num : " << blob.num() << endl;
    cout << "  Channels : " << blob.channels() << endl;
    cout << "  Height : " << blob.height() << endl;
    cout << "  Width : " << blob.width() << endl;
    cout << "  Count : " << blob.count() << endl;

    FillerParameter filler_param;                   /* 필러의 매개변수 설정 */
    filler_param.set_min(-3);                       /* 최솟값: -3 */
    filler_param.set_max(3);                        /* 최댓값: 3 */
    UniformFiller<double> filler(filler_param);     /* UniformFiller 설정 */
    filler.Fill(&blob);                             /* Blob 초기화 */

    /* Blob 합의 절댓값 */
    double expected_asum = 0;
    const double* data = blob.cpu_data();
    for (int i = 0; i < blob.count(); i++)
        expected_asum += fabs(data[i]);

    cout << "expected asum of BLOB : " << expected_asum << endl;
```

```
    tStart = clock();
    cout << "asum of BLOB on CPU : " << blob.asum_data() << endl;
    tEnd = clock();
    cout << "Time of asum of Blob on cpu : " << (tEnd-tStart)/CLOCKS_PER_SEC << endl;

    return 0;
}
```

코드 11-7과 같이 Blob 클래스의 생성자에서 객체의 값을 설정할 수 있다. 한번 설정한 값을 다시 설정하고 싶은 경우에는 Reshape( ) 메소드를 이용할 수 있다. 코드 11-8과 같이 UniformFiller 클래스를 이용해서 Blob 객체의 값을 설정하고 출력할 수 있는데, 이때 CPU에서 Blob 객체를 처리하는 시간은 clock( ) 함수를 가지고 계산할 수 있다.

```
pi@raspberrypi:~ $ ./blob
Size of Reshaped BLOB
  Num : 50
  Channels : 40
  Height : 30
  Width : 20
  Count : 1200000
expected asum of BLOB : 1.79943e+06
asum of BLOB on CPU : 1.79943e+06
Time of asum of Blob on cpu : 0
```

블랍은 CPU와 GPU 사이에서의 데이터 전송과 처리에도 이용할 수 있지만, 아쉽게도 라즈베리 파이는 엔비디아의 GPU를 사용할 수 없으므로 관련된 내용을 알 수가 없다.

11.4 Caffe를 이용한 숫자 인식

앞에서 설명한 것과 같이 Caffe는 이미지 처리에 특화되어 있으며, 딥러닝의 대표적인 라이브러리인 텐서플로와 같이 Caffe를 이용해서 숫자를 인식할 수 있다.

11.4.1 숫자 인식을 위한 데이터셋

Caffe에서는 손으로 쓴 숫자 인식을 위한 데이터셋을 기본으로 지원한다.[8] 설치가 완료되었다면 다음과 같은 명령어를 수행해서 데이터셋을 학습시켜보자. 숫자를 위한 이미지 학습에는 MNIST 데이터베이스를 이용한다. MNIST(Modified National Institute of Standards and Technology database)는 0부터 9까지의 손으로 쓴 숫자에 대한 이미지를 가지고 있는 데이터셋으로 기계 학습을 위해 사용

---

8   http://caffe.berkeleyvision.org/gathered/examples/mnist.html를 참고하라.

되는데, 28×28 픽셀의 60,000장의 트레이닝 이미지와 10,000장의 테스트 이미지를 가지고 있는 데이터베이스이다.

그림 11-12 MNIST 테스트 데이터셋의 샘플 이미지[9]

이러한 데이터셋을 이용해서 인공지능의 지도 학습(Supervised Learning)을 수행할 수 있다. 데이터(data)에 대한 명시적인 답을 레이블(label)이라고 하는데, 트레이닝 데이터셋(training set)은 ('데이터', '레이블')의 집합으로 생각할 수 있다.

28×28 크기의 이미지인 MNIST 데이터셋에서 데이터는 '9를 나타내는 28×28 이미지', '8을 나타내는 28×28 이미지', '7을 나타내는 28×28 이미지', '6을 나타내는 28×28 이미지' 등으로 나타낼 수 있다. 이러한 데이터와 함께 이 데이터가 맞는지에 대해 ('9를 나타내는 28×28 이미지', 9)와 같이 레이블을 구성해서 트레이닝 데이터셋을 만들 수 있다. 이 트레이닝 데이터셋으로 학습을 하고 테스트 데이터셋(test set)을 이용해서, 학습된 알고리즘의 예측(Prediction) 정확도(accurary)를 측정할 수 있다.

딥러닝에서 지도 학습으로 주로 사용되는 구조는 콘볼루션(합성곱) 신경망(CNN, Convolutional Neural Network)과 순환 신경망(RNN, Recurrent Neural Network)이다.

Caffe 디렉터리에서 학습을 위한 데이터셋을 MNIST 웹 사이트로부터 다운로드하여 필요한 데이터로 변경해야 한다. 이를 위해 Caffe에서는 다음과 같은 스크립트 코드를 지원한다. 먼저 데이터셋을 다운로드 받아서 LMDB로 변환한다. LMDB(Lightning Memory-mapped DataBase)는 메모리 매핑을 사용하는 매우 빠른 데이터베이스로, Caffe는 공식적으로 LMDB나 LevelDB 포맷을 사용한다.

```
pi@raspberrypi:~/caffe $ ./data/mnist/get_mnist.sh
pi@raspberrypi:~/caffe $ ./examples/mnist/create_mnist.sh
```

---

9 https://ko.wikipedia.org/wiki/MNIST_데이터베이스를 참고하라.

이 스크립트 코드를 수행하면 mnist_train_lmdb와 mnist_test_lmdb 파일이 생성된다. 이제 이렇게 다운로드한 데이터셋을 이용해서 기계 학습을 수행하면 된다. 여기서는 LeNet(르넷) 신경망을 이용해서 기계 학습을 수행한다. LeNet은 프랑스의 딥러닝 학자인 얀 르쿤(Yann LeCun) 등이 제출한 일종의 필기체를 인식하는 심층 신경망 구조다. LeNet은 활성화 함수로 시그모이드 함수가 아닌 ReLU 함수를 사용한다.

신경망은 그림 11-13과 같이 왼쪽부터 입력 데이터가 들어가는 입력층, 입력 값에서 특정 지도층을 뽑아 변환하는 은닉층, 결과를 출력하는 출력층으로 구성되어 있고 각 층들을 연결하는 가중치로 구성되어 있다. 특징 지도를 뽑아내는 중간 단계는 알고리즘이 감춰져 있다고 해서 은닉층(hidden layer)으로 명명되었는데, 노드를 만들어 입력 데이터에서 특징을 뽑고 이 데이터를 연결하면서 다시 특징들을 뽑아낸다. 은닉층은 입력값을 받아 가중합을 계산하고, 이 값에 가중치를 적용하여 출력층에 전달한다.

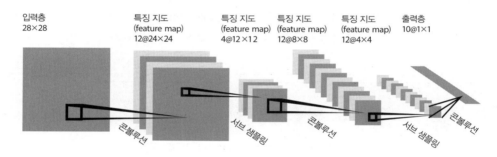

그림 11-13 LeNet의 훈련 네트워크

LeNet의 훈련 네트워크 입력층의 크기는 28×28이고, 2개의 콘볼루션 신경망(CNN, Convolutional Neural Network) 계층, 2개의 풀링(Pooling)/서브 샘플링(Sub-Sampling) 계층, 2개의 완전 연결(fully-connected) 계층, 1개의 손실(loss) 계층과 신경망 출력 계층으로 구성된다.

이러한 네트워크의 구성을 위해 'examples/mnist/lenet_train_test.prototxt' 파일을 살펴보자. 이 파일에 대해 쉽게 파악할 수 있도록 Caffe에서는 'draw_net.py'라는 명령어를 제공하고 있다. 하지만 라즈베리 파이에서 이 명령어의 수행을 위해서는 관련 패키지를 먼저 설치해줘야 한다.

```
pi@raspberrypi:~/caffe $ sudo apt-get install python-scipy
pi@raspberrypi:~/caffe $ sudo apt-get install libpcap-dev libpq-dev
pi@raspberrypi:~/caffe $ sudo apt-get install python-skimage
pi@raspberrypi:~/caffe $ sudo pip install protobuf scipy pydot
pi@raspberrypi:~/caffe $ python python/draw_net.py examples/mnist/lenet_train_test.
prototxt output.png
```

앞의 명령을 수행하면 'lenet_train_test.prototxt' 파일의 구조를 이미지로 출력해준다. 이미지에서 사각형이 레이어이고 팔각형이 블랍이다. 레이어는 특정 프로세스를 나타내는데, 필터, 풀링(pooling), 콘볼루션(convolution), 정규화, 시그모이드(sigmoid), 변형, 데이터 로딩, 정확도 계산, 손실(loss) 계산, 소프트맥스 등의 연산 처리 과정이다.

딥러닝 알고리즘은 깊은 신경망을 사용하는데, 오토 인코더, 콘볼루션 신경망(CNN), 순환 신경망(RNN) 등으로 구분될 수 있다. 이중 콘볼루션 신경망이 가장 많이 사용되고 있다. 콘볼루션 신경망은 최소한의 전처리(preprocess)를 사용하도록 설계된 다계층 퍼셉트론(Multilayer Perceptrons)의 한 종류로, 콘볼루션 레이어와 풀링 레이어라는 신경망을 이용한다. 가중치와 통합 계층을 이용하는 구조로 2차원적 구조인 이미지 분석에 보다 효과적으로 동작한다. 콘볼루션 레이어는 국소적인 부분을 추상화하고, 풀링 레이어는 국소적인 부분을 통합하고 위치 불변성을 준다.

이제 그림 11-14를 기반으로 'lenet_train_test.prototxt' 파일의 구조를 살펴보도록 하자. 제일 앞 파일의 이름이 'LeNet'으로 설정되어 있다. 각 계층은 모두 type과 name의 공통 파라미터를 갖고 있다. type은 상수로 입력층, 은닉층, 출력층을 지정하고, name은 변수로 계층의 이름을 지정할 수 있다.

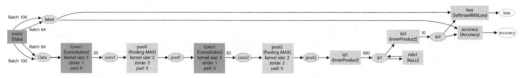

그림 11-14 'lenet_train_test.prototxt' 파일의 구조

입력층은 항상 데이터 레이어를 사용한다. 은닉층에는 콘볼루션 레이어, 풀링 레이어, 내적 공간 레이어, 활성화 함수(ReLU) 레이어 등이 있다. 마지막 출력층에는 정확도 레이어와 SoftmaxWithLose 레이어가 있다.

첫 번째 레이어의 이름은 'mnist'로 'Data' 타입으로 되어 있고 'data'와 'label' 블랍에 연결된다. 데이터(Data) 레이어는 LMDB 파일에서 데이터(data)와 레이블(label)을 추출하는 작업을 한다. 레이블은 데이터에 대한 명시적인 답으로 두 가지의 (데이터, 레이블) 셋(집합)을 이용해서 학습을 수행할 수 있다.

'source'는 사용하는 데이터로 Caffe 디렉터리 내의 'examples/mnist/mnist_train_lmdb' 파일을 사용한다. batch_size는 한꺼번에 읽어서 처리하는 샘플의 수인데, TRAIN(학습)과 TEST(테스트)에 모두 들어 있다. 배치의 크기(batch_size)는 블랍 데이터의 크기와 관계있다. batch_size 속성에서 64는 학습 단계에 사용하고, 100은 테스트 단계에 이용한다. transform_param 파라미터의 값은 0.00390625(1/256)로 256 단계를 의미한다.

lenet_train_test.prototxt 파일: Data 레이어

```
name: "LeNet"
layer {
  name: "mnist"
  type: "Data"
  top: "data"
  top: "label"
  include {
    phase: TRAIN
  }
  transform_param {
    scale: 0.00390625
  }
  data_param {
    source: "examples/mnist/mnist_train_lmdb"
    batch_size: 64
    backend: LMDB
  }
}
layer {
  name: "mnist"
  type: "Data"
  top: "data"
  top: "label"
  include {
    phase: TEST
  }
  transform_param {
    scale: 0.00390625
  }
  data_param {
    source: "examples/mnist/mnist_test_lmdb"
    batch_size: 100
    backend: LMDB
  }
}
```

레이어에서 블랍은 top과 bottom 속성에 명시되는데, 레이어끼리는 반드시 블랍으로 연결되어야 한다. 하위 속성으로 입력 계층을 지정하고, 상위 속성으로 출력 계층을 지정한다.

데이터 레이어는 data_param의 source에 명시된 폴더를 찾아 그 안에 있는 LMDB 파일을 읽고 data와 label을 가져온다. data는 transform하는데, 이미지 데이터는 픽셀 단위로 이루어져 있으므로 [0, 255]의 data를 [0, 1]로 스케일을 변경한다. 네트워크에 data를 64개씩 넣어서 학습을 수행한다.

그다음에 나오는 레이어는 'conv1'이라는 이름의 'Convolution' 타입으로, 콘볼루션(Convolution) 레이어는 학습률(learning rate)과 정확도 간의 균형을 결정한다. 하위 블랍은 'data'이고 상위 블랍은 'conv1'이다.

학습 속도는 기울기(gradient)의 파라미터(param) 중 하나이며, 첫 번째는 가중치(weights)이다. 두 번째는 바이어스(biases)[10] 학습률로 lr_mult은 특정 레이어의 학습률을 조정할 때 쓰인다. 더 나은 수렴률을 위해 보통 두 배의 값을 사용한다.

convolution_param 파라미터의 출력은 20개이고 커널 크기는 5, 그리고 1씩 이동한다. 그리고 가중치 필터는 xavier 상수[11]를 갖고 바이어스 필러(bias filler)는 0의 값을 기본값으로 한 상수로 초기화한다. xavier 상수는 입력과 출력의 뉴런 수에 따라 초기화의 크기를 자동으로 설정한다.

lenet_train_test.prototxt 파일 (이어서): 콘볼루션 레이어

```
layer {
  name: "conv1"
  type: "Convolution"
  bottom: "data"
  top: "conv1"
  param {
    lr_mult: 1
  }
  param {
    lr_mult: 2
  }
  convolution_param {
    num_output: 20
    kernel_size: 5
    stride: 1
    weight_filler {
      type: "xavier"
    }
    bias_filler {
      type: "constant"
    }
  }
}
```

다음 레이어는 'pool1'이라는 이름을 갖는 '풀링(Pooling)' 타입으로 하위 블랍은 바로 앞의 'conv1'에 연결되고, 상위 블랍은 'pool1'에 연결된다. pooling_param 파라미터의 폴은 대부분 MAX로 풀링하고 커널 크기는 2이며, 다른 풀링 레이어와 겹치지 않도록 2씩 이동하도록 설정한다. kernel_size가 2이므로, 2×2의 범위에서 가장 큰 값만 선택하게 될 것이다. stride가 2이므로, input이 20×20이었다면 중간에 하나씩 건너뛰어 output은 10×10이 될 것이다.

---

10 가중치에 의해 기울기가 결정되고, 바이어스에 의해 값이 이동된다. 바이어스에 대해 보다 자세한 내용은 https://chanhyeonglee.tistory.com/5를 참고하라.

11 https://reniew.github.io/13을 참고하라.

이런 이유로 풀링 레이어의 stride가 1인 경우는 거의 없는데, 풀링 레이어는 맵의 크기를 작게 만들어서 학습이 빨라지게 한다. 또한 영상을 작은 부분으로 나누다 보면 지역적으로 비슷한 경우가 많기 때문에 풀링을 이용해서 영상의 지역성을 처리할 수 있다.

lenet_train_test.prototxt 파일 (이어서): 풀링 레이어

```
layer {
  name: "pool1"
  type: "Pooling"
  bottom: "conv1"
  top: "pool1"
  pooling_param {
    pool: MAX
    kernel_size: 2
    stride: 2
  }
}
```

다음 블록은 'conv2'이라는 이름의 콘볼루션 레이어로 하위 블록은 'pool1'에 연결되고, 상위 블록은 'conv2'에 연결된다. convolution_param 파라미터는 앞의 'conv1' 블랍과 거의 같지만 출력이 50개이다.

lenet_train_test.prototxt 파일 (이어서): 콘볼루션 레이어

```
layer {
  name: "conv2"
  type: "Convolution"
  bottom: "pool1"
  top: "conv2"
  param {
    lr_mult: 1
  }
  param {
    lr_mult: 2
  }
  convolution_param {
    num_output: 50
    kernel_size: 5
    stride: 1
    weight_filler {
      type: "xavier"
    }
    bias_filler {
      type: "constant"
    }
  }
}
```

다음 블록은 'pool2'라는 이름의 풀링 레이어로 하위 블록은 'pool2'에 연결되고 상위 블록은 'conv2'에 연결된다. pooling_param 파라미터의 값은 앞의 'pool1'과 같다.

lenet_train_test.prototxt 파일 (이어서): 풀링 레이어

```
layer {
  name: "pool2"
  type: "Pooling"
  bottom: "conv2"
  top: "pool2"
  pooling_param {
    pool: MAX
    kernel_size: 2
    stride: 2
  }
}
```

다음 층은 'ip1'라는 이름의 'InnerProduct' 타입으로, 내적 공간(InnerProduct) 레이어는 data를 입력으로 받아서 가중치와 내적(convolution)을 한 후 'ip' 블랍을 만든다. 내적 공간(InnerProduct Layer)이 바로 완전 연결(Fully connected)되면 너무 많은 가중치로 인해 가장 느려진다. 하위 블랍은 'pool2'에 연결되고 상위 블랍은 'ip1'에 연결된다. inner_product_param 파라미터의 출력 개수는 500개이며, 가중치 필터는 xavier 상수를 갖고 바이어스 필러는 상수이다.

lenet_train_test.prototxt 파일 (이어서): 내적 공간(InnerProduct) 레이어

```
layer {
  name: "ip1"
  type: "InnerProduct"
  bottom: "pool2"
  top: "ip1"
  param {
    lr_mult: 1
  }
  param {
    lr_mult: 2
  }
  inner_product_param {
    num_output: 500
    weight_filler {
      type: "xavier"
    }
    bias_filler {
      type: "constant"
    }
  }
}
```

다음 층은 'relu1' 이름의 ReLU 레이어로 하위 블랍은 'ip1'에 연결되고, 상위 블랍은 'ip1'에 연결된다. ReLU(Rectified Leaky) 레이어는 앞에서 설명한 ReLU 함수를 위한 계층이다. ReLU는 원소 단위(신경망 뉴런 단위) 연산으로 다른 레이어와는 다르게 하위와 상위 블랍의 이름이 같아도 된다. 일반적으로 0보다 작은 값을 0으로 만드는 비선형(Non-linear) 함수이다.

lenet_train_test.prototxt 파일 (이어서): ReLU 레이어

```
layer {
  name: "relu1"
  type: "ReLU"
bottom: "ip1"
top: "ip1"
}
```

다음 층은 'ip2' 이름의 내적 공간 레이어로 하위 블랍은 'ip1'에 연결되고, 상위 블랍은 'ip2'에 연결된다. Inter_product_parm 파라미터는 출력이 10개이며, 가중치 필터는 xavier 바이어스이고, 바이어스 필러는 상수이다.

lenet_train_test.prototxt 파일 (이어서): 내적 공간 레이어

```
layer {
  name: "ip2"
  type: "InnerProduct"
  bottom: "ip1"
  top: "ip2"
param {
    lr_mult: 1
}
  param {
    lr_mult: 2
  }
  inner_product_param {
    num_output: 10
    weight_filler {
      type: "xavier"
    }
    bias_filler {
      type: "constant"
    }
  }
}
```

다음 층은 'accuracy'라는 이름의 'Accuracy' 타입으로 하위 블랍은 'ip2'와 'label'에 연결되고, 상위 블랍은 'accuracy'에 연결된다. 정확도(Accuracy) 레이어는 TEST 단계에만 삽입된다.

lenet_train_test.prototxt 파일 (이어서): 정확도 레이어

```
layer {
  name: "accuracy"
  type: "Accuracy"
  bottom: "ip2""
  bottom: "label"
  top: "accuracy"
  include {
    phase: TEST
  }
}
```

마지막 단계는 'loss'라는 이름을 갖는 SoftmaxWithLoss 레이어로 하위 블랍에 'ip2'와 'label'이 연결되고, 상위 블록에는 'loss'가 연결된다. SoftmaxWithLoss 레이어는 다항식의 로지스틱 회귀의 손실 함수와 소프트맥스를 모두 구현한 것으로, 예측된 값인 'ip'와 데이터 레이어에서 제공하는 'label' 블랍을 입력받아서 손실 함수의 값인 'loss'를 계산한다. 이를 이용해 수치적인 안정성을 향상시키고 계산을 빠르게 수행할 수 있다. 여기서 계산된 손실 함수 값은 더는 출력하지 않고, 역전파(backpropagation) 과정을 수행할 때 사용하는데, 이를 이용해서 'ip2'에 대한 기울기를 조정한다.

lenet_train_test.prototxt 파일 (이어서): SoftmaxWithLoss 레이어

```
layer {
  name: "loss"
  type: "SoftmaxWithLoss"
  bottom: "ip2"
  bottom: "label"
  top: "loss"
}
```

보통은 MNIST 데이터셋을 이용해서 LeNet 학습을 수행하기 전에 필요한 파라미터들을 수정해주면 되지만, 여기서는 간단히 기본값을 사용한다.

마지막으로 기계 학습을 수행하기 전에 'examples/mnist/lenet_solver.prototxt' 파일을 수정한다. 네트워크를 학습하기 위해서는 네트워크뿐만 아니라 이 네트워크를 어떻게 학습할지를 정해야 한다. 해결기(solver)는 'lenet_solver.prototxt' 파일을 이용해서 설정한다.

라즈베리 파이는 엔비디아의 GPU를 사용할 수 없으므로, 제일 아래에 있는 'solver_mode:'의 값을 GPU에서 CPU로 변경한다.

```
# 인공 신경망의 네트워크 구조를 나타내는 학습과 테스트를 위한 파일을 지정
net: "examples/mnist/lenet_train_test.prototxt"
# test_iter는 테스트가 수행해야 하는 정방향 패스의 수를 지정
# MNIST에서 batch size = 100의 경우, 테스트 시 100회 반복(전체 10000데이터)
test_iter: 100
# 학습 중 테스트를 실행하는 간격을 지정: 500번 주기 간격으로 실시
test_interval: 500
# 학습률 설정: 기본 학습률: 0.01, 모멘텀(운동량): 0.9, 가중치 감쇠는 0.0005로 설정
base_lr: 0.01
momentum: 0.9
weight_decay: 0.0005
# 학습률 정책: 학습 정책: 'inv', 감마: 0.0001, power: 0.75로 설정
lr_policy: "inv"
gamma: 0.0001                      # 학습률을 얼마만큼 떨어트릴 것인지에 대한 값
power: 0.75
# 학습 시 경과를 나타내는 간격을 지정(display: 100은 100회마다 경과를 표시)
display: 100
# 최대 학습 횟수
max_iter: 10000
# 중간 결과 스냅샷(5000 중간 스냅샷은 5000회마다)
snapshot: 5000
snapshot_prefix: "examples/mnist/lenet"
# solver mode: 학습 시 CPU 또는 GPU를 선택
solver_mode: CPU
```

최적의 가중치를 찾아 업데이트되는 과정에서 '오류 값 × 학습률'만큼 가중치를 변경하는데, 학습률의 값에 따라 가중치의 변경 정도가 비례한다.

파라미터의 설정이 완료된 후 'train_lenet.sh' 스크립트 파일을 수행하면 학습(분류)을 시작한다. 사용하는 시스템에 따라서 학습 시간이 다른데, 라즈베리 파이의 경우 제법 많은 시간이 소요된다.

```
pi@raspberrypi:~/caffe $ ./examples/mnist/train_lenet.sh
```

학습 시 메시지가 표시되는데, 앞의 설정값에 따라 100번 반복할 때마다 손실 함수를 출력하고, 반복 500회마다 신경망을 테스트한다. 출력 메시지에서 'lr'은 학습률을 의미하며, 테스트 단계의 출력에서 #0은 정확도, #1은 손실 함수를 의미한다.

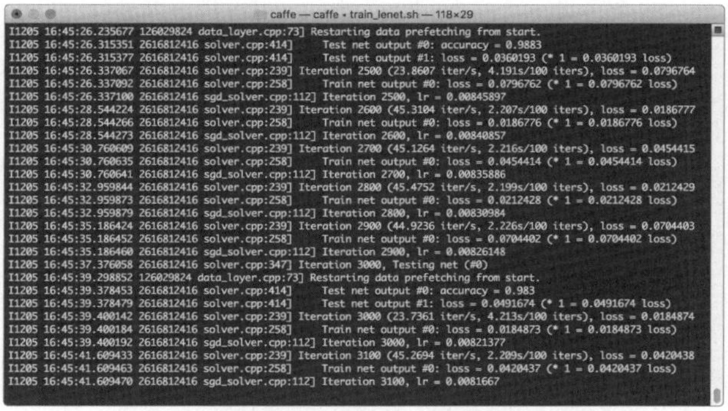

해당 학습이 끝나면 이 데이터를 이용해서 손으로 쓴 숫자를 인식할 수 있도록 코드를 작성해보도록 하자.

그림 11-15 MNIST 데이터셋을 LeNet에 학습하기

11.4.2 Qt에서의 필기체 인식을 위한 이벤트 처리

손으로 쓴 글자를 인식하려면 종이에 쓴 숫자를 카메라를 이용해서 인식하거나 디지타이저나 마우스를 이용해서 컴퓨터에 직접 입력해야 한다. 카메라를 사용하는 방법은 7장의 Video4Linux2나 8장의 OpenCV를 이용할 수 있는데, 여기서는 마우스, 디지타이저, 터치 스크린 등을 이용해서 입력하는 코드를 작성해보도록 하자.

Qt에서 터치 스크린은 마우스(디지타이저)와 사용법이 거의 같다. 먼저 Qt 프로젝트를 생성하기 위해 DigitRecognizerApp이라는 새로운 디렉터리를 생성한다. 앞에서 설명한 것과 같이 Qt를 프로젝트 단위로 관리하는데, 이를 위해서는 새로운 디렉터리를 만들어서 시작하는 것이 좋다.

새로운 디렉터리로 이동한 후 다음과 같이 Qt 코드를 작성해보자. 현재의 프로젝트는 3개의 클래스로 구성된다. 먼저 메인 화면을 위한 사용자 정의 위젯인 Widget 클래스와 사용자가 직접 필기할 때를 위한 ImagePad 클래스, 그리고 숫자 인식을 위한 Classifier 클래스가 있다.

먼저 사용자 정의 위젯을 위해 Widget이라는 클래스명으로 헤더 파일을 생성하고 관련 코드를 추가한다. 이어서 헤더 파일에 인식된 숫자를 사용자에게 보여주기 위한 레이블 객체를 추가한다. 그런 다음 마우스로 숫자를 드로잉하고 보여주기 위해 ImagePad라는 클래스를 사용하고, 숫자 인식은 Classifier 클래스를 이용한다. 이를 위한 헤더 파일들을 추가하고 객체를 선언하자.

코드 11-10 **widget.h**

```
#ifndef WIDGET_H
#define WIDGET_H

#include <QWidget>

#include "classification.h"
#include "imagepad.h"

class QLabel;

class Widget : public QWidget
{
  Q_OBJECT

public:
  Widget(QWidget *parent = nullptr);
  ~Widget();

private slots:
  void checkImage();

private:
  Classifier m_classifier;          /* 분류를 위한 객체 */
```

```
    ImagePad* m_imagePad;          /* 숫자 드로잉을 위한 객체 */
    QLabel* m_resultLabel;         /* 인식된 숫자 표시를 위한 레이블 객체 */
};

#endif                            /* WIDGET_H */
```

이제 소스 코드를 구현해보자. 손으로 쓴 숫자 이미지의 변환은 OpenCV 라이브러리를 이용하는데, 이를 위한 헤더 파일을 추가하고 생성자를 구현해보자. 우선 생성자에서 화면을 구성한다. 화면은 그림을 그리는 영역(ImagePad 클래스), 인식된 숫자를 표시하기 위한 레이블(QLabel 위젯), 그리고 인식 명령을 내리는 버튼(QPushButton 위젯)으로 구성된다. 3개의 위젯들은 수직으로 배치되는데, 이를 처리하기 위해 QVBoxLayout 클래스를 사용하였다. 그리고 인공지능을 위한 Classifier 클래스를 초기화했다.

코드 11-11 widget.cpp

```
#include <QLabel>
#include <QPushButton>
#include <QBoxLayout>
#include <opencv2/opencv.hpp>

#include "widget.h"
Widget::Widget(QWidget *parent) : QWidget(parent)
{
    m_resultLabel = new QLabel(this);
    QPushButton* checkButton = new QPushButton("Check", this);
    connect(checkButton, SIGNAL(clicked()), SLOT(checkImage()));

    m_imagePad = new ImagePad(this);
    m_imagePad->resize(256, 256);

    QVBoxLayout *layout = new QVBoxLayout(this);
    layout->addWidget(m_imagePad);
    layout->addWidget(m_resultLabel);
    layout->addWidget(checkButton);

    /* 관련 파일 초기화 */
    /* 가중치 파일 */
    string model_file = "/home/pi/caffe/examples/mnist/lenet_iter_10000.caffemodel";
    /* 네트워크 파일 */
    string proto_file = "/home/pi/caffe/examples/mnist/lenet.prototxt";

    m_classifier = Classifier(model_file, proto_file);   /* Classifier 클래스의 초기화 */

    resize(280, 300);
}

Widget::~Widget()
{
}
```

```
void Widget::checkImage()
{
    cv::Mat img;            /* 이미지 데이터 */
    int resultNumber;       /* 처리 결과 */
    /* 이미지 변환 */
    img = cv::Mat(m_imagePad->width(), m_imagePad->height(), CV_8UC3,
                 m_imagePad->buffer().rgbSwapped().bits(),
                 m_imagePad->buffer().bytesPerLine()).clone();


    /* 이미지 변환 */
    resultNumber = m_classifier.predictNumber(img);                       /* 숫자 예측 */
    m_resultLabel->setText("number: " + QString::number(resultNumber));  /* 결과 표시 */
    m_imagePad->setFlag(true);
}
```

윈도우에 있는 버튼을 누르면 사용자가 쓴 글씨를 Classifier 클래스로 인식하고 이를 표시한다. checkImage( ) 슬롯에서는 사용자가 쓴 이미지를 가져와서 OpenCV를 이용해서 이를 회색으로 변환하고 Classifier 클래스를 이용해서 숫자를 예측한다. 예측된 숫자를 레이블에 표시하고 다음 필기를 위해 ImagePad 클래스를 지울 수 있도록 설정한다.

앞의 클래스를 사용하기 위한 main 함수는 Qt의 기본 메인 함수를 사용하면 된다.

코드 11-12 **main.cpp**

```
#include <QApplication>

#include "widget.h"

int main(int argc, char *argv[])
{
    QApplication a(argc, argv);
    Widget w;
    w.show();
    return a.exec();
}
```

이제 Classifier 클래스를 정의해보자. 먼저 헤더 파일을 설정하는데, 앞에서 썼던 classification.cpp 의 코드를 가져와서 변경하였다. 앞에서와 같이 Classifier 클래스도 OpenCV를 이용해서 이미지 를 변경한다. 이를 위해 OpenCV와 Caffe 라이브러리의 사용을 위한 헤더 파일과 네임스페이스들 을 정의한다.

코드 11-13 **classification.h**

```
#ifndef CLASSIFICATION_H
#define CLASSIFICATION_H

#include <vector>
#include <iostream>
```

```
#include <caffe/caffe.hpp>
#include <opencv2/opencv.hpp>

using namespace cv;
using namespace std;
using namespace caffe;

class Classifier
{
public:
    Classifier();
    Classifier(string model_file, string trained_file);
    ~Classifier();

    /* 이미지 처리를 위한 메소드 */
    void wrapInputLayer(const vector<Mat> imgs, vector<Mat> *input_channels);
    void wrapInputLayer(const Mat imgs, vector<Mat> *input_channels);
    void preprocess(const cv::Mat& img, cv::Mat& grayImg);
    int predictNumber(Mat img);                       /* 분석한 숫자를 반환 */

    std::shared_ptr<Net<float>> m_net;                /* 네트워크 */
};

#endif            /* CLASSIFICATION_H */
```

헤더 파일의 설정이 끝났으면 소스 코드를 구현해보자. 생성자에서는 Caffe 클래스의 객체를 설정하고 네트워크 파일과 가중치 파일을 설정한다.

코드 11-14 **classification.cpp**

```
#include <QtMath>

#include "classification.h"

Classifier::Classifier()
{
}

Classifier::~Classifier()
{
}

Classifier::Classifier(std::string model_file,std::string trained_file)
{
    Caffe::set_mode(Caffe::CPU);

    m_net.reset(new Net<float>(trained_file, TEST));    /* 분석을 위해 사용할 네트워크 설정 */
    m_net->CopyTrainedLayersFrom(model_file);           /* 가중치 파일 설정 */
}
```

필기체 인식을 위해 이미지를 Classifier 클래스에서 사용할 수 있도록 변환해야 한다. 이를 위한 메소드를 정의한다. 사용하는 데이터 영역의 폭(넓이)과 높이를 가져온 후에 순서를 바꾸고 채널을 분리한다. 한 장의 이미지와 여러 장의 이미지를 나누어 처리할 수 있도록 2개의 메소드를 정의하였다.

코드 11-14 classification.cpp (이어서)

```cpp
/* 필기체 인식을 위해 폭(w)*높이(h)*3을 3*h*w으로 변환 */
void Classifier::wrapInputLayer(const vector<cv::Mat> imgs, std::vector<cv::Mat>
                                *input_channels)
{
    Blob<float> *input_layer = m_net->input_blobs()[0];        /* 데이터 영역(블랍) */
    int width = input_layer->width();                          /* 블랍의 폭 */
    int height = input_layer->height();                        /* 블랍의 높이 */
    int num = input_layer->num();                              /* 블랍의 수 */
    float *input_data = input_layer->mutable_cpu_data();       /* 블랍에 대한 포인터 */
    for (int j = 0; j < num; j++) {
        for (int k = 0; k < input_layer->channels(); k++) {
            cv::Mat channel(height, width, CV_32FC1, input_data);
            input_channels->push_back(channel);
            input_data += width * height;
        }
        cv::Mat img = imgs[j];
        cv::split(img, *input_channels);                       /* r, g, b 채널로 분리 */
        input_channels->clear();
    }
}

void Classifier::wrapInputLayer(const cv::Mat imgs, std::vector<cv::Mat>
                                *input_channels)
{
    Blob<float> *input_layer = m_net->input_blobs()[0];        /* 데이터 영역(블랍) */
    int width = input_layer->width();                          /* 블랍의 폭 */
    int height = input_layer->height();                        /* 블랍의 높이 */
    float *input_data = input_layer->mutable_cpu_data();       /* 블랍에 대한 포인터 */
    for (int k = 0; k < input_layer->channels(); k++) {
        cv::Mat channel(height, width, CV_32FC1, input_data);
        input_channels->push_back(channel);
        input_data += width * height;
    }
    cv::split(imgs, *input_channels);                          /* r, g, b 채널로 분리 */
}
```

이미 숫자를 분석하기 위한 메소드를 추가하자. 숫자 인식에 흑백 이미지를 사용해서 분석하므로 preprocess( ) 메소드에서는 컬러 이미지인 경우 흑백으로 바꾸고, 흰색과 검은색을 서로 바꾼다. 검은색과 흰색을 바꿀 때 여기서는 OpenCV의 bitwize_net( ) 함수를 이용하였지만, 'sample = ~sample'과 같이 간단히 보수를 이용할 수도 있다. 일반적으로 흰색 배경에 검은색 글씨를 사용하나, MNIST에서는 검은색 배경에 흰색 숫자를 입력값으로 사용한다. 입력 데이터를 MNIST의 이미지 크기에 맞도록 28×28 크기로 변환한다. 분석이 보다 잘 이루어질 수 있도록 정규화를 수행한 후 네트워크 입력 크기를 설정한다. 이어서 네트워크를 정방향(Forward)으로 설정한 다음, 레이어를 계산하고 가장 같은 숫자의 인덱스를 가져와서 반환한다.

```
/* 선처리 과정 진행 */
void Classifier::preprocess(const cv::Mat& img, cv::Mat& grayImg)
{
    /* 입력 이미지를 네트워크에 맞는 이미지 포맷으로 변경 */
    cv::Mat sample;
    if(img.channels() == 3)                             /* 컬러인 경우 흑백 이미지로 변환 */
        cv::cvtColor(img, sample, cv::COLOR_BGR2GRAY);
    else if(img.channels() == 4)
        cv::cvtColor(img, sample, cv::COLOR_BGRA2GRAY);
    else
        sample = img;
    cv::bitwise_not(sample, sample);                    /* 흑백의 색상을 치환 */

    resize(sample, grayImg, cv::Size(28, 28), cv::INTER_CUBIC);  /* 28×28 크기로 변환 */
    grayImg.convertTo(grayImg, CV_32FC1, 0.00390625);            /* 정규화 1/256단계*/
}

/* 예측한 숫자를 반환 */
int Classifier::predictNumber(cv::Mat img)
{
    cv::Mat grayImg;
    preprocess(img, grayImg);                           /* 선처리 과정 */

    /* 네트워크 입력 크기 설정 */
    Blob<float> *input_layer = m_net->input_blobs()[0];
    input_layer->Reshape(1, 1, grayImg.rows, grayImg.cols);
    m_net->Reshape();

    /* 채널 변경 */
    std::vector<cv::Mat>channels;
    wrapInputLayer(grayImg, &channels);

    /* 순방향 네트워크(forword net) 설정 */
    m_net->Forward();

    /* 네트워크에서 레이어 계산 */
    Blob<float>* out_layer = m_net->output_blobs()[0];
    int count = out_layer->count();
    const float* start_feature = out_layer->cpu_data();
    const float* end_feature = out_layer->cpu_data() + count;
    std::vector<float> softMax = std::vector<float>(start_feature, end_feature);

    /* 가장 큰 값의 색인(예측한 숫자) 가져오기 */
    float result = softMax[0], min = 1.0;
    int index = 0, minIndex = 0;
    cout << "sfds" << softMax.size() << ":" << softMax[0] << endl;
    for(int i = 1; i < softMax.size(); i++) {
        if(result < softMax[i]) {
            result = softMax[i];
            index = i;
        }

        if(min > softMax[i]) {
            min = softMax[i];
            minIndex = i;
        }
    }
```

```
    /* 예측한 값 반환 */
    return (index == 0)?minIndex:index;
}
```

마지막으로 마우스로 숫자를 직접 입력하는 데 사용되는 ImagePad 클래스를 정의해보자. 먼저 앞에서와 같이 헤더 파일을 생성하고 다음의 코드를 추가한다. ImagePad 클래스에서는 마우스 이벤트를 처리할 수 있도록 mouseMoveEvent( ), mousePressEvent( ), mouseReleaseEvent( ) 함수(이벤트 핸들러)를 재정의하였다.

코드 11-15 **imagepad.h**

```
#ifndef IMAGEPAD_H
#define IMAGEPAD_H

#include <QWidget>
#include <QImage>
#include <QPen>

class ImagePad : public QWidget
{
  Q_OBJECT

public:
  explicit ImagePad(QWidget *parent = nullptr);
  unsigned char* imageData();                      /* 저수준 이미지 데이터를 반환 */
  const QImage buffer();                           /* QImage 객체를 반환 */

protected:
  void mouseMoveEvent(QMouseEvent *ev) final;      /* 마우스의 커서 이동을 처리 */
  void mousePressEvent(QMouseEvent *ev) final;     /* 마우스 버튼이 눌러짐을 처리 */
  void mouseReleaseEvent(QMouseEvent *ev) final;   /* 마우스 버튼이 띄어짐을 처리 */
  void paintEvent(QPaintEvent *ev) final;          /* 위젯이 그려질 때 자동 호출 */

public slots:
  void clearWidget();                              /* 화면을 지움 */
  void setFlag(bool flag);                         /* 다음 드로잉때 지울지 설정 */
  void setPixmap(QPixmap pixmap);                  /* 이미지를 설정 */

private:
  QImage m_defaultBuffer;                          /* 이미지 데이터를 저장 */
  QPen m_pen;                                      /* 펜: 그려질 색과 굵기 등 */
  QPoint m_prevPoint;                              /* 이전 점 */
  bool m_bStart;                                   /* 위젯을 지울 때 설정 */
};

#endif                                             /* IMAGEPAD_H */
```

헤더 파일에 마우스를 이용한 드로잉과 관련된 설정이 끝났으면 이제 소스 코드를 구현해보자. 생성자에서는 멤버 변수를 초기화한 후 위젯의 크기를 설정하고, clearWidget( ) 메소드를 호출해서 위젯을 지운다.

현재 위젯은 paintEvent( ) 이벤트 핸들러(함수)를 통해 멤버 변수로 추가된 QImage 클래스의 객체(m_defaultBuffer)에 그리는데, clearWidget( ) 메소드에서 m_defaultBuffer를 초기화한다. Qt는 위젯에 무언가를 그리려면 반드시 paintEvent( ) 이벤트 핸들러를 사용해야 한다. 마우스 커서가 움직일 때마다 paintEvent( ) 함수를 불러 바로 그리게 하려면 코드가 복잡해진다. 때문에 하나의 이미지를 만든 후 나눠서 그리고 마지막으로 위젯에 표시하면 좋은데, QImage 클래스의 객체(m_defaultBuffer)에 나눠서 그리고, 다 그려진 후 paintEvent( ) 함수를 통해 위젯에 m_defaultBuffer의 데이터를 표시한다.

코드 11-16 imagepad.cpp

```cpp
#include <QPainter>
#include <QMouseEvent>

#include "imagepad.h"

#define MARGIN  80

ImagePad::ImagePad(QWidget *parent) :
    QWidget(parent), m_pen{ Qt::black, 15, Qt::SolidLine, Qt::RoundCap }, m_bStart(true)
{
    setMinimumSize(256, 256);
    clearWidget();
}

/* 현재 위젯을 지움 */
void ImagePad::clearWidget()
{
    m_defaultBuffer = QImage(256, 256, QImage::Format_RGB888);
    m_defaultBuffer.fill(QColor(255, 255, 255));
    m_bStart = true;
    update();
}

/* 위젯에 QImage 객체를 표시 */
void ImagePad::paintEvent(QPaintEvent *ev)
{
    QPainter painter;
    painter.begin(this);
    painter.drawImage(0, 0, m_defaultBuffer);
    painter.end();
    QWidget::paintEvent(ev);
}

/* QImage 객체를 반환 */
const QImage ImagePad::buffer()
{
    return m_defaultBuffer;
}
```

마우스 커서의 이동 처리는 QWidget 클래스에서 제공하는 3개의 이벤트 핸들러를 이용해서 이루어진다. 먼저 마우스 버튼이 눌리면 mousePressEvent( ) 이벤트 핸들러가 불러진다. 현재 마우스가 눌려진 점의 위치는 QMousetEvent 객체를 통해서 가져올 수 있는데, 클릭된 위치에 점을 표시하고 커서가 이동하면 계속 선을 그릴 수 있도록 현재의 위치를 멤버 변수를 통해 저장해놓는다.

점을 찍은 후에 update( ) 메소드를 호출하면 paintEvent( )가 불러지면서 위젯이 갱신된다. 그런데 마우스의 이벤트가 발생할 때마다 위젯 전체를 갱신하면 속도가 느려진다. 속도를 빠르게 하기 위해서는 위젯에서 그림이 그려진 부분만 갱신하도록 하면 좋은데, 이를 위해 갱신할 범위를 계산해서 update( ) 메소드에 전달하면 된다.

마우스 커서가 이동하면 mouseMoveEvent( ) 이벤트 핸들러가 자동으로 불러지는데, 이전에 저장한 위치를 이용해서 현재점까지 선을 그려준 후 화면에 표시하면 된다. 마우스 커서가 이동한 방향에 따라 시작점의 위치가 달라지므로 이를 계산해서 update( ) 함수를 호출해 위젯을 갱신하면 된다.

마우스 버튼을 놓으면 mouseReleaseEvent( ) 이벤트 핸들러가 불러지는데, 마무리 작업을 수행하면 된다.

코드 11-16 imagepad.cpp (이어서)

```
/* 마우스 버튼이 눌리면 자동으로 호출됨 */
void ImagePad::mousePressEvent(QMouseEvent *ev)
{
    m_prevPoint = ev->pos();            /* 선을 그릴 수 있도록 현재점의 위치를 저장 */

    if(m_bStart) clearWidget();         /* 플래그가 설정되어 있으면 지우고 플래그를 초기화 */
    m_bStart = false;                   /* 다시 지우지 않도록 초기화 */

    QPainter painter(&m_defaultBuffer); /* QImage 객체에 점을 그림 */
    painter.setPen(m_pen);
    painter.drawPoint(m_prevPoint);
    /* 위젯의 원하는 부분만 갱신 */
    update(ev->pos().x()-MARGIN/2, ev->pos().y()-MARGIN/2, MARGIN, MARGIN);

    QWidget::mousePressEvent(ev);
}

/* 마우스 커서가 이동할 때 불림 */
void ImagePad::mouseMoveEvent(QMouseEvent *ev)
{
    int x1, x2, y1, y2;

    QPainter painter(&m_defaultBuffer); /* 이전점에서 현재점까지 선을 그림 */
    painter.setPen(m_pen);
    painter.drawLine(m_prevPoint, ev->pos());

    if(ev->pos().x() < m_prevPoint.x()) {
        x1 = ev->pos().x();
        x2 = m_prevPoint.x();
```

```
    } else {
        x2 = ev->pos().x();
        x1 = m_prevPoint.x();
    }

    if(ev->pos().y() < m_prevPoint.y()) {
        y1 = ev->pos().y();
        y2 = m_prevPoint.y();
    } else {
        y2 = ev->pos().y();
        y1 = m_prevPoint.y();
    }

    /* 그려진 범위의 화면을 갱신, 커서가 빨리 움직이는 경우를 위해 마진을 사용 */
    QRect rect(x1, y1, x2, y2);
    update(rect.adjusted(-MARGIN, -MARGIN, MARGIN, MARGIN));
    m_prevPoint = ev->pos();

    QWidget::mouseMoveEvent(ev);
}

/* 마우스 버튼을 띄는 경우 자동으로 호출됨 */
void ImagePad::mouseReleaseEvent(QMouseEvent *ev)
{
    m_prevPoint = QPoint();
    QPainter painter(&m_defaultBuffer);
    painter.setPen(m_pen);
    update();
    QWidget::mouseReleaseEvent(ev);
}
```

현재 위젯에 그려진 숫자를 Classifier 클래스에서 이용하려면 저수준 이미지 데이터로 전달해줘야
한다. QImage 클래스는 bits( ) 메소드를 제공하므로 이를 이용하면 된다. 이미지를 설정하면 현재
위젯에 표시할 수 있도록 setPixmap( ) 메소드와 다음 번에 처음부터 그리도록 setFlag( ) 메소드를
함께 구현한다. m_bStart는 다음에 그림을 그릴 때 이전 그림을 지우도록 하는 플래그인데, 이 플
래그가 설정되어 있으면 그림을 그릴 때 화면 전체를 지운다.

코드 11-16 **imagepad.cpp (이어서)**

```
/* 저수준 이미지 데이터 반환 */
unsigned char* ImagePad::imageData()
{
    return m_defaultBuffer.bits();
}

/* 현재 위젯에 이미지 설정 */
void ImagePad::setPixmap(QPixmap pixmap)
{
    m_defaultBuffer = pixmap.toImage();
    update();
    m_bStart = true;
}
```

```
/* 다음에 그릴 때 위젯을 지울지 플래그를 설정 */
void ImagePad::setFlag(bool flag)
{
    m_bStart = flag;
}
```

'$ qmake –project' 명령을 수행하면 프로젝트 파일이 자동으로 생성된다. 하지만 앞의 코드를 빌
드하기 위해서는 Caffe 라이브러리 등 관련된 패키지에 대한 설정(헤더 파일과 라이브러리)이 필요하
다. 이를 위해 프로젝트 파일에 다음과 같은 내용을 추가한다. Caffe 라이브러리를 함께 빌드하기
위해서는 C++ 11 이상으로 설정해야 한다.

DigitRecognizerApp.pro 파일

```
QT += core gui
greaterThan(QT_MAJOR_VERSION, 4): QT += widgets

TARGET = DigitRecognizerApp
TEMPLATE = app

DEFINES += QT_DEPRECATED_WARNINGS

HEADERS += classification.h imagepad.h widget.h
SOURCES += classification.cpp imagepad.cpp main.cpp widget.cpp

QMAKE_CXXFLAGS += -DCPU_ONLY `pkg-config --cflags opencv` -std=c++14 -I/usr/local/
include -I/usr/local/Cellar/openblas/0.3.3/include -I/home/pi/caffe/build/install/
include

LIBS += $$(LDFLAGS) `pkg-config --libs opencv` -lcaffe -L/usr/local/Cellar/
caffe/1.0_6/lib -lglog -L/usr/local/Cellar/glog/0.3.5_3/lib -lboost_system -L/usr/
local/lib -L/home/pi/caffe/build/lib

QMAKE_CXXFLAGS += -std=c++0x
CONFIG    += c++11
```

관련 설정이 끝났으면 이제 qmake 명령어를 다시 실행해서 makefile을 생성하고, make 명령어를
실행해서 소스 코드를 빌드한다. 소스 코드의 빌드가 완료되면 프로그램을 실행하는데, 10장에서
와 같이 X 윈도에서 실행하면 된다. 코드를 실행하기 위해서는 Caffe를 통해 학습한 데이터가 있
어야 하는데, 학습하지 않았다면 앞의 이미지넷 학습을 수행한다.

앞의 코드를 실행하면 윈도우가 뜨는데, ImagePad 위젯 위에 마우스로 숫자를 쓰고 아래의 버튼
을 누르면 인식된 숫자가 표시된다. 라즈베리 파이에서 LeNet을 사용하면 라즈베리 파이의 작은
메모리와 GPU 부재의 한계로 인식률이 90% 수준이다. 이는 다른 알고리즘이나 방식을 사용해서
인식률을 높일 수 있다.

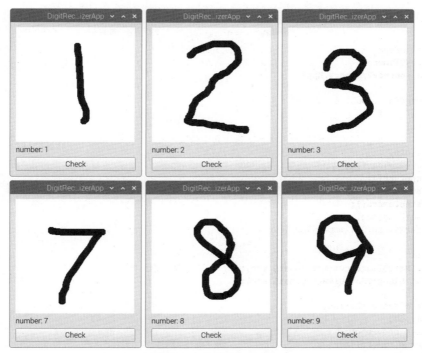

그림 11-16 인식된 숫자

11.5 Caffe와 라즈베리 파이의 인공지능

앞에서 사용한 필기 인식 프로그램 Caffe와 카메라를 함께 연동해서 사용할 수 있도록 해보자.

11.5.1 OpenCV를 이용한 카메라 사용

OpenCV를 이용한 카메라 인식은 8장에서 살펴보았다. 8장의 코드 opencv_fb.c 파일을 사용해서 다음과 같이 ImagePad 클래스를 변경하자. OpenCV에서 카메라를 사용하기 위해 관련 멤버 변수를 imagepad.h 파일에 선언한다. 그리고 SenseHAT의 사용을 위해 7장과 10장에서 구현해 놓은 lednumber.c 파일을 현재 디렉터리로 복사한다.

카메라는 이미지를 반복적으로 가져와서 표시해야 하는데, 이러한 주기적인 일은 QTimer 클래스를 이용해서 처리할 수 있다. 발생하는 일들을 처리하기 위해 capture( ) 슬롯을 선언하고 관련 멤버 변수를 설정한다. 그리고 카메라의 시작과 끝을 위해 startCamera( )와 stopCamera( ) 슬롯을 추가한다.

코드 11-17 **imagepad.h**

```
                            /* ~ 중간 표시 생략 ~ */
#include <QPen>
#include <QTimer>
#include <opencv2/opencv.hpp>

class ImagePad : public QWidget
{
    Q_OBJECT
                            /* ~ 중간 표시 생략 ~ */
public slots:
    void clearWidget();
    void capture();
    void startCamera();
    void stopCamera();
    void setFlag(bool flag);
    void setPixmap(QPixmap pixmap);

private:
    QImage Mat2QImage(cv::Mat const& src);      /* 이미지 포맷 변환 메소드 */
    cv::Mat QImage2Mat(QImage const& src);

    QImage m_defaultBuffer;
    QPen m_pen;
    QPoint m_prevPoint;
    QTimer* m_cameraTimer;                      /* 카메라 사용을 위한 타이머 */
    cv::VideoCapture m_capture;                 /* 카메라 사용을 위한 객체 선언 */
    bool m_bStart;
};

#endif                                          /* IMAGEPAD_H */
```

생성자에서 화면에 표시할 위젯들을 구성하고 OpenCV의 VideoCapture 클래스를 이용해서 캡처할 카메라와 해상도를 설정한다. 그리고 타이머 객체를 생성하고 timeout() 시그널과 앞에서 선언한 capture() 슬롯을 연결한다.

코드 11-18 **imagepad.cpp**

```
ImagePad::ImagePad(qWidget *parent) :
    QWidget(parent), m_pen{ Qt::black, 15, Qt::SolidLine, Qt::RoundCap }, m_bStart(true)
{
    setMinimumSize(256, 256);
    clearWidget();

    /* 캡처할 카메라를 지정한다. */
    m_capture = cv::VideoCapture(0);
    if(!m_capture.isOpened()) {
        perror("OpenCV : open WebCam\n");
        return ;
    }
    /* 캡처할 영상의 속성을 설정한다. */
    m_capture.set(CV_CAP_PROP_FRAME_WIDTH, width());
    m_capture.set(CV_CAP_PROP_FRAME_HEIGHT, height());
```

```
        m_cameraTimer = new QTimer(this);
        connect(m_cameraTimer, SIGNAL(timeout()), SLOT(capture()));
}
                                    /* ~ 중간 표시 생략 ~ */

void ImagePad::startCamera()
{
    if(!m_cameraTimer->isActive()) m_cameraTimer->start(1000/30);
}

void ImagePad::stopCamera()
{
    if(m_cameraTimer->isActive()) m_cameraTimer->stop();
}

void ImagePad::capture()
{
    cv::Mat frame;                          /* 영상을 위한 변수 */
    m_capture >> frame;                     /* 카메라로부터 한 프레임의 영상을 획득 */
    m_defaultBuffer = Mat2QImage(frame);    /* 이미지 포맷 변환 */
    update();
}

/* OpenCV의 Mat 클래스를 QImage 클래스로 변환 */
QImage ImagePad::Mat2QImage(cv::Mat const& src)
{
    QImage img = QImage((uchar*) src.data, src.cols, src.rows, src.step,
                        QImage::Format_RGB888);
    QImage dest = img.rgbSwapped();         /* BGR 포맷을 RGB 포맷으로 변환 */
    return dest;
}

/* Qt의 QImage 클래스를 OpenCV의 Mat 클래스로 변환 */
cv::Mat ImagePad::QImage2Mat(QImage const& src)
{
    QImage temp = src.rgbSwapped().copy();
    cv::Mat res(temp.height(), temp.width(), CV_8UC3, (uchar*)temp.bits(),
                temp.bytesPerLine());
    return res;
}
```

startCamera( )와 stopCamera( ) 슬롯에서 QTimer 객체가 동작 중인지 아닌지를 확인한 후, 타이머를 동작시키거나 작동을 중지하면 된다. 타이머를 동작시킬 때 start( ) 메소드를 사용하면 되는데, 타이머의 주기를 밀리초 단위로 넣어주면 된다.

capture( ) 슬롯에서는 OpenCV를 이용해서 카메라로부터 이미지를 가져오고 이 이미지를 QImage 객체에 할당하면 되는데, BGR 이미지를 RGB 포맷으로 변환해서 저장하고 다시 위젯에 표시한다.

카메라를 제어하려면 윈도우에 버튼을 추가해야 한다. 이를 위해 Widget 클래스에 관련 위젯과 슬롯을 추가해보도록 하자. 먼저 widget.h에 버튼의 시그널 처리를 위한 슬롯을 추가한다.

코드 11-19 **widget.h**

```
                                        /* ~ 중간 표시 생략 ~ */
class Widget : public QWidget
{
    Q_OBJECT

public:
    Widget(QWidget *parent = nullptr);
    ~Widget();

private slots:
    void checkImage();
    void camera(bool);

private:
                                        /* ~ 중간 표시 생략 ~ */
```

Widget 클래스의 생성자에 버튼을 추가하고 헤더 파일에 설정한 슬롯과 연결한다. 카메라는 온/오프 모드로 동작하므로 버튼을 setCheckable() 메소드를 이용해서 버튼을 토글 버튼으로 설정하면 하나의 버튼을 이용해서 카메라 켜기와 끄기를 설정할 수 있다.

11.5.2 카메라 영상의 숫자 인식

앞에서 설명한 것과 같이 SenseHAT의 LED 매트릭스에 인식된 숫자를 표시할 수 있도록 10장에서 작업한 lednumber.c 파일을 가져와서 사용한다. C++에서 C 언어로 된 함수를 사용하기 위해서는 함수 선언에 extern "C"를 추가해야 된다.

코드 11-20 **widget.cpp**

```
                                        /* ~ 중간 표시 생략 ~ */
extern "C" int setLed(int num);

Widget::Widget(QWidget *parent) : QWidget(parent)
{
    m_resultLabel = new QLabel(this);
    QPushButton* checkButton = new QPushButton("Check", this);
    connect(checkButton, SIGNAL(clicked()), SLOT(checkImage()));

    QPushButton* cameraButton = new QPushButton("Camera", this);
    cameraButton->setCheckable(true);
    connect(cameraButton, SIGNAL(toggled(bool)), SLOT(camera(bool)));

    m_imagePad = new ImagePad(this);
    m_imagePad->resize(256, 256);

    QVBoxLayout *layout = new QVBoxLayout(this);
    layout->addWidget(m_imagePad);
    layout->addWidget(m_resultLabel);
    layout->addWidget(checkButton);
    layout->addWidget(cameraButton);
```

```
    /* 관련 파일 초기화 */
    string model_file = "/home/pi/caffe/examples/mnist/lenet_iter_10000.caffemodel";
    /* 가중치 파일 */
                                    /* ~ 중간 표시 생략 ~ */
    resize(280, 300);
}
                                    /* ~ 중간 표시 생략 ~ */

void Widget::checkImage()
{
                                    /* ~ 중간 표시 생략 ~ */
    resultNumber = m_classifier.predictNumber(img);              /* 숫자 예측 */
    setLed(resultNumber);                           /* SenseHAT의 LED 매트릭스에 숫자 표시 */
    m_resultLabel->setText("number: " + QString::number(resultNumber)); /* 결과 표시 */
    m_imagePad->setFlag(true);
}

void Widget::camera(bool flag)
{
    (flag)?m_imagePad->startCamera():m_imagePad->stopCamera();
}
```

camera( ) 슬롯에서는 버튼의 토글 여부에 따라서 ImagePad 클래스의 startCamera( )나 stop
Camera( ) 슬롯을 호출해주면 된다. 앞의 코드를 빌드하여 실행해보자. 코드를 실행한 후 손으로
쓴 글씨를 카메라를 통해 불러오고, 다시 LeNet을 통해서 분석하면 된다.

이제 마지막으로 Classifier 클래스의 preprocess( ) 메소드를 수정해보자. 드로잉에서는 흰색 배경
에 검은색 글씨를 사용하였다. 하지만 카메라를 사용하면 흰색 배경에 그림자나 다른 이유로 인해
완전한 흰색이 아닌 경우가 발생한다. 이러한 경우 인식률이 떨어질 수 있는데, 인식률을 높이기
위해 OpenCV의 threshold( ) 함수를 이용해서 이미지 임계 처리를 수행한다. 이를 이용하면 특정
값 범위 이하의 값은 흰색이나 검은색으로 처리할 수 있다.

코드 11-21 classification.cpp

```
/* 선처리 과정 진행 */
void Classifier::preprocess(const cv::Mat& img, cv::Mat& grayImg)
{
                                    /* ~ 중간 표시 생략 ~ */
    else
        sample = img;
    cv::threshold(sample, sample, 127, 255, THRESH_BINARY | THRESH_OTSU);
    cv::bitwise_not(sample, sample);                    /* 흑백의 색상을 치환 */
                                    /* ~ 중간 표시 생략 ~ */
}
```

이제 lednumber.c를 사용할 수 있도록 프로젝트 파일을 변경한 후 qmake 명령어를 사용하고
makefile을 다시 생성한다.

코드 11-22 **DigitRecognizerApp.pro**

```
                             /* ~ 중간 표시 생략 ~ */
# Input
HEADERS += classification.h imagepad.h widget.h
SOURCES += lednumber.c classification.cpp imagepad.cpp main.cpp widget.cpp
                             /* ~ 중간 표시 생략 ~ */
```

위의 코드를 수행해보면 카메라를 이용해서 손으로 쓴 숫자를 인식할 수 있다. 펜이 너무 얇으면 인식률이 떨어지므로 가급적 굵은 펜을 사용하자.

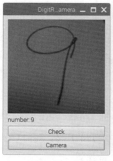

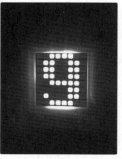

그림 11-17 **카메라를 이용한 손글씨의 인식**

참고하기 모폴로지 연산(OpenCV의 침식과 팽창)

앞의 코드에서 글씨의 굵기를 코드로 키울 수 있는 방법이 있는데, 그게 바로 OpenCV의 침식과 팽창이다. 침식은 색을 줄이는 것을 의미하고, 팽창은 색을 키우는 것을 의미한다. OpenCV에서는 이러한 연산을 모폴로지(morphology) 연산이라고 부른다.

침식(erosion)은 보통 2진 이미지에 사용되는데, 침식을 사용하면 흰색 부분의 값이 줄어든다.

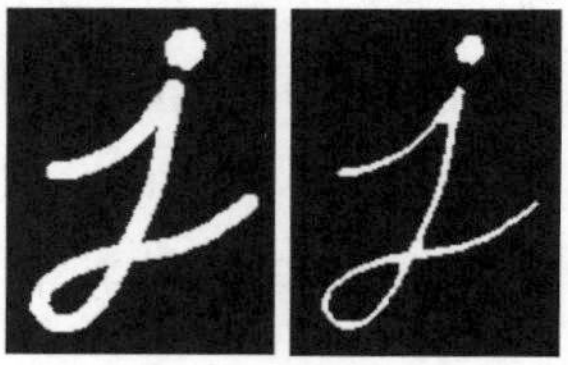

그림 11-18 **침식(erosion) 연산**

OpenCV는 침식을 위해 cv::erode( ) 함수를 제공하는데, 원본 이미지, 결과 이미지 그리고 입력 커널과 기준점 등이 인자로 사용된다.

```
void cv::erode(InputArray src, OutputArray dst, InputArray kernel,
Point anchor = Point(-1, -1), int iterations = 1, int borderType = BORDER_CONSTANT,
const Scalar & borderValue = morphologyDefaultBorderValue())
```

입력 커널은 getStructuringElement( ) 함수를 이용해서 설정하는데, 모양과 커널의 크기 등의 값을 인자로 사용한다.

팽창(dilation)도 보통 2진 이미지에 사용되는데, 팽창을 사용하면 흰색 부분의 값이 늘어난다.

OpenCV는 팽창을 위해 cv::dilation( ) 함수를 제공하는데, 인자는 cv::erode( ) 함수와 비슷하다. 앞서 나온 글씨에 팽창을 사용하면 글씨의 굵기를 키울 수 있으므로 인식률이 높아진다.

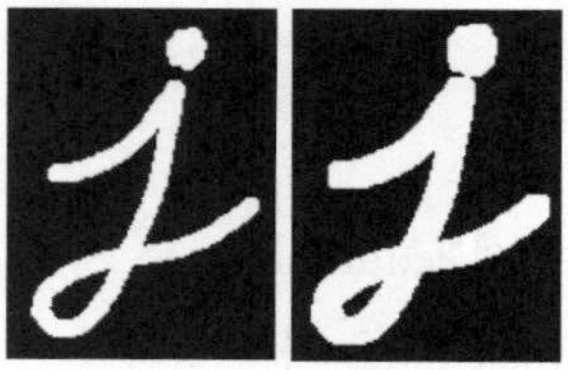

그림 11-19 **팽창(dilation) 연산**

```
void cv::dilate(InputArray src, OutputArray dst, InputArray kernel,
Point anchor = Point(-1, -1), int iterations = 1, int borderType = BORDER_CONSTANT,
const Scalar & borderValue = morphologyDefaultBorderValue())
```

11.6 요약

인공지능은 사람처럼 생각하고 행동하는 기계로 최근 머신러닝과 딥러닝 등의 기술과 함께 각광받고 있다. 인공지능은 1950년대 인공지능의 아버지로 불리는 마빈 민스키에 의해 개념이 설립되었고, 컴퓨터가 처음 등장하면서부터 인간이 꿈꿔 온 생각하는 기계를 만들기 위한 시도가 이루어졌다.

초창기에는 인간이 가지고 있는 지식을 컴퓨터에 입력한 패턴을 기반으로 삼은 인공지능이 만들어졌는데, 이를 보다 자연스럽게 처리하기 위해 입력해야 하는 데이터의 양과 방대한 데이터를 처리할 수 있는 하드웨어와 소프트웨어의 부재로 암흑기에 빠져들게 되었다.

1990년 이후로 컴퓨터가 한층 발달하면서 체스, 바둑을 비롯한 많은 분야에서 인간을 뛰어넘는 인공지능이 등장하였다. 이러한 특정 분야의 인공지능을 약인공지능(Weak AI)이라고 부른다. 인간과 인간이 만들어 낸 인공지능과 구분하기 위해 등장한 것이 바로 튜링 테스트이다. 튜링 테스트는 1950년에 앨런 튜링이 제안한 것으로 인간이 컴퓨터의 반응을 구분할 수 없으면 컴퓨터가 사고할 수 있다고 여겼다.

2010년 이후로는 병렬 처리가 가능한 고성능 GPU와 빅데이터, 그리고 머신러닝과 강화 학습 등 새로운 인공지능 알고리즘을 통해 다시 각광받는 중이며, 구글의 텐서플로, 마이크로소프트의 CNTK, UC 버클리의 Caffe 등 다양한 인공지능 라이브러리가 제공되고 있다.

Caffe는 영상 인식에 특화된 딥러닝 라이브러리로 이미지 학습과 분석 등의 기능을 지원한다. C++ 기반이라 라즈베리 파이에서도 쉽게 사용할 수 있다. 또한 오픈 소스이므로 라이선스가 비교적 자유롭다. 다양한 영상 인식과 분석에 사용할 수 있는데, 손으로 쓴 글씨 인식 등의 기능을 수행할 수 있다.

## CHAPTER 11

연습문제

1 최근 인공지능이 다시 각광받는 이유에 대해 설명하시오.

2 앨런 튜링이 만든 튜링 테스트는 무엇인지 설명하시오.

3 인간의 뉴런 구조를 본따서 만든 인공지능 모델을 인공 신경망(ANN)이라고 한다. 이 인공 신경망과 딥러닝(DNN)과의 차이점은 무엇인지 설명하시오.

4 인공지능 연구가 암흑기에 들어간 이유는 무엇인지 설명하시오.

5 딥러닝의 등장 배경과 딥러닝이 머신러닝과 다른 점에 대해 설명하시오.

6 인공지능의 여러 분야 중에 Caffe가 장점을 보이는 분야에 대해 설명하시오.

7 Caffe에서 사용하는 블랍(blob)이라는 개념에 대해 설명하시오.

8 Caffe에서 필러(filler)를 사용하는 이유는 무엇인지 설명하시오.

9 Qt에서 마우스의 움직임을 감지하기 위해 사용하는 이벤트 핸들러는 무엇인지 설명하시오.

10 Caffe에서 영상을 인식하기 전에 OpenCV의 threshold() 함수를 이용하는 이유는 무엇인지 설명하시오.

12

리눅스 커널과 디바이스 드라이버: 더 깊은 곳으로

리눅스는 1991년 리누스 토발즈가 인터넷상의 comp.os.minix 뉴스그룹에 공개한 이후로 많은 해커(Hacker)들이 참여해 오픈 소스로 개발되고 있다. 리눅스의 오픈 소스 플랫폼은 임베디드와 같이 특정한 기능을 제공하는 하드웨어 플랫폼에서 큰 장점으로 작용한다. 라즈베리 파이도 이러한 리눅스 커널의 특성을 이용해서 키보드, 마우스, 네트워크 카드, GPIO 등의 다양한 하드웨어를 제어할 수 있는 기능을 제공한다.

리눅스 커널은 사용자에게 편의성을 제공하고 하드웨어를 관리한다. 사용자에게 편의성을 제공하기 위해서 여러 시스템 호출을 제공하고 있으며, 커널 개발자는 커널 프로그래밍을 통해서 리눅스 커널에 원하는 시스템 호출을 추가할 수 있다. 또한 하드웨어 제어를 위한 디바이스 드라이버 프로그래밍을 진행할 수 있는데, 커널 프로그래밍을 통해서 디바이스 드라이버를 위한 커널 모듈을 만들 수 있다.

라즈베리 파이는 브로드컴에서 나온 ARM 기반의 칩을 CPU로 사용하고 있으며, ARM은 AMBA 버스를 통해서 다양한 디바이스들과 연결되어 있다. 리눅스에서 라즈베리 파이의 GPIO를 직접 제어하기 위해서는 사용하는 CPU 등의 하드웨어 정보를 알아야 한다. 그리고 이러한 GPIO의 제어를 보다 쉽게 하기 위해서 리눅스는 관련된 커널 함수를 제공하고 있다.

이번 장에서는 리눅스 커널 프로그래밍에 대해서 알아보고 라즈베리 파이의 GPIO를 제어하기 위해서 필요한 하드웨어의 기본적인 내용들과 리눅스 커널에서의 디바이스 드라이버 프로그래밍을 해보도록 하자.

12.1 리눅스 커널과 디바이스 드라이버

12.1.1 리눅스 커널과 모듈

앞서 설명한 대로, 리눅스는 SUS(Single UNIX Specification)를 준수하는 유닉스 계열의 운영체제로 GNU에서 개발한 소프트웨어와 리누스 토발즈가 처음 시작한 리눅스 커널로 구성된다. 리눅스 커널은 오픈 소스로 개발되고 있으며, 리눅스 커널 아카이브 사이트에서 자유롭게 최신 소스 코드를 조회하고 다운로드할 수 있다.

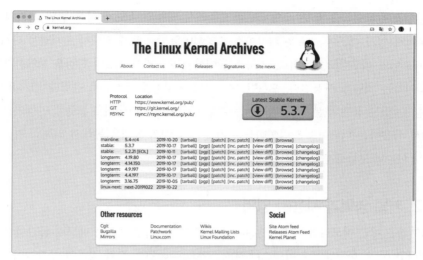

그림 12-1 리눅스 커널 아카이브[1]

리눅스 커널은 운영체제의 가장 핵심 부분으로 컴퓨터 내의 자원을 관리하고 메모리 관리와 애플리케이션, 하드웨어 사이의 동작을 제어하는 역할을 한다. 커널은 애플리케이션의 동작을 위한 시스템 호출들을 제공하고 있으며, 애플리케이션은 이러한 시스템 호출들을 이용해서 커널에서 제공하는 서비스들을 이용할 수 있다.

리눅스 커널은 하나의 큰 덩어리로 된 모놀리식 커널(Monolithic Kernel)의 하나로 macOS에서 사용하고 있는 마하(Mach) 커널과는 다른 형태이다. 마하는 마이크로 커널의 하나로 카네기 멜론 대학교에서 분산 및 병렬 연산을 지원하기 위해 개발한 커널이다. 마하 커널은 커널의 주요 부분들이 별도로 구성되며 하나의 통신 채널을 통해 서로 통신하는 구조다. 주요 요소들이 따로따로 작은 외부 모듈로 구성하는 방식이므로 새로운 모듈을 추가하거나 분리하기가 편하다.

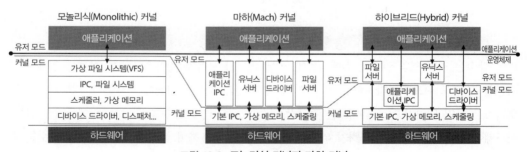

그림 12-2 모놀리식 커널과 마하 커널

---

1 https://www.kernel.org

리눅스는 성능에 주안점을 두는 운영체제로 모놀리식 커널은 속도가 빠른 반면 하나의 큰 덩어리로 이루어져 있기 때문에 새로운 디바이스 드라이버를 추가하기 위해서는 커널을 다시 만들어야 하고 시스템의 리부팅도 필요하다. 리눅스는 이러한 모놀리식 커널의 단점을 보안하기 위해 모듈(Module)이라는 개념을 사용한다. 모듈은 마이크로 커널처럼 동적으로 올렸다가(Load) 내렸다가(Unload) 할 수 있는 작은 부분으로, 리눅스는 주로 디바이스 드라이버를 모듈로 만들어 사용한다. 리눅스에서 사용하는 디바이스 드라이버들은 커널 설정 시의 옵션을 통해서 리눅스 커널 안에 포함시키거나 아니면 모듈로 만들어서 사용할 수 있다.

12.1.2 커널 영역과 사용자 영역

애플리케이션은 메인 메모리상에서 실행된다. 애플리케이션이 실행되는 메모리 공간을 사용자 영역(공간)이라고 하며, 하드웨어 디바이스나 레지스터(Register)에는 직접 접근이 불가능하다. 하드웨어 디바이스나 레지스터에 잘못 접근하였을 때는 시스템 오류가 발생할 수 있기 때문에 대부분의 운영체제에서 이에 대한 접근을 제한한다. 하드웨어 디바이스나 레지스터에 접근하기 위해서는 별도의 권한이 필요하며, 이 권한은 커널이 가지고 있다.

애플리케이션이 사용자 영역(User Space)에서 실행되는 것과 같이, 커널은 커널 영역(Kernel Space)이라고 불리는 공간(사용자 영역과 다른 메모리 공간)에서 실행되며, 하드웨어 디바이스나 레지스터에 대한 직접적인 접근이 가능하다. 애플리케이션이 순차적으로 실행되는 것과는 다르게, 커널은 애플리케이션이 시스템 호출을 수행하거나 인터럽트(Interrupt)를 발생시킬 때 비동기적으로 실행된다.

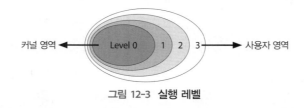

그림 12-3 실행 레벨

커널 함수는 커널 영역 안에서 실행되는데, 커널 영역과 사용자 영역은 시스템 보호를 위해 서로 접근할 수 없도록 보호한다. 운영체제는 이 두 영역 간의 통신을 지원해야 하는데, 리눅스는 커널 영역과 사용자 영역이 서로 데이터를 주고받을 수 있도록 커널 함수를 제공한다. 애플리케이션은 하드웨어나 레지스터들에 접근하기 위해 시스템 호출을 사용하며, 시스템 호출은 커널 함수를 호출해서 하드웨어나 레지스터들에 접근할 수 있도록 한다. 즉, 애플리케이션은 커널 영역을 직접 제어할 수 없고, 커널도 사용자 영역을 직접 다룰 수 없다. 따라서 디바이스 드라이버가 사용자와 커널 공간 사이에 데이터를 전송하려면 시스템 호출을 사용해야 한다.

커널은 하드웨어 디바이스나 레지스터 제어에 대해서 특권 레벨(Privilege level)로 실행되기 때문에 어떠한 제한이 없다. 그러나 이 특별한 권한은 커널에서 오류가 발생할 경우 시스템을 종료시키는 치명적인 결과를 가져오기도 한다. 그리고 커널은 일반적인 애플리케이션보다 디버깅이 힘들기 때문에, 커널 내부에서 사용하는 함수 등을 프로그래밍할 때에는 오류 회피 등의 처리가 필요하다.

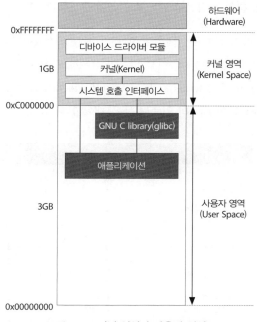

그림 12-4 커널 영역과 사용자 영역

커널은 가상 주소를 사용해서 메모리 등의 자원에 접근하는데, 실제 하드웨어 디바이스에 접근하려면 실제 물리 주소를 가상 메모리 공간으로 매핑해야 한다. 디바이스의 접근은 시스템 모드에서 수행되므로 디바이스를 위한 가상 주소는 커널 영역에 위치한다.

12.1.3 리눅스 디바이스 드라이버

리눅스 커널은 비디오 카드, 네트워크 카드, 오디오 카드, USB 장치, 키보드와 마우스, 하드디스크나 CD-ROM 같은 저장 매체나 프린터 등의 다양한 주변 장치를 관리한다. 이러한 디바이스들을 리눅스에서 사용하려면 디바이스 드라이버가 반드시 있어야 한다.

디바이스 드라이버(Device Driver)란, 하드웨어를 제어하기 위해 하드웨어 특성이나 레지스터 설정 등 디바이스 제어를 위한 기능을 담고 있는데, 리눅스에서는 커널의 일부분으로 구성된다. 디바이스 드라이버는 디바이스 관리에 필요한 정형화된 인터페이스를 구현하기 위해 필요한 함수와 자료 구조의 집합체로, 리눅스 커널에서 동일 디바이스끼리 비슷한 서비스를 제공하기 위해 커널 내에서 관련 기능을 제공한다.

사용자 영역의 디바이스들은 커널 영역에서의 실제 디바이스들과 매핑되어야 한다. 디바이스 드라이버는 추상화 개념을 제공해야 하는데, 애플리케이션 관점(유저 레벨)에서 해당 디바이스에 대한 자세한 구현은 알 필요가 없이 파일 시스템으로 접근할 수 있어야 한다.

디바이스 드라이버는 디바이스를 추상화하여 애플리케이션에서 시스템 호출 인터페이스를 통해 디바이스에 접근할 수 있도록 해주는데, 리눅스는 이를 위해 가상 파일 시스템(virtual file system) 레이어를 제공한다. open( ), read( ), write( ), close( ), fcntl( )/ioctl( ) 함수 등의 기본적인 유닉스의 파일 I/O 시스템 호출을 사용하여 데이터 입출력 등을 제어할 수 있다.

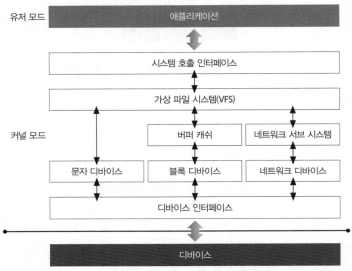

그림 12-5 리눅스 커널과 디바이스 드라이버

디바이스 드라이버는 크게 세 가지의 유형으로 구분된다. 키보드처럼 입출력 단위가 문자인 문자 디바이스(character device)와 하드디스크처럼 입출력 단위가 블록인 블록 디바이스(block device) 그리고 네트워크 디바이스(network device)로 나누어볼 수 있다. 유닉스에서 문자나 블록 디바이스들은 '/dev' 디렉터리에 위치하는 하나의 파일로 인식된다.

리눅스는 디바이스를 특수한 파일로 취급하며, 커널에서 디바이스에 접근할 때 주 번호와 부 번호를 사용한다. 커널은 네트워크 카드, 사운드 카드, 비디오 카드 등 각각의 디바이스를 구분하고 연결하기 위해 주 번호(major number)를 부여하고, 같은 종류의 디바이스 여러 개 또는 하나의 디바이스에 있는 여러 채널(파티션)을 구분하기 위해 부 번호(minor number)를 사용한다. 예를 들어 /dev/

tty0, /dev/tty1, /dev/tty2 등의 파일에서 tty는 터미널(4번)을 의미하는 장치로 4번이 주 번호고, tty 뒤에 따라오는 0, 1, 2, … 등의 숫자가 여러 터미널을 의미하는 부 번호다.[2]

주 번호는 1바이트로 0에서 255 사이의 정숫값으로 표현되며, 기본적으로 0부터 100까지는 표준 디바이스에 고정적[3]으로 사용되고 있다. 하드디스크는 3번, tty는 4번, SCSI 디바이스들은 21번의 주 번호를 갖는데, 같은 디바이스는 같은 주 번호를 가진다. 또한, 부 번호는 각 디바이스의 부가적인 정보를 표시하는데, 2바이트(16비트)로 구성되며, 상위 8비트는 디바이스의 타입을 의미하고 하위 8비트는 각각의 다른 디바이스 번호를 의미한다.

현재 시스템에서 사용하고 있는 장비들을 확인하고 싶으면 /proc/devices 파일을 조사한다. 이 파일에는 문자 디바이스와 블록 디바이스에 대한 주 번호와 디바이스 이름이 표시된다.

```
pi@raspberrypi:~ $ cat /proc/devices
Character devices:
  1 mem
  4 /dev/vc/0
  4 tty
  4 ttyS
  5 /dev/tty
  5 /dev/console
  5 /dev/ptmx
  5 ttyprintk
  7 vcs
 10 misc
 13 input
 29 fb
 81 video4linux
 89 i2c
116 alsa
128 ptm
136 pts
153 spi
162 raw
180 usb
189 usb_device
204 ttyAMA
216 rfcomm
243 uio
244 media
245 vchiq
246 vcsm
247 hidraw
248 bcm2835-gpiomem
249 vcio
250 vc-mem
251 bsg
```

---

2 '$ ls sl /dev/tty*'를 수행하면 주 번호와 부 번호가 함께 출력된다.

3 /usr/include/linux/major.h 헤더 파일을 통해 확인이 가능하다.

```
  252 watchdog
  253 rtc
  254 gpiochip

Block devices:
    1 ramdisk
    7 loop
    8 sd

                          /* ~ 중간 표시 생략 ~ */

  135 sd
  179 mmc
  259 blkext
```

■ 문자 디바이스

문자 디바이스는 문자 데이터가 순차적으로 들어오는 디바이스로, 일반적으로 키보드나 터미널, 직렬(serial)/병렬(parallel) 포트를 사용하여 통신하는 모뎀, 스캐너, 프린트나 사운드 카드 등의 디바이스들이 있다. 문자 디바이스는 버퍼 캐시(buffer cache)를 사용하지 않고 디바이스의 원시 데이터 (raw data)를 애플리케이션에 전달한다. ls 명령어에서 살펴본 것처럼 문자 디바이스는 c로 시작한다.

```
pi@raspberrypi:~ $ ls -l /dev
total 0
crw-rw----  1 root video     238,   1 Oct 21 09:49 argon-h264mem
crw-rw----  1 root video     240,   1 Oct 21 09:49 argon-hevcmem
crw-rw----  1 root video     239,   1 Oct 21 09:49 argon-intcmem
crw-rw----  1 root video     237,   1 Oct 21 09:49 argon-vp9mem
crw-r--r--  1 root root       10, 235 Oct 21 09:49 autofs
drwxr-xr-x  2 root root          580 Oct 21 09:49 block
                          /* ~ 중간 표시 생략 ~ */
crw-rw-rw-  1 root tty         5,   2 Oct 21 23:51 ptmx
drwxr-xr-x  2 root root            0 Feb 14  2019 pts
brw-rw----  1 root disk        1,   0 Oct 21 09:49 ram0
brw-rw----  1 root disk        1,   1 Oct 21 09:49 ram1
                          /* ~ 중간 표시 생략 ~ */
crw-rw----+ 1 root video      81,   3 Oct 21 09:49 video12
crw-------  1 root root       10, 130 Oct 21 09:49 watchdog
crw-------  1 root root      251,   0 Oct 21 09:49 watchdog0
crw-rw-rw-  1 root root        1,   5 Oct 21 09:49 zero
```

■ 블록 디바이스

블록 디바이스에는 하드디스크나 CD-ROM, 메모리 등의 디바이스들이 속하며, 블록 단위로 입출력이 가능하고 임의 접근(random access)이 가능하다. 블록이란 임의의 크기의 데이터의 단위로, 데이터 입출력을 위해 버퍼 캐시를 사용하고, 데이터 동기화를 위한 싱크(sync) 과정이 필요하다. 블록 디바이스는 주로 파일 시스템에 의해 마운트(mount)되며, ls 명령어에서 b로 시작한다.

■ **네트워크 디바이스**

이더넷, PPP, ATM, ISDN 등의 디바이스 드라이버로 네트워크 통신을 통해 인터넷상의 패킷을 주고받을 수 있는 디바이스다. socket( ) 시스템 호출에 의해 열리며 다른 디바이스와는 달리 일반적인 디바이스 파일이 없지만, ifconfig와 같은 명령어를 통해 현재의 네트워크 디바이스에 대한 사항들을 살펴볼 수 있다.

12.2 리눅스 디바이스 드라이버 프로그래밍

12.2.1 라즈베리 파이에 리눅스 커널의 설치[4]

리눅스는 오픈 소스로 누구나 소스 코드를 다운로드할 수 있으며, 원하면 커널 개발에도 참여할 수 있다. 리눅스를 사용하는 라즈베리 파이에서도 리눅스 커널 프로그래밍을 통해 관련 기능을 추가할 수 있다.

리눅스 커널 프로그래밍을 하기 위해서는 먼저 리눅스 커널을 다운로드해야 한다. 이를 위해서 라즈베리 파이에서 사용하는 커널 버전을 알아야 한다. '$ uname –a' 명령어를 수행하면 현재 시스템에서 사용하는 커널에 대한 정보가 출력된다.

```
pi@raspberrypi:~ $ uname -a
Linux raspberrypi 4.19.75-v7l+ #1270 SMP Tue Sep 24 18:51:41 BST 2019 armv7l
GNU/Linux
```

라즈베리 파이의 리눅스 커널은 GitHub[5] 사이트를 통해 다운로드할 수 있다. git 명령어[6]를 이용하려면 먼저 git 패키지를 설치해야 하며, 라즈베리 파이의 커널을 다운로드하려면, 네트워크 상태에 따라서 약 한 시간 이상이 소요된다.

저용량의 SD 카드를 사용 중이라면 10장에서 Qt 라이브러리를 빌드한 후에 용량이 부족할 수 있다. 이때에는 Qt와 같은 다른 라이브러리를 빌드한 디렉터리를 삭제하고 리눅스 커널을 다운로드하면 된다.[7]

```
pi@raspberrypi:~ $ sudo apt-get install git
pi@raspberrypi:~ $ git clone --branch rpi-5.3.y https://github.com/raspberrypi/linux.git
pi@raspberrypi:~ $ sudo mv linux /usr/src
```

---

4   https://www.raspberrypi.org/documentation/linux/kernel/building.md
5   https://github.com/raspberrypi/linux
6   git 명령어를 사용하면 최신 버전의 커널을 다운로드할 수 있지만, 현재 시스템에서 사용하는 리눅스 버전과 다를 수 있다.
7   라즈베리 파이의 리눅스 커널은 GitHub 사이트에서 다운로드할 수 있다.

커널 소스 코드를 보다 빠르게 다운로드하고 싶은 경우에는 wget 명령어를 이용해서 사이트에서 직접 다운로드하는 방법도 있다.[8]

```
pi@raspberrypi:~ $ wget https://github.com/raspberrypi/linux/archive/rpi-5.3.y.tar.gz
pi@raspberrypi:~ $ tar zxvf rpi-5.3.y.tar.gz
pi@raspberrypi:~ $ sudo mv linux-rpi-5.3.y /usr/src
pi@raspberrypi:~ $ cd /usr/src
pi@raspberrypi:/usr/src $ sudo ln -s linux-rpi-5.3.y linux
```

일반적으로 리눅스 커널의 소스 코드[9]는 '/usr/src' 디렉터리에 위치한다. 커널 소스를 참고할 때 '/usr/src/linux' 디렉터리를 많이 사용하기 때문에 긴 디렉터리를 linux로 간단하게 심볼릭 링크해둔다. 위의 커널에 대한 소스 코드가 다운로드되면 커널에서 설정 메뉴를 띄워보자. 계속해서 커널의 디렉터리로 이동하여 커널을 빌드해보자.

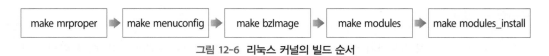

그림 12-6 리눅스 커널의 빌드 순서

리눅스에서 커널 빌드 시 make 명령어를 사용하며, 커널의 빌드와 관련된 다양한 옵션을 제공한다.

표 12-1 커널의 빌드 옵션[10]

옵션	내용	비고
mrproper	커널의 설정을 초기화한다.	
menuconfig	커널을 설정할 수 있는 메뉴를 띄운다.	xconfig, gconfig, nconfig
dep	커널을 컴파일하기 전에 의존관계(dependency)를 검사한다.	config 파일을 저장하면 자동으로 수행된다.
bzImage†	압축된 커널 이미지를 생성한다(빌드된 이미지는 커널 소스 /usr/src/linux/arch/i386/boot에 위치).	zImage
modules	커널의 모듈들을 빌드한다.	
modules_install	빌드된 커널 모듈을 설치한다(/lib/modules에 설치).	
depmod	모듈 간의 의존관계를 검사해서 /lib/modules/modules.dep 파일을 생성한다.	모듈을 생성하면 자동으로 수행된다.
clean	컴파일 과정에서 생성되었던 중간 파일들을 삭제한다.	

† 속도가 너무 느린 플로피 디스크에서 부팅(로딩) 속도를 빠르게 하기 위해 압축된 이미지를 사용하였다.

---

8 zip 파일을 다운로드하는 경우에 라즈베리 파이의 unzip 프로그램에 버그가 있어서 압축 파일이 제대로 풀리지 못하는 문제점이 있으니 주의하기 바란다.

9 레드햇(redhat)이나 우분투 등의 배포판에서 커널 소스는 일반적으로 /usr/src/linux 디렉터리에 위치하고 있다.

10 http://www.linuxlab.co.kr/docs/kernel/c2382.html 참고

커널에서 옵션을 설정하기 위한 메뉴('$ make menuconfig')를 실행하기 위해서는 ncurses 라이브러리를 설치해야 한다. ncurses 라이브러리는 프레임 버퍼에서 CUI 프로그래밍을 하기 위해 메뉴나 간단한 그래픽을 수행하는 라이브러리다. 필요한 경우 ncurses 라이브러리와 함께 bc 패키지도 함께 설치한다.

```
pi@raspberrypi:/usr/src $ sudo apt-get install libncurses5-dev
pi@raspberrypi:/usr/src $ sudo apt-get install bc bison flex libssl-dev
```

일반적으로 커널의 빌드는 커널 옵션을 설정한 후, 커널(bzImage)과 모듈(modules)을 빌드한다. 리눅스 커널에서는 라즈베리 파이를 위한 기본 설정을 지원하는데, 라즈베리 파이 1세대의 경우는 make bcmrpi_defconfig를 실행하고 라즈베리 파이 2와 3은 make bcm2709_defconfig를 실행하고 라즈베리 파이 4는 make bcm2711_defconfig를 실행하면 된다. 이 책은 기본적으로 라즈베리 파이 4에 맞춰서 설명한다. 이전 버전의 라즈베리 파이를 이용하는 경우에는 해당 컴파일 옵션으로 실행하면 된다.

라즈베리 파이에 대한 기본 설정을 진행하고, make menuconfig 명령을 이용해서 커널의 옵션을 설정한다. 커널의 옵션 선택 시 리눅스나 시스템에 대한 깊은 이해가 필요하다. 라즈베리 파이나 멀티미디어 등에 대한 옵션을 설정하고 커널 컴파일을 수행하면 된다.

커널의 컴파일에는 시간이 많이 소요되는데, 커널을 한꺼번에 컴파일하고 싶으면 '&&'와 명령어를 붙여서 실행한다. '&&'는 바로 앞의 명령어가 성공했을 때에만 뒤의 명령을 실행하라는 의미다.[11]

```
pi@raspberrypi:/usr/src/linux $ sudo make mrproper &&
sudo ARCH=arm make bcm2711_defconfig
pi@raspberrypi:/usr/src/linux $ sudo make bzImage &&
sudo make modules && sudo make dtbs && sudo make modules_install
pi@raspberrypi:/usr/src/linux $ sudo cp arch/arm/boot/dts/*.dtb /boot
pi@raspberrypi:/usr/src/linux $ sudo cp arch/arm/boot/dts/overlays/*.dtb* /boot/
overlays
pi@raspberrypi:/usr/src/linux $ sudo cp arch/arm/boot/dts/overlays/README /boot/
overlays
pi@raspberrypi:/usr/src/linux $ sudo cp /boot/kernel7l.img /boot/kernel7l_old.img
pi@raspberrypi:/usr/src/linux $ sudo cp ./arch/arm/boot/zImage /boot/kernel7l.img
```

라즈베리 파이 1세대의 기본 커널 이름은 kernel.img이고, 라즈베리 파이 2와 3의 기본 커널 이름은 kernel7.img[12]이다. 그리고 라즈베리 파이 4는 kernel7l.img를 사용한다.

---

11 ';'는 '&&'와는 다르게 앞 명령어의 성공 여부와 관계없이 뒤의 명령어를 연달아 실행한다.
12 시스템 부팅 시 사용할 커널 파일은 /boot/config.txt에 'kernel' 변수를 이용해서 직접 지정할 수 있다. kernel=kernel7l.img

12.2.2 리눅스 커널 프로그래밍

애플리케이션은 하드웨어나 레지스터들에 직접 접근할 수 없는데, 커널에서 제공하는 시스템 호출(system call)을 이용하여 하드웨어나 레지스터들에 직접 접근할 수 있다.

■ 커널의 시스템 호출 함수

애플리케이션에서 시스템 호출을 하면, 커널에서는 SWI 기계어 코드를 이용하여 시스템 호출과 관련된 커널 함수를 호출하고 커널 서비스를 이용한다.[13] 시스템 호출은 고유한 번호[14]를 가지고 있는데, 시스템 호출 번호는 '/usr/include/arm-linux-gnueabihf/asm/unistd-common.h' 파일에 정의되어 있으며, 시스템 호출 함수는 'sys_함수명'으로 되어 있다. 커널은 특권 모드를 사용하기 위해 소프트웨어 인터럽트를 발생시키고 시스템 호출 번호와 대응하는 함수를 호출한다.

애플리케이션에서 시스템 호출을 하면 entry.S[15]에 있는 sys_call_table( ) 함수가 실행되어 테이블에 등록된 시스템 호출 번호를 가져온다. 그리고 sys_syscall( ) 함수를 사용하여 시스템 호출을 수행한다. 시스템 호출은 인터럽트(트랩) 처리 매커니즘에 의해 처리된다. 인터럽트란 주변 장치가 자신에게 발생한 비동기적인 이벤트를 커널에게 알리기 위해 사용하는 매커니즘으로 인터럽트 처리를 위한 루틴들을 위한 함수를 구현한다.

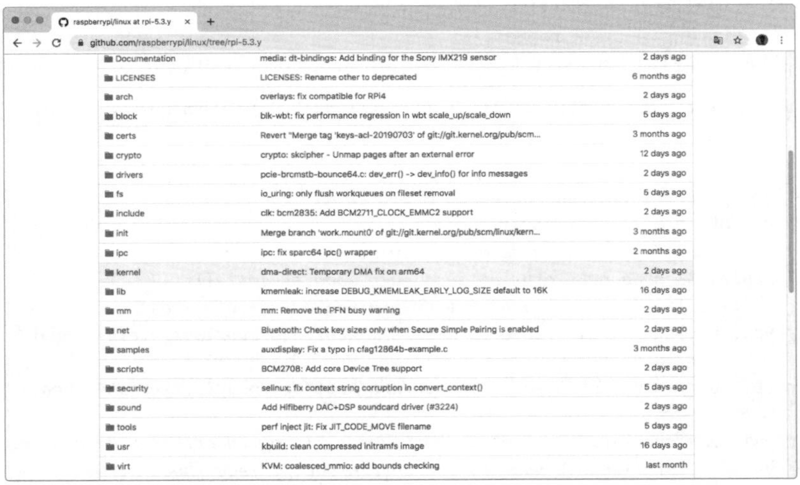

그림 12-7 라즈베리 파이의 리눅스 커널 디렉터리 구조(버전 5.xx.y)[16]

---

13 http://egloos.zum.com/recipes/v/5037342 참고
14 예를 들어, read( ) 함수의 시스템 호출 번호는 63이고, write( ) 함수는 64이다.
15 커널 버전과 사용하는 CPU마다 위치가 다르다. arch/arm/kernel/entry-common.S
16 https://github.com/raspberrypi/linux

리눅스 커널의 소스 코드는 시스템 호출과 관련된 함수들을 그룹으로 묶어서 별도의 디렉터리로 구분하고 있다. 리눅스 커널의 디렉터리들은 특정 기능으로 구분되어 있는데, 이는 리눅스 버전마다 조금씩 다를 수 있다.

표 12-2 리눅스 커널의 주요 디렉터리

디렉터리	내용
arch	특정 하드웨어/아키텍처에 종속되어 있는 소스 코드들이 위치한다.
arch/arm/kernel	ARM CPU와 관련된 소스 코드들이 위치한다.
drivers	디바이스 드라이버들과 관련된 소스 코드들이 위치한다.
fs	파일 시스템과 관련된 소스 코드들이 위치한다.
init	시스템의 초기화와 관련된 소스 코드들이 위치한다.
include	커널과 관련된 헤더 파일들이 위치한다.
ipc	프로세스 간의 통신을 위한 IPC 관련 소스 코드들이 위치한다.
kernel	태스크나 시그널과 같은 프로세스와 관련된 소스 코드들이 위치한다.
mm	메모리 관리와 관련된 소스 코드들이 위치한다.
net	네트워킹과 관련된 소스 코드들이 위치한다.
scripts	커널 빌드와 관련된 스크립트 파일들이 위치한다.
sound	사운드와 관련된 소스 코드들이 위치한다.

■ 새로운 시스템 호출 함수 등록

리눅스 커널에 사용자 정의 시스템 호출을 추가하고 싶은 경우에는 새로운 시스템 호출에 해당하는 번호를 커널 디렉터리의 'arch/arm/include/generated/uapi/asm/unistd-common.h' 파일에 추가하고 /usr/include/arm-linux-gnueabihf/asm/unistd-common.h 파일로 복사한다.

코드 12-1 unistd-common.h

```
#ifndef _UAPI_ASM_ARM_UNISTD_COMMON_H
#define _UAPI_ASM_ARM_UNISTD_COMMON_H 1

#define __NR_restart_syscall (__NR_SYSCALL_BASE + 0)
                               /* ~ 중간 표시 생략 ~ */
#define __NR_fsmount             (__NR_SYSCALL_BASE + 432)
#define __NR_fspick              (__NR_SYSCALL_BASE + 433)
#define __NR_pidfd_open          (__NR_SYSCALL_BASE + 434)
#define __NR_clone3              (__NR_SYSCALL_BASE + 435)
#define __NR_helloworld          (__NR_SYSCALL_BASE + 436)
                               /* ~ 중간 표시 생략 ~ */
#endif /* _UAPI__ASM_ARM_UNISTD_H */
```

그리고 리눅스 커널의 'arch/arm/tools/syscall.tbl' 파일에 새로운 시스템 호출에 대한 함수를 추가한다. 함수를 추가할 때는 앞의 다른 함수와 같은 형식으로 'sys_함수명'으로 등록한다.

코드 12-2 syscall.tbl

```
                                /* ~ 중간 표시 생략 ~ */
0       common  restart_syscall         sys_restart_syscall
1       common  exit                    sys_exit
2       common  fork                    sys_fork
3       common  read                    sys_read
4       common  write                   sys_write
                                /* ~ 중간 표시 생략 ~ */
433     common  fspick                  sys_fspick
434     common  pidfd_open              sys_pidfd_open
435     common  clone3                  sys_clone3
436     common  helloworld              sys_helloworld
```

새로운 시스템 콜을 추가하면 자동으로 sys_ni_syscall의 값이 증가하므로 'arch/arm/include/generated/asm/unistd-nr.h' 파일에 있는 __NR_syscalls 값도 변경해야 하는데, 7장에서 설명한 것과 같이 ARM 프로세서는 4바이트(32비트) 단위의 정렬을 사용하므로 값을 4의 배수로 설정한다.[17]

코드 12-3 unistd-nr.h

```
#ifndef _ASM_ARM_UNISTD_NR_H
#define _ASM_ARM_UNISTD_NR_H 1

/* 4의 배수로 정렬 */
#define __NR_syscalls 440

#endif /* _ASM_ARM_UNISTD_NR_H */
```

여러 개의 시스템 호출을 한꺼번에 추가하는 경우에 전체 시스템 호출의 숫자가 4의 배수가 넘는 경우에 4개의 배수에 맞춰서 추가로 비어 있는 시스템 호출을 뒷부분에 추가해야 한다.

이제 커널 소스의 'include/linux/syscalls.h' 파일의 제일 아래쪽에 새로운 커널 함수를 추가한다.

코드 12-4 syscalls.h

```
#ifndef _LINUX_SYSCALLS_H
#define _LINUX_SYSCALLS_H

struct __aio_sigset;
                                /* ~ 중간 표시 생략 ~ */
asmlinkage long sys_helloworld(void);
#endif
```

---

17 이렇게 별도로 비트를 추가하는 것을 비트 패딩(Bit Padding)이라고 한다.

마지막으로 커널에 앞에서 추가한 함수를 구현해보도록 하자. 커널 디렉터리의 'kernel' 디렉터리 안에 소스 코드의 이름을 'helloworld.c'로 설정하고 아래의 내용을 입력한다.

코드 12-5 helloworld.c: 커널 코드

```
#include <linux/kernel.h>

asmlinkage long sys_helloworld(void)
{
    printk(KERN_INFO "Hello World! from Linux Kernel\n");

    return 0;
}
```

함수명 앞에 사용한 asmlinkage 키워드[18]는 어셈블리 소스 코드(.S) 파일 내에서 C 언어를 사용하여 구현한 함수를 호출할 때 사용한다. 인텔 계열의 CPU는 특별한 기능을 하지 않지만, 알파(Alpha)와 같은 다른 계열의 CPU에서는 전처리 과정을 수행한다.

일반적으로 커널에서 사용하는 커널 함수들은 시스템 프로그래밍에서 사용되는 함수들과는 조금 다르다. 화면에 내용을 출력하고 싶을 때는 printk( ) 함수[19]를 사용해야 한다. 일반적인 printf( )와의 차이점은 메시지를 콘솔에 바로 출력하지 않고, 로그 레벨을 사용하여 시스템에 출력되는 메시지를 제한할 수 있다는 점이다. printk( ) 함수의 메시지 확인은 dmesg 명령어를 이용하면 된다.

표 12-3 printk( ) 함수의 로그 레벨

레벨	매크로	내용
"<0>"	KERN_EMERG	시스템 동작 불능에 대한 정보
"<1>"	KERN_ALERT	주의에 대한 정보(항상 출력)
"<2>"	KERN_CRIT	치명적인 정보
"<3>"	KERN_ERR	에러에 대한 정보
"<4>"	KERN_WARNING	경고에 대한 정보
"<5>"	KERN_NOTICE	정상적인 정보
"<6>"	KERN_INFO	시스템 정보
"<7>"	KERN_DEBUG	디버깅 정보

현재 시스템의 로그 레벨에 대한 사항을 알고 싶은 경우에는 '/proc/sys/kernel/printk' 파일을 조사할 수 있다. 출력되는 로그를 보면, 첫 번째는 현재 printk( ) 함수에서 출력되는 최소 레벨을 지정하는 현재 로그 레벨이고, 두 번째는 printk( ) 함수에 로그 레벨을 지정하지 않을 때 사용되는 기

---

[18] http://egloos.zum.com/studyfoss/v/4951809 참고

[19] kernel/printk/printk.c 참고

본 로그 레벨, 세 번째는 printk( ) 함수로 부여할 수 있는 최소의 레벨로 이 레벨 이하의 값은 사용할 수 없다. 마지막 네 번째 값은 부팅 시의 로그 레벨로 부팅 시 출력되는 로그 레벨이다. 커널 로그 레벨을 설정하고 싶은 경우 echo 명령어를 사용하여 'sudo echo "0 4 1 7" > /proc/sys/kernel/printk'와 같은 명령을 수행할 수 있다.

```
pi@raspberrypi:/usr/src/linux $ cat /proc/sys/kernel/printk
3         4         1         3
```

'helloworld.c' 소스 코드의 작성이 끝나면 helloworld.c가 빌드되도록 커널 소스에서 'kernel' 디렉터리 안의 makefile 내용을 수정한다.

makefile 파일

```
#
# makefile for the linux kernel.
#

obj-y := fork.o exec_domain.o panic.o \
        cpu.o exit.o itimer.o time.o softirq.o resource.o \
                            /* ~ 중간 표시 생략 ~ */
        notifier.o ksysfs.o cred.o reboot.o \
        async.o range.o smpboot.o ucount.o helloworld.o
                            /* ~ 중간 표시 생략 ~ */
```

이 과정이 끝나면 커널을 다시 빌드하여 설치한 후 재부팅한다.

```
pi@raspberrypi:/usr/src/linux $ sudo make bzImage
pi@raspberrypi:/usr/src/linux $ sudo cp ./arch/arm/boot/zImage /boot/kernel7l.img
pi@raspberrypi:/usr/src/linux $ sudo reboot
```

이제 새로 추가한 시스템 호출을 사용하는 애플리케이션의 소스 코드를 작성하여 제대로 동작하는지 확인한다. /usr/include/arm-linux-gnueabihf/asm/unistd-common.h에 앞에서 추가한 함수가 선언되어 있지 않으면 컴파일 시 'helloworld.c:4:1: error: expected '=', ',', ';', 'asm' or '__attribute__' before 'int'와 같은 에러 메시지를 출력하기 때문에, 반드시 위의 시스템 호출을 헤더 파일에 추가한 후 다음 작업을 진행해야 한다.

코드 12-6 helloworld.c: 애플리케이션 코드

```
#include <unistd.h>
#include <linux/unistd.h>

int helloworld()
{
```

```
    return syscall(__NR_helloworld);
}

int main(int argc, char **argv)
{
    int ret = helloworld();

    return ret;
}
```

앞의 애플리케이션이 실행한 후 출력되는 메시지를 확인하기 위해서는 커널의 출력 로그를 확인하는 dmesg 명령어를 사용한다.

```
pi@raspberrypi:~/user $ gcc -o helloworld helloworld.c
pi@raspberrypi:~/user $ ./helloworld
pi@raspberrypi:~/user $ dmesg | tail
                        /* ~ 중간 표시 생략 ~ */
[    92.412024] Hello World! from Linux Kernel
```

이제 다른 커널 함수들을 살펴보자. 앞에서 사용한 커널의 printk( ) 함수와 함께 사용되는 커널 함수에는 get_user( ), put_user( ), copy_from_user( ), copy_to_user( ) 등이 있다.

표 12-4 주요 커널 함수들[20]

함수	내용	헤더 파일
printk( )	콘솔에 로그를 출력한다.	<linux/kernel.h>
	int printk(const char *fmt, ...)	
kmalloc( )	메모리를 할당한다.	<linux/malloc.h>
	void * kmalloc(size_t size, int priority);	
kfree( )	할당된 메모리를 해제한다.	
	void kfree(void *__ptr);	
get_user( )	사용자 영역에서 커널 영역으로 데이터를 가져온다.	<asm/uaccess.h>
	err = get_user(x, ptr);	
put_user( )	커널 영역에서 사용자 영역으로 데이터를 보내준다.	
	err = put_user(x, ptr);	
copy_from_user( )	사용자 영역에서 커널 영역으로 메모리 블록을 복사한다.	
	bytes = copy_from_user(void *to, const void *from, unsigned long n);	
copy_to_user( )	커널 영역에서 사용자 영역으로 메모리 블록을 복사해준다.	
	bytes = copy_to_user(void *to, const void *from, unsigned long n);	

---

[20] https://www.kernel.org/doc/htmldocs/kernel-api/ 참고

표 12-4 주요 커널 함수들 (계속)

함수	내용	헤더 파일
access_ok( )[†]	사용자 영역을 접근할 수 있는지 확인한다.	<asm/uaccess.h>
	access_ok(addr, size);	
cli( )	인터럽트를 지운다(비활성화한다).	<asm/system.h>
	extern void cli( );	
sti( )	인터럽트를 설정한다(활성화한다).	
	extern void sti( );	

† 리눅스 커널 2.4.20 이하에서 사용하였던 verify_area( ) 함수는 커널 2.6.14 버전부터 없어졌다. 사용자 영역이 사용 가능한지 확인하기 위해 verify_area( ) 함수 대신에 access_ok( ) 함수를 사용하면 되지만, 기존 함수와 반환되는 값이 반대이니 주의하기 바란다.

이 함수들을 사용하여 커널에 덧셈을 하는 시스템 호출을 만들 수 있다. put_user( ) 함수를 사용하면 커널 영역에서 계산한 값을 사용자 영역으로 복사할 수 있다.

코드 12-7 add.c: 커널 코드

```
#include <linux/unistd.h>
#include <linux/kernel.h>
#include <asm/uaccess.h>
#include <asm/errno.h>

asmlinkage int sys_add(int a, int b, int *res)
{
    int err = 0, ret = 0;

    err = access_ok[21](res, sizeof(int)); /* 사용자 영역에 쓸 수 있는지 검사 */
    if(err == -EFAULT) return err;

    ret = a + b;
    put_user(ret, res);                    /* 사용자 영역으로 값을 보낸다. */

    printk(KERN_INFO "%d + %d = %d from Linux Kernel\n", a, b, *res);

    return err;
}
```

바로 앞에서와 같이 unistd.h 파일들과 syscall.tbl 파일 그리고 makefile에 새로운 커널의 add( ) 시스템 호출을 추가하기 위해 관련된 사항을 추가한다.

관련 사항을 추가한 후 커널을 다시 빌드하고 디스크 이미지를 복사한 후 재부팅한다. 이제 새롭게 추가한 시스템 호출을 동작시켜보자. 이 커널의 시스템 호출을 동작시키는 소스 코드는 다음과 같다.

---

21 커널 4 이하에서는 'access_ok(VERIFY_WRITE, res, sizeof(int));'와 같이 3개의 인자를 사용하였는데, 첫 번째 인자로 type을 주어야 한다.

코드 12-8 **add.c:** 애플리케이션 코드

```c
#include <stdio.h>
#include <stdlib.h>
#include <unistd.h>
#include <linux/unistd.h>

int add(int a, int b, int* res)
{
    return syscall(__NR_add, a, b, res);
}

int main(int argc, char **argv)
{
    int ret = 0;

    add(3, 5, &ret);
    printf("ret : %d\n", ret);

    return 0;
}
```

위의 코드를 동작시켜보면, 커널에 추가한 시스템 호출을 사용하여 간단한 연산을 수행할 수 있음을 확인할 수 있다.

```
pi@raspberrypi:~/user $ gcc -o add add.c
pi@raspberrypi:~/user $ ./add
ret : 8
pi@raspberrypi:~/user $ dmesg | tail
                            /* ~ 중간 표시 생략 ~ */
[    94.760303] 3 + 5 = 8 from Linux Kernel
```

12.2.3 커널 모듈: Hello Module! 프로그래밍

리눅스 커널은 모놀리식 커널로 하나의 큰 덩어리와 같은 형태이므로 새로운 기능을 추가하거나 기존에 사용하는 기능을 더 이상 사용하지 않으려면 커널을 다시 빌드한 후 시스템을 재부팅해야 한다. 이러한 재부팅은 일반 PC의 경우에는 큰 문제가 되지 않지만, 계속해서 서비스를 제공해야 하는 서버의 경우에는 이야기가 다르다.

이러한 모놀리식 커널의 문제점을 해결하기 위해서 리눅스 커널은 모듈을 사용한다. 모듈은 필요에 따라 메모리로 올렸다가 내렸다가 할 수 있는 오브젝트 코드로, 시스템의 재부팅 없이 커널의 기능을 확장(확장)하거나 내릴 수 있다. 모듈은 리눅스 커널이 버전 1에서 2로 넘어오면서 생긴 가장 큰 변화이다.

리눅스에서는 보통 디바이스 드라이버를 모듈로 사용한다. 예를 들어, 사운드카드를 사용하는 애플리케이션이 시작되면 사운드카드에 대한 디바이스 드라이버 모듈을 메모리로 올렸다가, 사운드카드를 사용하는 애플리케이션이 종료될 때 사운드카드에 대한 디바이스 드라이버 모듈을 메모리에서 내리는 방식을 이용할 수 있다.

■ 모듈의 동적 사용

리눅스에서 커널의 모듈들은 '/lib/modules' 디렉터리 아래에 위치한다. 리눅스는 커널 모듈을 사용할 수 있도록 앞서 사용했던 modprobe 등의 모듈을 올리고 내리는 명령어들을 제공한다.

표 12-5 리눅스 커널 모듈 관련 명령어(mod-utils)

명령어	내용
lsmod	현재 커널에 올라와 있는 커널 모듈의 리스트를 표시한다.
insmod	해당 커널 모듈들을 올린다(load).
rmmod	해당 커널 모듈들을 내린다(unload).
modprobe	해당 커널 모듈들을 올릴 때 필요한 의존관계가 있는 모든 모듈들을 올린다.
depmod	modprobe 명령어를 위해 모듈들의 의존관계 리스트를 출력한다.
modinfo	현재 모듈에 대한 정보를 출력한다.

insmod 명령어를 이용해서 커널을 올릴 수 있지만 모듈을 올릴 때는 의존관계를 생각해야 한다. 특정 디바이스 드라이버와 의존 관계에 있는 모듈들에 대해 파악하는 것은 어려운데, 예를 들어 USB 카메라에 대한 디바이스 드라이버를 올리고 싶은 경우라면 Video4Linux와 관련된 모듈이 먼저 올라와 있어야만 해당 디바이스 드라이버를 올릴 수 있다. insmod 명령어를 사용하는 경우 의존관계에 있는 모듈이 올라와 있지 않으면 에러가 발생하면서 해당 모듈이 올라가지 않는다. 이럴 때는 modprobe 명령어를 사용하면 보다 쉽게 관련된 커널 모듈들을 한꺼번에 올릴 수 있다.

modprobe 명령어는 /etc/modprobe.d나 /lib/modprobe.d 디렉터리를 참고하여, 모듈들의 이름에 대한 정보와 해당 모듈과 관련된 다른 모듈들의 정보를 사용한다. 모듈에 대한 의존관계는 /lib/modules/$(현재 커널의 버전)/modules.dep 파일을 참고할 수 있으며, 이 파일은 커널을 빌드할 때 '$ make depmod' 명령이나 '$ depmod –a' 명령어에 의해 생성할 수 있다.

리눅스가 부팅될 때마다 해당 모듈을 자동으로 올리고 싶은 경우에는 7장의 Video4Linux에서와 같이 /etc/modules 파일에 해당 모듈에 대한 이름을 추가해주면 된다.

■ 커널 모듈 프로그래밍

앞에서와 같이 시스템 호출을 커널에 추가할 때에는 관련 커널 함수만 추가하면 된다. 하지만 모듈은 이와 다르게 커널에 모듈을 올리고 내리는 것에 대한 초기화와 마무리 관련 루틴(routine)이 필요하다. 이를 위하여 모듈을 올리는 함수와 모듈을 내리는 함수를 각각 생성하고, module_init( ) 함수를 사용하여 모듈을 올리는 함수를 등록하고 module_exit( ) 함수를 사용하여 모듈을 내리는 함수를 등록한다.

```
#include <linux/module.h>

/* Each module must use one module_init(). */
#define module_init(initfn)                                       \
        static inline initcall_t __maybe_unused __inittest(void)  \
        { return initfn; }                                        \
        int init_module(void) __attribute__((alias(#initfn)));

/* This is only required if you want to be unloadable. */
#define module_exit(exitfn)                                       \
        static inline exitcall_t __maybe_unused __exittest(void)  \
        { return exitfn; }                                        \
        void cleanup_module(void) __attribute__((alias(#exitfn)));
```

이 함수들을 사용하여 다음과 같은 모듈을 만들어보도록 하자. 리눅스 커널 모듈을 만들기 위해서는 <linux/module.h> 헤더 파일이 필요하다.

코드 12-9 hello_module.c

```
#include <linux/init.h>
#include <linux/module.h>
#include <linux/kernel.h>

MODULE_LICENSE("Dual BSD/GPL");

/* 모듈의 초기화 부분 */
static int initModule(void)
{
    printk(KERN_INFO "Hello module!\n");
    return 0;
}

/* 모듈이 내려질 때의 정리 부분 */
static void cleanupModule(void)
{
    printk(KERN_INFO "Good-bye module!\n");
}

/* 모듈 함수 등록 부분 */
module_init(initModule);
module_exit(cleanupModule);
```

위의 소스 코드를 보면 insmod나 modprobe 명령어를 통해 모듈이 올라갈 때 모듈이 초기화된다. 이때 module_init( ) 함수에 등록해둔 함수 포인터가 호출되며, initModule( ) 함수에서 printk( ) 함수를 사용하여 화면에 메시지를 출력한다. 모듈의 사용이 끝나면 rmmod 명령어를 통해 해당 모듈을 내릴 수 있다. 이때 module_exit( ) 함수를 통해 등록해놓은 함수 포인터가 호출되며, cleanupModule( ) 함수는 모듈을 내리는 것과 관련된 메시지를 출력한다.

이 소스 코드를 빌드하기 위해서는 일반적인 C 언어의 소스 코드와는 다른 컴파일 옵션이 필요하다. 다음과 같이 makefile을 생성해보도록 하자.

makefile 파일[22]

```
KDIR = /lib/modules/`uname -r`/build

obj-m := hello_module.o

default:
    $(MAKE) -C $(KDIR) M=$$PWD modules

clean:
    $(MAKE) -C $(KDIR) M=$$PWD clean
```

위의 makefile을 생성한 후 make 명령어를 사용하면 커널 모듈이 빌드된다. 커널 모듈은 리눅스 버전 2.6부터 '.ko'라는 확장자를 가진다. 현재 모듈의 버전이나 정보를 알고 싶으면 modinfo 명령어를 사용하면 된다.

```
pi@raspberrypi:~/module $ make
pi@raspberrypi:~/module $ ls
makefile        hello_module.c      hello_module.mod.c    hello_module.o
Module.symvers  hello_module.ko     hello_module.mod.o    modules.order
pi@raspberrypi:~/module $ modinfo hello_module.ko
filename:       /home/pi/module/hello_module.ko
license:        Dual BSD/GPL
srcversion:     4F1EE852F7EEE68808EE934
depends:
vermagic:       5.3.7-v7l SMP mod_unload modversions ARMv7 p2v8
```

insmod 명령어를 실행하면 모듈을 올릴 수 있으며, 모듈을 커널로 올릴 때는 '.ko' 확장자를 사용한다. 현재 모듈과 시스템에서 사용하는 커널 버전이 다른 경우에는 'invalid module format' 에러가 발생하는데, 이때에는 해당 버전의 커널 이미지로 다시 부팅해서 모듈을 올리면 된다.

22　makefile의 경로는 커널의 버전에 따라 다를 수 있다. $ uname -a 명령어를 실행해서 현재의 커널 버전에 대한 정보를 가져올 수 있다.

```
pi@raspberrypi:~/module $ sudo insmod ./hello_module.ko
pi@raspberrypi:~/module ~ $ lsmod
Module                    Size  Used by
hello_module             16384  0
                              /* ~ 중간 표시 생략 ~ */
pi@raspberrypi:~/module $ sudo rmmod hello_module
pi@raspberrypi:~/module $ dmesg | tail
                              /* ~ 중간 표시 생략 ~ */
[162255.768997] hello_module: loading out-of-tree module taints kernel.
[162255.769441] Hello module!
[162344.184292] Good-bye module!
```

현재 커널에 올라가 있는 모듈을 확인할 때는 lsmod 명령어를 사용한다. 만일 커널에 있는 모듈을 내리고 싶은 경우에는 rmmod 명령어를 사용하며 확장자 없이 모듈 이름만 사용하면 된다. 모듈이 올라가거나 내려갈 때 커널에서 출력하는 메시지는 dmesg 명령어를 통해서 살펴볼 수 있다.

12.3 시스템 레지스터와 LED 출력

이제부터 라즈베리 파이의 GPIO를 사용하여 하드웨어를 제어하기 위한 기본적인 프로그래밍에 대해 살펴보도록 하겠다.

12.3.1 CPU와 데이터 입출력

CPU(Central Processing Unit)는 컴퓨터나 마이크로 머신에서 가장 중요한 역할을 하는 장치로 중앙 처리 장치라고도 불린다. 정보를 입력받고, 저장하고, 해석하며, 계산하고, 연산하고, 처리하고, 외부로 출력하는 역할을 하는데, 마치 인간의 뇌와 같은 역할을 한다고 볼 수 있다.

3장에서 설명한 것(그림 3-14)과 같이 CPU는 연산을 위해 데이터를 가져오거나 출력하기 위해 버스(bus)를 사용하며, 버스를 통해 메모리나 외부 장치와 연결된다. 버스는 외부 주소를 설정할 때 사용하는 어드레스 버스(address bus)나 데이터를 가져오거나 보낼 때 사용하는 데이터 버스(data bus), 그리고 이들 사이에 제어가 필요할 때 사용되는 컨트롤 버스(control bus)로 나누어져 있다.

CPU에서 이러한 버스들과 주소(address)를 사용해서 메인 메모리의 데이터에 접근할 수 있다. 일부 하드웨어는 이러한 주소를 하드웨어에 접근하는 데도 사용하는데, 이를 메모리 맵 입출력(MMIO, Memory Mapped I/O)[23]이라 한다. 라즈베리 파이에서도 이러한 방식으로 GPIO 같은 하드웨어의 입출력을 사용한다.

---

23 PC에서 많이 사용되는 인텔의 CPU는 입출력 맵 입출력(I/O mapped I/O)을 사용하는데, 메모리와 입출력의 주소 공간을 분리하여 느린 입출력 장치를 위해 별도의 통로를 사용하고, 별도의 입출력 함수도 제공한다.

C 언어에서 변수는 메모리상의 값에 접근할 수 있는 심볼(symbol)을 의미하고, 포인터는 메모리의 주소를 의미한다. 포인터는 말 그대로 어딘가를 가리키는 것이고, 변수는 메모리의 특정 부분(주소)에 대한 이름으로 생각할 수 있다. 다음과 같이 0x12345678의 값을 갖는 정수형 변수 i와 포인터 변수 p를 갖는 C 언어 코드를 생각해보자.

```
int i = 0x12345678, *p;
p = &i;
```

정수형(int) 변수는 4바이트(32비트)의 저장 공간을 차지하는데, 0x12, 0x34, 0x56, 0x78과 같이 나뉜 채로 메모리에 저장된다. 변수 i에 값을 저장하였고, 포인터형 변수인 p는 변수 i의 주소를 메모리 공간에 저장하여 나중에 이 주소로 변수 i를 참고할 수 있게 하였다. 이로써 0x12345678 값에 일반 변수(i)나 포인터 변수(*p)를 모두 사용해서 접근할 수 있다.

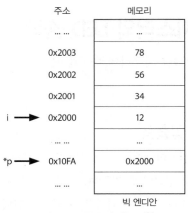

그림 12-8 **주소와 메모리**[24]

메모리에 값이 저장된다는 것은 메모리 공간 내의 주소와 공간을 사용한다는 의미다. 변수의 값에 접근하기 위해서는 메모리 주소를 알면 되지만, 이러한 주소는 프로그램이 실행되는 도중에 할당되므로 직접 사용하기 어렵다. 이렇게 동적으로 할당되는 숫자 기반의 주소를 보다 쉽게 사용하도록 변수를 사용한다. 다시 말해, 변수명은 메모리의 특정 주소(번지)에 대한 심볼이라고 생각할 수 있다.

변수의 값을 설정하고 읽는 작업은 버스를 통해 이루어진다. 변수의 값을 읽으면, CPU는 값을 가져오기 위해 메모리 주소를 어드레스 버스를 통해 설정하고, 컨트롤 버스를 통해 입출력 방향을 설정한 후 데이터 버스를 통해 값을 읽어온다.

---

24 ARM을 빅 엔디안으로 설정했을 경우 변수의 값은 낮은 메모리 주소에서 높은 메모리 주소로 저장된다.

804 **CHAPTER 12** 리눅스 커널과 디바이스 드라이버: 더 깊은 곳으로

주소 공간에 메모리뿐만 아니라 GPIO와 같은 인터페이스를 연결해서 사용하는 방식이 메모리 맵 입출력 방식이다. 라즈베리 파이는 메모리 맵 입출력을 사용하는데, 어드레스 버스를 통해 GPIO 같은 하드웨어에 접근할 수 있으며, 메모리의 특정 주소를 사용하여 GPIO에 값을 보내거나 GPIO 로부터 들어오는 값들을 읽을 수 있다.

12.3.2 시스템 레지스터

라즈베리 파이의 GPIO 제어를 위한 커널 모듈을 작성해보도록 하자. 라즈베리 파이에서 사용하는 ARM과 같은 RISC(Reduced Instruction Set Computer)[25] 형식의 CPU의 경우, 하드웨어와 기계어 명령 어를 단순화하기 위해 메모리 맵 입출력 방식을 사용한다.

메모리 맵 입출력을 사용하는 CPU는 메모리와 입출력 장치를 모두 주소 공간에 넣어 한꺼번에 메 모리 공간으로 배치한다. 즉, 전체 메모리 공간을 메모리와 입출력 장치로 나눠서 사용하는데, 메모 리나 입출력 장치에 같은 어드레스 버스를 사용하여 접근한다. 입출력 장치나 레지스터 모두 메모 리로 취급하므로 메모리의 주소를 이용해서 입출력 장치들도 접근할 수 있다는 장점을 제공한다.

앞에서 설명한 것처럼 변수는 메모리 공간으로, 변수에 값을 쓰거나 읽는 것은 특정 메모리 주소 에 접근하는 것과 같다. 이 메모리 주소에 하드웨어를 연결하는 방식이 메모리 맵 입출력 방식으 로, 메모리상의 특정 주소에 접근하면 변수에서처럼 하드웨어에 값을 읽거나 쓸 수 있다.

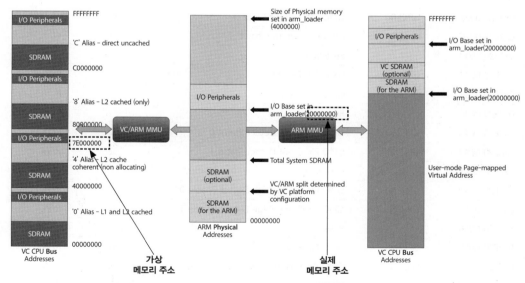

그림 12-9 브로드컴 BCM2835의 Memory Mapped I/O(BCM2835 스펙 문서 5페이지)[26]

---

25 https://ko.wikipedia.org/wiki/RISC 참고

26 https://www.raspberrypi.org/wp-content/uploads/2012/02/BCM2835-ARM-Peripherals.pdf 참고

앞의 그림에서 봤듯이, 라즈베리 파이에서 사용하는 BCM2835 프로세서의 외부 장치를 위한 기본 메모리 주소는 0x20000000 번지를 이용한다.[27] 또한 라즈베리 파이 2에서 사용하는 BCM2836이나 라즈베리 파이 3에서 사용하는 BCM2837의 경우에는 메모리의 주소로 0x3F000000를 사용한다. 그리고 라즈베리 파이 4에서 사용하는 BCM2711B0에서는 0xFE000000을 사용한다. 시작 주소만 빼면 라즈베리 파이의 GPIO를 위한 주소의 오프셋은 같다.

BCM2835 스펙 문서(90페이지)를 보면 GPIO의 주소는 다음과 같이 설정되어 있다. 앞에서 설명한 것과 같이 장치를 사용하기 위해서는 실제 접근 가능한 메모리 주소를 계산해야 한다.

표 12-6 BCM2835의 GPIO 주소

주소	필드명	내용	크기	R/W
0x7E20 0000	**GPFSEL0**	GPIO Function Select 0	32	R/W
0x7E20 0004	**GPFSEL1**	GPIO Function Select 1	32	R/W
0x7E20 0008	**GPFSEL2**	GPIO Function Select 2	32	R/W
0x7E20 000C	**GPFSEL3**	GPIO Function Select 3	32	R/W
0x7E20 0010	**GPFSEL4**	GPIO Function Select 4	32	R/W
0x7E20 0014	**GPFSEL5**	GPIO Function Select 5	32	R/W
0x7E20 0018	–	Reserved	–	
0x7E20 001C	**GPSET0**	**GPIO Pin Output Set 0**	32	W
0x7E20 0020	GPSET1	GPIO Pin Output Set 1	32	W
0x7E20 0024	–	Reserved	–	
0x7E20 0028	**GPCLR0**	**GPIO Pin Output Clear 0**	32	W
0x7E20 002C	GPCLR1	GPIO Pin Output Clear 1	32	W
0x7E20 0030	–	Reserved	–	
0x7E20 0034	**GPLEV0**	**GPIO Pin Level 0**	32	R
0x7E20 0038	GPLEV1	GPIO Pin Level 1	32	R
0x7E20 003C	–	Reserved	–	
0x7E20 0040	GPEDS0	GPIO Pin Event Detect Status 0	32	R/W
0x7E20 0044	GPEDS1	GPIO Pin Event Detect Status 1	32	R/W
0x7E20 0048	–	Reserved	–	
0x7E20 004C	GPREN0	GPIO Pin Rising Edge Detect Enable 0	32	R/W
0x7E20 0050	GPREN1	GPIO Pin Rising Edge Detect Enable 1	32	R/W
0x7E20 0054	–	Reserved	–	
0x7E20 0058	GPFEN0	GPIO Pin Falling Edge Detect Enable 0	32	R/W
0x7E20 005C	GPFEN1	GPIO Pin Falling Edge Detect Enable 1	32	R/W
0x7E20 0060	–	Reserved	–	

---

27 가상 메모리 주소 값은 0x7E000000이다.

표 12-6 BCM2835의 GPIO 주소 (계속)

주소	필드명	내용	크기	R/W
0x7E20 0064	GPHEN0	GPIO Pin High Detect Enable 0	32	R/W
0x7E20 0068	GPHEN1	GPIO Pin High Detect Enable 1	32	R/W
0x7E20 006C	-	Reserved	-	
0x7E20 0070	GPLEN0	GPIO Pin Low Detect Enable 0	32	R/W
0x7E20 0074	GPLEN1	GPIO Pin Low Detect Enable 1	32	R/W
0x7E20 0078	-	Reserved	-	
0x7E20 007C	GPAREN0	GPIO Pin Async. Rising Edge Detect 0	32	R/W
0x7E20 0080	GPAREN1	GPIO Pin Async. Rising Edge Detect 1	32	R/W
0x7E20 0084	-	Reserved	-	
0x7E20 0088	GP AFEN0	GPIO Pin Async. Falling Edge Detect 0	32	R/W
0x7E20 008C	GP AFEN1	GPIO Pin Async. Falling Edge Detect 1	32	R/W
0x7E20 0090	-	Reserved	-	
0x7E20 0094	GPPUD	GPIO Pin Pull-up/down Enable	32	R/W
0x7E20 0098	GPPUDCLK0	GPIO Pin Pull-up/down Enable Clock 0	32	R/W
0x7E20 009C	GPPUDCLK1	GPIO Pin Pull-up/down Enable Clock 1	32	R/W
0x7E20 00A0	-	Reserved	-	
0x7E20 00B0		test	4	R/W

위의 표를 이용하면 GPIO에 접근하기 위한 실제 하드웨어에서의 주소를 계산할 수 있다. 그림 12-9를 보면 I/O 퍼리퍼럴에 대한 가상 주소의 시작 값은 0x7E000000이고, 표 12-6을 보면 GPIO 의 시작 주소는 0x7E200000이다. 이 두 주소의 위치를 토대로 계산하면 GPIO 주소의 오프셋은 0x00200000[28]이 된다. ARM의 Memory Mapped I/O 그림에 표시된 메모리의 실제 물리적 위치인 0x20000000번지(라즈베리 파이 2/3는 0x3F000000, 라즈베리 파이 4는 0xFE000000)에 이 오프셋 주소를 더하면 GPIO를 위한 실제 주소를 구할 수 있다.

코드 12-10 turnled.c

```c
#include <stdio.h>
#include <fcntl.h>
#include <stdlib.h>
#include <unistd.h>
#include <sys/mman.h>

#if 0
#define BCM_IO_BASE        0x20000000      /* Raspberry Pi B/B+의 I/O Peripherals 주소 */
#define BCM_IO_BASE        0x3F000000      /* Raspberry Pi 2/3의 I/O Peripherals 주소 */
#else
#define BCM_IO_BASE        0xFE000000      /* Raspberry Pi 4의 I/O Peripherals 주소 */
```

---

28 GPIO 메모리의 오프셋(상대 주소) = GPIO의 시작 주소 - GPIO 퍼리퍼럴의 시작 주소

```
#endif
#define GPIO_BASE        (BCM_IO_BASE + 0x200000)      /* GPIO 컨트롤러의 주소 */
#define GPIO_SIZE        (256)                /* 0x7E2000B0 - 0x7E2000000 + 4 = 176 + 4 = 180 */

/* GPIO 설정 매크로 */
#define GPIO_IN(g)       (*(gpio+((g)/10)) &= ~(7<<(((g)%10)*3)))   /* 입력 설정 */
#define GPIO_OUT(g)      (*(gpio+((g)/10)) |= (1<<(((g)%10)*3)))    /* 출력 설정 */

#define GPIO_SET(g)      (*(gpio+7) = 1<<g)        /* 비트 설정 */
#define GPIO_CLR(g)      (*(gpio+10) = 1<<g)       /* 설정된 비트 해제 */
#define GPIO_GET(g)      (*(gpio+13)&(1<<g))       /* 현재 GPIO의 비트에 대한 정보 획득 */

volatile unsigned *gpio;         /* I/O 접근을 위한 volatile 변수 */
```

표 12-6을 보면 10개의 GPIO 핀마다 GPIO의 방향을 설정할 수 있는 GPFSEL 레지스터를 가지고 있는데, 이 레지스터를 이용해서 GPIO 핀에 대한 입출력 방향을 설정한다. 표 12-7을 보면 GPIO 핀에 대한 입출력 설정은 입력은 000, 출력은 001로 3개의 비트 값으로 설정할 수 있다. 각 GPIO 핀에 대한 GPFSEL은 3개의 비트로, 시프트 연산자(<<)를 사용하면 핀 번호에 대한 비트의 위치를 쉽게 설정할 수 있다.[29]

표 12-7 **GPIO 기능 선택 레지스터(Function Select Register)(스펙 문서 91페이지)**

비트	필드명	내용	Reset	R/W
31 ~ 30	–	Reserved	0	R
29 ~ 27	FSEL9	FSEL9 – Function Select 9 **000 = GPIO Pin 9 is an input** **001 = GPIO Pin 9 is an output** 100 = GPIO Pin 9 takes alternate function 0 101 = GPIO Pin 9 takes alternate function 1 110 = GPIO Pin 9 takes alternate function 2 111 = GPIO Pin 9 takes alternate function 3 011 = GPIO Pin 9 takes alternate function 4 010 = GPIO Pin 9 takes alternate function 5	0	R/W
26 ~ 24	FSEL8	FSEL8 – Function Select 8	0	R/W
23 ~ 21	FSEL7	FSEL7 – Function Select 7	0	R/W
20 ~ 18	FSEL6	FSEL6 – Function Select 6	0	R/W
17 ~ 15	FSEL5	FSEL5 – Function Select 5	0	R/W
14 ~ 12	FSEL4	FSEL4 – Function Select 4	0	R/W
11 ~ 9	FSEL3	FSEL3 – Function Select 3	0	R/W
8 ~ 6	FSEL2	FSEL2 – Function Select 2	0	R/W
5 ~ 3	FSEL1	FSEL1 – Function Select 1	0	R/W
2 ~ 0	FSEL0	FSEL0 – Function Select 0	0	R/W

---

29 연산식에 대한 결괏값을 보다 자세히 알고 싶으면 http://www.pieter-jan.com/node/15를 참고하라.

값의 설정과 해제에는 GPIO_SET(g) 매크로와 GPIO_CLR(g) 매크로를 사용할 수 있다. 값을 설정하기 위해서는 표 12-6의 GPSET0을 사용할 수 있으며, GPSET0(0x7E20001C)은 GPIO 주소상에서 GPIO_BASE(0x7E200000)를 기준으로 일곱 번째(7 × 4 = 0x1C) 뒤에 위치한다. 마찬가지로 값을 해제하기 위해서는 GPCLR0(0x7E200028)을 사용하며, GPCLR0은 GPIO_BASE를 기준으로 10(13 × 4 = 0x28)번째 뒤에 위치한다.

그리고 현재 비트에 대한 정보를 가져올 때에는 GPIO_GET(g) 매크로를 사용한다. GPIO의 정보를 가져오기 위해서 GPLEV0(0x7E200034)을 사용하며, GPLEV0은 GPIO_BASE를 기준으로 13(13 × 4 = 0x34)번째 뒤에 위치한다.

코드 12-10 turnled.c (이어서)

```c
int main(int argc, char **argv)
{
    int gno, i, mem_fd;
    void *gpio_map;

    if(argc < 2) {
        printf("Usage : %s GPIO_NO\n", argv[0]);
        return -1;
    }
    gno = atoi(argv[1]);

    /* /dev/mem 디바이스 열기 */
    if ((mem_fd = open("/dev/mem", O_RDWR | O_SYNC) ) < 0) {
        perror("open() /dev/mem\n");
        return -1;
    }

    /* GPIO와 mmap */
    gpio_map = mmap(NULL, GPIO_SIZE,  PROT_READ | PROT_WRITE,
                    MAP_SHARED, mem_fd, GPIO_BASE);
    if (gpio_map == MAP_FAILED) {
        printf("[Error] mmap() : %d\n", (int)gpio_map);
        perror -1;
    }
```

메모리를 GPIO의 주소와 매핑시키기 위해서는 7장에서 살펴본 mmap( ) 함수를 사용할 수 있다. mmap( ) 함수는 다섯 번째 인자로 사용되는 파일 디스크립터(fd)가 가리키는 객체를 오프셋(offset) 기준으로 크기(len)만큼 메모리에 매핑할 수 있도록 커널에 요청하면, 실제 매핑된 시작 주소가 반환된다. 메모리 매핑의 크기는 페이지 단위의 정수 배만 가능하다.

```
    gpio = (volatile unsigned *)gpio_map; /* 메모리 맵에 대한 포인터 */

    GPIO_OUT(gno); /* 해당 GPIO 핀을 출력으로 설정 */
    for(i = 0; i < 5; i++) {
        GPIO_SET(gno);      /* 해당 GPIO 핀에 값 설정 */
        sleep(1);
        GPIO_CLR(gno);      /* 해당 GPIO 핀에 값 해제 */
        sleep(1);
    }

    munmap(gpio_map, GPIO_SIZE); /* 앞에서 mmap 부분 해제 */

    close(mem_fd);

    return 0;
}
```

GPIO를 사용하기 위해서는 volatile 변수를 사용한다. volatile 변수는 빌드 시 최적화 과정[30]에서 제외되는데, 이를 통해 디바이스 제어를 위한 주소 체계에서 지정한 주소에 직접 접근하도록 할 수 있다.

> **참고하기 ➕ 컴파일 최적화와 volatile 변수**
>
> 일반적으로, 빌드 시 변수와 관련된 메모리 주소는 MMU와 연관된 주소 체계로 논리 주소와 물리 주소 간 변환이 이루어지는데, 컴파일러가 동적으로 배정한다. 이를 막기 위해 메모리 맵 입출력 방식에서 GPIO와 관련된 변수는 volatile로 선언하여 사용해야 한다. 다음의 코드로 일반 변수와 volatile 변수의 차이점을 살펴보자.
>
> ```
>     int a;
>     a = 0;      /* 코드 최적화 시 빌드 과정에서 제거된다 */
>     a = 1;      /* 코드 최적화 시 빌드 과정에서 제거된다 */
>     a = 2;      /* 코드 최적화 시 a의 최종값은 2이면 되므로 위의 두 줄은 제거된다 */
> ```
>
> 위와 같이 코드 최적화 시 변수에 여러 개의 값을 동시에 지정하면, 컴파일러에서 마지막 값만 지정되도록 코드 최적화를 수행한다. 외부 장치에 순차적으로 값을 설정해야 하는 경우에는 문제가 될 수 있다. 위의 코드에서 모든 과정이 수행하도록 하려면 volatile 변수를 사용하면 된다.

코드 12-10을 빌드한 후 실행하기 위해서는 디바이스 파일에 접근할 수 있는 root 권한이 필요하다.

```
pi@raspberrypi:~ $ sudo ./turnled 18
```

sudo를 사용하여 코드를 실행하면 3장의 그림 3-16과 같이 LED가 1초간 켜졌다가 1초간 꺼지는 식으로 5회 깜빡이는 것을 확인할 수 있다.

---

30 2장에서 본 것과 같이 gcc에 –O, … –O2, –O3와 같은 옵션을 사용해서 빌드 시 최적화를 수행할 수 있다.

12.4 LED 출력을 위한 GPIO 드라이버 프로그래밍

앞에서 배운 리눅스 디바이스 드라이버 프로그래밍과 GPIO에 대한 개념을 바탕으로 리눅스 커널을 이용해서 GPIO를 직접 조작할 수 있는 코드를 작성해보도록 하자.

12.4.1 리눅스 디바이스 파일과 GPIO

라즈베리 파이에서 사용하는 GPIO도 리눅스의 다른 디바이스들처럼 디바이스 파일로 만들 수 있다. 이러한 디바이스 파일들은 커널 영역에서 동작하므로 사용자 영역에서 수행할 수 없었던 기능들을 수행할 수 있으며, 파일 시스템에서 공통적으로 사용하는 기능들을 디바이스 드라이버에서 제공함으로써 애플리케이션에서 보다 쉽게 이용할 수 있다.

앞에서 설명한 것처럼 리눅스의 디바이스 파일은 주 번호와 부 번호를 가지고 있다. 주 번호는 디바이스의 종류를 구분하기 위해 사용하고, 부 번호는 같은 종류의 디바이스가 여러 개 있을 때 각각의 디바이스를 구분하기 위해 사용한다. 부 번호는 커널에서 직접 사용하지 않으며, 각 디바이스 드라이버 내부에서 디바이스를 구분하기 위해 사용한다.

이와 같이 라즈베리 파이의 GPIO에서도 마찬가지로 주 번호와 부 번호를 사용한다. 디바이스의 종류를 나타내는 주 번호는 GPIO 디바이스 자체를 나타내기 위해 사용하고, 부 번호는 GPIO의 핀을 구분할 때 사용할 수 있다.

> **참고하기** ➕ **디바이스의 주 번호와 부 번호**
>
> 디바이스 번호는 dev_t 변수형을 사용한다. dev_t 타입은 디바이스 파일의 주 번호와 부 번호를 지정하기 위한 변수 타입으로, 커널 2.6부터 32비트의 크기(주 번호 12비트, 부 번호 20비트)로 확장하여 디바이스 번호에 32비트 데이터형을 사용하며 총 4,096개의 주 번호를 사용한다. 커널에서 사용하는 주 번호와 사용자가 사용할 수 있는 주 번호는 커널 소스 내의 include/uapi/linux/major.h 파일에 정의되어 있고, 관련 문서는 Documentation/devices.txt 파일에서 확인할 수 있다.
>
> ```
> typedef __u32 __kernel_dev_t;[31]
>
> typedef __kernel_dev_t dev_t;
> ```
>
> Misc(miscellaneous) 디바이스는 다소 특별한 형태의 디바이스 드라이버다. 디바이스를 구별하기 위해 주 번호와 부 번호 모두를 사용해도 부족한 디바이스 번호 할당 문제를 해결하기 위해 제안되었으며, 별도의 함수와 자료 구조를 갖고 있다.

---

[31] 리눅스 커널 디렉터리의 include/linux/types.h에 정의되어 있다.

일반적으로 시리얼 포트나 패러럴 포트와 같이 입출력을 위해 사용되는 디바이스들은 문자 디바이스로 사용되는데, 라즈베리 파이의 GPIO도 이러한 문자 디바이스로 취급할 수 있다. 문자 디바이스는 디바이스로부터 데이터를 순차적으로 읽어 들이며, GPIO의 핀에서 들어오는 데이터들도 이와 비슷한 순차적인 데이터의 흐름으로 볼 수 있다. 문자 디바이스와 블록 디바이스의 주 번호는 각각 독립되어 사용되며, 서로 다른 인터페이스와 API를 제공한다.

12.4.2 리눅스 디바이스 드라이버 GPIO 프로그래밍

리눅스의 디바이스 드라이버 파일처럼 라즈베리 파이의 GPIO 디바이스 파일들도 '/dev' 디렉터리에 위치할 수 있다. 이러한 디바이스 파일들에 접근하기 위해서는 open( ), read( ), write( ), close( ), lseek( ) 같은 리눅스의 저수준 입출력 함수를 사용할 수 있으며, 리눅스는 커널 함수 open( ), read( ), write( ), release( ) 등을 제공한다.

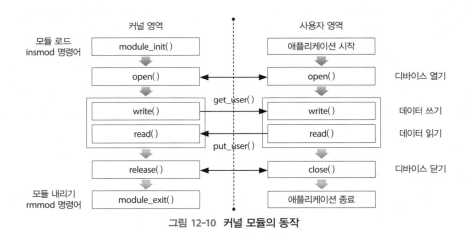

그림 12-10 커널 모듈의 동작

리눅스 커널에 모듈을 등록한 후 커널 함수를 이용해서 디바이스를 사용할 수 있다. 커널 함수 open( )은 디바이스의 오픈이나 변수의 초기화 같은 애플리케이션과의 통신을 위한 기본적인 작업을 수행한다. 커널 함수 write( )는 애플리케이션에서 보낸 데이터를 읽는 함수로, 데이터를 보내는 애플리케이션의 write( ) 시스템 호출과 반대의 역할을 하므로 주의하기 바란다. 반대로 커널 함수 read( )는 애플리케이션에 데이터를 보내는 함수로, 애플리케이션의 read( ) 시스템 호출을 통해 커널로 보낸 데이터를 읽을 수 있다. 디바이스의 사용이 끝나면 애플리케이션에서 close( ) 시스템 호출을 호출하고, 이는 커널 함수 release( )를 호출해서 커널과 애플리케이션 간의 통신에 사용되었던 리소스들을 정리할 수 있다.

■ file_operations 구조체

리눅스 커널은 애플리케이션과의 저수준 입출력을 위해 file_operations 구조체[32]를 지원한다. file_operations 구조체에는 read( ), write( ), open( ) 등의 함수 포인터를 등록할 수 있도록 각각의 함수에 대한 멤버들을 지원한다.

```
struct file_operations {
        struct module *owner;
        loff_t (*llseek) (struct file *, loff_t, int);
        ssize_t (*read) (struct file *, char __user *, size_t, loff_t *);
        ssize_t (*write) (struct file *, const char __user *, size_t, loff_t *);
        ssize_t (*read_iter) (struct kiocb *, struct iov_iter *);
        ssize_t (*write_iter) (struct kiocb *, struct iov_iter *);
        int (*iopoll)(struct kiocb *kiocb, bool spin);
        int (*iterate) (struct file *, struct dir_context *);
        int (*iterate_shared) (struct file *, struct dir_context *);
        __poll_t (*poll) (struct file *, struct poll_table_struct *);
        long (*unlocked_ioctl) (struct file *, unsigned int, unsigned long);
        long (*compat_ioctl) (struct file *, unsigned int, unsigned long);
        int (*mmap) (struct file *, struct vm_area_struct *);
        unsigned long mmap_supported_flags;
        int (*open) (struct inode *, struct file *);
        int (*flush) (struct file *, fl_owner_t id);
        int (*release) (struct inode *, struct file *);
        int (*fsync) (struct file *, loff_t, loff_t, int datasync);
        int (*fasync) (int, struct file *, int);
        int (*lock) (struct file *, int, struct file_lock *);
        ssize_t (*sendpage) (struct file *, struct page *, int, size_t,
                        loff_t *, int);
        unsigned long (*get_unmapped_area)(struct file *, unsigned long, unsigned
                                        long, unsigned long, unsigned long);
        int (*check_flags)(int);
        int (*flock) (struct file *, int, struct file_lock *);
        ssize_t (*splice_write)(struct pipe_inode_info *, struct file *, loff_t *,
                                size_t, unsigned int);
        ssize_t (*splice_read)(struct file *, loff_t *, struct pipe_inode_info *,
                                size_t, unsigned int);
        int (*setlease)(struct file *, long, struct file_lock **, void **);
        long (*fallocate)(struct file *file, int mode, loff_t offset, loff_t len);
        void (*show_fdinfo)(struct seq_file *m, struct file *f);
#ifndef CONFIG_MMU
        unsigned (*mmap_capabilities)(struct file *);
#endif
        ssize_t (*copy_file_range)(struct file *, loff_t, struct file *, loff_t,
                                size_t, unsigned int);
        loff_t (*remap_file_range)(struct file *file_in, loff_t pos_in,
                                struct file *file_out, loff_t pos_out,
                                loff_t len, unsigned int remap_flags);
        int (*fadvise)(struct file *, loff_t, loff_t, int);
} __randomize_layout;
```

---

32 라즈베리 파이의 커널 디렉터리에서 include/linux/fs.h에 위치한다.

앞의 file_operations 구조체에 대한 각 설명은 다음과 같다.

표 12-8 **file_operations 구조체의 주요 멤버**

멤버	내용
owner	디바이스 드라이버 모듈 소유주의 이름을 명시한다.
llseek	파일에서 읽고 쓰기를 위해 원하는 위치로 이동한다.
read	디바이스에서 데이터를 읽는다.
write	디바이스에 데이터를 쓴다.
poll	디바이스에 입출력이 가능한지 예외 상황이 발생했는지 등을 확인한다.
ioctl	디바이스에 원하는 명령을 내리는 데 사용한다.
mmap	파일이나 디바이스를 프로세스의 메모리와 매핑한다.
open	디바이스 파일을 오픈한다.
flush	버퍼에 저장된 내용을 디바이스로 입출력을 수행한다.
release	디바이스 파일을 닫고 해제한다.
fsync	디바이스에 flush 명령을 수행한다.
fasync	fcntl( ) 함수를 통해서 속성이 변경될 때 호출된다.
lock	디바이스 파일을 잠근다.
sendpage	디바이스로부터 데이터를 읽어 다른 디바이스로 전송한다.
get_unmapped_area	디바이스의 메모리 맵을 검사하여 사용하지 않은 주소 영역을 찾는다.

이러한 구조체를 사용하여 GPIO 포트의 LED를 제어하는 디바이스 드라이버를 만들어보자. 앞에서처럼 모듈을 만들기 위한 기본적인 내용들을 기입한다. 모듈에 라이선스를 명시한 후 디바이스 드라이버의 주 번호와 기타 사항들을 명시한다.

코드 12-11 **gpio_module.c**

```
#include <linux/fs.h>             /* open(), read(), write(), close() 커널 함수 */
#include <linux/cdev.h>           /* 문자 디바이스 */
#include <linux/module.h>
#include <linux/io.h>             /* ioremap(), iounmap() 커널 함수 */
#include <linux/uaccess.h>        /* copy_to_user(), copy_from_user() 커널 함수 */

MODULE_LICENSE("GPL");
MODULE_AUTHOR("YoungJin Suh");
MODULE_DESCRIPTION("Raspberry Pi GPIO LED Device Module");

#if 0
//#define BCM_IO_BASE        0x20000000     /* Raspberry Pi B/B+의 I/O Peripherals 주소 */
#define BCM_IO_BASE          0x3F000000     /* Raspberry Pi 2/3의 I/O Peripherals 주소 */
#else
#define BCM_IO_BASE          0xFE000000     /* Raspberry Pi 4의 I/O Peripherals 주소 */
#endif
```

```
#define GPIO_BASE          (BCM_IO_BASE + 0x200000)              /* GPIO 컨트롤러의 주소 */
#define GPIO_SIZE          (256)      /* 0x7E2000B0  - 0x7E2000000 + 4 = 176 + 4 = 180 */

/* GPIO 설정 매크로 */
#define GPIO_IN(g)         (*(gpio+((g)/10)) &= ~(7<<(((g)%10)*3))) /* 입력 설정 */
#define GPIO_OUT(g)        (*(gpio+((g)/10)) |= (1<<(((g)%10)*3)))  /* 출력 설정 */

#define GPIO_SET(g)        (*(gpio+7) = 1<<g)          /* 비트 설정 */
#define GPIO_CLR(g)        (*(gpio+10) = 1<<g)         /* 설정된 비트 해제 */
#define GPIO_GET(g)        (*(gpio+13)&(1<<g))         /* 현재 GPIO의 비트에 대한 정보 획득 */

/* 디바이스 파일의 주 번호와 부 번호 */
#define GPIO_MAJOR         200
#define GPIO_MINOR         0
#define GPIO_DEVICE        "gpioled"                   /* 디바이스 디바이스 파일의 이름 */
#define GPIO_LED           18                          /* LED 사용을 위한 GPIO의 번호 */

volatile unsigned *gpio;                               /* I/O 접근을 위한 volatile 변수 */
static char msg[BLOCK_SIZE] = {0};                     /* write() 함수에서 읽은 데이터 저장 */

/* 입출력 함수를 위한 선언 */
static int gpio_open(struct inode *, struct file *);
static ssize_t gpio_read(struct file *, char *, size_t, loff_t *);
static ssize_t gpio_write(struct file *, const char *, size_t, loff_t *);
static int gpio_close(struct inode *, struct file *);

/* 유닉스 입출력 함수들의 처리를 위한 구조체 */
static struct file_operations gpio_fops = {
    .owner = THIS_MODULE,
    .read = gpio_read,
    .write = gpio_write,
    .open = gpio_open,
    .release = gpio_close,
};

struct cdev gpio_cdev;
```

먼저 file_operations 구조체를 설정하는데, 현재 구조체의 소유자(owner)로는 현재의 모듈(THIS_MODULE[33])을 설정하였고, read( ), write( ), open( ), release( ) 함수의 포인터를 설정하였다.

■ 커널 모듈의 등록과 해제

이 설정이 끝나면 앞에서처럼 리눅스 커널 모듈의 등록과 해제를 위한 절차가 필요하다. 코드 12-10과 같이 'int init_module( )'과 'void cleanup_module( )' 함수명을 사용하면 module_init과 module_exit 매크로를 사용할 필요가 없지만, 다른 함수명을 사용한다면 반드시 이 매크로를 사용해야 한다.

---

[33] 커널_디렉터리/include/linux/export.h 참고

커널에 모듈을 등록하기 전에 해당 모듈이 이미 사용 중인지에 대한 확인이 필요한데, 모듈은 참조 횟수(usage count)를 이용해서 현재 자신을 참조하는 프로세스의 수를 관리한다. 이러한 참조 횟수는 try_module_get( )과 module_put( ) 함수로 조작할 수 있는데, try_module_get( ) 함수는 모듈의 참조 횟수를 증가시키고, module_put( ) 함수는 참조 횟수를 감소시킨다.

코드 12-11 **gpio_module.c (이어서)**

```c
int init_module(void)
{
    dev_t devno;
    unsigned int count;
    static void *map;       /* I/O 접근을 위한 변수 */
    int err;

    printk(KERN_INFO "Hello module!\n");

    try_module_get(THIS_MODULE);

    /* 문자 디바이스를 등록한다. */
    devno = MKDEV(GPIO_MAJOR, GPIO_MINOR);
    register_chrdev_region(devno, 1, GPIO_DEVICE);

    /* 문자 디바이스를 위한 구조체를 초기화한다. */
    cdev_init(&gpio_cdev, &gpio_fops);

    gpio_cdev.owner = THIS_MODULE;
    count = 1;
    err = cdev_add(&gpio_cdev, devno, count);        /* 문자 디바이스를 추가한다. */
    if (err < 0) {
        printk("Error : Device Add\n");
        return -1;
    }

    printk("'mknod /dev/%s c %d 0'\n", GPIO_DEVICE, GPIO_MAJOR);
    printk("'chmod 666 /dev/%s'\n", GPIO_DEVICE);

    map = ioremap(GPIO_BASE, GPIO_SIZE);                /* 사용할 메모리를 할당한다. */
    if(!map) {
        printk("Error : mapping GPIO memory\n");
        iounmap(map);
        return -EBUSY;
    }

    gpio = (volatile unsigned int *)map;

    GPIO_IN(GPIO_LED);                  /* LED 사용을 위한 초기화 */
    GPIO_OUT(GPIO_LED);

    return 0;
}

void cleanup_module(void)
```

```
{
    dev_t devno = MKDEV(GPIO_MAJOR, GPIO_MINOR);
    unregister_chrdev_region(devno, 1);    /* 문자 디바이스의 등록을 해제한다. */

    cdev_del(&gpio_cdev);              /* 문자 디바이스의 구조체를 해제한다. */

    if (gpio) {
        iounmap(gpio);                /* 매핑된 메모리를 삭제한다. */
    }

    module_put(THIS_MODULE);

    printk(KERN_INFO "Good-bye module!\n");
}
```

디바이스 드라이버를 사용하기 위해서는 커널에 등록하는 절차가 필요하다. 커널에 등록할 때는 주 번호를 사용해야 하며, 문자 디바이스, 블록 디바이스, 네트워크 디바이스별로 별도의 등록 함수와 해제 함수를 제공한다.

표 12-9 리눅스의 I/O 관련 커널 함수

함수	내용
register_chrdev( )† register_blkdev( ) register_netdev( )††	디바이스 드라이버를 커널에 등록한다.

	int register_chrdev(unsigned int major, const char *name, const struct file_operations *fops);
	 int register_blkdev(unsigned int major, const char *name);
	 int register_netdev(struct net_device *dev);

unregister_chrdev( ) unregister_blkdev( ) unregister_netdev( )	커널에 등록된 디바이스 드라이버를 해제한다.

	void unregister_chrdev(unsigned int major, const char *name);
	 void unregister_blkdev(unsigned int major, const char *name);
	 void unregister_netdev(struct net_device *dev);

MAJOR( ) MINOR( )†ۃ iminor( )‡‡ imajor( )	디바이스 파일로부터 주 번호와 부 번호를 구한다.

	#define MAJOR(dev)((unsigned int) ((dev) >> MINORBITS))
	 #define MINOR(dev)((unsigned int) ((dev) & MINORMASK))
	 unsigned iminor(const struct inode *inode);
	 unsigned imajor(const struct inode *inode);

MKDEV( )	주 번호(ma)와 부 번호(mi)를 사용하여 dev_t 값을 얻는다.
	#define MKDEV(ma,mi) (((ma) << MINORBITS)	(mi))

†   커널_디렉터리/include/linux/fs.h 참고   †† 커널_디렉터리/ include/linux/netdevice.h 참고
ۃ 커널_디렉터리/include/linux/kdev_t.h 참고   ‡‡ 커널_디렉터리/include/linux/fs.h 참고

문자 디바이스를 등록할 때는 register_chrdev( ), register_chrdev_region( )이나 alloc_chrdev_region( ) 함수를 사용한다. 앞의 코드와 같이 주 번호를 알 때는 register_chrdev_region( ) 함수를 사용하고, 주 번호를 동적으로 할당하고 싶은 경우에는 alloc_chrdev_region( ) 함수를 사용한다. register_chrdev_region( ) 함수는 문자 디바이스를 할당받는 함수로 cdev_init( ) 함수를 통해 cdev 구조체를 초기화하기 전에 호출된다.

```
int register_chrdev_region(dev_t first, unsigned count, const char *name);
```

register_chrdev_region( ) 커널 함수는 MKDEV( )로 설정한 major 주 번호와 minor 부 번호를 기준으로 count만큼 major, minor 번호를 할당한다. cdev_init( ) 함수를 통해 cdev 구조체를 file_operations 구조체로 설정한 후 cdev_ add( ) 함수를 통해 문자 디바이스에 대한 정보를 가진 cdev 구조체를 디바이스에 추가한다. 사용이 끝나면 cdev_del( ) 함수를 사용하여 삭제하고, 앞에서 할당받은 문자 디바이스를 unregister_chrdev_region( ) 함수로 해제한다.

앞서, 디바이스를 사용하기 위해 실제 물리적 메모리 주소와 가상 메모리 주소를 사용한다고 이야기했다. 리눅스 커널은 이러한 주소들을 매핑하기 위한 함수들을 별도로 제공한다.

표 12-10 리눅스의 메모리 매핑 관련 커널 함수[34]

함수	내용
ioremap( )	물리 주소를 가상 주소로 매핑한다.
	void* ioremap(unsigned long offset, unsigned long length);
ioremap_nocahe( )	물리 주소를 가상 주소로 매핑하는 데 별도의 캐시를 사용하지 않는다.
	void* ioremap_nocache(unsigned long offset, unsigned long length);
iounmap( )	가상 주소로 할당된 공간을 해제한다.
	void iounmap(void *addr);

ioremap( ) 함수나 ioremap_cached( ), ioremap_nocahe( ) 등의 함수를 사용하여 물리 주소를 실제 사용하는 가상 주소로 매핑할 수 있다. 함수의 인자로 물리 주소의 시작 주소와 사용하는 메모리의 크기를 사용하는데, 메모리의 크기는 페이지 크기의 배수를 사용해야 한다. 위의 함수의 호출에 문제가 없으면 사용할 수 있는 가상 주소의 시작 주소가 반환된다.

다른 프로세스에 의해 이미 사용된 메모리와 같은 경우 release_mem_region( ) 함수[35]를 사용하여 I/O 메모리 영역을 해제한다. 이때 release_mem_region( ) 함수의 인자로 제거하고 싶은 I/O 메모리 영역의 시작 주소와 크기를 사용한다.

커널 모듈의 해제는 등록할 때의 반대로 진행하면 된다. unregister_chrdev( ) 함수를 사용하여 문자 디바이스의 등록을 해제하고, 앞에서 매핑한 가상 주소 공간을 iounmap( ) 함수를 사용하여 해제한다.

---

34 커널_디렉터리/arch/arm/include/asm/io.h 참고
35 커널_디렉터리/include/linux/ioport.h 참고

■ 디바이스 파일의 오픈과 해제, 그리고 입출력

이제 file_operations 구조체를 사용하여 등록했던 함수들을 구현해볼 차례다.

코드 12-11 gpio_module.c (이어서)

```
static int gpio_open(struct inode *inod, struct file *fil)
{
    printk("GPIO Device opened(%d/%d)\n", imajor(inod), iminor(inod));

    return 0;
}

static int gpio_close(struct inode *inod, struct file *fil)
{
    printk("GPIO Device closed(%d)\n", MAJOR(fil->f_path.dentry³⁶->d_inode->i_rdev));

    return 0;
}

static ssize_t gpio_read(struct file *inode, char *buff, size_t len, loff_t *off)
{
    int count;

    strcat(msg, " from Kernel");
    count = copy_to_user(buff, msg, strlen(msg)+1); /* 사용자 영역으로 데이터를 보낸다. */

    printk("GPIO Device(%d) read : %s(%d)\n",
            MAJOR(inode->f_path.dentry->d_inode->i_rdev), msg, count);

    return count;
}

static ssize_t gpio_write(struct file *inode, const char *buff, size_t len, loff_t *off)
{
    short count;
    memset(msg, 0, BLOCK_SIZE);
    count = copy_from_user(msg, buff, len);          /* 사용자 영역으로부터 데이터를 가져온다. */

    /* 사용자가 보낸 데이터가 0인 경우 LED를 끄고, 0이 아닌 경우 LED를 켠다. */
    (!strcmp(msg, "0"))?GPIO_CLR(GPIO_LED):GPIO_SET(GPIO_LED);

    printk("GPIO Device(%d) write : %s(%d)\n",
            MAJOR(inode->f_path.dentry->d_inode->i_rdev), msg, len);

    return count;
}
```

먼저 open( ) 함수와 관련된 gpio_open( ) 함수를 살펴보자. 일반적으로 open( ) 함수는 디바이스를 처음 연 경우 디바이스 초기화를 수행하고, 부 번호를 확인한 후 필요에 따라 관련 정보를 수

---

36 리눅스 커널 3에서는 f_dentry를 사용한다.

정하거나 메모리를 할당받거나 참조 횟수(usage count)를 증가시키는 등의 작업을 수행한다. 앞의 gpio_open( ) 함수에서는 GPIO에 대해서 특별히 수행할 것이 없기 때문에 디바이스의 주 번호와 부 번호를 출력한 후 0을 반환하였다.

일반적으로 release( ) 함수는 open( ) 함수에서 증가시킨 참조 횟수를 감소시키고 할당된 메모리가 있으면 할당을 해제하며, 디바이스를 닫는 경우에는 디바이스를 종료한다. 앞의 gpio_release( ) 함수는 GPIO를 해제하는 데 특별히 수행할 작업이 없기 때문에 디바이스의 주 번호를 출력한 후 0을 반환하였다.

read( ) 함수나 write( ) 함수는 애플리케이션과의 통신을 위해 사용되는데, 애플리케이션이 read( ) 함수를 호출하면 커널 영역의 read( ) 함수가 호출되고, 애플리케이션에서 write( ) 함수를 호출하면 커널 영역의 write( ) 함수가 호출된다. 사용자가 write( ) 함수로 데이터를 쓰면 file_operations 구조체에 연결된 gpio_write( ) 함수가 호출되어서 LED를 제어할 수 있으며, 0이 들어오면 LED를 끄고, 0이 아닌 값이 들어오면 LED를 켠다.

read( ) 함수는 요구한 크기만큼 데이터를 읽어오고 읽은 데이터의 크기를 반환한다. 만약 읽을 수 있는 데이터의 크기가 요구된 크기보다 적은 경우에는, 현재의 데이터를 모두 읽고 읽어온 크기를 반환하면 된다. 만약, 읽을 수 있는 데이터가 없거나 파일의 끝(EOP, end of file)인 경우에는 0을 반환하고, 에러가 발생하면 음수를 반환한다. 읽어온 데이터는 커널 영역에서 사용자 영역으로 복사해야 하며, 앞에서 살펴본 put_user( )나 copy_to_user( ) 함수를 사용할 수 있다.

write( ) 함수는 요구한 크기만큼 데이터를 쓰고 쓴 데이터의 크기를 반환한다. 만약 요구한 크기보다 적게 쓴 경우에는 쓴 크기를 반환하면 된다. 하나도 쓰지 못한 경우 0을 반환한 후 write( ) 함수를 재시도하고, 에러가 발생한 경우 음수를 반환한다. 커널 영역의 write( ) 함수는 사용자 영역의 데이터를 가져와서 커널 영역으로 복사하는데, 사용자 영역에 있는 값을 가져올 때는 get_user( )나 copy_from_user( ) 함수를 사용할 수 있다. 이렇게 가져온 커널 영역의 값을 이용해서 해당 GPIO 포토를 제어할 수 있다.

커널에서 메모리 할당과 설정이 필요한 경우에는 커널의 메모리 관련 함수들을 사용하여 메모리 블록을 할당하고 초기화할 수 있다.

표 12-11 **리눅스의 메모리 관련 커널 함수**

함수	내용
kmalloc( )	128∼131,056바이트((32x4096)-16) 사이의 커널 메모리를 할당한다. GFP_BUFFER, GFP_ATOMIC, GFP_USER, GFP_KERNEL의 priority 값을 사용할 수 있다.
	kmalloc(unsigned int length, int priority);
kfree( )	커널로부터 할당받은 메모리를 반환한다.
	kfree(void *addr);
vmalloc( ), vmfree( )	크기에 제한 없이 커널로부터 메모리를 할당받는다./반환한다.
	vmalloc(unsigned int length), vmfree(void *addr);
memcpy_fromfs( ), memcpy_tofs( )	커널 영역과 사용자 영역 사이에 복사를 수행한다.
	memcpy_fromfs/tofs(void *to, const void *from, unsigned long count);
memset( )	메모리 블록 s에 c의 값으로 count만큼 설정한다.
	memset(void *s, char c, sizt_t count);

gpio_module.c 커널 모듈을 컴파일하려면 앞의 리눅스 디바이스 드라이버 모듈과 같이 makefile 이 필요하다.

makefile 파일

```
KDIR = /lib/modules/`uname -r`/build

obj-m := gpio_module.o

default:
        $(MAKE) -C $(KDIR) M=$$PWD modules

clean:
        $(MAKE) -C $(KDIR) M=$$PWD clean
```

gpio_module.c 커널 모듈을 빌드해서 생성한 후 커널에 등록하기 위해서는 insmod 명령어를 사용 하며, 실행 시 root 권한이 필요하므로 sudo 명령어를 함께 사용한다. 앞에서 설명한 것과 같이 커 널 모듈의 확장자는 '.ko'다.

```
pi@raspberrypi ~/gpio_module $ sudo insmod gpio_module.ko
pi@raspberrypi ~/gpio_module $ dmesg | tail
                        /* ~ 중간 표시 생략 ~ */
[ 1574.903389] gpio_module: loading out-of-tree module taints kernel.
[ 1574.904123] Hello module!
[ 1574.904143] 'mknod /dev/gpioled c 200 0'
[ 1574.904148] 'chmod 666 /dev/gpioled'
```

위의 커널 모듈이 제대로 올라갔는지 확인하고 싶은 경우에는 dmesg 명령어를 사용한다. 위의 커 널 모듈을 테스트하기 위해서는 별도의 애플리케이션이 필요하다. 다음과 같은 애플리케이션을 작성해서 빌드한 후 실행해보도록 하자.

코드 12-12 gpio.c

```
#include <stdio.h>
#include <fcntl.h>
#include <string.h>
#include <unistd.h>

int main(int argc, char **argv)
{
    char buf[BUFSIZ];
    char i = 0;
    int fd = -1;

    memset(buf, 0, BUFSIZ);

    printf("GPIO Set : %s\n", argv[1]);

    fd = open("/dev/gpioled", O_RDWR);              /* GPIO 디바이스 파일을 연다. */
    write(fd, argv[1], strlen(argv[1]));            /* 커널 모듈에 데이터를 쓴다. */
    read(fd, buf, strlen(argv[1]));                 /* 커널로부터 데이터를 읽는다. */

    printf("Read data : %s\n", buf);                /* 읽은 데이터를 화면에 출력한다. */

    close(fd);              /* 사용이 끝난 디바이스 파일을 닫는다. */

    return 0;
}
```

위의 코드를 테스트하려면 먼저 디바이스 파일을 생성해야 한다. 디바이스 파일은 mknod 명령어를 사용하여 생성할 수 있으며, '/dev' 디렉터리 아래에 앞의 코드에서 사용했던 'gpioled'라는 이름으로 생성한다. mknod 명령어에 디바이스의 종류를 나타내기 위해 'b'(블록 디바이스), 'c'(문자 디바이스), 'u'(버퍼가 없는 문자 디바이스), 'p'(파이프)와 주 번호 및 부 번호를 사용한다.

장치를 생성하면 root를 제외하고는 읽기 권한으로만 되어 있다. 이를 chmod 명령어를 사용하여 읽기 및 쓰기 권한을 변경한다. 디바이스 파일의 생성과 설정이 끝나면 애플리케이션을 실행해본다.

```
pi@raspberrypi ~/gpio_module $ sudo mknod /dev/gpioled c 200 0
pi@raspberrypi ~/gpio_module $ ls -al /dev/gpioled
crw-r--r-- 1 root root 200, 0 Jan  5 19:46 /dev/gpioled
pi@raspberrypi ~/gpio_module $ sudo chmod 666 /dev/gpioled
pi@raspberrypi ~/gpio_module $ ./gpio 1
GPIO Set : 1
Read Data : 1 from Kernel
pi@raspberrypi ~/gpio_module $ dmesg | tail
                             /* ~ 중간 표시 생략 ~ */
[175907.884199] GPIO Device opened(200/0)
[175907.884228] GPIO Device(200) write : 1(1)
[175907.884240] GPIO Device(200) read : 1 from Kernel(0)
[175907.884270] GPIO Device closed(200)
```

앞에서 작성한 코드를 빌드하여 실행해보면 명령행 인수의 값에 따라 LED가 켜지거나 꺼지는 것을 확인할 수 있다. dmesg 명령어를 사용하여 출력된 커널의 메시지를 확인해보도록 하자.

■ 커널에서 제공하는 GPIO 함수

리눅스는 GPIO와 관련된 커널 함수들을 제공하고 있다. 커널 2.6에서 gpio 인터페이스가 표준화되었고, ARM 기반의 라즈베리 파이에서 사용하는 리눅스 커널은 이 표준을 준수한다. 이러한 GPIO 함수들을 사용하면 커널 모듈을 보다 쉽게 작성할 수 있다. 코드 12-12를 다음과 같이 수정해보자. 리눅스 커널에서 GPIO 관련 함수를 사용하기 위해서는 <linux/gpio.h> 헤더 파일을 사용해야 한다.

코드 12-13 **gpiofunction_module.c**

```
#include <linux/fs.h>                    /* open(), read(), write(), close() 커널 함수 */
#include <linux/cdev.h>                  /* 문자 디바이스 */
#include <linux/module.h>
#include <linux/io.h>                    /* ioremap(), iounmap() 커널 함수 */
#include <linux/uaccess.h>               /* copy_to_user(), copy_from_user() 커널 함수 */
#include <linux/gpio.h>

MODULE_LICENSE("GPL");
                                         /* ~ 중간 표시 생략 ~ */
#define GPIO_LED       18

static char msg[BLOCK_SIZE] = {0};       /* write() 함수에서 읽은 데이터 저장 */

static int gpio_open(struct inode *, struct file *);
                                         /* ~ 중간 표시 생략 ~ */
struct cdev gpio_cdev;

int init_module(void)
{
    dev_t devno;
    unsigned int count;
    //static void *map;                  /* 함수 내에서 사용하지 않으므로 삭제 */
    int err;

                                         /* ~ 중간 표시 생략 ~ */

    printk("'mknod /dev/%s c %d 0'\n", GPIO_DEVICE, GPIO_MAJOR);
    printk("'chmod 666 /dev/%s'\n", GPIO_DEVICE);

    /* GPIO 사용을 요청한다. */
    gpio_request(GPIO_LED, "LED");
    gpio_direction_output(GPIO_LED, 0);

    return 0;
}

void cleanup_module(void)
{
    dev_t devno = MKDEV(GPIO_MAJOR, GPIO_MINOR);
```

```
        unregister_chrdev_region(devno, 1);

        cdev_del(&gpio_cdev);

        /* 더 이상 사용이 필요 없는 경우 관련 자원을 해제한다. */
        gpio_free(GPIO_LED);
        gpio_direction_output(GPIO_LED, 0);

        module_put(THIS_MODULE);

        printk(KERN_INFO "Good-bye module!\n");
}

                        /* ~ 중간 표시 생략 ~ */

static ssize_t gpio_write(struct file *inode, const char *buff, size_t len, loff_t *off)
{
        short count;
        memset(msg, 0, BLOCK_SIZE);
        count = copy_from_user(msg, buff, len);

        /* LED를 설정한다. */
        gpio_set_value(GPIO_LED, (!strcmp(msg, "0"))?0:1);

        printk("GPIO Device(%d) write : %s(%d)\n",
                MAJOR(inode->f_path.dentry->d_inode->i_rdev), msg, len);

        return count;
}
```

gpio_request( ) 함수는 GPIO의 특정 핀의 사용 여부를 확인하여 그 결과를 반환한다. 핀이 이미 사용 중이라면 -EBUSY를 반환하고, 사용 중이 아니면 0을 반환한다. gpio_request( ) 함수에서 해당 GPIO 핀을 할당받은 후 GPIO 핀을 사용하면 되는데, 사용이 끝나면 gpio_free( ) 함수를 통해 반환할 수 있다.

```
#include <linux/gpio.h>

int gpio_request(unsigned int gpio, const char *label);
int gpio_free(unsigned int gpio)
```

gpio 구조체[37]는 GPIO 포트에 대해서 설정하는 구조체이다. 이 gpio 구조체를 이용해서 해당 GPIO 포트에 대한 설정을 진행할 수 있다. gpio 구조체의 flags를 이용해서 GPIO의 방향을 설정한다. 입력은 GPIOF_IN 매크로로 설정하고, 출력은 GPIOF_OUT_INIT_LOW(로우 레벨)나 GPIOF_OUT_INIT_HIGH(하이 레벨) 매크로로 설정한다.

---

[37] 리눅스 커널의 include/linux/gpio.h 참고

```
struct gpio {
    unsigned        gpio;   /* GPIO의 번호 */
    unsigned long   flags; /* GPIOF_*로 시작되는 GPIO 설정 */
    const char      label; /* GPIO에 대한 설명 */
};
```

여러 GPIO 포트를 동시에 사용하는 경우라면 gpio 구조체의 배열과 gpio_request_array( )와 gpio_
free_array( ) 함수를 사용한다.

```
/* GPIO 사용을 위한 구조체 설정 */
static struct gpio devices[ ] = {
    { GPIO_LED, GPIOF_OUT_INIT_HIGH, "LED" },
    { GPIO_MOTOR, GPIOF_OUT_INIT_HIGH, "MOTOR" }
};
gpio_request_array(devices, ARRAY_SIZE(devices));

cmd = (!strcmp(msg, "0"))?0:1;
gpio_set_value(devices[0].gpio, cmd);
gpio_set_value(devices[1].gpio, cmd);

gpio_free_array(devices, ARRAY_SIZE(devices));
```

GPIO 포트에 대해 값을 설정할 때는 gpio_set_value( ) 함수를 사용할 수 있다. 리눅스 커널은 이
러한 함수 이외에도 다양한 함수를 제공한다.

표 12-12 리눅스의 GPIO 관련 커널 함수[38]

함수	내용
gpio_direction_input( )	GPIO 입력과 관련된 방향을 설정한다.
	int gpio_direction_input(unsigned gpio);
gpio_direction_output( )	GPIO 출력과 관련된 초깃값을 설정한다.
	int gpio_direction_output(unsigned gpio, int value);
gpio_set_value( )	GPIO에 값(0 또는 1)을 출력한다.
	void gpio_set_value(unsigned gpio, int value);
gpio_get_value( )	GPIO에서 값을 가져온다.
	int gpio_get_value(unsigned gpio);
gpio_export( )	GPIO를 sysfs의 사용자 영역에서 제어할 수 있도록 한다.
	int gpio_export(unsigned gpio, bool direction_may_change);
set_irq_type( )[†]	GPIO의 인터럽트를 활성화한다.
	int set_irq_type(unsigned int irq, unsigned int type);

† 커널_디렉터리/include/linux/irq.h 참고

---

38 커널_디렉터리/include/asm-generic/gpio.h와 커널_디렉터리/arch/arm/include/asm/gpio.h 참고

앞의 커널 모듈을 테스트하기 위해 먼저 라즈베리 파이를 다시 부팅시키고 커널 모듈을 올린 후 관련 설정을 진행한다. 그런 다음 gpio 애플리케이션으로 테스트하면 LED에 불이 들어오는 것을 확인할 수 있다. 이러한 방법과 별개로 리눅스 커널은 포트에 직접 데이터를 쓰거나 읽는 함수들도 제공한다.

표 12-13 리눅스의 I/O 관련 커널 함수[39]

함수	내용
inb( )	해당 포트로부터 1바이트의 값을 읽어온다.
	unsigned char inb(unsigned short port);
inb_p( )	해당 포트로부터 1바이트를 읽을 때까지 기다렸다가(pause) 읽어온다.
	unsigned char inb_p(unsigned port);
outb( )	해당 포트에 1바이트를 출력한다.
	void outb(unsigned char value, unsigned short int port);
outb_p( )	해당 포트에 1바이트를 쓸 때까지 기다렸다가(pause) 쓴다.
	unsigned char inb_p(unsigned port);
inw( ), inw_p( )	해당 포트로부터 2바이트(short int)의 값을 읽어온다.
	unsigned short int inw(unsigned short int port); unsigned short int inw_p(unsigned short int port);
outw( ), outw_p( )	해당 포트에 2바이트의 값(short int)을 출력한다.
	void outw(unsigned short int value, unsigned short int port); void outw_p(unsigned short int value, unsigned short int port);
inl( ), inl_p( )	해당 포트로부터 4바이트(long int)의 값을 읽어온다.
	unsigned int inl(unsigned short int port); unsigned int inl_p(unsigned short int port);
outl( ), outl_p( )	해당 포트에 4바이트(long int)의 값을 출력한다.
	void outl(unsigned int value, unsigned short int port); void outl_p(unsigned int value, unsigned short int port);
insb( ), insw( ), insl( )	해당 포트에서 특정 크기(count)의 데이터를 읽어서 해당 메모리(addr)에 저장한다.
	void insb(unsigned short int port, void *addr, unsigned long int count); void insw(unsigned short int port, void *addr, unsigned long int count); void insl(unsigned short int port, void *addr, unsigned long int count);
outsb( ), outsw( ), outsl( )	해당 메모리(addr)에서 특정 크기(count)의 데이터를 해당 포트로 출력한다.
	void outsb(unsigned short int port, const void *addr, unsigned long int count); void outsw(unsigned short int port, const void *addr, unsigned long int count); void outsl(unsigned short int port, const void *addr, unsigned long int count);

---

39 http://manpages.courier-mta.org/htmlman2/outb.2.html 참고

12.5 스위치를 이용한 커널 이벤트 처리

12.5.1 스위치 사용을 위한 인터럽트 처리

시스템 프로그래밍은 스위치나 센서를 사용하기 위해 스레드를 사용하여 계속 폴링(Polling)하는 방법을 사용하였지만, 커널은 인터럽트 처리 과정을 사용한다. 커널의 인터럽트를 이용하면 사용자 영역의 폴링 방식보다 간단하게 스위치나 센서들을 처리할 수 있다.

gpio_to_irq( ) 함수는 GPIO 핀 번호를 IRQ 번호로 매핑해주는 매크로 함수다. set_irq_type( ) 함수의 첫 번째 인자는 irq(Interrupt ReQuest, 인터럽트 요청[40])에 대한 값으로, 현재 디바이스에서 사용하는 인터럽트에 대한 처리 사항이 설정되어 있는데, 이 처리 사항에 대한 값은

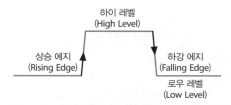

그림 12-11 전자 신호의 에지 트리거(edge trigger)

IRQ_GPIO(gpio) 함수로 알아올 수 있다. 두 번째 인자(type)에는 IRQT_RISING(상승 에지), IRQT_FALLING(하강 에지), IRQT_BOTHEDGE, IRQT_LOW(0의 값), IRQT_HIGH(1의 값)의 값을 사용할 수 있다.

이러한 커널의 인터럽트를 이용하는 코드를 작성해보자.

코드 12-14 gpioirq_module.c

```
#include <linux/fs.h>                    /* open(), read(), write(), close() 커널 함수 */

                                         /* ~ 중간 표시 생략 ~ */

#include <linux/gpio.h>                  /* GPIO 함수 */
#include <linux/interrupt.h>             /* 인터럽트 처리를 위한 헤더 파일 */

                                         /* ~ 중간 표시 생략 ~ */

#define GPIO_LED       18
#define GPIO_SW        24                /* 스위치에 대한 GPIO의 번호 */

static char msg[BLOCK_SIZE] = {0};       /* write() 함수에서 읽은 데이터 저장 */

                                         /* ~ 중간 표시 생략 ~ */

struct cdev gpio_cdev;
static int switch_irq;

/* 인터럽트 처리를 위한 인터럽트 서비스 루틴(Interrupt Service Routine) */
static irqreturn_t isr_func(int irq, void *data)
{
    if(irq == switch_irq && !gpio_get_value(GPIO_LED)) {
```

---

[40] https://ko.wikipedia.org/wiki/인터럽트_요청 참고

```
        gpio_set_value(GPIO_LED, 1);
    } else if(irq == switch_irq && gpio_get_value(GPIO_LED)) {
        gpio_set_value(GPIO_LED, 0);
    }

    return IRQ_HANDLED;
}

int init_module(void)
{
    dev_t devno;

                        /* ~ 중간 표시 생략 ~ */

    printk("'mknod /dev/%s c %d 0'\n", GPIO_DEVICE, GPIO_MAJOR);
    printk("'chmod 666 /dev/%s'\n", GPIO_DEVICE);

    gpio_request(GPIO_LED, "LED");        /* GPIO 사용을 위한 요청 */
    gpio_direction_output(GPIO_LED, 0);
    gpio_request(GPIO_SW, "SWITCH");
    switch_irq = gpio_to_irq(GPIO_SW);    /* GPIO 인터럽트 번호 획득 */
    err = request_irq(switch_irq, isr_func, IRQF_TRIGGER_RISING,
                    "switch", NULL);    /* GPIO 인터럽트 핸들러 등록 */

    return 0;
}

void cleanup_module(void)
{
    dev_t devno = MKDEV(GPIO_MAJOR, GPIO_MINOR);
    unregister_chrdev_region(devno, 1);

    cdev_del(&gpio_cdev);

    /* 사용이 끝난 인터럽트 해제 */
    free_irq(switch_irq, NULL);

    /* 사용이 끝난 GPIO 해제 */
    gpio_free(GPIO_LED);
    gpio_free(GPIO_SW);

    module_put(THIS_MODULE);

    printk(KERN_INFO "Good-bye module!\n");
}
                        /* ~ 중간 표시 생략 ~ */
```

커널에서 인터럽트를 사용하기 위해 별도의 함수들을 제공한다. request_irq( ) 함수를 사용하여 커널에 IRQ를 설정하고, 사용이 끝나면 free_irq( ) 함수를 사용하여 설정된 IRQ를 해제한다.

```
#include <linux/interrupt.h>

typedef irqreturn_t (*irq_handler_t)(int, void *);

int request_irq(unsigned int irq_no, irq_handler_t handler,
            unsigned long flags, const char *dev_name, void *dev_id);
void free_irq(unsigned int irq_no, void *dev_id);
```

표 12-14 리눅스의 인터럽트 관련 커널 함수

함수	내용
cli( ), sti( )	인터럽트를 설정하고 해제한다.
save_flags( ), restore_flags( )	상태 레지스터의 내용을 저장하고 복원한다.
	save_flags(register unsigned long flags);
requst_irq( )	커널에 IRQ를 요청하여 IRQ 인터럽트 핸들러를 등록한다.
	requst_irq(unsigned int irq, void (*handler)(int), unsigned long flags, const char *device);
free_irq( )	request_irq( )에서 획득한 irq를 해제한다.
	free_irq(unsigned int irq);

시스템이 켜진 동안에 계속 실행할 작업이 있으면 사용자 영역에서 데몬 프로세스를 사용할 수 있지만, 데몬 프로세스는 입출력에 제한이 있기 때문에 디바이스 파일의 감시에는 적합하지 않다. 이런 경우 커널에 원하는 기능을 추가할 수 있는데, 앞에서 만든 커널 모듈을 등록한 후에 디바이스 파일 생성 등의 관련 설정을 하고 스위치를 누르면 별도의 애플리케이션이 실행되지 않더라도 LED의 빛이 켜지고 꺼지는 것을 확인할 수 있다.

12.5.2 커널에서의 타이머 사용

LED를 주기적으로 깜빡이게 하려면 커널에서 제공하는 타이머를 사용할 수 있다. 코드 12-14에 다음의 내용을 추가해보자.

코드 12-15 gpiotimer_module.c

```
#include <linux/fs.h>                          /* open( ), read( ), write( ), close( ) 커널 함수 */

                                  /* ~ 중간 표시 생략 ~ */

#include <linux/interrupt.h>                    /* 인터럽트 처리를 위한 헤더 파일 */
#include <linux/timer.h>                        /* 타이머 기능의 사용을 위한 헤더 파일 */
#include <linux/mutex.h>                        /* 뮤텍스의 사용을 위한 헤더 파일 */

                                  /* ~ 중간 표시 생략 ~ */

struct cdev gpio_cdev;
static int switch_irq;
static struct timer_list timer;                 /* 타이머 처리를 위한 구조체 */
static DEFINE_MUTEX(led_mutex);                 /* 충돌 방지를 위한 커널 뮤텍스 */

/* 타이머 처리를 위한 함수 */
static void timer_func(struct timer_list *t)
{
    if(mutex_trylock(&led_mutex) != 0) {        /* 뮤텍스를 이용한 충돌 처리 */
        static int ledflag = 1;                 /* LED의 점멸을 위한 정적 변수 */
        gpio_set_value(GPIO_LED, ledflag);      /* LED의 상태 설정 */
```

```
            ledflag = !ledflag;                        /* 변수의 값 토글링 */
            mutex_unlock(&led_mutex);
    }

    /* 다음 실행을 위한 타이머 설정 */
    mod_timer(&timer, jiffies + (1*HZ));
}

/* 인터럽트 처리를 위한 인터럽트 서비스 루틴(Interrupt Service Routine) */
static irqreturn_t isr_func(int irq, void *data)
{
    if(mutex_trylock(&led_mutex) != 0) {               /* 뮤텍스를 이용한 충돌 처리 */
        if(irq == switch_irq && !gpio_get_value(GPIO_LED)) {
            gpio_set_value(GPIO_LED, 1);
        } else if(irq == switch_irq && gpio_get_value(GPIO_LED)) {
            gpio_set_value(GPIO_LED, 0);
        }
        mutex_unlock(&led_mutex);
    }

    return IRQ_HANDLED;
}

int init_module(void)
{
    dev_t devno;
    unsigned int count;
    int err;

    printk(KERN_INFO "Hello module!\n");

    mutex_init(&led_mutex);                            /* 뮤텍스를 초기화한다. */

    try_module_get(THIS_MODULE);
                                    /* ~ 중간 표시 생략 ~ */
}

void cleanup_module(void)
{
    dev_t devno = MKDEV(GPIO_MAJOR, GPIO_MINOR);

    mutex_destroy(&led_mutex);                         /* 뮤텍스를 해제한다. */

    unregister_chrdev_region(devno, 1);                /* 문자 디바이스의 등록을 해제한다. */

                                    /* ~ 중간 표시 생략 ~ */

static ssize_t gpio_write(struct file *inode, const char *buff, size_t len, loff_t *off)
{
    short count;
    memset(msg, 0, BLOCK_SIZE);
    count = copy_from_user(msg, buff, len);

    if(!strcmp(msg, "0")) {
        del_timer_sync(&timer);                /* 타이머 삭제 */
        gpio_set_value(GPIO_LED, 0);
    } else {
        /* 타이머 초기화와 타이머 처리를 위한 함수 등록 */
```

```
        timer_setup(&timer, timer_func, 0);

        /* timer_list 구조체 초기화: 주기 1초 */
        timer.expires = jiffies + (1*HZ);
        add_timer(&timer);                     /* 타이머 추가 */
    }

    printk("GPIO Device(%d) write : %s(%d)\n",
          MAJOR(inode->f_path.dentry->d_inode->i_rdev), msg, len);

    return count;
}
```

커널 타이머에는 timer_list 구조체를 사용하고, init_timer( )나 setup_timer( ) 함수로 초기화할 수 있다. 타이머 실행을 위해서 add_timer( ) 함수로 타이머를 추가하는데, 이때 timer_list 구조체에 설정된 주기로 동작한다. 사용이 끝난 타이머는 del_timer_sync( ) 함수를 사용하여 삭제할 수 있다. gpiotimer_module.ko 커널 모듈을 설정한 후 앞에서 작성한 gpio 프로그램에 인자로 1을 주면 타이머가 동작하고 0을 주면 타이머가 삭제된다.

```
struct timer_list {
        /* 실행 중에 같은 캐시 라인으로 모든 필드의 값이 변경된다. */
        struct hlist_node    entry;        /* timer_base 전역 변수에 타이머 등록 시 사용 */
        unsigned long        expires;      /* 타이머의 만료 시간을 지정 */
        void                 (*function)(unsigned long);        /* 타이머 핸들러를 지정 */
        unsigned long        data;         /* 타이머 핸들러로 전달하는 값 */
        u32                  flags;        /* 타이머 설정 필드 */

#ifdef CONFIG_LOCKDEP
        struct lockdep_map        lockdep_map;
#endif
};
```

커널 타이머의 시간은 리피스(jiffies)를 이용하는데, 단위로 HZ(헤르츠)를 사용한다. HZ는 주파수를 세는 단위이자 초당 실행되는 횟수를 말한다. 라즈베리 파이에서는 커널 소스의 include 디렉터리 아래의 asm-generic/param.h 파일에 CONFIG_HZ로 정의되어 있고, CONFIG_HZ은 config/auto.conf 파일에 100으로 지정되어 있다.

타이머와 인터럽트를 동시에 사용하는 경우에는 이벤트의 충돌로 문제가 발생할 수 있다. 그러므로 커널에 모듈을 추가하거나 삭제하는 경우 타이머나 인터럽트의 실행이 완료된 경우인지 확인해야 하며, 이러한 충돌을 처리하기 위한 동기화가 필요할 수 있다. 6장에서 프로세스의 동기화에 세마포어나 뮤텍스를 이용했던 것과 같이, 리눅스 커널에서도 뮤텍스를 이용해서 이를 처리할 수 있다. 커널에서의 뮤텍스의 기본 사용법은 프로세스와 비슷하다.

12.5.3 애플리케이션으로의 시그널 전달

앞에서 스위치를 눌렀을 때 커널에서 관련 처리를 할 수 있도록 모듈을 작성해보았다. 이벤트 발생 시 커널에서 직접 처리하는 것이 아니라 애플리케이션에서 처리하는 경우, 커널에서 애플리케이션에 해당 처리를 지시할 수 있는데 이때 유닉스의 시그널을 사용할 수 있다.

커널에서 애플리케이션에 시그널을 보내기 위해서는 현재 프로세스의 ID(PID)를 사용해야 하며, 애플리케이션에서 write( ) 함수를 통해 해당 애플리케이션의 PID를 커널로 전달할 수 있다. 코드 12-15에 시그널과 관련된 코드를 추가해보자.

코드 12-16 **gpiosignal_module.c**

```
#include <linux/fs.h>                  /* open(), read(), write(), close() 커널 함수 */

                                       /* ~ 중간 표시 생략 ~ */

#include <linux/timer.h>               /* 타이머 기능의 사용을 위한 헤더 파일 */
#include <linux/mutex.h>               /* 뮤텍스의 사용을 위한 헤더 파일 */
#include <linux/string.h>              /* 문자열 분석을 위한 함수를 위한 헤더 파일 */
#include <linux/sched.h>               /* send_sig_info() 함수를 위한 헤더 파일 */
#include <linux/sched/signal.h>        /* 시그널 처리를 위한 헤더 파일 */

MODULE_LICENSE("GPL");
MODULE_AUTHOR("YoungJin Suh");

                                       /* ~ 중간 표시 생략 ~ */

static struct timer_list timer;        /* 타이머 처리를 위한 구조체 */
static struct task_struct *task;       /* 태스크를 위한 구조체 */
static DEFINE_MUTEX(led_mutex);        /* 충돌 방지를 위한 커널 뮤텍스 */

                                       /* ~ 중간 표시 생략 ~ */

static irqreturn_t isr_func(int irq, void *data)
{
    if(mutex_trylock(&led_mutex) != 0) {
        if(irq == switch_irq && !gpio_get_value(GPIO_LED)) {
            /* 타이머를 초기화하고 타이머 함수 추가 */
            gpio_set_value(GPIO_LED, 1);
        } else if(irq == switch_irq && gpio_get_value(GPIO_LED)) {
            /* 시그널 처리를 위한 구조체 등록 */
            static struct kernel_siginfo sinfo;    /* 시그널 처리를 위한 구조체 */
            memset(&sinfo, 0, sizeof(struct kernel_siginfo));
            sinfo.si_signo = SIGIO;
            sinfo.si_code = SI_USER;
            send_sig_info(SIGIO, &sinfo, task);    /* 해당 프로세스에 시그널 보내기 */
            gpio_set_value(GPIO_LED, 0);
        }
        mutex_unlock(&led_mutex);
    }

    return IRQ_HANDLED;
}
```

```
                           /* ~ 중간 표시 생략 ~ */

static ssize_t gpio_write(struct file *inode, const char *buff, size_t len, loff_t *off)
{
    short count;
    char *cmd, *str;
    char *sep = ":";
    char *endptr, *pidstr;
    pid_t pid;

    memset(msg, 0, BLOCK_SIZE);
    count = copy_from_user(msg, buff, len);

    /* write( ) 함수로부터 메시지(명령:PID)를 분석하여 명령과 PID로 분리 */
    str = kstrdup(msg, GFP_KERNEL);
    cmd = strsep(&str, sep);
    pidstr = strsep(&str, sep);
    printk("Command : %s, Pid : %s\n", cmd, pidstr);
    cmd[1] = '\0';

    if(!strcmp(cmd, "0")) {
        del_timer_sync(&timer);      /* 타이머 삭제 */

                           /* ~ 중간 표시 생략 ~ */

        add_timer(&timer);           /* 타이머 추가 */
    }

    printk("GPIO Device(%d) write : %s(f_path.dentry->d_inode)\n",
           MAJOR(inode->f_path.dentry->d_inode->i_rdev), msg, len);

    /* 시그널 발생 시 보낼 프로세스 ID를 등록 */
    pid = simple_strtol(pidstr, &endptr, 10);
    if (endptr != NULL) {
        task = pid_task(find_vpid(pid), PIDTYPE_PID);
        if(task == NULL) {
            printk("Error : Can't find PID from user application\n");
            return 0;
        }
    }

    return count;
}
```

애플리케이션에서 명령과 PID를 '명령:PID'와 같이 ':'으로 구분하여 write( ) 함수를 통해 한꺼번에 커널에 보낸다. 커널에서는 받은 명령어를 strsep( ) 함수를 사용해서 구분할 수 있다. strsep( ) 함수는 C 언어에서 사용하는 strtok( ) 함수와 같이 첫 번째 인자의 문자열을 두 번째 인자의 문자열로 구분하여 각각의 요소로 분리해준다.

```
#include <linux/string.h>

char* strsep (char **string_ptr, const char *delimiter);
char* kstrdup(const char *s, gfp_t gfp);
```

strsep( ) 함수의 인자로 char* 형의 데이터를 사용해야 하며, 이를 위해 kstrdup( ) 함수를 사용했다. 커널의 kstrdup( ) 함수는 사용자 영역의 strdup( ) 함수처럼 현재 존재하는 문자열을 위해 메모리를 할당하여 복사해준다. 두 번째 인자로 사용되는 gfp에는 kmalloc( ) 함수에서 사용되는 GFP(Get Free Pages) 마스크[41]를 사용한다.

표 12-15 리눅스의 프로세스 관련 커널 함수

함수	내용
task_pid( )[†]	태스크의 PID 정보를 가지고 있는 pid 구조체를 반환한다.
pid_task( )[††]	pid와 관련된 첫 번째 태스크의 구조체를 반환한다.
task_tgid( )	커널 스레드 그룹 리더의 PID 정보를 가지는 pid 구조체를 반환한다.
task_pgrp( )	프로세스 그룹 리더의 PID 정보를 가지는 pid 구조체를 반환한다.
task_session( )	세션 리더의 PID 정보를 가지는 pid 구조체를 반환한다.
pid_nr( )	pid 구조체로부터 전역(global) PID를 반환한다.
pid_vnr( )	pid 구조체로부터 가상(virtual) PID[‡]를 반환한다.
pid_nr_ns( )	pid 구조체로부터 지정된 네임스페이스(namespace)에 속한 PID를 반환한다.
find_vpid( )	가상(virtual) PID에 해당하는 pid 구조체를 반환한다.
find_pid_ns( )	지정된 네임스페이스에 속한 PID에 해당하는 pid 구조체를 반환한다.

[†] 리눅스 커널 소스의 include/linux/sched.h 파일 참고
[††] 리눅스 커널 소스의 include/linux/pid.h 파일 참고
[‡] 현재 네임스페이스에 할당된 PID

문자열을 분석한 후 PID를 구하면 문자열을 숫자값으로 변경해야 하는데, 사용자 영역의 문자열을 숫자로 바꿔주는 atoi( ) 함수와 같은 역할을 해주는 커널 함수가 simple_strtol( ) 함수이다. 이렇게 해당 애플리케이션의 PID를 구하면 pid_task( ) 함수를 사용하여 pid 구조체를 가져올 수 있다. 앞에서 살펴본 것과 같이 PID는 각 프로세스들을 구분하기 위해 사용되는 정수 값으로 task_struct 구조체에 관리되고 있다. 이와 관련하여 리눅스 커널은 다음과 같은 커널 함수들을 제공한다.

해당 프로세스에 시그널을 보내기 위해서는 send_sig_info( ) 함수를 사용한다.

```
int send_sig_info(int sig, struct kernel_siginfo *info, struct task_struct *p)
```

시그널의 정보는 kernel_siginfo 구조체에 설정한 후, gpio_write( ) 함수를 통해 받은 task_struct 구조체의 PID 정보를 사용하여 해당 프로세스에 시그널을 전달할 수 있다. 리눅스 커널은 이러한 시그널을 보내기 위한 send_sig_info( ) 함수 이외에도 send_sig( ), send_group_sig_info( ), kill_

---

[41] 리눅스 커널 소스의 include/linux/gfp.h 파일 참고

pg_info( ), kill_sl_info( ), kill_proc_info( ) 등의 함수를 제공한다.

gpiosignal_module.c 커널 모듈을 테스트하기 위해서는 시그널을 처리할 수 있는 애플리케이션이 필요하다. 5장에서 살펴본 signal( ) 함수를 사용하여 커널에서 처리하고 있는 해당 시그널을 처리할 수 있도록 이벤트 핸들러를 등록한다.

코드 12-17 **catch_signal.c**

```c
#include <stdio.h>
#include <stdlib.h>
#include <string.h>
#include <signal.h>
#include <fcntl.h>
#include <unistd.h>

void signal_handler (int signum) /* 시그널 처리를 위한 핸들러 */
{
    printf("Signal is Catched!!!\n");
    if(signum == SIGIO) { /* SIGIO이면 애플리케이션을 종료한다. */
        printf ("SIGIO\r\n");
        exit(1);
    }
}

int main(int argc, char **argv)
{
    char buf[BUFSIZ];
    char i = 0;
    int fd = -1;
    memset(buf, 0, BUFSIZ);

    signal(SIGIO, signal_handler);        /* 시그널 처리를 위한 핸들러를 등록한다. */

    printf("GPIO Set : %s\n", argv[1]);
    fd = open("/dev/gpioled", O_RDWR);
    sprintf(buf, "%s:%d", argv[1], getpid());

    write(fd, buf, strlen(buf));

    if(read(fd, buf, strlen(buf)) != 0)
        printf("Success : read()\n");

    printf("Read Data : %s\n", buf);

    printf("My PID is %d.\n", getpid());

    while(1);        /* pause(); */

    close(fd);

    return 0;
}
```

앞의 모듈을 커널로 로드한 후 디바이스 파일을 설정하고 애플리케이션을 실행해보면, 스위치가 눌렸을 때 시그널이 전달되는 것을 확인할 수 있다.

```
pi@raspberrypi:~ $ ./catch_signal 1
GPIO Set : 1
Read Data : 1:2342 from Kernel
My Pid is 2342
Signal is Catched!!!
SIGIO
```

 영화 '터미네이터 3'와 리눅스 커널

1984년 제임스 카메론이 만든 영화 '터미네이터'는 아놀드 슈워제네거라는 배우를 일약 스타로 만들었으며, 속편이 연속해서 제작되는 등의 큰 인기를 끌고 있다.

영화 '터미네이터' 시리즈는 인류의 암울한 미래를 담고 있다. 인류는 컴퓨터와 기계에 의해서 지배를 당하는데, 그 중심에는 스카이넷(Skynet)이라는 메인 컴퓨터가 있다. 이 인공지능 컴퓨터인 스카이넷은 소프트웨어이자 사이버 스페이스로 나온다. 그런데 영화 '터미네이터 3'에 나온 스카이넷의 운영체제는 재미있게도 바로 리눅스 커널 4.1.15였다.

그림 12-12 영화 터미네이터 3에 나온 리눅스 커널 4.1.15

2015년 리눅스 커널의 새로운 버전 번호를 두고 큰 이슈가 있었다. 기존의 버전 3.19까지 나온 리눅스 커널의 다음 버전을 3.20으로 할지 4로 할지에 대한 투표가 있었다. 결과는 영화 '터미네이터'에서처럼 리눅스 커널 4로 결정되었다. 이제 영화에서처럼 인류가 기계에 의해서 지배를 받는 심판의 날이 멀지 않았을지 모르겠다.

12.6 요약

커널은 운영체제의 가장 핵심적인 요소로서 하드웨어 자원을 효율적으로 관리하며 애플리케이션이 자원을 보다 편리하게 다룰 수 있도록 한다. 커널은 애플리케이션 간 소통을 위해 시스템 호출이라는 별도의 인터페이스를 제공하며, 시스템 호출은 애플리케이션과 커널 사이의 통신에 사용된다. 리누스 토발즈에 의해 만들어진 리눅스 커널은 하나의 큰 덩어리인 모놀리식 커널이지만 실시간 확장성을 위해 모듈 구조를 가진다.

애플리케이션을 실행하면 사용자 영역에서 실행되며 하드웨어에 접근할 필요가 있는 경우, 보다 높은 권한을 가지고 있는 커널 영역이 실행된다. 커널은 각 프로세스와 디바이스들을 보호하기 위해 실행 레벨을 가지며, 사용자 영역과 커널 영역에서 실행되는 프로세스들은 서로 다른 레벨로 실행된다.

리눅스에서 디바이스를 사용하기 위해서는 리눅스 디바이스 드라이버를 사용한다. 디바이스 드라이버는 애플리케이션 관점에서 하드웨어의 복잡성을 숨기고 사용자 영역의 프로세스가 하드웨어를 사용할 수 있도록 해준다. 디바이스는 크게 블록 디바이스, 문자 디바이스, 네트워크 디바이스로 나눌 수 있으며, 디바이스 종류에 따라 디바이스 드라이버를 만드는 방법도 다르다. 문자 디바이스는 입출력 단위가 문자인 디바이스이며, 라즈베리 파이의 GPIO가 바로 문자 디바이스이다. 블록 디바이스는 하드디스크처럼 블록 단위로 입출력하는 디바이스이고, 네트워크 디바이스는 소켓을 사용하는 디바이스다.

각각의 디바이스를 구분하기 위해 주 번호와 부 번호를 사용한다. 주 번호는 디바이스 자체를 구분하기 위해 사용되며, 부 번호는 같은 종류의 디바이스에 여러 개의 디바이스가 연결되어 있을 때 이를 구분하기 위해 사용된다.

리눅스는 커널에 새로운 기능을 넣을 수 있도록 시스템 호출을 추가하거나 모듈을 추가하는 방법을 제공한다. 커널에 시스템 호출을 직접 추가한 후에는 리눅스 커널을 다시 빌드한 후 재부팅해야 하기 때문에 시간이 많이 걸린다는 문제점이 있다. 리눅스는 이러한 문제를 해결하기 위해서 모듈이라는 개념을 통해 디바이스 드라이버나 새로운 기능을 재부팅 없이 동적으로 추가하거나 삭제하는 것을 지원한다. 모듈은 리눅스 커널에서 동적으로 올렸다가 내릴 수 있는 형태이다.

라즈베리 파이는 메모리 맵 방식을 사용하여 주변 장치를 제어한다. 메모리 맵 방식에서 주변 장치를 제어하기 위해서는 디바이스에 대한 주소를 알아야 하며, 주소 및 디바이스에 관한 정보는 브로드컴에서 제공하는 스펙을 통해 확인할 수 있다. 이러한 스펙을 사용하여 애플리케이션 레벨에서도 직접 GPIO 디바이스들을 제어할 수 있으며, 디바이스 드라이버 모듈을 통해서 제어할 수도 있다. 리눅스 커널은 저수준의 입출력을 위해 file_operations 구조체를 제공하고, 이 구조체의 함수들을 사용해서 open( ), read( ), write( ), close( ) 함수 등을 수행할 수 있다. 이러한 방법을 통해 GPIO 디바이스를 제어할 수 있으며 커널과 애플리케이션과의 통신을 위해 여러 커널 함수들을 제공한다. 또한, 커널에서 애플리케이션에 이벤트를 전달할 때는 유닉스의 시그널을 사용할 수 있다.

## CHAPTER 12

연습문제

1 리눅스에서 커널 영역과 사용자 영역을 나눠서 사용하는 이유에 대해서 설명하시오.

2 리눅스 디바이스 드라이버의 종류와 차이점에 대해서 설명하시오.

3 리눅스는 세 가지 종류의 디바이스를 제공한다. 'ls' 명령어를 이용해서 어떻게 디바이스 파일들을 구분할 수 있는지 설명하시오.

4 디바이스의 주 번호와 부 번호에 대해서 설명하고, 동일한 주 번호를 갖는 디바이스 파일에 대해서 동일한 부 번호가 없는 이유를 설명하시오.

5 커널 컴파일 절차에 대해서 설명하시오.

6 커널의 시스템 호출을 추가하는 방법에 대해서 설명하시오.

7 커널의 시스템 호출을 추가하는 방법에 비해서 모듈을 사용할 시의 좋은 점에 대해서 설명하시오.

8 리눅스 커널에서 모듈을 사용하기 위해 제공되는 유틸리티들에 대해서 설명하시오.

9 리눅스 모듈을 만들 때 사용하는 module_init()과 module_exit() 매크로에 대해서 설명하시오.

10 라즈베리 파이에서 GPIO를 제어할 때 사용하는 메모리 맵 방식에 대해서 설명하시오.

11 커널에서 file_operations 구조체를 사용할 때 모듈의 동작 절차에 대해서 설명하시오.

13

부록

가산디지털단지
Gasan Digital Complex St

한국에서 프로그래밍 아르바이트에 발목이 잡혀서...
야금야금(夜金夜金)~ 월화수목금금금~

현재 안드로이드나 타이젠(Tizen), 웹OS(webOS) 등 다양한 플랫폼에서 리눅스를 사용한다. 앞으로의 시대는 리눅스 개발자들이 더욱 많이 필요할 것으로 많은 분석가들이 전망하고 있다. 임베디드 리눅스를 개발하기 위해서는 여러 기술들을 알아야 하는데 이러한 기술들은 스타크래프트의 테크트리(Tech Tree)와 같이 순차적으로 공부한다. 이러한 학습 방법에 대해 문의가 많아 예전에 블로그에 실었던 글[1]을 재구성해서 싣기로 한다.

라즈베리 파이는 파이썬이나 리눅스 시스템 프로그래밍 이외에도 여러 개발 방법을 제공한다. 기본적인 시스템 프로그래밍 방법으로 대부분의 프로그래밍은 가능하지만, 보다 쉽게 하기 위해서 Qt나 OpenCV, GStreamer 같은 라이브러리를 사용하는 것이 좋다. 예를 들어, 앞에서 배운 ALSA를 이용해서 WAV 파일을 재생하려면 오디오 파일 분석과 같은 복잡한 작업이 필요하지만 GStreamer나 Qt를 이용하는 경우에는 WAV 파일을 바로 재생할 수 있다.

GStreamer는 리눅스 기반의 멀티미디어 프레임워크 라이브러리다. 미디어 플레이어(Media Player)뿐만 아니라 비디오 에디터(Video Editor)나 스트리밍(Streaming) 애플리케이션을 손쉽게 만들 수 있는 환경을 제공한다. 또한 플러그인(plugin), 데이터 흐름, 미디어 타입 핸들링 및 플러그인 상호 간의 협상 등의 기능을 제공하고, 이러한 플러그인들을 사용하여 애플리케이션을 제작할 수 있는 API를 제공한다.

13.1 임베디드 리눅스 공부하기

임베디드 리눅스는 임베디드와 리눅스를 모두 잘 알아야 하기 때문에 임베디드 부분과 리눅스 부분을 나눠서 공부해야 한다. 임베디드 부분은 임베디드 보드를 설계하고 펌웨어(Firmware)를 올리고 운영체제(OS)와 디바이스 드라이버를 올리는 것으로 나눌 수 있고, 리눅스 부분은 리눅스 개발 환경 설정과 환경 사용을 위한 도구 사용법, 유닉스 시스템 프로그래밍, 유닉스 소켓(네트워크 프로그래밍)을 기본으로 하고, 리눅스 GUI 프로그래밍 등을 병행하여 공부할 수 있다.

13.1.1 하드웨어

임베디드 보드를 설계하고 펌웨어를 올리는 것은 전문적인 일이기 때문에 전자공학의 지식이 요구된다. 우선 OS와 디바이스 드라이버에 대해 먼저 이야기하면, 리눅스 커널과 디바이스 드라이버 제작에 대해 공부해야 한다. 그리고 임베디드 보드에 부트로더/커널 이미지/디스크 이미지 파

---

1   10.1절은 임베디드 리눅스를 공부하고 싶지만 어떻게 시작할지 모르는 분들을 위해 2009년 4월에 필자의 블로그에 게시한 글이다. 주로 임베디드 리눅스를 공부하는 데 필요한 짧은 메모와 추천 교재에 대한 이야기를 담고 있다.

일을 만드는 방법과 올리는 방법에 대해서 공부해야 한다.

참고하기 ➕ **추천 자료**

- 《임베디드 하드웨어 이해와 설계(Designing Embedded Hardware)》
  (개정판)(존 캣솔리스 저, 홍형경 역, 한빛미디어, 2006) (* 절판)

이러한 임베디드 하드웨어에 대한 보다 깊은 이해를 위해서는 기초 전자공학 등의 지식이 필요하다. 최근 아두이노와 라즈베리 파이 등의 오픈 소스 하드웨어들이 나오면서 책들이 보다 다양해졌다. 이러한 책들을 통해서 기초 전자소자들을 사용하는 방법들에 대해서 살펴볼 수 있다.

참고하기 ➕ **추천 자료**

- 《뜯고 태우고 맛보고, 몸으로 배우는 짜릿짜릿 전자회로 DIY, 2판(Make: Electronics 2/E)》
  (찰스 플랫 저, 이하영 역, 인사이트, 2016)
- 《손에 잡히는 아두이노(Getting started with Arduino 3/E)》
  (마시모 밴지/마이클 실로 저, 황주선 역, 인사이트, 2016)
- 《레시피로 배우는 아두이노 쿡북(Arduino Cookbook(2nd edition))》(제2판)
  (마이클 마골리스 저, 윤순백 역, 제이펍, 2012)
- 《리눅스와 함께하는 라즈베리 파이(Learn Raspberry Pi with Linux)》
  (피터 멤브리/데이비드 하우스 저, 배장열 역, 제이펍, 2014)
- 《거침없이 배우는 라즈베리 파이(Raspberry Pi User Guide)》(개정판)
  (에벤 업튼/가레스 할퍼크리 저, 유하영/전우영 역, 지앤선, 2015)
- 《라즈베리 파이 시작하기(The Getting Started with Raspberry Pi)》(개정판)
  (매트 리처드슨/숀 윌리스 저, 배장열 역, 제이펍, 2013)
- 《움직이는 사물의 비밀 – DIY를 위한 기계와 메커니즘의 기초》
  (더스틴 로버츠 저, 랜덤웍스/윤진서 역, 한빛미디어, 2012) (* 절판)

■ 리눅스 커널

리눅스 커널은 완전히 분석하는 데 2년이 걸리고 한번 살펴보는 데만 6개월의 시간이 걸릴 정도로 방대한 양을 가지고 있다. 리눅스 커널은 유닉스 운영체제의 일종이기 때문에 운영체계에 대한 정보가 필요하다. 물론 운영체계에 대해 잘 알지 못해도 리눅스 커널을 공부하는 데는 문제가 없지만 아무래도 공부하는 속도가 더디긴 할 것이다. 리눅스 커널과 함께 공부하기에 적합한 운영체계에 관한 서적은 다음과 같다.

참고하기 ➕ **추천 자료**

- 《UNIX의 내부구조》
  (조유근 저, 홍릉과학출판사, 1991)(* 절판)
- 《Operating System Concepts 에센셜》(2판)
  (Abraham Silberschatz/Peter Baer Galvin/Greg Gagne 저, 조유근/박민규/고건 역, 홍릉과학출판사, 2019)

- 《Operating Systems: Design and Implementation (Second Edition)》
  (앤드루 S. 타넨바움, 앨버트 S. 우드홀 저, Prentice Hall, 1997)
- 《UNIX의 내부(UNIX Internals: The New Frontiers)》
  (Uresh Vahalia 저, 조유근 역, 홍릉과학출판사, 2001)(* 절판)
- 《The Design of the UNIX Operating System》
  (모리스 J. 바흐 저, Prentice Hall, 1986)

운영체제를 공부하면서 리눅스 커널과 디바이스 드라이버를 분석해 나가되, 커널의 구조와 내부 구조를 살펴본다. 분석은 부트로더부터 시작하는 것이 좋지만 부트로더에 관심이 없는 경우에는 커널 API와 구조부터 공부한다.

부트로더는 필자의 홈페이지[2]의 서당에 부팅 과정에 대한 설명이 있으니 이것을 참고하면 좋다. 그리고 예전에 나온 'UNIX KERNEL 완전분석으로 가는 길'이라는 문서[3]도 한번 참고해볼 만하다.

참고하기 ➕ 추천 자료
- 《리눅스 커널의 이해(Understanding the Linux Kernel, 3nd Edition)》(개정3판)
  (다니엘 보베이/마르코 체사티 저, 박장수 역, 한빛미디어, 2006)(* 절판)
- 《리눅스 디바이스 드라이버(Linux Device Driver)》(개정3판)
  (알렉산드로 로비니 저, 이해영/박재호 역, 한빛미디어, 2005)(* 절판)

리눅스 커널에 대한 좋은 책들이 많다. 각각의 책들은 한 분야에 대해 특별히 설명하고 있을 수 있으므로 직접 목차와 내용을 확인해보는 것이 좋다. 예를 들어, 《리눅스 커널 심층 분석》(로버트 러브 저, 황정동 역, 에이콘출판사, 2012)은 VM과 관련하여 좋은 내용을 가지고 있다. 리눅스 커널에 대해 공부한 후에는 커널 컴파일과 파일 시스템, 커널 이미지를 구성하는 방법에 대해서 공부한다.

■ 임베디드 리눅스 개발 환경 구축

리눅스와 커널을 공부한 후에는 임베디드 보드에 부트로더를 올리고 커널과 디스크 이미지를 올려야 한다. 이를 위해서는 실제 임베디드 보드가 필요한데 하이버스, 한백전자 등에서 나오는 실습용 임베디드 보드의 가격이 상당히 고가이므로 구매하기 힘들다. 그러므로 라즈베리 파이나 인텔의 갈릴레오 보드, 이솝 보드처럼 저가로 판매하는 보드를 사용하거나 중고 보드[4]를 구매하는 것도 좋을 것이다. 부트로더나 디스크 이미지를 올리는 방법은 보드마다 차이가 있으니 보드 구매 시 포함된 문서를 참고하는 것이 좋다.

---

2   http://valentis.pe.kr
3   현재는 포털 사이트에서 검색하면 구할 수 있다.
4   온라인상에서 중고 보드를 거래하기도 한다.

- 《임베디드 리눅스 시스템 구축하기(Building Embedded Linux Systems)》
  (카림 야크무르 저, 김태석 역, 한빛미디어, 2004)(* 절판)

13.1.2 소프트웨어

리눅스에서 프로그래밍을 하기 위해서는 리눅스를 잘 사용할 줄 알아야 한다. 그리고 유닉스 시스템 프로그래밍, 유닉스 네트워크 프로그래밍, 리눅스 GUI 프로그래밍 순으로 공부한 후에 셸 스크립트 등의 내용을 공부해 나가는 것이 좋다.

■ 리눅스 설치 및 사용하기

리눅스를 잘 사용하기 위해서는 리눅스로 컴퓨터를 직접 운영해서 오랫동안 써보는 것이 가장 좋은 방법이다. 국내에도 리눅스 설치와 사용에 관한 많은 책들이 나와 있으므로 이 중 가장 읽기 좋은 책 한 권을 선택하여 읽어보면 좋을 것이다. 많은 리눅스 프로그래머가 vi나 gcc, make 같은 도구를 사용하여 프로그래밍을 한다. 위지위그(WYSIWYG) 기반의 문서 편집기를 사용하는 것보다 조금 힘들더라도 텍스트 환경에서 프로그래밍을 시작하는 것이 리눅스를 더 빨리 익힐 수 있는 방법 중 하나라고 생각한다.

- 《러닝 리눅스(Running Linux)》(개정5판)
  (매트 웰시/칼레 달하이머 저, 이만용 역, 한빛미디어, 2006)(* 절판)
- 《Programming with GNU Software》
  (앤디 오람/마이크 루키즈 저, 오라일리 미디어, 1996)
- 《Managing Projects with GNU Make》(3rd Edition)
  (로버트 메클렌부르크, 오라일리 미디어, 2004)

■ 리눅스 시스템 프로그래밍

리눅스 프로그래밍은 대부분 C 기반에서 프로그래밍한다. 그러므로 C 언어는 기본 중의 기본이다. C 프로그래밍에 관한 좋은 책들과 강좌들이 있으므로 참고하여 공부하자.

- 《Kernighan의 C 언어 프로그래밍-수정2판(C Programming Language, 2nd Edition)》
  (브라이언 W. 커니건 저, 휴먼싸이언스, 2016)
- 《10일에 끝내는 C 언어 입문 교실(10日でおぼえるC言語入門教室)》
  (사카시타 유리 저, 이영란 역, 성안당, 2014)
- 《윤성우의 열혈 C 프로그래밍》(개정판)
  (윤성우 저, 오렌지미디어, 2010)

C 언어 프로그래밍 문법에 대해서 공부했다고 바로 프로그래밍을 시작할 수 있는 것은 아니다. 자료 구조와 알고리즘을 공부해야 실제로 C 언어를 가지고 프로그래밍을 시작할 수 있다.

참고하기 ➕ 추천 자료

- 《C로 쓴 자료 구조론(Fundamentals of Data Structures in C)》
  (엘리스 호로비츠/사르타지 사니/수잔 앤더슨-프리드 저, 이석호 역, 교보문고, 2008)
- 《C로 배우는 알고리즘 1, 2》
  (이재규 저, 세화, 2013)

자료 구조와 알고리즘의 공부가 끝났으면 본격적으로 리눅스 시스템 프로그래밍에 들어간다. 리눅스가 POSIX 표준을 준수하므로 리눅스 시스템 프로그래밍은 유닉스 시스템 프로그래밍과 큰 차이가 없다. 이 책에서도 참고한 《Advanced Programming in the UNIX Environment(3rd Edition)》(줄여서 APUE)를 권하는 바이지만 책이 어렵기 때문에 이 책을 바로 도전하기보다는 리눅스 시스템 프로그래밍과 같이 얇고 쉬운 책을 먼저 읽은 후 나중에 정독해보면 좋을 것 같다.

참고하기 ➕ 추천 자료

- 《리눅스 시스템 프로그래밍(Linux System Programming: Talking Directly to the Kernel and C Library, 2nd Edition)》
  (개정2판)(로버트 러브 저, 김영근 역, 한빛미디어, 2015)
- 《우분투 환경에서 C 언어로 배우는 리눅스 프로그래밍(言語による スーパ-LinuxプログラミングCライブラリの活用と實裝·開發テクニック)》(이이오 준 저, 김성재 역, 한빛미디어, 2012)
- 《실용적 예제로 배우는 리눅스 프로그래밍(Linux Programming by Example)》
  (아놀드 로빈스 저, 이금석/김용수 역, 지앤선, 2005)(* 절판)
- 《Beginning Linux Programming》(4판, 한국어판)
  (닐 매튜, 릭 스톤스 저, 류광 역, 아이티씨(ITC), 2008)
- 《Advanced Programming in the UNIX Environment(3rd Edition)》
  (W 리처드 스티븐스/스티븐 A. 라고 저, 애디슨-웨슬리, 2013)

위의 기본적인 리눅스 시스템 프로그래밍에 대한 공부가 끝나면 병렬 처리를 위한 스레드나 기타 개념에 대해 공부한다.

참고하기 ➕ 추천 자료

- 《UNIX Systems Programming - 통신, 병행성 그리고 쓰레드》
  (Kay A. Robbins/Steven Robbins 저, 권상호/주민규/윤종수 역, 정보문화사, 2006)
- 《Programming with POSIX Threads》
  (데이비드 R.부트노프 저, 애디슨-웨슬리, 2004)[5]

---

5   예전에 인포북에서 이 책의 한글 번역서가 나왔지만 절판되었다.

■ **리눅스 네트워크 프로그래밍**

TCP/IP 네트워크에 대한 개념 없이 네트워크 프로그래밍을 배우기는 힘들다. 설사 네트워크 프로그래밍에 대해서 배우더라도 네트워크의 원리에 대해서 모르면 보다 고차원적인 네트워크 애플리케이션 프로그래밍이 어렵다. 다음의 유닉스 소켓 프로그래밍과 네트워크에 대해 함께 설명한 책도 참고해보면 좋겠다.

> **참고하기 ➕ 추천 자료**
> - 《윤성우의 열혈 TCP/IP 소켓 프로그래밍》(개정판)
>   (윤성우 저, 오렌지미디어, 2009)
> - 《얇지만 얇지 않은 TCP/IP 소켓 프로그래밍 C(CP/IP Sockets in C#)》
>   (마이클 도나후/케네스 칼버트 저, 유재필 역, 비제이퍼블릭, 2009)
> - 《Unix Network Programming(3rd Edition)》
>   (W. 리처드 스티븐스/빌 펜너/앤드 M. 루도프 저, 애디슨-웨슬리, 2004)

이외에도 《TCP/IP Illustrated》(케빈 R. 폴/W. 리처드 스티븐스 저, 애디슨-웨슬리, 2011)나, 《Internet working With TCP/IP》(제6판)(더글러 E. 코머 저, 피어슨, 2015)(Prentice Hall) 등의 외국 도서도 도움이 될 만하다. 기본적인 TCP/IP 네트워크에 대해 공부했으면 본격적으로 네트워크 프로그래밍에 대해 공부한다.

■ **리눅스 GUI 프로그래밍**

리눅스에서는 GUI로 GTK+와 Qt를 주로 사용한다. 이외에도 Motif나 WxWidget 같은 툴킷들을 사용하고 있지만 다른 툴킷에 비해 사용 빈도가 낮다. 국내에서는 GTK+에 대한 책은 절판되어서 구하기 힘들고 Qt에 대한 책이나 문서들은 많다.

> **참고하기 ➕ 추천 자료**
> - 《예제 중심의 애플리케이션 개발을 위한 Qt5 프로그래밍 가이드》
>   (김대진 저, 성안당, 2014)(* 절판)
> - 《열혈강의 Qt 프로그래밍》
>   (서영진 저, 프리렉, 2008)(* 절판)
> - 《Foundations of GTK+ Development》
>   (앤드루 크라우제 저, Apress, 2008)
> - 《초보자를 위한 21일 완성 리눅스 GTK+ 프로그래밍》
>   (도나 마틴 저, 김진구 등 역, 인포북, 2000)(* 절판)

위의 GUI들은 모두 데스크톱 기반의 리눅스에서 동작하기 때문에 임베디드 보드에 올리기 위해서는 포팅 과정이 필요하다. 프로그래밍과 포팅은 별도의 과정이므로 이에 대한 공부가 필요한 것이다.

이처럼 기본적인 프로그램에 대한 공부를 마친다면 셸 스크립트나 정규 표현식, 리눅스 멀티미디어(OSS/ALSA/Video4Linux)에 대해 공부하면 좋다.

> **참고하기 ➕ 추천 자료**
> - 《한 권으로 끝내는 정규 표현식》
>   (잰 고이바에르츠/스티븐 리바이선 저, 김지원 역, 한빛미디어, 2010)
> - 《처음 시작하는 정규 표현식》
>   (마이클 피츠제럴드 저, 이수진/이성희 공역, 한빛미디어, 2013)

사람마다 스스로에게 맞는 음식과 약이 따로 있듯이 독자에게 가장 좋은 책 역시 필요에 따라 다를 것이다. 또한, 영어를 공부하기 위해 여러 권의 문법 책과 회화 책을 읽듯이, IT도 한 권의 책으로 모든 것을 공부하기는 어렵다. 각각의 책이 장점과 단점을 모두 가지고 있기 때문에 여러 권의 책을 여러 번 읽어서 각각의 장점을 흡수할 수 있어야 한다. 소프트웨어 개발자로 사는 것은 끝이 없는 산을 오르는 것과 같다. 새로운 기술이 늘 쏟아지기 때문에 "IT 분야의 3개월은 다른 분야의 1년과 같다."는 말을 하기도 한다. 이러한 IT 분야에서 살아남기 위해서는 항상 노력하고, 노력하고, 또 노력해야 한다. 많은 분들이 언제까지나 빛을 잃지 않는 진정한 구루로 남을 수 있었으면 좋겠다.

13.2 리눅스 셸(Shell) 프로그래밍

13.2.1 리눅스 셸

리눅스는 유닉스 기반의 운영체제로 하드웨어를 효율적으로 관리해주고 사용자에게 편의성을 제공해주는 커널과 이러한 커널을 사용할 수 있게 셸이나 X 윈도를 제공한다. 셸은 사용자가 입력한 문장을 분석해서 명령을 실행하는 인터프리터라고 볼 수 있다.

■ 리눅스의 셸

셸은 여러 종류가 있는데 리눅스는 bash라는 셸을 사용한다. 리눅스의 시스템 호출을 이용해서 프로그램을 작성할 수 있는 것과 같이, 셸도 자동화 등을 위한 프로그래밍을 제공한다. 스크립트 기반의 프로그래밍도 가능한데, 이러한 셸 스크립트 프로그래밍을 셸 프로그래밍이라고 한다.

종류	명령어	내용
본(Bourne) 셀	sh	가장 초기에 나온 벨 연구소의 스티브 본(Stephen R. Bourne)이 개발한 유닉스의 가장 기본이 되는 셀
C 셀	csh	버클리대의 빌 조이(Bill Joy)가 개발한 셀로 히스토리(history), 작업 제어, 앨리어스 등의 기능을 추가하고 C 언어와 비슷한 스크립트를 사용
TC 셀	tcsh	C 셀에 명령행 완성과 편집 기능을 추가한 셀
Korn 셀	ksh	본 셀 기반에 C 셀의 편리한 기능들을 추가한 셀
bash(Bourne Again) 셀	bash	리눅스와 macOS, MS 윈도우 10 등에서 지원되는 현재 가장 많이 사용되는 셀로, C 셀과 Korn 셀 등의 장점을 통합해서 개발한 셀
데비안 암키스트 셀	dash	Bash보다 기능이 적지만 크기가 작고 훨씬 더 가벼운 POSIX 호환성이 있는 유닉스 셀

현재 시스템에서 지원하는 셀을 /etc/shells에서 확인할 수 있다.

```
pi@raspberrypi:~/linux $ cat /etc/shells
# /etc/shells: valid login shells
/bin/sh
/bin/dash
/bin/bash
/bin/rbash
```

■ 셸의 확인과 변경

시스템이 부팅되고 사용자가 로그인하게 되면 셸이 자동으로 실행되는데, 현재의 계정에 따라서 자동으로 실행되는 셸은 SHELL이라는 환경 변수를 통해 확인할 수 있다. 환경 변수의 확인은 echo 명령어를 통해 확인할 수 있으며, 2장 makefile에서와 같이 환경 변수 앞에 '$' 기호를 붙여서 사용해야 한다.

```
pi@raspberrypi:~/linux $ echo $SHELL
/bin/bash
```

계정에서 사용하는 셸은 계정과 관련된 설정 파일에 저장되어 있는데, 일반적인 계정과 관련된 사항은 /etc/passwd 파일에 설정되어 있다.

```
pi@raspberrypi:~/linux $ grep $LOGNAME /etc/password
pi:x:100:100:pi:/home/pi:/bin/bash
```

/etc/passwd 파일은 계정과 관련된 사항들을 저장하고 있는데, '계정 이름:비밀번호:사용자 ID (uid):그룹 ID(goid):계정 정보:홈 디렉터리:로그인 셸' 등의 정보를 가지고 있다. 초기에는 /etc/

passwd의 두 번째 인자에 비밀 번호를 저장하였지만, 현재는 보안상의 문제로 /etc/shadow 파일에 암호화되어 저장된다.

로그인 시에 기본 셸을 변경하고 싶으면 chsh 명령어를 사용하거나 /etc/passwd 파일을 직접 수정해도 되며, 현재의 셸을 잠시 변경하고 싶은 경우에는 해당 셸 프로그램을 수행하면 된다.

13.2.2 bash의 사용

bash는 Bourne Again Shell의 약자로, 유닉스에 처음 등장한 Bourne 셸에 C 셸 등의 장점을 결합해서 만든 셸이다. 1987년에 처음 등장하였으며, 출시되자마자 많은 리눅스 배포판에 곧바로 채택되었다. 현재 리눅스를 비롯한 macOS, MS 윈도우 10 등 다양한 운영체제에서 기본으로 지원하고 있으므로 라즈베리 파이 사용자가 아니더라도 배워 두면 사용할 곳이 많다.

콘솔에서 명령어를 수행하려면 셸에 직접 입력하면 된다. 명령어 여러 개를 한꺼번에 묶어서 수행할 수 있는데, ';'나 '&&'을 이용해서 수행하면 된다. ';'는 이전 명령어의 수행 성공 여부에 관련없이 다음 명령어를 수행한다. '&&'는 이전 명령어의 실행이 실패했을 경우 다음 명령어를 수행하지 않는데, 이를 조건부 실행이라고 한다.

bash는 다양한 편리한 기능을 제공한다. 먼저 탭 완성(Tab Completion) 기능을 제공하는데, 수행할 명령어나 파일명의 일부만 입력하고 탭 키를 누르면 나머지 부분을 자동으로 완성해주는 것이다. 예를 들어 finger 명령어를 수행하고 싶은 경우, 'fing'까지 입력하고 탭 키를 누르면 자동으로 finger 명령어를 완성해준다. 만약, fin만 입력하고 탭 키를 누르면 find와 같이 fin으로 시작하는 명령어가 여러 개이므로 자동 완성이 되지 않고 비프음이 나는데, 이때 탭 키를 다시 입력하면 fin으로 시작하는 명령어들을 표시해준다.

```
pi@raspberrypi:~/linux $ fin[탭 두 번]
find            find2perl5.18  findrule5.18    finger
find2perl       findrule       finetune_net
```

bash의 또 다른 편의 기능은 바로 명령행 히스토리이다. 2장에서 알아본 것과 같이 history 명령어를 수행하면 현재까지 수행했던 명령어들의 목록이 번호와 함께 나타나는데, ![명령어 번호]는 예전에 수행했던 명령어를 다시 수행할 수 있다면, 바로 전에 수행했던 명령어는 !!로 실행할 수 있다. 그리고 키보드의 방향키를 이용해서 이전에 수행했던 명령어 리스트를 확인할 수 있는데, 위쪽 방향키(↑)는 이전 명령어 목록으로 이동하고 아래쪽 방향키(↓)는 다음 명령어 목록에서 이후 명령어로 이동할 때 사용된다.

■ **bash의 환경 설정**

리눅스에서 로그인을 하면 기본으로 bash가 실행되는데, 실행될 때 설정 파일을 이용하여 환경 설정을 한다. 유닉스 전역 설정 파일은 /etc에 위치하며, 계정을 위한 설정 파일은 홈 디렉터리($HOME)에 위치한다. 유닉스에서 홈 디렉터리를 '~' 키로 나타낼 수 있다. 참고로 bash에서 방금 전에 이동한 디렉터리는 'cd -' 명령어를 사용하면 된다.

유닉스에서 '.'으로 시작되는 파일은 숨겨진(hidden) 파일이라고 부르며, ls 명령어에 '-a' 옵션을 사용해야만 확인할 수 있다.

표 13-2 **bash의 설정 파일**

설정 파일	내용
/etc/profile	bash 셸이 수행될 때 실행되는 프로그램을 제어하는 전역 설정 파일로, 시스템의 모든 사용자에게 영향을 준다.
/etc/bashrc	별칭(alias), bash 셸과 함께 실행되는 스크립트를 위한 전역 설정 파일로 /etc/profile 파일에 통합해서 사용하기도 한다.
~/.bash_profile	환경 변수와 bash 셸과 함께 실행되는 프로그램을 제어하기 위한 사용자 설정 파일로 해당 사용자에게만 영향을 주는데, /etc/profile이 수행된 후 바로 수행된다.
~/.bashrc	별칭(alias), bash 셸과 함께 실행되는 스크립트를 위한 사용자 설정 파일로 /etc/bashrc 파일이 수행된 다음에 수행된다.
~/.bash_logout	사용자가 로그아웃하기 직전에 실행되는 프로그램에 대한 사용자 설정 파일이다.

사용자가 로그인하면 설정 파일을 순차적으로 읽어서 환경을 설정한다. bash의 경우 /etc/profile이나 /etc/bashrc 파일을 먼저 읽어 실행하고, 다시 순서대로 ~/.bash_profile 파일과 ~/.bashrc 파일을 처리한다. 현재의 셸 사용을 끝나고 로그아웃(logout)하면 ~/.bash_logout과 /etc/bash_logout 파일을 처리한다.

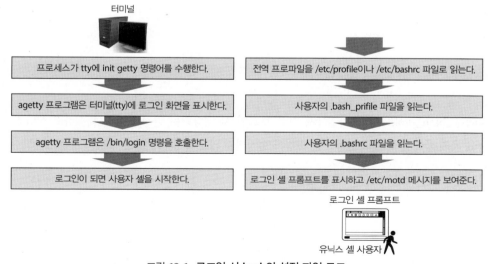

그림 13-1 **로그인 시 bash의 설정 파일 로드**

▪ 별칭(alias)

별칭은 리눅스에서 명령어를 다른 이름으로 바꿔 부르거나 명령어의 복잡한 옵션을 간단히 줄일 때 사용한다. 예를 들어, 'ls -l'과 같이 자주 수행하는 명령어를 'll'과 같이 줄여서 실행하면 명령어 타이핑 시간을 줄일 수 있고, 실수로 옵션이 누락되거나 잘못된 명령어가 실행되지 않도록 할 수도 있다.

리눅스에서 별칭은 alias 명령어를 이용해서 만들 수 있다. alias 명령어를 셸에 직접 수행하거나 환경 변수로 지정할 수 있는데, alias 명령어를 셸에 직접 수행하면 로그인할 때마다 계속해서 설정해 줘야 하는 문제가 있다. 사용자 설정 파일을 이용해서 별칭을 만들어보도록 하자.

별칭은 .bashrc 파일을 이용해서 설정할 수 있는데, 다음과 같은 내용을 사용자 설정 파일에 추가하고 10장과 같이 source 명령어를 이용해서 셸에 적용해보도록 하자.[6]

코드 13-1 ~/.bashrc

```
alias ll='ls -l'
alias la='ls -al'
alias rm='rm -i'
```

alias 명령어를 설정할 때 앞의 별칭과 실제 실행되는 명령어는 '='를 통해 연결한다. 그리고 별칭과 '=', 그리고 실제 실행되는 명령어 사이에는 공백이 없이 바로 연결해야 한다.

위의 설정 파일에서는 3개의 별칭을 설정하여 ll을 실행하면 'ls -l'이 수행되고, la를 실행하면 'ls -al'이 수행되도록 하였다. 그리고 rm 명령어를 수행할 때 사용자에게 실제로 삭제할지를 물어보게 하여 파일이 곧바로 삭제되지 않도록 할 수 있다.

경우에 따라서는 설정한 별칭을 잠시 해제하고 싶은 경우가 있을 것이다. 설정한 별칭을 해제하려면 unalias 명령어를 이용할 수 있다.

```
pi@raspberrypi:~/linux $ unalias rm
```

.bashrc나 .bash_profile 등의 파일에서 다음 로그인 시 해당되는 별칭을 잠시 해제하고 싶다면, 앞에 '#'을 추가해서 주석으로 설정하면 별칭이 설정되지 않도록 할 수 있다.

---

6   설정 파일을 수정한다 해서 현재 사용하는 셸에 환경 변수가 자동으로 설정되지는 않는다. 다시 셸을 실행하거나 source 명령어를 이용해서 수동으로 설정해야 한다.

13.2.3 bash의 환경 설정

일반적인 C 언어나 C++ 프로그래밍과 같이 기본적인 셸 프로그래밍은 변수를 이용하므로, 변수들에 대해 알고 있어야 한다.

■ 변수의 설정

C나 C++과 같은 프로그래밍 언어에서 변수를 설정하는 것과 같이 환경 변수도 변수를 사용할 수 있다. 변수는 변화하는 값을 저장할 수 있는 저장 공간으로, 이러한 변수를 이용하면 여러 곳에 사용해야 할 값을 하나의 변수에 대입해서 편리하게 사용할 수 있다.

bash는 환경 변수와 지역 변수라는 두 가지 형태의 변수를 지원한다. 환경 변수는 시스템에서 사용한 것으로 이미 시스템에 의해 생성되었으므로 다른 형태로 사용할 수 없다. 환경 변수들은 앞에서 본 것과 같이 /etc/profile이나 ~/.bash_profile 파일을 이용해서 설정할 수 있다. 리눅스에서는 표 13-3과 같이 많은 환경 변수들을 지원하고 있다.

지역 변수는 사용자에 의해 설정할 수 있는 것으로 ~/.bashrc 파일에 설정하며, 특정 사용자를 위해서만 사용되는 것이므로 특정 값을 반복해서 사용해야 할 경우에 유용하다.

변수를 정의하는 것은 별칭을 정의하는 것과 동일하다. '변수명=값'과 같이 세 부분으로 이루어져 있으며, 지역 변수명으로 이미 시스템에서 지정되어 있는 환경 변수와 같은 이름을 사용하면 충돌의 위험이 있다. 환경 변수를 설정하는 방법은 10장의 Qt 환경 변수의 설정 방식과 같다.

~/.bash_profile 파일

```
QTDIR=/usr/local/qt
PATH=$QTDIR/bin:$PATH
LD_LIBRARY_PATH=$QTDIR/lib:$LD_LIBRARY_PATH

export QTDIR PATH LD_LIBRARY_PATH
```

위의 ~/.bash_profile에서 QTDIR은 지역 변수이고 PATH와 LD_LIBRARY_PATH는 환경 변수이다. 지역 변수든, 환경 변수든 설정하는 방법은 같으며, 정의된 변수를 현재 셸에 지정할 때는 export 명령어[7]를 사용해야 한다.

환경 변수나 앞에서 설정한 지역 변수에 접근하려면 변수명의 앞에 달러 기호($)를 붙여서 사용하면 된다. 이는 앞의 환경 변수를 출력할 때 $를 붙여서 사용했던 것과 같다.

---

[7] export는 밖으로 내보낸다는 뜻을 가지고 있는데, 변수를 현재의 셸로 내보내서 설정한다.

■ bash의 환경 설정

10장에서 본 것과 같이 리눅스는 다양한 환경 변수들을 제공하고 있다. 셸의 환경 변수는 /etc/profile이나 ~/.bash_profile 파일에 설정하는데, 표 10-4의 환경 변수 외에도 다음과 같은 다양한 환경 변수들이 있다.

표 13-3 리눅스(유닉스)의 주요 환경 변수

환경 변수	내용
HOME	사용자의 홈 디렉터리
PATH	실행 파일들이 위치하고 있는 디렉터리 경로
LD_LIBRARY_PATH	공유 라이브러리 파일들이 위치하고 있는 디렉터리 경로
PWD	사용자가 현재 작업 중인 디렉터리의 절대 경로
LANG	셸(시스템)에서 현재 기본으로 지원하는 언어
SHELL	사용자가 로그인해서 사용하고 있는 셸
HOSTNAME	호스트 이름
LOGNAME	로그인 이름
USER	사용자 이름(/etc/passwd)
USERNAME	사용자 이름
GROUPS	사용자 그룹의 이름(/etc/passwd)
DISPLAY	X 윈도에서 사용하는 디스플레이 이름
PS1	기본 프롬프트 변수(기본값: u@\h \W \$)
PS2	보조 프롬프트 변수(기본값: >)
PS3	셸 스크립트에서 select 사용 시의 프롬프트 변수(기본값: #?)
PS4	셸 스크립트 디버깅 모드의 프롬프트 변수(기본값: +)
MAIL	메일 파일의 보관 경로
MAILCHECK	메일 확인 주기(시간)
OSTYPE	시스템에서 사용하는 운영체제의 타입
HOSTTYPE	시스템에서 사용하는 하드웨어의 타입
MACHTYPE	HOSTTYPE보다 더 자세한 정보를 출력하는 하드웨어의 타입
UID	사용자 UID
EUID	사용자 유효 ID(프로세스를 실행할 때의 권한을 갖는 ID)
TERM	로그인하는 터미널의 타입
COLUMNS	현재 사용하는 터미널이나 윈도우 터미널의 칼럼 수
LINES	현재 사용하는 터미널이나 윈도우 터미널의 라인 수
HISTFILE	history 명령어에 표시되는 히스토리를 저장하는 파일 경로
HISTFILESIZE	history 명령어에 표시되는 히스토리를 저장하는 파일의 크기
HISTSIZE	history 명령어에 표시되는 히스토리의 저장 개수
HISTCONTROL	중복되는 명령을 저장할지의 여부를 설정

현재 시스템에 설정되어 있는 환경 변수는 env나 printenv, set 명령어를 통해 확인할 수 있다. 앞의 환경 변수 이외에도 bash 셸을 위한 환경 변수들이 있다.

표 13-4 **bash의 주요 환경 변수**

환경 변수	내용
BASH	bash 명령어의 파일 위치
BASH_ENV	스크립트 실행 시 BASH 시작 파일을 읽을 위치 변수
BASH_VERSINFO	현재 bash 버전

■ PATH 환경 변수: 실행 파일들의 경로

리눅스에서 애플리케이션을 실행하기 위해서는 애플리케이션이 있는 디렉터리에 PATH라는 환경 변수가 설정되어 있어야 한다. 그렇지 않을 경우에는 애플리케이션의 경로를 직접 설정해서 실행하는데, 때문에 현재 디렉터리에 있는 프로그램은 './'와 같이 상대 경로로 실행하였다.

PATH 환경 변수는 bash가 실행 프로그램을 찾을 경로를 지정하는 환경 변수다. 환경 변수를 설정할 때 10장에서 Qt의 환경 변수를 설정했던 것과 같이 ~/.bash_profile 파일에 설정할 수 있다.

~/.bash_profile 파일

```
PATH=/usr/local/bin:$PATH

export PATH
```

환경 변수는 별칭을 설정하는 것과 같이 '환경 변수=값'과 같은 형식을 따른다. 이전의 값에 새로운 값을 추가하려면 bash의 경우에는 콜론(:)을 붙여서 나열해주면 된다. 설정 파일이나 셸 스크립트에서 환경을 전역으로 설정하려면 export 명령을 이용해서 적용시켜줘야 한다.

■ 프롬프트

리눅스에서는 사용자 프롬프트를 위해 PS1, PS2 등의 환경 변수를 제공하고 있다. PS1 변수를 이용해서 기본적인 프롬프트를 설정할 수 있는데, 일반적으로 /etc/profile이나 /etc/bashrc 파일에 정의되어 있다.

라즈베리 파이에서 프롬프트(PS1)의 기본값은 '\[\e]0;\u@\h: \w\a\]${debian_chroot:+($debian_chroot)}\[\033[01;32m\]\u@\h\[\033[00m\]:\[\033[01;34m\]\w\$\[\033[00m\]'로 '사용자명@호스트명 작업: 디렉터리'가 표시된다. 이 환경 변수를 설정해서 사용자 프롬프트를 변경할 수 있다.

표 13-5 프롬프트 환경 변수의 인자

인자	내용
\u	현재 사용자의 사용자 이름
\h	호스트 이름
\w	현재 작업 디렉터리
\W	현재 작업 디렉터리의 베이스 이름
\$	유효한 UID가 0이면 #, 아니면 $
\t	HH:MM:SS 형식으로 나타나는 현재 시간
\d	Weekday Month Date 형식으로 나타나는 날짜(예: Tue Feb 30)
\n	개행 문자(newline)
\s	현재 사용하는 셸의 이름
\#	현재 명령의 명령 번호
\!	현재 명령의 히스토리 번호

프롬프트의 인자를 이용해서 설정하면 프롬프트의 모양을 변경할 수 있다. 로그인 시마다 설정하게 하고 싶으면 /etc/bashrc나 ~/.bashrc 파일에 설정하면 되며, 셸에서 잠시만 사용하고 싶은 경우에는 export 명령어와 함께 사용하면 된다.

```
pi@raspberrypi:~/linux $ export PS1="[\t \s] \$ "
[11:54:37 bash] $
```

13.2.4 리눅스 셸 프로그래밍[8]

X 윈도가 나오기 전에는 셸로 리눅스를 이용했는데, 키보드를 이용해서 직접 명령어를 타이핑해야만 했다. 반복적인 작업을 수행하는 경우에는 이러한 작업을 효율적으로 지원해야 할 필요가 있는데, 이를 위해 등장한 것이 바로 셸 프로그래밍이다.

■ 'Hello World!' 셸 프로그래밍

셸 프로그램을 이용하면 많이 반복되는 여러 명령어의 실행이나 C 언어 등으로 만들 수 있는 간단한 코딩을 보다 쉽게 할 수 있다. 먼저 'Hello World!' 메시지를 출력하는 셸 프로그램을 작성해 보자. 다음과 같은 파일을 만들어 본다.

---

8 https://blog.gaerae.com/2015/01/bash-hello-world.html 참고

코드 13-2 **helloworld.sh**

```
#! /bin/sh
echo "Hello World!"
```

셸 스크립트는 일반적으로 .sh라는 확장자를 가지고 있으며, 첫 줄은 #!/bin/sh로 시작한다. #는 주석을 의미하고, 이 주석을 이용해서 지시어로 셸 스크립트를 실행할 때 사용할 셸을 지정할 수 있다. 그리고 화면에 메시지를 출력하고 싶으면 유닉스의 echo 명령어를 이용하면 된다.

애플리케이션들이 모두 실행 파일인 것과 같이 셸 스크립트 파일도 실행 권한이 있어야만 실행할 수 있다. chmod 명령어를 이용해서 실행 권한을 부여하고 스크립트 파일을 실행하면 된다.

```
pi@raspberrypi:~/linux $ chmod a+x helloworld.sh
pi@raspberrypi:~/linux $ ./helloworld.sh
Hello World!
```

echo 명령어는 C 언어에서 사용하는 printf 명령어를 이용해서 변경할 수도 있다.

코드 13-3 **수정된 helloworld.sh**

```
#! /bin/sh
printf "Hello World!\n"
```

■ 제어 구조

셸 스크립트도 C 언어와 같이 반복문(순환문)이나 조건문과 같은 제어 구조를 제공한다. 반복문은 for 문과 while 문, 그리고 until 문을 제공하고, 조건문은 if 문을 제공한다.

■ for 문

숫자(인덱스)가 증가하거나 감소하는 반복 구조를 사용하는 경우에 이용하는 반복문으로 다음과 같은 형식을 갖는다.

```
for 변수 in 변숫값리스트
do
      명령어 리스트
done
```

변수는 변숫값 리스트에서 넘어오는 값을 저장하기 위한 공간이며, 이 변수는 다음의 do ~ done 사이의 명령어 리스트에서 사용할 수 있다. 변숫값 리스트는 $(명령어)를 이용해서 명령어의 실행 결과를 사용할 수도 있다.

예를 들어, 1부터 10까지를 더해서 출력하는 셸 스크립트를 작성하는 경우에 다음과 같은 for 문을 사용할 수 있다. 아울러 숫자 값을 더하기 위해서 산술 연산자(Arithmetic Operator)를 사용할 수도 있다.

표 13-6 산술 연산자

연산자	내용
+	덧셈
−	뺄셈
*	곱셈
/	나눗셈
++	지수승
%	나머지 값(모듈러스 연산자)
+=	현재의 값을 지정한 값으로 덧셈
−=	현재의 값을 지정한 값으로 뺄셈
*=	현재의 값을 지정한 값으로 곱셈
/=	현재의 값을 지정한 값으로 나눗셈
%=	현재의 값을 지정한 값으로 나눈 후 나머지 값

셸 스크립트에서 산술 연산자를 이용하기 위해서는 C 언어와 다르게 몇 가지 규칙이 있다. 정수 연산을 위해서 이중 소괄호나 대괄호를 사용해야 한다.

```
num=$((i + j))
num=$(($i + $j))
num=$((i + 2 + 3))
num=`expr $i + $j`
```

또 다른 방법으로는 expr 연산자를 사용해서 계산을 수행한 후 결괏값을 이용하는 방법인데, 출력의 결괏값만 가져오고 싶은 경우에는 "(백틱)'으로[9] 묶어주면 된다.

셸 스크립트에서 변수의 선언에는 반드시 초깃값이 필요하다. 출력은 echo나 printf 명령어를 사용하면 된다. 개행 문자를 이용하려면 '\n'을 사용하면 되는데, 기존 변수와 함께 출력하고 싶은 경우에는 변수를 큰 따옴표("") 안에 넣으면 된다.

---

[9] 키보드에서 ESC 키 아래에 있는 기호 키이다.

코드 13-4 accumulation_for.sh

```
#! /bin/sh
sum=0                               # 변수의 선언
for i in 1 2 3 4 5 6 7 8 9 10       # for 문의 사용
do                                  # 반복할 문장들
    printf "$i\n"
    sum=$(($sum + $i))
done                                # 순환문의 끝을 지정
printf "$sum\n"
```

1부터 10까지의 값을 더하기 위해서 변숫값 리스트에 '1 2 3 4 5 6 8 9 10'과 같은 숫자를 나열할 수 있지만, 1부터 100까지 더하는 경우라고 하면 숫자를 나열하기 힘들어진다. 이러한 경우에는 {1..10}으로 짧게 줄여 사용할 수 있다.

위와 같은 스타일 외에도 C 언어와 비슷한 for 문과 같이 사용할 수도 있다. C 언어와 다르게 ((~))와 같이 2개의 '('와 ')'를 사용해야 한다. C 언어 스타일의 for 문은 '초기식; 조건식; 증감식' 으로 구성되어 있는데, 초기식은 for 문이 처음 수행될 때 한 번 실행되고, 이러한 조건식이 참인 경우 do ~ done 사이의 문장들이 수행된다. 그런 다음 증감식이 수행된 후 다시 조건식이 참인 경우만 처리한다.

코드 13-5 accumulation_c_for.sh

```
#! /bin/sh
sum=0
for ((i=1; i<=10; i++))
do
    printf "$i\n"
    sum=$(($sum + $i))
done
printf "$sum\n"
```

참고로 반복문이나 조건문의 블록들을 다른 코드와 쉽게 구분할 수 있도록 안으로 들여쓰기하면 가독성을 높일 수 있다.

■ while 문

셸 스크립트에서 지원하는 또 다른 반복문은 바로 while 문인데, while 문은 C 언어의 for 문과 같 이 조건이 참인 경우에 반복된다.

코드 13-6 accumulation_while.sh

```sh
#! /bin/sh
i=1
sum=0
while [ $i -le 10 ]
do
    printf "$i\n"
    sum=$(($sum + $i))
    i=$((i + 1))
done
printf "$sum\n"
```

코드 13-6을 보면 변수를 이용해서 while 문에서 조건을 비교하고 있다. 셸 스크립트에서는 정수를 비교하기 위해 다음과 같은 연산자를 제공한다.

표 13-7 정수 비교 연산자

연산자	내용
-eq	2개의 값이 서로 같다.
-ne	2개의 값이 서로 다르다.
>, -gt	왼쪽의 값이 더 크다('>': 이중 소괄호에 사용).
>=, -ge	왼쪽의 값이 더 크거나 같다('>=': 이중 소괄호에 사용).
<, -lt	왼쪽의 값이 더 작다('<': 이중 소괄호 사용).
<=, -le	왼쪽의 값이 더 작거나 같다('<=': 이중 소괄호 사용).

또한, 문자열을 비교하기 위해 다음과 같은 연산자를 제공한다.

표 13-8 문자열 비교 연산자

연산자	내용
=, ==	두 문자열이 서로 같다.
!=	두 문자열이 서로 다르다.
<	왼쪽 문자열이 더 작다(ASCII 순서).
>	왼쪽 문자열이 더 크다(ASCII 순서).
-z	문자열이 NULL이거나 길이가 0인 경우
-n	문자열이 NULL이 아닌 경우
${변수}	문자열이 NULL이 아닌 경우

▪ until 문

until 문은 while 문과는 반대로 조건이 거짓일 경우에 반복 실행된다.

코드 13-7 **accumulation_until.sh**

```
#! /bin/sh
i=1
sum=0
until [ $i -le 0 ] || [ $i -gt 10 ]
do
    printf "$i\n"
    sum=$(($sum + $i))
    i=$((i + 1))
done
printf "$sum\n"
```

until 문은 while 문과는 정반대로 거짓일 경우에 반복을 수행한다. 1부터 10 사이 조건의 반대는 '0보다 적거나 같다.' 그리고 '10보다 크다.'의 경우를 의미하는데, 이 두 경우를 결합해서 사용한다. 2개 이상의 조건을 결합하는 경우에는 논리 연산자(Logical Operator)를 사용한다.

표 13-9 **논리 연산자**

연산자	내용
&&, -a	논리 AND: 둘 다 참이어야 참이다(논리곱).
||, -o	논리 OR: 둘 중 하나만 참이어도 참이다(논리합).

논리 연산자는 반복문뿐만 아니라 조건문에서도 함께 사용될 수 있다.

▪ if 문

조건문은 특정한 조건이 참인 경우에 원하는 문장을 실행할 수 있도록 한다. 셸 스크립트에서 if 문은 다음과 같은 구조다.

```
if 조건문
then
    명령어 리스트
fi
```

조건문 사용을 위해 사용자에게 숫자를 입력받고, 1부터 해당 수까지 홀수만 더해서 출력하는 코드를 작성해보자.

코드 13-8 accumulation_if_for.sh

```
#! /bin/sh
i=1
sum=0
printf "Input a number : "
read -r j                      # 사용자에게서 숫자를 입력받는다.
for ((i=1; i<=j; i++))
do
    if [ $[i%2] -eq 1 ]        # 2로 나눠서 나머지가 1인 경우
    then
        printf "$i\n"
        sum=$(($sum + $i))
    fi
done
printf "$sum\n"
```

셸 스크립트에서 입력은 read 명령어를 사용할 수 있다. 숫자가 홀수인지 짝수인지 확인하려면 숫자를 2로 나눠서 나머지가 1인지 0인지를 살펴보면 되는데, 나머지를 계산할 수 있도록 %(모듈러스) 연산자를 제공하고 있다. 반복문을 이용해서 1부터 해당 숫자까지 짝수인지 홀수인지 검사하고, 홀수인 경우 숫자를 더해서 결괏값을 출력하면 된다.

코드 13-8은 while 문으로도 변경할 수 있는데, 코드를 변경해서 다르게 처리하는 방법에 대해 살펴보자. 코드 13-6과는 다르게 짝수인 경우만 처리한다.

코드 13-9 accumulation_if_while.sh

```
#! /bin/sh
i=1
sum=0

# 명령행 인수의 사용: 인자가 없는 경우에 메시지를 출력하고 스크립트를 종료한다.
if [ $# -le 0 ]
then
    printf "usage : $0 number\n"
    exit 1;
fi

while [ 1 ]                # 무한 루프를 수행한다.
do
    # 입력된 명령어 인자보다 큰 경우 반복문을 종료한다.
    if [ $i -gt $1 ]
    then
        break             # 반복문을 빠져나간다.
    fi

    # 짝수인 경우에 if 문 아래에 있는 문장들을 수행하지 않는다.
    if [ $(($i&1)) -eq 0 ]
    then
        i=$(( i + 1))
```

```
        continue              # 반복문 아래의 문장은 수행하지 않는다.
    fi

    printf "$i\n"
    sum=$(($sum + $i))
    i=$(($i + 1))
done
printf "$sum\n"
```

■ **명령행 인자**

명령행 인자(Command Line Argument)는 'ls -l'과 같이 프로그램을 실행할 때 인자로 값을 넘겨주는 방법이다. 셸 스크립트에서도 명령행 인자를 사용할 수 있다.

표 13-10 **명령행 인자와 관련된 변수**

변수	내용
$0	현재 실행된 스크립트 파일의 이름
$1	$1 $2 $3…${10}과 같이 명령행 인자로 입력된 순서대로 번호가 부여되는데, 10 이상부터는 중괄호를 이용해서 쌓아 주어야 한다.
$#	전체 인자의 개수
$*	전체 인자의 값
$@	전체 인자의 값으로 $*와 비슷하지만, 큰따옴표 이용 시 결과가 다름

입력된 첫 번째 명령행 인자는 $1로 접근할 수 있고, 전체의 개수는 $#로 알아올 수 있다. 입력된 인자가 없는 경우(전체 개수가 0인 경우), exit 명령어를 이용해서 셸 스크립트를 종료할 수 있다. 종료하는 방법은 exit 명령어 뒤에 숫자를 넣으면 되는데, 이 숫자를 이용해서 부모 프로세스에게 종료 코드를 넘겨줄 수 있다. 참고로 셸에서 프로세스 및 종료 코드와 관련해서 다음과 같은 변수를 사용할 수 있다.

표 13-11 **프로세스 및 종료 코드와 관련된 변수**

변수	내용
$$	현재 실행된 스크립트의 PID
$?	최근에 실행된 (자식) 프로그램이나 함수(명령어)의 종료 상태
$!	최근에 백그라운드로 실행한 프로그램의 PID
$-	현재 실행한 프로그램의 옵션 플래그
$_	이전에 실행한 프로그램의 마지막 인자로 설정된 특수 변수

■ break 문

while 문에서 조건을 참(1)으로 주면 무한 루프가 수행된다. 무한 루프를 벗어나기 위해서는 반복문을 특정 조건인 경우에 탈출해야 하는데, 현재의 숫자($i)가 입력한 숫자($1)보다 큰 경우에 빠져나가면 된다. 반복문을 종료하고 싶은 경우에는 break 문을 사용하자.

■ 비트 연산자

홀수인 경우에만 숫자를 더하면 되는데, 이를 반대로 생각하면 짝수인 경우에는 숫자를 더하지 않으면 된다. 특정한 숫자가 짝수인지 홀수인지 알아오기 위해 코드 13-8에서는 % 연산자를 사용하였지만, 대부분의 CPU에서 나눗셈이나 % 연산자는 속도가 느리다.

이러한 경우에 비트 연산자(Bitwise Operator)를 사용할 수 있는데, CPU에서 하나의 기계어 코드로 수행되므로 속도가 빠르다.

표 13-12 비트 연산자

연산자	내용
<<	왼쪽 시프트(산술 연산 시 2를 곱하는 것과 같다)
<<=	왼쪽 시프트 후 대입
>>	오른쪽 시프트(산술 연산 시 2로 나누는 것과 같다)
>>=	오른쪽 시프트 후 대입
&	비트 AND
&=	비트 AND 후 대입
|	비트 OR
|=	비트 OR 후 대입
~	비트 반전(0 → 1, 1 → 0)
!	비트 NOT
^	비트 XOR
^=	비트 XOR 후 대입

숫자를 2진수로 표현하면 제일 왼쪽 비트(LSB)는 2^0으로, 0 아니면 1의 값을 갖는다. 이 제일 왼쪽 비트가 0이면 짝수이고 1이면 홀수가 되는데, 비트 연산자를 이용해서 제일 왼쪽 비트만 가지고 오면 된다. 특정한 비트만 가지고 오는 것을 마스킹이라고 하는데, 비트 AND 연산자를 사용한다.

■ continue 문

break 문을 실행하면 반복문을 완전히 빠져나가므로 다시 반복문을 사용하려면 복잡한 구조를 사용해야 한다. continue 문은 이와 반대로 반복문을 빠져나가지 않는다. 대신 continue 문 아래

문장들의 수행 없이 다시 반복문을 수행한다. 앞서 나온 것과 같이 숫자를 증가시킬 때 홀수인 경우에 숫자들을 더하고, 짝수인 경우에는 숫자들을 더하지 않는 경우에 이용하면 편리하다.

■ **선택문(case) 문**

숫자를 입력받아서 0이면 일요일, 1이면 월요일, 2이면 화요일, 3이면 수요일, 4이면 목요일, 5이면 금요일, 6이면 토요일을 출력하는 스크립트 파일을 생성해보자. if 문을 사용해서 이 코드를 작성하려면 7번의 비교가 있어야 하므로 7개의 if 문이 사용되기 때문에 코드가 복잡해진다.

이런 선택 조건에서는 case 문을 사용하면 편리하다. 셸 스크립트의 case 문은 C 언어의 switch 문과 비슷한 구조다. 선택에는 정규 표현식을 이용할 수 있고, 논리 OR(|)을 이용해서 다중 선택도 사용할 수 있다. 그리고 마지막 문장의 끝은 2개의 ';'을 이용한 ;; 기호로 표시해주어야 한다.

```
switch 변수
in
    선택1)
        명령어 리스트
        ;;
    선택2)
        ...
esac
```

이제 case 문을 사용해서 요일을 출력하는 스크립트 파일을 작성해보자.

코드 13-10 **case.sh**

```
#! /bin/sh

# 명령행 인수의 사용: 인자가 없는 경우에 메시지를 출력하고 스크립트를 종료한다.
if [ $# -le 0 ]
then
    printf "usage : $0 number\n"
    exit 1;
fi

case $1
in
    0)
        printf "일요일\n" ;;
    1)
        printf "월요일\n" ;;
    2)
        printf "화요일\n" ;;
    3)
        printf "수요일\n" ;;
    4)
        printf "목요일\n" ;;
    5)
```

```
        printf "금요일\n" ;;
   6 | *)
        printf "토요일\n" ;;
esac
```

case 문은 C 언어와 다르게 문자열도 비교할 수 있다. 그리고 C 언어의 default 문을 사용하고 싶은 경우에는 *를 사용하면 되는데, 0부터 6 범위 이외의 값을 입력하면 토요일을 출력한다.

■ if ~ elif 문

case 문은 if ~ elif 문으로 변경할 수 있다. if ~ elif 문은 다중 비교 시에 사용할 수 있는데, case 문보다는 구조가 복잡하지만 더욱 높은 수준의 비교들을 수행할 때 이용할 수 있다.

```
if 조건문1
then
    명령어 리스트1
elif 조건문2
then
    명령어 리스트2
else
    명령어 리스트3
fi
```

이제 위의 case 문을 elif 문으로 변경해보도록 하자.

코드 13-11 **elif.sh**

```
#! /bin/sh

# 명령행 인수의 사용: 인자가 없는 경우에 메시지를 출력하고 스크립트를 종료한다.
if [ $# -le 0 ]
then
    printf "usage : $0 number\n"
    exit 1;
fi

if [ $1 -eq 0 ]; then
    printf "일요일\n"
elif [ $1 -eq 1 ]; then
    printf "월요일\n"
elif [ $1 -eq 2 ]; then
    printf "화요일\n"
elif [ $1 -eq 3 ]; then
    printf "수요일\n"
elif [ $1 -eq 4 ]; then
    printf "목요일\n"
elif [ $1 -eq 5 ]; then
    printf "금요일\n"
else
    printf "토요일\n"
fi
```

if 문과 then 문을 한 줄로 표시하면 보기 편한데, 이때는 조건 뒤에 세미콜론을 넣어주어야 한다. elif 문의 사용은 기본적으로 if 문과 비슷하다. if 문에서 앞의 조건들이 아닌 경우를 처리하기 위해서는 else 문을 사용할 수 있는데, 마찬가지로 elif 문에서도 앞의 조건들이 아닌 경우를 위해서 else 문을 사용할 수 있다. 코드 13-11을 수행해보면 앞의 case와 동일한 결과가 표시되는 것을 확인할 수 있다.

셸 스크립트는 awk와 같은 다양한 유틸리티와 정규 표현식 등을 지원하기 때문에 잘 사용할 수만 있다면 간단한 C 코드 및 시스템 자동화에 많은 도움을 받을 수 있다. 여기서는 셸 스크립트에 대해 기본적인 내용을 살펴보았다. 보다 높은 수준의[10] 내용이 필요한 분들은 웹 사이트나 문서 등을 참고하기 바란다.

13.3 GStreamer를 이용한 멀티미디어 프로그래밍

리눅스 커널에서는 7장에서 본 것과 같이 OSS, ALSA, Video4Linux, 프레임 버퍼와 같은 API들을 제공하고 있다. 하지만 이러한 API를 이용해서 애플리케이션을 작성하려면 멀티미디어에 대한 자세한 지식과 각각의 멀티미디어 기술들을 조합할 수 있어야 한다. 이를 위해서는 보다 복잡한 작업이 필요하다. 이러한 작업을 보다 쉽게 해주는 것이 바로 멀티미디어 프레임워크이다. 리눅스에서는 SDL과 같은 다양한 멀티미디어 프레임워크가 있지만 그중에서도 GStreamer가 많이 사용된다.

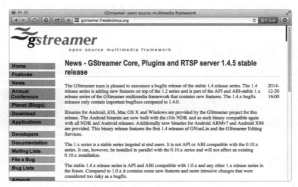

그림 13-2 **GStreamer의 홈페이지**(https://gstreamer.freedesktop.org)

GStreamer는 리눅스에서 멀티미디어 애플리케이션을 위해서 개발된 파이프라인 기반의 멀티미디어 프레임워크다. GTK+를 위해서 개발되었던 GObject 기반의 자료형과 C 언어를 이용해서 애플리케이션을 작성한다.

---

10 https://www.tldp.org/LDP/abs/html/ 참고

GStreamer는 오디오나 비디오 파일의 재생에서부터, 녹화, 스트리밍 그리고 편집 기능까지 제공하는 다양한 멀티미디어 애플리케이션을 아주 쉽게 만들수 있다. GStreamer는 그놈(GNOME) 데스크탑 환경 2.2부터 제공되고 있으며, 마에모(Maemo), 미고(MeeGo), 리모(LiMo), 타이젠(Tizen) 등의 모바일 플랫폼에서도 기본 멀티미디어 플랫폼으로 사용되고 있다. 마지막으로 이러한 GStreamer를 이용해서 멀티미디어 프로그래밍 방법에 대해서 살펴보도록 하겠다.

13.3.1 GStreamer와 멀티미디어

■ GStreamer의 개요

GStreamer는 리눅스 기반에서 멀티미디어와 스트리밍 애플리케이션을 만들기 위한 프레임워크로 GStreamer의 기본적인 디자인은 오레곤(Oregon) 대학원의 비디오 파이프라인이란 개념과 마이크로소프트의 다이렉트 쇼(Direct show) 등의 몇 가지 아이디어로부터 시작되었다.

GStreamer는 멀티미디어 애플리케이션을 아주 쉽게 작성할 수 있도록 오디오와 비디오를 처리하기 쉽게 설계되어 있다. 여러 멀티미디어 컴포넌트의 그래프를 구성해주는 방식으로 애플리케이션을 작성할 수 있다. 이러한 기본 디자인은 마이크로소프트의 다이렉트 쇼와 매우 비슷하다.

GStreamer는 각각의 엘리먼트들을 연결해서 프로그래밍한다. 이렇게 멀티미디어 컴포넌트들을 배열하는 것을 파이프라인(Pipeline)이라고 하는데, 파이프라인은 적용된 필터가 유발하는 약간의 오버헤드를 갖도록 설계되어 있다. 이러한 파이프라인은 오디오나 비디오에 제한을 두지 않고 모든 종류의 데이터 흐름도 처리할 수 있으며, 플러그인 구조의 코덱 및 필터 등의 개발이 가능하다.

그림 13-3 GStreamer의 구조

GStreamer는 강력한 성능과 편리한 애플리케이션 작성과 함께 LGPL 라이선스 기반의 오픈 소스로 제공되고 있기 때문에 상업용으로 사용하기에도 비교적 자유롭다. 그래서 리눅스 외에 다양한 스마트 플랫폼이나 임베디드 기기에서도 많이 사용되고 있고, MS 윈도우, macOS 등의 다양한 플랫폼에서도 포팅되어 있다.

- **GStreamer의 구조**

GStreamer는 플러그인 구조(Architecture)와 파이프라인 구조로 250개 이상의 플러그인이 제공하는 1,000개 이상의 엘리먼트를 제공하는 개발을 위한 도구의 집합이다. 이러한 다양한 플러그인을 사용하여 애플리케이션을 만들 수 있는 API를 제공하고 있으며, 미디어 타입 핸들링/협상(negotiation)과 동기화를 위한 메커니즘을 제공한다.

프레임워크의 기본 디자인은 비디오 파이프라인(video pipeline)이라는 개념에서 출발하였다. 프레임워크는 기본적으로 플러그인(plugin)들로 구성되어 있고 플러그인들은 코덱(codec)이나 기타 기능들을 제공한다. GStreamer에서 멀티미디어 애플리케이션을 작성하기 위해서 파이프라인을 사용하는데, 플러그인을 서로 연결하여 데이터의 흐름을 정의한다.

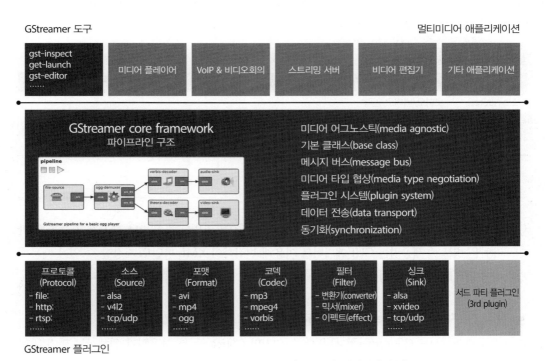

그림 13-4 **GSteamer의 구성 요소(플러그인, 파이프라인 등)**

GStreamer는 플러그인의 조합을 통해 본격적인 비디오/오디오 편집 애플리케이션을 작성할 수 있다. GStreamer의 기본 구성 요소는 다음 표와 같다.

표 13-13 **GStreamer의 주요 구성 요소**

구성 요소	내용	우분투 패키지
gstreamer	GSteamer의 기본 기능을 가지고 있는 핵심 패키지	ibgstreamer1.0-dev
gst-libav	디코딩과 인코딩을 위해 libav로 포장된 플러그인의 집합	
gst-plugins-base	핵심적인 엘리먼트의 집합	gstreamer1.0-plugins-base
gst-plugins-good	LGPL 라이선스의 양질의 플러그인 집합	gstreamer1.0-plugins-good
gst-plugins-ugly	배포 시 문제가 있을 수 있는 양질의 플러그인 집합	gstreamer1.0-plugins-ugly
gst-plugins-bad	질이 조금 떨어지는 플러그인의 집합	gstreamer1.0-plugins-bad

GStreamer에서는 이러한 요소들을 기본 패키지와 여러 개의 플러그인으로 나눠서 제공하고 있다. GSteamer는 이러한 플러그인을 이용해서 MP3, Ogg/Vorbis, MPEG-1/2, AVI, QuickTime, mod 등과 같은 다양한 코덱과 포맷을 지원하고 있다.

표 13-14 **GStreamer의 주요 플러그인**

요소	내용	비고
소스(source)	오디오/비디오 입력	프로토콜 플러그인과 연관
싱크(sink)	오디오/비디오 출력	
포맷(format)	파서(parser), 포매터(formater), 먹서(muxer), 디먹서(demuxer), 자막 등	
코덱(codec)	코덱과 디코더	
필터(filter)	컨버터, 믹서, 효과 등	

GStreamer의 플러그인이 가능한 컴포넌트는 임의의 파이프라인으로 믹스나 매치가 가능하고 파이프라인은 별도로 제공되는 GUI 에디터를 이용해 편집하여 XML 파일로 저장할 수 있기 때문에 간단하게 파이프라인을 생성할 수 있다.

■ 라즈베리 파이에서 GStreamer 설치하기

라즈베리 파이에서도 GStreamer를 사용할 수 있지만 GStreamer를 사용하기 위해서는 먼저 관련된 라이브러리의 설치가 필요하다. GStreamer의 소스 코드는 freedesktop 사이트의 GStreamer 페이지에서 다운로드할 수 있지만 별도의 컴파일 과정이 필요하기 때문에 빌드된 라이브러리 형태로 다운로드하는 것이 편리하다.

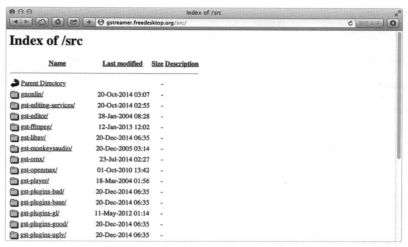

그림 13-5 **GStreamer의 소스 코드**[11]

라즈베리 파이에서의 GStreamer 프레임워크의 설치는 우분투의 apt-get을 이용하면 된다.

```
pi@raspberrypi:~ $ sudo apt-get install libglib2.0-devlibgstreamer1.0-0
gstreamer1.0-plugins-base gstreamer1.0-plugins-good gstreamer1.0-plugins-bad
gstreamer1.0-plugins-ugly gstreamer1.0-libav gstreamer1.0-doc gstreamer1.0-tools
gstreamer1.0-x gstreamer1.0-alsa libgstrtspserver-1.0-0
Reading package lists... Done
```

이 과정을 통해서 GStreamer의 기본 요소가 설치되면 이제 프로그래밍을 진행한다.

13.3.2 GStreamer를 이용한 프로그래밍

■ 간단한 GStreamer 프로그래밍

먼저 간단하게 GStreamer 프로그램을 작성해서 GStreamer의 요소들에 대해서 알아보자. GStreamer에서는 <gst/gst.h>라는 헤더 파일을 기본으로 사용한다. GStreamer에서는 Gst로 시작되는 변수형과 gst_로 시작되는 함수들을 제공한다. GStreamer에서 주로 사용되는 변수형으로는 엘리먼트를 의미하는 GstElement와 버스를 의미하는 GstBus가 있는데 GstBus는 GstElement를 상속받고 있다.

---

11 https://gstreamer.freedesktop.org/src/

코드 13-12 gstreamer.c

```c
#include <gst/gst.h>

int main(int argc, char **argv)
{
    GstElement *pipeline;
    GstBus *bus;
    GstMessage *msg;

    /* GStreamer 초기화 */
    gst_init(&argc, &argv);

    /* 파이프라인(pipeline) 생성 */
    pipeline = gst_parse_launch(
        "playbin uri=http://commondatastorage.googleapis.com/gtv-videos-bucket/sample/
        BigBuckBunny.mp4", NULL);

    /* 미디어 재생 시작 */
    gst_element_set_state(pipeline, GST_STATE_PLAYING);

    /* 에러가 발생하거나 미디어의 끝(EOS)에 도달할 때까지 대기 */
    bus = gst_element_get_bus(pipeline);
    msg = gst_bus_timed_pop_filtered(bus, GST_CLOCK_TIME_NONE,
                                     GST_MESSAGE_ERROR | GST_MESSAGE_EOS);

    /* 사용이 끝난 자원 해제 */
    if (msg != NULL)
        gst_message_unref(msg);
    gst_object_unref(bus);
    gst_element_set_state(pipeline, GST_STATE_NULL);
    gst_object_unref(pipeline);

    return 0;
}
```

GStreamer의 초기화는 gst_init( ) 함수를 사용하면 된다. GStreamer의 초기화가 끝나면 GStreamer의 엘리먼트와 파이프라인을 생성하면 되는데, 앞의 코드에서는 이를 보다 간단하게 프로그래밍하도록 playbin 엘리먼트를 사용하였다.

gst_parse_launch( ) 함수는 인자를 분석해서 전체 파이프라인을 생성한다. 이를 통해 로컬이나 스트리밍(Streaming)에 있는 미디어를 쉽게 재생할 수 있다. 이러한 파이프라인의 구성이 끝나면 gst_element_set_state( ) 함수를 이용해서 상태를 변경하여 미디어 재생을 시작한다.

미디어의 재생이 시작되면 미디어가 끝날 때까지 애플리케이션이 종료되지 않도록 대기해야 한다. gst_element_get_bus( ) 함수를 이용해 현재 파이프라인에서 버스를 가져오고 gst_bus_timed_pop_filtered( ) 함수를 이용해서 원하는 상태까지 대기할 수 있다. gst_bus_timed_pop_filtered( ) 함수에 GST_MESSAGE_ERROR와 GST_MESSAGE_EOS을 사용하였는데, 에러 상태와 미디어의 끝에 도달한(end os stream) 상태에서 해당 함수를 빠져나가게 된다.

미디어의 재생이 끝나면 파이프라인의 상태를 초기 상태로 돌리고 gst_message_unref( )와 gst_object_unref( ) 함수를 이용하여 애플리케이션 내에서 사용한 요소, 버스, 파이프라인, 메시지 등의 자원을 해제해주면 된다. 이 소스 코드의 컴파일은 pkg-config 도구를 이용해서 보다 쉽게 진행할 수 있다. 라즈베리 파이에 GStreamer 1.0 버전이 설치되므로 이 패키지를 이용해서 컴파일하면 된다.

```
pi@raspberrypi:~ $ gcc -o gstreamer gstreamer.c `pkg-config --cflags --libs
gstreamer-1.0`
```

코드 13-12의 애플리케이션은 X 윈도를 기반으로 실행하기 때문에 실행을 위해서는 X 윈도가 실행되어 있어야 한다. 콘솔상이라면 '$ startx' 명령어를 이용해서 X 윈도를 먼저 실행시키기 바란다. 애플리케이션이 실행되면 'sintel'이라는 영화의 트레일러가 실행된다.

스트리밍을 위한 동영상 재생이기 때문에 안에는 여러 개의 스레드가 동작하지만 GStreamer 내에서 모든 과정을 처리하기 때문에 이러한 멀티미디어 프로그램을 보다 쉽게 작성할 수 있다. 앞의 코드는 스트리밍을 이용해서 영상과 오디오를 재생하는데, 라즈베리 파이가 현재 접속되어 있는 네트워크 상태에 따라 끊김이 발생할 수 있다.

그림 13-6 실행된 gstreamer 애플리케이션

■ **GStreamer의 엘리먼트**

GStreamer 애플리케이션은 앞에서 설명한 것과 같이 플러그인, 파이프라인 등으로 구성된다. 플러그인에는 여러 엘리먼트(element)들이 있는데, 이러한 엘리먼트들은 데이터를 가지고 오는 소스(Source), 데이터를 사용자에게 표시해주는 싱크(sink) 등으로 나눠볼 수 있다. 각각의 엘리먼트들은 버스(Bus)라는 통로를 통해서 각 데이터들이 이동하며, 이러한 엘리먼트들 간의 데이터 전달을 위해서 메시지(Message)라는 객체를 사용하고 있다.

GStreamer는 여러 구성 요소들로 구성되는데 가장 기본적이고 중요한 객체는 엘리먼트(Element)이다. 엘리먼트는 GStreamer를 구성하는 단위로 하나의 엘리먼트는 하나의 특정 기능을 가지고 있다. 예를 들면 파일(file)로부터 미디어 데이터를 읽어오거나, 데이터를 디코딩(decoding) 또는 인코딩(encoding)하는 다양한 엘리먼트들이 있다. 이러한 엘리먼트들을 연결해서 체인을 만들 수 있으며, 이렇게 만들어진 체인을 이용하여 스트림 데이터를 처리할 수 있다. 이러한 엘리먼트의 체인이 바로 버스나 파이프라인이다.

그림 13-7과 같이 하나의 엘리먼트는 데이터를 받고 내보내는 통로를 가지고 있어야 하는데, 이를 GStreamer에서는 패드(Pads)라고 부른다. 패드는 엘리먼트의 입력(input)과 출력(output)을 의미하는 데 엘리먼트의 패드를 이용해서 다른 엘리먼트와 연결할 수 있다. 입출력이 따로 있듯이 패드도 소스 패드(source pad)와 싱크 패드(sink pad)로 구분되는데, 데이터를 입력받는 패드가 싱크 패드이고 데이터를 출력하는 패드가 소스 패드이다. 즉 소스 패드는 데이터의 흐름을 밖으로 보낼 때 사용되고 싱크 패드는 데이터의 흐름을 엘리먼트 내부로 가져올 때 사용한다.

다른 엘리먼트 연결하기 위해서는 패드 간에 자신이 처리할 수 있는 데이터에 대한 Capability를 제공해야 한다. 패드에는 서로 간의 Capability를 가지고 타협(Negotication)하는 절차를 가지게 되는데, 이를 통해 패스에서 특정 데이터의 흐름을 제한할 수 있다. 이러한 절차를 통해서 엘리먼트들은 서로 연결될 수 있으며, 오디오 데이터를 처리하는 엘리먼트가 다른 미디어를 처리하는 엘리먼트와 연결되는 것을 막을 수 있다.

■ GStreamer의 Bin과 파이프라인

GStreamer에서 멀티미디어 애플리케이션을 만들기 위해서 여러 엘리먼트를 연결해서 사용한다. 7장에서처럼 Video4Linux로부터 들어오는 영상 데이터를 프레임 버퍼나 X 윈도에서 표시하기 위해서는 색상 변환이라는 과정을 거쳐야 하고 이렇게 변환된 색상을 프레임 버퍼나 X 윈도에 표시할 수 있다. 이러한 각각의 기능을 가진 엘리먼트들을 하나로 연결해서 묶을 수 있는데, 이러한 컨테이너(container)를 Bin이라고 한다.

엘리먼트들을 하나의 Bin으로 묶어놓으면 프로그래밍 시에 여러 편리한 점을 제공한다. 예를 들어서 미디어를 재생하기 위해서는 미디어를 입력받는 엘리먼트에 미디어를 가져오도록 지시하고, 미디어를 변환하는 엘리먼트에 미디어 변환을 지시하고, 미디어를 출력하는 엘리먼트에 미디어 출력을 따로 지시해야 하지만, Bin을 이용하면 엘리먼트를 각각 제어할 필요 없이 한꺼번에 제어할 수 있다. 즉, Bin 안에 묶여 있는 모든 엘리먼트의 상태를 변경하고 싶을 경우에는 단순하게 Bin 자체의 상태만 변경하면 내부의 모든 엘리먼트의 상태가 바뀌게 된다.

미디어 재생을 시작하면 이러한 Bin 안에서 엘리먼트 간에 데이터가 전달되면서 소스 엘리먼트에서 싱크 엘리먼트로 데이터가 흘러가게 되는데 이게 바로 파이프라인(Pipeline)이다. 미디어 재생을 시작하기 위해서 Bin의 상태를 시작(START)으로 변경하면 데이터 처리가 시작되고, 파이프라인이 종료(STOP)될 때까지 분리된 스레드 형태로 계속 동작하게 된다.

■ **GStreamer의 통신**

GStreamer는 다양한 방식으로 애플리케이션과 파이프라인 사이의 데이터 교환이나 통신 (Communication)을 위한 버퍼(Buffer), 이벤트(Event), 메시지(Message), 질의(Query) 등의 다양한 매커니즘을 제공하고 있다.

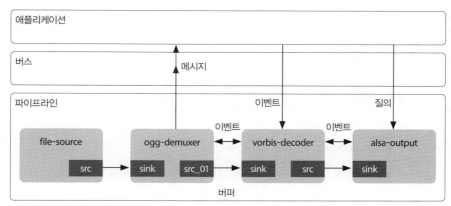

그림 13-7 **GStreamer의 통신**

이러한 통신을 이용해서 엘리먼트 간의 데이터 전달이나 상태의 제어를 수행할 수 있다. 엘리먼트 간에 데이터를 전달하는 데 사용되는 버퍼는 항상 소스(source)에서 싱크(sink)로 이동하는 다운스트림(downstream)이지만 이벤트나 질의의 경우에는 업스트림과 다운스트림을 모두 제공한다.

표 13-15 **GStreamer의 다양한 통신 메커니즘**

구분	내용	방향
버퍼 (Buffer)	파이프라인 내에 있는 엘리먼트들 간의 데이터 전송을 위해 사용된다.	downstream
이벤트 (Event)	엘리먼트 간에 전달되거나 엘리먼트와 애플리케이션 간에 발생한다.	upstream과 downstream
메시지 (Message)	파이프라인의 메시지 버스상에서 엘리먼트에 의해 전송되는 객체로 현재 상태 등의 정보를 전달한다.	
질의 (Query)	애플리케이션에서 파이프라인에 현재의 재생 위치 등의 상태에 대한 정보를 요청할 때 사용한다.	

■ **엘리먼트들의 연결을 통한 GStreamer 프로그래밍**

이제 이러한 엘리먼트들과 GStreamer의 구성 요소들을 이용해서 간단한 GStreamer 애플리케이션을 만들어보자. 기본적인 코드는 코드 13-12와 같지만, 하나의 playbin 엘리먼트가 아니라 videotestsrc와 autovideosink의 두 개의 엘리먼트를 사용하고 이 두 엘리먼트를 이용해서 파이프라인을 구성하였다.

코드 13-13 element.c

```c
#include <gst/gst.h>

int main(int argc, char **argv)
{
    GstElement *pipeline, *source, *sink;
    GstBus *bus;
    GstMessage *msg;
    GstStateChangeReturn ret;

    /* GStreamer 초기화 */
    gst_init(&argc, &argv);

    /* 엘리먼트의 생성 */
    source = gst_element_factory_make("videotestsrc", "source");
    sink = gst_element_factory_make("autovideosink", "sink");

    /* 빈 파이프라인 생성 */
    pipeline = gst_pipeline_new("test-pipeline");
    if(!pipeline || !source || !sink) {
        g_printerr("Not all elements could be created.\n");
        return -1;
    }

    /* 파이프라인의 구성 */
    gst_bin_add_many(GST_BIN(pipeline), source, sink, NULL);
    if(gst_element_link(source, sink) != TRUE) {
        g_printerr("Elements could not be linked.\n");
        gst_object_unref(pipeline);
        return -1;
    }

    /* 소스 엘리먼트의 설정 */
    g_object_set(source, "pattern", 0, NULL);

    /* 재생 상태로 변경 */
    ret = gst_element_set_state(pipeline, GST_STATE_PLAYING);
    if(ret == GST_STATE_CHANGE_FAILURE) {
        g_printerr("Unable to set the pipeline to the playing state.\n");
        gst_object_unref(pipeline);
        return -1;
    }

    /* 재생이 끝날 때까지 대기 */
    bus = gst_element_get_bus(pipeline);
    msg = gst_bus_timed_pop_filtered(bus, GST_CLOCK_TIME_NONE,
                                GST_MESSAGE_ERROR | GST_MESSAGE_EOS);

    /* GStreamer의 사용 후 자원의 해제 */
    gst_message_unref(msg);
    gst_object_unref(bus);
    gst_element_set_state(pipeline, GST_STATE_NULL);
    gst_object_unref(pipeline);

    return 0;
}
```

엘리먼트의 생성에는 gst_element_factory_make( ) 함수를 사용한다. 첫 번째 인자로 엘리먼트의 종류를 나타내고 두 번째 인자로 엘리먼트의 별칭을 명시한다. 엘리먼트의 생성이 완료되면 이를 파이프라인으로 묶으면 되는데 먼저 gst_pipeline_new( ) 함수를 이용하여 빈 파이프라인을 만들고 gst_bin_add_many( ) 함수를 이용해서 엘리먼트들을 서로 연결하여 파이프라인을 구성하면 된다. gst_bin_add_many( ) 함수의 첫 번째 인자로는 Bin 객체를 사용하면 되고 두 번째 인자부터 연결할 엘리먼트들을 나열하면 되는데, 제일 마지막 인자로 NULL을 추가해서 더 이상 연결할 엘리먼트가 없다는 것을 명시해주면 된다.

엘리먼트는 속성을 가지고 있다. videotestsrc 엘리먼트는 테스트 화면을 위한 다양한 패턴을 제공하며, 이러한 속성은 g_object_set( ) 함수를 통해서 설정할 수 있다. 여러 개의 속성을 한꺼번에 설정할 수 있는데, 키와 값의 쌍을 나열하고 마지막에 NULL을 사용하여 더 이상 추가할 속성이 없다는 것을 명시해주면 된다.

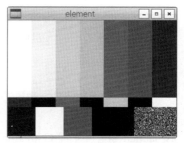

그림 13-8 **videotestsrc 엘리먼트**

파이프라인의 구성이 끝나면 gst_element_set_state( ) 함수를 이용해서 재생 상태로 바꿔주면 된다. GStreamer에는 초기 상태(GST_STATE_NULL), 준비 상태(GST_STATE_READY), 멈춤 상태(GST_STATE_PAUSED), 재생 상태(GST_STATE_PLAYING)의 4가지의 상태가 존재한다. 코드 13-13을 동작시키면 화면 테스트에 사용하는 videotestsrc의 내용이 출력된다.

위와 같은 방식을 통해서 GStreamer 애플리케이션을 작성할 수 있다. GStreamer를 사용하기 위해서는 앞에서 설명한 개념 이외에도 보다 다양한 개념에 대한 학습이 필요한데, GStreamer 사이트에는 API에 대한 설명 이외에도 개인이 학습에 이용할 수 있는 자습서(Tutorial)도 제공하고 있으므로 이러한 문서들을 이용하기 바란다.

13.3.3 GStreamer의 도구들

GStreamer는 리눅스의 멀티미디어 기능을 보다 쉽게 사용할 수 있고, 멀티미디어 애플리케이션 제작에도 도움이 되는 유틸리티들을 제공한다.

■ GStreamer의 기본 도구들[12]

GStreamer의 도구들은 시스템의 GStreamer에 지원과 미디어 정보 확인과 같은 기능을 위해서도 사용될 수 있다.

---

12 https://gstreamer.freedesktop.org/documentation/tutorials/basic/gstreamer-tools.html 참고

표 13-16 **GSteamer의 주요 도구들**

도구명	내용	비고
gst-launch	파이프라인의 텍스트 명세를 받아서 인스턴스화하고 재생 상태를 설정한다.	
gst-inspect	GStreamer의 플러그인의 기능을 검사한다.	
gst-discoverer	미디어 파일의 유형을 검사한다.	
gst-editor	GStreamer 파이프라인을 위한 GUI 에디터	별도의 설치 과정 필요

- **gst-launch**[13]

gst-launch 도구는 플러그인에 있는 엘리먼트와 파이프라인을 구성해서 애플리케이션을 작성하지 않더라도 GStreamer 기능을 사용할 수 있도록 해준다. 특정 수준의 파이프라인 동작까지 테스트가 가능한데, GStreamer의 API(gst_parse_launch( ) 함수)를 사용하기 전에 파이프라인이 제대로 동작하는지 확인할 수 있기 때문에 디버깅용으로도 자주 사용된다.

앞의 GStreamer 프로그램에 사용한 playbin을 이용해서 해당 스트리밍 동영상을 재생하기 위해서는 먼저 다음과 같이 실행하면 된다.

```
pi@raspberrypi:~ $ gst-launch-1.0 playbin uri=http://commondatastorage.googleapis.com/gtv-videos-bucket/sample/ElephantsDream.mp4
```

gst-launch 명령어 뒤에 GStreamer를 통해서 구성할 파이프라인들을 명시하면 되는데, gst_parse_launch( ) 함수에서 사용하였던 문자열을 그대로 사용하면 된다. 위의 명령어를 실행하면 앞의 gstreamer에서 수행했던 애플리케이션이 그대로 실행된다.

이제 코드 13-13을 gst-launch 프로그램을 통해서 실행해보자. 코드 13-13에서는 videotestsrc와 autovideosink라는 두 가지 엘리먼트를 사용하고 있는데, 이 엘리먼트들을 하나의 파이프라인으로 묶을 때는 엘리먼트 사이에 '!'을 넣어서 사용하면 된다.

```
pi@raspberrypi:~ $ gst-launch-1.0 videotestsrc pattern=0 ! autovideosink
```

위의 명령어를 실행시키면 코드 13-13과 같은 결과가 표시되는 것을 확인할 수 있다. gst-launch 명령어를 통해서 다양한 테스트를 할 수 있는데 7장에서 살펴본 video4linux2를 사용하고 싶은 경우에는 v4l2src를 소스 엘리먼트로 사용하면 된다. v4l2src로부터 가져온 영상 데이터를 화면에 출력할 수 있도록 변환하려면 videoconvert 엘리먼트를 사용하고 화면의 출력을 위해서는 앞에서와

---

13 보다 다양한 gst-launch와 관련해서는 http://wiki.oz9aec.net/index.php/Gstreamer_cheat_sheet 사이트를 참고하라.

같이 autovideosink를 이용하면 된다.

```
pi@raspberrypi:~ $ gst-launch-1.0 v4l2src ! videoconvert ! autovideosink
```

위의 명령어를 실행시키면 카메라로부터의 영상이 화면에 출력되는데 생각보다 그리 빠르지 않다.

이러한 비디오뿐만 아니라 오디오도 GStreamer로 사용할 수 있다. GStreamer에서는 다양한 오디오와 관련된 엘리먼트들을 제공하고 있다. 비디오와 같이 오디오를 테스트할 수 있도록 audiotestsrc 엘리먼트를 제공하고 있는데, audiotestsrc 엘리먼트는 PCM 데이터를 생성해서 오디오를 테스트할 수 있도록 하는 엘리먼트이다.

```
pi@raspberrypi:~ $ gst-launch-1.0 audiotestsrc ! audioresample ! autoaudiosink
```

비디오와 마찬가지로 생성한 오디오 데이터를 출력을 위해서 audioresample 엘리먼트를 이용해서 샘플링을 변환하고 autoaudiosink를 통해서 오디오 데이터를 출력할 수 있다.

- **gst-inspect**

gst-inspect 명령은 엘리먼트나 기타 GStreamer의 구성 요소에 대한 내용이 필요할 때 사용할 수 있다. 예를 들어서 audiovideosrc에 대한 내용을 알고 싶은 경우 gst-inspect 명령을 이용할 수 있다.

```
pi@raspberrypi:~ $ gst-inspect-1.0 videotestsrc
Factory Details:
  Rank                 none (0)
  Long-name            Video test source
  Klass                Source/Video
  Description          Creates a test video stream
  Author               David A. Schleef <ds@schleef.org>

Plugin Details:
  Name                 videotestsrc
  Description          Creates a test video stream
  Filename             /usr/local/lib/arm-linux-gnueabihf/gstreamer-1.0/
                       libgstvideotestsrc.so
  Version              1.17.0.1
  License              LGPL
  Source module        gst-plugins-base
  Binary package       GStreamer Base Plug-ins git
  Origin URL           Unknown package origin

GObject
 +----GInitiallyUnowned
       +----GstObject
```

```
          +----GstElement
              +----GstBaseSrc
                  +----GstPushSrc
                      +----GstVideoTestSrc

Pad Templates:
  SRC template: 'src'
    Availability: Always
    Capabilities:
      video/x-raw
                  format: { (string)I420, (string)YV12, (string)YUY2,
                                        /* ~ 중간 표시 생략 ~ */
               framerate: [ 0/1, 2147483647/1 ]
           multiview-mode: { (string)mono, (string)left, (string)right }

Element has no clocking capabilities.
Element has no URI handling capabilities.

Pads:
  SRC: 'src'
    Pad Template: 'src'

Element Properties:
  animation-mode      : For pattern=ball, which counter defines the position of the ball.
                        flags: readable, writable
                              /* ~ 중간 표시 생략 ~ */
                      Integer. Range: -2147483648 - 2147483647 Default: 0
```

기본적인 엘리먼트의 작성자 이름과 플러그인 파일명, 버전, 라이선스 등의 정보와 GLib에서 제공하는 GObject의 상속 관계를 표시한다. 현재 패드와 관련된 상태를 표시해주고 각각의 패드에 대한 Capability와 속성 등의 정보를 표시해준다. 애플리케이션의 제작 시 이 정보를 사용해서 엘리먼트들을 연결하고 사용할 수 있다.

아무런 옵션 없이 gst-inspect 명령어를 수행하면 현재 시스템에 설치된 GStreamer의 전체의 엘리먼트를 볼 수 있다. GStreamer에서 많이 사용되는 엘리먼트들은 다음과 같다. 여러 엘리먼트들을 하나로 묶은 파이프라인을 제공하는 간단한 처리를 위해 playbin이나 uridecodebin, decodebin와 같은 엘리먼트를 사용하고, 파일의 입출력을 위해서 filesrc나 filesink 등의 엘리먼트를 제공한다. 또한 비디오나 오디오를 테스트하기 위한 소스로 앞에서 사용했던 videotestsrc나 audiotestsrc 등의 엘리먼트가 있다.

이미지나 비디오 데이터의 변환(adapter)을 위해서 videoconvert, videorate, videoscale 등의 엘리먼트를 사용하며, 오디오 데이터의 변환을 위해서 audioconvert, audiorate, audioresample 등의 엘리먼트를 제공한다. 또한, 멀티 스레드를 처리하기 위해서 queue, multiqueue, tee 등의 엘리먼트를 사용한다.

디버깅을 위해 fakesink 등의 엘리먼트를 사용할 수 있고, 네트워크 처리를 위해 souphttpsrc, tcpclientsrc, tcpserversink, udpsrc, udpsink 등의 엘리먼트들을 제공하고 있다. 이외에도 ximagesink, xvimagesink, cluttersink, alsasink, pulsesink도 제공하고 있다. 이러한 플러그인 이외에도 원하는 기능을 추가해서 플로그인을 직접 프로그래밍할 수 있는데 GStreamer 사이트의 GStreamer PlugIn Writer's Guide[14] 문서를 참고하기 바란다.

13.3.4 GStreamer와 스트리밍

스트리밍 프로그램을 작성하기 위해서는 동영상 코덱과 RTP나 RTSP 등의 다양한 요소들과 스레드의 복잡한 제어가 필요하다. 하지만 GStreamer를 이용하면 이러한 애플리케이션을 보다 쉽게 구성할 수 있다.

■ 최신 버전의 GStreamer의 설치

스트리밍 서버를 프로그래밍하기 위해서 최신 버전의 GStreamer와 gst-rtsp-server와 같은 별도의 라이브러리가 필요하다. GStreamer는 2005년 12월에 앞서 사용한 0.10.0 버전이 발표된 후 오랜 시간 사용되다가 2012년 9월에 1.0.0 버전이 발표되고, 2013년 12월에 1.2.2 버전이, 2014년 12월에 1.4.5 버전이 발표되었다. 기존에 사용되었던 0.10.0의 경우 2013년 3월 이후로 패치 등의 관리가 되지 않으니 새로운 버전을 이용하는 것이 좋다.

GStreamer의 최신 버전을 설치해보도록 하자. 라즈베리 파이에서 최신 버전의 GStreamer를 사용하기 위해서는 소스 코드를 직접 빌드해야 한다. 이를 위해 먼저 apt-get 명령어를 이용해서 라즈베리 파이에 GStreamer의 빌드에 필요한 라이브러리와 도구들을 설치한다.[15]

```
pi@raspberrypi:~ $ sudo apt-get install libglib2.0-dev bison flex libtool autoconf
automake autopoint gtk-doc-tools libx264-dev liborc-0.4-dev nasm yasm cmake
libmicrohttpd-dev libjansson-dev libnice-dev librtmp-dev meson libavfilter-dev
libgstreamer1.0-dev libgstreamer-plugins-base1.0-dev
```

해당 패키지들의 설치가 끝나면 GStreamer의 소스 코드를 가져와서 빌드하자. 앞에서 설명한 GStreamer의 구성 요소인 gstreamer, gst-plugins-base, gst-plugins-good, gst-plugins-bad, gst-plugins-ugly의 소스 코드를 가져와서 빌드하면 된다.

---

14 https://gstreamer.freedesktop.org/documentation/plugin-development/?gi-language=c 참고
15 https://cgit.freedesktop.org/gstreamer 참고

```
pi@raspberrypi:~ $ git clone git://anongit.freedesktop.org/gstreamer/gstreamer
pi@raspberrypi:~ $ git clone git://anongit.freedesktop.org/gstreamer/gst-plugins-base
pi@raspberrypi:~ $ git clone git://anongit.freedesktop.org/gstreamer/gst-plugins-good
pi@raspberrypi:~ $ git clone git://anongit.freedesktop.org/gstreamer/gst-plugins-bad
pi@raspberrypi:~ $ git clone git://anongit.freedesktop.org/gstreamer/gst-plugins-ugly
pi@raspberrypi:~ $ git clone git://anongit.freedesktop.org/gstreamer/gst-ffmpeg
```

소스 코드의 다운로드가 완료되면 gstreamer, gst-plugins-base, gst-plugins-good, gst-plugins-bad, gst-plugins-ugly 디렉터리로 각각 이동하고 git을 이용해서 gst-build를 다운로드한 후 meson 명령을 실행한다. 그러면 환경 검사 후 빌드를 위한 파일들이 생성되는데, ninja 명령을 수행해서 소스 코드를 빌드하고 설치한다.[16]

gstreamer 패키지를 빌드해서 설치한 후에 GStreamer의 도구 사용 시 도구와 공유 라이브러리를 사용할 수 있도록 ~/.bashrc 파일을 편집해서 gstreamer 패키지의 도구와 라이브러리가 설치된 디렉터리의 경로를 추가하고 환경에 적용한다.

```
pi@raspberrypi:~ $ cd gstreamer
pi@raspberrypi:~/gstreamer $ git clone https://gitlab.freedesktop.org/gstreamer/gst-build
pi@raspberrypi:~/gstreamer $ meson build && ninja -C build && sudo ninja -C build install
pi@raspberrypi:~/gstreamer $ vi ~/.bashrc
                            /* ~ 중간 표시 생략 ~ */
PATH=$QTDIR/bin:/usr/local/bin:$PATH
LD_LIBRARY_PATH=$QTDIR/lib:/usr/local/lib:$LD_LIBRARY_PATH
export QTDIR PATH LD_LIBRARY_PATH
~
pi@raspberrypi:~ $ cd ../gst-plugins-base
pi@raspberrypi:~/gst-plugins-base $ git clone https://gitlab.freedesktop.org/gstreamer/gst-build
pi@raspberrypi:~/gst-plugins-base $ meson build && ninja -C build && sudo ninja -C build install
pi@raspberrypi:~ $ cd ../gst-plugins-good
pi@raspberrypi:~/gst-plugins-good $ git clone https://gitlab.freedesktop.org/gstreamer/gst-build
pi@raspberrypi:~/gst-plugins-good $ meson build && ninja -C build && sudo ninja -C build install
pi@raspberrypi:~ $ cd ../gst-plugins-bad
pi@raspberrypi:~/gst-plugins-bad $ git clone https://gitlab.freedesktop.org/gstreamer/gst-build
pi@raspberrypi:~/gst-plugins-bad $ meson build && ninja -C build && sudo ninja -C build install
pi@raspberrypi:~ $ cd ../gst-plugins-ugly
pi@raspberrypi:~/gst-plugins-ugly $ git clone https://gitlab.freedesktop.org/gstreamer/gst-build
pi@raspberrypi:~/gst-plugins-ugly $ meson build && ninja -C build && sudo ninja -C build install

pi@raspberrypi:~/gst-plugins-ugly $ cd ../gst-ffmpeg/
pi@raspberrypi:~/gst-ffmpeg $ git clone https://gitlab.freedesktop.org/gstreamer/gst-build
pi@raspberrypi:~/gst-ffmpeg $ meson build && ninja -C build && sudo ninja -C build install
```

---

16 9장에서와 같이 빌드를 위한 명령어를 단계적으로 실행해도 되고 '&&'를 이용해서 한 줄로 실행해도 된다.

■ **GStreamer를 이용한 스트리밍**

GStreamer 라이브러리의 빌드가 완료되면 간단하게 pi 카메라를 이용하는 애플리케이션을 실행해보도록 하자. raspivid 명령은 pi 카메라에서 영상을 가져와서 화면에 출력해주는데 여기에서 데이터를 받아서 gst-launch 프로그램을 이용해서 TCP 서버를 통해 데이터를 보낼 수 있다.[17]

```
pi@raspberrypi:~ $ raspivid -t 0 -w 640 -h 480 -fps 30 -b 2000000 -o - |
gst-launch-1.0 -v fdsrc ! h264parse ! rtph264pay config-interval=1 pt=96 !
gdppay ! tcpserversink host=라즈베리_파이의_IP주소 port=5000
```

위의 명령어를 실행해보면 현재 pi 카메라의 영상이 화면에 표시되고 클라이언트에서도 gst-launch를 이용해서 라즈베리 파이에서 전송되는 영상을 받아서 표시할 수 있다. 우분투에 gstreamer-1.0을 설치해야 하는데, 라즈베리 파이와 같이 apt-get을 이용해서 설치할 수 있다. apt-get을 수행하기 전에 add-apt-repository를 이용해서 GStreamer-1.0이 있는 서버를 추가하고 패키지 목록을 업데이트한다. 관련 설정이 끝나면 apt-get 명령어를 수행해서 GStreamer-1.0을 설치하면 된다.

```
ubuntu:~ $ sudo add-apt-repository ppa:gstreamer-developers/ppa
ubuntu:~ $ sudo apt-get update
ubuntu:~ $ sudo apt-get install gstreamer1.0* libgstreamer-plugins-base1.0-dev
ubuntu:~ $ gst-launch-1.0 -v tcpclientsrc host=라즈베리_파이의_IP주소 port=5000 !
gdpdepay ! rtph264depay ! avdec_h264 ! videoconvert ! autovideosink sync=false
```

위의 명령을 수행하면 PC에서 라즈베리 파이에서 보낸 화면을 볼 수 있다. 이러한 방식을 통해서 TCP 기반의 스트리밍을 할 수 있다.

그림 13-9 우분투에서의 스트리밍 화면 확인

---

17 라즈베리 파이에서의 GStreamer와 관련된 명령어는 http://blog.tkjelectronics.dk/2013/06/how-to-stream-video-and-audio-from-a-raspberry-pi-with-no-latency/comment-page-1을 참고하면 좋다.

앞에서 사용한 raspivid 명령어 대신에 GStreamer의 엘리먼트를 이용할 수 있는데 이를 위해선 rpicamsrc라는 플러그인의 설치가 필요하다. rpicamsrc는 git을 통해서 다운로드하고 빌드해서 설치한다.[18]

```
pi@raspberrypi:~ $ git clone https://github.com/thaytan/gst-rpicamsrc.git
pi@raspberrypi:~ $ cd gst-rpicamsrc/
pi@raspberrypi:~/gst-rpicamsrc $ ./autogen.sh && make && sudo make install
pi@raspberrypi:~/gst-rpicamsrc $ gst-inspect-1.0 rpicamsrc
Factory Details:
  Rank                    none (0)
  Long-name               Raspberry Pi Camera Source
                          /* ~ 중간 표시 생략 ~ */
```

설치가 끝나면 gst-inspect 명령어를 통해서 rpicamsrc 엘리먼트를 조사해 관련 정보를 볼 수 있다. 이제 rpicamsrc 엘리먼트를 이용해서 GStreamer를 동작시켜보자.

```
pi@raspberrypi:~ $ gst-launch-1.0 rpicamsrc bitrate=1000000 ! "video/x-h264,
width=800, height=600, framerate=25/1" ! rtph264pay config-interval=1 pt=96 !
gdppay ! udpsink host=라즈베리_파이의_IP주소 port=5000
```

위의 애플리케이션을 실행해보면 앞에서 사용한 v4l2에 비해서 동작 속도가 상당히 빠른 것을 알 수 있다. UDP를 사용하기 위해서는 두 대의 클라이언트가 같은 랜(LAN)상의 IP 대역을 사용해야 한다.

```
ubuntu:~ $ gst-launch-1.0 -v udpsrc port=5000 ! "application/x-rtp, payload=96" !
rtph264depay ! h264parse ! autovideosink
```

■ gst-rtsp-server 패키지의 설치와 사용

위의 애플리케이션에서 네트워크로 보내주는 영상을 다른 클라이언트에서 받아보기 위해서는 양쪽 모두 GStreamer를 사용해야 한다. 스마트폰이나 PC에서 이를 사용하려면 별도의 애플리케이션 작성이 필요한데, 시스템에서 기본으로 제공하는 미디어 플레이어를 이용해 스트리밍을 보다 쉽게 재생하려면 RTSP 프로토콜 기반의 스트리밍 서버를 사용하면 된다.

RTSP는 실시간 스트리밍 프로토콜(Real Time Streaming Protoco)의 약자로 IETF가 1998년에 개발한 통신 규약이다. RTSP는 미디어 데이터를 실시간으로 전송할 때 서버와 클라이언트 간 연결을 위해서 서버와 클라이언트 간에 세션(Session)만 설정하고 실제 데이터는 RTP(RealTime Protocol)를 통해서 전송된다. RTSP는 기본 포트 번호로 554번을 사용하며 'rtsp://'와 같은 방식으로 요청한다.

---

18 http://linuxembeddedworld.blogspot.kr/2014/03/raspberry-pi-camera-with-gstreamer-10.html 참고

GStreamer에서는 RTSP 스트리밍 서비스를 위해서 gst-rtsp-server 라이브러리를 제공하고 있다. gst-rtsp-server에 대한 소스 코드는 https://gstreamer.freedesktop.org/src/gst-rtsp-server/에서 다운로드할 수 있다. git 명령어를 사용하면 보다 쉽게 다운로드할 수 있다. gst-rtsp-server 소스 코드의 다운로드가 끝나면 빌드해서 설치한다. 기본적인 설치 방법은 앞의 다른 gst- 패키지와 같다.

```
pi@raspberrypi:~ $ git clone git://anongit.freedesktop.org/gstreamer/gst-rtsp-server
pi@raspberrypi:~ $ cd gst-rtsp-server
pi@raspberrypi:~/gst-rtsp-server $ git clone https://gitlab.freedesktop.org/gstreamer/gst-build
pi@raspberrypi:~/gst-rtsp-server $ meson build && ninja -C build && sudo ninja -C build install
```

gst-rtsp-server 라이브러리의 설치가 끝나면, 이제 스트리밍에서 멀티미디어 코덱을 사용하기 위해서 gst-libav 패키지를 git을 이용해서 다운로드하고 빌드해서 설치해보도록 하자. gst-libav 패키지는 다양한 코덱을 가지고 있는 libav 라이브러리를 이용하는데, 빌드 시간이 다른 gst- 패키지에 비해서 좀 더 소요된다.

```
pi@raspberrypi:~ $ git clone git://anongit.freedesktop.org/gstreamer/gst-libav
pi@raspberrypi:~ $ cd gst-libav
pi@raspberrypi:~/gst-rtsp-server $ git clone https://gitlab.freedesktop.org/gstreamer/gst-build
pi@raspberrypi:~/gst-rtsp-server $ meson build && ninja -C build && sudo ninja -C build install
```

설치가 완료되면 gst-rtsp-server 패키지를 이용해서 간단하게 스트리밍을 해보도록 하자. 먼저 gst-rtsp-server/build/examples 디렉터리로 이동하면 gst-rtsp-server 라이브러리를 사용해서 작성된 애플리케이션이 있는데 다음과 같이 실행해서 스트리밍을 해보자. 실행 시 명령행 인수에서 pt=96 뒤에 공백이 있어야 제대로 실행된다.

```
pi@raspberrypi:~/gst-rtsp-server/build/examples $ raspivid -t 0 -h 720 -w 1280 -fps 25
-b 2000000 -vf -hf -n -o - | gst-launch -v fdsrc ! h264parse ! gdppay !
tcpserversink port=5000 | ./test-launch "( tcpclientsrc host=localhost port=5000 !
gdpdepay ! h264parse ! rtph264pay name=pay0 pt=96 )"
```

위의 명령어를 보면, 먼저 raspivid 명령어를 이용해서 영상을 가지고 오고, 이를 다시 GStreamer의 gst-launch 명령어를 이용해서 영상을 H264 코덱으로 처리하고 tcpserversink를 이용해서 현재 호스트의 5000번 포트로 전달한다. 이렇게 전달한 영상 데이터는 examples 디렉터리에 있는 test-launch 예제를 사용하여 앞에서 보낸 영상 데이터를 tcpclientsrc로 받고 이를 처리해서 스트리밍으로 전송한다.

클라이언트에서 스트리밍 서버에 접속하기 위해서는 포트 번호를 알아야 하는데 test-launch.c 파일[19]을 살펴보면 RTSP를 위한 포트 번호로 8554번을 사용하고 있다.

```
#define DEFAULT_RTSP_PORT "8554"
```

RTSP 서버로부터 스트리밍 영상을 가져오려면 'rtsp://라즈베리_파이_IP주소:8554/test'와 같은 주소를 이용해서 접근할 수 있다. QuickTime이나 VLC 등의 다양한 미디어 플레이어를 이용해서 스트리밍을 볼 수 있다. 스트리밍을 사용하면 딜레이가 생기는데, 지연 시간은 사용하는 네트워크에 따라서 다를 수 있다.

그림 13-10 **QuickTime을 이용한 스트리밍 보기**

QuickTime을 이용한다면 파일 메뉴에서 '위치 열기...' 항목을 선택하면 위치 열기 창이 뜨면 여기에 RTSP 서버의 경로를 입력하면 된다. 위의 내용은 VLC 플레이어로도 확인이 가능하다. 파일 메뉴에서 '네트워크 열기...' 항목을 선택하고 원본 열기 창이 뜨면 URL에 서버의 주소를 입력하고 창 하단의 열기 버튼을 선택하면 스트리밍을 볼 수 있다.

---

19 https://github.com/GStreamer/gst-rtsp-server/blob/master/examples/test-launch.c 참고

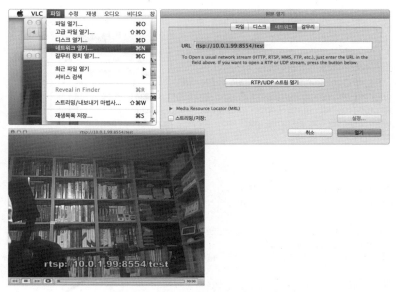

그림 13-11 **VLC를 이용한 스트리밍의 확인**

앞의 명령에서 rpicamsrc 엘리먼트를 사용할 수 있도록 변경해보자. rpicamsrc는 GStreamer의 엘리먼트이기 때문에 앞에서 사용한 raspivid보다 속도도 빠르고 보다 자유롭게 사용할 수 있다.

```
pi@raspberrypi:~/gst-rtsp-server/build/examples $ ./test-launch "(rpicamsrc
bitrate=8500000 hflip=true vflip=true preview=false ! video/x-h264,width=640,
height=480,framerate=45/1,profile=high ! h264parse ! rtph264pay name=pay0 pt=96 )"
```

■ **gst-rtsp-server 패키지를 이용한 스트리밍 프로그래밍**

앞에서는 명령어를 이용해서 스트리밍을 실행할 수도 있지만 다른 기능을 함께 사용할 때에는 여러 제약이 많다. 스트리밍 서버 프로그래밍을 통해서 스트리밍 기능을 제공해보도록 하자. 앞에서 gst-rtsp-server/examples 디렉터리의 test-launch 코드를 보았는데 이 코드를 이용해보자.

코드 13-14 **rtsp.c**

```c
#include <gst/gst.h>
#include <gst/rtsp-server/rtsp-server.h>

#define DEFAULT_RTSP_PORT "8554" /* RTSP 서버를 위한 기본 포트 */

static char *port = (char *) DEFAULT_RTSP_PORT;
int main (int argc, char **argv)
{
    GMainLoop *loop;
    GstRTSPServer *server;
    GstRTSPMountPoints *mounts;
```

```
GstRTSPMediaFactory *factory;
GOptionContext *optctx;
GError *error = NULL;

/* GOptionContext 객체를 생성한다. */
optctx = g_option_context_new("RTSP Server\n");
g_option_context_add_group(optctx, gst_init_get_option_group());
if(!g_option_context_parse(optctx, &argc, &argv, &error)) {
    g_printerr("Error parsing options: %s\n", error->message);
    return -1;
}
g_option_context_free(optctx);

/* 이벤트 처리를 위한 메인 루프를 생성한다. */
loop = g_main_loop_new(NULL, FALSE);

/* 스트리밍 서버를 위한 인스턴스를 생성하고 설정한다. */
server = gst_rtsp_server_new();
g_object_set(server, "service", port, NULL);

/* 서버를 사용하기 위한 기본 마운트 포인터를 획득한다. */
mounts = gst_rtsp_server_get_mount_points(server);

/* 스트리밍을 위한 팩토리를 생성한다. */
factory = gst_rtsp_media_factory_new();

/* 팩토리를 이용해서 RTSP에 사용할 미디어를 설정한다. */
gst_rtsp_media_factory_set_launch(factory, "(rpicamsrc bitrate=8500000 "
    "hflip=true vflip=true preview=false ! video/x-h264,width=640,height=480, "
    "framerate=45/1,profile=high ! h264parse ! rtph264pay name=pay0 pt=96 )");

/* 앞의 팩토리에 /test를 추가한다. */
gst_rtsp_mount_points_add_factory(mounts, "/test", factory);

/* 필요 없는 객체를 해제한다. */
g_object_unref(mounts);

/* 기본 메인 콘텍스트에 서버를 붙인다. */
gst_rtsp_server_attach(server, NULL);

/* 서버를 시작한다. */
g_print("stream ready at rtsp://RPI_IP_Address:%s/test\n", port);
g_main_loop_run(loop);

/* 필요 없는 객체를 해제한다. */
g_main_loop_unref(loop);

return 0;
}
```

이 코드에서는 GLib의 함수들을 사용하고 있다. 기본 메인 루프로 GLib에서 제공하는 GMainLoop 를 사용하고 있다. g_main_loop_new( ) 함수를 이용해서 메인 루프를 생성하고, g_main_loop_ run( ) 함수로 메인 루프를 실행한다. 그리고 종료하기 전에 g_main_loop_unref( ) 함수를 통해서 생성할 때 할당한 자원을 반환할 수 있다. g_main_loop_new( ) 함수의 첫 번째 인자로 GMainContext 객체의 디폴트 콘텍스트를 명시하는데 NULL을 사용하는 경우에는 GOptionContext 등을 이용해서 디폴트 콘텍스트를 미리 생성해두어야 한다.

GLib의 객체들의 초기화가 끝나면 스트리밍을 위한 gst-rtsp-server 객체들을 사용하면 된다. 먼저 스트리밍 서버를 만들기 위해서 gst_rtsp_server_new( ) 함수를 이용해서 GstRTSPServer 객체를 생성하고 g_object_set( ) 함수를 이용해서 서버에서 사용할 포트 번호를 설정한다.

서버에서 사용할 데이터는 gst_rtsp_media_factory_new( ) 함수를 통해서 GstRTSPMediaFactory 객체를 만들고 gst_rtsp_media_factory_set_launch( ) 함수를 이용해서 GStreamer에서 사용하는 엘리먼트와 파이프라인을 지정해두면 된다. 위의 작업이 끝나면 gst_rtsp_server_attach( ) 함수를 이용해서 GstRTSPServer 객체를 메인 콘텍스트에 붙여서 스트리밍 서버가 동작할 수 있도록 하면 된다.

스트리밍 서버가 동작하는 동안 main( ) 함수가 종료되면 안 되기 때문에 g_main_loop_run( ) 함수를 실행해서 애플리케이션이 연속적으로 실행될 수 있도록 하였다.

이 코드를 빌드하기 위해서는 GStreamer 패키지와 앞에서 빌드해서 설치한 libgstrtspserver-1.0.so 라이브러리를 링크해줘야 한다. 이 코드를 실행하면 앞의 명령어 실행과 동일하게 동작한다.

```
pi@raspberrypi:~ $ gcc -o rtsp rtsp.c `pkg-config --cflags --libsgstreamer-1.0`
-L/usr/local/lib -lgstrtspserver-1.0
```

코드를 빌드해서 실행한 후 QuickTime이나 VLC 외에도 안드로이드나 타이젠과 같은 스마트폰을 사용해서 실행할 수 있다. 스트리밍의 실행을 위해서 스마트폰에서 스마트폰 웹 브라우저를 실행하고 해당 주소를 입력하면 된다.

또한 PC의 우분투에서 스트리밍을 보고 싶은 경우에는 gst-launch 프로그램을 사용한다. RTSP를 사용하기 위해서 RTSP 소스 엘리먼트인 rtspsrc를 사용하면 된다.

그림 13-12 타이젠폰(삼성전자 Z1)에 표시된 스트리밍 화면

```
ubuntu:~ $ gst-launch-0.10 -v rtspsrc location="rtsp://라즈베리_파이의_
IP주소:8554/test" latency=0 ! rtph264depay ! ffdec_h264 ! queue ! ffmpegcolorspace !
autovideosink
```

여기서는 GStreamer의 아주 기본적인 내용에 대해서만 설명하였다. GStreamer를 사용한 보다 다양한 내용은 GStreamer Application Development Manual[20]이나 다른 문서를 참고하기 바란다.

13.4 ARM NEON 기반의 SIMD 프로그래밍

13.4.1 SIMD와 ARM NEON 기술

이미지 처리와 같은 멀티미디어 프로그래밍에서는 여러 픽셀을 동시에 처리한다. CPU의 일반적인 처리 방식은 한번에 하나의 데이터씩 처리하는데, 이러한 방법으로 이미지를 처리하게 되면 동일한 작업을 반복해서 처리해야 한다. 이러한 문제를 해결하기 위한 여러 가지 방법이 있는데, CPU에서 사용하는 SIMD를 사용하거나 9장에서 보았던 병렬 처리를 지원하는 GPU를 사용할 수 있다.

■ 플린 분류[21] : SISD, SIMD, MISD와 MIMD

CPU는 아주 짧은 시간으로 나눠진 시간, 즉 클럭(Clock)을 기준으로 동작하는데, 이 클럭 시간(클럭 사이클)이 짧을수록 처리되는 데이터가 많아지고 CPU의 속도가 빨라진다. 예를 들어, 라즈베리 파이 4에서 사용하는 1.4GHz 프로세서는 초당 1,400,000,000클럭의 사이클로 동작하게 되고, 1 클럭당 1개의 명령어를 수행할 수 있으면 초당 1,400,000,000개의 명령어를 수행할 수 있다.

라즈베리 파이 4는 4개의 코어가 있으므로 여기에 4배를 곱한 명령어를 수행할 수 있다. 이는 이론상의 문제이고 실제 처리되는 명령어의 수는 컴퓨터의 구조에 따라 달라질 수 있다. 이렇게 컴퓨터 CPU에서 명령어를 처리하는데, 컴퓨터 구조에 따라 동시에 처리 가능한 명령어 수를 SISD, SIMD, MISD와 MIMD로 구분한다. 이를 플린 분류라고 부른다.

---

20 https://gstreamer.freedesktop.org/documentation/application-development/?gi-language=c 참고
21 1966년 마이클 플린은 컴퓨터 구조(Computer Architecture)를 네 가지로 구분하였다.

표 13-17 플린 분류(Flynn's taxonomy)

구분	구조	내용
SISD(Single Instruction, Single Data stream)	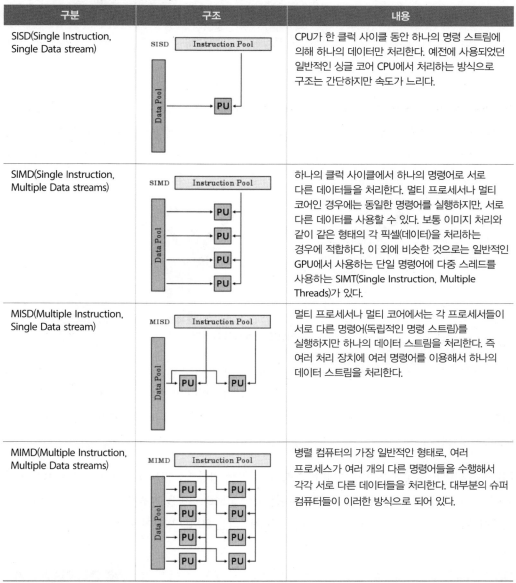	CPU가 한 클럭 사이클 동안 하나의 명령 스트림에 의해 하나의 데이터만 처리한다. 예전에 사용되었던 일반적인 싱글 코어 CPU에서 처리하는 방식으로 구조는 간단하지만 속도가 느리다.
SIMD(Single Instruction, Multiple Data streams)		하나의 클럭 사이클에서 하나의 명령어로 서로 다른 데이터들을 처리한다. 멀티 프로세서나 멀티 코어인 경우에는 동일한 명령어를 실행하지만, 서로 다른 데이터를 사용할 수 있다. 보통 이미지 처리와 같이 같은 형태의 각 픽셀(데이터)을 처리하는 경우에 적합하다. 이 외에 비슷한 것으로는 일반적인 GPU에서 사용하는 단일 명령어에 다중 스레드를 사용하는 SIMT(Single Instruction, Multiple Threads)가 있다.
MISD(Multiple Instruction, Single Data stream)		멀티 프로세서나 멀티 코어에서는 각 프로세서들이 서로 다른 명령어(독립적인 명령 스트림)를 실행하지만 하나의 데이터 스트림을 처리한다. 즉 여러 처리 장치에 여러 명령어를 이용해서 하나의 데이터 스트림을 처리한다.
MIMD(Multiple Instruction, Multiple Data streams)		병렬 컴퓨터의 가장 일반적인 형태로, 여러 프로세스가 여러 개의 다른 명령어들을 수행해서 각각 서로 다른 데이터들을 처리한다. 대부분의 슈퍼 컴퓨터들이 이러한 방식으로 되어 있다.

CPU는 범용 구조로 복잡한 명령을 순차적인 방법에 따라 나누어 처리한다. 일반적으로 1개의 코어에서 1클럭당 1개의 데이터를 수행할 수 있다. GPU는 모니터에 표시되는 영상이나 3D에 촛점이 설계되어 있으므로 2차원이나 3차원 병렬 처리에 맞춰져서 1클럭당 여러 데이터를 동시에 수행할 수 있지만 처리 알고리즘이 복잡한 계산의 경우 오히려 CPU보다 느려질 수 있다.

9장에서 설명한 것과 같이 그래픽 카드를 범용 연산에 사용하는 CUDA나 OpenCL과 같은 기술을 이용하는 GPGPU 프로그래밍을 이용해서 멀티미디어 데이터를 처리할 수 있지만, CPU와 GPU 간의 데이터 교환이 발생하기 때문에 로직이 복잡해질 수 있고 그래픽 카드의 성능에 제약을 받을 수 있다.

■ SIMD(Single Instruction, Multiple Data streams)

멀티미디어를 위해 CPU에서 1클럭당 여러 개의 데이터들을 동시에 처리할 수 있도록 추가된 것이 바로 SIMD이다. SIMD를 사용하면 하나의 명령으로 여러 데이터들을 동시에 처리할 수 있기 때문에 처리 속도와 성능이 향상된다.

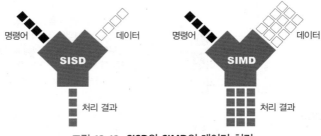

그림 13-13 SISD와 SIMD의 데이터 처리

많은 CPU들이 SIMD를 지원하게 된 계기는 바로 멀티미디어 처리에 있다. 1990년대 후반 넷스케이프 네비게이터가 출시되면서 문자 기반의 웹 환경이 멀티미디어 기반으로 바뀌었다. 이러한 환경 변화에 발맞추어 실시간 멀티미디어 처리가 중요해졌는데, 이때 출시된 프로세서가 바로 펜티엄(Pentium MMX)이다.

MMX는 인텔(Intel)에서 개발한 멀티미디어를 위한 확장 명령으로 SIMD로 구조를 사용한다. 이와 같이 많은 CPU에서 멀티미디어 데이터 처리를 위한 SIMD 명령을 지원하고 있으며, 라즈베리 파이에서 사용하는 ARM 기반의 프로세서는 NEON이라는 SIMD 명령어를 제공하고 있다.

표 13-18 여러 CPU의 SIMD 명령어

구분	CPU	레지스터
MMX	펜티엄	64비트 MM 레지스터
SSE	펜티엄 III	70개의 명령어/128비트 XMM 레지스터
AVX	샌디브리지	256/512(AVX-512)비트 YMM 레지스터
3D Now!	AMD	64비트 레지스터
AltiVec	PowerPC	128비트 벡터 레지스터
NEON	ARM	64비트 D(Double-Word) 레지스터와 128비트 Q(Quad-Word) 레지스터

NEON은 벡터 기반으로 데이터를 처리하므로 기존의 명령에 비해 속도가 빠르다. 그리고 ARM의 레지스터 뱅크와는 별도의 레지스터를 가지고서 정수 및 부동소수점 연산을 지원하기 때문에 메모리 접근의 최소화 및 데이터 처리량 등의 성능 향상을 가져온다.

13.4.2 Hello NEON! 프로그래밍

ARM 기반으로 NEON을 사용하기 위해서는 어셈블리를 이용할 수도 있지만, C 언어를 이용해서 프로그래밍할 수 있도록 라이브러리를 제공한다. C 언어를 이용해서 ARM 기반의 NEON을 사용하는 코드를 작성해보자.

■ ARM NEON 프로그래밍

라즈베리 파이에서 NEON을 사용하기 위해서는 'arm_neon.h' 헤더 파일이 필요하다. C 언어를 위한 NEON 함수들은 ARM 홈페이지(https://developer.arm.com/technologies/neon/intrinsics)에서 살펴볼 수 있다.

코드 13-15 **helloneon.c**

```
#include <stdio.h>
#include <arm_neon.h>                    /* ARM NEON 프로그래밍을 위한 헤더 파일 */

void printData(uint8x16_t data)
{
    printf("%02d ", vgetq_lane_u8(data, 0));
    printf("%02d ", vgetq_lane_u8(data, 1));
    printf("%02d ", vgetq_lane_u8(data, 2));
    printf("%02d ", vgetq_lane_u8(data, 3));
    printf("%02d ", vgetq_lane_u8(data, 4));
    printf("%02d ", vgetq_lane_u8(data, 5));
    printf("%02d ", vgetq_lane_u8(data, 6));
    printf("%02d ", vgetq_lane_u8(data, 7));
    printf("%02d ", vgetq_lane_u8(data, 8));
    printf("%02d ", vgetq_lane_u8(data, 9));
    printf("%02d ", vgetq_lane_u8(data, 10));
    printf("%02d ", vgetq_lane_u8(data, 11));
    printf("%02d ", vgetq_lane_u8(data, 12));
    printf("%02d ", vgetq_lane_u8(data, 13));
    printf("%02d ", vgetq_lane_u8(data, 14));
    printf("%02d ", vgetq_lane_u8(data, 15));
    printf("\n");
}

int main(int argc, char **argv)
{
    /* 초기화를 위한 데이터셋 */
    const uint8_t source[] = {1, 2, 3, 4, 5, 6, 7, 8, 9, 10, 11, 12, 13, 14, 15, 16};
    uint8x16_t data, ret;                /* 계산된 결과를 위한 벡터(데이터) 변수 */
    uint8x16_t fill5 = vmovq_n_u8(5);    /* 모두 5로 채워진 16비트 벡터를 생성 */
```

```
    data = vld1q_u8(source);              /* 데이터셋을 벡터에 대입 */

    printf("data   : ");
    printData(data);                      /* 벡터에 저장된 값을 출력 */

    ret = vaddq_u8(data, fill5);          /* 두 벡터의 요소들을 각각 더함 */

    printf("result : ");
    printData(ret);                       /* 벡터에 저장된 값을 출력 */

    return 0;
}
```

이 코드를 보면 먼저 배열을 이용해서 16개의 데이터셋을 준비하고 이를 8비트의 16개의 공간 (uint8x16_t)에 저장하여 데이터 1을 만들었다. 그리고 계산을 위해 모든 데이터에 5라는 값이 들어 가 있는 데이터 1을 생성하고, 데이터 1과 데이터 2를 더해서 결과를 출력하였다.

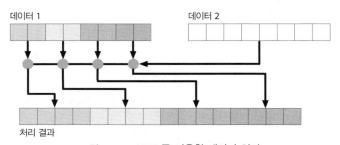

그림 13-14 **SIMD를 이용한 데이터 처리**

SISD를 사용하는 경우 각각의 요소가 하나씩 처리되지만, SIMD를 사용하면 계산이 한꺼번에 수 행되므로 속도가 빠르다. 앞의 코드는 gcc 명령으로 컴파일할 수 있는데, 컴파일 시 '-mfpu=neon' 옵션이 필요하다.

```
pi@raspberrypi:~ $ gcc -o helloneon helloneon.c -O2 -march=armv8-a -mtune=cortex-a72
-mfpu=neon
pi@raspberrypi:~ $ ./helloneon
data   : 01 02 03 04 05 06 07 08 09 10 11 12 13 14 15 16
result : 06 07 08 09 10 11 12 13 14 15 16 17 18 19 20 21
```

컴파일한 후 위의 코드를 실행해보면 기존의 배열에 5가 더해진 값이 출력되는 것을 확인할 수 있다.

■ NEON C 데이터형

이제 코드를 살펴보자. 먼저 main( ) 함수를 보면 NEON을 위한 데이터형이 선언되어 있다. NEON은 주로 데이터의 병렬 처리를 하므로 1차원이 아니라 2차원 배열(벡터)을 사용한다. 앞에서는 부호가 없는 8비트 정수형으로 16개의 요소를 저장할 수 있는 uint8x16_t를 사용하였는데, 여기서의 데이터 타입은 일반적으로 다음과 같은 구조다.

```
<타입><크기>x<층의 수>_t
```

ARM NEON는 다음과 같은 벡터 타입을 지원하고 있다. 데이터의 크기는 128비트이다.

```
int8x8_t, int8x16_t, int16x4_t, int16x8_t, int32x2_t, int32x4_t, int64x1_t, int64x2_t,
uint8x8_t, uint8x16_t, uint16x4_t, uint16x8_t, uint32x2_t, uint32x4_t, uint64x1_t,
uint64x2_t, float16_4t, float16_8t, float32_2t, float32_4t, poly8x8_t, poly8x16_t,
poly16x4_t, poly16x8_t
```

이와 같은 타입으로 배열을 지정할 수 있다. 배열은 2와 4의 크기를 사용 가능하다.

```
<타입><크기>x<층의 수>x<배열의 길이>_t
```

int16x4x2_t는 다음과 같은 구조체로 정의될 수 있다.

```
struct int32x2x2_t {
    int32x2_t val[2];
};
```

■ NEON C 함수

NEON을 위해 vld1q_u8( )나 vgetq_lane_u8( ), vaddq_u8( ) 등의 C 언어 함수들을 제공한다. 함수들은 다음과 같은 구조로 되어 있다.

```
<명령 이름><플래그>_<타입>
```

예를 들어, 값을 불러오는 함수는 vld1+q_u8( )로 ld1은 단일 벡터를 로드해서 저장하는 것을 의미하고 q는 128비트 Q(Quad-Word)를, 그리고 마지막 타입은 부호가 있는 8비트를 의미한다. 함수의 반환값은 8비트인 부호 없는 정수(uint8)에 128비트(8×16)를 채울 수 있는 uint8x16_t 형을 사용할 수 있다.

표 13-19 **NEON C 함수의 명령 이름**

명령 이름	내용	명령 이름	내용
vadd	벡터 더하기	vsub	벡터 빼기
vmul	벡터 곱하기	vcvt	벡터 변환
vmla	스칼라가 있는 벡터 곱하기 누산	vcombine	벡터 결합
vmls	스칼라가 있는 벡터 곱하기 빼기	vget	벡터에서 추출/분할
vld	벡터(n 요소 구조체) 로드	vst	벡터(n 요소 구조체) 저장
vdup	모든 레인을 같은 값으로 설정	vset_lane	벡터 내에 레인 설정
vabd	절대 차이	vaba	절대 차이 및 누산
vmax	최댓값	vmin	최솟값
vpmax	최댓값 폴딩(인접 쌍의 최댓값을 취한다)	vpmin	최솟값 폴딩
vshl	벡터 왼쪽으로 시프트	vshr	벡터 오른쪽으로 시프트
vsri	벡터 오른쪽으로 시프트 및 삽입	vclz	선행 0 수 계산
vabs	절대	vneg	부정
vcls	선행 부호 비트 계산	vrecpe	역수 추정
vcnt	세트 비트 수 계산	vrecps	역수/Sqrt
vceq	벡터 비교 같음	vrsqrte	역수 제곱근 추정
vcge	벡터 비교 크거나 같음	vtst	벡터 테스트 비트
vcgt	벡터 비교보다 큼	vcle	벡터 비교 작거나 같음
vcale	벡터 비교 절대 작거나 같음		
vclt	벡터 비교보다 작음		
vcalt	벡터 비교 절대보다 작음	vcage	벡터 비교 절대 크거나 같음
vand	비트 단위 and	vcagt	벡터 비교 절대보다 큼
vorr	비트 단위 or	vmvn	비트 단위 not
veor	비트 단위 배타적 or(EOR 또는 XOR)	vbic	비트 지우기
vbs	비트 단위 선택	vorn	비트 단위 OR 보수
vzip	인터리브 요소	vtrn	이항 요소
vuzp	디인터리브 요소	vtbl	테이블 조회

같은 함수라도 명령 이름 뒤에 붙은 l, w 등의 문자에 따라 의미가 약간씩 달라질 수 있다. vadd 함수는 int8_8t의 값을 반환하지만, vaddl은 long 형으로 int16x8t의 값을 반환한다. 그리고 vaddw 는 첫 번째 인자와 반환값에 모두 int16x8t의 값을 사용한다.

```
int8x8_t vadd_s8(int8x8_t a, int8x8_t b);
int16x8_t vaddl_s8(int8x8_t a, int8x8_t b);
int16x8_t vaddw_s8(int16x8_t a, int8x8_t b);
```

그리고 명령 이름의 v와 add 사이에 들어가는 h, r 등의 문자에 따라 의미가 약간씩 다르다. h가 들어가면 두 값을 더해서 평균(/2, >>1)를 구하고, r이 들어가면 평균을 반올림한다.

앞의 코드에 사용된 vgetq_lane_u8( ) 함수 벡터에서 부호가 없는 8비트 인자(uint8x16_t)를 받아서 16개의 값(uint8_t)을 반환하는 함수이고, vaddq_u8( ) 함수는 2개의 uint8x16_t 인자를 받아서 uint8x16_t 값을 반환하는 함수이다.

vgetq_lane_u8( ) 함수의 두 번째 인자는 상숫값을 사용하여야 하기 때문에 순환문을 사용할 수 없다. 이러한 경우 C 언어에서 사용하는 배열을 이용할 수 있는데, 이때 vst1q_u8( ) 함수를 사용할 수 있다. vst1q_u8( ) 함수는 uint8x16_t 형의 데이터를 uint8_t의 배열로 변환해준다.

```c
void printData(uint8x16_t data)
{
    int i;
    static uint8_t p[16];

    vst1q_u8(p, data);                        /* 벡터를 배열에 대입 */

    for (i = 0; i < 16; i++) printf("%02d ", p[i]);
    printf ("\n");
}
```

■ ARM NEON 사칙 연산 프로그래밍

앞의 값을 변경해서 사칙 연산을 수행하는 함수를 만들어보자. 앞의 숫자에 3을 더하고, 빼고, 곱하는 연산을 수행해보자.

코드 13-16 **calculation.c**

```c
#include <stdio.h>
#include <arm_neon.h>                         /* ARM NEON 프로그래밍을 위한 헤더 파일 */

void printData(uint8x16_t data)
{
                            /* ~ 중간 코드 생략 ~ */
}

int main(int argc, char **argv)
{
    /* 초기화를 위한 데이터셋 */
    const uint8_t source[] = {1, 2, 3, 4, 5, 6, 7, 8, 9, 10, 11, 12, 13, 14, 15, 16};
    uint8x16_t data, ret;                     /* 계산된 결과를 위한 벡터(데이터) 변수 */
    uint8x16_t fill3 = vmovq_n_u8(3);          /* 모두 5로 채워진 16비트 벡터를 생성 */

    data = vld1q_u8(source);                   /* 데이터셋을 벡터에 대입 */
```

```
    printf("data    : ");
    printData(data);                                /* 벡터에 저장된 값을 출력 */

    ret = vaddq_u8(data, fill3);                    /* 두 벡터의 요소들을 각각 더함 */
    printf("Add     : ");   printData(ret);         /* 덧셈의 결괏값을 출력 */

    ret = vsubq_u8(data, fill3);                    /* 두 벡터의 요소들을 각각 뺌 */
    printf("Subtract : ");   printData(ret);        /* 뺄셈의 결괏값을 출력 */

    ret = vmulq_u8(data, fill3);                    /* 두 벡터의 요소들을 각각 곱함 */
    printf("Multiply : ");   printData(ret);        /* 곱셈의 결괏값을 출력 */

    return 0;
}
```

이 코드를 앞에서와 같이 gcc 명령어에 '-mfpu=neon' 옵션을 부여하여 빌드해서 수행해보면 결과를 확인할 수 있다.

```
pi@raspberrypi:~ $ ./calculation
data     : 01 02 03 04 05 06 07 08 09 10 11 12 13 14 15 16
Add      : 04 05 06 07 08 09 10 11 12 13 14 15 16 17 18 19
Subtract : 254 255 00 01 02 03 04 05 06 07 08 09 10 11 12 13
Multiply : 03 06 09 12 15 18 21 24 27 30 33 36 39 42 45 48
```

더하기는 기존의 값에 3이 더해서 출력되고 곱하기도 3이 곱해져서 출력된다. 빼기를 보면 1에서 3을 빼면 –2가 되어야 하지만, uint8x16_t 데이터형을 사용하고 있으므로 부호가 없는 숫자라 음수가 출력되지 않는다. 대시 255(–1)에서 하나 더 작은 254가 출력되고, –1의 값 대신 255의 값이 출력되는 것을 확인할 수 있다.

13.4.3 ARM NEON을 이용한 이미지 처리

앞에서 설명한 것과 같이 SIMD 구조는 이미지 처리에 적합하다. 8장에서 배운 OpenCV의 이미지 변환 기능을 ARM NEON을 이용해서 구현해보자. 이미지에서 색상 변환은 픽셀 단위의 R, G, B 요소를 각각 계산해서 수행해야 한다. 일반적인 CPU만 이용하는 경우에는 순환문을 이용해서 각각의 요소들을 처리해야 하는데, 이를 NEON 코드와 비교해서 어떤게 더 효율적인지를 살펴보겠다.

■ CPU 기반의 그레이 스케일 색상 변환

먼저 7장의 코드 7-10의 BMP 이미지 표시 코드를 수정해서 CPU만으로 24비트 컬러 이미지를 그레이 스케일 이미지로 변경해보도록 하겠다.

```
#include <stdio.h>
                                        /* ~ 중간 표시 생략 ~ */
typedef unsigned char ubyte;

/* BMP 파일의 헤더를 분석해서 원하는 정보를 얻기 위한 함수 */
extern int readBmp(char *filename, ubyte **pData, int *cols, int *rows);

/* BGR 이미지 데이터를 그레이 스케일로 변환하는 함수 */
void cvtBGR2Gray(ubyte *dest, ubyte *src, int n)
{
    for(int i = 0; i < n; i++) {
        int b = *src++;                 /* blue */
        int g = *src++;                 /* green */
        int r = *src++;                 /* red */

        /* 그레이 스케일 이미지로 변환 */
        int y = (r * 77) + (g * 151) + (b * 28);
        *dest++ = (y>>8);               /* 프레임 버퍼 출력을 위해 RGB에 모두 같은 값을 대입 */
        *dest++ = (y>>8);
        *dest++ = (y>>8);
    }
}

int main(int argc, char **argv)
{
    int cols, rows, color = 24;         /* 프레임 버퍼의 가로 × 세로의 크기 */
    ubyte r, g, b, a = 255;
    ubyte *pData, *pBmpData, *pImageData, *pFbMap;
    struct fb_var_screeninfo vinfo;
                                        /* ~ 중간 표시 생략 ~ */
    pData = (ubyte*)malloc(vinfo.xres * vinfo.yres * sizeof(ubyte) * color/8);
    pImageData = (ubyte *)malloc(vinfo.xres * vinfo.yres * sizeof(ubyte) * color/8);

    /* 프레임 버퍼에 대한 메모리 맵을 수행 */
                                        /* ~ 중간 표시 생략 ~ */
    /* BMP 파일에서 헤더 정보를 가져옴 */
    if(readBmp(argv[1], &pImageData, &cols, &rows) < 0) {
        perror("readBmp()");
        return -1;
    }

    cvtBGR2Gray(pData, pImageData, vinfo.xres*vinfo.yres);

    /* BMP 이미지 데이터를 프레임 버퍼 데이터로 변경 */
                                        /* ~ 중간 표시 생략 ~ */
```

24비트의 컬러 이미지를 그레이 스케일(Gray Scale) 이미지로 변경하기 위해서는 7장의 'RGB에서 YUV로의 변환 공식'을 이용할 수 있다. YUV 색상에서 Y의 값이 밝기인데, 이 값을 적용하면 그레이 스케일 이미지를 구할 수 있다. 7장에서 설명한 공식은 'Y = 0.3R + 0.59G + 0.11B'이었지만, 일반적으로 실수형보다 정수형의 계산 속도가 더 빠르므로 정수와 시프트 연산자를 이용해서 계산했다.

현재 프레임 버퍼의 색상이 24비트 컬러인데, 이를 흑백으로 바꾸기보다 BGR의 모든 요소의 값을 같은 값으로 채워 주면 흑백의 영상이 표시된다. 해당 코드를 수행해보면 화면에 회색 이미지가 표시된다.

■ NEON을 사용한 그레이 스케일 색상 변환

그레이 스케일 이미지 변환을 위해서 각 픽셀의 R, G, B 3개의 요소에 대해 같은 연산을 수행해야 한다. 병렬로 벡터끼리 곱해야 하므로 이를 위해 77, 151, 25의 값을 저장하고 있는 3개의 벡터를 준비한다.

코드 13-18 neonconvert.c

```
#include <stdio.h>
                                    /* ~ 중간 표시 생략 ~ */
#include <arm_neon.h>                    /* ARM NEON 프로그래밍을 위한 헤더 파일 */
                                    /* ~ 중간 표시 생략 ~ */
/* BGR 이미지 데이터를 그레이 스케일로 변환하는 함수 */
void cvtBGR2Gray(ubyte *dest, ubyte *src, int n)
{
    uint8x8_t bfac = vdup_n_u8(77);
    uint8x8_t gfac = vdup_n_u8(151);
    uint8x8_t rfac = vdup_n_u8(28);
    n/=8;
    for(int i = 0; i < n; i+=8) {
        uint8x8x3_t bgr = vld3_u8(src);
        uint8x8_t result;
        uint16x8_t temp;
        src  += 8*3;

        temp = vmull_u8(bgr.val[0],        bfac);
        temp = vmlal_u8(temp, bgr.val[1], gfac);
        temp = vmlal_u8(temp, bgr.val[2], rfac);
        result = vshrn_n_u16(temp, 8);

        uint8x8x3_t gray;
        gray.val[0] = result;
        gray.val[1] = result;
        gray.val[2] = result;
        vst3_u8(dest, gray);
        dest += 8*3;
    }
                                    /* ~ 중간 표시 생략 ~ */
}
```

픽셀 데이터는 BGR이라는 3개의 요소로 이루어져 있으므로 uint8x8x3_t 타입을 이용해서 선언하고, 이미지 데이터를 vld3_u8( ) 함수를 이용해서 NEON 레지스터로 불러온다. vld3_u8( ) 함수는 한번에 3개의 unit8x8에서 3개의 64비트 레지스터를 읽어 온다. NEON을 사용하면 한번에 여러 레지스터에 값을 불러올 수 있을 뿐만 아니라 데이터를 즉시 인터리브하게 저장할 수 있다. 픽셀 데이터는 BGR 형태로 인터리브하게 저장되어 있기 때문에 이를 이용하면 보다 효율적으로 처리할 수 있다.

이렇게 가져온 데이터는 vmull_u8( ), vmlal_u8( ) 함수를 이용해서 BGR 요소들과 앞의 상수들을 곱하고, 이 결괏값을 vshrn_n_u16( ) 함수를 이용해서 8만큼 우측으로 시프트시킨다. 이 결괏값을 다시 uint8x8x3_t 타입으로 만들어서 저장한 후 출력하면 된다.

vmull_u8( ) 함수는 첫 번째 인수의 각 바이트와 두 번째 인수의 각 해당 바이트를 곱한다. 각 결과는 16비트의 부호 없는 정수가 되므로 오버플로가 발생하지 않는다. 전체 결과는 128비트 NEON 레지스터의 쌍으로 반환된다. vmlal_u8( ) 함수는 vmull_u8( ) 함수와 동일한 작업을 수행하지만, 첫 번째 매개 변수(레지스터)의 내용을 결과에 추가한다.

■ NEON을 사용한 이미지의 세피아 효과

사진을 오래된 것과 같이 빛 바랜 효과를 부여할 수 있는데, 이를 세피아 톤(Sepia Tone)이라고 부른다.

그림 13-15 세피아 효과(QR 코드의 컬러 화보 참고)

이미지에 세피아 효과를 주고 싶으면 다음과 같은 공식을 이용해서 HSV 색상 모델의 휴(Hue) 값을 변화시키면 된다.

```
Red출력   = (Red입력 * 0.393) + (Green입력 * 0.769) + (Blue입력 * 0.189)
Green출력 = (Red입력 * 0.349) + (Green입력 * 0.686) + (Blue입력 * 0.168)
Blue출력  = (Red입력 * 0.272) + (Green입력 * 0.534) + (Blue입력 * 0.131)
```

앞에서 설명한 것과 같이 실수의 곱셈 연산은 속도가 느리다. 이를 다음과 같이 정수 연산으로 바꾸면 빠르게 수행할 수 있다.

$$\text{Red}_{출력} = ((\text{Red}_{입력} * 100) + (\text{Green}_{입력} * 197) + (\text{Blue}_{입력} * 48)) / 2^8$$
$$\text{Green}_{출력} = ((\text{Red}_{입력} * 89) + (\text{Green}_{입력} * 175) + (\text{Blue}_{입력} * 43)) / 2^8$$
$$\text{Blue}_{출력} = ((\text{Red}_{입력} * 70) + (\text{Green}_{입력} * 137) + (\text{Blue}_{입력} * 33)) / 2^8$$

이 공식을 이용해서 앞의 colorconvert.c 함수에 세피아를 위한 코드를 추가해보자. BGR 요소를 각각 가져온 후 앞의 공식에 맞춰서 계산을 수행하는 코드를 작성하면 된다.

코드 13-19 colorsepia.c

```c
#include <stdio.h>
                                        /* ~ 중간 표시 생략 ~ */
void cvtBGR2Sepia(ubyte *dest, ubyte *src, int n)
{
    for(int i = 0; i < n; i++) {
        int b = *src++;                  /* blue */
        int g = *src++;                  /* green */
        int r = *src++;                  /* red */

        /* 세피아 효과 계산 */
        ubyte or = (r * 100 + g * 197 + b * 48) >> 8;
        ubyte og = (r *  89 + g * 175 + b * 43) >> 8;
        ubyte ob = (r *  70 + g * 136 + b * 33) >> 8;

        /* 결괏값 경계 검사 */
        *dest++ = LIMIT_UBYTE(ob);
        *dest++ = LIMIT_UBYTE(og);
        *dest++ = LIMIT_UBYTE(or);
    }
}

int main(int argc, char **argv)
{
                                        /* ~ 중간 표시 생략 ~ */

        return -1;
    }

    cvtBGR2Sepia(pData, pImageData, vinfo.xres*vinfo.yres);

    /* BMP 이미지 데이터를 프레임 버퍼 데이터로 변경 */
                                        /* ~ 중간 표시 생략 ~ */
}
```

이제 앞의 colorsepia.c 코드를 수정해서 NEON을 사용하는 코드로 변경해보겠다. 앞의 그레이 스케일 변환과 코드가 동일하지만 R, G, B 요소에 대해서 계산하는 부분이 조금 다르다.

```c
#include <stdio.h>
                                    /* ~ 중간 표시 생략 ~ */
#include <arm_neon.h>                      /* ARM NEON 프로그래밍을 위한 헤더 파일 */
                                    /* ~ 중간 표시 생략 ~ */
void cvtBGR2Sepia(ubyte *dest, ubyte *src, int n)
{
    uint8x8_t bfac1 = vdup_n_u8(33);
    uint8x8_t bfac2 = vdup_n_u8(137);
    uint8x8_t bfac3 = vdup_n_u8(70);
    uint8x8_t gfac1 = vdup_n_u8(43);
    uint8x8_t gfac2 = vdup_n_u8(175);
    uint8x8_t gfac3 = vdup_n_u8(89);
    uint8x8_t rfac1 = vdup_n_u8(48);
    uint8x8_t rfac2 = vdup_n_u8(197);
    uint8x8_t rfac3 = vdup_n_u8(100);
    n/=8;
    for(int i = 0; i < n; i++) {
        uint8x8x3_t bgr = vld3_u8(src);
        uint8x8x3_t gray;
        uint8x8_t result1, result2, result3;
        uint16x8_t temp;
        src  += 8*3;

        temp = vmull_u8(bgr.val[0],      bfac1);
        temp = vmlal_u8(temp, bgr.val[1], bfac2);
        temp = vmlal_u8(temp, bgr.val[2], bfac3);
        result1 = vshrn_n_u16(temp, 8);
        gray.val[0] = result1;

        temp = vmull_u8(bgr.val[0],      gfac1);
        temp = vmlal_u8(temp, bgr.val[1], gfac2);
        temp = vmlal_u8(temp, bgr.val[2], gfac3);
        result2 = vshrn_n_u16(temp, 8);
        gray.val[1] = result2;

        temp = vmull_u8(bgr.val[0],      rfac1);
        temp = vmlal_u8(temp, bgr.val[1], rfac2);
        temp = vmlal_u8(temp, bgr.val[2], rfac3);
        result3 = vshrn_n_u16(temp, 8);
        gray.val[2] = result3;

        vst3_u8(dest, gray);
        dest += 8*3;
    }
}
                                    /* ~ 중간 표시 생략 ~ */
```

이 코드를 빌드해서 수행해보면 동일한 결과가 나오는 것을 확인할 수 있다.

13.4.4 ARM NEON 기반의 카메라 이미지 고속 처리

앞에서 설명한 것과 같이 SIMD 구조는 이미지 처리에 적합하다. 8장에서 배운 OpenCV의 이미지 변환 기능을 ARM NEON을 이용해서 구현해보자. 이미지에서 색상 변환은 픽셀 단위의 R, G, B 요소를 각각 계산해서 수행해야 한다. 일반적인 CPU만 이용하는 경우에는 순환문을 이용해서 각 각의 요소들을 처리해야 하는데, 이를 NEON 코드와 비교해서 어떤게 더 효율적인지를 살펴보도 록 하겠다.

■ NEON을 이용한 YUV 데이터의 변환

먼저 7장의 코드 7-13 v4l2_framebuffer.c의 Video4Linux2를 사용하는 코드를 수정한다. YUYV 데이터를 BGRA로 변경하는 processImage( ) 함수를 ARM NEON을 사용하는 코드로 변경해보 도록 하자.

코드 13-21 **v4l2_framebuffer_neon.c**

```
#include <stdio.h>
                            /* ~ 중간 표시 생략 ~ */
#include <arm_neon.h>
                            /* ~ 중간 표시 생략 ~ */
/* YUYV를 BGRA로 변환 */
static void processImage(const void *p)
{
    const int width = WIDTH, height = HEIGHT;
    const uint8_t colorbit = vinfo.bits_per_pixel;
    ubyte* in = (ubyte*)p;
    int16x8_t const half = vdupq_n_s16(128);

    for(int i = 0, j = 0; i < width*height*2; i+=colorbit, j+=2*colorbit) {
        if(!(i%(width*2)) && i) {          /* 현재의 화면에서 영상을 넘어서는 빈 공간을 처리 */
            j+=(vinfo.xres-width)*colorbit/8;
            continue;
        }
        const ubyte *data = in+i;

        /* YUYV 성분을 분리 */
        uint8x8x4_t yuyv = vld4_u8(data);
        int16x8_t y0 = (int16x8_t)vmovl_u8(yuyv.val[0]);
        int16x8_t u  = vsubq_s16((int16x8_t)vmovl_u8(yuyv.val[1]), half);
        int16x8_t y1 = (int16x8_t)vmovl_u8(yuyv.val[2]);
        int16x8_t v  = vsubq_s16((int16x8_t)vmovl_u8(yuyv.val[3]), half);

        /* Blue: (298 * y + 516 * u + 128) >> 8 */
        int32x4_t bL = vshrq_n_s32(vmull_n_s16(vget_low_s16(u), 512), 8);
        int32x4_t bH = vshrq_n_s32(vmull_n_s16(vget_high_s16(u), 512), 8);

        /* Green: (298 * y - 100 * u - 208 * v + 128) >> 8 */
        int32x4_t gL = vshrq_n_s32(vaddq_s32(vmull_n_s16(vget_low_s16(u), -100),
                        vmull_n_s16(vget_low_s16(v), -208)), 8);
```

```
        int32x4_t gH = vshrq_n_s32(vaddq_s32(vmull_n_s16(vget_high_s16(u), -100),
                                   vmull_n_s16(vget_high_s16(v), -208)), 8);

        /* Red: (298 * y + 409 * v + 128) >> 8 */
        int32x4_t rL = vshrq_n_s32(vmull_n_s16(vget_low_s16(v) , 409), 8);
        int32x4_t rH = vshrq_n_s32(vmull_n_s16(vget_high_s16(v), 409), 8);

        /* Y0 요소의 처리 */
        int32x4_t y0L = vmovl_s16(vget_low_s16(y0));
        int32x4_t y0H = vmovl_s16(vget_high_s16(y0));

        /* Y1 요소의 처리 */
        int32x4_t y1L = vmovl_s16(vget_low_s16(y1));
        int32x4_t y1H = vmovl_s16(vget_high_s16(y1));

        /* Y0 & UV 데이터 병합 */
        uint8x8_t c0 = vmovn_u16(vcombine_u16(vqmovun_s32(vaddq_s32(y0L, bL)),
                                 vqmovun_s32(vaddq_s32(y0H, bH))));
        uint8x8_t c1 = vmovn_u16(vcombine_u16(vqmovun_s32(vaddq_s32(y0L, gL)),
                                 vqmovun_s32(vaddq_s32(y0H, gH))));
        uint8x8_t c2 = vmovn_u16(vcombine_u16(vqmovun_s32(vaddq_s32(y0L, rL)),
                                 vqmovun_s32(vaddq_s32(y0H, rH))));

        /* Y1 & UV 데이터 병합 */
        uint8x8_t c3 = vmovn_u16(vcombine_u16(vqmovun_s32(vaddq_s32(y1L, bL)),
                                 vqmovun_s32(vaddq_s32(y1H, bH))));
        uint8x8_t c4 = vmovn_u16(vcombine_u16(vqmovun_s32(vaddq_s32(y1L, gL)),
                                 vqmovun_s32(vaddq_s32(y1H, gH))));
        uint8x8_t c5 = vmovn_u16(vcombine_u16(vqmovun_s32(vaddq_s32(y1L, rL)),
                                 vqmovun_s32(vaddq_s32(y1H, rH))));

        /* 색상 벡터를 프레임 버퍼로 복사 */
        uint16x8x4_t pblock;
        uint8x8_t alpha = vmov_n_u8(255);
        pblock.val[0] = vaddw_u8(vshll_n_u8(c1    , 8), c0);
        pblock.val[1] = vaddw_u8(vshll_n_u8(alpha, 8), c2);
        pblock.val[2] = vaddw_u8(vshll_n_u8(c4    , 8), c3);
        pblock.val[3] = vaddw_u8(vshll_n_u8(alpha, 8), c5);
        vst4q_u16((uint16_t *)(fbp+j), pblock);
    }
}
                        /* ~ 중간 표시 생략 ~ */
```

기존의 코드는 2개의 for 루프를 이용해서 알고리즘상 좋지 않은 O(n2)였지만, NEON을 이용해서 하나의 for 루프로 줄였다. (O(N)) for 루프의 처음에는 표시되는 영상의 폭보다 넓은 공간을 비워 두도록 처리하고 이미지 데이터를 불러온다.

이제 YUYV 성분을 분리하는데, 8비트씩 4개의 성분으로 이루어져 있다. 이를 처리하기 위해 vld4_u8( ) 함수로 uint8x8x4_t 타입으로 변환하고, 이 타입을 이용해서 Y0, U, Y1, V 성분을 분리 하면 된다. YUYV 이미지 포맷에서 Y0과 Y1은 vmovl_u8( ) 함수를 이용해서 16비트의 전체 데이터를 사용하면 되고, U와 V는 절반씩 들어 있으므로 vsubq_s16( ) 함수를 이용해서 절반을 사용하면 된다.

이렇게 분리된 Y0, U, Y1, V 성분을 이용해서 R, G, B 성분을 구하면 되는데, 7장에서 사용한 변환 공식[22]을 그대로 NEON으로 구현하면 된다.

```
r = (298 * y0 + 409 * v + 128) >> 8;
g = (298 * y0 - 100 * u - 208 * v + 128) >>8;
b = (298 * y0 + 516 * u + 128) >> 8;
```

앞에서는 16비트 데이터를 사용하고 있으므로 상위 값과 하위 값을 나눠서 8비트씩 처리하였다. 덧셈은 '128 >> 8'을 수행하면 0보다 작은 값이 나오는데, 정수형 값을 이용하고 있으므로 삭제하였고, Y에 곱해지는 값도 '298 >> 8'을 수행하면 거의 1과 같으므로 생략하였다. 먼저 U와 V 요소를 계산하고 뒤에서 Y0와 Y1의 값을 더해서 R, G, B의 값을 구했다.

이렇게 구한 값은 화면에 표시하려면 프레임 버퍼에 복사해야 되는데, BGRA 형태로 복사해야 한다. 투명도를 의미하는 A 값은 vmov_n_u8( ) 함수를 이용해서 255의 상숫값으로 설정하였다. YUYV는 2개의 픽셀값이 계산되는데, 이를 한꺼번에 처리하기 위해 16비트의 데이터 형인 uint16x8x4_t를 사용하였다. 값을 설정할 때 B, G, R, A 형태로 넣어주면 되는데, 리틀 엔디안 형식이므로 그림 6-16과 같이 하위 주소가 우선이다. 이미지의 출력을 위해 G/B, A/R 형태로 값을 넣어주면 된다.

앞의 코드를 빌드해서 수행하면 7장과 같이 화면에 영상이 표시되는데, 기존에 비해 더 빨라진 것을 확인할 수 있다. 참고로 NEON 함수 외에도 gcc 컴파일 최적화 옵션인 -O2, -O3를 이용하면 속도 향상을 느껴볼 수 있다.

■ **NEON을 이용한 색상 필터링**

카메라로 입력받은 이미지에서 특정한 색상만 도드라져 보이게 할 수 있다. 이를 이용하면 R, G, B 색상 중 특정 색상만 조절 가능하다. v4l2_framebuffer_neon.c 코드에서 색상만 필터링할 수 있도록 수정해보자.

---

22 http://blog.naver.com/PostView.nhn?blogId=jwmoon74&logNo=100119936163 참고

```c
#include <stdio.h>
                                    /* ~ 중간 표시 생략 ~ */
#include <arm_neon.h>
                                    /* ~ 중간 표시 생략 ~ */
/* YUYV를 BGRA로 변환 */
static void processImage(const void *p)
{
    const int width = WIDTH, height = HEIGHT;
                                    /* ~ 중간 표시 생략 ~ */
        vqmovun_s32(vaddq_s32(y1H, rH))));

        /* 색상 벡터를 프레임 버퍼로 복사 */
        uint16x8x4_t pblock;
        uint8x8_t alpha = vmov_n_u8(255);
        /* Red의 값이 64보다 크면 255, 아니면 0 */
        uint8x8_t nc = vcgt_u8(c3, vmov_n_u8(64));

        pblock.val[0] = vaddw_u8(vshll_n_u8(c1 , 8), c0);
        pblock.val[1] = vaddw_u8(vshll_n_u8(alpha, 8), nc);
        pblock.val[2] = vaddw_u8(vshll_n_u8(c1 , 8), c0);
        pblock.val[3] = vaddw_u8(vshll_n_u8(alpha, 8), nc);
        vst4q_u16((uint16_t *)(fbp+j), pblock);
    }
}
                                    /* ~ 중간 표시 생략 ~ */
```

이 코드는 vcgt_u8( ) 함수를 이용하였는데, vcgt 함수는 비교 함수이다. 특정 값이 크면 비트를 모두 1로 채우고, 아니면 0으로 채운다. 8비트 단위를 이용하고 있으므로 64보다 큰 값이 들어오면 255가 되고, 작거나 같은 값이 들어오면 0이 된다. 이러한 방법으로 특정 색상에 대한 필터링을 수행할 수 있다.

일반적으로 영화나 사진에서 붉은색이 강하면 흡혈귀 영화와 같이 피칠갑이 된 분위기가 난다. 빨간색의 값이 64보다 크면 완전 빨간색이 되고 아니면 검은색이 되는데, 이를 이용해서 공포스러운 분위기를 연출할 수 있다.

그림 13-16 색상 필터(QR 코드의 컬러 화보 참고)

찾아보기